여러분의 합격을 응원하는
해커스경찰의 특별 혜택!

FREE 경찰학 특강

해커스경찰(police.Hackers.com) 접속 후 로그인 ▶ 상단의 [무료강좌 → 경찰 무료강의] 클릭하여 이용

해커스경찰 온라인 단과강의 20% 할인쿠폰

A865987B32F368A7

해커스경찰(police.Hackers.com) 접속 후 로그인 ▶ 상단의 [내강의실] 클릭 ▶
[쿠폰/포인트] 클릭 ▶ 쿠폰번호 입력 후 이용

* 등록 후 7일간 사용 가능(ID당 1회에 한해 등록 가능)

경찰 합격예측 온라인 모의고사 응시권 + 해설강의 수강권

C94768362AE445RT

해커스경찰(police.Hackers.com) 접속 후 로그인 ▶ 상단의 [내강의실] 클릭 ▶
[쿠폰/포인트] 클릭 ▶ 쿠폰번호 입력 후 이용

* ID당 1회에 한해 등록 가능

쿠폰 이용 관련 문의 **1588-4055**

단기 합격을 위한 해커스경찰 커리큘럼

입문
탄탄한 기본기와 핵심 개념 완성!
누구나 이해하기 쉬운 개념 설명과 풍부한 예시로 부담없이 쌩기초 다지기

TIP 베이스가 있다면 **기본 단계**부터!

▼

기본+심화
필수 개념 학습으로 이론 완성!
반드시 알아야 할 기본 개념과 문제풀이 전략을 학습하고
심화 개념 학습으로 고득점을 위한 응용력 다지기

▼

기출+예상 문제풀이
문제풀이로 집중 학습하고 실력 업그레이드!
기출문제의 유형과 출제 의도를 이해하고 최신 출제 경향을 반영한
예상문제를 풀어보며 본인의 취약영역을 파악 및 보완하기

▼

동형문제풀이
동형모의고사로 실전력 강화!
실제 시험과 같은 형태의 실전모의고사를 풀어보며 실전감각 극대화

▼

최종 마무리
시험 직전 실전 시뮬레이션!
각 과목별 시험에 출제되는 내용들을 최종 점검하며 실전 완성

PASS

* 커리큘럼 및 세부 일정은 상이할 수 있으며, 자세한 사항은 해커스경찰 사이트에서 확인하세요.

단계별 교재 확인 및
수강신청은 여기서!

police.Hackers.com

해커스경찰
서정표
경찰학

요약+기출 OX

서정표

약력

국립경찰대학교 행정학과(학사)
고려대학교 경영대학원 Finance MBA(경영학 석사)
제49회 사법시험 합격
사법연수원 수료, 한국변호사

전 | 경북지방경찰청, 독도경비대장
　　　울산지방경찰청, 동부경찰서
　　　법무법인(유) 율촌, 기업법무/공공법무
　　　IT기업 법무총괄

현 | 해커스 경찰학원 경찰학(순경) 강의

저서

서정표 경찰학 기본서, 해커스경찰
서정표 경찰학 기출문제집, 해커스경찰
서정표 REAL 경찰헌법 기본서, 연승북스

서문

수험의 제1원칙: Occam's Razor(오캄의 면도날)

저에게 있어 오캄의 면도날이란, "해봤자 해결되지 않는 고민, 해봤자 내가 어찌할 수 없는 고민은 과감히 쓰레기통에 던져버리라."라는 단순화 원칙입니다. 다르게 표현하면 "내가 내 손으로 해결할 수 있는 문제만을 고민한다."라는 것이 되겠네요. 수험생활은 아메바처럼 단순해져야 하고, 따라서 쓸데없는 생각과 고민은 과감히 쳐내야 합니다.

기존의 경찰학개론이 경찰학으로 바뀌면서 신경향 문제는 어떻고 작년에 비해 올해는 어느 파트에서 출제비중이 높았으며, 경찰행정법 부분은 비중을 어느정도 두는게 맞는지, 이런 문제는 여러분들이 고민할 문제가 아닙니다. 극단적으로 외국 경찰(비교경찰) 파트에서 40문제가 전부 신경향으로 나와도 수험생인 우리는 할 말도 없고 할 수 있는 것도 없습니다. 수험생인 우리가 해야 할 것은 단 하나, 바로 나의 이야기인 경찰학이 재미있다고 느끼기만 하면, 여기에 하나 덧붙이자면 경찰이라는 직업에 사명감과 애정을 가져주시기만 하면 됩니다.

수험생에게 쓸데없는 고민은 강사인 제가 하겠습니다. 이 책과 경찰공무원 시험 전문 해커스경찰(police. Hackers.com)에서 학원강의·인터넷동영상강의에서 이루어질 강의를 통해, 여러분들이 경찰학을 재미있게 공부하실 수 있도록, 경찰이라는 직업에 사명감과 애정을 느끼실 수 있도록 하겠습니다.

그리고 이 책이 수험생 여러분들과 만날 수 있도록 묵묵히 도움을 주신 해커스경찰 편집팀 관계자분들께도 진심으로 감사의 마음을 전합니다.

감사합니다.

2025년 3월
서정표

목차

Part 1 경찰행정법 총론

Chapter 01 경찰행정법 총론

POINT 01	법치행정의 원칙	12
POINT 02	경찰행정법의 법원	16
POINT 03	법규명령과 행정규칙	18
POINT 04	경찰행정법의 여러 가지 일반원칙	24
POINT 05	경찰관청의 상호관계와 권한행사	32
POINT 06	경찰권의 발동	42
POINT 07	무하자재량행사 청구권과 경찰개입청구권	50
POINT 08	행정행위와 처분	52
POINT 09	행정행위의 종류	56
POINT 10	행정행위의 효력	66
POINT 11	행정행위 하자	70
POINT 12	행정행위의 부관	76
POINT 13	행정지도	80
POINT 14	행정절차법	82
POINT 15	행정절차법상 의견청취	86
POINT 16	공공기관의 정보공개에 관한 법률	92
POINT 17	경찰행정의 실효성 확보수단	98
POINT 18	경찰상 강제집행	100
POINT 19	즉시강제	108
POINT 20	경찰벌	110
POINT 21	질서위반행위규제법	112
POINT 22	경찰상 조사	116
POINT 23	행정심판법	118
POINT 24	행정소송법	126
POINT 25	국가배상제도	132

Part 2 경찰행정법 각론

Chapter 01
국가경찰과 자치경찰의 조직 및 운영에 관한 법률

POINT 01	경찰의 사무	148
POINT 02	경찰청	150
POINT 03	국가수사본부	154
POINT 04	시·도경찰청과 경찰서	156
POINT 05	국가경찰위원회	158
POINT 06	시·도자치경찰위원회	162

Chapter 02 경찰공무원법

POINT 01	경찰공무원과 경찰공무원법	170
POINT 02	경찰공무원근무관계 발생	172
POINT 03	경찰공무원 근무관계 변동	184
POINT 04	경찰공무원 근무관계의 소멸	196
POINT 05	경찰공무원의 권리	202
POINT 06	경찰공무원의 의무	204
POINT 07	경찰공무원의 책임(징계)	214
POINT 08	경찰공무원의 권익보장수단	230

Chapter 03 경찰관 직무집행법

POINT 01	경찰관 직무집행법의 목적과 직무범위	240
POINT 02	일반적 강제수단(즉시강제)	242
POINT 03	사실행위 기타 수단	256
POINT 04	경찰장비(무기, 장구, 분사기 등)	260
POINT 05	위해성 경찰장비	266
POINT 06	경찰 물리력 행사의 기준과 방법에 관한 규칙	272
POINT 07	보상과 벌칙	274

Part 3 경찰학의 기초이론

Chapter 01 경찰과 경찰이념

POINT 01	경찰개념	286
POINT 02	경찰의 분류	294
POINT 03	경찰관할	298
POINT 04	경찰의 임무	300
POINT 05	경찰의 기본이념	306

Chapter 02 경찰윤리

POINT 01	경찰문화와 바람직한 경찰상	310
POINT 02	경찰윤리와 경찰일탈·부패	314
POINT 03	경찰윤리강령	322
POINT 04	부정청탁 및 금품등 수수의 금지에 관한 법률	324
POINT 05	경찰청 공무원 행동강령	332
POINT 06	공직자의 이해충돌방지법	340
POINT 07	경찰의 적극행정과 소극행정	348

Chapter 03 범죄이론

POINT 01	범죄의 개념	354
POINT 02	범죄원인에 대한 여러 학설	358
POINT 03	범죄예방이론	366
POINT 04	범죄통제와 범죄예방활동	374
POINT 05	지역사회 경찰활동	376

Part 4 경찰행정학

Chapter 01 경찰관리

POINT 01	경찰조직관리	384
POINT 02	경찰인사관리	390
POINT 03	경찰공무원 사기관리	396
POINT 04	경찰예산관리	402
POINT 05	경찰장비관리	412
POINT 06	경찰보안관리	416
POINT 07	경찰홍보	426

Chapter 02 경찰통제

POINT 01	경찰통제 유형	438
POINT 02	부패방지 및 국민권익위원회의 설치와 운영에 관한 법률	440
POINT 03	경찰 감찰 규칙	442
POINT 04	경찰청 감사규칙	448
POINT 05	행정업무의 운영 및 혁신에 관한 규정	450
POINT 06	경찰인권보호규칙	452
POINT 07	개인정보보호법	456

목차

Part 5 한국경찰의 역사와 제도

Chapter 01 한국경찰의 근·현대사

POINT 01	갑오개혁 이전 경찰	464
POINT 02	갑오개혁부터 일제강점기까지 경찰	468
POINT 03	대한민국 임시정부경찰	474
POINT 04	미군정하의 경찰	476
POINT 05	정부수립 이후 경찰	478
POINT 06	한국경찰사에 길이 빛날 경찰의 표상	480

Part 6 분야별 경찰활동

Chapter 01 생활안전경찰

POINT 01	지역경찰업무	486
POINT 02	생활질서업무	500
POINT 03	여성·청소년 보호업무	512
POINT 04	경비업법	530

Chapter 02 수사경찰

POINT 01	마약범죄 수사	534
POINT 02	성범죄 수사	538
POINT 03	가정폭력범죄의 처벌 등에 관한 특례법	544
POINT 04	아동학대범죄의 처벌 등에 관한 특례법	550

Chapter 03 경비경찰

POINT 01	경비경찰의 기초	558
POINT 02	행사안전경비(혼잡경비)	562
POINT 03	다중범죄진압경비	564
POINT 04	경호경비	566
POINT 05	대테러 경비	568
POINT 06	선거경비	572
POINT 07	재난경비(재난 및 안전관리 기본법)	576
POINT 08	국가중요시설경비(통합방위법)	580
POINT 09	경찰작전(통합방위법)	582
POINT 10	경찰비상업무규칙	586
POINT 11	청원경찰	590

Chapter 04 교통경찰

POINT 01	차의 개념	594
POINT 02	긴급자동차	596
POINT 03	자전거 등 (자전거 + 개인형 이동장치)	598
POINT 04	어린이 통학버스	600
POINT 05	어린이 보호구역	602
POINT 06	도로	604
POINT 07	운전	608
POINT 08	운전면허	612
POINT 09	교통지도와 단속	620
POINT 10	교통사고	624
POINT 11	교통사고처리 특례법	626
POINT 12	도로교통 관련 주요판례	628

Chapter 05 정보경찰

POINT 01	정보의 순환과정	636
POINT 02	집회 및 시위에 관한 법률	638

Chapter 06 안보경찰

POINT 01	국가보안법	660
POINT 02	보안관찰법	664
POINT 03	남북교류협력에 관한 법률	670
POINT 04	북한이탈주민의 보호 및 정착지원에 관한 법률	672

Chapter 07 외사경찰

POINT 01	다문화 사회	678
POINT 02	외국인 입국	680
POINT 03	외국인의 출국	686
POINT 04	외국인의 체류자격 및 외국인 등록	692
POINT 05	국제형사사법 공조법	694
POINT 06	범죄인 인도법	696
POINT 07	국제형사경찰기구(INTERPOL)	700

해커스경찰
police.Hackers.com

2025 해커스경찰
서정표 경찰학 요기오
(요약 + 기출OX)

Part 1
경찰행정법 총론

Chapter 01 | 경찰행정법 총론

해커스경찰
police.Hackers.com

Chapter 01

경찰행정법 총론

POINT 01 | 법치행정의 원칙
POINT 02 | 경찰행정법의 법원
POINT 03 | 법규명령과 행정규칙
POINT 04 | 경찰행정법의 여러 가지 일반원칙
POINT 05 | 경찰관청의 상호관계와 권한행사
POINT 06 | 경찰권의 발동
POINT 07 | 무하자재량행사 청구권과 경찰개입청구권
POINT 08 | 행정행위와 처분
POINT 09 | 행정행위의 종류
POINT 10 | 행정행위의 효력
POINT 11 | 행정행위 하자
POINT 12 | 행정행위의 부관
POINT 13 | 행정지도
POINT 14 | 행정절차법
POINT 15 | 행정절차법상 의견청취
POINT 16 | 공공기관의 정보공개에 관한 법률
POINT 17 | 경찰행정의 실효성 확보수단
POINT 18 | 경찰상 강제집행
POINT 19 | 즉시강제
POINT 20 | 경찰벌
POINT 21 | 질서위반행위규제법
POINT 22 | 경찰상 조사
POINT 23 | 행정심판법
POINT 24 | 행정소송법
POINT 25 | 국가배상제도

2025 해커스경찰
서정표 경찰학 요기오
(요약 + 기출OX)

POINT 01 법치행정의 원칙

I. 법치행정의 원칙

1 의미

경찰행정이 국민의 권리·의무에 관계되는 작용을 할 경우, 반드시 국민의 대표인 국회가 제정한 법률에 따라야 한다는 원칙이다. ⇨ 국민의 권리를 제한하거나 의무를 부과하는 경우와 그 밖에 국민생활에 중요한 영향을 미치는 경우에는 법률에 근거하여야 한다. 기출OX 01

2 내용: 법률의 법규창조력, 법률유보의 원칙, 법률우위의 원칙 기출OX 02

(1) 법률의 법규창조력

국회가 제정한 형식적 의미의 법률만이 국민의 권리를 제한하거나 의무를 부과하는 법규를 창조할 수 있는 힘이 있다는 원칙을 말한다. 기출OX 03

(2) 법률우위의 원칙

의의	모든 행정작용은 법률에 위반되어서는 안 된다. 기출OX 04
성질	이미 존재하는 법률 침해를 금지하는 소극적 원칙
법률의 범위	형식적 의미의 법률, 법규명령과 행정입법 등 불문법을 포함한 모든 법규범을 의미한다. 기출OX 05
적용범위	행정의 모든 영역에 적용(수익적·침익적 행정, 권력·비권력작용 모두) 기출OX 06

(3) 법률유보의 원칙

1) 의의: 행정권의 발동은 반드시 개별적인 법률의 근거(법률의 수권)를 요한다는 원칙을 말한다.
2) 성질: 행정권을 발동할 수 있는가 하는 적극적 원칙
3) 법률의 범위: 형식적 의미의 법률, 법규명령과 행정입법 등(불문법원은 불포함)

> **판례** |
> 법률유보원칙은 '법률에 의한' 규율만을 뜻하는 것이 아니라 '법률에 근거한' 규율을 요청하는 것이므로 기본권 제한의 형식이 반드시 법률의 형식일 필요는 없고 법률에 근거를 두면서 헌법 제75조가 요구하는 위임의 구체성과 명확성을 구비하면 위임입법에 의하여도 기본권 제한을 할 수 있다(2003헌마289). 기출OX 07, 08

4) 적용범위
① 조직법적 근거는 경찰행정은 물론 모든 행정권 행사에 있어서 당연히 요구되는 것이므로, 법률유보원칙의 논의 대상은 조직법적 근거가 아니라 작용법적 근거를 말하는 것이다. 기출OX 09
② 경찰은 조직법적 근거만 있다면 작용법적 근거가 없더라도 순수한 서비스활동과 같은 수익적·비권력적 작용을 할 수 있다고 본다. 기출OX 10

> **판례** |
> 집회나 시위 해산을 위한 살수차 사용은 중요한 기본권에 대한 중대한 제한이므로, 살수차 사용요건이나 기준은 **법률에 근거를 두어야 한다**(헌재 2015헌마476). 기출OX 11, 12

[압축정리] 법률우위의 원칙과 법률유보의 원칙

	법률우위	법률유보
개념	법률에 위반하면 안 됨	법률에 근거(수권)요구
문제상황	법률이 있는 경우 문제됨	법률이 없는 경우 문제됨
성질	소극적 원칙	적극적 원칙
'법률'의 범위	• 형식적 의미의 법률 + 행정입법 • 불문법도 포함 ○	• 형식적 의미의 법률 + 행정입법 • 불문법은 포함 ×
적용범위	모든 영역	• 권력적 작용: ○, 비권력적 작용: ×

기출 OX

01 행정작용은 법률에 위배되어서는 아니 되며, 국민의 권리를 제한하거나 의무를 부과하는 경우와 그 밖에 국민생활에 중요한 영향을 미치는 경우에는 법률에 근거하여야 한다. 25 채용 ○ X

02 법치행정의 원칙에 관한 전통적 견해는 '법률의 지배', '법률의 우위', '법률의 유보'를 내용으로 한다. 22 채용 ○ X

03 헌법상 보장된 국민의 자유나 권리를 제한할 때에는 적어도 그 제한의 본질적인 사항에 관하여 국회가 법률로써 스스로 규율하여야 한다. 24 채용 ○ X

04 어떠한 경찰활동도 경찰활동을 제약하는 법률의 규정에 위반해서는 안 된다는 것을 법률우위의 원칙이라 한다. 11 채용 ○ X

05 '법률의 우위'에서의 법률에는 형식적 의미의 법률뿐만 아니라 그 밖에 성문법과 불문법이 포함된다. 22 채용 ○ X

06 법률우위원칙은 행정의 종류를 불문하고 모든 행정 영역에 적용된다. 24 채용 ○ X

07 기본권 제한에 관한 법률유보원칙은 '법률에 근거한 규율'을 요청하는 것이 아니라 '법률에 의한 규율'을 요청하는 것이다. 25 채용, 18 경특 ○ X

08 법률유보원칙은 법률에 의한 규율을 뜻하므로 위임입법에 의해 기본권 제한을 할 수 없다. 24 채용 ○ X

09 법률유보의 원칙에서 요구되는 법적 근거는 행정의 조직법적 근거이다. 25 채용 ○ X

10 법률유보원칙과 관련하여, 비록 법률의 근거가 없더라도, 경찰관의 학교 앞 등교지도, 주민을 상대로 한 교통정책홍보, 기초생활수급자에 대한 생계비지원과 같은 작용은 가능하다. 22 채용 ○ X

11 집회나 시위 해산을 위한 살수차 사용요건이나 기준은 법률에 근거를 두어야 한다. 24 간부 ○ X

12 법령의 구체적 위임 없이 최루액의 혼합·살수 방법 등을 규정한 경찰청장의 「살수차운용지침」(2014.4.3.)은 법률유보의 원칙에 위배되는 측면이 있으나, 그 지침에 따라 살수한 경찰관의 행위는 집회를 해산하기 위한 불가피한 조치라는 점에서 반드시 위헌·위법이라고 할 수 없다. 22 채용, 18 경특 ○ X

정답 및 해설

01 ○
02 X '법률의 법규창조력', '법률의 우위', '법률의 유보'
03 ○
04 ○
05 ○
06 ○
07 X '법률에 의한' 규율뿐만 아니라 '법률에 근거한' 규율을 요청하는 것이다.
08 X 위임입법에 의해 기본권을 제한할 수 있다.
09 X 작용법적 근거
10 ○
11 ○
12 X 법률유보원칙에 위배되어 위헌·위법이다.

Ⅱ 통치행위(법치행정의 예외)

1 의미
통치행위란 고도의 정치성을 가지는 국가기관의 행위로 법에 의해 규율되거나 사법심사의 대상이 되는 것이 적당하지 않은 행위를 말한다.

2 판례

통치행위 긍정	통치행위 부정
• 남북정상회담의 개최 • 계엄선포가 당연무효가 아닌 한, 사법기관인 법원이 계엄선포의 요건구비나 선포의 당, 부당을 심사하는 것 → 국헌문란 목적 인정시, 법원이 범죄해당여부 심사 가능! • 대통령의 긴급재정경제명령 → 단, 헌재는 기본권침해 직접 관련 이유로 심사함 기출OX 01 • 외국에의 국군의 파견결정 기출OX 02	• 남북정상회담의 개최과정에서 북한측에 사업권의 대가 명목으로 송금한 행위 자체 기출OX 03 • 서훈(훈장을 수여하는 일)취소 기출OX 04

[참고] **경찰행정법의 구분**

경찰조직법	• 경찰행정을 운영하는 조직이나 기구에 관하여 정한 법 • 국가경찰과 자치경찰의 조직 및 운영에 관한 법률, 경찰공무원법
경찰작용법	• 경찰조직이 수행해야 할 경찰활동의 내용을 정한 법 • 경찰관 직무집행법, 경범죄 처벌법, 도로교통법
경찰구제법	• 경찰활동에 의해 불이익을 받은 국민의 구제절차를 정한 법 • 행정심판법, 행정소송법, 국가배상법

기출 OX

01 대통령의 긴급재정경제명령은 국가긴급권의 일종으로서 고도의 정치적 결단에 의하여 발동되는 행위이고 그 결단을 존중하여야 할 필요성이 있는 행위라는 의미에서 이른바 통치행위에 속한다고 할 수 있으나, 그것이 국민의 기본권 침해와 직접 관련되는 경우에는 당연히 헌법재판소의 심판대상이 된다. 20 경특 　O X

02 일반사병 이라크파병에 대한 헌법소원사건에서 외국에의 국군의 파견결정은 파견군인의 생명과 신체의 안전뿐만 아니라 국제사회에서의 우리나라의 지위와 역할, 동맹국과의 관계, 국가안보 문제 등 궁극적으로 국민 내지 국익에 영향을 미치는 복잡하고도 중요한 문제로서 통치행위로 보고 있다. 20 경특 　O X

03 남북정상회담의 개최과정에서 재정경제부장관에게 신고하지 아니하거나 통일부장관의 협력사업 승인을 얻지 아니한 채 북한측에 사업권의 대가 명목으로 송금한 행위 자체는 헌법상 법치국가의 원리와 법 앞에 평등원칙 등에 비추어 볼 때 사법심사의 대상이 된다. 20 경특 　O X

04 대법원은 대통령의 서훈 취소행위를 통치행위로 보고 있다. 20 경특 　O X

정답 및 해설

01 O
02 O
03 O
04 X 통치행위가 아니라고 보았다.

POINT 02 경찰행정법의 법원

I 의의

경찰행정법의 법원이란 경찰행정에 관한 법의 존재형식 내지 인식근거를 말한다.

II 종류

1 성문법원: 헌법, 법률, 행정입법(명령), 조례·규칙, 조약과 국제법규 기출OX 01

헌법	헌법은 국가의 기본적인 통치구조를 정한 기본법으로서 행정의 조직이나 작용의 기본원칙을 정한 부분은 그 한도 내에서 경찰행정법의 법원 기출OX 02
법률	국회가 제정한 형식적인 의미의 법률. 경찰행정상의 법률관계에 있어 가장 중심적인 법원 기출OX 03
행정입법 (명령)	• 행정입법이란 행정부가 제정하는 법을 의미하며, 대외적으로 국민을 구속하는 효력이 있는 법규명령과 행정조직 내부의 사무처리기준에 관한 행정규칙으로 구분한다. 기출OX 04 • 국회의 의결을 거치지 않고 행정기관에 의하여 제정된 일반적·추상적 규정으로 법규성을 지닌 것을 법규명령이라고 한다. 기출OX 05
자치법규	• 지방자치단체는 법령의 범위에서 그 사무에 관하여 조례를 제정할 수 있다. 다만, 주민의 권리 제한 또는 의무부과에 관한 사항이나 벌칙을 정할 때에는 법률의 위임이 있어야 한다. 기출OX 07, 08 • 지방자치단체의 장은 법령 또는 조례의 범위에서 그 권한에 속하는 사무에 관하여 규칙을 제정할 수 있다. 기출OX 06, 07 지방자치법 제34조【조례 위반에 대한 과태료】① 지방자치단체는 조례를 위반한 행위에 대하여 조례로써 1천만원 이하의 과태료를 정할 수 있다.
조약·국제법규	헌법에 의하여 체결·공포된 조약과 일반적으로 승인된 국제법규는 국내법과 같은 효력 기출OX 09

2 불문법원: 관습법, 판례법, 조리

(1) 관습법: 판례는 관습법의 법원성을 인정한다. 기출OX 10

> ⚖ 판례 |
> 관습법은 바로 법원으로서 법령과 같은 효력을 갖는 관습으로서 법령에 저촉되지 않는 한 법칙으로서의 효력이 있는 것이다 (대판 80다3231).

(2) 판례법

대법원판례	대법원 판결의 판단은 '해당 사건'에서만 하급심을 기속하므로, '다른 사건'에는 기속력이 미치지 않고 따라서 대법원 판례에는 법원성이 인정되지 않는다고 보는 것이 다수설
헌재 위헌결정	헌법재판소법은 위헌결정에 대해 기속력을 인정하는 명문규정을 두고 있으므로, 헌법재판소의 위헌결정은 법원성이 인정된다고 보는 것이 다수설 기출OX 11

(3) 조리
　① 불문법원으로서 일반적으로 정의에 합치되는 보편적 원리로서 인정되고 있는 모든 원칙을 '조리'라 하며, 최후의 보충적 법원으로서의 성격을 갖는다.
　② 경찰관청의 행위가 형식상 적법하더라도 조리에 위반할 경우에는 위법이 될 수 있다. 기출 OX 12
　③ 조리는 오늘날 법의 일반원칙은 성문화(「행정기본법」에 규정)되어 가는 추세에 있다. 기출 OX 13

기출 OX

01　경찰법의 법원은 일반적으로 성문법과 불문법원으로 나눌 수 있으며, 헌법, 법률, 조약과 국제법규, 조리와 규칙은 성문법원이다. 23 채용, 22·21 간부 20 승진　　O X

02　헌법은 국가의 기본적인 통치구조를 정한 기본법으로서 행정의 조직이나 작용의 기본원칙을 정한 부분은 그 한도 내에서 경찰법의 법원이 된다. 22,21 간부　　O X

03　경찰권 발동은 법률에 근거해야 하므로, 법률은 경찰법상의 법률관계에 있어서 중요한 법원이다. 22 간부　　O X

04　행정입법이란 행정부가 제정하는 법을 의미하며, 행정조직 내부의 사무처리기준에 관한 법규명령과 국민을 구속하는 효력이 있는 행정규칙으로 구분된다. 21 간부, 19·18 채용　　O X

05　국회의 의결을 거치지 않고 행정기관에 의하여 제정된 성문법규를 법규명령이라고 한다. 20 승진　　O X

06　지방자치단체의 장은 법령의 범위에서 그 사무에 관하여 조리(條理)를 제정할 수 있다. 23 채용　　O X

07　조례와 규칙은 지방의회가 정한다. 21 간부, 20 승진　　O X

08　조례는 지방자치단체의 의회가 법령의 범위 안에서 지방자치권에 의거하여 제정하는 법규를 말하는 것으로 조례로 특히 주민의 '권리제한'을 제외한 '의무부과' 및 '벌칙'을 정할 경우에는 반드시 법률의 위임이 있어야 한다. 12 승진　　O X

09　헌법에 의하여 체결·공포된 조약과 일반적으로 승인된 국제법규도 경찰행정법의 법원으로 볼 수 있다. 23 간부　　O X

10　사회의 거듭된 관행으로 생성한 사회 생활규범이 사회의 법적 확신과 인식에 의하여 법적 규범으로 승인·강행되기에 이른 것을 관습법이라 한다. 23 채용　　O X

11　헌법재판소의 위헌결정은 국가경찰 및 자치경찰을 기속하므로 법원성이 인정된다. 23·21 간부　　O X

12　불문법원으로서 일반적으로 정의에 합치되는 보편적 원리로서 인정되고 있는 모든 원칙을 조리라 하고, 경찰관청의 행위가 형식상 적법하면 조리에 위반하더라도 위법이 될 수 없다. 22 간부, 19 채용　　O X

13　경찰행정법의 일반원칙인 평등의 원칙, 비례의 원칙, 권한남용 금지의 원칙, 신뢰보호의 원칙은 「행정기본법」에는 규정되어 있지 않다. 23·21 간부　　O X

정답 및 해설

01　X　조리는 불문법원
02　O
03　O
04　X　법규명령과 행정규칙이 반대로 설명
05　O
06　X　지방자치단체의 장은 규칙 제정/ 지방자치단체는 조례 제정
07　X　조례는 지방자치단체(지방자치단체의 의회)가, 규칙은 지방자치단체의 장이
08　X　조례로서 권리제한을 하는 경우에도 법률의 위임이 필요
09　O
10　O
11　O
12　X　조리에 위반할 경우에는 위법
13　X　「행정기본법」에 규정되어 있다.

POINT 03 법규명령과 행정규칙

I 법규명령

1 법규명령 발령권자
- 헌법 제75조에 근거하여 대통령이 발하는 명령이 '대통령령', 헌법 제95조에 근거하여 국무총리 또는 행정각부의 장이 발하는 명령이 '총리령', '부령'이다.

  > **헌법 제75조** 대통령은 법률에서 구체적으로 범위를 정하여 위임받은 사항과 법률을 집행하기 위하여 필요한 사항에 관하여 대통령령을 발할 수 있다.
  > **헌법 제95조** 국무총리 또는 행정각부의 장은 소관사무에 관하여 법률이나 대통령령의 위임 또는 직권으로 총리령 또는 부령을 발할 수 있다. 기출 OX 01, 02

- 대통령령, 부령과 같은 법규명령의 형식을 취했으나 실질적 내용은 행정규칙으로 다루어질 내용을 정하는 경우(법규명령 형식의 행정규칙), 이를 법규명령으로 보아야 할지 행정규칙으로 보아야 할지 학설은 대립하나, 판례는 행정규칙으로 보고 있다.

2 법규명령의 특징
- 법규명령의 제정에는 근거를 요한다. 기출 OX 03
- **구속력**: 국민과 행정을 동시에 구속하는 양면적(쌍면적) 구속력이 있고, 재판규범이 된다. 기출 OX 04
- **효력발생**: 법규명령은 공포를 요하고, 특별한 규정이 없는 한 법률과 같이 공포일로부터 20일이 경과해야 효력이 발생한다. 기출 OX 05
- 법규명령에 위반한 행정청의 행위는 위법한 행위이다. 기출 OX 06
- 위임의 근거 없이 무효인 법규명령이더라도 사후에 위임의 근거가 부여되면 그때부터 유효, 위임의 근거가 있어서 유효한 법규명령이라 하더라도 사후에 위임의 근거가 없어지면 그때부터 무효이다. 기출 OX 07

3 법규명령의 종류: 위임명령, 집행명령 기출 OX 08, 09, 10

구분	위임명령	집행명령
근거	개별적·구체적 수권 필요	포괄적 근거만으로 성립 가능
본질	법률의 내용을 보충하는 보충명령	법률의 집행에 관한 시행세칙
범위	국민의 권리·의무에 관한 새로운 입법사항(법규사항) 규정 가능	국민의 권리·의무에 관한 새로운 입법사항(법규사항) 규정 불가
공통점	• 법규명령으로 대외적 구속력이 있다. • 문서·법조형식을 취한다. • 공포를 요한다.	

4 법규명령의 한계
- **포괄위임금지**: 일반적이고 포괄적인 위임은 금지된다.
- **국회 전속 입법사항 위임금지**: 헌법에서 직접 법률로 정하도록 규정한 사항을 위임하는 것도 금지된다. 기출 OX 09
- **전면적 재위임금지**: 법률에서 위임받은 사항을 전혀 규정하지 않고 그대로 재위임하는 것은 금지된다.

> **판례 |**
> 위임입법의 구체성·명확성의 요구 정도는 각종 법률이 규제하고자 하는 대상의 종류와 성질에 따라 달라질 것이지만, 특히 **처벌법규나 조세법규와 같이 국민의 기본권을 직접적으로 제한하거나 침해할 소지가 있는 법규에서는 구체성·명확성의 요구가 강화**되어 그 위임의 요건과 범위가 일반적인 급부행정법규의 경우보다 더 엄격하게 제한적으로 규정되어야 하는 반면에, **규율대상이 지극히 다양하거나 수시로 변화하는 성질의 것일 때에는 위임의 구체성·명확성의 요건이 완화**된다(2013헌가6).

기출 OX

01 국무총리는 직권으로 총리령을 발할 수 있으나, 행정각부의 장은 직권으로 부령을 발할 수 없다. 20 승진 (O X)

02 국무총리 또는 행정각부의 장은 소관사무에 관하여 법률이나 대통령령의 위임 또는 직권으로 총리령 또는 부령을 발할 수 있다. 25 채용 (O X)

03 법규명령의 제정에는 헌법·법률 또는 상위명령의 근거가 필요하지 않아 독자적인 행정입법 작용이 허용된다. 21 간부 (O X)

04 법규명령의 특징은 국민과 행정청을 동시에 구속하는 양면적 구속력을 가짐으로써 재판규범이 된다. 19·17 승진, 16 간부 (O X)

05 법규명령은 특별한 규정이 없는 한 공포일로부터 30일이 경과해야 효력이 발생하나 행정규칙은 공포를 요하지 않는다. 23·21 승진, 21 간부 (O X)

06 법규명령은 대외적 구속력을 갖기 때문에 그에 반하는 행정권 행사는 위법하다. 19 승진 (O X)

07 법규명령의 위임의 근거가 되는 법률에 대하여 위헌결정이 선고되더라도 그 위임규정에 근거하여 제정된 법규명령은 원칙적으로 효력을 유지한다. 25 채용 (O X)

08 위임명령은 법규명령이고 집행명령은 행정규칙이다. 21·16 간부, 19 승진 (O X)

09 법규명령에는 위임명령과 집행명령이 있으며, 모두 국민의 권리·의무에 관한 사항을 규정할 수 있다. 22 채용 (O X)

10 위임명령은 상위법령의 집행 시 필요한 절차나 형식을 정하는 데 그쳐야 하며 새로운 법규사항을 정하여서는 안된다. 21 승진 (O X)

11 법규명령의 한계로 행정권에 대한 입법권의 일반적·포괄적 위임은 인정될 수 없고, 국회 전속적 법률사항의 위임은 원칙적으로 금지되며, 법률에 의하여 위임된 사항을 전부 하위명령에 재위임하는 것은 금지된다. 19·17 승진 (O X)

정답 및 해설

01 X 행정각부의 장도 직권으로 부령을 발할 수 있다.
02 O
03 X 근거를 요한다.
04 O
05 X 20일
06 O
07 X 법규명령은 효력을 상실한다.
08 X 위임명령과 집행명령은 모두 법규명령의 일종이다.
09 X 집행명령은 새로운 법규사항을 규정할 수는 없다.
10 X 집행명령에 대한 설명
11 O

Ⅱ 행정규칙

1 의의
- **상급행정기관**이 행정조직 내부에서 그 행정의 조직과 활동에 대해 사무처리기준으로서 **하급행정기관**에 발하는, **대외적 구속력이 없는** **일반적·추상적 규율을 말한다.** 예 훈령, 예규, 지시, 일일명령, 고시 기출OX 01
- 단, 예외적으로 대외적 구속력, 즉 법규성을 가지는 경우도 있을 수 있다(재량준칙, 법령보충규칙). 기출OX 02

2 효력
- 행정규칙은 그 행정규칙이 **수명기관에 도달한 때 효력을 발생**한다. → 공포가 효력발생요건 X 기출OX 03
- 행정규칙은 원칙적으로 법규성이 인정되지 않는다(**대외적 구속력 X**). 단, 조직 내부에서 일면적 구속력은 가진다(**대내적 구속력 O**).
- 위반시 위법 문제가 아닌, 내부적 **징계책임** 문제만 발생 기출OX 04

2 특수한 행정규칙(법규성을 갖는 행정규칙)

(1) 재량준칙
　　행정의 재량권 행사에 있어 재량권 행사의 일반적·통일적 기준을 정하기 위해 마련된 행정규칙을 말한다.

> **판례** |
> 행정규칙이라도 재량권행사의 준칙으로서 그 정한 바에 따라 되풀이 시행되어 행정관행을 이루게 되면, 행정기관은 평등의 원칙이나 신뢰보호의 원칙에 따라 상대방에 대한 관계에서 그 규칙에 따라야 할 자기구속을 당하게 되는바, **이 경우에는 대외적 구속력을 가진 공권력의 행사가 된다**(2004헌마670).

(2) 행정규칙 형식의 법규명령 → 법령보충규칙: 법률의 내용을 보충하거나 구체화하는 행정규칙

> **판례** |
> 1 법령보충적 행정규칙이라도 그 자체로서 직접적으로 대외적인 구속력을 갖는 것은 아니다. 즉, **상위법령과 결합하여 일체가 되는 한도 내에서 상위법령의 일부가 됨으로써 대외적 구속력이 발생되는 것일 뿐 그 행정규칙 자체는 대외적 구속력을 갖는 것은 아니다**(99헌바91). 기출OX 05
> 2 법령의 규정이 특정행정기관에게 그 법령내용의 구체적 사항을 정할 수 있는 권한을 부여하면서 그 권한행사의 절차나 방법을 특정하고 있지 아니한 관계로 **수임행정기관이 행정규칙의 형식으로 그 법령의 내용이 될 사항을 구체적으로 정하고 있는 경우**, 그러한 행정규칙은 **당해 법령의 위임한계를 벗어나지 아니하는 한 그것들과 결합하여 대외적인 구속력이 있는 법규명령으로서의 효력을 갖게 된다**(대판 97누19915). 기출OX 06

(3) 법규명령 형식의 행정규칙
　　형식은 법규명령이지만 실질은 행정규칙인 경우도 있을 수 있는데, 이 경우 판례는 행정규칙으로 본다.
　　기출OX 07, 08

[압축정리] 법규명령과 행정규칙

	법규명령	행정규칙
대상	일반국민 / 일반권력관계	공무원 등 / 특별권력관계
형식	시행령(대통령령), 시행규칙(부령)	훈령, 고시, 예규, 지침 등
법적 근거	• 위임명령: 개별·구체적 수권 필요 • 집행명령: 개별·구체적 수권 불필요	불필요(예외 있음)
구속력	• 양면적 구속력(대외·대내) • 재판규범성 ○	• 일면적 구속력(대내적 구속력) • 재판규범성 ×
조문형식	조문형식 필요	구술로도 가능
한계	법률우위원칙 + 법률유보원칙	법률우위원칙만 적용
위반효과	위법(무효 또는 취소사유)	• 위법 ×(효력에 영향 ×) • 내부적 징계책임 발생 가능
공포	필요(효력발생요건)	불필요

기출 OX

01 행정규칙의 종류로는 고시, 훈령, 예규, 일일명령 등이 있다. 19 승진 O X

02 행정규칙은 원칙적으로 그 성격상 대외적 효력을 갖는 것은 아니나, 예외적인 경우에 대외적으로 효력을 가질 수 있다. 18 경특 O X

03 법규명령은 공포를 요하지 않으나, 행정규칙은 공포를 요한다. 16 간부 O X

04 행정규칙은 행정기관이 법률의 수권 없이 권한 범위 내에서 만든 일반적·추상적 명령을 말하며 대내적 구속력을 갖고 있으므로 경찰관이 이를 위반하면 반드시 위법이 된다. 19 승진, 16 간부 O X

05 이른바 법령보충적 행정규칙은 그 자체로서 직접적으로 대외적인 구속력을 갖는다. 18 경특 O X

06 법령 규정이 특정 행정기관에 그 법령 내용의 구체적 사항을 정할 수 있는 권한을 부여하면서 그 권한 행사의 절차나 방법을 특정하고 있지 않아 수임행정기관이 행정규칙의 형식으로 그 내용을 구체적으로 정하고 있다면 그 행정규칙은 대외적 구속력이 있는 법규명령으로서의 효력을 가진다. 21 간부 O X

07 법규명령의 형식(부령)을 취하고 있지만 그 내용이 행정규칙의 실질을 가지는 경우 판례는 당해 규범을 행정규칙으로 보고 있다. 19 승진 O X

08 「도로교통법시행규칙」 제53조 제1항이 정한 [별표 16]의 운전면허행정처분기준은 부령의 형식으로 되어 있으나, 행정청 내부의 사무처리준칙을 규정한 것에 지나지 아니하므로 대외적으로 국민이나 법원을 기속하는 효력이 없다. 25 채용 O X

정답 및 해설

01 O
02 O
03 X 법규명령은 공포를 요하고 행정규칙은 공포를 요하지 않는다.
04 X 행정규칙은 대외적 구속력 ×. 따라서 위반시 위법(무효 또는 취소)의 문제는 발생하지 않는다.
05 X 그 자체로 대외적 구속력을 가지는 것이 아니라, 상위법령과 결합하여 일체가 되는 한도 내에서 대외적 구속력을 가진다.
06 O
07 O
08 O

Ⅱ 경찰행정법의 효력

1 효력발생

헌법	• 국회에서 의결된 법률안은 정부에 이송되어 **15일** 이내에 대통령이 공포한다. 기출OX 01 • 법률은 특별한 규정이 없는 한 공포한 날로부터 **20일**을 경과함으로써 효력을 발생한다. 기출OX 02
법률법령 등 공포에 관한 법률	• 헌법개정·법률·조약·대통령령·총리령 및 부령의 공포와 헌법개정안·예산 및 예산 외 국고부담계약의 공고는 관보에 게재함으로써 한다. 기출OX 03 • 「국회법」 제98조 제3항 전단(확정된 법률을 대통령이 공포하지 아니할 때)에 따라 하는 국회의장의 법률 공포는 서울특별시에서 발행되는 **둘 이상의 일간신문**에 게재함으로써 한다. 기출OX 04 • 법령 등의 공포일 또는 공고일은 해당 법령 등을 게재한 관보 또는 신문이 **발행된 날**로 한다. 기출OX 05 • 대통령령, 총리령 및 부령은 특별한 규정이 없으면 공포한 날부터 **20일**이 경과함으로써 효력을 발생한다. 기출OX 06, 07 • 국민의 권리 제한 또는 의무 부과와 직접 관련되는 법률, 대통령령, 총리령 및 부령은 긴급히 시행하여야 할 특별한 사유가 있는 경우를 제외하고는 공포일부터 적어도 **30일**이 경과한 날부터 시행되도록 하여야 한다. 기출OX 08

2 법령(훈령·예규·고시·지침 등) 시행일의 기간 계산 (행정기본법 제7조)

• 법령등을 공포한 날부터 시행하는 경우에는 **공포한 날을 시행일**로 한다.
• 법령등을 공포한 날부터 일정 기간이 경과한 날부터 시행하는 경우 법령등을 **공포한 날을 첫날에 산입하지 아니한다**.
• 법령등을 공포한 날부터 일정 기간이 경과한 날부터 시행하는 경우 그 **기간의 말일이 토요일 또는 공휴일인 때에는 그 말일로 기간이 만료**한다.

[참고] 행정기본법상 나이규정

행정기본법 제7조의2 행정에 관한 나이는 다른 법령등에 특별한 규정이 있는 경우를 제외하고는 **출생일을 산입하여 만(滿) 나이로 계산**하고, 연수(年數)로 표시한다. 다만, **1세**에 이르지 아니한 경우에는 월수(月數)로 표시할 수 있다. 기출OX 09

기출 OX

01 국회에서 의결된 법률안은 정부에 이송되어 15일 이내에 대통령이 공포한다. 23 승진 O X

02 법률은 특별한 규정이 없는 한 공포한 날로부터 20일을 경과함으로써 효력을 발생한다. 23 승진 O X

03 헌법개정·법률·조약·대통령령·총리령 및 부령의 공포와 헌법개정안·예산 및 예산 외 국고부담계약의 공고는 관보에 게재함으로써 한다. 24 채용 O X

04 「국회법」 제98조 제3항 전단에 따라 하는 국회의장의 법률 공포는 서울특별시에서 발행되는 둘 이상의 일간신문에 게재함으로써 한다. 24 채용 O X

05 「법령 등의 공포일 또는 공고일은 해당 법령 등을 게재한 관보 또는 신문이 발행된 날로 한다. 24 채용 O X

06 「법령 등 공포에 관한 법률」상 법률, 대통령령, 총리령 및 부령은 특별한 규정이 없으면 공포한 날부터 20일이 경과함으로써 효력을 발생한다. 24 채용 O X

07 대통령령, 총리령 및 부령은 특별한 규정이 없으면 공포한 날부터 14일이 경과함으로써 효력을 발생한다. 23 채용, 23 승진 O X

08 국민의 권리 제한 또는 의무 부과와 직접 관련되는 법률, 대통령령, 총리령 및 부령은 긴급히 시행하여야 할 특별한 사유가 있는 경우를 제외하고는 공포일로부터 적어도 30일이 경과한 날부터 시행되도록 하여야 한다. 25 채용, 21 승진 O X

09 행정에 관한 나이는 다른 법령등에 특별한 규정이 있는 경우에도 출생일을 산입하지 않고 만(滿) 나이로 계산하고, 연수(年數)로 표시하되, 1세에 이르지 아니한 경우에는 월수(月數)로 표시할 수 있다. 23 채용 O X

정답 및 해설

01 O
02 O
03 O
04 O
05 O
06 X 대통령령, 총리령 및 부령(법률 ×)
07 X 20일이 경과함으로써 효력을 발생한다.
08 O
09 X 특별한 규정이 있는 경우를 제외, 출생일을 산입하여(산입하지 않고 ×) 만 나이로 계산한다.

POINT 04 경찰행정법의 여러 가지 일반원칙

I 비례의 원칙(과잉금지원칙)

> **행정기본법 제10조【비례의 원칙】** 행정작용은 다음 각 호의 원칙에 따라야 한다. 기출OX 01
> 1. 행정목적을 달성하는 데 유효하고 적절할 것 → **적합성**
> 2. 행정목적을 달성하는 데 필요한 최소한도에 그칠 것 → **필요성**
> 3. 행정작용으로 인한 국민의 이익 침해가 그 행정작용이 의도하는 공익보다 크지 아니할 것 → **상당성**

1 의의

- 비례의 원칙은 헌법 제37조 제2항, 「행정기본법」 제10조, 「경찰관 직무집행법」 제1조 제2항에서 근거를 찾을 수 있다. 기출OX 02
- 행정작용에 있어 **행정목적과 수단 사이에 합리적인 비례관계가 유지되어야 한다는 원칙**을 말한다. 기출OX 03
- **독일**에서 경찰법상의 판례를 중심으로 발달하여 왔다. 기출OX 04
- 비례의 원칙은 행정법의 **모든 영역**에서 적용된다. 기출OX 04

2 구체적 내용: 적합성, 필요성, 상당성 기출OX 05, 06, 07, 08, 09, 10, 11

적합성의 원칙	수단은 **목적을 이루는 데 적합**해야 한다. 가장 적합한 수단을 요구하는 것은 아니다.
필요성의 원칙 (최소침해의 원칙)	여러 수단 중 당사자의 권리를 가급적 **최소한으로 침해하는 수단**을 선택해야 한다.
상당성의 원칙 (협의의 비례원칙)	• 당해 수단에 의해 달성하고자 하는 **공익이, 사익피해의 정도보다 커야 한다.** • "경찰은 대포로 참새를 쏘아서는 안 된다."

> **⚖ 판례 |**
> 과잉금지의 원칙이라 함은 국민의 기본권을 제한함에 있어서 국가작용의 한계를 명시한 것으로서 목적의 정당성·방법의 적정성·피해의 최소성·법익의 균형성 등을 의미하며 그 **어느 하나에라도 저촉이 되면 위헌이 된다**는 헌법상의 원칙을 말한다(헌재 95헌가17). 기출OX 12

3 위반효과: **위법한 국가작용**으로서 행정소송의 대상이 되며, 국가배상책임이 성립할 수 있다. 기출OX 02

비례원칙 위반 O	• 서울광장에서의 일체의 집회는 물론 일반인의 통행까지 막은 것(2009헌마406). • 경찰관이 난동을 부리던 범인을 검거하면서 가스총을 약 1.5m 거리에서 근접 발사하여 가스와 함께 발사된 고무마개가 범인의 눈에 맞아 실명한 경우(대판2002다57218) • 두고 간 30만원이 든 봉투를 소지하였다가 돌려 준 20여 년 근속의 경찰공무원에 대한 해임처분은 사회통념상 현저하게 타당성을 잃어 재량권의 남용에 해당한다(대판 90누8954). • 위법이나 비난의 정도가 미약한 사안을 포함한 모든 경우에 부정 취득하지 않은 운전면허까지 필요적으로 취소하고 이로 인해 2년 동안 해당 운전면허 역시 받을 수 없게 하는 것은, 공익의 중대성을 감안하더라도 지나치게 기본권을 제한하는 것이므로 과잉금지원칙에 반한다(헌가9·10). 기출OX 13
비례원칙 위반 X	• 8년여를 경찰로 근무하면서 8회에 걸쳐 표창 등을 받은 사정을 참작 하더라도 도박행위를 묵인하여 준 뒤 금 20만원을 수수한 경찰관에 대한 해임처분은 정당하다(대판 96누3302).

기출 OX

01 행정청의 행정작용은 행정목적을 달성하는 데 유효하고 적절해야 하며, 필요한 최소한도에 그칠 것이고, 행정작용으로 인한 국민의 이익 침해가 그 행정작용이 의도하는 공익보다 크지 아니해야 한다는 것은 행정기본법상 비례의 원칙에 대한 설명이다. 23 승진 　　O X

02 경찰비례의 원칙은 법률에 명문의 규정은 존재하지 않지만 이를 위반한 경찰작용은 위법한 것으로 평가되어 행정소송의 대상이 되며, 국가배상청구의 대상이 될 수 있다. 24·23·20 채용, 23 간부, 22·20 승진 　　O X

03 경찰비례의 원칙이란 경찰작용에 있어 목적 실현을 위한 수단과 당해 목적 사이에 합리적인 비례관계가 있어야 한다는 원칙이다. 24·19 채용 　　O X

04 비례의 원칙은 독일에서 경찰법상의 판례를 중심으로 발달하여 왔고 오늘날에는 행정법의 모든 영역에서 적용되는 원칙으로 이해되고 있다. 20 채용 　　O X

05 비례의 원칙은 적합성, 필요성, 상당성의 원칙으로 이루어져 있다. 20 채용 　　O X

06 적합성의 원칙은 경찰기관의 어떤 조치가 경찰목적 달성을 위해 필요한 경우라고 하여도 그 조치에 따른 불이익이 그 조치로 인해 발생하는 이익보다 큰 경우에는 경찰권을 발동해서는 안된다는 원칙이다. 24·23 채용, 22 승진 　　O X

07 필요성의 원칙(최소침해의 원칙)은 목적을 달성할 수 있는 수단이 여러 가지가 있는 경우에 적합한 여러 가지 수단 중에서 가장 적게 침해를 가져오는 수단을 선택해야 한다는 원칙이다. 23 채용 　　O X

08 최소침해의 원칙은 협의의 비례원칙이라고도 불린다. 20 채용 　　O X

09 경찰비례의 원칙의 내용 중 상당성의 원칙은 경찰권 발동에 따른 이익보다 사인의 피해가 더 큰 경우 경찰권을 발동해서는 안 된다는 원칙으로서 최소침해원칙이라고도 한다. 24·19 채용 　　O X

10 행정작용은 그 행정작용이 의도하는 공익이 행정작용으로 인한 국민의 이익 침해보다 크지 않아야 한다. 23 채용, 22 승진 　　O X

11 '경찰은 대포로 참새를 쏘아서는 안 된다'는 법언은 상당성의 원칙을 잘 표현한 것이다. 20 승진 　　O X

12 경찰비례의 원칙의 내용으로서 '적합성의 원칙', '필요성의 원칙', '상당성의 원칙'이 있으며 적어도 하나는 충족해야 위법하지 않다. 20 승진 　　O X

13 위법이나 비난의 정도가 미약한 사안을 포함한 모든 경우에 부정 취득하지 않은 운전면허까지 필요적으로 취소하고 이로 인해 2년 동안 해당 운전면허 역시 받을 수 없게 하는 것은, 공익의 중대성을 감안하더라도 지나치게 기본권을 제한하는 것이 아니므로 비례의 원칙에 위배되지 않는다. 23 간부 　　O X

정답 및 해설

01 O
02 X 헌법, 행정기본법, 경찰관직무집행법에 명문으로 규정
03 O
04 O
05 O
06 X 상당성의 원칙에 대한 설명
07 O
08 X 최소침해 원칙은 필요성의 원칙
09 X 상당성의 원칙은 협의의 비례원칙
10 X 공익 ≥ 사익
11 O
12 X 어느 하나에라도 저촉이 되면 위헌
13 X 비례원칙(과잉금지원칙) 위반

Ⅱ 신뢰보호의 원칙 → 영미법계 금반언 원칙과 유사

> **행정기본법 제12조 【신뢰보호의 원칙】** ① 행정청은 공익 또는 제3자의 이익을 현저히 해칠 우려가 있는 경우를 제외하고는 행정에 대한 국민의 정당하고 합리적인 신뢰를 보호하여야 한다. 기출OX 01
> ② 행정청은 권한 행사의 기회가 있음에도 불구하고 장기간 권한을 행사하지 아니하여 국민이 그 권한이 행사되지 아니할 것으로 믿을 만한 정당한 사유가 있는 경우에는 그 권한을 행사해서는 아니 된다. 다만, 공익 또는 제3자의 이익을 현저히 해칠 우려가 있는 경우는 예외로 한다. 기출OX 02

1 **의의**: 행정청의 행위를 사인이 정당하게 신뢰한 경우, 그 신뢰는 보호되어야 한다는 원칙을 말한다.

2 **성립요건**

선행조치 (공적 견해표명)	• 먼저 행정청의 선행조치가 있어야 한다. • 적법행위·위법행위 모두 선행조치가 될 수 있다. 단, 무효인 행정행위는 선행조치가 될 수 없다. cf. 자기구속원칙에서 선례는 적법해야 함
보호가치 있는 신뢰	행정청의 선행조치가 상대방 등 관계자의 사실은폐나 부정행위에 기인한 것이 아니어야 한다. → 즉, 사인의 귀책사유가 없어야 한다.
신뢰에 기초한 행위	행정청의 선행조치를 믿은 것만으로는 부족하고, 어떠한 행위를 하였어야 한다.
인과관계	선행조치에 대한 신뢰와 그 신뢰에 따른 조치 사이에 인과관계가 있어야 한다.
선행조치에 반하는 후행조치	행정청이 선행조치에 반하는 후행조치를 하여야 한다.

3 **신뢰의 원칙 관련판례**

> **판례**
> 1 운전면허취소사유에 해당하는 음주운전을 적발한 경찰관의 소속 **경찰서장이 사무착오로 위반자에게 운전면허정지처분을 한 상태**에서 위반자의 주소지 관할 **지방경찰청장이 위반자에게 운전면허취소처분**을 한 것은 선행처분에 대한 당사자의 신뢰 및 법적 안정성을 저해하는 것으로서 허용될 수 없다(대판 99두10520). 기출OX 03
> 2 폐기물처리업에 대하여 사전에 관할 관청으로부터 적정통보를 받고 막대한 비용을 들여 허가요건을 갖춘 다음 허가신청을 하였음에도 다수 청소업자의 난립으로 안정적이고 효율적인 청소업무의 수행에 지장이 있다는 이유로 한 불허가처분은 신뢰보호의 원칙 및 비례의 원칙에 반하는 것으로서 재량권을 남용한 위법한 처분이다(대판 98두4061). 기출OX 04

기출 OX

01 신뢰보호의 원칙은 행정청은 공익 또는 제3자의 이익을 현저히 해칠 우려가 있는 경우를 제외하고는 행정에 대한 국민의 정당하고 합리적인 신뢰를 보호하여야 한다는 것이다. 21 경특 O X

02 공익 또는 제3자의 이익을 현저히 해칠 우려가 있는 경우에도 행정청은 권한 행사의 기회가 있음에도 불구하고 장기간 권한을 행사하지 아니하여 국민이 그 권한이 행사되지 아니할 것으로 믿을 만한 정당한 사유가 있는 경우에는 그 권한을 행사해서는 아니 된다. 23 채용 O X

03 운전면허 취소사유에 해당하는 음주운전을 적발한 경찰관의 소속 경찰서장이 사무착오로 위반자에게 운전면허정지처분을 한 상태에서 위반자의 주소지 관할 지방경찰청장이 위반자에게 운전면허취소처분을 한 것은 선행처분에 대한 당사자의 신뢰 및 법적 안정성을 저해하는 것으로 볼 수 없다. 24 간부, 19 채용 O X

04 폐기물처리업에 대하여 사전에 관할 관청으로부터 적정통보를 받고 막대한 비용을 들여 허가요건을 갖춘 다음 허가신청을 하였음에도 관할 관청으로부터 '다수 청소업자의 난립으로 안정적이고 효율적인 청소업무의 수행에 지장이 있다'는 이유로 불허가처분을 받은 경우, 그 처분은 신뢰보호원칙 위반으로 인한 위법한 처분에 해당된다. 22 채용 O X

정답 및 해설

01 O
02 X 공익 또는 제3자의 이익을 현저히 해치는 경우까지 사인의 신뢰를 보호해 줄 수는 없는 것이다.
03 X 저해하는 것이다
04 O

III 평등의 원칙

행정기본법 제9조 【평등의 원칙】 행정청은 합리적 이유 없이 국민을 차별하여서는 아니 된다.

1 의의
행정청이 합리적 이유 없이 국민을 차별하는 것을 금지하는 원칙이다. → **합리적 이유가 있는 차별은 가능하다.** 기출OX 01

2 평등원칙 관련 판례

> **판례 | 평등원칙 위반을 인정한 사안**
> 1 함께 화투놀이를 한 4명 중 3명에게는 가벼운 징계처분인 견책을 하고 1명에게만 파면처분
> 2 청원경찰의 인원감축을 위하여 **초등학교 졸업 이하 학력소지자 집단과 중학교 중퇴 이상 학력소지자 집단으로 나누어** 집단별로 같은 감원비율의 인원을 산정
> 3 공무원 시험에서 **국가유공자의 가족들에게 10%의 가산점을** 부여하고 있는 규정

> **판례 | 평등원칙 위반을 부정한 사안**
> 1 같은 정도의 비위를 저지른 자들 사이에 있어서도 그 직무의 특성 등에 비추어, **개전의 정이 있는지 여부에 따라 징계의 종류의 선택과 양정에 있어서 차별적으로 취급**하는 것(대판 99두2611) 기출OX 02
> 2 잠정적 우대조치의 일환으로서 이루어지는 **여성공무원 채용목표제**(헌재 98헌마363)

IV 자기구속의 원칙

1 의의: 행정청이 **재량영역**에서 선례를 만들었다면, **동종 사안에 대해 동일한 결정**을 해야 한다는 원칙
2 성립요건
① 당해 행정행위가 이루어지는 영역이 **재량영역**일 것
② 동일한 행정청의 **동종 사안**에 대한 것일 것
③ **행정선례가 존재**할 것
④ **선례가 적법**할 것의 요건이 필요하다. 기출OX 03 cf. 신뢰보호원칙은 위법행위도 선행조치가 될 수 있다.

> **판례 |**
> 위법한 행정처분이 수차례에 걸쳐 반복적으로 행하여졌다 하더라도 그러한 처분이 위법한 것인 때에는 행정청에 대하여 자기구속력을 갖게 된다고 할 수 없다(대판 2009.6.25. 2008두13132).

3 효과: 자기구속원칙은 **재량준칙(행정규칙)을 법규로 전환**시키는 역할을 한다.

기출 OX

01 행정청은 합리적 이유 없이 국민을 차별해서는 아니 된다는 것은 행정기본법상 평등의 원칙에 대한 설명이다. 23 승진 (O X)

02 같은 정도의 비위를 저지른 자들 사이에 있어서도 그 직무의 특성, 비위의 성격 및 정도를 고려하여 징계종류의 선택과 양정을 차별적으로 취급하는 것은 합리적 차별로서 평등원칙에 반하지 아니한다. 22 채용 (O X)

03 적법 및 위법을 불문하고 재량준칙에 따른 행정관행이 성립한 경우라면, 행정의 자기구속 원칙이 적용될 수 있다. 22 채용, 21 승진 (O X)

정답 및 해설

01 O
02 O
03 X 선례가 위법하다면 자기구속 원칙이 적용되지 않는다

Ⅴ 부당결부금지 원칙

> **행정기본법 제13조 【부당결부금지의 원칙】** 행정청은 행정작용을 할 때 상대방에게 해당 행정작용과 실질적인 관련이 없는 의무를 부과해서는 아니 된다. 기출OX 01, 02

1 **의의**: 행정청이 행정작용을 할 때 상대방에게 해당 행정작용과 실질적으로 관련이 없는 의무를 부과하거나 의무를 이행하도록 강제해서는 안 된다는 원칙 기출OX 03

2 **부당결부금지원칙 관련 판례**

위반 부정	**판례 l** 1 고속국도 관리청이 고속도로 부지와 접도구역에 송유관 매설을 허가하면서, 송유관 시설을 이전하게 될 경우 그 비용을 상대방에게 부담하도록 하는 부관(대판 2005다65500). 기출OX 04 2 제1종 대형면허·제1종 보통면허는 서로 관련된 것이라고 할 것이므로, 제1종 대형면허로 운전할 수 있는 차량을 음주운전하거나 그 제재를 위한 음주측정의 요구를 거부한 경우에는 그와 관련된 제1종 보통면허까지 취소할 수 있다(대판 96누17578). 3 제1종 보통면허·원동기장치자전거의 운전면허는 서로 관련된 것이라고 할 것이므로, 제1종 보통면허로 운전할 수 있는 차량을 음주운전한 경우에는 이와 관련된 원동기장치자전거면허까지 취소할 수 있는 것으로 보아야 한다(대판 96누9959). 4 갑이 혈중알코올농도 0.140%의 주취상태로 배기량 125cc 이륜자동차를 운전한 갑에 대하여 제1종 대형, 제1종 보통, 제1종 특수(대형견인·구난) 운전면허를 취소하는 경우(대판 2017두67476). 기출OX 05
위반 긍정	**판례 l** 1 지방자치단체장이 사업자에게 주택사업계획승인을 하면서 그 주택사업과는 아무런 관련이 없는 토지를 기부채납하도록 하는 부관을 주택사업계획승인에 붙인 경우(대판 96다49650). 기출OX 06, 07 2 배기량 400cc의 오토바이를 절취하였다는 이유로 지방경찰청장이 갑의 제1종 대형, 제1종 보통 자동차운전면허를 모두 취소한 경우, 위 오토바이를 훔쳤다는 사유만으로 제1종 대형면허나 보통면허를 취소할 수 없다(대판 2012두1891). 3 이륜자동차로서 제2종 소형면허를 가진 사람만이 운전할 수 있는 오토바이는 제1종 대형면허나 보통면허를 가지고서도 이를 운전할 수 없는 것이어서 이와 같은 이륜자동차의 운전은 제1종 대형면허나 보통면허와는 아무런 관련이 없는 것이므로 이륜자동차를 음주운전한 사유만 가지고서는 제1종 대형면허나 보통면허의 취소나 정지를 할 수 없다(대판 91누8289). 기출OX 08 4 제1종보통 운전면허와 제1종대형 운전면허를 취득한 자가 대형화물자동차를 운전하다가 교통사고를 낸 것과 관련하여 행정청이 운전면허정지처분을 하면서 면허의 종별을 기재하지 않고 면허번호만을 특정한 경우, 위 각 운전면허가 1개의 면허번호에 의하여 통합관리되고 있다고 하더라도 운전면허정지처분의 대상은 제1종대형 운전면허에 국한되므로 제1종보통 운전면허는 정지되지 않는다(대판 2000두5425). 기출OX 09

기출 OX

01 행정절차법 제4조 제2항 "행정청은 법령등의 해석 또는 행정청의 관행이 일반적으로 국민들에게 받아들여졌을 때에는 공익 또는 제3자의 정당한 이익을 현저히 해칠 우려가 있는 경우를 제외하고는 새로운 해석 또는 관행에 따라 소급하여 불리하게 처리하여서는 아니 된다는 원칙은 부당결부금지의 원칙이다. 22 채용 O X

02 부당결부금지 원칙은 현행법상 명시적인 규정은 없지만 법치국가의 원리와 자의금지의 원칙으로부터 도출되는 행정법의 일반원칙이다. 23 채용 O X

03 부당결부금지의 원칙이란 행정청은 행정작용을 할 때 상대방에게 해당 행정작용과 실질적인 관련이 없는 의무를 부과해서는 아니 된다는 원칙이다. 23 채용 O X

04 고속국도의 관리청이 고속도로 부지와 접도구역에 송유관 매설을 허가하면서 상대방과 체결한 협약에 따라 송유관 시설을 이전하게 될 경우 상대방에게 그 비용을 부담하도록 한 부관은 행정작용과 실질적 관련성이 없는 의무를 부과하는 것으로서 부당결부금지 원칙에 위반된다. 21 경특 O X

05 甲이 혈중알코올농도 0.140%의 주취상태로 배기량 125cc 이륜 자동차를 운전하였다는 이유로 甲의 자동차운전면허[제1종 대형, 제1종 보통, 제1종 특수(대형견인·구난), 제2종 소형]를 취소한 것은 甲이 음주상태에서 운전을 하지 않으면 안 되는 부득이한 사정이 없었더라도 재량권을 일탈·남용한 것이다. 23 채용 O X

06 지방자치단체장이 사업자에게 주택사업계획승인을 하면서 그 주택사업과는 아무런 관련이 없는 토지를 기부채납하도록 하는 부관을 주택사업계획승인에 붙인 경우, 그 부관은 부당결부금지 원칙에 위반되어 위법하다. 22 채용 O X

07 지방자치단체장이 사업자에게 주택사업계획승인을 하면서 그 주택사업과는 아무런 관련이 없는 토지를 기부채납하도록 하는 부관을 붙인 경우에는, 기부채납한 토지 가액이 그 주택사업 계획의 100분의 1 상당의 금액에 불과하고 사업자가 이의를 제기하지 아니하다가 지방자치단체장이 업무착오로 기부채납한 토지에 대하여 보상협조요청서를 보내자 그 때서야 비로소 부관의 하자를 들고 나왔다고 하더라도 그 부관은 당연무효이다. 23·22 채용 O X

08 250cc 오토바이의 운전은 제1종 대형면허나 보통면허와는 아무런 관련이 없는 것이므로 이를 음주운전한 사유만 가지고서는 그 운전자가 보유하고 있는 제1종 대형면허나 보통 면허까지 취소할 수는 없다. 24 간부 O X

09 제1종보통 운전면허와 제1종대형 운전면허를 취득한 자가 대형화물자동차를 운전하다가 교통사고를 낸 것과 관련하여 행정청이 운전면허정지처분을 하면서 면허의 종별을 기재하지 않고 면허번호만을 특정하였고, 운전면허정지처분의 기초자료가 되는 위반사고점수제조회와 임시운전면허증상의 면허의 종류 내지 소지면허란에 1종대형만을 기재한 경우에, 위 각 운전면허가 1개의 면허번호에 의하여 통합관리되고 있다면 제1종대형 운전면허와 제1종보통 운전면허는 모두 정지된다. 24 간부 O X

정답 및 해설

01 X 신뢰보호원칙에 대한 설명이다.
02 X 행정기본법에 규정
03 O
04 X 부당결부금지의 원칙에 위반 ×
05 X 복수의 운전면허 사이에 포함관계에 있는 경우에는 함께 취소하더라도 부당결부금지원칙 위반이 아니다
06 O
07 X 사안의 경우 부당결부금지원칙에 위반되어 위법하지만, 그 하자가 중대명백하여 무효라고 볼 수는 없다고 하였다.
08 O
09 X 복수의 운전면허가 1개 면허번호로 통합관리 되고 있다고 하더라도, 이는 관리상 편의를 위한 것일 뿐이어서 제종 대형면허가 정지된다고 하여 당연히 1종 보통면허까지 정지 효력이 미치는 것은 아니라고 하였다.

POINT 05 경찰관청의 상호관계와 권한행사

I 권한의 대리관계

1 의의

- 경찰관청의 권한의 대리란 경찰관청의 권한의 전부 또는 일부를 다른 대리기관(통상 보조기관, 하급행정기관 등)이 피대리관청을 위한 것임을 표시하여 자기의 이름으로 행하고(현명주의) 기출OX 01, 그 행위의 법적 효과는 피대리관청의 행위로서 발생하는 것을 말한다. 기출OX 02
- 이 경우 대리기관은 자기의 명의로 사무처리를 하는 것이나, 그 법적 효과는 피대리관청의 효과로서 발생한다는 점에서 대리관계의 발생에 의하여 법령상의 권한분배에는 영향이 없다. → 즉, 권한 이전이 없다, 권한의 위임에서는 권한 이전이 발생!

2 종류: 임의대리, 법정대리 기출OX 03

(1) 임의대리

개념	피대리관청의 수권에 의하여 대리관계가 발생하는 경우를 말한다.
법적근거	권한의 이전을 가져오지 않는다는 점에서 법령의 명시적 근거를 요하지 않는다.
범위	권한의 일부에 한해서만 가능하다(일부대리). 기출OX 04
지휘·감독권	대리관청은 피대리관청의 책임하에서 그 권한을 행사하는 것이므로 피대리관청은 대리관청에 대하여 지휘·감독권을 행사할 수 있으며, 대리행위에 대하여 지휘·감독 책임을 진다. 기출OX 05
복대리 가능성	대리관계가 신뢰관계를 기초로 맺어져 있으므로 명문의 규정이 있는 경우를 제외하고는 복대리가 원칙적으로 허용되지 않는다.
효과	대리관청의 행위는 피대리관청의 행위로서의 효과를 발생한다.

(2) 법정대리

개념		법정사실이 발생한 경우 직접 법령의 규정에 의하여 대리관계가 발생하는 것을 말한다.
법적근거		법정대리는 개념상 반드시 법률의 근거가 필요하다.
범위		법정대리는 피대리관청의 권한의 전부에 미친다(전부대리). 기출OX 06
지휘·감독권		피대리관청이 궐위된 경우의 법정대리에는 피대리관청의 지휘·감독권은 아무런 의미가 없으므로 감독책임을 부정하는 견해가 다수설이다. 기출OX 07
복대리 가능성		신뢰관계와는 무관하게 법정사실의 발생에 따라 당연히 대리관계가 발생한다는 점을 고려할 때 복대리가 허용된다고 본다. → 복대리 자체의 성격은 임의대리임을 유의! 기출OX 08
종류	협의의 법정대리	대리자가 법령의 규정에 의하여 직접 정하여져 있어 특별한 지정행위를 요하지 않고 법률상 당연히 대리관계가 발생하는 경우 기출OX 09 예 경찰청장이 부득이한 사유로 직무를 수행할 수 없을 때 차장이 직무를 대리하는 것 기출OX 10
	지정대리	법정사실이 발생하였을 때에 일정한 자를 대리자를 지정함으로써 비로소 대리관계가 발생하는 경우를 말한다.
효과		대리관청의 행위는 피대리관청의 행위로서의 효과를 발생한다. 기출OX 11

[압축정리] 임의대리와 법정대리

구분	임의대리	법정대리
대리권의 발생	대리권 수여행위(수권행위)	법정사실의 발생
대리권의 범위	일부대리만 가능	전부대리 가능
법적 근거	불필요	필요
피대리청의 지휘 · 감독	지휘 · 감독을 할 수 있음	원칙적으로 지휘 · 감독 불가능
복대리	불가능(신뢰관계)	가능
대리권의 소멸	수권행위의 철회 · 실효, 대리자의 사망 등	법정사실의 소멸

기출 OX

01 대리기관은 피대리관청을 위한 것임을 표시하고 자신(대리기관)의 명의로 대리한다. 13 채용 O X

02 권한의 대리는 피대리자의 권한의 전부 또는 일부를 대리자가 피대리자를 위한 것임을 표시하고 자기의 명의로 대행하는 것으로 그 행위는 대리자의 행위로서 효과가 발생한다. 20 승진 O X

03 권한의 대리에는 임의대리와 법정대리가 있는데, 보통 대리는 임의대리를 의미한다. 20 승진 O X

04 원칙적으로 임의대리는 권한의 일부에 대해서만 가능하고 복대리가 불가능하다. 19 승진, 19 채용 O X

05 임의대리의 경우 피대리관청은 대리기관의 행위에 대한 지휘 감독상의 책임을 진다. 20 · 19 승진 O X

06 법정대리는 권한의 전부에 대해서 가능하고 복대리가 가능하다. 19 승진 O X

07 법정대리의 경우 피대리관청은 원칙적으로 지휘 감독상의 책임을 지지 않는다. 20 · 19 승진 O X

08 복대리의 성격은 임의대리에 해당한다. 19 채용 O X

09 법정대리는 협의의 법정대리와 지정대리가 있는데, 협의의 법정대리는 일정한 법정 사유가 발생하면 당연히 대리권이 발생하는 경우를 말한다. 20 승진 O X

10 「국가경찰과 자치경찰의 조직 및 운영에 관한 법률」상 "경찰청장이 부득이한 사유로 직무를 수행할 수 없을 때에는 경찰청 차장이 그 직무를 대행한다"는 대리방식을 '지정대리'라고 한다. 22 채용 O X

11 법정대리의 경우 피대리관청이 사고 등으로 인해 공석이므로 대리의 법적 효과는 대리관청에 귀속된다. 22 채용 O X

정답 및 해설

01 O
02 X 그 행위는 피대리자의 행위로서 효과가 발생한다.
03 O
04 O
05 O
06 O
07 O
08 O
09 O
10 X 협의의 법정대리에 해당
11 X 법정대리의 경우 통상 피대리관청이 사고 등으로 인해 공석이라는 설명은 옳으나, 본질은 여전히 '대리'이므로 법적 효과는 피대리관청에 귀속된다(대리는 대리관청에 권한이전이 없다).

Ⅱ 권한의 위임관계

1 의의
- 경찰관청이 권한의 일부를 다른 경찰기관(보통 하급관청)에 이전하여 그 수임관청의 권한으로 그 수임관청 자신의 명의와 책임하에서 행사하도록 하는 것을 말한다. 기출OX 01
- 권한의 위임이 있으면 그 권한은 위임의 범위 안에서 수임기관의 권한으로 되고, 수임기관은 자기의 명의와 책임하에 권한을 행사하게 된다. 기출OX 02
- 권한의 위임으로 인한 사무처리에 소요되는 인력 예산 등은 위임자가 부담한다. 기출OX 03

2 법적근거
행정권한의 위임은 법률상의 권한을 다른 행정관청에 이전하여 권한의 법적 귀속을 변경하는 것이므로 반드시 법령의 근거를 요한다. 기출OX 04

3 위임의 한계
- 권한의 위임은 경찰관청의 권한의 일부에 대해서만 가능하고, 권한의 전부나 주요 부분에 대한 위임은 인정되지 않는다. 기출OX 05
- 수임관청은 법령의 근거가 있는 경우 위임받은 권한을 다시 재위임할 수 있다.

4 위임의 상대방
- 보조기관·하급경찰관청에 대한 위임: 가장 일반적인 경우이다. → 수임기관 동의 불필요 기출OX 06
- 대등한 경찰관청 기타 다른 행정기관에 대한 위임: 가능하며, 이를 권한의 '위탁'이라고 한다.

5 위임의 효과
위임이 있으면 그 권한은 수임기관의 권한으로 이전되어 위임기관은 사무를 처리할 권한을 상실하고, 수임기관은 자기의 명의나 책임하에 권한을 행사하며, 그 효과도 수임기관 자신에게 귀속한다. 기출OX 07 → 취소소송 등 항고소송의 피고도 수임기관이 된다. 기출OX 08

[참고] 내부위임(위임전결 · 대결)

1. 의미
   내부위임이란 결재권한이나 결재행위를 하급관청·보조기관에게 위임하거나 맡기는 것을 말한다. 기출OX 09

위임전결	상급관청이 미리 만들어둔 전결규정에 따라 결재권한을 미리 위임해 두는 것
대결	결재권자의 휴가·출장·사고 등의 일시부재시 사무처리에 대한 결재를 대신 맡기는 것 기출OX 10

2. 특징
   - 본질이 행정규칙이고, 모두 권한 이전을 발생시키지 않으므로 법령상 근거가 필요하지 않다.
   - 권한행사의 명의자는 모두 본래의 행정청(위임청)이 된다. 기출OX 11

[압축정리] 위임과 대리

구분	권한의 위임	권한의 대리	
		임의대리	법정대리
공통점	행정청의 권한을 다른 자가 대신하여 행사한다는 점에서 공통점이 있다.		
명의	수임청 명의	대리관청 명의(현명)	대리관청 명의(현명)
상대방	(보통) 하급관청	(보통) 보조기관	
법적근거	필요	불필요	필요
발생원인	위임청의 일방적 위임	피대리관청의 일방적 수권	법정사실 발생
권한이전	수임청으로 이전	권한이전 없음	권한이전 없음
권한범위	일부위임	일부대리	전부대리

효과귀속	수임청	피대리관청	피대리관청
행정소송 피고	수임청	피대리관청	
책임귀속	수임청	외부: 피대리관청 / 내부: 대리관청(징계책임)	
지휘감독	가능	가능	불가능
복대리·재위임	가능 (법령근거 필요)	불가능(신임관계)	가능

기출 OX

01 권한의 위임이란 상급관청이 하급관청에 권한의 전부를 이전하여 수임기관의 권한으로 행하도록 하는 것으로 위임의 범위에는 제한이 없는 것이 원칙이다. 19 승진 (O X)

02 권한을 위임받은 수임청은 자기의 이름 및 자기의 책임으로 권한을 행사한다. 22 채용 (O X)

03 권한의 위임으로 인한 사무처리에 소요되는 인력 예산 등은 수임자 부담이 원칙이다. 19·15 승진 (O X)

04 권한의 위임은 법령상의 근거가 필요없다. 13 채용 (O X)

05 권한의 위임은 권한의 전부 또는 주요부분에 대하여는 위임이 허용되지 않는다. 13 채용 (O X)

06 권한의 위임은 보조기관, 권한의 대리는 하급관청이 주로 상대방이 된다. 19 승진 (O X)

07 권한의 위임은 수임관청에 권한이 이전되므로 수임관청에 효과가 귀속되나, 권한의 대리는 직무의 대행에 불과하므로 임의대리든 법정대리든 피대리관청에 효과가 귀속된다. 19 승진 (O X)

08 원칙적으로 대리관청이 대리행위에 대한 행정소송의 피고가 된다. 22·19 채용 (O X)

09 전결(專決)과 같은 행정권한의 내부위임은 법령상 처분권자인 행정관청이 내부적인 사무처리의 편의를 도모하기 위하여 그의 보조기관 또는 하급 행정관청으로 하여금 그의 권한을 사실상 행사하게 하는 것으로서 법률의 위임이 있어야 허용된다. 21 경특 (O X)

10 대결이란 행정기관의 결재권자가 휴가 출장·사고 등의 사유로 결재할 수 없을 때 그 직무를 대리하는 자가 결재하는 것을 뜻한다. 15 승진 (O X)

11 권한위임의 경우에는 수임관청이 자기의 이름으로 그 권한행사를 할 수 있지만 내부위임의 경우에는 수임관청은 위임 관청의 이름으로만 그 권한을 행사할 수 있을 뿐 자기의 이름으로는 그 권한을 행사할 수 없다. 24 승진 (O X)

정답 및 해설

01 X 권한의 위임은 경찰관청의 권한의 일부에 대해서만 가능하다.
02 O
03 X 위임자 부담이 원칙이다.
04 X 행정권한의 위임은 반드시 법령의 근거를 요한다.
05 O
06 X 권한의 대리는 보통 보조기관이, 권한의 위임은 주로 하급관청이 된다.
07 O
08 X 권한의 대리관계에서는 권한이전이 없으므로(즉 권한이 여전히 피대리관청에 남아있으므로) 다툼 발생시 피대리관청이 대리행위에 대한 행정소송의 피고가 되고, 권한의 위임관계에서는 권한이 수임관청으로 넘어가므로 다툼 발생시 수임관청이 행정소송의 피고가 된다.
09 X 전결은 법률의 위임이 반드시 필요한 것이 아니다.
10 O
11 O

III 행정권한의 위임 및 위탁에 관한 규정

위임	법률에 규정된 행정기관의 장의 권한 중 **일부**를 그 **보조기관 또는 하급행정기관의 장**이나 지방자치단체의 장에게 맡겨 그의 권한과 책임 아래 행사하도록 하는 것
위탁	법률에 규정된 행정기관의 장의 권한 중 **일부**를 **다른 행정기관의 장**에게 맡겨 그의 권한과 책임 아래 행사하도록 하는 것 `기출 OX 01`
위임 및 위탁 기준	• 행정기관의 장은 아래 사무 중 **그가 직접 시행하여야 할 사무를 제외**한 일부 권한을 그 보조기관·하급행정기관의 장·다른 행정기관의 장·지방자치단체의 장에게 **위임 및 위탁한다.** `기출 OX 02` 1. 허가·인가·등록 등 민원에 관한 사무 2. 정책의 구체화에 따른 집행사무 3. 일상적으로 반복되는 사무 • 행정기관의 장은 위임 및 위탁하기 전에 수임기관의 수임능력 여부를 점검하고, 필요한 **인력 및 예산**을 이관**하여야 한다.** `기출 OX 03` • 행정기관의 장은 행정권한을 위임 및 위탁할 때에는 위임 및 위탁하기 전에 **단순한 사무인 경우를 제외**하고는 수임 및 수탁기관에 대하여 수임 및 수탁사무 처리에 필요한 교육을 **하여야 하며**, 수임 및 수탁 사무의 처리지침을 통보**하여야 한다.** `기출 OX 04`
지휘·감독	위임 및 위탁기관은 수임 및 수탁기관의 수임 및 수탁사무 처리에 대하여 **지휘·감독하고**, 그 처리가 위법 하거나 부당하다고 인정될 때에는 이를 **취소하거나 정지시킬 수 있다.** `기출 OX 05`
사전승인 등의 제한	위임 및 위탁기관은 수임 및 수탁기관에 대하여 **사전승인을 받거나 협의를 할 것을 요구할 수 없다.** `기출 OX 06`
책임의 소재· 명의표시	• 수임 및 수탁사무의 처리에 관한 책임은 수임 및 수탁기관에 있으며, 위임 및 위탁기관의 장은 그에 대한 감독책임을 진다. `기출 OX 07` • 수임 및 수탁사무에 관한 권한을 행사할 때에는 **수임 및 수탁기관의 명의**로 하여야 한다. `기출 OX 08`
감사	위임 및 위탁기관은 위임 및 위탁사무 처리의 적정성을 확보하기 위하여 필요한 경우에는 수임 및 수탁기 관의 수임 및 수탁사무 처리 상황을 수시로 감사**할 수 있다.** `기출 OX 09`

📚 판례 |

수임 및 수탁사무의 처리가 부당한지 여부의 판단은 위법성 판단과 달리 합목적적·정책적 고려도 포함되므로, 위임 및 위탁기관이 그 사무처리에 관하여 일반적인 지휘·감독을 하는 경우는 물론이고 나아가 수임 및 수탁사무의 처리가 부당하다는 이유로 그 사무처리를 취소하는 경우에도 광범위한 재량이 허용된다고 보아야 한다(대판 2016두55629) `기출 OX 10`

기출 OX

01 "위임"이란 법률에 규정된 행정기관의 장의 권한 중 일부를 다른 행정기관의 장에게 맡겨 그의 권한과 책임 아래 행사하도록 하는 것을 말한다. 23·18 채용, 21 승진, 20 간부   O X

02 행정기관의 장은 허가·인가·등록 등 민원에 관한 사무, 정책의 구체화에 따른 집행사무 및 일상적으로 반복되는 사무로서 그가 직접 시행하여야 할 사무를 제외한 일부 권한을 그 보조기관 또는 하급행정기관의 장, 다른 행정기관의 장, 지방자치단체의 장에게 위임 및 위탁한다. 24 승진   O X

03 행정기관의 장은 행정권한을 위임 및 위탁할 때에는 위임 및 위탁하기 전에 수임기관의 수임능력 여부를 점검하고, 필요한 인력 및 예산을 이관할 수 있다. 24·21 승진, 20 간부   O X

04 행정기관의 장은 행정권한을 위임 및 위탁할 때에는 위임 및 위탁하기 전에 단순한 사무인 경우를 제외하고는 수임 및 수탁기관에 대하여 수임 및 수탁사무 처리에 필요한 교육을 하여야 하며, 수임 및 수탁사무의 처리지침을 통보하여야 한다. 23 채용   O X

05 위임 및 위탁기관은 수임 및 수탁기관의 수임 및 수탁사무 처리에 대하여 지휘·감독하고, 그 처리가 위법하거나 부당하다고 인정될 때에는 이를 취소하거나 정지시켜야 한다. 23·21·18 채용, 21 승진 20 간부   O X

06 권한의 위임 시 수임기관의 사무처리가 위법 부당하다고 인정될 때에는 위임기관은 이를 취소 또는 정지할 수 있고, 수임기관에 대하여 사전승인을 받거나 협의할 것을 요구할 수 있다. 21 채용, 20 간부, 24·19 승진   O X

07 수임 및 수탁사무의 처리에 관한 책임은 수임 및 수탁기관에 있으므로, 위임 및 위탁기관의 장은 그에 대한 감독책임을 지지 않는다. 21·18 채용   O X

08 수임 및 수탁사무의 처리에 관한 책임은 수임 및 수탁기관에 있으며, 수임 및 수탁사무에 관한 권한을 행사할 때에는 위임 및 위탁기관의 명의로 하여야 한다. 21 채용, 21 승진   O X

09 위임 및 위탁기관은 위임 및 위탁사무 처리의 적정성을 확보하기 위하여 필요한 경우에는 수임 및 수탁기관의 수임 및 수탁사무 처리 상황을 수시로 감사할 수 있다. 24 승진, 18 채용, 20 간부   O X

10 수임 및 수탁사무의 처리가 부당한지 여부의 판단은 위법성 판단과 달리 합목적적·정책적 고려도 포함되므로, 위임 및 위탁기관이 그 사무처리에 관하여 일반적인 지휘·감독을 하는 경우는 물론이고 나아가 수임 및 수탁사무의 처리가 부당하다는 이유로 그 사무처리를 취소하는 경우에도 광범위한 재량이 허용된다고 보아야 한다. 23 채용   O X

정답 및 해설

01 X 위탁에 관한 설명
02 O
03 X 이관하여야 한다
04 O
05 X 시킬 수 있다.
06 X 사전승인이나 협의를 요구할 수는 없다.
07 X 수임 및 수탁사무의 처리에 관한 책임은 수임 및 수탁기관에 있으며, 위임 및 위탁기관의 장은 그에 대한 감독책임을 진다.
08 X 수임 및 수탁기관의 명의
09 O
10 O

V 권한의 감독관계(훈령과 직무명령)

1 훈령

의의	상급경찰관청이 하급경찰관청의 권한행사를 지휘하기 위하여 발하는 명령 기출OX 01	
성질	• 훈령은 경찰기관의 의사를 구속하므로 기관 구성원이 변경·교체되더라도 **효력에 영향이 없다** 기출OX 02 • 훈령은 **법규의 성질을 갖지 않는 행정규칙**이다. • 훈령은 특별한 **법적 근거 없이도** 발할 수 있다. 기출OX 03	
종류	협의의 훈령	상급행정청이 하급행정청의 권한행사를 장기간에 걸쳐 일반적으로 지휘하기 위하여 직권으로 발하는 명령
	지시	상급행정청이 하급행정청에 대하여 개별적·구체적 지휘를 위하여 발하는 명령 기출OX 04
	예규	반복적 행정사무의 기준을 제시하기 위하여 발하는 명령 기출OX 05
	일일명령	당직, 출장, 특근, 휴가 등 일일업무에 관하여 발하는 명령
형식	훈령은 원칙적으로 일반적·추상적 사항에 대하여 발해야 하나, 개별적·구체적 사항에 대하여도 발할 수 있다 (지시) 기출OX 06	
구속력	대외적 구속력 없다	
요건	형식적 요건 기출OX 07	• 훈령권 있는 상급관청이 발한 것일 것 • 하급관청의 권한 내의 사항에 관한 것일 것 • 직무상 독립된 범위에 속하는 사항이 아닐 것 기출OX 08
	실질적 요건 기출OX 09	• 내용이 실현 가능하고 명확할 것 • 내용이 적법하고 타당할 것 • 내용이 공익에 반하지 않을 것
심사	• 형식적 요건에 대한 심사: 하급관청에 심사권이 **있다** • 실질적 요건에 대한 심사: 하급관청에 심사권이 **없다**	
위반 효과	• 훈령에 대한 위반은 위법이 아니며 **행위자체의 효력에는 영향이 없다** 기출OX 10, 11 (무효·취소 사유 아님) • 공무원관계에서의 의무위반으로 **징계사유**가 된다.	
경합	• 주관 상급관청의 훈령과 주관아닌 상급관청 훈령이 서로 모순: **주관 상급관청**의 훈령을 따른다. 기출OX 12, 13 • 상·하관계에 있는 상급관청의 훈령이 서로 모순: **직근 상급관청**의 훈령을 따른다. • 주관 상급관청이 불명확한 경우: **주관쟁의** 방법으로 해결한다.	

※ 용어설명
주관쟁의란 행정관청 상호간의 주관 권한에 대한 분쟁이 발생한 경우 이를 해결하기 위한 절차이다.

기출 OX

01 훈령이란 상급 공무원이 하급 공무원에게 발하는 명령이 훈령이다. 17 승진, 12 간부 O X

02 훈령이란 상급관청이 하급관청의 권한행사를 지휘하기 위하여 발하는 명령으로 구성원의 변동이 있는 경우에는 당연히 효력을 상실하게 된다 19·18 승진, 20 간부 O X

03 훈령과 직무명령을 발하기 위해서는 국민의 권리와 의무에 영향을 미치지 않는 경우에도 법률상의 근거가 필요하다. 18 경채 O X

04 훈령의 종류에는 '협의의 훈령', '지시', '예규', '일일명령' 등이 있으며, 상급관청이 하급관청에 대하여 개별적·구체적 지휘를 위하여 발하는 명령을 예규라 한다. 12 간부 O X

05 예규는 반복적 경찰사무의 기준을 제시하기 위하여 발하는 명령을 의미한다. 19 채용 O X

06 훈령은 일반적·추상적 사항에 대하여만 발할 수 있으며, 개별적·구체적 사항에 대해서는 발할 수 없다. 20·21·18 간부, 19·18 채용, 20·19·18 승진 O X

07 훈령의 형식적 요건으로는 훈령권이 있는 상급관청이 발한 것, 내용이 적법하고 타당할 것, 하급관청의 권한 내의 사항에 관한 것 등이 있다. 20·19 승진 O X

08 훈령의 내용은 하급관청의 직무상 독립된 범위에 속하는 사항이여야 한다. 16 채용, 18 간부, 20 승진 O X

09 훈령의 실질적 요건으로는 훈령이 법규에 저촉되지 않을 것, 공익에 반하지 않을 것, 실현 가능성이 있을 것, 훈령권이 있는 상급관청이 발할 것 등이 있다. 21 간부, 20·17 승진 O X

10 훈령은 법규의 성질을 갖지 않기에 하급경찰관청의 법적 행위가 훈령에 위반하여 행해진 경우에도 위법이 아니며 행위자체의 효력에도 영향이 없다. 21 간부, 16 채용 O X

11 훈령은 내부적 구속력을 갖고 있어, 훈령을 위반한 공무원의 행위는 징계의 사유가 되고, 무효 또는 취소사유에 해당한다. 18 승진 O X

12 상호 모순되는 둘 이상의 상급관청의 훈령이 경합할 경우 주관상급관청이 불명확한 때에는 직근상급행정관청의 훈령에 따른다. 20 간부 O X

13 하급행정기관은 서로 모순되는 둘 이상의 상급관청의 훈령이 경합하는 때에는 주관상급관청의 훈령에 따라야 하고, 주관상급관청이 서로 상하관계에 있을 때에는 직근상급관청의 훈령에 따라야 하며, 주관상급관청이 불명확한 때에는 주관쟁의 방법으로 해결하여야 한다. 17 승진 O X

정답 및 해설

01 X 상급관청이 하급관청에게 발하는 명령
02 X 구성원의 변동에 영향을 받지 않는다.
03 X 법적 근거가 필요치 않다.
04 X 지시에 대한 설명
05 O
06 X 개별적·구체적 사항에 대해서도 발할 수 있다.
07 X 내용이 적법하고 타당할 것은 실질적 요건에 해당한다.
08 X "하급관청의 직무상 독립이 보장되지 않은 사항일 것"
09 X 훈령권이 있는 상급관청이 발할 것은 형식적 요건에 해당한다.
10 O
11 X 무효 또는 취소사유에 해당하지 않는다.
12 X 주관 상급관청이 불명확한 경우: 주관쟁의
13 O

2 직무명령

의의		• 상관이 부하인 공무원 개인에 대하여 그 직무에 관하여 발하는 명령으로 직무와 관련 없는 사생활에는 효력이 미치지 않는다. 기출OX 01 • 직무명령은 특별한 **법적 근거 없이 발할 수 있다.** 기출OX 02
성질		경찰공무원 개인의 의사를 구속하므로 경찰공무원의 변경·교체시에는 **당연히 효력을 상실**
요건	형식적 요건 기출OX 03	• 권한 있는 상관이 발한 것일 것 • 부하 공무원의 직무상 범위 내에 속하는 사항일 것 • 부하 공무원의 직무상 독립의 범위에 속하는 사항이 아닐 것 • 직무명령을 발하는 데 있어 법정의 형식과 절차가 있으면 이를 구비할 것
	실질적 요건	• 그 내용이 법령에 저촉되지 않아야 하며 공익에 적합한 것일 것 • 그 내용이 실현가능하고 명확할 것
요건심사		• 형식적 요건에 대한 심사: 부하공무원에게 심사권이 **있다.** • 실질적 요건에 대한 심사: 부하공무원에게 심사권이 **없다.**
위반 효과		직무명령에 대한 위반은 위법은 아니나, 징계사유가 된다

[압축정리] 훈령과 직무명령 기출OX 04

	훈령	직무명령
주체	상급관청 → 하급관청	상관 → 부하공무원
성격	**원칙**: 일반적·추상적, **예외**: 개별적·구체적	개별적·구체적
구속대상	경찰기관의 의사를 구속	경찰공무원 개인의 의사를 구속
구성원 변경시 효력	기관의사를 구속하므로 기관구성원의 변동이 있어도 효력에 영향 X	공무원 개개인을 구속하므로 수명공무원의 변동이 있으면 효력 상실
양자의 관계	훈령은 직무명령을 겸할 수 있다	직무명령은 훈령을 겸할 수 없다
공통점	• 특별한 법적 근거 없이도 발할 수 있다 기출OX 05 • 구두·문서 어떤 형식도 취할 수 있다. • 양자 모두 조직내부만 관련된 것으로 대내적 효력만 있고 대외적 효력은 없다 기출OX 06	

기출 OX

01 직무명령은 상급공무원이 직무에 관하여 하급공무원에게 발하는 명령이며, 직무와 관련 없는 사생활에는 효력이 미치지 않는다. 19 채용, 18 간부 (O X)

02 직무명령이란 상관이 부하공무원에게 발하는 명령으로, 특별한 작용법적 근거 없이 발할 수 있다. 19 승진 (O X)

03 직무명령의 형식적 요건으로는 권한이 있는 상관이 발할 것, 부하공무원의 직무범위 내의 사항일 것, 부하공무원의 직무상 독립이 보장된 것이 아닐 것, 법정의 형식이나 절차가 있으면 이를 갖출 것이다. 18 간부 (O X)

04 훈령은 직무명령의 성격을 가지나 직무명령은 훈령의 성격을 갖지 못한다. 20 간부, 19 채용 (O X)

05 훈령을 발하기 위해서는 법령의 구체적 근거를 요하나, 직무명령은 법령의 구체적 근거가 없이도 발할 수 있다. 19·16 채용, 21 간부 (O X)

06 일반적으로 훈령과 직무명령은 대내적으로 구속력을 가지지만, 대외적으로는 효력이 없다. 12 간부 (O X)

정답 및 해설
01 O
02 O
03 O
04 O
05 X 훈령과 직무명령은 법령의 구체적 근거를 요하지 않는다.
06 O

POINT 06 경찰권의 발동

I 경찰권 발동의 근거(작용법적 근거)

1 일반적 수권조항(일반조항, 개괄조항)

- 일반적 수권조항은 경찰권의 발동권한을 일반적·포괄적으로 경찰에 부여하는 조항을 말한다.

> **경찰관 직무집행법 제2조 【직무의 범위】** 경찰관은 다음 각 호의 직무를 수행한다.
> 7. 그 밖에 공공의 안녕과 질서 유지

- 현행법상 "경찰관 직무집행법 제2조 제7호"를 일반적 수권조항으로 인정할 수 있느냐에 대해 다음과 같은 견해가 대립하고 있다.

학설	근거
긍정설	• 입법부가 모든 경찰권 발동사태를 미리 예측하여 입법해 두는 것은 불가능하다. 기출OX 01 • 어차피 개별적 수권조항에 대해 보충적·예외적으로만 적용될 뿐이다. 기출OX 02 • 경찰행정법 일반원칙에 의해 통제가 가능하므로, 법치주의에 위반된다고 보기 어렵다. 기출OX 03
부정설	• 이를 인정하는 것은 법치주의, 특히 명확성원칙에 위반된다. • 경찰관 직무집행법 제2조 제7호는 그 자체로도 조직법적 성질을 가지고 있고, 이 규정이 경찰관 직무집행법에 규정되어 있다는 것만으로 일반적 수권조항으로 보기는 어렵다. 기출OX 04

2 개별적 수권조항

- 경찰권 발동의 요건, 내용, 대상, 효과 등에 대하여 구체적으로 규정하고 있는 조항을 말한다.
- 경찰비례의 원칙은 일반적 수권조항에 근거하여 경찰권을 발동하는 경우는 물론, 개별적 수권조항에 근거하여 경찰권을 발동하는 경우에도 적용된다. 기출OX 05
- 개별적 수권조항으로는 경찰관 직무집행법 제3조 이하에서 자주 반복되는 경찰상의 조치를 유형적으로 표준화해서 특별히 규정하고 있는 표준조치(표준처분, 표준적 직무행위) 등이 있다.

> **경찰관 직무집행법 제3조 【불심검문】** ① 경찰관은 다음 각 호의 어느 하나에 해당하는 사람을 정지시켜 질문할 수 있다.
> 1. 수상한 행동이나 그 밖의 주위 사정을 합리적으로 판단하여 볼 때 어떠한 죄를 범하였거나 범하려 하고 있다고 의심할 만한 상당한 이유가 있는 사람
> 2. 이미 행하여진 범죄나 행하여지려고 하는 범죄행위에 관한 사실을 안다고 인정되는 사람

[참고] 경찰권 발동과 조직법적 근거

- 경찰조직법이란 경찰행정을 운영하는 조직이나 기구에 관한 법을 말하는 것으로서, 이러한 경찰조직법에서 경찰의 직무범위(임무범위, 사물관할)를 규정하게 된다.
- 경찰의 모든 활동은 경찰의 직무범위 내에서 이루어져야 하므로, **모든 경찰작용에는 조직법적 근거가 필요**하다.
- 반면, 경찰작용 중 국민의 권리의무에 영향을 미치지 않는 **비권력적 작용(순수 서비스 활동 등)에는** 작용법적 근거가 필요치 않다는 점에서, **모든 경찰활동에 작용법적 근거가 필요한 것은 아니다.**

기출 OX

01 경찰권의 성질상 경찰권의 발동사태를 상정해서 경찰권 발동의 요건·한계를 입법기관이 일일이 규정한다는 것은 불가능한 것은 「경찰관 직무집행법」 제2조 제7호의 개괄적 수권조항 인정 여부에 있어 찬성 측의 논거이다. 16 채용 (O X)

02 개괄적 수권조항은 개별조항이 없는 경우에만 보충적으로 적용하면 된다는 것은 「경찰관 직무집행법」 제2조 제7호의 개괄적 수권조항 인정 여부에 있어 찬성 측의 논거이다. 16 채용 (O X)

03 개괄적 수권조항으로 인한 경찰권 남용의 가능성은 조리 상의 한계 등으로 충분히 통제가 가능하다는 것은 개괄적 수권조항 인정 여부에 있어 찬성 측의 논거이다. 16 채용 (O X)

04 「경찰관 직무집행법」 제2조 제7호는 단지 경찰의 직무범위만을 정한 것으로서 본질적으로는 조직법적 성질의 규정인 것은 「경찰관 직무집행법」 제2조 제7호의 개괄적 수권조항 인정 여부에 있어 찬성 측의 논거이다. 16 채용 (O X)

05 경찰비례의 원칙은 일반적 수권조항에 근거하여 경찰권을 발동하는 경우는 물론, 개별적 수권조항에 근거하여 경찰권을 발동하는 경우에도 적용된다. 22 승진, 23 채용 (O X)

정답 및 해설

01 O
02 O
03 O
04 X 개괄적 수권조항 부정설의 논거에 해당한다.
05 O

II 경찰권 발동의 한계

1 법규상 한계
경찰권의 발동은 반드시 법규에 근거가 있을 때에만 발동될 수 있으며, 동시에 법규에 의하여 허용된 한도 안에서만 발동될 수 있다.

2 조리상 한계

경찰소극목적 원칙	• 경찰권은 사회공공의 안녕·질서에 대한 위해의 방지·제거라는 **소극목적을 위해서만 발동될 수 있고**, 복리증진이라는 **적극목적을 위하여서는 발동될 수 없다**. • 1882년 **크로이츠베르크 판결**을 통해 확립되었다. 기출OX 01
경찰공공 원칙	• 경찰권은 **사회공공의 안녕·질서를 유지하기 위해서만 발동**될 수 있고, 사생활·사주소 및 민사상의 법률관계에는 원칙적으로 관여할 수 없다. • 다만 사주소 안의 행위일지라도 그것이 공공의 안전이나 질서에 직접 중대한 장해를 가져오는 경우에는 경찰권발동의 대상이 된다.
경찰비례 원칙	경찰작용은 그에 의하여 추구되는 공익목적과 그로 인하여 **제한·침해되는 개인의 자유·권리와의 사이에는 적정한 비례관계가 형성**되어야 한다는 것을 말한다.
경찰평등 원칙	경찰권의 발동에 있어서 상대방의 성별·종교·사회적 신분·인종 등을 이유로 하는 **불합리한 차별을 하여서는 안 된다는 원칙**이다.
경찰책임 원칙	경찰권은 사회공공의 안녕·질서에 대한 위험이 발생하거나 발생할 우려가 있는 경우 그러한 **경찰위반상태의 발생에 책임이 있는 자**(경찰책임자)에 대하여 **행사되어야 한다는 원칙**을 말한다. 기출OX 02 → 경찰권발동 정도가 아닌, 상대방에 대한 원칙

III 경찰책임의 원칙

1 주체

자연인	• 자연인의 경우 자기의 지배범위 안에서 객관적으로 경찰위반상태가 생긴 경우에는 그 위반상태의 발생에 대한 책임을 진다. → **위험에 대한 인식, 고의·과실, 위법성, 행위자의 작위·부작위, 행위능력·불법행위능력, 형사책임능력자 여부, 국적** 등을 불문한다. 기출OX 03, 04, 05, 06, 07 • 자기의 지배범위에 속하는 한 타인의 행위 또는 타인 물건의 상태에 대해서도 책임을 진다. → 이 경우에도 책임의 성격은 대위책임이 아닌 **자기책임**이다.
사법인	**사법인**도 당연히 경찰책임의 주체가 될 수 있으며, 또한 **권리능력이 없는 경우**(권리능력 없는 사단·재단 등)에도 경찰책임자가 될 수 있다. 기출OX 08
공법인	• 공권력의 주체가 되는 국가·지방자치단체·공법인도 경찰책임자가 될 수 있는가? • 다수설은 국가 등의 공적과제 수행과 공공의 안녕질서라는 이익을 비교형량하여 후자가 더 큰 경우에는 경찰권 발동이 허용된다는 입장이다(제한적 긍정설).

기출 OX

01 크로이쯔베르크 판결은 경찰권 발동의 조리상 한계로서 경찰소극목적의 원칙 확립의 계기가 되었다. 18 승진 (O X)

02 경찰책임의 원칙이란 경찰권은 경찰위반상태에 책임이 있는 자에게만 발동되어야 한다는 원칙이다. 19 채용, 16 승진 (O X)

03 모든 자연인은 경찰책임자가 될 수 있으므로 행위능력, 불법행위능력, 형사책임능력, 국적여부 등은 문제되지 않는다. 17 간부 (O X)

04 경찰책임은 그 위해의 발생에 대한 고의·과실, 위법성의 유무, 위험에 대한 인식여부 등을 묻지 않는다. 17·22 간부 (O X)

05 경찰책임의 원칙에서 경찰책임은 사회공공의 질서를 유지함에 있어서 장해의 상태가 존재하는 한 작위·부작위를 가리지 않는다. 14승진 (O X)

06 형사미성년자도 행위책임의 주체가 될 수 있다. 22 간부 (O X)

07 행위책임이 인정되기 위해서는 「민법」상의 행위능력이 요구된다. 16 승진 (O X)

08 사법인뿐만 아니라 권리능력 없는 사단도 경찰책임자가 될 수 있다. 17 간부 (O X)

정답 및 해설

01 O
02 O
03 O
04 O
05 O
06 O
07 X 행위능력이나 불법행위능력 유무 불문
08 O

2 종류

(1) 행위책임
- 자기 스스로 또는 자기의 보호·감독하에 있는 자의 행위로 인해 경찰위해가 발생한 경우에 지는 책임을 말한다.
- 자기의 보호·감독하에 있는 자의 행위로 인한 책임은 대위책임이 아니라 자기의 지배범위 내에서 경찰위반이 발생한 데 대한 '**자기책임**'이다. 기출OX 01
- 인과관계의 문제: 행위자의 행위와 발생한 경찰위반상태(결과) 사이에 어느 정도의 인과관계가 필요한지에 대해 견해대립이 있으나, 공공질서에 대한 위험 또는 장해의 직접적 원인이 되는 행위를 한 자만이 책임을 진다는 **직접원인설이 통설의 입장**이다.
- 경찰책임의 원칙의 인과관계이론

상당인과관계설	인과관계를 일반경험칙에 따라 피해자 구제의 견지에서 인과관계를 판단하는 견해이다.
조건설	경찰위반상태의 조건이 된 모든 행위는 경찰위반상태의 원인이 된다는 견해이다. 기출OX 02
직접원인설	원칙적으로 경찰위반상태를 직접 야기한 행위자만이 경찰책임을 지고 간접적인 원인제공자는 경찰책임을 지지 않는다는 견해이다. 기출OX 03
의도적 간접원인 제공자이론	스스로 위험을 직접적으로 실현하지는 않았으나 행위책임을 지게 되는 제3자로 하여금 경찰법에 위반하는 행위를 하도록 한 자를 의도적 간접원인제공자라 하여 그를 예외적으로 행위책임자로 할 수 있다. 기출OX 04

(2) 상태책임
- 상태책임은 물건·동물의 소유자·점유자 등 사실상 관리자가 그 **지배범위에 속하는 물건·동물로 인하여 경찰위반상태가 발생한 경우에 지는 책임**을 말한다.
- 상태책임의 1차적 주체는 물건·동물에 대한 사실상의 지배자이다.
- **지배상태가 정당한 권원에 기초할 것을 요구하지 않는다.** 예 도난 자동차로 인하여 발생된 교통장해에 대해, 그 자동차를 사실상 관리하고 있는 절도범이 1차적 상태책임자

(3) 복합책임
- 복합적 책임은 하나의 위해가 다수인의 행위나 다수인이 지배하는 물건의 상태에 기인하거나, 행위책임과 상태책임의 중복에 기인한 경우를 말한다. 기출OX 05
- 기본적으로 경찰권의 발동은 다수의 경찰책임자 중 **위험이나 장해를 가장 신속하고도 효과적으로 제거할 수 있는 위치에 있는 자**에게 행해져야 하며 행위책임과 상태책임이 경합한 경우에는 **행위책임이 우선**한다고 보는 것이 일반적이다. 기출OX 06

기출 OX

01 경찰책임은 자신의 보호·감독 하에 있는 자의 행위에 대해서도 책임을 진다. 16 승진 　　 O X

02 A는 자신이 운영하는 옷가게에서 여자모델 B에게 수영복만을 입게 하여 쇼윈도우에 서 있도록 하였다. 지나가던 사람들이 이를 구경하기 위해 쇼윈도우 앞에 몰려들어 도로교통상의 심각한 장해가 발생하였을 때 조건설에 의하면 군중, A, B 모두 경찰책임자가 된다. 22 간부 　　 O X

03 A는 자신이 운영하는 옷가게에서 여자모델 B에게 수영복만을 입게 하여 쇼윈도우에 서 있도록 하였다. 지나가던 사람들이 이를 구경하기 위해 쇼윈도우 앞에 몰려들어 도로교통상의 심각한 장해가 발생하였을 때 직접원인설에 의할 때 경찰책임자는 B이다. 22 간부 　　 O X

04 A는 자신이 운영하는 옷가게에서 여자모델 B에게 수영복만을 입게 하여 쇼윈도우에 서 있도록 하였다. 지나가던 사람들이 이를 구경하기 위해 쇼윈도우 앞에 몰려들어 도로교통상의 심각한 장해가 발생하였을 때 의도적 간접원인제공자이론(목적적 원인제공자책임설)을 인정한다면 A에게 경찰권을 발동하여 A로 하여금 B를 쇼윈도우에서 나가도록 하라고 할 수 있다. 22 간부 　　 O X

05 다수인의 행위 또는 다수인이 지배하는 물건의 상태로 인하여 하나의 질서위반상태가 발생한 경우, 일부 또는 전체에 대하여 경찰권 발동이 가능하다. 14승진 　　 O X

06 행위책임과 상태책임이 경합하는 경우에는 우선적으로 행위책임자에 대하여 경찰권이 발동될 수 있고, 동일인이 복합적인 책임을 지는 경우에는 하나의 책임을 지는 자보다는 복합적 책임을 지는 자가 우선적으로 경찰권 발동의 대상이 될 수 있다. 19 소방간부 　　 O X

정답 및 해설

01 O
02 O 조건설에 의하면 도로교통상 위해발생이라는 경찰위반상태 발생에 있어 직접 위반상태를 야기한 군중은 물론, 군중이 모이도록 한 조건을 제공한 A, B 모두 경찰책임자가 된다.
03 X 직접원인설에 의할 때 경찰책임자는 군중이다.
04 O 의도적 간접원인제공자이론(목적적 원인제공자책임설) 의하면 A는 직접 도로교통상의 위해를 야기한 것은 아니지만, 군중이 모이도록 의도적으로 수영복을 입은 여자모델을 서 있도록 하는 원인을 제공하였으므로 예외적으로 A에게 위해제거를 위한 경찰명령을 발동할 수 있다고 보게 된다.
05 O
06 O

3 경찰책임의 예외(경찰긴급권) 기출OX 01

(1) 의의

긴급한 필요가 있는 때에는 **경찰책임이 없는 제3자에 대하여도 원조강제·토지나 물건 사용 등의 경찰권발동이 인정되는 경우가 있는바**, 이와 관련한 논의가 **비책임자에 대한 경찰권발동**이다. 기출OX 02

(2) 법적근거

제3자에 대한 경찰권발동은 예외적인 것으로, **목전에 급박한 위해를 제거하기 위한 경우에 한하여**, 법령상의 근거(**일반법은 X, 개별법은 O**)가 있는 경우에만 인정된다. 기출OX 03, 04

(3) 발동요건
- 이미 경찰상 장해가 발생하였거나 **급박한 위험이 존재하고 법적 근거**가 있을 것 기출OX 05
- 다른 방법에 의한 위해방지가 불가능할 것(경찰책임자에게 경찰권을 발동할 수 없거나 발동하여도 위해를 제거하기 어려운 경우 - **보충성**) 기출OX 06
- 제3자에게 수인가능성이 있을 것(제3자의 생명·신체 등 중대한 법익을 침해하지 않을 것)
- 제3자의 본래의 급박한 업무를 방해하지 않을 것
- 위해방지를 위한 **최소한도**에 그칠 것
- 제3자에게 손해가 발생한 경우에는 보상이 지급되거나, 유형적 결과가 발생되어 있는 경우 그 결과가 제거될 것 기출OX 07

4 경찰책임과 손실보상

경찰책임자의 경우	경찰책임자에게는 원칙적으로 자신에게 발생한 **손실이 있더라도 손실보상이 이루어지지 않는 것이 원칙**이다. 기출OX 08
경찰비책임자의 경우	경찰비책임자는 경찰권 행사로 발생한 손실에 대해 국가에 **손실보상을 청구할 수 있다.** 기출OX 09

기출 OX

01 경찰책임의 원칙 중 경찰긴급권은 경찰책임의 원칙에 부합하는 대표적인 예로 볼 수 있다. 14승진   O X

02 경찰책임의 원칙에서 자기 자신 이외의 자의 행위에 대해서는 일체 책임을 지지 않는다. 19 채용, 14 승진
   O X

03 긴급한 필요가 있는 경우 예외적으로 경찰책임자가 아닌 자에 대해서 법령상 근거없이 경찰권을 발동할 수 있다. 17 간부   O X

04 경찰상 긴급상태에 대한 일반적 근거는 「경찰관 직무집행법」에 규정되어 있다. 22 간부   O X

05 경찰긴급권은 위험이 이미 현실화되었거나 위험의 현실화가 목전에 급박하여야 한다. 22 간부   O X

06 경찰비책임자에 대한 경찰권발동을 위해서 보충성은 전제조건이므로 경찰책임자에 대한 경찰권발동 또는 경찰 자신의 고유한 수단으로는 위험방지가 불가능한지 여부를 먼저 심사하여야 한다. 22 간부   O X

07 경찰권발동으로 인하여 손실을 입은 경찰비책임자에게는 정당한 보상이 행해져야 하며, 결과제거청구와 같은 구제수단이 마련되어야 한다. 22 간부   O X

08 경찰책임자에 대한 경찰의 경찰권발동으로 경찰책임자에게 재산적 손해가 발생한 경우, 그 경찰책임자에게 손실보상청구권이 인정된다. 22 간부   O X

09 경찰이 경찰긴급권에 의하여 예외적으로 경찰책임이 없는 자에게 경찰권을 발동한 경우, 긴급한 상황에 의한 것이므로 그로 인하여 제3자가 손실을 받더라도 보상할 필요가 없다. 14 승진   O X

정답 및 해설

01 X 경찰긴급권은 경찰책임원칙의 예외에 해당
02 X 긴급한 필요가 있는 경우 경찰책임 있는 자가 아닌 제3자에 대한 경찰권 발동이 허용되는 경우가 있다
03 X 법령상의 근거 요함
04 X 경찰긴급권에 대한 일반법적 근거는 없고 개별 법률에서 규정
05 O
06 O
07 O
08 X 경찰책임자에게는 손실보상청구권이 인정되지 않는다.
09 X 손실보상청구가능

POINT 07 무하자재량행사 청구권과 경찰개입청구권

I 무하자재량행사 청구권

1 **의의**: 행정청에 대하여 재량권을 흠 없이 행사하여 줄 것을 청구하는 권리를 의미한다.

2 **성격**: 행정청이 재량권을 행사할 때 어떠한 내용이든 재량권 행사의 법적 한계를 준수해 줄 것을 청구하는 권리라는 점에서 형식적 권리라고 할 수 있다. → 특정 행정처분을 요구하는 실체적 권리가 아니다.

3 **적용범위**: 재량권이 인정되는 모든 영역에서 인정된다. 기속영역에서는 인정되지 않는다.

> **판례 |**
> 경찰관 직무집행법은 형식상 경찰관에게 재량에 의한 직무수행권한을 부여한 것처럼 되어 있으나, 구체적인 사정에 따라 경찰관이 그 권한을 행사하여 필요한 조치를 취하지 아니하는 것이 현저하게 불합리하다고 인정되는 경우에는 그러한 권한의 불행사는 직무상의 의무를 위반한 것이 되어 위법하게 된다(대판 98다16890).

4 **내용**
- 행정청에게 재량권을 하자 없이 행사할 의무가 발생하고, 개인은 하자 없는 재량권 행사에 의한 처분을 받을 권리를 가진다.
- 재량권이 0으로 수축되면 무하자재량행사청구권은 특정처분을 요구할 수 있는 경찰개입청구권으로 전환된다(실체적 권리, 기속행위).

II 경찰개입청구권

1 **의의**: 제3자에게 일정한 내용의 경찰권을 발동하여 줄 것을 청구하는 권리를 말한다.

2 **등장배경**: 띠톱 판결로 인해 행정개입청구권에 대한 논의가 시작되었다. 기출OX 01

[참고] **띠톱판결**

> 띠톱판결은 주거지역에 설치된 석탄제조업체에서 사용하는 띠톱에서 배출되는 먼지와 소음으로 피해를 받고 있던 인근 주민이 행정청에 건축경찰상의 금지처분을 발할 것을 청구한 것에 대해 연방재판소가 '재량권의 0으로의 수축이론'에 의거하여 원고의 청구를 인용한 판결이다.

3 **인정범위**: 기속행위 · 재량행위 모두 행정개입청구권이 인정된다.

4 **실현수단**: 행정청이 행정개입의무를 이행하지 아니하여 손해가 발생한 경우 국가배상청구가 가능

판례 |
경찰관이 농민들의 시위를 진압하고 시위과정에 도로상에 방치된 트랙터 1대에 대하여 이를 도로 밖으로 옮기거나 후방에 안전표지판을 설치하는 것과 같은 <u>위험발생방지조치를 취하지 아니한 채 그대로 방치하고 철수하여 버린 결과</u>, 야간에 그 도로를 진행하던 운전자가 위 방치된 트랙터를 피하려다 다른 트랙터에 부딪혀 상해를 입은 경우 <u>국가배상책임이 인정</u>된다(대판 98다16890).

판례 |
음주운전으로 적발된 주취운전자가 도로 밖으로 차량을 이동하겠다며 <u>단속경찰관으로부터 보관 중이던 차량 열쇠를 반환받아 몰래 차량을 운전하여 가던 중 사고를 일으킨 경우</u>, <u>국가배상책임</u>이 있다(대판 97다54482).

[압축정리] 무하자재량행사청구권과 경찰개입청구권

구분	무하자재량행사청구권	경찰개입청구권
내용	하자 없는 재량행사를 구하는 권리	특정한 처분을 구하는 권리
성질	형식적 권리, 절차적 권리, 소극적 권리 + 적극적 권리	실체적 권리, 실질적 권리, 적극적 권리
인정영역	재량	기속 + 재량(O)
요건	재량준수의무 + 사익보호성	개입의무 + 사익보호성

기출 OX

01 크로이쯔베르크(Kreuzberg) 판결은 독일에서 경찰개입청구권을 인정한 판결의 효시로 평가된다.
22·21 간부, 18 승진   O X

정답 및 해설

01 ˚X 띠톱 판결

POINT 08 행정행위와 처분

I 행정행위란

- 행정행위란 행정청이 법 아래에서 구체적 사실에 관한 법집행으로 행하는 권력적 단독행위로서의 공법행위를 말한다.
- 행정행위의 개념은 학문상으로 발전되어 온 개념이다. 반면, 처분은 실정법상 발전되어 온 개념이다.
- 행정행위와 처분과의 관계: 행정행위와 처분 개념의 관계와 관련하여 일원설(행정행위 = 처분)과 이원설(행정행위 < 처분)이 대립한다.

II 처분 기출OX 01, 02, 03, 04

행정기본법 제2조 【정의】 이 법에서 사용하는 용어의 뜻은 다음과 같다.
4. "처분"이란 행정청이 구체적 사실에 관하여 행하는 법 집행으로서 공권력의 행사 또는 그 거부와 그 밖에 이에 준하는 행정작용을 말한다.

[참고] **일반처분**

1. 일반처분의 의미 및 성질
   - 일반처분이란 구체적 사실과 관련하여 불특정 다수인을 대상으로 하여 발해지는 행정행위를 말한다.
   - 구체적인 법적 효과를 가져오는 행위인 점에서 일반·추상적인 성격을 갖는 법규명령과 구별된다.
   - 행정행위의 한 유형으로 항고소송의 대상이 된다고 보는 것이 통설·판례이다.
2. 종류
   - **대인적 일반처분**: 특정일·특정장소·특정시간에서의 집회금지, 일정시간 이후의 통행금지 등
   - **대물적 일반처분**: 교통표지판에 의한 교통제한표지와 같이 직접 물건의 특성을 규율하는 행위

> **판례** |
> 지방경찰청장이 횡단보도를 설치하여 보행자의 통행방법 등을 규제하는 것은, 행정청이 특정사항에 대하여 의무의 부담을 명하는 행위이고 이는 권리·의무에 직접 관계가 있는 행위로서 행정처분이라고 보아야 할 것이다(대판 2000.10.27, 99두1144). 기출OX 05

기출 OX

01 도로점용허가는 행정청이 행하는 구체적 사실에 관한 법 집행으로서 공권력의 행사 또는 그 거부와 그 밖에 이에 준하는 행정작용에 해당한다. 22 채용   O X

02 주민등록번호 변경신청 거부는 행정청이 행하는 구체적 사실에 관한 법 집행으로서 공권력의 행사 또는 그 거부와 그 밖에 이에 준하는 행정작용에 해당한다. 22 채용   O X

03 교통경찰관의 수신호와 교통신호등에 의한 신호는 행정청이 행하는 구체적 사실에 관한 법 집행으로서 공권력의 행사 또는 그 거부와 그 밖에 이에 준하는 행정작용에 해당한다. 22 채용   O X

04 경찰청장의 횡단보도 설치 기본계획 수립은 행정청이 행하는 구체적 사실에 관한 법 집행으로서 공권력의 행사 또는 그 거부와 그 밖에 이에 준하는 행정작용에 해당한다. 22 채용   O X

05 지방경찰청장이 횡단보도를 설치하여 보행자의 통행방법 등을 규제하는 것은, 행정청이 특정사항에 대하여 의무의 부담을 명하는 행위이고 이는 권리·의무에 직접 관계가 있는 행위로서 행정처분이다. 21 경특   O X

정답 및 해설

01 O 도로점용허가는 특허에 해당한다.
02 O 판례는 국민의 조리상 신청권을 인정함으로써 이에 대한 거부행위에 대해 '거부처분'으로서 처분성을 인정하였다.
03 O 모두 경찰목적의 달성을 위하여 국가의 일반통치권에 근거, 상대방에게 작위·부작위(중지), 급부·수인의 의무를 명하는 명령적 행정행위인 '하명'에 해당하며, 수신호는 물론, 자동화된 기계(교통신호기)에 의한 것이라도 명령적 요소가 인정되는 이상 당연히 하명에 해당한다.
04 X 횡단보도를 설치하는 것 자체는 '구체적 사실에 대한 법집행'이라는 요소 중 '누가'에 대한 부분만이 규율되지 않은 것으로서 일반처분에 해당하여 처분성이 인정될 수 있으나, 기본계획을 수립하는 정도에 불과한 경우에는 아직 행정청의 내부적 행위에 불과하여 처분성이 인정되지 않는다고 본다.
05 O

III 행정기본법

1 처분 등
① "처분"이란 행정청이 구체적 사실에 관하여 행하는 법 집행으로서 공권력의 행사 또는 그 거부와 그 밖에 이에 준하는 행정작용을 말한다.
② "제재처분"이란 법령등에 따른 의무를 위반하거나 이행하지 아니하였음을 이유로 **당사자에게 의무를 부과하거나 권익을 제한하는 처분**을 말한다. 다만, 행정상 강제(행정대집행, 이행강제금의 부과, 강제징수, 직접강제, 즉시강제)는 제외한다.
③ 처분은 권한이 있는 기관이 취소 또는 철회하거나 기간의 경과 등으로 소멸되기 전까지는 유효한 것으로 통용된다. 다만, **무효인 처분은 처음부터 그 효력이 발생하지 아니한다**.
④ 행정청은 재량이 있는 처분을 할 때에는 관련 이익을 정당하게 형량하여야 하며, 그 재량권의 범위를 넘어서는 아니 된다.

2 제재처분의 제척기간
① 행정청은 법령등의 위반행위가 종료된 날부터 **5년**이 지나면 해당 **위반행위에 대하여 제재처분을 할 수 없다**.
② 다음 어느 하나에 해당하는 경우에는 ①을 적용하지 아니한다.
  1. 거짓이나 그 밖의 부정한 방법으로 인허가를 받거나 신고를 한 경우
  2. 당사자가 인허가나 신고의 위법성을 알고 있었거나 중대한 과실로 알지 못한 경우
  3. 정당한 사유 없이 행정청의 조사·출입·검사를 기피·방해·거부하여 제척기간이 지난 경우
  4. 제재처분을 하지 아니하면 국민의 안전·생명 또는 환경을 심각하게 해치거나 해칠 우려가 있는 경우
③ 행정청은 ①에도 불구하고 행정심판의 재결이나 법원의 판결에 따라 제재처분이 취소·철회된 경우에는 재결이나 판결이 확정된 날부터 **1년**(합의제행정기관은 **2년**)이 지나기 전까지는 그 취지에 따른 새로운 제재처분을 할 수 있다.

3 위법 또는 부당한 처분의 취소와 적법한 처분의 철회

취소	① 행정청은 **위법 또는 부당한 처분의 전부나 일부를 소급하여 취소할 수 있다**. 다만, 당사자의 신뢰를 보호할 가치가 있는 등 정당한 사유가 있는 경우에는 장래를 향하여 취소할 수 있다.
	② 행정청은 ①에 따라 당사자에게 권리나 이익을 부여하는 처분을 취소하려는 경우에는 취소로 인하여 당사자가 입게 될 불이익을 취소로 달성되는 공익과 비교·형량하여야 한다. 다만, 다음 어느 하나에 해당하는 경우에는 그러하지 아니하다.
	  1. 거짓이나 그 밖의 부정한 방법으로 처분을 받은 경우
	  2. 당사자가 처분의 위법성을 알고 있었거나 중대한 과실로 알지 못한 경우

철회	① 행정청은 **적법한 처분**이 다음 어느 하나에 해당하는 경우에는 그 **처분의 전부 또는 일부를 장래를 향하여 철회할 수 있다**.
	  1. 법률에서 정한 철회 사유에 해당하게 된 경우
	  2. 법령등의 변경이나 사정변경으로 처분을 더 이상 존속시킬 필요가 없게 된 경우
	  3. 중대한 공익을 위하여 필요한 경우
	② 행정청은 ①에 따라 처분을 철회하려는 경우에는 철회로 인하여 당사자가 입게 될 불이익을 철회로 달성되는 공익과 비교·형량하여야 한다.

4 이의신청
① 행정청의 처분(행정심판의 대상이 되는 처분을 말한다)에 이의가 있는 당사자는 처분을 받은 날부터 **30일** 이내에 해당 행정청에 이의신청을 할 수 있다. 기출OX 01
② 행정청은 ①에 따른 이의신청을 받으면 그 신청을 받은 날부터 **14일** 이내에 그 이의신청에 대한 결과를 신청인에게 통지하여야 한다. 기출OX 02 다만, 부득이한 사유로 14일 이내에 통지할 수 없는 경우에는 그 기간을 만료일 **다음 날부터 기산하여 10일**의 범위에서 한 차례 연장할 수 있으며, 연장 사유를 신청인에게 통지하여야 한다.
③ ①에 따라 **이의신청을 한 경우에도** 그 이의신청과 관계없이 「행정심판법」에 따른 행정심판 또는 「행정소송법」에 따른 행정소송을 제기할 수 있다. 기출OX 03

④ 이의신청에 대한 결과를 통지받은 후 행정심판 또는 행정소송을 제기하려는 자는 그 결과를 통지받은 날(②에 따른 통지기간 내에 결과를 통지받지 못한 경우에는 같은 항에 따른 통지기간이 만료되는 날의 다음 날을 말한다)부터 **90일** 이내에 행정심판 또는 행정소송을 제기할 수 있다. 기출 OX 04

5 처분의 재심사

① 당사자는 처분(제재처분 및 행정상 강제는 제외한다.)이 행정심판, 행정소송 및 그 밖의 쟁송을 통하여 다툴 수 없게 된 경우(법원의 확정판결이 있는 경우는 제외한다)라도 다음 어느 하나에 해당하는 경우에는 해당 처분을 한 행정청에 처분을 취소·철회하거나 변경하여 줄 것을 신청할 수 있다.
  1. 처분의 근거가 된 사실관계 또는 법률관계가 추후에 당사자에게 유리하게 바뀐 경우
  2. 당사자에게 유리한 결정을 가져다주었을 새로운 증거가 있는 경우
  3. 「민사소송법」 제451조에 따른 재심사유에 준하는 사유가 발생한 경우 등 대통령령으로 정하는 경우

② ①에 따른 신청은 해당 처분의 절차, 행정심판, 행정소송 및 그 밖의 쟁송에서 당사자가 중대한 과실 없이 ①의 각 호의 사유를 주장하지 못한 경우에만 할 수 있다.

③ ①에 따른 신청은 당사자가 ①의 각 호의 사유를 안 날부터 60일 이내에 하여야 한다. 다만, 처분이 있는 날부터 5년이 지나면 신청할 수 없다.

[TIP] **이의신청과 재심사 비교**

	당사자의 신청기간	행정청의 결정기간	행정청의 기간연장
이의신청	처분일로부터 **30일** 이내	신청일로부터 **14일** 내 결과통지	다음날부터 **10일**(한번만 가능)
재심사	• 재심사사유 안 날부터 **60일** 이내 • 처분일로부터 **5년** 이내	신청일로부터 **90일** 내 결과통지	다음날부터 **90일**(한번만 가능)

기출 OX

01 행정청의 처분에 이의가 있는 당사자는 처분을 받은 날부터 30일 이내에 해당 행정청에 이의신청을 할 수 있다. 24 채용 (O X)

02 행정청은 이의신청을 받으면 부득이한 사유가 있는 경우를 제외하고는 그 이의신청을 받은 날부터 14일 이내에 그 이의신청에 대한 결과를 신청인에게 통지하여야 한다. 24 채용 (O X)

03 이의신청을 한 경우에도 그 이의신청과 관계없이 「행정심판법」에 따른 행정심판 또는 「행정소송법」에 따른 행정소송을 제기할 수 있다. 24 채용 (O X)

04 이의신청에 대한 결과를 통지받은 후 행정심판 또는 행정소송을 제기하려는 자는 그 결과를 통지받은 날부터 60일 이내에 행정심판 또는 행정소송을 제기하여야 한다. 24 채용 (O X)

정답 및 해설

01 O
02 O
03 O
04 X 90일 이내

POINT 09 행정행위의 종류

I 재량행위, 기속행위(재량행위에 따른 분류)

1 기속행위: 법에서 정한 요건이 충족되면 행정청이 반드시 어떠한 행위를 발하거나 발하지 말아야 하는 행정행위를 말한다.

> **판례 |**
> 도로교통법 규정상 술에 취한 상태에 있다고 인정할 만한 상당한 이유가 있음에도 불구하고 경찰공무원의 측정에 응하지 아니한 때에는 필요적으로 운전면허를 취소하도록 되어 있어 처분청이 그 취소 여부를 선택할 수 있는 **재량의 여지가 없음이 그 법문상 명백**하므로, 재량권의 일탈 또는 남용의 문제는 생길 수 없다(대판 2003두12042). 기출OX 01

2 재량행위

(1) 의의
- 행정청에 결정의 융통성을 주기 위해 행정권을 행사함에 있어서 결정·선택권이 주어진 행정행위이다.
- 재량행위라 하더라도 완전히 법에서 자유로운 행위는 아니고, 의무에 합당한 재량이어야 한다.

(2) 재량행위의 유형 기출OX 02

결정재량	법규가 허용한 조치를 행정청이 처분을 할 수도 안할 수도 있는 재량
선택재량	법규가 허용한 다양한 처분방식 중에서 어느 방식으로 하느냐 또는 어떤 상대방을 선택하여 조치를 할 것인지의 재량

(3) 재량권의 한계
- 재량권의 한계를 넘어 일탈·남용이 있으면 위법한 행위가 된다(항고소송 인용).

> **행정소송법 제27조 【재량처분의 취소】** 행정청의 재량에 속하는 처분이라도 재량권의 한계를 넘거나 그 남용이 있는 때에는 법원이 이를 취소할 수 있다.

- 재량의 일탈·남용은 위법한 행위가 되어 행정소송의 대상이 되지만 단순히 재량권 행사에 합리성을 결하는 등 재량을 그르친 경우에는 부당한(적법하나 최선이 아닌 상태) 행위가 되어 행정심판의 대상은 되나, 행정소송의 대상은 아니다. 기출OX 03

(4) 재량하자의 유형 기출OX 04

재량의 일탈	법률의 외적 한계, 법규상 한계, 수권규정의 한계를 넘어 재량권이 행사된 경우
재량의 남용	재량권 범위 내에서 행사되었지만 입법목적 위배, 일반원칙(평등의 원칙·비례의 원칙) 위배 등이 있는 경우. → 내적 한계, 조리상 한계 초과
재량의 불행사	재량권을 행사함에 있어 고려하여야 할 구체적 사정을 전혀 고려하지 않은 경우

(5) 판례

> ⚖️ **판례 |**
> 경찰공무원이 그 단속의 대상이 되는 신호위반자에게 받은 돈이 1만원에 불과하더라도 위 금품수수행위를 징계사유로 하여 당해 경찰공무원을 해임처분한 것은 징계재량권의 일탈·남용이 아니다.
>
> ⚖️ **판례 |**
> 개발제한구역 내에서의 건축물의 건축 등에 대한 예외적 허가는 그 상대방에게 수익적인 것으로서 재량행위에 속하는 것이라고 할 것이므로 재량권의 일탈·남용에 해당한다고 할 수 없다.

기출 OX

01 「도로교통법」상 교통단속임무를 수행하는 경찰공무원을 폭행한 사람의 운전면허를 취소하는 것은 행정청이 재량여지가 없으므로 재량권의 일탈·남용과는 관련이 없다. 22 채용 [O X]

02 재량을 선택재량과 결정재량으로 나눌 경우, 경찰공무원의 비위에 대해 징계처분을 하는 결정과 그 공무원의 건강 등 제반사정을 고려하여 징계처분을 하지 않는 결정 사이에서 선택권을 갖는 것을 결정재량이라 한다. 22 채용 [O X]

03 재량의 일탈·남용뿐만 아니라 단순히 재량권 행사에서 합리성을 결하는 등 재량을 그르친 경우에도 행정심판의 대상이 된다. 22 채용 [O X]

04 재량권의 일탈이란 재량권의 내적 한계(재량권이 부여된 내재적 목적)를 벗어난 것을 말하며, 재량권의 남용이란 재량권의 외적 한계(법적·객관적 한계)를 벗어난 것을 의미한다. 22 채용 [O X]

정답 및 해설

01 O
02 O
03 O
04 X 재량권의 일탈이란 재량권의 외적 한계(법적·객관적 한계)를 벗어난 것을 의미하고, 재량권의 남용이란 재량권의 내적 한계(재량권이 부여된 내재적 목적)를 벗어난 것을 말한다.

II 법률행위적 행정행위와 준법률행위적 행정행위

```
                    ┌ 법률행위적 행정행위 ┌ 명령적 행위 : 하명, 허가, 면제
행정행위 ─┤                              └ 형성적 행위 : 특허, 인가, 대리
          └ 준법률행위적 행정행위 : 공증, 통지, 수리, 확인
```

1 법률행위적 행정행위
- 행정청의 의사표시를 구성요건으로 하는 행정행위로서 그 효과가 행정청의 의사 내용대로 발생하는 행위를 말한다.
- 명령적 행정행위로서 하명·허가·면제, 형성적 행정행위로서 특허·대리·인가가 있다. 기출OX 01

2 준법률적 행정행위
행정청의 의사표시 이외의 정신작용(판단·인식)을 구성요건으로 하는 행정행위로서 그 효과가 행정청의 의사가 아닌 법률의 규정에 의해 발생하는 행위를 말한다.

종류	의미	예시
공증	특정한 사실 또는 법률관계 존재를 공적으로 증명하는 행위	등기 기출OX 02, 영수증, 합격증, 여권
통지	특정한 사실 또는 의사를 알리는 행위	• 독촉, 계고 기출OX 03 • 특허출원의 공고 기출OX 04 • 귀화의 고시 기출OX 05
수리	행정청에 대한 행위를 유효한 행위로 수령하는 행위	사표의 수리
확인	특정사실 또는 법률관계 존부에 의문·다툼이 있는 경우 행정청이 공적 권위로 판단(확인)하는 행위	• 발명특허 • 행정심판위원회의 재결 • 국가시험합격자 결정 • 당선인 결정 기출OX 06

기출 OX

01 법률행위적 행정행위는 명령적 행정행위(하명·허가·면제 등)와 형성적 행정행위(특허·인가·대리)로 구분할 수 있고, 준법률행위적 행정행위는 확인, 공증, 통지, 수리 등으로 구분할 수 있다. 21 간부 O X
02 부동산등기부에의 등기는 준법률적 행정행위 중 통지행위에 해당한다. 20 경행 O X
03 대집행의 계고는 준법률적 행정행위 중 통지행위에 해당한다. 20 경행 O X
04 특허출원의 공고는 준법률적 행정행위 중 통지행위에 해당한다. 20 경행 O X
05 귀화의 고시는 준법률적 행정행위 중 통지행위에 해당한다. 20 경행 O X
06 선거에 있어 당선인 결정은 준법률적 행정행위 중 통지행위에 해당한다. 20 경행 O X

정답 및 해설

01 O
02 X 강학상 공증에 해당한다.
03 O
04 O
05 O
06 X 강학상 확인에 해당한다.

Ⅲ 명령적 행정행위(경찰하명, 경찰허가, 경찰면제)

1 경찰하명

(1) 의의: 경찰목적의 달성을 위하여 국가의 일반통치권에 근거, 상대방에게 작위·부작위(중지), 급부·수인의 의무를 명하는 법률행위적 행정행위를 말한다. 기출OX 01

(2) 종류

작위하명	적극적으로 어떤 행위를 할 것을 명령 예 건물철거명령·집회해산명령·경찰관의 수신호 기출OX 02	
부작위하명 (금지)	• 소극적으로 어떤 행위를 하지 말 것을 명령. 금지라고도 한다. 기출OX 03 • 유형 기출OX 04	
	절대적 금지	청소년에게 술이나 담배 판매금지
	상대적 금지	유흥업소의 영업금지, 통행금지, 흡연금지 기출OX 05
수인하명	예 강제입원조치, 건강진단의 수인명령 등 기출OX 06	
급부하명	예 조세부과처분, 부담금납부명령 등 기출OX 07	

(3) 성질
개인의 자유 제한·의무를 부과하는 행위로, 침익적 행정행위이다. 기출OX 08 → 법률유보원칙 적용!

(4) 상대방
특정인을 상대방으로 하는 것이 원칙이나(개별하명). 예외적으로 입산금지 등 불특정 다수인에 대해서 행해지는 하명은 일반처분의 성질을 가진다.

(5) 효과

효과	• 하명의 내용에 따라 일정한 행위를 하거나 하지 않아야 할 공법상 의무가 발생한다. • 하명 상대방은 행정주체에 대하여만 의무이행 책임이 있다. → 제3자에 대한 책임 X 기출OX 09
하명 위반 효과	• 일반적으로 의무 불이행시 경찰상 강제집행의 대상이, 의무위반시 경찰벌의 대상이 된다 • 하명을 위반하여 이루어진 행위라 하더라도 사법상 효력은 유효하다 기출OX 10, 예 판매금지명령을 위반하여 총포를 판매한 행위의 경우 그 판매행위(사법상 매매계약)의 효력 자체는 유효

(6) 구제수단
• 위법한 하명: 항고소송이나 손해배상청구 기출OX 11
• 적법한 하명: 손실보상청구(특별한 희생이 발생한 경우) 기출OX 12

기출 OX

01 경찰하명이란 일반통치권에 기인하여 경찰목적을 달성하기 위해 국민에 대하여 작위·부작위·급부·수인 등 의무의 일체를 명하는 법률행위적 행정행위를 말한다. 23·19 채용 O X

02 경찰관의 수신호나 교통신호 등의 신호도 의무를 부과하는 행위로서 경찰하명에 해당한다. 23·20 승진 O X

03 부작위하명은 적극적으로 어떤 행위를 하지 말 것을 명하는 것으로 '면제'라 부르기도 한다. 23 채용, 20 승진 O X

04 부작위 하명의 유형으로는 절대적 금지와 상대적 금지가 있으며, 청소년에게 술이나 담배 판매금지는 절대적 금지이고, 유흥업소의 영업금지는 상대적 금지에 해당한다. 21 간부 O X

05 공공시설에서 공중의 건강을 위하여 흡연행위를 금지하는 것은 부작위하명이다. 20 승진 O X

06 「경찰관 직무집행법」 제4조의 강제보호조치 대상자에 대한 응급을 요하는 구호조치에 따른 수인의무는 하명이 아니다. 23 간부 O X

07 도로교통법위반에 의한 과태료납부의무는 하명이 아니다. 23 간부 O X

08 「경찰관 직무집행법」 제5조 제1항 제3호의 관계인에게 '필요한 조치를 하게 하는 것'은 상대방이 필요한 조치를 하도록 명하는 행위이더라도 하명의 성질은 아니다. 23 간부 O X

09 경찰하명이 있는 경우, 상대방은 행정주체에 대하여만 의무를 이행할 책임이 있고 그 이외의 제3자에 대하여 법상 의무를 부담하는 것은 아니다. 19 채용 O X

10 경찰하명에 위반하여 이루어진 행위는 원칙적으로 그 법적 효력에는 아무런 영향을 받지 않는다. 그러나 영업정지 명령에 위반하여 영업을 계속하였을 경우는 당해 영업에 대한 거래행위의 효력이 부인된다. 23·19 채용 21 간부 O X

11 경찰하명의 상대방인 수명자는 수인의무를 지므로 경찰하명이 위법하더라도 손해배상을 청구할 수 없다. 19 채용 O X

12 위법한 하명으로 인하여 권리·이익이 침해된 자는 손실보상을 청구할 수 있다. 23 채용, 20 승진 O X

정답 및 해설

01 O
02 O
03 X 부작위하명은 소극적으로 어떤 행위를 하지 말 것을 명하는 것으로 '금지'라 부르기도 한다.
04 O
05 O
06 X 수인의무를 명하는 명령적 행정행위로서 하명에 해당한다.
07 X 급부의무를 명하는 명령적 행정행위로서 하명에 해당한다.
08 X 작위의무를 명하는 명령적 행정행위로서 하명에 해당한다.
09 O
10 X 하명에 위반된 행위는 경찰상의 강제집행이나 경찰벌이 가해지나, 하명을 위반하여 이루어진 행위라 하더라도 사법상 효력은 유효하다. 즉 거래행위의 효력이 부인되지 않는다.
11 X 위법한 하명에 대해서는 항고소송이나 손해배상청구를 통해 구제를 받을 수 있다.
12 X 위법한 하명 – 손해배상, 적법한 하명 – 손실보상

2 경찰허가

(1) 의의

일정한 요건을 갖춘 경우 신청에 따라 일반적·상대적 금지를 해제하는 행정행위를 말한다 (부작위의무의 해제) 기출OX 01
예) 운전면허·영업허가·단란주점허가·건축허가 등

> **판례 |**
> 한의사 면허는 경찰금지를 해제하는 명령적 행위(강학상 허가)에 해당한다(대판 97누4289) 기출OX 02

(2) 성격

- 경찰허가는 명령적 행위이고, 자연적 자유를 회복시켜준다는 점에서 원칙적으로 **기속행위**로 본다.

> **판례 |**
> 총포·도검법상 화약류 판매업 및 저장소 설치허가는 성질상 일반적 금지에 대한 해제에 불과하므로 허가권자는 허가신청이 법에서 정한 요건을 구비한 때에는 **허가하여야 한다**(대판 96누3036).

- 허가는 원칙적으로 상대방의 신청을 요하는 **쌍방적 행정행위**이지만, 예외적으로 신청없이 직권에 의하여 행하는 허가도 있다(도로통행금지해제, 입산금지해제). 기출OX 03

(3) 대상

허가는 **상대적 금지에 대해서만 가능**하며, 절대적 금지(살인, 인신매매, 청소년에게 술·담배판매 등)의 경우에는 인정되지 않는다. 기출OX 04

(4) 종류

종류	내용	승계	예시
대인적 허가	사람의 주관적 요소를 심사대상으로 하는 허가	불가	운전면허, 의사면허 기출OX 05
대물적 허가	물건의 객관적 사정에 착안하여 하는 허가	가능	자동차검사
혼합적 허가	사람과 물건을 모두 심사대상으로 하는 허가	제한	총포류제조허가

(5) 허가의 기준시점: **처분시**의 법령을 기준으로 허가 여부를 결정 기출OX 06

> **행정기본법 제14조【법 적용의 기준】** 당사자의 신청에 따른 처분은 법령등에 특별한 규정이 있거나 처분 당시의 법령등을 적용하기 곤란한 특별한 사정이 있는 경우를 제외하고는 **처분 당시의 법령등에 따른다**.

(6) 허가의 효과

경찰금지의 해제	• 경찰허가는 경찰금지를 해제하여 자연적 자유를 회복시켜 준다. • 단, 다른 법률상의 경찰금지까지 해제해 주는 것은 아니다. 기출OX 07
반사적·부수적 이익	허가의 결과로 얻는 경영상 이익은 **반사적·부수적 이익에 불과**하다. → 허가는 허가 상대방에게 독점적·배타적 권리를 설정하여 주는 것이 아니므로

(7) 무허가행위의 효과

- 허가는 대상행위의 **적법요건**이지 유효요건이 아니다. 기출OX 08
- 무허가행위 자체의 사법적 효력에는 영향이 없다. 기출OX 09

3 경찰면제

법령에 의해 일반적으로 부과하여진 경찰상의 **작위·급부·수인의무**를 특정한 경우에 해제하여 주는 경찰상의 행정행위를 말한다. 예) 시험의 면제, 수수료의 일부면제, 납기연기 등

기출 OX

01 특별한 규정이 없는 한, 허가는 법령이 부과한 작위의무, 부작위의무 및 급부의무를 모두 해제하는 것이다. 22·18 채용, 19 승진 (O X)

02 한의사 면허는 행정행위 중 강학상 특허에 해당한다. 22 채용, 20 경특 (O X)

03 허가는 상대방의 신청에 의하여 행하여지는 것으로 신청에 의하지 않고는 행하여질 수 없다. 19 승진 (O X)

04 법령에 의한 일반적·절대적 금지를 특정한 경우에 해제하여 적법하게 일정한 행위를 할 수 있게 하는 행정행위를 허가라 한다. 23·19 승진, 18 채용 (O X)

05 자동차운전면허는 행정행위 중 강학상 특허에 해당한다. 22 채용 (O X)

06 허가여부의 결정기준은 특별한 사정이 없는 한 원칙적으로 신청 당시의 법령에 의한다. 18 채용 (O X)

07 특별한 규정이 없는 한, 허가를 받게 되면 다른 법령상의 제한들도 모두 해제되는 것이 원칙이다. 22 채용 (O X)

08 허가는 행위의 유효요건일 뿐, 적법요건은 아니다. 18 채용 (O X)

09 일반적으로 영업허가를 받지 아니한 상태에서 행한 사법상 법률행위는 유효하다. 22 채용 (O X)

정답 및 해설

01 X 작위·급부·수인의무가 아닌 부작위의무의 해제
02 X 허가에 해당
03 X 허가는 신청을 전제로 행해지는 것이 보통이나, 신청 없이 이루어지는 허가도 가능
04 X 일반적·상대적
05 X 운전면허는 대표적인 대인적 허가의 예이다.
06 X 처분시의 법령에 의한다.
07 X 경찰허가는 경찰금지를 해제하여 자연적 자유를 회복시켜 줄 뿐, 다른 법률상의 경찰금지 또는 경찰 외 목적상 제한까지 해제해 주는 것은 아니다.
08 X 허가는 대상 행위의 적법요건이지 유효요건이 아니다.
09 O

IV. 형성적 행정행위 (특허·대리·인가)

1 형성적 행정행위

(1) 특허

의의	특허는 행정청이 직접 상대방을 위해 **새로운 권리, 능력 또는 포괄적 법률관계를 설정**하는 설권행위이다. 예) 주택재건축사업조합의 설립인가, 도로점용허가, 어업면허, 공유수면매립면허, 공무원 임용, 귀화허가, 체류자격 변경허가, 행정재산 사용수익허가 기출OX 01, 02, 03, 04, 05
성질	• 특허는 상대방에게 권리 등을 설정하여 주는 행위인 점에서 **형성적 행위**이다. • 특허를 할 것인지 여부는 공익적 관점에서 판단이 필요한 **재량행위**이다. • 특허는 출원 등을 요건으로 하는 **쌍방적 행정행위**이다(협력을 요하는 행정행위). → 다만, 법규특허에는 성질상 출원이 요구되지 않는다.
형식	• 특허는 원칙적으로 구체적 **처분(행정행위)의 형식**으로 이루어진다. • 예외적으로 직접 법률의 규정에 의한 법규특허도 가능하다.
상대방	특허는 **특정인에 대해서만 가능**하고, 불특정인에 대한 특허는 행해질 수 없다.
신청	• 상대방의 출원을 필요요건으로 하는 쌍방적 행정행위이다. **출원 없는 특허는 무효**이다. • 그러나 법규특허는 성질상 출원을 요하지 아니한다.

[압축정리] 허가와 특허 기출OX 06

허가	특허
• 명령적 행위	• 형성적 행위
• 원칙적 기속행위	• 원칙적 재량행위
• 반사적 이익(경영상 이익)	• 법률상 이익
• 수정허가 가능	• 수정특허 불가
• 신청 없이도 가능(무출원허가 가능)	• 무출원특허 ×
• 법규허가 ×	• 법규특허 ○
• 불특정 다수가 상대방 ○	• 불특정 다수가 상대방 ×

(2) 대리

대리란 **제3자가 해야 할 일을 행정청이 대신하여 행함**으로써 제3자에게 스스로 행한 것과 같은 법적 효과를 발생시키는 행정행위를 말한다.

(3) 인가

의의	제3자의 법률행위를 보충하여 그 **법률상의 효과를 완성**시키는 보충적 행정행위
종류	재단법인의 정관변경허가, 학교법인의 임원에 대한 감독청의 취임승인·토지거래허가구역 내의 토지거래허가 기출OX 07
대상	인가는 **법률행위**를 대상으로 하고, 사실행위는 대상이 될 수 없다.
형식 및 상대방	• 인가는 **구체적 처분(행정행위)의 형식**으로 이루어지며, 법규에 의한 인가는 × • 인가는 **특정인에 대해서만 가능**하고, 불특정 다수인에 대한 인가는 불가능
효과	다른 법률관계 당사자의 법률행위의 효과를 완성시킨다. 인가를 받지 않으면 기본행위는 효력이 발생하지 않는다. → 인가는 법률행위의 효력을 발생시키는 **효력요건**이다.

[용어설명] 법규특허

• 법규특허는 법률의 규정에 의해 직접 공법인이 설립되는 것처럼 직접 법률에서 새로운 권리, 능력 또는 포괄적 법률관계를 설정하는 것을 말한다. 예) 한국은행법에 따른 한국은행의 설립
• 이러한 법규특허는 '법률'규정에 따른 것이므로 행정행위로서의 특허(강학상 특허)는 아니다.

기출 OX

01 「도시 및 주거환경정비법」에 따른 주택재건축사업조합의 설립인가는 행정행위 중 강학상 특허에 해당한다. 18 경특 (O X)

02 「도로법」에 따른 도로점용허가는 행정행위 중 강학상 특허에 해당한다. 18 경특 (O X)

03 「국적법」에 따른 귀화허가는 행정행위 중 강학상 특허에 해당한다. 18 경특 (O X)

04 「출입국관리법」에 따른 체류자격 변경허가는 행정행위 중 강학상 특허에 해당한다. 18 경특 (O X)

05 국유재산 등의 관리청이 행정재산의 사용 수익에 대하여 하는 허가는 행정행위 중 강학상 특허에 해당한다. 22 채용 (O X)

06 강학상 허가와 강학상 특허는 당사자의 신청이 없어도 가능하다는 점에서 공통점이 있다. 22 채용 (O X)

07 재단법인의 정관변경 허가는 행정행위 중 강학상 특허에 해당한다. 22 채용, 20 경특 (O X)

정답 및 해설

01 O
02 O
03 O
04 O
05 O
06 X 일부 예외가 있으나(신청 없이 이루어지는 허가, 예 도로통행금지해제, 입산금지해제), 일반적으로 허가와 특허 모두 당사자의 신청을 전제로 하는 것이다.
07 X 인가에 해당

POINT 10 행정행위의 효력

I 내용적 구속력

법률행위적 행정행위의 경우 행정청의 표시한 의사의 내용에 따라, 준법률행위적 행정행위의 경우 법령이 정하는 바에 따라 일정한 법적 효과가 발생하여 당사자를 구속하는 실체법상 효력이다.
예 건물철거명령: 상대방에게 그 내용에 따른 철거의무를 발생시키고 처분청도 그 행위의 내용에 구속

II 공정력

1 개념

- 행정행위의 성립에 하자가 있는 경우에도 그것이 중대·명백하여 당연무효가 아닌 한, 권한 있는 기관에 의하여 취소되기까지 일응 유효한 것으로 통용되는 힘을 말한다.
- 공정력은 행정행위가 위법하다고 하더라도 무효가 아니라면 절차적으로 일단 준수되어야 한다는 절차적 구속력을 의미한다.

> 행정기본법 제15조 【처분의 효력】 처분은 권한이 있는 기관이 취소 또는 철회하거나 기간의 경과 등으로 소멸되기 전까지는 유효한 것으로 통용된다. 다만, 무효인 처분은 처음부터 그 효력이 발생하지 아니한다. 기출OX 01

2 한계

- 행정행위로 보기 어려운 법규명령, 행정계약, 사법행위, 사실행위, 비권력적 행정작용(관리행위)에는 공정력이 인정되지 않는다.
- 무효인 행정행위에는 공정력이 인정되지 않는다.

3 공정력과 선결문제

(1) 개념
   선결문제란 행정행위의 위법 여부 또는 효력 유무가 민·형사사건의 본안 재판을 함에 있어 먼저 해결하여야 할 문제가 된 경우를 말한다.

(2) 행정행위의 효력과 선결문제

행정행위가 당연무효인 경우	공정력 × → 형사법원이 직접 무효판단 가능
행정행위가 취소사유인 경우	공정력 ○ → 형사법원은 스스로 효력 부인 불가

> 판례 |
> 1 소방시설 등의 설치 또는 유지·관리에 대한 명령이 행정처분으로서 하자가 있어 무효인 경우에는 명령에 따른 의무위반이 생기지 아니하므로 행정형벌을 부과할 수 없다(대판 2011도11109).
> 2 연령미달의 결격자인 피고인이 소외인의 이름으로 운전면허시험에 응시, 합격하여 교부받은 운전면허는 당연무효가 아니고 취소되지 않는 한 유효하므로 피고인의 운전행위는 무면허운전에 해당하지 아니한다(대판 80도2646). 기출OX 02
> 3 과세처분이 당연무효라고 볼 수 없는 한 과세처분에 취소할 수 있는 위법사유가 있다 하더라도 그 과세처분은 행정행위의 공정력 또는 집행력에 의하여 그것이 적법하게 취소되기 전까지는 유효하다 할 것이므로, 민사소송절차에서 그 과세처분의 효력을 부인할 수 없다(대판 99다 20179). 기출OX 03

(3) **행정행위의 위법성 확인과 선결문제**: 행정행위의 위법성확인은 공정력에 반하지 않으므로 위법성 판단 가능(통설·판례)

> **판례 |**
> 위법한 행정대집행이 완료되면 그 처분의 무효확인 또는 취소를 구할 소의 이익은 없다 하더라도, 미리 그 행정처분의 취소판결이 있어야만 그 행정처분의 위법임을 이유로 한 손해배상청구를 할 수 있는 것은 아니다(대판 1972.4.28, 72다337).
> 기출 OX 04

기출 OX

01 처분은 권한이 있는 기관이 취소 또는 철회하거나 기간의 경과 등으로 소멸되기 전까지는 유효한 것으로 통용된다. 다만, 무효인 처분은 처음부터 그 효력이 발생하지 아니한다. 25 채용 (O X)

02 연령미달의 결격자인 피고인이 소외인의 이름으로 운전면허시험에 응시, 합격하여 교부받은 운전면허는 취소되지 않는 한 유효하므로 피고인의 운전행위는 무면허운전에 해당하지 아니한다. 25 채용 (O X)

03 과세처분이 당연무효라고 볼 수 없는 한 과세처분에 취소할 수 있는 위법사유가 있다 하더라도 그 과세처분은 행정행위의 공정력 또는 집행력에 의하여 그것이 적법하게 취소되기 전까지는 유효하다 할 것이므로, 민사소송절차에서 그 과세처분의 효력을 부인할 수 없다. 25 채용 (O X)

04 행정처분이 위법임을 이유로 배상을 청구하는 경우에는 미리 그 행정처분의 취소판결이 있어야만 그 행정처분의 위법임을 이유로 피고에게 배상을 청구할 수 있다. 25 채용 (O X)

정답 및 해설

01 O
02 O
03 O
04 X 배상을 청구할 수 없다.

Ⅲ 존속력(불가쟁력, 불가변력)

1 불가쟁력(형식적존속력 / 형식적확정력)

(1) 의의

쟁송절차상의 제소기간을 경과하거나 또는 쟁송수단을 다 거친 경우에는 상대방 또는 이해관계인은 더 이상 행정행위의 효력을 다툴 수 없게 되는 효력 → 절차법적 효력

(2) 효력
- 불가쟁력은 행정행위의 상대방이나 이해관계인에 대한 구속력일 뿐, 처분행정청이나 그 밖의 국가기관은 구속하지 않는다. → 불가쟁력이 발생한 행정행위라도 처분행정청이 취소 또는 철회 가능
- 무효인 행정행위에는 불가쟁력이 발생하지 않는다. → 무효확인소송을 제기함에 있어 쟁송기간의 제한 없다.

2 불가변력(실질적존속력 / 실질적확정력)

(1) 의의
- 일정한 행정행위의 경우 그 행정행위를 행한 처분청이나 상급감독청이라도 하자나 새로운 사정의 발생 등을 이유로 직권으로 자유로이 그 행정행위를 취소·변경하거나 또는 철회시킬 수 없는 구속력
- 불가변력은 행정청에 대한 것이고, 상대방 등 이해관계인에게는 미치지 않는다. → 불가변력을 받는 행정행위라도, 불가쟁력이 발생하지 않은 한 상대방은 취소소송 등을 제기할 수 있다.

(2) 불가변력이 인정되는 행위

준사법적 행정행위·확인행위·(수익적 행정행위) → 모든 행정행위에 불가변력이 인정되는 것 아님

(3) 효력
- 행정청은 불가변력이 인정되는 행위를 직권으로 자유로이 취소·철회할 수 없다.
- 단, 무효인 행정행위에 대해서는 불가변력이 발생하지 않는다.

구분	불가쟁력	불가변력
성질	절차적 효력(형식적 존속력)	실체적 효력(실질적 존속력)
대상	상대방과 이해관계인	처분청과 상급감독기관 등의 행정기관
행정행위의 범위	모든 행정행위	특정의 행정행위
한계	무효인 행정행위에는 인정 ×	
양자의 관계	• 독립·무관(별개의 효력) • 불가쟁력이 발생했다고 불가변력이 발생하는 것 아님 → 직권취소 가능 • 불가변력이 발생했다고 불가쟁력이 발생하는 것 아님 → 쟁송제기 가능	

Ⅳ 강제력(자력집행력, 제재력)

자력집행력	행정청이 법원의 판결을 통하지 않고 스스로 강제력을 발동하여 의무이행을 실현시킬 수 있는 효력을 말한다.
제재력	행정행위의 상대방이 의무를 이행하지 않은 때 그에 대한 제재로 행정벌을 부과하는 효력을 의미한다. → 의무위반에 대한 처벌이라는 심리적 강제를 통한 행정상의 의무이행 강제

POINT 11 행정행위 하자

I 무효인 행정행위와 취소할 수 있는 행정행위

1 의의

- **무효인 행정행위**: 행정행위의 외형은 갖추고 있으나 처음부터 효력이 발생하지 않는 행정행위
- **취소할 수 있는 행정행위**: 행정행위에 원시적 하자가 있음에도 일단 유효인 행위이지만, 취소되면 소급하여 무효가 되는 행위 → 일단 유효한 행정행위를 소급적하여 소멸시킨다는 점에서, 처음부터 효력을 발생하지 않는 무효와 구별된다.

> **판례**
> 1. 경찰공무원법에 규정되어 있는 경찰관임용 결격사유는 경찰관으로 임용되기 위한 절대적인 소극적 요건으로서 임용 당시 경찰관임용 결격사유가 있었다면 비록 임용권자의 과실에 의하여 임용결격자임을 밝혀내지 못하였다 하더라도 그 임용행위는 당연무효로 보아야 한다(대판2003두469). 기출OX 01
> 2. 절차상 또는 형식상 하자로 인하여 무효인 행정처분이 있은 후 행정청이 관계 법령에서 정한 절차 또는 형식을 갖추어 다시 동일한 행정처분을 하였다면 당해 행정처분은 종전의 무효인 행정처분과 관계없이 새로운 행정처분이라고 보아야 한다(대판2006두3933). 기출OX 02

2 구별기준(중대·명백설): 하자가 중대하고 명백하면 무효이고, 그렇지 아니하면 취소사유라는 견해 기출OX 03, 04

3 무효사유

주체성 하자	• **정당한 권한 없는 자의 행위**: 공무원 아닌자의 행위, 대리권이 없거나 위임받지 아니한 자의 행위 기출OX 05 • **행정청의 무권한 행위**: 세무서장의 귀속임야 매각처분 등. 다만 무권한이 항상 무효는 아니다. 기출OX 06 • **행정기관의 의사에 하자가 있는 행위**: 의사무능력자의 행위, 공무원의 심실상실 중의 행위 등
내용상 하자	• **내용이 사실상·법률상 실현 불가능한 행위**: 죽은자에 대한 운전면허 • **내용이 사회통념상 인식할 수 없을 정도로 불명확·불특정한 행위**: 경계를 명확히 하지 않은 도로구역 결정, 목적물의 특정 없는 귀속재산 임대처분 등 cf. 선량한 풍속 기타 사회질서에 위반된 행위와 행정행위의 내용이 공익에 반하는 경우는 부당한 행정행위로 취소사유
절차상 하자	• **법률상 필요한 상대방의 신청을 결여한 행위**: 상대방의 신청 없이 행한 광업허가 • **필요한 공고 또는 통지를 결여한 행위**: 공고절차 없이 행한 환지계획의 인가 • 법규에서 규정한 협의를 결여한 행위
형식상 하자	• **법정문서에 의하지 않은 행정청의 행위** 기출OX 07: 소방시설 시정보완명령을 구두로 고지 • 서명날인을 결여한 행위 • 필요적 기재가 없는 행위
효력발생요건의 하자	• 통지·공고가 없는 경우 • 법정방법에 의하지 아니하고 통지한 경우 등

[압축정리] 무효와 취소의 구별실익

구분	무효	취소
공정력	×	○
선결문제	심사가능함	효력부인 × (위법심사 ○)
존속력, 강제력	×	○
불가쟁력	× (언제든지 다툴 수 있다)	○ (하자승계 논의가 생긴다)
신뢰보호원칙	×	○
쟁송형태	무효인 행정행위에 대해서는 무효확인심판과 무효확인소송에 의해 무효확인을 구할 수 있음	취소할 수 있는 행정행위의 경우 취소심판과 취소소송에 의해 취소를 구할 수 있음
사정판결, 사정재결	×	○
간접강제	×	○
예외적 행정심판전치주의	×	○
치유와 전환	하자의 전환: 무효인 행정행위	치유: 취소할수 있는 행정행위
국가배상청구	국가배상은 행정작용이 위법하기만 하면 인정된다. → **구별실익 없음**	
집행부정지 여부	집행부정지원칙은 무효확인소송에도 준용된다. → **구별실익 없음**	

기출 OX

01 「경찰공무원법」에 규정되어 있는 경찰관임용 결격사유는 경찰관으로 임용되기 위한 절대적인 소극적 요건으로서 임용 당시 경찰관임용 결격사유가 있었다면 비록 임용권자의 과실에 의하여 임용결격자임을 밝혀내지 못하였다 하더라도 그 임용행위는 당연무효로 볼 수 없다. 25·24 채용, 18 경특 (O X)

02 절차상 또는 형식상 하자로 인하여 무효인 행정처분이 있은 후 행정청이 관계 법령에서 정한 절차 또는 형식을 갖추어 다시 동일한 행정처분을 하였다면 당해 행정처분은 종전의 무효인 행정처분과 관계없이 새로운 행정처분이라고 보아야 한다. 18 경특 (O X)

03 하자 있는 행정처분이 당연무효가 되기 위하여는 그 하자가 법규의 중요한 부분을 위반한 중대한 것으로서 객관적으로 명백한 것이어야 하며, 하자가 중대하고 명백한 것인지 여부를 판별함에 있어서는 그 법규의 목적, 의미·기능 등을 목적론적으로 고찰함과 동시에 구체적 사안 자체의 특수성에 관하여도 합리적으로 고찰함을 요한다. 25 채용 (O X)

04 경찰공무원에 대한 징계위원회의 심의과정에 감경사유에 해당하는 공적 사항이 제시되지 아니한 경우에는 그 징계양정이 결과적으로 적정한지와 상관없이 이는 관계 법령이 정한 징계절차를 지키지 아니한 것으로서 당연무효이다. 25 채용 (O X)

05 음주운전을 단속한 경찰관 명의로 행한 운전면허정지처분은 무효인 행정행위이다. 24 채용 (O X)

06 임면권자가 아닌 국가정보원장이 5급 이상의 국가정보원직원에 대하여 한 의원면직처분은 무효인 행정행위이다. 24 채용 (O X)

07 행정처분의 처분 방식에 관한 「행정절차법」 제24조 제1항을 위반한 처분은 무효인 행정행위이다. 24 채용 (O X)

정답 및 해설

01 X 임용행위는 당연무효이다.
02 O
03 O
04 X 취소사유에 해당
05 O
06 X 대법원은 비록 위법하지만 당연무효는 아니라고 판시하였다.
07 O

II 하자있는 행정행위의 치유

1 개념
- 행정행위의 성립 당시에 하자가 있더라도 사후에 보완하면 소급하여 적법한 것으로 보는 것
- 하자 있는 행정행위의 치유는 원칙적으로 허용될 수 없고 예외적으로 가능하다.

2 인정범위
- 하자의 치유는 형식·절차상의 하자에 대해서만 인정되고, 내용상 하자에 대해서는 인정되지 않는다.
- 하자의 치유는 취소사유 있는 행정행위에서만 인정되고, 무효인 행정행위에서는 인정되지 않는다.
- 하자의 치유는 행정심판이나 행정소송 등 쟁송제기가 되기 전까지만 가능하다.

> **판례 |**
> 징계처분이 중대하고 명백한 흠 때문에 당연무효의 것이라면 징계처분을 받은 자가 이를 용인하였다 하여 그 흠이 치료되는 것은 아니다(대판 1989.12.12. 88누8869).

3 치유의 효과
하자가 치유되면 당해 행정행위는 행위시에 소급하여 처분시부터 적법한 행위가 된다.

> **판례 |**
> 행정청이 청문서 도달기간을 다소 어겼다 하더라도 영업자가 이에 대하여 이의하지 아니한 채 스스로 청문일에 출석하여 그 의견을 진술하고 변명하는 등 방어의 기회를 충분히 가졌다면 청문서 도달기간을 준수하지 아니한 하자는 치유되었다고 봄이 상당하다(대판 92누2844).

III 하자있는 행정행위의 전환

1 개념
행정행위가 본래의 행정행위로서는 무효이나 다른 행정행위로 보면 요건이 충족되는 경우에 다른 행정행위로 보아 그 효력을 유지하려는 것을 의미한다.

2 인정범위
하자 있는 행정행위의 전환은 무효인 행정행위에 대해서만 인정되고, 취소할 수 있는 행정행위에 대해서는 인정되지 않는다(통설).

3 요건
- 하자 있는 행정행위와 전환되는 행정행위가 요건·목적·효과 등에서 실질적 공통성이 있을 것
- 전환되는 행정행위의 성립·효력요건을 갖추고 있을 것
- 행정청의 의도에 반하지 않을 것
- 당사자가 그 전환을 의욕하는 것
- 상대방 및 제3자의 권익을 침해하지 않을 것

4 효과
- 종전 행정행위의 발령 당시로 소급하여 효력이 발생한다.
- 행정행위의 전환 자체는 또 다른 하나의 행정행위이다. 전환행위는 처분성이 인정되므로 이해관계인은 이에 대해 항고소송을 제기할 수 있다.

IV 행정행위의 취소 · 철회 · 실효

1 행정행위의 취소

행정기본법 제18조【위법 또는 부당한 처분의 취소】 ① 행정청은 위법 또는 부당한 처분의 전부나 일부를 소급하여 취소할 수 있다. 다만, 당사자의 신뢰를 보호할 가치가 있는 등 정당한 사유가 있는 경우에는 장래를 향하여 취소할 수 있다.

(1) 취소의 개념

행정행위의 '취소'는 일단 유효하게 성립한 행정행위를 그 행위에 하자가 있음을 이유로 소급하여 효력을 소멸시키는 별도의 행정처분을 의미한다. → 취소되기 전까지는 유효

(2) 취소권자

처분청은 처분의 성립에 하자가 있는 경우 별도의 법적 근거가 없더라도 직권으로 취소할 수 있다

> **판례 |**
> 행정처분을 한 처분청은 처분의 성립에 하자가 있는 경우 별도의 법적 근거가 없더라도 직권으로 이를 취소할 수 있다고 봄이 원칙이므로, 국민연금법이 정한 수급요건을 갖추지 못하였음에도 연금 지급결정이 이루어진 경우에는 이미 지급된 급여 부분에 대한 환수처분과 별도로 지급결정을 취소할 수 있다(대판2015두43971).

(3) 취소의 종류: 직권취소, 쟁송취소

구분	쟁송취소	직권취소
동기	상대방 또는 이해관계인의 쟁송제기	행정청의 직권
취소권자	행정심판위원회 또는 행정법원	행정청(처분청·감독청)
사유	**행정심판**: 위법 + 부당 / **행정소송**: 위법	위법 + 부당
기간	기간제한 있음	원칙적으로 기간의 제한이 없음
법적 근거	행정심판법·행정소송법	별도의 법적 근거 불요(통설)
대상	주로 부담적 행정행위·복효적 행정행위	주로 수익적·부담적 행정행위
효과	소급효	침익은 소급효 / 수익은 장래효
공통점	원시적 하자 / 취소 전까지는 유효 / 취소권을 행사해야	
양자관계	직권취소와 쟁송취소는 서로 독립된 개념이다. 취소소송이 진행 중이라도 행정청은 처분을 직권취소할 수 있다.	

(4) 제한

행정기본법 제18조【위법 또는 부당한 처분의 취소】 ② 행정청은 제1항에 따라 당사자에게 권리나 이익을 부여하는 처분을 취소하려는 경우에는 취소로 인하여 당사자가 입게 될 불이익을 취소로 달성되는 공익과 비교·형량하여야 한다. 다만, 다음 각 호의 어느 하나에 해당하는 경우에는 그러하지 아니하다.
1. 거짓이나 그 밖의 부정한 방법으로 처분을 받은 경우
2. 당사자가 처분의 위법성을 알고 있었거나 중대한 과실로 알지 못한 경우

(5) 취소의 효과

위법하거나 부당한 처분은 소급하여 취소함이 원칙이고, 당사자의 신뢰보호 등 정당한 사유가 있는 경우에만 장래를 향하여 취소할 수 있다.

2 행정행위의 철회

(1) 철회의 개념

철회는 적법하게 성립한 행정행위를 후발적 사유로 장래에 향하여 그 효력을 소멸시키는 별도의 행정처분을 의미한다.

(2) 철회권자: 처분청 → 감독청은 법률에 근거가 없는 한 직접 철회할 수 없다(통설)

(3) 법적근거

> **📖 판례 |**
> 행정행위를 한 처분청은 비록 그 처분 당시에 별다른 하자가 없었고, 또 그 처분 후에 이를 취소할 별도의 법적 근거가 없다 하더라도 원래의 처분을 존속시킬 필요가 없게 된 사정변경이 생겼거나 또는 중대한 공익상의 필요가 발생한 경우에는 그 효력을 상실하게 하는 별개의 행정행위로 이를 취소할 수 있다(대판 95누1194). ※ 취소라는 용어를 쓰고 있으나 맥락상 철회를 의미한다.

(4) 철회 사유

> **행정기본법 제19조【적법한 처분의 철회】**① 행정청은 적법한 처분이 다음 각 호의 어느 하나에 해당하는 경우에는 그 처분의 전부 또는 일부를 장래를 향하여 철회할 수 있다.
> 1. 법률에서 정한 철회 사유에 해당하게 된 경우
> 2. 법령등의 변경이나 사정변경으로 처분을 더 이상 존속시킬 필요가 없게 된 경우
> 3. 중대한 공익을 위하여 필요한 경우
> ② 행정청은 제1항에 따라 처분을 철회하려는 경우에는 철회로 인하여 당사자가 입게 될 불이익을 철회로 달성되는 공익과 비교·형량하여야 한다.

(5) 철회 효과
- 장래에 향하여 행정행위의 효력이 소멸하는 것이 원칙이다.
- 예외적으로 별도의 법적 근거가 있는 경우에는 철회의 효과가 소급할 수도 있다.

[압축정리] 직권취소와 철회

구분	직권취소	철회
사유	원시적 하자	후발적 사유
주체	처분청, 감독청(견해대립)	처분청
효력	소급효(수익적 행정행위는 장래효)	장래효
공통점	• 법적 근거 불요(판례) • 행정행위의 효력 소멸	• 일부취소·철회 가능 • 별개의 독립한 행정행위

3 행정행위의 실효

- **실효:** 적법하게 성립한 행정행위가 일정한 사실의 발생에 의하여 당연히 효력이 소멸되는 것
- **실효사유:** 대상의 소멸(운전면허를 받은 자의 사망), 부관의 성취(해제조건의 성취), 목적의 달성
- **실효의 효과:** 행정청의 특별한 의사가 필요 없이, 장래를 향하여 효력이 소멸된다.

V 하자의 승계

1 의의
후행행위는 적법하나, 선행행위의 위법을 후행행위에 승계시켜 그 위법을 주장할 수 있는지의 문제이다.

> **판례 |**
> 계고처분의 후속절차인 대집행에 위법이 있다고 하더라도, 그와 같은 후속절차에 위법성이 있다는 점을 들어 선행절차인 계고처분이 부적법하다는 사유로 삼을 수는 없다(대판 96누15428).

2 요건
- 선행행위와 후행행위가 모두 항고소송의 대상인 행정처분일 것
- 선행행위에 취소사유인 하자가 존재할 것
- 후행행위에 고유한 하자가 없을 것
- 선행행위에 불가쟁력이 발생하였을 것

3 하자승계 인정범위

하자승계 긍정	선행행위·후행행위가 결합, 하나의 법률효과의 발생을 목적으로 하는 경우 • 대집행절차: 계고 – 통지 – 실행 – 비용징수 • 체납처분절차: 독촉 – 압류 – 매각 – 청산 • 한지의사 시험자격인정과 한지의사면허처분
하자승계 부정	양 행위가 독립, 별개의 법률효과의 발생을 목적으로 하는 경우 • 철거명령과 대집행절차 • 과세처분과 체납처분 • 직위해제처분과 면직처분 • 보충역편입처분과 공익근무요원소집처분
예외적 하자승계 긍정	별개 법률효과 발생을 목적으로 하나, 예측가능성·수인가능성 없는 경우 • 암매장 분묘개장명령과 계고처분 • 친일반민족행위자결정과 독립유공자적용배제자 결정처분

4 공시지가 관련 판례의 입장
- 개별공시지가의 후행행위(개발부담금부과처분·과세처분) → 하자승계 긍정
- 표준공시지가의 후행행위(개별공시지가결정·과세처분) → 하자승계 부정
- 표준공시지가와 수용재결 → 하자승계 긍정

기출 OX

01 적법한 건축물에 대한 철거명령은 그 하자가 중대하고 명백하여 당연무효이고, 그 후행행위인 건축물철거 대집행계고처분 역시 당연무효이다. 25 채용 (O X)

정답 및 해설

01 O

POINT 12 행정행위의 부관

I 의의

행정행위의 효과를 제한·보충하기 위해 주된 행정행위에 부가되는 종된 규율을 부관이라고 한다. 기출 OX 01

II 종류

조건, 기한, 부담, 철회권유보, 법률효과 일부배제

1 **조건**: 행정행위 효과의 발생 또는 소멸을 장래 발생이 **불확실한** 사실에 의존시키는 부관 기출 OX 02

| 정지조건 | 일단 정지된 효력을 발생시키는 조건 예 주차시설 준공을 조건으로 한 영업허가 |
| 해제조건 | 일단 발생한 효력을 소멸시키는 조건 예 특정 기업에 취업조건으로 하는 체류허가 발급 |

2 **기한**: 행정행위의 효과의 발생 또는 소멸을 장래 도래할 것이 **확실한** 사실에 의존시키는 부관 기출 OX 03

시기	그 사실이 발생함으로써 행정행위의 효력이 발생 예 2025.1.1.부터 영업을 허가한다.
종기	그 사실이 발생함으로써 행정행위의 효력이 소멸 예 2025.1.1.까지 영업을 허가한다.
불확정기한	도래하는 것은 확실하나, 도래일시가 불확실한 기한 예 사망시까지 연금 지급한다.

3 **부담**

(1) **의의**: 행정행위의 주된 내용에 부가하여 그 행정행위의 **상대방에게 작위·부작위·급부 등의 의무를 부과**하는 부관
(2) **성질**: 부담은 주된 행정행위와 독립하여 별도로 **소송제기가 가능**하고, **부담 불이행시 독립하여 강제집행도 가능**하다. 기출 OX 04

> **판례** |
> 행정행위의 부관은 <U>부담인 경우를 제외하고는 독립하여 행정소송의 대상이 될 수 없는 바</U>, 기부채납받은 행정재산에 대한 사용·수익허가에서 공유재산의 관리청이 정한 사용·수익허가의 기간은 그 허가의 효력을 제한하기 위한 행정행위의 부관으로서 이러한 **사용·수익허가의 기간에 대해서는 독립하여 행정소송을 제기할 수 없다**(대판 2001.6.15., 99두509).

(3) **부담에 대한 위법판단 기준**: **처분 당시**의 법령을 기준으로 하여야 한다. 기출 OX 05
(4) **다른 개념과의 비교**
  • 정지조건은 조건성취로 행정행위 **효력이 발생**, 부담은 이행 없이도 주된 행정행위가 먼저 효력발생
  • 해제조건은 조건성취로 **행정행위 효력 소멸**, 부담은 부담불이행 이유 행정행위 철회로 효력 소멸
  • 기한의 도래로 행정행위의 효력이 소멸·발생하지만, 부담은 불이행시 철회사유로 작용

> **판례** |
> 조건과 부담의 구분이 불분명하면 국민에게 유리한 부담으로 보아야 한다(2004두7023). 기출 OX 06

4 철회권유보

일정한 사실의 발생시에 **행정행위를 철회할 수 있는 권한을 유보**하는 부관을 말한다.

> **판례 |**
> 1 행정청이 종교단체에 대하여 기본재산전환인가를 함에 있어 인가조건을 부가하고 그 불이행시 인가를 취소할 수 있도록 한 경우, 인가조건의 의미는 철회권을 유보한 것이다(2003다6422). 기출OX 07
> 2 행정행위의 부관으로 유보된 취소권에 의하여 취소할 수 있는 사유는 법령에 그 규정이 없는 경우라고 하더라도 의무위반이 있는 경우, 사정변경이 있는 경우, 좁은 의미의 취소권이 유보된 경우 또는 중대한 공익상의 필요가 발생한 경우 등이다(84누269).

기출 OX

01 부관은 조건 · 기한 · 부담 · 철회권의 유보 등과 같이 주된 처분에 부가되는 종된 규율로서, 주된 처분의 효과를 제한하거나 의무를 부과함으로써 국민의 권리 · 의무에 영향을 미치는 효과가 있다. 23 승진 O X

02 장래의 사실이더라도 그것이 장래 반드시 실현되는 사실이면 실현되는 시기가 비록 확정되지 않더라도 이는 조건으로 보아야 한다. 24 채용 O X

03 기한은 법률행위 효력의 발생 또는 소멸을 장래의 불확실한 사실의 성부에 의존하게 하는 법률행위의 부관이다. 24 채용 O X

04 행정행위의 부관은 조건인 경우를 제외하고는 독립하여 행정소송의 대상이 될 수 없다. 23 채용, 21 간부 O X

05 행정청이 수익적 행정처분을 하면서 부가한 부담의 위법 여부는 처분 당시 법령을 기준으로 판단하여야 한다. 21 경특 O X

06 부담과 정지조건의 구분이 불분명한 경우에는 최소침해의 원칙에 따라 부담으로 보아야 한다. 21 간부 O X

07 행정청이 종교단체에 대하여 기본재산전환인가를 함에 있어 인가조건을 부가하고 그 불이행시 인가를 취소할 수 있도록 한 경우, 그 인가조건의 의미를 철회권의 유보로 본다. 24 채용 O X

정답 및 해설

01 O
02 X 장래 반드시 실현된다면 그것은 실현이 확실한 사실로서 "기한"에 해당하고, 그 실현시기가 불확정이라면 "불확정기한"에 해당하는 것이다.
03 X 기한은 행정행위의 효과의 발생 또는 소멸을 장래 도래할 것이 확실한 사실에 의존시키는 부관을 말한다.
04 X 부담만이 그 자체가 독립하여 쟁송의 대상이 될 수 있다.
05 O
06 O
07 O

5 법률효과 일부배제

- 주된 행정행위에 법이 일반적으로 부여하고 있는 법적 효과의 일부를 배제하는 부관을 말한다.
- 법령에 명시적 근거가 있는 경우에만 가능하다.

> **판례 |**
> 공유수면매립준공인가 중 매립지 일부에 대하여 한 국가귀속처분은 매립준공인가를 함에 있어서 매립의 면허를 받은 자의 매립지에 대한 소유권취득을 규정한 공유수면매립법 제14조의 효과 일부를 배제하는 부관을 붙인 것이므로 이러한 행정행위의 부관에 대하여는 독립하여 행정소송의 대상으로 삼을 수 없다(대판 90누8503). 기출OX 01

[구별개념] 법정부관, 수정부담은 부관의 개념에 속하지 않는다. 기출OX 02

법정부관	학문상 부관에 해당하는 내용이 법령에 직접 규정되어 있는 것을 말하며, 법정부관은 행정청의 의사에 따라 부가되는 것이 아니므로 강학상 부관에 해당하지 아니한다.
수정부담	상대방이 신청한 것과는 다르게 행정행위의 내용을 정하는 것을 말한다. 부관이 아니라고 보는 것이 일반적이며, 신청과 다른 내용이 정해진다는 점에서 상대방의 동의가 필요하다고 본다 기출OX 03

II 부관의 가능성

- 행정청은 법률행위적 행위에는 부관을 붙일 수 있고, 준법률행위적 행위에는 부관을 붙일 수 없다.
- 행정청은 처분에 재량이 있는 경우에는 부관을 붙일 수 있고 기출OX 04, 재량이 없는 경우라도 법률에 근거가 있는 경우에 부관을 붙일 수 있다. 기출OX 05

III 부관의 요건

- 해당 처분의 목적에 위배되지 아니할 것
- 해당 처분과 실질적인 관련이 있을 것 기출OX 06
- 해당 처분의 목적을 달성하기 위하여 필요한 최소한의 범위일 것

IV 사후부관

행정기본법 제17조 【부관】 ③ 행정청은 부관을 붙일 수 있는 처분이 다음 각 호의 어느 하나에 해당하는 경우에는 그 처분을 한 후에도 부관을 새로 붙이거나 종전의 부관을 변경할 수 있다. 기출OX 07
1. 법률에 근거가 있는 경우
2. 당사자의 동의가 있는 경우 기출OX 08
3. 사정이 변경되어 부관을 새로 붙이거나 종전의 부관을 변경하지 아니하면 해당 처분의 목적을 달성할 수 없다고 인정되는 경우

기출 OX

01 공유재산에 대한 40년간의 사용허가신청에 대해 행정청이 20년간 사용허가한 경우에 사용허가 기간에 대해서 독립하여 행정소송을 제기할 수 있다. 21 경특 O X

02 법정부관의 경우 처분의 효과제한이 직접 법규에 의하여 부여되는 부관으로서 이는 행정행위 부관과는 구별되는 개념으로 원칙적으로 부관의 개념에 속하지 않는다. 21 간부 O X

03 수정부담은 새로운 의무를 부가하는 것이 아니라 상대방이 신청한 것과 다르게 행정행위의 내용을 정하는 부관을 말하며 상대방의 동의가 있어야 효력이 발생한다. 21 간부 O X

04 행정청은 처분에 재량이 있는 경우에는 부관을 붙일 수 있다. 23 채용 O X

05 행정청은 처분에 재량이 없는 경우에는 법률에 근거가 있더라도 부관을 붙일 수 없다. 24·23 채용 O X

06 부관은 해당 처분의 목적에 위배되지 아니하고, 실질적 관련이 없을 것을 요건으로 한다. 23 채용 O X

07 행정청은 부관을 붙일 수 있는 처분이 당사자의 동의가 있는 경우에는 그 처분을 한 후에도 부관을 새로 붙이거나 종전의 부관을 변경할 수 있다. 23 채용 O X

08 면허발급 당시에 붙이는 부관뿐만 아니라 면허발급 이후에 붙이는 부관도 법률에 명문 규정이 있거나 변경이 미리 유보되어 있는 경우 또는 상대방의 동의가 있는 경우 등에는 특별한 사정이 없는 한 허용된다. 21 경특 O X

정답 및 해설

01 X 부담 이외의 부관은 독립하여 행정소송의 대상이 될 수 없다
02 O
03 O
04 O
05 X 기속행위 영역에서는 원칙적을 부관을 붙을 수 없으나, 법률에 근거가 있는 경우에는 가능
06 X 해당 처분과 실질적인 관련이 있을 것
07 O
08 O

POINT 13 행정지도

1 의의
행정기관이 그 소관 사무의 범위에서 일정한 행정목적을 실현하기 위하여 특정인에게 일정한 행위를 하거나 하지 아니하도록 **지도, 권고, 조언 등을 하는 행정작용**을 말한다.

2 특징
- 행정지도는 **비권력적인 성질**이므로 **처분성이 부정**되어 항고소송의 대상이 되지 않는다.
- 행정지도는 상대방의 임의적 협력을 전제로 하는 것이므로 **비권력적 사실행위**이다. 기출OX 01
- 특별한 형식을 요하지 않는다. → 문서·구두 모두 가능
- 법적 의무를 부과하는 것이 아니므로 행정지도 그 자체로는 **법적 효과가 발생하지 않는다**.

3 법적근거
조직법적 근거는 필요하나, 비권력적 사실행위로 작용법적 근거는 필요 없다(통설).

4 원칙
- 행정지도는 그 목적 달성에 필요한 최소한도에 그쳐야 하며(→ 과잉금지의 원칙), 행정지도의 상대방의 의사에 반하여 부당하게 강요하여서는 아니 된다(→ 임의성의 원칙). 기출OX 02
- 행정기관은 행정지도의 상대방이 행정지도에 따르지 아니하였다는 것을 이유로 불이익한 조치를 하여서는 아니 된다(→ 불이익조치금지의 원칙). 기출OX 03

5 행정지도 방식(행정절차법)

행정지도 실명제	행정지도를 하는 자는 그 상대방에게 그 행정지도의 취지 및 내용과 신분을 밝혀야 한다.
서면교부청구권	행정지도가 말로 이루어지는 경우에 상대방이 일정한 사항을 적은 서면의 교부를 요구하면 그 행정지도를 하는 자는 직무 수행에 특별한 지장이 없으면 이를 **교부하여야 한다**. 기출OX 04
의견제출	행정지도의 상대방은 해당 행정지도의 방식·내용 등에 관하여 행정기관에 **의견제출을 할 수 있다**. 기출OX 05, 06
다수인을 대상으로 하는 행정지도	행정기관이 같은 행정목적을 실현하기 위하여 많은 상대방에게 행정지도를 하려는 경우에는 특별한 사정이 없으면 행정지도에 **공통적인 내용이 되는 사항을 공표하여야 한다**. 기출OX 07

6 권리구제
- 행정지도는 비권력적 사실행위로서 **항고소송의 대상이 되는 처분이 아니다**.
- 행정지도가 사실상 강제성의 갖는 경우에는 인과성이 인정되어 국가배상책임이 성립할 수도 있다.

> **판례** |
> 국가배상법이 정한 배상청구의 요건인 '공무원의 직무'에는 권력적 작용만이 아니라 행정지도와 같은 비권력적 작용도 포함되며, 단지 행정주체가 사경제주체로서 하는 활동만 제외되는 것이다(대판 96다38971). 기출OX 08

> **판례** |
> 행정지도가 강제성을 띠지 않은 비권력적 작용으로서 행정지도의 한계를 일탈하지 아니하였다면, 그로 인하여 상대방에게 어떤 손해가 발생하였다 하더라도 행정기관은 그에 대한 손해배상책임이 없다(대판 2006다18228). 기출OX 09

기출 OX

01 행정지도는 일정한 행정목적을 달성하기 위해 상대방인 국민에게 임의적인 협력을 요청하는 비권력적 사실행위를 말한다. 23 승진 (O X)

02 행정지도는 그 목적 달성에 필요한 최대한도의 조치를 할 수 있으나, 다만 행정지도의 상대방의 의사에 반하여 부당하게 강요하여서는 아니 된다. 22 채용, 18 경특 (O X)

03 행정기관은 행정지도의 상대방이 행정지도에 따르지 아니하였다는 것을 이유로 불이익한 조치를 하여서는 아니 된다. 22 채용 (O X)

04 행정지도가 말로 이루어지는 경우에 상대방이 서면의 교부를 요구하면 그 행정지도를 하는 자는 반드시 이를 교부하여야 한다. 22 채용, 18 경특 (O X)

05 행정지도의 상대방은 해당 행정지도의 방식 내용 등에 관하여 행정기관에 의견제출을 할 수 없다. 22 채용 (O X)

06 행정절차법상 행정지도는 의견제출과 사전통지절차에 대해 규정하고 있다. 20 경특 (O X)

07 행정기관이 같은 행정목적을 실현하기 위하여 많은 상대방에게 행정지도를 하려는 경우에는 특별한 사정이 없으면 행정지도에 공통적인 내용이 되는 사항을 공표하여야 한다. 18 경특 (O X)

08 국가배상법상 직무행위에는 비권력적 사실행위가 포함되지 않으므로 행정지도는 직무행위에 포함되지 않는다. 20 경특 (O X)

09 행정지도의 한계를 일탈하지 아니하였다면 그로 인하여 상대방에게 어떤 손해가 발생하였다 하더라도 행정기관은 그에 대한 손해배상책임이 없다. 20 경특 (O X)

정답 및 해설

01 O
02 X 최소한도에 그쳐야 한다.
03 O
04 X 특별한 사정이 있다면 교부하지 않을 수 있다.
05 X 의견제출을 할 수 있다.
06 X 의견제출제도에 대해서만 규정하고 있다.
07 O
08 X 행정지도와 같은 비권력적 작용도 포함
09 O

POINT 14 행정절차법

1 적용범위 기출OX 01

적용 O	처분, 신고, 확약, 위반사실 등의 공표, 행정계획, 행정상 입법예고, 행정예고 및 행정지도
적용 X	• 행정조사, 공법상 계약, 국회·법원·헌재·선관위·감사원이 행하는 사항 → 권력분립 원칙상 적용배제 • 형사·행형·행정심판·공무원 징계 → 다른 법률에 별도 절차 존재

> **판례 |**
> 국가공무원법상 직위해제를 할 때에는 처분사유 설명서를 교부하도록 하고 처분사유 설명서를 받은 공무원이 그 처분에 불복할 때에는 그 설명서를 받은 날부터 30일 이내에 소청심사청구를 할 수 있도록 하고 있으므로 행정절차법의 규정이 별도로 적용되지 아니한다(대판 2012두26180).

2 처분의 신청

행정절차법 제17조 【처분의 신청】 ① 행정청에 처분을 구하는 신청은 문서로 하여야 한다. 다만, 다른 법령등에 특별한 규정이 있는 경우와 행정청이 미리 다른 방법을 정하여 공시한 경우에는 그러하지 아니하다. 기출OX 02

3 처분절차(공통절차)

(1) 처리기간의 설정·공표

행정절차법 제19조 【처리기간의 설정·공표】 ① 행정청은 신청인의 편의를 위하여 처분의 처리기간을 종류별로 미리 정하여 공표하여야 한다.
④ 행정청이 정당한 처리기간 내에 처리하지 아니하였을 때에는 신청인은 해당 행정청 또는 그 감독 행정청에 신속한 처리를 요청할 수 있다. 기출OX 03

(2) 처분 이유제시 기출OX 04

행정절차법 제23조 【처분의 이유 제시】 ① 행정청은 처분을 할 때에는 다음 각 호의 어느 하나에 해당하는 경우를 제외하고는 당사자에게 그 근거와 이유를 제시하여야 한다.
1. 신청 내용을 모두 그대로 인정하는 처분인 경우
2. 단순·반복적인 처분 또는 경미한 처분으로서 당사자가 그 이유를 명백히 알 수 있는 경우
3. 긴급히 처분을 할 필요가 있는 경우
② 행정청은 제1항 제2호 및 제3호의 경우에 처분 후 당사자가 요청하는 경우에는 그 근거와 이유를 제시하여야 한다.

(3) 처분방식 기출OX 05, 06

행정절차법 제24조 【처분의 방식】 ① 행정청이 처분을 할 때에는 다른 법령등에 특별한 규정이 있는 경우를 제외하고는 문서로 하여야 하며, 다음 각 호의 어느 하나에 해당하는 경우에는 전자문서로 할 수 있다.
1. 당사자등의 동의가 있는 경우
2. 당사자가 전자문서로 처분을 신청한 경우
② 제1항에도 불구하고 공공의 안전 또는 복리를 위하여 긴급히 처분을 할 필요가 있거나 사안이 경미한 경우에는 말, 전화, 휴대전화를 이용한 문자 전송, 팩스 또는 전자우편 등 문서가 아닌 방법으로 처분을 할 수 있다. 이 경우 당사자가 요청하면 지체 없이 처분에 관한 문서를 주어야 한다.

4 그 외 규정

목적	이 법은 행정절차에 관한 공통적인 사항을 규정하여 국민의 행정 참여를 도모함으로써 행정의 공정성·투명성 및 신뢰성을 확보하고 국민의 권익을 보호함을 목적으로 한다. 기출 OX 07
관할	① 행정청이 그 관할에 속하지 아니하는 사안을 접수하였거나 이송받은 경우에는 지체 없이 이를 관할 행정청에 이송하여야 하고 그 사실을 신청인에게 통지하여야 한다. 행정청이 접수하거나 이송받은 후 관할이 변경된 경우에도 또한 같다. ② 행정청의 관할이 분명하지 아니한 경우에는 해당 행정청을 공통으로 감독하는 상급 행정청이 그 관할을 결정하며, 공통으로 감독하는 상급 행정청이 없는 경우에는 각 상급 행정청이 협의하여 그 관할을 결정한다. 기출 OX 08
송달	① 송달은 우편, 교부 또는 정보통신망 이용 등의 방법으로 하되, 송달받을 자(대표자 또는 대리인을 포함)의 주소·거소·영업소·사무소 또는 전자우편주소(이하 "주소등"이라 한다)로 한다. 다만, 송달받을 자가 동의하는 경우에는 그를 만나는 장소에서 송달할 수 있다. 기출 OX 09 ② 송달받을 자의 주소등을 통상적인 방법으로 확인할 수 없는 경우 또는 송달이 불가능한 경우에는 송달받을 자가 알기 쉽도록 관보, 공보, 게시판, 일간신문 중 하나 이상에 공고하고 인터넷에도 공고하여야 한다.

기출 OX

01 「행정절차법」은 공법상 계약에 관해서는 별도의 규정이 없다. 18 경특 (O X)

02 행정청에 처분을 구하는 신청은 구두 또는 문서로 하여야 한다. 다만, 다른 법령등에 특별한 규정이 있는 경우와 행정청이 미리 다른 방법을 정한 경우에는 그러하지 아니하다. 24 채용 (O X)

03 행정청이 정당한 처리기간 내에 처리하지 아니하였을 때에도 신청인은 해당 행정청 또는 그 감독 행정청에 신속한 처리를 요청할 수 없다. 24 채용 (O X)

04 행정청이 신청내용을 모두 그대로 인정하는 처분을 하는 경우 당사자에게 그 근거와 이유를 제시하여야 한다. 18 경특 (O X)

05 행정청이 처분을 할 때에는 다른 법령등에 특별한 규정이 있는 경우를 제외하고는 당사자등의 동의를 얻어 문서 또는 전자문서로 한다. 20 경특 (O X)

06 행정청이 처분을 할 때에는 다른 법령등에 특별한 규정이 있는 경우를 제외하고는 문서로 하여야 하며, 당사자등의 동의가 있거나 당사자가 전자문서로 처분을 신청한 경우에는 전자문서로 할 수 있다. 25 채용 (O X)

07 이 법은 행정절차에 관한 공통적인 사항을 규정하여 국민의 행정 참여를 도모함으로써 행정의 공정성·투명성 및 신뢰성을 확보하고 국민의 권익을 보호함을 목적으로 한다. 25 채용 (O X)

08 행정청의 관할이 분명하지 아니한 경우에는 해당 행정청을 공통으로 감독하는 상급 행정청이 그 관할을 결정하며, 공통으로 감독하는 상급 행정청이 없는 경우에는 각 상급 행정청이 협의하여 그 관할을 결정한다. (O X)

09 송달은 우편 또는 정보통신망을 이용한 방법으로만 하되, 송달받을 자의 주소·거소·영업소·사무소 또는 전자우편주소로 한다. 25 채용 (O X)

정답 및 해설

01 O
02 X 국민의 행정청에 대한 신청이라고 하더라도, 원칙적 방법은 문서이다.
03 X 요청할 수 있다.
04 X 신청 내용을 모두 그대로 인정하는 처분인 경우는 근거와 이유를 제시하지 않을 수 있다.
05 X 원칙은 문서로 하되, 동의나 신청이 있으면 전자문서로 할 수 있다.
06 O
07 O
08 O
09 X 송달은 우편, 교부 또는 정보통신망 이용

5 처분절차(침익절차)

(1) 침익처분절차: 사전통지 + 의견청취(정문·공청회·의견제출)

처분의 사전통지	① 행정청은 당사자에게 의무를 부과하거나 권익을 제한하는 처분을 하는 경우에는 당사자의 성명 또는 명칭과 주소, 처분하려는 원인이 되는 사실과 처분의 내용 및 법적근거, 의견제출기한(10일 이상) 등의 사항을 당사자등에게 통지하여야 한다.
	② 다음 어느 하나에 해당하는 경우에는 ①에 따른 통지를 하지 아니할 수 있다.
	  1. 공공의 안전 또는 복리를 위하여 긴급히 처분을 할 필요가 있는 경우
	  2. 법령등에서 요구된 자격이 없거나 없어지게 되면 반드시 일정한 처분을 하여야 하는 경우에 그 자격이 없거나 없어지게 된 사실이 법원의 재판 등에 의하여 객관적으로 증명된 경우
	  3. 해당 처분의 성질상 의견청취가 현저히 곤란하거나 명백히 불필요하다고 인정될 만한 상당한 이유가 있는 경우

의견청취	행정청이 당사자에게 의무를 부과하거나 권익을 제한하는 처분을 할 때 청문 또는 공청회의 경우 외에는 당사자등에게 의견제출의 기회를 주어야 한다.

판례 |

1. **거부처분**은 권익을 침해하는 처분이 아니므로 사전통지의 대상이 아니다(대판2003두674).
2. **퇴직연금의 환수결정**은 당사자에게 의무를 과하는 처분이기는 하나, 관련 법령에 따라 당연히 환수금액이 정하여지는 것이므로, 퇴직연금의 환수결정에 앞서 당사자에게 의견진술의 기회를 주지 아니하여도 행정절차법이나 신의칙에 어긋나지 아니한다(대판 99두5443). 기출OX 01

6 입법예고, 행정예고

입법예고	① 법령등을 입법 하려는 경우에는 해당 입법안을 마련한 행정청은 이를 예고하여야 한다. ② 입법예고기간은 예고할 때 정하되, 특별한 사정이 없으면 40일(자치법규는 20일) 이상으로 한다.
행정예고	① 행정청은 정책등을 수립·시행하거나 변경하려는 경우에는 이를 예고하여야 한다. ② 행정예고기간은 예고 내용의 성격 등을 고려하여 정하되, 20일 이상으로 한다.

[참고] 행정응원(행정절차법 제8조)

① 행정청은 다음 각 호의 어느 하나에 해당하는 경우에는 다른 행정청에 행정응원을 요청할 수 있다.
  1. 법령등의 이유로 독자적인 직무 수행이 어려운 경우
  2. 인원·장비의 부족 등 사실상의 이유로 독자적인 직무 수행이 어려운 경우
  3. 다른 행정청에 소속되어 있는 전문기관의 협조가 필요한 경우
  4. 다른 행정청이 관리하고 있는 문서(전자문서를 포함)·통계 등 행정자료가 직무수행을 위하여 필요한 경우
  5. 다른 행정청의 응원을 받아 처리하는 것이 보다 능률적이고 경제적인 경우 기출OX 02
③ ①에 따라 행정응원을 요청받은 행정청은 다음 각 호의 어느 하나에 해당하는 경우에는 응원을 거부할 수 있다.
  1. 다른 행정청이 보다 능률적이거나 경제적으로 응원할 수 있는 명백한 이유가 있는 경우
  2. 행정응원으로 인하여 고유의 직무 수행이 현저히 지장받을 것으로 인정되는 명백한 이유가 있는 경우 기출OX 03
④ 행정응원을 위하여 파견된 직원은 응원을 요청한 행정청의 지휘·감독을 받는다. 기출OX 04 다만, 해당 직원의 복무에 관하여 다른 법령등에 특별한 규정이 있는 경우에는 그에 따른다.
⑤ 행정응원에 드는 비용은 응원을 요청한 행정청이 부담하며, 그 부담금액 및 부담방법은 응원을 요청한 행정청과 응원을 하는 행정청이 협의하여 결정한다. 기출OX 05

기출 OX

01 퇴직연금의 환수결정은 관련 법령에 따라 당연히 환수금액이 정하여지는 것이므로 퇴직연금의 환수결정에 앞서 당사자에게 의견진술의 기회를 주지 아니하여도 「행정절차법」 규정이나 신의칙에 어긋나지 아니한다. 18 경특 (O X)

02 행정청은 다른 행정청의 응원을 받아 처리하는 것이 보다 능률적이고 경제적인 경우 다른 행정청에 행정응원을 요청할 수 있다. 24 채용 (O X)

03 행정응원을 요청받은 행정청은 행정응원으로 인하여 고유의 직무 수행이 현저히 지장받을 것으로 인정되는 명백한 이유가있는 경우에는 응원을 거부할 수 있다. 24 채용 (O X)

04 행정응원을 위하여 파견된 직원은 다른 법령 등에 특별한 규정이 있는 경우를 제외하고는 원소속 행정청의 지휘·감독을 받는다. 24 채용 (O X)

05 행정응원에 드는 비용은 응원을 요청한 행정청이 부담하며, 그 부담금액 및 부담방법은 응원을 요청한 행정청과 응원을 하는 행정청이 협의하여 결정한다. 24 채용 (O X)

정답 및 해설

01 O
02 O
03 O
04 X 원소속 행정청이 아닌, 응원을 요청한 행정청의 지휘·감독을 받는다.
05 O

POINT 15 행정절차법상 의견청취

I 청문

① **의의**: "청문"이란 행정청이 어떠한 처분을 하기 전에 당사자등의 의견을 직접 듣고 증거를 조사하는 절차를 말한다.

② **청문실시사유**

> 행정청이 처분을 할 때 다음 어느 하나에 해당하는 경우에는 청문을 한다.
> 1. **다른 법령등에서 청문을 하도록 규정**하고 있는 경우
> 2. 행정청이 **필요**하다고 인정하는 경우
> 3. 다음의 처분을 하는 경우
>   가. 허가 등의 취소 기출OX 01
>   나. 신분·자격의 박탈
>   다. 법인이나 조합 등의 설립허가의 취소

③ **청문의 사전통지**

- 행정청은 청문을 하려면 청문이 시작되는 날부터 **10일** 전까지 당사자등에게 통지하여야 한다. 기출OX 02
- 다음 어느 하나에 해당하는 경우에는 통지를 하지 아니할 수 있다.

> 1. 공공의 안전 또는 복리를 위하여 긴급히 처분을 할 필요가 있는 경우
> 2. 법령등에서 요구된 자격이 없거나 없어지게 되면 반드시 일정한 처분을 하여야 하는 경우에 그 자격이 없거나 없어지게 된 사실이 법원의 재판 등에 의하여 객관적으로 증명된 경우
> 3. 해당 처분의 성질상 의견청취가 현저히 곤란하거나 명백히 불필요하다고 인정될 만한 상당한 이유가 있는 경우

④ **청문의 주재자**

행정청은 소속 직원 또는 대통령령으로 정하는 자격을 가진 사람 중에서 청문 주재자를 공정하게 선정하여야 한다.

⑤ **청문의 방법**

- 청문은 당사자가 공개를 신청하거나 청문 주재자가 필요하다고 인정하는 경우 **공개할 수 있다**. 다만, 공익 또는 제3자의 정당한 이익을 현저히 해칠 우려가 있는 경우에는 공개하여서는 아니 된다. → 청문은 **비공개가 원칙**이다.
- 청문 주재자는 직권으로 또는 당사자의 신청에 따라 필요한 조사를 할 수 있으며, **당사자등이 주장하지 아니한 사실에 대하여도 조사할 수 있다.**

⑥ **청문의 종결 및 결과의 반영**

- 청문 주재자는 해당 사안에 대하여 당사자등의 의견진술, 증거조사가 충분히 이루어졌다고 인정하는 경우에는 청문을 마칠 수 있다.
- 행정청은 처분을 할 때에 청문조서, 청문 주재자의 의견서, 그 밖의 관계 서류 등을 충분히 검토하고 상당한 이유가 있다고 인정하는 경우에는 청문결과를 **반영하여야 한다.**

기출 OX

01 행정청이 인허가 등의 취소처분을 하는 경우 공청회를 개최한다. 24 채용 O X

02 행정청은 청문을 하려면 청문이 시작되는 날부터 7일 전까지 행정절차법 제21조 제1항 각 호의 사항을 당사자 등에게 통지하여야 한다. 20 경특 O X

정답 및 해설

01 X 이는 청문개최 사유이다.
02 X 7일 전(×) 10일 전

II 공청회

1 의의
"공청회"란 행정청이 공개적인 토론을 통하여 어떠한 행정작용에 대하여 당사자등, 전문지식과 경험을 가진 사람, 그 밖의 일반인으로부터 의견을 널리 수렴하는 절차를 말한다.

2 개최사유 기출OX 01

> 행정청이 처분을 할 때 다음 어느 하나에 해당하는 경우에는 공청회를 개최한다.
> 1. 다른 법령등에서 공청회를 개최하도록 규정하고 있는 경우
> 2. 해당 처분의 영향이 광범위하여 널리 의견을 수렴할 필요가 있다고 행정청이 인정하는 경우
> 3. 국민생활에 큰 영향을 미치는 처분으로서 대통령령으로 정하는 처분에 대하여 대통령령으로 정하는 수(30명) 이상의 당사자등이 공청회 개최를 요구하는 경우

3 개최알림
- 행정청은 공청회를 개최하려는 경우에는 공청회 개최 14일 전까지 일시 및 장소 등의 사항을 당사자등에게 통지하고 관보, 공보, 인터넷 홈페이지 또는 일간신문 등에 공고하는 등의 방법으로 널리 알려야 한다.
- 다만, 공청회 개최를 알린 후 예정대로 개최하지 못하여 새로 일시 및 장소 등을 정한 경우에는 공청회 개최 7일 전까지 알려야 한다.

4 공청회 주재자
행정청은 해당 공청회의 사안과 관련된 분야에 전문적 지식이 있거나 그 분야에 종사한 경험이 있는 사람으로서 대통령령으로 정하는 자격을 가진 사람 중에서 공청회의 주재자를 선정한다. → 청문과 달리 행정청 소속직원은 주재자가 되지 못한다.

5 온라인공청회
- 원칙: 행정청은 공청회와 병행하여서만 온라인공청회를 실시할 수 있다.
- 예외: 다음 어느 하나에 해당하는 경우에는 온라인공청회를 단독으로 개최할 수 있다.

> 1. 국민의 생명·신체·재산의 보호 등 국민의 안전 또는 권익보호 등의 이유로 공청회를 개최하기 어려운 경우
> 2. 공청회가 행정청이 책임질 수 없는 사유로 개최되지 못하거나 개최는 되었으나 정상적으로 진행되지 못하고 무산된 횟수가 3회 이상인 경우

6 결과의 반영
행정청은 처분을 할 때에 공청회, 온라인공청회 및 정보통신망 등을 통하여 제시된 사실 및 의견이 상당한 이유가 있다고 인정하는 경우에는 이를 반영하여야 한다.

기출 OX

01 「행정절차법」상 행정청이 처분을 할 때 해당 처분의 영향이 광범위하여 널리 의견을 수렴할 필요가 있다고 행정청이 인정하는 경우 청문을 하여야 한다. 23 채용 (O X)

정답 및 해설

01 X 공청회를 개최하는 경우에 해당한다.

Ⅲ 의견제출

1 의의
"의견제출"이란 행정청이 어떠한 행정작용을 하기 전에 당사자등이 의견을 제시하는 절차로서 청문이나 공청회에 해당하지 아니하는 절차를 말한다.

2 의견제출 기회부여
- 의견제출기한은 의견제출에 필요한 기간을 10일 이상으로 고려하여 정하여야 한다. 기출 OX 01
- 행정청이 당사자에게 의무를 부과하거나 권익을 제한하는 처분을 할 때 청문 또는 공청회의 경우 외에는 당사자등에게 의견제출의 기회를 주어야 한다.
- 제21조 제4항 각 호의 어느 하나에 해당하는 경우와 당사자가 의견진술의 기회를 포기한다는 뜻을 명백히 표시한 경우에는 의견청취를 하지 아니할 수 있다. → '의견청취'란 청문·공청회·의견제출을 말한다.

> **제21조 제4항 각 호**
> 1. 공공의 안전 또는 복리를 위하여 긴급히 처분을 할 필요가 있는 경우
> 2. 법령등에서 요구된 자격이 없거나 없어지게 되면 반드시 일정한 처분을 하여야 하는 경우에 그 자격이 없거나 없어지게 된 사실이 법원의 재판 등에 의하여 객관적으로 증명된 경우
> 3. 해당 처분의 성질상 의견청취가 현저히 곤란하거나 명백히 불필요하다고 인정될 만한 상당한 이유가 있는 경우

3 의견제출의 방식
당사자등은 처분 전에 그 처분의 관할 행정청에 서면이나 말로 또는 정보통신망을 이용하여 의견제출을 할 수 있다.

4 제출 의견 반영
- 행정청은 처분을 할 때에 당사자등이 제출한 의견이 상당한 이유가 있다고 인정하는 경우에는 이를 반영하여야 한다.
- 행정청은 당사자등이 제출한 의견을 반영하지 아니하고 처분을 한 경우 당사자등이 처분이 있음을 안 날부터 90일 이내에 그 이유의 설명을 요청하면 서면으로 그 이유를 알려야 한다. 다만, 당사자등이 동의하면 말, 정보통신망 또는 그 밖의 방법으로 알릴 수 있다.

[압축정리] 청문·공청회·의견제출

구분	청문	공청회	의견제출
시기	10일 전 통지	• 14일 전 통지 • 7일 전 통지(새로 정할 때)	10일 이상 기간
실시사유	다른 법령에서 청문규정	다른 법령에서 개최규정	청문 및 공청회 안하는 경우
	행정청 필요인정	행정청 필요인정 → 처분영향 광범위	
	침익처분 하는경우 1. 인·허가취소, 2. 신분자격박탈, 3. 설립허가취소	당사자등 요구 → 국민생활 큰 영향, 30인 이상 온라인공청회는 오프라인 공청회 병행 실시 원칙(예외있음)	
공개 여부	• 비공개 원칙 • 신청 or 필요에 의해 공개 可	공개	–
주재자	소속직원도 가능	소속직원 불가	–
공통점	행정청은 상당한 이유 있으면 결과를 반영하여야 한다.		

기출 OX

01 의견제출기한에 따른 기한은 의견제출에 필요한 기간을 10일 이상으로 고려하여 정하여야 한다. 24 채용   O X

정답 및 해설

01 O

POINT 16 공공기관의 정보공개에 관한 법률

1 용어정의

정보	공공기관이 직무상 작성 또는 취득하여 관리하고 있는 **문서**(전자문서를 포함) 및 **전자매체를 비롯한 모든 형태의 매체 등에 기록된 사항**을 말한다. 기출OX 01
공개	공공기관이 이 법에 따라 정보를 **열람**하게 하거나 그 **사본·복제물을 제공**하는 것 또는 정보통신망을 통하여 **정보를 제공**하는 것 등을 말한다.
공공기관	가. **국가기관** 　1) 국회, 법원, 헌법재판소, 중앙선거관리위원회 　2) 중앙행정기관(대통령 소속 기관과 국무총리 소속 기관을 포함) 및 그 소속 기관 　3) 「행정기관 소속 위원회의 설치·운영에 관한 법률」에 따른 위원회 나. **지방자치단체** 기출OX 02 다. 「공공기관의 운영에 관한 법률」제2조에 따른 **공공기관** 라. 「지방공기업법」에 따른 **지방공사 및 지방공단** 마. 그 밖에 대통령령으로 정하는 기관

2 정보공개의 원칙

공공기관이 보유·관리하는 정보는 국민의 알권리 보장 등을 위하여 이 법에서 정하는 바에 따라 적극적으로 **공개하여야 한다.** 기출OX 03

3 정보공개청구권자 기출OX 04

① **모든 국민**은 정보의 공개를 청구할 권리를 가진다.
② **외국인**의 정보공개청구에 관하여는 대통령령으로 정한다.

4 공개대상정보

① 공공기관이 보유·관리하는 정보는 공개 대상이 된다.
② 다만, 다음에 해당하는 정보는 공개하지 아니할 수 있다. 기출OX 08, 09, 10
　1. 다른 법률 또는 법률에서 위임한 명령에 따라 **비밀이나 비공개 사항**으로 규정된 정보
　2. **국가안전보장·국방·통일·외교관계** 등에 관한 사항으로서 공개될 경우 **국가의 중대한 이익을 현저히 해칠 우려**가 있다고 인정되는 정보(예 경찰의 보안관찰 관련 통계자료)
　3. 공개시 **국민의 생명·신체 및 재산의 보호에 현저한 지장**을 초래할 우려가 있다고 인정되는 정보 기출OX 05
　4. **진행 중인 재판**에 관련된 정보와 범죄의 예방, 수사, 공소의 제기 및 유지, 형의 집행, 교정, 보안처분에 관한 사항으로서 공개될 경우 그 직무수행을 현저히 곤란하게 하거나 형사피고인의 공정한 재판을 받을 권리를 침해한다고 인정할 만한 상당한 이유가 있는 정보(예 폭력단체 현황) 기출OX 06
　5. **감사·감독·검사·시험·규제·입찰계약·기술개발·인사관리**에 관한 사항이나 의사결정 과정 또는 내부검토 과정에 있는 사항 등으로서 공개될 경우 업무의 공정한 수행이나 연구·개발에 현저한 지장을 초래한다고 인정할 만한 상당한 이유가 있는 정보.
　6. 해당 정보에 포함되어 있는 성명·주민등록번호 등 「개인정보 보호법」제2조 제1호에 따른 **개인정보**로서 공개될 경우 사생활의 비밀 또는 자유를 침해할 우려가 있다고 인정되는 정보. 다만, 다음 각 목에 열거한 사항은 제외한다.
　　라. 직무를 수행한 공무원의 성명·직위 기출OX 07
③ 공공기관은 비공개 대상 정보가 기간의 경과 등으로 인하여 비공개의 필요성이 없어진 경우에는 그 정보를 공개 대상으로 **하여야 한다.** 기출OX 11

기출 OX

01 "정보"란 공공기관이 직무상 작성 또는 취득하여 관리하고 있는 문서(전자문서를 포함한다) 및 전자매체를 비롯한 모든 형태의 매체 등에 기록된 사항을 말한다. 23 채용 O X

02 공공기관의 범위에는 지방자치단체가 포함된다. 17 승진 O X

03 공공기관이 보유 관리하는 정보는 국민의 알권리 보장 등을 위하여 공공기관의 정보공개에 관한 법률에서 정하는 바에 따라 적극적으로 공개할 수 있다. 25 · 19 승진, 17 채용 O X

04 정보공개의 청구권자는 대한민국 국적을 가진 국민으로 한정한다. 25 · 17 승진, 15 채용 O X

05 공개될 경우 국민의 생명 신체 및 재산의 보호에 현저한 지장을 초래할 우려가 있다고 인정되는 정보는 공개하지 아니할 수 있다. 25 · 19 승진 O X

06 민원인이 경찰관서에서 현재 수사 중인 '폭력단체 현황'에 대한 정보공개를 요청한 경우, 국민의 알 권리를 충족시킨다는 차원에서 해당 정보를 공개하여야 한다. 21 승진 O X

07 직무를 수행한 공무원의 성명 · 직위 등 「개인정보 보호법」 제2조 제1호에 따른 개인정보로서 공개될 경우 사생활의 비밀 또는 자유를 침해할 우려가 있다고 인정되는 정보는 공개하지 않을 수 있다. 24 채용 O X

08 피의자신문조서 등 조서에 기재된 피의자 등의 인적사항 이외의 진술내용 역시 개인의사생활의 비밀 또는 자유를 침 해할 우려가 인정되는 경우에는 비공개 대상정보에 해당한다. 24 채용 O X

09 수사기록 중 의견서, 보고문서, 메모, 법률검토 등은 그 실질적인 내용을 구체적으로 살펴 수사의 방법 및 절차 등이 공개됨으로써 수사기관의 직무수행을 현저히 곤란하게 한다고 인정할만한 상당한 이유가 있어야만 비공개대상정보에 해당한다. 24 채용 O X

10 의사결정 과정에 있는 사항으로서 공개될 경우 업무의 공정한 수행에 현저한 지장을 초래한다고 인정할만한 상당한 이유가 있는 정보는 공개하지 않을 수 있다. 24 채용 O X

11 공공기관은 비공개 대상 정보가 기간의 경과 등으로 인하여 비공개의 필요성이 없어진 경우에는 그 정보를 공개 대상으로 하여야 한다. 23 · 21 승진 O X

정답 및 해설

01 O
02 O
03 X 공개하여야 한다.
04 X 외국인도 대통령령이 정하는 바에 의하여 정보공개청구가 가능하다.
05 O
06 X 수사 중인 '폭력단체 현황'은 공개하지 아니할 수 있다.
07 X 직무를 수행한 공무원의 성명, 직위는 제외한다.
08 O
09 O
10 O
11 O

5 정보공개절차

청구방법	정보의 공개를 청구하는 자는 해당 정보를 보유하거나 관리하고 있는 공공기관에 정보공개 **청구서를 제출**하거나 **말**로써 정보의 공개를 청구할 수 있다. 기출OX 01
결정	① 공공기관은 정보공개의 청구를 받으면 그 청구를 받은 날부터 **10일** 이내에 공개 여부를 결정하여야 한다. 기출OX 03 ② 공공기관은 부득이한 사유로 ①에 따른 기간 이내에 공개 여부를 결정할 수 없을 때에는 그 기간이 끝나는 날의 **다음 날**부터 기산하여 **10일**의 범위에서 공개 여부 결정기간을 연장할 수 있다. 이 경우 공공기관은 연장된 사실과 연장 사유를 청구인에게 지체 없이 문서로 통지하여야 한다. 기출OX 03 ③ 공공기관은 공개 청구된 공개 대상 정보의 전부 또는 일부가 제3자와 관련이 있다고 인정할 때에는 그 사실을 제3자에게 **지체없이 통지하여야 하며**, 필요한 경우에는 그의 의견을 들을 수 있다. 기출OX 04 [제3자의 비공개 요청 등] • 공개 청구된 사실을 통지받은 제3자는 그 통지를 받은 날부터 **3일** 이내에 해당 공공기관에 대하여 자신과 관련된 정보를 공개하지 아니할 것을 요청할 수 있다 • 비공개 요청에도 불구하고 공공기관이 공개결정을 할 때에는 공개결정 이유와 공개 실시일을 분명히 밝혀 지체없이 문서로 통지하여야 하며, 제3자는 해당 공공기관에 문서로 이의신청을 하거나 행정심판 또는 행정소송을 제기할 수 있다. 이 경우 **이의신청은** 통지를 받은 날부터 **7일** 이내에 하여야 한다. • 공공기관은 공개 결정일과 공개실시일 사이에 최소한 **30일**의 간격을 두어야 한다.
결정통지	① 공공기관은 정보의 공개를 결정한 경우에는 공개의 일시 및 장소 등을 분명히 밝혀 청구인에게 통지하여야 한다. ② 공공기관은 청구인이 사본 또는 복제물의 교부를 원하는 경우에는 이를 **교부하여야 한다**. 기출OX 05
비공개결정	공공기관은 정보의 비공개결정을 한 경우에는 그 사실을 청구인에게 지체 없이 **문서로 통지하여야 한다**.
부분공개	공개청구한 정보가 비공개정보와 공개 가능한 부분이 혼합되어 있는 경우로서 공개 청구의 취지에 어긋나지 아니하는 범위에서 **두 부분을 분리할 수 있는 경우에는 비공개에 해당하는 부분을 제외하고 공개하여야 한다**. 기출OX 06
전자적공개	① 공공기관은 전자적 형태로 보유·관리하는 정보에 대하여 청구인이 전자적 형태로 공개하여 줄 것을 요청하는 경우에는 그 정보의 성질상 현저히 곤란한 경우를 제외하고는 청구인의 **요청에 따라야 한다**. 기출OX 07 ② 공공기관은 전자적 형태로 보유·관리하지 아니하는 정보에 대하여 청구인이 전자적 형태로 공개하여 줄 것을 요청한 경우에는 정상적인 업무수행에 현저한 지장을 초래하거나 그 정보의 성질이 훼손될 우려가 없으면 그 정보를 전자적 형태로 변환하여 **공개할 수 있다**.
비용부담	① 실비의 범위에서 **청구인**이 부담한다. 기출OX 08 ② 공개를 청구하는 정보의 사용 목적이 **공공복리의 유지·증진**을 위하여 필요하다고 인정되는 경우에는 비용을 **감면할 수 있다**.

기출 OX

01 정보의 공개를 청구하는 자는 해당 정보를 보유하거나 관리하고 있는 공공기관에 정보공개 청구서를 제출하여 정보의 공개를 청구할 수 있으나, 말로써 정보의 공개를 청구할 수 없다. 24·22 채용, 23·20 승진 (O X)

02 공공기관은 정보공개 청구를 받으면 그 청구를 받은 날부터 7일 이내에 공개 여부를 결정하여야 한다. 17 채용, 20 승진 (O X)

03 공공기관은 부득이한 사유로 기간 이내에 공개 여부를 결정할 수 없을 때에는 그 기간이 끝난 날부터 기산하여 10일의 범위에서 공개 여부 결정기간을 연장할 수 있다. 이 경우 공공기관은 연장된 사실과 연장 사유를 청구인에게 지체 없이 구두로 통지하여야 한다. 25·23 승진, 23·22 채용 (O X)

04 공공기관은 공개 청구된 공개 대상 정보의 전부 또는 일부가 제3자와 관련이 있다고 인정할 때에는 그 사실을 제3자에게 3일 이내에 통지하여야 하며, 필요한 경우에는 그의 의견을 들을 수 있다. 19 승진 (O X)

05 공공기관은 청구인이 사본 또는 복제물의 교부를 원하는 경우에는 이를 교부하여야 한다. 24·23 채용 (O X)

06 청구인이 공개청구한 정보가 비공개 대상정보에 해당하는 부분과 공개 가능한 부분이 혼합되어 있는 경우 공개청구의 취지에 어긋나지 아니하는 범위에서 두 부분을 분리할 수 있는 경우에는 비공개대상 정보에 해당하는 부분을 제외하고 공개하여야 한다. 23 승진 (O X)

07 공공기관은 전자적 형태로 보유 관리하는 정보에 대하여 청구인이 전자적 형태로 공개하여 줄 것을 요청하는 경우에는 그 정보의 성질상 현저히 곤란한 경우를 제외하고는 청구인의 요청에 따라야 한다. 24·22 채용 (O X)

08 정보의 공개 및 우송 등에 드는 비용은 실비의 범위에서 공공기관이 부담한다. 24·22·15 채용, 20·17 승진 (O X)

정답 및 해설

01 X 말로써 공개청구 하는 것도 가능하다.
02 X 10일
03 X 다음 날부터 기산하는 것이고, 구두가 아닌 문서로 통지해야 한다.
04 X 지체 없이 통지
05 O
06 O
07 O
08 X 청구인이 부담한다.

6 불복구제절차

이의 신청	신청 기간	공공기관의 비공개 결정 또는 부분 공개 결정에 대하여 불복이 있거나 정보공개 청구 후 **20일**이 경과 하도록 정보공개 결정이 없는 때에는 공공기관으로부터 정보공개 여부의 결정 통지를 받은 날 또는 정보공개 청구 후 20일이 경과한 날부터 **30일** 이내에 해당 공공기관에 문서로 이의신청을 할 수 있다. 기출OX 01

사유	시기	종기
비공개 결정	통지받은 날	30일 이내, 문서로
부분공개 결정	통지받은 날	30일 이내, 문서로
청구 후 20일 경과, 미결정	청구 후 20일 경과한 날	30일 이내, 문서로

	심의 회 개최	국가기관등은 이의신청이 있는 경우에는 심의회를 개최하여야 한다.
	결정 기간	공공기관은 이의신청을 받은 날부터 **7일** 이내에 그 이의신청에 대하여 결정하고 그 결과를 청구인에게 지체 없이 문서로 통지하여야 한다. 기출OX 02 다만, 부득이한 사유로 정하여진 기간 이내에 결정할 수 없을 때에는 그 기간이 끝나는 날의 다음 날부터 기산하여 **7일**의 범위에서 연장할 수 있으며, 연장 사유를 청구인에게 통지하여야 한다. 기출OX 03
행정 심판 · 소송		• 청구인이 정보공개와 관련한 공공기관의 결정에 대하여 불복이 있거나 정보공개 청구 후 20일이 경과하도록 정보공개 결정이 없는 때에는 행정심판·행정소송을 할 수 있다. 기출OX 04 • 청구인은 이의신청 절차를 거치지 아니하고 행정심판·소송을 청구할 수 있다. 기출OX 05

7 정보공개위원회

설치	**행정안전부장관** 소속으로 정보공개위원회를 둔다. 기출OX 06
구성	성별을 고려하여 위원장과 부위원장 각 1명을 포함한 **11명의 위원**으로 구성한다. 기출OX 07
위원 위촉	위원회의 위원 중 위원장을 포함한 **7명은 공무원이 아닌 사람으로 위촉하여야** 한다.
임기	위원장·부위원장 및 위원의 임기는 **2년**으로 하며, **연임가능**

[참고] **정보공개심의회**

① 정보공개 여부 등을 심의하기 위하여 정보공개심의회를 설치·운영한다.
② 심의회는 위원장 1명을 포함하여 5명 이상 7명 이하의 위원으로 구성한다.

8 제도총괄

① **행정안전부장관은** 정보공개제도의 정책 수립 및 제도개선 사항 등에 관한 기획·총괄 업무를 관장한다.
② 위원회가 정보공개제도의 효율적 운영을 위하여 필요하다고 요청하면 공공기관(국회·법원·헌법재판소 및 중앙선거관리위원회는 제외한다)의 정보공개제도 운영실태를 평가할 수 있다. 기출OX 08
③ 정보공개에 관하여 필요할 경우에 공공기관(국회·법원·헌법재판소 및 중앙선거관리위원회는 제외한다)의 장에게 정보공개 처리 실태의 개선을 권고할 수 있다. 이 경우 권고를 받은 공공기관은 이를 이행하기 위하여 성실하게 노력하여야 하며, 그 조치 결과를 **행정안전부장관**에게 알려야 한다.

기출 OX

01 청구인이 정보공개와 관련한 공공기관의 부분 공개 결정에 대하여 불복이 있는 때에는 공공기관으로부터 정보공개 여부의 결정 통지를 받은 날부터 20일 이내에 이의신청을 할 수 있다. 19 승진 O X

02 공공기관은 이의신청을 받은 날부터 7일 이내에 그 이의신청에 대하여 결정하고 그 결과를 청구인에게 3일 이내에 문서로 통지하여야 한다. 19 승진 O X

03 공공기관은 이의신청을 받은 날부터 7일 이내에 그 이의신청에 대하여 결정하고 그 결과를 청구인에게 지체없이 문서로 통지하여야 한다. 다만, 부득이한 사유로 정하여진 기간 이내에 결정할 수 없을 때에는 그 기간이 끝나는 날부터 기산하여 7일의 범위에서 연장할 수 있으며, 연장 사유를 청구인에게 통지하여야 한다. 17 채용 O X

04 청구인이 정보공개와 관련한 공공기관의 결정에 대하여 불복이 있거나 정보공개 청구 후 20일이 경과하도록 정보공개 결정이 없는 때에는 「행정심판법」에서 정하는 바에 따라 행정심판을 청구할 수 있다. 17 채용 O X

05 청구인은 이의신청 절차를 거치지 아니하고 행정심판을 청구할 수 없다. 23 채용, 20·17 승진 O X

06 정보공개에 관한 정책 수립 및 제도개선에 관한 사항을 심의·조정하기 위하여 행정안전부장관 소속으로 정보공개위원회를 둔다. 18 경특 O X

07 정보공개위원회는 위원장과 부위원장 각 1명을 포함한 9명의 위원으로 구성한다. 이 경우 위원장을 포함한 7명은 공무원이 아닌 사람으로 위촉할 수 있다. 15 채용 O X

08 행정안전부장관은 정보공개위원회가 정보공개제도의 효율적 운영을 위하여 필요하다고 요청하면 공공기관(국회·법원·헌법재판소 및 중앙선거관리위원회를 포함한다)의 정보공개제도 운영실태를 평가할 수 있다. 15 채용 O X

정답 및 해설

01 X 통지를 받은 날부터 '30일 이내'이다.
02 X 결과를 지체 없이 통지
03 X 끝나는 날의 '다음 날'부터 기산하여 7일이다.
04 O
05 X 이의신청 절차를 거치지 아니하고 행정심판을 청구할 수 있다.
06 O
07 X 11명의 위원, 위촉하여야 한다.
08 X 국회·법원·헌법재판소 및 중앙선거관리위원회는 제외한다

POINT 17 경찰행정의 실효성 확보수단

1 의의

행정부가 행정상 의무를 부과하였는데도 국민이 이행하지 않을 경우 행정목적의 실효성을 확보하기 위해 사용하는 수단을 행정의 실효성 확보수단이라 한다.

2 직접적 의무이행 확보수단과 간접적 의무이행 확보수단

- 실효성 확보수단 중 의무가 이행된 것과 같은 상태를 행정청이 직접 실현시키는 수단을 직접적 의무이행 확보수단이라 한다.
- 의무가 이행될 때까지 일정한 불이익을 부과하거나 불이행 자체에 대해서 일정한 불이익을 부과함으로써 간접적으로 의무이행을 강제하는 수단을 간접적 의무이행 확보수단이라고 한다.

직접적 의무이행 확보수단	• 강제집행(대집행, 직접강제, 강제징수) 기출OX 01 • 즉시강제
간접적 의무이행 확보수단	• 강제집행 중 이행강제금 • 경찰벌(경찰형벌, 경찰질서벌) • 새로운 의무이행 확보수단

3 시간적 관점에 따른 실효성 확보수단

시간적 관점에서, 과거의 의무위반에 대하여 제재를 가하는 경찰벌, 현재 벌어지고 있는 급박한 장해상태에 대해 직접 실력을 행사하여 그 장해를 제거하는 즉시강제, 장래를 향하여 의무이행상태를 실현하는 강제집행으로 나누어 볼 수 있다.

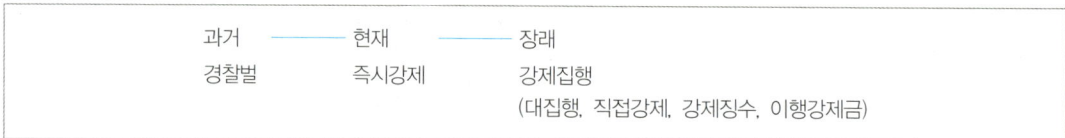

4 새로운 실효성 확보수단

새로운 의무이행 확보수단으로서 경찰상 공표(명단공개), 관허사업의 제한, 취업제한, 국외여행 제한, 공급제한, 과징금 등의 수단도 논의되고 있다. → 새로운 의무이행 확보수단은 모두 간접적 의무이행 확보수단

- **과징금**: 행정법상의 의무를 위반한 자로부터 일정한 금전적 이익을 박탈함으로써 간접적으로 의무이행을 확보하려는 제재수단이다. 기출OX 02
- **가산세**: 개별 세법이 과세의 적정을 기하기 위하여 정한 의무의 이행을 확보할 목적으로 그 의무 위반에 대하여 세금의 형태로 가하는 행정상 제재이다. 기출OX 03

5 전통적 의무이행 확보수단과 새로운 실효성 확보수단 기출OX 04

전통적 의무이행 확보수단	• 즉시강제 • 강제집행[대집행, 직접강제, 강제징수, 이행강제금(집행벌)] 기출OX 05 • 경찰벌(경찰형벌, 경찰질서벌)
새로운 실효성 확보수단	경찰상 공표(명단공개), 관허사업의 제한, 과징금 등 기출OX 06

기출 OX

01 경찰상 강제집행은 경찰하명에 따른 경찰의무의 불이행이 있는 경우에 상대방의 신체 또는 재산이나 주거 등에 실력을 행사하여 경찰상 필요한 상태를 실현하는 작용으로 간접적 의무이행확보 수단이다. 21 채용, 21 승진 (O X)

02 과징금은 원칙적으로 행정법상의 의무를 위반한 자에 대하여 당해 위반행위로 얻게 된 경제적 이익을 박탈하기 위한 목적으로 부과하는 금전적인 제재이다. 23 채용 (O X)

03 가산세는 개별 세법이 과세의 적정을 기하기 위하여 정한 의무의 이행을 확보할 목적으로 그 의무 위반에 대하여 세금의 형태로 가하는 행정상 제재이다. 23 채용 (O X)

04 간접적 의무이행수단 중 전통적 실효성 확보수단은 경찰벌, 집행벌이고, 새로운 실효성 확보수단은 공급거부, 명단공개, 관허사업의 제한이 있다. 12 간부 (O X)

05 강제징수란 국민이 국가 또는 공공단체에 대해 부담하고 있는 공법상의 금전급부의무를 이행하지 않는 경우에 행정청이 강제적으로 의무가 이행된 것과 동일한 상태를 실현하는 작용으로 새로운 의무이행확보 수단이다. 21 승진 (O X)

06 경찰상 의무이행 확보수단을 전통적 수단과 새로운 수단으로 구분할 때 대집행, 집행벌, 과징금, 강제징수는 전통적 수단에 해당한다. 20 간부 (O X)

정답 및 해설

01 X 경찰상 강제집행 중 대집행, 직접강제, 강제징수는 직접적 의무이행 확보수단이고, 이행강제금(집행벌)은 간접적 의무이행 확보수단이다
02 O
03 O
04 O
05 X 강제징수는 전통적 의무이행 확보수단이다.
06 X 과징금은 새로운 의무이행 확보수단 중 하나이다.

POINT 18 경찰상 강제집행

I 의의

- 경찰상의 강제집행은 경찰하명(의무부과)에 따르는 의무의 불이행이 있는 경우에 상대방의 신체 또는 재산에 실력을 가하여 의무를 이행시키거나 의무이행이 있는 것과 같은 상태를 실현하는 사실적 경찰작용을 말한다.
- 경찰상의 강제집행을 하기 위해서는 경찰의무를 부과하는 경찰하명의 근거가 되는 법률 이외에 경찰상의 강제집행을 위한 별도의 법적 근거가 있어야 한다 [기출OX 01] → 대집행의 행정대집행법, 강제징수의 국세징수법, 행정기본법 등 [기출OX 02]

> [비교] 즉시강제와 강제집행 [기출OX 03]
> - **즉시강제**: 현재 목전 급박한 장해상태에 대해 별도의 **의무부과 없이** 바로 실력을 행사하는 작용
> - **강제집행**: 하명을 통해 **의무를 부과**하고 그 의무가 이행되지 않는 경우 이루어지는 작용

II 종류

대집행 · **직**접강제 · **이**행강제금(집행벌) · **강**제징수 **대직이강**

종류	
행정대집행	의무자가 행정상 의무(법령등에서 직접 부과하거나 행정청이 법령등에 따라 부과한 의무)로서 타인이 대신하여 행할 수 있는 의무(= 대체적 작위의무)를 이행하지 아니하는 경우 법률로 정하는 다른 수단으로는 그 이행을 확보하기 곤란하고 그 불이행을 방치하면 공익을 크게 해칠 것으로 인정될 때에 행정청이 의무자가 하여야 할 행위를 스스로 하거나 제3자에게 하게 하고 그 비용을 의무자로부터 징수하는 것 예 무허가 건물의 철거, 불법주차차량의 견인
직접강제	의무자가 행정상 의무를 이행하지 아니하는 경우 행정청이 의무자의 신체나 재산에 실력을 행사하여 그 행정상 의무의 이행이 있었던 것과 같은 상태를 실현하는 것 예 불법영업장의 폐쇄, 외국인의 강제퇴거, 해산명령 불이행에 따른 해산조치 등 [기출OX 04]
이행강제금	의무자가 행정상 의무를 이행하지 아니하는 경우 행정청이 적절한 이행기간을 부여하고, 그 기한까지 행정상 의무를 이행하지 아니하면 금전급부의무를 부과하는 것
강제징수	의무자가 행정상 의무 중 금전급부의무를 이행하지 아니하는 경우 행정청이 의무자의 재산에 실력을 행사하여 그 행정상 의무가 실현된 것과 같은 상태를 실현하는 것 [기출OX 05, 06]

[압축정리] 대상의무

종류	대상의무
대집행	대체적 작위의무
직접강제	작위의무, 부작위의무, 수인의무
이행강제금(집행벌)	대체적 작위의무(판례), 비대체적 작위의무, 부작위의무, 수인의무
강제징수	금전급부의무

기출 OX

01 경찰상의 강제집행을 하기 위해서는 경찰의무를 부과하는 경찰하명의 근거가 되는 법률 이외에 경찰상의 강제집행을 위한 별도의 법적 근거가 있어야 한다. 22 간부 O X

02 경찰상의 강제집행의 실정법적 근거로는 「경찰관 직무집행법」이 유일하다. 22 간부 O X

03 강제집행과 즉시강제는 선행의무 불이행을 전제하지 않는다. 21 간부 O X

04 행정상 직접강제란 의무자가 행정상 의무를 이행하지 아니하는 경우 행정청이 의무자의 신체나 재산에 실력을 행사하여 그 행정상 의무의 이행이 있었던 것과 같은 상태를 실현하는 것이다. 25 채용 O X

05 행정상 강제징수란 의무자가 행정상 의무 중 금전급부의무를 이행하지 아니하는 경우 행정청이 의무자의 재산에 실력을 행사하여 그 행정상 의무가 실현된 것과 같은 상태를 실현하는 것이다. 25 채용 O X

06 경찰관 직무집행법 제6조 범죄의 예방을 위한 제지와 국세징수법 제24조 강제징수는 행정상 즉시강제에 해당한다. 23·22 채용 O X

정답 및 해설

01 O
02 X 개별법으로 인정(대집행의 행정대집행법, 강제징수의 국세징수법, 행정기본법 등)
03 X 즉시강제는 의무 존재와 불이행을 전제로 하지 않지만, 강제집행은 의무 존재와 불이행을 전제로 한다.
04 O
05 O
06 X 강제징수는 강제집행에 속한다.

III 대집행

1 의의
대체적 작위의무 위반이 있는 경우 행정청이 의무자가 해야 할 일을 스스로 행하거나(자기집행) 또는 제3자로 하여금 행하게 함으로써(타자집행) 의무의 이행이 있었던 것과 같은 상태를 실현하는 작용을 말한다. 기출OX 01 [예] 무허가 건물의 철거, 불법주차차량의 견인 기출OX 02

2 대집행의 주체
대집행의 주체는 대집행의 대상이 되는 의무를 명하는 **처분을 한 당해 행정청**이고, 감독청은 이에 해당하지 않는다. → 제3자에게 위탁하는 타자집행의 경우 **제3자는 대집행의 주체가 아니라 행정보조자**에 해당한다. 기출OX 03

(1) 대집행의 근거: 대집행에 관한 일반법으로 **행정대집행법**이 있다. 기출OX 04
(2) 요건
- **공법상** 의무 불이행 → 사법상 의무 불이행은 대집행대상이 아니다.

> **판례 |**
> 행정대집행의 방법으로 건물의 철거 등 대체적 작위의무의 이행을 실현할 수 있는 경우에는 따로 민사소송의 방법으로 그 의무의 이행을 구할 수 없다(대판 2016다213916). 기출OX 05

- **대체적** 작위의무 → 의무자만이 이행가능한 수인의무, 병역의무는 대체적 작위의무가 아니다.
- 다른 수단으로 이행 확보 곤란(**보충성**) → 다른 수단으로 이행을 확보하기가 곤란하여야 한다.
- 불이행 방치가 **심히 공익을 해할 것**

3 절차: 계고 → 통지 → 실행(권력적 사실행위 + 수인하명) → 비용납부명령(하명) 기출OX 06 **계통실비**

계고	• 계고란 상당한 기간 내에 이행하지 않으면 대집행을 한다는 뜻을 알리는 행위이다. • 계고는 반드시 **문서**로 하여야 하며, 구두에 의한 계고는 무효이다. • 준법률행위적 행정행위(**통지**)의 성격을 가지며, 행정처분으로서 **항고소송의 대상**이 된다는 것이 통설 및 판례의 입장이다. → 반복된 계고의 경우 1차 계고에만 처분성이 인정되고, 2차·3차의 계고에 대해서는 처분성이 부정된다(판례).
통지	• 의무자가 계고를 받고도 의무를 이행하지 않는 경우 대집행영장으로써 대집행을 할 시기·대집행책임자의 성명·대집행 비용을 의무자에게 문서로써 알리는 것을 말한다. • 준법률행위적 행정행위(**통지**)의 성격을 가지며, **행정처분으로서 항고소송의 대상**이 된다는 것이 통설 및 판례의 입장이다.
실행	• 행정청 스스로 의무자가 해야 할 행위를 하거나 제3자로 하여금 그 의무를 이행시키는 물리력의 행사를 말한다(**권력적 사실행위**). • 행정청은 해가 뜨기 전이나 해가 진 후에는 대집행을 하여서는 아니 된다. 다만 ⊙ 의무자가 동의한 경우나, ⓒ 해가 지기 전에 대집행을 착수한 경우, ⓒ 해가 뜬 후부터 해가 지기 전까지 대집행을 하는 경우에는 대집행의 목적 달성이 불가능한 경우, ㉣ 그 밖에 비상시 또는 위험이 절박한 경우 가능하다. • **항고소송의 대상이 되는 처분**에 해당한다.
비용납부	• 대집행에 소요된 비용은 **의무자**로부터 이를 징수한다. 실제 대집행에 필요한 비용에 한하여 징수할 수 있다. • 비용납부명령은 **급부하명**으로서, **처분성**을 가진다. • 대집행에 요한 비용은 **국세징수법**의 예에 의하여 징수할 수 있다.

기출 OX

01 대집행이란 비대체적 작위의무의 불이행이 있는 경우 행정청이 의무자의 작위의무를 스스로 행하거나 또는 제3자로 하여금 이를 행하게 하고 그 비용을 의무자로부터 징수하는 것을 말한다. 24 채용, 20 승진   O X

02 무허가건물의 철거 명령을 받고도 이를 불이행하는 사람의 불법건축물을 철거하는 것은 즉시강제에 해당한다. 22 채용   O X

03 행정대집행과 행정상 즉시강제는 제3자에 의해 집행될 수 없고 행정청이 직접 행사해야 한다. 22 채용   O X

04 대집행의 근거가 되는 일반법으로는 「행정대집행법」이 있다. 21 채용   O X

05 행정대집행의 절차가 인정되는 경우에 따로 민사소송의 방법으로 공작물의 철거를 구할 수는 없다. 19 경특   O X

06 대집행의 절차는 계고 → 통지 → 비용의 징수 → 실행 순이다. 21 간부   O X

정답 및 해설

01 X 대체적 작위의무 위반
02 X 대집행에 해당한다.
03 X 제3자에게 위탁하는 타자집행도 가능
04 O
05 O
06 X 대집행의 절차는 계고 → 통지 → 실행 → 비용의 징수

Ⅳ 이행강제금(집행벌)

1 의의
- 일정 기한까지 의무를 이행하지 않으면 일정한 금액을 부과한다는 뜻을 미리 계고하여 의무자에게 심리적 압박을 가하는 행정상 강제금으로, 의무자로 하여금 스스로 의무를 이행하게 하는 행정상 강제집행의 수단이다. 집행벌이라고도 한다. 기출 OX 01
- 이행강제금은 대집행이나 즉시강제와 달리 사실행위가 아니라 **행정행위(경찰하명)**이다.

> **판례 |**
> **건축법상의 이행강제금**은 시정명령을 받은 의무의 이행을 명하고 그 이행기간 안에 의무를 이행하지 않으면 이행강제금이 부과된다는 사실을 고지함으로써 의무자에게 심리적 압박을 주어 의무의 이행을 간접적으로 강제하는 행정상의 **간접강제수단**에 해당한다(대판 2015두35116)

2 법적근거
- 침익적 강제수단(하명의 성질)이므로 당연히 **법적 근거**를 요한다.
- 건축법, 농지법, 부동산 실권리자명의 등기에 관한 법률 등 **개별 법률에서 인정**한다.

3 대상: 비대체적 작위의무 + 대체적 작위의무 기출 OX 02
이행강제금은 부작위의무나 비대체적 작위의무에 대한 강제집행수단으로 이해되어 왔으나, 이는 이행강제금제도의 본질에서 오는 제약은 아니며, 이행강제금은 대체적 작위의무의 위반에 대하여도 부과될 수 있다.

4 이행강제금과 행정벌(경찰벌)의 비교
경찰벌은 과거에 대한 것이고, 이행강제금은 **장래의 의무이행을 확보**하기 위한 것이다 기출 OX 03. 따라서 **양자는 병과가 가능**하다. 기출 OX 04

경찰벌	이행강제금(집행벌)
• 과거의 의무위반에 대한 제재	• 장래의 의무를 심리적으로 강제하기 위한 것
• 반복하여 부과 불가(일사부재리)	• 의무이행이 있기까지 반복하여 부과 가능

5 특징
- 이행강제금은 처벌이 아니므로 **의무이행이 있기까지 반복적으로 부과**할 수 있다. 기출 OX 05
- 이행강제금은 장래 이행확보가 목적이므로 의무자가 이미 **의무를 이행한 이후에는 부과가 불가**능하다. 그러나 **이미 부과된 이행강제금**은 의무자가 그 이후 의무이행을 하였더라도 **징수하여야 한다**. 기출 OX 06
- **이행강제금 납부의무**는 일신전속적인 것으로 **상속되지 않는다**.

기출 OX

01 집행벌(이행강제금)은 경찰상 의무를 이행하지 않는 경우에 그 이행을 강제하기 위해 과하는 금전벌이다. 18 승진 ○ X

02 이행강제금은 대체적 작위의무의 위반에 대하여도 부과될 수 있다. 20 경특 ○ X

03 건축법상 이행강제금은 시정명령의 위반이라는 과거의 위반행위에 대한 제재이다. 20 경특 ○ X

04 형사처벌과 이행강제금을 병과하는 것은 헌법상의 이중처벌금지의 원칙에 위반된다. 22·21 간부 ○ X

05 이행강제금의 부과란 의무자가 행정상 의무를 이행하지 아니하는 경우 행정청이 적절한 이행기간을 부여하고, 그 기한까지 행정상 의무를 이행하지 아니하면 금전급부의무를 부과하는 것으로서, 행정상 의무를 이행하지 않더라도 반복하여 부과할 수 없다. 25 채용, 20 승진 ○ X

06 행정청은 의무자가 행정상 의무를 이행할 때까지 이행강제금을 반복하여 부과할 수 있으나, 의무자가 의무를 이행하면 이미 부과한 이행강제금을 징수하여서는 안 된다. 24 채용 ○ X

정답 및 해설

01 ○
02 ○
03 X 장래 의무이행에 대한 심리적 압박을 주는 간접강제 수단이다
04 X 병과될 수 있다.
05 X 반복적으로 부과 가능
06 X 의무이행을 하였더라도 징수한다.

Ⅴ 직접강제

1 의의
- 신체 또는 재산에 실력을 행사하여 행정상 필요한 상태를 실현하는 행정상 강제집행의 수단이다. 기출 OX 01, 02
  예) 불법영업장의 폐쇄, 외국인의 강제퇴거, 해산명령 불이행에 따른 해산조치 등 기출 OX 03
- 작위의무의 불이행뿐만 아니라 부작위의무나 수인의무의 불이행의 경우에도 활용 가능하다.

2 대집행과 비교

구분	대집행	직접강제
의무	대체적 작위의무	작위·부작위·수인의무 등 일체의 의무불이행
비용부담	의무자	행정청
대체성	제3자에게 맡길 수 있음	제3자에게 맡길 수 없음
예	건물철거	• 외국인강제퇴거 • 영업장폐쇄

3 법적근거
그동안은 직접강제의 일반법이 없어 식품위생법, 출입국관리법, 집회 및 시위에 관한 법률 등 개별법에 의해 처리되어 왔으나, **행정기본법**이 제정되어 직접강제의 절차 중 공통된 절차를 규정하였다.

Ⅵ 강제징수

1 의의
행정법상의 금전급부의무를 불이행하고 있는 경우에 의무자의 재산에 실력을 가하여 의무의 이행이 있었던 것과 같은 상태를 직접적으로 실현하는 행정작용을 말한다.

2 법적근거: 강제징수의 일반법으로 **국세징수법**이 있다.

3 강제징수 절차: 독촉(통지) → 압류(권력적 사실행위) → 매각(공매, 공법상 대리) → 청산

절차		내용	법적 성격
독촉		상당한 이행기간을 정하여 의무의 이행을 최고하고, 그 의무가 이행되지 않을 경우에는 강제징수할 뜻을 알리는 것	통지
체납처분절차	압류	체납자의 재산을 보전하는 강제적 행위(체납자 재산의 사실상·법률상 처분을 금지)	권력적 사실행위
	매각	체납자의 재산을 금전으로 환가하는 행위	공법상 대리(공매)
	청산	매각대금 등으로 받은 금전을 국세·가산금·체납처분비 등에 배분하는 것	처분성 인정

기출 OX

01 직접강제는 경찰상 의무불이행에 대해 최후의 수단으로서 직접 의무자의 신체나 재산에 실력을 가하여 의무의 이행이 있었던 것과 동일한 상태를 실현하는 작용이다. 20,18 승진 (O X)

02 직접강제는 행정대집행이나 이행강제금 부과로는 행정상 의무이행을 확보할 수 없거나 그 실현이 불가능한 경우에 실시하여야 한다. 24 채용 (O X)

03 「출입국관리법」에 따른 강제퇴거명령을 받은 외국인의 '보호'(출국시키기 위하여 외국인보호실, 외국인보호소 또는 그 밖에 법무부장관이 지정하는 장소에 인치하고 수용하는 집행활동)는 행정상 즉시강제로서 그 기간의 상한을 법률에서 규정하지 않은 것은 헌법에 위반된다. 19 경특변형 (O X)

정답 및 해설

01 O
02 O
03 X 「출입국관리법」에 따른 강제퇴거명령은 직접강제에 해당한다.

POINT 19 즉시강제

1 의의
- 급박한 위험 또는 장해를 제거하기 위하여 미리 의무를 명할 시간적 여유가 없는 경우에 즉시 개인의 신체 또는 재산에 실력을 가함으로써 행정목적을 실현하는 행정작용을 말한다. 기출OX 01
- 즉시강제는 권력적 사실행위로서 항고소송의 대상이 되는 행정처분이다. 기출OX 01, 02

2 구별개념

즉시강제	강제집행
의무의 존재와 불이행을 전제로 하지 않음	의무의 존재 및 그 불이행을 전제로 함

즉시강제	행정벌
현재의 급박한 행정상 장해의 제거를 목적으로 함	과거의 의무위반에 대한 제재를 목적으로 함

3 법적근거
- 경찰상 즉시강제는 법적 근거가 반드시 필요하다. 기출OX 03, 04
- 일반법은 경찰관 직무집행법, 개별법에는 감염병의 예방 및 관리에 관한 법률, 마약류 관리에 관한 법률, 식품위생법, 소방기본법 등이 있다.

4 즉시강제의 수단 기출OX 05, 06, 07

대인적	경직법상 보호조치, 범죄의 예방 및 제지, 감염병환자의 강제입원, 재난 및 안전관리기본법상의 응급조치 등
대물적	경직법상 임시영치, 위해방지조치, 감염병 유행에 대한 방역조치, 교통방해 주차차량에 대한 견인조치
대가택적	경직법상의 위험방지를 위한 가택출입·수색

5 한계: 급박성의 원칙, 소극목적의 원칙, 보충성의 원칙 기출OX 08

> **판례 |**
> 행정강제는 행정상 강제집행을 원칙으로 하며, 법치국가적 요청인 예측가능성과 법적 안정성에 반하고, 기본권 침해의 소지가 큰 권력작용인 행정상 즉시강제는 어디까지나 예외적인 강제수단이라고 할 것이다(헌재 2000헌가12). → 보충성의 원칙

6 즉시강제와 영장주의 기출OX 09
- 통설 및 대법원(절충설): 원칙적으로 영장 필요, 예외적으로 행정목적 달성 불가능한 경우 불필요
- 헌법재판소: 원칙적으로 영장 불필요

7 즉시강제에 대한 구제

적법한 즉시강제	행정상 손실보상 기출OX 10
위법한 즉시강제	• 항고쟁송: 즉시강제는 권력적 사실행위로 처분에 해당하여 취소소송·취소심판 등의 대상이 된다. 단, 즉시강제는 대부분 단기간에 종료되므로 협의의 소의 이익이 결여되는 경우가 많다. 다만, 그 조치가 계속 중인 상태에 있는 경우 소의 이익 인정된다. • 국가배상: 위법한 직무집행이므로 손해배상 청구 가능하다. 기출OX 11
정당방위	즉시강제가 법익에 대한 현재의 위법한 침해에 해당하는 경우에는 형법상 정당방위도 가능

기출 OX

01 경찰행정상 즉시강제는 눈앞의 급박한 경찰상 장해를 제거하여야 할 필요가 있고 의무를 명할 시간적 여유가 없거나 의무를 명하는 방법으로는 그 목적을 달성하기 어려운 상황에서 의무불이행을 전제로 하지 않고 경찰이 직접 실력을 행사하여 경찰상 필요한 상태를 실현하는 권력적 사실행위이다. 25·24 채용 (O X)

02 경찰상 즉시강제는 권력적 사실행위인 처분이기 때문에 행정쟁송이 가능하다. 20 채용 (O X)

03 즉시강제는 경찰상의 이행을 확보하기 위한 가장 효과적인 수단이며, 공공의 안녕 또는 질서에 대한 급박한 위해가 존재하는 경우에는 국가는 그 위해를 제거하여 공공의 안녕과 질서를 유지할 자연법적 권리와 의무를 가지므로, 특별한 법률적 근거가 없다 하더라도 경찰상의 즉시강제가 가능하다. 22 간부 (O X)

04 작위의무를 부과한 행정처분의 법적 근거가 있다면 행정대집행은 별도의 법적 근거를 요하지 아니하며, 즉시강제는 법률의 근거가 없더라도 일반긴급권에 기초하여 행사할 수 있다. 22 채용 (O X)

05 「경찰관 직무집행법」제4조 제1항 제1호에서 규정하는 술에 취한 상태로 인하여 자기 또는 타인의 생명·신체와 재산에 위해를 미칠 우려가 있는 피구호자에 대한 보호조치는 행정상 강제집행에 해당한다. 23 채용 (O X)

06 주택가에서 흉기를 들고 난동을 부리며 경찰관의 중지명령에 항거하는 사람에 대해 전자충격기를 사용하여 강제로 제압하는 것이나 음주운전 등 교통법규 위반자에 대해 운전면허를 취소하는 것은 즉시강제에 해당한다. 22 채용 (O X)

07 해산명령 불이행에 따른 해산조치, 불법영업소의 폐쇄조치, 감염병 환자의 즉각적인 강제격리는 모두 즉시강제에 해당한다. 21 승진 (O X)

08 경찰상 즉시강제 시 필요 이상으로 실력을 행사하여 경찰책임자 이외의 자에게 유형력을 행사하는 것은 위법이 된다. 20 채용 (O X)

09 즉시강제의 절차적 한계에 있어서 영장주의의 적용 여부에 대하여 영장필요설이 통설과 판례이다. 20 채용 (O X)

10 적법한 즉시강제에 대한 구제로 손실보상을 청구할 수 있으며, 일정한 요건하에서 「형법」상 위법성조각사유에 해당하는 긴급피난도 가능하다. 20 채용 (O X)

11 위법한 즉시강제에 의해 수인한도를 넘는 특별한 희생을 받은 경우 손실보상 청구가 가능하며, 이러한 내용은 개정된 「경찰관 직무집행법」제11조의2에서 명시적으로 규정하고 있다. 19 경채 (O X)

정답 및 해설

01 O
02 O
03 X 엄격한 법령등의 근거가 있어야 한다.
04 X 작위의무를 부과한 행정처분의 법적 근거가 있더라도 행정대집행은 별도의 법적 근거를 요하며, 즉시강제도 명시적인 법적 근거가 있어야 한다.
05 X 행정상 즉시강제
06 X '중지명령' - 즉시강제, 운전면허 취소 - 강학상 철회
07 X 해산명령 불이행에 따른 해산조치, 불법영업소의 폐쇄조치는 직접강제
08 O
09 X 통설과 판례는 절충설이다.
10 O
11 X 적법한 즉시강제 - 손실보상, 위법한 즉시강제 - 손해배상

POINT 20 경찰벌

1 의의
경찰벌(행정벌)이란 과거의 의무위반에 대해서 일반통치권에 근거하여 일반사인에 과하는 제재로서의 벌을 말한다.

2 종류
- 경찰상 의무위반에 대해 형벌을 과하는 경찰형벌과 과태료를 과하는 경찰질서벌로 나누어진다.
- 어떤 행위에 대해 경찰형벌을 과할 것인지 경찰질서벌을 과할 것인지는 입법재량의 문제이다(헌재).

구분	경찰형벌	경찰질서벌
의의	경찰의무 위반에 대해 형벌부과	경찰의무 위반에 대해 과태료부과
고의·과실	형법상의 형벌이 과해지므로 형법총칙이 적용된다. → 고의·과실 필요	형법상의 형벌이 아니므로 형법총칙이 적용되지 않는다. → 고의·과실 불요(단, 질서위반행위 규제법 대상은 고의·과실 필요)
죄형법정주의	적용된다.	적용되지 않는다.
병과가능성	병과 가능하다는 것이 대법원의 입장이다.	

3 과벌절차

- **일반과벌절차**: 경찰형벌은 형사소송법이 정하는 절차에 따르는 것이 원칙이다.
- **신속간이절차**: 즉결심판절차
- **특별과벌절차**: 통고처분

(1) 통고처분

- **의의**: 정식형사재판의 전단계로서 행정청이 상대방의 동의를 조건으로 벌금 또는 과료에 상당하는 금액(= 범칙금)의 납부 등을 통고하는 준사법적 행위(징역 ×, 자유형 ×)
- **성격**: 형식적 의미의 행정, 실질적 의미의 사법 기출OX 01
- 통고처분은 행정심판이나 행정소송의 대상으로서의 처분이 아니다. 기출OX 02
- 경범죄 처벌법이나 도로교통법은 물론, 판례 역시 통고처분을 재량행위로 보고 있다. 기출OX 03
- 통고처분은 재판받을 권리를 침해하지 아니한다.
- 통고처분은 공소시효가 중단되는 효력이 있다.
- 통고처분을 이행한 경우(범칙금을 납부한 경우) 확정판결과 동일한 효력이 생긴다. 기출OX 04, 05
- 통고처분을 이행하지 아니한 경우(범칙금을 납부하지 아니한 경우), 통고처분은 자동으로 효력을 상실하고 통고처분권자의 고발에 의해 형사소송절차가 개시된다

4 구별개념(경찰벌과 징계벌)

구분	경찰벌	징계벌
근거	일반통치권	특별권력관계
목적	사회질서유지	내부질서유지
대상	일반국민	내부질서위반자(공무원)
병과	경찰벌과 징계벌은 병과 가능하다(일사부재리 위반 아니다).	

[심화] 즉결심판절차

- **대상**: 지방법원, 지원 또는 시·군법원의 판사는 즉결심판절차에 의하여 피고인에게 20만원 이하의 벌금, 구류 또는 과료에 처할 수 있다.
- **통고처분권자**: 즉결심판은 경찰서장이 관할법원에 이를 청구한다.
- **공소장일본주의 예외**: 경찰서장은 즉결심판의 청구와 동시에 즉결심판을 함에 필요한 서류 또는 증거물을 판사에게 제출하여야 한다.
- 판사는 사건이 즉결심판을 할 수 없거나 즉결심판절차에 의하여 심판함이 적당하지 아니하다고 인정할 때에는 결정으로 즉결심판의 청구를 기각하여야 한다.
- 청구기각결정이 있는 때에는 경찰서장은 지체 없이 사건을 관할지방검찰청 또는 지청의 장에게 송치하여야 한다.
- 즉결심판절차에 의한 심리와 재판의 선고는 공개된 법정에서 행하되, 그 법정은 경찰관서 외의 장소에 설치되어야 한다.
- 즉결심판으로 유죄를 선고할 때에는 형, 범죄사실과 적용법조를 명시하고 피고인은 7일 이내에 정식재판을 청구할 수 있다는 것을 고지하여야 한다.
- 정식재판을 청구하고자 하는 피고인은 즉결심판의 선고·고지를 받은 날부터 7일 이내에 정식재판청구서를 경찰서장에게 제출하여야 한다. 정식재판청구서를 받은 경찰서장은 지체없이 판사에게 이를 송부하여야 한다.
  → 정식재판청구서에 피고인의 자필로 보이는 이름이 기재되어 있고 그 옆에 서명이 되어 있어 위 서류가 작성자 본인인 피고인의 진정한 의사에 따라 작성되었다는 것을 명백하게 확인할 수 있다면 피고인의 인장이나 지장이 찍혀있지 않더라도 정식재판청구는 적법하다. 기출 OX 06
- 경찰서장은 무죄선고, 면소판결 또는 공소기각 선고 (청구기각 X)에 대해 그 선고·고지를 한 날부터 7일 이내에 정식재판을 청구할 수 있다. 이 경우 경찰서장은 관할지방검찰청 또는 지청의 검사의 승인을 얻어 정식재판청구서를 판사에게 제출하여야 한다.

기출 OX

01 통고처분은 형식적 의미의 행정이며 실질적 의미의 사법이다. 22 채용 (O X)

02 경찰서장의 통고처분은 항고소송의 대상이 되는 행정처분에 해당한다. 24 간부 (O X)

03 「관세법」상 통고처분 여부는 관세청장의 재량에 맡겨져 있지만, 「경범죄처벌법」 및 「도로교통법」상 통고처분은 재량의 여지가 없다. 22 채용 (O X)

04 「도로교통법」은 범칙금 납부통고서를 받은 사람이 그 범칙금을 낸 경우 범칙행위에 대하여 다시 벌받지 아니한다고 규정하고 있는바, 이는 범칙금의 납부에 확정재판의 효력에 준하는 효력을 인정하는 취지로 해석하여야 한다. 24 간부 (O X)

05 경찰서장이 범칙행위에 대하여 통고처분을 한 이상 통고처분에서 정한 범칙금 납부기간까지는 원칙적으로 경찰서장은 즉결심판을 청구할 수 없다. 23 채용 (O X)

06 피고인이 즉결심판에 대하여 제출한 정식재판청구서에 피고인의 자필로 보이는 이름이 기재되어 있고 그 옆에 서명이 되어 있어 위 서류가 작성자 본인인 피고인의 진정한 의사에 따라 작성되었다는 것을 명백하게 확인할 수 있더라도 피고인의 인장이나 지장이 찍혀있지 않다면 정식재판청구는 부적법하다고 보아야 한다. 23 채용 (O X)

정답 및 해설

01 O
02 X 처분성 ×
03 X 모두 재량행위에 해당한다.
04 O
05 O
06 X 인장·지장이 없다라도 정식재판청구는 적법하다고 보았다.

POINT 21 질서위반행위규제법

적용범위	① 질서위반행위의 성립과 과태료 처분은 **행위시**의 법률에 따른다. 기출OX 01 ② 질서위반행위 후 법률이 변경되어 그 행위가 질서위반행위에 해당하지 아니하게 되거나 과태료가 변경되기 전의 법률보다 가볍게 된 때에는 법률에 특별한 규정이 없는 한 **변경된 법률**을 적용한다. 기출OX 02, 03 ③ 행정청의 과태료 처분이나 법원의 과태료 재판이 확정된 후 법률이 변경되어 그 행위가 질서위반행위에 해당하지 아니하게 된 때에는 변경된 법률에 특별한 규정이 없는 한 과태료의 징수 또는 집행을 **면제한다**. 기출OX 04
장소적 적용범위	① 이 법은 대한민국 영역 안에서 질서위반행위를 한 자에게 적용한다. 기출OX 05 ② 이 법은 대한민국 영역 밖에서 질서위반행위를 한 대한민국의 국민에게 적용한다. 기출OX 06 ③ 이 법은 대한민국 영역 밖에 있는 대한민국의 선박 또는 항공기 안에서 질서위반행위를 한 외국인에게 적용한다. 기출OX 07
법정주의	법률에 따르지 아니하고는 어떤 행위도 질서위반행위로 과태료를 부과하지 아니한다. 기출OX 08
고의·과실	고의 또는 과실이 없는 질서위반행위는 과태료를 부과하지 아니한다. 기출OX 09
위법성 착오	자신의 행위가 위법하지 아니한 것으로 오인하고 행한 질서위반행위는 그 **오인에 정당한 이유가 있는 때**에 한하여 과태료를 부과하지 아니한다. 기출OX 10
책임연령	14세가 되지 아니한 자의 질서위반행위는 과태료를 부과하지 아니한다. 다만, 다른 법률에 특별한 규정이 있는 경우에는 그러하지 아니하다. 기출OX 11
심신장애	① 심신장애로 인하여 행위의 옳고 그름을 판단할 능력이 없거나 그 판단에 따른 행위를 할 능력이 없는 자의 질서위반행위는 과태료를 **부과하지 아니한다**. 기출OX 12 ② 심신장애로 인하여 ①에 따른 능력이 미약한 자의 질서위반행위는 **과태료를 감경**한다.
다수인 가담	① 2인 이상이 질서위반행위에 가담한 때에는 **각자가 질서위반행위**를 한 것으로 본다. 기출OX 13 ② 신분에 의하여 성립하는 질서위반행위에 신분이 없는 자가 가담한 때에는 신분이 없는 자에 대하여도 질서위반행위가 성립한다. ③ 신분에 의하여 과태료를 감경 또는 가중하거나 과태료를 부과하지 아니하는 때에는 그 신분의 효과는 **신분이 없는 자에게는 미치지 아니한다**.
수개의 위반행위	① 하나의 행위가 2 이상의 질서위반행위에 해당하는 경우에는 각 질서위반행위에 대하여 정한 과태료 중 **가장 중한 과태료를 부과**한다. 기출OX 14 ② ①을 제외하고 2 이상의 질서위반행위가 경합하는 경우에는 각 질서위반행위에 대하여 정한 과태료를 **각각 부과**한다.
과태료 시효	과태료는 행정청의 과태료 부과처분이나 법원의 과태료 재판이 확정된 후 **5년간** 징수하지 아니하거나 집행하지 아니하면 시효로 인하여 소멸한다. 기출OX 15

기출 OX

01 질서위반행위의 성립과 과태료 처분은 처분 시의 법률에 따른다. 17 채용, 24 간부 (O X)

02 질서위반행위 후 법률이 변경되어 그 행위가 질서위반행위에 해당하지 아니하게 되거나 과태료가 변경되기 전의 법률보다 가볍게 된 때에는 법률에 특별한 규정이 없는 한 변경된 법률을 적용한다. 18 간부 (O X)

03 행정청의 과태료 처분이나 법원의 과태료 재판이 확정된 후 법률이 변경되어 그 행위가 질서위반행위에 해당하지 아니하게 된 때에는 변경된 법률에 특별한 규정이 없는 한 과태료를 감경한다. 25·23 채용 (O X)

04 행정청의 과태료 처분이나 법원의 과태료 재판이 확정된 후 법률이 변경되어 그 행위가 질서위반행위에 해당하지 아니하게 된 때에는 변경된 법률에 특별한 규정이 없는 한 과태료의 징수 또는 집행을 면제한다. 22 채용 (O X)

05 이 법은 대한민국 영역 안에서 질서위반행위를 한 자에게 적용한다. 24 승진 (O X)

06 이 법은 대한민국 영역 밖에서 질서위반행위를 한 대한민국의 국민에게 적용한다. 24 간부 (O X)

07 이 법은 대한민국 영역 밖에 있는 대한민국의 선박 또는 항공기 안에서 질서위반행위를 한 외국인에게는 적용하지 아니한다. 24 승진 (O X)

08 법률에 따르지 아니하고는 어떤 행위도 질서위반행위로 과태료를 부과하지 아니한다. 24 간부 (O X)

09 고의 또는 과실이 없는 질서위반행위에도 과태료를 부과한다. 23·22·17 채용, 19·18 승진 (O X)

10 자신의 행위가 위법하지 아니한 것으로 오인하고 행한 질서위반행위는 그 오인에 정당한 이유가 있는 때에 한하여 과태료를 감경한다. 25·22 채용 (O X)

11 19세가 되지 아니한 자의 질서위반행위는 과태료를 부과하지 아니한다. 다만, 다른 법률에 특별한 규정이 있는 경우에는 그러하지 아니하다. 18 채용, 18 간부 (O X)

12 심신장애로 인하여 행위의 옳고 그름을 판단할 능력이 없거나 그 판단에 따른 행위를 할 능력이 없는 자의 질서위반행위는 과태료를 감경한다. 24·21·18 간부 (O X)

13 2인 이상이 질서위반행위에 가담한 때에는 각자가 질서위반행위를 한 것으로 본다. 17 채용, 21 간부 (O X)

14 하나의 행위가 2이상의 질서위반행위에 해당하는 경우에는 각 질서위반행위에 대하여 정한 과태료 중 가장 중한 과태료를 부과한다. 21 간부 (O X)

15 과태료는 행정청의 과태료 부과 처분이나 법원의 과태료 재판이 확정된 후 3년간 징수하지 아니하거나 집행하지 아니하면 시효로 인하여 소멸한다. 22·17 채용, 19 승진 (O X)

정답 및 해설

01 X 행위 시의 법률에 따른다.
02 O
03 X 과태료의 징수 또는 집행을 면제한다.
04 O
05 O
06 O
07 X 외국인에게 적용
08 O
09 X 과태료를 부과하지 아니한다.
10 X 오인에 정당한 이유가 있으면 과태료를 부과하지 아니한다.
11 X 14세
12 X 부과하지 아니한다.
13 O
14 O
15 X 5년

자진납부자 감경	① 행정청은 당사자가 의견 제출 기한 이내에 과태료를 자진하여 납부하고자 하는 경우에는 대통령령으로 정하는 바에 따라 과태료를 감경할 수 있다. ② 당사자가 감경된 과태료를 납부한 경우에는 해당 질서위반행위에 대한 과태료 부과 및 징수절차는 종료한다. 기출 OX 01
사전통지	① 행정청이 질서위반행위에 대하여 과태료를 부과하고자 하는 때에는 미리 당사자(고용주등을 포함)에게 대통령령으로 정하는 사항을 통지하고, 10일 이상의 기간을 정하여 의견을 제출할 기회를 주어야 한다. 이 경우 지정된 기일까지 의견 제출이 없는 경우에는 의견이 없는 것으로 본다. 기출 OX 02 ② 당사자는 의견 제출 기한 이내에 대통령령으로 정하는 방법에 따라 행정청에 의견을 진술하거나 필요한 자료를 제출할 수 있다. ③ 행정청은 ②에 따라 당사자가 제출한 의견에 상당한 이유가 있는 경우에는 과태료를 부과하지 아니하거나 통지한 내용을 변경할 수 있다. 기출 OX 03 → 임의적 반영: 행정절차법과 다름!
과태료 부과	행정청은 의견 제출절차를 마친 후에 서면(당사자가 동의하는 경우에는 전자문서를 포함)으로 과태료를 부과하여야 한다.
과태료 부과 제척기간	행정청은 질서위반행위가 종료된 날(다수인이 질서위반행위에 가담한 경우에는 최종행위가 종료된 날)부터 5년이 경과한 경우에는 해당 질서위반행위에 대하여 과태료를 부과할 수 없다.
가산금징수	① 행정청은 당사자가 납부기한까지 과태료를 납부하지 아니한 때에는 납부기한을 경과한 날부터 체납된 과태료에 대하여 100분의 3에 상당하는 가산금을 징수한다. 기출 OX 04 ② 체납된 과태료를 납부하지 아니한 때에는 납부기한이 경과한 날부터 매 1개월이 경과할 때마다 체납된 과태료의 1천분의 12에 상당하는 가산금을 ①에 따른 가산금에 가산하여 징수한다. 이 경우 중가산금을 가산하여 징수하는 기간은 60개월을 초과하지 못한다. ③ 행정청은 당사자가 제20조 제1항에 따른 기한(과태료 부과통지 받은 날부터 60일) 이내에 이의를 제기하지 아니하고 ①에 따른 가산금을 납부하지 아니한 때에는 국세 또는 지방세 체납처분의 예에 따라 징수한다.
과태료의 징수유예	① 행정청은 당사자가 다음 어느 하나에 해당하여 과태료(체납된 과태료와 가산금, 중가산금 및 체납처분비를 포함)를 납부하기가 곤란하다고 인정되면 1년의 범위에서 대통령령으로 정하는 바에 따라 과태료의 분할납부나 납부기일의 연기를 결정할 수 있다. 기출 OX 05 1. 「국민기초생활 보장법」에 따른 수급권자 ② 행정청은 과태료의 분할납부나 납부기일의 연기를 결정하는 경우 그 기간을 그 징수유예등을 결정한 날의 다음 날부터 9개월 이내로 하여야 한다. 기출 OX 06 (사유가 해소되지 아니하는 경우에는 1회에 한정하여 3개월의 범위에서 연장 할 수 있다.)
이의제기	① 과태료 부과 통지를 받은 날부터 60일 이내에 해당 행정청에 서면으로 이의제기를 할 수 있다. 기출 OX 07 ② 이의제기가 있는 경우에는 행정청의 과태료 부과처분은 그 효력을 상실한다. 기출 OX 08 ③ 당사자는 행정청으로부터 통지를 받기 전까지는 행정청에 대하여 서면으로 이의제기를 철회할 수 있다.
법원에의 통보	이의제기를 받은 행정청은 이의제기를 받은 날부터 14일 이내에 이에 대한 의견 및 증빙서류를 첨부하여 관할 법원에 통보하여야 한다.

기출 OX

01 당사자가 법 제18조 제1항에 따라 감경된 과태료를 납부한 경우에는 해당 질서위반행위에 대한 과태료 부과 및 징수절차는 종료한다. 23 채용　　O X

02 행정청이 질서위반행위에 대하여 과태료를 부과하고자 하는 때에는 미리 당사자에게 대통령령으로 정하는 사항을 통지하고, 7일 이상의 기간을 정하여 의견을 제출할 기회를 주어야 한다. 이 경우 지정된 기일까지 의견제출이 없는 경우에는 의견이 없는 것으로 본다. 25·18 채용, 19 승진　　O X

03 행정청은 법 제16조 제2항에 따라 당사자가 제출한 의견에 상당한 이유가 있는 경우에는 과태료를 부과하지 아니하거나 통지한 내용을 변경할 수 있다. 23 채용　　O X

04 행정청은 당사자가 납부기한까지 과태료를 납부하지 아니한 때에는 납부기한을 경과한 날부터 체납된 과태료에 대하여 100분의 3에 상당하는 가산금을 징수한다. 23 채용　　O X

05 행정청은 당사자가 과태료를 납부하기가 곤란하다고 인정되면 1년의 범위에서 과태료의 분할납부나 납부기일의 연기를 결정할 수 있다. 21 승진　　O X

06 행정청은 과태료의 분할납부나 납부기일의 연기(이하 "징수유예등"이라 한다)를 결정하는 경우 그 기간을 그 징수유예등을 결정한 날의 다음 날부터 9개월 이내로 하여야 한다. 21 승진　　O X

07 행정청의 과태료 부과에 불복하는 당사자는 과태료 부과 통지를 받은 날로부터 60일 이내에 해당 행정청에 서면으로 이의제기를 할 수 있다. 25 채용, 19 승진　　O X

08 이의제기가 있는 경우에는 행정청의 과태료 부과처분은 그 효력을 상실하지 않는다. 23 채용　　O X

정답 및 해설

01 O
02 X 10일
03 O
04 O
05 O
06 O
07 O
08 X 효력을 상실한다.

POINT 22 경찰상 조사

1 정의

"행정조사"란 행정기관이 정책을 결정하거나 직무를 수행하는 데 필요한 정보나 자료를 수집하기 위하여 현장조사·문서열람·시료채취 등을 하거나 조사대상자에게 보고요구·자료제출요구 및 출석·진술요구를 행하는 활동을 말한다. → **사실행위이자 준비적·보조적 작용으로서의 성격** 기출OX 01

2 근거

- **조직법적 근거**: 권력적 행정조사, 비권력적 행정조사 모두 조직법적 근거가 필요하다. 기출OX 02
- **작용법적 근거**: 권력적 행정조사는 근거 필요 O, 비권력적 행정조사 필요 X

> **행정조사기본법 제5조【행정조사의 근거】** 행정기관은 법령등에서 행정조사를 규정하고 있는 경우에 한하여 행정조사를 실시할 수 있다. 다만, 조사대상자의 자발적인 협조를 얻어 실시하는 행정조사의 경우에는 그러하지 아니하다.

3 행정조사기본법

적용범위	• 행정조사에 관하여 다른 법률에 특별한 규정이 있는 경우를 제외하고는 이 법으로 정하는 바에 따른다. • 다음 어느 하나에 해당하는 사항에 대하여는 이 법을 적용하지 아니한다. 　- 행정조사를 한다는 사실이나 조사내용이 공개될 경우 국가의 존립을 위태롭게 하거나 국가의 중대한 이익을 현저히 해칠 우려가 있는 국가안전보장·통일 및 외교에 관한 사항 　-「공공기관의 정보공개에 관한 법률」제4조제3항의 정보에 관한 사항 　- 조세·형사·행형 및 보안처분에 관한 사항
기본원칙	• 행정조사는 조사목적을 달성하는데 필요한 **최소한의 범위 안에서 실시**하여야 하며, 다른 목적 등을 위하여 조사권을 남용하여서는 아니 된다. • 행정기관은 유사하거나 동일한 사안에 대하여는 공동조사 등을 실시함으로써 행정조사가 중복되지 아니하도록 하여야 한다. • 행정조사는 법령등의 위반에 대한 처벌보다는 법령등을 준수하도록 유도하는 데 중점을 두어야 한다. • 다른 법률에 따르지 아니하고는 행정조사의 대상자 또는 행정조사의 내용을 공표하거나 직무상 알게 된 비밀을 누설하여서는 아니된다. • 행정기관은 행정조사를 통하여 알게 된 정보를 다른 법률에 따라 내부에서 이용하거나 다른 기관에 제공하는 경우를 제외하고는 원래의 조사목적 이외의 용도로 이용하거나 타인에게 제공하여서는 아니 된다. 기출OX 03
사전통지	행정조사를 실시하고자 하는 행정기관의 장은 출석요구서등을 조사개시 **7일** 전까지 조사대상자에게 **서면**으로 통지하여야 한다 기출OX 04. 다만, 조사대상자의 자발적인 협조를 얻어 실시하는 행정조사의 경우에는 행정조사의 개시와 동시에 출석요구서등을 조사대상자에게 제시하거나 행정조사의 목적 등을 조사대상자에게 구두로 통지할 수 있다. 기출OX 05
조사결과의 통지	행정기관의 장은 법령등에 특별한 규정이 있는 경우를 제외하고는 행정조사의 결과를 확정한 날부터 **7일** 이내에 그 결과를 조사대상자에게 통지하여야 한다. 기출OX 06

> **판례 |**
>
> 1 행정조사 절차에는 수사절차에서의 진술거부권 고지의무에 관한 「형사소송법」 규정이 준용되지 않는다(대판 2020두 31323). 기출 OX 07
> 2 경찰공무원이 도로교통법 규정에 따라 호흡측정 또는 혈액 검사 등의 방법으로 운전자가 술에 취한 상태에서 운전하였는지를 조사하는 것은, 수사기관과 경찰행정 조사자의 지위를 겸하는 주체가 형사소송에서 사용될 증거를 수집하기 위한 수사로서의 성격을 가짐과 아울러 교통상 위험의 방지를 목적으로 하는 운전면허 정지·취소의 행정처분을 위한 자료를 수집하는 행정조사의 성격을 동시에 가지고 있다고 볼 수 있다(대법원 2016.12.27. 2014두46850). 기출 OX 08

기출 OX

01 행정조사는 행정기관이 향후 행정작용에 필요한 자료 및 정보를 얻기 위한 준비적·보조적 작용이다. 22 채용
O X

02 「행정조사기본법」상 조사대상자의 자발적 협조를 얻어 조사를 실시하는 경우에는 법령의 근거를 요하지 아니하며 조직법상의 권한 범위 밖에서도 가능하다. 22 채용
O X

03 「행정조사기본법」상 행정기관은 행정조사를 통하여 알게 된 정보를 어떠한 경우에도 원래의 조사목적 이외의 용도로 이용할 수 없다. 24 승진
O X

04 행정조사를 실시하고자 하는 행정기관의 장은 출석요구서, 보고요구서, 자료제출요구서 및 현장출입조사서를 조사개시 7일 전까지 조사대상자에게 구두로 통지하여야 한다. 20 경특
O X

05 조사대상자의 자발적 협조로 조사가 이루어지는 경우일지라도 행정의 적법성 및 공공성 등을 높이기 위해서 조사목적 등을 반드시 서면으로 통보하여야 한다. 24 승진, 22 채용
O X

06 행정기관의 장은 법령등에 특별한 규정이 있는 경우를 제외하고는 행정조사의 결과를 확정한 날부터 7일 이내에 그 결과를 조사대상자에게 통지하여야 한다. 20 경특
O X

07 「고용보험법」상 '실업인정대상 기간 중의 취업사실'에 대한 행정조사 절차에는 수사절차에서의 진술거부권 고지의무에 관한 「형사소송법」 규정이 준용되지 않는다. 24 승진
O X

08 경찰공무원이 「도로교통법」 규정에 따라 호흡측정 또는 혈액검사 등의 방법으로 운전자가 술에 취한 상태에서 운전하였는지를 조사하는 것은 수사로서의 성격을 갖지만, 행정조사의 성격을 가지는 것은 아니다. 24 승진
O X

정답 및 해설

01 O
02 X 조직법적 근거의 경우에는 권력적·비권력적 행정조사 모두 필요
03 X 다른 법률에 따라 내부에서 이용하거나 다른 기관에 제공하는 경우를 제외
04 X 서면으로 통지
05 X 자발적 협조는 사전 서면통보 예외사유
06 O
07 O
08 X 행정조사의 성격을 동시에 가지고 있다고 볼 수 있다

POINT 23 행정심판법

I 의의

행정심판이란 행정청의 위법 또는 부당한 처분, 그 밖의 공권력의 행사·불행사 등으로 인하여 권리나 이익을 침해당한 자가 그 행정기관(= 통상 행정심판위원회)에 대하여 그 시정을 구하는 절차를 말한다.

II 종류

취소심판, **무**효등확인심판, **의**무이행심판을 규정하고 있다. 기출OX 01, 02 **취무의**

취소심판	행정청의 위법 또는 부당한 처분을 취소하거나 변경하는 행정심판 기출OX 03
무효등확인심판	행정청의 처분의 효력 유무 또는 존재 여부를 확인하는 행정심판
의무이행심판	당사자의 신청에 대한 행정청의 위법 또는 부당한 거부처분이나 부작위에 대하여 일정한 처분을 하도록 하는 행정심판 기출OX 04 → 부작위법확인심판 ×

III 행정심판 요건

1 행정심판 대상

(1) 개괄주의: 행정심판법은 열기주의가 아닌 개괄주의를 채택

> **행정심판법 제3조 【행정심판의 대상】** 행정청의 처분 또는 부작위에 대하여는 다른 법률에 특별한 규정이 있는 경우 외에는 이 법에 따라 행정심판을 청구할 수 있다.
>
> **행정심판법 제2조 【정의】** 이 법에서 사용하는 용어의 뜻은 다음과 같다.
> 1. "처분"이란 행정청이 행하는 구체적 사실에 관한 법집행으로서의 공권력의 행사 또는 그 거부, 그 밖에 이에 준하는 행정작용을 말한다.
> 2. "부작위"란 행정청이 당사자의 신청에 대하여 상당한 기간 내에 일정한 처분을 하여야 할 법률상 의무가 있는데도 처분을 하지 아니하는 것을 말한다.

(2) 제외대상

> **행정심판법 제3조 【행정심판의 대상】** 대통령의 처분 또는 부작위에 대하여는 다른 법률에서 행정심판을 청구할 수 있도록 정한 경우 외에는 행정심판을 청구할 수 없다. 기출OX 05
>
> **행정심판법 제51조 【행정심판 재청구의 금지】** 심판청구에 대한 재결이 있으면 그 재결 및 같은 처분 또는 부작위에 대하여 다시 행정심판을 청구할 수 없다.

2 청구인과 피청구인

(1) 청구인

- 행정심판청구를 제기하는 자를 말하며, 처분의 상대방 아닌 제3자도 될 수 있고, 자연인·법인 불문 → 청구인능력·적격이 없는 자가 제기한 심판청구는 부적법한 것으로 각하된다.
- 청구인 적격이 인정되기 위해서는 '법률상 이익'이 있어야 한다.

(2) 피청구인

> **행정심판법 제17조 【피청구인의 적격】** ① 행정심판은 처분을 한 행정청(의무이행심판의 경우에는 청구인의 신청을 받은 행정청)을 피청구인으로 하여 청구하여야 한다. 다만, 심판청구의 대상과 관계되는 권한이 다른 행정청에 승계된 경우에는 권한을 승계한 행정청을 피청구인으로 하여야 한다.

[용어설명]
- **열기주의**: 원칙적으로 모든 사항을 금지하고 예외적으로 허용되는 사항만 따로 나열하는 원칙
- **개괄주의**: 원칙적으로 모든 사항을 허용하되 예외적으로 허용되지 않는 사항만 따로 나열하는 원칙

기출 OX

01 행정심판법은 행정심판의 종류로 취소심판, 무효등확인심판, 의무이행심판을 규정하고 있다. 23 경채 O X

02 「행정심판법」은 당사자심판을 청구할 수 있는 자는 행정소송의 경우와 동일하게 행정처분의 법률관계에 대한 법률상 이익이 있어야 한다고 규정하고 있다. 18 경특 O X

03 취소심판은 당사자의 신청에 대한 행정청의 위법 또는 부당한 거부처분이나 부작위에 대하여 일정한 처분을 하도록 하는 행정심판이다. 23 채용 O X

04 의무이행심판은 당사자의 신청에 대한 행정청의 위법 또는 부당한 거부처분이나 부작위에 대하여 일정한 처분을 하도록 하는 행정심판을 말한다. 19 경특 O X

05 대통령의 처분 또는 부작위에 대하여는 다른 법률에서 행정심판을 청구할 수 있도록 정한 경우 외에는 행정심판을 청구할 수 없다. 23 채용 O X

정답 및 해설

01 O
02 X 행정심판의 종류로 당사자심판은 규정하고 있지 않다.
03 X 의무이행심판에 대한 설명
04 O
05 O

3 청구기간

기간제한 규정은 **무효등확인심판청구**와 **부작위에 대한 의무이행심판청구**에는 적용하지 아니한다. 기출 OX 01

(1) **안 날로부터 90일(불변기간 임)** 기출 OX 02
- 행정심판은 처분이 있음을 알게 된 날부터 **90일** 이내에 청구하여야 한다.
- 청구인이 천재지변, 전쟁, 사변, 그 밖의 불가항력으로 인하여 위 기간에 심판청구를 할 수 없었을 때에는 그 사유가 소멸한 날부터 **14일** 이내에 행정심판을 청구할 수 있다. 기출 OX 03 다만, 국외에서 행정심판을 청구하는 경우에는 그 기간을 30일로 한다

(2) **있은 날로부터 180일(불변기간 아님)** 기출 OX 02
행정심판은 처분이 있었던 날부터 **180일**이 지나면 청구하지 못한다. 다만, 정당한 사유가 있는 경우에는 그러하지 아니하다. → 어느 하나라도 경과하면 행정심판청구는 부적법 각하된다.

IV 행정심판 청구

청구방식	• 심판청구는 **서면**으로 하여야 한다. 기출 OX 04 • 행정심판청구는 엄격한 형식을 요하지 아니하는 서면행위(대판 99두2772)
청구서 제출	• 행정심판을 청구하려는 자는 심판청구서를 작성하여 **피청구인이나 위원회**에 제출하여야 한다. → 선택주의 기출 OX 05
심판청구 효과	• **청구인**: 행정심판법에 의해 보장되고 있는 권리를 갖게 된다. • **처분**: 심판청구는 처분의 효력이나 그 **집행 또는 절차의 속행에 영향을 주지 아니한다**(집행부정지의 원칙). • **위원회**: 행정심판위원회는 심리·재결해야 할 의무가 생긴다.

V 행정심판 청구효과(가구제)

1 집행정지와 집행부정지

원칙 (집행부정지)	심판청구는 처분의 효력이나 그 집행 또는 절차의 속행에 영향을 주지 아니한다.
예외 (집행정지)	• 위원회는 처분, 처분의 집행 또는 절차의 속행 때문에 중대한 손해가 생기는 것을 예방할 필요성이 긴급하다고 인정할 때에는 직권으로 또는 당사자의 신청에 의하여 ⊙ 처분의 효력, ⓒ 처분의 집행 또는 절차의 속행의 전부 또는 일부의 정지를 결정할 수 있다. 다만, 처분의 효력정지는 처분의 집행 또는 절차의 속행을 정지함으로써 그 목적을 달성할 수 있을 때에는 허용되지 아니한다. 기출 OX 06 • 집행정지는 공공복리에 중대한 영향을 미칠 우려가 있을 때에는 허용되지 아니한다.

2 임시처분(가처분)

- 위원회는 처분 또는 부작위가 위법·부당하다고 상당히 의심되는 경우로서 처분 또는 부작위 때문에 당사자가 받을 우려가 있는 중대한 불이익이나 당사자에게 생길 급박한 위험을 막기 위하여 임시지위를 정하여야 할 필요가 있는 경우에는 직권으로 또는 당사자의 신청에 의하여 **임시처분을 결정할 수 있다**.
- 임시처분은 집행정지로 목적을 달성할 수 있는 경우에는 허용되지 아니한다(보충성).

기출 OX

01 취소심판의 경우와 달리 무효등확인심판과 의무이행심판의 경우에는 심판청구의 기간에 제한이 없다. 19 경특 O X

02 행정심판은 정당한 사유가 없는 경우 처분이 있었던 날부터 90일 이내에 청구하여야 하고, 처분이 있음을 알게 된 날부터 180일이 지나면 청구하지 못한다. 18 경특 O X

03 행정심판은 처분이 있음을 알게 된 날부터 90일 이내에 청구하여야 한다. 다만, 청구인이 불가항력으로 인하여 심판청구를 할 수 없었을 때에는 그 사유가 소멸한 날부터 14일 이내에 행정심판을 청구할 수 있다. 19 경특 O X

04 처분 또는 부작위에 대한 행정심판은 청구서를 제출하거나 말로써 청구할 수 있다. 23 채용 O X

05 심판청구는 서면으로 하여야 하며, 심판청구서를 작성하여 피청구인 또는 행정심판위원회에 제출하여야 한다. 24 채용 O X

06 행정심판위원회는 처분, 처분의 집행 또는 절차의 속행 때문에 중대한 손해가 생기는 것을 예방할 필요성이 긴급하다고 인정할 때에는 직권으로 또는 당사자의 신청에 의하여 처분의 효력, 처분의 집행 또는 절차의 속행의 전부 또는 일부의 정지를 결정할 수 있다. 24 채용 O X

정답 및 해설

01 X 부작위에 대한 의무이행심판은 청구기간의 제한이 없으나 거부처분에 대한 의무이행심판은 취소심판청구와 마찬가지로 심판청구기간이 적용된다.
02 X 알게된 날로부터 90일, 처분이 있었던 날로부터 180일이다.
03 O
04 X 심판청구는 서면으로 하여야 한다. 단, 판례에 의해 서면주의가 일부 완화되어 있다(완화된 서면주의).
05 O
06 O

Ⅶ 중앙행정심판위원회

행정심판법 제6조【행정심판위원회의 설치】② 다음 각 호의 행정청의 처분 또는 부작위에 대한 심판청구에 대하여는 「부패방지 및 국민권익위원회의 설치와 운영에 관한 법률」에 따른 국민권익위원회(이하 "국민권익위원회"라 한다)에 두는 중앙행정심판위원회에서 심리·재결한다.
1. 제1항에 따른 행정청 외의 국가행정기관의 장 또는 그 소속 행정청 → 경찰청장, 시·도경찰청장, 경찰서장이 행한 행정처분에 대한 행정심판은 국민권익위원회에 두는 중앙행정심판위원회의 관할이다. 기출OX 01

구성	위원장 1명을 포함 70명 이내의 위원(상임위원은 4명 이내) 기출OX 02
위원장	• 국민권익위원회의 부위원장 중 1명 기출OX 03 • 직무대행: 상임위원(재직기간이 긴 위원 > 연장자 순)
상임위원	• 3년, 1차에 한하여 연임 가능 기출OX 04 • 중앙행정심판위원회 위원장 제청으로 국무총리를 거쳐 대통령이 임명
비상임위원	• 2년, 2차에 한하여 연임 가능 기출OX 05 • 중앙행정심판위원회 위원장 제청으로 국무총리가 성별을 고려하여 위촉 기출OX 06
회의	• 위원장, 상임위원, 비상임위원을 포함하여 총 9명 • 구성원의 과반수의 출석 + 출석위원 과반수의 찬성

Ⅷ 행정심판의 심리

1 심리범위
- 불고불리의 원칙: 위원회는 심판청구의 대상이 되는 처분 또는 부작위 외의 사항에 대하여는 재결하지 못한다.
- 불이익변경금지의 원칙: 위원회는 심판청구의 대상이 되는 처분보다 청구인에게 불리한 재결을 하지 못한다.
- 당·부당의 문제도 심리: 행정심판은 행정소송과 다르게 위법뿐만 아니라 당·부당의 문제도 심리할 수 있다.

2 처분의 위법·부당 여부의 판단: 원칙적으로 처분시를 기준으로 판단한다.

Ⅸ 행정심판의 재결

1 의의: 행정심판위원회가 행하는 판단의 표시이다.

2 재결기간
- 재결은 피청구인 또는 위원회가 심판청구서를 받은 날부터 60일 이내에 하여야 한다. 다만, 부득이한 사정이 있는 경우에는 위원장이 직권으로 30일을 연장할 수 있다.
- 위원장은 재결 기간을 연장할 경우에는 재결 기간이 끝나기 7일 전까지 당사자에게 알려야 한다.

3 재결방식: 재결은 서면으로 한다. 기출OX 07

기출 OX

01 시·도경찰청장의 처분 또는 부작위에 대한 행정심판의 청구에 대해서는 경찰청에 두는 행정심판위원회에서 심리·재결한다. 24 채용   O X

02 위원장 1명을 포함하여 70명 이내의 위원으로 구성하되, 위원 중 상임위원은 4명 이내로 한다. 23·22 경채   O X

03 위원장은 국민권익위원회 부위원장 중 1명이 된다. 22 경채   O X

04 행정심판법상 중앙행정심판위원회 상임위원의 임기는 2년으로 하며, 연임할 수 없다. 23 경채   O X

05 비상임위원의 임기는 2년으로 하되, 1차에 한하여 연임할 수 있다. 22 경채   O X

06 비상임위원은 중앙행정심판위원회 위원장의 제청으로 국무총리가 성별을 고려하여 위촉한다. 22 경채   O X

07 재결은 서면으로 한다. 23 채용   O X

정답 및 해설

01 국민권익위원회에 두는 중앙행정심판위원회의 관할
02 O
03 O
04 X 임기는 3년이고 1차에 한하여 연임가능
05 X 2차연임
06 O
07 O

4 재결의 종류

- **각하재결**: 위원회는 심판청구가 적법하지 아니하면 그 심판청구를 각하한다
- **기각재결**: 위원회는 심판청구가 이유가 없다고 인정하면 그 심판청구를 기각한다. 기출OX 01
- **인용재결**

> **행정심판법 제43조【재결의 구분】** ③ 위원회는 취소심판의 청구가 이유가 있다고 인정하면 처분을 취소 또는 다른 처분으로 변경하거나 처분을 다른 처분으로 변경할 것을 피청구인에게 명한다.
> ④ 위원회는 무효등확인심판의 청구가 이유가 있다고 인정하면 처분의 효력 유무 또는 처분의 존재 여부를 확인한다. 기출OX 02
> ⑤ 위원회는 의무이행심판의 청구가 이유가 있다고 인정하면 지체 없이 신청에 따른 처분을 하거나 처분을 할 것을 피청구인에게 명한다. 기출OX 03

- **사정재결** → 사정재결은 기각재결의 일종이다. 기출OX 04

의의	• 행정심판위원회는 심판청구가 이유가 있다고 인정하는 경우에도 이를 인용하는 것이 공공복리에 크게 위배된다고 인정하면 그 심판청구를 기각하는 재결을 할 수 있다. 기출OX 05 • 따라서 사정재결 이후에도 행정심판의 대상인 처분등의 효력은 유지된다. 기출OX 06
요건	사정재결의 주문에서 그 처분 또는 부작위가 위법하거나 부당하다는 것을 구체적으로 밝혀야 한다. 기출OX 07
적용범위	사정재결은 **취소심판과 의무이행심판**에서만 허용 → 무효등확인심판에는 적용하지 아니한다. 기출OX 08
구제방법	위원회는 사정재결을 할 때에는 청구인에 대하여 상당한 구제방법을 취하거나 상당한 구제방법을 취할 것을 피청구인에게 명할 수 있다. 기출OX 09

5 불복

- 심판청구에 대한 재결이 있으면 그 재결 및 같은 처분 또는 부작위에 대하여 **다시 행정심판을 청구할 수 없다**. 기출OX 10
- 재결에 대해 불복이 있으면 행정소송을 제기하여야 하는데, **원처분을 대상으로 하는 것이 원칙**이다(원처분중심주의)

6 재결의 효력

(1) 효력발생 기출OX 11

- 위원회는 지체 없이 당사자에게 재결서의 **정본**을 송달하여야 한다. 이 경우 중앙행정심판위원회는 재결 결과를 소관 중앙행정기관의 장에게도 알려야 한다.
- 재결은 청구인에게 **송달되었을 때**에 그 효력이 생긴다. → 재결 역시 행정행위의 일종이다.

(2) 형성력

처분을 취소하는 재결이 있으면 당해 처분은 행정청의 별도의 처분이 없더라도 처분시에 소급하여 효력이 소멸된다.

(3) 기속력

> **행정심판법 제49조【재결의 기속력 등】** ① 심판청구를 인용하는 재결은 피청구인과 그 밖의 관계 행정청을 기속한다.
> → 기속력은 인용재결에만 인정

> **🏃 판례 |**
> 재결의 기속력은 재결의 주문 및 그 전제가 된 요건사실의 인정과 판단, 즉 처분 등의 구체적 위법 사유에 관한 판단에만 미친다고 할 것이고, 종전 처분이 재결에 의하여 취소되었다 하더라도 종전 처분 시와는 다른 사유를 들어서 처분을 하는 것은 기속력에 저촉되지 않는다(대판 2003두7705). 기출OX 12

[압축정리] 행정심판 유형별 비교

구분	취소심판	무효등확인심판	의무이행심판
청구기간	청구기간 O	청구기간 X	• 거부처분 O • 부작위 X
집행부정지원칙 (집행정지신청)	집행부정지 O	집행부정지 O	집행부정지 X
사정재결	사정재결 O	사정재결 X	사정재결 O

기출 OX

01 위원회는 심판청구가 이유가 없다고 인정하면 그 심판청구를 기각한다. 23 채용 　O X

02 행정심판위원회는 무효등확인심판의 청구가 이유가 있다고 인정하면 처분의 효력 유무 또는 처분의 존재 여부를 확인한다. 25 채용 　O X

03 행정심판위원회는 의무이행심판의 청구가 이유가 있다고 인정하면 지체 없이 신청에 따른 처분을 하거나 처분을 할 것을 피청구인에게 명한다. 25 채용 　O X

04 사정재결은 인용재결의 일종이다. 22 채용 　O X

05 행정심판위원회는 심판청구가 이유가 있다고 인정하는 경우에도 이를 인용(認容)하는 것이 공공복리에 크게 위배된다고 인정하면 그 심판청구를 기각하는 재결을 하여야 한다. 25·23 채용 　O X

06 사정재결 이후에도 행정심판의 대상인 처분등의 효력은 유지된다. 24·22 채용 　O X

07 사정재결을 하는 경우 반드시 재결주문에 그 처분 또는 부작위가 위법하다는 것을 명시해야 한다. 22 채용 　O X

08 무효등확인심판에서는 사정재결을 할 수 없다. 22 채용 　O X

09 행정심판위원회는 사정재결을 할 때에는 청구인에 대하여 상당한 구제방법을 취하거나 상당한 구제방법을 취할 것을 청구인과 피청구인에게 명한다. 25 채용 　O X

10 개별 법률에 특별규정이 없는 경우에 행정심판 청구에 대한 재결이 있으면 그 재결 및 같은 처분 또는 부작위에 대하여 다시 행정심판을 청구할 수 있다. 18 경행특채 　O X

11 위원회는 지체 없이 당사자에게 재결서의 등본을 송달 하여야 하며, 재결서가 청구인에게 발송되었을 때에 그 효력이 생긴다. 23 채용 　O X

12 재결의 기속력은 재결의 주문 및 그 전제가 된 요건사실의 인정과 판단, 즉 처분 등의 구체적 위법사유에 관한 판단에만 미친다고 할 것이고, 종전 처분이 재결에 의하여 취소되었다 하더라도 종전 처분 시와는 다른 사유를 들어서 처분을 하는 것은 기속력에 저촉되지 않는다. 23 채용 　O X

정답 및 해설

01 O
02 O
03 O
04 X   기각재결의 일종이다.
05 X   할 수 있는 것 → 기각하는 재결을 할 수 있다.
06 O
07 O
08 O
09 X   상당한 구제방법을 취할 것은 피청구인에게 명할 수 있다.
10 X   다시 행정심판을 청구할 수 없다.
11 X   정본을 송달, '발송'이 아니라 '송달'
12 O

POINT 24 행정소송법

I 의의

- 행정소송이란 행정법상의 법률관계에 관한 분쟁에 대하여 당사자 또는 이해관계인의 쟁송제기에 의하여 법이 정한 기관(행정법원)이 이를 심리·판단하는 재판절차를 말한다.
- 행정소송은 위법여부를 판단하며, 부당(재량)의 문제에 대해서는 판단하지 못한다. → 행정심판은 위법·부당 모두 가능

II 행정소송의 종류

항고소송, 당사자소송, 민중소송, 기관소송 기출OX 01 **항당민기**

1 **항고소송**: 행정청의 처분등이나 부작위에 대하여 제기하는 소송 기출OX 02
항고소송은 다음과 같이 구분한다. 기출OX 03 **취무부**

> 1. **취소소송**: 행정청의 위법한 처분등을 취소 또는 변경하는 소송 기출OX 04
> 2. **무효등확인소송**: 행정청의 처분등의 효력 유무 또는 존재여부를 확인하는 소송 기출OX 05
> 3. **부작위위법확인소송**: 행정청의 부작위가 위법하다는 것을 확인하는 소송 기출OX 06

2 **당사자소송**: 행정청의 처분등을 원인으로 하는 법률관계에 관한 소송 그 밖에 공법상의 법률관계에 관한 소송으로서 그 법률관계의 한쪽 당사자를 피고로 하는 소송 기출OX 07

> - 미지급퇴직연금의 지급을 구하는 소송
> - 미지급 명예퇴직수당액의 지급을 구하는 소송 기출OX 08

3 **민중소송**: 국가 또는 공공단체의 기관이 법률에 위반되는 행위를 한 때에 직접 자기의 법률상 이익과 관계없이 그 시정을 구하기 위하여 제기하는 소송 예 선거소송 기출OX 09

4 **기관소송**: 국가 또는 공공단체의 기관상호간에 있어서의 권한의 존부 또는 그 행사에 관한 다툼이 있을 때에 이에 대하여 제기하는 소송. 다만, 헌법재판소법 제2조의 규정에 의하여 헌법재판소의 관장사항으로 되는 소송은 제외한다. 기출OX 10

III 취소소송 요건(취소소송이 항고소송의 가장 대표적인 형태)

1 **관할**: 취소소송의 제1심 관할법원은 피고의 소재지를 관할하는 행정법원 기출OX 11
2 **소송대상**: 취소소송은 처분등을 대상으로 한다. 다만, 재결은 재결 자체에 고유한 위법이 있음을 이유로 하는 경우에 한한다.

[참고]

처분O	처분X
• 구청장의 주민등록번호 변경신청 거부행위 → 거부처분 • 특정 인터넷사이트를 청소년유해매체물로 결정한 행위 → 일반처분 • 교도소장이 수형자 A의 "접견내용 녹음·녹화 및 접견시 교도관참여대상자"로 지정한 사안 → 권력적 사실행위	• 경찰공무원 임용권자의 승진후보자명부에서의 삭제 행위 • 정부기본계획은 행정기관 내부에서 사업의 기본방향을 제시하는 것일 뿐, 국민의 권리·의무와 무관하므로 행정처분에 해당하지 아니한다. • 검사의 공소제기와 검사의 불기소결정 기출 OX 12 • 통고처분, 과태료처분

기출 OX

01 「행정소송법」은 행정소송을 항고소송, 당사자소송, 민중소송, 기관소송으로 구분하고 있다. 23 경채 O X

02 (   )소송: 행정청의 처분등이나 부작위에 대하여 제기하는 소송 25 채용

03 국가 또는 공공단체의 기관이 법률에 위반되는 행위를 한 때에 직접 자기의 법률상 이익과 관계없이 그 시정을 구하기 위하여 제기하는 민중소송은 행정소송법상 항고소송에 해당한다. 22 채용 O X

04 행정청의 위법한 처분등을 취소 또는 변경하는 취소소송은 행정소송법상 항고소송에 해당한다. 22 채용 O X

05 행정청의 처분등의 효력 유무 또는 존재여부를 확인하는 무효 등 확인소송은 행정소송법상 항고소송에 해당한다. 22 채용 O X

06 행정청의 부작위가 위법하다는 것을 확인하는 부작위위법확인소송은 행정소송법상 항고소송에 해당한다. 22 채용 O X

07 (   )소송: 행정청의 처분등을 원인으로 하는 법률관계에 관한 소송 그 밖에 공법상의 법률관계에 관한 소송으로서 그 법률관계의 한쪽 (   )를 피고로 하는 소송 25 채용

08 명예퇴직한 법관이 미지급 명예퇴직수당액에 대하여 가지는 권리는 명예퇴직수당 지급대상자 결정 절차를 거쳐 명예퇴직 수당규칙에 의하여 확정된 공법상 법률관계에 관한 권리로서, 그 지급을 구하는 소송은 「행정소송법」의 취소소송에 해당하며, 그 법률관계의 당사자인 국가를 상대로 제기하여야 한다. 23 채용 O X

09 (   )소송: 국가 또는 공공단체의 기관이 법률에 위반되는 행위를 한 때에 직접 자기의 법률상 이익과 관계없이 그 시정을 구하기 위하여 제기하는 소송 25 채용

10 기관소송은 국가 또는 공공단체의 기관 상호간에 있어서의 권한의 존부 또는 그 행사에 관한 다툼이 있을때에 이에 대하여 제기하는 소송을 말하며, 헌법재판소의 관장사항으로 되는 소송은 제외한다. 19 경채 O X

11 경찰청장을 피고로 하여 취소소송을 제기하는 경우, 대법원 소재지를 관할하는 행정법원이 제1심 관할 법원으로 될 수 있다. 23 간부 O X

12 검사의 공소에 대하여는 형사소송절차에 의하여서만 다툴 수 있고 행정소송의 방법으로 공소의 취소를 구할 수는 없다. 18 경특 O X

정답 및 해설

01 O
02 항고
03 X 민중소송은 항고소송에 해당하지 않음
04 O
05 O
06 O
07 당사자, 당사자
08 X 당사자소송
09 민중
10 O
11 O
12 O

3 **당사자**: 원고와 피고
- **당사자 능력**: 소송상 당사자가 될 수 있는 능력을 말하며, 자연인, 법인, 법인격 없는 사단·재단도 대표자 또는 관리인이 있으면 당사자능력이 인정된다.

> **판례 |**
> 자연물인 도룡뇽은 당사자능력을 인정할 수 없다.

- **원고**: 취소소송은 처분등의 취소를 구할 법률상 이익이 있는 자가 제기할 수 있다.
- **피고**: 취소소송은 다른 법률에 특별한 규정이 없는 한 그 처분등을 행한 행정청을 피고로 한다. 다만, 처분등이 있은 뒤에 그 처분등에 관계되는 권한이 다른 행정청에 승계된 때에는 이를 승계한 행정청을 피고로 한다. 기출OX 01

4 **협의의 소의 이익**: 처분등의 효과가 기간의 경과 등 사유로 인하여 소멸된 뒤에도 그 처분등의 취소로 인하여 회복되는 법률상 이익이 있는 자의 경우에도 취소소송을 제기할 수 있다.

> **판례 | 협의의 소의 이익 부정판례**
> 1 경찰서장이 심각한 교통 불편을 줄 것이 명백하다는 이유로 집회 및 시위를 금지한다고 통고한 처분은 기간의 경과로 그 효과가 소멸하였으므로 취소를 구할 이익이 없다.
> 2 처분청이 당초의 운전면허 취소처분을 철회하고 새로이 운전면허 정지처분을 하였다면, 철회되어 더 이상 존재하지 않는 행정처분인 운전면허 취소처분은 소의 이익이 없다.
> 3 대집행이 실행이 완료된 경우 계고처분의 취소를 구할 법률상 이익은 없다.
> 4 현역병입영대상자로 병역처분을 받은 자가 그 취소소송 중 모병에 응하여 현역병으로 자진 입대한 경우 소의 이익이 없다. 기출OX 02

> **판례 | 협의의 소의 이익 긍정판례**
> 1 직위해제처분의 취소소송 계속 중 정년을 초과하여 공무원 신분을 회복할 수는 없다고 할지라도, 감액된 봉급 등의 지급을 구할 수 있는 경우에는 법률상 이익이 있다.
> 2 고등학교에서 퇴학처분을 당한 후 고등학교졸업학력검정고시에 합격한 경우, 퇴학처분의 취소를 구할 소의 이익이 있다.

5 **청구기간**

행정심판청구를 거치지 않는 경우	• 처분이 있음을 안 날로부터 **90일** 이내 • 처분이 있은 날부터 **1년** 내에 취소소송을 제기하여야 한다. • 다만 정당한 사유가 있는 때에는 1년 경과하였더라도 취소소송 제기 가능
행정심판청구를 거치는 경우	• 재결서 정본을 송달받은 날부터 **90일** 기출OX 03 • 재결이 있는 날로부터 **1년** 내에 취소소송을 제기하여야 한다.

6 **행정심판 전치주의**
- 취소소송은 법령의 규정에 의하여 당해 처분에 대한 행정심판을 제기할 수 있는 경우에도 이를 거치지 아니하고 제기할 수 있다(**행정심판 임의주의 원칙**).
- 행정소송법 제18조 제1항에서 행정심판 임의주의를 원칙으로 하면서도 "다만, 다른 법률에 당해 처분에 대한 행정심판의 재결을 거치지 아니하면 취소소송을 제기할 수 없다는 규정(**공무원 징계처분, 도로교통법상 처분** 기출OX 04**, 과세처분**)이 있는 때에는 그러하지 아니하다"라고 하여 임의주의에 대한 예외를 인정하고 있다.

기출 OX

01 관할 경찰청장은 운전면허와 관련된 처분권한을 각 경찰서장에게 위임하였고, 이에 따라 A경찰서장은 자신의 명의로 甲에게 운전면허정지처분을 하였다면, 甲의 운전면허정지 처분 취소소송의 피고적격자는 A경찰서장이 아니라 관할 경찰청장이다. 23 간부 O X

02 현역병입영대상자로 병역처분을 받은 자가 그 취소소송 도중에 모병에 응하여 현역병으로 자진 입대한 경우에는 권리보호의 필요가 없는 경우로서 소의 이익을 인정할 수 없다. 18 경행특채 O X

03 국세기본법상 심판청구에 대한 재조사 결정에 따른 처분청의 처분에 대해서 심판청구를 거쳐서 그 결정의 통지를 받은 경우에 그 통지를 받은 날부터 90일 이내에 행정소송을 제기 하여야 한다. 21 경행특채 O X

04 혈중알콜농도 0.13%의 주취상태에서 차량을 운전하다가 적발된 乙에게 관할 경찰청장이 「도로교통법」에 의거 운전면허취소처분을 하였을 경우, 乙은 행정심판을 거치지 않고 바로 행정소송을 제기할 수 있다. 23 간부 O X

정답 및 해설

01 X 처분권한이 A경찰서장에게 위임되었다면, 甲의 운전면허정지 처분 취소소송의 피고적격자는 위임에 따라 처분권한을 보유하게 된 A경찰서장이다.
02 O
03 O
04 X 乙은 행정심판을 거치지 않고 바로 행정소송을 제기할 수 없다.

Ⅳ 취소소송 제기의 효과

1 집행부정지와 집행정지

(1) **원칙(집행부정지)**: 취소소송의 제기는 처분등의 효력이나 그 집행 또는 절차의 속행에 영향을 주지 아니한다.

(2) **예외(집행정지)**
- 취소소송이 제기된 경우에 처분등이나 그 집행 또는 절차의 속행으로 인하여 생길 회복하기 어려운 손해를 예방하기 위하여 긴급한 필요가 있다고 인정할 때에는 본안이 계속되고 있는 법원은 당사자의 신청 또는 직권에 의하여 처분등의 효력이나 그 집행 또는 절차의 속행의 전부 또는 일부의 정지를 결정할 수 있다.
- 다만, 처분의 효력정지는 처분등의 집행 또는 절차의 속행을 정지함으로써 목적을 달성할 수 있는 경우에는 허용되지 아니한다. → 먼저 집행·절차속행 정지로 임시구제 시도 후, 구제가 안되면 효력정지를 하라는 의미
- 집행정지는 공공복리에 중대한 영향을 미칠 우려가 있을 때에는 허용되지 아니한다.
- 집행정지 요건

적극적 요건	소극적 요건
• 적법한 본안소송의 계속 기출OX 01 • 처분 등의 존재 • 회복하기 어려운 손해예방의 필요성 • 긴급한 필요	• 공공복리에 중대한 영향을 미칠 우려가 없을 것 기출OX 02 • 본안의 이유 없음이 명백하지 아니할 것 (명문 규정X)

[주의]
※ 행정심판법은 임시처분(가처분)에 관한 규정이 있으나, 행정소송법은 이에 관한 규정이 없다.
※ 행정심판법은 **중대한 손해**를 요건으로 하나, 행정소송법은 **회복하기 어려운 손해**를 요건으로 한다.

Ⅴ 취소소송 판결

1 소각하판결: 소송요건이 결여된 부적법한 소에 대해서 심리를 거부하는 판결
2 청구기각판결: 원고의 청구가 이유 없을 때 원고의 청구를 기각하는 판결
3 청구인용판결: 원고의 청구가 이유 있다고 인정하여 그 청구의 전부 또는 일부를 인용하는 판결
4 사정판결(기각판결의 일종)

의의	원고의 청구가 이유있다고 인정하는 경우에도 처분등을 취소하는 것이 현저히 공공복리에 적합하지 아니하다고 인정하는 때 법원이 원고의 청구를 기각하는 판결이다.
요건	원고의 청구가 이유 있을 것, 그리고 원고의 청구를 인용하는 것이 현저히 공공복리에 적합하지 아니할 것을 그 요건으로 한다.
적용범위	**취소소송**에서 사정판결에 대해 규정하고 있으며, 그 외 다른 소송유형(무효등확인소송, 부작위위법확인소송, 당사자소송)에는 사정판결이 허용되지 않는다.

[압축정리] 행정심판과 행정소송 주요사항 비교

구분	행정심판	행정소송
종류	취소심판, 무효등 확인심판, 의무이행심판	취소소송, 무효등확인소송, 부작위위법확인소송 등
대상	위법·부당한 처분 또는 부작위	위법한 처분 또는 부작위
당사자심판 (소송)	X	O
기간	처분이 있음을 안 날: 90일 처분이 있은 날: 180일	처분이 있음을 안 날: 90일 처분이 있은 날: 1년
심리	구술심리 또는 서면심리	구술심리 원칙
가구제	집행정지 O, 임시처분 O	집행정지 O, 임시처분 X
집행정지요건	중대한 손해가 생기는 것을 예방할 필요성이 긴급하다고 인정할 때	회복하기 어려운 손해를 예방하기 위하여 긴급한 필요가 있다고 인정할 때
사정재결	취소심판, 의무이행심판	

기출 OX

01 집행정지는 행정처분의 집행부정지원칙의 예외로 인정되는 것이므로 본안청구의 적법과는 상관이 없기 때문에 적법한 본안소송의 계속을 요건으로 하지 않는다. 18 경행특채 (O X)

02 집행정지의 요건으로 규정하고 있는 '공공복리에 중대한 영향을 미칠 우려'가 없을 것이라고 할 때의 '공공복리'는 그 처분의 집행과 관련된 구체적이고 개별적인 공익을 말한다. 18 경행특채 (O X)

정답 및 해설

01 X 본안소송이 적법하게 계속되고 있을 것도 집행정지의 요건 중 하나이다
02 O

POINT 25 국가배상제도

I 국가배상법 개관

1 국가배상청구권의 주체: 국민이 원칙적인 주체이며, 외국인도 상호보증이 있으면 가능

국가배상법 제7조【외국인에 대한 책임】 이 법은 외국인이 피해자인 경우에는 해당 국가와 상호 보증이 있을 때에만 적용한다.

> **판례 |**
> 상호보증은 외국의 법령, 판례 및 관례 등에 의하여 발생요건을 비교하여 인정되면 충분하고 반드시 당사국과의 조약이 체결되어 있을 필요는 없으며, 당해 외국에서 구체적으로 우리나라 국민에게 국가배상청구를 인정한 사례가 없더라도 실제로 인정될 것이라고 기대할 수 있는 상태이면 충분하다. 기출OX 01

2 국가배상청구권의 내용
- 공무원의 직무상 불법행위로 인한 국가배상(국가배상법 제2조)
- 영조물의 설치·관리상의 하자로 인한 국가배상(국가배상법 제5조)

3 배상기준

국가배상법 제3조【배상기준】 ④ 생명·신체에 대한 침해와 물건의 멸실·훼손으로 인한 손해 외의 손해는 불법행위와 상당한 인과관계가 있는 범위에서 배상한다. 기출OX 02

4 배상심의회

국가배상법 제10조【배상심의회】 ① 국가나 지방자치단체에 대한 배상신청사건을 심의하기 위하여 법무부에 본부심의회를 둔다. 다만, 군인이나 군무원이 타인에게 입힌 손해에 대한 배상신청사건을 심의하기 위하여 국방부에 특별심의회를 둔다. 기출OX 03

5 결정서 송달

국가배상법 제14조【결정서의 송달】 ① 심의회는 배상결정을 하면 그 결정을 한 날부터 1주일 이내에 그 결정정본을 신청인에게 송달하여야 한다.
② 제1항의 송달에 관하여는 「민사소송법」의 송달에 관한 규정을 준용한다. 기출OX 04

6 헌법과 국가배상법의 차이 기출OX 05

구분	국가배상법	헌법
책임자	국가 또는 지방자치단체	국가 또는 공공단체
유형	• 공무원의 직무행위로 인한 손해배상청구권 • 영조물의 설치·관리상의 하자로 인한 손해배상청구권	직무행위로 인한 손해배상청구권

기출 OX

01 외국인이 피해자인 경우 국가배상청구권은 해당 국가와 상호 보증이 있을 때에만 인정되므로, 그 상호 보증은 외국의 법령, 판례 및 관례 등에 의한 발생요건을 비교하여 인정되는 것이 아니라 반드시 당사국과의 조약이 체결되어 있어야 한다. 22 채용 O X

02 생명·신체에 대한 침해와 물건의 멸실·훼손으로 인한 손해 외의 손해는 불법행위와 상당한 인과관계가 있는 범위에서 배상한다. 24 채용 O X

03 국가나 지방자치단체에 대한 배상신청사건을 심의하기 위하여 행정안전부에 본부심의회를 둔다. 다만, 군인이나 군무원이 타인에게 입힌 손해에 대한 배상신청사건을 심의하기 위하여 국방부에 특별심의회를 둔다. 24 채용 O X

04 결정서의 송달에 관하여는 「행정소송법」의 송달에 관한 규정을 준용한다. 24 채용 O X

05 헌법은 배상책임자를 "국가 또는 지방자치단체"로 규정하고 있으나, 국가배상법은 배상책임자를 "국가 또는 공공단체"로 규정하고 있다. 국가직7급 O X

정답 및 해설

01 X 반드시 조약에 체결되어 있을 필요는 없다는 것이 판례의 입장이다.
02 O
03 X 본부심의회는 법무부에 둔다.
04 X 민사소송법규정을 준용한다.
05 X 헌법은 국가 또는 공공단체, 국가배상법은 국가 또는 지방자치단체로 규정하고 있다.

II 공무원의 직무상 불법행위로 인한 국가배상

1 손해배상 책임의 근거

> **국가배상법 제2조 【배상책임】** ① 국가나 지방자치단체는 공무원 또는 공무를 위탁받은 사인(이하 "공무원"이라 한다)이 직무를 집행하면서 고의 또는 과실로 법령을 위반하여 타인에게 손해를 입히거나, 자동차손해배상 보장법에 따라 손해배상의 책임이 있을 때에는 이 법에 따라 그 손해를 배상하여야 한다. 기출OX 01

2 공무원의 직무행위로 인한 손해배상책임의 요건

(1) **공무원의 범위**: 국가배상법 제2조 소정의 '공무원'이라 함은 공무원으로서의 신분을 가진 자에 국한하지 않고, 널리 공무를 위탁받아 실질적으로 공무에 종사하고 있는 일체의 자를 가리키는 것으로서, 공무의 위탁이 일시적이고 한정적인 사항에 관한 활동을 위한 것이어도 달리 볼 것은 아니다.

공무원 긍정	공무원 부정
• 별정우체국장	• 자진하여 협력하는 사인
• 향토예비군, 방범대원, 카투사, 집행관	• 의용소방대원
• 군 운전업무 종사자	• 시영버스운전수
• 교통할아버지 기출OX 02, 통장, 청원경찰	

(2) **직무행위** 기출OX 03, 04
- **직무행위 범위**: 국가배상청구의 요건인 '공무원의 직무'에는 권력적 작용만이 아니라 비권력적 작용도 포함 → 단, 행정주체가 사경제주체로서 하는 활동만 제외된다.
- **직무행위 내용**: 원칙적으로 제한이 없다(입법작용, 사법작용, 법률행위적 행정행위, 준법률행위적 행정행위, 행정지도등의 사실행위, 재량행위, 부작위가 모두 포함).

> **판례 |**
> 국가배상법 제2조 제1항의 '직무를 집행함에 당하여'라 함은 직접 공무원의 직무집행행위이거나 그와 밀접한 관련이 있는 행위를 포함하고, 이를 판단함에 있어서는 행위 자체의 외관을 객관적으로 관찰하여 공무원의 직무행위로 보여질 때에는 비록 그것이 실질적으로 직무행위가 아니거나 또는 행위자로서는 주관적으로 공무집행의 의사가 없었다고 하더라도 그 행위는 공무원이 '직무를 집행함에 당하여' 한 것으로 보아야 한다. → 외관설

(3) **고의·과실로 인한 행위**
- **과실책임**: 국가배상법 제2조의 국가배상책임은 고의·과실이 있어야 한다.

> **판례 |**
> 일반적으로 공무원이 관계법규를 알지 못하거나 필요한 지식을 갖추지 못하고 법규의 해석을 그르쳐 행정처분을 하였다면 그가 법률전문가가 아닌 행정직 공무원이라고 하여 과실이 없다고 할 수 없다.

- **고의·과실 판단기준**: 과실은 경과실·중과실을 불문하며 과실 여부는 직무를 담당하는 평균적 공무원을 기준으로 하여 객관적인 주의의무를 결여하였는지 판단한다.

> **판례 |**
> 행정처분의 담당공무원이 보통 일반의 공무원을 표준으로 하여 볼 때 객관적 주의의무를 결여하여 그 행정처분이 객관적 정당성을 상실하였다고 인정될 정도에 이른 경우에 국가배상법 제2조 소정의 국가배상책임의 요건을 충족하였다고 봄이 상당할 것이다.

- 가해공무원 특정불요

> **판례 |**
> 전투경찰대원이 시위진압 과정에서 최루탄을 발사하여 불법시위 참가자가 실명하였다면, **전투경찰대원이 특정되지 아니하였어도 국가배상책임이 인정**된다. 기출 OX 05

기출 OX

01 국가나 지방자치단체는 공무원 또는 공무를 위탁받은 사인이 직무를 집행하면서 고의 또는 과실로 법령을 위반하여 타인에게 손해를 입히거나, 「자동차손해배상 보장법」에 따라 손해배상의 책임이 있을 때에는 「국가배상법」에 따라 그 손해를 배상하여야 한다. 18 경행특채 (O X)

02 지방자치단체가 '교통할아버지 봉사활동 계획'을 수립한 후 관할 동장으로 하여금 '교통할아버지'를 선정하게 하여 어린이보호, 교통안내, 거리질서 확립 등의 공무를 위탁하여 집행 하게 하던 중 '교통할아버지'로 선정된 노인이 위탁받은 업무범위를 넘어 교차로 중앙에서 교통정리를 하다가 교통사고를 발생시킨 경우, 지방자치단체가 「국가배상법」 제2조 소정의 배상책임을 부담한다. 24 간부 (O X)

03 국민의 생명, 신체 및 재산의 보호, 범죄의 예방·진압 및 수사, 기타 공공의 안녕과 질서유지 등의 직무를 수행하는 경찰은 「경찰관 직무집행법」, 「형사소송법」 등 관련 법령에서 부여한 여러 권한을 제반 상황에 대응하여 적절하게 행사하여 필요한 조치를 취할 수 있고, 그 권한은 일반적으로 경찰관의 전문적 판단에 기한 합리적인 재량에 위임되어 있지만, 경찰관에게 권한을 부여한 취지와 목적에 비추어 볼 때 구체적인 사정에 따라 경찰관이 그 권한을 행사하여 필요한 조치를 취하지 아니하는 것이 현저하게 불합리하다고 인정되는 경우에는 그러한 권한의 불행사는 직무상의 의무를 위반한 것이 되어 위법하게 된다. 22 채용 (O X)

04 국민의 생명·신체·재산 등을 보호하는 것을 본래의 사명으로 하는 국가는 형식적 의미의 법령에 근거가 없다면 경찰공무원에 대하여 위험을 배제할 작위의무를 인정할 수 없으므로, 경찰공무원의 부작위를 이유로 국가배상책임을 인정할 수 없다. 23 간부 (O X)

05 시위진압 과정에서 가해공무원인 전투경찰이 특정되지 않더라도 손해배상책임이 인정된다. 22 간부 (O X)

정답 및 해설

01 O
02 O
03 O
04 X 형식적 의미의 법령에 근거가 없더라도 국가나 관련 공무원에 대하여 그러한 위험을 배제할 작위의무를 인정할 수 있다.
05 O

(4) 법령을 위반(위법성)

- 법령의 범위: 형식적 의미의 법령만을 의미하지 않는다.

> **판례 |**
> 국가배상책임에 있어서 공무원의 가해행위는 '법령에 위반한' 것이어야 하고, 법령 위반이라 함은 엄격한 의미의 법령 위반뿐만 아니라 인권존중, 권력남용금지, 신의성실, 공서양속 등의 위반도 포함하여 널리 그 행위가 객관적인 정당성을 결여하고 있음을 의미한다. 기출 OX 01

- 위법성 판단기준: 행위 위법성설

> **판례 |**
> 공무원의 직무집행이 법령이 정한 요건과 절차에 따라 이루어진 것이라면 특별한 사정이 없는 한 이는 법령에 적합한 것이고 그 과정에서 개인의 권리가 침해되는 일이 생긴다고 하여 그 법령적합성이 곧바로 부정되는 것은 아니라고 할 것이다. 기출 OX 02

> **판례 |**
> 법령 해석에 여러 견해가 있어 관계 공무원이 나름대로 신중을 다하여 합리적인 근거를 찾아 그중 어느 한 견해를 따라 직무를 집행하였으나 결과적으로 법령의 부당집행이 된 경우, 공무원의 과실을 인정할 수는 없다. 기출 OX 03

- 위법성 인정 여부

위법성 인정 O	위법성 인정 X
• 원고로 하여금 팬티를 벗고 가운을 입도록 한 다음 손으로 그 위를 두드리는 방식으로 신체검사를 한 경우 • 성폭력범죄의 수사를 담당하거나 수사에 관여하는 경찰관이 위와 같은 직무상 의무에 반하여 피해자의 인적사항 등을 공개 또는 누설한 경우 • 경찰관이 피의자의 진술을 조서화하는 과정에서 고의 또는 과실로 위 직무상 의무를 위반하여 피의자신문조서를 작성한 경우	• 경찰 시위진압에 대항하여 시위자가 던진 화염병에 의해 화재가 발생하였다면 비록 경찰이 만약의 화재에 대비하여 소방차를 주변에 대기시키지 않았더라도, 시위진압 방법 등이 현저히 합리성을 결한 것은 아니라고 하면서 위법성을 부정 기출 OX 04 • 경찰관이 교통법규 등을 위반하고 도주하는 차량을 순찰차로 추적하는 직무를 집행하는 중에 그 도주차량의 주행에 의하여 제3자가 손해를 입힌 경우 기출 OX 05

(5) 타인에 대한 손해

가해행위와 상당인과관계가 인정되는 일체의 손해를 말하며, 적극적 손해·소극적 손해·정신적 손해를 모두 포함한다.

(6) 직무행위와 손해발생사이의 상당인과관계

- 그러한 행위가 없었더라면 그러한 결과(손해발생)가 발생하지 않았을 것이라고 일반적으로 인정되는 경우라면 인과관계가 인정된다고 본다.

> **판례 |**
> 공무원에게 부과된 직무상 의무의 내용이 전적으로 또는 부수적으로 사회구성원 개인의 구체적 안전과 이익을 보호하기 위하여 설정된 것이라면, 공무원이 그와 같은 직무상 의무를 위반함으로써 개인이 입게 된 손해는 상당인과관계가 인정되는 범위 안에서 국가가 그에 대한 배상책임을 부담하여야 한다. 기출 OX 06, 07

- 형사책임과 국가배상책임 문제: 공무원의 행위가 형사책임은 인정되지 않는다 하더라도, 이와 별개로 국가배상책임 인정이 가능하다.

> **판례 |**
> 경찰관이 범인을 제압하는 과정에서 총기를 사용하여 범인을 사망에 이르게 한 경우, 경찰관이 총기사용에 이르게 된 동기나 목적, 경위 등을 고려하여 형사사건에서 무죄판결이 확정되었더라도 당해 경찰관의 과실의 내용과 그로 인하여 발생한 결과의 중대함에 비추어 민사상 불법행위책임이 인정된다.

기출 OX

01 경찰관의 부작위를 이유로 한 국가배상책임을 인정하기 위한 요건으로서의 '법령 위반'이란 형식적 의미의 법령에 명시적으로 공무원의 작위의무가 규정되어 있는데도 이를 위반하는 경우를 의미하며, 인권존중·권력남용금지·신의성실과 같이 공무원으로서 마땅히 지켜야 할 준칙이나 규범을 지키지 않고 위반한 경우는 포함하지 않는다. 24 채용 〇 X

02 경찰관의 직무집행이 법령이 정한 요건과 절차에 따라 이루어진 것이라면 특별한 사정이 없는 한 이는 법령에 적합한 것이고 그 과정에서 개인의 권리가 침해되었다고 하여 그 법령적합성이 곧바로 부정되는 것은 아니다. 24 채용 〇 X

03 일반적으로 공무원이 직무를 집행함에 있어서 법령에 대한 해석이 그 문언 자체만으로는 명백하지 아니하여 여러 견해가 있을 수 있는 데다가 이에 대한 선례나 학설, 판례 등도 귀일된 바 없어 이의(異義)가 없을 수 없는 경우, 관계 국가공무원이 그 나름대로 신중을 다하여 합리적인 근거를 찾아 그 중 어느 한 견해를 따라 내린 해석이 후에 대법원이 내린 입장과 같지 않아 결과적으로 잘못된 해석에 돌아가고, 이에 따른 처리가 역시 결과적으로 위법하게 되어 그 법령의 부당집행이라는 결과를 가져오게 되었다고 하더라도「국가배상법」상 공무원의 과실을 인정할 수는 없다. 22 채용 〇 X

04 경찰관들의 시위진압에 대항하여 시위자들이 던진 화염병에 의하여 발생한 화재로 인하여 손해를 입은 주민이 국가를 상대로 국가배상을 청구한 경우에는 국가의 배상책임이 인정되지 않는다. 22 간부 〇 X

05 경찰관이 교통법규 등을 위반하고 도주하는 차량을 순찰차로 추적하는 직무를 집행하는 중에 그 도주차량의 주행에 의하여 제3자가 손해를 입었다고 하더라도 그 추적이 당해 직무 목적을 수행하는 데에 불필요하다거나 또는 도주차량의 도주의 태양 및 도로교통상황 등으로부터 예측되는 피해발생의 구체적 위험성의 유무 및 내용에 비추어 추적의 개시·계속 혹은 추적의 방법이 상당하지 않다는 등의 특별한 사정이 없는 한 그 추적행위를 위법하다고 할 수는 없다. 24 간부 〇 X

06 국가공무원이 고의 또는 과실로 직무상 의무를 위반하였을 경우라고 하더라도 국가는 그러한 직무상의 의무 위반과 피해자가 입은 손해 사이에 상당인과관계가 인정되는 범위 내에서만 배상책임을 지는 것이고, 이 경우 상당인과관계가 인정되기 위하여는 공무원에게 부과된 직무상 의무의 내용이 단순히 공공 일반의 이익을 위한 것이거나 행정기관 내부의 질서를 규율하기 위한 것이 아니고 전적으로 또는 부수적으로 사회구성원 개인의 안전과 이익을 보호하기 위하여 설정된 것이어야 한다. 22 채용 〇 X

07 공무원에게 부과된 직무상 의무의 내용이 전적으로 또는 부수적으로 사회구성원 개인의 구체적 안전과 이익을 보호하기 위하여 설정된 것이라면, 공무원이 그와 같은 직무상 의무를 위반함으로써 개인이 입게 된 손해는 상당인과관계가 인정되는 범위 안에서 국가가 그에 대한 배상책임을 부담하여야 한다. 24 채용 〇 X

정답 및 해설

01 X 인권존중, 권력남용금지, 신의성실 등의 위반도 포함
02 〇
03 〇
04 〇
05 〇
06 〇
07 〇

III 영조물의 설치·관리상의 하자로 인한 국가배상

1 손해배상 책임의 근거

국가배상법 제5조 【공공시설 등의 하자로 인한 책임】 ① 도로·하천, 그 밖의 공공의 영조물의 설치나 관리에 하자가 있기 때문에 타인에게 손해를 발생하게 하였을 때에는 국가나 지방자치단체는 그 손해를 배상하여야 한다. 이 경우 제2조 제1항 단서(이중배상금지), 제3조 및 제3조의2(배상기준 및 공제액)를 준용한다.

2 헌법과의 관계

헌법 제29조에서는 직무행위로 인한 손해배상에 관해서는 명문규정을 두고 있지만 영조물의 설치·관리상 하자로 인한 손해배상에 관해서는 명문규정을 두고 있지 않다.

3 무과실 책임(통설 및 판례)

영조물 자체에 객관적 안정성이 결여되었다면 영조물 관리자에 고의·과실이 없을지라도 국가배상책임을 부담한다(무과실 책임). cf. 공무원의 직무상 불법행위로 인한 국가배상책임은 과실책임

4 영조물의 설치·관리상의 하자로 인한 손해배상 요건

(1) **공공의 영조물일 것**
- '공공의 영조물'이라 함은 국가 또는 지방자치단체에 의하여 특정 공공의 목적에 공여된 유체물 내지 물적 설비를 말하며, 국가 또는 지방자치단체가 소유권, 임차권 그 밖의 권한에 기하여 관리하고 있는 경우뿐만 아니라 사실상의 관리를 하고 있는 경우도 포함된다. 기출OX 01
- **종류**: 도로 등 인공공물, 하천 등 자연공물, 경찰견·경찰마 등 동물도 영조물이다. 기출OX 02

(2) **설치나 관리의 하자일 것**
- 영조물이 통상의 용법에 따라 통상 갖추어야 할 객관적인 안전성을 결여한 것을 말한다(객관설, 판례의 기본적 입장). → 완전무결할 정도의 고도 안전성을 의미하지는 않는다. 기출OX 03

> **판례 |**
> 1 고등학교 3학년 학생이 교사의 단속을 피해 담배를 피우기 위하여 3층 건물 화장실 밖의 난간을 지나다가 실족하여 사망한 경우, 학교 관리자에게 그와 같은 이례적인 사고가 있을 것을 예상하여 조치를 할 의무가 있다고 볼 수는 없으므로 학교시설의 설치·관리상의 하자가 없다.
> 2 교차로의 진행방향 신호기의 정지신호가 단선으로 소등되어 있는 기능상 결함이 있었다는 사정만으로 신호기의 설치 또는 관리상의 하자를 인정할 수 없다.
> 3 가변차로에 설치된 두 개의 신호등에서 서로 모순되는 신호가 들어오는 오작동이 발생하였고 그 고장이 현재의 기술수준 상 부득이한 것이라고 가정하더라도 영조물의 하자를 인정할 수 없는 경우라고 단정할 수 없다. → 하자 인정할 수 있다

- **기능적 하자**: 영조물이 공공의 목적에 이용됨에 있어 그 이용상태 및 정도가 일정한 한도를 초과하여 제3자에게 사회통념상 참을 수 없는 피해를 입히는 경우를 말한다 기출OX 04

> **판례 |**
> 1 김포공항에서 발생하는 소음 등으로 인근 주민들이 입은 피해는 사회통념상 수인한도를 넘는 것으로서 김포공항의 설치·관리에 하자가 있다.
> 2 매향리 사격장에서 발생하는 소음 등으로 지역 주민들이 입은 피해는 사회통념상 참을 수 있는 정도를 넘는 것으로서 사격장의 설치 또는 관리에 하자가 있다.

(3) **타인에게 손해가 발생할 것**: 적극적 손해, 소극적 손해, 재산상의 손해 또는 생명·신체 등 비재산상 손해 그리고 정신적 손해(위자료)를 가리지 않고 모두 포함한다.

(4) **상당인과관계가 있을 것**: 다른 원인과 경합하여 손해가 발생하였더라도 영조물의 설치·관리상의 하자가 공동원인의 하나가 된 이상 그 손해는 영조물의 설치·관리상의 하자에 의하여 발생한 것이라고 보아야 한다.

5 영조물의 면책사유

(1) **불가항력**: 예측가능성 및 회피가능성이 없는 **불가항력적인 재해에 대해서는 책임을 물을 수 없다.**

불가항력 인정	불가항력 부정
100년 발생빈도 계획홍수위를 초과한 강우량에 의한 하천의 범람은 불가항력적 재해이다.	집중호우가 50년 빈도의 최대강우량에 해당한다는 사실만으로 불가항력에 기인한 것으로 볼 수 없다.

(2) **재정사유**: 예산부족은 참작사유에는 해당할 수 있으나 **절대적인 면책사유는 아니다.**

기출 OX

01 「국가배상법」 제5조 소정의 '공공의 영조물'은 국가 또는 지방자치단체가 소유권, 임차권 그 밖의 권한에 기하여 관리하고 있는 경우뿐만 아니라 사실상의 관리를 하고 있는 경우도 포함된다. 18 경특 O X

02 「국가배상법」 제5조에 따라 도로나 하천은 물론 경찰견도 영조물에 포함된다. 22 간부 O X

03 도로의 설치 및 관리에 있어 완전무결한 상태를 유지할 정도의 고도의 안전성을 갖추지 아니하였다고 해서 하자가 있다고 단정할 수는 없다. 21 경특 O X

04 영조물의 물적 시설 자체의 물리적 흠결 등으로 이용자에게 위해를 끼칠 위험성이 있는 경우뿐만 아니라 영조물이 공공의 목적에 이용됨에 있어 그 이용 상태 및 정도가 일정한 한도를 초과하여 이용자에게 사회통념상 수인할 것이 기대되는 한도를 넘는 피해를 입히는 경우도 영조물의 설치 또는 관리의 하자에 포함된다. 21 경특 O X

정답 및 해설

01 O
02 O
03 O
04 X 이용자에게 수인한도를 넘는 피해를 입히는 경우가 아니라, 제3자에게 수인한도를 넘는 피해를 입히는 경우이다(기능적 하자).

Ⅳ 배상책임

1 배상책임자의 범위

(1) 원칙적 책임자: 국가 또는 지방자치단체 (국가배상법)

(2) 비용부담자 책임

> **국가배상법 제6조【비용부담자 등의 책임】** ① 제2조·제3조 및 제5조에 따라 국가나 지방자치단체가 손해를 배상할 책임이 있는 경우에 공무원의 선임·감독 또는 영조물의 설치·관리를 맡은 자와 공무원의 봉급·급여, 그 밖의 비용 또는 영조물의 설치·관리 비용을 부담하는 자가 동일하지 아니하면 그 비용을 부담하는 자도 손해를 배상하여야 한다.
> ② 제1항의 경우에 손해를 배상한 자는 내부관계에서 그 손해를 배상할 책임이 있는 자에게 구상할 수 있다.

> **판례 ┃**
> 1 지방자치단체의 장이 지방자치단체의 사무로서 교통신호기를 설치하고 그 관리권한을 관할 지방경찰청장에게 위임한 경우에, 배상책임을 부담하는 것은 지방경찰청장이 소속된 국가가 아니라, 그 권한을 위임한 지방자치단체장이 소속된 지방자치단체라고 할 것이나, 교통신호기를 관리하는 지방경찰청장 산하 경찰관들에 대한 봉급을 부담하는 국가도 배상책임을 부담한다.
> 2 국가하천의 유지·보수 사무가 지방자치단체의 장에게 위임된 경우, 지방자치단체의 장은 국가기관의 지위에서 그 사무를 처리하는 것이므로, 국가는 국가배상법 제5조 제1항에 따라 영조물의 설치관리 사무의 귀속주체로서 국가하천의 관리상 하자로 인한 손해를 배상하여야 한다. 기출OX 01 → 국가는 제5조 책임 및 제6조 비용부담자책임(보조금 지급), 지자체는 제6조 비용부담자책임(지방공무원 봉급지급)

2 공무원 개인의 배상책임

• 내부적 책임(구상권): 고의 또는 중과실의 경우 국가 등은 가해공무원에 대해 구상권 청구 가능 기출OX 02

> **국가배상법 제2조【배상책임】** ② 제1항 본문의 경우에 공무원에게 고의 또는 중대한 과실이 있으면 국가나 지방자치단체는 그 공무원에게 구상할 수 있다. 기출OX 03

> **판례 ┃**
> 1 공무원의 중과실이란 공무원에게 통상 요구되는 정도의 상당한 주의를 하지 않더라도 약간의 주의를 한다면 손쉽게 위법·유해한 결과를 예견할 수 있는 경우임에도 만연히 이를 간과함과 같은 거의 고의에 가까운 현저한 주의를 결여한 상태를 의미한다. 기출OX 04
> 2 공무원이 직무를 수행함에 있어 경과실로 타인에게 손해를 입힌 경우에는 그로 인하여 발생한 손해에 대하여 공무원 개인에게는 배상책임을 부담시키지 아니하여 공무원의 공무집행의 안정성을 확보하려는 데에 있다. 기출OX 05

3 국가배상청구권의 양도 등 금지 및 소멸시효

• 양도·압류 금지

> **국가배상법 제4조【양도 등 금지】** 생명·신체의 침해(재산 X)로 인한 국가배상을 받을 권리는 양도하거나 압류하지 못한다.

• 소멸시효: 국가배상청구권은 안 날로부터 3년, 불법행위가 있은 날로부터 5년

기출 OX

01 국토교통부장관이 관리하는 국가하천(이하 A)의 유지·보수사무가 지방자치단체(이하 B)의 장에게 위임되고, B가 A의 유지·보수에 필요한 비용을 부담하며 이에 관한 국가의 보조금을 받아오던 중에, A의 관리상 하자로 인하여 그 이용자가 사망하는 사고가 발생하였다면 B는 A의 설치·관리 사무의 귀속주체로서 배상책임을 진다. 21 경특 　　O X

02 공무원이 직무수행 중 불법행위로 타인에게 손해를 입힌 경우에 국가 등이 국가배상책임을 부담하는 외에 공무원 개인도 고의가 있는 경우에만 불법행위로 인한 손해배상책임을 부담한다. 18 경특 　　O X

03 경찰공무원이 공무를 수행하는 과정에서 위법행위로 타인에게 손해를 가한 경우에 국가 등이 손해배상책임을 지는 것 외에 그 개인은 고의 또는 중과실이 있는 경우에는 손해배상책임을 진다. 23 간부 　　O X

04 경찰공무원의 중과실이란 공무원에게 통상 요구되는 정도의 상당한 주의를 하지 않더라도 약간의 주의를 한다면 손쉽게 위법·위해한 결과를 예견할 수 있는 경우임에도 만연히 이를 간과한 경우와 같이, 거의 고의에 가까운 현저한 주의를 결여한 상태를 의미한다. 23 간부 　　O X

05 경찰공무원이 직무를 수행함에 있어 경과실로 타인에게 손해를 입힌 경우에는 그로 인하여 발생한 손해에 대하여 경찰공무원 개인에게 배상책임을 부담시키지 아니하는 것은 공무원의 공무집행의 안정성을 확보하려는 데 있다. 23 간부 　　O X

정답 및 해설

01 X 해당 사무는 기관위임사무이므로 해당 사무의 귀속주체로서 책임주체는 국가이고, 비용부담은 국가와 지방자치단체(B)가 공동으로 하였으므로, 해당 사무의 비용부담자로서의 책임주체는 국가와 지방자치단체(B) 모두가 된다.
02 X 고의 뿐만 아니라 중과실이 있는 경우에도 공무원 개인은 손해배상책임을 부담한다.
03 O
04 O
05 O

4 이중배상금지 요건

(1) 이중배상 금지 근거

> **국가배상법 제2조【배상책임】** ① 군인·군무원·경찰공무원 또는 예비군대원이 전투·훈련 등 직무 집행과 관련하여 전사·순직하거나 공상을 입은 경우에 본인이나 그 유족이 다른 법령에 따라 재해보상금·유족연금·상이연금 등의 보상을 지급받을 수 있을 때에는 이 법 및 민법에 따른 손해배상을 청구할 수 없다. 기출OX 01
> ③ 제1항 단서에도 불구하고 전사하거나 순직한 군인·군무원·경찰공무원 또는 예비군대원의 유족은 **자신의 정신적 고통에 대한 위자료를** 청구할 수 있다.

(2) 적용대상자: 군인·군무원·경찰공무원 또는 예비군대원

이중배상 적용 대상자 O	이중배상 적용 대상자 X
전투경찰순경 기출OX 02	• 현역병으로 입영하여 경비교도로 전임 임용된 자 기출OX 03 • 공익근무요원

(3) 전투·훈련 등 직무집행과 관련하여 손해를 받았을 것

전투·훈련 등 직무집행 O	전투·훈련 등 직무집행 X
경찰공무원이 낙석사고 현장 부근으로 이동하던 중 대형 낙석이 순찰차를 덮쳐 사망한 사안에서 국가배상법의 이중배상금지규정에 따른 면책조항은 **전투·훈련 또는 이에 준하는 직무집행 뿐만 아니라 일반 직무집행에 관하여도 국가나 지방자치단체의 배상책임을 제한**하는 것으로 해석하여야 한다. 기출OX 04	경찰서 **숙직실은 전투·훈련에 관련된 시설이라고 볼 수 없으므로** 위 숙직실에서 순직한 경찰공무원의 유족들은 국가배상법 및 민법의 규정에 의한 손해배상을 청구할 권리가 있다.

(4) 다른 법령에 따른 보상

다른 법령에 따른 보상 O	다른 법령에 따른 보상 X
군인·군무원·경찰공무원 또는 향토예비군대원이 전투·훈련 등 직무집행과 관련하여 공상을 입는 등의 이유로 보훈보상자법이 정한 보훈보상대상자 요건에 해당하여 보상금 등 보훈급여금을 지급받을 수 있을 때에는 국가배상을 청구할 수 없다.	• 전투·훈련 등 직무집행과 관련하여 공상을 입은 군인 등이 먼저 국가배상법에 따라 손해배상금을 지급받은 다음 구 국가유공자법이 정한 보상금 등 보훈급여금의 지급을 청구하는 경우 국가배상법에 따라 손해배상을 받았다는 사정을 들어 보상금 등 보훈급여금의 지급을 거부할 수 없다. 기출OX 05 • 경찰공무원인 피해자가 구 공무원연금법의 규정에 따라 공무상 요양비를 지급받는 것은 '다른 법령의 규정'에 따라 보상을 지급받는 것에 해당하지 않는다.

기출 OX

01 군인·군무원·경찰공무원 또는 예비군대원이 전투·훈련 등 직무 집행과 관련하여 전사·순직하거나 공상을 입은 경우에 본인이나 그 유족이 다른 법령에 따라 재해보상금·유족연금·상이연금 등의 보상을 지급받을 수 있을 때에도 「국가배상법」 및 「행정기본법」에 따른 손해배상을 청구할 수 있다. 24 채용 (O X)

02 전투경찰순경은 「국가배상법」 제2조 제1항 단서에 따라 손해배상청구가 제한되는 군인·군무원·경찰공무원 또는 예비군대원에 해당한다. 22 간부, 18 경특 (O X)

03 현역병으로 입영하여 소정의 군사교육을 마치고 전임되어 법무부장관에 의하여 경비교도로 임용된 자는 「국가배상법」 제2조 제1항 단서에 따라 손해배상청구가 제한되는 군인·군무원·경찰공무원 또는 예비군대원에 해당한다고 할 수 없다. 19 경행특채 (O X)

04 지방자치단체의 도로에 관한 설치·관리상 하자로 인하여 대형 낙석이 교통정리를 위해 이동 중이던 순찰차를 덮쳐 경찰공무원이 사망한 경우, 「국가배상법」 제2조 제1항 단서의 면책조항은 '일반 직무집행'에 관하여는 지방자치단체의 배상책임을 제한하지 않으므로, 위 지방자치단체의 국가배상책임은 면책되지 아니한다. 24·22 간부, 19 경특 (O X)

05 전투·훈련 등 직무집행과 관련하여 공상을 입은 군인이 「국가배상법」에 따라 손해배상금을 지급받은 다음에 「국가유공자 등 예우 및 지원에 관한 법률」이 정한 보훈급여금의 지급을 청구하는 경우, 국가는 「국가배상법」에 따라 손해배상을 받았다는 사정을 들어 보훈급여금의 지급을 거부할 수 있다. 19 경특 (O X)

정답 및 해설

01 X 보상을 지급받을 수 있을 때에는, 손해배상을 청구할 수 없다.
02 O
03 O
04 X 이중배상금지원칙과 관련하여, 해당 사안은 '일반 직무집행'이 전투·훈련 등 직무집행에 해당한다고 본 사안이다.
05 X 보훈급여금의 지급을 받을 수 있을 때에는 국가배상청구를 할 수 없다. 다만 먼저 국가배상법에 따른 손해배상금을 받은 경우에는 이후 보훈급여금을 청구하더라도 손해배상을 받았다는 이유로 보훈급여금 지급을 거부할 수 없다는 것이 판례이다.

해커스경찰
police.Hackers.com

Part 2
경찰행정법 각론

Chapter 01 | 국가경찰과 자치경찰의 조직 및 운영에 관한 법률
Chapter 02 | 경찰공무원법
Chapter 03 | 경찰관 직무집행법

해커스경찰
police.Hackers.com

2025 해커스경찰
서정표 경찰학 요기오
(요약 + 기출OX)

Chapter 01

국가경찰과 자치경찰의 조직 및 운영에 관한 법률

POINT 01 | 경찰의 사무
POINT 02 | 경찰청
POINT 03 | 국가수사본부
POINT 04 | 시·도경찰청과 경찰서
POINT 05 | 국가경찰위원회
POINT 06 | 시·도자치경찰위원회

POINT 01 경찰의 사무

1 **국가경찰사무**: 경찰법 제3조에서 정한 경찰의 임무를 수행하기 위한 사무. 다만, 제2호의 **자치경찰사무는 제외**한다.

> **경찰법 제3조 【경찰의 임무】** 경찰의 임무는 다음 각 호와 같다.
> 1. 국민의 생명·신체 및 재산의 보호
> 2. 범죄의 예방·진압 및 수사
> 3. 범죄피해자 보호
> 4. 경비·요인경호 및 대간첩·대테러 작전 수행
> 5. 공공안녕에 대한 위험의 예방과 대응을 위한 정보의 수집·작성 및 배포
> 6. 교통의 단속과 위해의 방지
> 7. 외국 정부기관 및 국제기구와의 국제협력
> 8. 그 밖에 공공의 안녕과 질서유지

※ 본 교재에서는 「국가경찰과 자치경찰의 조직 및 운영에 관한 법률」을 약칭인 「경찰법」으로 사용합니다.

2 **자치경찰사무**: 경찰법 제3조에서 정한 경찰의 임무 범위에서 관할 지역의 생활안전·교통·경비·지역밀착형 수사 등에 관한 다음 각 목의 사무 기출OX 01

> 가. 지역 내 주민의 생활안전 활동에 관한 사무
> 나. 지역 내 교통활동에 관한 사무 기출OX 03
> 다. 지역 내 다중운집 행사 관련 혼잡 교통 및 안전 관리
> → **가목~다목의 구체적 사항·범위**: 대통령령으로 정하는 기준에 따라 **시·도조례**로 정한다 기출OX 05
> 라. 다음의 어느 하나에 해당하는 수사사무 → 라목의 구체적 사항·범위: **대통령령**으로 정한다.
>   1) 학교폭력 등 소년범죄
>   2) 가정폭력, 아동학대 범죄 기출OX 02
>   3) 교통사고 및 교통 관련 범죄
>   4) 「형법」에 따른 **공연음란** 및 「성폭력범죄의 처벌 등에 관한 특례법」에 따른 **성적 목적을 위한 다중이용장소 침입행위**에 관한 범죄 기출OX 04
>   5) 경범죄 및 기초질서 관련 범죄
>   6) 가출인 및 「실종아동등의 보호 및 지원에 관한 법률」에 따른 실종아동등 관련 수색 및 범죄

3 **자치경찰제 시행에 따른 재정지원과 예산**

- 국가는 지방자치단체가 이관받은 사무를 원활히 수행할 수 있도록 인력, 장비 등에 소요되는 비용에 대하여 재정적 지원을 **하여야 한다**. 기출OX 06
- **시·도지사**는 자치경찰사무 담당 공무원에게 조례에서 정하는 예산의 범위에서 재정적 지원 등을 **할 수 있다**. 기출OX 07
- 자치경찰사무의 수행에 필요한 예산은 시·도자치경찰위원회의 심의·의결을 거쳐 **시·도지사**가 수립한다. 이 경우 시·도자치경찰위원회는 **경찰청장**의 의견을 들어야 한다. 기출OX 08
- **시·도의회**는 관련 예산의 효율적인 관리를 위하여 의결로써 자치경찰사무에 대해 시·도자치경찰위원장의 출석 및 자료 제출을 요구**할 수 있다**. 기출OX 09
- 국가와 지방자치단체는 국민의 생명·신체 및 재산을 보호하고 공공의 안녕과 질서유지에 필요한 시책을 수립·시행하여야 한다. 기출OX 10

기출 OX

01 생활안전을 위한 순찰 및 시설의 운영, 주민참여 방범활동의 지원 및 지도, 주민의 일상생활과 관련된 사회질서의 유지 및 그 위반행위의 지도·단속 등 지역 내 주민의 생활안전 활동에 관한 사무는 자치경찰의 사무에 포함된다. 22 채용 ○ X

02 「국가경찰과 자치경찰의 조직 및 운영에 관한 법률」을 보면 가정폭력의 예방은 자치경찰사무에 해당하여 시·도자치경찰위원회의 소관사무이지만, 가정폭력범죄의 수사사무는 국가경찰사무로 규정되어 있다." 24 채용 ○ X

03 교통법규 위반에 대한 지도·단속, 교통안전시설 및 무인 교통단속용 장비의 심의·설치·관리 등 지역 내 교통활동에 관한 사무는 자치경찰사무에 포함된다. 22 채용 ○ X

04 학교폭력 등 소년범죄, 가정폭력, 아동학대 범죄, 「형법」제245조에 따른 공연음란 및 「성폭력범죄의 처벌 등에 관한 특례법」제11조에 따른 공중밀집 장소에서의 추행행위에 관한 범죄는 자치경찰사무에 포함된다. 22 채용 ○ X

05 지역 내 주민의 생활안전 활동에 관한 사무, 지역 내 교통활동에 관한 사무, 지역 내 다중운집 행사 관련 혼잡 교통 및 안전 관리의 자치경찰사무에 관한 구체적인 사항 및 범위 등은 대통령령으로 정하는 기준에 따라 시·도조례로 정한다. 22 채용 ○ X

06 국가는 지방자치단체가 이관받은 사무를 원활히 수행할 수 있도록 인력, 장비 등에 소요되는 비용에 대하여 재정적 지원을 하여야 한다. 22 간부 ○ X

07 시·도지사는 자치경찰사무 담당 공무원에게 조례에서 정하는 예산의 범위에서 재정적 지원 등을 할 수 있다. 22 간부 ○ X

08 자치경찰사무의 수행에 필요한 예산은 시·도자치경찰위원회의 심의·의결을 거쳐 시·도지사가 수립한다. 이 경우 시·도 자치경찰위원회는 시·도경찰청장의 의견을 들어야 한다. 24·22 간부 ○ X

09 시·도의회는 관련 예산의 효율적인 관리를 위하여 의결로써 자치경찰사무에 대해 시·도자치경찰위원장의 출석 및 자료 제출을 요구할 수 있다. 22 간부 ○ X

10 국가와 지방자치단체는 국민의 생명·신체 및 재산을 보호하고 공공의 안녕과 질서유지에 필요한 시책을 수립·시행하여야 한다. 25 채용 ○ X

정답 및 해설

01 ○
02 X 가정폭력수사도 자치경찰사무
03 ○
04 X 공중밀집 장소에서의 추행행위는 포함 안 됨
05 ○
06 ○
07 ○
08 X 경찰청장의 의견
09 ○
10 ○

POINT 02 경찰청

1 경찰청

경찰법 제12조【경찰의 조직】 치안에 관한 사무를 관장하게 하기 위하여 **행정안전부장관 소속**으로 경찰청을 둔다. 기출OX 01

2 경찰청장 지위

임명	• 경찰청에 경찰청장을 두며, 경찰청장은 **치안총감**으로 보한다. 기출OX 02 • 경찰청장은 **국가경찰위원회**의 **동의**를 받아 → **행정안전부장관**의 **제청**으로 → 국무총리를 거쳐 → **대통령**이 임명한다. 이 경우 국회의 인사청문을 거쳐야 한다. 기출OX 03
임기	경찰청장의 임기는 **2년**으로 하고, **중임할 수 없다**. 기출OX 04
직무대행	차장은 경찰청장을 보좌하며, 경찰청장이 부득이한 사유로 직무를 수행할 수 없을 때에는 그 직무를 대행한다. 기출OX 05 → 협의의 법정대리
탄핵	경찰청장이 직무를 집행하면서 헌법이나 **법률**을 위배하였을 때 **국회가 탄핵소추를 의결**할 수 있다. 기출OX 06

3 경찰청 차장
- 경찰청에 차장을 두며, 차장은 치안정감으로 보한다.
- 차장은 경찰청장을 보좌하며, 경찰청장이 부득이한 사유로 직무를 수행할 수 없을 때에는 그 직무를 대행한다.

4 경찰청장 소속기관(부속기관) → 교육기관 4개, 병원 1개
- 경찰청장의 관장사무를 지원하기 위하여 경찰청 소속으로 경찰대학·경찰인재개발원·중앙경찰학교 및 경찰수사연수원을 둔다. 기출OX 07
- 경찰청장의 관장사무를 지원하기 위하여 경찰청 소속의 책임운영기관으로 경찰병원을 둔다.

5 경찰청장의 자치사무 평가결과 반영의무
시·도자치경찰위원회는 정기적으로 경찰서장의 자치경찰사무 수행에 관한 평가결과를 **경찰청장**에게 통보하여야 하며 **경찰청장**은 이를 반영하여야 한다.

기출 OX

01 치안에 관한 사무를 관장하게 하기 위하여 행정안전부장관 소속으로 경찰청을 둔다. 15 채용 O X

02 경찰청에 경찰청장을 두며, 경찰청장은 치안총감으로 보한다. 16 간부 O X

03 경찰청장은 행정안전부장관의 동의를 받아 국무총리를 거쳐 대통령이 임명한다. 이 경우 국회의 인사청문을 거쳐야 한다. 18·15 채용, 16 간부 O X

04 경찰청장의 임기는 2년으로 하고, 중임할 수 없다. 18 채용, 18 승진 O X

05 차장은 경찰청장을 보좌하며, 경찰청장이 부득이한 사유로 직무를 수행할 수 없을 때에는 그 직무를 대행한다. 16 간부 O X

06 경찰청장 임기는 2년이 보장되나, 직무 수행 중 헌법이나 법률을 위배하였을 때에는 국회는 탄핵할 수 있다. 20 채용, 16 간부 O X

07 경찰청장의 관장사무를 지원하기 위하여 경찰청장 소속하에 경찰대학, 경찰인재개발원, 중앙경찰학교, 경찰수사연수원 및 국립과학수사연구원을 둔다. 20 승진 O X

정답 및 해설

01 O
02 O
03 X 국가경찰위원회의 동의, 행정안전부장관의 제청이다.
04 O
05 O
06 X 국회가 할 수 있는것은 탄핵 소추의 의결이고, 탄핵결정은 헌법재판소가 하게 된다.
07 X 국립과학수사연구원은 행정안전부 소속기관이다.

6 경찰청장의 권한

국가경찰사무 총괄권 등		경찰청장은 국가경찰사무를 총괄하고 경찰청 업무를 관장하며 소속 공무원 및 각급 경찰기관의 장을 지휘·감독한다. 기출OX 01
수사 사무	원칙적 관여금지	경찰청장은 경찰의 수사에 관한 사무의 경우에는 개별 사건의 수사에 대하여 구체적으로 지휘·감독할 수 없다.
	관여요건	• 긴급성·중요성: 국민의 생명·신체·재산 또는 공공의 안전 등에 중대한 위험을 초래하는 긴급하고 중요한 사건의 수사 • 통합현장대응 필요성: 경찰의 자원을 대규모로 동원하는 등 통합적으로 현장 대응할 필요가 있다고 판단할 만한 상당한 이유가 있는 때 • 국가수사본부장을 통하여 개별 사건의 수사에 대하여 구체적으로 지휘·감독할 수 있다.
	통제수단	• 경찰청장은 위의 사유가 해소된 경우에는 개별 사건의 수사에 대한 구체적 지휘·감독을 중단하여야 한다. • 경찰청장은 국가수사본부장이 위의 사유가 해소되었다고 판단하여 개별 사건의 수사에 대한 구체적 지휘·감독의 중단을 건의하는 경우 특별한 이유가 없으면 이를 승인하여야 한다. • 경찰청장은 개별 사건의 수사에 대한 구체적 지휘·감독을 개시한 때에는 이를 국가경찰위원회에 보고하여야 한다.
자치 경찰 사무	예외적 관여가능	경찰청장은 다음의 경우에는 자치경찰사무를 수행하는 경찰공무원(제주특별자치도의 자치경찰공무원을 포함한다)을 직접 지휘·명령할 수 있다. 기출OX 02
	관여사유	1. 전시·사변, 천재지변, 국가 비상사태 등이 발생하였거나 발생할 우려가 있어 전국적인 치안유지를 위하여 긴급한 조치가 필요하다고 인정할 만한 충분한 사유가 있는 경우 2. 국민안전에 중대한 영향을 미치는 사안에 대하여 다수의 시·도에 동일하게 적용되는 치안정책을 시행할 필요가 있다고 인정할 만한 충분한 사유가 있는 경우 3. 해당 시·도의 경찰력으로는 국민의 생명·신체·재산의 보호 및 공공의 안녕과 질서유지가 어려워 경찰청장의 지원·조정이 필요하다고 인정할 만한 충분한 사유가 있는 경우 [제3호 사유(경찰청장의 지원·조정이 필요한 경우) 특칙] • 다른 제1호·제2호 사유와 달리, 미리 국가경찰위원회의 의결을 거쳐야 하며 긴급한 경우에는 우선 조치 후 지체 없이 국가경찰위원회의 의결을 거쳐야 한다. 기출OX 03 • 자치경찰위원회는 제3호에 해당하는 경우 의결로 지원·조정의 범위·기간 등을 정하여 경찰청장에게 지원·조정을 요청할 수 있다. 기출OX 04
	통제수단	• 자치경찰위 통보: 경찰청장은 위와 같은 조치가 필요한 경우에는 시·도자치경찰위원회에 자치경찰사무를 담당하는 경찰공무원을 직접 지휘·명령하려는 사유 및 내용 등을 구체적으로 제시하여 통보하여야 한다. 기출OX 05 • 경찰청장으로부터 관여 통보를 받은 자치경찰위원회: 정당한 사유가 없으면 즉시 자치경찰사무를 담당하는 경찰공무원에게 경찰청장의 지휘·명령을 받을 것을 명하여야 하고, 관여사유에 해당하지 아니한다고 인정하면 시·도자치경찰위원회의 의결을 거쳐 경찰청장에게 그 지휘·명령의 중단을 요청할 수 있다. • 국가경찰위 보고: 경찰청장이 위와 같이 지휘·명령을 하는 경우에는 국가경찰위원회에 즉시 보고하여야 한다. • 경찰청장으로부터 관여 보고를 받은 국가경찰위원회: 관여사유에 해당하지 아니한다고 인정하면 그 지휘·명령을 중단할 것을 의결하여 경찰청장에게 통보할 수 있다. • 경찰청장의 자체중단: 경찰청장은 지휘·명령할 수 있는 사유가 해소된 때에는 경찰공무원에 대한 지휘·명령을 즉시 중단하여야 한다. 기출OX 06

기출 OX

01 경찰청장은 국가경찰사무를 총괄하고 경찰청 업무를 관장하며 소속 공무원 및 각급 경찰기관의 장을 지휘·감독한다. 18 승진, 15 채용 (O X)

02 경찰청장은 소속 공무원뿐만 아니라 제주특별자치도의 자치경찰공무원도 언제나 직접 지휘·명령할 수 있다. 20 채용 (O X)

03 경찰청장이 비상사태 등 전국적 치안유지를 위한 지휘·명령을 하는 경우에는 국가경찰위원회에 즉시 보고하여야 하지만, 국민안전에 중대한 영향을 미치는 사안에 대하여 다수의 시·도에 동일하게 적용되는 치안정책을 시행할 필요가 있다고 인정할 만한 충분한 사유가 있는 경우에는 미리 국가경찰위원회의 의결을 거쳐야 하며 긴급한 경우에는 우선 조치 후 지체 없이 국가경찰위원회의 의결을 거쳐야 한다. 22 간부 (O X)

04 시·도자치경찰위원회는 자치경찰사무와 관련하여 해당 시·도의 경찰력으로는 국민의 생명·신체·재산의 보호 및 공공의 안녕과 질서유지가 어려워 경찰청장의 지원·조정이 필요하다고 인정할 만한 충분한 사유가 있는 경우 의결로 지원·조정의 범위·기간 등을 정하여 경찰청장에게 지원·조정을 요청할 수 있다. 22 간부 (O X)

05 경찰청장은 비상사태 등 전국적 치안유지를 위한 지휘·명령이 필요한 경우에는 시·도자치경찰위원회에 자치경찰사무를 담당하는 경찰공무원을 직접 지휘·명령하려는 사유 및 내용 등을 구체적으로 제시하여 통보하여야 한다. 22 간부 (O X)

06 경찰청장은 비상사태 등 전국적 치안유지를 위한 지휘·명령할 수 있는 사유가 해소된 때에는 경찰공무원에 대한 지휘·명령을 즉시 중단하여야 한다. 22 간부 (O X)

정답 및 해설

01 O
02 X 경찰청장이 자치경찰공무원에 대한 지휘·명령을 할 수 있는 것은 비상사태가 발생하여 전국적 치안유지가 필요한 경우에 예외적으로 인정되는 것이다.
03 X 경찰청장이 미리 국가경찰위원회 의결을 거쳐야 하나, 긴급한 경우 먼저 조치하고 국경위 의결을 거쳐야 하는 경우는 지문의 제2호 사유(국민안전에 중대한 영향을 미치는 사안에 대하여 다수의 시·도에 동일하게 적용되는 치안정책을 시행할 필요가 있다고 인정할 만한 충분한 사유가 있는 경우)가 아닌 제3호 사유(자치경찰사무와 관련하여 해당 시·도의 경찰력으로는 국민의 생명·신체·재산의 보호 및 공공의 안녕과 질서유지가 어려워 경찰청장의 지원·조정이 필요하다고 인정할 만한 충분한 사유가 있는 경우)이다.
04 O
05 O
06 O

POINT 03 국가수사본부

1 **국가수사본부**

경찰청에 국가수사본부를 두며, 국가수사본부장은 치안정감으로 보한다. 기출OX 01

2 **국가수사본부장의 권한**

국가수사본부장은 「형사소송법」에 따른 경찰의 수사(→ 수사사무)에 관하여 각 시·도경찰청장과 경찰서장 및 수사부서 소속 공무원을 지휘·감독한다. 기출OX 02

3 **국가수사본부장의 임기** 기출OX 03

- 국가수사본부장의 임기는 2년으로 하며, 중임할 수 없다. → 경찰청장과 같다
- 국가수사본부장은 임기가 끝나면 당연히 퇴직한다.

4 **국가수사본부장의 자격요건**

수사 경력자	10년 이상 수사업무에 종사한 사람 중에서 「국가공무원법」에 따른 고위공무원단에 속하는 공무원, 3급 이상 공무원 또는 총경 이상 경찰공무원으로 재직한 경력이 있는 사람
법조인	• 판사·검사 또는 변호사의 직에 10년 이상 있었던 사람 • 변호사 자격이 있는 사람으로서 국가기관, 지방자치단체, 공공기관에서 법률에 관한 사무에 10년 이상 종사한 경력이 있는 사람
학자	대학이나 공인된 연구기관에서 법률학·경찰학 분야에서 조교수 이상의 직이나 이에 상당하는 직에 10년 이상 있었던 사람 기출OX 04

* 위 각각의 경력기간의 합산이 15년 이상인 사람도 자격요건 충족한 것으로 본다.

5 **국가수사본부장의 결격사유**

기본결격	「경찰공무원법」 제8조 제2항 각 호의 결격사유에 해당하는 사람
정치중립	• 정당의 당원이거나 당적을 이탈한 날부터 3년이 지나지 아니한 사람 기출OX 05 • 선거에 의하여 취임하는 공직에 있거나 그 공직에서 퇴직한 날부터 3년이 지나지 아니한 사람
퇴직 공무원	• 고위공무원단·3급 이상 공무원·총경 이상 경찰공무원·판사·검사 직에서 퇴직한 날로부터 1년이 지나지 아니한 사람 • 법률사무 종사 변호사가 국가기관등에서 퇴직한 날로부터 1년이 지나지 아니한 사람

6 **국가수사본부장 탄핵**

국가수사본부장이 직무를 집행하면서 헌법이나 법률을 위배시 국회는 탄핵 소추를 의결할 수 있다. 기출OX 06, 07, 08

기출 OX

01 국가수사본부장은 치안정감으로 보한다. 23 채용 (O X)

02 국가수사본부장은 「형사소송법」에 따른 경찰의 수사에 관하여 각 시·도경찰청장과 경찰서장 및 수사부서 소속 공무원을 지휘·감독한다. 22 승진 (O X)

03 국가수사본부장의 임기는 2년으로 하며, 중임할 수 없고, 임기가 끝나면 당연히 퇴직한다. 23 간부 23 채용 (O X)

04 대학이나 공인된 연구기관에서 법률학·경찰학 분야에서 조교수 이상의 직이나 이에 상당하는 직에 10년 이상 있었던 사람은 국가수사본부장의 자격이 있다. 23 간부 (O X)

05 국가수사본부장을 경찰청 외부를 대상으로 모집하여 임용하는 경우 정당의 당원이거나 당적을 이탈한 날부터 3년이 지나지 아니한 사람은 국가수사본부장이 될 수 없다. 23 채용 (O X)

06 국가수사본부장이 직무를 집행하면서 헌법이나 법률을 위배하였을 때에는 국회는 대통령에게 해임을 건의할 수 있다. 23 채용 (O X)

07 국가수사본부장이 직무를 집행하면서 헌법이나 법률을 위배하였더라도 국회는 탄핵 소추를 의결할 수 없다. 23 간부, 22 승진 (O X)

08 국회의 탄핵소추 의결의 대상자로는 경찰청장과 국가수사본부장이 규정되어 있다. 24 간부 (O X)

정답 및 해설

01 O
02 O
03 O
04 O
05 O
06 X 국회는 탄핵 소추를 의결할 수 있다.
07 X 경찰법상 탄핵대상이 되는 자는 경찰청장과 국가수사본부장이 있다.
08 O

POINT 04 시·도경찰청과 경찰서

1 시·도경찰청
- 경찰의 사무를 지역적으로 분담하여 수행하게 하기 위하여 **특별시·광역시·특별자치시·도·특별자치도**(이하 "**시·도**"라 한다)에 시·도경찰청을 두고, **시·도경찰청장** 소속으로 경찰서를 둔다.
- 이 경우 인구, 행정구역, 면적, 지리적 특성, 교통 및 그 밖의 조건을 고려하여 시·도에 2개의 시·도경찰청을 둘 수 있다. 기출OX 01

2 시·도경찰청장

임명	• 시·도경찰청장은 치안정감·치안감 또는 경무관으로 보한다. • 시·도경찰청장은 **경찰청장**이 시·도자치경찰위원회와 **협의**하여 **추천**한 사람 중에서 → **행정안전부장관**의 **제청**으로 → 국무총리를 거쳐 → **대통령**이 임용한다. 기출OX 02
지휘·감독 관계	• 시·도경찰청장은 국가경찰사무에 대해서는 경찰청장의 지휘·감독을, 자치경찰사무에 대해서는 시·도자치경찰위원회의 지휘·감독을, 수사에 관한 사무에 대해서는 국가수사본부장의 지휘·감독을 받아 관할구역의 소관 사무를 관장하고 소속 공무원 및 소속 경찰기관의 장을 지휘·감독한다. • 시·도자치경찰위원회는 자치경찰사무에 대해 심의·의결을 통하여 시·도경찰청장을 지휘·감독한다. 다만, 시·도자치경찰위원회가 ㉠ **심의·의결할 시간적 여유가 없거나** ㉡ **심의·의결이 곤란한 경우** 대통령령으로 정하는 바에 따라 시·도자치경찰위원회의 지휘·감독권을 **시·도경찰청장에게 위임**한 것으로 본다. 기출OX 03
차장	• 시·도경찰청에 차장을 둘 수 있다. [비교] 경찰청: 차장을 둔다. • 차장은 시·도경찰청장을 보좌하여 소관 사무를 처리하고 시·도경찰청장이 부득이한 사유로 직무를 수행할 수 없을 때에는 그 직무를 대행한다. 기출OX 04 → **협의의 법정대리**

3 경찰서
경찰의 사무를 지역적으로 분담하여 수행하게 하기 위하여 **시·도경찰청장 소속**으로 경찰서를 둔다.

4 경찰서장
- 경찰서에 경찰서장을 두며, 경찰서장은 **경무관, 총경** 또는 **경정**으로 보한다. 기출OX 05
- 경찰서장은 시·도경찰청장의 지휘·감독을 받아 관할구역 소관 사무 관장·소속 공무원 지휘·감독한다.
- **경찰서 소속**으로 지구대 또는 파출소를 두고, 그 설치기준은 치안수요·교통·지리 등 관할구역의 특성을 고려하여 **행정안전부령**으로 정한다. 기출OX 06
- 시·도자치경찰위원회는 정기적으로 경찰서장의 자치경찰사무 수행에 관한 평가결과를 **경찰청장**에게 통보하여야 하며 **경찰청장**은 이를 반영하여야 한다.

기출 OX

01 경찰의 사무를 지역적으로 분담하여 수행하게 하기 위하여 시·도에 시·도경찰청을 두고, 시·도경찰청장 소속으로 경찰서를 둔다. 이 경우 인구, 행정구역, 면적, 지리적 특성, 교통 및 그 밖의 조건을 고려하여 시·도에 2개의 시·도경찰청을 둘 수 있다. 19·18 채용 (O X)

02 시·도경찰청장은 경찰청장이 시·도자치경찰위원회와 협의하여 추천한 사람 중에서 행정안전부장관의 제청으로 국무총리를 거쳐 대통령이 임용한다. 22 승진 (O X)

03 시·도자치경찰위원회는 자치경찰사무에 대해 심의·의결을 통하여 시·도경찰청장을 지휘·감독한다. 다만, 시·도자치경찰위원회가 심의·의결할 시간적 여유가 없거나 심의·의결이 곤란한 경우 대통령령으로 정하는 바에 따라 시·도자치경찰위원회의 지휘·감독권을 경찰청장에게 위임한 것으로 본다. 24 승진 (O X)

04 시·도경찰청 차장은 시·도경찰청장을 보좌하여 소관 사무를 처리하고, 시·도경찰청장이 부득이한 사유로 직무를 수행할 수 없을 때에는 그 직무를 대행한다. 22 승진 (O X)

05 경찰서에 경찰서장을 두며, 경찰서장은 경무관, 총경 또는 경정으로 보한다. 14 승진 (O X)

06 경찰서장 소속으로 지구대 또는 파출소를 두고, 그 설치기준은 치안수요, 교통, 지리 등 관할구역의 특성을 고려하여 대통령령으로 한다. 19 채용 (O X)

정답 및 해설
01 O
02 O
03 O
04 O
05 O
06 X 행정안전부령

POINT 05 국가경찰위원회

1 설치 및 구성

설치	행정안전부에 국가경찰위원회를 둔다. 기출OX 01
구성	• 위원장 1명을 포함한 **7명**의 위원으로 구성 • 위원장 및 **5명**의 위원은 **비상임**으로 하고, **1명**의 위원은 **상임**으로 한다 기출OX 02, 03 • 위원 중 **상임위원**은 **정무직**으로 한다.

2 위원

(1) 임명

위원	• 위원은 **행정안전부장관**의 **제청**으로 → 국무총리를 거쳐 → **대통령**이 임명한다. 기출OX 04, 05 • 행정안전부장관은 위원 임명을 제청할 때 경찰의 정치적 중립이 보장되도록 하여야 한다. 기출OX 06
위원장	• 위원장은 위원회를 대표하며, 위원회의 사무를 총괄한다. • 위원장은 **비상임위원** 중에서 **호선**한다. 기출OX 04, 05 • 위원장이 사고가 있을 때에는 ㉠ **상임위원**, ㉡ **위원중 연장자순**으로 위원장의 직무를 대리한다. 기출OX 07
자격	• 위원 중 **2명**은 **법관의 자격**이 있는 사람이어야 한다. 기출OX 08 • 위원은 특정 성(性)이 10분의 6을 초과하지 아니하도록 **노력하여야 한다**. [TIP] • 초과 않도록 노력하여야 한다: 국가경찰위원회, 시·도자치경찰위원회 • 초과하지 아니해야 한다: 징계위원회, (청단위)인권위원회
결격	다음에 해당하는 사람은 위원이 될 수 없으며, 위원이 다음 해당하는 경우에는 당연퇴직한다.
	기본결격 : 국가공무원법상의 결격사유 어느 하나에 해당하는 사람
	정치중립 : • 정당의 당원이거나 당적을 이탈한 날부터 **3년**이 지나지 아니한 사람 기출OX 09 • 선거에 의하여 취임하는 공직에 있거나 그 공직에서 퇴직한 날부터 **3년**이 지나지 아니한 사람
	민주성 : • **경찰, 검찰, 국가정보원** 직원 또는 **군인**의 직에 있거나 그 직에서 퇴직한 날부터 **3년**이 지나지 아니한 사람 기출OX 10, 11
의무	위원에 대해서는 국가공무원법상 비밀엄수의무 및 정치운동금지를 준용한다. 기출OX 12

(2) 임기 기출OX 13
- 위원의 임기는 **3년**으로 하며, **연임할 수 없다**.
- 이 경우 보궐위원의 임기는 전임자 임기의 남은 기간으로 한다.

(3) 신분보장 및 예우
- 위원은 중대한 신체상 또는 정신상의 장애로 직무를 수행할 수 없게 된 경우를 **제외**하고는 그 의사에 반하여 면직되지 아니한다. 기출OX 14
- 위원이 중대한 심신상의 장애로 직무를 수행할 수 없게 되어 면직하는 경우에는 위원회의 의결이 있어야 한다.
  → 이 때 의결요구는 **위원장** 또는 **행정안전부장관**이 한다.
- 위원중 상임이 아닌 위원에게는 예산의 범위안에서 수당과 여비를 지급할 수 있다.

기출 OX

01 국가경찰위원회는 경찰의 민주주의와 정치적 중립성을 보장하기 위하여 경찰청에 설치한 독립적 심의·의결 기구이다. 17 채용, 18 승진 ⓞ Ⓧ

02 국가 경찰위원회는 위원장 1명을 포함한 7명의 위원으로 구성하되, 위원장은 당연직 상임이며, 5명의 위원은 비상임으로 하고, 1명의 위원은 상임으로 한다. 22·16 간부, 20·18 승진, 17 채용 ⓞ Ⓧ

03 위원회는 위원장 1명을 포함한 7명의 위원으로 구성하되, 위원장 및 5명의 위원은 비상임으로 하고, 1명의 위원은 상임으로 하며, 위원장은 정무직으로 한다. 20 승진 ⓞ Ⓧ

04 위원과 위원장은 행정안전부장관의 제청으로 국무총리를 거쳐 대통령이 임명한다. 14 채용 ⓞ Ⓧ

05 위원은 경찰청장의 제청으로 행정안전부장관을 거쳐 대통령이 임명한다. 20·18 승진, 17 채용 ⓞ Ⓧ

06 행정안전부장관은 위원 임명을 동의할 때, 경찰의 정치적 중립이 보장되도록 하여야 한다. 21 승진 ⓞ Ⓧ

07 위원장이 사고가 있을 때에는 상임위원, 위원 중 연장자순으로 위원장의 직무를 대리한다. 17 간부 ⓞ Ⓧ

08 위원 중 3명은 법관의 자격이 있는 사람이어야 한다. 17 채용, 20 승진 ⓞ Ⓧ

09 당적을 이탈한 다음날 부터 3년이 경과되지 아니한 자는 국가경찰위원이 될 수 없다. 20 승진, 12 간부 ⓞ Ⓧ

10 경찰, 검찰, 법관, 국가정보원 직원 또는 군인의 직에서 퇴직한 날부터 3년이 지나지 아니한 사람은 위원이 될 수 없다. 21·18 승진, 18 채용 ⓞ Ⓧ

11 경찰, 검찰, 국가정보원 직원 또는 군인의 직에서 퇴직한 다음날부터 3년이 지나지 아니한 사람은 위원이 될 수 없다. 18 승진 ⓞ Ⓧ

12 국가경찰위원회 위원은 「국가공무원법」상 비밀엄수 의무와 정치운동 금지의무를 진다. 19 채용 ⓞ Ⓧ

13 위원의 임기는 3년으로 하며, 연임할 수 있다. 이 경우 보궐위원의 임기는 전임자 임기의 남은 기간으로 한다. 22·16 간부, 18·17 채용, 20 승진 ⓞ Ⓧ

14 위원은 중대한 신체상 또는 정신상의 장애로 직무를 수행할 수 없게 된 경우를 제외하고는 그 의사에 반하여 면직되지 아니한다. 18 채용, 16 간부 ⓞ Ⓧ

정답 및 해설

01 X 행정안전부에 둔다.
02 X 위원장 및 5명의 위원은 비상임, 1명의 위원은 상임(정무직)으로 한다
03 X 상임위원이 정무직이며, 위원장은 비상임위원 중에서 호선한다.
04 X 위원장은 호선한다.
05 X 위원은 행정안전부장관의 제청으로 국무총리을 거쳐 대통령이 임명한다.
06 X '동의'가 아닌 '제청'할 때
07 O
08 X 위원 중 2명은 법관의 자격이 있는 사람이어야 한다.
09 X '이탈한 날' 부터 3년이지, '이탈한 다음날' 부터 3년이 아니다.
10 X 법관은 포함되지 아니한다.
11 X '퇴직한 날'부터 3년이지, '퇴직한 다음날' 부터 3년이 아니다.
12 O
13 X 연임할 수 없다.
14 O

3 **사무**: 국가경찰위원회의 사무는 경찰청에서 수행한다. 기출OX 01

4 **심의·의결사항**

국가경찰 사무 관련	• 국가경찰사무에 관한 인사·예산·장비·통신 등에 관한 주요정책 및 경찰 업무 발전에 관한 사항 기출OX 02 • 국가경찰사무에 관한 인권보호와 관련되는 경찰의 운영·개선에 관한 사항 기출OX 03 • 국가경찰사무 담당 공무원의 부패 방지와 청렴도 향상에 관한 주요 정책사항 기출OX 04 • 국가경찰사무 **외**에 다른 국가기관으로부터의 업무협조 요청에 관한 사항 기출OX 05 • 경찰임무에 따른 시책 수립에 관한 사항
자치경찰 사무 관련	• 제주특별자치도의 자치경찰에 대한 경찰의 지원·협조 및 협약체결의 조정 등에 관한 주요 정책사항 기출OX 06, 07 • 시·도자치경찰위원회 위원 추천, 자치경찰사무에 대한 주요 법령·정책 등에 관한 사항, 시·도자치경찰위원회 의결에 대한 재의 요구에 관한 사항 • 비상사태 등 전국적 치안유지를 위한 경찰청장의 지휘·명령에 관한 사항
기타	그 밖에 **행정안전부장관·경찰청장**이 중요하다고 인정, 국가경찰위원회 회의에 부친 사항

5 **회의**

회의		위원회의 회의는 정기회의와 임시회의로 구분한다.
	정기	정기회의는 특별한 사유가 있는 경우를 제외하고는 **매월 2회 위원장**이 소집한다. 기출OX 08
	임시	• 위원장은 필요한 경우 임시회의를 소집할 수 있으며, 위원 **3인 이상**과 **행정안전부장관** 또는 **경찰청장**은 위원장에게 임시회의의 소집을 요구할 수 있다. 기출OX 09 • 임시회 소집 요구가 있는 경우 위원장은 특별한 사유가 없는 한 소집하여야 한다.
정족수		재적위원 과반수의 출석과 출석위원 과반수의 찬성 기출OX 10
재의		• **행정안전부장관**은 심의·의결된 내용이 적정하지 아니하다고 판단할 때에는 재의를 요구할 수 있고, 재의를 요구하는 경우에는 의결한 날부터 **10일** 이내에 재의요구서를 위원회에 제출하여야 한다. 기출OX 11 • 위원장은 재의요구가 있는 경우에는 그 요구를 받은 날부터 **7일** 이내에 회의를 소집하여 다시 의결하여야 한다.

[TIP] 국경위와 자치경찰위원회 회의

	국경위	자치경찰위원회
정기회의	매월 2회	매월 1회 이상
임시회의 소집요구	**행안부장관·경찰청장**·위원 **3인 이상**	**위원장·시도지사**·위원 **2인 이상**

6 **간사**

위원회에 **간사 1인**을 두되, 간사는 경찰청 소속 과장급 경찰공무원 중에서 경찰청장이 지명한다.

7 **운영세칙**

국가경찰위원회규정에 규정된 사항 외에 위원회의 운영을 위하여 필요한 사항은 위원회의 의결을 거쳐 **위원장**이 정한다. 기출OX 12

기출 OX

01 국가경찰위원회의 사무는 자체에서 수행한다. 22 간부, 18 승진 O X

02 국가경찰위원회는 국가경찰사무에 관한 인사, 예산, 장비, 통신 등에 관한 주요 정책 및 경찰 업무 발전에 관한 사항을 심의·의결한다. 23 채용 O X

03 국가경찰위원회는 국가경찰사무에 관한 인권보호와 관련되는 경찰의 운영·개선에 관한 사항을 심의·의결한다. 23 채용 O X

04 국가경찰사무 담당 공무원의 부패 방지와 청렴도 향상에 관한 주요 정책사항은 국가경찰위원회의 심의·의결을 거쳐야한다. 17 채용 O X

05 국가경찰 임무와 관련된 다른 국가기관으로부터의 업무협조 요청에 관한 사항은 국가경찰위원회의 심의·의결을 거쳐야 한다. 18 채용, 18 승진 O X

06 국가경찰위원회는 지방행정과 치안행정의 업무조정에 관한 사항을 심의·의결한다. 23 채용 O X

07 국가경찰위원회는 제주특별자치도의 자치경찰에 대한 경찰의 지원·협조 및 협약 체결의 조정 등에 관한 주요 정책사항을 심의·의결한다. 23 채용 O X

08 정기회의는 특별한 사유가 있는 경우를 제외하고는 매월 2회 위원장이 소집한다. 17 간부 O X

09 위원장은 필요한 경우 임시회의를 소집할 수 있으며, 위원 3인 이상과 행정안전부장관 또는 경찰청장은 위원장에게 임시회의 소집을 요구할 수 있다. 21·17 간부 O X

10 국가경찰위원회의 회의는 재적위원 과반수의 출석과 재적위원 과반수의 찬성으로 의결한다. 22·16 간부, 17 채용 O X

11 경찰청장은 위원회에서 심의·의결된 내용이 적정하지 아니하다고 판단할 때에는 재의를 요구할 수 있다. 17 간부 O X

12 국가경찰위원회 규정에 규정된 사항 외에 위원회의 운영을 위하여 필요한 사항은 위원회의 의결을 거쳐 행정안전부장관이 정한다. 21 승진 O X

정답 및 해설

01 X 경찰청에서 수행한다
02 O
03 O
04 O
05 X 국가경찰사무 '외' 다른 국가기관으로부터 업무협조 요청에 관한 사항이어야 한다.
06 X 시·도자치경찰위원회 소관사무에 해당한다.
07 O
08 O
09 O
10 X 재적위원이 아닌 '출석위원' 과반수의 찬성으로 의결한다.
11 X 재의요구를 할 수 있는사람은 행정안전부장관이다.
12 X 위원회 의결을 거쳐 위원장이 정한다.

POINT 06 시·도자치경찰위원회

1 설치 및 구성

성격	• 합의제 행정기관으로서 그 권한에 속하는 업무를 독립적으로 수행한다. 기출OX 01
설치	• 시·도지사 소속으로 시·도자치경찰위원회를 둔다. 다만, 시·도에 2개의 시·도경찰청을 두는 경우 시·도지사 소속으로 2개의 시·도자치경찰위원회를 둘 수 있다. • 2개의 시·도자치경찰위원회를 두는 경우 해당 시·도자치경찰위원회의 명칭, 관할구역, 사무분장, 그 밖에 필요한 사항은 대통령령으로 정한다. 기출OX 02
구성	• 위원장 1명을 포함한 **7명**의 위원으로 구성 • 위원장과 1명의 위원은 상임으로 하고, 5명의 위원은 비상임으로 한다. 기출OX 03 • 위원은 특정 성(性)이 10분의 6을 초과하지 아니하도록 노력하여야 한다. 기출OX 04

2 위원

(1) 임명

임명	다음의 사람을 **시·도지사**가 임명한다(총 7명) 기출OX 05	
	주민 구성기관	• 시·도의회가 추천하는 **2명** • 해당 시·도 교육감이 추천하는 **1명** • 시·도지사가 지명하는 **1명**
	경찰 유관기관	• 시·도자치경찰위원회 위원추천위원회가 추천하는 **2명** • 국가경찰위원회가 추천하는 **1명**
위원장	• 위원 중에서 **시·도지사**가 임명 기출OX 06 • 위원장은 위원회를 대표하고 회의를 주재하며 위원회의 의결을 거쳐 업무를 수행한다. • 위원장이 부득이한 사유로 직무를 수행할 수 없을 때에는 ㉠ **상임위원**, 위원 중 ㉡ **연장자순**으로 그 직무를 대행한다.	
상임위원	• 자치경찰위원회의 의결을 거쳐 → **위원장**의 **제청**으로 → **시·도지사**가 임명 기출OX 07 • 위원장과 상임위원은 지방자치단체의 공무원으로 한다.	
자격	인권문제	위원 중 **1명**이 **인권문제**에 관하여 전문적인 지식과 경험이 있는 사람이 임명될 수 있도록 노력하여야 한다. 기출OX 08
	경력자	• 관할 지역주민 중, 지방자치·경찰행정 분야에 경험풍부·학식 덕망 갖춘 자
	(준) 법조인	• 판사·검사·변호사 또는 경찰의 직에 **5년** 이상 있었던 사람 • 변호사 자격이 있는 사람으로서 국가기관등에서 법률에 관한 사무에 **5년** 이상 종사한 경력이 있는 사람
	학자	• 대학 등, 법률학·행정학·경찰학 조교수 이상·상당직에 **5년** 이상 있었던 사람 기출OX 09
결격	기본결격	• **지방공무원법상**의 결격사유의 어느 하나에 해당하는 사람.
	정치중립	• 정당의 당원이거나 당적을 이탈한 날부터 **3년**이 지나지 아니한 사람 • 선거에 의하여 취임하는 공직에 있거나 그 공직에서 퇴직한 날부터 **3년**이 지나지 아니한 사람
	민주성	• **경찰, 검찰, 국가정보원** 직원 또는 **군인**의 직에 있거나 그 직에서 퇴직한 날부터 **3년**이 지나지 아니한 사람 기출OX 10
	공무원	• 국가·지방자치단체의 공무원(국공립대학 조교수 이상의 직에 있는 사람은 제외) 기출OX 11 • 공무원이었던 사람으로서 퇴직한 날부터 **3년**이 지나지 아니한 사람. 다만, 위원장·상임위원이 지방자치단체의 공무원이 된 경우에는 당연퇴직하지 아니한다.

기출 OX

01 시·도자치경찰위원회는 합의제 행정기관으로서 그 권한에 속하는 업무를 독립적으로 수행한다. 24·22 채용
O X

02 2개의 시·도자치경찰위원회를 두는 경우 해당 시·도자치경찰위원회의 명칭, 관할구역, 사무분장, 그 밖에 필요한 사항은 행정안전부령으로 정한다. 23 채용
O X

03 시·도자치경찰위원회는 위원장 1명을 포함한 7명의 위원으로 구성하되, 위원장은 상임으로 하고, 나머지 위원은 비상임으로 한다. 23 간부, 25·22·21 채용
O X

04 시·도자치경찰위원회 비상임 위원은 특정 성(性)이 10분의 6을 초과하지 아니해야 한다. 23·22 채용
O X

05 시·도자치경찰위원회 위원은 시·도의회가 추천하는 2명, 국가경찰위원회가 추천하는 2명, 해당 시·도 교육감이 추천하는 1명, 시·도자치경찰위원회 위원추천위원회가 추천하는 1명, 시·도지사가 지명하는 1명을 시·도지사가 임명한다. 24·21 채용, 23 간부
O X

06 시·도자치경찰위원회 위원장은 비상임위원 중에서 호선하고, 상임위원은 시·도자치경찰위원회의 의결을 거쳐 위원 중에서 위원장의 제청으로 시·도지사가 임명한다. 이 경우 위원장과 상임위원은 지방자치단체의 공무원으로 한다. 25·21 채용
O X

07 시·도자치경찰위원회 위원장은 위원 중에서 시·도지사가 임명하고, 상임위원은 시·도자치경찰위원회의 의결을 거쳐 위원 중에서 시·도경찰청장의 제청으로 시·도지사가 임명한다. 24 승진
O X

08 시·도 자치경찰위원회 위원 중 2명은 법관의 자격이 있는 사람이어야 한다. 21 채용
O X

09 대학이나 공인된 연구기관에서 법률학·행정학 또는 경찰학 분야의 조교수 이상의 직이나 이에 상당하는 직에 5년 이상 있었던 사람은 시·도자치경찰위원회 위원의 자격이 있다. 23 간부
O X

10 경찰, 검찰, 국가정보원직원 또는 군인의 직에 있거나 그 직에서 퇴직한 날부터 3년이 지나지 아니한 사람은 위원이 될 수 없다. 24 승진, 24·22 채용
O X

11 정당의 당적을 이탈한 날부터 1년이 지나지 아니한 사람, 군인의 직에서 퇴직한 날부터 2년이 지나지 아니한 사람, 공립대학의 부교수의 직에서 퇴직한 날부터 3년이 지나지 아니한 사람, 선거에 의하여 취임하는 공직에서 퇴직한 날부터 3년이 지나지 아니한 사람은 시·도자치경찰위원회 위원의 결격사유에 해당한다. 24 간부
O X

정답 및 해설

01 O
02 X 대통령령으로 정한다.
03 X 위원장과 1명의 위원은 상임으로 하고, 5명의 위원은 비상임
04 X 노력하여야 한다.
05 X 국가경찰위원회가 추천하는 1명, 시·도자치경찰위원회 위원추천위원회가 추천하는 2명
06 X 국가경찰위원회 위원장은 비상임위원 중에서 호선하나, 자치경찰위원회 위원장은 시도지사가 임명한다.
07 X 위원장의 제청
08 X 국가경찰위원회에 대한 설명
09 O
10 O
11 X 공립대학의 부교수의 직에서 퇴직한 날부터 3년이 지나지 아니한 사람은 결격사유가 아니다.

(2) 의무
- 위원은 정치적 중립을 지켜야 하며, 권한을 남용하여서는 아니 된다. 기출OX 01
- 공무원이 아닌 위원에게 **지방공무원법**상 비밀엄수의무 및 정치운동금지를 준용한다. 기출OX 02
- 공무원이 아닌 위원은 그 소관 사무와 관련하여 형법이나 그 밖의 법률에 따른 벌칙을 적용할 때에는 공무원으로 본다. 기출OX 03

(3) 임기
- 시·도자치경찰위원회 위원장과 위원의 임기는 **3년**으로 하며, **연임할 수 없다.** 기출OX 04
- 보궐위원의 임기는 전임자 임기의 남은 기간으로 하되, 전임자의 남은 임기가 **1년 미만**인 경우 그 보궐위원은 **한 차례만 연임**할 수 있다 기출OX 05, 06. → 국가경찰위원회의 경우 잔여임기 1년 미만 부분이 없다

(4) 신분보장 및 예우
- 위원은 중대한 신체상 또는 정신상의 장애로 직무를 수행할 수 없게 된 경우를 **제외**하고는 그 의사에 반하여 면직되지 아니한다.
- 위원 중 공무원이 아닌 위원에게는 예산의 범위에서 직무활동에 필요한 비용 등을 지급**할 수 있다.**

3 사무
- 시·도자치경찰위원회의 사무를 처리하기 위하여 시·도자치경찰위원회에 필요한 사무기구를 둔다.
- 사무기구에는 대통령령으로 정하는 바에 따라 경찰공무원을 두어야 한다.

4 심의의결사항

자치경찰 정책 수립·운영	• 자치경찰사무에 관한 목표의 수립 및 평가 • 자치경찰사무에 관한 인사, 예산, 장비, 통신 등에 관한 주요정책 및 그 운영지원 • 자치경찰사무 담당 공무원의 임용, 평가 및 인사위원회 운영 • 자치경찰사무 담당 공무원의 부패 방지와 청렴도 향상에 관한 주요 정책 및 인권침해 또는 권한남용 소지가 있는 규칙, 제도, 정책, 관행 등의 개선 • 자치경찰사무 시책 수립 • 시·도경찰청장 임용관련 경찰청장과의 협의, 경찰서장의 자치경찰사무 평가·결과 통보
자치경찰 통제·관리	• 자치경찰사무 감사 및 감사의뢰 • 자치경찰사무 담당 공무원의 주요 비위사건에 대한 감찰요구 • 자치경찰사무 담당 공무원에 대한 징계요구 • 자치경찰사무 담당 공무원의 고충심사 및 사기진작 기출OX 07 • 자치경찰사무와 관련된 중요사건·사고 및 현안의 점검 • 자치경찰사무에 관한 규칙의 제정·개정 또는 폐지
국가경찰 협의·조정	• 지방행정과 치안행정의 업무조정과 그 밖에 필요한 협의·조정 • 비상사태 등 전국적 치안유지를 위한 경찰청장의 지휘·명령에 관한 사무 • 국가경찰사무·자치경찰사무의 협력·조정과 관련하여 경찰청장과 협의 기출OX 08 • 국가경찰위원회에 대한 심의·조정 요청 기출OX 09
기타	• 그 밖에 **시·도지사, 시·도경찰청장**이 중요하다 인정, 자치경찰위원회 회의에 부친 사항 기출OX 10

[심화] 시·도자치경찰위원회 위원 추천위원회

설치	시·도자치경찰위원회 위원 추천을 위하여 **시·도지사 소속**으로 시·도자치경찰위원회 위원추천위원회를 둔다.
구성	시·도자치경찰위원회 위원추천위원회는 시·도자치경찰위원회 위원을 추천할 때마다 위원장 1명을 포함하여 **5명**의 위원으로 구성한다.
위원	추천위원은 **시·도지사**가 다음에 해당하는 사람을 임명하거나 위촉한다. 1. 시·군·자치구의회의 의장 전부가 참가하는 지역협의체가 추천하는 1명 2. 시장·군수·자치구의 구청장 전부가 참가하는 지역협의체가 추천하는 1명 3. 재직 중인 경찰공무원이 아닌 사람 중에서 경찰청장이 추천하는 1명 4. 시·도경찰청의 소재지를 관할하는 지방법원장이 추천하는 1명 5. 시·도 본청 소속 기획 담당 실장[경기도북부자치경찰위원회의 경우에는 행정(2)부지사 밑에 두는 기획 담당 실장을 말한다]
위원장	• 추천위원회 위원장은 추천위원 중에서 **호선**한다. • 추천위원회 위원장이 부득이한 사유로 직무를 수행할 수 없을 때에는 **시·도지사**가 지명하는 추천위원이 그 직무를 대행한다.
회의	추천위원회는 재적위원 과반수의 찬성으로 의결한다.

기출 OX

01 위원은 정치적 중립을 지켜야 하며, 권한을 남용하여서는 아니 된다. 22 채용 (O X)

02 공무원이 아닌 위원에 대해서는 국가공무원법 제55조 및 제57조를 준용한다. 22 채용 (O X)

03 공무원이 아닌 위원은 그 소관 사무와 관련하여 형법이나 그 밖의 법률에 따른 벌칙을 적용할 때에는 공무원으로 본다. 24 승진 (O X)

04 시·도자치경찰위원회 위원장과 위원의 임기는 3년으로 하되, 위원만 한 차례 연임할 수 있다. 25·23 채용 (O X)

05 보궐위원은 전임자의 남은 임기가 1년 미만인 경우 한 차례에 한해서 연임할 수 있다. 25·22 채용 (O X)

06 경찰청장, 국가수사본부장, 국가경찰위원회 위원, 시·도자치경찰위원회 위원 모두 연임이 불가능하다. 단, 시·도자치경찰위원회 보궐위원의 경우 전임자의 남은 임기가 1년 미만인 경우 한 차례만 연임할 수 있다. 24 채용 (O X)

07 자치경찰사무 담당 공무원의 고충심사 및 사기진작은 시·도자치경찰위원회의 소관사무이다. 23 승진 (O X)

08 국가경찰사무·자치경찰사무의 협력·조정과 관련하여 시·도경찰청장과 협의는 시·도자치경찰위원회의 소관사무이다. 23 승진 (O X)

09 국가경찰위원회에 대한 심의·조정 요청은 시·도자치경찰위원회의 소관사무이다. 23 승진 (O X)

10 그 밖에 시·도지사, 시·도경찰청장이 중요하다고 인정하여 시·도자치경찰위원회의 회의에 부친 사항에 대한 심의·의결은 시·도자치경찰위원회의 소관사무이다. 23 승진 (O X)

정답 및 해설

01 O
02 X 지방공무원법상의 비밀엄수의무와 정치운동금지의무가 준용
03 O
04 X 연임할 수 없다.
05 O
06 O 경찰청장과 국가수사본부장의 "연임" 자체가 가능한지에 대한 것이고, 중임을 할 수 없다는 것은 연임할 수 없다는 내용을 포함하므로 옳은 설명으로 보아야 한다.
07 O
08 X 국가경찰사무·자치경찰사무의 협력·조정과 관련하여 경찰청장과 협의
09 O
10 O

5 회의

회의	• 위원장은 정기회의와 임시회의를 소집·개최한다. • 회의는 정기적으로 개최하여야 한다. 다만 일정한 경우 임시회의를 개최할 수 있다.	
	정기	특별한 사유가 있는 경우를 제외하고는 **월 1회 이상** 소집·개최한다.
	임시	**위원장**이 필요하다고 인정, **위원 2명** 이상이 요구, **시·도지사**가 필요하다고 인정 기출OX 01
정족수	재적위원 과반수의 출석과 출석위원 과반수의 찬성	
재의	• **시·도지사**는 자치경찰위원회의 **의결이 적정하지 아니하다고 판단할 때**에는 재의를 요구할 수 있다. 기출OX 02, 03 • 의결사항이 **법령위반·공익 현저저해 시**: 행정안전부장관·경찰청장이 시·도지사 거쳐 통제 기출OX 04 ① 행안부장관: 미리 경찰청장 의견들어 국경위 거쳐 시도지사에게 재의요구하게 할 수 있다. ② 경찰청장: 국경위와 행안부장관을 거쳐 시·도지사에게 재의요구하게 할 수 있다. • 위원장은 재의요구를 받은 날부터 **7일** 이내에 회의를 소집하여 재의결하여야 한다. 이 경우 **재적위원 과반수의 출석과 출석위원 3분의 2 이상의 찬성**으로 전과 같은 의결을 하면 그 의결사항은 확정된다. 기출OX 12	

[압축정리] 국가경찰위원회와 자치경찰위원회 비교 기출OX 05, 06, 07, 08, 09, 10, 11

	국가경찰위원회	시·도자치경찰위원회
소속	행정안전부	시·도지사
성격	심의·의결기관	합의제 행정기관
구성	7명: 1인 상임(정무직), 6명의 위원은 비상임(위원장 1인 + 위원 5인)	7명: 2인 상임(위원장, 위원 1인), 5명의 위원은 비상임
위원장	비상임 위원(6인) 중 호선	위원장: 위원 중에서 시·도지사가 임명
위원자격	위원 중 2명은 법관자격	위원 중 1명은 인권문제에 관하여 전문적 지식
임명	• 위원: 행안부장관 제청→(국무총리) 대통령 • 위원장: 비상임 위원(6인) 중 호선	• 위원: 시·도지사가 임명 • 위원장: (위원 중) 시·도지사가 임명 • 상임위원: 시·도자치경찰위원회의 의결 → 위원장의 제청 → 시·도지사가 임명
임기	3년, 연임불가	3년, 연임 불가 [전임자의 남은 임기 1년 미만 → 한번 연임가능]
회의	• 정기회의: 매월 2회 위원장이 소집 • 임시회의: 위원장, 위원 3인 이상, 행안부장관, 경찰청장	• 정기회의: 정기적으로 개최 (월 1회 이상) • 임시회의: 위원장, 위원 2인 이상, 시·도지사
의결 정족수	재적위원 과반수 출석, 출석위원 과반 찬성	재적위원 과반수의 출석과 출석위원 과반수 찬성
재의결	행안부장관이 의결일로부터 10일 이내 요구 (요구를 받은 날부터 7일 이내 재의결)	• 시·도지사는 재의 요구 가능 • 위원장은 재의요구를 받은 날부터 7일 이내에 회의를 소집하여 재의결(재적위원 과반수의 출석과 출석위원 3분의 2 이상의 찬성으로 의결)

[꿀팁정리] 제청 들어가는 임명

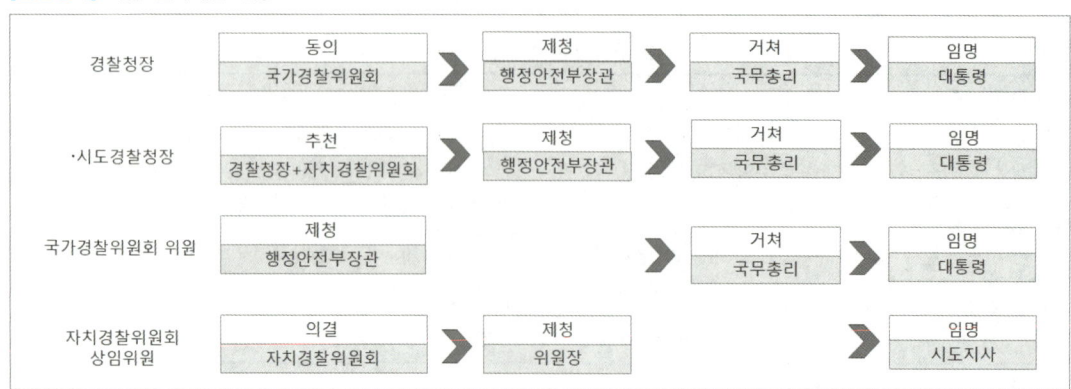

기출 OX

01 시·도자치경찰위원회의 회의는 정기적으로 개최하여야 한다. 다만 위원장이 필요하다고 인정하는 경우, 위원 2명 이상이 요구하는 경우 및 시·도지사가 필요하다고 인정하는 경우에는 임시회의를 개최할 수 있다. 23·22 채용 ○ X

02 시·도지사는 시·도자치경찰위원회의 의결이 적정하지 아니하다고 판단할 때에는 재의를 요구할 수 있다. 24 채용 ○ X

03 시·도지사가 시·도자치경찰위원회의 의결에 대해 재의를 요구하려면 해당 의결이 법령에 위반되거나 공익을 현저히해친다고 판단되어야 한다. 24 간부 ○ X

04 경찰청장은 시·도자치경찰위원회의 의결이 적정하지 아니하다고 판단되면 국가경찰위원회와 행정안전부장관을 거쳐 시·도지사에게 재의를 요구하게 할 수 있다. 24 채용 ○ X

05 '위원은 특정 성(性)이 10분의 6을 초과하지 아니하도록 노력하여야 한다.' 규정은 국가경찰위원회와 시·도자치경찰위원회에 공통적으로 적용된다. 25 승진 ○ X

06 '위원은 중대한 신체상 또는 정신상의 장애로 직무를 수행할 수 없게 된 경우를 제외하고는 그 의사에 반하여 면직되지 아니한다.' 규정은 국가경찰위원회와 시·도자치경찰위원회에 공통적으로 적용된다. 25 승진 ○ X

07 '정당의 당원이거나 당적을 이탈한 날부터 3년이 지나지 아니한 사람은 위원이 될 수 없다.' 규정은 국가경찰위원회와 시·도자치경찰위원회에 공통적으로 적용된다. 25 승진 ○ X

08 '선거에 의하여 취임하는 공직에 있거나 그 공직에서 퇴직한 날부터 3년이 지나지 아니한 사람은 위원이 될 수 없다.' 규정은 국가경찰위원회와 시·도자치경찰위원회에 공통적으로 적용된다. 25 승진 ○ X

09 '경찰, 검찰, 국가정보원 직원 또는 군인의 직에 있거나 그 직에서 퇴직한 날부터 3년이 지나지 아니한 사람은 위원이 될 수 없다.' 규정은 국가경찰위원회와 시·도자치경찰위원회에 공통적으로 적용된다. 25 승진 ○ X

10 '위원 중 2명은 법관의 자격이 있는 사람이어야 한다.' 규정은 국가경찰위원회와 시·도자치경찰위원회에 공통적으로 적용된다. 25 승진 ○ X

11 '위원장 및 5명의 위원은 비상임으로 하고, 1명의 위원은 상임으로 한다.' 규정은 국가경찰위원회와 시·도자치경찰위원회에 공통적으로 적용된다. 25 승진 ○ X

12 시·도자치경찰위원회의 위원장은 재의요구를 받은 날부터 7일 이내에 회의를 소집하여 재의결하여야 한다. 이 경우 재적위원 과반수의 출석과 출석위원 과반수 이상의 찬성으로 전과 같은 의결을 하면 그 의결사항은 확정된다. 25 채용 ○ X

정답 및 해설

01 ○
02 ○
03 X 시·도지사의 재의요구 사유는 "의결이 적정하지 아니한 때"이고, 행정안전부장관과 경찰청장의 재의요구 요청사유는 "의결이 법령에 위반되거나 공익을 현저하게 해친다고 판단되는 때"이다.
04 X 법령에 위반되거나 공익을 현저히 해친다고 판단되면(의결이 적정하지 아니하다고 판단시 X)
05 ○
06 ○
07 ○
08 ○
09 ○
10 X 국가경찰위원회만 해당한다.
11 X 국가경찰위원회만 해당한다.
12 X 재적위원 과반수의 출석과 출석위원 3분의 2 이상의 찬성

해커스경찰
police.Hackers.com

Chapter 02

경찰공무원법

POINT 01 | 경찰공무원과 경찰공무원법
POINT 02 | 경찰공무원근무관계 발생
POINT 03 | 경찰공무원 근무관계 변동
POINT 04 | 경찰공무원 근무관계의 소멸
POINT 05 | 경찰공무원의 권리
POINT 06 | 경찰공무원의 의무
POINT 07 | 경찰공무원의 책임
POINT 08 | 경찰공무원의 권익보장수단

POINT 01 경찰공무원과 경찰공무원법

1 경찰공무원
- 일반적으로 경찰공무원법에 의해 임용되어 경찰관 직무집행법에 따른 직무를 수행하는 공무원을 말한다.
- 실적주의·신분보장·정년이 보장되는 경력직이면서 그 중 **특정직**(특수경력직X)으로 분류된다.
- 경찰공무원법은 특별법, 국가공무원법은 일반법이다. 기출OX 01 → 경찰공무원법 우선 적용, 경찰공무원법에 명시적 규정이 없는 사항에 대해 국가공무원법을 적용

2 경과

(1) 의의
- 경찰공무원은 그 직무의 종류에 따라 경과에 의하여 구분할 수 있다.
- 경과의 구분에 필요한 사항은 대통령령으로 정한다 기출OX 02

(2) 경과별 직무의 종류
- 일반경과: 기획·감사·경무·생활안전·교통·경비·작전·정보·외사나 그 밖에 수사경과·안보수사경과 및 특수경과에 속하지 아니하는 직무 기출OX 03
- 수사경과: 범죄수사에 관한 직무
- 안보수사경과: 보안경찰에 관한 직무
- 특수경과: 항공경과는 경찰항공기의 운영·관리에 관한 직무, 정보통신경과는 경찰정보통신의 운영·관리에 관한 직무

(3) 부여대상
총경 이하 경찰공무원에게 부여하는 경과는 일반경과, 수사경과, 안보수사경과, 특수경과(항공경과, 정보통신경과)이다. 다만, 수사·안보수사경과는 **경정 이하** 경찰공무원에게만 부여한다. 기출OX 04

(4) 부여시기
- 임용권자(위임받은 자 포함)·임용제청권자는 경찰공무원을 신규채용 할 때에 경과를 **부여해야 한다**.
- 신규채용된 경찰공무원에게는 일반경과를 부여한다. 다만, 수사·안보수사·항공·정보통신분야로 채용된 경찰공무원에게는 임용예정 직위의 업무와 관련된 경과를 부여한다.

(5) 전과 → 경과를 변경하는 것

전과 유형	• 전과는 일반경과에서 수사경과·안보수사경과 또는 특수경과로의 전과만 인정한다. • 단, 정원감축 등 경찰청장이 정하는 사유가 있는 경우 안보수사·수사·정보통신경과에서 일반경과로의 전과를 인정할 수 있다.
전과 제한	다음 어느 하나에 해당하는 사람은 전과를 할 수 없다. 1. 현재 경과를 부여받고 **1년**이 지나지 아니한 사람 2. 특정 직무분야 근무를 조건으로 채용된 경찰공무원: 채용 후 **5년**이 지나지 아니한 사람

(6) 폐지 및 병합
경찰청장은 전시·사변 또는 이에 준하는 비상사태가 발생시 경과의 일부를 폐지·병합·신설할 수 있다.

[참고] 수사경과

① **선발인원**: 수사경찰 전문성·인사운영 효율성 등 고려, 수사부서 총 정원 1.5배 범위 내에서 **경찰청장**이 정한다.
② **유효기간**: 부여일 또는 갱신일로부터 **5년**으로 한다.
③ **수사경과 해제사유**

필요적	다음 어느 하나에 해당하는 경우에는 수사경과를 해제**하여야 한다.** 1. **직무관련 청렴의무위반·인권침해·부정청탁**에 따른 직무수행으로 **징계처분**을 받은 경우 기출 OX 05 2. **5년**간 연속으로 수사경찰 근무부서 외의 부서에서 근무하는 경우 기출 OX 06 3. 유효기간 내에 갱신이 되지 않은 경우
임의적	다음 어느 하나에 해당하는 경우에는 수사경과를 해제할 수 있다. 1. 필요적 해제사유 **제1호 언급사유 이외**의 사유로 **징계처분**을 받은 경우 2. 인권침해·편파수사 이유로 **다수의 진정**을 받는 등 공정한 수사업무 수행기대 곤란한 경우 기출 OX 07 3. 수사업무 능력·의욕이 현저하게 부족한 경우 → 정당한 사유 없이 **2년** 연속 수사부서 외 부서 근무 기출 OX 08, 수사부서 전입기피, 인사내신서 불제출·부실기재 제출

기출 OX

01 국가공무원법과 경찰공무원법은 일반법과 특별법의 관계이다. 12 채용 O X
02 경찰공무원은 그 직무의 종류에 따라 경과에 의하여 구분할 수 있으며, 경과의 구분에 필요한 사항은 행정안전부령으로 정한다. 12 채용 O X
03 「경찰공무원 임용령」과 「경찰공무원 임용령 시행규칙」에서는 경과별 직무의 종류를 규정하고 있으며, 수사경과·안보수사경과·항공경과·정보통신경과에 속하지 아니하는 직무를 일반경과의 직무로 구분하고 있다. 24 채용 O X
04 「경찰공무원 임용령」상 임용권자 또는 임용제청권자는 경찰공무원을 신규채용 할 때에 경과를 부여해야 한다. 22 승진 O X
05 직무관련 청렴의무위반·인권침해·부정청탁에 따른 직무수행으로 징계처분을 받는 경우 수사경과를 해제하여야 한다. 20 승진 O X
06 5년간 연속으로 비수사부서에 근무하는 경우 수사경과를 해제 하여야 한다. 20 승진 O X
07 인권침해·편파수사 이유로 다수의 진정을 받는 등 공정한 수사업무 수행기대 곤란한 경우 수사경과를 해제하여야 한다. 25·20 승진 O X
08 2년간 연속으로 수사부서 전입을 기피하는 경우 수사경과를 해제할 수 있다. 20 승진 O X

정답 및 해설

01 O
02 X 대통령령으로 정한다.
03 O
04 O
05 O
06 O
07 X 해제할 수 있다.
08 O

POINT 02 경찰공무원근무관계 발생

1 임용

경찰공무원법 제2조 【정의】 이 법에서 사용하는 용어의 정의는 다음과 같다.
1. "임용"이란 신규채용·승진·전보·파견·휴직·직위해제·정직·강등·복직·면직·해임 및 파면을 말한다.

2 임용의 형식 및 효력발생시기

형식	• 임용장 또는 임용통지서의 교부에 의하는 것이 일반적이다. • 임용장 등 교부는 효력요건이 아닌, 임용행위에 대한 선언·공증적 효력밖에 없다(통설).
효력	• 임용장·임용통지서에 적힌 날짜에 임용된 것으로 보며, 임용일자를 소급해서는 아니 된다 기출OX 01 • 사망으로 인한 면직은 사망한 **다음 날**에 면직된 것으로 본다. 기출OX 02, 03
임용시기 특례	전사·순직한 사람을 다음 하나에 해당하는 날을 임용일자로 하여 특별승진임용하는 경우 가. **재직 중 사망한 경우**: 사망일의 전날 기출OX 04 나. **퇴직 후 사망한 경우**: 퇴직일의 전날

3 임용의 자격요건(적극적 요건)

경찰공무원법 제10조 【신규채용】 ① **경정** 및 **순경**의 신규채용은 공개경쟁시험으로 한다.
② 경위의 신규채용은 다음 각 호의 어느 하나에 해당하는 사람 중에서 한다.
1. 경찰대학을 졸업한 사람
2. 경위공개경쟁채용시험합격자로서 교육훈련을 마치고 정하여진 시험에 합격한 사람

[참고] 경력경쟁채용

다음 어느 하나에 해당하는 경우에는 경력경쟁채용시험으로 경찰공무원을 신규채용할 수 있다.
1. 「국가공무원법」 제70조 제1항 제3호의 사유로 퇴직하거나 같은 법 제71조 제1항제1호의 휴직 기간 만료로 퇴직한 경찰공무원을 퇴직한 날부터 **3년**(「공무원 재해보상법」에 따른 공무상 질병 또는 부상으로 인한 휴직의 경우에는 **5년**) 이내에 퇴직 시에 재직한 계급의 경찰공무원으로 재임용하는 경우
2. 공개경쟁시험으로 임용하는 것이 부적당한 경우에 임용예정 직무에 관련된 자격증 소지자를 임용하는 경우
3. 임용예정직에 상응하는 근무실적 또는 연구실적이 있거나 전문지식을 가진 사람을 임용하는 경우
4. 5급 공무원의 공개경쟁채용시험이나 사법시험에 합격한 사람을 **경정 이하**의 경찰공무원으로 임용하는 경우
5. 섬, 외딴곳 등 특수지역에서 근무할 사람을 임용하는 경우
6. 외국어에 능통한 사람을 임용하는 경우
7. 제주특별자치도의 자치경찰공무원을 그 계급에 상응하는 경찰공무원으로 임용하는 경우
8. 경찰청 외부를 대상으로 모집하여 국가수사본부장을 임용하는 경우

[TIP] '다음 날' 정리 – 행·정·임·면·휴·과·범·선

행정기본법상 이의신청 등 3개	이의신청 결과통지기간	신청일부터 14일 이내 + 만료 다음 날부터 10일 이내
	이의신청 후 쟁송제기기간	결과통지일로부터 90일 내 통지받지 못한 경우, 통지기간 만료 다음 날부터 90일 내
	재심사 결과통지기간	신청일로부터 90일 이내 + 만료 다음 날부터 90일 이내
정보공개법상 공개 등 결정기간	정보공개청구 결정기간	청구받은날, 10일 이내 + 끝난 날 다음 날부터 10일 이내
	이의신청 결정기간	이의신청 받은날, 7일 이내 + 끝난 날 다음 날부터 7일 이내
경찰공무원법상 정규임용 시점	경찰공무원 정규임용 시점	경정 이하 신규채용시 1년간 시보임용, 그 기간 만료 다음 날 정규 경찰공무원 임용
경찰공무원 임용령상 사망면직시점	사망면직 시점	사망한 다음 날 면직된 것으로 본다.
경찰공무원 복무규정상 휴무시점	연일·공휴일근무자 휴무	그 다음 날 1일의 휴무, 허가하여야 한다.
	당직·철야근무자 휴무	그 다음 날 오후 2시기준 오전오후 휴무, 허가하여야 한다.
질서위반행위규제법 시행령 과태료 징수유예 결정시점	징수유예 결정시점	징수유예 결정한 날의 다음 날부터 9개월 내 + 사유 해소되지 아니하는 경우 3개월 연장 가능(1회 한정)
경범죄처벌법상 범칙금 납부기간(2차)	2차 범칙금 납부기간	1차 납부기간(10일) 마지막 날의 다음 날부터, 20일 이내, 20% 가산금액 납부하여야 한다.
공직선거법상 선거기간	공선법 선거기간	대통령선거, 후보자등록마감일 다음 날부터 선거일까지 국선지선, 후보자등록마감일 후 6일부터 선거일까지

기출 OX

01 경찰공무원은 임용장이나 임용통지서에 적힌 날짜에 임용된 것으로 보며, 임용일자를 원칙적으로 소급할 수 없다. 22 간부 (O X)

02 사망으로 인한 면직은 사망한 날에 면직된 것으로 본다. 23·17 승진, 22 간부 (O X)

03 경찰공무원은 임용장 또는 임용통지서에 기재된 일자에 임용된 것으로 보지만, 사망으로 인한 면직은 사망한 다음 날에 면직된 것으로 본다고 경찰공무원법에 명시되어 있다. 15 채용 (O X)

04 경찰공무원이 재직 중 전사하거나 순직한 경우로서 특별승진 임용하는 경우에는 사망한 날을 임용일자로 본다. 22 간부 (O X)

정답 및 해설

01 O
02 X 사망한 다음날
03 X 경찰공무원 임용령에 명시
04 X 사망일의 전날을 임용일자로 본다.

4 임용의 능력요건(소극적 요건, 경찰공무원법상 임용결격사유)

국적문제	• 대한민국 국적을 가지지 아니한 사람 → 외국인 기출OX 01 • 「국적법」에 따른 복수국적자 기출OX 02
법률행위 제한	• 피성년후견인 또는 피한정후견인 기출OX 03 • 파산선고를 받고 복권되지 아니한 사람 기출OX 04
일반범죄	• **자격정지** 이상의 형을 선고받은 사람 기출OX 05 • **자격정지** 이상의 형의 선고유예를 선고받고 그 유예기간 중에 있는 사람

특수범죄	• 공무원으로 재직기간 중 직무와 관련하여 「형법」상 횡령·배임을 범한 자로서 **300만원** 이상의 벌금형을 선고받고 그 형이 확정된 후 **2년**이 지나지 아니한 사람 기출OX 06, 07
	• 다음 각 목의 어느 하나에 해당하는 죄를 범한 사람으로서 **100만원** 이상의 벌금형을 선고받고 그 형이 확정된 후 **3년**이 지나지 아니한 사람
	  가. 「성폭력범죄의 처벌 등에 관한 특례법」에 따른 성폭력범죄 기출OX 08
	  나. 「정보통신망 이용촉진 및 정보보호 등에 관한 법률」 제74조 제1항 제2호(음란한 문언 배포 등) 및 제3호(불안감유발 문언 등 도달)에 따른 죄
	  다. 「스토킹범죄의 처벌 등에 관한 법률」에 따른 스토킹범죄
	• 미성년자에 대한 다음 범죄를 저질러 형 또는 치료감호가 확정된 사람(집행유예를 선고받은 후 그 집행유예기간이 경과한 사람을 포함한다) 기출OX 09
	  가. 「성폭력범죄의 처벌 등에 관한 특례법」 제2조에 따른 성폭력범죄
	  나. 「아동·청소년의 성보호에 관한 법률」 제2조 제2호에 따른 아동·청소년대상 성범죄

배제징계	징계에 의하여 **파면 또는 해임처분**을 받은 사람 기출OX 10

> **판례 |**
> 공무원임용결격사유가 있는지의 여부는 채용후보자 명부에 등록한 때가 아닌 **임용 당시에 시행되던 법률을 기준**으로 하여 판단하여야 한다(86누459).

5 능력요건 흠결 효과: 공무원 임용행위는 당연무효

> **판례 |**
> 국가의 과실에 의한 공무원임용결격자의 임용행위의 효력 임용당시 공무원임용결격사유가 있었다면 비록 국가의 과실에 의하여 임용결격자임을 밝혀내지 못하였다 하더라도 그 임용행위는 **당연무효**로 보아야 한다(86누459) 기출OX 11

6 부정행위자에 대한 제재

- 경찰청장은 경찰공무원의 신규채용시험(경위공개경쟁채용시험을 포함), 승진시험 또는 그 밖의 시험에서 다른 사람에게 대신하여 응시하게 하는 행위 등 대통령령으로 정하는 부정행위를 한 사람에 대하여 대통령령으로 정하는 바에 따라 해당 시험의 정지·무효 또는 합격 취소 처분을 할 수 있다.
- 처분을 받은 사람에 대해서는 처분이 있은 날부터 **5년**의 범위에서 대통령령으로 정하는 기간 동안 신규채용시험, 승진시험 또는 그 밖의 시험의 응시자격을 정지한다. 기출OX 12
- 경찰청장은 위에 따른 처분(시험의 정지는 제외한다)을 할 때에는 미리 그 처분 내용과 사유를 당사자에게 통지하여 소명할 기회를 주어야 한다. 기출OX 13

> **경찰공무원임용령 제32조 【시험실시의 원칙】** 경찰공무원의 신규채용시험은 계급별로 실시한다. 다만, 결원보충을 원활히 하기 위하여 필요하다고 인정될 때에는 직무분야별·근무예정지역 또는 근무예정기관별로 구분하여 실시할 수 있다. 기출OX 14

기출 OX

01 대한민국 국적을 가지지 아니한 사람은 경찰공무원법상 경찰공무원 결격사유에 해당한다. 12·16 채용, 21 간부 O X

02 '국적법'에 따른 복수국적자는 경찰공무원법상 경찰공무원 결격사유에 해당한다. 24 채용, 21 간부 O X

03 피한정후견인은 경찰공무원법상 경찰공무원 결격사유에 해당한다. 12·16 채용, 21 간부 O X

04 파산선고를 받고 복권된 사람은 경찰공무원법상 경찰공무원 결격사유에 해당한다. 16 채용, 21 간부 O X

05 벌금의 형을 선고받은 사람은 경찰공무원법상 경찰공무원 결격사유에 해당한다. 16 채용, 21 간부 O X

06 공무원으로 재직기간 중 직무와 관련하여 「형법」제355조(횡령, 배임) 및 제356조(업무상의 횡령과 배임)에 규정된 죄를 범한 사람으로서 300만원 이상의 벌금형을 선고받고 그 형이 확정된 후 2년이 지난 사람은 경찰공무원법상 경찰공무원 결격사유에 해당한다. 16 채용, 21 간부 O X

07 '도로교통법'에 따른 음주운전 후 300만원 벌금형을 선고받고 그 형이 확정된 후 6개월이 지난 사람은 경찰공무원법상 경찰공무원 결격사유에 해당한다. 16 채용, 21 간부 O X

08 '성폭력범죄의 처벌등에 관한 특례법'에 규정된 죄를 범한 후 100만원의 벌금형을 선고받고 그 형이 확정된 후 2년이 지난 사람은 경찰공무원법상 경찰공무원 결격사유에 해당한다. 16 채용, 21 간부 O X

09 미성년자에 대해 「성폭력범죄의 처벌 등에 관한 특례법」제2조에 따른 성폭력범죄를 저질러 형 또는 치료감호가 확정된 사람(집행유예를 선고받은 후 그 집행유예기간이 경과한 사람을 포함한다)은 경찰공무원법상 경찰공무원 결격사유에 해당한다. 21 간부 O X

10 징계로 해임처분을 받은 때로부터 3년이 지난 사람은 경찰공무원법상 경찰공무원 결격사유에 해당한다. 16 채용, 21 간부 O X

11 경찰공무원 임용 당시 임용결격사유가 있었더라도 국가의 과실에 의해 임용결격자임을 밝혀내지 못했다면, 그 임용행위는 당연무효로 볼 수 없다. 22 채용 O X

12 경찰청장은 경찰공무원의 신규채용시험(경위공개경쟁채용시험을 포함), 승진시험 또는 그 밖의 시험에서 부정행위를 한 응시자에 대하여는 해당 시험을 정지 또는 무효로 하고, 그 처분이 있은 날부터 3년간 시험응시자격을 정지한다. 19 채용 O X

13 경찰청장 또는 해양경찰청장은 경찰공무원의 신규채용시험에서 대통령령으로 정하는 부정행위를 한 사람에 대하여 부정행위자에 대한 제재로서 해당 시험의 정지·무효 또는 합격 취소 처분을 할 때에는 미리 그 처분의 내용과 사유를 당사자에게 통지하여 소명할 기회를 주어야 한다. 25 채용 O X

14 경찰공무원의 신규채용시험은 계급별로 실시한다. 다만, 결원보충을 원활히 하기 위하여 필요하다고 인정될 때에는 직무분야별·근무예정지역 또는 근무예정기관별로 구분하여 실시할 수 있다. 25 채용 O X

정답 및 해설

01 O
02 O
03 O
04 X 파산선고를 받았더라도 복권되었다면 임용결격자가 아니다.
05 X 자격정지 이상의 형 선고
06 X 2년이 지나지 아니한 사람이다.
07 X 도로교통법에 따른 음주운전은 제7호 대상범죄에 해당하지 않는다.
08 O
09 O
10 O
11 X 당연무효에 해당
12 X 5년간이다.
13 X 시험의 정지는 제외한다.
14 O

7 임용권자 기출OX 01

(1) 총경 이상 → 원칙 대통령, 예외 경찰청장
- 원칙: <u>경찰청장</u>의 <u>추천</u> → 행정안전부장관의 <u>제청</u> → 국무총리를 거쳐 → <u>대통령</u>이 임용한다. 기출OX 02
- 예외: <u>총경</u>의 <u>전</u>보·<u>휴</u>직·<u>직</u>위해제·<u>강</u>등·<u>정</u>직 및 <u>복</u>직은 <u>경찰청장</u>이 한다. 기출OX 03 **전복강정휴직**

(2) 경정이하 → 원칙 경찰청장, 예외 대통령
- 원칙: <u>경정이하</u> 경찰공무원은 <u>경찰청장</u>이 임용한다.
- 예외: <u>경정으로의</u> <u>신</u>규채용·<u>승</u>진임용·<u>면</u>직은 경찰청장 <u>제청</u> → 국무총리를 거쳐 → <u>대통령</u>이 한다 기출OX 04 **신승면**

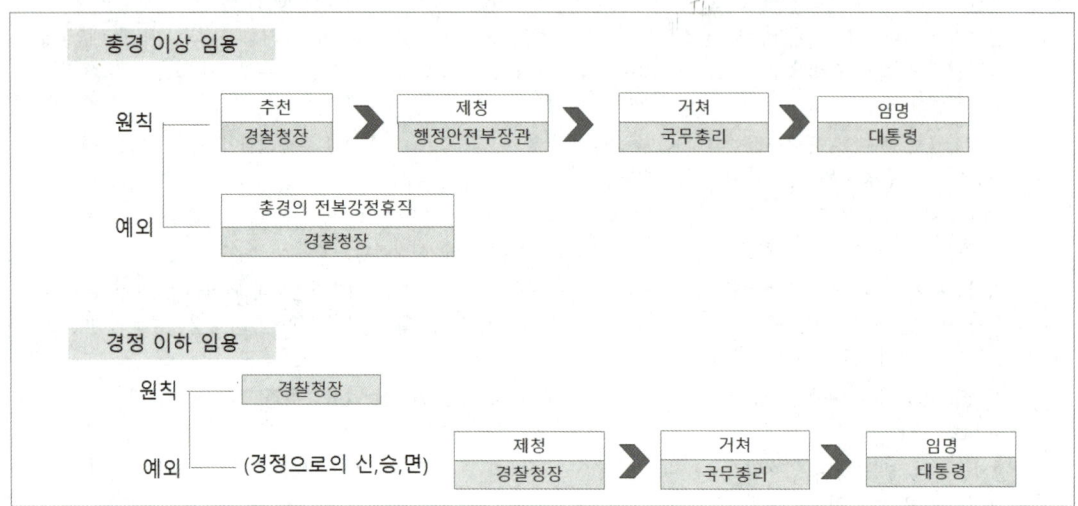

8 경찰공무원 인사위원회

설치	경찰공무원의 인사에 관한 중요 사항에 대하여 경찰청장의 자문에 응하게 하기 위하여 경찰청과 해양경찰청에 경찰공무원인사위원회를 둔다.
심의사항	• 경찰공무원의 인사행정에 관한 방침과 기준 및 기본계획 • 경찰공무원의 인사에 관한 법령의 제정·개정 또는 폐지에 관한 사항 • 그 밖에 경찰청장 또는 해양경찰청장이 인사위원회의 회의에 부치는 사항
구성	• 위원장을 포함하여 5명 이상 7명 이하의 위원으로 구성 • 인사위원회의 위원장은 경찰청 인사담당국장이 되고, 위원은 경찰청 소속 총경 이상 경찰공무원 중에서 <u>경찰청장이 각각 임명</u>한다.
회의	• 위원장은 인사위원회의 회의를 소집하고 그 의장이 된다. • 재적위원 과반수의 찬성으로 의결

기출 OX

01 원칙적으로 총경 이상의 임용권자는 대통령, 경정 이하의 임용권자는 경찰청장이다. 12 간부 O X

02 총경 이상의 경찰공무원은 경찰청장의 제청으로 국무총리를 거쳐 대통령이 임용한다. 22·17 승진, 22·19 채용 O X

03 총경의 전보, 휴직, 직위해제, 강등, 정직 및 복직은 행정안전부장관 또는 해양수산부장관이 임용한다. 23 채용 O X

04 경정 이하 경찰공무원은 경찰청장이 임용한다. 다만 경정으로의 신규채용, 승진임용 및 면직은 경찰청장의 제청으로 행정안전부장관을 거쳐 대통령이 한다. 24·23 채용, 17 승진, 16 지능범죄, 15 간부 O X

정답 및 해설

01 O
02 X 경찰청장 추천 → 행정안전부장관의 제청 → 국무총리 거쳐 → 대통령이 임용한다.
03 X 경찰청장 또는 해양경찰청장이 한다.
04 X 국무총리를 거쳐

9 경찰청장의 위임에 따른 임용권자

(1) 위임원칙
- **경찰청장**은 대통령령으로 정하는 바에 따라 경찰공무원의 임용에 관한 권한의 일부를 다음과 같이 위임할 수 있다. 기출OX 01, 02 이 경우 시·도지사는 경찰청장으로부터 위임받은 권한의 일부를 대통령령으로 정하는 바에 따라 시·도자치경찰위원회, 시·도경찰청장에게 다시 위임할 수 있다.

국가경찰사무 관련	수사경찰사무 관련	자치경찰사무 관련
소속 기관의 장, 시·도경찰청장	국가수사본부장	시·도지사

(2) 자치경찰사무 관련 임용권
- 경찰청장은 시·도지사에게 해당 시·도의 자치경찰사무를 담당하는 경찰공무원[시·도자치경찰위원회, 시·도경찰청 및 경찰서(지구대 및 파출소는 제외한다)에서 근무하는 경찰공무원을 말한다] 중 **경정의 전보·파견·휴직·직위해제 및 복직**에 관한 권한과 **경감 이하의 임용권**(신규채용 및 면직에 관한 권한은 제외한다)을 위임한다. 기출OX 03
- 임용권을 위임받은 시·도지사는 **경감** 또는 **경위**로의 **승진임용**에 관한 권한을 **제외**한 임용권을 시·도자치경찰위원회에 다시 위임한다. 기출OX 03
- 임용권을 위임받은 시·도자치경찰위원회는 시·도지사와 시·도경찰청장의 의견을 들어 그 권한의 일부를 시·도경찰청장에게 다시 위임할 수 있다.
- 임용권을 위임받은 시·도경찰청장은 소속 **경감 이하** 경찰공무원에 대한 해당 **경찰서 안에서의 전보권**을 경찰서장에게 다시 위임할 수 있다. 기출OX 04
- 시·도자치경찰위원회는 임용권을 행사하는 경우에는 **시·도경찰청장의 추천**을 받아야 한다.
- 시·도경찰청장 및 경찰서장은 지구대장 및 파출소장을 보직하는 경우에는 **시·도자치경찰위원회**의 의견을 사전에 들어야 한다. 기출OX 05

(3) 수사사무 관련 임용권 위임
- 경찰청장은 국가수사본부장에게 국가수사본부 안에서의 **경정 이하**에 대한 **전보권**을 위임한다.
- 경찰청장은 수사부서에서 **총경**을 보직하는 경우에는 국가수사본부장의 추천을 받아야 한다.

(4) 국가경찰사무 관련 임용권 위임
- 경찰청장은 소속기관등의 장(경찰대학·경찰인재개발원·중앙경찰학교·경찰수사연수원·경찰병원 및 시·도경찰청)에게 그 소속 경찰공무원 중 **경정**의 **전보·파견·휴직·직위해제 및 복직**에 관한 권한과 **경감 이하**의 **임용권**을 위임한다. 기출OX 06 → 자치경찰사무 위임과 유사, 다른점은 경감 이하의 임용권에서 신규채용 및 면직에 관한 권한 제외규정이 없다.
- 소속기관등의 장은 **경감** 또는 **경위**를 **신규채용**하거나 **경위** 또는 **경사**를 **승진**시키려면 미리 **경찰청장의 승인**을 받아야 한다. 기출OX 07 → 경위 기준 위로 하나(신규채용), 아래로 하나(승진)!

(5) 경찰청장의 예외적 임용권 행사
위 각각의 위임규정에도 불구하고 경찰청장은 경찰공무원의 정원 조정·승진임용·인사교류·파견을 위하여 필요한 경우에는 임용권을 행사할 수 있다. 기출OX 08

[꿀팁정리] 자치경찰사무 관련 임용권 위임 정리

위임자	수임자	위임대상 (자치경찰사무를 담당하는 경찰공무원의 임용권 중)	기속성
[1] 경찰청장이	시·도지사에게	• 경정의 견·복·전·휴·직 • 경감 이하 임용권(신·면 제외)	위임한다.
[2] 시·도지사가	시·도자치경찰위원회에	(위임받은 임용권 중) 경감·경위로의 승진임용권 제외한 나머지 임용권	위임한다.
[3] 자치경찰위원회가	시·도경찰청장에게	(위임받은 임용권 중) 일부 시·도지사 및 시·도경찰청장 의견을 사전에 들어야 한다.	위임할 수 있다.

| [4] 시·도경찰청장은 | 경찰서장에게 | 경감 이하의 해당 경찰서 안에서의 전보권 | 위임할 수 있다. |

- 여기서 임용권의 위임대상이 되는 "자치경찰사무를 담당하는 경찰공무원"은 시·도자치경찰위원회, 시·도경찰청 및 경찰서에서 근무하는 경찰공무원을 말한다. → 지구대·파출소는 제외함을 유의
- [1]단계에서 위임되는 견·복·전·휴·직: 파견·복직·전보·휴직·직위해제
- [1]단계 위임에서제외되는 신·면: 신규채용·면직
- [2]단계 위임결과 시·도지사가 보유하는 임용권: 경감·경위로의 승진임용권
- [3]단계 자치경찰위원회는 임용권을 행사하는 경우 시·도경찰청장의 추천을 받아야 한다.
- [4]단계 시·도경찰청장 및 경찰서장은 지구대장 및 파출소장을 보직하는 경우에는 자치경찰위원회의 의견을 사전에 들어야 한다.

기출 OX

01 경찰청장은 대통령령으로 정하는 바에 따라 경찰공무원의 임용에 관한 권한의 전부를 소속기관의 장, 시도경찰청장에게 위임해야만 한다. 23 채용, 16 지능범죄, 17 승진　　　　　　　　　　　　　　　　　　　　O X

02 경찰청장은 경찰공무원의 임용에 관한 권한의 일부를 소속기관 등의 장에게 위임할 수 없다. 19 채용 O X

03 자치경찰사무를 담당하는 OO경찰서 소속 경위 乙의 경감으로의 승진임용을 시·도지사가 하므로, 경위 乙에 대한 휴직이나 복직도 시·도지사가 한다. 22 채용　　　　　　　　　　　　　　　　　　　　　　　　O X

04 시도경찰청장은 소속 경감 이하 경찰공무원에 대한 해당 경찰서 안에서의 전보권을 경찰서장에게 다시 위임할 수 있다. 20 채용　　　　　　　　　　　　　　　　　　　　　　　　　　　　　　　　　O X

05 「경찰공무원 임용령」상 시·도경찰청장 및 경찰서장은 지구대장 및 파출소장을 보직하는 경우에는 시·도자치경찰위원회의 의견을 사전에 들어야 한다. 22 승진　　　　　　　　　　　　　　　　　　　O X

06 경찰청장은 경찰대학·경찰인재개발원·중앙경찰학교·경찰수사연수원·경찰병원 및 시·도경찰청(이하 "소속기관등"이라 한다)의 장에게 그 소속 경찰공무원 중 경정의 전보·파견·휴직·직위해제 및 복직에 관한 권한과 경감 이하의 임용권을 위임한다. 20 채용　　　　　　　　　　　　　　　　　　　　　　O X

07 임용권을 위임받은 소속기관등의 장은 경감 또는 경위를 신규채용하거나 경사 또는 경장을 승진시키려면 미리 경찰청장의 승인을 받아야 한다. 20 채용　　　　　　　　　　　　　　　　　　　　　　　　　O X

08 경찰청장은 '소속기관장에 대한 위임규정'에도 불구하고, 경찰공무원의 정원의 조정·인사교류 또는 파견을 위하여 필요한 때에는 임용권을 행사할 수 있다. 20 채용, 15 간부　　　　　　　　　　　　　　　O X

정답 및 해설

01 X '권한의 일부를, 위임할 수 있다.
02 X 위임할 수 있다.
03 X 경감·경위의 승진임용권은 시도지사. 경감·경위의 휴직·복직을 포함한 나머지 임용권은 자치경찰위원회
04 O
05 O
06 O
07 X 경감 또는 경위 신규채용, 경위 또는 경사를 승진
08 O

10 채용후보자

(1) **등록의무**: 다음 어느 하나에 해당하는 시험에 합격한 사람은 행정안전부령으로 정하는 바에 따라 임용권자 또는 임용제청권자에게 채용후보자 등록을 해야 한다(경찰공무원 임용령 제17조 제1항).
   1. 경정 및 순경 공개경쟁채용시험
   2. 경위공개경쟁채용시험
   3. 경력경쟁채용시험 등

(2) **채용후보자 명부**
   - 경찰청장(임용권을 위임받은 자를 포함한다)은 신규채용시험에 합격한 사람(경찰대학을 졸업한 사람과 경위공개경쟁채용시험합격자를 포함)을 대통령령으로 정하는 바에 따라 성적 순위에 따라 채용후보자 명부에 등재하여야 한다(경찰공무원법 제12조 제1항).
   - 채용후보자 등록을 하지 아니한 사람은 경찰공무원으로 임용될 의사가 없는 것으로 본다. 기출OX 01
   - 경찰공무원의 신규채용은 채용후보자 명부의 등재 순위에 따른다. 다만, 채용후보자가 경찰교육기관에서 신임교육을 받은 경우에는 그 교육성적 순위에 따른다.
   - 채용후보자 명부의 유효기간은 2년으로 하되, 경찰청장은 필요에 따라 1년의 범위에서 그 기간을 연장할 수 있다.
   - 다음 어느 하나에 해당하는 기간은 채용후보자 명부의 유효기간에 넣어 계산하지 아니한다.
      1. 신규채용시험에 합격한 사람이 채용후보자 명부에 등재된 이후 그 유효기간 내에 「병역법」에 따른 병역 복무를 위하여 군에 입대한 경우(대학생 군사훈련 과정 이수자를 포함한다)의 의무복무 기간
      2. 「병역법」에 따른 병역의무 이행을 위하여 징집 또는 소집되어 복무 중인 사람이 신규채용시험에 합격하여 채용후보자 명부에 등재된 경우 그 등재일부터 의무복무 만료일까지의 기간
   - 경찰청장은 채용후보자 명부의 유효기간을 연장하기로 결정한 경우에는 그 사실을 공고하여야 한다. 기출OX 02

(3) **임용 또는 임용제청 유예**
   임용권자 또는 임용제청권자는 채용후보자 명부에 등재된 채용후보자가 다음 어느 하나에 해당하는 경우에는 채용후보자 명부의 유효기간의 범위에서 기간을 정하여 임용 또는 임용제청을 유예할 수 있다. 다만, 유예 기간 중이라도 그 사유가 소멸한 경우에는 임용 또는 임용제청을 할 수 있다. 기출OX 03, 04

   - 병역복무를 위하여 징집·소집되는 경우
   - 학업을 계속하는 경우
   - 6개월 이상의 장기요양이 필요한 질병이 있는 경우
   - 임신·출산한 경우
   - 그 외 임용·임용제청의 유예가 부득이하다고 인정되는 경우

(4) **채용후보자 자격상실**: 아래의 경우 채용후보자 자격을 상실한다.
   1. 채용후보자가 임용 또는 임용제청에 응하지 않은 경우
   2. 채용후보자로서 받아야 할 교육훈련에 응하지 않은 경우
   3. 채용후보자로서 받은 교육훈련과정의 수료요건 또는 졸업요건을 갖추지 못한 경우
   4. 채용후보자로서 교육훈련 중 질병, 병역 복무 또는 그 밖에 교육훈련을 계속할 수 없는 불가피한 사정 외의 사유로 퇴교처분을 받은 경우 기출OX 05
   5. 채용후보자로서 품위를 크게 손상하는 행위를 함으로써 경찰공무원으로서의 직무를 수행하기 곤란하다고 인정되는 경우 → 채용후보자가 직무를 수행하기 곤란하다고 인정하려는 경우에는 임용심사위원회의 의결을 거쳐야 한다.
   6. 법 또는 법에 따른 명령을 위반하여 중징계 사유에 해당하는 비위를 저지른 경우
   7. 법 또는 법에 따른 명령을 위반하여 경징계 사유에 해당하는 비위를 2회 이상 저지른 경우

기출 OX

01 채용후보자 등록을 하지 아니한 사람은 경찰공무원으로 임용될 의사가 없는 것으로 본다. 25 채용 O X

02 경찰청장 또는 해양경찰청장은 채용후보자 명부의 유효기간을 연장하기로 결정한 경우에는 그 사실을 공고하여야 한다. 25 채용 O X

03 임용권자 또는 임용제청권자는 채용후보자 명부에 등재된 채용후보자가 학업을 계속하는 경우 채용후보자 명부의 유효기간의 범위에서 기간을 정하여 임용 또는 임용제청을 유예할 수 있다. 다만, 유예기간 중이라도 그 사유가 소멸한 경우에는 임용 또는 임용제청을 할 수 있다. 23 승진 O X

04 순경 채용후보자 명부에 등재된 채용후보자 丙이 학업을 계속하고자 이를 증명할 수 있는 자료를 첨부하여 임용권자가 정하는 기간 내에 원하는 유예기간을 적어 신청할 경우, 임용권자는 채용후보자 명부의 유효기간 범위에서 기간을 정하여 임용을 유예해야 한다. 22 채용 O X

05 채용후보자가 임용 또는 임용제청에 응하지 아니한 경우, 채용후보자로서 받은 교육훈련성적이 수료점수에 미달되는 경우, 채용후보자가 질병 등 교육훈련을 계속할 수 없는 불가피한 사정으로 퇴학처분을 받은 경우는 「경찰청 공무원 임용령」에서 규정한 채용후보자의 자격상실 사유이다. 18 승진 O X

정답 및 해설

01 O
02 O
03 O
04 X 유예해야 하는 것이 아니라, 유예할 수 있다.
05 X 질병 등으로 교육훈련을 계속할 수 없는 불가피한 사정으로 인한 경우에는 자격상실사유에 해당하지 않는다

11 시보임용

(1) 의의

시보임용제도는 <u>경찰관으로서의 적성을 보유하고 있는지를 확인하기 위해, 그리고 경찰 실무를 습득하기 위해 일정기간 동안 시험 보직을 명하게 하는 제도</u>로서, 이 기간 중에는 신분보장이 이루어지지 아니한다

(2) 시보임용 예외

- 경찰대학을 졸업한 사람 또는 경위공개경쟁채용시험합격자로서 정하여진 교육훈련을 마친 사람을 경위로 임용하는 경우 기출OX 01
- 경찰공무원으로서 대통령령으로 정하는 상위계급으로의 승진에 필요한 자격 요건을 갖추고 임용예정 계급에 상응하는 공개경쟁 채용시험에 합격한 사람을 해당 계급의 경찰공무원으로 임용하는 경우
- 퇴직한 경찰공무원으로서 퇴직시에 재직하였던 계급의 채용시험에 합격한 사람을 재임용하는 경우 기출OX 02
- 자치경찰공무원을 그 계급에 상응하는 경찰공무원으로 임용하는 경우 기출OX 03

(3) 시보임용 기간

- **경정 이하** 경찰공무원 신규채용시 **1년**간 시보임용, 그 기간만료 **다음 날**에 정규 경찰공무원으로 임용한다. 기출OX 04, 05
- 휴직기간·직위해제기간 및 징계에 의한 **정직·감봉처분**을 받은 기간은 시보임용기간에 산입하지 아니한다. 기출OX 06

(4) 시보임용경찰공무원 지도·감독 등

- 임용권자 또는 임용제청권자는 시보임용경찰공무원의 근무사항을 항상 지도·감독하여야 한다. 기출OX 07
- 임용권자 또는 임용제청권자는 시보임용경찰공무원을 정규 경찰공무원으로 임용 또는 임용 제청하거나 면직 또는 면직 제청하려는 경우에는 임용심사위원회의 의결을 거쳐야 한다.
- 시보임용예정자에게 훈련을 받는 기간 동안 예산의 범위에서 임용예정계급의 1호봉에 해당하는 봉급에 상당하는 금액(교육훈련기간은 그 금액의 **80퍼센트**) 등을 지급할 수 있다.

(5) 시보임용경찰공무원 면직

- 시보임용기간 중 경찰공무원이 근무성적 또는 교육훈련성적이 불량할 때에는 면직·면직제청을 할 수 있다. 기출OX 08
- 임용권자 또는 임용제청권자는 시보임용경찰공무원이 다음 어느 하나에 해당하여 정규 경찰공무원으로 임용하는 것이 부적당하다고 인정되는 경우에는 임용심사위원회의 의결을 거쳐 해당 시보임용경찰공무원을 면직시키거나 면직을 제청할 수 있다. 기출OX 09, 10, 11, 12
  1. **징계사유**에 해당하는 경우
  1의2. 교육훈련 중 질병, 병역 복무 또는 그 밖에 교육훈련을 계속할 수 없는 불가피한 사정 **외**의 사유로 퇴교처분을 받은 경우
  2. 교육훈련성적이 만점의 **60퍼센트 미만**이거나 생활기록이 극히 불량한 경우
  3. 제2 평정 요소(근무성적, 직무수행능력, 직무수행태도)의 평정점이 만점의 **50퍼센트 미만**인 경우 기출OX 13

(6) 임용심사위원회

설치	다음 어느 하나에 해당하는 경우 그 적부를 심사하게 하기 위하여 임용권자 또는 임용제청권자 소속으로 임용심사위원회를 둔다. 1. 채용후보자 자격상실 여부를 결정하려는 경우 2. 시보임용경찰공무원을 정규 경찰공무원으로 임용 또는 임용 제청하려는 경우 3. 시보임용경찰공무원을 면직 또는 면직 제청하려는 경우
구성	위원장 1명을 포함하여 **5명 이상 7명** 이하의 위원으로 구성
위원장	위원장은 위원 중 **가장 계급이 높은** 경찰공무원이 된다. 다만, 가장 계급이 높은 경찰공무원이 둘 이상인 경우 그 중 해당 계급에 승진임용된 날이 가장 빠른 경찰공무원이 된다.
위원	위원은 소속 **경감 이상** 경찰공무원 중에서 임용심사위원회가 설치된 기관의 장이 임명하되, 심사대상자보다 상위 계급자로 한다
의결정족수	재적위원 3분의 2 이상 출석과 출석위원 과반수 찬성으로 의결

기출 OX

01 경찰대학을 졸업한 사람 또는 경위공개경쟁채용시험합격자로서 정하여진 교육을 마친 사람을 경위로 임용하는 경우에는 시보임용을 거치지 아니한다. 16·17 채용, 18 승진 O X

02 퇴직한 경찰공무원으로서 퇴직시에 재직하였던 계급의 채용시험에 합격한 사람을 재임용 하는 경우 시보임용을 거치지 아니한다. 19·17 채용 O X

03 자치경찰공무원을 그 계급에 상응하는 경찰공무원으로 임용할 때에는 시보임용을 거친다. 22 승진 O X

04 신규채용되는 경정 이하의 경찰공무원이 적용대상이다. 18 승진 O X

05 경정 이하의 경찰공무원을 신규 채용할 때에는 1년간 시보로 임용하고, 그 기간이 만료된 날에 정규 경찰공무원으로 임용한다. 23 간부, 16 채용 O X

06 시보로 임용하는 기간은 1년(단, 휴직기간, 직위해제기간 및 징계에 의한 감봉처분 또는 견책처분을 받은 기간 제외)으로 하고, 그 기간이 만료된 다음 날에 정규 경찰공무원으로 임용한다. 18 승진, 16 채용 O X

07 임용권자 또는 임용제청권자는 시보임용기간 중의 경찰공무원에 대하여 근무사항을 항상 지도·감독할 수 있다. 16 지능 O X

08 시보임용기간 중에 있는 경찰공무원이 근무성적 또는 교육훈련성적이 불량한 때에는 면직시키거나 면직을 제청할 수 있다. 16 채용 O X

09 시보임용 중에 있는 경찰공무원은 근무성적이나 교육훈련성적이 현저히 불량하고, 앞으로 경찰공무원으로 근무하기에 부적당한 때에는 징계절차를 거쳐야만 면직시킬 수 있다. 12 채용 O X

10 임용권자 또는 임용제청권자는 시보임용경찰공무원의 생활기록이 극히 불량할 경우 정규임용심사위원회의 심사를 거쳐 면직시킬 수 있으나, 징계사유에 해당하는 경우에는 그러하지 아니한다. 24 채용 O X

11 임용권자 또는 임용제청권자는 시보임용경찰공무원이 제2평정요소에 대한 근무성적 평정점이 만점의 60퍼센트 미만일 경우 해당 시보임용경찰공무원을 면직시키거나 면직을 제청할 수 있다. 20 승진 O X

12 제2평정요소의 근무성적평정점이 만점의 50퍼센트 이하인 경우 시보임용경찰공무원을 정규임용심사위원회의 심사를 거쳐 면직시키거나 면직을 제청할 수 있다. 18 승진 O X

13 임용권자 또는 임용제청권자는 시보임용경찰공무원이 제2 평정 요소인 근무실적, 직무수행능력, 직무수행태도, 포상의 평정점이 만점의 50퍼센트 미만인 경우에 해당하여 정규 경찰공무원으로 임용하는 것이 부적당하다고 인정되는 경우에는 임용심사위원회의 의결을 거쳐 해당 시보임용경찰공무원을 면직시키거나 면직을 제청할 수 있다. 25 승진 O X

정답 및 해설

01 O
02 O
03 X 시보임용을 거치지 않는 사유에 해당한다.
04 O
05 X 그 기간이 만료된 다음 날
06 X 견책은 포함되지 않는다.
07 X 지도감독 하여야 한다.
08 O
09 X 임용심사위원회의 심사를 거쳐
10 X 징계사유도 면직사유에 해당한다.
11 X 50퍼센트 미만
12 X 50퍼센트 미만
13 X 제2 평정 요소인 근무실적, 직무수행능력, 직무수행태도(포상 ×)의 평정점이 만점의 50퍼센트 미만인 경우
  * '다음 날' 정리는 p.171에 있습니다.

POINT 03 경찰공무원 근무관계 변동

1 공무원관계의 변경이란
- 공무원 신분은 유지하면서 공무원관계의 내용을 일시적 또는 영구적으로 변경하는 것을 말한다.
- 일반 공무원의 공무원관계 변경사유로는 승진, 전과, 전직, 전보, 전입·전출, 파견, 인사교류, 겸임, 복직·휴직, 정직, 직위해제, 강임, 감봉 등이 있다. → 강임·전직은 경찰공무원에게는 적용되지 않는다. 기출OX 01

2 승진

(1) 승진원칙(심사·시험)
- 바로 아래 하위계급 경찰공무원 중에서 근무성적평정·경력평정·그 밖의 능력을 실증하여 승진임용한다
- 경찰공무원의 승진방법에는 시험승진, 심사승진, 특별승진, 근속승진이 있다. 기출OX 02

> **경찰공무원승진임용규정 제3조【승진임용의 구분】** 경찰공무원의 승진임용은 심사승진임용·시험승진임용 및 특별승진임용으로 구분한다. 기출OX 03

- 경무관 이하 계급으로의 승진은 승진심사에 의하여 한다. 다만, 경정 이하 계급으로의 승진은 대통령령으로 정하는 비율에 따라 승진시험과 승진심사를 병행할 수 있다. 기출OX 04

> **경찰공무원승진임용규정 제4조【승진임용 예정 인원 결정】** ④ 경찰공무원법 제15조 제2항 단서에 따라 경정 이하 경사 이상 계급으로의 심사승진과 시험승진을 병행할 수 있다. 이 경우 승진임용 예정 인원은 다음의 방법에 따라 정한다.
> 1. 계급별로 전체 승진임용 예정 인원에서 특별승진임용 예정 인원을 뺀 인원의 70퍼센트를 심사승진임용 예정 인원으로, 30퍼센트를 시험승진임용 예정 인원으로 한다.

- 총경 이하 경찰공무원: 대통령령으로 정하는 바에 따라 계급별로 승진대상자 명부를 작성하여야 한다.
- 임용권자·임용제청권자는 승진심사위원회에서 승진임용예정자로 선발된 사람에 대하여 심사승진후보자 명부를 작성하여야 한다.
- 임용권자·임용제청권자는 심사승진후보자 명부에 기록된 사람이 승진임용되기 전에 정직 이상의 징계처분을 받은 경우에는 심사승진후보자 명부에서 그 사람을 제외하여야 한다. 기출OX 05

[참고] 승진심사위원회

> - 승진심사를 위하여 경찰청에 중앙승진심사위원회를 두고, 경찰청·시·도경찰청과 대통령령으로 정하는 경찰기관에 보통승진심사위원회를 둔다.
> - 승진심사위원회는 승진대상자 명부의 선순위자(승진시험에 합격된 승진후보자는 제외한다) 순으로 승진시키려는 결원의 5배수의 범위에 있는 사람 중에서 승진후보자를 심사·선발한다.

기출 OX

01 「국가공무원법」상 강임은 하위 직급에의 임용으로서 경찰공무원에게도 적용된다. 18 승진   (O X)

02 경찰공무원의 승진방법에는 시험승진, 심사승진, 특별승진, 근속승진이 있다. 12 채용   (O X)

03 「경찰공무원승진임용규정」상 경찰공무원의 승진임용은 심사승진임용·시험승진임용 및 특별승진임용으로 구분한다. 22 채용   (O X)

04 시험으로 승진할 수 있는 계급은 총경까지이다. 12 채용   (O X)

05 임용권자나 임용제청권자는 시험승진후보자 명부에 기록된 사람이 승진임용되기 전에 감봉 이상의 징계처분을 받은 경우에는 시험승진후보자 명부에서 그 사람을 제외하여야 한다. 22 채용, 22 승진   (O X)

정답 및 해설

01 X 강임은 경찰공무원에게는 적용 ×
02 O
03 O
04 X 경정까지이다.
05 X 정직 이상이다

(2) 근속승진
- 경찰청장은 해당 계급에서 다음 기간 동안 재직한 사람을 근속승진임용할 수 있다. 다만, 경찰행정 발전에 기여한 공이 크다고 인정되는 경우(인사교류 경력·실적 우수자) 그 기간을 단축할 수 있다. 기출 OX 01, 02

순경 → 경장	경장 → 경사	경사 → 경위	경위 → 경감
4년	5년	6년 6개월	8년

- 임용권자는 경감으로의 근속승진 임용을 위한 심사를 할 때에는 연도별로 합산하여 해당 기관의 근속승진 대상자의 **100분의 50**에 해당하는 인원수를 초과하여 근속승진임용할 수 없다. 기출 OX 03
- 임용권자는 심사를 실시하려는 경우 근속승진임용일 **20일** 전까지 해당 기관의 근속승진 대상자·예정 인원을 경찰청장에게 보고해야 한다.

(3) 특별승진 → 경찰청장이 필요하다 인정하는 경우, 수시로 실시할 수 있다.
- 경찰공무원으로서 다음 어느 하나에 해당되는 사람에 대하여는 1계급 특별승진시킬 수 있다.

> 국가공무원법상 일정 사유(다른 공무원의 귀감 등), 전사·순직, 직무수행 중 현저한 공적

- 다만, **경위 이하**의 경찰공무원으로서 모든 경찰공무원의 귀감이 되는 공을 세우고 전사하거나 순직한 사람에 대하여는 **2계급 특별승진** 시킬 수 있다. 기출 OX 04

(4) 승진임용제한
- 다음 어느 하나에 해당하는 경찰공무원은 승진임용될 수 없다.

> 1. 징계의결 요구, 징계처분, 직위해제, 휴직 또는 시보임용 기간 중에 있는 사람
> 2. 계급정년이 연장된 사람
> 3. 징계처분의 집행이 끝난 날부터 다음 구분에 따른 기간이 지나지 않은 사람. 단, ⊙ 금품수수·공금횡령·유용 ⓒ 성폭력·성희롱·성매매 음주운전(측정거부 포함), ⓒ 소극행정에 따른 징계처분의 경우 아래 기간에서 **6개월**을 가산 기출 OX 05

강등·정직	감봉	견책
18개월	12개월	6개월

- 징계처분으로 승진임용 제한기간 중에 있는 사람이 휴직하는 경우 징계처분에 따른 남은 승진임용 제한기간은 복직일부터 계산한다.
- 경찰공무원이 징계처분을 받은 후 해당 계급에서 다음의 포상을 받은 경우에는 승진임용 제한기간의 **2분의 1을 단축**할 수 있다. 기출 OX 06

> 1. 훈장 2. 포장 3. 모범공무원 포상 4. 대통령·국무총리 표창 5. 제안이 채택·시행되어 받은 포상

기출 OX

01 경장을 경사로 근속승진임용하려는 경우에는 해당 계급에서 6년 이상 근속자이어야 한다. 20 채용 (O X)

02 경찰청장은 순경에서 4년 이상 근속자를 경장으로, 경장에서 5년 이상 근속자를 경사로, 경사에서 6년 6개월 이상 근속자를 경위로, 경위에서 8년 이상 근속자를 경감으로 각각 근속승진임용 할 수 있다. 15 채용 (O X)

03 임용권자는 경감으로의 근속승진 임용을 위한 심사를 할 때에는 연도별로 합산하여 해당 기관의 근속승진 대상자의 100분의 50에 해당하는 인원수를 초과하여 근속승진임용할 수 없다. 20 승진 (O X)

04 경위 이하의 경찰공무원으로서 모든 경찰공무원의 귀감이 되는 공을 세우고 전사하거나 순직한 사람에 대하여는 2계급 특별승진 시킬 수 있다. 22 간부, 20 승진 (O X)

05 경찰공무원 승진임용 규정 제6조 제1항 제2호에 따르면 소극행정으로 감봉에 해당하는 징계처분을 받은 경찰공무원은 징계처분의 집행이 끝난 날부터 18개월이 지나지 아니하면 심사승진임용될 수 없다. 22 채용 (O X)

06 위법·부당한 처분과 직접적 관계없이 50만 원의 향응을 받아 감봉 1개월의 징계처분을 받은 경감 T이 그 징계처분을 받은 후 해당 계급에서 경찰청장 표창을 받은 경우(그외 일체의 포상을 받은 사실 없음)에는 징계처분의 집행이 끝난 날부터 18개월이 지나면 승진임용될 수 있다. 22 채용 (O X)

정답 및 해설

01 X 5년 이상이다.
02 O
03 O
04 O
05 O
06 O

(5) 승진소요 최저근무연수

- 경찰공무원이 승진하려면 다음 구분에 따른 기간 동안 해당 계급에 재직해야 한다. 기출OX 01

순경 · 경장 · 경사 · 경위	경감 · 경정	총경
1년 이상	2년 이상	3년 이상

- **휴직, 직위해제, 징계처분 및 승진임용 제한기간**은 승진소요 최저근무연수 기간에 포함하지 않는다.
- 다만, 다음 기간은 승진소요 최저근무연수에 포함한다.

휴직기간 중	• 「공무원 재해보상법」에 따른 공무상 질병 또는 부상으로 인하여 휴직한 경우에 그 휴직 기간 • 「병역법」에 따른 병역 복무를 마치기 위하여 징집 또는 소집되어 휴직한 경우에 그 휴직 기간 • 그 밖에 법률의 규정에 따른 의무를 수행하기 위하여 직무를 이탈하게 되어 휴직한 경우에 그 휴직 기간 • 국제기구, 외국 기관, 국내외의 대학 · 연구기관, 다른 국가기관 또는 대통령령으로 정하는 민간기업, 그 밖의 기관에 임시로 채용될 때에 따라 휴직한 경우에 그 휴직 기간 • 국외 유학을 하게 된 때 휴직한 경우에 그 휴직 기간의 **50퍼센트**에 해당하는 기간 • 만 8세 이하 또는 초등학교 2학년 이하의 자녀를 양육하기 위하여 필요하거나 여성공무원이 임신 또는 출산하게 된 때 그 휴직 기간 기출OX 02 다만, 육아휴직을 대신하여 시간선택제전환경찰공무원으로 지정되어 근무한 기간과 합산하여 자녀 1명당 3년을 초과할 수 없다.
직위해제기간 중	• 파면 · 해임 · 강등 또는 정직에 해당하는 징계 의결이 요구되어 직위해제처분을 받은 사람에 대한 징계 의결 요구에 대하여 관할 징계위원회가 징계하지 아니하기로 의결한 경우와 해당 직위해제처분의 사유가 된 징계처분이 소청심사위원회의 결정 또는 법원의 판결에 따라 **무효 또는 취소로 확정**된 경우 기출OX 03 • 형사 사건으로 기소된 자(약식명령이 청구된 자는 제외한다)에 해당하여 직위해제처분을 받은 사람의 처분 사유가 된 형사사건이 법원의 판결에 따라 **무죄로 확정**된 경우
시간선택제전환경찰공무원의 근무기간	• 해당 계급에서 시간선택제전환경찰공무원으로 근무한 1년 이하의 기간은 그 **기간 전부** 기출OX 04 • 해당 계급에서 시간선택제전환경찰공무원으로 근무한 1년을 넘는 기간은 근무시간에 **비례한 기간** • 해당 계급에서 육아휴직을 대신하여 시간선택제전환경찰공무원으로 지정되어 근무한 기간은 대상 자녀별로 **3년의 범위**에서 그 기간 전부
강등된 경우	• 강등되었던 사람이 강등되기 직전의 계급으로 승진한 경우 강등되기 직전의 계급에서 재직한 기간은 승진소요최저근무연수에 포함한다. • 강등된 경우 강등되기 직전의 계급에서 재직한 기간은 승진소요최저근무연수에 포함한다.

기출 OX

01 순경, 경장, 경사의 승진소요 최저근무연수는 각각 6년, 7년, 8년이다. 12 채용 O X

02 만 7세인 초등학교 1학년 외동딸을 양육하기 위하여 1년간 휴직한 경사 乙의 위 휴직기간 1년은 승진소요 최저근무연수에 포함된다. 22 채용 O X

03 직위해제 기간은 원칙적으로 승진소요 최저근무연수에 포함되지 않으나, 파면, 해임, 강등 또는 정직에 해당하는 징계 의결 요구로 직위해제된 사람에 대하여 관할 징계위원회가 징계하지 아니하기로 의결한 경우 등은 승진소요 최저근무연수에 포함된다. 21 승진 O X

04 통상적인 근무시간보다 짧은 시간을 근무하는 시간선택제전환경찰공무원으로 경위 계급에서 1년간 근무한 경위 丙의 위 근무기간 1년은 승진소요 최저근무연수에 포함된다. 22 채용 O X

정답 및 해설

01 X 순경, 경장, 경사의 승진소요 최저근무연수는 각 1년이다.
02 O
03 O
04 O

3 휴직(국가공무원법)

(1) 의의

휴직이란 경찰공무원으로서의 신분을 보유하게 하면서 직무담임을 일시적으로 해제하는 것을 말한다.

(2) 효력 등

- 휴직 중인 공무원은 신분은 보유하나 직무에 종사하지 못한다. → 직위해제와 달리 제재적 성격이 없고 복직이 보장된다.
- 휴직 기간 중 그 사유가 없어지면 30일 이내에 임용권자 또는 임용제청권자에게 신고하여야 하며, 임용권자는 지체 없이 복직을 명하여야 한다. 기출OX 01
- 휴직 기간이 끝난 공무원이 30일 이내에 복귀 신고를 하면 당연히 복직된다.
- 휴직기간은 승진소요 최저근무연수에 포함하지 않는다. 단, 임신·출산 또는 공상 등으로 인한 휴직기간은 포함한다.

(3) 직권휴직: 임용권자는 본인의 의사에도 불구하고 휴직을 명하여야 한다.

휴직사유	휴직기간
신체·정신상의 장애로 장기 요양이 필요할 때	휴직기간은 1년 이내로 하되, 부득이한 경우 1년의 범위에서 연장할 수 있다. 다만 요양급여 지급 대상 공무상 질병 또는 부상으로 인한 휴직기간은 3년 이내로 하되, 의학적 소견 등을 고려하여 2년의 범위에서 연장할 수 있다. **경찰공무원법 제29조 【공상경찰공무원 등의 휴직기간】** ① 경찰공무원이 「공무원 재해보상법」 제5조제1호 각 목에 해당하는 직무를 수행하다가 「국가공무원법」 제72조제1호 각 목의 어느 하나에 해당하는 공무상 질병 또는 부상을 입어 휴직하는 경우 그 휴직기간은 같은 조 제1호 단서에도 불구하고 5년 이내로 하되, 의학적 소견 등을 고려하여 대통령령으로 정하는 바에 따라 3년의 범위에서 연장할 수 있다. [주의] 국가공무원법상 휴직기간과 구별하여 학습
병역 복무를 마치기 위하여 징집·소집된 때	휴직기간은 그 복무기간이 끝날 때까지로 한다. 기출OX 02
천재지변이나 전시·사변, 그 밖의 사유로 생사·소재가 불명확하게 된 때	휴직 기간은 3개월 이내로 한다. 기출OX 03 **경찰공무원법 제29조 【공상경찰공무원 등의 휴직기간】** ② 「국가공무원법」 제71조 제1항 제4호의 사유로 인한 경찰공무원의 휴직기간은 같은 법 제72조 제3호에도 불구하고 법원의 실종선고를 받는 날까지로 한다.
그 밖에 법률의 규정에 따른 의무를 수행하기 위하여 직무를 이탈하게 된 때	휴직 기간은 그 복무기간이 끝날 때까지로 한다.
공무원노조법에 따라 노동조합 전임자로 종사하게 된 때	휴직기간은 그 전임기간으로 한다.

(4) 의원휴직: 임용권자는 공무원이 휴직을 원하면 휴직을 명할 수 있다.

휴직사유	휴직기간
국제기구, 외국 기관, 국내외의 대학·연구기관, 다른 국가기관 또는 대통령령으로 정하는 민간기업, 그 밖의 기관에 임시로 채용될 때	휴직기간은 그 채용 기간으로 한다. 다만, 민간기업이나 그 밖의 기관에 채용되면 3년 이내로 한다. 기출OX 04
국외 유학을 하게 된 때	3년 이내로 하되, 부득이한 경우에는 2년의 범위에서 연장할 수 있다. 기출OX 05
중앙인사관장기관의 장이 지정하는 연구기관이나 교육기관 등에서 연수하게 된 때	휴직기간은 2년 이내로 한다. 기출OX 06
만 8세 이하·초등학교 2학년 이하의 자녀를 양육하기 위해 필요하거나 여성공무원이 임신 또는 출산하게 된 때	자녀 1명에 대하여 3년 이내로 하고, 특별한 사정이 없으면 휴직을 명하여야 한다. 기출OX 07
조부모·부모(배우자의 부모 포함)·배우자·자녀·손자녀를 부양하거나 돌보기 위하여 필요한 경우	휴직기간은 1년 이내로 하되, 재직기간 중 총 3년을 넘을 수 없다.

만 8세 이하·초등학교 2학년 이하의 자녀를 양육하기 위해 필요하거나 여성공무원이 임신 또는 출산하게 된 때	자녀 1명에 대하여 3년 이내로 하고, 특별한 사정이 없으면 휴직을 명하여야 한다. 기출 OX 07
조부모·부모(배우자의 부모 포함)·배우자·자녀·손자녀를 부양하거나 돌보기 위하여 필요한 경우	휴직기간은 1년 이내로 하되, 재직기간 중 총 3년을 넘을 수 없다.
외국에서 근무·유학 또는 연수하게 되는 배우자를 동반하게 된 때	휴직기간은 3년 이내로 하되, 부득이한 경우에는 2년의 범위에서 연장할 수 있다. 기출 OX 08
대통령령 등으로 정하는 기간 동안 재직한 공무원이 직무 관련 연구과제 수행 또는 자기개발을 위하여 학습·연구 등을 하게 된 때	휴직기간은 1년 이내로 한다. 기출 OX 09

기출 OX

01 휴직 기간 중 그 사유가 없어지면 지체 없이 임용권자 또는 임용제청권자에게 신고하여야 하며, 임용권자는 30일 이내에 복직을 명하여야 한다. 20 승진 　　　　　　　　　　　　　　　　　　　　　　　　　　　　　　O X

02 병역법에 따른 병역 복무를 마치기 위하여 징집 또는 소집된 때 휴직 기간은 그 복무 기간이 끝날 때까지로 한다. 19·18 승진 　　　　　　　　　　　　　　　　　　　　　　　　　　　　　　O X

03 공무원이 천재지변이나 전시·사변, 그 밖의 사유로 생사 또는 소재가 불명확하게 된 때의 휴직기간은 3개월 이내로 한다. 20 승진

04 「국가공무원법」상 임용권자는 공무원이 중앙인사관장기관의 장이 지정하는 연구기관이나 교육기관 등에서 연수하게 된 때에는 공무원의 의사에도 불구하고 휴직을 명하여야 한다. 22 승진 　　　　　　　　　O X

05 공무원이 국외 유학을 하게 된 때 휴직을 원하면 임용권자는 휴직을 명할 수 있으며, 휴직 기간은 3년 이내로 하되, 부득이한 경우에는 2년의 범위에서 연장할 수 있다. 20·18 승진 　　　　　　　　　　　　　　　O X

06 중앙인사관장기관의 장이 지정하는 연구기관이나 교육기관 등에서 연수하게 된 때 휴직 기간은 3년 이내로 한다. 19·18 승진 　　　　　　　　　　　　　　　　　　　　　　　　　　　　　　　　　　O X

07 만 8세 이하 또는 초등학교 2학년 이하의 자녀를 양육하기 위하여 필요하거나 여성공무원이 임신 또는 출산하게 된 때 휴직 기간은 자녀 1명에 대하여 3년 이내로 한다. 19 승진 　　　　　　　　　　　O X

08 외국에서 근무·유학 또는 연수하게 되는 배우자를 동반하게 된 때 휴직 기간은 3년 이내로 하되, 부득이한 경우에는 2년의 범위에서 연장할 수 있다. 19 승진 　　　　　　　　　　　　　　　　　　　　　O X

09 대통령령 등으로 정하는 기간 동안 재직한 공무원이 직무 관련 연구과제 수행 또는 자기개발을 위하여 학습·연구 등을 하게 된 때 휴직 기간은 2년 이내로 한다. 20·18 승진 　　　　　　　　　　　　　　　　O X

정답 및 해설

01 X 30일 내에 신고하여야 하고, 지체 없이 복직을 명하여야 한다.
02 O
03 O
04 X 의원휴직 사유
05 O
06 X 2년 이내
07 O
08 O
09 X 1년 이내 의원휴직이 가능

4 직위해제

(1) 의의

직위해제란 공무원에게 직무를 수행할 수 없는 사유가 발생한 경우 **공무원의 신분은 보유하나 직위를 부여하지 않음**으로써 직무담당을 하지 못하게 하는, 제재적 의미를 가지는 보직의 해제이다.

(2) 성격

휴직과는 달리 복직이 보장되지 않는다. 단, 제재 의미가 있다 하여 징계처분인 것은 아니다. 기출OX 01

> **판례**
>
> 직위해제는 징벌적 제재인 징계와는 그 성질을 달리하는 것이어서 어느 사유로 인하여 징계를 받았다 하더라도 그것이 직위해제사유로 평가될 수 있다면 이를 이유로 새로이 직위해제를 할 수도 있는 것이다(대판 91다30729). → 유사: 동일사유로 직위해제 후 해임처분은 일사부재리 위반 아니다.

(3) 효력

- 임용권자는 직위해제 사유에 해당하는 자에게는 직위를 부여하지 아니할 수 있다.
- 직위를 부여하지 아니한 경우에 그 사유가 소멸되면 임용권자는 지체 없이 직위를 부여하여야 한다. 기출OX 02

(4) 직위해제 사유 기출OX 03, 04, 05

① 직무수행 능력이 부족하거나 **근무성적이 극히 나쁜 자** 기출OX 06
  → 위 사유로 직위해제된 자에게 **3개월**의 범위에서 대기를 명하고, 대기 명령을 받은 자에게 능력 회복·근무성적 향상 위한 교육훈련·연구과제의 부여 등 필요한 조치를 **하여야 한다**. 기출OX 07
  → 근무성적의 향상 기대 어렵다 인정될 때: 징계위원회의 동의를 얻어 임용권자가 직권면직 **시킬 수 있다**. 기출OX 08
② 파면·해임·강등 또는 정직(중징계)에 해당하는 징계 의결이 요구 중인 자 기출OX 09
③ **형사 사건**으로 기소된 자(약식명령이 청구된 자는 제외한다) 기출OX 10
④ **고위공무원단**에 속하는 일반직공무원으로서 적격심사를 요구받은 자
⑤ 금품비위·성범죄 등 **비위행위**로 인하여 감사원·검찰·경찰 등 수사기관에서 **조사·수사 중인 자**로서 비위의 정도가 중대하고 이로 인하여 정상적인 업무수행을 기대하기 현저히 어려운 자 기출OX 11

※ 공무원에 대하여 ①의 사유와 ②,③,⑤의 사유가 경합할 때에는 ②,③,⑤의 처분을 하여야 한다.

사유	3개월간 효과	3개월 경과 후 직위부여 X
중징계에 해당하는 징계 의결이 요구 중인 자	봉급의 50% 지급	봉급의 30% 지급 기출OX 12
형사 사건 기소된 자(약식명령 청구된 자 제외)	봉급의 50% 지급	봉급의 30% 지급 기출OX 12
금품비위·성범죄 등 비위행위로 인하여 감사원·검찰·경찰 등 수사기관에서 조사·수사 중인 자로서 비위의 정도가 중대하고 이로 인하여 정상적인 업무수행을 기대하기 현저히 어려운 자	봉급의 50% 지급	봉급의 30% 지급
고위공무원단에 속하는 일반직공무원으로서 적격심사를 요구받은 자	봉급의 70% 지급	봉급의 40% 지급 기출OX 13
직무수행 능력 부족·근무성적 극히 나쁜 자	봉급의 80% 지급	

기출 OX

01 직위해제는 휴직과 달리 제재적 성격을 가지는 보직의 해제이며 복직이 보장되지 않는다. 21·20 승진
O X

02 직위해제사유에 따라 직위를 부여하지 아니한 경우에 그 사유가 소멸되면 임용권자는 7일 이내에 직위를 부여할 수 있다. 23·21 채용, 20 승진
O X

03 경찰공무원으로서 부적합할 정도로 직무수행능력 또는 성실성이 현저히 결여된 자로 일정한 사유에 해당한다고 인정될 때는 직위해제 사유에 해당한다 12 승진
O X

04 직무수행에 있어서 위험을 일으킬 우려가 있을 정도의 성격 또는 도덕적 결함이 있는 자로서 일정한 사유에 해당한다고 인정될 때는 직위해제 사유에 해당한다 12 승진
O X

05 임용권자는 신체·정신상의 장애로 장기 요양이 필요한 자에게 직위를 부여하지 아니할 수 있다. 21 채용
O X

06 임용권자는 직무수행 능력이 부족하거나 근무성적이 극히 나쁜 자에게 직위를 부여하지 아니할 수 있다. 23 채용
O X

07 중징계 의결이 요구 중인 경찰공무원 甲에 대해 직위해제처분을 할 경우, 임용권자는 3개월의 범위 내에서 대기를 명하고 능력 회복이나 근무성적의 향상을 위한 교육훈련 또는 특별한 연구과제의 부여 등 필요한 조치를 하여야 한다. 23·22·21 채용, 20 승진
O X

08 직무수행능력이 부족하여 직위해제를 한 경우 대기명령 기간 중 근무성적의 향상을 기대하기 어렵다고 인정될 때에는 징계위원회의 동의를 얻어 임용권자가 직권면직시킬 수 있다. 21 승진
O X

09 파면·해임·강등·정직 또는 감봉에 해당하는 징계 의결이 요구 중인 자는 직위해제 대상이다. 20 승진
O X

10 임용권자는 형사사건으로 기소된 자(약식명령이 청구된 자를 포함한다)에게 직위를 부여하지 아니 할 수 있다. 23·21 채용, 20 승진
O X

11 「국가공무원법」상 임용권자는 금품비위, 성범죄 등 대통령령으로 정하는 비위행위로 인하여 감사원 및 검찰·경찰 등 수사기관에서 조사나 수사 중인 자로서 비위의 정도가 중대하고 이로 인하여 정상적인 업무수행을 기대하기 현저히 어려운 자는 직위해제할 수 있다. 22 승진
O X

12 「국가공무원법」 제73조의3 제1항 제3호(중징계 의결이 요구 중인 자)·제4호(형사사건으로 기소된 자(약식명령 청구된 자 제외)) 또는 제6호(금품비위, 성범죄 등 비위로 수사중인 자로 정상적인 업무수행을 기대하기 현저히 어려운 자)에 따라 직위해제된 사람에게는 봉급의 50퍼센트를 지급하고, 다만 직위해제일로부터 3개월이 지나도 직위를 부여받지 못한 경우에는 그 3개월이 지난 후의 기간 중에는 봉급의 40퍼센트를 지급한다. 20 승진
O X

13 국가공무원법 제73조의3 제1항 제5호(고위공무원단에 속하는 일반직공무원으로서 제70조의 2 제1항 제2호부터 제5호까지의 사유로 적격심사를 요구받은 자)에 따라 직위해제된 사람이 직위해제일부터 3개월이 지나도 직위를 부여받지 못한 경우에는 그 3개월이 지난 후의 기간 중에는 봉급의 50퍼센트를 지급한다. 21 승진
O X

정답 및 해설

01 O
02 X 지체 없이, 부여하여야 한다.
03 X 직권면직사유
04 X 직권면직사유
05 X 직권휴직사유
06 O
07 X 직위해제 대상자 중 3개월 범위 내 대기, 교육훈련 기회 등 제공 대상자는 '직무수행 능력이 부족하거나 근무성적이 극히 나쁜 자'이다.
08 O
09 X 감봉 징계의결 요구 중인 자는 직위해제 대상이 아니다.
10 X 약식명령이 청구된 자는 제외한다.
11 O
12 X 3개월 지난 후 30퍼센트이다.
13 X 50퍼센트가 아니라 40퍼센트이다.

5 전보

(1) 의의

"전보"란 경찰공무원의 동일 직위 및 자격 내에서의 근무기관이나 부서를 달리하는 임용을 말한다.

(2) 전보제한사유
- 해당 직위 임용된 날부터 **1년** 이내(감사업무 담당은 **2년** 이내)에 다른 직위에 전보할 수 없다. 기출OX 01
- 교육훈련기관의 교수요원으로 임용된 사람은 그 임용일부터 **1년 이상 3년 이하**의 범위에서 경찰청장이 정하는 기간 안에는 다른 직위에 전보할 수 없다.
- 섬·외딴곳 등 특수지역에서 근무할 것을 조건으로 채용된 경찰공무원은 그 채용일부터 **5년**의 범위에서 경찰청장이 정하는 기간(휴직기간, 직위해제기간 및 정직기간은 포함하지 않는다) 안에는 채용조건에 해당하는 기관 또는 부서 외의 기관 또는 부서로 전보할 수 없다.

(3) 전보제한 예외사유: 아래의 경우에는 전보 제한 기간과 상관없이 전보가 가능하다.

1. 직제상 최저단위인 보조기관 또는 보좌기관 내에서 전보하는 경우
2. 경찰청과 소속기관등 또는 소속기관등 상호간의 교류를 위하여 전보하는 경우
3. 기구의 개편, 직제 또는 정원의 변경으로 해당 경찰공무원을 전보하는 경우
4. 승진임용된 경찰공무원을 전보하는 경우
5. 전문직위로 경찰공무원을 전보하는 경우
6. 징계처분을 받은 경우
7. 형사사건에 관련되어 수사기관에서 조사를 받고 있는 경우
8. 경찰공무원으로서의 품위를 크게 손상하는 비위로 인한 감사 또는 조사가 진행 중이어서 해당 직위를 유지하는 것이 부적절하다고 판단되는 경찰공무원을 전보하는 경우
9. 경찰기동대 등 경비부서에서 정기적으로 교체하는 경우
10. 교육훈련기관의 교수요원으로 보직하는 경우
11. **시보임용 중인 경우**
12. 신규채용된 경찰공무원을 해당 계급의 보직관리기준에 따라 전보하는 경우 및 이와 관련한 전보의 경우
13. **감사담당** 경찰공무원 가운데 부적격자로 인정되는 경우 기출OX 02
14. **경정 이하**의 경찰공무원을 배우자 또는 직계존속이 거주하는 시·군·자치구 지역의 경찰기관으로 전보하는 경우
15. 임신 중인 경찰공무원 또는 **출산 후 1년이 지나지 않은** 경찰공무원의 모성보호, 육아 등을 위하여 필요한 경우

기출 OX

01 감사업무를 담당하는 경찰공무원은 부적격자로 인정되는 경우가 아닌 한 해당 직위에 임용된 날부터 3년 이내에는 다른 직위에 전보할 수 없다. 18 승진 O X

02 「경찰공무원 임용령」상 정보담당 경찰공무원 가운데 부적격자로 인정되는 경우, 교육훈련기관의 교수요원으로 보직하는 경우는 전보제한의 예외사유에 해당한다. 12 승진 O X

정답 및 해설

01 X 2년이다.
02 X '정보담당'이 아니라 '감사담당'

POINT 04 경찰공무원 근무관계의 소멸

1 공무원관계의 소멸이란
- 공무원의 신분을 상실하여 공무원으로서의 **법적 지위(신분)를 완전히 상실하는 것**을 말한다.
- 경찰공무원법상 근무관계 소멸사유로는 퇴직(당연퇴직·정년퇴직), 면직(직권면직, 의원면직) 등이 있다.

2 당연퇴직
(1) 의의 - 임용권자의 처분이 아닌, 일정한 사유 발생으로 당연히 공무원관계가 소멸하는 것을 말한다.

> **판례 |**
> 1. 당연퇴직의 경우에는 결격사유가 있어 법률상 당연퇴직되는 것이지 공무원관계를 소멸시키기 위한 별도의 행정처분을 요하지 아니한다 할 것이며, 당연퇴직의 인사발령이 있었다 하여도 이는 퇴직사실을 알리는 이른바 관념의 통지에 불과하여 행정소송의 대상이 되지 아니한다(대판 91누2687).
> 2. 복직처분은 직위해제사유가 소멸되었을 때 직위해제된 공무원에게 다시 직위를 부여하는 처분일 뿐 공무원의 신분을 설정하는 처분은 아닌 것이므로, 임용권자가 임용결격사유의 발생 사실을 알지 못하고 직위해제되어 있던 중 임용결격사유가 발생하여 당연퇴직된 자에게 복직처분을 하였다고 하더라도 이 때문에 그 자가 공무원의 신분을 회복하는 것은 아니다(대판 96누4275).

(2) 당연퇴직사유
- 경찰공무원이 임용결격사유에 해당하게 된 경우에는 당연히 퇴직한다. 기출OX 01, 02, 03, 04
- 다만, 임용결격사유 중 ㉠ 파산선고를 받고 복권되지 아니한 사람의 경우, ㉡ 자격정지 이상의 형의 선고유예를 선고받고 그 유예기간 중에 있는 사람의 경우에는 당연퇴직사유와 차이가 있다.

파산선고를 받고 복권되지 아니한 사람	파산선고를 받은 사람으로서 「채무자 회생 및 파산에 관한 법률」에 따라 신청기한 내에 면책신청을 하지 아니하였거나 면책불허가 결정 또는 면책 취소가 확정된 경우만 해당 기출OX 05
자격정지 이상의 형의 선고유예를 선고받고 그 유예기간 중에 있는 사람	「형법」상 (사전)수뢰죄, 제삼자뇌물제공, 수뢰후부정처사, 사후수뢰, 알선수뢰, 「성폭력범죄의 처벌 등에 관한 특례법」상 성폭력범죄, 「정보통신망 이용촉진 및 정보보호 등에 관한 법률」상 불법정보의 유통금지 등, 「스토킹범죄의 처벌 등에 관한 법률」상 스토킹범죄, 「아동·청소년의 성보호에 관한 법률」상 아동·청소년대상 성범죄 및 직무와 관련하여 「형법」상 (업무상)횡령과 배임에 규정된 죄를 범한 사람으로서 자격정지 이상의 형의 선고유예를 받은 경우만 해당 기출OX 06, 07

[압축정리] 임용결격사유와 당연퇴직사유 비교

구분	임용결격	당연퇴직
제1유형 (국적 관련)	외국인	좌동
	복수국적자	좌동
제2유형 (능력 관련)	피성년후견인·피한정후견인	좌동
	파산선고 받고 복권되지 않은 자	파산선고 받았더라도, • 신청기한 내 면책신청 안했거나 • 면책불허가·면책취소 확정의 경우에만 해당
제3유형 (일반범죄)	자격정지 이상 형 선고	좌동
	자격정지 이상 형 선고유예기간 중	선고유예 받았더라도 해당 범죄가 • 수뢰죄·성폭력범죄·스토킹범죄 • 아동·청소년대상 성범죄 • 재직 중 공금횡령·배임의 경우에만 해당

제4유형 (특수범죄)	• 공무원 재직 중 횡령·배임으로 • 300만원 이상 벌금형 선고받고 • 확정 후 2년 미경과자	좌동
	• 성폭력범죄, 스토킹범죄, 음란한 문언 배포 등 및 불안감유발 문언 등 도달죄로 • 100만원 이상 벌금형 선고받고 • 확정 후 3년 미경과자	좌동
	미성년자 성범죄, 아동·청소년대상 성범죄	좌동
제5유형 (징계처분)	파면·해임	좌동

기출 OX

01 피성년후견인 또는 피한정후견인은 경찰공무원법상 당연퇴직사유에 해당한다. 18 승진　　　　O X

02 자격정지 이상의 형(刑)을 선고받은 사람은 경찰공무원법상 당연퇴직사유에 해당한다. 24 간부, 18 승진　　　　O X

03 미성년자에 대한 「성폭력범죄의 처벌 등에 관한 특례법」 제2조에 따른 성폭력범죄를 저질러 형 또는 치료감호가 확정된 사람(집행유예를 선고받은 후 그 집행유예기간이 경과한 사람을 포함한다)은 경찰공무원의 당연퇴직 사유이다. 24 간부　　　　O X

04 징계에 의하여 해임의 처분을 받았더라도 그 후 3년이 경과하였다면 경찰공무원에 임용될 수 있다. 18 승진　　　　O X

05 파산선고를 받은 사람으로서 「채무자 회생 및 파산에 관한 법률」에 따라 신청기한 내에 면책신청 한 사람은 경찰공무원법상 당연퇴직사유에 해당한다.　　　　O X

06 경찰공무원으로서 자격정지 이상의 형의 선고유예를 받고 그 선고유예 기간 중에 있는 자는 당연퇴직된다. 24 간부, 18 승진　　　　O X

07 「형법」 제357조에 규정된 배임수증죄를 범한 사람으로서 자격정지 이상의 형의 선고유예를 받고 그 유예기간 중에 있는 사람은 경찰공무원의 당연퇴직 사유이다. 24 간부　　　　O X

정답 및 해설

01 O
02 O
03 O
04 X　경찰공무원에 임용될 수 없다.
05 X　파산선고를 받았더라도 신청기한 내 면책신청을 하였다면 당연퇴직사유에 해당하지 않는다.
06 X　자격정지 이상 형 선고유예를 받았더라도 해당 범죄가 뇌물범죄, 성폭력범죄, 아동·청소년대상 성범죄, 재직 중 공금횡령·배임에 해당하여야 당연퇴직사유에 해당한다.
07 X　"배임수증"이 아닌 형법상 횡령·배임(형법 제355조) 내지 업무상 횡령·배임(형법 제356조)이므로 틀린 것이다.

3 정년

(1) 연령정년: 60세
(2) 계급정년 기출OX 01

치안감	경무관	총경	경정
4년	6년	11년	14년

- 징계로 인하여 강등(경감으로 강등된 경우를 포함)된 경찰공무원의 계급정년
  1. 강등된 계급의 계급정년은 강등되기 전 계급 중 **가장 높은 계급**의 계급정년 기출OX 02
  2. 계급정년을 산정할 때에는 강등되기 전 계급의 근무연수와 강등 이후의 근무연수를 합산 기출OX 03
- 특수부문(수사 · 정보 · 외사 · 안보 · 자치경찰사무) 계급정년 연장: 지정받은 사람은 **총경 · 경정**의 경우 **4년**의 범위에서 대통령령으로 정하는 바에 따라 계급정년을 연장할 수 있다. 기출OX 04
- 비상사태 계급정년 연장: 경찰청장은 전시 · 사변 등 비상사태에서는 **2년**의 범위에서 아래 절차에 따라 계급정년을 연장할 수 있다. 이 경우 **경무관 이상**의 경찰공무원에 대해서는 행정안전부장관과 국무총리를 거쳐 대통령의 승인을 받아야 하고, **총경 · 경정**의 경찰공무원에 대해서는 국무총리를 거쳐 대통령의 승인을 받아야 한다. 기출OX 05

치안감 · 경무관	행정안전부장관 · 국무총리 거쳐	대통령 승인
총경 · 경정	국무총리 거쳐	대통령 승인

- 경찰공무원은 그 정년이 된 날이 1월에서 6월 사이에 있으면 6월 30일에 당연퇴직하고, 7월에서 12월 사이에 있으면 12월 31일에 당연퇴직한다. 기출OX 06
- 계급정년을 산정할 때 제주특별자치도의 자치경찰공무원으로 근무한 경력이 있는 경찰공무원의 경우에는 그 계급에 상응하는 자치경찰공무원으로 근무한 연수를 산입한다. 기출OX 07

4 면직 → 특별한 행위에 의하여 공무원관계가 소멸되는 것

(1) 의원면직
- 공무원 자신의 사직의사에 의하여 공무원관계를 소멸시키는 행위로서, 효력이 발생하기 위해서는 면직처분(임명권자의 수리, 승인)이 있어야 한다(쌍방적 행정행위).

> **판례**
> 경찰공무원인 원고가 사직원을 제출하였다고 하더라도 임용권자에 의하여 사직원이 수리되어 면직되지 아니한 상태에 있는 한 원고의 무단결근 행위는 공무원으로서 **소속상관의 허가 없이 직장을 이탈한 것**이다(대판 91누3666). → 이를 이유로 한 파면처분이 재량권 일탈 · 남용 아니다.

- 의원면직은 공무원의 자유로운 사의표시를 전제로 하는 것이므로, 상사 등의 강요에 의하여 의사결정의 자유가 박탈된 상태하에 사직원의 제출이 이루어진 면직처분은 위법한 것으로 취소 또는 무효사유가 된다.

기출 OX

01 계급정년은 치안감 4년, 경무관 6년, 총경 12년, 경정 14년이다. 17 채용, 12 간부 O X

02 징계로 인하여 강등(경감으로 강등된 경우를 포함한다)된 경찰공무원의 계급정년은 강등되기 전의 계급 중 가장 높은 계급의 계급정년으로 한다. 12 간부 O X

03 계급정년을 산정할 때에는 강등되기 전 계급의 근무연수와 강등 이후의 근무연수를 합산한다. 12 간부 O X

04 수사, 정보, 외사, 안보, 자치경찰사무 등 특수부문에 근무하는 경찰공무원으로서 대통령령으로 정하는 바에 따라 지정을 받은 사람은 총경 및 경정의 경우에는 3년의 범위에서 대통령령으로 정하는 바에 따라 계급정년을 연장할 수 있다. 20 채용 O X

05 경찰청장은 전시·사변이나 그 밖에 이에 준하는 비상사태에서는 2년의 범위에서 동법에 따른 계급정년을 연장할 수 있고, 이 경우 총경 이상의 경찰공무원에 대하여는 행정안전부장관과 국무총리를 거쳐 대통령의 승인을 받아야 한다. 20 채용, 22 간부 O X

06 경찰공무원은 그 정년이 된 날이 1월에서 6월 사이에 있으면 6월 30일에 당연 퇴직하고, 7월에서 12월 사이에 있으면 12월 31일에 당연 퇴직한다. 20 채용 O X

07 「경찰공무원법」상 재임용된 경찰공무원의 계급정년 연한은 재임용 전에 해당 계급의 경찰공무원으로 근무한 연수를 합하여 계산한다. 23 승진 O X

정답 및 해설

01 X 총경 11년이다.
02 O
03 O
04 X 4년의 범위
05 X 이 경우 경무관 이상(즉 치안감·경무관)의 경찰공무원에 대해서는 행정안전부장관과 국무총리를 거쳐 대통령의 승인을 받아야 하고, 총경·경정의 경찰공무원에 대해서는 국무총리를 거쳐 대통령의 승인을 받아야 한다.
06 O
07 O

(2) 직권면직
  1) 의의: 법령으로 정해진 일정한 사유에 해당 시, 임용권자의 직권을 공무원 신분을 박탈하는 처분

> 🏛 **판례 |**
> 임용 중 면직의 경우에는 면직발령장 또는 면직통지서에 기재된 일자에 면직의 효과가 발생하여 그날 영시(00:00)부터 공무원의 신분을 상실한다(대판 85누531).

  2) 사유: 임용권자는 경찰공무원이 다음 어느 하나에 해당될 때에는 직권으로 면직시킬 수 있다. 기출OX 01
    1. 직제와 정원의 개폐 또는 예산의 감소 등에 따라 폐직 또는 과원이 되었을 때 기출OX 02
    2. 휴직 기간이 끝나거나 휴직 사유가 소멸된 후에도 직무에 복귀하지 아니하거나 직무를 감당할 수 없을 때 기출OX 03
    3. 직위해제로 대기 명령을 받은 자가 그 기간에 능력 또는 근무성적의 향상을 기대하기 어렵다고 인정된 때
       → 징계위원회의 동의를 받아야 한다. 기출OX 04
    4. 경찰공무원으로는 부적합할 정도로 직무 수행능력이나 성실성이 현저하게 결여된 사람으로서 대통령령으로 정하는 사유에 해당된다고 인정될 때 → 징계위원회의 동의를 받아야 한다. 기출OX 05

       > 1. 지능 저하 또는 판단력 부족으로 경찰업무를 감당할 수 없는 경우
       > 2. 책임감의 결여로 직무수행에 성의가 없고 위험한 직무를 고의로 기피하거나 포기하는 경우

    5. 직무를 수행하는 데에 위험을 일으킬 우려가 있을 정도의 성격적 또는 도덕적 결함이 있는 사람으로서 대통령령으로 정하는 사유에 해당된다고 인정될 때 → 징계위원회의 동의를 받아야 한다. 기출OX 06

       > 1. 인격장애, 알코올·약물중독 그 밖의 정신장애로 인하여 경찰업무를 감당할 수 없는 경우
       > 2. 사행행위 또는 재산의 낭비로 인한 채무과다, 부정한 이성관계 등 도덕적 결함이 현저하여 타인의 비난을 받는 경우

    6. 해당 경과에서 직무를 수행하는 데 필요한 자격증의 효력이 상실되거나 면허가 취소되어 담당 직무를 수행할 수 없게 되었을 때 기출OX 07

[압축정리] 직권면직사유 중 징계위원회 동의 여부 정리

구분	사유
객관적 사유 (징계위원회 동의 불필요)	• 폐직 또는 과원 • 휴직 후 직무 미복귀 • 필수자격·면허취소

주관적 사유
(징계위원회 동의 필요)
	• 성격적·도덕적 결함
	  - 인격장애, 알코올 중독 등
	  - 도박·이성문제
	• 직위해제 대기명령자 능력 등 향상 기대불가
	• 능력·성실성 결여
	  - 지능저하·판단력 부족
	  - 직무수행 성의 ×, 위험직무 고의기피·포기

기출 OX

01 「경찰공무원법」상 임용권자는 경찰공무원이 경찰공무원으로는 부적합할 정도로 직무 수행능력이나 성실성이 현저하게 결여된 사람으로서 대통령령으로 정하는 사유에 해당된다고 인정되는 사람을 직권으로 면직시킬 수 있다. 22 승진 (O X)

02 직제와 정원의 개폐 또는 예산의 감소 등에 따라 폐직 또는 과원이 되었을 때는 직권면직처분을 위해 징계위원회의 동의를 요한다. 23 간부 (O X)

03 휴직기간이 끝나거나 휴직 사유가 소멸된 후에도 직무에 복귀하지 아니하거나 직무를 감당할 수 없을 때는 직권면직처분을 위해 징계위원회의 동의가 필요하다. 19 승진, 16 간부 (O X)

04 직위해제로 인한 대기 명령을 받은 자가 그 기간에 능력 또는 근무성적의 향상을 기대하기 어렵다고 인정된 때는 직권면직처분을 위해 징계위원회의 동의가 필요하다. 19 승진, 16 간부 (O X)

05 경찰공무원으로는 부적합할 정도로 직무 수행능력이나 성실성이 현저하게 결여된 사람으로서 대통령령으로 정하는 사유에 해당된다고 인정될 때는 직권면직처분을 위해 징계위원회의 동의가 필요하다. (O X)

06 직무를 수행하는 데에 위험을 일으킬 우려가 있을 정도의 성격적 또는 도덕적 결함이 있는 사람으로서 대통령령으로 정하는 사유에 해당된다고 인정될 때는 직권면직처분을 위해 징계위원회의 동의가 필요하다. 19 승진, 16 간부 (O X)

07 해당 경과에서 직무를 수행하는 데 필요한 자격증의 효력이 상실되거나 면허가 취소되어 담당 직무를 수행할 수 없게 되었을 때는 직권면직처분을 위해 징계위원회의 동의가 필요하다. 19 승진, 16 간부 (O X)

정답 및 해설

01 O
02 X 동의를 요하지 않는다.
03 X 동의를 요하지 않는다.
04 O
05 O
06 O
07 X 동의를 요하지 않는다.

POINT 05 경찰공무원의 권리

1 신분상 권리

(1) 일반공무원과 공통으로 갖는 권리

- **신분보유권**: 공무원은 형의 선고·징계처분 또는 이 법에서 정하는 사유에 따르지 아니하고는 본인의 의사에 반하여 휴직·강임 또는 면직을 당하지 아니한다(국가공무원법 제68조). 단 경찰공무원 중 일부는 신분보유권이 제한된다.

  > **경찰공무원법 제36조【「국가공무원법」과의 관계】** 치안총감과 치안정감에 대해서는 「국가공무원법」 제68조 본문을 적용하지 아니한다. 기출OX 01
  >
  > **국가공무원법 제68조【의사에 반한 신분 조치】** 공무원은 형의 선고, 징계처분 또는 이 법에서 정하는 사유에 따르지 아니하고는 본인의 의사에 반하여 휴직·강임 또는 면직을 당하지 아니한다.

- **직위보유권**: 법정사유에 의하지 않고는 직위해제 당하지 않을 권리, 직위해제가 된 경우에도 그 사유가 소멸된 때에는 지체 없이 직위를 부여받을 권리를 권리를 말한다.
- **직무집행권**: 자기 담당 직무를 집행할 권리를 말하며, 이를 방해하면 형법상 공무집행방해죄를 구성한다.
- **소송제기권·쟁송청구권**: 위법·부당한 처분 등에 의해 신분상 불이익을 입은 경우 소청·행정쟁송(행정심판·행정소송)을 제기하여 구제받을 수 있다.

  > **경찰공무원법 제34조【행정소송의 피고】** 징계처분, 휴직처분, 면직처분, 그 밖에 의사에 반하는 불리한 처분에 대한 행정소송은 경찰청장 또는 해양경찰청장을 피고로 한다. 다만, 제7조 제3항 및 제4항에 따라 임용권을 위임한 경우에는 그 위임을 받은 자를 피고로 한다.

- **노동법상 권리**: 경찰공무원은 여전히 노조가입 허용대상에 포함되지 않는다. 다만, 공무원직장협의회의 설립·운영에 관한 법률에 근거한 직장협의회는 기관별로 일부 설립되어 있다.

(2) 경찰공무원의 특수한 권리

- **제복착용권**: 제복착용은 권리인 동시에 의무의 성질을 갖는다.

  > **경찰공무원법 제26조【복제 및 무기 휴대】** ① 경찰공무원은 제복을 착용하여야 한다.
  > ② 경찰공무원의 복제에 관한 사항은 행정안전부령 또는 해양수산부령으로 정한다. 기출OX 02

- **장구사용권**: 각종 경찰장구를 사용할 수 있는 권리를 말한다.
- **무기휴대·사용권**: 무기휴대의 법적근거는 경찰공무원법, 무기사용의 법적근거는 경찰관 직무집행법이다 기출OX 03

> **판례** |
> 경찰관이라 하여 허가 없이 개인적 총포 등을 구입·소지를 허용하는 것은 아니다(95도2408 판결).

2 재산상 권리

(1) 보수청구권

- 공무원의 보수에 관한 사항은 대통령령(공무원보수규정)으로 정한다.
- 보수청구권의 소멸시효: 5년설(국가재정법 근거)·3년설(민법 근거) 대립하나, 판례는 3년설을 취한다.
- 보수를 거짓·부정한 방법으로 수령한 경우에는 수령한 금액의 5배의 범위에서 가산하여 징수할 수 있다.

(2) 연금청구권 · 보상청구권

퇴직 후 일정한 연금을 받을 권리 · 공무상 재해 등에 대해 보상을 청구할 권리 등을 말하며, 공통적으로 사유 발생일로부터 5년의 소멸시효가 적용된다(재활급여 · 요양급여 · 부조급여는 3년). 21 OX 04

(3) 실비변상청구권

공무원은 보수 외에 대통령령등으로 정하는 바에 따라 직무 수행에 필요한 실비 변상을 받을 수 있다. → 정액급식비 · 명절휴가비 · 연가보상비 및 직급보조비

[보충] 공무원 연금법 및 공무원 재해보상법

공무원 연금법 제1조 【목적】 이 법은 공무원의 퇴직, 장해 또는 사망에 대하여 적절한 급여를 지급하고 후생복지를 지원함으로써 공무원 또는 그 유족의 생활안정과 복지 향상에 이바지함을 목적으로 한다.

공무원 연금법 제29조 【급여사유의 확인 및 급여의 결정】 ① 각종 급여는 그 급여를 받을 권리를 가진 사람의 신청에 따라 인사혁신처장의 결정으로 공단이 지급한다.
② 제1항에 따른 급여의 결정에 관한 인사혁신처장의 권한은 대통령령으로 정하는 바에 따라 공단에 위탁할 수 있다.

공무원 연금법 제88조 【시효】 ① 이 법에 따른 급여를 받을 권리는 급여의 사유가 발생한 날부터 5년간 행사하지 아니하면 시효로 인하여 소멸한다.
② 잘못 납부한 기여금을 반환받을 권리는 퇴직급여 또는 퇴직유족급여의 지급 결정일부터 5년간 행사하지 아니하면 시효로 인하여 소멸한다.

공무원 재해보상법 제1조 【목적】 이 법은 공무원의 공무로 인한 부상 · 질병 · 장해 · 사망에 대하여 적합한 보상을 하고, 공무상 재해를 입은 공무원의 재활 및 직무복귀를 지원하며, 재해예방을 위한 사업을 시행함으로써 공무원이 직무에 전념할 수 있는 여건을 조성하고, 공무원 및 그 유족의 복지 향상에 이바지함을 목적으로 한다.

공무원 재해보상법 제9조 【급여의 청구 및 결정】 ① 제8조에 따른 급여를 받으려는 사람은 인사혁신처장에게 급여를 청구하여야 한다.
③ 인사혁신처장은 제1항에 따른 급여의 청구를 받으면 급여의 요건을 확인한 후 급여를 결정하고 지급한다.

공무원 재해보상법 제54조 【시효】 ① 이 법에 따른 급여를 받을 권리는 그 급여의 사유가 발생한 날부터 요양급여 · 재활급여 · 간병급여 · 부조급여는 3년간, 그 밖의 급여는 5년간 행사하지 아니하면 시효로 인하여 소멸한다.

기출 OX

01 「경찰공무원법」상 모든 계급의 경찰공무원은 형의 선고, 징계처분 또는 「국가공무원법」 및 「경찰공무원법」에 정하는 사유에 따르지 아니하고는 본인의 의사에 반하여 휴직 · 강임 또는 면직을 당하지 아니한다. 22 승진 O X

02 경찰공무원의 복제에 관한 사항은 대통령령으로 정한다. 23 간부 O X

03 경찰공무원법(무기휴대) - 경찰관 직무집행법(무기사용) 15 채용 O X

04 「공무원 재해보상법」에 따른 급여를 받을 권리는 그 급여의 사유가 발생한 날부터 요양급여 재활급여 간병급여 부조급여는 5년간, 그 밖의 급여는 3년간 행사하지 아니하면 시효로 인하여 소멸한다. 21 승진 O X

정답 및 해설

01 X 「경찰공무원법」상 치안총감과 치안정감을 제외한(모든 ×) 경찰공무원은 형의 선고, 징계처분 또는 「국가공무원법」에서 정하는 사유에 따르지 아니하고는 본인의 의사에 반하여 휴직 · 강임 또는 면직을 당하지 아니한다.
02 X 행정안전부령
03 O
04 X 요양 · 재활 · 간병 · 부조급여가 3년, 그 밖의 급여는 5년이다.

POINT 06 경찰공무원의 의무

유형	법적근거	의무 기출OX 01, 02
일반의무	국가공무원법	• 선서의무 • 성실의무
직무상 의무	국가공무원법	• 종교중립 • 친절 · 공정 • 복종 • 직무전념(직장이탈금지, 영리 · 겸직금지) • 법령준수
	경찰공무원법	• 거짓보고 및 직무유기금지 • 지휘권남용 금지 • 제복착용
신분상 의무	국가공무원법	• 집단행위금지 – 가중처벌은 경찰공무원법 • 외국정부로부터 영예 제한 • 청렴 • 정치운동금지 • 비밀엄수 • 품위유지
	경찰공무원법	정치관여금지

1 일반적 의무

(1) 선서의무

> **국가공무원법 제55조【선서】** 공무원은 취임할 때에 소속 기관장 앞에서 대통령령등으로 정하는 바에 따라 선서하여야 한다. 다만, 불가피한 사유가 있으면 취임 후에 선서하게 할 수 있다. 기출OX 03

(2) 성실의무

> **국가공무원법 제56조【성실 의무】** 모든 공무원은 법령을 준수하며 성실히 직무를 수행하여야 한다. 기출OX 04

성실의무는 공무원의 의무 중 가장 기본적인 의무이자 다른 의무의 원천이 되는 의무로서, 정치적 · 윤리적 의무에 불과한 것이 아닌 법적 의무이다. → 단, 성실의무위반은 반드시 법령위반을 전제로 하지는 않는다.

기출 OX

01 '비밀엄수의 의무', '청렴의 의무', '친절·공정의 의무'는 신분상의 의무에 해당한다. 20·18 승진 O X

02 공무원의 직무상 의무로서 직무전념의 의무, 친절·공정의 의무, 법령준수의 의무, 종교중립의 의무, 비밀엄수의 의무, 복종의 의무를 규정하고 있다. 19 승진 O X

03 공무원은 취임할 때에 소속 기관장 앞에서 대통령령 등으로 정하는 바에 따라 선서하여야 한다. 다만, 불가피한 사유가 있으면 취임 후에 선서하게 할 수 있다. 18 채용 O X

04 '성실 의무'는 공무원의 기본적 의무로서 모든 의무의 원천이 되므로 법률에 명시적 규정이 없다. 20 승진 O X

정답 및 해설

01 X 국가공무원법상 신분상 의무는 집·외·청·운·비·품이므로 청렴의무와 비밀엄수 의무는 신분상 의무에 해당하지만, 친절·공정의무는 국가공무원법상 직무상 의무에 해당한다(종·친·복·직·법).
02 X 비밀엄수의무는 신분상 의무
03 O
04 X 국가공무원법에 규정되어 있다.

2 직무상 의무

(1) **법령준수의무**: 공무원은 법령을 준수하여야 하는바(국가공무원법 제56조), 이는 법치주의에 근거한 직무수행의 가장 기본적인 의무이다. 기출OX 01

(2) **복종의무**

> **국가공무원법 제57조 【복종의 의무】** 공무원은 직무를 수행할 때 소속 상관의 직무상 명령에 복종하여야 한다. 기출OX 02
> → '소속상관'이라 함은 신분상의 상관이 아니라 직무상의 상관을 말한다. 직무의 성질상 독립성이 보장된 공무원의 직무수행에는 복종의무가 인정되지 않는다.
> **경찰법 제6조 【직무수행】** ② 경찰공무원은 구체적 사건수사와 관련된 제1항의 지휘·감독의 적법성 또는 정당성에 대하여 이견이 있을 때에는 이의를 제기할 수 있다. 기출OX 03

복종의무의 한계: 상관의 직무명령이 범죄를 구성하는 등 그 위법성이 중대·명백한 경우는 물론 그에 이르지 않더라도 위법성이 명백한 경우에는 그러한 명령을 받은 공무원은 그에 대한 복종을 거부할 수 있으며, 또한 거부할 의무가 있다고 보는 것이 일반적이다. → 상관의 명령이 위법함을 알고도 복종하였으면 그에 대한 책임을 져야 한다.

(3) **직무전념의무**: 직장이탈금지, 영리업무 및 겸직 금지

- 직장이탈금지

> **국가공무원법 제58조 【직장 이탈 금지】** ① 공무원은 소속 상관의 허가 또는 정당한 사유가 없으면 직장을 이탈하지 못한다. 기출OX 04, 05
> ② 수사기관이 공무원을 구속하려면 그 소속 기관의 장에게 미리 통보하여야 한다. 다만, 현행범은 그러하지 아니하다. 기출OX 06

- 영리업무 및 겸직 금지

> **국가공무원법 제64조 【영리 업무 및 겸직 금지】** ① 공무원은 공무 외에 영리를 목적으로 하는 업무에 종사하지 못하며 소속 기관장의 허가 없이 다른 직무를 겸할 수 없다. 기출OX 07

(4) **친절·공정의무**

> **국가공무원법 제59조 【친절·공정의 의무】** 공무원은 국민 전체의 봉사자로서 친절하고 공정하게 직무를 수행하여야 한다. 기출OX 08

(5) **종교중립의무** 기출OX 09

> **국가공무원법 제59조의2 【종교중립의 의무】** ① 공무원은 종교에 따른 차별 없이 직무를 수행하여야 한다.
> ② 공무원은 소속 상관이 제1항에 위배되는 직무상 명령을 한 경우에는 이에 따르지 아니할 수 있다.

(6) **경찰공무원법상 의무** 제거지 기출OX 10

거짓보고 등의 금지	• 경찰공무원은 직무에 관하여 거짓으로 보고나 통보를 하여서는 아니 된다. 기출OX 11 • 경찰공무원은 직무를 게을리하거나 유기해서는 아니 된다.
지휘권 남용 등의 금지	전시·사변·비상사태 등 위급한 사태 발생 시, 경찰공무원을 지휘·감독하는 사람은 • 정당한 사유 없이 그 직무 수행을 거부 또는 유기하거나 • 경찰공무원을 지정된 근무지에서 진출·퇴각 또는 이탈하게 하여서는 아니 된다. 기출OX 12
제복착용 의무	경찰공무원은 제복을 착용하여야 한다. 복제관련 사항은 행안부령으로 정한다.

기출 OX

01 경찰공무원법상 법령을 준수하며 성실히 직무를 수행하여야 한다. 19 채용 O X

02 경찰공무원법상 직무를 수행할 때 소속 상관의 직무상 명령에 복종하여야 한다. 19 채용 O X

03 국가공무원법상 복종의 의무와 관련하여 국가경찰공무원은 구체적 사건수사와 관련하여 상관의 지휘 감독의 적법성 또는 정당성에 대하여 이견이 있을 때에는 이의를 제기할 수 없다. 25·17 채용, 19 승진 O X

04 경찰공무원법상 소속 상관의 허가 또는 정당한 사유가 없으면 직장을 이탈하지 못한다. 20 승진, 19·17 채용 O X

05 공무원은 소속 기관장의 허가 또는 정당한 사유가 없으면 직장을 이탈하지 못한다. 18 채용, 17 간부, 18 승진 O X

06 「국가공무원법」상 수사기관이 현행범으로 체포한 공무원을 구속하려면 그 소속 기관의 장에게 미리 통보하여야 한다. 20 승진 O X

07 공무원은 공무 외에 영리를 목적으로 하는 업무에 종사하지 못하며 소속 상관의 허가 없이 다른 직무를 겸할 수 없다. 19·18 승진, 16 채용 O X

08 친절·공정의 의무는 국가공무원법에서 규정된 법적인 의무이다. 17 간부 O X

09 공무원은 종교에 따른 차별 없이 직무를 수행하여야 하며, 소속 상관이 종교중립의 의무에 위배되는 직무상 명령을 한 경우에는 이에 따르지 아니하여야 한다. 23·19 승진, 18 경채 O X

10 '거짓 보고 등의 금지', '지휘권 남용 등의 금지', '제복 착용'은 「경찰공무원법」에 규정되어 있다. 20 승진 O X

11 경찰공무원법상 직무에 관하여 거짓으로 보고나 통보를 하여서는 아니 된다. 19 채용 O X

12 「경찰공무원법」상 경찰공무원을 지휘하는 사람은 전시·사변, 그 밖에 이에 준하는 비상사태이거나 작전수행 중인 경우 또는 많은 인명손상이나 국가재산 손실의 우려가 있는 위급한 사태가 발생한 경우, 정당한 사유 없이 그 직무수행을 거부 또는 유기하거나 경찰공무원을 지정된 근무지에서 진출·퇴각 또는 이탈하게 하여서는 아니 된다. 22 승진 O X

정답 및 해설

01 X 국가공무원법상 법령준수
02 X 국가공무원법상 복종의무
03 X 경찰법에서 이의제기에 관하여 규정. 이의를 제기할 수 있다.
04 X 국가공무원법상
05 X '소속 상관'의 허가이다.
06 X 현행범인 공무원은 소속 기관의 장에게 미리 통보 없이 구속할 수 있다.
07 X '소속 기관장'의 허가
08 O
09 X 아니할 수 있다.
10 O
11 O
12 O

(7) 「경찰공무원 복무규정」상 직무상 의무

지정장소 외에서의 직무수행금지	경찰공무원은 상사의 허가를 받거나 그 명령에 의한 경우를 제외하고는 직무와 관계없는 장소에서 직무수행을 하여서는 아니 된다. 기출OX 01
근무시간 중 음주금지	경찰공무원은 근무시간 중 음주를 하여서는 아니된다. 단, 특별한 사정이 있는 경우에는 예외로 하되, 이 경우 주기가 있는 상태에서 직무를 수행해서는 아니된다. 기출OX 02
민사분쟁에의 부당개입금지	경찰공무원은 직위 또는 직권을 이용하여 부당하게 타인의 민사분쟁에 개입하여서는 아니 된다. 기출OX 03
상관에 대한 신고	경찰공무원은 신규채용·승진·전보·파견·출장·연가·교육훈련기관에의 입교 기타 신분관계·근무관계의 변동이 있는 때에는 소속상관에게 신고를 하여야 한다. 기출OX 04
보고 및 통보	경찰공무원은 치안상 필요상황의 보고·통보를 신속·정확·간결하게 하여야 한다.
여행의 제한	경찰공무원은 휴무일 또는 근무시간 외에 2시간 이내에 직무에 복귀하기 어려운 지역으로 여행을 하고자 할 때에는 소속 경찰기관의 장에게 신고를 하여야 한다. 다만, 치안상 특별한 사정이 있어 경찰청장 또는 경찰기관의 장이 지정하는 기간 중에는 소속경찰기관의 장의 허가를 받아야 한다. 기출OX 05
비상소집	경찰기관의 장은 비상사태에 대처하기 위하여 필요하다고 인정할 때 소속 경찰공무원을 비상소집 하거나 일정장소에 대기하게 할 수 있다. 기출OX 06

(8) 「경찰공무원 복무규정」상 휴가규정

포상휴가	경찰기관의 장은 근무성적 탁월·모범이 될 공적이 있는 경찰공무원에 대하여 1회 10일 이내의 포상휴가를 허가할 수 있다. 기출OX 07
연일근무자 휴무	경찰기관의 장은 특별한 사정이 없는 한 다음과 같이 휴무를 허가하여야 한다. 기출OX 08 1. 연일근무자 및 공휴일근무자에 대하여는 그 다음 날 1일의 휴무 2. 당직·철야근무자에 대해 다음 날 오후 2시를 기준 오전 또는 오후의 휴무

(9) 「경찰공무원 복무규정」 기본강령 기출OX 09, 10, 11, 12, 13

경찰사명 (제1호)	경찰공무원은 국가와 민족을 위하여 충성과 봉사를 다하며, 국민의 생명·신체 및 재산을 보호하고, 공공의 안녕과 질서를 유지함을 그 사명으로 한다.
경찰정신 (제2호)	경찰공무원은 국민의 수임자로서 일상의 직무수행에 있어서 국민의 자유와 권리를 존중하는 호국·봉사·정의의 정신을 그 바탕으로 삼는다.
규율 (제3호)	경찰공무원은 법령을 준수하고 직무상 명령에 복종하며, 상사에 대한 존경과 부하에 대한 존중으로써 규율을 지켜야 한다.
단결 (제4호)	경찰공무원은 주어진 사명을 다하기 위하여 굳지를 가지고 한마음 한뜻으로 굳게 뭉쳐 임무수행에 모든 역량을 기울여야 한다.
책임 (제5호)	경찰공무원은 창의와 노력으로써 소임을 완수하여야 하며, 직무수행의 결과에 대하여 책임을 진다.
성실청렴 (제6호)	경찰공무원은 성실하고 청렴한 생활태도로써 국민의 모범이 되어야 한다.

[압축정리] 경찰공무원 복무규정상 신고나 허가의 대상 정리

의무	신고대상	허가대상	비고
지정장소 외 근무수행금지	-	상사의 허가	상사 명령도 가능
여행제한	소속 경찰기관 장 신고 → 2시간 내 복귀 어려울때	소속 경찰기관 장 허가 → 경찰청장 등 지정기간	-
신분관계나 근무관계 변동시	소속상관에게 신고	-	

기출 OX

01 경찰공무원은 상사의 허가를 받거나 그 명령에 의한 경우를 제외하고는 직무와 관계없는 장소에서 직무수행을 하여서는 아니된다. 21·15 채용 [O X]

02 경찰공무원은 근무시간 중 음주를 하여서는 아니 된다. 다만, 특별한 사정이 있는 경우에는 예외로 하되, 이 경우 주기가 있는 상태에서 직무를 수행하여서는 아니 된다. 15 채용 [O X]

03 경찰공무원은 직위 또는 직권을 이용하여 부당하게 타인의 민사분쟁에 개입하여서는 아니된다.
22 승진, 21 채용, 17 승진 [O X]

04 경찰공무원은 신규채용·승진·전보·파견·출장·연가·교육훈련기관에의 입교, 기타 신분관계 또는 근무관계 또는 근무관계의 변동이 있는 때에는 소속상관에게 신고를 하여야 한다. 21 채용 [O X]

05 경찰공무원은 휴무일 또는 근무시간외에 2시간 이내에 직무에 복귀하기 어려운 지역으로 여행을 하고자 할 때에는 소속상관의 허가를 받아야 한다. 21 채용 [O X]

06 경찰기관의 장은 비상사태에 대처하기 위하여 필요하다고 인정할 때에는 소속경찰공무원을 긴급히 소집하거나 일정한 장소에 대기하게 할 수 있다. 16 지능 [O X]

07 경찰기관의 장은 근무성적이 탁월하거나 다른 경찰공무원의 모범이 될 공적이 있는 경찰공무원에 대하여 1회 15일이내의 포상휴가를 허가할 수 있다. 이 경우의 포상휴가기간은 연가일수에 산입하지 아니한다.
24 간부, 15 채용, 17 승진 [O X]

08 경찰기관의 장은 특별한 사정이 없는 한 연일근무자 및 철야 근무자에 대하여는 그 다음날 1일의 휴무를 허가하여야한다. 24 간부, 17 승진 [O X]

09 경찰사명: 경찰공무원은 주어진 사명을 다하기 위하여 긍지를 가지고 한마음 한뜻으로 굳게 뭉쳐 임무수행에 모든 역량을 기울여야 한다. 18 채용 [O X]

10 경찰정신: 경찰공무원은 국가와 민족을 위하여 충성과 봉사를 다하며, 국민의 생명·신체 및 재산을 보호하고, 공공의 안녕과 질서를 유지함을 그 사명으로 한다. 18 채용 [O X]

11 규율: 경찰공무원은 성실하고 청렴한 생활태도로써 국민의 모범이 되어야 한다. 18 채용 [O X]

12 책임: 경찰공무원은 창의와 노력으로써 소임을 완수하여야 하며, 직무수행의 결과에 대하여 책임을 진다.
18 채용 [O X]

13 경찰공무원의 기본강령으로 제1호에 경찰사명, 제2호에 경찰정신, 제3호에 규율, 제4호에 책임, 제5호에 단결, 제6호에 성실·청렴을 규정하고 있다. 17 승진 [O X]

정답 및 해설

01 O
02 O
03 O
04 O
05 X '소속 경찰기관장'에 대하여 '신고'
06 O
07 X 1회 10일 이내
08 X 다음날 1일을 허가하는 대상은 연일근무자·공휴일근무자이고, 오후 2시 기준 반일을 허가하는 대상은 당직·철야근무자이다.
09 X 단결
10 X 경찰사명
11 X 성실·청렴
12 O
13 X 제4호에 단결, 제5호에 책임이다.

3 신분상 의무

(1) 비밀엄수의무
- 공무원은 재직 중은 물론 퇴직 후에도 직무상 알게 된 비밀을 엄수하여야 한다. 기출OX 01 → 자신이 처리하는 직무에 관한 비밀뿐만 아니라 직무와 관련하여 알게 된 모든 비밀 포함 기출OX 02
- 공무원이 비밀엄수의무를 위반하는 경우에는 징계사유가 될 뿐만 아니라, 특히 법령에 의해 직무상 비밀로 규정되어 있는 내용을 누설한 경우에는 범죄를 구성한다. 기출OX 03 → 형법상 공무상 비밀누설죄
- 형식적으로 비밀로 지정된 사항이나 실질적으로 비밀이 아닌 경우에는, 비밀엄수의무 위반은 아니나 직무명령위반으로 징계책임을 질 수 있다.

(2) 청렴의무
- 공무원은 직무와 관련하여 직접적이든 간접적이든 사례·증여 또는 향응을 주거나 받을 수 없다. 기출OX 04, 05
- 공무원은 직무상의 관계가 있든 없든 그 소속 상관에게 증여하거나 소속 공무원으로부터 증여를 받아서는 아니 된다. 기출OX 06

> **판례 |**
> 교통법규위반 운전자로부터 1만원을 받은 경찰공무원을 해임처분한 것은 그 징계 내용이 객관적으로 명백히 부당한 것으로서 사회통념상 현저하게 타당성을 잃은 것이 아니다(대판 2006두16274).

(3) 품위유지의무
공무원은 직무의 내외를 불문하고 그 품위가 손상되는 행위를 하여서는 아니 된다. 기출OX 07

(4) 정치운동·정치관여 금지의무

	정치 운동의 금지(국가공무원법)	정치 관여 금지(경찰공무원법)
기본 원칙	공무원은 정당·그 밖의 정치단체의 결성에 관여하거나 이에 가입할 수 없다. 기출OX 08, 09	경찰공무원은 정당·정치단체에 가입하거나 정치활동에 관여행위를 하여서는 아니 된다.
구체적 행위	• 투표를 하거나 하지 아니하도록 권유 운동을 하는 것 • 서명 운동을 기도·주재하거나 권유하는 것 • 문서나 도서를 공공시설 등에 게시하거나 게시하게 하는 것 • 기부금을 모집 또는 모집하게 하거나, 공공자금을 이용 또는 이용하게 하는 것 • 타인에게 정당이나 그 밖의 정치단체에 가입하게 하거나 가입하지 아니하도록 권유 운동을 하는 것	• 정당이나 정치단체의 결성 또는 가입을 지원하거나 방해하는 행위 • 특정 행위와 관련한 보상 또는 보복으로서 이익·불이익을 주거나 이를 약속·고지행위 • 그 직위를 이용하여 특정 정당·정치인에 대하여 지지·반대 의견을 유포 등 • 특정 정당이나 특정 정치인을 위하여 기부금 모집을 지원하거나 방해하는 행위 등 • 특정 정당이나 특정인의 선거운동을 하거나 선거 관련 대책회의에 관여하는 행위
벌칙	• 3년 이하 징역과 3년 이하의 자격정지 • 공소시효 10년	• 5년 이하의 징역과 5년 이하의 자격정지 • 공소시효 10년

(5) 외국정부로부터 영예제한
공무원이 외국 정부로부터 영예나 증여를 받을 경우에는 대통령의 허가를 받아야 한다. 기출OX 10

기출 OX

01 공무원은 재직 중에 직무상 지득한 비밀을 엄수하여야 하나, 퇴직 후에는 그러한 의무가 없다. 23·20 승진
O X

02 비밀의 범위에는 자신이 처리하는 직무와 직결된 직무에 한정되고 직무와 관련하여 알게 된 모든 비밀을 포함하는 것은 아니다. 12 간부
O X

03 비밀엄수 의무위반은 징계의 원인이 될 뿐 형법상 처벌 대상은 되지 않는다. 12 간부
O X

04 공무원은 직무와 관련하여 간접적인 사례·증여 또는 향응을 주거나 받을 수 있다. 23 승진
O X

05 공무원은 직무와 관련하여 직접적인 경우(간접적인 경우 제외) 사례·증여 또는 향응을 주거나 받을 수 없다. 18 채용
O X

06 공무원은 직무상의 관계가 있든 없든 그 소속 상관에게 증여하거나 소속 공무원으로부터 증여를 받아서는 아니 된다. 18 승진
O X

07 공무원은 직무의 내외를 불문하고 그 품위가 손상되는 행위를 하여서는 아니 된다. 20 승진
O X

08 국가공무원법상 공무원은 정당이나 그 밖의 정치단체의 결성에 관여하거나 이에 가입할 수 없으며, 선거에서 특정 정당 또는 특정인을 지지 또는 반대하기 위해 투표를 하거나 하지 아니하도록 권유 운동을 하여서는 아니 된다. 20 승진
O X

09 국가공무원법상 공무원은 정당이나 그 밖의 정치단체의 결성에 관여하거나 이에 가입할 수 없다. 16 채용
O X

10 공무원이 외국 정부로부터 영예나 증여를 받을 경우에는 대통령의 허가를 받아야 한다. 23·18 승진, 16 채용
O X

정답 및 해설

01 X 비밀엄수 의무는 퇴직 후에도 부담한다.
02 X 직무상 비밀에는 자신이 처리하는 직무에 관한 비밀뿐만 아니라 직무와 관련하여 알게 된 모든 비밀도 포함된다.
03 X 법령에 의해 직무상 비밀로 규정되어 있는 내용을 누설한 경우에는 범죄를 구성한다.
04 X 공무원은 직무와 관련하여 직접적이든 간접적이든 사례·증여 또는 향응을 주거나 받을 수 없다
05 X 간접적인 경우도 포함한다.
06 O
07 O
08 O
09 O
10 O

(6) 집단행위 금지의무
- 공무원은 노동운동이나 그 밖에 공무 외의 일을 위한 집단 행위를 하여서는 아니 된다. 다만, 사실상 노무에 종사하는 공무원은 예외로 한다. 기출OX 01
- 경찰공무원으로서 「국가공무원법」 제66조(집단행위 금지의무)를 위반한 사람은 2년 이하의 징역 또는 200만원 이하의 벌금에 처한다. → 일반공무원에 비해 가중된 처벌을 규정

(7) 「공직자윤리법」상 청렴 관련 의무 기출OX 02

1) 재산의 등록

등록의무자	• 공직자윤리법상 총경(자치총경을 포함한다) 이상의 경찰공무원 기출OX 03 • 공직자윤리법 시행령상 경찰공무원 중 경정, 경감, 경위, 경사와 자치경찰공무원 중 자치경정, 자치경감, 자치경위, 자치경사 기출OX 04
등록재산	등록의무자가 등록할 재산은 다음 어느 하나에 해당하는 사람의 재산(소유 명의와 관계없이 사실상 소유하는 재산, 비영리법인에 출연한 재산과 외국에 있는 재산을 포함)으로 한다. 1. 본인 2. 배우자(사실상의 혼인관계에 있는 사람을 포함한다) 3. 본인의 직계존속·직계비속. 다만, 혼인한 직계비속인 여성과 외증조부모, 외조부모, 외손자녀 및 외증손자녀는 제외한다.
등록시기	공직자는 등록의무자가 된 날부터 2개월이 되는 날이 속하는 달의 말일까지 등록의무자가 된 날 현재의 재산을 등록기관에 등록하여야 한다.

2) 재산의 공개
공직자윤리위원회는 관할 등록의무자 중 치안감 이상의 경찰공무원 및 시·도경찰청장 본인과 배우자 및 본인의 직계존속·직계비속의 재산에 관한 등록사항과 변동사항 신고내용을 등록기간 또는 신고기간 만료 후 1개월 이내에 관보 또는 공보에 게재하여 공개하여야 한다.

3) 선물 신고
- 공무원(지방의회의원을 포함)·공직유관단체 임직원은 외국으로부터 선물(대가 없이 제공되는 물품 및 그 밖에 이에 준하는 것, 현금은 제외)을 받거나 그 직무와 관련하여 외국인(외국단체를 포함)에게 선물을 받으면 지체 없이 소속 기관·단체의 장에게 신고하고 그 선물을 인도하여야 한다. 기출OX 05 → 가족이 받은 경우에도 같다.
- 신고하여야 할 선물은 그 선물 수령 당시 증정한 국가·외국인이 속한 국가의 시가로 미화 100달러 이상이거나 국내 시가로 10만원 이상인 선물로 한다. 기출OX 06

4) 퇴직공직자 취업제한 기출OX 07
- 총경 이상의 경찰공무원과 부당한 영향력 행사 가능성 및 공정한 직무수행을 저해할 가능성 등을 고려하여 국회규칙, 대법원규칙, 헌법재판소규칙, 중앙선거관리위원회규칙 또는 대통령령으로 정하는 공무원(국가경찰공무원 중 경정, 경감, 경위, 경사와 자치경찰공무원 중 자치경정, 자치경감, 자치경위, 자치경사)과 공직유관단체의 직원은 퇴직일부터 3년간 취업심사대상기관에 취업할 수 없다.
- 다만, 관할 공직자윤리위원회로부터 취업심사대상자가 퇴직 전 5년 동안 소속하였던 부서 또는 기관의 업무와 취업심사대상기관 간에 밀접한 관련성이 없다는 확인을 받거나 취업승인을 받은 때에는 취업할 수 있다.

기출 OX

01 공무원은 노동운동이나 그 밖에 공무 외의 일을 위한 집단 행위를 하여서는 아니 된다. 또한, 사실상 노무에 종사하는 공무원도 포함한다. 16 채용 O X

02 국가공무원법은 공무원의 청렴의무의 제도적 확보를 위하여 일정한 공직자의 재산등록 및 공개, 선물 신고에 관하여 정하고 있다. 12 간부 O X

03 「공직자윤리법」에서는 경정 이상의 경찰공무원을 재산등록의무자로 규정하고 있고, 「동법 시행령」에서는 경사 이상을 재산등록의무자로 규정하고 있다. 18 승진 O X

04 「공직자윤리법」에서는 총경이상의 경찰공무원을, 「공직자윤리법 시행령」에서는 경위이상의 경찰공무원을 각각 재산등록의무자로 규정하고 있다. 22 승진, 17 간부 O X

05 「공직자윤리법」상 공무원 또는 공직유관단체의 임직원은 외국으로부터 선물(대가 없이 제공되는 물품 및 그 밖에 이에 준하는 것을 말하되, 현금은 제외)을 받거나 그 직무와 관련하여 외국인(외국단체 포함)에게 선물을 받으면 지체없이 소속 기관 단체의 장에게 신고하고 그 선물을 인도하여야 한다. 21·18 승진 O X

06 신고하여야 할 선물은 그 선물 수령 당시 증정한 국가 또는 외국인이 속한 국가의 시가로 미국화폐 1,000달러 이상이거나 국내 시가로 100만원 이상인 선물로 한다. 21·18 승진 O X

07 「공직자윤리법」상 취업심사대상자는 퇴직일부터 3년간 취업심사 대상기관에 취업할 수 없다. 다만, 관할 공직자윤리위원회로부터 취업심사대상자가 퇴직 전 5년 동안 소속하였던 부서 또는 기관의 업무와 취업심사대상기관 간에 밀접한 관련성이 없다는 확인을 받으면 취업할 수 있다. 21 승진, 17 채용 O X

정답 및 해설

01 X 사실상 노무에 종사하는 공무원은 예외
02 X 공직자윤리법에 규정되어 있다.
03 X 공직자윤리법은 총경 이상을 재산등록의무자로 하고 있다.
04 X 경사 이상이 재산등록 의무자가 되며, 경사부터 경정까지는 대통령령인 공직자윤리법 시행령에, 총경 이상은 법률인 공직자윤리법에 규정되어 있다.
05 O
06 X 신고하여야 할 선물은 그 선물 수령 당시 증정한 국가 또는 외국인이 속한 국가의 시가로 미국화폐 100달러 이상이거나 국내 시가로 10만원 이상인 선물로 한다.
07 O

POINT 07 경찰공무원의 책임(징계)

1 징계

징계란 공무원의 의무위반이 있는 경우에 공무원관계의 질서를 유지하기 위하여 임용권자에 의해 **특별권력관계에 기초**하여 과해지는 제재를 말한다. 기출OX 01

2 징계벌과 형벌

(1) 징계벌과 형벌의 차이점

구분	징계벌	형벌
권력적 기초	특별행정법관계에서의 특별권력	국가의 일반통치권
목적	공무원관계의 내부적 질서유지	일반의 법질서유지
내용	공무원의 신분상 이익 전부 · 일부 박탈	신분상 이익뿐만 아니라 재산적 이익 · 신체적 자유도 박탈 가능
대상	공무원의 의무위반	형사법상 의무위반
고의 · 과실	요하지 않는다.	필요하다.

(2) 징계벌과 형벌과의 관계

형사절차와 징계절차는 상호 독립된 절차이므로 동일한 행위에 대해 형사절차가 진행되더라도 징계절차에는 영향을 미치지 않는 것이 원칙이다. → **병과가능하며, 병과되더라도 일사부재리의 원칙 위반 X**

> **판례** |
> 1 징계사유인 성희롱 관련 형사재판에서 공소사실에 관하여 무죄가 선고되었다고 하여 그러한 사정만으로 행정소송에서 징계사유의 존재를 부정할 것은 아니다(대판 2017두74702).
> 2 공무원인 갑이 그 직무에 관하여 뇌물을 받았음을 징계사유로 하여 파면처분을 받은 후, 그에 대한 형사사건에서 대법원의 파기환송판결에 따라 무죄의 확정판결이 있었다면 위 징계처분은 근거 없는 사실을 징계사유로 삼은 것이 되어 위법하다고 할 수는 있을지언정 그것이 객관적으로 명백하다고는 할 수 없으므로 위 징계처분이 당연무효인 것은 아니다(대판 89누4963).

3 징계사유 → 징계사유는 고의 · 과실의 유무와 관계없이 성립

공무원이 다음 사유 해당 시 징계의결을 요구하여야 하고, 그 의결 결과에 따라 징계처분을 **하여야 한다.** 기출OX 02

1. 이 법 및 이 법에 따른 명령을 위반한 경우
2. 직무상의 의무(다른 법령에서 부과된 의무 포함)를 위반 · 직무를 태만히 한 때
3. 직무의 내외를 불문하고 그 체면 또는 위신을 손상하는 행위를 한 때

4 징계사유 발생시점

- 공무원이었던 사람이 다시 공무원으로 임용된 경우에 재임용 전에 적용된 법령에 따른 징계 사유는 그 **사유가 발생한 날부터 이 법에 따른 징계 사유가 발생**한 것으로 본다. 기출OX 03
- 임용 전의 행위가 징계사유가 될 수 있는지의 문제가 있는바, 임용 전의 특정한 행위로 인하여 임용 후에도 공무원의 품위가 손상되는 경우에는 임용 후의 의무위반이라는 사실에 기하여 징계처분을 할 수 있다.

> **판례 |**
> 뇌물을 공여한 행위가 공립학교 교사로 임용되기 전이었더라도 그 때문에 임용 후의 공립학교교사로서의 체면과 위신이 크게 손상되었다고 하지 않을 수 없으므로 이를 징계사유로 삼은 것은 정당하다(대판 89누7368).

기출 OX

01 징계란 공무원의 의무위반이 있는 경우 또는 비행이 있는 경우 공무원 내부관계의 질서유지를 위하여 특별권력관계가 아닌 일반통치권에 의해 과해지는 제재이다. 12 채용 (O X)

02 국가공무원법이나 국가공무원법에 의한 명령을 위반하였을 경우, 직무상의 의무를 위반하거나 직무를 태만히 한 경우, 직무수행능력이 부족하거나 근무성적이 극히 나쁜 경우는 징계사유에 해당한다. 12 채용 (O X)

03 공무원(특수경력직공무원 및 지방공무원을 포함한다)이었던 사람이 다시 공무원으로 임용된 경우에 재임용 전에 적용된 법령에 따른 징계 사유는 그 사유가 발생한 날부터 이 법에 따른 징계 사유가 발생한 것으로 본다. 12 채용 (O X)

정답 및 해설

01 X 징계란 일반통치권이 아닌 특별권력관계에 의해 과해지는 제재이다
02 X 직무수행 능력이 부족하거나 근무성적이 극히 나쁜 경우는 직위해제사유에 해당한다
03 O

5 징계사유 시효

징계의결 등의 요구는 징계 등 사유가 발생한 날부터 다음 구분에 따른 기간이 지나면 하지 못한다. 기출OX 01

1. 징계 등 사유가 다음 어느 하나에 해당하는 경우: 10년
   가. 「성매매알선 등 행위의 처벌에 관한 법률」 제4조에 따른 금지행위
   나. 「성폭력범죄의 처벌 등에 관한 특례법」 제2조에 따른 성폭력범죄
   다. 「아동·청소년의 성보호에 관한 법률」 제2조 제2호에 따른 아동·청소년대상 성범죄
   라. 「양성평등기본법」 제3조 제2호에 따른 성희롱
2. 징계 등 사유가 징계부가금 부과 대상이 되는 재산상 이익 취득이나 국가예산·기금 횡령·유용 등에 해당하는 경우: 5년
3. 그 밖의 징계 등 사유에 해당하는 경우: 3년

판례 |

공무원 임용과 관련하여 부정한 청탁과 함께 뇌물을 공여하고 공무원으로 임용되었다면 공무원의 신분을 취득하기까지의 일련의 행위가 국가공무원법상의 징계사유에 해당한다고 할 것이므로 국가공무원법 제83조의2 제1항에 정하는 **징계시효의 기산점은 원고가 뇌물을 공여한 때가 아니라 공무원으로 임용된 때로부터 기산**하여야 할 것이다(대판 1990.5.22. 89누7368).

6 징계의 종류 및 효과(중징계: 파면·해임·강등·정직 / 경징계: 감봉·견책) 기출OX 02, 03

(1) **배제징계**: 파면, 해임
   - 파면: 공무원의 신분을 박탈하여 공무원관계를 배제하는 징계처분 기출OX 04
   - 해임: 파면과 같이 공무원의 신분을 박탈하여 공무원관계를 배제하는 징계처분 기출OX 05

구분	인사·신분	퇴직급여		퇴직수당
		5년 미만	5년 이상	
파면	• 공무원 신분 배제 • 5년간 일반공무원 임용결격사유 • 경찰공무원 재임용 불가	1/4 감액	1/2 감액	1/2 감액
해임	• 공무원 신분 배제 • 3년간 일반공무원 임용결격사유 • 경찰공무원 재임용 불가 기출OX 06	• 원칙은 감액 없음 • 금품·향응수수, 공금횡령·유용 해임시 감액 1/8 감액	1/4 감액	1/4 감액

(2) **교정징계**: 강등, 정직, 감봉, 견책
   - 강등: 직급을 1계급 아래로 내리는 징계처분
   - 정직: 일정 기간 직무에 종사하지 못하게 하는 징계처분
   - 감봉: 일정한 수준으로 보수를 감액하는 징계처분
   - 견책: 잘못을 지적하고 앞으로 그런 일이 없도록 주의를 주는 징계처분

구분	인사·신분		보수
	직무정지	승진임용제한기간	
강등	3개월	18개월	기간(3개월) 중 전액 감액 기출OX 07
정직	1~3개월	18개월	기간(1~3개월) 중 전액 감액 기출OX 08
감봉	–	12개월	기간(1~3개월) 중 1/3 감액 기출OX 09
견책	–	6개월	–

기출 OX

01 징계의결 등의 요구는 징계 등의 사유가 발생한 날부터 2년(금품 및 향응 수수, 공금의 횡령·유용의 경우에는 3년)이 지나면 하지 못한다. 14 채용 　　O X

02 공무원의 징계는 파면·해임·강등·정직·감봉·견책으로 구분한다. 20 승진 　　O X

03 중징계란 파면, 해임, 강등을 말하며, 경징계란 정직, 감봉 및 견책을 말한다. 15 채용 　　O X

04 징계에 의하여 파면된 경우, 재직기간이 5년 이상인 사람의 퇴직급여는 2분의 1을 감액하고, 재직 기간이 5년 미만인 사람의 퇴직급여는 3분의 1을 감액한다. 20 승진 19 채용 　　O X

05 금품 및 향응 수수로 징계 해임된 자의 경우 재직기간이 5년 이상인 사람의 퇴직급여는 4분의 3을 지급하고, 재직기간이 5년 미만인 사람의 퇴직급여는 8분의 7을 지급한다. 20 승진 　　O X

06 동료 경찰관에 대한 성희롱을 이유로 징계에 의하여 해임처분을 받은 경찰관은 해임처분을 받은 때부터 3년이 지나면 경찰 공무원으로 임용될 수 있다. 23 채용 　　O X

07 강등은 1계급 이래로 직급을 내리고 공무원신분은 보유하나 3개월간 직무에 종사하지 못하며 기간 중 보수는 전액을 감한다. 20 승진 　　O X

08 정직 징계처분을 받은 자는 1개월 이상 3개월 이하의 기간 동안 직무에 종사하지 못하며, 정직기간 중 보수는 1/3을 감한다. 19 채용 　　O X

09 감봉의 기간은 1월 이상 3월 이하이다. 17 승진 　　O X

정답 및 해설

01 X 징계사유의 시효는 사유에 따라 10년(성매매·성폭력·아동청소년 성범죄·성희롱), 5년(징계부가금 대상 재산상 이익취득, 국가예산 등 횡령·유용 등), 3년(그 외 사유)으로 나누어진다.
02 O
03 X 정직은 중징계에 해당한다.
04 X 파면의 경우 퇴직급여는 5년 미만의 경우 1/4을 감액하고, 5년 이상의 경우 1/2을 감액한다.
05 O
06 X 파면·해임과 같은 배제징계를 받아 공직에서 배제된 자는 몇 년이 지나든 다시 경찰공무원이 될 수 없다.
07 O
08 X 정직의 경우 그 기간 중에는 보수를 전액 감액한다
09 O

(3) 승진임용제한기간

강등	정직	감봉	견책
직무정지 3개월 + 18개월	정직기간 + 18개월	감봉기간 + 12개월	6개월

※ 금품 또는 향응수수, 성폭력·성희롱 및 성매매, 음주운전(측정거부 포함), 소극행정에 따른 징계처분의 경우에는 징계처분이 끝난 날부터 승진제한 기간에 각각 **6개월**을 더한다. 기출OX 01, 02

(4) 심사승진후보자 명부에서의 제외

임용권자나 임용제청권자는 심사승진후보자 명부에 기록된 사람이 승진임용되기 전에 **정직 이상**의 징계처분을 받은 경우에는 심사승진후보자 명부에서 그 사람을 제외하여야 한다. 기출OX 03

(5) 징계부가금: 징계처분 외에 금품수수 금액 등의 5배 범위 내에서 부과하는 행정적 제재

> **국가공무원법 제78조의2 【징계부가금】** ① 제78조에 따라 공무원의 징계 의결을 요구하는 경우 그 징계사유가 다음 각 호의 어느 하나에 해당하는 경우에는 해당 징계 외에 다음 각 호의 행위로 취득하거나 제공한 금전 또는 재산상 이득(금전이 아닌 재산상 이득의 경우에는 금전으로 환산한 금액을 말한다)의 **5배** 내의 징계부가금 부과 의결을 징계위원회에 요구하여야 한다.
> 1. 금전, 물품, 부동산, 향응 또는 그 밖에 대통령령으로 정하는 재산상 이익을 취득하거나 제공한 경우
> 2. 다음 각 목에 해당하는 것을 횡령, 배임, 절도, 사기 또는 유용한 경우

7 경찰공무원 징계령 세부시행규칙상 징계양정 기준 기출OX 04, 05, 06, 07, 08

행위자의 징계양정 기준	• 과실 의무위반행위가 다른 법령에 의해 처벌사유가 되지 않고 비난가능성이 없는 때 • 국가·공공의 이익을 증진하기 위해 성실하고 능동적으로 업무를 처리하는 과정에서 부분적인 절차상 하자 또는 비효율, 손실 등의 잘못이 발생한 때 • **업무매뉴얼**에 규정된 직무상의 절차를 충실히 이행한 때 • 의무위반행위의 발생 방지위해 최선을 다하였으나 부득이한 사유로 결과가 발생 • 발생한 의무위반행위에 대하여 자진신고·사후조치 최선으로 원상회복 크게 기여한 때 • 간첩 또는 사회이목을 집중시킨 중요사건의 범인을 검거한 공로가 있을 때 • 감경 제외 대상이 아닌 의무위반행위 중 직무와 관련이 없는 사고로 인한 의무위반행위로서 사회통념에 비추어 공무원의 품위를 손상하지 아니한 때
감독자에 대한 기준	• 부하직원의 의무위반행위를 사전에 발견하여 적법 타당하게 조치한 때 • 부하직원의 의무위반행위가 감독자 또는 행위자의 비번일·휴가기간·교육기간 등에 발생하거나, 소관 업무와 직접 관련 없는 등 감독자의 실질적 감독범위를 벗어났다고 인정된 때 • 부임기간이 **1개월 미만**으로 부하직원에 대한 실질적인 감독이 곤란하다고 인정된 때 • 교정이 불가능하다고 판단된 부하직원의 사유를 명시하여 인사상 조치(전출 등)를 상신하는 등 성실히 관리한 이후에 같은 부하직원이 의무위반행위를 야기하였을 때 • 기타 부하직원에 대하여 평소 철저한 교양감독 등 감독자로서의 임무를 성실히 수행하였다고 인정된 때

[참고] 징계의 가중 및 감경(경찰공무원 징계령 세부시행규칙)

징계의 가중 (제7조)	• 서로 관련이 없는 2개 이상의 의무위반행위가 경합될 때: 징계의결요구권자·징계위원회는 그 중 책임이 중한 의무위반행위에 해당하는 징계보다 1단계 위의 징계의결 요구 또는 징계의결을 할 수 있다. → 하나의 행위가 동시에 여러 종류의 의무위반행위에 해당될 때에도 위와 같다. • 징계처분을 받은 사람이 승진임용 제한기간 중 발생 비위로 다시 징계의결 요구된 경우: 징계위원회는 그 비위에 해당하는 징계보다 2단계 위의 징계로 의결할 수 있다. • 승진임용 제한기간이 끝난 후부터 1년 이내에 발생한 비위로 징계의결이 요구된 경우: 징계위원회는 1단계 위의 징계로 의결할 수 있다.

징계의 감경
(제8조)
	• 징계위원회는 징계의결이 요구된 자가 다음 어느 하나에 해당하는 공적이 있는 경우 징계를 감경할 수 있다. 기출OX 09, 10, 11
	  1. 훈장 또는 포장을 받은 공적
	  2. 국무총리 이상의 표창을 받은 공적 다만, 경감 이하의 경찰공무원등은 경찰청장 또는 중앙행정기관 차관급 이상 표창을 받은 공적
	  3. 모범공무원으로 선발된 공적
	• 경찰공무원등이 징계처분 또는 징계위원회의 권고에 의한 경고를 받은 사실이 있는 경우에는 그 징계처분 또는 경고처분 전의 공적은 감경대상 공적에서 제외한다.

기출 OX

01 강등 징계시 3개월간 직무에 종사하지 못하며 금품 또는 향응 수수로 강등의 징계처분을 받은 경우 그 처분의 집행이 끝난 날로부터 21개월이 지나지 않으면 승진임용을 할 수 없다. 19 승진 　　O X

02 성폭력, 성희롱 및 성매매에 따른 강등 징계처분을 받은 자는 그 처분의 집행이 끝난 날부터 24개월이 지나지 않은 경우 승진임용될 수 없다. 19 채용 　　O X

03 임용(제청)권자는 승진후보자 명부에 기록된 사람이 승진임용되기 전에 정직 이상 징계처분을 받은 경우에는 승진후보자 명부에서 그 후보자를 제외하여야 한다. 19 채용 　　O X

04 감독자가 업무매뉴얼에 규정된 직무상의 절차를 충실히 이행한 때에는 정상을 참작할 수 있다. 20 승진 　　O X

05 행위자가 간첩 또는 사회이목을 집중시킨 중요사건의 범인을 검거한 공로가 있을 때에는 정상을 참작할 수 있다. 19 승진 　　O X

06 감독자의 부임 기간이 1년 미만으로 부하직원에 대한 실질적 감독이 곤란하다고 인정된 때에는 정상을 참작할 수 있다. 19 승진 　　O X

07 징계요구권자 또는 징계위원회는 과실로 인하여 발생한 의무위반행위가 다른 법령에 의해 처벌사유가 되지 않고 비난가능성이 없는 때에는 징계책임을 감경하여 징계의결 요구 또는 징계의결하거나 징계책임을 묻지 아니할 수 있다. 25 승진 　　O X

08 징계요구권자 또는 징계위원회는 감독자가 부하직원의 의무위반행위를 사전에 발견하여 적법 타당하게 조치한 때에는 징계책임을 감경하여 징계의결요구 또는 징계의결 하거나 징계책임을 묻지 아니할 수 있다. 25 승진 　　O X

09 징계위원회는 「정부표창규정」에 따라 국무총리 이상의 표창을 받은 공적(다만, 경정 이하의 경찰공무원 등은 경찰청장 또는 중앙행정기관 차관급 이상 표창을 받은 공적)이 있는 경우 징계를 감경할 수 있다. 25 승진 　　O X

10 징계위원회는 「상훈법」에 따라 훈장 또는 포장을 받은 공적이 있는 경우 징계를 감경할 수 있다. 25 승진 　　O X

11 징계의결이 요구된 경정 丁에게 국무총리 표창을 받은 공적이 있는 경우에 징계위원회는 징계를 감경할 수 있지만, 그 표창이 丁에게 수여된 표창이 아니라 丁이 속한 ○○경찰서에 수여된 단체표창이라면 감경할 수 없다. 22 채용 　　O X

정답 및 해설

01 X 총 24개월
02 O
03 O
04 X 이는 행위자의 정상참작 사유에 해당한다
05 O
06 X 부임기간 1개월 미만인 경우
07 O
08 O
09 X 다만, 경감 이하의 경찰공무원 등은 경찰청장 또는 중앙행정기관 차관급 이상 표창을 받은 공적
10 O
11 O

8 징계절차

징계사유 발생 ▶ 경찰기관장의 요구 ▶ 징계위원회 의결 ▶ 인사권자의 집행 ▶ 징계대상자의 불복

(1) 기관장의 징계의결 요구

① 소속 경찰공무원에게 징계사유가 있다고 인정될 때에는 소속 경찰기관의 장은 지체없이 관할 징계위원회를 구성하여 징계등 의결을 요구하여야 한다. 기출OX 01

> [소속 아닌 경찰공무원에게 징계사유가 있다고 인정되는 경우]
> ㉠ 경찰기관의 장은 그 소속이 아닌 경찰공무원에게 징계 사유가 있다고 인정될 때에는 해당 경찰기관의 장에게 그 사실을 증명할 만한 충분한 사유를 명확히 밝혀 통지하여야 한다.
> ㉡ ㉠에 따라 징계 사유를 통지받은 경찰기관의 장은 타당한 이유가 없으면 통지를 받은 날부터 30일 이내에 관할 징계위원회에 징계등 의결을 요구하거나 그 상급 경찰기관의 장에게 징계등 의결의 요구를 신청하여야 한다. → '요구'와 '요구 신청'을 구분할 것

② 경찰기관의 장은 그 소속 경찰공무원에 대한 징계등 사건이 상급 경찰기관에 설치된 징계위원회의 관할에 속한 경우에는 그 상급 경찰기관의 장에게 징계의결서등을 첨부하여 징계등 의결의 요구를 신청하여야 한다.
③ 경찰기관의 장이 ①과 ②에 따라 징계등 의결 요구 또는 그 신청을 할 때에는 중징계 또는 경징계로 구분하여 요구하거나 신청하여야 한다.
④ 경찰기관의 장은 ①에 따라 징계등 의결을 요구할 때에는 경찰공무원 징계 의결 또는 징계부가금 부과 의결 요구서 사본을 징계등 심의 대상자에게 보내야 한다. 다만, 징계등 심의 대상자가 그 수령을 거부하는 경우에는 그러하지 아니하다.

> **판례 |**
> 공무원인 피징계자에게 징계사유가 있어서 징계처분을 하는 경우 어떠한 처분을 할 것인가는 징계권자의 재량에 맡겨진 것이고, 다만 징계권자가 재량권의 행사로서 한 징계처분이 사회통념상 현저하게 타당성을 잃어 징계권자에게 맡겨진 재량권을 남용한 것이라고 인정되는 경우에 한하여 그 처분을 위법하다고 할 수 있다(대판 99두6101). 기출OX 02

(2) 징계위원회 의결

1) 의결기한 → 30일 + (경찰기관의 장 승인) 30일 기출OX 03

> **경찰공무원 징계령 제11조【징계등 의결 기한】** ① 징계등 의결 요구를 받은 징계위원회는 그 요구서를 받은 날부터 30일 이내에 징계등에 관한 의결을 하여야 한다. 다만, 부득이한 사유가 있을 때에는 해당 징계등 의결을 요구한 경찰기관의 장의 승인을 받아 30일 이내의 범위에서 그 기간을 연기할 수 있다.

2) 감사·수사 등 다른 절차 진행에 따른 징계의결

> **국가공무원법 제83조【감사원의 조사와의 관계 등】** ① 감사원에서 조사 중인 사건에 대하여는 조사개시 통보를 받은 날부터 징계 의결의 요구나 그 밖의 징계 절차를 진행하지 못한다.
> ② 검찰·경찰, 그 밖의 수사기관에서 수사 중인 사건에 대하여는 수사개시 통보를 받은 날부터 징계 의결의 요구나 그 밖의 징계 절차를 진행하지 아니할 수 있다.
> ③ 감사원과 검찰·경찰, 그 밖의 수사기관은 조사나 수사를 시작한 때와 이를 마친 때에는 10일 내에 소속 기관의 장에게 그 사실을 통보하여야 한다.

기출 OX

01 경찰기관의 장은 소속 경찰공무원 중 징계사유가 있다고 인정한 때와 징계의결 요구의 신청을 받은 때에는 지체없이 관할 징계위원회를 구성하여 징계의결을 요구할 수 있다. 19·18 승진   O X

02 공무원인 피징계자에게 징계사유가 있어서 징계처분을 하는 경우 어떠한 처분을 할 것인가는 징계권자의 재량에 맡겨진 것이고, 다만 징계권자가 재량권의 행사로서 한 징계처분이 사회통념상 현저하게 타당성을 잃어 징계권자에게 맡겨진 재량권을 남용한 것이라고 인정되는 경우에 한하여 그 처분을 위법하다고 할 수 있다. 23 채용   O X

03 징계등 의결 요구를 받은 징계위원회는 그 요구서를 받은 날부터 30일 이내에 징계등에 관한 의결을 하여야 한다. 다만, 부득이한 사유가 있을 때에는 해당 징계등 심의 대상자에게 그 사유를 고지하고 30일 이내의 범위에서 그 기간을 연장할 수 있다. 23·18 채용, 23·20 승진   O X

정답 및 해설

01 X 징계등 의결을 '요구하여야 한다.'
02 O
03 X 대상자에게 사유를 고지하는 것이 아니라 징계의결을 요구한 경찰기관의 장의 승인을 받아야 한다.

3) 출석통지와 출석
   - 징계위원회가 징계등 심의 대상자의 출석을 요구할 때에는 출석 통지서로 하되, 징계위원회 개최일 **5일 전**까지 그 징계등 심의 대상자에게 도달되도록 해야 한다. 기출OX 01
   - 징계위원회는 징계등 심의 대상자가 그 징계위원회에 출석하여 진술하기를 원하지 아니할 때에는 진술권 포기서를 제출하게 하여 이를 기록에 첨부하고 서면심사로 징계등 의결을 할 수 있다.
   - 징계위원회는 출석 통지를 하였음에도 불구하고 징계등 심의 대상자가 정당한 사유 없이 출석하지 아니하였을 때에는 그 사실을 기록에 분명히 적고 서면심사로 징계등 의결을 할 수 있다. 기출OX 02
   - 징계등 심의 대상자의 소재가 분명하지 아니할 때에는 출석 통지를 관보에 게재하고, 그 게재일부터 **10일**이 지나면 출석 통지가 송달된 것으로 보며, 징계등 의결을 할 때에는 관보 게재의 사유와 그 사실을 기록에 분명히 적어야 한다. 기출OX 03, 04

4) 심문과 진술권
   - 징계위원회는 심사를 위하여 필요하다고 인정될 때에는 관계인을 출석하게 하여 심문할 수 있다.
   - 징계위원회는 징계등 심의 대상자에게 진술할 수 있는 기회를 충분히 주어야 하며, 징계등 심의 대상자는 의견서 또는 말로 자기에게 이익이 되는 사실을 진술하거나 증거를 제출할 수 있다.

   > **경찰공무원 징계령 세부시행규칙 제12조 【징계등 심의 대상자의 진술거부권】** ① 징계등 심의 대상자는 진술하지 아니하거나 개개의 질문에 대하여 진술을 거부할 수 있다.
   > ② 징계위원회의 위원장은 징계등 심의 대상자에게 진술을 거부할 수 있음을 고지하여야 한다.

   - 징계등 심의 대상자는 증인의 심문을 신청할 수 있다. → 징계위원회는 의결로 채택 여부 결정**하여야 한다**.
   - 징계등 의결을 요구한 자 · 징계등 의결의 요구를 신청한 자는 징계위원회에 출석하여 의견을 진술하거나 서면으로 의견을 진술할 수 있다. 다만, 중징계나 중징계 관련 징계부가금 요구사건의 경우에는 특별한 사유가 없는 한 징계위원회에 출석하여 **의견을 진술해야 한다**.
   - 징계위원회는 필요하다고 인정시 사실 조사를 하거나 특별한 학식 · 경험이 있는 사람에게 검증 · 감정을 의뢰할 수 있다.
   - 징계위원회의 회의에 참석한 사람은 직무상 알게 된 비밀을 누설해서는 아니 된다.

5) 의결방법
   - 징계위원회의 의결은 위원장을 포함한 위원 **과반수의 출석과 출석위원 과반수의 찬성**으로 의결하되, 의견이 나뉘어 출석위원 과반수의 찬성을 얻지 못한 경우에는 출석위원 과반수가 될 때까지 징계등 심의 대상자에게 가장 **불리한** 의견을 제시한 위원의 수를 그 다음으로 **불리한** 의견을 제시한 위원의 수에 차례로 더하여 그 의견을 합의된 의견으로 본다. 기출OX 05, 06, 07
   - 징계위원회의 의결 내용은 공개하지 아니한다.
   - 징계위원회는 회의에 출석하는 사람이 동영상 · 음성 동시 송수신장치가 갖추어진 서로 다른 장소에 출석하여 진행하는 원격영상회의 방식으로 심의 · 의결할 수 있다. 이 경우 위원 · 출석자가 같은 회의장에 출석한 것으로 본다. 기출OX 08
   - 징계위원회는 징계등 사건을 의결할 때에는 징계등 심의 대상자의 비위행위 당시 계급 및 직위 · 비위행위가 공직 내외에 미치는 영향 · 평소 행실 · 공적 · 뉘우치는 정도나 그 밖의 정상 · 징계등 의결을 요구한 자의 의견을 **고려해야 한다**. 기출OX 09
   - 징계위원회 의결을 거치지 않고 행한 징계처분은 **무효**이다.

기출 OX

01 징계사건을 심의할 때에는 징계등 심의 대상자에게 출석하도록 통지하여야 하며, 출석 통지서는 징계위원회 개최일 5일 전까지 그 징계등 심의 대상자에게 도달되도록 하여야 한다. 20 승진   O X

02 징계위원회는 출석 통지를 하였음에도 불구하고 징계등 심의 대상자가 정당한 사유 없이 출석하지 아니한 때에도 서면심사에 의하여 징계등 의결을 할 수 없다. 20 승진   O X

03 징계위원회는 출석 통지를 하였음에도 불구하고 징계 등 심의 대상자가 정당한 사유 없이 출석하지 아니하였을 때에는 그 사실을 기록에 분명히 적고 서면심사로 징계 등 의결을 할 수 있다. 다만, 징계 등 심의 대상자의 소재가 분명하지 아니할 때에는 출석 통지를 관보에 게재하고, 그 게재일 다음날부터 10일이 지나면 출석 통지가 송달된 것으로 보며, 징계 등 의결을 할 때에는 관보 게재의 사유와 그 사실을 기록에 분명히 적어야 한다. 18 채용, 17 승진   O X

04 징계등 심의 대상자의 소재가 분명하지 아니할 때에는 출석 통지를 관보에 게재하고, 그 게재일부터 7일이 지나면 출석 통지가 송달된 것으로 보며, 징계등 의결을 할 때에는 관보 게재의 사유와 그 사실을 기록에 분명히 적어야 한다. 20·18 승진   O X

05 징계위원회의 의결은 위원장을 포함한 위원 과반수의 출석과 출석위원 2/3의 찬성으로 의결한다. 15 채용   O X

06 징계위원회의 의결은 위원장을 포함한 위원 과반수의 출석과 출석위원 과반수의 찬성으로 의결하되, 의견이 나뉘어 출석위원 과반수의 찬성을 얻지 못한 경우에는 출석위원 과반수가 될 때까지 징계등 심의 대상자에게 가장 불리한 의견을 제시한 위원의 수를 그 다음으로 불리한 의견을 제시한 위원의 수에 차례로 더하여 그 의견을 합의된 의견으로 본다. 21 채용   O X

07 위원장 포함 12명이 출석하여 구성된 징계위원회에서 정직 3월 2명, 정직 1월 2명, 감봉 3월 1명, 감봉 2월 1명, 감봉 1월 3명, 견책 3명으로 의견이 나뉜 경우, 감봉 1월로 의결해야 한다. 22 채용   O X

08 징계위원회는 위원과 징계등 심의 대상자, 징계등 의결을 요구하거나 요구를 신청한 자, 증인, 관계인 등 회의에 출석하는 사람이 동영상과 음성이 동시에 송수신되는 장치가 갖추어진 서로 다른 장소에 출석하여 진행하는 원격영상회의 방식으로 심의·의결할 수 있다. 23 승진   O X

09 징계위원회는 징계등 사건을 의결할 때에는 징계등 심의대상자의 평소 행실, 근무성적, 공적, 뉘우치는 정도와 징계등 의결을 요구한 자의 의견을 고려할 수 있다. 21·17 채용   O X

정답 및 해설

01 O
02 X 서면심사로 할 수 있다.
03 X '그 게재일 다음날'이 아니라 '그 게재일'부터 10일이다.
04 X 10일이 지나야 출석 통지가 송달된 것으로 본다.
05 X 위원장을 포함한 위원 과반수의 출석과 출석위원 과반수의 찬성으로 의결한다.
06 O
07 X 징계위원회 위원의 의결이 나뉜 경우의 처리방법에 관한 설명은 옳으나, 징계위원회는 위원장과 4명 이상 6명 이하로 구성되므로(최대 7명), 12명이 출석하는 것은 불가능하다.
08 O
09 X 고려하여야 한다.

(3) 임용권자(인사권자)의 집행
   1) 징계권자
      - 경찰공무원의 징계는 징계위원회의 의결을 거쳐 징계위원회가 설치된 소속 기관의 장이 하되, 「국가공무원법」에 따라 국무총리 소속으로 설치된 징계위원회에서 의결한 징계는 경찰청장이 한다.
      - 다만, 파면·해임·강등 및 정직은 징계위원회의 의결을 거쳐 해당 경찰공무원의 임용권자가 하되 기출OX 01, 경무관 이상의 강등 및 정직과 경정 이상의 파면 및 해임은 경찰청장의 제청으로 행정안전부장관과 국무총리를 거쳐 대통령이 한다. 기출OX 02, 03
      - 총경 및 경정의 강등 및 정직은 경찰청장이 한다. 기출OX 04
   2) 징계등 의결 통지
      징계위원회는 징계등 의결을 하였을 때에는 지체 없이 징계등 의결을 요구한 자에게 의결서 정본을 보내어 통지하여야 한다. 기출OX 05
   3) 징계 집행

경징계 집행	• 징계등 의결을 요구한 자는 경징계의 징계등 의결을 통지받았을 때에는 통지받은 날부터 15일 이내에 징계등을 집행하여야 한다. 기출OX 06 • 징계등 의결을 요구한 자는 경징계등 의결을 집행할 때에는 의결서 사본에 징계등 처분 사유 설명서를 첨부하여 징계등 처분 대상자에게 보내야 한다.
중징계 집행	• 징계등 의결을 요구한 자는 중징계의 징계등 의결을 통지받았을 때에는 지체 없이 징계등 처분 대상자의 임용권자에게 의결서 정본을 보내어 해당 징계등 처분을 제청하여야 한다. 다만, 경무관 이상의 강등 및 정직, 경정 이상의 파면 및 해임 처분의 제청, 총경 및 경정의 강등 및 정직의 집행은 경찰청장이 한다. • 중징계 처분의 제청을 받은 임용권자는 15일 이내에 의결서 사본에 징계등 처분 사유 설명서를 첨부하여 징계등 처분 대상자에게 보내야 한다.

(4) 징계대상자의 불복
   1) 소청심사 청구: 30일 이내 소청심사위원회에 심사 청구가능
   2) 행정소송
      - 국가공무원법 제75조에 따른 처분(징계, 강임·휴직·직위해제·면직처분), 그 밖에 본인의 의사에 반한 불리한 처분·부작위에 관한 행정소송은 소청심사위원회의 심사·결정을 거치지 않으면 제기할 수 없다.
      - 경찰공무원법상 징계처분, 휴직처분, 면직처분, 그 밖에 의사에 반하는 불리한 처분에 대한 행정소송은 경찰청장을 피고로 한다. 다만, 임용권을 위임한 경우에는 그 위임을 받은 자를 피고로 한다. 기출OX 01, 07, 08
   3) 재징계의결 요구: 3개월 이내에 관할 징계위원회에 징계의결등을 요구
      - 처분권자(대통령이 처분권자인 경우에는 처분 제청권자)는 다음에 해당하는 사유로 소청심사위원회 또는 법원에서 징계처분등의 무효 또는 취소(취소명령 포함)의 결정이나 판결을 받은 경우에는 다시 징계의결등을 요구하여야 한다. 다만, 제3호의 사유로 무효 또는 취소(취소명령 포함)의 결정이나 판결을 받은 감봉·견책처분에 대하여는 징계의결을 요구하지 아니할 수 있다.
        1. 법령의 적용, 증거 및 사실 조사에 명백한 흠이 있는 경우
        2. 징계위원회의 구성 또는 징계의결등, 그 밖에 절차상의 흠이 있는 경우
        3. 징계양정 및 징계부가금이 과다한 경우
      - 처분권자는 징계의결등을 요구하는 경우에는 소청심사위원회의 결정 또는 법원의 판결이 확정된 날부터 3개월 이내에 관할 징계위원회에 징계의결등을 요구하여야 하며, 관할 징계위원회에서는 다른 징계사건에 우선하여 징계의결등을 하여야 한다.

[압축정리] 징계권자

원칙 : 징계위원회가 설치된 소속기관의 장

예외
① 파면, 해임, 강등, 정직 : 임용권자
② 경무관 이상 강등, 정직: 제청 경찰청장 ➡ 거쳐 행정안전부장관+ 국무총리 ➡ 대통령
   경정 이상 파면, 해임:
③ **총경·경정 강등, 정직**: 경찰청장

기출 OX

01 국가경찰사무를 담당하는 OO경찰서 소속 경사 丙에 대한 정직처분은 소속기관장인 OO경찰서장이 행하지만, 그 처분에 대한 행정소송의 피고는 경찰청장이다. 22 채용 (O X)

02 경찰청 소속 경무관 이상의 강등 및 정직과 경정 이상의 파면 및 해임은 행정안전부장관의 제청으로 국무총리를 거쳐 대통령이 한다. 24·22 간부, 16 채용 (O X)

03 경찰청장은 징계위원회의 의결을 거친 경무관 이상의 강등 및 정직과 경정 이상의 파면 및 해임을 한다. 20 채용 (O X)

04 총경과 경정의 강등 및 정직은 경찰청장이 행한다. 14 채용 (O X)

05 징계위원회는 징계등 의결을 하였을 때에는 지체 없이 징계등 의결을 요구한 자에게 의결서 정본(正本)을 보내어 통지하여야한다. 23 채용 (O X)

06 징계 등 의결을 요구한 자는 경징계의 징계 등 의결을 통지 받았을 때에는 통지받은 날부터 30일 이내에 징계 등을 집행하여야 한다. 18 채용, 20 승진 (O X)

07 경찰청장이 대통령령으로 정하는 바에 따라 경찰공무원의 임용에 관한 권한의 일부를 시·도경찰청장에게 위임한 경우 징계처분에 대한 행정소송은 그 위임을 받은 자를 피고로 한다. 24 간부 (O X)

08 징계처분, 휴직처분, 면직처분, 그 밖에 의사에 반하여 불리한 처분에 대한 행정소송은 경찰청장을 피고로 하는 것이 원칙이며, 예외도 있다. 23 간부 (O X)

정답 및 해설

01 X 경사 丙에 대한 정직처분은 임용권자가 하며 임용권자는 시도경찰청장이 된다. 행정소송의 피고 역시 그 위임을 받은 자인 시·도경찰청장이 된다.
02 X 행정안전부장관의 제청이 아니라 '경찰청장'의 제청
03 X 경찰청장이 하는 것이 아니라 경찰청장의 제청으로 행정안전부장관과 국무총리를 거쳐 대통령이 한다.
04 O
05 O
06 X '15일' 이내
07 O
08 O

9 징계위원회

(1) 종류 및 관할

- **경무관 이상**의 경찰공무원에 대한 징계의결은 「국가공무원법」에 따라 **국무총리 소속**으로 설치된 징계위원회에서 한다. 기출OX 01
- **총경 이하**의 경찰공무원에 대한 징계의결을 하기 위하여 대통령령으로 정하는 경찰기관에 경찰공무원 징계위원회를 둔다. 기출OX 02
- 경찰공무원 징계위원회는 경찰공무원 중앙징계위원회와 경찰공무원 보통징계위원회로 구분한다.

중앙 징계위원회	• 설치: **경찰청**에 둔다. • 관할: **총경** 및 **경정**에 대한 징계 또는 징계부가금 부과사건을 심의·의결한다.
보통 경찰위원회	• 설치: 경찰청, 시·도경찰청, 경찰대학, 경찰인재개발원, 중앙경찰학교, 경찰수사연수원, 경찰병원, 경찰서, 경찰기동대, 의무경찰대 및 경찰청장이 지정하는 경감 이상의 경찰공무원을 장으로 하는 기관(이하 "**경찰기관**"이라 한다)에 둔다. • 관할: 보통징계위원회는 해당 징계위원회가 설치된 경찰기관 소속 **경감 이하** 경찰공무원에 대한 징계등 사건을 심의·의결한다. 다만, 다음 각 호의 기관에 설치된 보통징계위원회는 다음의 구분에 따른 경찰공무원에 대한 징계등 사건을 심의·의결한다. 기출OX 03 1. 경정 이상의 경찰공무원을 장으로 하는 경찰서, 경찰기동대 등 총경 이상의 경찰공무원을 장으로 하는 경찰기관 및 정비창: 소속 **경위 이하**의 경찰공무원 2. 의무경찰대 및 경비함정 등 경찰청장이 지정하는 경감 이상의 경찰공무원을 장으로 하는 경찰기관: 소속 **경사 이하**의 경찰공무원

(2) 관련사건 관할

- 상급 경찰기관과 하급 경찰기관에 소속된 경찰공무원이 관련된 징계등 사건은 **상급 경찰기관**에 설치된 징계위원회에서 심의·의결
- 상위 계급과 하위 계급의 경찰공무원이 관련된 징계등 사건은 **상위 계급의 경찰공무원을 관할**하는 징계위원회에서 심의·의결 기출OX 04
- 상위 계급의 경찰공무원이 감독상 과실책임만으로 관련된 경우 **관할 징계위원회에서 각각 심의·의결**
- 소속이 다른 2명 이상의 경찰공무원이 관련된 징계등 사건으로서 관할 징계위원회가 서로 다른 경우에는 **모두를 관할하는 바로 위 상급 경찰기관**에 설치된 징계위원회에서 심의·의결 기출OX 05

(3) 경찰공무원 중앙·보통 징계위원회

1) 구성: 위원장 1명을 포함하여 **11명 이상 51명 이하**의 공무원위원과 민간위원으로 구성 기출OX 06
2) 공무원 위원
   - 징계위원회가 설치된 경찰기관의 장은 징계등 심의 대상자보다 상위 계급인 **경위** 이상의 소속 경찰공무원 또는 상위 직급에 있는 6급 이상의 소속 공무원 중에서 위원을 임명한다. 기출OX 07
   - 다만, 보통징계위원회의 경우 징계등 심의 대상자보다 상위 계급인 경위 이상의 소속 경찰공무원의 수가 민간위원을 제외한 위원 수에 미달되는 등의 사유로 보통징계위원회를 구성하는 것이 곤란한 경우에는 징계등 심의 대상자보다 상위 계급인 **경사** 이하의 소속 경찰공무원 중에서 임명할 수 있으며, 이 경우에는 **3개월** 이하의 감봉 또는 견책에 해당하는 징계등 사건만을 심의·의결한다.

기출 OX

01 경무관 이상의 경찰공무원에 대한 징계의결은 「국가공무원법」에 따라 행정안전부장관 소속으로 설치된 징계위원회에서 한다. 24·22 간부 16·14 채용 (O X)

02 총경 이하의 경찰공무원에 대한 징계의결을 하기 위하여 대통령령으로 정하는 경찰기관 및 해양경찰관서에 경찰공무원징계위원회를 둔다. 24 간부 (O X)

03 경찰공무원 보통징계위원회는 해당 징계위원회가 설치된 경찰기관 소속 경정 이하 경찰공무원에 대한 징계등 사건을 심의·의결한다. 17·15 채용 (O X)

04 ○○경찰서 소속 지구대장 경감 甲과 동일한 지구대 소속 순경 乙이 관련된 징계등 사건(甲의 감독상 과실책임만으로 관련된 경우, 관련자에 대한 징계등 사건을 분리하여 심의·의결하는 것이 타당하다고 인정되는 경우는 제외)은 ○○경찰서에 설치된 징계위원회에서 심의·의결한다. 22 채용 (O X)

05 소속이 다른 2명 이상의 경찰공무원이 관련된 징계 등 사건으로서 관할 징계위원회가 서로 다른 경우에는 모두를 관할하는 바로 위 상급 경찰기관에 설치된 징계위원회에서 심의·의결한다. 17 승진, 15 채용 (O X)

06 각 징계위원회는 위원장 1명을 포함하여 11명 이상 51명 이하의 공무원위원과 민간위원으로 구성한다. 23·17 승진 (O X)

07 경찰공무원 중앙징계위원회가 설치된 경찰기관의 장은 징계등 심의 대상자보다 상위 계급인 경위 이상의 소속경찰공무원 또는 상위 직급에 있는 6급 이상의 소속 공무원 중에서 징계위원회의 공무원위원을 임명한다. 18 승진 (O X)

정답 및 해설

01 X '국무총리 소속으로' 설치된 징계위원회에서 한다.
02 O
03 X 경감 이하 경찰공무원에 대한 징계등 사건을 심의·의결한다.
04 X 상위계급인 경감 관할 징계위원회에서 심의·의결하여야 하나 ∞경찰서에 설치된 징계위원회는 소속 경위 이하 징계사건만 심의, 의결하므로 바로 위 상급 경찰기관에 설치된 시도경찰청 보통징계위원회에서 심의·의결한다.
05 O
06 O
07 O

3) 민간위원 기출OX 01
- 위원 수의 **2분의 1** 이상을 민간위원으로 위촉한다.
- 특정 성별의 위원이 민간위원수의 **10분의 6**을 초과하지 않도록 해야한다.
- 민간위원 임기는 **2년, 한 차례만** 연임할 수 있다.

구분	중앙징계위원회	보통징계위원회
법조인	법관·검사 또는 변호사로 **10년** 이상 근무한 사람	법관·검사 또는 변호사로 **5년** 이상 근무한 사람
교수	대학에서 경찰 관련 학문을 담당하는 **정교수** 이상으로 재직 중인 사람	대학에서 경찰 관련 학문을 담당하는 **부교수** 이상으로 재직 중인 사람
전직 공무원	**총경** 또는 4급 이상의 공무원으로 근무하고 퇴직한 사람	공무원으로 **20년 이상** 근속하고 퇴직한 사람
	퇴직 전 **5년**부터 퇴직할 때까지 근무했던 경찰기관의 경우 퇴직일부터 **3년** 경과한 사람을 말한다. → 해당 경찰기관이 소속된 중앙행정기관 및 그 중앙행정기관의 다른 소속기관에서 근무했던 경우를 포함한다.	
인사담당 (임원급)	민간부문에서 인사·감사 업무를 담당하는 임원급 또는 이에 상응직위에 근무한 경력이 있는 사람	

4) 위원장
- 경위 이상 위원 중 최상위 계급에 있거나 최상위 계급에 먼저 승진 임용된 공무원이 위원장이 된다.
- 위원장이 부득이한 사유로 직무를 수행할 수 없거나 위원장이 필요하다고 인정하는 경우에는 출석한 위원 중 최상위 계급 또는 이에 상응하는 직급에 있거나 최상위 계급 또는 이에 상응하는 직급에 먼저 승진임용된 공무원이 위원장이 된다. 기출OX 02
- 징계위원회의 회의는 위원장이 소집한다.
- 위원장은 표결권 가진다. 기출OX 03

(4) 회의
- 위원장과 징계위원회가 설치된 경찰기관의 장이 회의마다 지정하는 **4명 이상 6명** 이하의 위원으로 성별을 고려하여 구성하되, 민간위원의 수는 위원장을 포함한 위원 수의 **2분의 1 이상**이어야 한다. 기출OX 04
- 징계사유가 「성폭력범죄의 처벌 등에 관한 특례법」에 따른 성폭력범죄, 「양성평등기본법」에 따른 성희롱에 해당하는 징계사건이 속한 징계위원회의 회의를 구성하는 경우에는 피해자와 같은 성별의 위원이 위원장을 제외한 위원 수의 **3분의 1** 이상 포함되어야 한다. 기출OX 05

[참고] 위원의 제척·기피·회피

> ① 징계위원회의 위원장·위원이 다음 어느 하나에 해당하는 경우 그 사건의 심의·의결에 관여하지 못한다.
>   1. 징계등 심의 대상자의 친족 또는 직근 상급자(징계사유가 발생한 기간동안 직근 상급자였던 사람을 포함)인 경우 기출OX 06
>   2. 그 징계 사유와 관계가 있는 경우
>   3. 징계양정 과다의 사유로 다시 징계등 사건의 심의·의결을 할 때 해당 징계등 사건의 조사나 심의·의결에 관여한 경우
> ② 징계등 심의 대상자는 징계위원회의 위원장 또는 위원이 다음 어느 하나에 해당하는 경우 징계위원회에 그 사실을 서면으로 밝히고 해당 위원장 또는 위원의 기피를 신청할 수 있다.
>   1. ①의 각 호 어느 하나에 해당하는 경우
>   2. 불공정한 의결을 할 우려가 있다고 의심할 만한 타당한 사유가 있는 경우
> - 징계위원회의 위원장 또는 위원은 ①의 각 호 어느 하나(제척사유)에 해당하면 스스로 해당 징계등 사건의 심의·의결을 회피해야 하며, 제2항 제2호(제척사유 외의 기피사유)에 해당하면 회피할 수 있다.

기출 OX

01 징계위원회가 설치된 경찰기관의 장은 위원 수의 2분의 1 이상을 자격이 있는 민간위원으로 위촉한다. 이 경우 특정 성별의 위원이 민간위원 수의 10분의 6을 초과하지 않도록 해야 한다. 23 승진 (O X)

02 위원장이 부득이한 사유로 직무를 수행할 수 없거나 위원장이 필요하다고 인정하는 경우에는 출석한 위원 중 최상위 계급 또는 이에 상응하는 직급에 있거나 최상위 계급 또는 이에 상응하는 직급에 먼저 승진임용된 공무원이 위원장이 된다. 23 간부 (O X)

03 징계위원회의 위원장은 위원회의 사무를 총괄하며 위원회를 대표하고, 표결권을 가진다. 23 간부, 18 채용 (O X)

04 각 징계위원회는 위원장 1명을 포함하여 11명 이상 51명 이하의 공무원위원과 민간위원으로 구성하되, 징계위원회의 회의는 위원장과 징계위원회가 설치된 경찰기관의 장이 회의마다 지정하는 5명 이상 7명 이하의 위원으로 성별을 고려하여 구성하되, 민간위원의 수는 위원장을 포함한 위원 수의 2분의 1 이상이어야 한다. 23 간부, 23·17 승진, 17·15 채용 (O X)

05 징계사유가 「성폭력범죄의 처벌 등에 관한 특례법」에 따른 성폭력범죄, 「양성평등기본법」에 따른 성희롱에 해당하는 징계사건이 속한 징계위원회의 회의를 구성하는 경우에는 피해자와 같은 성별의 위원이 위원장을 포함한 위원 수의 3분의 1 이상 포함되어야 한다. 23 간부 (O X)

06 징계위원회의 위원 중 징계등 심의 대상자의 친족이나 그 징계 사유와 관계가 있는 사람은 그 징계등 사건의 심의에 관여하지 못한다. 17 채용 (O X)

정답 및 해설

01 O
02 O
03 O
04 X 5명 이상 7명 이하의 위원이 아니라 4명 이상 6명 이하이다.
05 X 위원이 위원장을 제외한 위원 수의 3분의 1 이상 포함되어야 한다
06 O

POINT 08 경찰공무원의 권익보장수단

1 고충심사

- 공무원의 신상문제에 대한 시정과 개선책을 강구해 줄 것을 임용권자에게 청구할 수 있는 제도
- 공무원은 인사·조직·처우 등 각종 직무 조건과 그 밖에 신상 문제와 관련한 고충에 대하여 상담을 신청하거나 심사를 청구할 수 있으며, 누구나 기관 내 성폭력 범죄 또는 성희롱 발생 사실을 알게 된 경우 이를 신고할 수 있다. 이 경우 상담 신청이나 심사 청구 또는 신고를 이유로 불이익한 처분이나 대우를 받지 아니한다. 기출OX 01
- 중앙인사관장기관의 장, 임용권자 또는 임용제청권자는 기관 내 성폭력 범죄 또는 성희롱 발생 사실의 신고를 받은 경우에는 지체 없이 사실 확인을 위한 조사를 하고 그에 따라 필요한 조치를 하여야 한다. 기출OX 02

2 고충심사위원회

설치	• 경찰공무원의 인사상담·고충 심사를 위해 경찰청·자치경찰위원회·시도경찰청·대통령령으로 정하는 경찰기관에 경찰공무원 고충심사위원회를 둔다. 기출OX 03 　　대통령령이 정하는 경찰기관: 경찰대학·경찰인재개발원·중앙경찰학교·경찰수사연수원·경찰서·경찰기동대·경비함정 기타 경감 이상의 경찰공무원을 장으로 하는 기관중 행정안전부장관이 지정하는 경찰기관을 말한다. • 경찰공무원 고충심사위원회 심사를 거친 재심청구와 경정 이상 경찰공무원의 인사상담·고충심사는 「국가공무원법」에 따라 설치된 중앙고충심사위원회서 한다. 기출OX 04
구성	경찰공무원고충심사위원회는 위원장 1명을 포함하여 7명 이상 15명 이내의 공무원위원과 민간위원으로 구성한다. 이 경우 민간위원의 수는 위원장을 제외한 위원 수의 2분의 1 이상이어야 한다. 기출OX 05
회의	• 경찰공무원고충심사위원회의 회의는 위원장과 위원장이 회의마다 지정하는 5명 이상 7명 이내의 위원으로 성별을 고려하여 구성한다. 이 경우 민간위원이 3분의 1 이상 포함되어야 한다. • 경찰공무원고충심사위원회의 공무원위원은 청구인보다 상위 계급 또는 이에 상당하는 소속 공무원 중에서 설치기관의 장이 임명한다. 기출OX 06 • 결정은 위원 5명 이상의 출석과 출석위원 과반수의 합의에 따른다.
절차 및 결정	• 고충심사위원회는 심사일 5일 전까지 청구인 및 처분청에 심사일시·장소를 알려야 한다. • 고충심사위원회가 청구서를 접수한 때에는 30일 이내에 고충심사에 대한 결정을 해야 한다. 다만, 부득이하다고 인정되는 경우에는 고충심사위원회의 의결로 30일의 범위에서 그 기한을 연기할 수 있다. 기출OX 07

기출 OX

01 「국가공무원법」에 따라 공무원은 인사 · 조직 · 처우 등 각종 직무조건과 그 밖에 신상 문제와 관련한 고충에 대하여 상담을 신청하거나 심사를 청구할 수 있다. 22 승진 (O X)

02 「국가공무원법」에 따라 중앙인사관장기관의 장, 임용권자 또는 임용제청자는 기관 내 성폭력 범죄 또는 성희롱 발생 사실의 신고를 받은 경우에는 지체 없이 사실 확인을 위한 조사를 하고 그에 따라 필요한 조치를 할 수 있다. 22 승진 (O X)

03 경찰공무원의 인사상담 및 고충을 심사하기 위하여 경찰 공무원 고충심사위원회를 두어야 하는 기관에는 시 · 도자치경찰위원회도 포함된다. 24 간부 (O X)

04 「경찰공무원법」에 따라 '경찰공무원 고충심사위원회'의 심사를 거친 재심청구와 경정 이상 경찰공무원의 인사상담 및 고충심사는 「국가공무원법」에 따라 설치된 중앙고충심사위원회에서 한다. 24 간부, 22 승진 (O X)

05 경찰공무원고충심사위원회의 민간위원의 수는 위원장을 제외한 위원수의 2분의 1 이상이어야 한다. 24 간부 (O X)

06 경찰공무원고충심사위원회의 공무원위원은 청구인보다 상위 계급 또는 이에 상당하는 소속 공무원 중에서 설치기관의 장이 임명한다. 24 간부 (O X)

07 「공무원고충처리규정」에 따라 고충심사위원회가 청구서를 접수한 때에는 30일 이내에 고충심사에 대한 결정을 하여야 한다. 다만, 부득이하다고 인정되는 경우에는 고충심사위원회의 의결로 30일을 연장할 수 있다. 22 승진 (O X)

정답 및 해설

01 O
02 X '하여야 한다.'
03 O
04 O
05 O
06 O
07 O

3 처분사유설명서 교부

- 공무원에 대하여 징계처분등을 할 때나 강임·휴직·직위해제 또는 면직처분을 할 때에는 그 처분권자 또는 처분제청권자는 처분사유를 적은 설명서를 교부**하여야 한다**. 다만, 본인의 원에 따른 강임·휴직 또는 면직처분은 그러하지 아니하다.
- 처분권자는 피해자가 요청하는 경우 다음 사유로 처분사유 설명서를 교부할 때에는 그 징계처분결과를 피해자에게 함께 통보하여야 한다.
  1. 「성폭력범죄의 처벌 등에 관한 특례법」 제2조에 따른 성폭력범죄
  2. 「양성평등기본법」 제3조 제2호에 따른 성희롱
  3. 직장에서의 지위나 관계 등의 우위를 이용하여 업무상 적정범위를 넘어 다른 공무원 등에게 부당한 행위를 하거나 신체적·정신적 고통을 주는 등의 행위로서 대통령령등으로 정하는 행위

[참고] **성희롱·성폭력 근절을 위한 공무원 인사관리규정**

- **신고**: 공무원은 누구나 공직 내 성희롱·성폭력 발생 사실을 알게 된 경우 그 사실을 임용권자등에게 **신고할 수 있다**. 기출OX 01
- **조사 및 수사기관 통보**: 임용권자등은 신고를 받거나 공직 내 성희롱·성폭력 발생 사실을 알게 된 경우 지체없이 그 사실확인 조사를 하여야 하며, 수사 필요성이 있다고 인정하는 경우 수사기관에 통보하여야 한다. 기출OX 02
- **조사기간 중 관련조치**: 임용권자등은 조사기간 동안 피해자등이 요청한 경우로서 피해자등을 보호하기 위하여 필요하다고 인정하는 경우 그 피해자등이나 성희롱·성폭력 관련 가해행위를 했다고 신고된 사람에 대하여 근무 장소의 변경, 휴가 사용 권고 등 적절한 조치를 **하여야 한다**. 기출OX 03
- **피해자에 대한 인사조치**: 임용권자등은 제4조 제1항에 따른 조사 결과 공직 내 성희롱 또는 성폭력 발생 사실이 확인되면 피해자에게 다음 어느 하나에 해당하는 조치를 **할 수 있다**. 다만, 임용권자등은 피해자의 의사에 반(反)하여 조치를 하여서는 아니 된다. 기출OX 04
  1. 파견근무
  2. 다른 직위에의 전보
  3. 근무 장소의 변경, 휴가 사용 권고 및 그 밖에 임용권자등이 필요하다고 인정하는 적절한 조치
- **가해자에 대한 인사조치**: 임용권자등은 조사 결과 공직 내 성희롱·성폭력 발생 사실이 확인되면 가해자에게 다음의 조치를 할 수 있다.
  1. 직위해제
  2. 징계의결요구
  3. 승진심사 대상제외
  4. 다른직위 전보
  5. 성과평가 최하위등급 부여
  6. 감사·감찰·인사·교육훈련 분야 등 보직 제한

기출 OX

01 성희롱·성폭력 근절을 위한 공무원 인사관리규정상 행정부 소속 국가공무원은 누구나 공직 내 성희롱 또는 성폭력발생 사실을 알게 된 경우 그 사실을 임용권자 또는 임용제청권자(이하 "임용권자 등")에게 신고할 수 있다. 21 승진   (O X)

02 성희롱·성폭력 근절을 위한 공무원 인사관리규정상 임용권자 등은 신고를 받거나 공직 내 성희롱 또는 성폭력 발생 사실을 알게 된 경우 그 사실 확인을 위해 조사할 수 있으며, 수사의 필요성이 인정되면 수사기관에 통보하여야 한다. 21 승진   (O X)

03 성희롱·성폭력 근절을 위한 공무원 인사관리규정상 임용권자 등은 조사 기간 동안 피해자등이 요청한 경우로서 피해자등을 보호하기 위하여 필요하다고 인정하는 경우 그 피해자등이나 성희롱 또는 성폭력과 관련하여 가해행위를 했다고 신고된 사람에 대하여 근무 장소의 변경, 휴가 사용 권고 등 적절한 조치를 하여야 한다. 21 승진   (O X)

04 성희롱·성폭력 근절을 위한 공무원 인사관리규정상 임용권자등은 조사 결과 공직 내 성희롱 또는 성폭력발생 사실이 확인되면 피해자의 의사에 반(反)하지 않는 한, 피해자에게 공무원임용령 제41조에 따른 교육훈련 등 파견근무 조치를 할 수 있다. 21 승진   (O X)

정답 및 해설

01 O
02 X 그 사실 확인을 위한 조사를 '하여야 한다'.
03 O
04 O

4 소청

(1) 의의
- 징계처분 기타 그 의사에 반하는 불이익처분을 받은 자가 그 처분에 불복이 있는 경우에 관할 소청심사위원회에 그 심사를 청구하는 제도를 말한다.
- 공무원 징계처분 등에 대한 재심사 청구라는 점에서 **특별행정심판의 일종**이다(특별한 규정이 없으면 행정심판법 적용).

(2) 소청대상: 공무원의 징계처분, 그 밖에 그 의사에 반하는 불리한 처분이나 부작위

(3) 소청심사위원회

1) 성격: 공무원 권익구제기관·준사법적 합의제 의결기관·합의제 행정관청
2) 설치: 행정기관 소속 공무원의 징계처분, 그 밖에 그 의사에 반하는 불리한 처분이나 부작위에 대한 소청을 심사·결정하게 하기 위하여 **인사혁신처**에 소청심사위원회를 둔다. 기출OX 01

[참고]
> 행정부와 관련된 인사혁신처 소청심사위원회 외에도, 입법부(국회), 사법부(법원), 그리고 그 외 헌법기관(헌법재판소, 선거관리위원회)에 개별적으로 소청심사위원회가 설치된다. 기출OX 02

3) 구성
- 위원장 1명 포함 5명 이상 7명 이하 상임위원 + 상임위원 수의 2분의 1 이상 비상임위원 기출OX 03
- **위원장은 정무직**, 공무원 아닌 위원은 형법 등 벌칙을 적용할 때 공무원으로 본다.
  [TIP] 국가경찰위원회: 상임위원이 정무직, 소청심사: 위원장이 정무직

4) 임명절차: 위원장과 위원은 **인사혁신처장** 제청 → 국무총리 거쳐 → **대통령**이 임명한다.
5) 자격: 비상임위원은 제1호 및 제2호의 어느 하나에 해당하는 자 중에서 임명하여야 한다.

> 1. 법관·검사 또는 변호사의 직에 5년 이상 근무한 자
> 2. 대학에서 행정학·정치학 또는 법률학을 담당한 부교수 이상의 직에 5년 이상 근무한 자 기출OX 04
> 3. 3급 이상 공무원 또는 고위공무원단에 속하는 공무원으로 3년 이상 근무한 자

6) 결격사유: 소청심사위원회위원이 결격사유 중 어느 하나에 해당하게 된 때에는 당연히 퇴직한다.

> - 제33조(공무원 결격사유) 각 호의 어느 하나에 해당하는 자
> - 「정당법」에 따른 정당의 당원
> - 「공직선거법」에 따라 실시하는 선거에 후보자로 등록한 자

7) 임기
상임위원 임기는 3년 (1회 연임 가능), 비상임위원 임기는 2년 → **상임위원은 겸직금지**

8) 신분보장
금고 이상의 형벌이나 장기 심신쇠약으로 직무를 수행할 수 없게 된 경우 외에는 본인의 의사에 반하여 면직되지 아니한다. 기출OX 05

기출 OX

01 행정기관 소속 공무원의 징계처분, 그 밖에 의사에 반하는 불리한 처분이나 부작위에 대한 소청을 심사·결정하게 하기 위하여 인사혁신처에 소청심사위원회를 둔다. 16 지능, 17 승진 ○ X

02 국회, 법원, 헌법재판소 및 선거관리위원회 소속 공무원의 소청에 관한 사항을 심사·결정 하기 위하여 국회사무처, 법원행정처, 헌법재판소사무처 및 중앙선거관리위원회사무처에 각각 해당 소청심사위원회를 둔다. 16 지능 ○ X

03 인사혁신처에 설치된 소청심사위원회는 위원장 1명을 포함한 5명 이상 7명 이하의 비상임 위원과 비상임위원 수의 2분의 1 이상인 상임위원으로 구성한다. 17·16 승진 ○ X

04 대학에서 행정학, 정치학, 법률학을 담당한 부교수 이상의 직에 3년 이상 근무한 자는 위원이 될 수 있다. 16 승진 ○ X

05 소청심사위원회의 위원은 벌금 이상의 형벌이나 장기의 심신 쇠약으로 직무를 수행할 수 없게 된 경우 외에는 본인의 의사에 반하여 면직되지 아니한다. 17·16 승진 ○ X

정답 및 해설

01 ○
02 ○
03 X '상임위원'과 '비상임위원'이 서로 바뀌어 있다.
04 X 5년 이상이다.
05 X 금고 이상의 형벌이다.

(4) 소청절차

1) 소청제기: 30일 이내

처분사유 설명서를 받은 공무원이 그 처분에 불복할 때에는 그 설명서를 받은 날부터, 그 외 본인 의사에 반한 불리한 처분을 받았을 때에는 그 처분이 있은 것을 안 날부터 각각 30일 이내에 소청심사위원회에 이에 대한 심사를 청구할 수 있다.

2) 심사의 진행

심사의 방법	• 소청심사위원회는 이 법에 따른 소청을 접수하면 지체 없이 심사하여야 한다. • 소청심사위원회는 심사를 할 때 필요하면 검증·감정, 그 밖의 사실조사를 하거나 증인을 소환하여 질문하거나 관계 서류를 제출하도록 명할 수 있다. • 심사를 위하여 징계 요구 기관이나 관계 기관의 소속 공무원을 증인으로 소환하면 해당 기관의 장은 이에 따라야 한다.
소청인 진술권	• 소청심사위원회가 소청 사건을 심사할 때에는 대통령령등으로 정하는 바에 따라 소청인 또는 대리인(선임된 변호사)에게 진술 기회를 주어야 한다. • 진술 기회를 주지 아니한 결정은 무효로 한다.

3) 소청심사위원회 결정

결정	• 소청심사위원회가 징계처분등을 받은 자의 청구에 따라 소청을 심사할 경우에는 원징계처분보다 무거운 징계 또는 원징계부가금 부과처분보다 무거운 징계부가금을 부과하는 결정을 하지 못한다. 기출OX 01 (불이익변경금지원칙) • 소청심사위원회의 결정은 그 이유를 구체적으로 밝힌 결정서로 하여야 한다.
정족수	• 소청 사건의 결정은 재적 위원 3분의 2 이상의 출석과 출석 위원 과반수의 합의에 따르되, 의견이 나뉘어 출석 위원 과반수의 합의에 이르지 못하였을 때에는 과반수에 이를 때까지 소청인에게 가장 불리한 의견에 차례로 유리한 의견을 더하여 그 중 가장 유리한 의견을 합의된 의견으로 본다. 기출OX 02 • 파면·해임·강등 또는 정직에 해당하는 징계처분을 취소 또는 변경하려는 경우와 효력 유무 또는 존재 여부에 대한 확인을 하려는 경우에는 재적 위원 3분의 2 이상의 출석과 출석 위원 3분의 2 이상의 합의가 있어야 한다. → 정족수에 미치지 못한 경우의 처리는 위와 같다.
결정기한	소청심사위원회는 소청심사청구를 접수한 날부터 60일 이내에 결정을 하여야 한다. 다만, 불가피하다고 인정되면 소청심사위원회의 의결로 30일을 연장할 수 있다.

4) 결정의 효력

기속력	• 소청심사위원회의 결정은 처분 행정청을 기속한다. • 소청심사위원회의 취소명령·변경명령 결정은 그에 따른 징계나 그 밖의 처분이 있을 때까지는 종전에 행한 징계처분 또는 징계부가금 부과처분에 영향을 미치지 아니한다.
불가쟁력	• 불복이 있는 경우 결정서(재결서) 받은 날부터 90일 이내 경찰청장 또는 임용권을 위임받은 자를 피고로 행정소송을 제기할 수 있으며, 기간경과시 불가쟁력이 발생한다. → • 필요적 행정심판 전치주의: 소청절차를 거치지 아니하면 행정소송을 제기할 수 없다.
불가변력	소청심사위원회의 결정은 쟁송절차에 의하여 이루어진 판결의 성격을 가지므로, 일단 결정을 한 이상 위원회 및 처분행정청 등은 임의로 취소 또는 변경을 할 수 없다.

기출 OX

01 소청심사위원회가 징계처분 또는 징계부가금 부과처분을 받은 자의 청구에 따라 소청을 심사할 경우에는 원징계처분보다 무거운 징계 또는 원징계부가금 부과처분보다 무거운 징계부가금을 부과하는 결정을 하지 못한다. 17 승진 O X

02 의결은 재적위원 3분의 2이상 출석과 재적위원 과반수의 합의에 의한다. 16 승진 O X

정답 및 해설

01 O
02 X 의결은 재적위원 3분의 2 이상 출석과 '출석위원' 과반수의 합의에 의한다.

해커스경찰
police.Hackers.com

Chapter 03

경찰관 직무집행법

POINT 01 | 경찰관 직무집행법의 목적과 직무범위
POINT 02 | 일반적 강제수단(즉시강제)
POINT 03 | 사실행위 기타 수단
POINT 04 | 경찰장비(무기, 장구, 분사기 등)
POINT 05 | 위해성 경찰장비
POINT 06 | 경찰 물리력 행사의 기준과 방법에 관한 규칙
POINT 07 | 보상과 벌칙

POINT 01 경찰관 직무집행법의 목적과 직무범위

1 목적

- 이 법은 국민의 자유와 권리 및 모든 개인이 가지는 불가침의 기본적 인권을 보호하고 사회공공의 질서를 유지하기 위한 경찰관(경찰공무원만 해당)의 직무 수행에 필요사항을 규정함을 목적으로 한다. 기출OX 01, 02, 03
- 이 법에 규정된 경찰관의 직권은 그 직무 수행에 필요한 최소한도에서 행사되어야 하며 남용되어서는 아니 된다. → 비례의 원칙 명문화!

> **판례 Ⅰ**
> 경찰관 직무집행법 제1조 제2항에서 "경찰관의 직권은 그 직무 수행에 필요한 최소한도에서 행사되어야 하며 남용되어서는 아니 된다."라고 선언하여 경찰비례의 원칙을 명시적으로 규정하고 있는데, 이는 경찰행정 영역에서의 헌법상 과잉금지원칙을 표현한 것으로서, 공공의 안녕과 질서유지라는 공익목적과 이를 실현하기 위하여 개인의 권리나 재산을 침해하는 수단 사이에는 합리적인 비례관계가 있어야 한다는 의미를 갖는다(대판 2018다288631). 기출OX 04

2 직무범위 기출OX 05

경찰관은 다음 각 호의 직무를 수행한다.
1. 국민의 생명·신체 및 재산의 보호 → 영미법계 경찰개념이 반영된 규정
2. 범죄의 예방·진압 및 수사 → 영미법계 경찰개념이 반영된 규정
2의2. 범죄피해자 보호 기출OX 06, 07
3. 경비, 주요 인사 경호 및 대간첩·대테러 작전 수행 기출OX 08
4. 공공안녕에 대한 위험의 예방과 대응을 위한 정보의 수집·작성 및 배포
5. 교통 단속과 교통 위해의 방지
6. 외국 정부기관 및 국제기구와의 국제협력
7. 그 밖에 공공의 안녕과 질서 유지 → 일반적 수권조항(개괄적 수권조항)으로 볼 수 있느냐에 견해 대립

기출 OX

01 국민의 자유와 권리 및 모든 개인이 가지는 불가침의 기본적 인권을 보호하고 사회공공의 질서를 유지하기 위한 경찰관의 직무 수행에 필요한 사항을 규정함을 목적으로 한다. 22 승진, 14 채용   O X

02 '경찰관 직무집행법' 제1조는 국가경찰의 민주적인 관리·운영과 효율적인 임무수행을 위하여 국가경찰의 직무 범위와 그 밖에 필요한 사항을 규정함을 목적으로 한다. 15 간부   O X

03 「경찰관 직무집행법」은 "경찰공무원은 직위 또는 직권을 이용하여 부당하게 타인의 사생활에 개입하여서는 아니된다."고 규정하고 있다 23 채용   O X

04 「경찰관 직무집행법」은 제1조 제2항에서 "경찰관의 직권은 그 직무 수행에 필요한 최소한도에서 행사되어야 하며 남용되어서는 아니 된다."라고 선언하여 경찰비례의 원칙을 명시적으로 규정하고 있는데, 이는 경찰행정 영역에서의 헌법상 과소보호 금지원칙을 표현한 것이다. 23 채용, 20 승진   O X

05 경찰관 직무집행법은 국민의 생명·신체 및 재산의 보호, 범죄의 예방·진압 및 수사, 경비, 주요 인사경호 및 대간첩·대테러 작전 수행, 공공안녕에 대한 위험의 예방과 대응을 위한 정보의 수집·작성 및 배포, 교통의 단속과 위해의 방지, 기타 공공의 안녕과 질서유지를 직무의 범위로 규정하고 있다. 12 승진   O X

06 제2조 직무 범위에서는 범죄피해자 보호도 경찰의 직무로 규정하고 있다. 20 승진   O X

07 「경찰관 직무집행법」 제2조에 규정된 직무로 교통 단속과 교통 위해의 방지, 경비, 주요인사 경호 및 대간첩·대테러 작전 수행, 외국 정부기관 및 국제기구와의 국제협력, 범죄피해자 보호 중에서 가장 최근에 신설된 것은 범죄피해자 보호이다. 24 채용   O X

08 「경찰관 직무집행법」 제2조 직무의 범위에 "테러경보 발령·대테러 작전 수행"을 명시하고 있다. 23·14 채용   O X

정답 및 해설

01 O
02 X 경찰법 제1조에서 규정하고 있는 내용이다.
03 X 경찰공무원 복무규정에 규정되어 있다.
04 X 과잉금지원칙(과소보호금지 ×)
05 O
06 O
07 O 범죄피해자를 1차적으로 접하는 경찰의 직무에 '범죄피해자 보호'를 명시함으로써 범죄피해자를 경찰이 적극적으로 보호하도록 하고, 범죄피해자가 적시에 필요한 지원을 받을 수 있게 하기 위하여 "범죄피해자 보호"가 2018.4.17. 경찰관 직무집행법 개정에 따라 경찰관의 직무범위로 신설되었다.
08 X 테러경보 발령은 직무범위에 해당하지 않는다.

POINT 02 일반적 강제수단 (즉시강제)

1 불심검문

(1) 의의
- 경찰관이 거동수상자나 범죄사실을 안다고 인정되는 사람을 정지시켜 조사하는 것을 말한다.
- 경직법상 불심검문의 방법으로는 직무질문·임의동행·흉기소지여부 조사의 3가지가 규정되어 있다.

(2) 직무질문

1) 정지
   - 정지 대상자: 경찰관은 ㉠ 수상한 행동이나 그 밖의 주위 사정을 합리적으로 판단하여 볼 때 어떠한 죄를 범하였거나 범하려 하고 있다고 의심할 만한 상당한 이유가 있는 사람이나 ㉡ 이미 행하여진 범죄나 행하여지려고 하는 범죄행위에 관한 사실을 안다고 인정되는 사람을 정지시켜 질문할 수 있다. 기출OX 01
   - 경찰관이 정지를 요구했으나 상대방이 불응하더라도 강제로 정지시킬 수 없다.
   - 단, 목적 달성에 필요한 최소한의 범위 내에서 사회통념상 용인될 수 있는 상당한 방법으로 대상자를 정지시키는 것은 가능하다(판례). → 즉, 강제의 정도에 이르지 않는, 사회통념상 상당한 정도의 유형력 행사는 가능하다 (대판 2010도6203).

> **판례**
> 경찰관들이 피고인을 불심검문 대상자로 삼은 조치는 피고인에 대한 불심검문 당시의 구체적 상황과 자신들의 사전 지식 및 경험칙에 기초하여 객관적·합리적 판단과정을 거쳐 이루어진 것으로서, 가사 피고인의 인상착의가 미리 입수된 용의자에 대한 인상착의와 일부 일치하지 않는 부분이 있다고 하더라도 그것만으로 경찰관들이 피고인을 불심검문 대상자로 삼은 조치가 위법하다고 볼 수는 없다(대판2011도13999). 기출OX 02

2) 질문
   - 경찰관은 정지시킨 자에게 질문을 하거나 동행을 요구할 경우 ㉠ 자신의 신분을 표시하는 증표를 제시하면서 ㉡ 소속과 성명을 밝히고 ㉢ 질문이나 동행의 목적과 이유를 설명하여야 하며, 동행을 요구하는 경우에는 동행 장소를 밝혀야 한다. 기출OX 03, 04
   - 불심검문 및 위험방지를 위한 출입을 할 때 신분을 표시하는 증표는 경찰관의 공무원증으로 한다. 기출OX 05

3) 한계
   - 질문을 받거나 동행을 요구받은 사람은 형사소송에 관한 법률에 따르지 아니하고는 신체를 구속당하지 아니하며, 그 의사에 반하여 답변을 강요당하지 아니한다. 기출OX 06
   - 피의자로서 신문하는 것은 아니므로 진술거부권의 고지의무는 없다고 본다. 기출OX 07

[보충] 주민등록법에 따른 경찰관의 증표 제시

> **주민등록법 제26조【주민등록증의 제시요구】** ① 사법경찰관리가 범인을 체포하는 등 그 직무를 수행할 때에 17세 이상인 주민의 신원이나 거주 관계를 확인할 필요가 있으면 주민등록증의 제시를 요구할 수 있다.
> ② 사법경찰관리는 제1항에 따라 신원 등을 확인할 때 친절과 예의를 지켜야 하며, 정복근무 중인 경우 외에는 미리 신원을 표시하는 증표를 지니고 이를 관계인에게 내보여야 한다.

→ 경찰관 직무집행법과 같은 맥락에서 사법경찰관리의 증표제시의무를 규정하고 있는데, 반대해석상 정복근무 중이면 증표 제시를 하지 않아도 되는 것인지 견해가 대립된다.
→ 국가인권위원회는 이러한 경우에도 반드시 경찰관이 증표제시를 해야 한다는 입장으로 보인다.
→ 불심검문 당시의 현장상황과 검문을 하는 경찰관들의 복장, 피고인이 공무원증 제시나 신분 확인을 요구하였는지 여부 등을 종합적으로 고려하여, 검문하는 사람이 경찰관이고 검문하는 이유가 범죄행위에 관한 것임을 피고인이 충분히 알고 있었다고 보이는 경우에는 신분증을 제시하지 않았다고 하여 그 불심검문이 위법한 공무집행이라고 할 수 없다. 기출OX 08

기출 OX

01 경찰관은 수상한 행동이나 그 밖의 주위 사정을 합리적으로 판단하여 볼 때 어떠한 죄를 범하였거나 범하려고 하고 있다고 의심할 만한 상당한 이유가 있는 사람을 정지시켜 질문하여야 한다. 24·20 승진, 15 채용　(O X)

02 미리 입수된 용의자에 대한 인상착의와 일부 일치되지 않는 부분이 있다고 하더라도 그것만으로 경찰관이 불심검문 대상자로 삼은 조치가 위법하다고 볼 수 없다. 23 간부　(O X)

03 경찰관은 질문을 하거나 동행을 요구할 경우 자신의 신분을 표시하는 증표를 제시하면서 소속과 성명을 밝히고 질문이나 동행의 목적과 이유를 설명할 수 있으며, 동행을 요구하는 경우에는 동행 장소를 밝힐 수 있다. 22 간부, 15 채용　(O X)

04 경찰관은 이미 행하여진 범죄나 행하여지려고 하는 범죄행위에 관한 사실을 안다고 인정되는 사람에 대하여 질문을 하는 경우 자신의 신분을 표시하는 증표를 제시하면서 소속과 성명을 밝히고 질문의 목적과 이유를 설명하여야 하며 변호인의 도움을 받을 권리가 있음을 알려야 한다. 19 승진　(O X)

05 경찰관은 질문을 하거나 임의동행을 요구할 경우 자신의 신분을 표시하는 증표를 제시하면서 소속과 성명을 밝혀야 한다. 이때 증표는 경찰공무원증뿐만 아니라 흉장도 포함된다. 19 채용　(O X)

06 질문을 받거나 동행을 요구받은 사람은 형사소송에 관한 법률에 따르지 아니하고는 신체를 구속당하지 아니하며, 그 의사에 반하여 답변을 강요당하지 아니한다. 15 채용　(O X)

07 경찰관은 거동불심자를 정지시켜 질문을 할 때에 미리 진술거부권이 있음을 상대방에게 고지하여야 한다. 17 간부　(O X)

08 불심검문을 하게 된 경위, 불심검문 당시의 현장상황과 검문을 하는 경찰관들의 복장, 불심검문 대상자가 공무원증 제시나 신분 확인을 요구하였는지 여부 등을 종합적으로 고려하여, 검문하는 사람이 경찰관이고 검문하는 이유가 범죄행위에 관한 것임을 불심검문 대상자가 충분히 알고 있었다고 보이는 경우라고 하더라도 신분증을 제시하지 않고서 한 불심검문은 위법한 공무집행에 해당한다. 24·23·22 간부　(O X)

정답 및 해설

01　X　질문할 수 있다.
02　O
03　X　이유를 설명하여야 하며, 동행을 요구하는 경우에는 동행 장소를 밝혀야 한다.
04　X　불심검문 과정이 아니라 임의동행으로 진행되는 경우에 한하여 변호인의 도움을 받을 권리가 있음을 알려야 한다.
05　X　흉장은 신분표시 증표로 규정되어 있지 않다.
06　O
07　X　진술거부권 고지의무는 없다
08　X　위법한 공무집행이 아니다.

(3) 임의동행
    1) 요구
        경찰관은 직무질문을 위해 정지시킨 자를 정지시킨 장소에서 질문을 하는 것이 그 사람에게 불리하거나 교통에 방해가 된다고 인정될 때에는 질문을 하기 위하여 가까운 경찰서·지구대·파출소 또는 출장소(지방해양경찰관서를 포함)로 동행할 것을 요구할 수 있다. 기출 OX 01 이 경우 동행을 요구받은 사람은 그 요구를 거절할 수 있다.
        기출 OX 02, 03, 04

> **판례 |**
> 1. 임의동행은 상대방의 동의 또는 승낙을 그 요건으로 하는 것이므로 경찰관으로부터 임의동행 요구를 받은 경우 상대방은 이를 거절할 수 있을 뿐만 아니라 임의동행 후 언제든지 경찰관서에서 퇴거할 자유가 있다(대판 97도1240).
> 2. 경찰관이 임의동행요구에 응하지 않는다 하여 강제연행하려고 대상자의 양팔을 잡아 끈 행위는 적법한 공무집행이라고 할 수 없으므로 그 대상자가 이러한 불법연행으로부터 벗어나기 위하여 저항한 행위는 정당한 행위라고 할 것이다(대판 91다38334).
> 3. 경찰관이 '불심검문 대상자' 해당 여부를 판단할 때에는 불심검문 당시의 구체적 상황은 물론 사전에 얻은 정보나 전문적 지식 등에 기초하여 불심검문 대상자인지를 객관적·합리적인 기준에 따라 판단하여야 하나, 반드시 불심검문 대상자에게 형사소송법상 체포나 구속에 이를 정도의 혐의가 있을 것을 요한다고 할 수는 없다(대판 2011도13999). 기출 OX 05

    2) 임의동행 절차
        • 임의동행 거부권 고지

> **판례 |**
> 임의동행은 동행에 앞서 피의자에게 동행을 거부할 수 있음을 알려 주었거나 동행한 피의자가 언제든지 자유로이 동행과정에서 이탈 또는 동행장소로부터 퇴거할 수 있었음이 인정되는 등 오로지 피의자의 자발적인 의사에 의하여 수사관서 등에의 동행이 이루어졌음이 객관적인 사정에 의하여 명백하게 입증된 경우에 한하여 적법성이 인정된다(대판 2020도398).

        • 자신의 신분을 표시하는 증표를 제시하면서 소속과 성명을 밝히고 동행의 목적과 이유를 설명
        • 동행한 자의 가족이나 친지 등에게 일정한 사항을 고지

            경찰관 직무집행법 제3조【불심검문】⑤ 경찰관은 제2항에 따라 동행한 사람의 가족이나 친지 등에게 동행한 경찰관의 신분, 동행 장소, 동행 목적과 이유를 알리거나 본인으로 하여금 즉시 연락할 수 있는 기회를 주어야 하며, 변호인의 도움을 받을 권리가 있음을 알려야 한다. 기출 OX 06, 07

        • 동행한 사람을 6시간을 초과하여 경찰관서에 머물게 할 수 없다. 기출 OX 08

> **판례 |**
> 임의동행한 경우 당해인을 6시간을 초과하여 경찰관서에 머물게 할 수 없다고 규정하고 있다고 하여 그 규정이 임의동행한 자를 6시간 동안 경찰관서에 구금하는 것을 허용하는 것은 아니다(대판97도1240)

(4) 흉기소지 여부 조사
    경찰관은 거동수상자나 범죄사실을 안다고 인정되는 사람에 질문할 때 흉기소지 여부를 조사할 수 있다. 기출 OX 09
    → 흉기 외 소지품은 조사대상이 아니라고 본다. 기출 OX 10

(5) 동행검문의 보고
    경찰공무원은 동행요구를 한 때에는 소속 국가경찰관서의 장에게 이를 보고하여야 한다.

기출 OX

01 경찰관은 상대방의 신원확인이 불가능하거나 교통에 방해된다고 인정될 때에는 임의동행을 요구할 수 있다. 19 채용 ○ X

02 경찰관은 불심검문 대상자를 정지시킨 장소에서 질문을 하는 것이 그 사람에게 불리하거나 교통에 방해가 된다고 인정될 때에는 질문을 하기 위하여 가까운 경찰관서로 동행할 것을 요구할 수 있다. 이 경우 동행을 요구받은 사람은 그 요구를 거절할 수 없다. 24·22 승진, 24·17 간부, 15 채용 ○ X

03 거동불심자에 대한 동행요구시 당해인은 그 요구를 거절할 수 있으나, 이러한 내용이 '경찰관 직무집행법'에 규정되어 있는 것은 아니다. 17 간부 ○ X

04 경찰관은 불심검문시 그 장소에서 질문을 하는 것이 그 사람에게 불리하거나 교통에 방해가 된다고 인정될 때에는 질문을 하기 위하여 가까운 경찰청·경찰서·지구대·파출소 또는 출장소(해양경찰관서 미포함)로 동행할 것을 요구할 수 있다. 이 경우 동행을 요구받은 사람은 그 요구를 거절할 수 있다. 22 간부 ○ X

05 경찰관이 불심검문 대상자 해당 여부를 판단할 때에는 불심검문 당시의 구체적 상황은 물론 사전에 얻은 정보나 전문적 지식 등에 기초하여 불심검문 대상자인지를 객관적·합리적인 기준에 따라 판단하여야 하며, 불심검문 대상자에게 「형사소송법」에 의한 체포나 구속에 이를 정도의 혐의가 있을 것을 요한다. 24 채용, 23 간부 ○ X

06 경찰관은 동행한 사람의 가족이나 친지 등에게 동행한 경찰관의 신분, 동행 장소, 동행 목적과 이유를 알리거나 다른 사람으로 하여금 즉시 연락할 수 있는 기회를 주어야 하며, 변호인의 도움을 받을 권리가 있음을 알려야 한다. 22 간부 ○ X

07 경찰관은 동행한 사람의 가족이나 친지 등에게 동행한 경찰관의 신분, 동행장소, 동행목적과 이유를 알리거나 본인으로 하여금 즉시 연락할 수 있는 기회를 주어야 하지만, 변호인의 도움을 받을 권리가 있음을 알릴 필요는 없다. 24 승진, 24·17 간부, 15 채용 ○ X

08 어떠한 죄를 범하였거나 범하려 하고 있다고 의심할 만한 상당한 이유가 있는 사람을 임의동행하는 경우, 경찰관은 동행한 사람을 6시간을 초과하여 경찰관서에 머물게 할 수 없다. 24 승진, 11 채용 ○ X

09 경찰관은 불심검문 대상자에게 질문을 할 때에 그 사람이 흉기를 가지고 있는지를 조사하여야 한다. 23·17 간부, 15 채용 ○ X

10 경찰관이 불심검문 시 흉기조사뿐 아니라, 흉기 이외의 일반소지품 조사도 할 수 있다고 규정하고 있다. 24 간부, 19 채용 ○ X

정답 및 해설

01 X 신원확인 불가능은 동행요구가 가능한 경우가 아니다.
02 X 거절할 수 있다.
03 X 임의동행 요구에 대해 거절이 가능함은 경찰관 직무집행법에 명시되어 있다
04 X 임의동행이 가능한 경찰관서에 '청'은 포함되지 않는다(경찰청, 시도경찰청 미포함). 한편, 해양경찰관서는 포함된다.
05 X 체포나 구속에 이를 정도의 혐의가 있을 것을 요하지는 않는다.
06 X 경찰관이 직접 알리지 않고 알릴 기회를 주는 경우에는, '다른 사람'이 아니라 '본인으로 하여금' 즉시 연락할 수 있는 기회를 주어야 한다.
07 X 변호인의 도움을 받을 권리가 있음을 알려야 한다
08 O
09 X 조사할 수 있다.
10 X 흉기 외 일반소지품에 대해서는 규정이 없다.

2 보호조치

(1) 대상 및 성격

　1) 대상

> **경찰관 직무집행법 제4조 【보호조치등】** 경찰관은 수상한 행동이나 그 밖의 주위 사정을 합리적으로 판단해 볼 때 다음 어느 하나에 해당하는 것이 명백하고 응급구호가 필요하다고 믿을 만한 상당한 이유가 있는 사람을 발견하였을 때에는 보건의료기관이나 공공구호기관에 긴급구호를 요청하거나 경찰관서에 보호하는 등 적절한 조치를 할 수 있다. 기출OX 01, 02
> 1. 정신착란을 일으키거나 술에 취하여 자신 또는 다른 사람의 생명·신체·재산에 위해를 끼칠 우려가 있는 사람 → 강제보호 대상
> 2. 자살을 시도하는 사람 → 강제보호 대상
> 3. 미아, 병자, 부상자 등으로서 적당한 보호자가 없으며 응급구호가 필요하다고 인정되는 사람. 다만, 본인이 구호를 거절하는 경우는 제외한다. → 임의보호 대상

　2) 성격: 경찰강제 중 대인적 즉시강제 기출OX 03

> **판례** |
> 경찰관 직무집행법 제4조 제1항 제1호의 보호조치 요건이 갖추어지지 않았음에도, 경찰관이 실제로는 범죄수사를 목적으로 피의자에 해당하는 사람을 이 사건 조항의 피구호자(구호대상자)로 삼아 그의 의사에 반하여 경찰관서에 데려간 행위는, 현행범체포나 임의동행 등의 적법 요건을 갖추었다고 볼 사정이 없다면, 위법한 체포에 해당한다고 보아야 한다(대판 2012도11162).

(2) 보호조치 종류 기출OX 04, 05, 06, 07

강제보호 정·만·자	정신착란자·만취자 및 자살기도자의 경우 통상적인 의사능력과 판단능력이 없다는 점을 고려하여, 임의보호와 달리 구호대상자가 구호를 거절하는 경우에도 허용된다.
임의보호 미·병·부	미아, 병자, 부상자 등에 대하여 이루어지는 보호조치로서, 이들은 구호를 거절하면 경찰관이 보호조치를 할 수 없다. → 미아도 구호를 거절할 수 있다.

(3) 보호조치 요건

　1) 구호대상자 (정·만·자/미·병·부)
　　· 응급구호가 필요하다고 믿을 만한 상당한 이유가 있는 사람이어야 한다.

> **판례** |
> 1 보호조치를 필요로 하는 피구호자에 해당하는지는 구체적인 상황을 고려하여 경찰관 평균인을 기준으로 판단하되, 그 판단은 보호조치의 취지와 목적에 비추어 현저하게 불합리하여서는 아니 되며, 피구호자의 가족 등에게 피구호자를 인계할 수 있다면 특별한 사정이 없는 한 경찰관서에서 피구호자를 보호하는 것은 허용되지 않는다(대판 93도958).
> 2 경찰관 직무집행법에서 규정하는 피구호자에 대한 보호조치는 경찰 행정상 즉시강제에 해당하므로, 그 조치가 불가피한 최소한도 내에서만 행사되도록 발동·행사 요건을 신중하고 엄격하게 해석하여야 한다. 따라서 '술에 취한 상태'란 피구호자가 술에 만취하여 정상적인 판단능력이나 의사능력을 상실할 정도에 이른 것을 말한다(대판 2012도11162). 기출OX 08, 09

기출 OX

01 경찰관은 수상한 행동이나 그 밖의 주위 사정을 합리적으로 판단해 볼 때 구호대상자에 해당함이 명백하여 응급의 구호를 요한다고 믿을 만한 상당한 이유가 있는 자를 발견한 때에는 보건의료기관이나 공공구호기관에 긴급구호를 요청하거나 경찰관서에 보호하는 등 적절한 조치를 하여야 한다. 19 승진, 14 채용 O X

02 경찰관은 정신착란을 일으키거나 술에 취하여 자신 또는 다른 사람의 생명·신체·재산에 위해를 끼칠 우려가 있음이 명백하고 응급구호가 필요하다고 믿을 만한 상당한 이유가 있는 사람을 발견 하였을 때 보건의료기관이나 공공구호기관에 긴급구호를 요청하거나 경찰관서에 보호할 수 있다. 20 채용 O X

03 「경찰관 직무집행법」에서 규정하는 술에 취한 상태로 인하여 자기 또는 타인의 생명·신체와 재산에 위해를 미칠 우려가 있는 피구호자에 대한 보호조치는 경찰 행정상 즉시강제에 해당한다. 23 간부 O X

04 경찰관은 자살을 시도하는 것이 명백하고 응급구호가 필요하다고 믿을 만한 상당한 이유가 있는 구호대상자에 대하여 해당 구호대상자의 동의 여부와 관계없이 보호조치를 실시 할 수 있다. 20 간부 O X

05 본인이 구호를 거절하더라도 구호대상자 중 미아, 병자, 부상자에 대해 보호조치를 할 수 있다. 20·18 승진 O X

06 경찰관은 미아, 병자, 부상자 등으로서 적당한 보호자가 없으며 응급구호가 필요하다고 인정되는 사람은 본인이 구호를 거절하는 경우에도 보호조치를 할 수 있다. 22 승진, 20 채용 O X

07 경찰관은 적당한 보호자가 없는 부상자에 대해 응급구호가 필요하다고 인정할 만한 사유가 있다면 본인이 구호를 거절하더라도 보호조치를 할 수 있다. 22 간부 O X

08 술에 취한 상태란 피구호자가 술에 만취하여 정상적인 판단능력이나 의사능력을 상실할 정도에 이른 것을 말하지 않는다. 23 간부 O X

09 술취한 상태로 인하여 자기 또는 타인의 생명·신체와 재산에 위해를 미칠 우려가 있는 피구호자에 대한 보호조치는 경찰행정상 즉시강제에 해당하므로, 그 조치가 불가피한 최소한도 내에서만 행사되도록 발동·행사요건을 신중하고 엄격하게 해석하여야 한다. 24 채용 O X

정답 및 해설

01 X 적절한 조치를 '할 수 있다.'
02 O
03 O
04 O
05 X 미아, 병자, 부상자는 본인이 거절하면 보호조치를 할 수 없다.
06 X 미아·병자·부상자는 임의보호 대상이므로 본인이 구호를 거절하는 경우는 제외한다.
07 X 부상자는 임의보호 대상이다.
08 X 술에 취한 상태란 피구호자가 술에 만취하여 정상적인 판단능력이나 의사능력을 상실할 정도에 이른 것을 말한다.
09 O

2) 절차적 요건

연고자 파악 O	경찰관은 긴급구호 요청이나 경찰관서 보호조치를 하였을 때에는 지체 없이 구호대상자의 가족, 친지 또는 그 밖의 연고자에게 그 사실을 알려야 한다. 기출OX 01
	판례 | 피구호자의 가족 등에게 피구호자를 인계할 수 있다면 특별한 사정이 없는 한 경찰관서에서 피구호자를 보호하는 것은 허용되지 않는다(2012도11162).
연고자 파악 X	• 연고자가 발견되지 아니할 때에는 구호대상자를 적당한 공공보건의료기관이나 공공구호기관에 즉시 인계하여야 한다. 기출OX 02 • 이 경우 경찰관은 즉시 그 사실을 소속 경찰서장에게 보고하여야 한다 • 보고받은 소속 경찰서장은 구호대상자를 인계한 사실을 지체 없이 해당 공공보건의료기관·공공구호기관의 장·감독행정청에 통보하여야 한다. 기출OX 03

(4) 보호조치 방법

긴급구호 요청	• 긴급구호 요청받은 보건의료·공공구호기관: 정당한 이유없이 긴급구호 거절할 수 없다. 기출OX 04 • 응급의료종사자는 업무 중에 응급의료를 요청받거나 응급환자를 발견하면 즉시 응급의료를 하여야 하며 정당한 사유 없이 이를 거부하거나 기피하지 못한다. → 응급의료에 관한 법률상 위반시 형사처벌규정 有(3년 이하 징역·3천만원 이하 벌금) 기출OX 05
	판례 | 경찰관이 응급의 구호를 요하는 자를 보건의료기관에게 긴급구호요청을 하고, 보건의료기관이 이에 따라 치료행위를 하였다고 하더라도 국가와 보건의료기관 사이에 치료위임계약이 체결된 것으로는 볼 수 없다(대판 93다4472).
경찰관서 보호	• 경찰관서 보호는 일시적 보호조치에 불과하므로 그 보호기간은 24시간을 초과할 수 없다. 기출OX 06 • 경찰관서 보호조치 중 음주측정을 요구하는 것이 가능한지에 대해 학설 대립이 있으나, 판례는 가능하다는 입장이다.
	판례 | 경찰공무원이 보호조치된 운전자에 대하여 음주측정을 요구하였다는 이유만으로 그 음주측정 요구가 위법하다거나 보호조치가 당연히 종료된다고 볼 수는 없다(대판 2011도4328). 기출OX 07
임시영치	• 임시영치는 즉시강제 중 대물적 즉시강제에 해당한다고 본다. 기출OX 08 • 보호조치를 하는 경우에 구호대상자가 휴대하고 있는 무기·흉기 등 위험을 일으킬 수 있는 것으로 인정되는 물건을 경찰관서에 임시로 영치하여 놓을 수 있다 기출OX 09 • 물건을 경찰관서에 임시로 영치하는 기간은 10일을 초과할 수 없다. 기출OX 10

(5) 보호조치와 국가배상책임

경찰관 직무집행법 제4조 제1항은 '경찰관은 ~ 할 수 있다.'고 하여 경찰관에게 보호조치 실행 여부를 경찰관의 재량에 맡겨놓고 있으나, 보호조치를 취할 경찰관의 재량이 '0으로 수축'하여 경찰관에게 보호조치 의무가 인정되는 경우 국가배상책임이 성립할 수도 있다는 것이 판례의 입장이다. 기출OX 11

판례 |
긴급구호권한과 같은 경찰관의 조치권한은 일반적으로 경찰관의 전문적 판단에 기한 합리적인 재량에 위임되어 있는 것이나, 그렇다고 하더라도 구체적 상황하에서 경찰관에게 그러한 조치권한을 부여한 취지와 목적에 비추어 볼 때 그 불행사가 현저하게 불합리하다고 인정되는 경우에는, 그러한 불행사는 법령에 위반하는 행위에 해당하게 되어 국가배상법상의 다른 요건이 충족되는 한, 국가는 그로 인하여 피해를 입은 자에 대하여 국가배상책임을 부담한다(대판 1996.10.25. 95다45927).

기출 OX

01 경찰관이 긴급구호나 보호조치를 한 경우 24시간 이내에 가족 등에게 그 사실을 알려야 한다. 18 채용, 16 승진 O X

02 경찰관은 보호조치를 하였을 때에는 지체 없이 구호대상자의 가족, 친지 또는 그 밖의 연고자에게 그 사실을 알려야 하며, 연고자가 발견되지 아니할 때에는 구호대상자를 적당한 공공보건의료기관이나 공공구호기관에 즉시 인계할 수 있다. 23 채용, 24·22·20 간부, 20 승진 O X

03 경찰관이 구호대상자를 공공보건의료기관이나 공공구호기관에 인계하였을 때에는 해당 경찰관이 즉시 그 사실을 해당 공공보건의료기관 또는 공공구호기관의 장 및 그 감독행정청에 통보하여야 한다. 24·22 간부 O X

04 긴급구호를 요청받은 공공보건의료기관이나 공공구호기관은 정당한 이유 없이 긴급구호를 거절할 수 있다. 24 간부, 23·18 채용 O X

05 경찰관은 구호대상자를 발견하였을 때 보건의료기관이나 공공구호기관에 긴급구호를 요청할 수 있고, 긴급구호를 요청받은 기관이 정당한 이유 없이 이를 거절하는 경우 「경찰관 직무집행법」상 이에 대한 처벌규정이 있다. 22 간부, 21·20 승진 O X

06 구호대상자를 경찰관서에서 보호하는 기간은 48시간을 초과할 수 없고, 물건을 공공보건의료기관이나 공공구호기관에 임시로영치하는 기간은 10일을 초과할 수 없다. 23·20·18 채용, 23 승진, 20 간부 O X

07 경찰공무원이 보호조치된 운전자에 대하여 음주측정을 요구하였다는 이유만으로 음주측정 요구가 당연히 위법하거나 보호조치가 당연히 종료된 것으로 볼 수는 없다. 23 간부 O X

08 임시영치 기간은 10일을 초과할 수 없으며, 법적 성질은 대인적 즉시강제이다. 18 채용 O X

09 경찰관은 보호조치를 하는 경우에 구호대상자가 휴대하고 있는 무기·흉기 등 위험을 일으킬 수 있는 것으로 인정되는 물건을 공공보건의료기관이나 공공구호기관에 임시로 영치하여 놓을 수 있다. 23·20 채용, 24·20 간부 O X

10 경찰관은 보호조치를 하는 경우 구호대상자가 휴대하고 있는 무기·흉기 등 위험을 일으킬 수 있는 것으로 인정되는 물건을 임시로 영치할 수 있고, 임시로 영치할 수 있는 기간은 15일을 초과할 수 없다. 23·21·20 승진 O X

11 보호조치는 경찰관서에서 일시 보호하여 구호의 방법을 강구하는 것으로 경찰관의 재량행위에 해당하기 때문에 국가배상책임이 인정되는 경우는 없다. 21 승진 O X

정답 및 해설

01 X 지체없이 가족 등에게 그 사실을 알려야 한다.
02 X 연고자가 발견되지 아니할 때에는 즉시 인계하여야 한다.
03 X 인계와 보고는 경찰관이 하지만, 공공보건의료기관의 장 등에 대한 통보는 소속 경찰서장이 한다.
04 X 정당한 이유 없이 긴급구호를 거절할 수 없다.
05 X 처벌규정은 응급의료에 관한 법률에 규정되어 있다.
06 X 구호대상자를 보호하는 기간은 24시간을 초과할 수 없다.
07 O
08 X 대물적 즉시강제
09 X 경찰관서에 임시로 영치(領置)하여 놓을 수 있다.
10 X 10일이다.
11 X 국가배상책임이 성립할 수도 있다

3 위험발생 방지조치

> **경찰관 직무집행법 제5조【위험 발생의 방지 등】** ① 경찰관은 사람의 생명 또는 신체에 위해를 끼치거나 재산에 중대한 손해를 끼칠 우려가 있는 천재, 사변, 인공구조물의 파손이나 붕괴, 교통사고, 위험물의 폭발, 위험한 동물 등의 출현, 극도의 혼잡, 그 밖의 위험한 사태가 있을 때에는 다음 각 호의 조치를 할 수 있다. 기출OX 01, 02
> 1. 그 장소에 모인 사람, 사물의 관리자, 그 밖의 관계인에게 필요한 경고를 하는 것
> 2. 매우 긴급한 경우에는 위해를 입을 우려가 있는 사람을 필요한 한도에서 억류하거나 피난시키는 것 기출OX 03, 04
> 3. 그 장소에 있는 사람, 사물의 관리자, 그 밖의 관계인에게 위해를 방지하기 위하여 필요하다고 인정되는 조치를 하게 하거나 직접 그 조치를 하는 것

(1) 성질: 경찰상 즉시강제의 일종이며 대인적·대물적·대가택적 즉시강제의 성질을 갖는다.

(2) 방지조치 대상

경고	그 장소에 모인 사람, 사물 관리자, 그 밖의 관계인
억류·피난	매우 긴급한 경우, 위해를 입을 우려가 있는사람
위해방지조치	그 장소에 있는 사람, 사물 관리자, 그 밖의 관계인

(3) 보고 기출OX 05

경찰관은 위험발생방지 조치를 하였을 때에는 지체 없이 그 사실을 소속 경찰관서의 장에게 보고하여야 한다

(4) 국가중요시설에 대한 통행제한 및 금지

경찰관서의 장은 대간첩 작전의 수행이나 소요사태의 진압을 위하여 필요하다고 인정되는 상당한 이유가 있을 때에는 대간첩 작전지역이나 경찰관서·무기고 등 국가중요시설에 대한 접근 또는 통행을 제한하거나 금지할 수 있다. 기출OX 06, 07

(5) 위험발생 방지조치와 국가배상책임

위험발생 방지조치를 하지 아니하는 것이 현저하게 불합리한 경우 위법한 경찰작용으로서 국가배상책임이 성립할 수 있다.

> **🏃 판례 |**
> 1 경찰관이 농민들의 시위를 진압하고 시위과정에 도로 상에 방치된 트랙터에 대하여 위험발생방지조치를 취하지 아니한 채 그대로 방치하고 철수하여 버린 결과, 야간에 그 도로를 진행하던 운전자가 위 방치된 트랙터를 피하려다가 다른 트랙터에 부딪혀 상해를 입었다면 그러한 권한의 불행사는 현저하게 불합리한, 직무상 의무를 위반한 것으로서 국가배상책임이 긍정된다(98다16890).
> 2 「경찰관 직무집행법」제5조는 형식상 경찰관에게 재량에 의한 직무수행권한을 부여한 것처럼 되어 있으나, 경찰관에게 그러한 권한을 부여한 취지와 목적에 비추어 볼 때 구체적인 사정에 따라 경찰관이 그 권한을 행사하여 필요한 조치를 취하지 아니하는 것이 현저하게 불합리하다고 인정되는 경우에는 그러한 권한의 불행사는 직무상의 의무를 위반한 것이 되어 위법하게 된다(대법원 98다16890) 기출OX 08

기출 OX

01 경찰관은 사람의 생명 또는 신체에 위해를 끼치거나 재산에 중대한 손해를 끼칠 우려가 있는 천재, 사변, 인공구조물의 파손이나 붕괴, 교통사고, 위험물의 폭발, 위험한 동물 등의 출현, 극도의 혼잡, 그 밖의 위험한 사태가 있을 때에는 그 장소에 모인 사람, 사물의 관리자, 그 밖의 관계인에게 필요한 경고를 하는 것을 할 수 있고, 매우 긴급한 경우에는 위해를 입을 우려가 있는 사람을 필요한 한도에서 억류하거나 피난시키는 것을 할 수 있으며 그 장소에 있는 사람, 사물의 관리자, 그 밖의 관계인에게 위해를 방지하기 위하여 필요하다고 인정되는 조치를 하게 할 수 있으나 직접조치를 취할 수는 없다. 12 승진 O X

02 경찰관은 위험한 동물 등의 출현으로 인해 사람의 생명 또는 신체에 위해를 끼치거나 재산에 중대한 손해를 끼칠 우려가 있는 경우 위험 발생 방지 등의 조치를 할 수 있다. 23 승진 O X

03 위험발생의 방지를 위한 조치수단 중 긴급을 요할 때 '억류 또는 피난조치를 할 수 있는 대상자'로 규정된 자는 그 장소에 모인 사람, 사물의 관리자, 그 밖의 관계인이다. 17 간부 O X

04 경찰관은 위험 발생의 방지 등에 관한 조치 중 매우 긴급한 경우에 위해를 입을 우려가 있는 사람을 필요한 한도에서 억류하거나 피난시킬 수 있다. 23 승진 O X

05 경찰관은 위험 발생의 방지 등에 관한 조치를 하였을 때에는 지체없이 그 사실을 소속 경찰서의 장에게 보고하여야 한다. 23 승진 O X

06 경찰관서의 장은 대간첩 작전의 수행이나 소요 사태의 진압을 위하여 필요하다고 인정되는 상당한 이유가 있을 때에는 대간첩 작전지역이나 경찰관서·무기고 등 국가중요시설에 대한 접근 또는 통행을 제한하거나 금지하여야 한다. 14 채용 O X

07 경찰관서의 장은 대간첩 작전의 수행이나 소요 사태의 진압을 위하여 필요하다고 인정되는 상당한 이유가 있을 때에는 대간첩 작전지역이나 경찰관서·무기고 등 다중이용시설에 대한 접근 또는 통행을 제한하거나 금지할 수 있다. 23 승진 O X

08 「경찰관 직무집행법」 제5조는 형식상 경찰관에게 재량에 의한 직무수행권한을 부여한 것처럼 되어 있으나, 경찰관에게 그러한 권한을 부여한 취지와 목적에 비추어 볼 때 구체적인 사정에 따라 경찰관이 그 권한을 행사하여 필요한 조치를 취하지 아니하는 것이 현저하게 불합리하다고 인정되는 경우에는 그러한 권한의 불행사는 직무상의 의무를 위반한 것이 되어 위법하게 된다. 23 채용 O X

정답 및 해설

01 X 직접조치를 취할 수도 있다.
02 O
03 X 매우 긴급한 경우 억류·피난조치를 할 수 있는 대상은 '위해를 입을 우려가 있는 사람'이다.
04 O
05 O
06 X 금지할 수 있다.
07 X 다중이용시설이 아니라 국가중요시설이다.
08 O

4 범죄의 예방과 제지

(1) 의의

경찰관이 범죄행위가 목전에 행여지하려고 하고 있다고 인정될 때, 이를 예방하기 위하여 관계인에게 필요한 **경고**를 하고, 그 행위로 인하여 사람의 생명·신체에 위해를 끼치거나 **재산**에 중대한 손해를 끼칠 우려가 있는 긴급한 경우에는 그 행위를 **제지**할 수 있다. 기출OX 01, 02

- 예방하기 위하여 → 경고
- 긴급한 경우 → 제지

(2) 성질: 즉시강제의 일종으로 **대인적 즉시강제**의 성질을 갖는다. 기출OX 03

(3) 관련판례

> 판례 |
>
> 1 경찰관의 제지에 관한 부분은 범죄 예방을 위한 경찰 행정상 즉시강제, 즉 눈앞의 급박한 경찰상 장해를 제거할 필요가 있고 의무를 명할 시간적 여유가 없거나 의무를 명하는 방법으로는 그 목적을 달성하기 어려운 상황에서 의무불이행을 전제로 하지 않고 경찰이 직접 실력을 행사하여 경찰상 필요한 상태를 실현 하는 권력적 사실행위에 관한 근거조항이다 (대판 2018도2993). 기출OX 04
>
> 2 경찰관은 형사처벌의 대상이 되는 행위가 눈앞에서 막 이루어지려고 하는 것이 객관적으로 인정될 수 있는 상황이고 그 행위를 당장 제지하지 않으면 곧 인명·신체에 위해를 미치거나 재산에 중대한 손해를 끼칠 우려가 있는 상황이어서, 직접 제지하는 방법 외에는 위와 같은 결과를 막을 수 없는 급박한 상태일 때에만 경찰관 직무집행법 제6조에 의하여 적법하게 그 행위를 제지할 수 있고, 그 범위 내에서만 경찰관의 제지 조치가 적법하다고 평가될 수 있다(대판2018다288631). 기출OX 05
>
> 3 특정 지역에서의 불법집회에 참가하려는 것을 막기 위하여 시간적·장소적으로 근접하지 않은 다른 지역에서 집회예정장소로 이동하는 것을 제지하는 것은 제6조의 행정상 즉시강제인 경찰관의 제지의 범위를 명백히 넘어 허용될 수 없다 (대판 2007도9794). 기출OX 06
>
> 4 경찰관의 제지 조치가 적법한지는 제지 조치 당시의 구체적 상황을 기초로 판단하여야 하고 사후적으로 순수한 객관적 기준에서 판단할 것은 아니다(대법원 2012도9937). 기출OX 07
>
> 5 경고나 제지는 그 문언과 같이 범죄의 예방을 위하여 범죄행위에 관한 실행의 착수 전에 행하여질 수 있을 뿐만 아니라, 이후 범죄행위가 계속되는 중에 그 진압을 위하여도 당연히 행하여질 수 있다고 보아야 한다(대판 2013도643). 기출OX 08
>
> 6 경찰관들이 112신고를 받고 출동하여 눈앞에서 벌어지고 있는 범죄행위를 막고 주민들의 피해를 예방하기 위해 피고인을 만나려 하였으나 피고인은 문조차 열어주지 않고 소란행위를 멈추지 않은 상황에서 경찰관이 집으로 통하는 전기를 일시적으로 차단한 것은 피고인을 집 밖으로 나오도록 유도한 것으로서, 피고인의 범죄행위를 진압·예방하고 수사하기 위해 필요하고도 적절한 조치로 보이고, 경찰관 직무집행법 제1조의 목적에 맞게 제2조의 직무 범위 내에서 제6조에서 정한 즉시강제의 요건을 충족한 적법한 직무집행으로 볼 여지가 있다(대판2016도19417). 기출OX 09
>
> 7 갑 단체 소속 집회참가자들이 집회에서 사용할 조형물을 차량에 싣고 와 집회 장소 인근 도로에 정차한 후 내려놓으려고 하자 경찰관들이 도로교통법 위반을 이유로 조형물이 실린 채로 차량을 견인하였고 이에 항의하는 을을 공무집행방해죄 현행범으로 체포한 사안에서, 경찰관들의 객관적인 정당성을 잃은 위법한 직무집행으로 갑 단체의 집회의 자유와 을의 신체의 자유가 침해되었다는 이유로, 국가배상책임을 인정한 원심판단은 정당하다(대판 2017다218475). 기출OX 10
>
> 8 행정상 즉시강제는 그 본질상 행정 목적 달성을 위하여 불가피한 한도 내에서 예외적으로 허용되는 것이므로, 위 조항에 의한 경찰관의 제지 조치 역시 그러한 조치가 불가피한 최소한도 내에서만 행사되도록 그 발동·행사 요건을 신중하고 엄격하게 해석하여야 한다. 그러한 해석·적용의 범위 내에서만 우리 헌법상 신체의 자유 등 기본권 보장 조항과 그 정신 및 해석 원칙에 합치될 수 있다(대판 2007도9794). 기출OX 11

기출 OX

01 경찰관은 범죄행위가 목전에 행하여지려고 하고 있다고 인정될 경우 이를 예방하기 위하여 관계인에게 필요한 제지를 하여야 한다. 24 간부, 23·22 승진 O X

02 경찰관은 범죄행위가 목전에 행하여지려고 하고 있다고 인정될 때에는 이를 예방하기 위하여 관계인에게 필요한 경고를 하고 즉시 그 행위를 제지할 수 있다. 19 승진, 18 채용 O X

03 경찰병력이 행정대집행 직후 "A자동차 희생자 추모와 해고자 복직을 위한 범국민대책위원회"(이하 'A차 대책위'라 함)가 또다시 같은 장소를 점거하고 물건을 다시 비치하는 것을 막기 위해 당해 사건 장소를 미리 둘러싼 뒤 'A차 대책위'가 같은 장소에서 기자회견 명목의 집회를 개최하려는 것을 불허하면서 소극적으로 제지한 것은 범죄행위 예방을 위한 경찰 행정상 즉시강제로서 적법한 공무집행에 해당한다. 23 채용 O X

04 「경찰관 직무집행법」상 경찰관의 제지에 관한 부분은 눈앞의 급박한 경찰상 장해를 제거하여야 할 필요가 있고 의무를 명할 시간적 여유가 없거나 의무를 명하는 방법으로는 그 목적을 달성하기 어려운 상황에서 의무이행을 전제로 하지 않고 경찰이 직접 실력을 행사하여 경찰상 필요한 상태를 실현하는 비권력적 사실행위에 관한 근거조항이다. 24·23 간부, 22 채용 O X

05 경찰관은 형사처벌의 대상이 되는 행위가 눈앞에서 막 이루어 지려고 하는 것이 주관적으로 인정될 수 있는 상황이고 그 행위를 당장 제지하지 않으면 곧 인명·신체에 중대한 위해를 미치거나 재산에 손해를 끼칠 우려가 있는 상황이어서, 직접 제지하는 방법 외에는 위와 같은 결과를 막을 수 없는 급박한 상태일 때에만 「경찰관 직무집행법」 제6조에 의하여 적법하게 그 행위를 제지할 수 있다. 24 간부, 23 채용 O X

06 「경찰관 직무집행법」상 '제지'는 행정상 즉시강제에 해당하며, 필요한 최소한도 내에서 행해져야 하므로 해당 집회 참가가 불법 행위라도, 집회 장소와 시간적·장소적으로 근접하지 않은 경우에는 이를 제지할 수 없다. 22 승진 O X

07 「경찰관 직무집행법」상 경찰관의 제지 조치의 위법 여부는 사후적으로 순수한 객관적 기준에서 판단해야 하고 제지 조치 당시의 구체적 상황을 기초로 판단하는 것은 아니다. 23 승진, 22 채용 O X

08 경찰관의 경고나 제지는 범죄행위가 목전에 행하여지려고 하고 있다고 인정될 때에 이를 예방하기 위하여 이루어지는 조치로서, 범죄행위가 계속되는 중 그 진압을 위해서는 행하여질 수 없다. 24 채용, 23 승진 O X

09 주거지에서 음악 소리를 크게 내거나 큰 소리로 떠들어 이웃을 시끄럽게 하는 행위는 「경범죄 처벌법」 제3조 제1항 제21호에서 경범죄로 정한 '인근소란 등'에 해당하고, 경찰관은 「경찰관직무집행법」에 따라 경범죄에 해당하는 행위를 예방·진압·수사하고, 필요한 경우 제지할 수 있다. 23 간부 O X

10 집회참가자들이 집회에서 사용할 조형물을 차량에 싣고 와 집회 장소 인근 도로에 정차한 후 내려놓으려고 하자 경찰관이 「도로교통법」 위반을 이유로 조형물이 실린 채로 차량을 견인하려 하였고 이에 집회참가자들이 스스로 차량을 옮기겠다고 하였음에도 경찰관이 위 차량을 견인한 행위는 「경찰관 직무집행법」 제6조에 따른 적법한 행위라고 평가할 수 없다. 24 간부 O X

11 제6조에 의한 경찰관의 제지 조치는 그러한 조치가 불가피한 최소한도 내에서만 행사되도록 그 발동·행사 요건을 신중하고 엄격하게 해석하여야 하고, 그러한 해석·적용의 범위 내에서만 우리 헌법상 신체의 자유 등 기본권 보장 조항과 그 정신 및 해석 원칙에 합치될 수 있다. 24 간부 O X

정답 및 해설

01 X 경고를 할 수 있다
02 X 경찰관이 제지행위로 나아가기 위해서는 긴급성 요건이 충족되어야 한다.
03 O
04 X 권력적 사실행위에 관한 근거조항이며, 사안의 경우 즉시강제의 요건도 충족한다고 보았다.
05 X 주관적이 아닌, 객관적으로 인정될 수 있는 상황이어야 한다.
06 O
07 X 각각의 구체적 상황을 기초로 판단
08 X 당연히 행하여질 수 있다.
09 O
10 O
11 O

5 위험방지를 위한 출입

(1) 의의

위험 사태 발생으로 인명·신체·재산에 대한 위해가 임박한 때 경찰관이 타인의 건물 등에 출입하는 대가택적 즉시강제조치를 말한다. 기출OX 01

> **경찰관직무집행법 제7조【위험 방지를 위한 출입】** ① 경찰관은 제5조제1항·제2항 및 제6조에 따른 위험한 사태가 발생하여 사람의 생명·신체 또는 재산에 대한 위해가 임박한 때에 그 위해를 방지하거나 피해자를 구조하기 위하여 부득이하다고 인정하면 합리적으로 판단하여 필요한 한도에서 다른 사람의 토지·건물·배 또는 차에 출입할 수 있다. 기출OX 02
> ② 흥행장(興行場), 여관, 음식점, 역, 그 밖에 많은 사람이 출입하는 장소의 관리자나 그에 준하는 관계인은 경찰관이 범죄나 사람의 생명·신체·재산에 대한 위해를 예방하기 위하여 해당 장소의 영업시간이나 해당 장소가 일반인에게 공개된 시간에 그 장소에 출입하겠다고 요구하면 정당한 이유 없이 그 요구를 거절할 수 없다. 기출OX 03
> ③ 경찰관은 대간첩 작전 수행에 필요할 때에는 작전지역에서 제2항에 따른 장소를 검색할 수 있다.

(2) 종류

1) **일반위험방지를 위한 출입(긴급출입)**
   - 다음과 같은 요건이 충족되면, 경찰관은 다른 사람의 토지·건물·배 또는 차에 출입할 수 있다.

   > 1. 제5조 제1항, 제2항(위험발생의 방지)·제6조(범죄의 예방과 제지)에 따른 위험사태가 발생하였을 것
   > 2. 사람의 생명·신체 또는 재산에 대한 위해가 임박하였을 것
   > 3. 위해방지·피해자 구조를 위하여 부득이하다고 인정될 것

   - 시간적 제한이 없고, 관리자나 관계인의 동의를 요구하지 않는다. 기출OX 04

2) **공개된 장소에 대한 출입(예방출입)**
   - 다음과 같은 요건이 충족되면, 경찰관은 다수인이 출입하는 장소에 출입할 수 있다.

   > 1. 범죄나 사람의 생명·신체·재산에 대한 위해를 예방하기 위한 것일 것
   > 2. 영업시간이나 해당 장소가 일반인에게 공개된 시간일 것 기출OX 05
   > 3. 관리자나 관계인의 동의가 있을 것

   - 긴급출입과 달리 시간적 제한이 있고, 관리자나 관계인의 동의가 필요하다.

3) **대간첩작전지역 안에서의 검색출입(긴급검색)**
   대간첩 작전 수행에 필요할 때에는 작전지역에서 흥행장·여관·음식점·역, 그 밖에 많은 사람이 출입하는 장소를 검색할 수 있다. 시간적 제한이 따로 없으며, 관리자나 관계인의 동의도 요구되지 않는다.

(3) 증표 제시

- 경찰관은 필요한 장소에 출입할 때에는 그 신분을 표시하는 증표를 제시하여야 하며, 함부로 관계인이 하는 정당한 업무를 방해해서는 아니 된다. 기출OX 06
- 신분을 표시하는 증표란 경찰관의 공무원증을 말한다.

[압축정리] 긴급출입, 예방출입, 긴급검색

구분	긴급출입	예방출입	긴급검색
목적	위해방지, 피해자 구조	범죄·위해예방	대간첩작전
장소	다른 사람의 토지·건물·배 또는 차	경찰상 공개된 장소 (다수인이 출입하는 장소)	작전지역 안의 공개된 장소
시간	제한 없음(주·야 불문)	영업 또는 공개시간 내	제한 없음(주·야 불문)
동의	관리자의 동의 불요	관리자의 동의 필요	영장·관계인의 동의 불요

기출 OX

01 위험방지를 위한 출입의 성질은 대가택적 즉시강제이다. 19 승진 O X

02 경찰관은 위험한 사태가 발생하여 사람의 생명·신체 또는 재산에 대한 위해가 임박한 때에 그 위해를 방지하거나 피해자를 구조하기 위하여 부득이하다고 인정하면 합리적으로 판단하여 필요한 한도에서 다른 사람의 토지·건물·배 또는 차에 출입할 수 있다. 22 승진 O X

03 흥행장·여관·음식점·역 기타 다수인이 출입하는 장소의 관리자 또는 이에 준하는 관계인은 그 영업 또는 공개시간 내에 경찰관이 범죄의 예방 또는 인명·신체와 재산에 대한 위해예방을 목적으로 그 장소에 출입할 것을 요구한 때에는 정당한 이유 없이 이를 거절할 수 없다. 13 채용 O X

04 경찰공무원은 여관에 불이 나서 객실에 쓰러져 있는 사람이 있는 경우에는 주인이 허락하지 않더라도 들어갈 수 있다. 19 승진 O X

05 새벽 3시에 영업이 끝난 식당에서 주인만 머무르는 경우라도, 경찰 공무원은 범죄의 예방을 위해 출입을 요구할 수 있고, 상대방은 이를 거절할 수 없다. 19 승진 O X

06 경찰관이 위험방지를 위한 출입할 때에는 그 신분을 표시하는 증표의 제시의무는 없다. 23·22·19 승진 O X

정답 및 해설

01 O
02 O
03 O
04 O
05 X 지문의 경우는 영업시간이 아닌 경우이므로, 더욱더 거절이 가능하다고 본다.
06 X 그 신분을 표시하는 증표를 제시하여야 한다.

POINT 03 사실행위 기타 수단

1 사실조회·확인 및 출석요구

(1) 의의

사실확인행위는 직무수행을 위한 비권력적(임의적) 사실행위로서 법적 효과를 발생시키는 법률행위가 아니며, 목전에 급박한 장해제거를 위한 즉시강제수단도 아니다. 강제집행이나 경찰벌의 대상이 되지 않는다. → 상대방의 임의적 협력을 요청하는 것에 불과하다.

(2) 종류

사실의 확인	경찰관서의 장은 직무 수행에 필요하다고 인정되는 상당한 이유가 있을 때에는 국가기관이나 공사단체 등에 직무 수행에 관련된 사실을 조회할 수 있다. 다만, 긴급한 경우에는 소속 경찰관으로 하여금 현장에 나가 해당 기관 또는 단체의 장의 협조를 받아 그 사실을 확인하게 할 수 있다. 기출OX 01 [TIP] 주체가 '경찰관서의 장'인 경우는 ⊙ 위험발생 방지조치 중 대간첩작전 수행·소요사태 진압 관련(제5조 제2항), ⓒ 사실조회의 주체(제8조 제1항)이다.
출석요구	경찰관은 다음의 직무(교·사·유·미) 수행위해 필요하면 관계인에게 출석하여야 하는 사유·일시·장소를 명확히 적은 출석요구서를 보내 경찰관서에 출석할 것을 요구할 수 있다. 기출OX 02, 03 1. 미아를 인수할 보호자 확인 2. 유실물을 인수할 권리자 확인 3. 사고로 인한 사상자 확인 4. 행정처분을 위한 교통사고 조사에 필요한 사실 확인

2 국제협력

경찰청장은 경찰관의 직무수행을 위해 외국 정부기관·국제기구 등과 자료 교환, 국제협력 활동 등을 할 수 있다. 기출OX 04

3 유치장

법률에서 정한 절차에 따라 체포·구속된 사람 또는 신체의 자유를 제한하는 판결이나 처분을 받은 사람을 수용하기 위하여 경찰서와 해양경찰서에 유치장을 둔다. 기출OX 05

[꿀팁정리] 경직법상 "경찰관"이외의 주체정리

- **경찰관서의 장**은 대간첩 작전의 수행이나 소요(騷擾) 사태의 진압을 위하여 필요하다고 인정되는 상당한 이유가 있을 때에는 대간첩 작전지역이나 경찰관서·무기고 등 국가중요시설에 대한 접근 또는 통행을 제한하거나 금지할 수 있다
- **경찰관서의 장**은 직무 수행에 필요하다고 인정되는 상당한 이유가 있을 때에는 국가기관이나 공사(公私) 단체 등에 직무 수행에 관련된 사실을 조회할 수 있다. 다만, 긴급한 경우에는 소속 경찰관으로 하여금 현장에 나가 해당 기관 또는 단체의 장의 협조를 받아 그 사실을 확인하게 할 수 있다.
- **경찰청장**은 이 법에 따른 경찰관의 직무수행을 위하여 외국 정부기관, 국제기구 등과 자료 교환, 국제협력 활동 등을 할 수 있다.
- 살수차, 분사기, 최루탄 또는 무기를 사용하는 경우 그 **책임자**는 사용 일시·장소·대상, 현장책임자, 종류, 수량 등을 기록하여 보관하여야 한다.
- **경찰청장 또는 시·도경찰청장**은 손실보상심의위원회의 심의·의결에 따라 보상금을 지급하고, 거짓 또는 부정한 방법으로 보상금을 받은 사람에 대하여는 해당 보상금을 환수하여야 한다.
- **경찰청장, 시·도경찰청장 또는 경찰서장**은 범인검거 등 공로자에게 보상금을 지급할 수 있다.
- **경찰청장**은 경찰관이 제2조 각 호에 따른 직무의 수행으로 인하여 민·형사상 책임과 관련된 소송을 수행할 경우 변호인 선임 등 소송 수행에 필요한 지원을 할 수 있다.

기출 OX

01 경찰관은 직무수행에 필요하다고 인정되는 상당한 이유가 있을 때에는 국가기관 또는 공사단체 등에 대하여 직무수행에 관련된 사실을 조회할 수 있다. 다만, 긴급을 요할 때에는 사실을 확인 후 당해 기관 또는 단체의 장에게 추후 통보해야 한다. 22·13 채용 (O X)

02 경찰관은 유실물을 인수할 권리자 확인의 직무를 수행하기 위하여 필요하면 관계인에게 출석하여야 하는 사유·일시 및 장소를 명확히 적은 출석 요구서를 보내 경찰관서에 출석할 것을 요구할 수 있다. 23 채용 (O X)

03 경찰관은 미아를 인수할 보호자의 여부, 유실물을 인수할 권리자의 여부 또는 사고로 인한 사상자를 확인하기 위하거나 행정처분을 위한 교통사고 조사상의 사실을 확인하기 위하여 필요한 때에는 관계인에게 출석을 요하는 사유·일시 및 장소를 명확히 한 출석요구서에 의하여 경찰관서에 출석할 것을 요구할 수 있다. 13 채용 (O X)

04 경찰청장은 경찰관의 직무수행을 위하여 외국 정부기관, 국제기구 등과 자료교환, 국제협력 활동 등을 해야 한다. 15 간부 (O X)

05 경찰서 및 지구대, 해양경찰서에 법률이 정한 절차에 따라 체포·구속되거나 신체의 자유를 제한하는 판결 또는 처분을 받은 자를 수용하기 위하여 유치장을 둔다. 13 채용 (O X)

정답 및 해설

01 X 사실조회·확인의 주체는 '경찰관서의 장'이다. 또한 긴급시에는 사실확인 후 추후통보가 아니라, 소속 경찰관에게 해당 기관장 등의 협조를 받아 현장확인을 하게할 수 있다.
02 O
03 O
04 X 할 수 있다.
05 X 지구대에는 유치장을 둘 수 있는 곳이 아니다.

4 정보의 수집

(1) 의의

경찰관은 범죄·재난·공공갈등 등 공공안녕에 대한 위험의 예방과 대응을 위한 정보의 수집·작성·배포와 이에 수반되는 사실의 확인을 할 수 있다. 기출OX 01

(2) 정보수집의 기본원칙(경찰관의 정보수집 및 처리 등에 관한 규정)

- 정보활동은 국민의 자유와 권리를 보호하는 것을 목적으로 해야 하며, 필요 최소한의 범위에 그쳐야 한다.
- 경찰관은 정보활동과 관련하여 다음의 행위를 해서는 안 된다. 기출OX 02, 03

> 1. 정치에 관여하기 위해 정보를 수집·작성·배포하는 행위
> 2. 법령의 직무 범위를 벗어나 개인의 동향 등을 파악하기 위해 사생활에 관한 정보를 수집·작성·배포하는 행위
> 3. 상대방의 명시적 의사에 반해 자료 제출이나 의견 표명을 강요하는 행위
> 4. 부당한 민원이나 청탁을 직무 관련자에게 전달하는 행위
> 5. 직무상 알게 된 정보를 누설하거나 개인의 이익을 위해 사용하는 행위
> 6. 직무와 무관한 비공식적 직함을 사용하는 행위

(3) 수집 등 대상정보의 구체적인 범위(경찰관의 정보수집 및 처리 등에 관한 규정) 기출OX 04, 05

> 경찰관이 「경찰관 직무집행법」에 따라 수집·작성·배포할 수 있는 정보의 구체적인 범위는 다음과 같다.
> 1. 범죄의 예방과 대응에 필요한 정보
> 2. 정보의 대상자인 수형자·가석방자의 재범방지 및 피해자의 보호에 필요한 정보
> 3. 국가중요시설의 안전 및 주요 인사의 보호에 필요한 정보
> 4. 방첩·대테러활동 등 국가안전을 위한 활동에 필요한 정보
> 5. 재난·안전사고 등으로부터 국민안전을 확보하기 위한 정보
> 6. 집회·시위 등으로 인한 공공갈등과 다중운집에 따른 질서 및 안전 유지에 필요한 정보
> 7. 국민의 생명·신체·재산의 보호와 공공안녕에 대한 위험의 예방과 대응을 위한 정책에 관한 정보[해당 정책의 입안·집행·평가를 위해 객관적이고 필요한 사항에 관한 정보로 한정하며, 이와 직접적·구체적으로 관련이 없는 사생활·신조 등에 관한 정보는 제외한다]
> 8. 도로 교통의 위해 방지·제거 및 원활한 소통 확보를 위한 정보
> 9. 「보안업무규정」에 따라 경찰청장이 위탁받은 신원조사 또는 공공기관의 장이 법령에 근거하여 요청한 사실의 확인을 위한 정보

(4) 사실확인절차(경찰관의 정보수집 및 처리 등에 관한 규정)

- 경찰관은 정보를 수집하거나 정보의 수집·작성·배포에 수반되는 사실을 확인하려는 경우에는 상대방에게 자신의 신분을 밝히고 정보 수집 또는 사실 확인의 목적을 설명해야 한다. 이 경우 강제적인 방법을 사용해서는 안 된다. 기출OX 06
- 단, 다음 어느 하나에 해당하는 경우에는 위에서 규정한 절차를 생략할 수 있다. 기출OX 07

> 1. 국민의 생명·신체의 안전이나 국가안보에 긴박한 위험이 발생할 우려가 있는 경우
> 2. 범죄의 대응을 위한 정보활동에 현저한 지장을 초래할 우려가 있는 경우

- 경찰관은 정보를 제공하거나 사실을 확인해 준 자가 신분이나 처우와 관련하여 불이익을 받지 않도록 비밀유지 등 필요한 조치를 해야 한다.

(5) 한계(경찰관의 정보수집 및 처리 등에 관한 규정)

- 경찰관은 다음의 장소에 상시적으로 출입해서는 안 되며, 정보활동을 위해 필요한 경우에 한정하여 일시적으로만 출입해야 한다. 기출OX 08, 09

> 1. 언론·교육·종교·시민사회 단체 등 민간단체 2. 민간기업 3. 정당의 사무소

- 누구든지 정보활동과 관련하여 경찰관에게 이 영과 그 밖의 법령에 반하여 지시해서는 안 된다.
- 경찰관은 명백히 위법한 지시라고 판단되는 경우에는 그 집행을 거부할 수 있다. 기출OX 10

- 경찰관은 명백히 위법한 지시를 거부했다는 이유로 인사·직무 등과 관련한 어떠한 불이익도 받지 않는다.
- 경찰관은 수집·작성한 정보가 그 목적이 달성되어 불필요하게 되었을 때에는 다른 법령에 따라 보존해야 하는 경우를 제외하고는 지체 없이 그 정보를 폐기해야 한다. 기출 OX 11

기출 OX

01 경찰관은 범죄·재난·공공갈등 등 공공안녕과 공공질서에 대한 위험의 예방과 대응을 위한 정보의 수집·작성·배포와 이에 수반되는 사실의 확인을 할 수 있다. 24 채용   O X

02 경찰관은 정치에 관여하기 위해 정보를 수집·작성·배포하는 행위를 해서는 안 된다. 24 채용   O X

03 경찰관은 정보활동과 관련하여 직무와 무관한 비공식적 직함을 사용하는 행위를 해서는 안 된다. 24 승진   O X

04 경찰관의 정보수집·작성·배포에 있어 정보의 구체적인 범위에는 범죄의 예방과 대응에 필요한 정보가 포함된다. 23 승진   O X

05 경찰관이 「경찰관 직무집행법」 제8조의2 제1항에 따라 수집·작성·배포할 수 있는 정보의 범위에는 국가중요시설의 안전 및 주요 인사의 보호에 필요한 정보가 포함된다. 24 승진   O X

06 정보를 수집하거나 정보의 수집·작성·배포에 수반되는 사실을 확인하려는 경우에는 상대방에게 자신의 신분을 밝히고 정보 수집 또는 사실 확인의 목적을 설명해야 한다. 이 경우 강제적인 방법을 사용할 수 있다. 23 승진   O X

07 경찰관은 정보를 수집하거나 정보의 수집·작성·배포에 수반되는 사실을 확인하려는 경우에는 상대방에게 자신의 신분을 밝히고 정보수집 또는 사실 확인의 목적을 설명해야 하지만, 범죄의 대응을 위한 정보활동에 현저한 지장을 초래할 우려가 있는 경우에는 이 절차를 생략할 수 있다. 23 승진   O X

08 경찰관이 정보활동을 위해 필요한 경우에 한정하여 일시적으로만 출입이 가능한 곳은 언론기관, 종교시설, 민간기업, 정당의 사무소, 시민사회 단체이다. 22 채용   O X

09 경찰관은 언론·교육·종교·시민사회 단체 등 민간단체, 지방자치단체, 정당의 사무소에 상시적으로 출입해서는 안 되며 정보활동을 위해 필요한 경우에 한정하여 일시적으로만 출입해야 한다고 규정되어 있다. 24 승진   O X

10 경찰관은 명백히 위법한 지시라고 판단되는 경우에는 그 집행을 거부할 수 있다. 24 승진   O X

11 경찰관은 수집·작성한 정보가 그 목적이 달성되어 불필요하게 되었을 때에는 다른 법령에 따라 보존해야 하는 경우를 제외하고는 지체 없이 그 정보를 폐기해야 한다. 24 채용   O X

정답 및 해설

01 X 공공질서 ×
02 O
03 O
04 O
05 O
06 X 이 경우 강제적인 방법을 사용해서는 안 된다.
07 O
08 O
09 X 지방자치단체는 포함되지 않는다
10 O
11 O

POINT 04 경찰장비 (무기, 장구, 분사기 등)

1 경찰관 직무집행법상의 경찰장비

(1) 경찰장비의 종류

> "경찰장비"란 무기, 경찰장구, 경찰착용기록장치, 최루제와 그 발사장치, 살수차, 감식기구, 해안 감시기구, 통신기기, 차량·선박·항공기 등 경찰이 직무를 수행할 때 필요한 장치와 기구를 말한다. 기출OX 01

(2) 경찰장비 사용의 기본원칙

- 경찰관은 직무수행 중 경찰장비를 사용할 수 있다. 다만, 사람의 생명·신체에 위해를 끼칠 수 있는 경찰장비("위해성 경찰장비")를 사용할 때에는 필요한 안전교육과 안전검사를 받은 후 사용하여야 한다. 기출OX 02
- 경찰관은 경찰장비를 함부로 개조하거나 경찰장비에 임의의 장비를 부착하여 일반적인 사용법과 달리 사용함으로써 다른 사람의 생명·신체에 위해를 끼쳐서는 아니 된다. 기출OX 03

(3) 경찰장구

1) 경찰장구: 수갑, 포승, 경찰봉, 방패 등 기출OX 04 **수포봉패**

   > 위해성경찰장비규정상 경찰장구: 수갑, 포승·호송용포승, 경찰봉·호신용경봉, 전자충격기, 방패·전자방패

2) 사용요건

   경찰관은 다음의 직무를 수행하기 위하여 필요하다고 인정되는 상당한 이유가 있을 때에는 그 사태를 합리적으로 판단하여 필요한 한도에서 경찰장구를 사용할 수 있다. 기출OX 05, 06, 07

   > 1. 현행범이나 사형·무기 또는 장기 3년 이상의 징역이나 금고에 해당하는 죄를 범한 범인의 체포 또는 도주 방지
   >   **현행범 / 사·무·장·3**
   > 2. 자신이나 다른 사람의 생명·신체의 방어 및 보호 → 재산 X
   > 3. 공무집행에 대한 항거 제지

(4) 무기

1) 무기: 사람의 생명이나 신체에 위해를 끼칠 수 있도록 제작된 권총·소총·도검 등 기출OX 08
2) 사용기준 기출OX 09, 10, 11, 12, 13, 14

위해수반 X 무기사용	1. 범인의 체포, 범인의 도주 방지 2. 자신이나 다른 사람의 생명·신체의 방어 및 보호 → 재산 X! 3. 공무집행에 대한 항거의 제지
위해수반 O 무기사용	1. 「형법」에 규정된 정당방위와 긴급피난에 해당할 때 2. 다음에 해당하는 때에 그 행위를 방지하거나 그 행위자를 체포하기 위하여 무기를 사용하지 아니하고는 다른 수단이 없다고 인정되는 상당한 이유가 있을 때 　가. 사형·무기·장기 3년 이상의 징역이나 금고에 해당하는 죄를 범하거나 범하였다고 의심할 만한 충분한 이유가 있는 사람이 경찰관의 직무집행에 항거·도주하려고 할 때 　나. 체포·구속·압수·수색영장 집행 과정에서 경찰관의 직무집행에 항거·도주하려 할 때 　다. 제3자가 가목·나목에 해당하는 사람을 도주시키려고 경찰관에게 항거할 때 　라. 범인이나 소요를 일으킨 사람이 무기·흉기 등 위험한 물건을 지니고 경찰관으로부터 3회 이상 물건을 버리라는 명령이나 항복하라는 명령을 받고도 따르지 아니하면서 계속 항거할 때 3. 대간첩작전 수행 과정에서 무장간첩이 항복하라는 경찰관의 명령을 따르지 아니할 때

3) 공용화기 사용

   대간첩·대테러 작전 등 국가안전 관련 작전을 수행할 때에는 개인화기 외에 공용화기를 사용할 수 있다. 기출OX 15

기출 OX

01 경찰관직무집행법상 "경찰장구"란 무기, 경찰착용기록장치, 최루제와 그 발사장치, 살수차, 감식기구, 해안 감시기구, 통신기기, 차량·선박·항공기 등 경찰이 직무를 수행할 때 필요한 장치와 기구를 말한다. 24 채용, 20·15 간부 O X

02 경찰관은 직무수행 중 경찰장비를 사용할 수 있다. 다만, 위해성 경찰장비를 사용할 때에는 필요한 안전교육과 안전검사를 받은 후 사용하여야 한다. 16 채용, 20 간부 O X

03 경찰관은 경찰장비를 함부로 개조하거나 경찰장비에 임의의 장비를 부착하여 일반적인 사용법과 달리 사용함으로써 다른 사람의 생명·신체에 위해를 끼쳐서는 아니 된다. 24 채용, 20 간부 O X

04 경찰관직무집행법상 경찰장구라 함은 경찰관이 휴대하여 범인 검거와 범죄 진압 등의 직무수행에 사용하는 무기, 수갑, 포승, 경찰봉, 방패 등을 말한다. 16·12 채용 O X

05 경찰관은 자신이나 다른 사람의 생명·신체의 방어 및 보호를 위하여 필요하다고 인정되는 상당한 이유가 있을 때에는 그 사태를 합리적으로 판단하여 필요한 한도에서 경찰장구를 사용할 수 있다. 19 승진 O X

06 경찰관은 '현행범이나 사형·무기 또는 장기 3년 이상의 징역이나 금고에 해당하는 죄를 범한 범인의 체포 또는 도주방지', '자신이나 다른 사람의 생명·신체 및 재산의 보호', '공무집행에 대한 항거 제지'의 직무를 수행하기 위하여 필요하다고 인정되는 상당한 이유가 있을 때에는 그 사태를 합리적으로 판단하여 필요한 한도 내에서 경찰장구를 사용할 수 있다. 20·16 채용 O X

07 경찰관은 범인의 체포 또는 도주의 방지, 자신이나 다른 사람의 생명·신체의 방어 및 보호, 공무집행에 대한 항거의 제지를 위하여 필요한 상당한 이유가 있는 경우 경찰장구를 사용할 수 있다. 20 채용 O X

08 무기라 함은 인명 또는 신체에 위해를 가할 수 있도록 제작된 권총·소총·도검·경찰봉·최루탄 등을 말한다. 13 채용 O X

09 경찰관은 범인의 체포·도주의 방지, 자기 또는 타인의 생명·신체에 대한 방호, 공무집행에 대한 항거의 억제를 위하여 필요하다고 인정되는 상당한 이유가 있을 때에는 그 사태를 합리적으로 판단하여 필요한 한도 내에서 무기를 사용할 수 있다. 13 채용 O X

10 「경찰관 직무집행법」상 경찰관은 자신이나 다른 사람의 생명·신체 및 재산의 보호를 위하여 필요하다고 인정되는 상당한 이유가 있을 때에는 그 사태를 합리적으로 판단하여 필요한 한도에서 무기를 사용할 수 있다. 22·18 승진 O X

11 정당방위, 긴급피난, 자구행위에 해당하는 경우 위해를 수반하여 무기를 사용할 수 있다. 10 채용 O X

12 현행범인인 경우와 사형·무기 또는 장기 3년 이상의 징역이나 금고에 해당하는 죄를 범한 체포·도주의 방지를 위하여 위해를 수반한 무기의 사용이 허용된다. 10 채용 O X

13 범인 또는 소요행위자가 무기·흉기 등 위험한 물건을 소지하고 경찰관으로부터 3회 이상의 투기명령 또는 투항명령을 받고도 이에 불응하면서 계속 항거하여 이를 방지 또는 체포하기 위하여 무기를 사용하지 아니하고는 다른 수단이 없다고 인정되는 상당한 이유가 있을 때 무기를 사용할 수 있다. 13 채용 O X

14 대간첩작전수행에 있어 무장간첩이 경찰관의 투항명령을 받고도 이에 불응하는 경우에 무기를 사용할 수 있다. 13 채용 O X

15 「경찰관 직무집행법」상 무기란 사람의 생명이나 신체에 위해를 끼칠 수 있도록 제작된 권총·소총·도검 등을 말하며, 대간첩·대테러 작전 등 국가안전에 관련되는 작전을 수행할 때에는 개인화기 외에 공용화기를 사용할 수 있다. 23 간부 O X

정답 및 해설

01 X 경찰장구가 아닌 경찰장비에 대한 설명
02 O
03 O
04 X 무기는 경찰장구 아님
05 O
06 X 재산 ×
07 X 현행범이나 사형·무기 또는 장기 3년 이상의 징역이나 금고에 해당하는 죄를 범한 범인의 체포나 도주방지를 위해 사용할 수 있다.
08 X 경찰봉·최루탄은 무기가 아니다.
09 O
10 X 재산 ×
11 X 자구행위 ×
12 X 현행범인의 경우에는 해당하지 않는다.
13 O
14 O
15 O

(5) 분사기 등 사용원칙
   1) 분사기 등: 분사기(「총·포화약법」에 따른 분사기와 그에 사용하는 최루 등의 작용제를 포함한다.
   2) 사용기준: 경찰관은 다음의 직무를 수행하기 위하여 부득이한 경우에는 현장책임자가 판단하여 필요한 최소한의 범위에서 분사기 또는 최루탄을 사용할 수 있다. 기출OX 01

   > 1. 범인의 체포 또는 범인의 도주 방지
   > 2. 불법집회·시위로 인한 자신이나 다른 사람의 생명·신체와 재산 및 공공시설 안전에 대한 현저한 위해의 발생 억제

(6) 관련 판례
   1) 경찰관의 책임 긍정

   > **판례 |**
   >
   > 1 경찰관의 무기 사용이 요건을 충족하는지 여부는 제반 상황 등을 고려하여 사회통념상 상당하다고 평가되는지 여부에 따라 판단하여야 하고, 특히 사람에게 위해를 가할 위험성이 큰 권총의 사용에 있어서는 그 요건을 더욱 엄격하게 판단하여야 한다(대판 2006다6713). 기출OX 02
   > 2 경찰관이 신호위반을 이유로 한 정지명령에 불응하고 도주하던 차량에 탑승한 동승자를 추격하던 중 수차례에 걸쳐 경고하고 공포탄을 발사했음에도 불구하고 계속 도주하자 실탄을 발사하여 사망케 한 경우, 위 총기 사용 행위는 허용 범위를 벗어난 위법행위이다(대판98다61470). 기출OX 03
   > 3 경찰관이 길이 40cm 가량의 칼로 반복적으로 위협하며 도주하는 차량 절도 혐의자를 추적하던 중, 도주하기 위하여 등을 돌린 혐의자의 몸 쪽을 향하여 약 2m 거리에서 실탄을 발사하여 혐의자를 복부관통상으로 사망케 한 경우, 경찰관의 총기사용은 사회통념상 허용범위를 벗어난 위법행위이다(대판 98다63445). 기출OX 04
   > 4 도주하는 트레일러·트랙터 절취범이 계속 도주하므로 다시 그의 몸쪽을 향하여 실탄 1발을 발사한 결과 위 탄환이 도로의 땅바닥에 맞아 튕기면서 절취범의 후두부에 맞아 동인은 이로 인한 다발성 두개골골절, 뇌출혈 등으로 사망한 사안에서, 국가배상책임은 인정하되 사망한 절취범위 과실비율을 전체의 70%로 본 것은 정당하다(대판 94다25896).

   2) 경찰관의 책임 부정

   > **판례 |**
   >
   > 1 경찰관이 도난번호판 부착차량의 운전자에게 수차례의 정지명령과 경고사격을 하였으나 운전자가 도주하므로 그를 검거하기 위하여 실탄을 발사하여 허벅지 부위에 부상을 입힌 사안에서, 경찰관의 총기 사용은 적법하다(서울고등법원 2006.11.16. 2006나43790).
   > 2 경찰관이 경찰장비를 적법하게 사용하였다면 상대방이 그로 인한 생명·신체에 대한 위해를 면하기 위하여 대항하는 과정에서 경찰장비를 손상시킨 경우에는 현재의 부당한 침해에서 벗어나기 위한 행위로서 정당방위에 해당하지 않는다(대판 2016다26662). 기출OX 05
   > 3 수사기관에서 구속된 피의자의 도주, 항거 등을 억제하는 데 필요하다고 인정할 상당한 이유가 있는 경우에는 필요한 한도내에서 포승이나 수갑을 사용할 수 있으며, 이러한 조치가 무죄추정의 원칙에 위배되는 것이라고 할 수 없다(대판 96도561). 기출OX 06

[압축정리] 경찰장구·무기·분사기 사용요건 비교

	경찰장구	무기	분사기 등
기본적 사용요건	아래 직무수행 위해 필요하다고 인정되는 상당한 이유 있을 것	아래 직무수행 위해 필요하다고 인정되는 상당한 이유 있을 것	아래 직무수행 위해 부득이한 경우
	그 사태를 합리적으로 판단할 것	그 사태를 합리적으로 판단할 것	현장책임자가 판단할 것
	필요한 한도 내일 것	필요한 한도 내일 것	필요한 최소한의 범위일 것
대상직무	범인체포·도주방지	범인체포·도주방지	범인체포·도주방지
	자신·타인 생명·신체 방어·보호	자신·타인 생명·신체 방어·보호	불법집회·시위로 인한 자신·타인 생명·신체·재산 및 공공시설 안전에 대한 현저한 위해발생 억제
	공무집행 항거 제지	공무집행 항거 제지	—
특이사항	범인: 현행범 or 사·무·장·3	위해수반 허용되는 무기사용 요건 따로 존재	—

기출 OX

01 경찰관은 범인의 체포·도주의 방지 또는 불법집회·시위로 인하여 자기 또는 타인의 생명·신체와 재산 및 공공시설안전에 대한 현저한 위해의 발생을 억제하기 위하여 부득이한 경우 현장책임자의 판단으로 필요한 최소한의 범위 안에서 분사기 또는 최루탄을 사용할 수 있다. 22 승진 O X

02 경찰관의 무기 사용이 특히 사람에게 위해를 가할 위험성이 큰 권총의 사용에 있어서는 그 요건을 더욱 엄격하게 판단하여야 한다. 23 간부 O X

03 경찰관이 신호위반을 이유로 정지명령에 불응하고 도주하던 차량에 탑승한 동승자를 추격하던 중 수차례에 걸쳐 경고하고 공포탄을 발사했음에도 불구하고 계속 도주하자 실탄을 발사하여 사망케 한 경우, 위 총기 사용 행위는 허용범위를 벗어난 위법행위이다. 23 간부 O X

04 경찰관이 길이 40센티미터 가량의 칼로 반복적으로 위협하며 도주하는 차량 절도 혐의자를 추격하던 중, 도주하기 위하여 등을 돌린 혐의자의 몸쪽을 향하여 약 2미터 거리에서 실탄을 발사하여 혐의자를 복부관통상으로 사망케 하였다 하더라도 경찰관의 총기사용은 사회통념상 허용범위를 벗어나지 않은 것으로 위법하지 않다. 23 간부, 12 채용 O X

05 경찰관이 농성 진압과정에서 경찰장비를 적법하게 사용하였더라도, 상대방이 그로 인한 생명·신체에 대한 위해를 면하기 위하여 대항하는 과정에서 경찰장비를 손상시켰다면 이는 현재의 부당한 침해에서 벗어나기 위한 행위로서 정당방위에 해당한다. 24 채용 O X

06 수사기관에서 구속된 피의자의 도주, 항거 등을 억제하는 데 필요하다고 인정할 상당한 이유가 있는 경우에는 필요한 한도내에서 포승이나 수갑을 사용할 수 있으며, 이러한 조치가 무죄추정의 원칙에 위배되는 것이라고 할 수 없다. 24 채용 O X

정답 및 해설

01 O
02 O
03 O
04 X 위법행위이다.
05 X 정당방위에 해당하지 않는다.
06 O

(7) 경찰착용기록장치
   1) 의미
      경찰관이 신체에 착용 또는 휴대하여 직무수행 과정을 근거리에서 영상·음성으로 기록할 수 있는 기록장치 또는 그 밖에 이와 유사한 기능을 갖춘 기계장치를 말한다. 기출OX 01
   2) 사용요건
      경찰관은 다음과 같은 직무 수행을 위하여 필요한 경우에는 필요한 최소한의 범위에서 경찰착용기록장치를 사용할 수 있다.

      > 1. 경찰관이 「형사소송법」에 따라 피의자를 체포 또는 구속하는 경우
      > 2. 범죄 수사를 위하여 필요한 경우로서 다음 각 목의 요건을 모두 갖춘 경우
      >   가. 범행 중이거나 범행 직전 또는 직후일 것
      >   나. 증거보전의 필요성 및 긴급성이 있을 것
      > 3. 제5조 제1항에 따른 인공구조물의 파손이나 붕괴 등의 위험한 사태가 발생한 경우
      > 4. 경찰착용기록장치에 기록되는 대상자("기록대상자")로부터 그 기록의 요청 또는 동의를 받은 경우
      > 5. 제4조 제1항 각 호 해당이 명백하고 응급구호가 필요하다고 믿을 만한 상당한 이유가 있는 경우
      > 6. 제6조에 따라 사람의 생명·신체에 위해를 끼치거나 재산에 중대한 손해를 끼칠 우려가 있는 범죄행위를 긴급하게 예방 및 제지하는 경우
      > 7. 경찰관이 「해양경비법」에 따라 해상검문검색 또는 추적·나포하는 경우
      > 8. 경찰관이 「수상에서의 수색·구조 등에 관한 법률」에 따라 수난구호 업무시 수색·구조를 하는 경우
      > 9. 그 밖에 제1호부터 제8호까지에 준하는 경우로서 대통령령으로 정하는 경우

   3) 사용고지
      • 경찰관이 경찰착용기록장치를 사용하여 기록하는 경우로서 이동형 영상정보처리기기로 사람 또는 그 사람관련 사물영상을 촬영하는 때에는 불빛·소리·안내판 등 대통령령으로 정하는 바에 따라 촬영 사실을 표시하고 알려야 한다. → 불가피하게 고지가 곤란한 경우 영상음성기록을 전송·저장하는 때에 그 고지를 못한 사유를 기록하는 것으로 대체할 수 있다.
      • 경찰착용기록장치로 기록을 마친 영상음성기록은 지체 없이 영상음성기록정보 관리체계를 이용하여 영상음성기록정보 데이터베이스에 전송·저장하도록 하여야 하며, 영상음성기록을 임의로 편집·복사하거나 삭제하여서는 아니 된다. 기출OX 02
   4) 영상음성기록정보 관리체계의 구축·운영
      경찰청장은 경찰착용기록장치로 기록한 영상·음성을 저장하고 데이터베이스로 관리하는 영상음성기록정보 관리체계를 구축·운영하여야 한다. 기출OX 03
   5) 교육훈련(경찰착용기록장치 운영 등에 관한 규정)
      경찰청장은 경찰착용기록장치를 사용하는 경찰관을 대상으로 경찰착용기록장치 조작 방법, 사용 지침, 개인정보 보호 등에 관한 내용이 포함된 교육을 실시해야 한다. 기출OX 04
   6) 영상음성기록의 보관기간(경찰착용기록장치 운영 등에 관한 규정)
      ① 경찰착용기록장치로 기록한 영상음성기록의 보관기간은 영상음성기록정보 데이터베이스에 전송·저장한 날부터 30일(해당 영상음성기록이 수사 중인 범죄와 관련된 경우 등 경찰청장 또는 해양경찰청장이 정하는 사항에 해당하는 경우에는 90일)로 한다. 기출OX 05
      ② ①에도 불구하고 경찰청장, 시·도경찰청장, 경찰서장은 범죄수사를 위한 증거 보전이 필요한 경우 등 영상음성기록을 계속하여 보관할 필요가 있다고 인정하는 경우에는 90일의 범위에서 한 차례만 보관기간을 연장할 수 있다.

기출 OX

01 "경찰착용기록장치"란 경찰관이 신체에 착용 또는 휴대하여 직무수행 과정을 근거리에서 영상·음성으로 기록할 수 있는 기록장치 또는 그 밖에 이와 유사한 기능을 갖춘 기계장치를 말한다. 24 채용 O X

02 경찰착용기록장치로 기록을 마친 영상음성기록은 10일 이내로 영상음성기록정보 관리체계를 이용하여 영상음성기록정보 데이터베이스에 전송·저장할 수 있으며, 영상음성기록을 임의로 편집·복사하거나 삭제하여서는 아니 된다. 25 채용 O X

03 경찰청장, 시·도경찰청장 및 경찰서장은 경찰착용기록장치로 기록한 영상·음성을 저장하고 데이터베이스로 관리하는 영상음성기록정보 관리체계를 구축·운영하여야 한다. 24 채용 O X

04 경찰청장 또는 해양경찰청장은 경찰착용기록장치를 사용하는 경찰관을 대상으로 경찰착용기록장치 조작 방법, 사용 지침, 개인정보 보호 등에 관한 내용이 포함된 교육을 실시해야 한다. 25 채용 O X

05 경찰착용기록장치로 기록한 영상음성기록의 보관기간은 해당 기록을 법 제10조의6 제3항에 따라 영상음성기록정보 데이터베이스에 전송·저장한 날부터 30일(해당 영상음성기록이 수사 중인 범죄와 관련된 경우 등 경찰청장 또는 해양경찰청장이 정하는 사항에 해당하는 경우에는 90일)로 한다. 25 채용 O X

정답 및 해설

01 O
02 X 영상음성기록은 지체 없이 영상음성기록정보 관리체계를 이용하여 영상음성기록정보 데이터베이스에 전송·저장하도록 하여야 한다.
03 X 시·도경찰청장 및 경찰서장은 구축·운영 주체아님
04 O
05 O

POINT 05 위해성 경찰장비

1 **의의**: 사람의 생명이나 신체에 위해를 끼칠 수 있는 경찰장비를 말한다.

2 **종류** 기출OX 01, 02, 03, 04, 05, 06, 07, 08

경찰장구 전·방·수·포·봉	수갑, 포승·호송용포승, 경찰봉, 호신용경봉, 전자충격기, 방패 및 전자방패
무기 총·포·도	권총·소총·기관총(기관단총 포함)·산탄총, 박격포·3인치포·함포, 유탄발사기·크레모아·수류탄·폭약류 및 도검
분사기·최루탄등	근접분사기·가스분사기·가스발사총(고무탄 발사겸용 포함)·최루탄(발사장치 포함)
기타장비 차량관련 + 석·다·물	가스차·살수차·특수진압차·물포·석궁·다목적발사기 및 도주차량차단장비

3 **위해성 경찰장비의 사용 기본원칙**
- 위해성 경찰장비는 필요한 최소한도에서 사용하여야 한다.
- 직무수행 중 위해성 경찰장비를 사용하는 경찰관은 위해성 경찰장비 사용을 위한 안전교육을 받아야 한다. 기출OX 09
- 국가경찰관서의 장은 소속 경찰관이 사용할 위해성 경찰장비에 대한 안전검사를 실시하여야 한다. 기출OX 10

4 **개별 장비별 사용원칙**

1) 경찰장구

전자 충격기등	• 경찰관은 14세 미만의 자 또는 임산부에게 전자충격기·전자방패 사용해서는 아니된다. 기출OX 11, 12 • 경찰관은 전극침 발사장치가 있는 전자충격기를 사용하는 경우 상대방의 얼굴을 향하여 전극침을 발사하여서는 아니된다. 기출OX 13
수갑등	• 경찰관(경찰공무원 한정)이 정한 절차에 따라 호송하거나 수용하기 위하여 필요한 때에는 최소한의 범위안에서 수갑·포승·호송용포승을 사용할 수 있다. 기출OX 14 • 경찰관은 범인·술에 취한 사람·정신착란자의 자살·자해기도를 방지하기 위하여 필요한 때에는 수갑·포승·호송용포승을 사용할 수 있다. → 국가경찰관서의 장에게 보고 필요
경찰봉· 호신용 경봉	경찰관은 불법집회·시위로 인하여 발생할 수 있는 타인 또는 경찰관의 생명·신체의 위해와 재산·공공시설의 위험을 방지하기 위하여 필요한 때에는 최소한의 범위안에서 경찰봉·호신용경봉을 사용할 수 있다.

2) 무기
- 경찰관은 권총·소총을 사용하는 경우 범죄 무관 다중의 생명·신체에 위해를 가할 우려가 있는 때에는 이를 사용하여서는 아니된다. 다만, 권총·소총을 사용하지 아니하고는 타인 또는 경찰관의 생명·신체에 대한 중대한 위험을 방지할 수 없다고 인정되는 때에는 필요한 최소한의 범위 안에서 이를 사용할 수 있다.
- 경찰관은 총기 또는 폭발물을 가지고 대항하는 경우를 제외하고는 14세 미만의 자 또는 임산부에 대하여 권총·소총을 발사하여서는 아니된다. 기출OX 15

기출 OX

01 경찰장구에는 수갑·포승·호송용포승·경찰봉·호신용경봉·방패·전자방패·근접분사기 및 가스분사기가 있다. 25 채용, 18·17 승진 O X

02 권총·소총·기관총(기관단총을 포함)·산탄총·유탄발사기·박격포·3인치포·함포·크레모아·수류탄·폭약류 및 도검은 '무기'에 포함된다. 17 채용, 17 승진 O X

03 가스차·살수차·특수진압차·물포·석궁·전자방패는 '기타 장비'에 포함된다. 17 승진 O X

04 무기에는 산탄총·유탄발사기·3인치포·전자충격기·폭발류 및 도검을 포함한다. 18 승진 O X

05 기관총, 유탄발사기는 무기에 해당하고, 가스분사기는 분사기·최루탄 등에, 석궁, 다목적발사기는 기타장비에 해당한다. 14·13 채용 O X

06 권총·소총·기관총·함포·크레모아·수류탄·가스발사총은 무기에 해당한다. 22 채용 O X

07 기타장비에는 가스차·살수차·특수진압차·물포·석궁·다목적발사기·전자충격기 및 크레모아가 있다. 25·17 채용 O X

08 근접분사기·가스분사기·가스발사총(고무탄 발사겸용은 제외) 및 최루탄(그 발사장치를 포함)은 '분사기·최루탄 등'에 포함된다. 17 채용, 17 승진 O X

09 직무수행 중 위해성 경찰장비를 사용하는 경찰관은 위해성 경찰장비 사용을 위한 안전교육을 받아야 한다. 25·19 승진 O X

10 위해성 경찰장비를 사용하는 경찰관이 소속한 국가경찰관서의 장은 소속 경찰관이 사용할 위해성 경찰장비에 대한 안전검사를 실시하여야 한다. 19 승진 O X

11 경찰관은 14세 미만의 자 또는 65세 이상의 고령자에 대하여 전자충격기를 사용하여서는 아니 된다. 22 승진 O X

12 경찰관은 14세 이하의 자 또는 임산부에 대하여 전자충격기 또는 전자방패를 사용하여서는 아니된다. 22·16 채용, 승진 O X

13 경찰관은 전극침 발사장치가 있는 전자충격기를 사용하는 경우 상대방의 신체 및 얼굴을 향하여 전극침을 발사할 수 있다. 25·22·16 채용, 17 간부, 15 승진 O X

14 경찰관은 불법집회 시위로 인하여 발생할 수 있는 경찰관의 생명 신체의 위해와 재산 공공시설의 위험을 방지하기 위해서는 경찰봉 또는 호신용경봉을 사용할 수 없다. 21 승진, 22·20·18·16 채용 O X

15 경찰관은 총기 또는 폭발물을 가지고 대항하는 경우를 제외하고는 14세미만의 자 또는 임산부에 대하여 권총 또는 소총을 발사하여서는 아니된다. 21·18·17 채용, 17 간부 O X

정답 및 해설

01 O
02 O
03 X 전자방패는 경찰장구
04 X 전자충격기는 경찰장구
05 O
06 X 가스발사총은 분사기·최루탄
07 O
08 X 고무탄 발사겸용을 포함
09 O
10 O
11 X 65세 이상 고령자가 아니라 임산부이다.
12 X 14세 '미만'이다.
13 O
14 X 사용할 수 있다.
15 O

3) 가스발사총
- 경찰관은 ㉠ 범인의 체포 또는 도주방지 ㉡ 타인 또는 경찰관의 생명·신체에 대한 방호, ㉢ 공무집행에 대한 항거의 억제를 위하여 필요한 때에는 최소한의 범위안에서 가스발사총을 사용할 수 있다.
- 경찰관은 가스발사총을 1미터 이내의 거리에서 상대방의 얼굴을 향하여 이를 발사하여서는 아니된다. 기출OX 01
- 경찰관은 최루탄발사기로 최루탄을 발사하는 경우 30도 이상의 발사각을 유지하여야 하고, 가스차·살수차 또는 특수진압차의 최루탄발사대로 최루탄을 발사하는 경우에는 15도 이상의 발사각을 유지하여야 한다. 기출OX 02

4) 가스차·특수진압차의 사용
- 경찰관은 불법집회·시위·소요사태로 발생할 수 있는 ㉠ 타인·경찰관의 생명·신체의 위해, ㉡ 재산·공공시설의 위험 억제위해 부득이한 경우 현장책임자 판단에 의해 필요최소한의 범위에서 가스차를 사용할 수 있다. 기출OX 03
- 경찰관은 소요사태의 진압, 대간첩·대테러 작전수행 위해 부득이한 경우 필요최소한 범위에서 특수진압차를 사용할 수 있다.

5) 살수차 사용
- 경찰관은 다음 어느 하나에 해당하여 살수차 외의 경찰장비로는 그 위험을 제거·완화시키는 것이 현저히 곤란한 경우에는 시·도경찰청장의 명령에 따라 살수차를 배치·사용할 수 있다. 기출OX 04
  1. 소요사태로 타인 법익이나 공공의 안녕질서에 대한 직접적인 위험이 명백하게 초래되는 경우
  2. 국가중요시설에 대한 직접 공격행위로 해당 시설 파괴·기능정지 등 급박한 위험이 발생하는 경우
- 경찰관은 살수하는 것으로 위험을 제거·완화가 곤란하다 판단시 시·도경찰청장의 명령에 따라 필요한 최소한의 범위에서 최루액을 혼합하여 살수할 수 있다. → 최루액 혼합살수 절차·방법은 경찰청장이 정한다.
- 살수거리별 수압기준 기출OX 05

살수거리	수압기준
10미터 이하	3바(bar) 이하
10미터 초과 20미터 이하	5바(bar) 이하
20미터 초과 25미터 이하	7바(bar) 이하
25미터 초과	13바(bar) 이하

6) 석궁의 사용
경찰관은 총기·폭발물 기타 위험물로 무장한 범인 또는 인질범의 체포, 대간첩·대테러작전 등 국가안전에 관련되는 작전을 은밀히 수행하거나 총기를 사용할 경우에는 화재·폭발의 위험이 있는 등 부득이한 때에 한하여 현장책임자의 판단에 의하여 필요한 최소한의 범위안에서 석궁을 사용할 수 있다.

7) 다목적발사기의 사용
경찰관은 인질범의 체포 또는 대간첩·대테러작전등 국가안전에 관련되는 작전을 수행하거나 공공시설의 안전에 대한 현저한 위해의 발생을 방지하기 위하여 필요한 때에는 최소한의 범위안에서 다목적발사기를 사용할 수 있다.

8) 도주차량차단장비의 사용
경찰관은 무면허운전이나 음주운전 기타 범죄에 이용하였다고 의심할 만한 차량 또는 수배중인 차량이 정당한 검문에 불응하고 도주하거나 차량으로 직무집행중인 경찰관에게 위해를 가한 후 도주하려는 경우에는 도주차량차단장비를 사용할 수 있다.

[꿀팁정리]

전자충격기	• 14세 미만의 자 또는 임산부에게 사용 금지 • 상대방의 얼굴을 향하여 전극침을 발사하여서는 아니된다.	
무기	• 14세 미만의 자 또는 임산부(총기 또는 폭발물을 가지고 대항하는 경우를 제외)	
가스발사총	• 1미터 이내의 거리에서 상대방의 얼굴을 향하여 이를 발사금지	
	최루탄 발사기	30도 이상의 발사각
	가스차·살수차 또는 최루탄 발사대	15도 이상의 발사각

기출 OX

01 경찰관은 범인의 체포 또는 도주방지, 타인 또는 경찰관의 생명·신체에 대한 방호, 공무집행에 대한 항거의 억제를 위하여 필요한 때에는 최소한의 범위안에서 가스발사총을 사용할 수 있다. 이 경우 경찰관은 1미터이내의 거리에서 상대방의 얼굴을 향하여 이를 발사하여서는 아니된다. 25 채용, 25·18 승진, 17 간부 O X

02 경찰관은 최루탄발사기로 최루탄을 발사하는 경우 15도 이상의 발사각을 유지하여야 하고, 가스차·살수차 또는 특수진압차의 최루탄발사대로 최루탄을 발사하는 경우에는 30도 이상의 발사각을 유지하여야 한다. 25·21 승진, 18·16 채용, 17 간부 O X

03 경찰관은 불법집회·시위 또는 소요사태로 인하여 발생할 수 있는 타인 또는 경찰관의 생명·신체의 위해와 재산·공공시설의 위험을 억제하기 위하여 부득이한 경우에는 시도경찰청장의 명령에 따라 필요한 최소한의 범위에서 가스차를 사용할 수 있다. 20 채용 O X

04 경찰관은 소요사태로 인해 타인의 법익이나 공공의 안녕질서에 대한 직접적인 위험이 명백하게 초래되어 살수차 외의 경찰장비로는 그 위험을 제거·완화시키는 것이 현저히 곤란한 경우에는 시·도경찰청장의 명령에 따라 살수차를 배치·사용할 수 있다. 21 채용 O X

05 살수거리가 10미터 초과 20미터 이하인 경우 수압기준은 7바(bar) 이하라야 한다. 이 경우 사람의 생명 또는 신체에 치명적인 위해를 가하지 않도록 필요한 최소한의 범위에서 살수해야 한다. 24 간부 O X

정답 및 해설

01 O
02 X 최루탄발사기 30도, 차량에서 발사 15도이다.
03 X 현장책임자(시·도경찰청장 X)의 판단
04 O
05 X 살수거리가 10미터 초과 20미터 이하인 경우 수압기준은 5바(bar) 이하

5 신규 경찰장비 도입절차

- 경찰청장은 위해성 경찰장비를 새로 도입하려는 경우에는 법 제10조 제5항에 따라 안전성 검사를 실시하여 새로 도입하려는 장비가 사람의 생명이나 신체에 미치는 영향을 평가하여야 한다.

> **경찰관 직무집행법 제10조【경찰장비의 사용 등】** ⑤ 경찰청장은 위해성 경찰장비를 새로 도입하려는 경우에는 대통령령으로 정하는 바에 따라 안전성 검사를 실시하여 그 안전성 검사의 결과보고서를 국회 소관 상임위원회에 제출하여야 한다. 이 경우 안전성 검사에는 외부 전문가를 참여시켜야 한다. 기출OX 01, 02
> ⑥ 위해성 경찰장비의 종류 및 그 사용기준, 안전교육·안전검사의 기준 등은 대통령령으로 정한다. 기출OX 03, 04

- 안전성 검사에 참여한 외부 전문가는 안전성 검사가 끝난 후 30일 이내에 신규 도입 장비의 안전성 여부에 대한 의견을 경찰청장에게 제출하여야 한다. 기출OX 05
- 경찰청장은 신규 도입 장비에 대한 안전성 검사를 실시한 후 3개월 이내에 안전성 검사 결과보고서를 국회 소관 상임위원회에 제출하여야 한다. 기출OX 05, 06

6 경찰장비 개조

국가경찰관서의 장은 폐기대상인 위해성 경찰장비 또는 성능이 저하된 위해성 경찰장비를 개조할 수 있으며, 소속경찰관으로 하여금 이를 본래의 용법에 준하여 사용하게 할 수 있다.

7 사용기록보관 무·분·최·살

무기, 분사기·최루탄, 기타장비(살수차만 해당)를 사용하는 경우 그 현장책임자 또는 사용자는 사용보고서를 작성하여 직근상급 감독자에게 보고하고, 직근상급 감독자는 이를 3년간 보관하여야 한다. 기출OX 07

> **경찰관 직무집행법 제11조【사용기록의 보관】** 제10조 제2항에 따른 살수차, 제10조의3에 따른 분사기, 최루탄 또는 제10조의4에 따른 무기를 사용하는 경우 그 책임자는 사용 일시·장소·대상, 현장책임자, 종류, 수량 등을 기록하여 보관하여야 한다. 기출OX 08, 09

	위해성경찰장비규정	경직법
기록보관 장비	무기, 분사기·최루탄, 살수차	무기, 분사기, 최루탄, 살수차
작성자	현장책임자 또는 사용자	책임자

기출 OX

01 경찰청장은 위해성 경찰장비를 새로 도입하려는 경우에는 대통령령으로 정하는 바에 따라 안전성 검사를 실시하여 그 안전성 검사의 결과보고서를 국회 소관 상임위원회에 제출하여야 한다. 이 경우 안전성 검사에는 외부 전문가를 참여시킬 수 있다. 24·16 채용, 15 간부   O X

02 「경찰관 직무집행법」상 경찰청장은 위해성 경찰장비를 새로 도입하려는 경우에는 대통령령으로 정하는 바에 따라 안전성 검사를 실시하여 그 안전성 검사의 결과보고서를 행정안전부장관에게 제출하여야 한다. 22·21 승진, 20·15 간부, 18 채용   O X

03 「경찰관 직무집행법」에 따르면 위해성 경찰장비의 종류 및 그 사용기준, 안전교육·안전검사의 기준 등은 행정안전부령으로 정한다. 23 채용   O X

04 「경찰관 직무집행법」상 위해성 경찰장비는 필요한 최소한도 내에서 사용해야 하며, 그 종류·사용기준·안전교육·안전검사의 기준 등은 대통령령인 「경찰관 직무집행법 시행령」으로 정한다. 15 간부   O X

05 「경찰관 직무집행법」 제10조 제5항 후단에 따라 안전성 검사에 참여한 외부 전문가는 안전성 검사가 끝난 후 3개월 이내에 신규 도입 장비의 안전성 여부에 대한 의견을 경찰청장에게 제출하여야 한다. 21 채용   O X

06 위해성 경찰장비를 새로 도입하려는 경우에 안전성 검사에 참여한 외부 전문가는 안정성 검사를 실시한 후 3개월 이내에 안전성 검사 결과보고서를 국회 소관 상임위원회에 제출하여야 한다. 19 승진   O X

07 「위해성 경찰장비의 사용기준 등에 관한 규정」 제2조 제2호부터 제4호까지의 위해성 경찰장비(제4호의 경우에는 가스차만 해당한다)를 사용하는 경우 그 현장책임자 또는 사용자는 사용보고서를 작성하여 직근상급 감독자에게 보고하고, 직근상급 감독자는 이를 3년간 보관하여야 한다. 21 채용   O X

08 「경찰관 직무집행법」상 살수차, 분사기, 전자충격기 및 전자방패, 무기를 사용하는 경우 그 책임자는 사용일시·장소·대상, 현장책임자, 종류, 수량 등을 기록하여 보관하여야 한다. 20 채용, 17 간부   O X

09 「경찰관 직무집행법」상 경찰장구, 살수차, 분사기, 최루탄, 무기 등의 경찰장비를 사용하는 경우에 그 책임자는 사용일시, 사용장소, 현장책임자, 종류, 수량 등을 기록하여 보관하여야 한다. 24·15 간부   O X

정답 및 해설

01 X 참여시켜야 한다.
02 X 국회 소관 상임위원회에 제출
03 X 대통령령
04 X 위해성 경찰장비의 사용기준 등에 관한 규정
05 X 외부전문가는 30일 이내에 경찰청장에게 제출해야 하고, 경찰청장은 3개월 이내에 국회 소관상임위원회에 제출하여야 한다.
06 X 안전성 검사 결과보고서를 제출하는 주체는 외부 전문가가 아니라 경찰청장이다.
07 X 제4호 기타장비는 '살수차'만 해당
08 X 전자충격기 및 전자방패 ×
09 X 경찰장구 ×

POINT 06 경찰 물리력 행사의 기준과 방법에 관한 규칙

1 경찰 물리력 사용 시 유의사항

1.4. 경찰 물리력 사용시 유의사항
1.4.1. 경찰관은 경찰청이 공인한 물리력 수단을 사용하여야 한다.
1.4.2. 경찰관은 성별·장애·인종·종교·성정체성 등 선입견으로 차별적 물리력을 사용하여서는 아니 된다. 기출OX 01
1.4.3. 경찰관은 대상자의 신체 및 건강상태, 장애유형 등을 고려하여 물리력을 사용하여야 한다.
1.4.4. 경찰관은 이미 경찰목적을 달성하여 더 이상 물리력을 사용할 필요가 없는 경우에는 물리력 사용을 즉시 중단하여야 한다. 기출OX 02
1.4.5. 경찰관은 대상자를 징벌하거나 복수할 목적으로 물리력을 사용하여서는 아니 된다.
1.4.6. 경찰관은 오직 상황의 빠른 종결이나, 직무수행 편의목적으로 물리력을 사용하여서는 아니 된다.

2 대상자 행위정도 순소적폭치 기출OX 03, 04, 05, 06, 07

순응	대상자가 경찰관의 지시, 통제에 따르는 상태를 말한다. 다만, 대상자가 경찰관의 요구에 즉각 응하지 않고 약간의 시간만 지체하는 경우는 '순응'으로 본다.
소극적 저항	대상자가 경찰관의 지시, 통제를 따르지 않고 비협조적이지만 경찰관 또는 제3자에 대해 직접적인 위해를 가하지 않는 상태를 말한다. 예 가만히 서있거나 앉아있는 등 전혀 움직이지 않는 상태, 몸의 힘을 모두 빼거나 고정된 물체 잡고 버티는 상태
적극적 저항	대상자가 자신에 대한 경찰관의 체포·연행 등 정당한 공무집행을 방해하지만 경찰관 또는 제3자에 대해 위해 수준이 낮은 행위만을 하는 상태를 말한다. 예 연행 경찰관으로부터 물리적 이탈·도주, 경찰관 손 뿌리침·밀고 잡아끄는 행위, 경찰관에게 침을 뱉는 행위
폭력적 공격	대상자가 경찰관 또는 제3자에 대해 신체적 위해를 가하는 상태를 말한다. 예 주먹·발 등 사용하여 경찰관에 대해 신체적 위해 초래·임박, 완력을 사용해 체포에서 벗어남
치명적 공격	대상자가 경찰관·제3자에게 사망·심각한 부상을 초래할 수 있는 행위를 하는 상태를 말한다. 예 총기류(공기총·엽총·사제권총 등), 흉기(칼·도끼·낫 등), 둔기(망치·쇠파이프 등)를 이용

3 경찰관 대응수준 협순, 접소, 저적, 중폭, 고치 기출OX 08, 09, 10, 11, 12, 13

협조적 통제	'순응' 이상의 상태인 대상자에 대해 사용할 수 있는 물리력 수준. 대상자의 협조를 유도하거나 협조에 따른 물리력. 예 현장임장 언어통제, 체포위한 수갑사용 및 수반되는 신체적 물리력
접촉 통제	'소극적 저항' 이상의 상태인 대상자에 대해 사용할 수 있는 물리력 수준. 대상자 신체 접촉을 통해 경찰목적 달성을 강제하지만 신체부상 야기 가능성은 극히 낮은 물리력. 예 신체 일부 잡기·밀기·잡아끌기, 쥐기·누르기·비틀기
저위험 물리력	'적극적 저항' 이상의 상태인 대상자에 대해 사용할 수 있는 물리력 수준. 대상자가 통증을 느낄 수 있으나 신체 부상 당할 가능성은 낮은 물리력. 예 목을 압박하여 제압·관절꺾기, 팔·다리 이용 조르기, 다리를 걸거나 들쳐매는 등 균형 무너뜨려 넘어뜨리기, 대상자가 넘어진 상태에서 움직이지 못하게 위에서 눌러 제압하기, 분사기 사용(다른 저위험 물리력 이하의 수단으로 제압이 어렵고, 경찰관이나 대상자의 부상 등의 방지를 위해 필요한 경우)
중위험 물리력	'폭력적 공격' 이상의 상태의 대상자에 대해 사용할 수 있는 물리력 수준으로서, 대상자에게 신체적 부상을 입힐 수 있으나 생명·신체에 대한 중대한 위해 발생 가능성은 낮은 물리력. 예 손바닥·주먹·발 등 신체부위 이용 가격, 경찰봉으로 중요부위 아닌 신체 부위를 찌르거나 가격, 방패로 강하게 압박하거나 세게 미는 행위, 전자충격기 사용

| 고위험 물리력 | '치명적 공격' 상태의 대상자로 인해 경찰관 또는 제3자의 생명·신체에 급박하고 중대한 위해가 초래될 가능성이 있는 경우 최후의 수단으로 사용할 수 있는 물리력 수준으로서, 대상자의 사망·심각한 부상을 초래할 수 있는 물리력. 예 권총 등 **총기류 사용**, 경찰봉 등으로 **신체 중요 부위**·급소 부위 가격, 대상자의 목을 강하게 조르거나 신체를 강한 힘으로 압박하는 행위 |

기출 OX

01 경찰관은 성별, 장애, 인종, 종교 및 성정체성 등에 대한 선입견을 가지고 차별적으로 물리력을 사용하여서는 아니 된다. 20 채용 (O X)

02 경찰관은 이미 경찰목적을 달성하여 더 이상 물리력을 사용할 필요가 없는 경우에는 물리력 사용을 즉시 중단하여야 한다. 20 채용 (O X)

03 순응 – 대상자가 경찰관의 지시, 통제에 따르는 상태를 말한다. 다만, 대상자가 경찰관의 요구에 즉각 응하지 않고 약간의 시간만 지체하는 경우는 '순응'으로 본다. 24 승진 (O X)

04 소극적 저항 – 대상자가 경찰관의 지시, 통제를 따르지 않고 비협조적이지만 경찰관 또는 제3자에 대해 직접적인 위해를 가하지 않는 상태 24 승진, 22 채용 (O X)

05 적극적 저항 – 대상자가 자신에 대한 경찰관의 체포 연행 등 정당한 공무집행을 방해하지만 경찰관 또는 제3자에 대해 위해 수준이 낮은 행위만을 하는 상태 24 승진, 22 채용 (O X)

06 폭력적 공격 – 대상자가 경찰관 또는 제3자에 대해 신체적 위해를 가하는 상태 24 승진, 22 채용 (O X)

07 치명적 공격 – 대상자가 경찰관에게 폭력을 행사하려는 자세를 취하여 그 행사가 임박한 상태, 주먹·발 등을 사용해서 경찰관에 대해 신체적 위해를 초래하고 있는 상태 24 승진, 22 채용 (O X)

08 협조적 통제는 '순응' 이상의 상태인 대상자에 대해 사용할 수 있는 물리력 수준으로서, 대상자의 협조를 유도하거나 협조에 따른 물리력을 말한다. 23 채용 (O X)

09 접촉 통제는 '소극적 저항' 이상의 상태인 대상자에 대해 사용할 수 있는 물리력 수준으로서, 대상자 신체 접촉을 통해 경찰목적 달성을 강제하지만 신체적 부상을 야기할 가능성은 극히 낮은 물리력을 말한다. 25 승진, 23 채용 (O X)

10 대상자가 경찰관의 지시, 통제를 따르지 않고 비협조적이지만 경찰관 또는 제3자에 대해 직접적인 위해를 가하지 않는 경우에 경찰봉이나 방패 등으로 대상자의 신체 중요 부위 또는 급소 부위를 가격할 수 있다. 25 승진, 20 채용 (O X)

11 저위험 물리력은 '적극적 저항' 이상의 상태인 대상자에 대해 사용할 수 있는 물리력 수준으로서, 대상자가 통증을 느낄 수 있으나 신체적 부상을 당할 가능성은 낮은 물리력을 말한다. 23 채용 (O X)

12 중위험 물리력은 '치명적 공격' 상태의 대상자로 인해 경찰관 또는 제3자의 생명·신체에 급박하고 중대한 위해가 초래될 가능성이 있는 경우 최후의 수단으로 사용할 수 있는 물리력 수준으로서, 대상자의 사망 또는 심각한 부상을 초래할 수 있는 물리력을 말한다. 23 채용 (O X)

13 '적극적 저항'을 하는 대상자에 대하여 경찰관이 사용할 수 있는 물리력의 종류에는 언어적 통제, 체포 등을 위한 수갑사용, 손바닥, 주먹, 발 등 신체부위를 이용한 가격, 분사기 사용이 있다. 24 채용 (O X)

정답 및 해설

01 O
02 O
03 O
04 O
05 O
06 O
07 X 주먹·발 등으로 경찰관에게 신체적 위해를 초래하는 정도는 폭력적 공격이다.
08 O
09 O
10 X 지문의 급소부위 가격 등은 '고위험 물리력'에 해당한다.
11 O
12 X 고위험 물리력에 대한 설명이다
13 X 손바닥, 주먹, 발 등 신체부위를 이용한 가격은 폭력적 공격 이상의 상태의 대상자에게 사용

POINT 07 보상과 벌칙

1 손실보상

경찰관 직무집행법 제11조의2 【손실보상】 ① 국가는 경찰관의 <u>적법한</u> 직무집행으로 인하여 다음 각 호의 어느 하나에 해당하는 손실을 입은 자에 대하여 정당한 보상을 <u>하여야 한다.</u>
1. 손실발생의 원인에 대하여 <u>책임이 없는 자</u>가 생명·신체 또는 재산상의 손실을 입은 경우(손실발생의 원인에 대하여 책임이 없는 자가 경찰관의 직무집행에 자발적으로 협조하거나 물건을 제공하여 생명·신체 또는 재산상의 손실을 입은 경우를 포함한다) 기출OX 01, 02
2. 손실발생의 원인에 대하여 <u>책임이 있는 자</u>가 자신의 책임에 상응하는 정도를 초과하는 생명·신체 또는 재산상의 손실을 입은 경우 기출OX 03

(1) 손실보상의 기준과 보상금액
- 물건을 멸실·훼손한 경우

손실을 입은 물건을 수리할 수 있는 경우	수리비에 상당하는 금액 기출OX 04
손실을 입은 물건을 수리할 수 없는 경우	손실을 입은 당시의 해당 물건의 교환가액 기출OX 05
영업자가 손실을 입은 물건의 수리나 교환으로 인하여 영업을 계속할 수 없는 경우	영업을 계속할 수 없는 기간 중 영업상 이익에 상당하는 금액 기출OX 06

- 물건의 멸실·훼손으로 인한 손실 외의 재산상 손실: 직무집행과 <u>상당한 인과관계가 있는 범위에서 보상</u>한다. 기출OX 07 다른 법령에 따라 보상금 등을 지급받은 경우 보상금 등에 상당금액 제외하고 보상금을 지급한다.

(2) 손실보상의 행사방법 및 지급절차
1) 청구
- 보상을 청구할 수 있는 권리는 손실이 있음을 안 날부터 <u>3년</u>, 손실이 발생한 날부터 <u>5년</u>간 행사하지 아니하면 시효의 완성으로 소멸한다. 기출OX 08, 09
- 경찰관의 적법한 직무집행으로 인하여 발생한 손실을 보상받으려는 사람은 보상금 지급 청구서에 손실내용과 손실금액을 증명할 수 있는 서류를 첨부하여 경찰청장이나 손실보상청구 사건 발생지를 관할하는 시·도경찰청의 장 또는 경찰서의 장에게 제출해야 한다. 기출OX 10

2) 청구서 송부
- 보상금 지급 청구서를 받은 국가경찰관서의 장은 해당 청구서를 손실보상청구 사건을 심의할 손실보상심의위원회가 설치된 경찰청, 시·도경찰청의 장(이하 "경찰청장등"이라 한다)에게 보내야 한다.
- 보상금 지급 청구서를 받은 경찰청장등은 손실보상심의위원회의 심의·의결에 따라 보상 여부 및 보상금액을 결정하되, 다음 어느 하나에 해당하는 경우에는 그 청구를 <u>각하하는 결정</u>을 하여야 한다. 기출OX 11
  1. 청구인이 같은 청구 원인으로 보상신청을 하여 보상금 지급 여부에 대하여 결정을 받은 경우. 다만, 기각결정을 받은 청구인이 손실을 증명할 수 있는 새로운 증거가 발견되었음을 소명하는 경우는 제외한다.
  2. 손실보상 청구가 요건과 절차를 갖추지 못한 경우. 다만, 그 잘못된 부분을 시정할 수 있는 경우는 제외한다.

기출 OX

01 국가는 경찰관의 적법한 직무집행으로 인하여 손실발생의 원인에 대하여 책임이 없는 자가 생명·신체 또는 재산상의 손실을 입은 경우 또는 손실발생의 원인에 대하여 책임이 있는 자가 자신의 책임에 상응하는 정도를 초과하는 생명·신체 또는 재산상의 손실을 입은 경우에 정당한 보상을 하여야 한다. 25 채용, 20 승진, 20 간부 (O X)

02 손실발생의 원인에 대하여 책임이 없는 자가 경찰관의 적법한 직무집행으로 인하여 생명·신체 또는 재산상의 손실을 입은 경우(손실발생의 원인에 대하여 책임이 없는 자가 경찰관의 직무집행에 자발적으로 협조하거나 물건을 제공하여 생명·신체 또는 재산상의 손실을 입은 경우를 제외한다). 국가는 그 손실을 입은 자에 대하여 정당한 보상을 하여야 한다. 21 채용 (O X)

03 국가는 손실 발생의 원인에 대하여 책임이 있는 자가 자신의 책임에 상응하는 정도를 초과하는 생명·신체 또는 재산상의 손실을 입은 경우 보상을 하지 않을 수 있다. 24·17 채용, 23 간부, 20 승진 (O X)

04 손실을 입은 물건을 수리할 수 있는 경우에는 수리비에 상당하는 금액으로 보상한다. 20 간부 (O X)

05 손실을 입은 물건을 수리할 수 없는 경우에는 보상 당시의 해당물건의 교환 가액으로 보상한다. 20 간부 (O X)

06 영업자가 손실을 입은 물건의 수리나 교환으로 인하여 영업을 계속할 수 없는 경우에는 기간 중 영업상 이익에 상당하는 금액으로 보상한다. 20 간부 (O X)

07 물건의 멸실·훼손으로 인한 손실 외의 재산상 손실에 대해서는 직무집행과 상당한 인과관계가 있는 범위에서 보상한다. 20 승진, 20 간부 (O X)

08 손실보상을 청구할 수 있는 권리는 손실이 발생한 날부터 3년, 손실이 있음을 안 날부터 5년간 행사하지 아니하면 시효의 완성으로 소멸한다. 23 간부, 22·18·17 채용, 20 승진 (O X)

09 「경찰관 직무집행법」 제11조의2 제1항에 따른 손실보상을 청구할 수 있는 권리는 손실이 있음을 안 날부터 3년, 손실보상이 확정된 때부터 5년간 행사하지 아니하면 시효의 완성으로 소멸한다. 23 채용 (O X)

10 경찰관의 적법한 직무집행으로 인하여 발생한 손실을 보상받으려는 사람은 보상금 지급 청구서에 손실내용과 손실금액을 증명할 수 있는 서류를 첨부하여 경찰청장이나 손실보상청구 사건 발생지를 관할하는 시·도경찰청의 장 또는 경찰관서의 장에게 제출해야 한다. 24 채용 (O X)

11 손실보상금 지급 청구서를 받은 경찰청장등은 손실보상심의위원회의 심의 의결에 따라 손실보상 여부 및 손실보상금액을 결정하되 손실보상 청구가 요건과 절차를 갖추지 못한 경우(다만, 그 잘못된 부분을 시정할 수 있는 경우는 제외한다)그 청구를 기각하는 결정을 하여야 한다. 22 채용 (O X)

정답 및 해설

01 O
02 X 자발적으로 협조한 경우 등을 포함한다.
03 X 책임이 있는 자라 하더라도 책임에 상응하는 정도를 초과하는 손실을 입은 경우 정당한 보상을 하여야 한다.
04 O
05 X 보상당시가 아닌 손실을 입은 당시가 기준이 된다.
06 O
07 O
08 X 안 날부터 3년, 손실이 발생한 날부터 5년
09 X 보상이 확정된 때가 아닌, 손실이 발생한 날부터 5년이다.
10 O
11 X 기각이 아니라 각하하는 결정을 한다.

3) 결정·통지 및 지급
- 경찰청장, 시·도경찰청장은 손실보상심의위원회의 심의·의결에 따라 보상금을 지급하고, 거짓 또는 부정한 방법으로 보상금을 받은 사람에 대하여는 해당 보상금을 환수하여야 한다. 기출OX 01
- 경찰청장, 시·도경찰청장은 보상금을 반환하여야 할 사람이 대통령령으로 정한 기한까지 그 금액을 납부하지 아니한 때에는 국세강제징수의 예에 따라 징수할 수 있다. 기출OX 02
- 경찰청장등은 결정일부터 10일 이내에 다음 구분에 따른 통지서에 결정 내용을 적어서 청구인에게 통지하여야 한다. 기출OX 03

> 1. 보상금을 지급하기로 결정한 경우: 보상금 지급 청구 승인 통지서
> 2. 보상금 지급 청구를 각하하거나 보상금을 지급하지 아니하기로 결정한 경우: 보상금 지급 청구 기각·각하 통지서

- 보상금은 다른 법률에 특별한 규정이 있는 경우를 제외하고는 현금으로 지급하여야 한다. 기출OX 04
- 보상금은 일시불로 지급하되, 예산 부족 등의 사유로 일시금으로 지급할 수 없는 특별한 사정이 있는 경우에는 청구인의 동의를 받아 분할하여 지급할 수 있다. 기출OX 04, 05

(6) 국가경찰위원회 보고
- 보상금이 지급된 경우 손실보상심의위원회는 대통령령으로 정하는 바에 따라 국가경찰위원회에 심사자료와 결과를 보고하여야 한다. 기출OX 06 이 경우 국가경찰위원회는 손실보상의 적법성 및 적정성 확인을 위하여 필요한 자료의 제출을 요구할 수 있다.
- 위원회(경찰청 및 시·도경찰청에 설치된 위원회만 해당한다.)는 보상금 지급과 관련된 심사자료와 결과를 반기별로 국가경찰위원회에 보고해야 한다. 기출OX 07
- 손실보상의 기준, 보상금액, 지급절차 및 방법, 손실보상심의위원회의 구성 및 운영, 그 밖에 필요한 사항은 대통령령으로 정한다. 기출OX 08

(7) 손실보상심의회

설치	• 손실보상신청 사건을 심의하기 위하여 손실보상심의위원회를 둔다. • 소속 경찰공무원의 직무집행으로 인하여 발생한 손실보상청구 사건을 심의하기 위하여 경찰청, 시·도경찰청(경찰서X)에 손실보상심의위원회를 설치한다. 기출OX 09
구성	위원회는 위원장 1명을 포함한 5명 이상 7명 이하의 위원으로 구성한다. 기출OX 10, 11
위원자격	위원회의 위원은 소속 경찰관과 다음 어느 하나에 해당하는 사람 중에서 경찰청장, 시·도경찰청장이 위촉하거나 임명한다. 이 경우 위원의 과반수 이상은 경찰관이 아닌 사람으로 해야 한다. 1. 판사·검사 또는 변호사로 5년 이상 근무한 사람 2. 「고등교육법」 제2조에 따른 학교에서 법학 또는 행정학을 가르치는 부교수 이상으로 5년 이상 재직한 사람 기출OX 12 3. 경찰 업무와 손실보상에 관하여 학식과 경험이 풍부한 사람
임기	위촉위원의 임기는 2년으로 한다.
위원장	• 위원장은 위원 중에서 호선한다. 기출OX 10 • 위원장은 위원회를 대표하며, 위원회의 업무를 총괄한다. • 위원장이 부득이한 사유로 직무를 수행할 수 없을 때에는 위원장이 미리 지명한 위원이 그 직무를 대행한다. 기출OX 11
운영 및 의결	• 위원장은 위원회의 회의를 소집하고, 그 의장이 된다. • 위원회의 회의는 재적위원 과반수의 출석으로 개의하고, 출석위원 과반수의 찬성으로 의결한다. 기출OX 13

기출 OX

01 경찰청장, 시·도경찰청장은 손실보상심의위원회의 심의·의결에 따라 보상금을 지급하고, 거짓 또는 부정한 방법으로 보상금을 받은 사람에 대하여는 해당 보상금을 환수할 수 있다. 21·20 채용 O X

02 경찰청장, 시·도경찰청장은 보상금을 반환하여야 할 사람이 대통령령으로 정한 기한까지 그 금액을 납부하지 아니한 때에는 국세강제징수의 예에 따라 징수할 수 있다. 20 지능 O X

03 손실보상심의위원회가 설치된 경찰청, 해양경찰청, 시도경찰청 및 지방해양경찰청의 장은 손실보상심의위원회의 심의·의결에 따라 보상금을 지급하기로 결정한 경우, 해당 결정일로부터 7일 이내에 보상금 지급 청구 승인 통지서에 결정내용을 적어서 청구인에게 통지하여야 한다. 21 채용, 20 지능 O X

04 보상금은 다른 법률에 특별한 규정이 있는 경우를 제외하고는 현금으로 지급하여야 하며, 또한 보상금의 추가 지급을 원활히 하기 위해 분할하여 지급하는 것을 원칙으로 한다. 24 채용, 20 간부, 20 지능 O X

05 손실보상금은 일시불로 지급하되, 예산 부족 등의 사유로 일시금으로 지급할 수 없는 특별한 사정이 있는 경우에는 청구인의 동의를 받아 분할하여 지급할 수 있다. 22·18 채용, 20 승진 O X

06 보상금이 지급된 경우 손실보상심의위원회는 대통령령으로 정하는 바에 따라 국가경찰위원회에 심사자료와 결과를 보고하여야 한다. 23 간부 O X

07 손실보상금이 지급된 경우 손실보상심의위원회는 국가경찰위원회 또는 해양경찰위원회에 심사자료와 결과를 반기별로 보고하여야 한다. 이 경우 국가경찰위원회 또는 해양경찰위원회는 손실보상의 적법성 및 적정성 확인을 위하여 필요한 자료의 제출을 요구할 수 있다. 25 채용 O X

08 손실보상의 기준, 보상금액, 지급절차 및 방법, 손실보상심의위원회의 구성 및 운영, 그 밖에 필요한 사항은 대통령령으로 정한다. 18 채용 O X

09 경찰공무원의 직무집행으로 인하여 발생한 손실보상청구 사건을 심의하기 위하여 경찰청, 해양경찰청, 시·도경찰청 및 지방해양경찰청, 경찰서 및 해양경찰서에 손실보상심의위원회를 설치한다. 24·22·18·17 채용 O X

10 위원회는 위원장 1명을 포함한 5명 이상 7명 이하의 위원으로 구성하며, 위원장은 경찰청장 등이 지명한다. 20 승진 O X

11 손실보상심의위원회는 위원장 1명을 포함한 5명 이상 7명 이하의 위원으로 구성하며, 위원장이 부득이한 사유로 직무를 수행할 수 없는 때에는 상임위원, 위원 중 연장자순으로 위원장의 직무를 대행한다. 21 채용

12 손실보상심의위원회의 위원은 소속 경찰관과 판사검사 또는 변호사로 5년 이상 근무한 사람, 「고등교육법」 제2조에 따른 학교에서 법학, 행정학 및 경찰학을 가르치는 조교수 이상으로 5년 이상 재직한 사람, 경찰 업무와 손실보상에 관하여 학식과 경험이 풍부한 사람 중에서 위촉하거나 임명한다. 25 채용 O X

13 손실보상심의위원회의 회의는 재적위원 과반수의 출석으로 개의하고, 출석위원 과반수의 찬성으로 의결한다. 17 채용 O X

정답 및 해설

01 X 환수하여야 한다.
02 O
03 X 10일 이내에 통지하여야 한다.
04 X 일시불 지급이 원칙이다.
05 O
06 O
07 O
08 O
09 X 경찰서와 해양경찰서는 설치대상이 아니다.
10 X 위원장은 호선한다.
11 X 위원장이 미리 지명한 위원이 그 직무를 대행한다.
12 X 부교수 이상
13 O

2 공로자 보상

(1) 대상: 경찰청장, 시·도경찰청장 또는 경찰서장(이하 "경찰청장등")은 다음 어느 하나에 해당하는 사람에게 보상금을 지급할 수 있다. 기출OX 01
  1. 범인 또는 범인의 소재를 신고하여 검거하게 한 사람
  2. 범인을 검거하여 경찰공무원에게 인도한 사람
  3. 테러범죄의 예방활동에 현저한 공로가 있는 사람
  4. 그 밖에 법령의 규정에 준하는 사람으로서 범인의 신원을 특정할 수 있는 정보를 제공한 사람, 범죄사실을 입증하는 증거물을 제출한 사람, 범인 검거와 관련하여 경찰 수사 활동에 협조한 사람 중 보상금 지급 대상자에 해당한다고 보상금심사위원회가 인정하는 사람

(2) 공로자 보상의 기준과 보상금액
- 보상금의 최고액: 5억원(구체적인 보상금 지급 기준은 경찰청장이 정하여 고시한다.) 기출OX 02
- 지급기준 기출OX 03, 04, 05, 06

사형, 무기징역 또는 무기금고, 장기 10년 이상의 징역 또는 금고에 해당하는 범죄	100만원
장기 10년 미만의 징역 또는 금고에 해당하는 범죄	50만원
장기 5년 미만의 징역 또는 금고, 장기 10년 이상의 자격정지 또는 벌금형	30만원

- 경찰청장 또는 경찰청장의 승인을 받은 시·도경찰청장이 미리 보상금액을 정하여 수배할 경우에는 보상금 지급기준에도 불구하고 예산의 범위에서 금액을 따로 결정할 수 있다.
- 범인검거 등 공로자가 2명 이상인 경우에는 각자의 공로, 당사자 간의 분배 합의 등을 감안해서 배분하여 지급할 수 있다. 기출OX 07

(3) 지급제한
- 다음 어느 하나에 해당하는 경우에는 보상금을 지급하지 않거나 감액하여 지급할 수 있다.
  1. 신고내용이 사실이 아닌 것으로 판명되거나 이미 신고된 사항인 경우
  2. 신고내용이 언론매체 등을 통해 이미 공개된 사항인 경우
  3. 범인검거 등 공로자 본인이 보상금을 거절하는 경우
  4. 익명 또는 가명으로 신고하여 신고자가 누구인지 알 수 없는 경우
  5. 법령에 신고 의무가 규정되어 있거나, 범죄의 수사·범인의 검거가 직무로 규정되어 있는 경우
  6. 공직자가 자기의 직무 또는 직무였던 사항과 관련하여 신고한 경우
  7. 범인검거 등 공로자가 보상대상 행위와 관련된 불법 행위를 하여 보상금 지급이 부적절하다고 인정되는 경우
- 보상금 지급 심사·의결을 거쳐 지급이 이루어진 이후에는 동일한 사건에 대하여 보상금을 지급할 수 없다. 기출OX 08
- 동일한 사람에게 지급결정일을 기준으로 연간(1월 1일부터 12월 31일까지를 말한다) 5회를 초과하여 보상금을 지급할 수 없다. 기출OX 09

(4) 공로자보상급 지급절차
- 경찰청장 등(경찰청장, 시·도경찰청장 또는 경찰서장)은 보상금심사위원회의 심사·의결에 따라 보상금을 지급하고, 거짓 또는 부정한 방법으로 보상금을 받은 사람에 대하여는 해당 보상금을 환수한다. 기출OX 10
- 경찰청장등(경찰청장, 시·도경찰청장 또는 경찰서장)은 보상금을 반환하여야 할 사람이 대통령령으로 정한 기한(40일 이내)까지 그 금액을 납부하지 아니한 때에는 국세강제징수의 예에 따라 징수할 수 있다. 기출OX 11
- 경찰청장등(경찰청장, 시·도경찰청장 또는 경찰서장)은 보상금 지급사유가 발생한 경우에는 직권으로 또는 보상금을 지급 받으려는 사람의 신청에 따라 소속 보상금심사위원회의 심사·의결을 거쳐 보상금을 지급한다.

(5) 보상금심사위원회

설치	경찰청장, 시·도경찰청장 및 경찰서장은 보상금 지급의 심사를 위하여 대통령령으로 정하는 바에 따라 각각 보상금심사위원회를 설치·운영하여야 한다. 기출OX 12
구성	보상금심사위원회는 위원장 1명을 포함한 5명 이내의 위원으로 구성한다. 기출OX 13
위원임명	보상금심사위원회의 위원은 소속 경찰공무원 중에서 경찰청장, 시·도경찰청장 또는 경찰서장이 임명한다. 기출OX 14 → 민간위원 없음!

위원장	위원장은 경찰청 소속 **과장급 이상의 경찰공무원 중에서 경찰청장이 임명**하는 사람으로 한다.
의결정족수	보상금심사위원회의 회의는 **재적위원 과반수의 찬성**으로 의결한다. 기출 OX 15

기출 OX

01 경찰청장, 시·도경찰청장, 경찰서장은 테러범죄의 예방활동에 현저한 공로가 있는 사람에게 보상금을 지급할 수 있다. 16 지능 O X

02 보상금의 최고액은 3억원으로 하며, 구체적인 보상금 지급기준은 경찰청장이 정하여 고시한다. 24 간부 O X

03 사형, 무기징역 또는 무기금고, 장기 10년 이상의 징역 또는 금고에 해당하는 범죄에 대한 보상금 지급기준 금액은 100만원이다. 18 채용 O X

04 장기 10년 미만의 징역 또는 금고에 해당하는 범죄에 대한 보상금 지급기준 금액과 벌금형 범죄에 대한 보상금 지급기준 금액의 합은 70만원이다. 18 채용 O X

05 장기 5년 미만의 징역 또는 금고, 장기 10년 이상의 자격정지 또는 벌금형에 해당하는 범죄에 대한 보상금 지급기준 금액은 15만원이다. 18 승진 O X

06 장기 10년 미만의 징역 또는 금고에 해당하는 범죄에 대한 보상금지급기준 금액과 벌금 형에 해당하는 범죄에 대한 보상금 지급기준 금액의 합은 80만원이다. 18 승진 O X

07 범인검거 등 공로자가 2명 이상인 경우에는 각자의 공로, 당사자간의 분배 합의 등을 감안해서 보상금을 배분하여 지급할 수 있다. 18 승진 O X

08 보상금 지급 심사·의결을 거쳐 지급이 이루어진 이후에는 동일한 사건에 대하여 보상금을 지급할 수 없다. 18 채용, 18 승진 O X

09 동일한 사람에게 지급결정일을 기준으로 연간(1월 1일부터 12월 31일까지를 말한다) 5회를 초과하여 보상금을 지급할 수 없다. 18 채용 O X

10 경찰청장, 시·도경찰청장 또는 경찰서장은 경찰관 직무집행법 제11조의3 제2항에 따른 보상금심사위원회의 심사 의결에 따라 보상금을 지급하고, 거짓 또는 부정한 방법으로 보상금을 받은 사람에 대하여는 해당 보상금을 환수한다. 22 채용 O X

11 부정한 방법으로 보상금을 지급받은 사람이 보상금 환수 통지를 받은 경우, 보상금 환수통지일부터 40일 이내의 범위에서 경찰청장등이 정하는 기한까지 환수금액을 납부하지 아니한 때에는 국세강제징수의 예에 따라 징수할 수 있다 24 간부 O X

12 경찰청장, 시·도경찰청장, 경찰서장은 보상금 지급의 심사를 위하여 대통령령으로 정하는 바에 따라 각각 보상금심사위원회를 설치·운영하여야 한다. 16 지능 O X

13 보상금심사위원회는 위원장 1명을 포함한 5명 이내의 위원으로 구성한다. 24 간부, 22 채용 O X

14 보상금심사위원회의 위원은 소속 경찰공무원 중에서 경찰청장, 시도경찰청장 또는 경찰서장이 임명한다. 16 지능 O X

15 보상금심사위원회의 회의는 재적위원 3분의 2 이상 출석과 출석위원 과반수의 찬성으로 의결한다. 16 지능 O X

정답 및 해설

01 O
02 X 5억원
03 O
04 X 제2호 50만원 + 제3호 30만원 합계 80만원.
05 X 30만원.
06 O
07 O
08 O
09 O
10 O
11 O
12 O
13 O
14 O
15 X 재적위원 과반수의 찬성으로 의결한다.

3 직무수행에 따른 지원

(1) 소송지원

> **경찰관 직무집행법 제11조의4 【소송 지원】** 경찰청장과 해양경찰청장은 경찰관이 제2조 각 호에 따른 직무의 수행으로 인하여 민·형사상 책임과 관련된 소송을 수행할 경우 변호인 선임 등 소송 수행에 필요한 지원을 할 수 있다. 기출OX 01, 02

(2) 직무수행으로 인한 형의 감면

> **경찰관 직무집행법 제11조의5 【직무 수행으로 인한 형의 감면】** 다음 각 호의 범죄가 행하여지려고 하거나 행하여지고 있어 타인의 생명·신체에 대한 위해 발생의 우려가 명백하고 긴급한 상황에서, 경찰관이 그 위해를 예방하거나 진압하기 위한 행위 또는 범인의 검거 과정에서 경찰관을 향한 직접적인 유형력 행사에 대응하는 행위를 하여 그로 인하여 타인에게 피해가 발생한 경우, 그 경찰관의 직무수행이 불가피한 것이고 필요한 최소한의 범위에서 이루어졌으며 해당 경찰관에게 고의 또는 중대한 과실이 없는 때에는 그 정상을 참작하여 형을 감경하거나 면제할 수 있다. 기출OX 03
> 1. 「형법」 제2편 제24장 살인의 죄, 제25장 상해와 폭행의 죄, 제32장 강간과 추행의 죄 중 강간에 관한 범죄, 제38장 절도와 강도의 죄 중 강도에 관한 범죄 및 이에 대하여 다른 법률에 따라 가중처벌하는 범죄
> 2. 「가정폭력범죄의 처벌 등에 관한 특례법」에 따른 가정폭력범죄, 「아동학대범죄의 처벌 등에 관한 특례법」에 따른 아동학대범죄

1) 전제상황
- 형의 감면 대상범죄가 행하여지려고 하거나 행하여지고 있어 타인의 생명·신체에 대한 위해 발생의 우려가 명백하고 긴급한 상황일 것
- 경찰관이 그 위해를 예방·진압하는 등의 과정에서 발생한 일일 것
- 경찰관에 대한 직접적 유형력 행사에 대응하는 행위로 타인에게 피해가 발생하였을 것

2) 요건
- 그 직무수행이 불가피하고 필요 최소한 범위에서 이루어졌을 것
- 경찰관에게 고의·중대한 과실이 없을 것

3) 대상범죄: 살인·상해·폭행·강간·강도(절도X)·가정폭력·아동학대범죄일 것

4) 감면의무: 임의적 감면(의무규정이 아닌 재량규정)

4 벌칙

이 법에 규정된 경찰관의 의무를 위반하거나 직권을 남용하여 다른 사람에게 해를 끼친 사람은 1년 이하의 징역이나 금고 또는 300만원 이하의 벌금에 처한다. 기출OX 04 → 벌금형 신설

[꿀팁정리] **위원회 의결정족수**

위원회	의결정족수
국가경찰위원회	재적위원 과반수 출석과 출석위원 과반수 찬성
시 · 도자치경찰위원회	
징계위원회(경찰 중앙 · 보통)	
경찰청 및 시 · 도경찰청인권위원회	
손실보상심의위원회	
보안관찰처분심의위원회	
언론중재위원회	
중앙행정심판위원회	
경찰공무원인사위원회	재적위원 과반수 찬성
보상금심사위원회	
중앙 · 보통 승진심사위원회	
정규임용심사위원회	재적위원 3분의 2 이상의 출석과 출석위원 과반수 찬성
소청심사위원회	
고충심사위원회	위원 5명 이상의 출석과 출석위원 과반수의 합의
시 · 도자치경찰위원회의 재의결	재적위원 과반수 출석, 출석위원 3분의 2 이상 찬성
소청심사위원회의 파면 · 해임 · 강등 또는 정직에 해당하는 징계 처분을 취소 또는 변경하려는 경우	재적위원 3분의 2 이상 출석과 출석위원 3분의 2이상 합의

기출 OX

01 국가경찰위원회 위원장은 경찰관이 경찰관 직무집행법 제2조(직무의 범위) 각 호에 따른 직무의 수행으로 인하여 민 · 형사상 책임과 관련된 소송을 수행할 경우 변호인 선임 등 소송 수행에 필요한 지원을 할 수 있다. 22 채용   (O X)

02 경찰청장과 해양경찰청장은 경찰관이 「경찰관 직무집행법」 제2조 각 호에 따른 직무의 수행으로 인하여 민 · 형사상 책임과 관련된 소송을 수행할 경우 변호인 선임 등 소송 수행에 필요한 지원을 하여야 한다. 23 채용   (O X)

03 「아동학대범죄의 처벌 등에 관한 특례법」에 따른 아동학대범죄가 행하여지려고 하거나 행하여지고 있어 타인의 생명 · 신체에 대한 위해발생의 우려가 명백하고 긴급한 상황에서, 경찰관이 그 위해를 예방하거나 진압하기 위한 행위 또는 범인의 검거 과정에서 경찰관을 향한 직접적인 유형력 행사에 대응하는 행위를 하여 그로 인하여 타인에게 피해가 발생한 경우, 그 경찰관의 직무 수행이 불가피한 것이고 필요한 최소한의 범위에서 이루어졌으며 해당 경찰관에게 고의 또는 중대한 과실이 없는 때에는 형을 감경하거나 면제한다. 23 채용   (O X)

04 「경찰관 직무집행법」에 규정된 경찰관의 의무에 위반하거나 직권을 남용하여 다른 사람에게 해를 끼친 사람은 1년 이하의 징역이나 금고 또는 300만원 이하의 벌금에 처한다. 12 채용   (O X)

정답 및 해설

01 X 경찰청장과 해양경찰청장은 ~
02 X 할 수 있다.
03 X 형을 감경하거나 면제할 수 있다.
04 O

해커스경찰
police.Hackers.com

Part 3
경찰학의 기초이론

2025 해커스경찰
서정표 경찰학 요기오
(요약 + 기출OX)

Chapter 01 | 경찰과 경찰이념
Chapter 02 | 경찰윤리
Chapter 03 | 범죄이론

해커스경찰
police.Hackers.com

2025 해커스경찰
서정표 경찰학 요기오
(요약 + 기출OX)

Chapter 01

경찰과 경찰이념

POINT 01 | 경찰개념
POINT 02 | 경찰의 분류
POINT 03 | 경찰관할
POINT 04 | 경찰의 임무
POINT 05 | 경찰의 기본이념

POINT 01 경찰개념

- 경찰의 개념에 대한 정의는 시대 및 역사 그리고 각국의 전통과 사상을 배경으로 발달하기 때문에 일률적으로 정의를 내리기 어렵다 기출OX 01
- 경찰개념은 역사적으로 발전되고 형성된 개념이므로, 근대국가에서의 일반적인 경찰개념을 '공공의 안녕과 질서유지를 위한 권력작용'이라고 할 경우, 이는 각국의 실정법상 경찰개념과 반드시 일치한다고는 할 수 없다. 기출OX 02

I 대륙법계 경찰개념

1 의의: 대륙법계의 경찰개념은, '사회공공의 안녕과 질서를 유지하기 위하여 일반통치권에 근거하여 일반국민에게 명령·강제함으로써 그 자연적 자유를 제한하는 작용'이라고 설명된다.

2 발전과정: 경찰개념 축소의 과정 기출OX 03

고대	경찰은 정치 포함 모든 국가작용을 담당	
중세	경찰은 교회행정을 제외한 모든 국가작용을 담당	교회행정 제외
경찰국가	경찰은 내무행정(소극적 질서유지 + 적극적 복지)전반 담당	국가목적 특별작용 (외교·군사·재정·사법) 제외
법치국가	경찰은 소극적 질서유지만 담당	적극적 복지행정 제외
현대국가	경찰은 보안경찰 사무만 담당	협의의 행정경찰사무 제외

(1) 고대시대
- 고대시대의 경찰은 '도시국가(Polis)와 관련된 일체의 정치, 특히 가장 이상적인 질서형성 상태인 헌법과 관련된 작용'을 의미하였다. 기출OX 04
- Police라는 용어 자체가 Polis 내지 라틴어의 Politia에서 유래하였다.

(2) 중세시대 (14C ~ 16C)
- 14세기 말: 프랑스에서 경찰개념은 '국가목적, 국가작용, 국가의 평온한 질서 있는 상태, 즉 모든 국가작용'을 의미하였다.
- 15세기 말: 14세기 말의 프랑스의 경찰개념이 15세기 말에 독일에 계수되어, 종래 봉건제후의 통치권으로서 전통적으로 인정되던 재판권·입법권·과세권 등 봉건영주의 통치권에 경찰권이 결부되어 그 결과 경찰개념은 '국가행정 전반'을 뜻하게 되었다. 기출OX 05, 06
- 16세기: 독일의 제국경찰법(1530년)에 의해, 경찰개념은 '교회행정의 권한을 제외한 나머지 일체의 국가행정', 다시 말해 '세속적인 사회생활 질서유지를 위한 공권력 작용'으로 축소되었다. 기출OX 07, 08

(3) 경찰국가시대 (17C ~ 18C)
- 경찰국가 시대부터 경찰과 행정의 분화: 국가활동이 전문화·분업화 되면서 외교·군사·재정·사법행정은 국가의 특별한 작용으로 인식되어 경찰개념에서 제외되고, 경찰은 '사회공공의 안녕(소극목적)과 복지(적극목적)를 직접 다루는 내무행정 작용'만을 의미하게 되었다. → 1648년 체결된 베스트팔렌 조약이 그 효시 기출OX 09, 10
- 복지경찰의 등장: 내무행정에 관한 국가임무 수행을 위해 소극적인 질서유지뿐만 아니라 적극적인 복지증진을 위한 작용에도 강제력을 발동하게 되었다.
- 절대주의적 국가권력의 기초: 국왕의 절대적인 통치권이 내무행정 전반에 미쳤으며, 관료는 일방적으로 국민의 권리관계에 간섭하고 지배하는 체제가 갖추어졌다. → 국민과 대립하는 관계

기출 OX

01 경찰의 개념에 대한 정의는 시대 및 역사 그리고 각국의 전통과 사상을 배경으로 발달하기 때문에 일률적으로 정의를 내리기 어렵다. 22 채용 　　O X

02 경찰개념은 역사적으로 발전되고 형성된 개념이므로, 근대국가에서의 일반적인 경찰개념을 '공공의 안녕과 질서유지를 위한 권력작용'이라고 할 경우, 이는 각국의 실정법상 경찰개념과 반드시 일치한다고는 할 수 없다. 23 채용 　　O X

03 대륙법계 경찰의 업무범위는 국정전반 → 내무행정 → 위험방지 → 보안경찰 순으로 변화하였다. 19 승진 　　O X

04 경찰이란 용어는 라틴어의 Politia에서 유래한 것으로 도시국가에 관한 일체의 정치, 특히 헌법을 지칭하였다. 23 채용, 14 승진 　　O X

05 14세기 말 독일의 경찰개념이 프랑스에 계수되어 양호한 질서를 포함한 국가행정 전반을 포괄하는 의미로 사용되었다. 12 채용, 20지능 　　O X

06 14세기 말 프랑스의 경찰개념이 15세기 말 독일에 계수되었고, 16세기 독일 제국경찰법에서 경찰은 외교·군사·재정·사법을 제외한 내무행정 전반을 의미하였다. 17 간부 　　O X

07 16세기 독일의 제국경찰법(1530년)에서 교회행정을 포함한 모든 국가활동을 경찰이라 했다. 23 간부, 19 승진 　　O X

08 16세기 독일 제국경찰법에서 경찰은 외교·군사·재정·사법을 제외한 내무행정 전반을 의미하였다. 20 지능, 12 채용 　　O X

09 17세기 경찰국가시대는 국가작용의 분화현상이 나타나 경찰개념이 외교·군사·재정·사법을 제외한 내무행정 전반에 국한되었다. 23 채용, 23 간부, 19 승진 　　O X

10 1648년 독일은 베스트팔렌 조약을 계기로 사법이 국가의 특별작용으로 인정되면서 경찰과 사법이 분리되었다. 22 채용 　　O X

정답 및 해설

01 O
02 O
03 O
04 O
05 X 14세기 말의 프랑스의 경찰개념이 15세기 말에 독일에 계수
06 X 경찰개념은 '국가행정 전반'을 뜻하게 되었다.
07 X 교회행정의 권한을 제외
08 X 독일의 제국경찰법(1530년)에 의해, 경찰개념은 '교회행정의 권한을 제외
09 O
10 O

(4) 법치국가시대 (18C 말 ~ 19C 초)
- **법치국가시대로의 전환**: 독일에서 경찰국가의 개념은 칸트 등의 계몽철학(18C)이 등장하면서 극복되어 군주의 권력도 법에 구속을 받게 되는 법치국가시대로 전환되었다. 이에 따라 경찰권의 객체에 지나지 않았던 시민 이 그 주체성을 회복하였다.
- **소극적 질서유지 분야로 한정**: 18세기 후반에는 자유주의적 자연법사상과 권력분립원리를 이념으로 한 법치국가의 발전으로 경찰개념에서 적극적 복지경찰이 제외되고 소극적인 질서유지를 위한 위험방지에 국한되어, 내무행정 가운데서도 치안행정만을 의미하게 되었다. 기출OX 01, 02
- **요한 쉬테판 퓌터(Johann Stephan Putter)**: "경찰의 직무는 임박한 위험을 방지하는 것이다. 복리증진은 경찰의 본래 직무가 아니다."(독일공법제도, 1770년) 기출OX 03

(5) 제2차 세계대전 이후
제2차 세계대전 이후(1945), 범죄의 예방과 검거와 같은 보안경찰사무를 제외한, 협의의 행정경찰 사무가 다른 행정관청의 사무로 이관되었다. 이를 통해 보통경찰기관은 보안경찰 기능만을 담당하게 되었다(비경찰화). 기출OX 04, 05

3 법치국가시대의 주요 법률과 판결

(1) 독일
- **프로이센 일반란트법(1794)**: "공공의 평온과 안녕 및 질서를 유지하고 공중이나 그 개별 구성원에게 절박한 위험을 방지하기 위해 필요한 조치를 취하는 것은 경찰의 직무이다." 일절 기출OX 06
- **크로이츠베르크 판결(1882)**: 경찰 권한은 위험방지에 국한되며, 복지증진과 같은 적극적 요소는 경찰임무에서 제외되어야 한다 → 경찰의 직무범위가 소극목적에 한정됨을 법 해석상 인정 기출OX 07, 08
- **프로이센 경찰행정법(1931)**: 경찰관청은 일반 또는 개인에 대한 공공의 안녕과 질서를 위협하는 위험을 방지하기 위하여 현행법의 범위 내에서 의무에 합당한 재량에 따라 필요한 조치를 취하지 않으면 안 된다.

(2) 프랑스
- **죄와 형벌법전 제16조 (경죄처벌법전, 1795)**: "경찰은 공공의 질서를 유지하고 개인의 자유와 재산 및 안전을 유지하는 것을 임무로 하는 국방부 직할부대 및 기관이다." 기출OX 09
  ※ 죄와 형벌법전 제18조에서는 행정경찰과 사법경찰의 구별
- **지방자치법전(1884)**: "자치단체 경찰은 공공의 질서·안전 및 위생을 확보함을 목적으로 한다." 기출OX 10

> *시간순 나열 **시작과 끝은 프로이센 / 일 · 죄 · 크 · 지 · 경** 기출OX 11, 12, 13, 14
> 프로이센 일반란트법(1794) → 죄와 형벌법전(1795) → 크로이츠베르크 판결(1882) → 지방자치법전(1884) → 프로이센 경찰행정법(1931)

[참고] **기타판결**

미란다 판결	진술거부권 고지 등 적법절차의 중요성 강조
Blanco 판결	공무원에 의한 손해는 국가에 배상책임이 있고 그 관할은 행정재판소라는 원칙이 확립되는 계기가 된 판결 기출OX 15
Escobedo 판결	변호인과의 접견교통권을 침해하여 획득한 자백의 증거능력을 부정 기출OX 16
Kreuzberg 판결	경찰의 임무는 위험방지에 한정된다고 하는 사상이 법해석상 확정되는 계기를 만든 판결 → 경찰작용의 목적 축소
별장점탈사건 지뢰사건판결	경찰권의 불행사를 이유로 한 손해배상책임을 인정한 판결
맵(mapp)판결	위법수집증거 배제법칙이 확립된 판결 기출OX 17

기출 OX

01 18세기 독일은 계몽철학의 등장으로 법치주의시대가 도래하면서 경찰개념에서 적극적인 복지경찰 분야가 제외되고, 소극적인 위험방지 분야에 한정되었다. 23 간부, 20지능, 14 승진 O X

02 17세기 대륙법계 국가에서는 국가작용의 분화현상이 나타나 경찰개념이 소극적인 위험방지 분야에 한정되었다. 19 승진 O X

03 요한 쉬테판 퓌터가 자신의 저서인 『독일공법제도』에서 주장한 "경찰의 직무는 임박한 위험을 방지하는 것이다. 복리증진은 경찰의 본래 직무가 아니다."라는 내용은 경찰국가 시대를 거치면서 확장된 경찰의 개념을 제한하기 위한 노력의 일환으로 볼 수 있다. 22 채용 O X

04 범죄의 예방과 검거 등 보안경찰 이외의 산업, 건축, 영업, 풍속경찰 등의 경찰사무를 다른 행정관청의 분장사무로 이관하는 현상을 '비경찰화'라고 한다. 22·18 채용, 19 승진, 17 간부 O X

05 2차 세계대전 이후 독일에서는 보안경찰사무를 다른 일반행정 기관으로 이관하는 비경찰화 과정이 일어나게 되었다. 24 간부 O X

06 1794년 프로이센 일반란트법 제10조에서 경찰관청은 공공의 평온, 안녕 및 질서를 유지하고, 또한 공중 및 그의 개개 구성원들에 대한 절박한 위험을 방지하기 위하여 필요한 기관이라고 규정하였다. 19 승진, 20 간부 O X

07 크로이츠베르크 판결(1882)은 승전기념비의 전망을 확보할 목적으로 주변 건축물의 고도를 제한하기 위해 베를린 경찰청장이 제정한 법규명령은 독일의 제국경찰법상 개별적 수권조항에 위반되어 무효라고 하였다. 22 채용 O X

08 크로이쯔베르크 판결에 의하면 경찰관청이 일반수권규정에 근거하여 법규명령을 발할 수 있는 분야는 소극적 위험방지 분야에 한정된다. 25·23·19 채용, 20·17 간부 O X

09 1795년 프랑스 죄와형벌법전 제16조는 '경찰은 공공질서를 유지하고 개인의 자유와 재산 및 안전을 유지하기 위한 국방부 직할부대 및 기관'이라고 규정하였다. 19 승진, 20 간부 O X

10 1884년 프랑스의 「지방자치법전」은 자치경찰의 직무범위에서 위생사무 등 협의의 행정경찰 사무를 제외시켰다. 19 채용, 24·20·17 간부 O X

11 법치국가적 경찰개념이 처음으로 법제화된 경우로는 1794년의 '프로이센 일반란트법'을 들 수 있다. 23 채용 O X

12 1931년 제정된 프로이센 경찰행정법 제14조 제1항은 "경찰행정청은 현행법의 범위 내에서 공공의 안녕 또는 공공의 질서를 위협하는 위험으로부터 공중이나 개인을 보호하기 위하여 필요한 조치를 의무에 적합한 재량에 따라 취하여야 한다."라고 규정하여 크로이츠베르크판결(1882)에 의해 발전된 실질적 의미의 경찰개념을 성문화시켰다. 22 채용 O X

13 경찰 개념을 소극적 질서유지로 제한하는 주요 법률과 판결을 시간적 순서대로 나열하면 프로이센일반란트법 – 프랑스 죄와 형벌법전 – 크로이츠베르크 판결 – 프랑스 지방자치법전 – 프로이센 경찰행정법의 순이다. 19 채용, 14간부 O X

14 독일 프로이센 고등행정법원의 크로이쯔베르크 판결을 계기로 경찰의 권한은 소극적 위험방지 분야로 한정하게 되었으며, 비로소 이 취지의 규정을 둔 「경죄처벌전」(죄와형벌법전)이 제정되었다. 22 채용 O X

15 블랑코 판결은 공무원에 의해 발생한 손해는 국가에 배상책임이 있다고 인정하며 행정개입청구권을 최초로 인정하였다. 25 채용 O X

16 에스코베도 판결은 피고인 에스코베도와 변호인과의 접견교통권을 침해하여 획득한 자백의 증거능력을 부정하였다. 25 채용, 22 간부 O X

17 위법수집증거 배체법칙이 확립된 판결은 맵(mapp)판결이다. 22 간부 O X

정답 및 해설

01 O
02 X 법치국가시대 경찰에 대한 설명
03 O
04 X 풍속경찰은 비경찰화 대상 아님
05 X 보안경찰은 비경찰화 대상 아님
06 O
07 X 제국경찰법이 아니라 프로이센 일반란트법
08 O
09 O
10 X 위생사무 등 협의의 행정경찰 사무가 경찰사무에 포함
11 O
12 O
13 O
14 X 크로이츠베르크판결의 취지에 따라 이후 제정된 법률은 프로이센 경찰행정법
15 X 블랑코판결은 국가배상이 최초로 인정된 판결
16 O
17 O

Ⅱ 영미법계 경찰개념

1 **의의**: 영미법계 경찰개념은 '시민으로부터 부여받은 자치권에 근거하여 국민의 생명·신체·재산을 보호하고 범죄를 수사하며, 다양한 공공서비스를 제공하는 작용'이라고 설명된다. 기출OX 01 → 경찰은 무엇을 하는가?

2 **대륙법계 경찰개념과 영미법계 경찰개념 비교** 기출OX 02, 03, 04, 05, 06, 07, 08

구분	대륙법계(독일·프랑스)	영미법계(영국·미국)
전제	경찰권 발동범위 축소의 역사	경찰 활동범위 확대의 역사
주장 학자	행정법학자	행정학자
경찰권의 기초	• 일반통치권 전제 → 경찰권의 발동범위와 성질 • 중앙집권적 국가경찰(능률성 유리)	• 자치권 전제 → 경찰의 기능(역할) • 지방분권적 자치제 경찰(민주성 유리)
경찰의 개념	• '경찰이란 무엇인가' • 경찰권의 발동범위와 성질을 기준으로 형성	• '경찰은 무엇을 하는가'(경찰활동이란 무엇인가?) • 경찰이 시민을 위해 수행하는 기능과 역할을 기준으로 형성
경찰의 사명	• 국가안전: 공공의 안녕과 질서유지에 중점 • 권력적 수단(명령·강제) 중점	• 개인안전: 국민의 생명·신체·재산의 보호에 중점 • 비권력적 수단(계몽·지도·봉사) 중점
국가(경찰)와 시민사회	• 시민은 경찰권의 객체 • 수직관계	• 시민과 경찰은 상호협력관계 • 수평·친화관계
행정경찰과 사법경찰	구분(이원주의)	구분 없음(일원주의)
수사	수사를 경찰의 고유관할로 인정하지 않음	수사를 경찰의 고유관할로 인정

기출 OX

01 영미법계 경찰개념은 '시민으로부터 부여받은 자치권에 근거하여 국민의 생명·신체·재산을 보호하고 범죄를 수사하며, 다양한 공공서비스를 제공하는 작용'이라고 설명된다. 24 채용 O X

02 영·미법계 경찰개념은 경찰권 발동의 성질과 범위를 중심으로 형성되었다는 특징이 있다. 24 간부 O X

03 대륙법계 경찰개념은 경찰은 시민으로부터 자치권한을 위임받은 조직체로서 시민을 위한 기능과 역할에 초점을 맞추어 형성되었다. 23 채용 O X

04 대륙법계 국가의 경찰개념 형성과정은 경찰의 임무범위를 축소하는 과정이었으며 경찰과 시민을 대립하는 구도로 파악하였다. 18 채용 O X

05 대륙법계 국가에서는 '경찰은 무엇인가'라는 문제보다 '경찰은 무엇을 하는가' 또는 '경찰활동이란 무엇인가'라는 문제를 중심으로 경찰개념이 논의되었다. 19 승진 O X

06 영미법계 경찰개념은 국왕의 절대적 권력으로부터 유래된 경찰권을 전제로 한다. 24 채용 O X

07 영미법계 경찰개념은 경찰과 국민을 수평적·상호협력 동반자 관계로 본다. 24 채용 O X

08 영미법계 경찰은 비권력적 수단을 중시한다. 24 채용 O X

정답 및 해설

01 O
02 X 대륙법계에 대한 설명
03 X 자치권에 근거한 경찰개념 형성은 영미법계 경찰개념에 대한 설명이다. 대륙법계의 경찰개념은, '사회공공의 안녕과 질서를 유지하기 위하여 일반통치권에 근거하여 일반국민에게 명령·강제함으로써 그 자연적 자유를 제한하는 작용'이라고 설명된다.
04 O
05 X 영미법계 국가에서는 '경찰활동이란 무엇인가'라는 문제를 중심으로 경찰개념이 논의되었고, 대륙법계국가에서는 '경찰은 무엇인가'라는 문제를 중심으로 경찰개념이 논의되었다.
06 X 영미법계 경찰개념은 주권자인 시민으로부터 자치권을 위임
07 O
08 O

III 형식적 의미의 경찰과 실질적 의미의 경찰

1 형식적 의미의 경찰

(1) **의의**: 형식적 의미의 경찰이란 실정법상의 보통경찰기관이 자신에게 분배된 임무를 달성하기 위해 행하는 모든 경찰활동을 의미한다. 기출OX 01, 02 → 경찰기관에서 행해지는 모든(권력 + 비권력) 경찰활동이다.

(2) **특징**
- 형식적 의미의 경찰은 조직, 제도를 기준으로 결정된다. 기출OX 03
- 형식적 의미의 경찰은 실무상 확립된 개념이자 역사적·제도적으로 발전해 온 개념이다.
- 형식적 의미의 경찰은 국가별 전통이나 현실적 환경에 따라 차이가 있다. 기출OX 04
- 비권력적 경찰서비스활동도 형식적 의미의 경찰에 해당한다.
- 사법경찰과 정보경찰은 형식적 의미의 경찰개념이다 → 경찰법 제3조 제2호에서 경찰기관의 임무로 규정 기출OX 05
- 다른행정기관은 형식적 의미의 경찰활동을 할 수 없다

2 실질적 의미의 경찰

(1) **의의**: 실질적 의미의 경찰이란 사회공공의 안녕과 질서유지라는 소극적 목적달성을 위하여 일반통치권에 근거하여 국민에게 명령·강제하는 권력적 작용을 의미한다. 기출OX 06

(2) **특징**
- 실질적 의미의 경찰은 조직이 아닌 성질, 작용을 중심으로 파악한 것이다.
- 학문적 의미: 독일 행정법학에서 정립된 이론적·학문적으로 발전한 개념이다. 기출OX 07, 08
- 작용중심: 실질적 의미의 경찰은 국민에게 명령·강제하는 권력적 작용이다 → 비권력작용인 경찰서비스 활동은 실질적 의미의 경찰에 해당하지 않는다. 기출OX 09
- 사회목적적 작용(소극목적에 한정): 공공의 안녕·질서유지를 목적으로 하는 활동이므로, 국가안전보장을 직접 목적으로 하는 정보·보안·외사경찰활동은 실질적 의미의 경찰이 아니다. 기출OX 10
- 일반통치권에 기초: 실질적 의미의 경찰은 국가의 일반통치권에 기초하여 일반사회의 질서유지를 위한 작용이다. 따라서 특별권력관계에 기초하는 법정경찰과 의회경찰은 실질적 의미의 경찰이 아니다.
- 위생경찰·건축경찰 등 협의의 행정경찰활동은 비록 경찰조직이 아닌 다른 국가기관이 수행하는 것이더라도 공공의 안녕과 질서를 유지하기 위한 활동이라면 실질적 의미의 경찰개념에 포함될 수 있다. 기출OX 11
- 현재·장래를 향한 공공의 안녕·질서유지를 목적으로 하는 활동이므로, 과거의 범죄에 대한 증거확보·공소제기 및 유죄판결을 목적으로 하는 사법경찰활동은 실질적 의미의 경찰이 아니다.
- 실질적 의미의 경찰은 비경찰화를 거치면서 "협의의 행정경찰"과 "보안경찰"로 구분되었다.

3 실질적 의미의 경찰과 형식적 의미의 경찰의 관계

- 형식적 의미의 경찰과 실질적 의미의 경찰은 반드시 일치하는 것은 아니다. 기출OX 12
- 형식적 의미의 경찰이 언제나 실질적 의미의 경찰이 되는 것은 아니고, 또한 실질적 의미의 경찰이 모두 형식적 의미의 경찰이 되는 것도 아니다.
- 사무를 기준으로 하였을 때 우리나라 자치경찰은 형식적 의미의 경찰과 실질적 의미의 경찰 모두에 해당한다. 기출OX 13
- 일반행정기관은 실질적 의미의 경찰개념 중 '협의의 행정경찰 작용'을 하는 경우가 있으나, 형식적 의미의 경찰은 실정법상 보통경찰기관에 분배된 사무를 의미하므로 일반행정기관은 형식적 의미의 경찰작용을 하지 않는다. 기출OX 14

[압축정리] 형식적 의미의 경찰과 실질적 의미의 경찰

형식적 의미의 경찰	실질적 의미의 경찰
• 실정법(경찰법, 경직법)상 보통경찰기관에 분배되어 있는 임무를 달성하기 위하여 행하여지는 경찰활동 • 제도적·조직법상 중심 • 시대별·국가별로 차이가 나는 상대적 개념 • 권력적 + 비권력적 작용 모두 경찰업무 • 사법경찰, 정보경찰, 경찰의 서비스	• 공공의 안녕과 질서유지를 위해 일반통치권에 의거하여 국민에게 명령·강제하는 권력적 작용 • 독일 전통적 행정법학에서 정립된 학문상개념 • **권력의 기초**: 일반 통치권에 기초 • 사회 공공의 안녕과 질서유지(소극목적에 한정) • 작용·성질 중심 • 장래를 향한 질서유지만 작용 • 사회목적적 작용

기출 OX

01 형식적 의미의 경찰은 실정법상 개념으로 보통경찰기관에 분배되어 있는 임무를 달성하기 위하여 행하여지는 일체의 경찰작용이다. 23·17 채용, 24·20 승진 O X

02 「경찰관 직무집행법」제2조에 규정된 경찰의 직무범위가 우리나라에서의 형식적 의미의 경찰개념에 해당한다. 20 채용 O X

03 형식적 의미의 경찰은 사회목적적 작용을 의미하며 작용을 중심으로 파악된 개념이고, 실질적 의미의 경찰은 조직을 기준으로 파악된 개념이다. 20 채용, 24 승진 O X

04 형식적 의미의 경찰개념에 따른 경찰활동의 범위는 국가마다 상이하고, 한 국가 내에서도 시간 변화에 따라 달라질 수 있다. 24 채용, 23·21·19 승진 O X

05 보통경찰기관의 범죄 예방, 정보 수집·작성·배포 활동은 실질적 의미의 경찰뿐만 아니라 형식적 의미의 경찰에도 해당하지 않는다. 24 채용, 24·23 승진, 20 간부 O X

06 실질적 의미의 경찰은 특별통치권에 근거하여 국민에게 명령강제하는 권력적 작용으로 독일의 행정법학에서 정립된 학문상 개념이다. 23·20 승진, 20·17 채용 O X

07 실질적 의미의 경찰은 조직보다는 작용중심으로 경찰개념을 파악하는 것으로, 일반행정기관이 공공의 안녕과 질서 유지를 위해 일반통치권에 근거하여 국민에게 명령·강제하는 권력적 작용이다. 24 채용 O X

08 실질적 의미의 경찰은 프랑스의 행정법학에서 정립된 학문상 개념이다. 23 채용, 23 간부, 20 승진 O X

09 실질적 의미의 경찰개념은 사회 질서유지와 봉사활동과 같은 현대 경찰의 핵심적인 기능을 수행하는 경찰을 의미한다. 24 승진, 20 지능 O X

10 실질적 의미의 경찰은 사회공공의 안녕, 질서유지와 같은 적극적 목적을 위한 작용이다. 23·20 채용, 20·19 승진, 20 간부 O X

11 공물경찰은 실질적 의미의 경찰에 해당한다. 23 간부 O X

12 실질적 의미의 경찰은 형식적 의미의 경찰을 모두 포괄한다. 23·20·17 채용, 23 간부, 23·21·20 승진 O X

13 사무를 기준으로 하였을 때 우리나라 자치경찰은 형식적 의미의 경찰과 실질적 의미의 경찰 모두에 해당한다. 23 간부 O X

14 경찰이 아닌 다른 일반 행정기관 또한 경찰과 마찬가지로 형식적 의미의 경찰에 해당하는 활동을 할 수 있다. 17 채용, 20 간부, 19 승진 O X

정답 및 해설

01 O
02 X 형식적 의미의 경찰은 조직, 제도를 기준. 실질적 의미의 경찰은 성질, 작용을 중심
03 X 형식적 의미의 경찰은 조직, 제도를 기준. 실질적 의미의 경찰은 성질, 작용을 중심
04 O
05 X 형식적 의미의 경찰에는 해당하지만, 실질적 의미의 경찰로 보기는 어렵다.
06 X 일반통치권에 근거
07 X 실질적 의미의 경찰은 이론적·학문적개념
08 X 독일 행정 법학
09 X 비권력적작용은 실질적 의미의 경찰개념 ×
10 X 소극적 목적
11 O
12 X 형식적 의미의 경찰이 언제나 실질적 의미의 경찰이 되는 것은 아니고, 또한 실질적 의미의 경찰이 모두 형식적 의미의 경찰이 되는 것도 아니다.
13 O
14 X 일반행정기관이 형식적 의미의 경찰활동을 할 수는 없다.

POINT 02 경찰의 분류

1 행정경찰과 사법경찰: 경찰의 목적과 임무 또는 3권분립 사상에 따른 구분

- 행정경찰은 행정작용의 일부로서의 경찰, 즉 공공의 안녕 또는 질서에 대한 위험방지작용을 하는 경찰을 말하고, 사법경찰은 범죄수사·피의자 체포 등을 목적으로 하는, 즉 형사사법 작용을 하는 경찰을 말한다.
- 행정경찰과 사법경찰의 구별은 3권분립 사상에 투철했던 프랑스의 '죄와 형벌법전(1795)'에서 확립 기출OX 01
- 우리나라는 조직법상 행정경찰과 사법경찰을 구분하고 있지 않으며, 보통경찰기관이 행정경찰 및 사법경찰 사무를 모두 담당한다. 기출OX 02

구분	행정경찰	사법경찰
목적	공공의 안녕과 질서유지, 범죄예방	형사사법작용(범죄수사)
성질	현재 및 장래의 위험사태 방지	과거 범죄에 대한 수사 기출OX 03
발동근거	경찰관 직무집행법 등 각종 경찰행정법규	형사소송법
범위	실질적 의미의 경찰과 거의 동일	형식적 의미의 경찰 중 일부 기출OX 04 (경찰조직의 여러 임무 중 하나)
법계와 관계	• 대륙법계: 행정경찰과 사법경찰을 구분하며, 사법경찰을 경찰의 고유임무로 보지 않는다. • 영미법계: 행정경찰과 사법경찰을 구분하지 않고, 양자 모두 경찰의 고유임무로 본다.	

2 보안경찰과 협의의 행정경찰: 업무의 독자성에 따른 구분 기출OX 05, 06, 07

> (광의의) 행정경찰 = (강학상) 보안경찰 + 협의의 행정경찰

- **보안경찰**은 다른 행정작용을 동반하지 않고 오로지 경찰작용만으로 사회공공의 안녕과 질서를 유지하기 위한 경찰작용을 말한다. 예 생활안전경찰, 경비경찰, 교통경찰, 풍속경찰 → 업무의 독자성 O
- **협의의 행정경찰**은 다른 행정작용과 결합하여 특별한 사회적 이익의 보호를 목적으로 하면서, 그 부수작용으로서 사회공공의 안녕과 질서를 유지하기 위한 경찰작용을 말한다. 예 위생경찰, 건축경찰, 경제경찰, 산림경찰, 관세경찰, 철도경찰 → 업무의 독자성 X 기출OX 08
- 학문상 보안경찰은 형식적 의미의 경찰에도 해당되고, 실질적 의미의 경찰에도 해당하지만, 협의의 행정경찰은 형식적 의미의 경찰에는 해당하지 않고, 실질적 의미의 경찰에는 해당한다.
- **비경찰화의 대상**: '비경찰화'는 협의의 행정경찰사무에 대하여 이루어진 것이다.

보안경찰	협의의 행정경찰
• 사회공공의 안녕과 질서를 유지하기 위하여 타 행정작용에 부수되지 않고 그 자체로서 독립하여 행해지는 경찰작용 • 교통경찰, 경비경찰, 해양경찰, 풍속경찰, 생활안전경찰 등 • 형식적 의미 경찰 O / 실질적 의미 경찰 O	• 타 행정작용에 부수하여 그 행정작용과 관련해서 발생하는 위험을 방지하기 위해 행해지는 경찰작용 • 산업경찰, 위생경찰, 건축경찰, 철도경찰, 산림경찰 등 • 형식적 의미 경찰 X / 실질적 의미 경찰 O

3 고등경찰과 보통경찰: 보호대상 가치나 이익에 따른 구분(프랑스에서 유래) 기출OX 09, 10

	고등경찰	보통경찰
개념	국가조직의 근본에 대한 위해 예방·제거 경찰작용	일반사회공공 안녕·질서 유지 위한 경찰작용

[압축정리] 경찰의 분류기준 정리

구분	기준
행정경찰과 사법경찰	경찰의 목적과 임무에 따른 구분
보안경찰과 협의의 행정경찰	업무의 독자성(타 행정작용 부수 여부)에 따른 구분
예방경찰과 진압경찰	경찰권 발동시점에 따른 구분
국가경찰과 자치경찰	권한과 책임소재에 따른 구분
평시경찰과 비상경찰	위해의 정도 및 적용법규에 따른 구분
질서경찰과 봉사경찰	경찰활동의 질과 내용에 따른 구분
고등경찰과 보통경찰	보호대상 가치나 이익에 따른 구분

기출 OX

01 행정경찰과 사법경찰은 경찰의 목적에 따라 구분하며, 프랑스 지방자치법전(1884년)에서 처음으로 행정경찰과 사법경찰을 구분했다. 24·23 간부, 21·19·18 채용   O X

02 우리나라는 조직법상 행정경찰과 사법경찰의 구분이 없으며, 보통경찰기관이 양 사무를 모두 담당한다. 22 간부   O X

03 행정경찰은 주로 과거의 상황에 대하여 작용하며, 사법경찰은 주로 현재 또는 장래의 상황에 대하여 작용한다. 22 간부   O X

04 삼권분립 사상에 따라 행정경찰과 사법경찰로 구분할 수 있으며, 행정경찰은 형식적 의미의 경찰에, 사법경찰은 실질적 의미의 경찰에 해당한다. 24·18 채용, 19·17 승진   O X

05 업무의 독자성에 따라 보안경찰과 협의의 행정경찰로 구분할 수 있으며, 교통경찰은 보안경찰에, 건축경찰은 협의의 행정경찰에 해당한다. 18 채용   O X

06 협의의 행정경찰과 보안경찰은 다른 행정작용에 부수하느냐의 여부에 따라 구분하며, 협의의 행정경찰은 경찰활동의 능률성과 기동성을 확보할 수 있고 보안경찰은 지역 실정을 반영한 경찰조직의 운영과 관리가 가능하다. 21 채용   O X

07 보안경찰과 협의의 행정경찰은 권한의 책임과 소재에 따라 구분한 것으로 풍속경찰은 보안경찰에 해당하고 산림경찰은 협의의 행정경찰에 해당한다. 21 간부   O X

08 실질적 의미의 경찰을 보안경찰과 협의의 행정경찰로 구분하는 것이 일반적 견해라고 할 때, 보안경찰은 독립적인 경찰기관이 관할하지만, 협의의 행정경찰은 각종의 일반행정기관이 함께 그것을 관장하는 경우가 많다. 23 채용   O X

09 고등경찰과 보통경찰의 구별은 독일에서 유래한 것으로 경찰에 의하여 보호되는 법익을 기준으로 한 구별이다. 21 간부   O X

10 고등경찰과 보통경찰의 구별은 프랑스에서 유래한 것으로, 경찰에 의하여 보호되는 법익을 기준으로 한다. 24 채용   O X

정답 및 해설

01 X 프랑스 죄와 형벌법전(경죄처벌법전, 1795)에서 구분
02 O
03 X 사법경찰은 주로 과거의 상황, 행정경찰은 주로 현재 또는 장래
04 X 행정경찰은 실질적 의미의 경찰, 사법경찰은 형식적 의미의 경찰
05 O
06 X 경찰활동의 능률성과 기동성을 확보할 수 있는 것은 국가경찰, 지역 실정을 반영한 경찰조직의 운영과 관리가 가능하다는 것은 자치경찰에 대한 설명이다.
07 X 보안경찰과 협의의 행정경찰은 타행정작용에 부수하느냐의 여부에 따른 구분
08 O
09 X 프랑스에서 유래
10 O

4 **예방경찰과 진압경찰**: 경찰권 발동시점에 따른 구분 기출OX 01, 02

	예방경찰	진압경찰
개념	경찰상 위해 발생을 사전에 방지하기 위한 비권력적 또는 권력적 작용 → 주로 비권력적 수단이 사용	이미 위험이 실현되어 진행 중인 장해를 제거하거나 이미 발생한 범죄의 수사를 위한 권력적 작용
예	위해를 미칠 우려가 있는 정신착란자 보호, 광견 등의 사살, 순찰활동 등	사람을 공격중인 멧돼지 사살, 사법경찰 작용으로서 범죄의 수사, 피의자(범인)의 체포

5 **국가경찰과 자치경찰**: 권한과 책임소재에 따른 구분 기출OX 03, 04, 05, 06, 07, 08, 09, 10, 11, 12, 13

구분	국가경찰제도	자치제경찰제도
주체	권한과 책임이 국가	권한과 책임이 지방자치단체
조직	중앙집권적·관료적인 제도	지방분권적인 조직체계
장점	• 조직의 통일적 운영, 경찰활동 능률성·기동성 발휘 • 전국적으로 균등한 경찰서비스 제공 • 전국적인 통계자료의 정확성을 기할 수 있음 • 강력한 법집행이 가능하고 비상시 대응이 용이 • 타 행정기관·경찰기관간 긴밀한 협조·조정 원활	• 각 지방의 특성에 적합한 경찰행정 가능 • 인권보장과 민주성이 보장되어 주민들의 지지를 받기 쉬움 • 지방별로 독립된 조직이므로 조직·운영의 개혁 용이
단점	• 정부의 특정정책의 수행에 이용되어 경찰 본연의 임무를 벗어날 우려 있음 • 조직이 비대화되고 관료화되어 주민과 멀어지고 국민을 위한 봉사가 저해될 수 있음 • 각 지방의 특수성·창의성이 저해되기 쉬움	• 전국적·광역적 경찰활동 부적합 • 타 경찰기관과의 협조·지원체제 곤란 • 지방세력이 간섭 및 유착 우려 • 통계자료에 정확을 기하기 곤란 • 전국적인 기동성이 약하고, 조직체계가 무질서해지기 쉬움

6 **평시경찰과 비상경찰**: 위해의 정도 및 적용법규에 따른 구분 기출OX 14

	평시경찰	비상경찰
개념	평온한 상태에 경찰법과 같은 일반경찰법규에 의하여 보통경찰기관이 행하는 경찰작용	국가비상사태 발생, 계엄선포된 경우 군대가 공공의 안녕·질서를 유지하기 위하여 계엄법에 근거하여 경찰사무를 수행하는 경우

7 **질서경찰과 봉사경찰**: 경찰활동의 질과 내용에 따른 구분 기출OX 15, 16, 17

	질서경찰	봉사경찰
개념	보통경찰기관의 직무범위 중에서 강제력을 수단으로 사회공공의 안녕과 질서유지를 위한 법집행을 하는 경찰활동	보통경찰기관의 직무범위 중에서 강제력이 아닌 서비스·계몽·지도 등을 통하여 경찰직무를 수행하는 비권력적 경찰활동
예	범죄수사·진압, 즉시강제, 경찰강제	생활안전(방범)지도, 청소년선도, 교통정보의 제공, 생활안전순찰, 수난구호

기출 OX

01 경찰활동의 질과 내용을 기준으로 분류할 때 예방경찰은 경찰상의 위해 발생을 방지하기 위한 작용으로 '위해를 미칠 우려가 있는 정신착란자의 보호'가 이에 해당한다. 23·18 채용, 22 간부, 19·17 승진 O X

02 위해를 미칠 우려가 있는 정신착란자의 보호는 예방경찰에, 사람을 공격하는 멧돼지를 사살하는 것은 진압경찰에 해당한다. 18 채용 O X

03 국가경찰과 자치제경찰은 경찰활동의 질과 내용을 기준으로 구분한 것이다. 23 채용, 21 간부, 17 승진 O X

04 자치경찰제도는 타 행정부문과의 긴밀한 협조·조정이 원활하다. 25·20 채용, 22·18 간부 O X

05 자치경찰제도는 전국적으로 균등한 경찰서비스를 제공할 수 있다. 24·18 간부 O X

06 국가경찰은 강력하고 광범위한 집행력을 행사할 수 있다. 23 채용 O X

07 자치경찰은 지방세력의 간섭으로 인하여 정실주의에 대한 우려가 있다. 25·23 채용 O X

08 국가경찰은 전국단위의 통계자료 수집 및 정확성 측면에서 불리하다. 23 채용, 18 간부 O X

09 국가경찰은 자치경찰과 비교하여 인권과 민주성이 보장되어 주민들의 지지를 받기 쉽다. 25·23·20 채용 O X

10 국가경찰제도는 경찰업무집행의 통일을 기할 수 있으나, 정부의 특정정책 수행에 이용되어 본연의 임무를 벗어날 우려가 있다. 19 승진 O X

11 자치경찰은 국가경찰과 비교하여 비권력적 수단보다는 권력적 수단을 통해 국민의 생명과 신체·재산을 보호하고자 한다. 22 간부, 20 채용 O X

12 국가경찰은 자치경찰과 비교하여 지역실정을 반영한 경찰조직의 운영·관리가 용이하다. 25·20 채용, 22 간부, 18 간부 O X

13 국가경찰은 자치경찰과 비교하여 지역주민에 대한 경찰의 책임의식이 높다. 22 간부, 20 채용 O X

14 평시경찰과 비상경찰은 위해의 정도와 담당기관에 따라 구분하며, 평시경찰은 평온한 상태 하에서 일반경찰법규에 의하여 보통경찰기관이 행하는 경찰작용이고 비상경찰은 비상사태 발생이나 계엄 선포 시 군대가 일반치안을 담당하는 경우이다. 23·21 채용, 21 간부 O X

15 질서경찰과 봉사경찰은 경찰의 목적에 따른 분류이다. 23 채용, 22 간부 O X

16 봉사경찰은 서비스·계몽·지도 등 비권력적인 수단을 통하여 경찰의 직무를 수행하는 경찰활동으로 방범 지도, 청소년 선도, 교통정보제공 등이 이에 해당한다. 24 간부 O X

17 「경범죄 처벌법」위반자에 대한 통고처분은 질서경찰의 영역에, 교통정보의 제공은 봉사경찰의 영역에 해당한다. 24·21·18 채용 O X

정답 및 해설

01 X 경찰활동의 질과 내용에 따른 구분은 질서경찰과 봉사경찰로의 구분이다.
02 O
03 X 국가경찰과 자치제경찰은 경찰활동의 권한과 책임의 소재를 기준으로 구분
04 X 국가경찰의 장점에 관한 내용이다.
05 X 국가경찰의 장점
06 O
07 O
08 X 전국단위의 통계자료 수집 및 정확성 측면에서 불리한 것은 자치경찰이다.
09 X 자치경찰의 장점
10 O
11 X 국가경찰은 자치경찰과 비교하여 비권력적 수단보다는 권력적 수단을 통해 국민의 생명과 신체·재산을 보호
12 X 자치경찰은 국가경찰과 비교하여 지역실정을 반영한 경찰조직의 운영·관리가 용이하다
13 X 자치경찰은 국가경찰과 비교하여 지역주민에 대한 경찰의 책임의식이 높다
14 O
15 X 질서경찰과 봉사경찰은 경찰활동의 질·내용에 따른 분류이다.
16 O
17 O

POINT 03 경찰관할

1 사물관할
- 의의: 경찰의 사물관할이란 경찰이 처리할 수 있고 또 처리해야 하는 사무내용의 범위를 말한다. 기출OX 01
- 경찰법 제3조 및 경찰관 직무집행법 제2조에 규정된 임무 내지 직무가 경찰의 사물관할이다.
- 우리나라는 영미법계의 영향으로 범죄수사를 경찰의 사물관할로 인정하고 있다. 기출OX 02

2 인적관할
- 의의: 광의의 경찰권이 발동될 수 있는 인적 범위를 인적관할이라고 할 수 있다. 경찰권은 원칙적으로 대한민국 내에 있는 모든 사람에게 적용된다. 기출OX 03, 04
- 예외: 대통령의 불소추특권, 국회의원의 불체포특권, 외교관에 대한 면책규정, 주한미군 구성원 등에 대한 면책규정은 인적 관할의 예외이다.

> 헌법 제84조 대통령은 내란 또는 외환의 죄를 범한 경우를 제외하고는 재직 중 형사상의 소추를 받지 아니한다. 기출OX 05
> 헌법 제44조 ① 국회의원은 현행범인인 경우를 제외하고는 회기 중 국회의 동의 없이 체포 또는 구금되지 아니한다.
> ② 국회의원이 회기 전에 체포 또는 구금된 때에는 현행범인이 아닌 한 국회의 요구가 있으면 회기 중 석방된다.

3 지역관할

(1) 의의: 광의의 경찰권이 발동될 수 있는 지역적 범위를 지역관할이라고 하며, 경찰권은 대한민국의 영역 내에 모두 적용됨이 원칙이나, 다른 행정기관·관청 또는 국제법적 근거에 의거하여 일정한 한계가 있다. 기출OX 06

> 광의의 경찰권 = 협의의 경찰권 (공공의 안녕과 질서유지 위한 명령·강제권) + 수사권 + 비권력적 활동권

(2) 예외: 국회경호권, 법정경찰권, 치외법권지역, 미군영내, 해양경찰

1) 국회의장의 국회경호권
    - 의장은 회기 중 국회의 질서를 유지하기 위하여 국회 안에서 경호권을 행사하며, 필요한 때에는 경위나 경찰공무원으로 하여금 방청인의 신체를 검사하게 할 수 있다. 기출OX 07
    - 의장은 국회의 경호를 위하여 필요할 때에는 국회운영위원회의 동의를 받아 일정한 기간을 정하여 정부에 경찰공무원의 파견을 요구할 수 있다. 기출OX 08
    - 경호업무는 의장의 지휘를 받아 수행하되, 경위는 회의장 건물 안에서, 경찰공무원은 회의장 건물 밖에서 경호한다. 기출OX 09
    - 경위나 경찰공무원은 국회 안에 현행범인이 있을 때에는 체포한 후 의장의 지시를 받아야 한다. 기출OX 10, 11 다만, 회의장 안에서는 의장의 명령 없이 의원을 체포할 수 없다.

2) 법정경찰권
    - 법정의 질서유지는 재판장이 담당한다.
    - 재판장은 법정의 존엄과 질서를 해칠 우려가 있는 사람의 입정 금지 또는 퇴정을 명할 수 있고, 그 밖에 법정의 질서유지에 필요한 명령을 할 수 있다.
    - 재판장은 법정에서의 질서유지를 위하여 필요하다고 인정할 때에는 개정 전후에 상관없이 관할 경찰서장에게 경찰공무원의 파견을 요구할 수 있다. 기출OX 12
    - 요구에 따라 파견된 경찰공무원은 법정 내외의 질서유지에 관하여 재판장의 지휘를 받는다. 기출OX 13

3) 치외법권지역 기출OX 14, 15
    - 공관지역은 불가침이다. 접수국의 관헌은 공관장의 동의 없이는 공관지역에 들어가지 못한다.
    - 단, 경찰상의 상태책임 관련, 화재나 전염병 발생과 같이 긴급을 요하는 경우에는 동의 없이도 공관에 들어갈 수 있다고 본다(국제적 관습).

4) 미군영내
- 합중국 군 당국은 합중국 군대가 사용하는 시설과 구역 안에서 통상 모든 체포를 행한다. 이 규정은 합중국 군대의 관계 당국이 동의한 경우 또는 중대한 범죄를 범한 현행범을 추적하는 경우에 대한민국 당국이 시설과 구역 안에서 체포를 행하는 것을 막는 것은 아니다. 기출 OX 16
- 대한민국 당국은 합중국 군대가 사용하는 시설과 구역 안에서 사람이나 재산에 관하여 또는 소재 여하를 불문하고 합중국의 재산에 관하여 수색, 압수 또는 검증할 권리를 통상 행사하지 아니한다. 다만, 합중국의 관계 군 당국이 대한민국 당국의 이러한 사람이나 재산에 대한 수색, 압수 또는 검증에 동의한 때에는 그러하지 아니한다.

기출 OX

01 사물관할이란 경찰이 처리할 수 있고 처리해야 하는 사무내용의 범위를 말하는 것으로 「국가경찰과 자치경찰의 조직 및 운영에 관한 법률」과 「경찰관 직무집행법」에 규정되어 있다. 24·23·22 채용 O X

02 우리나라는 대륙법계의 영향으로 범죄수사를 경찰의 사물관할로 인정하고 있다. 23·20 채용, 17 간부 O X

03 인적관할이란 광의의 경찰권이 어떤 사람에게 적용되는가의 문제이다. 23년 1차 채용 O X

04 인적 관할이란 협의의 경찰권이 발동될 수 있는 인적 범위를 의미한다. 17 간부 O X

05 헌법상 대통령은 내란 또는 외환의 죄를 범한 경우를 제외하고는 재직 중 형사상의 소추를 받지 아니한다. 23·22 채용 O X

06 '지역관할과 인적관할은 광의의 경찰권이 발동될 수 있는 지역적 범위와 인적 범위를 말하고, 광의의 경찰권은 협의의 경찰권, 수사권, 비권력적 활동 권한을 포함하는 개념이다. 24 채용 O X

07 국회의장은 필요할 때에는 경위나 경찰공무원으로 하여금 방청인의 신체를 검사하게 할 수 있다. 25 채용 O X

08 국회의장은 국회의 경호를 위하여 필요할 때에는 국회사무처의 동의를 받아 일정한 기간을 정하여 경찰공무원의 파견을 요구할 수 있다. 25·16 채용 O X

09 국회의 경호업무는 국회의장의 지휘를 받아 수행하되, 경위는 회의장 건물 밖에서, 경찰공무원은 회의장 건물 안에서 경호한다. 25·16 채용 O X

10 국회법상 경위나 경찰공무원은 국회 안에 현행범인이 있을 때에는 국회의장에게 보고 후 지시를 받아 체포하여야 한다. 22·20·16 채용, 22·17 간부 O X

11 국회 회의장 안에 있는 국회의원은 국회의장의 명령 없이 이를 체포할 수 없다. 16 채용 O X

12 재판장은 법정에서의 질서유지를 위하여 필요하다고 인정할 때에는 개정 전에 한하여 관할 시·도경찰청장에게 경찰공무원의 파견을 요구할 수 있다. 24·22 채용, 17 간부 O X

13 파견된 경찰공무원은 법정 내에서만 질서유지에 관하여 재판장의 지휘를 받는다. 22 간부 O X

14 외교공관과 외교관의 개인주택은 국제법상 치외법권 지역으로 불가침의 대상이 되지만, 외교사절의 승용차, 보트, 비행기 등 교통수단은 불가침의 대상이 아니다. 24 간부, 14 채용, 16 승진 O X

15 외교공관은 국제법상 치외법권지역이나 화재, 감염병 발생과 같은 긴급한 상항에서는 외교사절의 동의 없이도 외교공관에 들어갈 수 있다. 20 채용 O X

16 경찰은 중대한 죄를 범하고 도주하는 현행범인을 추적하는 때에는 주한미군 시설 및 구역 내에서 범인을 체포할 수 있다. 20 채용 O X

정답 및 해설

01 O
02 X 영미법계 경찰개념
03 O
04 X 광의의 경찰권
05 O
06 O
07 O
08 X 국회운영위원회의 동의
09 X 경위는 회의장 건물 안, 경찰공무원은 회의장 건물 밖
10 X 체포 후 의장의 지시를 받는다.
11 O
12 X 개정 전·후를 불문한다. 관할 경찰서장에게 파견을 요구
13 X 법정 내외의 질서유지
14 X 외교사절의 승용차, 보트, 비행기 등 교통수단 역시 불가침의 대상
15 O
16 O

POINT 04 경찰의 임무

I 공공의 안녕과 질서에 대한 위험방지 기출OX 01

1 공공의 안녕
- 공공의 안녕과 질서유지는 국민의 생명·신체 및 재산의 보호를 포함하는 상위개념이다. 기출OX 02
- 공공의 안녕은 일부는 개인과 관련되고, 일부는 국가와 관련되어 있다는 점에서 '이중적 개념'이다.
- **공공안녕의 3요소**: 공공의 안녕은 ⊙ 법질서의 불가침성, ⓒ 국가의 존립과 국가기관의 기능성의 불가침성, ⓒ 개인의 권리 및 법익의 불가침성' 3가지 요소로 구성된 성문규범의 총체를 의미한다. 기출OX 03
- 공공안녕의 3요소 중 법질서의 불가침성을 공공안녕의 제1요소라고 한다. 기출OX 04

2 공공안녕의 3요소
(1) 법질서의 불가침성

공법질서의 불가침	• 공법규범에 대한 위반은 통상 공공의 안녕에 대한 위험으로 취급되어 공법규범에 위반한 경우에는 경찰이 직접 개입한다. • 공공의 안녕에 대한 침해 여부는 공법규범에 의해 보호받는 법익의 위험 또는 침해가 객관적으로 존재하는지 여부로만 판단하며, 주관적 구성요건의 실현, 유책성(책임성) 및 구체적 가벌성은 고려하지 않는다.
사법질서의 불가침	• 사법규범에 대한 위반은 민사관계불간섭원칙에 따라 경찰은 법적근거 있는 경우 외에는 개입하지 아니한다 (보충성의 원칙) • 무하자재량행사청구권이나 재량권의 0으로의 수축을 통한 경찰개입청구권이 인정되는 경우 경찰개입이 가능할 수 있다

(2) 국가의 존립과 국가기관 기능성의 불가침성
- 공공의 안녕이라는 보호법익 범위에는 국가의 존립과 국가기관(국회, 정부, 법원등)의 기능을 보호하는 것이 포함한다.
- 위험으로부터 국가의 존립과 국가기관의 기능을 보호하기 위한 수사·정보·안보경찰의 첩보수집활동은 형법적 가벌성의 범위(수사의 개시단계)에 이르지 않았더라도 국민의 자유와 권리를 침해하지 않는 범위 내에서 가능하다.
- 국가조직에 대한 비판이 폭력성과 명예훼손 행위 없이 표출되는 경우에는 언론의 자유, 예술의 자유 및 집회의 자유가 헌법적으로 보장되고 있어 경찰이 개입할 문제가 아니다.

(3) 개인의 권리 및 법익의 불가침성
- 개인적 법익인 생명과 건강을 보호하는 것은 국가의 중요한 임무이기 때문에 개인적 법익도 불가침성 대상이 된다.
- 인간의 존엄·자유·명예·생명 등과 같은 개인적 법익뿐만 아니라 사유재산적 가치나 무형의 권리에 대한 위험방지도 경찰의 임무에 해당한다. 그러나 개인적 권리와 법익이 보호된 경우라고 하더라도 경찰의 원조는 잠정적 보호에 국한되어야 하고, 최종적인 구제는 법원(法院)에 의하여야 한다. 기출OX 05, 06

기출 OX

01 　실정법상의 규정을 토대로 경찰의 임무를 살펴보면, 궁극적으로는 공공의 안녕과 질서유지를 그 임무로 하고 있다. 25·20 승진, 24 간부, 17 채용　　O X

02 　경찰의 임무를 공공의 안녕과 질서에 대한 위험방지로 정의할 때, 공공의 안녕은 국민의 생명·신체 및 재산 보호를 포함하는 상위개념이다. 25 승진　　O X

03 　공공의 안녕은 법질서의 불가침성, 국가존립과 기능성의 불가침성, 개인의 권리와 법익의 보호로 구성되며, 경찰은 사회공공과 관련하여 국가의 존립과 기능을 보호할 의무가 있다. 23 간부, 20 승진　　O X

04 　공공의 안녕이란 개념은 '법질서의 불가침성'과 '국가의 존립 및 국가기관 기능성의 불가침성', '개인이 권리와 법익의 보호'를 포함하며, 이 중 공공의 안녕의 제1요소는 '개인의 권리와 법익의 보호'이다. 24 간부, 20·17 채용, 20 승진　　O X

05 　인간의 존엄·자유·명예·생명 등과 같은 개인적 법익뿐만 아니라 사유재산적 가치에 대한 위험방지도 경찰의 임무에 해당하나, 무형의 권리에 대한 위험방지는 경찰의 임무에 해당하지 아니한다. 22 간부　　O X

06 　인간의 존엄·자유·명예·생명 등과 같은 개인적 법익뿐만 아니라 사유재산적 가치나 무형의 권리에 대한 위험방지도 경찰의 임무에 해당한다. 그러나 개인적 권리와 법익이 보호된 경우라고 하더라도 경찰의 원조는 잠정적 보호에 국한되어야 하고, 최종적인 구제는 법원(法院)에 의하여야 한다. 21 간부　　O X

정답 및 해설

01 　O
02 　O
03 　O
04 　X　법질서의 불가침성을 공공안녕의 제1요소라고 한다.
05 　X　무형의 권리에 대한 위험방지도 경찰임무에 해당
06 　O

3 공공의 질서

(1) **의미**: 공공의 질서라 함은 시대의 지배적인 윤리와 가치관에 따를 때 원만한 공동체 생활을 위한 필수적인 전제조건이 되는 것으로서, 공공사회에서 개개인의 행동에 대한 **불문규범의 총체**를 의미한다. 기출OX 01

(2) **특징**
- 상대적·유동적인 개념: 공공의 질서는 절대적인 것이 아니라, 시대에 따라 변화하는 **상대적·유동적**인 개념이다. 기출OX 02
- 엄격한 합헌성 요구: 공공질서를 확대해석·적용하여 경찰이 개입하는 것은 국민의 기본권을 침해할 우려가 있기 때문에 **엄격한 합헌성이 요구**되며, 따라서 공공의 질서와 관련한 경찰의 개입은 자유재량이 아닌 '**의무에 합당한 재량행사**'에 따라야 한다. 기출OX 03, 04
- 공공질서 개념의 축소화 경향: 시대의 변화에 따라 공공질서개념은 **사용가능 분야가 축소**되는 경향이 있다. 법적 안정성의 관점에서 공공질서가 점점 성문화 되어가는 추세이기 때문이다. 기출OX 05

4 위험

(1) **의의**
- '위험'이란 가까운 장래에 공공의 안녕과 질서에 손해가 나타날 수 있는 가능성이 개개의 경우에 충분히 존재하는 상태를 말한다.

> **손해**: 보호받는 개인 및 공동의 법익에 관한 정상적 상태의 객관적 감소를 말하며, 보호법익에 대한 현저한 침해행위가 있어야 한다 → 주관적인 단순한 성가심·불편함은 경찰개입 대상이 아님 기출OX 06

- 위험은 경찰개입의 전제조건으로서, 위험이 존재해야 경찰이 개입할 수 있다.
- 경찰개입을 위해 보호법익이 현실적으로 존재하고 있어야 하는 것은 아니다. → 위험은 경찰개입의 전제조건이나, 보호법익 현존은 경찰개입 전제요건이 아니다. 기출OX 07, 08
- 위험의 원인이 인간의 행위에 의한 것인지, 또는 지진·산사태 등 단순한 자연력의 결과에 의한 것인지는 문제가 되지 않는다. 기출OX 09

(2) **구분**: 위험 현실성에 따라, 위험 인식여부에 따라

1) 위험의 현실성 여부에 따른 분류: 구체적 위험, 추상적 위험 → 경찰의 개입은 **구체적 위험** 내지 적어도 **추상적 위험**이 있을 때 가능 기출OX 10, 11

구체적 위험	• 개별 사안에서 경찰관이 사실관계를 합리적으로 평가하였을 때, 가까운 장래에 손해발생의 충분한 가능성(개연성)이 존재하는 경우 기출OX 12 • 경찰이 개별적 또는 개괄적 수권조항에 따라 개인의 권리를 제한하는 위해방지조치를 취하기 위해서는 구체적 위험이 있어야 한다.
추상적 위험	• 개별 사안이 아닌 일반적으로 이런 사안에서는 이런 위험이 발생할 수 있다는 정도의 구체적 위험의 예견가능성을 의미 기출OX 13 • 추상적 위험이 있는 경우에도 경찰개입은 가능하나, 이 경우의 경찰개입은 임의적·비권력적 작용이어야 한다. 기출OX 14, 15

기출 OX

01 공공질서라 함은 당시의 지배적인 윤리와 가치관을 기준으로 판단할 때 그것을 준수하는 것이 시민으로서 원만한 국가 공동체생활을 영위하기 위한 불가결적 전제조건이 되는 각 개인의 행동에 대한 성문규범의 총체를 의미한다. 23 채용, 15 간부 　　O X

02 공공질서란 각 개인의 행동에 대한 불문규범의 총체로, 시대에 따라 변화하는 상대적·유동적 개념이다. 24 간부, 23·19 채용 　　O X

03 통치권 집행을 위한 개입근거로 활용될 수 있는 공공질서 개념은 엄격한 합헌성이 요구되고, 제한적인 사용이 필요하다. 23 채용, 15 간부 　　O X

04 공공질서와 관련하여 경찰이 개입할 것인가의 여부는 경찰의 결정에 맡겨져 있더라도 헌법상 과잉금지원칙이 준수되어야 한다. 23 간부 　　O X

05 공공질서는 원만한 공동체생활을 영위하기 위한 불가결적 전제조건이 되는 각 개인의 행동에 대한 불문규범의 총체로, 오늘날 공공질서 개념의 사용 가능 분야는 확대되고 있다. 23 채용, 20 승진, 21·15 간부 　　O X

06 위험은 보호받는 개인 및 공동의 법익에 관한 정상적 상태의 객관적 감소를 뜻한다. 24·22·20·18·17 승진, 16 간부 　　O X

07 위험은 경찰개입의 전제요건이므로 보호를 받게 되는 법익에 구체적으로 존재해야만 하고 경찰책임자가 누구인지는 불문한다. 23 간부, 17 승진 　　O X

08 위험은 경찰개입의 전제조건이나 보호받는 법익에 구체적으로 존재해야 하는 것은 아니기 때문에 보행자의 통행이 거의 없는 밤 시간에 횡단보도 보행자 신호등이 녹색일 때 정지하지 않고 진행한 경우에도 통행한 운전자는 경찰책임자가 된다. 이는 공공의 안녕을 보호법익으로 하는 '도로교통법'을 침해함으로써 법질서의 불가침성을 침해하기 때문이다. 21 간부 　　O X

09 경찰개입의 대상이 되는 위험은 행위책임에 기인한 것일 수도 있고 상태책임에 기인한 것일 수도 있다. 23 채용 　　O X

10 경찰의 임무를 공공의 안녕과 질서에 대한 위험의 방지라고 정의할 때, '위험'은 위험의 현실화 여부에 따라 '구체적 위험'과 '추정적 위험'으로 구분할 수 있고, 위험에 대한 인식에 따라 '외관적 위험', '오상 위험', '위험 혐의'로 구분한다. 24 간부 　　O X

11 위험의 현실화 여부에 따라 '추상적 위험'과 '구체적 위험'으로 구분할 수 있으며 경찰의 개입은 구체적 위험의 경우에만 정당화 된다. 20·17 채용, 22·18·17 승진 　　O X

12 구체적 위험은 개별사례에서 실제로 또는 최소한 경찰관의 사전적 시점에서 사실관계를 합리적으로 평가하였을 때, 가까운 장래에 공공의 안녕이나 공공의 질서에 대한 손해가 발생할 충분한 개연성이 있는 상황과 관련이 있다. 22 채용 　　O X

13 추상적 위험의 경우 경찰권 발동에 있어 사실적 관점에서의 위험에 대한 예측까지는 필요하지 않다. 24 승진 　　O X

14 경찰의 범죄예방 및 위험방지 행위의 준비는 추상적 위험이 존재하는 경우에도 가능하다. 23 채용 　　O X

15 추상적 위험이란 경찰의 의무에 합당한 사려 깊은 판단을 할 때 실제로 위험의 가능성은 예측되나 실현이 불확실한 경우를 의미한다. 25 승진 　　O X

정답 및 해설

01 X 불문규범의 총체
02 O
03 O
04 O
05 X 공공질서 개념은 사용가능 분야가 축소
06 X '손해'에 대한 설명
07 X 보호법익이 개별 사안에서 구체적으로 존재해야만 경찰개입이 가능한 것은 아니고, 보호법익이 현존하지 않더라도 경찰개입이 가능
08 O
09 O
10 X 구체적 위험과 추상적 위험으로 구분
11 X 구체적 위험이 있는 경우는 물론, 추상적 위험이 있는 경우에도 경찰개입은 가능하다.
12 O
13 X 추상적 위험의 경우에도 사실적 관점에서 위험에 대한 예측이 필요하다.
14 O
15 X 위험혐의에 대한 설명이다.

2) 위험의 인식 여부에 따른 분류: 외관적 위험, 오상위험(추정적), 위험혐의로 구분 기출OX 01

외관적 위험	• **의의**: 경찰이 의무에 합당한 사려 깊은 상황판단을 했음에도 불구하고 위험을 잘못 긍정하는 경우 기출OX 02, 03, 04 • **경찰개입**: 적법한 경찰개입이므로 경찰관에게 민·형사상 책임을 물을 수 없다. 단 국가의 손실보상책임은 발생가능하다. 기출OX 05, 06	
오상위험 (추정적 위험)	• **의의**: 객관적으로 판단할 때 위험의 외관 또는 혐의가 정당화되지 않음에도 경찰이 위험의 존재를 잘못 추정한 경우(즉 사려깊은 판단을 하지 못한 경우) 기출OX 07, 08 • **경찰개입**: 위법한 경찰개입이므로 경찰관 개인에게 민·형사상 책임을 물을 수 있고, 국가에게는 손해배상책임이 발생한다. 기출OX 09, 10	
위험혐의	• **의의**: 경찰이 의무에 합당한 사려 깊은 판단을 할 때 실제로 위험의 가능성은 예측이 되나 실현 여부가 불확실한 경우. 이 경우 경찰개입은 위험의 존재 여부가 명백해질 때까지 예비적 조치(조사차원의 경찰개입)에만 국한되어야 한다. 기출OX 11, 12 • **경찰개입**: 위험의 혐의 상황에서 조사차원의 경찰개입은 적법하며, 이 때 경찰개입은 적법하므로 경찰관에게 민·형사상 책임을 물을 수 없다. 단 국가의 손실보상책임은 발생가능하다.	

※ 외관적 위험·위험혐의·오상위험은 모두 위험에 대한 인식과 사실이 불일치하거나 불확실한 경우임

[압축정리] 외관적 위험, 오상위험, 위험혐의

구분	객관적 상황	주관적 인식	경찰권 발동
외관적 위험	위험 부존재	• 사려 깊은 판단을 하였음에도 • 위험이 존재한다고 인식	• 적법 • 손실보상문제
오상위험	위험 부존재	• 사려 깊은 판단을 하지 못하여 • 위험이 존재한다고 인식	• 위법 • 손해배상문제
위험혐의	위험 존재 여부 불분명	• 사려 깊은 판단을 하여도 • 위험 존재 여부 알 수 없음	• 적법 • 손실보상문제

기출 OX

01 위험에 대한 인식은 외관적 위험, 위험혐의, 추상적 위험으로 구분할 수 있다. 24·20·18 승진, 16 간부 (O X)

02 경찰이 의무에 합당한 사려 깊은 상황판단을 했음에도 불구하고 위험을 잘못 긍정한 경우를 '오상위험'이라고 한다. 20 채용 (O X)

03 외관적 위험은 경찰관이 의무에 합당한 사려 깊은 상황판단을 하였음에도 위험을 잘못 긍정하는 경우이다. 22 채용 (O X)

04 경찰이 의무에 합당한 사려 깊은 판단을 하여 심야에 경찰관이 사람을 살려달라는 외침소리를 듣고 출입문을 부수고 들어갔는데, 실제로는 노인이 크게 켜놓은 TV 형사극 소리였던 경우는 외관적 위험을 인식한 사례에 해당한다. 16 간부 (O X)

05 외관상 위험이 존재할 때의 경찰개입이 적법하더라도, 원칙적으로 국가의 손해배상책임을 발생시킨다. 23 채용, 20·18 승진 (O X)

06 외관적 위험에 대한 경찰권 발동은 경찰상 위험에 해당하는 적법한 개입이므로 경찰관에게 민·형사상 책임을 물을 수 없다. 단, 경찰개입으로 인한 피해가 '공공필요에 의한 특별한 희생'에 해당하는 경우에는 국가의 손실보상 책임은 발생할 수 있다. 21 간부 (O X)

07 오상위험이란 경찰이 상황을 합리적으로 사려 깊게 판단하여 위험이 존재한다고 인식하여 개입하였으나 실제로는 위험이 없던 경우를 말하며 이 경우 국가의 손실보상책임이 발생할 수 있다. 22 승진 (O X)

08 '오상위험'은 객관적으로 판단할 때 위험의 외관 또는 혐의가 정당화되지 않음에도 경찰이 위험의 존재를 잘못 추정한 경우를 말한다. 18 승진 (O X)

09 오상위험에 근거한 경찰의 위험방지조치가 위법한 경우에는 경찰관 개인에게는 민·형사상 책임이 문제되고 국가에게는 손해배상책임이 발생할 수 있다. 22 채용, 16 간부 (O X)

10 전날 악몽을 꾼 경찰관 A는 경찰관 B와 순찰 중에 주택에서 은은한 클래식 음악이 들리자 위험한 상황이라고 판단하고, 자신을 제지하는 경찰관 B를 밀친 후 혼자 현관문을 부수고 들어갔는데 실제로는 임신부가 태교음악을 듣고 있던 경우 경찰관 A의 행위는 위험의 외관이나 혐의가 정당화되지 아니함에도 불구하고 잘못된 주관적 판단에 따라 위험의 존재를 잘못 추정한 위법한 경찰개입이므로, 경찰관 A에게는 민·형사상 책임이 발생할 수 있으며 국가 역시 국가배상책임이 발생될 수 있다. 25 채용 (O X)

11 위험혐의란 경찰이 의무에 합당한 사려 깊은 상황 판단을 할 때, 위험의 발생 가능성은 예측되지만, 위험의 실제 발생 여부가 불확실한 경우를 의미한다. 22·20 승진 (O X)

12 위험의 혐의만 존재하는 경우에 위험의 존재가 명백해지기 전까지는 예비적 조치로서 위험의 존재 여부를 조사할 권한은 없다. 23·22 채용, 24·18 승진 (O X)

정답 및 해설

01 X 외관적 위험, 오상위험(추정적 위험), 위험혐의로 구분한다.
02 X 외관적 위험에 대한 설명
03 O
04 O
05 X 이는 원칙적으로 적법한 경찰개입이므로 경찰관에게 민·형사상 책임을 물을 수 없고 국가에 손해배상책임을 물을 수도 없다.
06 O
07 X 사려깊은 판단을 한 경우로서 외관적 위험에 관한 설명이다.
08 O
09 O
10 O
11 O
12 X 예비적 조치(조사차원의 경찰개입)를 할 수 있다.

POINT 05 경찰의 기본이념

1 민주주의

- 헌법 제1조는 경찰권을 포함한 모든 권력이 국민으로부터 나오는 것이며, 경찰이 경찰권을 행사하는 것은 국민의 위임에 따른 것임을 의미한다. 기출OX 02

> **헌법 제1조** ① 대한민국은 민주공화국이다.
> ② 대한민국의 주권은 국민에게 있고, 모든 권력은 국민으로부터 나온다. 기출OX 01

대외적 민주화 방안	• 민주적 통제·참여장치 마련: 국가경찰위원회, 자치경찰위원회, 국민감사청구제도, 경찰책임 확보 기출OX 03, 04, 07 • 경찰활동의 공개: 공공기관 정보공개법, 행정절차법
대내적 민주화 방안	• 경찰조직 내부의 권한분배: 중앙경찰과 지방경찰 간, 상하 경찰기관 간 기출OX 05 • 경찰관 개인의 민주적 의식 확립

2 정치적 중립주의

- 경찰은 특정정당이나 정치단체를 위해 활동하는 것이 금지되며, 오로지 주권자인 전체 국민과 국가의 이익을 위하여 활동하여야 한다. → 공무원 신분 보장도 정치적 중립을 확보하기 위한 것 기출OX 05

> **헌법 제7조** ① 공무원은 국민 전체에 대한 봉사자이며, 국민에 대하여 책임을 진다.
> ② 공무원의 신분과 <u>정치적 중립성은 법률이 정하는 바에 의하여</u> 보장된다.
> **경찰법 제5조【권한남용의 금지】** 경찰은 그 직무를 수행할 때 … <u>국민 전체에 대한 봉사자로서 공정</u>·중립을 지켜야 하며, 부여된 권한을 남용하여서는 아니 된다.
> **국가공무원법 제65조【정치 운동의 금지】** ① 공무원은 정당이나 그 밖의 정치단체의 결성에 관여하거나 이에 가입할 수 없다.
> **경찰공무원법 제23조【정치 관여 금지】** ① 경찰공무원은 정당이나 정치단체에 가입하거나 정치활동에 관여하는 행위를 하여서는 아니 된다. 기출OX 06

3 법치주의 기출OX 08

- 국민의 자유와 권리를 제한하고 의무를 부과하는 모든 활동은 국회에서 제정한 법률로써만 가능하다.

> **헌법 제37조** ② 국민의 모든 자유와 권리는 국가안전보장·질서유지 또는 공공복리를 위하여 필요한 경우에 한하여 법률로써 제한할 수 있으며…
> **경찰법 제5조【권한남용의 금지】** 경찰은 그 직무를 수행할 때 헌법과 법률에 따라 국민의 자유와 권리 및 모든 개인이 가지는 불가침의 기본적 인권을 보호하고, …

4 경영주의

- 현시대 경찰은 능률성이나 효과성의 차원을 넘어 경영의 차원에서 경찰을 조직하고 관리·운용해 나가는 것이 요구된다. 예 <u>성과급제도</u>의 확대·부서통폐합 등 조직혁신·구조조정·예산의 적재적소 사용 등
- 경찰경영은 국민만족 차원을 넘어 국민감동을 지향한다는 측면에서 전통적인 권력경찰보다 서비스경찰의 중요성이 부각되고 있다.

> **경찰법 제1조【목적】** 이 법은 경찰의 민주적인 관리·운영과 효율적인 임무수행을 위하여 경찰의 기본조직 및 직무 범위와 그 밖에 필요한 사항을 규정함을 목적으로 한다. 기출OX 09

5 인권존중주의

- 인권존중주의는 수사경찰에게 더욱 의미가 있는 이념으로서 형사소송법이 임의수사를 원칙으로 하고 있는 것도 피의자의 인권을 존중하기 위함이다.

헌법 제37조 ① 모든 국민의 자유와 권리는 헌법에 열거되지 아니한 이유로 경시되지 아니한다.
경찰관 직무집행법 제1조【목적】 ① 이 법은 국민의 자유와 권리 및 모든 개인이 가지는 불가침의 기본적 인권을 보호하고 …
경찰법 제5조【권한남용의 금지】 경찰은 그 직무를 수행할 때 헌법과 법률에 따라 국민의 자유와 권리 및 모든 개인이 가지는 불가침의 기본적 인권을 보호하고, … 기출 OX 10, 11, 12

기출 OX

01 법치주의 - 헌법 제1조 제2항에서는 "대한민국 주권은 국민에게 있고, 모든 권력은 국민으로부터 나온다"라고 규정하고 있다. 22 채용 [O X]

02 민주주의: 국민의 자유와 권리를 보호하고 공공의 안녕과 질서를 유지하는 경찰의 임무수행은 국민을 위하여 행하는 것이며, 경찰권은 국민에게서 부여받은 것이다. 24·22 채용 [O X]

03 경찰의 중앙과 지방간의 권한 분배, 경찰행정정보의 공개, 성과급제도 확대는 경찰의 민주성 확보 방안이다. 21 간부 [O X]

04 국가경찰위원회제도, 국민감사청구제도, 경찰책임의 확보, 「공공기관의 정보공개에 관한 법률」, 「행정절차법」 등을 통한 경찰활동의 공개는 대내적 민주화 방안에 해당한다. 25 승진, 21 간부 [O X]

05 중앙경찰과 자치경찰 사이의 적절한 권한분배 및 경찰관의 민주주의 의식 확립 등은 경찰의 민주주의 확보를 위한 대내적 방안이다. 24 경간 [O X]

05-1 헌법상 공무원의 신분과 정치적 중립성은 법률이 정하는 바에 의하여 보장된다. 25 채용 [O X]

06 「경찰공무원법」은 경찰공무원이 특정 정당이나 특정인의 선거운동을 하거나 선거 관련 대책회의에 관여하는 행위를 정치활동에 관여하는 행위로 보지 않는다. 25·22 채용 [O X]

07 법치주의: 자치경찰제도를 도입하여 중앙정부의 경찰권을 자치단체에 위임하고, 국가경찰위원회 및 시·도자치경찰위원회 제도, 행정정보공개제도 등을 통해 경찰에 대한 민주적 통제와 참여장치를 마련한다. 24 채용 [O X]

08 법치행정의 원칙은 「행정기본법」에는 규정이 없으나 헌법 제37조 제2항 등을 통하여 당연히 유추된다. 24 경간 [O X]

09 「국가경찰과 자치경찰의 조직 및 운영에 관한 법률」 제1조(목적)는 경찰의 기본이념 중 경영주의의 법적 근거에 해당한다. 25 승진 [O X]

10 인권 존중주의: 경찰은 직무를 수행할 때 헌법과 법률에 따라 국민의 자유와 권리 및 모든 개인이 가지는 불가침의 기본적 인권을 보호한다. 24 채용 [O X]

11 인권존중주의는 비록 '국가경찰과 자치경찰의 조직 및 운영에 관한 법률'에 언급이 없으나, '헌법'상 기본권 조항 등을 통하여 당연히 유추된다. 24·21 간부 [O X]

12 「경찰관 직무집행법」 제1조(목적)는 경찰의 기본이념 중 정치적 중립주의의 법적 근거에 해당한다. 25 승진 [O X]

정답 및 해설

01 X 민주주의
02 O
03 X 성과급제도 확대는 경찰의 기본이념 중 경영주의와 관련이 있다.
04 X 모두 민주성 확보방안 중 대외적 민주화 방안에 해당한다.
05 O
05-1 O
06 X 정치활동에 관여하는 행위이다.
07 X 민주주의에 대한 설명
08 X 행정기본법에 명문 규정이 존재한다.
09 O
10 O
11 X 인권존중주의는 헌법은 물론, '경찰법', '경찰관 직무집행'에 모두 언급되어 있다.
12 X 경직법 제1조는 인권존중주의의 법적근거

해커스경찰
police.Hackers.com

Chapter 02

경찰윤리

POINT 01 | 경찰문화와 바람직한 경찰상
POINT 02 | 경찰윤리와 경찰일탈·부패
POINT 03 | 경찰윤리강령
POINT 04 | 부정청탁 및 금품등 수수의 금지에 관한 법률
POINT 05 | 경찰청 공무원 행동강령
POINT 06 | 공직자의 이해충돌방지법
POINT 07 | 경찰의 적극행정과 소극행정

POINT 01 경찰문화와 바람직한 경찰상

1 냉소주의

(1) **의미**: 해당 조직의 구성원들이 경영진, 정책, 제도, 변화 및 혁신 활동 등 조직 전반에 걸쳐 이유 없는 무관심이나 적대감, 극단적인 불신을 나타내는 것을 말하며, 경찰생활에서 얻은 부정적 인간관이나 부조리 등이 그 원인이 된다.

> [보충] 니더호퍼는 기존의 신념체계가 붕괴되었으나 이를 대체할 신념이 부재하는 경우의 아노미(혼란)현상을 냉소주의라고 하였다. 기출OX 01

(2) 냉소주의와 회의주의 비교 기출OX 02

구분	냉소주의	회의주의
본질	이유 없는 불신	합리적 의심
대상	불특정(정치 일반, 경찰제도 일반)	특정한 사안이나 대상
개선의지	없음	있음
공통점	불신을 바탕으로 함	

※ 조직 내 팽배한 냉소주의는 경찰의 전문직업화를 저해하는 기제로 작동할 수 있다. 기출OX 03

(3) **냉소주의 폐해와 극복방안**: 의사결정과정에 적극적으로 참여할 기회를 부여하고, 상사와 부하의 신뢰를 회복하며, 커뮤니케이션 과정을 개선하고, Y이론에 입각한 행정관리를 하는 방법 등이 있다. 기출OX 04

[보충] **맥그리거의 Y이론**: 인간은 본래 자율적이고 능동적이다. 경영자는 자율적·창의적·민주적으로 관리해야 한다. 기출OX 05, 06

2 경찰의 전문직업화

(1) 의미
- 전문직이란 장기간 학습한 '체계적인 지식'을 이용하여 자기의 이익 추구에 앞서 공공에 대한 봉사를 지향하는 직업(법률가, 의사, 교수 등)
- 경찰의 높은 사회적 지위를 위한 직업전문화는 미국의 오거스트 볼머(August Vollmer) 등에 의하여 추진되었다. 기출OX 07

(2) 전문직의 특징(클라이니히) 기출OX 08
- 전문직업인은 사회에 가치 있는 공공서비스를 제공한다.
- 윤리강령을 제정하여 자신을 스스로 통제하고 신뢰를 획득하기 위해 서비스를 개선시키고자 노력한다.
- 전문직 종사자는 길고 험난한 학습과정을 통하여 자신의 분야에서 특수한 전문지식과 기술을 가진다.
- 전문직의 직위는 대학이나 대학원 등 고등교육을 통하여 전문지식과 기술을 습득한다.
- 전문직 종사자들은 자신들이 제공하는 서비스 품질의 보장을 위해 스스로 기준을 설정해 통제한다.

(3) **전문직의 장점**: ⊙ 종사자의 사회적 위상이 올라가고 긍지를 불러일으킬 수 있으며, ⓒ 재량이 인정되는 영역이 넓어지고 자율성이 촉진될 수 있고, ⓒ 해당 직종에 유입되는 인적 자원의 질적 향상이 기대되고, ⓔ 전반적인 보수 상승의 요인으로 작용할 수 있다는 점 등이 있다. 기출OX 09, 10, 11

[비교] 경찰조직과 같은 관료제의 획일적 명령체계는 전문화를 저해한다. 기출OX 12

기출 OX

01 니더호퍼(Niederhoffer)는 사회체계에 대한 기존의 신념체제가 붕괴된 후 새로운 신념체제에 의해 급하게 대체될 때 냉소주의가 나타날 수 있다고 하였다. 23 채용 ⓞ Ⓧ

02 회의주의는 불특정대상에 대하여 합리적인 근거를 바탕으로 의심하고 비판하며 개선의 의지가 있다는 점에서 냉소주의와 차이가 있다. 25·23 채용 ⓞ Ⓧ

03 조직 내 팽배한 냉소주의는 경찰의 전문직업화를 저해하는 기제로 작동할 수 있다. 23 채용 ⓞ Ⓧ

04 경찰문화의 냉소주의를 극복하기 위한 방안으로는 중요 의사결정 때 부하의 의견을 청취, 맥그리거(McGregor)의 X이론에 입각한 행정관리, 상사와 부하의 신뢰회복, 커뮤니케이션 과정의 개선 등이 있다. 18·17 승진 ⓞ Ⓧ

05 냉소주의 극복을 위한 가장 효과적인 조직관리방안은 인간을 본래 게으르고 생리적 욕구 또는 안전의 욕구에 자극을 주는 금전적 보상이나 제재 등 외재적 유인에 반응한다고 상정하여 조직이 권위적으로 관리할 필요가 있다는 맥그리거(McGregor)의 인간모형에 기초한다. 23 채용 ⓞ Ⓧ

06 냉소주의 극복을 위한 가장 효과적인 조직관리방안은 업무량과 성과에 대한 적절한 보상을 강조하며, 관리층이 적극적으로 개입하고 통제하는 임무를 맡아야 하고, 상급자의 일방적 지시와 명령을 줄이고 상의하달의 의사소통 과정을 개선한다. 24 채용 ⓞ Ⓧ

07 미국의 서덜랜드는 경찰의 높은 사회적 지위를 확보하기 위하여 전문직업화를 추진하였다 21 간부 ⓞ Ⓧ

08 클라이니히는 고전적 전문직의 특징으로 공공서비스의 제공, 윤리강령의 제정, 전문지식과 전문기술, 고등교육의 이수, 자율적 자기통제를 제시하였다. 20 승진 ⓞ Ⓧ

09 경찰이 전문직업화 될 경우 사회적 위상제고와 긍지를 불러일으키게 된다. 15 승진 ⓞ Ⓧ

10 경찰이 전문직업화 될 경우 경찰조직 내 우수한 인재를 흡수할 수 있게 된다. 15 승진 ⓞ Ⓧ

11 경찰의 전문직업화는 경찰위상과 사기제고, 치안서비스 질의 향상 등의 이점이 있다. 21 간부 ⓞ Ⓧ

12 관료제의 획일적 명령체계는 전문화를 저해한다. 20 승진 ⓞ Ⓧ

정답 및 해설

01 X 대체할 신념이 부재하는 경우의 아노미(혼란)현상이 냉소주의라고 하였다.
02 X 회의주의는 개별적(특정) 사안에서 합리적 의심을 하여 비판을 하는 태도를 말한다면, 냉소주의는 특정되지 않은 불특정한 사안에 대해 이유없는 불신을 하는 태도를 말한다.
03 O
04 X 맥그리거의 Y이론에 입각한 행정관리가 냉소주의 극복방안이다.
05 X 맥그리거(McGregor)의 Y이론에 입각한 행정관리가 냉소주의 극복방안이다. 해당지문은 X이론에 대한 설명이다.
06 X 금전적 보상이나 관리직의 적극적 통제·감시로 관리해야 한다는 것은 X이론에 입각한 행정관리이다.
07 X 오거스트 볼머(August Vollmer) 등에 의하여 추진
08 O
09 O
10 O
11 O
12 O

(4) 전문직의 문제점 기출OX 01, 02, 03, 04, 05, 06, 07, 08, 09, 10, 11

부권주의	아버지가 자식의 문제를 권위적·일방적으로 결정하듯, 전문가가 우월한 지위·지식을 이용하여 상대방 입장의 고려 없이 일방적으로 결정하는 것을 말하며, 이러한 부권주의는 치안서비스의 질을 저해할 수 있다.
소외	나무는 보고 숲은 보지 못하듯 전문가가 자신의 국지적 분야만 보고 전체적인 맥락을 보지 못하는 것을 말한다.
차별	입직요건으로 고학력을 요구할 경우 전문직이 되는데 장기간의 교육과 비용이 들어, 교육기회를 갖지 못한 경제적·사회적 약자 등의 공직진출 제한이라는 '차별'문제가 야기된다.
사적인 이익을 위한 이용	전문직들은 그들의 지식과 기술로 상당한 사회적 힘을 소유하나 이러한 힘을 때때로 공익보다는 사적인 이익을 위해서만 이용하기도 하는 것을 말한다.

3 바람직한 경찰의 역할모델

범죄와 싸우는 경찰모델	• 의의: 수사, 형사 등 법집행을 통한 범법자 제압측면을 강조한 모델로서 시민들은 범인을 제압하는 것이 경찰의 주된 임무라고 인식한다 기출OX 12 • 장점: 경찰역할을 뚜렷이 인식시켜 '전문직화'에 기여한다. 기출OX 13 • 단점: ㉠ 범법자는 적이고, 경찰은 정의의 사자라는 흑백논리에 따른 이분법적 오류에 빠질 경우 인권침해 등의 우려가 있고, 기출OX 14 ㉡ 범죄진압 이외에 업무를 수사에 부수하는 업무 정도로 보아 이에 종사하는 경찰의 사기를 떨어뜨리고, ㉢ 다른 영역의 업무를 수행하기 위한 기법이나 지식의 개발이 등한시 되거나 인력이나 자원이 수사업무에만 편중될 우려가 있다.
치안서비스를 제공하는 경찰	• 의의: 치안서비스란 경찰활동의 전 부분을 포괄하는 용어로 가장 바람직한 모델이라고 본다. 기출OX 15 범죄와의 싸움도 치안서비스의 한 부분에 불과하고, 시민에 대한 서비스활동과 사회봉사활동의 측면을 강조해야 한다. 기출OX 16 • 치안서비스 제공 경찰의 활동 모습: 대역적 권위에 의한 활동, 비권력적 치안서비스의 적극 제공, 사회적 갈등 해결 및 갈등 발생의 개연성 최소화 [보충] 대역적 권위에 의한 활동이란 경찰은 24시간 근무와 지역적으로 널리 퍼져 있는 조직을 가지고 있어서 사고현장이나 응급조치가 필요한 경우 가장 먼저 접근이 가능하기 때문에, 여러 사회영역에서 공식적이고 명백하게 권한의 근거가 없는 경우 비공식적으로 또는 관행적으로 사회봉사활동에 관여하는 것을 의미

기출 OX

01 전문직들은 그들의 지식과 기술로 상당한 사회적 힘을 소유하지만, 이러한 힘을 공적 이익에만 이용하는 문제점이 있다. 24 간부 O X

02 전문직업화의 윤리적 문제점 중 '소외는 전문직이 되는데 장기간 교육과 많은 비용이 들어, 가난한 사람은 전문가가 되는 기회를 상실하는 것이다. 24 간부, 20 승진 O X

03 전문직업화의 윤리적 문제점 중 '부권주의'는 아버지가 자식의 문제를 모두 결정하듯이 전문가가 상대방의 입장을 고려하지 않고 일방적으로 결정하는 것을 말한다. 25·20·18 승진, 24 간부 O X

04 '차별'은 나무는 보고 숲은 보지 못하듯 자신의 국지적 분야만보고 전체적인 맥락을 보지 못하는 것을 말한다. 18 승진 O X

05 '소외'는 전문직이 되는 데 장기간의 교육이 필요하고 비용이 들어, 가난한 사람은 전문가가 되는 기회를 상실하는 것을 말한다. 18 승진 O X

06 경찰이 전문직업화되어 저학력자 등 경제적, 사회적 약자에게 경찰 직업에 진입을 차단할 경우 발생할 수 있는 윤리적 문제점은 차별이다. 24 간부, 16 승진 O X

07 OO경찰서 경비과 소속 경찰관 甲은 집회 현장에서 시위대가 질서유지선을 침범해 경찰관을 폭행하자 교통, 정보, 생활안전 등 다른 전체적인 분야에 대한 고려 없이 경비분야만 생각하고 검거 결정을 한 것은 전문직업인으로서 '차별'의 경찰 윤리적 문제점이 나타난다. 22 채용 O X

08 소외의 예 – 사회복지정책 전문직 공무원 甲은 복지정책을 결정하면서 정부 정책의 기본방침을 고려하지 않고 자신이 속한 보건복지부 입장만 고려한 채 정책결정을 하였다. 16 승진 O X

09 부권주의 예 – 심장전문의 乙은 환자의 치료법에 대하여 환자의 입장을 고려하지 않고 자신의 우월적 의학적 지식만 고려하여 일방적으로 치료방법을 결정하였다. 16 승진 O X

10 경찰의 전문직업화는 경제적·사회적 약자가 경찰에 진출할 기회를 증대시켜 준다. 21 간부 O X

11 경찰의 전문직업화는 경찰이 시민의 입장을 고려하지 않고 전문지식을 바탕으로 일방적으로 의사결정을 하므로 치안서비스의 질이 향상된다. 21 간부 O X

12 '범죄와 싸우는 경찰모델'은 수사, 형사 등 법 집행을 통한 범법자 제압 측면을 강조한 모델로서 시민들은 범인을 제압하는 것이 경찰의 주된 임무라고 인식한다. 24 채용 O X

13 '범죄와 싸우는 경찰모델'은 경찰역할을 뚜렷이 인식시켜 '전문직화'에 기여한다. 24 채용 O X

14 '범죄와 싸우는 경찰모델'은 경찰의 역할을 명확하게 인식시켜 전문직화에 기여하지만 법집행에 있어 흑백논리에 따른 이분 법적 오류에 빠질 우려가 있다. 24 채용, 21 경채 O X

15 '범죄와 싸우는 경찰모델'은 경찰활동의 전 부분을 포괄하는 용어로 가장 바람직한 모델이다. 24 채용 O X

16 바람직한 경찰의 역할모델과 관련하여 '치안서비스 제공자로서의 경찰모델'은 시민에 대한 서비스활동과 사회봉사활동의 측면이 강조되어 지역사회 경찰활동과 일맥상통하는 측면이 있다. 21 경채 O X

정답 및 해설

01 O
02 X 차별에 대한 설명
03 O
04 X 소외
05 X 차별
06 O
07 X '소외'에 대한 설명이다.
08 O
09 O
10 X 경찰의 전문직업화는 전문직이 되는데 장기간의 교육과 비용이 들어 가난한 사람은 전문가가 되는 기회를 차단하는 차별의 문제점이 있다.
11 X 부권주의는 치안서비스의 질을 저해할 수 있다.
12 O
13 O
14 O
15 X 치안서비스를 제공하는 경찰모델에 대한 설명
16 O

POINT 02 경찰윤리와 경찰일탈·부패

1 경찰윤리교육의 목적(존 클라이니히) 기출OX 01, 02

도덕적 결의의 강화	경찰관이 실무에서 내부 및 외부로부터의 여러 압력과 유혹에도 굴복하지 않고 자신의 소신과 직업의식에 따라 일을 처리하는 것
도덕적 감수성의 배양	경찰이 다양한 계층의 사람들에게 모두 공평하게 봉사하고, 이들을 인간으로서 존중하는 것
도덕적 전문능력 함양	경찰이 비판적·반성적 사고방식을 배양하여 조직 내에 관습적으로 내려오는 관행을 비판적으로 검토하여 수용하는 것

2 코헨과 펠드버그의 민주경찰 지향점

(1) 공정한 접근(Fair Access)
- 경찰은 사회 전체의 필요에 의해서 생겨난 기구이므로 누구나 공정하게 경찰서비스에 접근할 수 있어야 한다. 기출OX 03
- 경찰의 법집행과정에서 성별·나이·신분 등에 의한 차별은 금지되며, 편들기나 서비스 제공을 게을리 하는 것(해태) 내지 무시는 공정한 접근에 위반되는 것이다.

> - **편들기**: 음주단속 중 적발된 자가 동료경찰관이라는 이유로 눈감아 준 경우 기출OX 04
> - **차별**: 순찰근무 중 달동네는 가려고 하지 않고 부자동네인 구역만 순찰하는 행위 기출OX 05, 06
> - **해태·무시**: 甲은 집에 강도가 들어 가까운 지구대에 신고를 하였더니 지구대에서는 평소에 甲이 협조하지 않았다는 이유로 현장에 출동하지 않은 경우 기출OX 07

(2) 생명과 재산의 안전보호(Safety and Security)
- 사회계약설에 따르면 시민의 생명과 재산의 안전보호가 경찰활동의 궁극적인 목적이지 법집행 자체가 궁극적인 목적이 아니다. 기출OX 08, 09
- 법집행은 시민의 생명과 재산의 안전보호를 위한 하나의 수단에 불과하므로, 법집행이 오히려 생명과 재산에 위협을 가져오는 경우라면 법집행이 양보될 수도 있는 것이다. 기출OX 10
  - 예 폭주족 단속을 위해 무리한 추격전을 벌인 결과 폭주족이 전신주를 들이받아 사망했다면 이는 생명과 재산의 안전보호에 실패를 한 것
- 반면, 잠재적인 위험과 현존하는 위험이 모두 존재한다면, 현존하는 위험을 우선 보호하여야 한다.
  - 예 은행강도가 어린이를 인질로 잡고 차량도주를 하고 있다면, 경찰은 주위 시민들의 안전에 대한 위험에도 불구하고 추격(법집행)을 하여야 한다.

(3) 협동(Team work)
- 경찰은 경찰공무원 상호간은 물론, 행정부에 속하는 다른 기관이나 권력이 분립된 다른 헌법기관(입법부 등)과도 협력하여야 한다. 협력하여야 할 의무는 대외적(조직 대 조직)·내부적(경찰관 상호간)으로 모두 지켜져야 한다. 기출OX 11, 12, 13
  - 예 협동실패사례: 경찰관이 공명심에 앞서 주요 범인을 혼자서 검거하려다 놓친 경우, 형사가 좋은 사람과 나쁜 사람을 가려서 나쁜 사람을 혼내기까지 하는 경우

기출 OX

01 클라이니히(J. Kleinig)는 도덕적 감수성의 배양이란 경찰관이 비판적 사고방식을 배양하여 잘못된 관행을 비판적으로 검토하여 수용하는 것이라고 한다. 21 경채 ⓞ Ⓧ

02 돈을 주며 사건무마를 청탁하는 의뢰인의 요구를 결국 거절하도록 하는 경찰교육의 목적은 도덕적 결의의 강화에 있다. 21 경채 ⓞ Ⓧ

03 공공의 신뢰 확보 – 경찰은 사회 전체의 필요에 의해 생겨난 조직으로, 경찰서비스에 대한 동등한 필요를 가진 사람들이 그것을 받을 동등한 기회를 가져야 한다. 21 채용 ⓞ Ⓧ

04 친구나 동료경찰들에게 특혜를 주는 것은 공정한 접근을 저해하는 불공정한 행위 중 편들기에 해당한다. 20 승진 ⓞ Ⓧ

05 장애인과 비장애인에 대한 치안서비스 제공에 차별을 두는 행위는 공정한 접근에 위배되는 사례이다. 12 승진 ⓞ Ⓧ

06 박순경은 순찰 근무 중 달동네는 가려하지 않고 부자동네인 구역으로만 순찰을 다니려고 하였다. – [공공의 신뢰] 20 승진, 21·17 간부 ⓞ Ⓧ

07 경찰관이 우범지역인 A지역과 B지역의 순찰업무를 맡았으나, A지역에 가족이 산다는 이유로 A지역에서 순찰 근무시간을 대부분 할애한 경우는 '공정한 접근' 위반에 해당한다. 22 승진 ⓞ Ⓧ

08 '시민의 생명과 재산의 안전보호'가 사회계약의 목적이며, 법집행 자체가 사회계약의 궁극적인 목적은 아니다. 12 채용 ⓞ Ⓧ

09 오토바이로 도주하는 절도범이 전신주를 들이받자, 이를 발견한 경찰관이 도망가지 못하도록 총을 발사해 절도범을 사망하게 한 경우는 '공공의 신뢰 확보'에 위배된다. 25 채용, 22 승진 ⓞ Ⓧ

10 인질이 된 사람의 목숨을 구하는 것보다 교통법규의 준수를 우선하는 것은 생명과 재산의 안전보호에 위배된다. 20 승진 ⓞ Ⓧ

11 공정한 접근의 보장 – 경찰은 그들에게 부여된 사회적 역할 범위 내에서 활동을 하여야 하며, 이러한 범위 내의 활동을 함에 있어서도 상호협력을 통해 경찰목적을 달성해야 한다. 21 채용 ⓞ Ⓧ

12 탈주범이 자기 관내에 있다는 첩보를 입수하고도 이를 상부에 보고하지 않고, 단독으로 검거하려다 실패했다면 '협동과 팀워크'에 위배된다. 12 채용 ⓞ Ⓧ

13 탈주범이 자기 관내에 있다는 첩보를 입수한 한순경이 상부에 보고하지 않고 공명심에서 단독으로 검거하려다 탈주범 검거에 실패하였다. – [협동] 21 간부 ⓞ Ⓧ

정답 및 해설

01 X 도덕적 전문능력 함양에 대한 설명
02 O
03 X 공정한 접근의 보장
04 O
05 O
06 X 공정한 접근
07 O
08 O
09 X 생명과 재산의 안전보호
10 O
11 X 협동과 역할 한계 준수
12 O
13 O

(4) 냉정하고 객관적인 자세(Objectivity)
- 경찰관은 사회의 일부분이 아닌 사회 전체의 이익을 위해 냉정하고 객관적인 자세로 업무를 수행하여야 한다.
- 경찰관은 업무수행시 평정심이 요구되는데, 편견 등으로 평정심을 잃은 과도한 개입도 문제가 되나 반대로 객관성이 너무 지나쳐 무관심한 태도(냉소주의)도 문제가 된다. 기출 OX 01, 02
  - 예) 편견: 아버지로부터 가정폭력을 많이 경험한 甲경장이 가정문제의 모든 잘못은 남편에게 있다고 생각하는 경우 기출 OX 03, 04, 05
  - 예) 냉소주의: 조직폭력배간 난투극 신고를 받은 경찰 甲이 '어차피 똑같은 놈들끼리 싸우다 어찌되든 무슨상관이냐'라는 생각으로 늦장 대응을 하는 경우

(5) 공공의 신뢰확보(Public trust)
- 시민들이 직접 자신들의 생명과 재산의 안전을 보호하는 것이 아니라, 사회계약에 따라 자신들을 대신하여 경찰로 하여금 경찰권을 사용하도록 한 것이므로, 시민의 신뢰에 부합하도록 권한을 행사(적법절차 준수)하고 필요최소한의 강제력을 행사(비례원칙 준수)하여야 한다. 기출 OX 06, 07, 08
  - 예) 실패사례: 경찰이 시위를 과잉진압하여 시위대를 사망케 하거나, 달아나는 절도범의 등 뒤에서 총을 쏘아 사망케 한 것은 비례원칙에 위반하여 신뢰확보에 실패한 것이다. 기출 OX 09, 10, 11
- 경찰은 시민들의 신뢰를 받을 수 있도록 합리적이고 정당하게 공권력을 행사하여야 한다. 경찰이 사익추구를 위해 공권력을 행사하는 것이라고 믿게 해서는 안된다. 기출 OX 12, 13
  - 예) 실패사례: 경찰이 범죄자에 대해 두려움을 느끼고 법집행을 회피한 경우, 경찰이 뇌물을 수수하거나 공짜 접대를 받는 경우
  - 예) 성공사례: 시민이 절도 용의자를 직접 체포하지 않고 수사기관에 신고해서 체포하게 하는 경우

기출 OX

01 객관성이 너무 지나칠 경우에도 냉소주의로 흐를 가능성은 없다. 12 승진 O X

02 丙순경은 경찰 입직 전에 도둑을 맞은 경험이 있었다. 그런데 경찰이 되어 절도범을 검거 하자. 과거 도둑맞은 경험이 생각나 피의자에게 욕설과 가혹행위를 하였다. – 〈냉정하고 객관적 자세〉 17 간부 O X

03 戊경장은 어렸을 적 아버지로부터 가정폭력을 경험하였는데, 가정폭력사건을 처리하면서 모든 잘못은 남편에게 있다고 단정지었다. – 〈공공의 신뢰〉 17 간부 O X

04 이순경은 어렸을 적 아버지로부터 가정폭력을 경험하였는데. 가정폭력 사건을 처리하면서 모든 잘못은 남편에게 있다고 단정 지었다. – [냉정하고 객관적인 자세] 21 간부 O X

05 최순경은 경찰입직 전 집에 도둑을 맞은 경험이 있었다. 그런데 경찰에 임용되어 절도범을 검거하자. 과거의 도둑맞은 경험이 생각나 피의자에게 욕설과 가혹행위를 하였다. – [냉정하고 객관적인 자세] 21 간부 O X

06 생명과 재산의 안전 보호 – 경찰관은 자의적으로 권한을 행사해서는 안 되고, 물리력의 행사는 필요최소한에 그쳐야 하며, 시민의 신뢰에 합당한 방식으로 권한을 행사해야 한다. 21 채용 O X

07 경찰이 직무수행 과정에서 적법절차를 준수하고, 권한을 남용하거나 물리력을 과도하게 사용해서는 아니 되며, 오직 시민의 신뢰에 합당한 방식으로 권한을 행사하는 것은 '공공의 신뢰'에 해당한다. 12 채용 O X

08 경찰이 사익을 위해 공권력을 사용하거나 필요한 최소한의 강제력을 초과하여 사용하였다면 '공정한 접근' 위반에 해당한다. 22 승진 O X

09 경찰관이 절도범을 추격하던 중 도주하는 범인의 등 뒤에서 권총을 쏘아 사망하게 하는 경우는 '공공의 신뢰' 위반에 해당한다. 22 승진, 21 간부 O X

10 경찰이 사익을 위해 공권력을 사용하거나 필요한 최소한의 강제력을 초과하여 사용하였다면 '공정한 접근' 위반에 해당한다. 22 승진 O X

11 甲순경은 절도범을 추격하던 중 도주하는 범인의 등 뒤에서 권총을 쏘아 사망하게 하였다 – 〈공정한 접근〉 17 간부 O X

12 丁순경은 강도범을 추격하다가 골목길에서 칼을 든 강도와 조우하였다. 丁순경은 계속 추격하는 척하다가 강도가 도망가도록 내버려 두었다. – 〈공정한 접근〉 17 간부 O X

13 1주일간 출장을 마치고 집에 돌아온 A 는 자신의 TV가 없어진 것을 발견하였다. 그래서 여기저기 찾아보던 중에 평소부터 사이가 좋지 않던 옆집의 B가 A의 TV를 몰래 훔쳐가 사용중인 것을 창문너머로 확인하였다. 이 때 A는 몽둥이를 들고 가서 직접 자기의 TV를 찾아오려다가 그만두고, 경찰에 신고하여 TV를 되찾았다. – [공공의 신뢰] 21 간부 O X

정답 및 해설

01 X 객관성과 관련하여 객관성이 너무 지나치면 냉소주의의 문제가 발생할 수 있다.
02 O
03 X 냉정하고 객관적인 자세
04 O
05 O
06 X 공공의 신뢰 확보
07 O
08 X '공공의 신뢰확보(Public trust)' 위반
09 O
10 X '공공의 신뢰확보(Public trust)' 위반
11 X 공공의 신뢰확보
12 X 공공의 신뢰확보
13 O

3 경찰일탈과 부패의 원인 가설

(1) **미끄러지기 쉬운 경사로 이론**: 셔먼의 "미끄러운 경사로 이론"은 부패에 해당되지 않는 작은 호의가 습관화될 경우 미끄러운 경사로를 타고 내려오듯 점점 더 큰 부패와 범죄로 빠진다는 가설 [기출OX] 01, 02, 03

[보충] 작은호의: 호의란 감사의 표시나 훌륭한 경찰관에 대한 자발적 보상

- 작은호의 허용 찬반론

허용론	• 펠드버그가 주장 [기출OX] 04, 05, 06 • **당연성**: 자신이 해야 할 일을 하는 경우이지만 고마움을 표시하는 것은 당연하다. • **자발성**: 작은 사례나 호의는 강제된 것이 아니라 자발적으로 이루어진다. • **공정성**: 작은 호의를 받더라도 경찰관은 편파적으로 업무를 처리하지 않는다 → "**작은 호의와 뇌물을 구분하지 못한다는 것은 경찰관의 지능에 대한 모독이다.**" • **관행성**: 공짜 커피와 같은 것은 뿌리 깊은 관행으로서 불식시키는 것은 불가능하다. • **형성재이론**: 작은 호의는 시민과 경찰이 원만한 사회관계를 형성할 수 있도록 만들어주는 형성재이며, 경찰은 작은 호의를 통하여 지역주민들과 친밀해질 수 있다 [기출OX] 07
금지론	• 델라트르, 셔먼 주장 [기출OX] 08 • 작은 호의 자체는 부패가 아니지만, 작은 선물일지라도 그것이 정례화되면 준 사람에 대한 의무감이나 신세를 진다는 생각을 가지게 한다. • 작은 호의를 받아들이는 사람들은 점점 더 멈추기 어려운 부패의 '**미끄러지기 쉬운 경사로**' 위에 있는 사람들이다(바늘 도둑이 소도둑 된다). • 대부분의 경찰관들이 뇌물과 작은 호의를 구별할 수 있어도 일부는 양자를 구별할 능력이 없다. • 공짜 커피를 제공하는 사람들은 대개 불순한 의도를 가지고 있다.

(2) **전체사회가설**
- **윌슨**: "시카고 경찰부패의 원인은 부패한 시카고 시민들이다.", '경찰은 어떤 작은 호의, 심지어 한 잔의 공짜 커피도 받도록 허용되어서는 안된다.' [기출OX] 09, 10, 11
- 경찰조직 부패의 원인을 **부패한 시민사회**에게서 찾는 이론이다. [기출OX] 12
- 사회 전체가 경찰 부패를 묵인하거나 조장할 때 경찰관은 자연스럽게 부패의 길로 빠져든다는 이론이다. 이러한 분위기의 사회가 제공하는 작은 호의에 길들여지다 보면 나중에는 결국 부패하게 된다는 것이다. → **미끄러지기 쉬운 경사로 이론과 유사** [기출OX] 13

(3) **구조원인 가설**
- **니더호퍼, 로벅, 바커**: "신임경찰이 기존의 부패한 경찰로부터 부패의 사회화를 통하여 물들게 된다." [기출OX] 14, 15
- 경찰조직 부패의 원인을 경찰관 개인이 아닌 **부패한 경찰조직**에 있다고 보는 이론이다
- 구조화된 조직적 부패는 서로가 문제점을 알면서도 이를 묵인하는 '**침묵의 규범**'을 형성하게 된다. [기출OX] 16, 17
- '법규와 현실의 괴리'가 부패의 원인이 되기도 한다.

(4) **썩은 사과 이론**
- 경찰조직 부패의 원인을 조직이 아닌 **부패한 경찰관 '개인'**에게서 찾는다. [기출OX] 18
- 썩은 사과 한 개가 상자에 있는 모든 사과를 썩게만들 듯이 부정부패할 가능성이 있는 경찰관 일부가 조직에 유입되어 전체가 부패된다는 이론이다. [기출OX] 19, 20

기출 OX

01 미끄러지기 쉬운 경사로 이론은 니더호퍼, 로벅, 바커 등이 주장한 이론이다. 13 채용   O X

02 미끄러지기 쉬운 경사로 이론은 부패에 해당하는 작은 호의가 습관화될 경우 미끄러운 경사로를 타고 내려오듯이 점점 더 큰 부패와 범죄에 빠진다는 가설이다. 25·23·22·17·15 채용, 24 승진, 23 간부   O X

03 셔먼의 '미끄러지기 쉬운 경사로 이론'에 의하면 공짜 커피 한 잔도 부패에 해당한다. 17 채용, 15 간부   O X

04 델라트르는 '미끄러지기 쉬운 경사로이론'에 따라 시민의 작은 호의를 받은 경찰관 중 큰 부패로 이어지는 경찰관은 일부에 불과하므로 시민의 작은 호의를 금지할 필요는 없다고 하였다. 23 간부   O X

05 펠드버그는 대부분의 경찰관들이 사소한 호의와 뇌물을 구별할 수 있으므로 '미끄러지기 쉬운 경사로 이론'은 비현실적이고, 더 나아가 경찰인의 지능에 대한 모독이라고 하였다. 25·18 승진, 23·15 간부   O X

06 작은호의를 제공받은 경찰관이 도덕적 부채를 느껴 이를 보충하기 위해 결과적으로 선한 후속행위를 하는 상황은 미끄러운 경사 가설의 맥락에서 이해할 수 있다. 23 채용   O X

07 '형성재' 이론은 작은 사례나 호의는 시민과의 부정적인 사회관계를 만들어주는 형성재라는 것으로 작은 호의의 부정적인 효과를 강조하는 이론이다. 25 승진, 18 경채, 16 간부   O X

08 델라트르는 작은 호의를 금지해야 한다고 주장하였다. 25 승진, 18 간부   O X

09 윌슨은 '시카고 시민이 경찰을 부패시켰다'고 주장하였는데, 이는 시민사회의 부패가 경찰부패의 주원인이라고 보는 입장이다. 24 승진, 23·22·18·15 채용   O X

10 윌슨은 '경찰은 어떤 작은 호의, 심지어 한 잔의 공짜 커피도 받도록 허용되어서는 안된다.'라고 주장하였다. 23 간부   O X

11 전체사회가설은 니더호퍼, 로벅, 바커 등이 주장한 가설이다. 23·17 채용   O X

12 '구조원인 가설'은 신임경찰이 기존의 부패한 경찰로부터 부패의 사회화를 통하여 물들게 된다는 이론으로 시민사회의 부패가 경찰부패의 주요한 원인이라고 보고 있다. 18 경채   O X

13 니더호퍼, 로벅, 바커 등이 주장한 '전체사회 가설'은 '미끄러지기 쉬운 경사로 이론과 관련이 깊다. 18·17 채용   O X

14 코헨(Cohen), 펠드버그(Feldberg)가 제시한 이론으로 신임경찰이 기존의 부패한 경찰로부터 부패의 사회화를 통하여 물들게 된다는 것은 '구조원인 가설'이다. 22·15 채용, 18 승진   O X

15 전체사회가설은 신임경찰관이 조직의 부패 전통 내에서 고참 동료들에 의해 사회화됨으로써 부패의 길로 들어선다는 입장이다. 23·22 채용   O X

16 구조원인 가설에 따르면, 구조화된 조직적 부패는 서로가 문제점을 알면서도 눈감아주는 '침묵의 규범'을 형성한다. 22·18 채용, 20 승진   O X

17 경찰관 A는 동료경찰관들이 유흥업소 업주들로부터 접대를 받은 사실을 알고도 모른 체한 경찰관들의 일탈 사례는 썩은사과 가설이론에 해당한다 20 채용   O X

18 썩은 사과 가설은 신임 경찰관들이 그들의 선배 경찰관들에 의해 조직의 부패 전통 내에서 사회화 되어 신임 경찰도 기존 경찰처럼 부패로 물들게 된다고 주장한다. 18·17 채용, 20 승진   O X

19 '썩은 사과 가설'은 경찰 부패의 원인으로 부패가능성이 있는 경찰관들이 모집단계에서 배제되지 못하고 조직 내에 유입됨으로써 경찰의 부패가 나타난다고 설명한다. 22 채용, 18 승진   O X

20 썩은 사과 가설은 부패의 원인이 개인이 아닌 조직적 결함에 있다고 본다. 24·20 승진, 18 간부, 15 채용   O X

정답 및 해설

01 X 셔먼이 주장
02 X 작은 호의 자체는 부패가 아니다.
03 X 공짜커피 한 잔은 부패가 아닌 '작은 호의'에 해당
04 X 펠드버그의 주장
05 O
06 X 작은호의에 대한 허용론 입장
07 X 긍정적 효과를 강조하는 이론
08 O
09 O
10 O

11 X 윌슨이 주장
12 X '전체사회 가설'
13 X 윌슨이 주장
14 X 니더호퍼, 로벅, 바커
15 X 구조원인 가설에 대한 설명이다.
16 O
17 X '침묵의 규범'에 대한 사례로 구조원인 가설이다.
18 X 구조원인 가설에 대한 설명
19 O
20 X 썩은 사과가설은 부패의 원인을 개인적 결함

4 경찰부패

(1) 부패의 개념

관직 중심의 정의	부패는 뇌물수수행위와 특히 결부되어 있지만, 반드시 금전적인 형태일 필요가 없는 사적 이익을 고려한 결과로 권위를 남용하는 경우를 말한다. 기출OX 01
시장 중심의 정의	고객들은 잘 알려진 위험을 감수하고라도 원하는 이익을 받는 것을 확실히 하기 위하여 높은 가격(뇌물)을 지불하는 결과로 부패가 발생한다. 기출OX 02, 03
공익 중심의 정의	공직자가 법적으로 규정되어 있지 않은 금전적인 또는 다른 형태의 보수에 의하여 그 보수를 제공한 사람들에게 이로운 행위를 함으로써 공중의 이익에 손해를 끼칠 때 부패가 발생한다. 기출OX 04

(2) 부패의 유형

백색부패	• 이론상 일탈행위로 규정될 수 있으나, **구성원의 다수가 어느 정도 용인**하는 **선의의 부패** 또는 관례화된 부패를 의미한다. 기출OX 05 예 경기가 어렵지만 국민들의 동요나 기업활동의 위축을 방지하기 위해서 경기가 살아나고 있다고 공직자가 거짓말을 한 경우
회색부패	• 백색부패와 흑색부패의 중간에 위치하는 유형으로서 **얼마든지 흑색부패로 발전**할 수 있는 잠재성을 지닌 것을 말한다. 기출OX 06 예 정치권에 대한 탈법적 후원금, 순찰경찰관에게 주민들이 제공하는 음료수나 과일
흑색부패	• 사회 전체에 **심각한 해**를 끼치는 부패로 구성원 모두가 인정하고 처벌을 원하는 부패를 말한다. 기출OX 06, 07 예 업무와 관련된 대가성 있는 뇌물수수

(3) 동료부패에 대한 반응

1) 내부고발 (Whistle Blowing, Deep Throat)
   - 의의: 동료나 상사의 부정에 대하여 감찰이나 외부의 언론매체를 통하여 공표하는 내부고발행위 기출OX 08, 09
     → [비교] 침묵의 규범: 동료의 부정부패에 대하여 눈감아 주는 것 기출OX 10
   - 내부고발의 정당화 요건(클라이니히) 기출OX 11, 12, 13, 14, 15

   > 1. **적절한 도덕적 동기**: 개인의 출세, 보복하려는 동기에 의한 내부 고발은 정당하지 않다.
   > 2. **합리적 증거**: 객관적으로 확신할 만한 합리적 증거에 근거한 내부고발이어야 한다.
   > 3. **성공가능성**: 어느 정도 성공할 가능성이 있어야 한다.
   > 4. **중대성·급박성**: 사소하고 일상적인 경미사안이나, 제도화된 자정절차로 해결가능한 사안은 내부고발이 정당화 되기 어렵다.
   > 5. **보충성(최후수단성)**: 내부문제를 외부에 공표하기 전 조직 내 다른 채널을 통하여 해결할 수 있으면 먼저 내부적 해결을 해야 한다고 본다.

2) 도덕적 해이(Moral Hazard)
   - 도덕적 가치관이 붕괴되어 동료의 부패를 부패라고 인식하지 못하는 것을 의미한다. 기출OX 16

   [참고]
   - 더티 해리(Dirty Harry) 딜레마: 주인공 해리 캘러한은 자신의 신념에 부합한다면 법제도나 경찰조직(상관)의 명령보다 자신만의 정의를 앞세우는 인물 → 목적이 정당하면 수단도 정당화 되는가? 기출OX 17
   - Busybodiness: 남의 비행에 대하여 일일이 참견하면서 도덕적 충고를 하는 것을 의미 기출OX 18

기출 OX

01 관직중심적 부패는 관료들이 직무를 수행하는 과정에서 사적 이익의 추구를 위하여 권한을 악용하여 조직의 규범을 일탈하는 행위를 말한다. 24 채용 〇 X

02 시장 중심의 정의: 고객들은 잘 알려진 위험을 감수하고라도 원하는 이익을 받는 것을 확실히 하기 위하여 높은 가격(뇌물)을 지불하는 결과로 부패가 발생한다. 22 경채 〇 X

03 고객이 위험을 감수하고서라도 원하는 이익을 확실히 취하기 위해 높은 가격의 뇌물을 지불하는 상황을 부패로 이해한다면, 이는 하이덴하이머(Heidenheimer)가 제시한 세 가지 유형의 부정부패 정의 중 시장중심적 정의와 가장 관련이 크다. 23 채용 〇 X

04 공익 중심의 정의: 공직자가 법적으로 규정되어 있지 않은 금전적인 또는 다른 형태의 보수에 의하여 그 보수를 제공한 사람들에게 이로운 행위를 함으로써 공중의 이익에 손해를 끼칠 때 부패가 발생한다. 22 경채 〇 X

05 백색부패는 선의의 목적으로 행해지는 부패행위를 말한다. 24 채용 〇 X

06 회색부패는 사회 전체에 명백하고 심각한 해를 끼치는 부패이며 흑색부패로 악화될 수 있다. 24 채용 〇 X

07 업무와 관련된 대가성 있는 뇌물을 받는 경우는 흑색부패에 해당한다. 24 채용 〇 X

08 경찰관이 동료나 상사의 부정부패에 대하여 감찰이나 외부의 언론매체에 대하여 공표하는 것을 '모랄 해저드'(moral hazard)라고 한다. 15 간부 〇 X

09 경찰관의 동료나 상사의 부정부패에 대하여 감찰이나 외부의 언론매체에 대하여 공표하는 것을 휘슬블로잉(Whistleblowing) 또는 딥 스로트(Deep Throat)(이)라고 하고, 침묵의 규범은 그와 반대로 동료의 부정부패에 대하여 눈감아 주는 것을 말한다. 이에 반해 도덕적 해이(Moral hazard)는 애초에 도덕적 가치관이 붕괴되어 동료의 부패를 부패로 인식조차 하지 못하는 것을 말한다. 15 승진 〇 X

10 경찰부패에 대한 내부고발은 '침묵의 규범'과 같은 개념이다. 18 간부 〇 X

11 클라이니히(Kleinig)는 내부고발의 윤리적 정당화 요건에 대해 내부고발자는 특별한 경우를 제외하고는 외부에 공표한 후 자신의 이견을 표시하기 위한 내부적 채널을 모두 사용하여야 한다고 주장하였다. 25·24 채용 〇 X

12 클라이니히는 외부고발론의 정당화요건을 제시하면서 내부문제를 외부에 공표하기 전에 조직내 다른 채널을 통하여 해결할 수 있으면 먼저 내부적 해결을 해야 한다고 본다. 12 간부 〇 X

13 내부고발자는 부적절한 행동을 하도록 지시되었다는 자신의 신념이 합리적 증거에 근거하였는지 확인해야 한다. 24 채용 〇 X

14 적절한 도덕적 동기에 의해 내부고발이 이루어져야 하며, 성공가능성은 불문한다. 24 채용 〇 X

15 도덕적 위반이 얼마나 중대한가, 도덕적 위반이 얼마나 급박한가 등에 대한 세심한 고려가 있어야 한다. 24 채용 〇 X

16 Moral hazard은(는) 도덕적 가치관이 붕괴되어 동료의 부패를 부패라고 인식하지 못하는 것을 의미하며, 부패를 잘못된 행위로 인식하고 있지만 동료라서 모르는 척하는 침묵의 규범과는 구별되는 개념이다. 20 채용 〇 X

17 'Dirty Harry 문제'는 도덕적으로 선한 목적을 위해 윤리적, 정치적, 혹은 법적으로 더러운 수단을 동원하는 것이 적절한가와 관련된 딜레마적 상황이다. 22 채용 〇 X

18 Busybodiness는 남의 비행에 대하여 일일이 참견하면서 도덕적 충고를 하는 것을 의미한다. 25 승진, 20 채용 〇 X

정답 및 해설

01 〇
02 〇
03 〇
04 〇
05 〇
06 X 사회전체에 심각한 해를 끼치는 부패는 흑색부패
07 〇
08 X 내부고발(Whistle Blowing, Deep Throat)에 대한 설명
09 〇
10 X '침묵의 규범'은 내부고발과 반대의 개념이다.
11 X 외부에 공표하기 전
12 X 클라이니히는 외부고발이 아닌 내부고발의 정당화 요건을 주장하였다.
13 〇
14 X 어느 정도 성공할 가능성이 있어야 한다.
15 〇
16 〇
17 〇
18 〇

POINT 03 경찰윤리강령

1 연혁 기출OX 01

경찰윤리헌장(1966) → 새경찰 신조(1980) → 경찰헌장(1991) → 경찰서비스헌장(1998) **윤새헌서**

※ 1945년 국립경찰의 탄생 시 경찰의 이념적 좌표가 된 경찰정신은 **영미법계**의 영향을 받은 '**봉사와 질서**'이다 기출OX 02

2 경찰헌장 내용 기출OX 03, 04, 05, 06, 07

1. 우리는 모든 사람의 인격을 존중하고 누구에게나 따뜻하게 **봉사**하는 **친절한 경찰**이다.
1. 우리는 **정의**의 이름으로 진실을 추구하며, 어떠한 불의나 불법과도 타협하지 않는 **의로운 경찰**이다.
1. 우리는 국민의 **신뢰**를 바탕으로 오직 양심에 따라 법을 집행하는 **공정한 경찰**이다.
1. 우리는 건전한 상식 위에 전문지식을 갈고 닦아 맡은 일을 **성실**하게 수행하는 **근면한 경찰**이다.
1. 우리는 화합과 단결 속에 항상 규율을 지키며, **검소**하게 생활하는 **깨끗한 경찰**이다.

3 경찰강령의 문제점 기출OX 08, 09, 10, 11, 12, 13, 14

비진정성의 조장	경찰강령은 경찰관의 도덕적 자각에 따른 자발적인 행동이 아니라 외부로부터 요구되는 것으로서 **타율성**으로 인해 진정한 봉사가 이루어지지 않을 수 있다.
최소주의의 위험	경찰관이 최선을 다하여 헌신과 봉사를 하려다도 경찰강령에 포함된 정도의 수준으로만 근무를 하여 경찰강령이 **근무수행의 최소기준**이 될 수 있다.
행위중심적 성격	경찰강령은 행위 중심적으로 규정되어 있어 행위 이전 **의도나 동기를 소홀**히 하게 될 수 있다.
냉소주의의 문제	경찰강령은 직원들의 참여에 의하여 이루어지는 것이 아니라, **상부에서 제정하여 하달되므로 냉소주의**를 야기한다.
강제력의 부족	경찰강령은 **법적 강제력이 없기 때문**에 위반했을 경우 제재할 방법이 미흡하다(실행가능성의 문제).
우선순위 미결정	경찰강령이 구체적인 경우 상세하지만 그보다 더 곤란한 현실문제에 있어서 무엇을 먼저하고, 무엇을 나중에 해야 할지 **우선순위를 결정하는 기준**이 되기 어렵다.

기출 OX

01 우리나라의 경찰윤리강령 제정과정은 경찰윤리헌장(1966) → 새경찰 신조(1980) → 경찰헌장(1991) → 경찰서비스헌장(1998)순이다. 24 채용, 22 간부, 16 지능범죄, 17 승진 (O X)

02 1945년 국립경찰의 탄생 시 경찰의 이념적 좌표가 된 경찰정신은 대륙법계의 영향을 받은 '봉사와 질서'이다. 24 채용, 21 승진 (O X)

03 경찰헌장에서는 "우리는 화합과 단결 속에 항상 규율을 지키며 검소하게 생활하는 근면한 경찰이다"라는 목표를 제시하였다. 21 승진 (O X)

04 경찰헌장에는 '우리는 정의의 이름으로 진실을 추구하며, 어떠한 불의나 불법과도 타협하지 않는 공정한 경찰'이라고 하였다. 17 승진 (O X)

05 경찰헌장에서는 우리는 정의의 이름으로 진실을 추구하며 어떠한 불의나 불법과 타협하지 않는 의로운 경찰이다. 라는 목표를 제시하였다. 23 승진 (O X)

06 경찰헌장에서는 우리는 국민의 신뢰를 바탕으로 오직 양심에 따라 법을 집행하는 공정한 경찰이다. 라는 목표를 제시하였다. 23 승진 (O X)

07 경찰헌장에서는 우리는 화합과 단결 속에 항상 규율을 지키며 검소하게 생활하는 깨끗한 경찰이다. 라는 목표를 제시하였다. 23 승진 (O X)

08 경찰윤리강령의 문제점으로 '비진정성의 조장'은 강령의 내용을 행위의 울타리로 삼아 강령에 제시된 바람직한 행위 그 이상의 자기희생을 하지 않으려는 경향을 의미한다. 19 승진 (O X)

09 경찰윤리강령의 문제점으로 최소주의의 위험이란 강령 간 우선순위, 업무 간 우선순위를 제시하지 못하는 한계를 말한다. 16 승진 (O X)

10 경찰윤리강령의 문제점으로 강제력의 부족이란 강령이나 훈령은 법적 강제력이 부족하여 그 이행을 보장하기 힘들다는 것을 말한다. 16 승진 (O X)

11 「경찰윤리강령」의 문제점 중 냉소주의 조장은 강령에 규정된 수준 이상의 근무를 하지 않으려 하는 근무수준의 최저화 경향을 말한다. 17 실무 (O X)

12 경찰윤리강령의 문제점 중 '냉소주의의 문제'란, 경찰관의 도덕적 자각에 따른 자발적인 행동이 아니라 외부로부터 요구된 타율성으로 인해 진정한 봉사가 이루어지지 않을 수 있다는 것을 의미한다. 21 승진 (O X)

13 경찰윤리강령은 법적 강제력이 없기 때문에 위반했을 경우 제재할 방법이 미흡하다. 24 채용 (O X)

14 경찰윤리강령은 민주적 참여에 의한 제정보다는 상부에서 제정되고 일방적으로 하달되어 냉소주의를 불러일으키는 단점이 있다. 24 채용 (O X)

정답 및 해설

01 O
02 X 영미법계의 영향
03 X 근면한 경찰이 아니라 '깨끗한 경찰'이다.
04 X 의로운 경찰이다.
05 O
06 O
07 O
08 X 최소주의의 위험에 대한 설명
09 X 우선순위 미결정
10 O
11 X 최소주의의 위험
12 X 비진정성의 조장
13 O
14 O

POINT 04 부정청탁 및 금품등 수수의 금지에 관한 법률

1 정의

공공기관	가. 국회, 법원, 헌법재판소, 선거관리위원회, 감사원, 국가인권위원회, 고위공직자범죄수사처, 중앙행정기관(대통령 소속 기관과 국무총리 소속 기관을 포함한다)과 그 소속 기관 및 지방자치단체 기출OX 01 나. 「공직자윤리법」 제3조의2에 따른 공직유관단체 다. 「공공기관의 운영에 관한 법률」 제4조에 따른 기관 라. 「초·중등교육법」, 「고등교육법」, 「유아교육법」 및 그 밖의 다른 법령에 따라 설치된 각급 학교 및 「사립학교법」에 따른 학교법인 기출OX 02 마. 「언론중재 및 피해구제 등에 관한 법률」 제2조 제12호에 따른 언론사
공직자등	가. 「국가공무원법」 또는 「지방공무원법」에 따른 공무원과 그 밖에 다른 법률에 따라 그 자격·임용·교육훈련·복무·보수·신분보장 등에 있어서 공무원으로 인정된 사람 기출OX 03 나. 제1호 나목 및 다목에 따른 공직유관단체 및 기관의 장과 그 임직원 다. 제1호 라목에 따른 각급 학교의 장과 교직원 및 학교법인의 임직원 라. 제1호 마목에 따른 언론사의 대표자와 그 임직원 기출OX 04, 05
금품등	가. 금전, 유가증권, 부동산, 물품, 숙박권, 회원권, 입장권, 할인권, 초대권, 관람권, 부동산 등의 사용권 등 일체의 재산적 이익 나. 음식물·주류·골프 등의 접대·향응 또는 교통·숙박 등의 편의 제공 다. 채무 면제, 취업 제공, 이권 부여 등 그 밖의 유형·무형의 경제적 이익

2 부정청탁의 금지

(1) **금지되는 부정청탁**: 누구든지 직접 또는 제3자를 통하여 직무를 수행하는 공직자등에게 다음 어느 하나에 해당하는 법령을 위반하게 하거나 지위·권한을 남용하여 처리하도록 하는 부정청탁을 해서는 아니 된다.

> ① 인·허가 ② 처벌의 감경·면제 ③ 인사 개입 ④ 위원 선정 ⑤ 수상·포상 ⑥ 직무상 비밀누설
> ⑦ 계약 체결 ⑧ 보조금·기금 등 업무 ⑨ 재화·용역의 처분 ⑩ 성적 조작 ⑪ 병무 ⑫ 각종 평가·판정 ⑬ 행정지도·단속 ⑭ 수사·재판·중재

(2) **부정청탁이 아닌 경우**: 다음의 7가지 예외사유에 해당하는 경우에는 청탁금지법을 적용하지 않으며, 또한 직접 자신을 위하여 하는 부정청탁은 과태료 부과대상에서 제외한다.

> ① 법령·기준에서 정한 절차에 따라 요구 ② 공개적으로 특정한 행위를 요구 ③ 선출직공직자, 정당, 시민단체 등이 공익적 목적으로 제3자의 고충민원 전달 ④ 진행상황 등 문의 ⑤ 확인·증명을 신청 ⑥ 질의·상담형식으로 설명 요구
> ⑦ 기타 사회상규에 반하지 않는 행위

(3) **부정청탁을 받은 공직자 등의 대응**
① 부정청탁을 받은 공직자등은 그에 따라 직무를 수행해서는 아니 된다. → 위반시 2년 이하의 징역 또는 2천만원 이하의 벌금 기출OX 06
② 공직자등은 부정청탁을 받았을 때에는 부정청탁을 한 자에게 부정청탁임을 알리고 이를 거절하는 의사를 명확히 표시하여야 한다. 기출OX 07
③ 공직자등은 ②에 따른 조치를 하였음에도 불구하고 동일한 부정청탁을 다시 받은 경우에는 이를 소속기관장에게 서면(전자문서를 포함)으로 신고하여야 한다. 기출OX 08
④ 공직자등은 ③에 따른 신고를 감독기관·감사원·수사기관 또는 국민권익위원회에도 할 수 있다.

기출 OX

01 '공공기관'에는 국회, 법원, 헌법재판소, 감사원, 국가인권위원회, 중앙행정기관(대통령 소속 기관과 국무총리 소속 기관을 포함한다)과 그 소속 기관 및 지방자치단체를 포함한다. 단, 선거관리위원회는 '공공기관'에 해당하지 않는다. 18 승진 (O X)

02 '공공기관'에는 「초·중등교육법」, 「고등교육법」, 「유아교육법 및 그 밖의 다른 법령에 따라 설치된 각급 학교가 포함된다. 단, 「사립학교법」에 따른 학교법인은 '공공기관'에 해당하지 않는다. 18 승진 (O X)

03 「국가공무원법」 또는 「지방공무원법」에 따른 공무원과 그 밖에 다른 법률에 따라 그 자격·임용·교육훈련·복무·보수·신분보장 등에 있어서 공무원으로 인정된 사람은 '공직자등' 개념에 포함된다. 22 채용 (O X)

04 '공직자등'에는 「언론중재 및 피해구제 등에 관한 법률」 제2조 제12호에 따른 언론사의 대표자와 그 임직원이 포함된다. 18 승진 (O X)

05 '공직자등'에는 「변호사법」 제4에 따른 변호사 자격이 있는 자는 포함된다고 명시되어 있다. 18 승진 (O X)

06 부정청탁을 받은 '공직자등'이 그에 따라 직무를 수행한 경우 2년이하의 징역 또는 2천만원 이하의 벌금에 처한다. 20·19 승진 (O X)

07 부정청탁을 받은 공직자등은 부정청탁을 한 자에게 부정청탁임을 알렸다면 이와 별도로 거절하는 의사는 명확하지 않아도 된다. 24 채용, 22·19 승진 (O X)

08 '공직자등'이 부정청탁을 받았을 때에는 부정청탁을 한 자에게 부정청탁임을 알리고 이를 거절하는 의사를 명확히 표시하여야 하며, 이러한 조치를 하였음에도 불구하고 동일한 부정청탁을 다시 받은 경우에는 이를 소속 기관장에게 구두 또는 서면(전자서면을 포함)으로 신고하여야 한다. 22 채용 (O X)

정답 및 해설

01 X 선거관리위원회는 '공공기관'에 포함된다.
02 X 「사립학교법」에 따른 학교법인 역시 '공공기관'에 포함된다.
03 O
04 O
05 X 공직자등에는 「변호사법」 제4조에 따른 변호사 자격이 있는 자는 포함되어 있지 않다.
06 O
07 X 거절하는 의사를 명확히 표시하여야 한다.
08 X 서면으로 신고

(4) 신고를 받은 소속기관장의 대응
① 신고를 받은 소속기관장은 신고의 경위·취지·내용·증거자료 등을 조사하여 신고내용이 부정청탁에 해당하는지를 신속하게 확인하여야 한다.
② 소속기관장은 부정청탁이 있었던 사실을 알게 된 경우 또는 부정청탁에 관한 신고·확인 과정에서 해당 직무의 수행에 지장이 있다고 인정하는 경우에는 부정청탁을 받은 공직자등에 대하여 다음의 조치를 할 수 있다.

> 1. 직무 참여 일시중지 2. 직무 대리자의 지정 3. 전보 4. 그 밖에 조치

3 금품 등 수수의 금지

(1) 원칙적 수수·요구·약속금지
① 공직자등은 직무 관련 여부 및 기부·후원·증여 등 그 명목에 관계없이 동일인으로부터 **1회에 100만원** 또는 매 회계연도에 **300만원**을 초과하는 금품등을 받거나 요구 또는 약속해서는 아니 된다. 기출OX 01
② 공직자등은 직무와 관련하여 대가성 여부를 불문하고 ①에서 정한 금액 이하의 금품등을 받거나 요구 또는 약속해서는 아니 된다.
③ 공직자등의 **배우자(사실혼 배우자 ×)**는 공직자등의 직무와 관련하여 수수 금지 금품등을 받거나 요구하거나 제공받기로 약속해서는 아니 된다.
④ 누구든지 공직자등에게 또는 그 공직자등의 배우자에게 수수 금지 금품등을 제공하거나 그 제공의 약속 또는 의사표시를 해서는 아니 된다.

(2) 예외적 수수 등 가능금품
㉠ **외부강의등에 관한 사례금** 또는 ㉡ 다음 어느 하나에 해당하는 금품등의 경우에는 수수를 금지하는 금품등에 해당하지 아니한다.

1. 공공기관이 소속 공직자등이나 파견 공직자등에게 지급하거나 상급 **공직자등이 위로·격려·포상 등의 목적**으로 하급 공직자등에게 제공하는 금품등 기출OX 02, 03
2. 원활한 직무수행 또는 사교·의례 또는 부조의 목적으로 제공되는 음식물·경조사비·선물 등으로서 대통령령으로 정하는 가액 범위 안의 금품등 기출OX 04

구 분	가액 범위
음식물: 제공자와 공직자등이 함께 하는 식사, 다과, 주류, 음료, 그 밖에 이에 준하는 것	5만원
경조사비: 축의금, 조의금	5만원 축의금, 조의금을 대신하는 화환·조화는 10만원
선물: 금전, 유가증권(상품권제외), 음식물 및 경조사비를 제외한 일체의 물품, 상품권(물품상품권 및 용역상품권만 해당) 및 그 밖에 이에 준하는 것	5만원 「농수산물 품질관리법」에 따른 농수산물, 농수산가공품 중 농수산물을 원료 또는 재료의 50퍼센트를 넘게 사용하여 가공한 제품은 15만원 (명절기간 중에는 두배)

3. 사적 거래(증여는 제외한다)로 인한 채무의 이행 등 **정당한 권원**에 의하여 제공되는 금품등 기출OX 05
4. 공직자등의 **친족(「민법」제777조에 따른 친족을 말한다)**이 제공하는 금품등 기출OX 06, 07, 08
5. 공직자등과 관련된 **직원상조회·동호인회·동창회·향우회·친목회·종교단체·사회단체** 등이 정하는 기준에 따라 구성원에게 제공하는 금품등 및 그 소속 구성원 등 공직자등과 특별히 장기적·지속적인 친분관계를 맺고 있는 자가 질병·재난 등으로 어려운 처지에 있는 공직자등에게 제공하는 금품등
6. 공직자등의 직무와 관련된 공식적인 행사에서 주최자가 참석자에게 **통상적인 범위에서 일률적으로 제공하는 교통, 숙박, 음식물** 등의 금품등 기출OX 09
7. **불특정 다수인**에게 배포하기 위한 기념품 또는 홍보용품 등이나 경연·추첨을 통하여 받는 보상 또는 상품 등 기출OX 10
8. 그 밖에 다른 법령·기준 또는 **사회상규에 따라 허용**되는 금품등 기출OX 11

기출 OX

01 공직자등은 직무 관련 여부 및 기부·후원·증여 등 그 명목에 관계없이 동일인으로부터 1회에 100만원 또는 매 회계연도에 200만원을 초과하는 금품등을 받거나 요구 또는 약속해서는 아니된다. 23·19 채용, 24·22·21·20·19 승진, 22 간부 (O X)

02 상급 공직자등이 위로·격려·포상 등의 목적으로 하급 공직자등에게 제공하는 금품등은「부정청탁 및 금품등 수수의 금지에 관한 법률」제8조 제3항은 수수를 금지하는 금품 등에 대한 예외 사유이다. 24·19·18 승진 (O X)

03 경찰서장이 소속부서 직원들에게 위로·격려·포상의 목적으로 회식비를 제공한 경우「부정청탁 및 금품등 수수의 금지에 관한 법률」에 위반된다. 21 승진 (O X)

04 원활한 직무수행 또는 사교·의례 또는 부조의 목적으로 제공되는 5만원 이하의 선물(금전, 유가증권, 경조사비 포함)은 동법 제8조 제3항에서 규정한 '금품등의 수수 금지'의 예외사유에 해당한다. 20 승진, 19 채용 (O X)

05 사적 거래(증여 포함)로 인한 채무의 이행 등 정당한 권원(權原)에 의하여 제공되는 금품등은 수수 금지의 예외 사유이다. 22 간부, 19 채용 (O X)

06 공직자등의 친족(「민법」제777조에 따른 친족을 말한다)이 제공하는 금품등은 수수를 금지하는 금품 등에 대한 예외 사유이다. 18 승진 (O X)

07 공직자등이 8촌 이내의 혈족, 4촌 이내의 인척, 배우자로부터 제공받는 금품등은 '수수를 금지하는 금품' 등에 해당하지 아니한다. 21 승진 (O X)

08 결혼식을 앞두고 있는 경찰관이 4촌 형으로부터 500만 원 상당의 냉장고를 선물 받은 경우「부정청탁 및 금품등 수수의 금지에 관한 법률」에 위반된다. 21 승진 (O X)

> 민법 제777조(친족의 범위): 8촌 이내의 혈족, 4촌 이내의 인척, 배우자

09 공직자등의 직무와 관련된 공식적인 행사에서 주최자가 참석자에게 통상적인 범위에서 일률적으로 제공하는 교통, 숙박, 음식물 등의 금품등은 수수를 금지하는 금품등에 해당한다. 19·18 승진 (O X)

10 특정 대상자에게 배포하기 위한 기념품 또는 홍보용품 등이나 경연·추첨을 통하여 받는 보상 또는 상품 등은「부정청탁 및 금품등 수수의 금지에 관한 법률」제8조 제3항은 수수를 금지하는 금품 등에 대한 예외 사유이다. 18 승진 (O X)

11 사회상규에 따라 허용되는 금품등은 수수 금지의 예외 사유이다. 19 채용 (O X)

정답 및 해설

01 X 1회 100만원, 매 회계연도 300만원이다.
02 O
03 X 위반되지 않는다
04 X 금전·유가증권, 경조사비 등은 제외한다
05 X 증여는 제외된다
06 O
07 O
08 X 위반되지 않는다.
09 X 금품등에 해당하지 않는다
10 X 불특정 다수인에게 배포
11 O

(3) 수수 금지 금품 등의 신고 및 처리
　1) 공직자의 대응
　　공직자등은 다음 어느 하나에 해당하는 경우에는 소속기관장에게 지체 없이 서면으로 신고하여야 한다.
　　1. 공직자등 자신이 수수 금지 금품등을 받거나 그 제공의 약속 또는 의사표시를 받은 경우
　　2. 공직자등이 자신의 배우자가 수수 금지 금품등을 받거나 그 제공의 약속 또는 의사표시를 받은 사실을 안 경우
　2) 신고 등을 받은 소속기관장의 대응
　　소속기관장은 신고를 받거나 금품등을 인도받은 경우 수수 금지 금품등에 해당한다고 인정하는 때에는 반환 또는 인도하게 하거나 거부의 의사를 표시하도록 하여야 하며, 수사의 필요성이 있다고 인정하는 때에는 그 내용을 지체 없이 수사기관에 통보하여야 한다.

4 외부강의 등 사례금 수수 제한

① 공직자등은 자신의 직무와 관련되거나 그 지위·직책 등에서 유래되는 사실상의 영향력을 통하여 요청받은 교육·홍보·토론회·세미나·공청회 또는 그 밖의 회의 등에서 한 외부강의등의 대가로서 대통령령으로 정하는 금액을 초과하는 사례금을 받아서는 아니 된다. 기출OX 01

② 공직자등은 사례금을 받는 외부강의등을 할 때에는 대통령령으로 정하는 바에 따라 외부강의등의 요청 명세 등을 소속기관장에게 그 외부강의등을 마친 날부터 10일 이내에 서면으로 신고하여야 한다. 단, 외부강의등을 요청한 자가 국가나 지방자치단체인 경우에는 그러하지 아니하다. 기출OX 02, 03, 04

③ 소속기관장은 ②에 따라 공직자등이 신고한 외부강의등이 공정한 직무수행을 저해할 수 있다고 판단하는 경우에는 그 공직자등의 외부강의등을 제한할 수 있다. 기출OX 05

④ 공직자등은 ②에 따른 금액을 초과하는 사례금을 받은 경우에는 대통령령으로 정하는 바에 따라 소속기관장에게 신고하고, 제공자에게 그 초과금액을 지체없이 반환하여야 한다. 기출OX 06 → 초과사례금신고

[보충] ①의 대통령령으로 정하는 금액

1. 사례금 상한액
   - 공무원, 공직유관단체장 및 임직원: 40만원 기출OX 07
   - 교육인·언론인: 100만원
2. 적용기준
   - 위 금액은 강의 1시간, 기고 1건 기준
   - 1시간 초과 강의시에도 1시간 상한액의 100분의 150 초과 불가 기출OX 07, 08
   - 상한액에는 강의료·원고료·출연료 등 명목 관계없이 관련하여 지급되는 일체의 금액 포함
   - 단, '공무원 여비규정' 기준 내에서 실비수준으로 제공되는 교통비·숙박비 및 식비는 불포함

기출 OX

01 공직자 등은 자신의 직무와 관련되거나 지위·직책 등에서 유래되는 사실상의 영향력을 통하여 요청받은 교육·홍보·토론회·세미나·공청회 또는 그 밖의 회의 등에서 한 강의·강연·기고 등(이하 "외부강의 등"이라 한다)의 대가로서 대통령령으로 정하는 금액을 초과하는 사례금을 받아서는 아니 된다. 20 간부 O X

02 공직자 등은 국가나 지방자치단체의 요청에 의해 사례금을 받는 외부강의등을 할 때에는 대통령령으로 정하는 바에 따라 외부강의등의 요청 명세 등을 소속기관장에게 그 외부강의 등을 마친 날부터 10일 이내에 서면으로 신고하여야 한다. 24 채용, 20 간부 O X

03 공직자등은 사례금을 받는 외부강의등을 할 때에는 대통령령으로 정하는 바에 따라 외부강의등의 요청 명세 등을 소속기관장에게 그 외부강의등을 마친 날부터 10일 이내에 서면으로 신고할 수 있다. 다만, 외부강의등을 요청한 자가 국가나 지방자치단체인 경우에는 그러하지 아니하다. 24·19 승진 O X

04 B자동차회사의 요청으로 자신의 직무와 관련된 외부강의를 마치고 소정의 사례금을 약속받은 乙경무관은 대통령령으로 정하는 바에 따라 외부강의의 요청 명세 등을 소속기관장에게 그 외부강의를 마친날부터 10일 이내에 서면으로 신고하여야한다. 23 채용 O X

05 소속기관장은 공직자 등이 신고한 외부강의 등이 공정한 직무수행을 저해할 수 있다고 판단하는 경우에는 그 외부강의 등을 제한할 수 있다. 20 간부 O X

06 OO경찰서 소속 경찰관 甲이 모교에서 자신의 직무와 관련된 강의를 요청받아 1시간 동안 강의를 하고 50만 원의 사례금을 받았다면 대통령령이 정하는 바에 따라 소속기관장에게 신고하고 그 초과금액을 소속기관장에게 지체없이 반환하여야 한다. 22 채용, 20 간부 O X

07 직급에 상관 없이 모든 공직자의 외부강의 사례금 상한액은 1시간당 30만 원이며 1시간을 초과하면 상한액은 45만 원이다. 22 승진 O X

08 경찰청에서 근무하는 甲총경은 A전자회사의 요청으로 시간 당 30만 원의 사례금을 약속받고 A전자회사의 직원을 대상으로 자신의 직무와 관련된 3시간짜리 강의를 월 1회, 총 3개월간 진행하였다. 이 경우 甲총경이 지급받을 수 있는 최대사례금 총액은 270만 원이다. 23 채용 O X

정답 및 해설

01 O
02 X 국가나 지방자치단체가 외부강의를 요청한 경우에는 서면신고의무가 발생하지 않는다.
03 X 신고하여야 한다.
04 O
05 O
06 X 소속기관장에게 반환하는 것이 아니라, 제공자에게 반환하여야 한다.
07 X 직급 구분없이 40만원이며, 1시간을 초과하여 강의 등을 하는 경우에도 1시간 상한액의 100분의 150에 해당하는 금액(60만원)을 초과하지 못한다
08 X 최대사례금 총액은 180만 원

5 위반행위 신고 및 신고처리

(1) 신고

실명신고	① **누구든지** 이 법의 위반행위가 발생하였거나 발생하고 있다는 사실을 알게 된 경우에는 다음 어느 하나에 해당하는 기관에 **신고할 수 있다.** 기출OX 01 　1. 이 법의 위반행위가 발생한 공공기관 또는 그 감독기관 　2. 감사원 또는 수사기관 　3. 국민권익위원회 ② ①에 따라 신고를 하려는 자는 자신의 인적사항과 신고의 취지·이유·내용을 적고 서명한 문서와 함께 신고 대상 및 증거 등을 제출하여야 한다. → 실명신고원칙
비실명 대리신고	① 실명신고에도 불구하고 신고를 하려는 자는 자신의 인적사항을 밝히지 아니하고 변호사를 선임하여 신고를 대리하게 할 수 있다. 이 경우 신고자의 인적사항 및 신고자가 서명한 문서는 변호사의 인적사항 및 변호사가 서명한 문서로 갈음한다. 기출OX 02 → **예외적 비실명신고** ② ①에 따른 신고는 국민권익위원회에 하여야 하며, 신고자 또는 신고를 대리하는 변호사는 그 취지를 밝히고 신고자의 인적사항, 신고자임을 입증할 수 있는 자료 및 위임장을 국민권익위원회에 함께 제출하여야 한다.

(2) 신고처리

① 위반행위가 발생한 공공기관 또는 그 감독기관 또는 감사원 또는 수사기관의 기관(이하 "조사기관"이라 한다)은 신고를 받거나 국민권익위원회로부터 신고를 이첩받은 경우에는 그 내용에 관하여 필요한 조사·감사 또는 수사를 하여야 한다.
② 국민권익위원회가 신고(실명신고)를 받은 경우에는 그 내용에 관하여 신고자를 상대로 **사실관계를 확인한 후** 대통령령으로 정하는 바에 따라 조사기관에 이첩하고, 그 사실을 신고자에게 통보하여야 한다.
③ **조사기관은** ①에 따라 조사·감사 또는 수사를 마친 날부터 **10일** 이내에 그 **결과를 신고자와 국민권익위원회에 통보**(국민권익위원회로부터 이첩받은 경우만 해당한다)하고, 조사·감사 또는 수사 결과에 따라 공소 제기, 과태료 부과 대상 위반행위의 통보, 징계 처분 등 필요한 조치를 하여야 한다.
④ **국민권익위원회**는 ②에 따라 조사기관으로부터 조사·감사 또는 수사 결과를 통보받은 경우에는 **지체 없이** 신고자에게 조사·감사 또는 수사 결과를 알려야 한다.
⑤ ③ 또는 ④에 따라 조사·감사 또는 수사 결과를 통보받은 **신고자는 조사기관에 이의신청을 할 수 있으며,** ④에 따라 조사·감사 또는 수사 결과를 통지받은 신고자는 **국민권익위원회에도 이의신청을 할 수 있다.**
⑥ **국민권익위원회**는 조사기관의 조사·감사 또는 수사 결과가 충분하지 아니하다고 인정되는 경우에는 조사·감사 또는 수사 결과를 통보받은 날부터 **30일** 이내에 새로운 증거자료의 제출 등 합리적인 이유를 들어 조사기관에 **재조사를 요구할 수 있다.**
⑦ ⑥에 따른 재조사를 요구받은 조사기관은 재조사를 종료한 날부터 **7일** 이내에 그 **결과를 국민권익위원회에 통보**하여야 한다. 이 경우 국민권익위원회는 통보를 받은 즉시 신고자에게 재조사 결과의 요지를 알려야 한다.

기출 OX

01 이 법의 위반행위가 발생하였거나 발생하고 있다는 사실을 알게 된 경우에는 이해관계인만 수사기관에 신고할 수 있다. 22·19 승진 (O | X)

02 누구든지 동법의 위반행위가 발생하였거나 발생하고 있다는 사실을 알게 된 때에는 자신의 인적사항을 밝히지 아니하고 변호사를 선임하여 신고를 대리하게 할 수 있다. 24 채용 (O | X)

정답 및 해설

01 X 누구든지 신고할 수 있다.
02 O

POINT 05 경찰청 공무원 행동강령

1 정의 및 적용범위

직무관련자	공무원의 소관 업무와 관련되는 자로서 다음 각 목의 어느 하나에 해당하는 개인(공무원이 사인의 지위에 있는 경우에는 개인으로 본다) 또는 법인·단체를 말한다.
직무관련공무원	공무원의 직무수행과 관련하여 이익 또는 불이익을 직접적으로 받는 다른 공무원(기관이 이익 또는 불이익을 받는 경우에는 그 기관의 관련 업무를 담당하는 공무원을 말한다) 중 다음 어느 하나에 해당하는 공무원을 말한다. 가. 상급자와 직무상 지휘명령을 받는 당해 업무의 하급자 나. 인사·감사·상훈·예산·심사평가업무 담당자와 해당 업무와 직접 관련된 다른 공무원 다. 행정사무를 위임·위탁한 경우 위임·위탁사무를 관리·감독하는 공무원과 그 사무를 담당하는 공무원 라. 그 밖에 특별한 사유로 경찰청장이 정하는 경우
금품등	가. 금전, 유가증권, 부동산, 물품, 숙박권, 회원권, 입장권, 할인권, 초대권, 관람권, 부동산 등의 사용권 등 일체의 재산적 이익 나. 음식물·주류·골프 등의 접대·향응 또는 교통·숙박 등의 편의 제공 다. 채무 면제, 취업 제공, 이권 부여 등 그 밖의 유형·무형의 경제적 이익 기출OX 01
경찰유관단체	경찰기관에서 민관 치안협력 또는 민간전문가를 통한 치안자문활동 목적으로 조직·운영하고 있는 단체를 말한다.
적용범위	이 규칙은 경찰청 소속 공무원과 경찰청에 파견된 공무원에게 적용한다. 기출OX 02

2 공정한 직무수행을 저해하는 지시에 대한 처리

① 공무원은 상급자가 자기 또는 타인의 부당한 이익을 위하여 공정한 직무수행을 현저하게 해치는 지시를 하였을 때에는 별지 제1호 서식 또는 전자우편 등의 방법으로 그 사유를 상급자에게 소명하고 지시에 **따르지 아니하거나**, 별지 제2호 서식 또는 전자우편 등의 방법으로 지정된 행동강령에 관한 업무를 담당하는 공무원(이하 "행동강령책임관"이라 한다)과 **상담할 수 있다.** 기출OX 03
② ①에 따라 지시를 이행하지 아니하였는데도 같은 지시가 반복될 때에는 즉시 행동강령책임관과 **상담하여야 한다.** 기출OX 04
③ ①이나 ②에 따라 상담 요청을 받은 행동강령책임관은 지시 내용을 확인하여 **지시를 취소하거나 변경할 필요가 있다고 인정**되면 소속 기관의 장에게 **보고하여야 한다.** 다만, 지시 내용을 확인하는 과정에서 부당한 지시를 한 상급자가 스스로 그 지시를 취소하거나 변경하였을 때에는 소속 기관의 장에게 보고하지 아니할 수 있다. 기출OX 05
④ ③에 따른 보고를 받은 소속 기관의 장은 필요하다고 인정되면 지시를 취소·변경하는 등 적절한 조치를 하여야 한다. 이 경우 공정한 직무수행을 해치는 지시를 ①에 따라 이행하지 아니하였는데도 같은 지시를 반복한 상급자에게는 징계 등 필요한 조치를 할 수 있다.

3 부당한 수사지휘에 대한 이의제기

① 공무원은 「범죄수사규칙」 제30조에 따른 경찰관서 내 수사 지휘에 대한 이의제기와 관련하여 행동강령책임관에게 상담을 요청할 수 있다. 기출OX 06
② ①의 상담요청을 받은 행동강령책임관은 해당 **지휘의 취소·변경이 필요하다고 인정**되면 소속기관장에게 보고하여야 한다.

기출 OX

01 '금품등'에는 금전, 유가증권, 부동산, 물품, 숙박권, 회원권, 입장권, 할인권, 초대권, 관람권, 부동산 등의 사용권 등 일체의 재산적 이익이 포함되나, 채무면제나 취업제공과 같은 유형·무형의 경제적 이익까지 포함된다고 보기는 어렵다. 17 승진 (O X)

02 이 규칙은 경찰청 소속 공무원과 경찰청에 파견된 공무원에게 적용한다. 20 승진 (O X)

03 공무원은 상급자가 자기 또는 타인의 부당한 이익을 위하여 공정한 직무수행을 현저하게 해치는 지시를 하였을 때에는 그 사유를 상급자에게 소명하고 지시에 따르지 아니하거나 행동강령책임관과 상담할 수 있다. 23·18·17 채용, 20·18 승진 (O X)

04 위 관련 소명 후 지시를 이행하지 아니하였는데도 같은 지시가 반복될 때에는 즉시 행동강령 책임관과 상담하여야 한다. 20 승진 (O X)

05 위 관련 상담 요청을 받은 행동강령책임관은 지시 내용을 확인하는 과정에서 부당한 지시를 한 상급자가 스스로 그 지시를 취소하거나 변경하였을 때에는 소속기관의 장에게 보고하여야 한다. 20 승진 (O X)

06 공무원은 「범죄수사규칙」 제30조에 따른 경찰관서 내 수사지휘에 대한 이의제기와 관련하여 행동강령책임관에게 상담을 요청하여야 한다. 22·18 채용, 19 승진, 22 간부 (O X)

정답 및 해설

01 X 채무 면제, 취업 제공, 이권 부여 등 그 밖의 유형·무형의 경제적 이익도 '금품등'에 해당한다.
02 O
03 O
04 O
05 X 이러한 경우에는 보고하지 아니할 수 있다.
06 X 요청할 수 있다.

4 수사·단속 업무에 대한 공정성 강화

① 공무원은 <u>수사·단속의 대상이 되는 업소</u> 중 경찰청장이 지정하는 유형의 업소 관계자와 부적절한 사적 접촉을 하여서는 아니 되며, <u>공적 또는 사적으로 접촉한 경우</u> 경찰청장이 정하는 방법에 따라 <u>신고하여야 한다.</u> 기출OX 01
② 공무원은 <u>수사 중인 사건의 관계자</u>(해당 사건의 처리와 법률적·경제적 이해관계가 있는 자로서 경찰청장이 지정하는 자를 말한다)와 <u>부적절한 사적접촉을 해서는 아니 되며, 소속 경찰관서 내에서만 접촉하여야 한다.</u> 다만, 현장조사 등 공무상 필요한 경우 외부에서 접촉할 수 있으며, 이 경우에는 수사서류 등 공문서에 기록하여야 한다.

5 그 외 공정한 직무수행 관련 사항

① 공무원은 직무를 수행함에 있어 지연·혈연·학연·종교 등을 이유로 특정인에게 특혜를 주어서는 아니 된다. 기출OX 02
② 공무원은 여비, 업무추진비 등 공무 활동을 위한 예산을 목적 외의 용도로 사용하여 소속 기관에 재산상 손해를 입혀서는 아니 된다. 기출OX 03
③ 공무원은 정치인이나 정당 등으로부터 부당한 직무수행을 강요받거나 청탁을 받은 경우에는 별지 제9호 서식 또는 전자우편 등의 방법으로 <u>소속 기관의 장에게 보고</u>하거나 행동강령책임관과 상담<u>하여야 한다.</u> 기출OX 04, 05
④ ③에 따라 보고를 받은 소속 기관의 장이나 상담을 한 행동강령책임관은 그 공무원이 공정한 직무수행을 할 수 있도록 적절한 조치를 하여야 한다.
⑤ 공무원은 자신의 임용·승진·전보 등 인사에 부당한 영향을 미치기 위하여 타인으로 하여금 인사업무 담당자에게 청탁을 하도록 해서는 아니 된다. 기출OX 06
⑥ 공무원은 직위를 이용하여 다른 공무원의 임용·승진·전보 등 인사에 부당하게 개입해서는 아니 된다.

6 부당이득 수수금지

① 공무원은 자신의 직위를 직접 이용하여 부당한 이익을 얻거나 타인이 부당한 이익을 얻도록 해서는 아니 된다.
② 공무원은 직무의 범위를 벗어나 사적 이익을 위하여 소속기관의 명칭이나 직위를 공표·게시하는 등의 방법으로 이용하거나 이용하게 하여서는 아니 된다 기출OX 07
③ 공무원은 자기 또는 타인의 부당한 이익을 위하여 다른 공직자(「부패방지 및 국민권익위원회의 설치와 운영에 관한 법률」 제2조 제3호 가목 및 나목에 따른 공직자를 말한다)의 공정한 직무수행을 해치는 알선·청탁 등을 해서는 아니 된다.
④ 공무원은 직무수행과 관련하여 <u>자기 또는 타인의 부당한 이익을 위하여</u> 직무관련자를 다른 직무관련자나 공직자에게 소개해서는 아니 된다.
⑤ 공무원은 직무수행 중 알게 된 정보를 이용하여 유가증권, 부동산 등과 관련된 재산상 거래 또는 투자를 하거나 타인에게 그러한 정보를 제공하여 재산상 거래 또는 투자를 돕는 행위를 해서는 아니 된다. 기출OX 08
⑥ 공무원은 다음 어느 하나에 해당하는 행위를 해서는 아니된다.
  1. 직무수행 중 알게 된 가상자산과 관련된 정보를 이용한 재산상 거래 또는 투자 행위
  2. 가상자산 정보를 타인에게 제공하여 재산상 거래나 투자를 돕는 행위
⑦ 공무원은 자신의 직무권한을 행사하거나 지위·직책 등에서 유래되는 사실상 영향력을 행사하여 직무관련자 또는 직무관련공무원으로부터 사적 노무를 제공받거나 요구 또는 약속해서는 아니 된다. 다만, 다른 법령 또는 사회상규에 따라 허용되는 경우에는 그러하지 아니하다. 기출OX 09

기출 OX

01 공무원은 수사·단속의 대상이 되는 업소 중 경찰청장이 지정하는 유형의 업소 관계자와 부적절한 사적 접촉을 하여서는 아니되며, 공적 또는 사적으로 접촉한 경우 경찰청장이 정하는 방법에 따라 신고하여야 한다. 23 채용 (O X)

02 공무원은 직무를 수행함에 있어 지연·혈연·학연·종교 등을 이유로 특정인에게 특혜를 주어서는 아니 된다. 18 채용, 17 승진 (O X)

03 공무원은 여비, 업무추진비 등 공무 활동을 위한 예산을 목적 외의 용도로 사용하여 소속 기관에 재산상 손해를 입혀서는 아니 된다. 22 승진 (O X)

04 공무원은 정치인이나 정당 등으로부터 부당한 직무수행을 강요받거나 청탁을 받은 경우에는 별지 제9호 서식 또는 전자우편 등의 방법으로 소속기관장에게 보고하거나 행동강령책임관과 상담할 수 있다. 23·18 채용, 17 승진 (O X)

05 경찰공무원은 정당이나 정치단체에 가입하거나 정치활동에 관여하는 행위를 하여서는 아니 된다는 규정은 경찰청 공무원 행동강령에 규정되어 있다. 23 채용 (O X)

06 경찰관은 자신의 임용·승진·전보 등 인사에 부당한 영향을 미치기 위하여 타인으로 하여금 인사업무 담당자에게 청탁을 하도록 해서는 아니 된다. 17 승진 (O X)

07 공무원은 직무의 범위를 벗어나 사적 이익을 위하여 소속기관의 명칭이나 직위를 공표 게시하는 등의 방법으로 이용하거나 이용하게 하여서는 아니된다. 21 승진 (O X)

08 공무원은 직무수행 중 알게 된 정보를 이용하여 유가증권, 부동산 등과 관련된 재산상 거래 또는 투자를 하거나 타인에게 그러한 정보를 제공하여 재산상 거래 또는 투자를 돕는 행위를 해서는 아니 된다. 23 채용 (O X)

09 공무원은 어떠한 경우에도 자신의 직무권한을 행사하여 직무관련자로부터 사적 노무를 제공받거나 요구해서는 안된다. 23 간부 (O X)

정답 및 해설

01 O
02 O
03 O
04 X 상담하여야 한다.
05 X 해당 지문은 경찰공무원법 제23조에 규정된 정치관여금지에 관한 내용이다.
06 O
07 O
08 O
09 X 공무원은 자신의 직무권한을 행사하거나 지위·직책 등에서 유래되는 사실상 영향력을 행사하여 직무관련자 또는 직무관련 공무원으로부터 사적 노무를 제공받거나 요구 또는 약속해서는 아니 된다. 다만, 다른 법령 또는 사회상규에 따라 허용되는 경우에는 그러하지 아니하다.

7 금품을 받는 행위의 제한 → 청탁금지법 제8조(금품 등 수수의 금지)와 거의 동일하게 규정

① 공무원은 직무 관련 여부 및 기부·후원·증여 등 그 명목에 관계없이 동일인으로부터 1회에 100만원 또는 매 회계연도에 300만원을 초과하는 금품등을 받거나 요구 또는 약속해서는 아니 된다.
② 공무원은 직무와 관련하여 대가성 여부를 불문하고 ①에서 정한 금액 이하의 금품등을 받거나 요구 또는 약속해서는 아니 된다.
③ 외부강의등에 관한 사례금 또는 다음 어느 하나에 해당하는 금품등은 ① 또는 ②에서 수수를 금지하는 금품등에 해당하지 아니한다.
　1. 소속 기관의 장등이 소속 공무원이나 파견 공무원에게 지급하거나 상급자가 위로·격려·포상 등의 목적으로 하급자에게 제공하는 금품등
　2. 원활한 직무수행 또는 사교·의례 또는 부조의 목적으로 제공되는 음식물·경조사비·선물 등으로서 별표 1의 가액 범위 내의 금품등
　3. 사적 거래(증여는 제외한다)로 인한 채무의 이행 등 정당한 권원에 의하여 제공되는 금품등
　4. 공무원의 친족(「민법」 제777조에 따른 친족을 말한다)이 제공하는 금품등
　5. 공무원과 관련된 직원상조회·동호인회·동창회·향우회·친목회·종교단체·사회단체 등이 정하는 기준에 따라 구성원에게 제공하는 금품등 및 그 소속 구성원 등 공무원과 특별히 장기적·지속적인 친분관계를 맺고 있는 자가 질병·재난 등으로 어려운 처지에 있는 공무원에게 제공하는 금품등
　6. 공무원의 직무와 관련된 공식적인 행사에서 주최자가 참석자에게 통상적인 범위에서 일률적으로 제공하는 교통, 숙박, 음식물 등의 금품등
　7. 불특정 다수인에게 배포하기 위한 기념품 또는 홍보용품 등이나 경연·추첨을 통하여 받는 보상 또는 상품 등
　8. 그 밖에 사회상규에 따라 허용되는 금품등

8 감독기관의 부당한 요구 금지

① 감독기관에 소속된 공무원은 자신이 소속된 기관의 출장·행사·연수 등과 관련하여 피감기관에 다음 어느 하나에 해당하는 부당한 요구를 해서는 안 된다.
　1. 법령에 근거가 없거나 예산의 목적·용도에 부합하지 않는 금품등의 제공 요구
　2. 감독기관 소속 공무원에 대하여 정상적인 관행을 벗어난 예우·의전의 요구
② ①에 따른 부당한 요구를 받은 피감기관 소속 공직자는 그 이행을 거부해야 하며, 거부했음에도 불구하고 감독기관 소속 공무원으로부터 같은 요구를 다시 받은 때에는 그 사실을 피감기관의 행동강령책임관에게 알려야 한다. 이 경우 행동강령책임관은 그 요구가 ①의 어느 하나에 해당하는 경우에는 지체 없이 피감기관의 장에게 보고해야 한다.

9 외부강의등의 사례금 수수제한

① 공무원은 자신의 **직무와 관련**되거나 그 지위·직책 등에서 유래되는 **사실상의 영향력을 통하여** 요청받은 교육·홍보·토론회·세미나·공청회 또는 그 밖의 회의 등에서 한 외부강의등의 대가로서 별표 2에서 정하는 금액을 초과하는 사례금을 받아서는 아니 된다.
② 공무원은 사례금을 받는 외부강의등을 할 때에는 외부강의등의 요청 명세 등을 외부강의등 신고서에 따라 소속 기관의 장에게 그 외부강의등을 마친 날부터 10일 이내에 신고하여야 한다. 다만, 외부강의등을 요청한 자가 **국가나 지방자치단체인 경우에는 그러하지 아니하다**. 기출OX 01
③ 공무원은 신고를 할 때 신고사항 중 상세 명세 또는 **사례금 총액 등을** ②의 기간 내에 알 수 없는 경우에는 해당 사항을 제외한 사항을 신고한 후 해당 사항을 안 날부터 5일 이내에 보완하여야 한다.
④ 공무원이 대가를 받고 수행하는 외부강의등은 **월 3회**를 초과할 수 없다. 국가나 지방자치단체에서 요청하거나 **겸직허가를 받고 수행하는 외부강의등은 그 횟수에 포함하지 아니한다**. 기출OX 02
⑤ 공무원은 월 3회를 초과하여 대가를 받고 외부강의등을 하려는 경우에는 **미리 소속 기관의 장의 승인을** 받아야 한다.

10 초과사례금의 신고

① 공무원은 제15조 제1항(외부강의등의 사례금)에 따른 금액을 초과하는 사례금을 받은 경우에는 그 사실을 안 날로부터 **2일** 이내에 소속기관의 장에게 신고하여야 하며, 제공자에게 그 초과금액을 지체 없이 반환하여야 한다. 기출OX 03
② ①에 따른 신고를 받은 소속 기관의 장은 초과사례금을 반환하지 아니한 공무원에 대하여 신고사항을 확인한 후 **7일** 이내에 반환하여야 할 초과사례금의 액수를 산정하여 해당 공무원에게 통지하여야 한다.
③ ②에 따라 통지를 받은 공무원은 지체 없이 초과사례금(신고자가 초과사례금의 일부를 반환한 경우에는 그 차액으로 한정한다)을 **제공자에게 반환**하고 그 사실을 소속 기관의 장에게 알려야 한다.

11 직무관련자에게 협찬 요구 금지 등

① 공무원은 직무관련자에게 직위를 이용하여 행사 진행에 필요한 **직·간접적** 경비, 장소, 인력, 또는 물품 등의 협찬을 요구하여서는 아니 된다. 기출OX 04
② 공무원은 직무관련자와는 비용 부담 여부와 관계없이 골프를 같이 하여서는 아니 된다. 다만, 다음과 같은 부득이한 사정에 따라 골프를 같이 하는 경우에는 소속관서 행동강령 책임관에게 사전에 신고하여야 하며 사전에 신고하기 어려운 특별한 사유가 있는 경우에는 사후에 즉시 신고하여야 한다. **공친친** 기출OX 05
  1. 정책의 수립·시행을 위한 의견교환 또는 업무협의 등 **공**적인 목적을 위하여 필요한 경우
  2. 직무관련자인 **친**족과 골프를 하는 경우
  3. 동창회 등 **친**목단체에 직무관련자가 있어 부득이 골프를 하는 경우
  4. 밖에 위 각 호와 유사한 사유로 부득이하다고 인정되는 경우
③ 공무원은 직무관련자와 함께 **사적인 여행을 하여서는 아니 된다**. 다만, ②의 사유가 있어 같은 항 단서에 따른 **신고를 한 경우에는 그러하지 아니 하다.**
④ 공무원은 직무관련자와 마작, 화투, 카드 등 우연의 결과나 불확실한 승패에 의하여 금품 등 경제적 이익을 취할 목적으로 하는 사행성 오락을 같이 하여서는 아니 된다.

12 경조사의 통지 제한

공무원은 직무관련자나 직무관련공무원에게 경조사를 알려서는 아니 된다. 다만, 다음 어느 하나에 해당하는 경우에는 경조사를 알릴 수 있다. **종내직친** 기출OX 06, 07, 08
1. **친**족(「민법」 제767조에 따른 친족을 말한다)에게 알리는 경우
2. 현재 근무하고 있거나 과거에 근무하였던 기관의 소속 **직**원에게 알리는 경우
3. 신문, 방송 또는 제2호에 따른 직원에게만 열람이 허용되는 **내**부통신망 등을 통하여 알리는 경우
4. 공무원 자신이 소속된 **종**교단체·친목단체 등의 회원에게 알리는 경우

기출 OX

01 공무원은 사례금을 받는 외부강의(외부강의 등을 요청한 자가 국가나 지방자치단체를 포함함)를 할 때에는 외부강의의 요청 명세 등을 외부강의 등 신고서에 따라 소속 기관의 장에게 그 외부강의 등을 마친 날부터 10일 이내에 신고하여야 한다. 23 간부, 18 승진 (O X)

02 공무원이 대가를 받고 수행하는 외부강의 등은 월 3회를 초과할 수 없다. 다만, 국가나 지방자치단체에서 요청하거나 겸직 허가를 받고 수행하는 외부강의 등은 그 횟수에 포함하지 아니한다. 22 간부 (O X)

03 사단법인 C학회가 주관 및 개최한 토론회에 참석하여 자신의 직무와 관련된 토론을 한 丙경감이 상한액을 초과하는 사례금을 받은 경우 초과사례금을 받은 사실을 안 날부터 2일 이내에 동법 시행령이 정한 사항을 적은 서면으로 소속기관장에게 신고하여야 한다. 23 채용 (O X)

04 공무원은 직무관련자에게 직위를 이용하여 행사 진행에 필요한 직·간접적 경비, 장소, 인력, 또는 물품 등의 협찬을 요구하여서는 아니 된다. 22 간부, 18 승진 (O X)

05 공무원은 동창회 등 친목단체에 직무관련자가 있어 부득이 골프를 하는 경우에는 소속관서 행동강령책임관에게 사전에 신고하여야 하며 사전에 신고하기 어려운 특별한 사유가 있는 경우에는 사후에 즉시 신고하여야 한다. 22 채용 (O X)

06 공무원은 직무관련자나 직무관련공무원에게 경조사를 알려서는 아니 된다. 다만 친족(「민법」 제767조에 따른 친족)에게 알리는 경우, 현재 근무하고 있거나 과거에 근무하였던 기관의 소속 직원에게 알리는 경우, 신문, 방송 등을 통하여 알리는 경우에는 알릴 수 있다. 24 채용 (O X)

07 경찰관은 자신이 소속된 종교단체·친목단체 등의 회원이 직무관련자나 직무관련공무원인 경우에는 경조사를 알릴 수 없다. 22 채용, 17 승진 (O X)

08 공무원은 직무관련자나 직무관련공무원에게 경조사를 알려서는 아니 된다. 다만 공무원 자신의 배우자가 소속된 친목단체 회원에게 알리는 경우 알릴 수 있다. 24 채용 (O X)

정답 및 해설

01 X 국가나 지자체를 제외한다.
02 O
03 O
04 O
05 O
06 O
07 X 이러한 경우에는 경조사를 알릴 수 있다.
08 X 공무원 자신(배우자 X)이 소속된 종교단체·친목단체

POINT 06 공직자의 이해충돌방지법

1 정의

공공기관	가. 국회, 법원, 헌법재판소, 선거관리위원회, 감사원, 고위공직자범죄수사처, 국가인권위원회, 중앙행정기관(대통령 소속 기관과 국무총리 소속 기관을 포함한다)과 그 소속 기관 나. 「지방자치법」에 따른 지방자치단체의 집행기관 및 지방의회 다. 「지방교육자치에 관한 법률」에 따른 교육행정기관 라. 「공직자윤리법」 제3조의2에 따른 공직유관단체 마. 「공공기관의 운영에 관한 법률」 제4조에 따른 공공기관 바. 「초·중등교육법」, 「고등교육법」 또는 그 밖의 다른 법령에 따라 설치된 각급 국립·공립 학교 기출OX 01
공직자	가. 「국가공무원법」 또는 「지방공무원법」에 따른 공무원과 그 밖에 다른 법률에 따라 그 자격·임용·교육훈련·복무·보수·신분보장 등에 있어서 공무원으로 인정된 사람 나. 제1호 라목 또는 마목에 해당하는 공공기관의 장과 그 임직원 다. 제1호 바목에 해당하는 각급 국립·공립 학교의 장과 교직원
고위공직자	치안감 이상의 경찰공무원 및 특별시·광역시·특별자치시·도·특별자치도의 시·도경찰청장 기출OX 02, 03
이해충돌	"이해충돌"이란 공직자가 직무를 수행할 때에 자신의 사적 이해관계가 관련되어 공정하고 청렴한 직무수행이 저해되거나 저해될 우려가 있는 상황을 말한다. 기출OX 04
직무관련자	가. 공직자의 직무수행과 관련하여 일정한 행위나 조치를 요구하는 개인이나 법인 또는 단체 나. 공직자의 직무수행과 관련하여 이익 또는 불이익을 직접적으로 받는 개인이나 법인 또는 단체 다. 공직자가 소속된 공공기관과 계약을 체결하거나 체결하려는 것이 명백한 개인이나 법인 또는 단체 기출OX 05 라. 공직자의 직무수행과 관련하여 이익 또는 불이익을 직접적으로 받는 다른 공직자. 다만, 공공기관이 이익 또는 불이익을 직접적으로 받는 경우에는 그 공공기관에 소속되어 해당 이익 또는 불이익과 관련된 업무를 담당하는 공직자를 말한다.
사적이해 관계자	가. 공직자 자신 또는 그 가족(「민법」 제779조에 따른 가족) 기출OX 06 나. 공직자 자신 또는 그 가족이 임원·대표자·관리자 또는 사외이사로 재직하고 있는 법인 또는 단체 다. 공직자 자신이나 그 가족이 대리하거나 고문·자문 등을 제공하는 개인이나 법인 또는 단체 라. 공직자로 채용·임용되기 전 2년 이내에 공직자 자신이 재직하였던 법인 또는 단체 마. 공직자로 채용·임용되기 전 2년 이내에 공직자 자신이 대리하거나 고문·자문 등을 제공하였던 개인이나 법인 또는 단체 기출OX 07 바. 공직자 자신 또는 그 가족이 대통령령으로 정하는 일정 비율 이상의 주식·지분 또는 자본금 등을 소유하고 있는 법인 또는 단체 사. 최근 2년 이내에 퇴직한 공직자로서 퇴직일 전 2년 이내에 제5조 제1항 각 호의 어느 하나에 해당하는 직무를 수행하는 공직자와 국회규칙, 대법원규칙, 헌법재판소규칙, 중앙선거관리위원회규칙 또는 대통령령으로 정하는 범위의 부서에서 같이 근무하였던 사람 기출OX 08

기출 OX

01 「초·중등교육법」, 「고등교육법」 또는 그 밖의 다른 법령에 따라 설치된 각급 국립·공립학교는 '공공기관'에 해당한다. 24 채용 　O X

02 "고위공직자"에는 치안감 이상의 경찰공무원 및 특별시·광역시·특별자치시·도·특별자치도의 시·도경찰청장이 해당된다. 22 경채 　O X

03 경무관인 세종특별자치시경찰청장은 '고위공직자'에 해당하지 않는다. 24 채용 　O X

04 "이해충돌"이란 공직자가 직무를 수행할 때에 자신의 사적이해관계가 관련되어 공정하고 청렴한 직무수행이 저해되거나 저해될 우려가 있는 상황을 말한다. 22 경채 　O X

05 공직자가 소속된 공공기관과 계약을 체결하거나 체결하려는 것이 명백한 개인이나 법인 또는 단체는 직무관련자에 해당한다. 23 간부 　O X

06 사적이해관계자에 공직자 자신 또는 그 가족(「민법」 제779조에 따른 가족)도 해당된다. 23 승진 　O X

07 공직자로 채용·임용되기 전 3년 이내에 공직자 자신이 대리 하거나 고문·자문 등을 제공했던 개인이나 법인 또는 단체는 사적이해관계자에 해당한다. 23 간부 　O X

08 최근 2년 이내에 퇴직한 공직자로서 퇴직일 전 2년 이내에 사적 이해관계 신고대상 직무를 수행하는 공직자와 같은 부서에서 근무하였던 사람은 사적이해관계자에 포함된다. 24 채용 　O X

정답 및 해설

01 O
02 O
03 X　경무관이어도 시·도경찰청장이면 고위공직자에 해당한다.
04 O
05 O
06 O
07 X　3년이 아닌 2년이다.
08 O

2 공직자의 이해충돌 방지 및 관리체계

이해충돌방지법은 공직자의 이해충돌 방지 및 관리를 위해, ㉠ 공직자가 해야 할 5개의 신고·제출 의무와 ㉡ 하지 말아야 할 5개의 제한 및 금지행위 등, 총 10개의 행위기준 규정하고 있다.

신고·제출의무	제한·금지행위
사적 이해관계자 신고 및 회피·기피 신청	직무 관련 외부활동 제한
공공기관직무 관련 부동산 보유·매수 신고	가족 채용 제한
고위공직자 민간부분업무 활동 내역 제출	수의계약 체결 제한
직무관련자와의 거래 신고	공공기관 물품 등의 사적 사용·수익 금지
퇴직자 사적접촉 신고	직무상비밀 등 이용금지

3 신고·제출의무

(1) 사적이해관계자의 신고 및 회피·기피신청
① 다음 어느 하나에 해당하는 직무를 수행하는 공직자는 직무관련자(직무관련자의 대리인을 포함)가 사적이해관계자임을 안 경우 안 날부터 14일 이내에 소속기관장에게 그 사실을 서면(전자문서를 포함)으로 신고하고 회피를 신청하여야 한다. 기출 OX 01
2. 행정지도·단속·감사·조사·감독에 관계되는 직무
8. 사건의 수사·재판·심판·결정·조정·중재·화해 또는 이에 준하는 직무

[참고] 신고대상직무

- 공직자의 사적이해관계가 개입되어 이해충돌이 발생할 소지가높은 16개 유형의 직무를 신고대상 직무로 규정하고 있다.
- 이러한 16개 유형의 직무에는 인·허가, 행정지도·단속, 사건의 수사·재판, 공직자의 채용·승진·평가 등이 포함되어 있다.

② 직무관련자 또는 공직자의 직무수행과 관련하여 직접적인 이해관계가 있는 자는 해당 공직자에게 ①에 따른 신고 및 회피 의무가 있거나 그 밖에 공정한 직무수행을 저해할 우려가 있는 사적 이해관계가 있다고 판단하는 경우에는 그 공직자의 소속기관장에게 기피를 신청할 수 있다.

(2) 공공기관 직무 관련 부동산 보유·매수 신고
① 부동산을 직접적으로 취급하는 대통령령으로 정하는 공공기관의 공직자는 다음 각 호의 어느 하나에 해당하는 사람이 소속 공공기관의 업무와 관련된 부동산을 보유하고 있거나 매수하는 경우 소속기관장에게 그 사실을 서면으로 신고하여야 한다. 기출 OX 02
   1. 공직자 자신, 배우자
   2. 공직자와 생계를 같이하는 직계존속·비속(배우자의 직계존속·비속으로 생계를 같이하는 경우를 포함한다)
② ①에 따른 공공기관 외의 공공기관의 공직자는 소속 공공기관이 택지개발, 지구 지정 등 대통령령으로 정하는 부동산 개발 업무를 하는 경우 ①의 어느 하나에 해당하는 사람이 그 부동산을 보유하고 있거나 매수하는 경우 소속기관장에게 그 사실을 서면으로 신고하여야 한다.
③ ① 및 ②에 따른 신고는 부동산을 보유한 사실을 알게 된 날부터 14일 이내, 매수 후 등기를 완료한 날부터 14일 이내에 하여야 한다.

기출 OX

01 사건의 수사·재판·심판·결정·조정·중재·화해 또는 이에 준하는 직무를 수행하는 공직자는 직무관련자(직무관련자의 대리인을 포함한다)가 사적이해관계자임을 안 경우 안 날부터 14일이내에 소속기관장에게 그 사실을 서면(전자문서를 포함한다) 또는 구두로 신고하고 회피를 신청하여야 한다. 22 경채 O X

02 부동산을 직접 또는 간접으로 취급하는 대통령령으로 정한 공공기관의 공직자가 소속 공공기관의 업무와 관련된 부동산을 보유하고 있거나 매수하는 경우 소속기관장에게 그 사실을 구두 또는 서면으로 신고하여야 한다. 22 채용 O X

정답 및 해설
01 X 서면(구두 ×)으로 신고
02 X 부동산을 '직접적'으로, 서면으로(구두 ×)

(3) 고위공직자 민간부분업무 활동 내역 제출
   ① 고위공직자는 그 직위에 임용되거나 임기를 개시하기 전 3년 이내에 민간 부문에서 업무활동을 한 경우, 그 활동 내역을 그 직위에 임용되거나 임기를 개시한 날부터 30일 이내에 소속기관장에게 제출하여야 한다. 기출 OX 01
   ② ①에 따른 업무활동 내역에는 다음의 사항이 포함되어야 한다.
      1. 재직하였던 법인·단체 등과 그 업무 내용
      2. 대리, 고문·자문 등을 한 경우 그 업무 내용
      3. 관리·운영하였던 사업 또는 영리행위의 내용

(4) 직무관련자와의 거래 신고
   ① 공직자는 자신, 배우자 또는 직계존속·비속(배우자의 직계존속·비속으로 생계를 같이하는 경우를 포함) 또는 특수관계사업자가 공직자 자신의 직무관련자(「민법」 제777조에 따른 친족인 경우는 제외한다)와 다음 어느 하나에 해당하는 행위를 한다는 것을 사전에 안 경우에는 안 날부터 14일 이내에 소속기관장에게 그 사실을 서면으로 신고하여야 한다. 기출 OX 02
      1. 금전을 빌리거나 빌려주는 행위 및 유가증권을 거래하는 행위
      2. 토지 또는 건축물 등 부동산을 거래하는 행위. 다만, 공개모집에 의하여 이루어지는 분양이나 공매·경매·입찰을 통한 재산상 거래 행위는 제외한다.
      3. 제1호 및 제2호의 거래 행위 외의 물품·용역·공사 등의 계약을 체결하는 행위. 다만, 공매·경매·입찰을 통한 계약 체결 행위 또는 거래관행상 불특정다수를 대상으로 반복적으로 행하여지는 계약 체결 행위는 제외한다.
   ② 공직자는 ①의 각 호에 따른 행위가 있었음을 사후에 알게 된 경우에도 안 날부터 14일 이내에 소속기관장에게 그 사실을 서면으로 신고하여야 한다.

(5) 퇴직자 사적접촉 신고
   공직자는 직무관련자인 소속 기관의 퇴직자(공직자가 아니게 된 날부터 2년이 지나지 아니한 사람만 해당한다)와 사적 접촉(골프, 여행, 사행성 오락을 같이 하는 행위를 말한다)을 하는 경우 소속기관장에게 신고하여야 한다. 다만, 사회상규에 따라 허용되는 경우에는 그러하지 아니하다. 기출 OX 03

4 제한·금지의무

(1) 직무 관련 외부활동 제한
   공직자는 다음 행위를 하여서는 아니 된다. 다만, 「국가공무원법」 등 다른 법령·기준에 따라 허용되는 경우는 그러하지 아니하다.
   1. 직무관련자에게 사적으로 노무 또는 조언·자문 등을 제공하고 대가를 받는 행위 기출 OX 04
   2. 소속 공공기관의 소관 직무와 관련된 지식이나 정보를 타인에게 제공하고 대가를 받는 행위. 다만, 「부정청탁 및 금품등 수수의 금지에 관한 법률」 제10조에 따른 외부강의등의 대가로서 사례금 수수가 허용되는 경우와 소속기관장이 허가한 경우는 제외한다.
   3. 공직자가 소속된 공공기관이 당사자이거나 직접적인 이해관계를 가지는 사안에서 자신이 소속된 공공기관의 상대방을 대리하거나 그 상대방에게 조언·자문 또는 정보를 제공하는 행위
   4. 외국의 기관·법인·단체 등을 대리하는 행위. 다만, 소속기관장이 허가한 경우는 제외한다.
   5. 직무와 관련된 다른 직위에 취임하는 행위. 다만, 소속기관장이 허가한 경우는 제외한다. → 위반시 2천만원 이하의 과태료 기출 OX 05

기출 OX

01 고위공직자는 그 직위에 임용되거나 임기를 개시하기 전 3년 이내에 민간 부문에서 업무활동을 한 경우, 그 활동 내역을 그 직위에 임용되거나 임기를 개시한 다음 날부터 30일 이내에 소속기관장에게 제출하여야 한다. 23 간부 O X

02 공직자는 배우자가 공직자 자신의 직무관련자(「민법」 제777조에 따른 친족 제외)와 토지 또는 건축물 등 부동산을 거래하는 행위(다만, 공개모집에 의하여 이루어지는 분양이나 공매·경매·입찰을 통한 재산상 거래 행위는 제외)를 한다는 것을 사전에 안 경우에는 안 날부터 14일 이내에 소속기관장에게 그 사실을 서면으로 신고하여야 한다. 23 승진 O X

03 공직자는 사회상규에 따라 허용되는 경우라 할지라도 직무관련자인 소속 기관의 퇴직자(공직자가 아니게 된 날부터 2년이 지나지 아니한 사람만 해당)와 사적 접촉(골프, 여행, 사행성 오락을 같이 하는 행위)시 소속기관장에게 신고해야 한다. 23 승진 O X

04 공직자는 직무관련자에게 사적으로 노무 또는 조언·자문 등을 제공하고 대가를 받는 행위를 해서는 아니된다(단, 「국가공무원법」 등 타 법령·기준에 따라 허용되는 경우는 제외) 23 승진 O X

05 직무와 관련된 다른 직위에 취임한 공직자는 3천만원 이하의 과태료를 부과한다. 23 간부 O X

정답 및 해설

01 X 다음 날이 아니다.
02 O
03 X 사회상규에 따라 허용되는 경우에는 신고의무가 없다.
04 O
05 X 직무관련 외부활동의 모습 중 하나인 다른 직위 취임은 2천만원 이하의 과태료 부과사항이다.

(2) 가족 채용 제한

공공기관(공공기관으로부터 출연금·보조금 등을 받거나 법령에 따라 업무를 위탁받는 산하 공공기관과 「상법」에 따른 자회사를 포함한다)은 다음 어느 하나에 해당하는 공직자의 가족을 채용할 수 없다.
1. 소속 고위공직자
2. 채용업무를 담당하는 공직자
3. 해당 산하 공공기관의 감독기관인 공공기관 소속 고위공직자
4. 해당 자회사의 모회사인 공공기관 소속 고위공직자

(3) 수의계약 체결 제한

공공기관(공공기관으로부터 출연금·보조금 등을 받거나 법령에 따라 업무를 위탁받는 산하 공공기관과 「상법」에 따른 자회사를 포함한다)은 해당 계약업무를 법령상·사실상 담당하는 소속 공직자 등과 물품·용역·공사 등의 수의계약을 체결할 수 없다. 다만, 해당 물품의 생산자가 1명뿐인 경우 등 대통령령으로 정하는 불가피한 사유가 있는 경우에는 그러하지 아니하다.

(4) 공공기관 물품 등의 사적 사용·수익 금지

공직자는 공공기관이 소유하거나 임차한 물품·차량·선박·항공기·건물·토지·시설 등을 사적인 용도로 사용·수익하거나 제3자로 하여금 사용·수익하게 하여서는 아니 된다. 다만, 다른 법령·기준 또는 사회상규에 따라 허용되는 경우에는 그러하지 아니하다.

(5) 직무상비밀 등 이용금지

① 공직자(공직자가 아니게 된 날부터 3년이 경과하지 아니한 사람을 포함하되, 다른 법률에서 이와 달리 규정하고 있는 경우에는 그 법률에서 규정한 바에 따른다)는 직무수행 중 알게 된 비밀 또는 소속 공공기관의 미공개정보(재물 또는 재산상 이익의 취득 여부의 판단에 중대한 영향을 미칠 수 있는 정보로서 불특정 다수인이 알 수 있도록 공개되기 전의 것을 말한다)를 이용하여 재물 또는 재산상의 이익을 취득하거나 제3자로 하여금 재물 또는 재산상의 이익을 취득하게 하여서는 아니 된다.
② 공직자로부터 직무상 비밀 또는 소속 공공기관의 미공개정보임을 알면서도 제공받거나 부정한 방법으로 취득한 자는 이를 이용하여 재물 또는 재산상의 이익을 취득하여서는 아니 된다. → 위반시 5년 이하의 징역 또는 5천만원 이하의 벌금 기출OX 01
③ 공직자는 직무수행 중 알게 된 비밀 또는 소속 공공기관의 미공개정보를 사적 이익을 위하여 이용하거나 제3자로 하여금 이용하게 하여서는 아니 된다.

5 신고자 등의 보호·보상

① 누구든지 신고자등에게 신고등을 이유로 불이익조치(「공익신고자 보호법」 제2조제6호에 따른 불이익조치를 말한다)를 하여서는 아니 된다. 기출OX 02
② 이 법의 위반행위를 한 자가 위반사실을 자진하여 신고하거나 신고자등이 신고등을 함으로 인하여 자신이 한 이 법의 위반행위가 발견된 경우에는 그 위반행위에 대한 형사처벌, 과태료 부과, 징계처분, 그 밖의 행정처분 등을 감경하거나 면제할 수 있다. 기출OX 03
③ 국민권익위원회는 신고로 인하여 공공기관에 재산상 이익을 가져오거나 손실을 방지한 경우 또는 공익을 증진시킨 경우에는 그 신고자에게 포상금을 지급할 수 있다. 기출OX 04
④ 국민권익위원회는 신고로 인하여 공공기관에 직접적인 수입의 회복·증대 또는 비용의 절감을 가져온 경우에는 그 신고자의 신청에 의하여 보상금을 지급하여야 한다. 기출OX 05

기출 OX

01 공직자로부터 직무상 비밀 또는 소속 공공기관의 미공개정보임을 알면서도 제공받거나 부정한 방법으로 취득하여 이를 이용함으로써 재물 또는 재산상의 이익을 취득한 자는 5년 이하의 징역 또는 5천만원 이하의 벌금에 처한다. 22 경채 O X

02 누구든지 신고자등에게 신고등을 이유로 불이익조치(「공익신고자 보호법」 제2조 제6호에 따른 불이익조치를 말한다)를 하여서는 아니 된다. 24 간부 O X

03 이 법의 위반행위를 한 자가 위반사실을 자진하여 신고하거나 신고자등이 신고등을 함으로 인하여 자신이 한 이 법의 위반 행위가 발견된 경우에는 그 위반행위에 대한 형사처벌, 과태료부과, 징계처분, 그 밖의 행정처분 등을 감경하거나 면제할 수 있다. 24 간부 O X

04 국민권익위원회는 이 법의 위반행위에 대한 신고로 인하여 공공기관에 재산상 이익을 가져오거나 손실을 방지한 경우 또는 공익을 증진시킨 경우에는 그 신고자에게 포상금을 지급할 수 있다. 24 간부 O X

05 국민권익위원회는 이 법의 위반행위에 대한 신고로 인하여 공공기관에 직접적인 수입의 회복·증대 또는 비용의 절감을 가져온 경우에는 그 신고자의 신청에 의하여 보상금을 지급할 수 있다. 24 간부 O X

정답 및 해설

01 O
02 O
03 O
04 O
05 X 지급하여야 한다.

POINT 07 경찰의 적극행정과 소극행정

1 적극행정의 의미(적극행정 운영규정)

"적극행정"이란 공무원이 불합리한 규제를 개선하는 등 공공의 이익을 위하여 창의성과 전문성을 바탕으로 적극적으로 업무를 처리하는 행위를 말한다. 기출OX 01

> [비교] 경찰청 적극행정 면책제도 운영규정상 "적극행정"이란, 경찰청 소속 공무원 등이 국가 또는 공공의 이익을 증진하기 위해 성실하고 능동적으로 업무를 처리하는 행위를 말한다. ↔ 적극행정 운영규정: 창의성과 전문성을 바탕으로 적극적으로 업무를 처리 기출OX 02

2 적극행정 면책제도(경찰청 적극행정 면책제도 운영규정)

(1) **목적**: 경찰청 소속 공무원등, 적극행정 과정에서 부작용 발생시 "적극행정 면책제도" 적용

(2) **면책제도 유형**

1) 징계면제 제도

의의	적극행정 과정에서 발생한 부분적 절차하자·비효율·손실 등이 발생했을 경우 경찰청 감사규칙상 징계문책요구, 시정요구, 경고주의요구, 통보 또는 경찰공무원 징계령에 따른 징계 및 징계부가금 책임을 감면하는 제도 기출OX 03
징계면제 대상자	경찰청 및 소속기관 공무원 또는 산하단체 임직원 기출OX 04
징계면제 요건	• 불합리한 규제개선 공익사업 추진 등 공공의 이익증진을 위한 행위일 것 • 대상업무를 적극적으로 처리한 결과일 것 • 행위에 고의나 중대한 과실이 없을 것 기출OX 05, 06 다만, 징계등 혐의자가 다음 사항 모두에 해당되는 경우에는 해당 비위가 고의 또는 중과실에 의하지 않는 것으로 추정한다. 기출OX 07, 08 • 징계 등 혐의자와 비위 관련 직무 사이에 사적인 이해관계가 없을 것 • 대상 업무를 처리하면서 중대한 절차상의 하자가 없었을 것
징계면제 결격사유	기본적 준수의무 불이행, 금품수수, 고의중과실, 무사안일, 업무태만, 자의적인 법해석·집행으로 본질적인 사항 위반, 위법부당민원수용한 특혜성 업무처리를 한 경우는 징계를 면제하지 않는다. 기출OX 09

2) 사전컨설팅 감사제도

의의	불합리 제도로 적극행정 곤란시, 미리 감사의견 듣고 업무처리에 반영해 적극행정을 추진하는 것 기출OX 10
감사대상	기관장은 다음 중 어느 하나의 업무 수행 전, 사전컨설팅 감사 신청을 할 수 있다. • 인가·허가·승인등 규제관련 업무 • 법령 등 해석이견으로 능동적 업무처리가 곤란한 경우 • 그 밖에 적극행정 추진을 위해 감사관이 필요하다고 인정한 경우 → 행정심판, 수사 중인 사항은 사전컨설팅 감사 대상에서 제외 기출OX 11
감사실시	감사는 서면감사를 원칙으로 하되, 현지 확인 등 실지감사를 함께 할 수 있다. 기출OX 12
징계면제	사전컨설팅 의견대로 업무를 처리한 경우에는 징계를 면제한다.
징계면제 결격사유	대상 업무와 관련하여 사적인 이해관계가 있거나, 감사원이나 자체감사기구가 의견을 제시하기 위해 판단에 필요한 정보를 충분히 제공하지 않은 경우에는 징계를 면제하지 않는다.

기출 OX

01 「적극행정 운영규정」상 "적극행정"이란, 공무원이 불합리한 규제를 개선하는 등 공공의 이익을 위해 창의성과 신속성을 바탕으로 적극적으로 업무를 처리하는 행위를 말한다. 23 승진 O X

02 「경찰청 적극행정 면책제도 운영규정」상 '적극행정'이란 경찰청 및 그 소속기관의 공무원 또는 산하단체의 임·직원이 국가 또는 공공의 이익을 증진하기 위해 성실하고 능동적으로 업무를 처리하는 행위를 말한다. 25·24 승진, 23 간부 O X

03 면책이란 적극행정 과정에서 발생한 부분적인 절차상 하자 또는 비효율, 손실 등과 관련하여 그 업무를 처리한 경찰청 소속 공무원 등에 대하여 「경찰청 감사규칙」상 징계 또는 문책요구, 시정요구, 경고·주의요구, 개선요구와 「경찰공무원 징계령」에 따른 징계 및 징계부 가금의 어느 하나에 해당하는 책임을 묻지 않거나 감면하는 것을 말한다. 23 간부 O X

04 「경찰청 적극행정 면책제도 운영규정」에 의한 면책은 경찰청 및 그 소속기관의 공무원 또는 산하단체의 임·직원 등에게 적용된다. 23 채용 O X

05 「적극행정 운영규정」상 공무원이 적극행정을 추진한 결과에 대해 그의 행위에 고의 또는 중대한 과실이 없는 경우에는 징계 관련 법령에 따라 징계의결 또는 징계부가금 부과의결을 하지 않는다. 23 채용 O X

06 「공공감사에 관한 법률」상 자체감사를 받는 사람이 불합리한 규제의 개선 등 공공의 이익을 위하여 업무를 적극적으로 처리한 결과에 대하여 그의 행위에 고의나 중대한 과실이 없는 경우에는 징계 요구 또는 문책 요구 등 책임을 묻지 아니한다. 23 승진 O X

07 「공무원 징계령 시행규칙」상 징계위원회는 징계등 혐의자와 비위 관련 직무 사이에 사적인 이해관계가 없었고 대상 업무를 처리하면서 중대한 절차상 하자가 없었을 경우 해당 비위가 고의 또는 중과실에 의하지 않은 것으로 추정한다. 23 승진 O X

08 「경찰청 적극행정 면책제도 운영규정」 제5조 제1항 제3호의 요건을 적용하는 경우 자체감사를 받는 사람이 '대상 업무를 처리하면서 중대한 절차상의 하자가 없었을 것'과 '자체감사를 받는 사람과 대상 업무 사이에 사적인 이해관계가 없을 것'이라는 요건을 모두 갖추어 업무를 처리한 것으로 인정되는 경우에는 그 행위에 고의나 중대한 과실이 없는 경우에 해당하는 것으로 추정한다. 23 채용 O X

09 「경찰청 적극행정 면책제도 운영규정」상 자체감사를 받는 사람은 적극행정 면책요건에 해당된다 하더라도 자의적인 법 해석 및 집행으로 법령의 본질적인 사항을 위반한 경우 면책대상에서 제외된다. 23 승진 O X

10 사전컨설팅 감사란 불합리한 제도 등으로 인해 적극적인 업무 수행이 어려운 경우, 해당 업무의 수행에 앞서 업무처리 방향 등에 대하여 미리 감사의 의견을 듣고 이를 업무처리에 반영하여 적극행정을 추진하는 것을 말한다. 25 채용, 24·23 간부 O X

11 법령·행정규칙 등의 해석에 대한 이견 등으로 인하여 능동적인 업무처리가 곤란한 경우와 행정심판, 수사 중인 사안 등은 사전컨설팅 감사의 대상이다. 25 채용, 23 간부 O X

12 사전컨설팅 감사는 현지 확인 등 실지감사를 원칙으로 하되, 부득이한 사유가 발생할 경우 서면감사로 할 수 있다. 25 채용 O X

정답 및 해설

01 X 창의성과 전문성
02 O
03 X 징계 또는 문책요구, 시정요구, 경고·주의요구, 통보(개선요구 X)
04 O
05 O
06 O
07 O
08 O
09 O
10 O
11 X 행정심판, 수사 중인 사항은 사전컨설팅 감사 대상에서 제외한다.
12 X 서면감사 원칙, 부득이한 경우 실지감사

3 소극행정

(1) 정의

소극행정이란 공무원이 부작위 또는 직무태만 등 소극적 업무행태로 국민의 권익을 침해하거나 국가재정상 손실을 발생하게 하는 행위를 의미한다. 기출OX 01

(2) 소극행정 유형 기출OX 02

적당편의	문제해결을 위해 노력하지 않고, 적당히 형식만 갖추어 부실하게 처리하는 행태
업무해태	합리적인 이유없이 주어진 업무를 게을리하여 불이행하는 행태
탁상행정	법령이나 지침 등의 변화에도 불구하고 과거 규정에 따라 업무를 처리하거나, 기존의 불합리한 업무관행을 그대로 답습하는 행태
기타 관 중심행정	직무권한을 이용하여 부당하게 업무를 처리하거나, 국민 편익을 위해서가 아닌 자신과 소속 기관의 이익을 위해 자의적으로 처리하는 행태

(3) 소극행정 신고(적극행정 운영규정) 기출OX 03, 04

① 누구든지 공무원의 소극행정을 소속 중앙행정기관의 장이나 소극행정 신고센터에 신고할 수 있다.
② 국민권익위원회는 중앙행정기관 소속 공무원의 소극행정 예방 및 근절을 위해 소극행정 신고센터를 운영하고, 중앙행정기관의 장에게 신고사항에 대해 적절한 조치를 하도록 권고할 수 있다.

기출 OX

01 「적극행정 운영규정」상 '소극행정'이란 공무원이 부작위 또는 직무태만 등 소극적 업무행태로 국민의 권익을 침해하거나 국가 재정상 손실을 발생하게 하는 행위를 말한다. 24 승진 (O X)

02 '적당편의'는 법령이나 지침 등의 변화에도 불구하고 과거규정에 따라 업무를 처리하거나, 기존의 불합리한 업무관행을 그대로 답습하는 형태를 말한다. 24 승진 (O X)

03 국가인권위원회는 중앙행정기관 소속 공무원의 소극행정 예방 및 근절을 위해 소극행정 신고센터를 운영하고, 중앙행정기관의 장에게 신고사항에 대해 적절한 조치를 하도록 권고할 수 있다. 24 승진 (O X)

04 「적극행정 운영규정」 제18조의3은 "누구든지 공무원의 소극행정을 국가인권위원회가 운영하는 소극행정 신고센터에 신고할 수 있다."고 규정하고 있다. 23 채용 (O X)

정답 및 해설

01 O
02 X 탁상행정에 관한 설명
03 X 국민권익위원회는 중앙행정기관 소속 공무원의 소극행정 예방 및 근절을 위해 소극행정 신고센터를 운영하고, 중앙행정기관의 장에게 제1항에 따른 신고사항에 대해 적절한 조치를 하도록 권고할 수 있다
04 X 국가인권위원회가 아닌, 국민권익위원회가 운영하는 소극행정 신고센터이다.

해커스경찰
police.Hackers.com

Chapter 03

범죄이론

2025 해커스경찰
서정표 경찰학 요기오
(요약 + 기출OX)

POINT 01 | 범죄의 개념
POINT 02 | 범죄원인에 대한 여러 학설
POINT 03 | 범죄예방이론
POINT 04 | 범죄통제와 범죄예방활동
POINT 05 | 지역사회 경찰활동

POINT 01 범죄의 개념

1 범죄의 개념

(1) 범죄개념의 다양성
범죄는 각 시대의 사회적, 문화적, 역사적 상황과 환경에 따라 다른 모습을 하게 되는 <u>상대적 개념</u>이다(G. M. Sykes).

(2) 법률적 시각에서의 범죄
- 어떤 행위이든 '법률'에 위반되는 행위를 범죄라고 본다.
- 구체적으로는 '법제정·개정 과정상의 범죄개념'과 '법집행 과정상의 범죄개념'으로 나눌 수 있다.

법제정·개정 과정상의 개념	• 사회적 환경변화에 따라 가벌성 있는 행위가 발생하고 이에 대응하기 위한 <u>법규가 형성되는 과정</u>을 중심으로 범죄개념 정의 • 입법기관인 의회의 방침과 정책에 따라 범죄의 개념이 달라짐 예 음란·폭력성의 청소년유해매체물과 유해약물 등의 청소년에 대한 유통과 유해한 업소에의 청소년출입 등을 규제함으로써, 성장과정에 있는 청소년을 각종 유해한 사회환경으로부터 보호·구제하고 나아가 건전한 인격체로 성장할 수 있도록 하기 위해 청소년보호법 제정
법집행 과정상의 개념	• 시대와 국가마다 <u>법집행기관의 방침과 정책</u>에 따라 범죄의 개념이 다름 • 사회적 이슈에 대한 경찰의 정책과 방침이 범죄형성에 중요한 역할을 수행 예 '바다이야기'와 같은 사행성 게임 관련, 업자위주로 단속하던 것을 사회적 문제발생 후 이용자까지 단속범위 확대

(3) 사회학적 시각에서의 범죄(해악기준의 범죄)

구분	내용
화이트칼라 범죄 (Sutherland) 기출OX 01	• 횡령·배임·뇌물수수와 같은 화이트칼라 범죄에 대한 해악과 사회적 심각성에 대한 연구이다. 기출OX 02 • 이러한 화이트칼라 범죄는 <u>주로 사회지도층에 의해 이루어지므로</u> 실제 사회에 끼치는 해악보다 처벌이 약하거나 아예 민사사건화 되는 문제가 있어 이에 대한 대처가 필요하다고 보았다. 기출OX 03 • 기업범죄, 경제범죄, 환경범죄, 공무원범죄 등이 대표적인 화이트칼라범죄이다. 기출OX 04
인권침해 범죄 (Herman & Schwendingr)	범죄는 <u>인간의 기초적 인권을 침해</u>하는 해악적 행위라고 하면서, 인간의 생존욕구와 자존의 욕구를 침해하는 범죄행위에 대한 심각한 고려가 필요하다고 보았다.
사회적 해악행위 범죄 (Michalowski)	법률에 규정되지 않은 사회적 해악행위, 즉 결과적으로 <u>불법과 유사하나 법적으로 용인된 행위</u>에 대한 연구이다.

(4) 정치적 시각에서의 범죄(낙인이론)
범죄란 범죄를 정의할 권한이나 힘을 가진 자들에 의해 범죄로 규정된 행위를 말한다.

기출 OX

01 초기 화이트칼라범죄를 정의한 학자는 서덜랜드(Sutherland)이다. 23 채용 O X

02 화이트칼라범죄는 상류계층의 경제범죄에 대한 사회적 심각성을 연구하는 과정에서 등장한 개념이다. 23 채용 O X

03 화이트칼라범죄는 직업활동과 관련하여 높은 지위를 가지고 있는 사람에 의해 저질러지는 범죄이다. 23 채용 O X

04 일반적으로 살인·강도·강간범죄는 화이트칼라범죄로 분류된다. 23 채용 O X

정답 및 해설

01 O
02 O
03 O
04 X 기업범죄, 경제범죄, 환경범죄, 공무원범죄등이 대표적인 화이트칼라범죄이다.

2 범죄유발 요소

(1) 범죄 필요조건 4대 요소

실리(J. Sheley)는 범죄가 발생하기 위한 필요조건으로 "**범행의 기술**, **범행의 동기**, **범행의 기회**, **사회적 제재로부터의 자유**"의 4가지 요소가 필요하다고 하였다. 기출OX 01, 02

[TIP]

일상활동이론에서 범죄발생요소(범·대·감)	일상활동이론 범행피해 리스크 수준결정 4요소(V·I·V·A)
• 잠재적 범죄자 • 잠재적 피해자(범행대상) • 감시의 부재	• 대상의 가치(Value) • 이동 용이성(Inertia) • 가시성(Visibility) • 접근성(Access)

(2) 소질과 환경

범인성 소질	• 선천적 원시요소(유전물질) • 후천적 발전요소(유전적 결함, 체질이상 등)
범인성 환경	• 범인성 환경은 범인성 행위환경과 범인성 행위자환경으로 구성 • **범인성 행위환경**: 개별 범죄행위에 영향을 주는 외부사정(경제위기, 전쟁) • **범인성 행위자환경**: 행위자의 인격형성에 영향을 주는 외부사정(알콜중독, 가정의 해체, 교육의 부재)
양자의 관계	• **내인성 범죄**: 범인성 소질에 더 많은 영향을 받는 범죄(폭력범죄, 충동범죄) • **외인성 범죄**: 범인성 환경에 더 많은 영향을 받는 범죄(재산범죄)

기출 OX

01 J.F.Sheley가 주장한 범죄유발의 4요소는 범죄의 동기, 사회적 제재로부터의 자유, 범죄피해자, 범행의 기술이다. 21 간부 O X

02 Joseph F. Sheley가 주장한 범죄유발의 4가지 요소로는 범행의 동기 (Motivation) 이동의 용이성 (Inertia), 범행의 기술 (Skill)이다. 15·13 채용 O X

정답 및 해설
01 X 범행의 피해자가 아니라 범행의 기회이다.
02 X J. Sheley가 제시한 범죄발생 필요조건 4대 요소에 이동의 용이성(Inertia)은 포함되지 않는다.

POINT 02 범죄원인에 대한 여러 학설

I 고전주의 범죄학과 실증주의 범죄학

1 고전주의 범죄학

개념	• 인간은 자유의지를(free will) 가진 합리적 존재이므로, 이러한 인간이 범죄라는 이익을 선택하지 못하도록 하기 위해서는 그에 상응하는 고통(형벌, 두려움)을 부과해야 한다(**자유의지 긍정**). 기출OX 01 • 범죄통제이론 중 일반예방이론(억제이론)과 합리적 선택이론에 영향을 주었다.
특징	• **개인책임의 강조**: 개인은 범죄로 나아가지 않을 수 있는 자유의지를 가지고 있으므로, 범죄행위로 나아간 것은 개인의 책임이지 사회의 책임이 아니다. → **의사비결정론** • **형벌의 강조**: 강력하고 신속한 형벌일수록 범죄를 효과적으로 통제할 수 있다고 하여 형벌을 가장 효과적인 범죄예방 방법이라고 하였다. 기출OX 02 • **일반예방 강조**: 엄격한 법집행을 통해 일반인들에게 '범죄를 저질러서는 안 되겠다'라는 인식을 주는 일반예방의 효과를 강조하였다.
대표학자	• **베까리아**: 형벌은 범죄에 비례하여 부과하는 죄형균형론 강조 • **벤담**: 공리주의

2 실증주의 범죄학

개념	• 범죄는 생물학적·심리학적·사회적 요인 등 다양한 요인에 의해 '결정된' 행위이지, 자유의지로 선택하는 것이 아니라고 보았다(**자유의지 부정**). • 범죄통제이론 중 치료 및 갱생이론에 영향을 미쳤다.
특징	• **범죄 외부요인 강조**: 범죄자 개인의 자유의지보다는 범죄를 발생시키는 외부적 요소에 의해 강요되는 것이라고 보았다. → **의사결정론** • **범죄자 처우를 강조**: 범죄자의 처우(교화·개선)와 교정전문가의 역할을 강조하였다. • **특별예방 강조**: 범죄를 저지를 수밖에 없었던 범죄자가 다시 범죄를 저지르지 않도록 교화하고 교정하는 데 중점을 두었다.
대표학자	• **이탈리아 실증학파**: 롬브로조(생래적 범죄인설), 페리(범죄포화법칙), 가로팔로(자연범과 법정범구별) • **프랑스 실증학파**: 라까사뉴, 뒤르껭(범죄정상설)

[압축정리] 고전주의와 실증주의

고전주의	실증주의
• 자유의지 긍정 • 의사비결정론 • 형벌의 강조 • 일반예방 강조	• 자유의지 부정 • 의사결정론 • 범죄 외부요인 강조 • 범죄자 처우를 강조 • 특별예방 강조

[압축정리] 범죄원인론의 체계

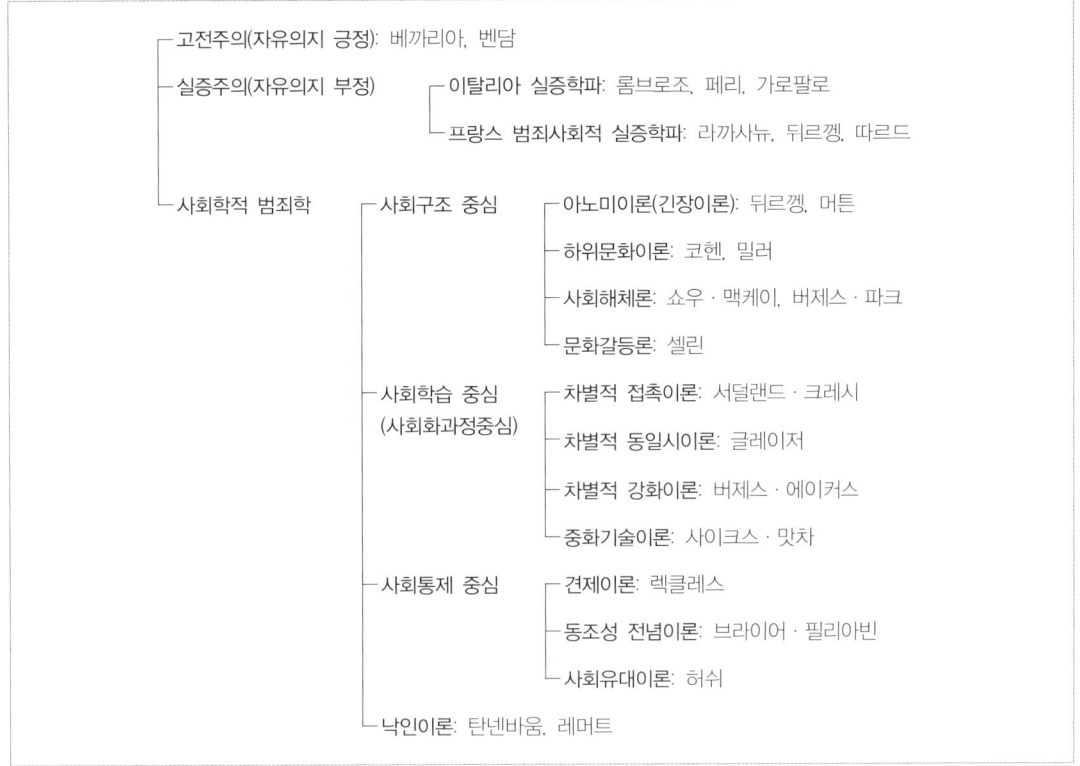

기출 OX

01 고전주의 범죄학에 따르면 범죄는 인간의 자유의지에 의한 것이 아니고, 외적요소에 의해 강요되는 것이다. 19 승진 ⊙ X

02 고전주의 범죄학의 억제이론(Deterrence Theory)은 베카리아(Beccaria)와 벤담(Bentham)의 주장에 근거한다. 기본전제는 인간이 자유의지를 가지고 합리적인 판단에 의해 행동한다는 것이다. 이를 기반으로 한 처벌은 계량된 처벌의 고통과 범죄로 인한 이익 사이의 함수관계로 설명되는데 이 이론의 핵심적인 내용은 처벌의 확실성, 처벌의 엄격성, 처벌의 신속성이다. 24 채용 ⊙ X

정답 및 해설

01 X 고전주의 범죄학은 인간은 자유의지를(free will) 가진 합리적 존재, 외부적 요소에 강요되는 것은 실증주의 범죄학
02 ○

Ⅱ 사회학적 범죄학

1 **사회구조 중심**: 아노미이론, 하위문화이론, 사회해체론, 문화갈등론 기출OX 01, 02, 03, 04

(1) **아노미이론(긴장이론)**: 아노미란 개인이나 사회의 가치관 등이 무너지면서 발현되는 불안정 상태를 말한다. 기출OX 05

뒤르켐 (Durkheim)	• 아노미란 사회의 규범이 붕괴하여 제대로 작동하지 못하는 무규범 상태이다. • 규범의 부재·붕괴를 강조 기출OX 06
머튼 (Merton)	• 아노미란 한 사회 내에서 문화적으로 널리 받아들여진 가치(문화적 목표)와 이를 달성할 제도화된 수단이 불일치하는 경우를 말한다. • 문화적 목표와 제도화된 수단의 불일치를 강조

(2) **하위문화이론**: 하위문화론은 아노미이론에서 전제한 문화적 목표와 수단의 괴리의 결과로 형성되는 하위문화가 범죄나 비행행위의 원인이 된다고 보았다.

코헨 (Cohen)	하류계층의 청소년들이 목표와 수단의 괴리를 통해 중류계층에 대한 저항으로 비행을 저지르며, 목표 달성의 어려움을 극복하기 위해 자신들만의 하위문화를 만들게 되며 범죄는 이러한 하위문화에 의해 저질러지는 것이다. 기출OX 07
밀러 (Miller)	범죄는 하위문화의 가치와 규범이 정상적으로 반영된 것이다. 기출OX 08

(3) **사회해체론**: 사회해체론은 산업화·도시화 과정에서 사회조직이 해체되는 것을 범죄나 비행행위의 원인이 된다고 보았다.

쇼우·맥케이 (Shaw&McKay)	• 도심지의 특정지역(빈민지역)에서 비행이 일반화되는 이유는 산업화·도시화과정에서 그 지역의 사회조직이 극도로 해체되기 때문이다. • 범죄의 원인은 각기 다른 문화적 배경을 가진 인구의 유입에 따른 것이 아닌 지역사회의 내부에 있다. → 사회해체의 조건들이 존재하는 지역사회의 범죄율↑ • 이러한 지역은 구성원이 바뀌더라도 비행발생률은 변하지 않는다.
버제스·파크 (Burgess&Park)	• **동심원이론**: 시카고지역을 5개의 동심원지대로 나누어 각 지대별 특성과 범죄의 관련성을 조사하여 빈곤, 인구유입, 실업 등과 관련이 있다고 규정하였다. • 5개 지역(중심상업·퇴행변이·노동자계층·중간계급·교외지역) 중 퇴행변이지역이 범죄적으로 가장 문제되는 지역이라고 보았다.

(4) **문화갈등론**: 문화갈등론은 미국사회의 이민증가에 의한 다양한 민족의 혼재 등으로 서로 다른 문화가 충돌하면서 발생하는 갈등(사회구성원의 가치관·규범의식 충돌)이 범죄의 원인이 된다고 보았다.

T. Sellin	범죄는 문화적 갈등을 통한 심리적 갈등으로 인해 발생

(5) **문화전파론**

문화적 전파이론은 "범죄를 부추기는 가치관으로의 사회화"나 "범죄에 대한 구조적·문화적인 유인에 대한 자기통제의 상실"을 범죄의 원인으로 보았다.

기출 OX

01 '사회해체론'과 '아노미이론'은 범죄의 원인을 사회적 구조의 특성에서 찾는 사회적 수준의 범죄원인 이론이다. 20 승진 (O X)

02 하류계층 청소년들은 '지위좌절'이라는 갈등의 형태를 경험하면서 중류계층의 가치관에 대한 적대적 반응을 갖게 되고, 목표달성의 어려움을 극복하기 위해 자신들만의 하위문화를 만들게 된다고 주장한 이론은 사회학적 범죄학 이론 중에서 사회구조원인론에 해당한다. 24 채용 (O X)

03 사회규범의 붕괴로 무규범 상태가 되고 이러한 무규범 상태에서 범죄가 발생한다고 주장한 이론은 사회학적 범죄학 이론 중에서 사회구조원인론에 해당한다. 24 채용 (O X)

04 산업화 및 도시화 과정에서 그 지역의 사회조직이 극도로 해체되었기 때문에 범죄와 비행이 발생한다고 주장한 이론은 사회학적 범죄학 이론 중에서 사회구조원인론에 해당한다. 24 채용 (O X)

05 아노미이론은 Cohen에 의해 주장되었으며, '범죄는 정상적인 것이며 불가피한 사회적 행위'라는 입장에서 사회규범의 붕괴로 인해 범죄가 발생한다고 보고 있다. 21 간부 (O X)

06 뒤르켐(Durkheim)은 사회규범이 붕괴되어 규범에 대한 억제력이 상실된 상태를 아노미(Anomie)라고 하고 이러한 무규범상태에서 범죄가 발생한다고 주장하였다. 24 채용, 18 승진 (O X)

07 Cohen은 목표와 수단이 괴리된 하류계층 청소년들이 중산층에 대한 저항으로 비행을 저지르며 목표달성의 어려움을 극복하기 위해 자신들의 하위문화를 만들게 된다고 주장하였다. 24 채용, 20 승진 (O X)

08 Miller는 범죄는 하위문화의 가치와 규범이 정상적으로 반영된 것이라고 하였다. 20 승진 (O X)

정답 및 해설

01 O
02 O
03 O
04 O
05 X 뒤르갱(Durkheim)은 '아노미'를 범죄의 원인으로 보았다. 코헨은 하위문화이론을 주장
06 O
07 O
08 O

2 사회학습 중심: 차별적 접촉이론, 차별적 동일시 이론, 차별적 강화이론, 중화기술이론 기출OX 01

(1) **차별적 접촉이론(분화적 접촉이론)**: 범죄 역시 다른 일반적인 행위와 마찬가지로 친밀한 그룹으로부터 학습하는 사회화과정을 통해서 이루어진다고 보면서, 친밀한 그룹끼리 차별적으로 접촉하는 과정에서 특정 사회계층이 범죄그룹에 차별적으로 접촉하는 경우 범죄가 발생하기 쉽다고 보았다.

서덜랜드 · 크레시 (Sutherland & Cressey)	• 범죄의 원인을 물리적 환경(범행의 기회)으로 보았다. • 분화된 사회조직 속에서 분화적으로 범죄문화에 접촉 · 참가 · 동조함에 따라 범죄행동이 정상적으로 학습되는 것으로 보았다. 기출OX 02

(2) **차별적 동일시 이론**: 직접 접촉이 아니더라도 영화나 유명인으로부터 영향을 받을 수 있다는 이론이다.

글레이저 (Glaser)	• 다른사람과 자신을 동일시하는 정도와 강도가 어떤 가치관을 학습하는데 중요한 요소가 된다고 보았다. 기출OX 03, 04 • 청소년들이 영화의 주인공을 모방하고 자신과 동일시하면서 범죄를 학습한다.

(3) **차별적 강화이론**: 다른 사람들과의 차별적 접촉 이외에도 사회환경과의 직접적인 상호작용을 통해 범죄학습이 가능하다는 이론이다.

버제스 · 에이커스 (Burgess & Akers)	• **차별적 강화**: 행위에 대한 보상이나 처벌과 같은 사회적 반응이 그 행위를 다시 반복하게 하는데 결정적인 영향을 미치게 되는 것을 말한다. • 청소년의 비행행위는 처벌이 없거나 칭찬받게 되면 반복적으로 저질러진다.

(4) **중화기술이론**: 범죄자나 비행청소년도 합법적이고 바람직한 규범을 알고 있음에도, 위법행위에 대한 정당화 기술(중화기술)을 통해 준법의식을 마비시키고 위법행위를 하게 된다는 이론이다. 기출OX 05, 06
- 비판: 중화기술이론은 비행청소년이 범행 전후를 기준으로 언제 중화를 하는지 설명이 어렵고, 설령 비행행위 이전에 중화를 한다고 주장하여도 이후 비행으로 나아가는 청소년과 그렇지 않은 청소년 간의 개인적 차이를 설명하지 못한다는 비판이 제기되고 있다. 기출OX 06
- 사이크스 · 맛차(Sykes & Matza)의 5가지 중화기술 기출OX 07, 08, 09, 10

책임의 부정 (책임의 회피)	• 자신의 행위가 의도적인 것이 아니고, 자신의 잘못이 아니라고 하면서 행위의 책임을 회피하는 것 • "그럴 맘은 없었는데 상황이 그래서 어쩔 수 없었어."
피해의 부정 (가해의 부정)	• 자신의 행위로 인해 누구도 손해를 입지 않았다며 피해발생을 부인하는 것 • "죽은 것도 아니고 그정도면 크게 다친 것도 아니잖아."
피해자의 부정	• 피해자는 응징을 당해야 마땅한 사람이라고 주장하며 피해자를 부정하는 것 • "내가 좀 심했지만 그놈은 그래도 싸. 자업자득이야."
비난자에 대한 비난	• 자신을 비난하는 사람들이 더 나쁜 사람이라며 행동을 합리화시키는 것 • "나는 오토바이를 훔쳤지만, 경찰들은 인권을 훔치잖아."
충성심에의 호소	• 자신의 행동이 옳지 않으나 친구나 주변의 친한 사람을 위해 어쩔 수 없었다는 충성심에 호소하는 것 • "개를 때린건 잘못되었지만, 친구들이 다 같이 하기로 해서 나만 빠질 수 없었어."

기출 OX

01 글레이저(Glaser)는 차별적 동일시이론을 통해 범죄의 원인이 개인이 아닌 사회구조의 변화에 있다고 설명하였다. 24 채용 O X

02 Sutherland의 차별적 접촉이론에 따르면, 범죄는 전통을 가진 사회에서 많이 발생하며, 이러한 사회에서 개인은 범죄에 접촉 동조하면서 학습한다. 21 승진 O X

03 사회학습이론 중 Burgess & Akers의 차별적 강화이론에 의하면 청소년들이 영화의 주인공을 모방하고 자신과 동일시하면서 범죄를 학습한다고 본다. 21 간부, 19 승진 O X

04 D경찰서가 관내 청소년 비행 문제가 증가하자 청소년들을 대상으로 폭력 영상물의 폐해에 관한 교육을 실시하고, 해당 유형의 영상물에 대한 접촉을 삼가도록 계도한 것은 차별적 동일시 이론과 관련이 있다. 19 채용 O X

05 사회구조원인론 중에서도 사회학습이론에 해당하는 중화기술이론은 인간에게 내면화되어 있는 합법적 규범이나 가치관을 중화시킴으로써 범죄에 이르게 된다는 이론을 말한다. 25 채용 O X

06 중화기술이론은 비행청소년이 범행 전후를 기준으로 언제 중화를 하는지 설명이 어렵고, 설령 비행행위 이전에 중화를 한다고 주장하여도 이후 비행으로 나아가는 청소년과 그렇지 않은 청소년 간의 개인적 차이를 설명하지 못한다는 비판이 제기되고 있다. 25 채용 O X

07 마짜(Matza)와 싸이크스(Sykes)는 청소년은 비행의 과정에서 합법적 전통적 관습, 규범, 가치관 등을 중화시킨다고 주장하였다. 19 승진 O X

08 Matza & Sykes에 따르면, 청소년은 비행 과정에서 '책임의 회피', '피해자의 부정', '피해 발생의 부인', '비난자에 대한 비난', '충성심에의 호소' 등 5가지 중화기술을 통해 규범, 가치관 등을 중화시킨다. 21 승진 O X

09 친구에게 돈을 빌려주었는데 돈을 갚지 않자 벌을 받아야 하는 사람이라고 정당화하며 폭력을 행사한 경우 '피해자의 부정'에 해당한다. 25 채용 O X

10 돈을 훔친 자신의 행위에 대해 "그들은 돈이 많으니 괜찮아"라고 합리화하는 것은 '피해의 부정'에 해당한다. 25 채용 O X

정답 및 해설

01 X 사회구조가 아닌 사회학습과정에 원인이 있다
02 O
03 X 영화의 주인공 등과 자신을 동일시 함으로써 영향을 받을 수 있다는 이론은 글레이저의 차별적 동일시이론이다.
04 O
05 X 중화기술이론은 사회구조원인론에 해당하지 않는다.
06 O
07 O
08 O
09 O
10 O

3 **사회통제 중심**: 견제이론, 동조성 전념이론, 사회유대이론 기출OX 01

(1) **견제이론**: 누구나 사회생활을 하면서 범죄에 대한 끝없는 유혹을 받지만 이러한 유혹보다 범죄에 대한 견제가 더욱 강하면 범죄로 나아가지 않게 된다는 이론이다.

렉클레스 (Reckless)	• 사람을 범죄나 비행으로 이끄는 일탈유도요인보다 자기통제력 · 인내력 · 책임감 · 교육기관의 관심 · 합리적 규범과 같은 일탈견제요인이 더 크다면 범죄는 발생하지 않는다. • "좋은 자아관념은 주변의 범죄적 환경에도 불구하고 비행행위에 가담하지 않도록 하는 중요한 요소이다." 기출OX 02

(2) **동조성 전념이론**: 일정한 원인으로 발생하는 관습적 목표를 지향하려는 노력이 이러한 목표수행에 인간의 행위를 전념시킴으로써 인간의 범행 잠재력을 통제하게 되어 상황적 일탈을 감소시킨다는 이론이다.

브라이어 · 필리아빈 (Briar & Piliavin)	**동조성 전념의 원인**: 관습적 목표에 대한 동조성은 부모 · 선생님 · 동료 등 중요한 사람과의 대인관계에서 긍정적인 승인을 얻고 유지함으로써 발생하며 동조성의 전념은 부모의 사랑 · 선생님의 관심 · 관습적인 친구들의 접촉 등으로 생기는 것이 특징이다.

(3) **사회유대이론**: 사람들은 보편적으로 일탈경향이 있는 잠재적 범죄자라는 것을 전제로, 범죄는 사회적인 유대가 악화되어 통제되지 않기 때문에 발생한다.

허쉬 (Hirschi)	Hirschi는 범죄의 원인은 사회적인 유대가 약화되어 통제되지 않기 때문이라고 보고, 비행을 통제할 수 있는 사회적 통제의 결속을 애착, 전념, 신념, 참여라고 하였다. **신참애전** 기출OX 03, 04		
	신념	선생님, 경찰, 법률과 같은 공적인 권위의 정당성과 같은 관습적 도덕가치를 믿는 것을 의미	
	참여	전념의 결과로 관습적인 일들에 동참하는 것	
	애착	부모나 학교, 동료와 같이 자신에게는 매우 중요하고 민감한 사람들에 대한 청소년의 감정적 결속을 의미	
	전념	규범준수에 따른 사회적 보상에 얼마나 관심을 갖는가	

4 **낙인이론**

- 범죄자를 범죄자로 만드는 것은 행위의 질적인 면이 아닌 사람들의 인식이라고 보면서, 제도 · 관습 · 법규 등 사회를 유지하기 위한 기본적인 제도적 장치들이 오히려 범죄를 유발한다는 이론이다. 기출OX 05
- 사회제도나 규범을 근거로 특정인을 일탈자로 인식하기 시작하면 그 사람은 결국 범죄인이 되고 만다.
- Tannenbaum - 낙인이론을 통해 범죄자라는 낙인이 어떠한 결과를 낳는가에 관심을 가졌다. 기출OX 06

기출 OX

01 사람들을 '잠재적 범죄자'로 간주하고 사회적 결속과 유대의 약화로 인해 비행이 발생한다고 주장한 이론은 사회학적 범죄학 이론 중에서 사회구조원인론에 해당한다. 24 채용   O X

02 Durkheim은 좋은 자아관념이 주변의 범죄적 환경에도 불구하고 비행행위에 가담하지 않도록 하는 중요한 요소라고 한다. 20·18 승진   O X

03 허쉬(Hirschi)는 범죄의 원인은 사회적인 유대가 약화되어 통제되지 않기 때문이라고 주장하였다. 19 승진   O X

04 Hirschi는 범죄의 원인은 사회적인 유대가 약화되어 통제되지 않기 때문이라고 보고, 비행을 통제할 수 있는 사회적 통제의 결속을 애착, 전념, 기회, 참여라고 하였다. 21 간부, 21 승진   O X

05 A경찰서는 관내에서 폭행으로 적발된 청소년을 형사입건하는 대신, 학교전담경찰관이 외부 전문가와 함께 3일 동안 다양한 활동으로 구성된 선도프로그램을 제공함으로써 해당 청소년에게 스스로 잘못을 뉘우치고 장차 지역사회로 다시 통합될 수 있는 기회를 제공한 내용은 낙인이론과 관계가 있다. 22·19 채용   O X

06 탄넨바움(Tannenbaum)은 낙인이론을 통해 범죄자라는 낙인이 어떠한 결과를 낳는가에 관심을 가졌다. 24 채용   O X

정답 및 해설

01 X 허쉬의 사회유대이론은 사회통제이론에 해당
02 X 렉클레스(Reckless)의 '견제이론'
03 O
04 X 신념, 참여, 애착, 전념라고 하였다.
05 O
06 O

POINT 03 범죄예방이론

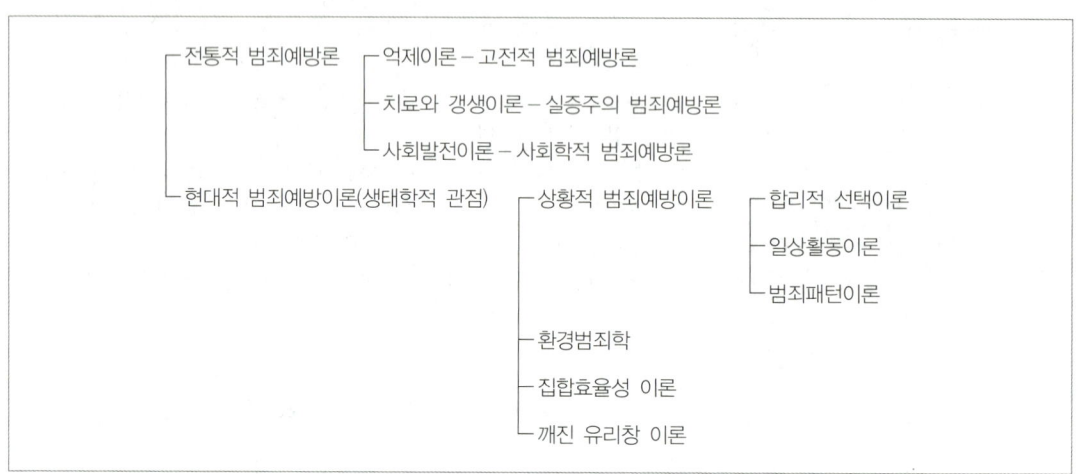

I 전통적 범죄예방 이론

억제이론	• 억제이론은 고전주의 범죄이론을 바탕으로 하여 형벌이 확실하게 집행될수록, 형벌의 정도가 엄격할수록, 형벌집행이 범죄 이후에 신속할수록 사람들이 형벌에 대한 두려움을 느끼고 범죄를 자제한다고 보는 입장이다. 기출OX 02 • 고전주의 범죄론의 **의사비결정론** 바탕: 범죄에 대한 책임은 전적으로 자유의지를 가진 개인에게 있다 (**개인책임 강조**). 기출OX 01 • **일반예방효과 강조**: 비결정론에 입각한 일반예방효과를 강조하였다. 기출OX 03 • 범죄의 동기와 사회적 환경에는 별다른 관심을 두지 않았다. 기출OX 04 • 비판: 폭력과 같은 충동적 범죄에 적용 시 한계가 있다 기출OX 05
치료와 갱생이론	• 치료 및 갱생이론은 생물학적 범죄학과 심리학적 범죄학을 바탕으로, **결정론적 인간관**에 기초하여 범죄자의 치료와 갱생을 통해 범죄를 예방하려는 이론이다. 기출OX 06 • 범죄행위 자체보다, **범죄자의 속성에 초점**을 둔 이론이다. • **실증주의 범죄론의 의사결정론 바탕**: 범죄에 대한 책임은 개인이 아닌 사회에 있음을 강조하였다(사회책임 강조). • **특별예방효과 강조**: 결정론적 인간관에 입각한 특별예방효과를 강조하였다. 기출OX 07 • 비판: 비용이 많이 든다. 범죄예방활동이 범죄자를 대상으로 하므로, 적극적 범죄예방이나 일반예방효과에 한계가 있다. 기출OX 08, 09
사회발전이론	• 사회발전이론은 범죄의 원인을 개인과 환경의 상호작용에서 찾는 사회학적 범죄이론을 바탕으로, 사회발전을 통해 범죄를 예방하려는 이론이다. 기출OX 10 • 범죄자의 **사회적 환경**이 범죄자의 내재적 성향보다 더 **중요한 범죄원인**이라고 하였다. • 범죄를 유발할 수 있는 사회적 환경의 개선을 통한 범죄의 근본적 원인의 제거가 필요하다고 보았다. • 비판: 근본적인 한계(범죄의 원인이 되는 환경을 개선할 능력이 있는가), 사회를 실험대상으로 하기 때문에, 개인이나 소규모의 조직체에 의해서 수행될 수 없다는 한계, 범죄의 원인이 되는 사회적 환경을 개선하기 위해서는 막대한 인적·물적 자원이 필요하다.

[용어설명]

일반예방와 특별예방 기출 OX 11
- **일반예방**: 범죄자에 대한 처벌을 통해 일반시민의 범죄를 줄이는 것을 말한다.
- **특별예방**: 형벌을 통해 범죄자의 처벌에 대한 민감성을 자극하여 범죄자의 재범을 줄이는 것을 말한다.

기출 OX

01 억제이론에서는 범죄에 대한 책임은 전적으로 사회에 있다고 강조한다. 17 승진 ○ X

02 고전학파 범죄이론은 범죄에 대한 국가의 강력하고 확실한 처벌을 통해 범죄를 억제할 수 있다고 본다. 18 승진 ○ X

03 억제이론은 인간의 자유의지를 인정하지 않는 결정론적 인간관에 바탕을 두고 특별예방효과에 중점을 둔다. 17 채용 ○ X

04 억제이론은 강력하고 확실한 처벌을 통하여 범죄를 억제할 수 있다고 보며, 범죄의 동기나 원인, 사회적 환경에는 관심이 없다. 19 승진 ○ X

05 '억제이론'은 인간의 합리적 판단이 범죄 행동에도 적용된다고 보아서 폭력과 같은 충동적 범죄에는 적용에 한계가 있다. 18·14 채용 ○ X

06 치료 및 갱생이론은 생물학적·심리학적 범죄이론에 바탕을 두고 있다. 17 채용 ○ X

07 치료 및 갱생이론은 결정론적 인간관에 입각하여 특별예방효과에 중점을 둔다. 18·14 채용 ○ X

08 생물학·심리학적 이론은 범죄자의 치료와 갱생을 통한 범죄통제를 주요내용으로 하며, 범죄자를 대상으로 하므로 일반예방효과에 한계가 있다는 비판이 존재한다. 18 승진 ○ X

09 치료 및 갱생이론은 비용이 많이 들고 범죄자를 대상으로 하므로 일반예방효과에 한계가 있다는 비판이 존재한다. 19 승진 ○ X

10 사회학적 이론은 범죄기회의 제거와 범죄행위의 이익을 감소시키는 것을 내용으로 한다. 18 승진 ○ X

11 특별예방이론이 잠재적 범죄자인 일반인에 대한 형벌의 예방 기능을 강조한 것이라면, 일반예방이론은 형벌을 구체적인 범죄자 개인에 대한 영향력의 행사라고 보고, 범죄자를 교화함으로써 재범하지 않도록 하는 것이다. 24 채용 ○ X

정답 및 해설

01 X 억제이론은 개인책임 강조
02 ○
03 X 일반예방 효과를 강조
04 ○
05 ○
06 ○
07 ○
08 ○
09 ○
10 X 사회학적 범죄예방론(사회발전이론)은 범죄의 원인을 개인과 환경의 상호작용에서 찾는 사회학적 범죄이론을 바탕으로, 사회발전을 통해 범죄를 예방하려는 이론이다.
11 X 특별예방이론과 일반예방이론 설명이 바뀌었다.

II 현대적 범죄예방 이론

1 상황적 범죄예방이론

(1) **의의**: 범죄행위에 대한 위험과 어려움을 높여 범죄기회를 제거하고 범죄행위의 이익을 감소시킴으로써 범죄를 예방하려는 이론이다. 기출OX 01, 04, 05

(2) **비판**: 전이효과(범죄가 다른 곳으로 전이되어 전체 범죄는 줄지 않음), 사회에 대한 국가권력의 과도개입을 초래된다. 기출OX 02, 03

(3) **유형**: 합리적 선택이론, 일상활동이론, 범죄패턴이론 기출OX 06

   1) **합리적 선택이론**
   - 인간의 자유의지를 전제로 한 비결정론적 인간관에 입각하여(신고전주의), 범죄자는 자신의 범죄행위에 있어서 비용과 이익을 계산하고 자신에게 유리한 경우에 범죄를 행한다고 보았다. → 일반예방효과에 중점 기출OX 07, 08
   - 범죄가 이루어지는 개별 범죄상황에 주목하였다. → 미시적 범죄예방모델 기출OX 09

클락·코니쉬	• 범죄기회의 감소: 범죄자 입장에서 선택할 수 있는 기회를 미리 진단하여 예방하는 것을 강조하였다. • 효과적인 범죄예방은 '체포의 위험성'과 '처벌의 확실성'의 제고를 통해 가능하다고 보았다.

   2) **일상활동이론**: 사회구성원의 일상행위의 변화가 범죄율의 변화에 영향을 준다는 이론이다.

코헨·펠슨	• 범죄발생의 3요소: (잠재적) 범죄자, (적당한) 범죄대상, 감시의 부재 기출OX 10, 11 • 잠재적 범죄자: 범죄기회가 주어지면 누구든지 범죄를 저지를 수 있다고 보았다. → 범죄자의 속성보다는 범죄기회가 범죄를 결정하는 중요한 요소라고 보았다. • 미시적 분석: 시간과 공간의 변동에 따른 범죄발생 양상·범죄기회·범죄조건 등에 대한 미시적 범죄분석을 토대로 범죄예방모델을 수립하고자 하였다. 기출OX 12 • 범행피해 리스크 수준결정 4요소(VIVA모델): 대상의 가치(Value), 이동 용이성(Inertia), 가시성(Visibility), 접근성(Access) 기출OX 13, 14

   3) **범죄패턴이론**: 범죄에는 일정한 장소적 패턴이 있으며 이는 범죄자의 일상적인 행동패턴과 유사하다는 점에 착안하여 일정장소의 집중순찰을 통해 범행을 예방할 수 있다고 보았다.

브랜팅햄· 브랜팅햄	잠재적 범죄인은 일상활동과정에서 적절한 범죄대상을 찾게 되고 그들이 잘 알고 있는 지역 안에서 잘 알고 있는 이동경로나 수단을 이용해서 적당한 기회가 왔을 경우에 범행을 저지른다. → 지리적 프로파일링, 연쇄범죄 해결에 도움 기출OX 15, 16

기출 OX

01 상황적 범죄예방이론은 개인의 범죄성에 초점을 맞춘 이론으로서 범죄성향이 높은 개인들에게 범죄 예방 역량을 집중할 것을 주장한다. 21 간부 O X

02 상황적 범죄예방이론은 사회발전을 통해 범죄의 근본적인 원인을 제거하고자 하나, 폭력과 같은 충동적인 범죄에는 적용하는 데 한계가 있다. 18 승진 O X

03 상황적 범죄예방이론의 경우 범죄를 예방하는 장치 또는 수단을 통해 범죄 기회를 줄여도, 풍선효과에 따라 범죄가 다른 곳으로 전이되어 결국 전체 범죄는 감소하지 않는다는 비판이 제기된다. 25 채용, 21 간부 O X

04 톤리와 패링턴(Tonry & Farrington)의 구분에 따른 범죄예방전략 유형 중 상황적 범죄예방론이란 범죄행동에 따르는 노력과 위험은 증대시키고 보상은 낮추어 범죄를 억제하고자 하는 이론을 말하며, 여성 1인 가구 밀집지역에 대한 경찰순찰을 확대함으로써 공식적 감시기능을 강화하거나 혹은 아파트 입구 현관문에 반사경을 부착함으로써 출입자의 익명성을 감소시켜 범행에 수반되는 발각 위험을 증대하기 위한 조치를 취하는 것은 상황적 범죄예방론과 관련이 깊다. 23 채용 O X

05 C경찰서가 관내 자전거 절도사건이 증가하자 관내 자전거 소유자들을 대상으로 자전거에 일련번호를 각인해 주는 서비스를 제공한 것은 상황적범죄예방이론과 관계가 있다. 19 채용 O X

06 합리적 선택이론, 일상활동이론, 범죄패턴이론은 사회학적 이론 중 사회발전이론에 속한 내용으로 분류된다. 12 승진 O X

07 합리적 선택이론은 인간의 자유의지를 인정하지 않는 결정론적인 인간관에 입각하여 범죄자는 자신에게 유리한 경우에 범죄를 행한다고 본다. 19 승진, 18 경채, 17 채용, 21 간부 O X

08 합리적 선택이론은 기본적으로 비결정론 인간관을 따른다고 할 수 있고, 이 이론의 관점에서는 체포의 위험성과 처벌의 확실성을 높이는 것이 효과적인 범죄예방 전략으로 여겨질 수 있다. 20 지능 O X

09 합리적 선택이론은 거시적 범죄예방모델에 입각한 특별예방효과에 중점을 둔다. 21 채용 O X

10 '일상활동이론'은 범죄유발의 4요소는 '범행의 동기', '사회적 제재로부터의 자유', '범행의 기술' '범행의 기회'이다. 18·17 채용, 17 승진, 21 간부 O X

11 일상활동이론은 잠재적 범죄자, 적절한 범행대상, 감시(보호)의 부재라는 요소들이 충족될 때 누구라도 범죄를 저지를 수 있다고 가정한다. 20 지능 O X

12 일상활동이론은 시간과 공간적 변동에 따른 범죄발생양상·범죄기회·범죄조건 등에 대한 추상적이고 거시적인 분석을 토대로 구체적인 상황에 맞는 범죄예방활동을 하고자 한다. 12 간부 O X

13 일상활동이론을 주장한 코헨(Cohen)과 펠슨(Felson)은 절도범죄를 설명하면서 VIVA 모델을 제시했는데, 알파벳 I는 Inertia의 약자로서 '이동의 용이성'을 의미한다. 21 간부 O X

14 일상활동이론에 의하면 범죄자가 범행을 결정하는 데 고려하는 4가지 요소(VIVA 모델)에는 대상의 가치(Value), 이동의 용이성(Inertia), 가시성(Visibility), 보호자의 부재(Absence)가 있다. 25 채용 O X

15 브랜팅햄의 범죄패턴 이론은 범죄에는 일정한 시간적 패턴이 있으므로, 일정 시간대의 집중 순찰을 통해 효율적으로 범죄를 예방할 수 있다. 17 간부 O X

16 범죄패턴이론은 지리적 프로파일링을 통한 범행지역 예측 활성화에 기여할 수 있다. 21 채용, 21 간부, 12 승진 O X

정답 및 해설

01 X 상황적 범죄예방이론은 범죄행위에 대한 위험과 어려움을 높여 범죄기회를 줄이고 범죄이익을 감소시킴으로써 범죄를 예방하는 이론이다
02 X 폭력과 같은 충동적인 범죄에는 적용하는 데 한계가 있다는 비판은 억제이론
03 O
04 O
05 O
06 X 사회발전이론은 전통적 범죄예방론 중 하나이고, 합리적 선택이론·일상활동이론·범죄패턴이론른 현대적 범죄예방론 중 일부이다.
08 O
09 X 미시적 범죄예방모델을 제시, 일반예방효과에 중점
10 X 지문에 제시된 4요소는 J. Sheley의 범죄 필요요건 4요소이다
11 O
12 X 미시적 범죄분석
13 O
14 X 보호자의 부재(Absence)가 아니라 접근성(Access)이다.
15 X 장소적 패턴
16 O

2 **환경범죄학**: 범죄를 유발하는 외부 환경요인들을 통제함으로써 범죄를 효과적으로 예방할 수 있다는 이론이다. 기출OX 01

제퍼리 (Jeffery)	• 환경설계를 통한 범죄예방(CPTED이라는 용어를 최초로 사용하였다. • CPTED: 주거 및 도시지역의 물리적 환경설계 또는 재설계를 통해 범죄기회를 차단하고자 하는 기법 기출OX 02	
오스카 뉴먼 (Oscar Newman)	• **방어공간이론**: 스스로를 방어할 수 있는 물리적인 환경을 조성함으로써 범죄를 예방하는 거주환경을 말한다. 기출OX 03 • 방어공간의 구성요소 기출OX 04	
	이미지	지역의 외관상 해당 지역이 다른 지역과 고립되어 있지 않고, 보호되고 있으며, 주민의 적극적 행동의지를 보여주도록 한다. 기출OX 05
	자연적 감시	특별한 장치의 도움 없이 실내와 실외의 활동을 관찰할 수 있도록 한다. 기출OX 06
	영역성	지역에 대한 소유의식을 고양시켜 일상적이지 않은 일이 있을 때 주민으로 하여금 행동을 취하도록 자극한다. 기출OX 07
	안전지대	해당 공간의 위치를 범죄가 적고 지역사회가 활성화된 안전지대에 둔다.

3 **CPTED** 기출OX 08, 09, 10, 11, 12, 13, 14, 15, 16

원리	개념	예
자연적 감시	건축물이나 시설물 등의 설계시에 **가시권을 최대**로 확보하고, 외부침입에 대한 감시기능을 확대함으로써 범죄행위의 발견 가능성을 증가시키고, 범죄기회를 감소시켜 범죄를 예방하고 억제할 수 있다는 원리	가시권 확대를 위한 건물의 배치 및 조명·조경 설치 등
자연적 접근통제	일정한 지역에 접근하는 사람들을 **정해진 공간으로 유도**하거나 출입하는 사람들을 통제하도록 설계함으로써 접근에 대한 심리적 부담을 증대시켜 범죄를 예방할 수 있다는 원리	통행로의 설계, 출입구의 최소화, 차단기·잠금장치·방범창 등의 설치
영역성의 강화	사적 공간에 대한 경계선을 표시하여 **거주자들의 소유·책임의식을 강화**시킴으로써 범죄에 대항·예방하게 하고, 외부인들에게는 침입에 대한 불법사실을 인식시켜 범죄기회를 차단하는 원리	울타리·표지판의 설치, 사적·반사적·공적 공간의 구분
활동의 활성화	공공장소에 대한 주민들의 활발한 사용을 유도함으로써 '**거리의 눈(eyes on the street)**'에 의한 자연스러운 감시를 강화시키고 접근통제의 기능을 확대하는 원리	놀이터·공원의 설치, 체육시설의 접근성과 이용의 증대, 벤치·정자의 위치 및 활용성에 대한 설계
유지관리	어떤 시설물이나 공공장소를 처음 설계된 대로 지속적으로 이용될 수 있도록 관리함으로써 범죄예방을 위한 환경설계의 장기적이고 지속적인 효과를 유지하는 원리(깨진 유리창 이론과 유사)	파손의 즉시보수, 청결유지, 조명·조경 관리

기출 OX

01 환경범죄학은 뉴먼(O. Newman)과 제프리(C. R. Jeffery)가 주장하였다. 21 간부

02 CPTED는 근본적이고 효과적인 범죄예방을 위한 방안으로 물리적 환경설계 또는 재설계를 통해 범죄 기회를 차단하는 것이 핵심이다. 24·23·15 채용 O X

03 방어공간이론은 오스카 뉴먼에 의해 정의된 개념으로 주거에 대한 영역성의 강화를 통해 주민들이 살고있는 지역이나 장소를 자신들의 영역이라 생각하고 감시를 게을리 하지 않으면 어떤 지역이든 범죄로부터 안전할 수 있다고 주장한다. 12 승진 O X

04 방어공간(Defensible Space)과 관련하여 영역성, 감시, 이미지, 안전지대의 4가지 관점을 제시하였다. 21 간부 O X

05 뉴먼(1972)의 방어공간의 구성요소 중 이미지는 지역의 외관이 다른 지역과 고립되어 있지 않고, 보호되고 있으며, 주민의 적극적 행동의지를 보여준다. 22 채용 O X

06 뉴먼(1972)의 방어공간의 구성요소 중 자연적 감시는 특별한 장치의 도움 없이 실내와 실외의 활동을 관찰할 수 있는 능력이다. 22 채용 O X

07 뉴먼(1972)의 방어공간의 구성요소 중 영역성은 지역에 대한 소유의식은 일상적이지 않은 일이 있을 때 주민으로 하여금 행동을 취하도록 자극한다. 22 채용 O X

08 자연적 감시란 건축물이나 시설물의 설계 시 가시권을 최대한 확보하고, 외부침입에 대한 감시기능을 확대함으로써 범죄행위의 발견 가능성을 증가시키며, 범죄기회를 감소시킬 수 있다는 원리로서, 종류로는 조명·조경·가시권 확대를 위한 건물의 배치 등이 있다. 24·23·19 채용, 24·20 승진 O X

09 영역성의 강화는 일정한 지역에 접근하는 사람들을 정해진 공간으로 유도하거나 외부인의 출입을 통제하도록 설계함으로써 접근에 대한 심리적 부담을 증대시켜 범죄를 예방하는 원리이다. 24·20 승진 O X

10 일정한 지역에 접근하는 사람들을 정해진 공간으로 유도하거나 외부인의 출입을 통제하도록 설계함으로써 접근에 대한 심리적 부담을 증대시켜 범죄를 예방하는 원리를 '자연적 접근통제'라고 하고, 종류로는 차단기·방범창 설치, 체육시설에의 접근성과 이용의 증대 등이 있다. 24 채용, 24·18 승진 O X

11 영역성의 강화란 사적공간에 대한 경계를 표시하여 주민들의 책임의식과 소유의식을 증대시킴으로써 사적공간에 대한 관리권과 권리를 강화시키고, 외부인들에게는 침입에 대한 불법사실을 인식시켜 범죄기회를 차단하는 원리이며, 종류로는 출입구의 최소화, 통행로의 설계, 사적·공적 공간의 구분이 있다. 23·19 채용, 24 승진 O X

12 활동의 활성화란 지역사회의 설계 시 주민들이 모여서 상호의견을 교환하고 유대감을 증대할 수 있는 공공장소를 설치하고 이용하도록 함으로써 자연적 감시와 접근통제의 기능을 확대한다는 원리이다. 19 채용, 24·18 승진 O X

13 유지·관리는 차단기, 방범창, 잠금장치의 파손을 수리하지 않고 유지하는 원리이다. 24·23·22·19 채용, 18 승진 O X

14 활동의 활성화의 종류에는 벤치·정자의 위치 및 활용성에 대한 설계, 출입구의 최소화가 있다. 20 승진, 16 간부 O X

15 자연적 접근 통제 - 울타리·펜스의 설치, 사적·공적 공간의 구분 18 승진, 16 간부 O X

16 지역사회의 설계 시 주민들이 모여서 상호의견을 교환하고 유대감을 증대할 수 있는 공공장소를 설치하고 이용하도록 함으로써 '거리의 눈'을 활용한 자연적 감시와 접근통제의 기능을 확대하는 원리를 활동의 활성화(활용성의 증대)라고 하며, 이에 대한 종류로는 놀이터·공원의 설치, 벤치·정자의 위치 및 활용성에 대한 설계, 통행로의 설계 등이 있다. 22 채용 O X

정답 및 해설

01 O
02 O
03 O
04 O
05 O
06 O
07 O
08 O
09 X 자연적 접근통제에 대한 설명이다.
10 X '체육시설에의 접근성과 이용의 증대'는 '활동의 활성화

11 X '출입구의 최소화', '통행로의 설계'는 '자연적 접근 통제'의 예시
12 O
13 X 차단기·방범창·잠금장치의 파손을 즉시 수리하여 유지하는 원리이다.
14 X 출입구의 최소화는 자연적 접근 통제의 예시
15 X 울타리·펜스의 설치, 사적·공적 공간의 구분은 영역성의 강화
16 X 통행로의 설계는 자연적 접근통제의 예시

4 집합효율성 이론

사회해체론을 현대도시의 맥락에서 계승·발전시킨 이론으로, 사회해체이론에서는 단순히 자기통제력이 약화된 상태를 사회해체라 정의했지만, 집합효율성이론에서는 지역구성원들의 상호신뢰와 연대의식에 바탕을 둔 적극적 개입의지를 강조하고 있다.

로버트 샘슨 (R. Sampson)	• 집합효율성이란 지역주민간의 상호신뢰 또는 연대감과 범죄에 대한 적극적인 개입과 결합을 의미한다. 기출OX 01, 02 • 지역사회 구성원들이 범죄문제를 해결하기 위해 적극적으로 참여하는 것이 중요한 범죄예방의 열쇠이다. 기출OX 03 • 집합효율성이론은 범죄가 발생할 경우 주민이 비공식 통제하는 것을 강조하기 때문에 공식적 사회통제(법집행기관)의 중요성을 간과하고 있다는 비판이 있다. 기출OX 04

5 깨진유리창 이론

깨진 유리창 하나를 방치해 두면 그 지점을 중심으로 범죄가 확산되듯, 무질서한 환경이 심리적으로 범죄를 발생시킨다는 이론이다. 기출OX 05, 06, 07

윌슨·켈링 (Wilson & Kelling)	무질서한 행위와 환경이 그대로 방치되면 주민들은 공공장소를 기피하고 범죄에 대한 두려움을 증가시키며, 잠재적 범죄자들과 십대 청소년들의 일탈욕구를 증대시켜 무질서가 더욱 심각해지고 비공식적 사회통제가 약화된다고 하였다. → 무질서에 대한 엄격한 통제관리가 요구

※ 깨진 유리창 이론과 집합효율성: 깨진 유리창 이론에 따르면 무질서 인식은 범죄두려움에 영향을 주고 범죄두려움은 다시 주민간의 유대 약화로 이어지기에, 결과적으로 집합효율성을 저해할 수 있다. 기출OX 08

[보충] 무관용 경찰활동 기출OX 09, 10, 11, 12, 13, 14, 15

- 1994년 줄리아니 뉴욕 시장이 이 원칙을 도입하여, 가벼운 범죄도 용납하지 않겠다는 무관용원칙을 선언하였다.
- 사소한 규칙 위반에도 관용을 베풀지 않는 원칙을 말하며, 윌슨과 켈링의 깨진 유리창 이론에 근거를 두고 실제 여러 법집행당국이 시행한 정책이다.
- 작은 무질서가 심각한 범죄로 이어질 수 있으므로 심각한 범죄의 예방을 위해서 작은 무질서라도 일체 용인할 수 없으며, 이를 위하여 작은 무질서행위도 철저하게 단속하는 경찰활동을 말한다.
- 무관용경찰활동은 전통적 경찰전략과 부합하기보다는 다소 대조적인 면이 있다.
- 경미한 비행자에 대한 무관용 개입은 낙인효과를 유발할 수 있다는 비판이 있다

기출 OX

01 '일상활동이론'은 지역사회 구성원들이 범죄문제를 해결하기 위해 적극적으로 참여하는 것이 중요한 범죄예방의 열쇠라고 한다. 21 간부, 19 승진 (O X)

02 집합효율성은 지역사회 구성원 간의 연대감, 그리고 문제 상황 발생 시 구성원의 적극적인 개입의지를 결합한 개념이다. 21 채용 (O X)

03 로버트 샘슨과 동료들은 지역주민 간의 상호신뢰 또는 연대감과 범죄에 대한 적극적인 개입을 강조하는 '집합효율성이론'을 주장하였다. 18 채용, 17 간부 (O X)

04 집합효율성 이론은 공식적 사회통제, 즉 경찰 등 법집행기관의 중요성을 간과하고 있다는 비판을 받는다. 18 경채 (O X)

05 윌슨 & 켈링의 깨진 유리창 이론은 경미한 무질서에 대한 무관용 원칙과 지역주민 간의 상호협력이 범죄를 예방하는 데 중요한 역할을 한다. 17 간부 (O X)

06 깨진 유리창 이론은 경미한 범죄 및 무질서 행위에 대해 무관용원칙을 주장한다. 17 승진 (O X)

07 깨진유리창이론의 예로 B경찰서는 지역사회에 만연해 있는 경미한 주취소란에 대해서도 예외 없이 엄격한 법집행을 실시하였다. 19 채용 (O X)

08 깨진 유리창 이론은 경미한 무질서에 대한 무관용 정책의 확산을 통해 시민들 사이의 집합적 효율성을 감소시키는 것에 중점을 둔다. 20 지능 (O X)

09 깨진유리창이론에 이론적 근거를 두고 있는 무관용 경찰활동은 처벌의 확실성을 높여 범죄를 억제하는 전략이다. 21 채용, 18 경채 (O X)

10 무관용 경찰활동(Zero Tolerance Policing)은 사소한 무질서에 관대하게 대응했던 전통적 경찰활동의 전략을 계승하였다. 23 채용 (O X)

11 무관용 경찰활동은 1990년대 뉴욕에서 본격적으로 시행되었다. 23 채용 (O X)

12 무관용 경찰활동(Zero Tolerance Policing)은 윌슨(Wilson)과 켈링(Kelling)의 '깨어진 창 이론'에 기초하였다. 23 채용 (O X)

13 무관용 경찰활동(Zero Tolerance Policing)은 경미한 비행자에 대한 무관용 개입은 낙인효과를 유발할 수 있다는 비판이 있다. 23 채용 (O X)

14 무관용 경찰활동을 통해 처벌의 확실성을 높임으로서 범죄를 예방하는 것은 형벌의 확실성·엄격성·신속성을 강조하는 법집행을 통한 범죄억제와 관련이 깊다. 23 채용 (O X)

15 깨진 유리창 이론에 따르면 사소한 무질서라도 그대로 방치할 경우 주민들의 범죄에 대한 두려움이 증가하거나 범죄와 무질서가 더욱 심각해질 수 있다고 보기 때문에 낙인효과를 최소화하기 위한 무관용 경찰활동이 필요하다. 25 채용 (O X)

정답 및 해설

01 X 로버트 샘슨(R. Sampson)이 주장한 집합효율성 이론에 대한 것이다.
02 O
03 O
04 O
05 O
06 O
07 O
08 X 깨진 유리창 이론에 따르면 무질서 인식은 범죄두려움에 영향을 주고 범죄두려움은 다시 주민간의 유대 약화로 이어지기에, 결과적으로 집합효율성을 저해할 수 있다. 따라서 깨진 유리창 이론을 집합효율성을 증대시키는 것에 중점을 두게 된다.
09 O
10 X 무관용 경찰활동은 직접적 피해자가 없는 경미한 무질서 행위에 대한 강경한 대응을 통한 더 큰 사고를 방지하기 위한 이론으로 피해자가 없는 무질서를 용인하는 전통적 경찰활동과 관련이 없다.
11 O
12 O
13 O
14 O
15 X 무관용 개입은 낙인효과를 유발할 수 있다는 비판이 있다.

POINT 04 범죄통제와 범죄예방활동

I 범죄통제

1 범죄통제방법의 변화

근대 이전	▶	고전주의	▶	실증주의	▶	범죄사회학자
응보와 복수		형벌과 제재		교정과 치료		범죄의 예방

2 제퍼리(Jeffery)의 범죄통제모델 기출OX 01, 02

종류	내용
범죄억제모델	형벌을 통한 범죄 통제와 범죄인 교화개선을 하는 모델로서 가장 전통적이며 종래 형사정책의 주된 관심방향이었다.
사회복귀모델	교육·직업훈련·복지정책 등으로 범죄인을 재사회화 하는 데 중점을 두는 모델로서 최근 사회정책 일환으로 강조되고 있다.
환경공학을 통한 범죄통제모델	도시정책이나 도시환경 정화와 같은 환경개선을 통해 범죄를 예방하려는 모델을 말한다.

II 범죄예방활동

1 범죄예방 의의

Steven. P. Lab	• 범죄예방활동이란 실제의 범죄발생뿐만 아니라 공중의 범죄에 대한 두려움을 줄이는 **사전적** 활동 • 미국범죄예방연구소가 직접적 통제활동을 강조한 것에 반해 스티븐 랩은 **직접적 측면 뿐만 아니라 간접적인 심리적 측면**을 동시에 고려
미국 범죄예방연구소 (NCPI)	• 범죄예방활동이란 범죄적 기회를 감소시키려는 **사전적** 활동이며, 범죄에 관련된 환경적 기회를 제거하는 **직접적** 통제활동

2 브랜팅햄과 파우스트의 견해 기출OX 03, 04, 05, 06

구분	내용	대상
1차적 범죄예방	• 물리적·사회적 환경 중에서 범죄원인이 되는 조건들을 개선시키는데 초점을 두는 범죄예방활동 • 건축설계, 비상벨이나 CCTV설치, 경찰방범활동, 범죄예방교육	일반대중
2차적 범죄예방	• 잠재적 범죄자를 초기에 발견하고 비합법적 행위가 발생하기 이전에 예방하는 범죄예방활동 • 청소년 우범지역 단속활동, 범죄지역분석, 전환제도	우범자·우범집단
3차적 범죄예방	• 실제 범죄자를 대상으로 범죄자들이 더 이상 범죄를 저지르지 않도록 하기 위한 활동을 말한다. • 주로 형사사법기관이 담당하나, 민간단체나 지역사회가 담당	범죄자

[참고] 멘델존의 범죄피해자 분류

피해자의 유형	내용
완전히 책임 없는 피해자	피해자에게는 전혀 책임이 없는, 가해자의 일방행위에 따른 피해자 예 영아살해에 있어서의 영아, 유아나 아동유괴에 있어서 유괴당한 자
책임이 조금 있는 피해자	가해자의 책임이 크지만 피해자에게도 얼마간의 잘못이 있는 경우의 피해자 예 무지에 의한 낙태여성
가해자와 같은 정도의 책임이 있는 피해자	가해자와 피해자의 책임이 동등한 경우의 피해자 예 동반자살 피해자, 자살미수 피해자, 촉탁살인에 의한 피살자
가해자보다 더 책임이 있는 피해자	자신의 행위에 의해 가해자에게 가해를 유발하는 피해자 및 자제심의 결여 때문에 사고가 일어나는 부주의에 의한 피해자 예 자신의 부주의로 인한 피해자, 부모에게 살해된 패륜아
가장 책임이 높은 피해자	공격을 가한 자신이 피해자가 되는 가해적 피해자 예 위법한 공격을 감행하여 정당방위에 의해 상해·사망에 이른 범인

기출 OX

01 제퍼리(Jeffery)의 범죄억제모델은 형벌을 통해 범죄를 통제한다. 20 특공대 (O X)

02 환경설계를 통한 범죄예방(CPTED) 전략은 제프리(C. R. Jeffery)의 범죄통제모델 3가지 중 범죄억제모델에 해당한다. 25 채용 (O X)

03 범죄예방에 질병의 예방과 치료의 개념을 도입하여 소개한 브랜팅햄(P. J. Brantingham)과 파우스트(F. L. Faust)는 범죄 예방을 1차적 범죄예방, 2차적 범죄예방, 3차적 범죄예방으로 나누고 있다. 1차적 범죄예방은 일반대중, 2차적 범죄예방은 범죄우범자나 집단, 그리고 3차적 범죄예방은 범죄자가 주요 대상이라고 할 수 있다. 24 채용 (O X)

04 브랜팅햄과 파우스트의 3가지 범죄예방 접근법 중 일반대중을 대상으로 하는 1차적 범죄예방은 물리적·사회적 환경 중에서 범죄의 기회를 제공하는 원인 또는 조건을 찾아 개입하는 전략으로 CCTV·비상벨 설치 등을 내용으로 한다. 25 채용 (O X)

05 브랜팅햄과 파우스트의 3가지 범죄예방 접근법 중 우범자를 대상으로 하는 2차적 범죄예방은 잠재적 범죄자를 초기에 발견하여 개입하는 전략이다. 25 채용 (O X)

06 브랜팅햄과 파우스트의 3가지 범죄예방 접근법 중 범죄자를 대상으로 하는 3차적 범죄예방은 상습범 대책을 수립하거나 재범을 방지하는 전략으로 지역사회 교정프로그램 등을 내용으로 한다. 25 채용 (O X)

07 멘델존(Mendelsohn)의 피해자 유형 분류 중 가해자와 같은 정도의 책임이 있는 피해자에 해당하는 사례로 동반자살 피해자, 부모에게 살해된 패륜아, 자살미수 피해자, 촉탁살인에 의한 피살자가 있다. 24 채용 (O X)

정답 및 해설

01 O
02 X 환경공학을 통한 범죄통제모델에 해당한다.
03 O
04 O
05 O
06 O
07 X 부모에게 살해된 패륜아는 가해자보다 더 책임이 있는 피해자에 해당한다.

POINT 05 지역사회 경찰활동

1 의의: 지역사회 경찰활동(Community Policing)이란, 경찰이 지역사회 공동체의 모든 분야와 협력하여 범죄발생을 예방하고 범죄로부터 피해를 줄이는 것을 목표로 하는 활동을 말하는 것으로서, 지역사회 자체의 범죄예방능력을 강화하여 지역사회차원에서 범죄문제를 해결하고자 하는 것이다. 기출OX 01

2 특성[스콜닉과 베일리(Skolnick & Bayley)]
- 지역사회에 기초한 범죄예방
- 주민에 대한 책임성 중시: 지역주민과 관련된 경찰의 책임을 강화
- 도보순찰로 전환 → 주민에 대한 일반 서비스제공을 위한 순찰활동으로의 방향전환 기출OX 02
- 경찰조직의 분권화: 정책결정과정에서 주민참여를 포함, 경찰의 조직을 분권화 해야 한다.

3 전통적 경찰활동과 지역사회 경찰활동 기출OX 03, 04, 05, 06, 07, 08, 09, 10, 11, 12, 13, 14

구분	전통적 경찰활동	지역사회 경찰활동
주체	경찰만이 유일한 법집행기관	경찰과 시민 모두
조직구조	집권화 구조	분권화 구조
경찰의 역할	범죄해결(법집행자, 범죄해결자)	문제해결(서비스제공자, 문제해결자)
경찰의 우선업무	범죄와 폭력의 퇴치	범죄와 폭력의 퇴치 및 지역사회 문제해결
주요정보	범죄사건 정보(특정범죄사건 또는 일련의 범죄사건 관련 정보)	범죄자 정보(개인 또는 집단의 활동사항 관련 정보)
경찰의 평가기준	범인검거율(사후통제 관점)	범죄감소율(사전예방)
효율성 영향	범죄신고에 대한 경찰의 출동시간	주민의 경찰업무에 대한 협조정도
언론과의 관계	경찰에 대한 비판여론 차단	지역사회화의 소통창구
타기관과의 관계	권한과 책임문제로 인한 갈등구조	공동목적 수행 위한 협력구조
강조점	감독자의 지휘·통제, 법과 규범에 의한 규제, 법을 엄격히 준수하는 책임을 강조	지역사회의 요구에 부응하는 분권화된 경찰관 개개인의 능력을 강조

4 지역사회 경찰활동의 구성프로그램

지역사회 경찰활동은 지역중심 경찰활동(COP), 전략지향적 경찰활동(SOP), 이웃지향적 경찰활동(NOP), 문제지향적 경찰활동(POP)등을 그 구성요소로 한다. 기출OX 15

(1) 지역중심 경찰활동(COP)
- 학자: 트로야노비치& 버케로
- 지역사회에서의 전반적인 삶의 질 향상을 목표로, 지역사회와 경찰 사이의 새로운 관계를 증진시키는 조직적인 전략원리를 말한다. 기출OX 16
- 경찰과 지역사회가 범죄와 범죄에 대한 두려움, 무질서, 전반적인 지역의 타락과 같은 문제들을 확인하고 우선순위를 정하여 해결하고자 함께 노력해야 한다는 것을 말한다. 기출OX 17, 18

기출 OX

01 지역사회 경찰활동(Community Policing)은 이미 발생한 범죄를 사후 진압 및 검거하는 역할에서 벗어나 사전적 예방과 지역사회 문제를 해결하는 문제해결자로서의 경찰 역할을 강조한다. 25 채용 ○ X

02 스콜닉과 베일리(Skolnick & Bayley, 1988)의 지역사회 경찰활동의 특성으로는 지역주민과 관련된 경찰의 책임을 강화, 지역사회에 기초한 범죄예방, 순찰체계는 112차량 순찰 위주로 전환, 권한의 집중에서 권한 분산으로의 경찰내부 개혁이 있다. 12 승진 ○ X

03 지역사회 경찰활동은 범죄와 무질서가 얼마나 적은가 보다 범인검거율이 경찰업무 평가의 기준이 된다. 17 승진, 23·20 채용 ○ X

04 지역사회경찰활동은 범죄가 자주 발생하는 지점에 경찰력을 집중적으로 배치하여 범죄예방효과를 극대화하는 데 중점을 둔다. 23 채용 ○ X

05 지역사회 경찰활동은 경찰과 시민 모두 지역문제 해결을 위한 치안주체로서 인정하고 협력을 강조한다. 23 채용, 17 승진 ○ X

06 지역사회 경찰활동은 범죄신고에 대한 출동소요시간을 바탕으로 효과성을 평가한다 23 채용 ○ X

07 전통적 경찰활동의 관점에서는 경찰은 누구인가? 질문에 법집행을 주로 책임지는 정부기관이라고 답변할 것이며, 지역사회 경찰활동의 관점에서는 경찰이 시민이고 시민이 경찰이라고 답변할 것이다. 22 채용 ○ X

08 전통적 경찰활동의 관점에서는 언론 접촉 부서의 역할은 무엇인가?질문에 현장경찰관들에 대한 비판적 여론을 차단하는 것이라고 답변할 것이며, 지역사회 경찰활동의 관점에서는 지역사회와의 원활한 소통창구라고 답변할 것이다. 22 채용 ○ X

09 전통적 경찰활동의 관점에서는 경찰의 효과성은 무엇이 결정하는가? 질문에 경찰의 대응시간이라고 답변할 것이며, 지역사회 경찰활동의 관점에서는 시민의 협조라고 답변할 것이다. 22 채용 ○ X

10 전통적 경찰활동의 관점에서는 가장 중요한 정보란 무엇인가? 질문에 범죄자 정보(개인 또는 집단의 활동사항 관련 정보)라고 답변할 것이며, 지역사회 경찰활동의 관점에서는 범죄사건 정보(특정범죄사건 또는 일련의 범죄사건 관련 정보)라고 답변할 것이다. 22 채용 ○ X

11 지역사회경찰활동은 타 기관과의 권한과 책임 문제로 인한 갈등구조가 아닌 지역사회 문제해결의 공동목적 수행을 위한 협력구조를 이룬다. 20 채용 ○ X

12 지역사회경찰활동은 지역사회 문제해결을 위한 경찰업무 영역의 확대로 일선 경찰관에 대한 감독자의 지휘·통제가 강조된다. 20 채용, 17 승진 ○ X

13 지역사회경찰활동은 사후적 대응보다 사전적 예방 중심의 경찰활동 전개에 주력한다. 23 채용, 21 간부 ○ X

14 지역사회 경찰활동은 경찰의 역할에서 범죄투사(Crime fighter)의 역할보다 문제해결자(Problem solver)로서의 역할에 중점을 둔다. 21 간부 ○ X

15 지역사회 경찰활동 프로그램으로는 전략지향적 경찰활동(Strategy Oriented Policing: SOP), 이웃지향적 경찰활동(Neighborhood Oriented Policing: NOP) 등이 있다. 23·20 채용, 21 간부 ○ X

16 지역중심적 경찰활동은 지역사회에서의 전반적인 삶의 질 향상을 목표로, 지역사회와 경찰사이의 새로운 관계를 증진시키는 조직적인 전략원리를 말한다. 24 채용 ○ X

17 지역중심 경찰활동은 경찰이 지역사회 구성원과 함께 지역이 당면한 문제를 확인하고 우선순위를 정하여 해결하고자 노력하는 것을 의미한다. 22 승진 ○ X

18 지역중심적 경찰활동은 경찰과 지역사회가 협력하여 길거리 범죄, 물리적 무질서 등을 확인하고 해결함으로써 주민들의 삶의 질을 개선하고자 노력한다. 23 간부 ○ X

정답 및 해설

01 ○
02 X 차량순찰에서 도보순찰로 전환
03 X 지역사회 경찰활동은 범죄감소율(사전예방 관점)이다.
04 X 경찰력 집중이 아닌 지역사회와의 협력을 통해 목표달성
05 ○
06 X 전통적 경찰활동에 대한 설명
07 ○
08 ○
09 ○
10 X 전통적 경찰활동과 지역사회 경찰활동위치가 바뀜
11 ○
12 X 전통적 경찰활동에서 일선 경찰관에 대한 감독자의 지휘·통제가 강조
13 ○
14 ○
15 ○
16 ○
17 ○
18 ○

(2) 전략지향적 경찰활동(SOP)

전략지향적 경찰활동은 확인된 문제에 대한 전략적 대응을 위해 경찰자원을 재분배하고, 전통적인 경찰활동과 절차를 통해 범죄적 요소나 사회 무질서의 원인을 효과적으로 제거하는 경찰활동을 말한다. 기출OX 01

(3) 이웃지향적 경찰활동(NOP)
- 학자: 윌리엄스
- 이웃지향적 경찰활동은 지역사회경찰활동을 위하여 경찰과 주민의 의사소통라인을 개설하려는 모든 프로그램을 말한다. 기출OX 02
- 지역조직은 경찰관에게서 중요한 역할을 부여받으며, 서로를 위해 감시하고 공식적인 민간순찰을 실시한다. 기출OX 03
- 지역조직은 거주자들에게 지역에 관한 정보를 제공하며 경찰과 협동하여 범죄를 억제하는 기능을 수행해야 한다. 기출OX 04

(4) 문제지향 경찰활동(POP)
- 학자: 골드슈타인 "경찰은 사건 지향적이기보다는 오히려 문제지향적이어야 한다." → 유사사건이 반복됨에도, 경찰은 특정 사건의 해결에만 중점을 두는 것을 비판하며 이런 사건들을 야기시키는 근본적 문제를 해결해야 한다고 한다.
- 문제지향적 경찰활동은, 지역사회 내에서 무엇이 범죄나 무질서의 원인인지 파악하고, 그 문제를 해결하기 위해 지역사회와 협력하는 것이 필요하다는 것으로서, 형법의 사용은 문제에 대응하기 위한 하나의 수단에 불과하다는 것이다. → 이러한 맥락에서 문제지향적 경찰활동은 지역사회 경찰활동과 병행되어 실시될 것이 요구된다. 기출OX 05, 06, 07, 08, 09, 10, 11
- 반복된 사건을 야기하는 근본적인 원인을 해결해야 한다고 주장하며, 현장 경찰관에게 자유재량을 부여하고, 범죄분석자료를 제공, 대중정보와 비평을 적극적으로 수용한다. 기출OX 12
- 에크와 스펠만은 문제해결과정으로 조사 → 분석 → 대응 → 평가로 이루어진 SARA모델을 제시 기출OX 13, 14

조사(Scanning)	지역에서 반복적으로 발생하고 있는 문제를 파악하는 데에서 출발하여 문제라고 여겨지는 개인과 관련된 사건을 분류하고, 정확하고 유용한 용어를 활용하여 이러한 문제를 조사한다. 기출OX 15
분석(Analysis)	지역사회와 경찰이 협력하는 등의 방법으로 문제의 원인을 파악하고, 분석하는 단계이다. 기출OX 16
대응(Response)	경찰이 보유한 자원과 역량만으로는 한계가 있기 때문에 경찰관은 지역사회 내의 여러 다른 기관들과 협력을 통한 대응방안을 추구한다. 기출OX 17
평가(Assessment)	과정평가와 효과평가의 두 단계로 구성되며, 이전 문제해결과정에의 환류를 통해 각 단계가 지속적인 순환 과정으로 작동할 수 있도록 한다는 점에서 중요한 의미를 가진다. 기출OX 18

[참고] 증거기반 경찰활동
- 증거기반 경찰활동(evidence-based policing)은 경찰정책과 의사결정에 있어서 과학적·의학적 증거에 기반하여 증거의 개발, 검토, 활용을 위해 경찰관 및 직원이 연구기관과 함께 활동하는 접근방법이다. 24 채용
- 정보기반 경찰활동은 경찰의 효과성 향상을 위한 전략으로 범죄자 정보 및 분석기법을 활용한 법집행 위주의 경찰활동을 말한다. 25 채용

기출 OX

01 '전략 지향적 경찰활동'은 전통적 관행과 절차를 배제하여 범죄 요인이나 사회 무질서의 원인을 제거하기 위해 경찰자원을 재분배하고 범죄나 무질서를 예방하는 경찰활동을 말한다. 25·24 채용 (O X)

02 '이웃 지향적 경찰활동'은 범죄 발생 원인에 대해 비공식적 사회통제의 약화 및 경제적 궁핍이 소외를 정당화하기 때문이라고 보아, 경찰과 주민과의 의사소통 라인을 개방하고 서로를 위해 감시하는 민간순찰을 강조한다. 25·24 채용 (O X)

03 문제지향 경찰활동은 거주자들에게 지역에 관한 정보를 제공하며, 주민들은 민간순찰을 실시한다. 20 채용 O X

04 문제지향적 경찰활동(Neighborhood Oriented Policing)은 경찰과 주민의 의사소통을 활성화하고 주민들에 의한 순찰을 실시하는 등 지역사회에 기초를 둔 범죄예방 활동 등을 위해 노력한다. 24 채용, 23 간부 O X

05 문제지향적 경찰활동(Problem Oriented Policing)은 경찰과 지역 사회가 전통적인 경찰업무로 해결할 수 없거나 그것의 해결을 위하여 특별히 관심을 필요로 하는 사안들에 있어서 그 상황에 맞는 대안을 개발하기 위해 노력하는 활동에 주력한다. 23 간부 O X

06 문제지향 경찰활동은 「형법」의 적용은 여러 대응 수단 중 하나에 불과하다. 20 채용 O X

07 문제지향적 경찰활동은 지역문제들에 대한 효과적인 대응 전략들을 고려하면서, 필요시에는 경찰과 지역사회의 협력 전략에 보다 높은 가치를 부여한다. 22 승진 O X

08 지역중심 경찰활동과 문제지향적 경찰활동(problem-oriented policing)은 병행되어 실시될 때 효과성이 제고된다. 22 승진 O X

09 문제지향경찰활동은 경찰활동이 단순한 법집행자의 역할에서 지역사회 범죄문제의 근본적 원인을 확인하고 해결하는 역할로 전환할 것을 추구한다. 21 간부 O X

10 문제지향경찰활동에서는 문제들에 대한 효과적인 대응전략들을 마련하면서 필요한 경우 경찰과 지역사회가 협력할 수 있는 대응전략들에 보다 높은 가치를 부여한다. 21 간부 O X

11 문제지향경찰활동은 종종 지역사회경찰활동과 병행되어 실시되곤 한다. 21 간부 O X

12 문제지향 경찰활동은 일선경찰관에게 문제해결 권한과 필요한 시간을 부여하고 범죄분석자료를 제공한다. 20 채용 O X

13 지역사회 문제 해결을 위해 SARA모형이 강조되며 이는 조사 – 평가 – 대응 – 분석으로 진행되는 문제해결 단계를 제시한다. 25 승진, 21 간부, 20 채용 O X

14 무관용 경찰활동은 지역사회 문제해결을 위해 SARA모형이 강조되는데, 이 모형은 조사 – 분석 – 대응 – 평가로 진행된다. 22 승진 O X

15 조사단계(scanning)는 일반적으로 지역사회에서 일회적으로 발생하지만 대중의 이목을 집중시키는 심각한 중대범죄 사건을 우선적으로 조사대상화하는 데에서 출발한다. 24 · 23 채용 O X

16 분석단계에서는 각종 통계자료 등 수집된 자료를 활용하여 심층적인 분석을 실시하며, 당면 문제의 성격을 정확하게 파악하기 위해 문제분석 삼각모형을 유용한 분석도구로 활용할 수 있다. 24 · 23 채용 O X

17 대응단계에서는 경찰이 보유한 자원과 역량만으로는 한계가 있으므로 지역사회 내의 여러 다른 기관들과의 협력을 통한 대응방안을 추구하며, 상황적 범죄예방에서 제시하는 25가지 범죄예방기술을 적용해 볼 수도 있다. 24 · 23 채용 O X

18 평가단계는 대응의 적절성을 평가하며, 효과평가와 결과평가의 두 단계로 이루어진다. 24 · 23 채용 O X

정답 및 해설

01 X 전통적인 경찰활동과 절차를 통해 ~
02 O
03 X 이웃지향적 경찰활동에 대한 설명
04 X 이웃지향적 경찰활동에 대한 설명
05 O
06 O
07 O
08 O
09 O
10 O
11 O
12 O
13 X 조사 → 분석 → 대응 → 평가
14 X 문제지향적 경찰활동에서 지역사회 문제해결을 위해 SARA모형이 강조
15 X '일회적으로 발생하는 심각한 중대범죄'는 경찰이 지역사회 공동체와 협력하여 '지역사회차원의 범죄문제'를 해결하고자 하는 지역사회 경찰활동과는 거리가 멀다.
16 O
17 O
18 X 과정평가와 효과평가

해커스경찰
police.Hackers.com

2025 해커스경찰
서정표 경찰학 요기오
(요약 + 기출OX)

Part 4
경찰행정학

Chapter 01 | 경찰관리
Chapter 02 | 경찰통제

해커스경찰
police.Hackers.com

2025 해커스경찰
서정표 경찰학 요기오
(요약 + 기출OX)

Chapter 01

경찰관리

POINT 01 | 경찰조직관리
POINT 02 | 경찰인사관리
POINT 03 | 경찰공무원 사기관리
POINT 04 | 경찰예산관리
POINT 05 | 경찰장비관리
POINT 06 | 경찰보안관리
POINT 07 | 경찰홍보

POINT 01 경찰조직관리

I 경찰조직 편성원리

1 계층제

(1) 의의
- 권한과 책임의 정도에 따라 직무를 등급화하여 상·하 계층간에 직무상 지휘·감독관계 및 명령·복종관계를 형성하는 것을 말한다. 기출 OX 01
- 계층제의 원리란 조직목적수행을 위한 구성원의 임무를 책임과 난이도에 따라 상위로 갈수록 권한과 책임이 무거운 임무를 수행하도록 편성하는 것이다.

(2) 계층제의 장·단점

장점	단점
• 의사소통의 통로가 명확 • 지휘·감독을 통한 조직의 질서와 통일을 확보하기 용이 → 통일성·안정감·일체감 확보 기출 OX 02, 03 • 권한위임 및 상하간 권한배분의 기준 및 경로가 분명하여, 권한남용의 방지나 감독이 용이 • 행정목표의 설정과 업무의 적정배분을 위한 기준이 비교적 명확. → 책임소재 명확 • 조직 내 갈등·대립 발생시 그 해결·조정이 용이 • 신속하고 능률적 업무수행이 가능. • 계층에 따라 의사결정이 이루어지는 과정에서 업무처리의 신중성을 기할 수 있다. 기출 OX 04	• 조직의 경직화 기출 OX 02 → 환경변화에 신축적 대응력 저하, 새로운 지식·기술의 신속한 도입 곤란 기출 OX 05 • 업무의 흐름이 차단되거나 처리시간이 지연 • 계층의 수가 많을수록 관리비용이 증가되고 업무처리과정이 지연되며, 계층간 갈등발생 가능성이 높아진다. 기출 OX 06 • 계층의 수가 많을수록 의사전달이 지연되거나 왜곡될 가능성이 높아지고, 하위계층의 의사가 상부로 전달되기 힘들어진다. → 하의상달 곤란 • 조직간 갈등으로 조직할거주의가 초래

2 통솔범위 원리

(1) 의의
- 통솔범위의 원리란 한 사람(1人)의 상관이 직접 통솔할 수 있는 부하의 합리적인 수가 어느 정도인가에 대한 원리를 말한다 기출 OX 07
- 이는 최근 부각되는 구조조정의 문제와 관련이 깊다. 기출 OX 08
- 통솔범위에 따른 조직의 모습: 피라미드 모양을 가지는 경우가 많다. 기출 OX 09

(2) 통솔범위 결정요인 기출 OX 10, 11, 12, 13, 14, 15

업무의 성격	업무의 종류가 동질적이고 단순할수록 통솔범위는 넓어진다.
교통·정보통신	교통기관이 발달할수록 통솔범위는 넓어진다.
유능성	통솔자(관리자)나 부하가 유능하고 경험이 많을수록 통솔범위는 넓어진다.
조직크기	조직규모가 작을수록 통솔범위는 넓어진다.
계층의 수	계층의 수가 적을수록 통솔범위는 넓어진다.
조직안정성	역사와 전통이 있는 안정된 기성조직일수록 통솔범위는 넓어진다.

기출 OX

01 계층제의 원리란 권한과 책임의 정도에 따라 직무를 계층화 함으로써 상·하 계층간에 직무상 지휘·감독 관계에 있도록 한다. 23·18 채용, 16 간부, 18 승진 (O X)

02 계층제는 경찰조직의 일체감과 통일성을 확보하지만 조직의 경직화를 초래하여 새로운 기술이나 지식의 신속한 도입이 어렵다. 24·18 간부 (O X)

03 계층제의 원리는 지도와 감독을 통해서 행정의 질서와 통일성을 확보할 수 있다. 24 간부 (O X)

04 계층제의 원리는 권한과 책임의 배분을 통해 신중한 업무처리가 가능하며, 수직적 분화와 집권화 현상이 나타나 구성원의 동기부여를 향상시킨다. 25 채용 (O X)

05 계층제의 원리는 조직의 일체감, 통일성을 유지하므로 조직의 환경변화에 신축적으로 대응하기 용이하다. 23 채용, 20 지능 (O X)

06 계층제의 원리는 지휘계통을 확립하고 조직의 업무수행 활동에 질서와 통일을 기할 수 있는 장점이 있으며, 계층이 많아질수록 의사소통과 업무처리시간에 효율을 기할 수 있다. 19·17 승진 (O X)

07 통솔범위의 원리란 1인의 상관 또는 감독자가 직접 통솔할 수 있는 부하직원의 수를 의미하며, 무니(Mooney)는 이러한 통솔 범위의 원리를 조직편성 제1의 원리라고 하였다. 23·22 채용 (O X)

08 구조조정의 문제와 깊은 관련성이 있는 것은 통솔범위의 원리이다. 24 채용, 18 간부 (O X)

09 통솔범위의 원리는 한 사람이 직접적으로 감독할 수 있는 부하의 수는 업무의 성질, 고용기술, 작업성과 기준에 달려 있으며, 모든 조직은 일반적으로 상관보다 부하가 더 많다. 이러한 이유 때문에 경찰 조직은 사다리 모양보다는 피라미드 모양을 취하고 있다. 24 채용 (O X)

10 통솔범위의 원리에서 조직의 역사, 교통통신의 발달, 관리자의 리더십(Leadership), 부하의 능력 등은 통솔범위의 중요 요소이다. 23 간부 (O X)

11 통솔범위원리는 1인의 상관 또는 감독자가 효과적으로 직접 통솔할 수 있는 부하의 수를 정하는 원리로, 통솔 범위는 신설 부서보다는 오래된 부서, 지리적으로 분산된 부서보다는 근접 부서, 복잡한 업무보다는 단순한 업무의 경우에 넓어진다. 20·19·16 승진 (O X)

12 부하의 능력과 의욕, 경험 등의 수준이 높아질수록 관리자의 통솔범위는 축소된다고 할 수 있다. 17 승진 (O X)

13 신설조직보다 기성조직에서, 단순반복 업무보다 전문적 사무를 담당하는 조직에서 상관이 많은 부하직원을 통솔할 수 있다. 25·18 채용 (O X)

14 통솔범위의 원리에 의하면 통솔범위는 부하직원의 능력이 높을수록, 신설부서일수록, 근접한 부서일수록, 단순 업무일수록, 계층의 수가 적을수록 넓어진다. 20 지능 (O X)

15 업무의 종류가 단순할수록 통솔범위는 좁아지며 계층의 수가 많을수록 통솔범위는 넓어진다. 13 간부 (O X)

정답 및 해설

01 O
02 O
03 O
04 X 수직적 분화와 집권화 현상이 나타나 구성원의 동기부여를 향상은 계층제의 장점이 아님
05 X 계층제가 심화되는 경우 조직의 경직화를 가져와 환경변화에 신축적 대응력 저하, 새로운 지식·기술의 신속한 도입 곤란, 기관장의 독단화
06 X 계층의 수가 많을수록 관리비용이 증가되고 업무처리과정이 지연되며, 계층간 갈등발생 가능성이 높아진다.
07 X 무니는 "조정과 통합의 원리는 조직의 제1의 원리이며 가장 최종적인 원리이다."라고 하였다.
08 O
09 O
10 O
11 O
12 X 부하가 유능하고 경험이 많을수록 통솔범위 넓어짐
13 X 신설조직보다는 역사와 전통이 있는 안정된 기성조직일수록 통솔범위는 넓어진다는 부분은 옳다. 다만, 업무의 종류가 전문적·창의적이고 복잡할수록 통솔범위는 좁아진다.
14 X 역사와 전통이 있는 안정된 기성조직일수록 통솔범위는 넓어지고, 신설부서일수록 통솔의 범위는 좁아진다.
15 X 통솔범위의 원리 - 업무의 종류가 단순할수록 통솔범위는 넓어지며, 계층의 수가 적을수록 통솔범위는 넓어진다.

3 명령통일 원리

(1) 의의
- 명령통일의 원리란 조직구성원 누구나 한 사람의 상관에게 보고하며, 한 사람의 상관으로부터 명령·지시를 받아야 한다는 원리이다. 기출OX 01
- 상관의 신속한 결단과 결단내용의 지시가 한 사람에게 통합·집중되어야 한다는 것이다.

(2) 필요성
- 업무의 신속성·능률성 확보: 복수의 상관으로부터 지시·명령을 받는 경우 모순된 지시 등으로 업무수행의 혼선과 비능률이 발생할 가능성이 있는데, 명령통일의 원리는 이러한 문제점을 방어하는 기능을 한다 기출OX 02, 03
- 책임한계의 명확화: 잘못된 업무지시나 수행에 대한 책임소재를 명확히 할 수 있다.

(3) 문제점
- 명령통일 원리의 무리한 적용은 행정능률과 횡적 조정을 저해한다.

> [용어설명] **횡적 조정**: 상호의존성 있는 부서간 또는 동료간의 업무조정을 말한다.

- 조직의 분권화와 권한위임을 저해하고, 업무의 상호연관성이 높은 상황에서는 오히려 비능률을 초래한다.
- 명령·지시를 할 상관이 부재하는 경우 모든 관련 업무가 마비될 수 있다. → 대행체제 마련 필요: 관리자 공백 등을 대비하여 ㉠ 대리 또는 대행자(유고관리자 사전지정)를 미리 지정해 두거나, ㉡ 권한의 위임을 통해 통솔범위의 한계를 재조정하는 등으로 문제점을 완화시킬 수 있다. 기출OX 04, 05, 06

4 분업화·전문화 원리

(1) 의의
- 분업화·전문화의 원리란 조직의 종류와 기능 및 성질, 업무의 전문화 정도에 따라 기관별·개인별로 업무를 분담시키는 원리를 말한다. 기출OX 07
- 가급적 한 사람에게 동일한 업무를 분담시킴으로써 특정 분야에 대한 업무의 전문화 확보를 가능하게 한다 기출OX 08

(2) 순기능과 역기능

순기능	역기능
• 조직목표의 능률적 달성, 시간·비용 절약, 신속성 향상을 통해 행정의 능률화를 기대할 수 있다. • 분업화가 될수록 업무습득에 필요한 교육시간이 단축되어 교육의 효율화를 기대할 수 있다.	• 지나치게 고도화된 분업화는 업무의 조정과 통합을 어렵게 해 조직할거주의를 초래할 수 있다. 기출OX 09 • 전문가적 무능현상 기출OX 10 • 소외현상 초래 • 구성원의 부품화, 반복업무에 따른 흥미상실, 비밀증가 등 지나친 전문화 → 조정의 원리 등의 적용을 통하여 해결 기출OX 11

기출 OX

01 명령통일의 원리는 부하직원이 한 사람의 상관으로부터만 명령을 받고, 보고도 그 상관에게만 하도록 하는 것을 의미한다. 23·22·15 채용, 23 간부, 20·18 승진   O X

02 둘 이상의 상관으로부터 지시나 명령을 받게 되면 업무수행의 혼선이 발생할 수 있으므로 명령통일의 원리가 필요하다. 18 간부   O X

03 명령통일의 원리는 경찰의 경우에 수사나 사고처리 및 범죄예방활동에 이르기까지 거의 모든 업무수행에서 결단과 신속한 집행을 필요로 하는데, 이때 지시가 분산되고 여러 사람으로부터 지시를 받는다면, 범인을 놓친다든지 사고처리가 늦어 인명이나 재산의 피해에 신속한 대응이 불가하다. 18·12 승진   O X

04 상위직에 부여된 권한과 책임을 하위자에게 분담시키는 권한의 위임제도를 적절히 활용하여 명령통일의 한계를 완화할 수 있다. 18 채용   O X

05 명령통일의 원리는 조직의 집단적 노력을 질서 있게 배열하는 과정으로서 개별적인 활동을 전체적인 관점에서 통일하여 조직의 목표달성도를 높이려는 원리로, 관리자의 공백 등을 대비하여 대리, 위임, 유고관리자 사전지정 등이 필요하다. 19 승진   O X

06 명령통일의 원리에 따르면 관리자의 공백 등을 대비하여 대리, 위임, 유고관리자 사전지정 등이 필요하다. 20·18 승진   O X

07 분업의 원리는 다수가 일을 함에 있어서 각자의 임무를 나누어서 분명하게 부과하고 협력을 하도록 하는 것으로, 인간능력의 한계를 극복하고 업무를 효율적으로 수행하기 위한 것이다. 12 채용   O X

08 분업의 원리란 가급적 한 사람에게 동일한 업무를 분담시킴으로써 특정 분야에 대한 업무의 전문화 확보를 가능하게 한다. 25·23 채용, 16 승진, 16·13 간부   O X

09 분업의 원리 단점은 정형적·반복적 업무수행에 기인하여 작업에 대한 흥미 상실과 노동의 소외화나 인간기계화를 심화시키며, 부처간의 할거주의가 초래될 수 있다는 것이다. 24 채용   O X

10 분업은 전문화라는 장점이 있지만 전체적인 통찰력을 약화시키는 단점이 있다. 18 간부   O X

11 분업의 원리는 구성원의 부품화, 반복업무에 따른 흥미상실, 비밀증가 등 지나친 전문화로 인하여 문제가 발생할 경우, 조정의 원리 등의 적용을 통하여 해결할 수 있다. 20 지능   O X

정답 및 해설

01 O
02 O
03 O
04 O
05 X '조직의 집단적 노력을 질서 있게 배열하는 과정으로서 개별적인 활동을 전체적인 관점에서 통일하여 조직의 목표달성도를 높이려는 원리'는 조정과 통합의 원리에 대한 설명이다.
06 O
07 O
08 O
09 O
10 O
11 O

5 조정과 통합의 원리

(1) 의의
- 조정과 통합의 원리란 **조직의 공통목적 달성을 위해 조직체 각 부분 및 구성원 간 협동의 통일**이 이루어지도록 집단적 노력을 질서정연하게 배열·결합하는 과정에 적용되어야 하는 원리로서 구성원이나 단위기관의 활동을 전체적인 관점에서 통일하여 조직을 목표달성도를 높이려는 원리를 말한다. 기출OX 01, 02
- 무니(J.Money): "조정과 통합의 원리는 조직의 **제1의 원리이며 가장 최종적인 원리**이다." 기출OX 03
- 조직 내에서 발생하는 여러 갈등을 해결할 수 있는 원리로서, 관리자의 리더십을 강화하거나 위원회제도 등을 활용하여 조직단위의 권한과 책임의 한계를 명확히 하는 것이 이 원리에 따른 기본적인 갈등해결의 방침이 된다. 기출OX 04

(2) 갈등의 발생과 해결방법

단기적 해결방안	교섭과 협상을 통해 갈등의 원인을 근원적으로 해결하거나 문제해결이 어려울 경우에는 갈등을 완화하고 양자 간의 타협을 도출하거나, 갈등을 초래할 수 있는 결정을 보류 또는 회피하는 것도 좋은 방법이 될 수 있다. 기출OX 05	
	갈등의 원인	**해결방법**
	세분화된 업무처리	업무처리과정을 통합한다든지 연결하는 장치나 대화채널을 확보 기출OX 06
	부서 간의 갈등	더 높은 상위목표를 서로 이해하고 양보 기출OX 07
	한정된 인력이나 예산	가능하면 예산과 인력을 확보하고 업무추진의 우선순위를 관리자가 정해준다 기출OX 08
장기적 해결방안	• 조직의 구조, 보상체계, 인사 등의 문제점을 조직 제도개선을 통해 해결 기출OX 09 • 조직원들을 협력적이고 합리적인 태도로 변화시키는 조직원 행태개선을 통해 해결	

II 조직관리 모형: 관료제

특징	• 관료제 조직은 계층적 조직구조 • 관료의 권한과 직무범위는 법규에 의해 규정 기출OX 10 • 직무의 수행은 문서에 의해 이루어 지며 기록은 장기간 보존 • 인정의 배제 → 공사의 구별, 공정하고 객관적인 처리, 개인의 감정 배제 • 모든 직무는 전문지식과 기술을 지닌 관료가 담당하며, 이들은 시험 또는 자격증 등에 의해 공개적으로 채용
문제점	• **동조과잉**(목표의 전환): 행정의 본래 목표가 도외시 되고 규칙·절차에 집착 • **할거주의적 경향**: 소속 기관이나 부서에만 충성함으로써 타조직·부서와 조정 및 협조가 곤란 • **번문욕례**: 번거롭고 까다로운 규칙, 양식, 절차를 거치게 함으로써 나타나는 비능률 현상 • **전문가적 무능**: 특정분야 전문성을 갖춘 관료의 편협한 시각으로 조정이나 통합을 저해 • **변화에 대한 저항**: 신분유지를 위해 새로운 기술이나 지식을 거부하는 보수주의화 • **무사안일주의**: 상급자 권위에 대한 지나친 의존과, 소극적인 일처리 • **피터의 원리**: 조직구성원들은 자신의 무능력의 한계까지 승진함으로써 결국 조직체는 무능한 사람들로 구성됨

[참고] 새로운 조직관리 모형

- **목표관리제(MBO ; Management By Objective)**: 참여의 과정을 통해 조직단위와 구성원들의 목표를 명확하고 체계적으로 설정하고 그에 따라 활동을 수행하도록 하며, 활동결과를 평가·환류시켜 조직의 생산성과 효율성을 향상시키는 조직관리 체제이다.
- 맥그리거의 X–Y이론 중 Y이론의 관점에 기반을 두고 있다.

기출 OX

01 한정된 인력이나 예산을 가지고 갈등이 생기는 경우에 업무추진의 우선순위를 지정하는 등의 방법으로 갈등을 해결하는 조직편성원리는 조정과 통합의 원리이다. 21·16·17·14 승진, 16 간부, 20 지능 O X

02 조정과 통합의 원리란 구성원의 노력과 행동을 질서있게 배열하고 통일시키는 작용을 함으로써 경찰행정의 목표를 효율적으로 달성할 수 있게 한다. 25·23·18 채용 O X

03 무니(J. Mooney)는 조정·통합의 원리를 조직의 제1원리이며 가장 최종적인 원리라고 하였다. 23·18 간부 O X

04 할거주의는 조정과 통합의 원리를 실현시키는 필수적 요소이다. 23·22 채용 O X

05 조직편성의 각각의 원리는 장·단점을 가지고 있는 바, 이러한 장·단점을 조화롭게 승화시키는 원리로, 문제해결이 어려운 경우 관리자가 갈등을 초래할 수 있는 결정을 보류 또는 회피하는 방식을 사용할 수 있다. 19·17 승진, 17 간부 O X

06 갈등의 원인이 세분화된 업무처리에 있다면, 이를 더 전문화시키는 데 힘써야 한다. 20 지능, 19 승진, 17 간부 O X

07 부서간의 갈등이 일어나고 있을 때는 더 높은 상위목표를 제시, 상호간 이해와 양보를 유도하는 것이 바람직하다. 19 승진 O X

08 한정된 인력이나 예산을 가지고 갈등이 생기는 경우에는 가능하면 예산과 인력을 확보하고 업무추진의 우선순위를 지정할 필요가 있다. 17 승진, 17 간부 O X

09 조직의 구조, 보상체계, 인사 등의 제도개선과 조직원의 행태를 합리적으로 개선하는 것은 갈등의 단기적인 대응방안이다. 19·17 승진 O X

10 관료제는 관료의 권한과 직무 범위는 법규와 관례에 의해 규정된다는 특징이 있다. 20 승진 O X

정답 및 해설

01 O
02 O
03 O
04 X 소속기관·부서에만 충성하거나 소속기관·부서의 입장만 우선하는 할거주의는 타 조직·부서와의 조정·협조를 어렵게 만드는 요소이다.
05 O
06 X 갈등의 원인이 세분화된 업무처리에 있다면 업무의 통합 또는 연결장치나 대화채널의 확보가 요구된다.
07 O
08 O
09 X 갈등의 장기적 해결방안이다.
10 X 법규에 의해 규정된다고 하였다(법규의 지배).

POINT 02 경찰인사관리

I 엽관주의와 실적주의

1 엽관주의

의의	• 능력·자격·실적보다는 **충성심이나 당파성을 기준**으로 공직에 임명하는 제도이다. • 모든 행정은 평범한 상식과 이해력이 있는 사람이면 누구나 수행할 수 있다는 것을 전제하고 있다.
장점	• 국민의 지지에 따라 정부가 구성되므로, 정책추진의 탄력을 받을 수 있고 의회와 행정부의 공조가 원활하다 • 관료들의 적극적인 충성심을 유도하여, 관료들에 대한 정치가들의 통제력을 높여준다 • 관료의 특권화(관료주의화)와 공직사회의 침체를 방지한다.
단점	• 행정의 비능률성·비전문성을 초래, 복잡한 현대사회에의 전문행정가 필요 요청에 부응하지 못한다. • 행정의 계속성·안전성·일관성이 훼손가능성이 있다 • 정당원만이 공무원에 임용되므로 기회균등의 원리에 위배된다. • 신분보장 미흡으로 인해 공무원의 사기저하를 불러온다 • 인사의 기준이 객관적이지 않으므로 인사부패가 발생하기 쉽다. • 불필요한 관직이 신설되어 예산의 낭비를 초래한다 → 파킨슨 법칙 ※ 파킨슨법칙: 업무량에 상관없이 관료제 구성원의 수가 늘어난다는 법칙

2 실적주의

의의	• **능력·자격·실적을 기준**으로 공직에 임명하는 제도 • 공무원의 신분보장과 정치적 중립을 핵심으로 하는 **직업공무원제도의 기반**이 되는 제도 기출OX 01
장점	• 공직기회의 균등을 실현하고 공직사회 부패를 방지, 행정의 능률성과 전문성도 기대 가능 • 공무원의 정치적 중립이 보장되므로 특정 정치세력이 아닌 국민 전체에 대한 봉사가 가능 • 법령에 저촉되지 않는 한 일체의 신분상의 불이익을 받지 않는 신분보장이 이루어지므로 행정의 계속성·안정성·일관성 확보
단점	• 공직채용기준을 능력·자격·실적으로 한정함에 따라 인사행정이 소극화·형식화·집권화 될 수 있다 • 관료가 정권에 충성할 필요가 없고 이념을 공유하지 않으므로 정책의 효율적이고 강력한 추진이 어려워진다 • 강력한 신분보장으로 인해 공무원 집단이 특권계급화·보수화된다. • 강력한 신분보장은 국민의 공직사회에 대한 민주적 통제약화를 가져온다

3 엽관주의와 실적주의의 관계

• 양 제도는 상호 보완적으로 이해하여 조화를 이루도록 하는 것이 바람직함 → 실적주의가 엽관주의보다 우월한 제도라고 단정할 수는 없다.
• 우리나라는 <u>실적주의를 기반</u>으로 <u>엽관주의적 요소를 보충적 가미</u>

[압축정리] 엽관주의와 실적주의

구분	엽관주의	실적주의
의의	• 공직임용의 기준: 충성심·당파성	공직임용의 기준: 개인의 능력·자격·업적
장점	• 정당정치 발전과 책임행정 실현 • 관료의 특권화 및 공직침체 방지	• 공무원의 정치적 중립 확보 • 공직에의 기회균등 실현 • 행정의 능률성, 전문성, 안정성, 계속성
단점	• 인사기준의 비객관성으로 인한 부정부패 • 행정의 비능률성과 비전문성 • 행정의 계속성과 안정성 저해 • 신분보장 미흡으로 인한 사기저하 • 불필요한 관직의 증설	• 정책의 효율적 집행 곤란 • 인사행정의 소극화, 형식화, 집권화 • 관료의 보수집단화, 특권주의 형성 • 국민의 공직사회에 대한 통제약화

기출 OX

01 실적주의는 직업공무원제로 발전되어 가는 기반이 되지만, 실적주의가 바로 직업공무원제도를 의미하는 것은 아니다. 20 채용 O X

정답 및 해설
01 O

4 직업공무원 제도 기출OX 01, 02, 03, 04, 05, 06, 07, 08, 09

의의	정권교체에 따른 국가작용의 중단과 혼란을 예방하고 일관성 있는 공무수행의 독자성을 유지하기 위하여 헌법과 법률에 의하여 공무원의 신분과 정치적 중립성이 보장되는 공직구조에 관한 제도이다
장점	• 공무원의 신분보장과 정치적 중립성이 보장되므로 직업공무원들의 독립성 확보가 용이하고, 정권교체가 있더라도 직업공무원은 그대로 유지되므로 행정의 계속성과 안정성 확보가 용이 • 공직이 일반국민에게 개방되고 직업적 안정성과 적정한 보수 · 일정한 복지혜택을 제도적으로 보장한다. • 공공에 봉사하는 국민에 대한 책임을 지는 명예로운 업무를 수행한다는 인식으로 공직이 높은 사회적 평가를 받는다. • 통상 공직이 평생직장으로 취급되며, 업적과 능력만 있으면 특별한 제한 없이 상위 직급까지 승진할 수 있는 기회가 보장된다.
단점	• 직업공무원제하의 강력한 신분보장은 공무원의 중대한 잘못이 없는 한 파면이나 해임과 같은 신분박탈효과를 가져오는 징계를 하기 어려워 행정통제 및 행정책임의 확보가 어렵다는 비판이 존재한다. • 연령제한은 공직임용의 기회균등을 제한하는 측면이 있다. • 외부환경 변화에 신속하게 대응하지 못한다.

기출 OX

01 직업공무원제도의 성공적 정착을 위해서는 공직에 대한 사회의 높은 평가가 필요하며 퇴직 후의 불안해소와 생계보장을 위해 적절한 연금제도가 확립되어야 한다. 23 간부 O X

02 직업공무원제도는 행정의 안정성, 계속성, 독립성, 중립성 확보가 용이하다. 20 채용 O X

03 직업공무원제도는 행정통제 및 행정책임 확보가 용이하다. 20 채용 O X

04 직업공무원제도는 젊은 인재의 채용을 위한 연령제한으로 공직임용의 기회균등을 저해한다. 20 채용 O X

05 직업공무원제도는 행정의 안정성과 독립성 확보에 용이하며 외부환경 변화에 신속하게 대응한다는 장점이 있다. 23 간부 O X

06 직업공무원제도는 개방형 충원체제로 넓은 시야를 가진 유능한 인재의 등용 및 분야별 전문인력을 확보하는 데 용이하다. 24 채용 O X

07 직업공무원제도는 공무원의 일체감과 단결심 및 공직에 헌신하려는 정신을 강화하는 데 불리한 제도이다. 24 채용 O X

08 직업공무원제도는 연령제한이 필수적이나 직위분류제를 원칙으로 한다는 점에서 실적주의와 공통점이 있다. 24 채용 O X

09 직업공무원제도는 공무원들의 성실한 직무수행과 장기근속을 유도하기 위한 제도와 원칙들을 토대로 한다. 24 채용 O X

정답 및 해설

01 O
02 O
03 X 직업공무원제하의 강력한 신분보장은 공무원의 중대한 잘못이 없는 한 파면이나 해임과 같은 신분박탈 효과를 가져오는 징계를 하기 어려워 행정통제 및 행정책임의 확보가 어렵다는 비판이 존재한다.
04 O
05 X 직업공무원제도는 행정의 안정성과 독립성 확보에 용이하나 외부환경 변화에 신속하게 대응하지 못하는 단점이 있다.
06 X 분야별 전문인력을 확보하는 데 용이한 것은 직위분류제이다.
07 X 공무원의 일체감과 단결심 및 공직에 헌신하려는 정신을 강화하는 데 유리
08 X 직업공무원제는 계급제를 원칙으로 한다.
09 O

II 계급제와 직위분류제

1 계급제 기출OX 01, 02, 03, 04, 05

의의	계급제는 개인의 경력·자격·능력을 중심(**사람 중심**)으로 계급을 부여하고 상위계급의 지시·명령에 하위계급이 복종함으로써 조직 의사를 확정하는 제도
장점	• 일반적 교양과 능력을 소유한 넓은 시야를 가진 **일반행정가 양성**에 유리 • 여러 보직을 두루 경험하여 **부처간의 협조와 조정이 용이** • 인사관리가 계급을 기준으로 하므로 **전직·전보가 용이**하고, 분류구조와 보수체계가 비교적 단순하므로 **인력활용(인사배치·인사이동)의 신축성·탄력성**에 기여 • 조직 내부자를 대상으로 충원을 하는 **폐쇄적 충원방식**을 취하므로, 신분보장과 직업공무원제의 확립이 용이 • **직업공무원제도의 정착에 보다 유리**
단점	• 행정의 전문화를 기하기 어렵고, **전문행정가 양성이 곤란** • 보수체계의 **비합리성**이 초래 • 계급간 차별을 고착화 시킬수 있고, 관료의 **특권계급화**가 초래 • 객관적인 근무평정과 훈련계획의 수립이 곤란하다 • 계급의 수가 적고 **계급간의 차별**이 심해질 수 있다.

2 직위분류제 기출OX 06, 07, 08, 09, 10, 11, 12

의의	• 직무의 특성을 중심(**직무 중심**)으로 하며 직무등급을 먼저 정해놓고 그러한 직무를 수행할 수 있는 사람을 찾는 제도 • **미국의 시카고시에서 처음 실시되었다.**
장점	• 동일한 직무를 장기간 담당하므로 공직의 전문화에 기여하고 **전문행정가 양성**에 유리 • 행정의 **전문화·분업화** 촉진에 유리, 예산행정의 **능률화**에 기여 • 동일직무·동일보수 원칙에 따라 **보수체계의 합리적 기준**을 제시 • 횡적 직무범위와 종적 지휘·감독관계가 분명하여 **권한과 책임의 한계가 명확**
단점	• 전체적 시각을 가진 **일반행정가 양성이 곤란** • 특정 직무를 전문적으로 수행하는 자가 양성되는데 그치므로 종합적이고 장기적인 관점에서 해당 공무원의 성장에 한계가 있다. • 다른 직무에 대한 이해부족으로 **수평적·횡적 협조와 조정이 곤란**해 질 수 있다. • 직무를 중심으로 채용하였는데 해당 직무가 불필요하게 된 경우 새로운 인사배치를 하기 곤란하고(**인사배치의 비융통성·비신축성**), **신분보장이 미흡**해진다.

3 계급제와 직위분류제 관계

• 계급제와 직위분류제는 서로 양립할 수 없는 배타적인 관계가 아니라, **상호보완적인 관계**를 가진다. 기출OX 13
• 우리나라는 계급제를 위주로 하면서 직위분류제적 요소를 가미한 혼합적 형태라고 평가되며, 우리나라는 물론 각국의 공직제도는 계급제와 직위분류제가 상호 융화되는 경향이 있다. 기출OX 14, 15

[압축정리] **계급제와 직위분류제**

	계급제	직위분류제
성격	일반행정가(Generalist)	전문행정가(Specialist)
분류기준	개인의 자격·능력·신분	직무의 종류·곤란도·책임도
채택국가	프랑스, 독일, 일본	• 미국, 캐나다, 필리핀 • 1909년 미국 시카고시 처음 채용
특성	사람중심	직무중심
인사배치	신축적, 융통성 확보	비융통적, 비신축적, 외부충원의 개방성
충원방식	폐쇄형(내부충원)	개방형(외부충원)

기출 OX

01 계급제는 공직을 분류함에 있어서 행정기관을 구성하는 개개의 직위에 내포되어 있는 직무의 종류와 책임도 및 곤란도에 따라 여러 직종과 등급 및 직급을 분류하는 제도이다. 19 승진 O X

02 계급제는 이해력이 넓어져 직위분류제에 비해서 기관간의 횡적 협조가 용이한 편이다. 16 채용, 18 경채 O X

03 계급제는 인간 중심의 분류방법으로 널리 일반적 교양·능력을 가진 사람을 채용하여 신분보장과 함께 장기간에 걸쳐 능력이 키워지므로 공무원이 보다 종합적·신축적인 능력을 가질 수 있다. 19 승진, 19 채용 O X

04 직업공무원제도는 장기적인 발전가능성을 선발기준으로 삼고 있으며 직위분류제가 계급제보다 직업공무원제도의 정착에 더 유리하다. 24·17 채용, 23·16 간부 O X

05 계급제는 보통 계급의 수가 적고 계급간의 차별이 심하며, 동일한 직무를 장기간 담당하게 되어 직위분류제에 비해 행정의 전문화에 기여한다. 19 승진 O X

06 직무분석과 직무평가의 충실한 수행을 강조하는 것은 직위분류제이다. 24 채용 O X

07 직위분류제는 프랑스에서 처음 실시된 후 독일 등으로 전파되었다. 23·16 채용, 18 경채 O X

08 직위분류제의 경우 동일한 직무를 장기간 담당하게 되어 행정의 전문화에 기여한다. 19 채용 O X

09 계급제는 '동일직무에 대한 동일보수의 원칙'을 확립함으로써 보수제도의 합리적 기준을 제시한다. 24·23·16 채용, 24 간부 O X

10 계급제는 권한과 책임의 한계를 명확히 할 수 있지만, 공무원의 신분보장이 미약하여 행정의 안정성을 저해하기 쉽다. 24 간부 O X

11 직위분류제는 동일한 직무를 장기간 담당하게 되어 행정의 전문화에 유용하나, 권한과 책임의 한계가 불명확하다는 단점이 있다. 19 승진, 18 경채, 17 채용 O X

12 직위분류제는 사람 중심 분류로서 계급제보다 인사배치의 신축성 측면에서 유리하다. 23 채용 O X

13 양자는 양립할 수 없는 상호 배타적인 관계가 아니라 서로의 결함을 시정할 수 있는 상호보완적인 관계이다. 24 채용 O X

14 우리나라의 공직분류는 계급제 위주에 직위분류제적 요소를 가미한 혼합 형태라고 할 수 있다. 23·19·17·16 채용, 18 경채 O X

15 각국의 공직제도는 계급제와 직위분류제가 상호융화되는 경향이 있다. 16 간부, 12 승진 O X

정답 및 해설

01 X 직위분류제에 대한 설명이다.
02 O
03 O
04 X 계급제가 직위분류제보다 직업공무원제도의 정착에 더 유리하다.
05 X 동일한 직무를 장기간 담당하게 되어 행정의 전문화에 기여한다는 설명은 직위분류제의 내용이다.
06 O
07 X 미국의 시카고시에서 처음 실시되었다.
08 O
09 X 직위분류제에 대한 내용
10 X 직위분류제에 대한 설명
11 X 권한과 책임의 한계가 명확하다.
12 X 직위분류제 비신축적
13 O
14 O
15 O

POINT 03 경찰공무원 사기관리

1 동기부여이론 개관 기출OX 01, 02

내용 이론	• 의의: 인간의 특정 내용의 욕구가 동기부여를 일으키는 것으로 이해하는 이론 • 이론: 샤인의 복잡인 모형(4대 인간관 모형), 맥그리거의 X이론·Y이론, 아지리스의 성숙·미성숙 이론, 맥클리랜드의 성취동기이론, 알더퍼(Alderfer)의 ERG이론, 허즈버그의 욕구충족요인 이원론(동기위생이론)
과정 이론	• 의의: 인간의 특정 욕구가 직접적으로 동기부여하는 것이 아니라 욕구와는 별도의 다양한 요인들이 동기부여 과정에 작용한다고 이해하는 이론 • 이론: 포터&롤러의 업적만족이론, 브룸의 기대이론, 아담스의 공정성이론 등

2 Maslow의 인간욕구이론 기출OX 03

(1) 특징
- 한 단계 욕구가 어느 정도 충족되어야 다음 단계 욕구를 충족하고자 노력하며, 이미 충족된 욕구는 더 이상 동기부여 요인으로의 의미가 없어진다.
- 인간은 자신의 욕구를 충족시키기 위해서 노력하며 하위단계의 욕구가 충족되어야 다음 단계로 발전되는 순차적 특성을 갖는다. 기출OX 04

(2) 유형 기출OX 05

유형	내용	충족조건
생리적 욕구	의식주 및 건강 등에 관한 욕구	적정보수제도, 휴양제도 기출OX 06
안전의 욕구	공무원의 현재 및 장래의 신분이나 생활에 대한 불안을 해소	신분보장, 연금제도 기출OX 07 안신연
사회적 욕구	친밀한 인간관계, 집단에의 소속감, 경찰관 상호간 동료애를 충족시키고자 하는 욕구	인간관계의 개선, 고충처리상담 기출OX 08
존경의 욕구	타인으로부터 인정과 존경을 받고자 하는 욕구	참여확대, 권한의 위임, 제안제도, 포상제도 기출OX 09 존참위제포
자아실현 욕구	자기발전과 잠재능력 실현, 성취감 충족, 창의성과 관련된 최상위의 욕구	공정하고 합리적인 승진, 공무원단체 활동 기출OX 10, 11 자승단

3 맥그리거(McGregor)의 X·Y이론 기출OX 12, 13, 14

구분	X이론	Y이론
관점	• 통제 중심의 전통적 이론 • 성악설, 홉스의 인간관	• 개인과 조직간 통합을 강조한 이론 • 성선설, 루소의 인간관
내용	• 인간은 근본적으로 일하기를 싫어하므로 가능하면 일하기를 피하려 한다 • 조직의 목표를 달성하기 위해서는 강압, 통제, 벌로 다스려야 한다. • 구성원은 책임을 피하려 하며 공식적인 지시가 있어야만 움직인다.	• 인간을 일을 휴식이나 여가와 같이 당연한 것으로 받아들인다. • 구성원이 조직목표에 동의한다면 자기지시 및 자기통제를 발휘한다 • 책임을 수용하고 기꺼이 감수하는 태도로 자발적으로 움직인다.
조직 관리	금전적 보상과 엄격한 통제로 조직을 관리하여야 함	자율적이고 창의적으로 일할 수 있는 환경을 조성하는 방식으로 조직을 관리하여야 한다.

기출 OX

01 경찰조직관리를 위한 동기부여이론을 내용이론과 과정이론으로 나눌 때 내용이론을 주창한 사람은 맥클랜드, 허즈버그), 아담스, 매슬로우이다. 22 간부   O X

02 동기부여이론 중 내용이론에 해당하는 것은 매슬로우(Maslow)의 욕구단계이론, 맥그리거(McGregor)의 X이론·Y이론, 포터와 롤러(Porter & Lawler)의 업적만족이론, 허즈버그(Herzberg)의 욕구충족요인 이원론(동기위생이론)이다. 23 채용   O X

03 맥그리거(McGregor)의 인간의 욕구는 5단계의 계층으로 이루어지며 하위 욕구부터 상위 욕구로 발달한다고 보았다. 23 간부   O X

04 매슬로우(Maslow)의 인간욕구이론에 의하면 인간은 자신의 욕구를 충족시키기 위해서 노력하며 하위단계의 욕구가 충족되어야 다음 단계로 발전되는 순차적 특성을 갖는다. 22 채용, 19 승진   O X

05 매슬로(Maslow)는 욕구를 생리적 욕구, 안전의 욕구, 사회적 욕구, 존경의 욕구, 자기실현 욕구로 구분하였고, 가장 기본적인 욕구는 생리적 욕구라고 하였다. 25·17 채용   O X

06 생리적 욕구는 의·식·주 및 건강 등에 관한 것으로 적정보수제도, 휴양제도 등을 통해 충족시켜 줄 수 있다. 17·15 채용   O X

07 안전의 욕구는 현재 및 장래의 신분이나 생활에 대한 불안 해소에 관한 것으로 적정보수, 휴양제도 등을 통해 충족시켜 줄 수 있다. 20·17·15 채용   O X

08 소속 직원들간 인간관계의 개선, 공무원 단체의 활용, 고충처리 상담, 적정한 휴양제도는 사회적 욕구를 충족시켜 주기 위한 방안에 해당한다. 19 승진, 15 채용   O X

09 존경의 욕구는 동료·상사·조직 전체에 대한 친근감·귀속감 충족에 관한 것으로 인간관계의 개선, 고충처리 상담 등을 통해 충족시켜 줄 수 있다. 17 채용   O X

10 경찰관이 포상휴가를 가는 것보다 유능한 경찰관이라는 인정을 받고 싶어서 열심히 범인을 검거하였다면 자아실현의 욕구를 충족하고 싶은 것이다. 19 승진   O X

11 경찰관에 대한 공정하고 합리적인 승진제도를 마련하고 권한의 위임과 참여를 확대하는 것은 자아실현의 욕구를 충족시켜 주기 위한 방안에 해당한다. 19 승진   O X

12 McGregor의 X이론에 따르면 인간은 근본적으로 업무에 대한 의욕을 가지고 있기 때문에 이러한 의욕을 강화시키기 위해 금전적 보상과 포상제도를 강화하였다. 20 채용   O X

13 맥그리거(McGregor)의 X·Y이론에 의하면 Y이론적 인간형은 부지런하고, 책임과 자율성 및 창의성을 발휘하기를 좋아하고, 스스로 통제와 발전이 가능하기 때문에 민주적이고 인간적인 동기유발 전략이 필요한 유형이다. 22 채용   O X

14 McGregor의 Y이론을 적용하여 상급자의 일방적 지시와 명령을 줄이고 의사결정 과정에 일선경찰관들의 참여를 확대시키도록 지시하였다. 20 채용   O X

정답 및 해설

01 X 아담스는 과정이론을 주창한 사람이다.
02 X 포터와 롤러의 업적만족이론은 과정이론에 해당한다.
03 X 매슬로우의 욕구 단계 이론에 대한 설명
04 O
05 O
06 O
07 X 전의 욕구는 신분보장, 연금제도 등으로 충족될 수 있다.
08 X 인간관계의 개선과 고충처리 상담은 사회적 욕구를 충족시켜 주기 위한 수단이 맞다. 다만, 공무원 단체의 활용은 자아실현 욕구를, 적정한 휴양제도는 생리적 욕구를 충족시켜주는 수단이다.
09 X 사회적 욕구(애정의 욕구)에 대한 설명
10 X 타인으로부터 인정과 존경을 받고자 하는 욕구는 존경의 욕구이다.
11 X 권한의 위임과 참여를 확대하는 것은 존경의 욕구
12 X McGregor의 X이론은 금전적 보상과 엄격한 통제로 조직을 관리하여야 한다고 보았다.
13 O
14 O

4 허즈버그(Herzberg)의 동기부여 - 위생이론

(1) 특징

근로자의 동기를 유발하여 생산성을 향상시키기 위해서는, 위생요인은 제거하고 동기요인은 충족해야 한다고 하였다.

(2) 위생요인과 동기요인 기출OX 01, 02, 03, 04

구분	위생요인 = 불만요인, 제거대상	동기요인 = 만족요인, 충족대상
내용	• 통상 직무의 **외부적·물리적·환경적 요인**이다. • 위생요인은 제거하더라도 불만이 없어지는 상태가 될 뿐, 위생요인이 제거되더라도 바로 생산성 향상을 가져오는 것은 아니다 → 생산성 향상의 필요조건이나 충분조건은 아니다.	• 통상 직무의 **내재적·심리적 요인**이다. • 동기요인은 충족이 되는 경우 생산성 향상과 직접 연관된다. → 생산성 향상의 충분조건
예시	• 부족한 급여 • 너무 엄격한 조직의 정책 • 비합리적이고 납득하기 어려운 관리·감독 • 불안한 신분(불충분한 직무상 안정) • 긴장감을 유발하는 대인관계	• 직무상의 성취감·책임감·안정감 • 승진의 가능성이나 개인적 성장·발전가능성 • 적성에 맞는 직무 • 주변의 인정

5 아지리스(Argyris)의 성숙 - 미성숙이론

- 인간의 생산성은 그의 성숙 혹은 미성숙의 결과로서, **인간은 미성숙(수동)상태로부터 성숙(능동)상태로 발전적 변화를 하게 된다**고 한다. 기출OX 05
- 조직의 구성원이 성숙할 수 있는 기회를 가질 수 있도록 하는 것이 강력한 동기부여 요인이 되므로, 조직의 구성원을 심리적 성공을 경험할 수 있는 성숙한 인간으로 관리하여야 한다고 주장하였다.

[참고]

- 맥클리랜드(McClelland)의 성취동기 이론: 개인마다 욕구의 계층은 차이가 있다고 보았으며 인간의 욕구를 **성취 욕구, 친교 욕구, 권력 욕구**로 구분하였다. 기출OX 06
- 앨더퍼(Alderfer)의 ERG이론: 인간의 욕구를 계층화하여 **생존욕구(Existence), 관계욕구(Relatedness), 성장욕구(Growth)**의 3단계로 구분하였다. 기출OX 07
- 브룸(Vroom)의 기대이론: 브룸의 기대이론은 동기유발에 영향을 미치는 개념으로 기대치, 수단성, 유의성을 제시하고 이들이 높을수록 동기가 강하게 유발된다고 주장하였다. 기출OX 08

기출 OX

01 맥그리거(McGregor)는 전통적 조직이론의 인간관을 위생요인, 새로운 조직이론의 인간관을 동기요인으로 구분하였다. 25 채용 ｜ O X

02 Herzberg의 동기위생요인이론에 따르면 사기진작을 위해서는 동기요인이 강화되어야 하므로 적성에 맞는 직무에 배정하고 책임감과 성취감을 느낄 수 있도록 독려하였다. 20 채용 ｜ O X

03 허즈버그(Herzberg)의 동기부여 – 위생이론에 의하면 위생요인을 제거해주는 것은 불만을 줄여주는 소극적 효과일 뿐이기 때문에, 근무태도 변화에 단기적 영향을 주어 사기는 높여줄 수 있으나 생산성을 높여주지는 못한다. 만족요인이 충족되면 자기실현욕구를 자극하여, 적극적 만족을 유발하고 동기유발에 장기적 영향을 준다. 22 채용 ｜ O X

04 허즈버그(Herzberg) – 주어진 일에 대한 성취감, 주변의 인정, 승진 가능성 등은 동기(만족)요인으로, 열악한 근무 환경, 낮은 보수 등은 위생요인으로 구분하였으며 두 요인은 상호 독립되어 있다고 보았다. 23 간부 ｜ O X

05 아지리스(Argyris)의 성숙 – 미성숙이론에 의하면 인간의 개인적 성격과 성격의 성숙과정을 '미성숙에서 성숙으로'라고 보고, 관리자는 조직 구성원을 최대의 성숙상태로 실현시켜야 한다고 하였다. 22 채용 ｜ O X

06 맥클리랜드(McClelland) – 개인마다 욕구의 계층은 차이가 있다고 보았으며 인간의 욕구를 성취 욕구, 자아실현 욕구, 권력 욕구로 구분하였다. 23 간부 ｜ O X

07 앨더퍼(Alderfer) – 인간의 욕구를 계층화하여 생존(Existence) 욕구, 존경(Respect) 욕구, 성장(Growth) 욕구의 3단계로 구분하였다. 23 간부 ｜ O X

08 브룸(Vroom)은 동기유발은 욕구충족이 아니라 과업에 대한 기대감, 수단성, 유의성에 의해 결정된다고 주장하였다. 25 채용 ｜ O X

정답 및 해설

01 X 허즈버그의 동기부여 – 위생이론
02 O
03 O
04 O
05 O
06 X 성취 욕구, 친교 욕구, 권력 욕구로 구분
07 X 인간의 욕구를 계층화하여 생존(Existence) 욕구, 관계 욕구(Relatedness), 성장(Growth) 욕구의 3단계로 구분하였다.
08 O

6 근무성적평정

목적	공무원에 대한 근무성적평정은 현대에 이르러 조직발전의 기초로 작용하는 공무원의 능력개발과 행정제도 개선의 수단으로도 활용될 수 있다. 기출OX 01
평정대상	총경이하의 경찰공무원에 대해서는 **매년 근무성적을 평정**하여야 하며, 근무성적 평정의 결과는 승진 등 인사관리에 반영하여야 한다. 기출OX 02
평정시기	• 근무성적 평정 · 경력 평정은 **연 1회** 실시한다 기출OX 03 • 근무성적 평정은 10월 31일을 기준으로 하고, 경력 평정은 12월 31일을 기준으로 한다. 다만, 총경과 경정의 경력 평정은 10월 31일을 기준으로 한다.
평정자	근무성적 평정자는 3명으로 하되, ㉠ 제1차평정자는 평정대상자의 바로 위 감독자가 되고, ㉡ 제2차평정자는 제1차평정자의 바로 위 감독자가 되며, ㉢ 제3차평정자는 제2차평정자의 바로 위 감독자가 된다. 기출OX 03
평정요소	근무성적은 다음 평정 요소에 따라 평정한다. 다만, **총경**의 근무성적은 **제2평정 요소로만** 평정한다. | 제1평정 요소	가. 경찰업무 발전에 대한 기여도 나. 포상 실적 다. 그 밖에 행정안전부령으로 정하는 평정 요소(= 교육훈련 · 근무태도)
제2평정 요소	가. 근무실적 나. 직무수행능력 다. 직무수행태도	
근무성적 평정방법	• 제2평정 요소에 따른 근무성적 평정은 평정대상자의 계급별로 평정 결과가 다음 분포비율에 맞도록 하여야 한다. 다만, 평정 결과 제4호에 해당하는 사람이 없는 경우에는 제4호의 비율을 제3호의 비율에 가산하여 적용한다. 　　　　1. 수: 20퍼센트 2. 우: 40퍼센트 3. 양: 30퍼센트 4. 가: 10퍼센트 기출OX 04 • 근무성적 평정 **결과는 공개하지 아니한다**. 다만, 경찰청장은 근무성적 평정이 완료되면 평정 대상 경찰공무원에게 해당 근무성적 평정 결과를 통보할 수 있다. 기출OX 05 • 근무성적의 총평정점은 **50점을 만점**으로 한다. • **총경인 경찰공무원의 근무성적 평정점**: 제2 평정 요소에 대하여 제1차평정자가 20점을 최고점으로 하여 평정한 점수와 제2차평정자와 제3차평정자가 각각 15점을 최고점으로 하여 평정한 점수를 합산한다. • **경정 이하 경찰공무원의 근무성적 평정점**: 다음의 방법으로 제1 평정 요소와 제2평정요소에 대한 평정점을 산정하여 합산한다. 　1. 제1평정요소에 대한 평정점은 30점을 **최고점**으로 하고, 제2평정요소에 대한 평정점은 20점을 **최고점**으로 한다. 　2. 제1평정요소에 대해서는 **제1차평정자가 30점을 최고점으로 하여 평정한 점수를 제2차평정자와 제3차평정자가 확인**한다. 　3. 제2평정요소에 대해서는 **제1차평정자가** 10점을 **최고점**으로 하여 평정한 점수와 **제2차평정자와 제3차평정자가 각각** 5점을 최고점으로 하여 평정한 점수를 합산한다.

기출 OX

01 공무원에 대한 근무성적평정은 현대에 이르러 조직발전의 기초로 작용하는 공무원의 능력개발과 행정제도개선의 수단으로도 활용될 수 있다. 22 채용 O X

02 총경 이하의 경찰공무원에 대해서는 매년 근무성적을 평정하여야 하며, 근무성적 평정의 결과는 승진 등 인사관리에 반영하여야 한다. 22 채용, 21 간부 O X

03 근무성적 평정은 연 1회 실시하며, 근무성적 평정자는 3명으로 한다. 21 간부 O X

04 근무성적 평정시 제2평정(주관)요소들에 대한 평정은 수(20%), 우(40%), 양(30%), 가(10%)의 분포비율에 맞도록 하여야 한다. 21 간부 O X

05 근무성적 평정 결과는 공개한다. 다만, 경찰청장은 근무성적 평정이 완료되기 전이라도 필요하면 평정 대상 경찰공무원에게 해당 근무성적 평정 예측결과를 통보할 수 있다. 21 간부 O X

정답 및 해설

01 O
02 O
03 O
04 O
05 X 평정 결과는 공개하지 않으며, 평정 완료시 경찰청장이 대상 경찰공무원에게 평정 결과를 통보할 수 있다.

POINT 04 경찰예산관리

I 경찰예산 분류

1 성질별 분류

일반회계	• 일반회계란 일반적인 국가활동의 세입·세출에 관한 회계이다. • 세입은 원칙적으로 조세수입을 재원으로 하고, 세출은 국가사무를 위한 기본적 경비로 구성되어 있다. • 경찰예산의 대부분은 **일반회계**에 속한다. 기출OX 01
특별회계	• 일반회계와는 별도로 특정 세입으로 특정 세출을 충당하도록 하는 예산이다. • 운영의 자율성과 신축성을 증대하고 재정운영의 효율성 강화가 목적이다. 기출OX 02 • 경찰예산에는 '책임운영기관 특별회계'가 있다 → 경찰병원

2 예산의 성립시기에 따른 구분 기출OX 03, 04

본예산 성립전	본예산	본예산 성립 후
수정예산	본예산	추가경정예산
정부가 예산안을 국회에 제출한 후 **국회의 심의·확정 전** 부득이한 사정으로 내용을 수정하여 제출하는 예산	당초 국회의 의결을 얻어 확정·성립된 예산	예산이 국회에서 **의결된 후** 새로운 사정으로 인해 소요경비의 과부족이 생길 때 본예산에 추가 또는 변경을 가하는 예산

3 준예산(예산불성립시 집행장치)

- 예산안이 법정기한(회계연도 개시 30일 전까지, 매년 12월 2일까지) 내 국회에 의결되지 못한 경우, 예산 불성립으로 인한 행정의 중단을 방지하기 위하여 전년도 예산에 준하여 집행할 수 있는 예산이다. 기출OX 05
- 새로운 회계연도가 개시될 때까지 예산안이 의결되지 못한 때에는 정부는 국회에서 예산안이 의결될 때까지 다음의 목적을 위한 경비는 전년도 예산에 준하여 집행할 수 있다. 기출OX 06

> 1. 「헌법」이나 법률에 의해 설치된 기관 또는 시설의 유지·운영비 → 공무원의 보수
> 2. 법률상 지출의무의 이행
> 3. 이미 예산으로 승인된 사업의 계속비 등

기출 OX

01 경찰예산의 대부분은 특별회계에 속한다. 12 채용 (O X)

02 특별회계는 원칙적으로 설치 소관부서가 관리하며 기획재정부의 직접적인 통제를 받지 않는다. 12 채용 (O X)

03 정부 예산안이 국회를 통과하여 확정된 후에 새롭게 발생한 사유로 인하여 이미 성립한 예산에 변경을 가할 필요가 있을 때 편성하는 예산은 수정예산이다. 19 승진 (O X)

04 추가경정예산은 회계연도 개시 전까지 예산의 불성립시에 전년도 예산에 준하여 지출하는 예산제도이다. 19 채용, 18 경채 (O X)

05 준예산은 새로운 회계연도가 개시될 때까지 국회에서 예산안이 의결되지 못한 경우 예산안이 의결될 때까지 전년도 예산에 준하여 지출하는 예산이다. 23·12 채용 (O X)

06 준예산은 회계연도 개시 전까지 예산의 불성립시 전년도 예산에 준하여 지출하는 제도로 예산 확정 전에는 경찰공무원의 보수와 경찰관서의 유지·운영 등 기본경비에는 사용할 수 없다. 19 승진 (O X)

정답 및 해설

01 X 경찰예산의 대부분은 일반회계에 해당한다.
02 O
03 X 추가경정예산에 대한 설명이다.
04 X 준예산에 대한 설명이다.
05 O
06 X 비록 법정기한 내 예산이 의결되지 못하였더라도, 준예산 제도를 통하여 헌법이나 법률에 의하여 설치된 기관 또는 시설의 유지·운영경비를 지출하는 것이 가능하며, 경찰공무원의 보수와 경찰관서의 유지·운영 등 기본경비가 여기에 해당한다.

Ⅱ 예산의 종류

1 품목별 예산제도 기출OX 01, 02, 03, 04, 05, 06, 07, 08, 09

(1) 의의
- 지출의 대상·성질에 따라 세출예산을 인건비, 운영경비, 시설비 등으로 구분하는 예산으로, 지출품목마다 그 비용을 명시하고 그에 따라 예산을 배정하는 제도이다.
- 품목별 예산제도는 우리나라 경찰의 예산제도에 해당한다.

(2) 특징
- 개별 지출품목마다 비용이 명시되어 있으므로 예산낭비·부당집행의 방지 및 감독부서의 결산검사, 그리고 국회의 통제가 용이하다. → 통제지향적
- 이 제도는 예산담당 공무원에게 회계기술을 갖출 것을 요구하게 된다.

(3) 장·단점

장점	• 정부가 무엇을 얼마에 구매했는지에 대한 회계책임 명확 • 정해진 금액에 따라 지출했는지 회계책임 용이 • 대상별로 금액이 정해져 있기 때문에 재량남용방지 • 인건비를 얼마나 사용했는지 뚜렷하므로 인사행정에 유용한 자료
단점	• 세부 품목별로 금액이 결정되어 있어 예산집행의 신축성이 저해 • 품목별로 계상하므로 기능의 중복을 피하기 곤란 • 품목별 비용을 따지는 미시적 관리로 전체적인 정부활동 조정에 필요한 역할을 하기 어렵고, 의사결정을 위한 자료를 제시하기 부족 • 물가변동 등에 따른 계획과 지출의 불일치 • 같은 기능을 수행하기 위해 예산을 얼마나 절감하였는지 성과측정이 곤란

2 성과주의 예산제도 기출OX 10, 11, 12, 13, 14, 15, 16, 17, 18

(1) 의의: 예산의 통제보다는 정부가 수행하는 업무성과에 초점을 두는 예산제도이다.

(2) 특징: 예산항목을 사업별·활동별로 분류한 다음 각 항목별 업무량과 단위원가를 산출하여 '단위원가 × 업무량 = 예산액'으로 표시하여 편성한다. → 관리지향적

(3) 장·단점

장점	• 사업별·활동별예산으로 편성되어 국민이 지출의 목적을 이해하기 쉬움 • 업무규모와 단위, 단위원가가 분석·계산되므로 자원배분의 합리성을 제고가능 • 개별품목별로 예산을 계상하지 않으므로 예산집행의 신축성을 기함 • 해당 부서의 업무능률을 측정하여 다음 연도 예산에 반영하기 쉬움
단점	• 단위원가 및 업무측정단위 산정이 어려운 경우가 있음 • 인건비와 같은 경직성 경비에는 적용이 어려워 기본경비에 대한 적용이 곤란 • 품목별 예산제도에 비해 회계책임이 불분명해지고 입법적 통제가 어려워짐

기출 OX

01 품목별 예산제도는 지출품목마다 그 비용이 얼마인가에 따라 예산을 배정하는 제도로 통제지향적이라고 볼 수 있으며, 예산담당 공무원들에게 필요한 핵심적 기술은 회계기술이다. 12 승진, 17 간부 O X

02 품목별 예산제도는 회계책임이 명확하고 인사행정에 유용한 정보와 자료를 제공한다는 장점이 있다. 12 승진 O X

03 품목별 예산제도는 세출예산의 대상·성질에 따라 편성한 예산으로 집행에 대한 회계책임을 명백히 하고 경비사용의 적정화에 유리한 장점이 있다. 19 채용 O X

04 품목별예산제도는 행정의 재량범위가 확대되어 예산유용 및 부정을 방지할 수 있다. 24경간 O X

05 품목별예산제도는 정부지출 대상이 되는 물품, 품목 등을 기준으로 한 예산제도로서 예산의 남용이나 오용을 방지하는 데 도움이 된다. 24 채용 O X

06 품목별 예산제도는 기능의 중복을 피하기 용이하지만, 행정책임의 소재와 회계책임을 명확히 할 수 없다는 단점이 있다. 18 승진, 17 간부 O X

07 품목별 예산제도는 지출의 대상·성질을 기준으로 세출예산의 금액을 분류하는 통제지향적 제도로 회계책임의 명확화를 통해 계획과 지출의 불일치를 극복할 수 있다는 장점이 있다. 19 승진 O X

08 품목별 예산제도는 일반 국민들이 정부사업에 대한 이해를 용이하게 하지만 인건비 등 경직성 경비적용에 어려움이 있다. 23 채용 O X

09 품목별 예산제도는 사업계획을 세부사업으로 분류하고 각 세부사업을 '단위원가 × 업무량 = 예산액'으로 표시하여 편성하는 예산제도 12 승진 O X

10 사업계획을 세부사업으로 분류하고 각 세부사업을 '단위원가 × 업무량 = 예산액'으로 표시하여 편성하는 예산관리모형으로서, 단점으로 업무측정단위 선정 어려움, 단위원가 계산 곤란 등을 들 수 있는 것은 성과주의 예산제도이다. 12 승진, 17 간부 O X

11 성과주의예산제도는 정부가 무슨 일을 하느냐에 중점을 두는 제도로 관리지향성을 지닌다. 24 채용 O X

12 성과주의 예산제도는 국민의 입장에서 경찰활동에 대한 이해가 용이하다는 장점이 있다. 12·17 승진, 17 간부 O X

13 성과주의 예산제도는 해당 부서의 업무능률을 측정하여 다음 연도 예산에 반영할 수 있다는 장점이 있다. 20 승진 O X

14 성과주의 예산제도는 국민이 정부의 활동과 목적을 이해하는데 용이하나 단위원가를 산출하는 것이 곤란하다. 24 간부, 20 승진 O X

15 성과주의 예산제도는 인건비 등 경직성 경비에 대한 적용이 용이하다는 장점이 있다. 20 승진 O X

16 회계책임을 명확히 하고 인사행정에 유용한 자료를 제공할 수 있는 예산제도는 성과주의 예산제도이다. 12 간부 O X

17 성과주의 예산제도는 정부가 구입하는 물품보다 정부가 수행하는 업무에 중점을 두는 관리지향적 예산제도로 기능의 중복을 피하기가 곤란하고 인건비 등 경직성 경비에 적용이 어렵다. 19 승진 O X

18 '단위원가'의 계산이 중요한 예산제도는 품목별 예산제도이다. 12 간부 O X

정답 및 해설

01 O
02 O
03 O
04 X 품목별 예산제도는 재량범위가 축소
05 X
04 X 기능의 중복을 피하기 곤란하고, 회계책임이 명확하다.
05 X 물가변동 등에 따른 계획과 지출의 불일치에 대응하기 어렵다는 것은 품목별 예산제도의 단점에 해당한다.
06 O
07 O
08 X 성과주의 예산제도에 대한 설명이다.
09 X 성과주의 예산제도에 대한 설명이다.
10 O
11 O
12 O
13 O
14 O
15 X 인건비등 경직성 경비에 적용이 어렵다는 단점이 있다.
16 X 품목별 예산제도에 대한 설명이다.
17 X 기능의 중복을 피하기가 곤란하다는 것은 품목별 예산제도의 단점에 해당한다.
18 X 성과주의 예산제도에 대한 설명

③ 계획예산제도(PPBS ; Planning Programming Budgeting System)

- 계획예산제도(PPBS: Planning Programming Budgeting System)는 장기적인 기본계획과 단기적인 예산편성을 구체적인 활동계획을 통하여 유기적으로 연결시킴으로써, 예산배분에 관한 의사결정을 합리적으로 행하려는 예산제도를 말한다. 이러한 계획예산제도는 최상급 관청의 기획·예산부서에서 일방적인 의사결정을 하는 것과 같은 의사결정의 중앙집권화를 가져오기 때문에, 그 아래 조직 구성원들의 참여를 저해한다는 단점이 있다. 기출OX 01, 02, 03
- 계획예산의 핵심은 프로그램 예산형식을 따르는 것으로서, 기획(planning), 사업구조화(programming), 예산(budgeting)을 연계시킨 시스템적 예산제도이다. 기출OX 04

④ 영기준예산제도(ZBB ; Zero Based Budgeting) 기출OX 05, 06, 07, 08, 09

- 매년 사업의 우선순위를 새로이 결정하고 그에 따라 예산 책정하는 예산제도
- 예산편성 시 전년도 예산을 기준으로 점증적으로 예산액을 책정하는 폐단을 시정하려는 목적에서 유래되었다.

⑤ 자본예산 기출OX 10

정부예산을 경상지출과 자본지출로 구분하고 경상지출은 경상수입으로 충당시켜 균형을 이루도록 하지만, 자본지출은 적자재정과 공채발행으로 그 수입에 충당하게 함으로써 불균형예산을 편성하는 제도

⑥ 일몰법 기출OX 11

- 특정의 행정기관이나 사업이 일정 기간이 지나면 의무적·자동적으로 폐지되게 하는 법률
- 일몰법은 입법부가 '법'으로 정하는 것이며, 통상 예산통제가 필요한 중요사업에 대해 적용하게 된다.

기출 OX

01 계획예산제도는 정부활동의 목표와 그 성취에 초점을 맞추고 예산기능과 계획기능의 연계를 강조하는 모형이다. 17 승진 (O X)

02 계획예산제도는 의사결정을 일관성 있게 합리화하려는 제도이지만 하향적(top-down)인 방식으로 집권화되어 있기 때문에 조직구성원들의 참여를 저해한다는 한계가 있다. 24 채용 (O X)

03 계획예산제도는 장기적인 기획과 단기적인 예산을 프로그램 작성을 통하여 유기적으로 결합하여 회계책임이 명확해지고, 인사행정에 유용한 정보와 자료를 제공할 수 있다는 장점이 있다. 18 경채 (O X)

04 자본예산제도는 기획(planning), 사업구조화(programming), 예산(budgeting)을 연계시킨 시스템적 예산제도이다. 24 간부, 23 채용 (O X)

05 사업의 우선순위 결정이 중요한 대표적인 예산제도는 계획예산제도이다. 12 승진 (O X)

06 3년 주기로 사업의 우선순위를 새로이 결정하여 그에 따라 예산을 책정하는 방식을 영점기준예산(ZBB)이라고 한다. 17·12 승진 (O X)

07 영기준예산제도는 예산편성시 전년도 예산을 기준으로 점증적으로 예산을 책정하는 폐단을 탈피하기 위한 예산제도이다. 23 채용, 19 승진 (O X)

08 영기준예산제도는 모든 사업에 대한 근본적인 재평가를 실시 하며 장기적인 계획에 중점을 둔다. 24 간부 (O X)

09 영기준예산제도는 정부지출의 전체적인 성과파악이 곤란하고 예산운영의 신축성 부족 등이 단점으로 평가되고 있다. 24 채용 (O X)

10 자본예산제도란 장기적인 기획과 단기적인 예산편성을 구체적인 실시기획을 통하여 유기적으로 연결시켜 예산배분에 관한 의사결정을 합리적으로 일관성 있게 행하려는 예산제도이다. 12 승진 (O X)

11 일몰법은 특정의 행정기관이나 사업이 일정기간 지나면 의무적 자동적으로 폐지되게 하는 예산제도로 행정부가 예산편성을 통해 정하며 중요사업에 대해 적용된다. 19·12 승진, 18 경채 (O X)

정답 및 해설

01 O
02 O
03 X 회계책임이 명확, 인사행정에 유용한 정보와 자료제공은 품목별 예산제도의 장점에 해당한다.
04 X 계획예산제도에 대한 설명
05 X 영기준예산 제도에 대한 설명
06 X 3년 단위가 아니라 매년 사업
07 O
08 X 영기준예산제도가 모든 사업·활동에 대해서 영기준을 적용함으로써 근본적인 재평가를 실시한다는 설명은 옳으나, 장기적인 계획을 중시하는 것이 아니라 "사업의 우선순위 결정"을 가장 중요한 요소로 본다.
09 X 품목별 예산제도에 대한 설명이다.
10 X 계획예산제도에 대한 설명이다.
11 X 일몰법도 법률이므로 입법부인 국회가 정한다.

III 우리나라 예산과정 (예산편성 → 심의·의결 → 예산집행 → 예산결산)

1 예산편성

중기 사업계획서 제출	각 중앙관서의 장은 매년 1월 31일까지 해당 회계연도부터 5회계연도 이상의 기간 동안의 신규사업 및 기획재정부장관이 정하는 주요 계속사업에 대한 중기사업계획서를 기획재정부장관에게 제출하여야 한다. 기출OX 01, 02, 03
예산안편성지침 통보	기획재정부장관은 국무회의 심의를 거쳐 대통령의 승인을 얻은 다음 연도의 예산안편성지침을 매년 3월 31일까지 각 중앙관서의 장에게 통보하여야 한다. 기출OX 04, 05
예산요구서 제출	각 중앙관서의 장은 예산안편성지침에 따라 그 소관에 속하는 다음 연도의 세입세출예산·계속비·명시이월비 및 국고채무부담행위 요구서(이하 "예산요구서"라 한다)를 작성하여 매년 5월 31일까지 기획재정부장관에게 제출하여야 한다. 기출OX 06, 07
정부 예산안 편성 및 제출	• 기획재정부장관은 예산요구서에 따라 예산안을 편성하여 국무회의 심의를 거친 후 대통령의 승인을 얻어야 한다. 기출OX 08 • 정부는 대통령의 승인을 얻은 예산안을 회계연도 개시 120일 전까지 국회에 제출하여야 한다. 기출OX 09, 10

2 심의·의결

소관 상임위원회 예비심사	예산안이 국회에 제출되면 본회의에서 정부의 시정연설을 듣고(대통령 시정연설과 기재부장관 제안설명), 국회의장은 소관 상임위원회의 예비 심사를 거쳐서 예산결산특별위원회 종합심사에 회부한다. 기출OX 11
예산결산특별위원회 종합심사	'종합정책질의→부처별 심의→계수조정소위원회의 계수조정→예결위 전체회의에서 소위원회의 조정안 승인'의 순서로 심사
국회 본회의 심의·의결	예결위 종합심사가 끝난 후 본회의 의결을 거쳐 확정되는데, 국회는 회계 연도 개시 30일 전까지 의결하여야 한다.
정부이송	국회에서 의결된 의안은 의장이 정부에 이송한다.

[압축정리] 국가재정법상 예산과정

예산 편성	1. 중기사업계획서 제출: 5회계연도 이상/ 매년 1.31일까지 2. 예산안편성지침 통보: 국무회의 심의 거쳐/ 매년 3.31일까지 3. 예산안편성지침 국회보고 4. 예산요구서 제출: 매년 5.31까지 5. 예산안 편성: 국무회의 심의 거쳐 6. 예산안 국회제출: 회계연도 개시 120일 전까지
심의·의결	1. 소관 상임위원회 예비심사 2. 예산결산특별위원회 종합심사 3. 국회 본회의 심의·의결: 30일 전까지 4. 정부이송
예산집행	1. 예산배정요구서의 제출: 예산확정 후 2. 예산배정계획서 작성: 국무회의 심의 거쳐 3. 예산의 배정 지침의 통보
예산결산	1. 중앙관서결산보고서 제출: 다음 연도 2월 말까지 2. 국가결산 보고서 작성 및 제출: 다음 연도 4.10까지 3. 결산검사: 다음 연도 5.20까지 4. 국가결산 보고서 국회제출: 다음 연도 5.31까지

기출 OX

01 각 중앙관서의 장은 매년 1월 31일까지 당해 회계연도부터 3회계연도 이상의 기간 동안의 신규사업 및 기획재정부장관이 정하는 주요 계속사업에 대한 중기사업계획서를 기획재정부장관에게 제출하여야 한다. 22·18 채용, 20 승진, 22 간부, 16 지능   O X

02 경찰청장은 매년 1월 31일까지 다음 회계연도부터 5회계연도 이상의 기간 동안의 신규사업 및 기획재정부장관이 정하는 주요 계속사업에 대한 중기사업계획서를 기획재정부장관에게 제출하여야 한다. 12 채용   O X

03 경찰청장은 매년 1월 31일까지 해당 회계연도부터 5회계연도 이상의 기간 동안의 신규사업 및 경찰청장이 정하는 주요 계속사업에 대한 중기사업계획서를 기획재정부장관에게 제출하여야 한다. 24 채용   O X

04 기획재정부장관은 국회의 심의를 거쳐 대통령의 승인을 얻은 다음 연도의 예산편성지침을 매년 3월 31일까지 경찰청장에게 통보하여야 한다. 18·12 채용, 20 승진, 12 간부, 12 간부   O X

05 기획재정부장관은 국무회의의 심의를 거쳐 대통령의 승인을 얻은 다음 연도의 예산안편성지침을 매년 1월 31일까지 각 중앙관서의 장에게 통보하여야 한다. 23 간부   O X

06 각 중앙관서의 장은 예산안편성지침에 따라 그 소관에 속하는 당해 연도의 세입세출예산·계속비·명시이월비 및 국고채무부담행위 요구서를 작성하여 매년 3월 31일까지 기획재정부장관에게 제출하여야 한다. 24·23·22·18 채용, 20 승진   O X

07 경찰청장은 예산안편성지침에 따라 그 소관에 속하는 다음 연도의 세입세출예산·계속비·명시이월비 및 국고채무부담행위 요구서를 작성하여 매년 5월 31일까지 우선 행정안전부장관에게 제출하여야 한다. 22 간부   O X

08 기획재정부장관은 예산요구서에 따라 예산안을 편성하여 국회심의를 거친 후 대통령의 승인을 얻어야 한다. 23 채용, 20 승진   O X

09 기획재정부장관은 예산안을 편성하여 국무회의 심의를 거쳐 대통령의 승인을 얻어야 하며, 정부는 이 예산안을 회계연도 개시 90일 전까지 국회에 제출하여야 한다. 21 간부, 22·19·18 채용, 16 지능   O X

10 경찰청장은 예산요구서에 따라 예산안을 편성하여 국무회의 심의와 대통령의 승인을 얻은 후 회계연도 개시 120일 전까지 국회에 제출하여야 한다. 12 채용   O X

11 국회에 제출된 경찰예산안은 행정안전위원회에서 종합심사를 통해 구체적이고 실질적인 금액 조정이 이루어지며 종합심사가 끝난 예산안은 본회의에 상정되어 회계연도 개시 30일 전까지 본회의 의결을 거침으로써 확정된다. 21 간부   O X

정답 및 해설

01 X 3회계연도가 아닌 5회계연도이다.
02 X 해당(다음 X) 회계연도부터이다.
03 X 기획재정부장관이 정하는 주요 계속사업
04 X 국무회의 심의
05 X 매년 3월 31일
06 X 다음연도(당해연도 X)의 세입세출예산~, 5월 31일
07 X 기획재정부장관에게 제출하여야 한다.
08 X 국무회의의 심의이다.
09 X 120일 전까지
10 X 편성된 예산안은 국무회의 심의·대통령 승인을 얻어 '정부가' 국회에 제출하게 된다.
11 X 예산결산특별위원회의 종합심사를 통해

3 예산집행

예산배정 요구서 제출	• 각 중앙관서의 장은 예산이 확정된 후 사업운영계획 및 이에 따른 세입세출예산·계속비와 국고채무부담행위를 포함한 예산배정요구서를 기획재정부장관에게 제출하여야 한다. 기출OX 01, 02, 04
예산의 배정	• 기획재정부장관은 예산배정요구서에 따라 분기별 예산배정계획을 작성하여 **국무회의**의 심의를 거친 후 대통령의 승인을 얻어야 한다. 기출OX 03, 04 • 기획재정부장관은 각 중앙관서의 장에게 예산을 배정한 때에는 감사원에 통지하여야 한다. 기출OX 05 • 예산배정은 기획재정부장관이 하며, 예산의 집행은 예산의 배정으로부터 시작된다. • 국회를 통과하여 예산이 확정되었더라도 해당 예산이 배정되지 않은 상태에서는 **지출원인행위를 할 수 없다.** 기출OX 06
예산집행 지침의 통보	• 기획재정부장관은 예산집행의 효율성을 높이기 위하여 매년 예산집행에 관한 지침을 작성하여 각 중앙관서의 장에게 통보하여야 한다. 기출OX 07 → 예산집행 지침은 분기별 작성하며, 국무회의 심의·대통령 승인 받아야 한다.
목적 외 사용금지	• 각 중앙관서의 장은 세출예산이 정한 목적 외에 경비를 사용할 수 없다. 기출OX 08

[심화] 예산의 탄력적 집행 기출OX 09, 10

장	관	항	세항	목
입법과목			행정과목	
장·관·항 간에 상호 예산의 **이용 불가** 예외적으로 국회의결, 기획재정부장관의 승인으로 가능			(기획재정부장관의 승인얻어) 세항 또는 목의 금액을 **전용 가능**	

4 예산결산 → 2·4·5·5(月) / 말·10·20·31(日) 기출OX 15

중앙관서 결산보고서	각 중앙관서의 장은 회계연도마다 작성한 결산보고서(중앙관서결산보고서)를 **다음 연도 2월 말일까지** 기획재정부장관에게 제출하여야 한다. 기출OX 11
국가결산보고서	기획재정부장관은 회계연도마다 작성하여 대통령의 승인을 받은 국가결산보고서를 **다음 연도 4월 10일까지** 감사원에 제출하여야 한다. 기출OX 12
감사 거친 국가결산보고서 송부(결산검사)	감사원은 제출된 국가결산보고서를 검사하고 그 보고서를 **다음 연도 5월 20일까지** 기획재정부장관에게 송부하여야 한다. 기출OX 13
정부 국가결산보고서 국회제출	정부는 감사원의 검사를 거친 국가결산보고서를 **다음 연도 5월 31일까지** 국회에 제출하여야 한다. 기출OX 14

기출 OX

01 각 중앙관서의 장은 예산이 확정되기 전에 사업운영계획 및 이에 따른 세입세출예산·계속비와 국고채무부담행위를 포함한 예산배정요구서를 기획재정부장관에게 제출하여야 한다. 23·15 채용, 22 간부, 20 승진 〔O X〕

02 예산이 성립되면 경찰청장은 사업운영계획 및 이에 의한 세입세출예산, 계속비, 국고채무부담행위, 명시이월비를 포함한 예산배정요구서를 기획재정부장관에게 제출하여야 한다. 12 간부 〔O X〕

03 기획재정부장관은 예산배정요구서에 따라 분기별 예산배정계획을 작성하여 국무회의의 심의를 거친 후 대통령의 승인을 얻어야 한다. 20 승진, 21 간부 〔O X〕

04 경찰청장은 예산이 확정된 후 예산배정요구서를 기획재정부장관에게 제출하여야 하고, 기획재정부장관은 제출된 예산배정 요구서에 따라 분기별 예산배정계획을 작성하여 국무회의의 심의를 거친 후 대통령의 승인을 얻어야 한다. 24 채용 〔O X〕

05 기획재정부장관은 각 중앙관서의 장에게 예산을 배정한 때에는 감사원에 통지하여야 한다. 23·22·15 채용 〔O X〕

06 예산이 확정되면 해당 예산이 배정되지 않은 상태라도 지출원인행위를 할 수 있다. 20·19 승진, 19 채용 〔O X〕

07 기획재정부장관은 예산집행의 효율성을 높이기 위하여 매년 예산집행에 관한 지침을 작성하여 경찰청장에게 통보하여야 한다. 15 채용 〔O X〕

08 경찰청장은 세출예산이 정한 목적 외에 경비를 사용할 수 있다. 22 간부, 15 채용 〔O X〕

09 경찰청장은 예산이 정한 각 기관 간 또는 각 장·관·항 간에 상호 이용(移用)할 수 있는 것이 원칙이다. 20 승진 〔O X〕

10 각 중앙관서의 장은 예산의 목적범위 안에서 재원의 효율적 활용을 위하여 대통령령으로 정하는 바에 따라 국무회의의 심의를 거친 후 대통령의 승인을 얻어 각 세항 또는 목의 금액을 전용할 수 있다. 23 간부 〔O X〕

11 각 중앙관서의 장은 「국가회계법」에서 정하는 바에 따라 회계연도마다 작성한 결산보고서를 다음 연도 2월 말일까지 기획재정부장관에게 제출하여야 한다. 23 간부 〔O X〕

12 기획재정부장관은 「국가회계법」에서 정하는 바에 따라 회계연도마다 작성하여 대통령의 승인을 받은 국가결산보고서를 다음 연도 5월 20일까지 감사원에 제출하여야 한다. 23 간부 〔O X〕

13 감사원은 제출된 국가결산보고서를 검사하고 그 보고서를 다음연도 5월 20일까지 기획재정부장관에게 송부하여야 한다. 24 채용 〔O X〕

14 경찰청장은 결산보고서를 기획재정부장관에게 제출하여야 하며, 정부는 감사원 감사를 거친 국가결산보고서를 다음 연도 5월 31일까지 국회에 제출하여야 한다. 21 간부 〔O X〕

15 예산결산은 "중앙관서결산보고서의 작성 및 제출 → 국가결산보고서의 작성 및 제출 → 결산검사 → 국가결산보고서의 국회제출"절차 순으로 진행된다. 25 승진 〔O X〕

정답 및 해설

01 X 예산이 확정된 후에 제출
02 X 예산배정요구서에는 명시이월비는 포함되지 않는다.
03 O
04 O
05 O
06 X 지출원인행위를 할 수 없다.
07 O
08 X 사용할 수 없다.
09 X 일정한 예외가 있으나, 이용(移用)할 수 없는 것이 원칙이다.
10 X 기획재정부장관의 승인을 얻어 각 세항 또는 목의 금액을 전용할 수 있다.
11 O
12 X 다음 연도 4월 10일까지 감사원에 제출
13 O
14 O
15 O

POINT 05 경찰장비관리

1 무기 및 탄약관리

(1) 정의

집중 무기고	경찰인력 및 경찰기관별 무기책정기준에 따라 배정된 **개인화기**와 **공용화기**를 집중보관·관리하기 위하여 각 경찰기관에 설치된 시설을 말한다. 기출OX 01, 02
탄약고	경찰탄약을 집중 보관하기 위하여 타용도의 사무실, 무기고 등과 **분리 설치**된 보관시설을 말한다.
간이 무기고	경찰기관의 각 기능별 운용부서에서 효율적 사용을 위하여 집중무기고로부터 무기·탄약의 일부를 대여 받아 별도로 보관·관리하는 시설을 말한다. 기출OX 03

(2) 무기고 및 탄약고 설치

집중 무기고	집중무기고는 다음 경찰기관에 설치한다.
	1. 경찰청 / 2. 시·도경찰청 / 3. 경찰대학, 경찰인재개발원, 중앙경찰학교 및 경찰수사연수원 / 4. 경찰서 / 5. 경찰기동대·방범순찰대·경비대 / 6. 의무경찰대 / 7. 경찰특공대 / 8. 기타 경찰청장이 지정 경찰관서
간이 무기고	간이무기고는 근무자가 24시간 상주하는 지구대, 파출소, 상황실 및 112타격대등 경찰기관의 장이 필요하다고 인정하는 상당한 이유가 있는 장소에 설치할 수 있다. 기출OX 04
설치요건	• 탄약고는 무기고와 **분리**되어야 하며 가능한 본 청사와 격리된 독립 건물로 하여야 한다. 기출OX 05 • 무기고와 탄약고는 견고하게 만들고 환기·방습장치와 방화시설 및 총가시설 등이 완비되어야 한다. 기출OX 06 • 무기고와 탄약고의 환기통 등에는 손이 들어가지 않도록 쇠창살 시설을 하고, 출입문은 2중으로 하여 각 1개소 이상씩 자물쇠를 설치하여야 한다. 기출OX 07 • 무기·탄약고 비상벨은 상황실과 숙직실 등 초동조치 가능장소와 연결하고, 외곽에는 철조망장치와 조명등 및 순찰함을 설치하여야 한다. 기출OX 08 • 탄약고 내에는 **전기시설을 하여서는 아니되며**, 조명은 건전지 등으로 하고 방화시설을 완비하여야 한다. 단, 방폭설비를 갖춘 경우 전기시설을 설치할 수 있다. 기출OX 09

[참고]

- **무기·탄약고 열쇠의 보관**: 집중무기·탄약고는 일과시간의 경우 무기 관리부서의 장(정보화장비과장, 운영지원과장, 총무과장, 경찰서 경무과장 등). 일과시간 후 또는 토요일·공휴일의 경우 당직 업무(청사방호) 책임자(상황관리관 등 당직근무자)가 보관 관리한다. 다만, 휴가, 비번 등으로 관리책임자 공백시는 별도 관리책임자를 지정하여야 한다. 기출OX 10
- **무기·탄약 대여**: 경찰기관의 장은 공무집행을 위해 필요할 때에는 관리하고 있는 무기·탄약을 대여할 수 있고, 무기탄약을 대여 받은 자는 그 무기를 휴대하고 근무하는 경우를 제외하고는 무기고에 보관하여야 하며, 근무 종료시에는 감독자 입회아래 무기탄약 입출고부에 기재한 뒤 즉시 입고하여야 한다. 기출OX 11

기출 OX

01 간이무기고란 경찰인력 및 경찰기관별 무기책정기준에 따라 배정된 개인화기와 공용화기를 집중보관·관리하기 위하여 각 경찰기관에 설치된 시설을 말한다. 23·17 채용   O X

02 집중무기고란 경찰탄약을 집중 보관 및 관리하기 위해 각 경찰기관에 설치된 시설을 말한다. 24 채용   O X

03 "간이무기고"란 경찰기관의 각 기능별 운용부서에서 효율적 사용을 위하여 집중무기고로부터 무기·탄약의 일부를 대여받아 별도로 보관·관리하는 시설을 말한다. 13 채용   O X

04 간이무기고는 근무자가 24시간 상주하는 지구대, 파출소, 상황실 및 112타격대 등 경찰기관의 장이 필요하다고 인정하는 상당한 이유가 있는 장소에 설치할 수 있다. 24 채용, 23 간부, 17 승진   O X

05 탄약고는 무기고와 분리되어야 하며, 가능한 본 청사와 격리된 독립 건물로 하여야 한다. 22·17 채용, 17 승진   O X

06 무기고와 탄약고는 견고하게 만들고 환기·방습장치와 방화 시설 및 총가시설 등이 완비되어야 한다. 24 채용   O X

07 무기고와 탄약고의 환기통 등에는 손이 들어가지 않도록 쇠창살 시설을 하고, 출입문은 2중으로 하여 각 1개소 이상씩 자물쇠를 설치하여야 한다. 22·18 채용   O X

08 무기·탄약고 비상벨은 상황실과 숙직실 등 초동조치 가능장소와 연결하고, 외곽에는 철조망장치와 조명등 및 순찰함을 설치할 수 있다. 22 채용, 17 승진   O X

09 탄약고 내에는 전기시설을 하는 것이 원칙이나, 조명은 건전지 등으로 하고 방화시설을 완비하여야 한다. 23 간부, 22 채용   O X

10 집중무기·탄약고의 열쇠보관은 일과시간의 경우 무기 관리 부서의 장이, 일과시간 후에는 당직 업무(청사방호) 책임자 (상황관리관 등 당직근무자)가 한다. 24·17 채용   O X

11 무기·탄약을 대여 받은 자는 그 무기를 휴대하고 근무하는 경우를 제외하고는 무기고에 보관하여야 하며, 근무 종료시에는 감독자 입회아래 무기탄약 입출고부에 기재한 뒤 즉시 입고하여야 한다. 23 채용   O X

정답 및 해설

01 X 집중무기고에 대한 설명이다.
02 X 집중무기고는 개인화기·공용화기를 보관·관리하기 위한 시설
03 O
04 O
05 O
06 O
07 O
08 X 설치하여야 한다.
09 X 전기시설을 할 수 없는 것이 원칙이다.
10 O
11 O

(3) 무기 및 탄약의 회수 및 보관

필요적 무기·탄약 회수 중사	경찰기관의 장은 무기를 휴대한 자 중에서 다음에 해당하는 자가 발생한 때에는 즉시 대여한 무기·탄약을 **회수해야 한다**. 다만, ⊙ 대상자가 이의신청을 하거나 ⓒ 소속 부서장이 무기 소지 적격 여부에 대해 심의를 요청하는 경우에는 무기 소지 적격 심의위원회의 심의를 거쳐 대여한 무기·탄약의 회수여부를 결정한다. 1. 직무상의 비위 등으로 인하여 **중징계** 의결 요구된 자 2. **사의**를 표명한 자 기출 OX 01
임의적 무기·탄약 회수 감경형고 정정적	경찰기관의 장은 무기를 휴대한 자 중에서 다음에 해당하는 자가 있을 때에는 **심의위원회의 심의를 거쳐** 대여한 무기·탄약을 **회수할 수 있다**. 다만, ⊙ 무기 소지 적격 심의위원회를 개최할 시간적 여유가 없거나 ⓒ 사고 방지 등을 위해 신속한 회수가 필요하다고 인정되는 경우에는 대여한 무기·탄약을 즉시 회수할 수 있으며, 회수한 날부터 **7일** 이내에 무기 소지 적격 심의위원회를 개최하여 회수의 타당성을 심의하고 계속 회수 여부를 결정한다. 1. 직무상의 비위 등으로 인하여 **감찰**조사의 대상이 되거나 **경징계**의결 요구 또는 경징계 처분 중인 자 기출 OX 02 2. **형사**사건의 수사 대상이 된 자 기출 OX 03 3. 경찰공무원 직무적성검사 결과 **고위험군**에 해당되는 자 기출 OX 04 4. **정**신건강상 문제가 우려되어 치료가 필요한 자 기출 OX 05, 06 5. **정**서적 불안 상태로 인하여 무기 소지가 적합하지 않은 자로서 소속 부서장의 요청이 있는 자 6. 그 밖에 경찰기관의 장이 무기소지 **적격** 여부에 대해 심의를 요청하는 자
필요적 무기·탄약 보관 술상사	경찰기관의 장은 무기를 휴대한 자 중에서 다음에 해당하는 경우에는 대여한 무기·탄약을 무기고에 **보관하도록 해야 한다.** 1. **술**자리 또는 연회장소에 출입할 경우 기출 OX 07 2. **상사**의 사무실을 출입할 경우 3. 기타 정황을 판단하여 필요하다고 인정되는 경우

Ⅱ 차량관리

차량의 구분	용도별로 전용·지휘용·업무용·순찰용·특수용차량으로 구분 기출 OX 08
차량소요 계획서제출	부속기관 및 시·도경찰청의 장은 다음 연도에 소속기관의 차량정수를 증감시킬 필요가 있을 때에는 매년 **3월** 말까지 다음 연도 차량정수 소요계획을 **경찰청장**에게 제출하여야 한다. 기출 OX 09
차량의 교체	부속기관 및 시·도경찰청은 소속기관 차량 중 다음 연도 교체대상 차량을 **매년 11월** 말까지 **경찰청장**에게 보고하여야 한다. 기출 OX 10
교체대상 차량의 불용처리	• **차량사용기간**을 최우선적으로 고려하여 선정한다. 기출 OX 11 • 불용처분된 차량은 부속기관 및 시·도경찰청별로 실정에 맞게 공개매각을 원칙으로 하며, 매각할 때는 경찰표시 도색 제거 등 필요한 조치를 하여야 한다.
차량의 집중관리	업무용차량은 운전요원의 부족 등 불가피한 사유가 없는 한 **집중관리**를 원칙으로 한다. 기출 OX 12
차량운행시 관리책임	**차량운행 시 책임자**: 1차 **운전자**, 2차 **선임탑승자**(사용자), 3차 **경찰기관의 장**으로 한다 기출 OX 13
운전원 교육	의경 신임운전요원은 **4주** 이상 운전교육실시 하여야 한다

기출 OX

01 경찰기관의 장은 무기를 휴대한 자 중에서 사의를 표명한 자에게 대여한 무기·탄약을 즉시 회수하여야 한다. 20 승진 ○ X

02 경찰기관의 장은 무기를 휴대한 자 중에서 직무상의 비위 등으로 인하여 경징계 의결 요구된 된 자에게 대여한 무기·탄약을 무기 소지 적격 심의위원회의 심의를 거쳐 회수해야 한다. 20 승진 ○ X

03 경찰기관의 장은 무기를 휴대한 자 중에서 형사사건의 수사 대상이 된 자가 있을 때에는 무기 소지 적격 심의위원회(이하 "심의위원회"라 한다)의 심의를 거쳐 대여한 무기·탄약을 회수할 수 있다. 다만, 심의위원회를 개최할 시간적 여유가 없거나 사고 방지 등을 위해 신속한 회수가 필요하다고 인정되는 경우에는 대여한 무기·탄약을 즉시 회수할 수 있으며, 회수한 날부터 7일 이내에 심의위원회를 개최하여 회수의 타당성을 심의하고 계속 회수 여부를 결정한다. 24·23 채용 ○ X

> **경찰장비관리규칙 제120조의2 【심의위원회 구성】** ① 무기·탄약 회수 대상자에 해당하는지 여부 및 회수의 해제 여부를 심의하기 위하여 각급 경찰기관의 장 소속 하에 심의위원회를 둔다.
> ② 심의위원회는 위원장 1명을 포함하여 총 5명 이상 7명 이내의 위원으로 구성하되 민간위원 1명 이상이 위원으로 참여하여야 한다. 기출 OX 03-1

03-1 심의위원회는 위원장 1명을 포함하여 총 5명 이상 7명 이내의 위원으로 구성하되 민간위원 1명 이상이 위원으로 참여하여야 한다. 24 채용 ○ X

04 경찰기관의 장은 무기를 휴대한 자 중에서 경찰공무원 직무적성검사 결과 고위험군에 해당되는 자에게 대여한 무기·탄약을 즉시 회수하여야 한다. 20 승진 ○ X

05 경찰기관의 장은 무기를 휴대한 자 중에서 정신건강상 문제가 우려되어 치료가 필요한 자에게 대여한 무기·탄약을 즉시 회수하여야 한다. 24 채용, 20 승진 ○ X

06 경찰기관의 장은 무기를 휴대한 자 중에서 직무상의 비위 등으로 인하여 중징계 의결 요구된 자, 형사사건의 조사의 대상이 된 자, 경찰공무원 직무적성검사 결과 고위험군에 해당되는 자가 발생한 때에는 즉시 대여한 무기·탄약을 회수하여야 한다. 23 간부 ○ X

07 경찰기관의 장은 무기를 휴대한 자가 상사의 사무실을 출입할 경우 대여한 무기·탄약을 무기고에 보관하도록 하여야 한다. 23 채용 ○ X

08 차량은 용도별로 전용·지휘용·행정용·순찰용·특수용 차량으로 구분한다. 18 승진 ○ X

09 부속기관 및 시·도경찰청의 장은 다음 연도에 소속기관의 차량정수를 증감시킬 필요가 있을 때에는 매년 11월 말까지 다음 연도 차량정수 소요계획을 경찰청장에게 제출하여야 한다. 18·17 승진, 18 간부 ○ X

10 부속기관 및 시·도경찰청은 소속기관 차량 중 다음 연도 교체대상 차량을 매년 11월 말까지 경찰청장에게 보고하여야 한다. 17 승진 ○ X

11 차량교체를 위한 불용 대상차량은 부속기관 및 시·도경찰청에 배정되는 수량의 범위 내에서 주행거리를 최우선적으로 고려하여 선정한다. 18·17 승진 ○ X

12 각 경찰기관의 업무용차량은 운전요원의 부족 등 불가피한 사유가 없는 한 집중관리를 원칙으로 한다. 18 경 ○ X

13 차량운행시 책임자는 1차 선임탑승자, 2차 운전자(사용자), 3차 경찰기관의 장으로 한다. 18·17 승진 ○ X

정답 및 해설

01 ○
02 X 임의적 회수사유에 해당한다.
03 ○
03-1 ○
04 X 임의적 회수 사유에 해당한다.
05 X 임의적 회수사유에 해당한다.
06 X 형사사건의 조사의 대상이 된 자, 경찰공무원 직무적성검사 결과 고위험군에 해당되는 자는 임의적 회수사유
07 ○
08 X 행정용이 아니라 업무용이다.
09 X 3월 말
10 ○
11 X 차량사용기간을 최우선적으로 고려하여야 한다.
12 ○
13 X 1차 운전자, 2차 선임탑승자(사용자), 3차 경찰기관의 장이다.

POINT 06 경찰보안관리

I 보안관리 개설

1 보안

적극적 보안	국가안전보장을 해치고자 하는 간첩·태업·전복 및 불순분자에 대하여 이를 경계·방지하며, 탐지·조사·체포하는 등의 적극적인 예방활동
소극적 보안	국가의 보호를 필요로 하는 비밀·인원·문서·자재·시설 및 지역 등을 보호하는 소극적인 예방활동

2 보안업무 원칙 기출OX 01, 02

알 사람만 알아야 한다는 원칙	• 한정의 원칙, 비확산의 원칙, 필요성의 원칙이라고도 한다. • 보안의 대상이 되는 사실을 전파할 때 전파가 꼭 필요한가 또는 피전파자가 반드시 전달받아야 하며 필요한 것인가를 검토하여야 한다. • 보안에서 가장 중요한 원칙이다.
부분화의 원칙	한 번에 다량의 비밀이나 정보가 유출되지 않도록 해야 한다는 원칙이다.
적당성의 원칙	사용자가 필요한 만큼 적당한 양을 전달해야 하며, 사용자가 요구하는 것 이상으로 정보를 제공하는 것은 불필요한 보안상 문제를 야기할 수 있다는 원칙이다.
보안과 업무효율의 조화원칙	보안과 업무효율은 반비례의 관계가 있으므로 양자의 적절한 조화를 유지하는 방법을 강구해야 한다는 원칙을 말한다.

cf. 비밀분류 원칙: 과도·과소분류금지원칙, 독립분류원칙, 외국비밀존중원칙

II 문서보안(보안업무규정)

1 정의

비밀	"비밀"이란 「국가정보원법」 제4조 제1항 제2호에 따른 국가 기밀로서 이 영에 따라 비밀로 분류된 것을 말한다.
암호자재	"암호자재"란 비밀의 보호 및 정보통신 보안을 위하여 암호기술이 적용된 장치나 수단으로서 I급, II급 및 III급비밀 소통용 암호자재로 구분되는 장치나 수단을 말한다.

2 비밀 관리 원칙

각급기관의 장은 비밀의 작성·분류·취급·유통 및 이관 등의 모든 과정에서 비밀이 누설되거나 유출되지 아니하도록 보안대책을 수립하여 시행하여야 한다. 이 경우 비밀의 제목 등 해당 비밀의 내용을 유추할 수 있는 정보가 포함된 자료는 공개하지 않는다.

3 비밀취급 원칙

• 비밀은 해당 등급의 비밀취급 인가를 받은 사람만 취급할 수 있다.
• 암호자재는 해당 등급의 비밀 소통용 암호자재취급 인가를 받은 사람만 취급할 수 있다. 기출OX 03

기출 OX

01 비밀분류의 원칙은 과도 또는 과소분류금지의 원칙, 독립분류의 원칙, 보안과 효율의 조화가 있다. 12 승진 O X

02 알 사람만 알게 하고 한 번에 다량의 비밀이나 정보가 유출되지 않도록 하여야 한다는 원칙은 비밀분류의 원칙에 해당한다. 20 승진 O X

03 비밀은 해당 등급의 비밀취급 인가를 받은 사람만 취급할 수 있으며, 암호자재는 해당 등급의 비밀 소통용 암호자재취급 인가를 받은 사람만 취급할 수 있다. 23·16 채용 O X

정답 및 해설

01 X 보안과 효율의 조화는 보안업무의 원칙이다.
02 X 보안업무의 4원칙 중 하나이다.
03 O

4 비밀취급 인가권자

Ⅱ급 및 Ⅲ급 비밀취급 인가	1. 경찰청장 / 2. 경찰대학장 / 3. 경찰교육원장 / 4. 중앙경찰학교장 / 5. 경찰수사연수원장 / 6. 경찰병원장 / 7. 시·도경찰청장 기출OX 01 [참고] 보안업무규정상 비밀취급인가권자 | Ⅰ급	대통령, 국무총리, 감사원장, 국가정보원장, 검찰총장 등 | |---|---| | Ⅱ급 및 Ⅲ급 | 1. Ⅰ급비밀 취급 인가권자 2. 중앙행정기관등인 청의 장 → 경찰청장은 여기 해당 |
인가권 위임	• 시·도경찰청장은 경찰서장, 기동대장에게 Ⅱ급 및 Ⅲ급 비밀취급인가권을 위임한다. 이 경우 **경정** 이상의 경찰공무원을 장으로 하는 경찰기관의 장에게도 Ⅱ급 및 Ⅲ급 비밀취급인가권을 위임할 수 있다. • Ⅱ급 및 Ⅲ급 비밀취급인가권을 위임받은 기관의 장은 이를 **다시 위임할 수 없다.**

특별인가	• 모든 경찰공무원(전투경찰순경을 포함)은 임용과 동시 Ⅲ급 비밀취급권을 가진다. 기출OX 02
	• 경찰공무원 중 다음 부서에 근무하는 재[의무경찰순경을 포함]는 그 보직발령과 동시에 Ⅱ급 비밀취급권을 인가받은 것으로 한다. → 생안·교통·수사는 X
	  1. 경비, 경호, 작전, 항공, 정보통신 담당부서(기동대의 경우는 행정부서에 한한다)
	  2. 정보, 안보, 외사부서 기출OX 03
	  3. 감찰, 감사 담당부서
	  4. 치안상황실, 발간실, 문서수발실
	  5. 경찰청 각 과의 서무담당자 및 비밀을 관리하는 보안업무 담당자
	  6. 부속기관, 시·도경찰청, 경찰서 각 과의 서무담당자 및 비밀을 관리하는 보안업무 담당자
	• 비밀의 취급인가를 받은 자에 대하여는 **별도로 비밀취급인가증을 발급하지 않는다.** 다만, 업무상 필요한 경우에는 발급할 수 있다.
	• 각 경찰기관의 장은 위의 부서에 근무하는 경찰공무원 중 신원특이자에 대하여는 위원회 또는 자체 심의기구에서 Ⅱ급 비밀취급의 인가여부를 심의하고, 비밀취급이 불가능하다고 의결된 자에 대하여는 즉시 인사조치한다.

[보충] 신원조사

① **국가정보원장**은 제3조 제2호(국가안전보장에 한정된 국가기밀을 취급하는 인원)에 해당하는 사람의 **충성심·신뢰성** 등을 확인하기 위하여 신원조사를 한다. 기출OX 04
② 관계 기관의 장은 다음에 해당하는 사람에 대하여 국가정보원장에게 신원조사를 요청해야 한다. 기출OX 05
  1. 공무원 임용 예정자(국가안전보장에 한정된 국가 기밀을 취급하는 직위에 임용될 예정인 사람으로 **한정**한다) 기출OX 06
  2. 비밀취급 인가 예정자 기출OX 07
  4. 국가보안시설·보호장비를 관리하는 기관 등의 장(해당 국가보안시설 등의 관리 업무를 수행하는 소속 직원을 **포함**한다) 기출OX 08
  6. 그 밖에 다른 법령에서 정하는 사람이나 각급기관의 장이 국가안전보장을 위하여 필요하다고 인정하는 사람
③ 국가정보원장은 신원조사 결과 국가안전보장에 해를 끼칠 정보가 있음이 확인된 사람에 대해서는 관계 기관의 장에게 그 사실을 **통보하여야 한다.** 기출OX 09
④ ③에 따라 통보를 받은 관계 기관의 장은 신원조사 결과에 따라 필요한 보안대책을 마련하여야 한다. 기출OX 10

기출 OX

01 검찰총장, 국가정보원장, 경찰청장은 Ⅰ급비밀 취급 인가권자와 Ⅰ급 및 Ⅱ급비밀 소통용 암호자재 취급 인가권자에 해당한다. 23·16·12 채용, 17 승진 (O X)

02 경찰공무원은 임용과 동시에 Ⅰ급비밀 취급권을 갖는다. 22·15 승진 (O X)

03 정보부서에 근무하는 경찰공무원은 그 보직발령과 동시에 Ⅱ급 비밀취급권을 인가받은 것으로 한다. 22 승진 (O X)

04 국가정보원장은 국가안전보장에 한정된 국가기밀을 취급하는 인원에 해당하는 사람의 충성심·신뢰성·성실성 등을 확인하기 위하여 신원조사를 한다. 17 채용, 20 간부, 19·17 승진 (O X)

05 신원조사는 관계 기관의 장의 요청에 따라 경찰청장이 한다. 18 채용 (O X)

06 공무원 임용 예정자는 모두 신원조사의 대상이다. 18 채용, 17 승진 (O X)

07 관계 기관의 장은 비밀취급 인가 예정자에 해당하는 사람에 대하여 국가정보원장에게 신원조사를 요청해야 한다. 18 승진 (O X)

08 국가보안시설·보호장비를 관리하는 기관 등의 장(해당 국가보안시설 등의 관리 업무를 수행하는 소속 직원을 포함한다)은 신원조사의 대상이 된다. 17 승진, 17 채용 (O X)

09 국가정보원장은 신원조사 결과 국가안전보장에 해를 끼칠 정보가 있음이 확인된 사람에 대해서는 관계기관의 장에게 통보할 수 있으며, 통보를 받은 관계 기관의 장은 신원조사 결과에 따라 필요한 보안대책을 마련하여야 한다 18·17 채용, 18 승진 (O X)

10 통보를 받은 관계 기관의 장은 신원조사 결과에 따라 필요한 보안대책을 마련할 수 있다. 18 승진 (O X)

정답 및 해설

01 X 경찰청장은 Ⅱ급 및 Ⅲ급비밀 취급 인가권자와 Ⅲ급비밀 소통용 암호자재 취급 인가권자이다.
02 X Ⅲ급비밀 취급권을 갖는다.
03 O
04 X 성실성은 확인 대상이 아니다.
05 X 관계 기관의 장의 요청에 따라 국가정보원장이 한다.
06 X 공무원 임용 예정자 중 국가안전보장에 한정된 국가 기밀을 취급하는 직위에 임용될 예정인 사람만 신원조사 대상이 된다.
07 O
08 O
09 X 통보하여야 한다.
10 X 필요한 보안대책을 마련하여야 한다.

5 비밀취급 인가의 제한 및 특례

- 비밀취급 인가권자는 임무 및 직책상 해당 등급의 비밀을 항상 취급하는 사람에 한정하여 비밀취급을 인가하여야 한다.
- 비밀취급 인가권자는 소속 직원의 인사기록 카드에 기록된 비밀취급의 인가 및 인가해제 사유와 임용 시의 신원조사회보서에 따라 새로 신원조사를 하지 아니하고 비밀취급을 인가할 수 있다. 다만, Ⅰ급비밀 취급을 인가할 때에는 새로 신원조사를 하여야 한다. 기출OX 01
- 비밀취급 인가권자는 업무상 조정·감독을 받는 기업체나 단체에 소속된 사람에 대하여 소관 비밀을 계속적으로 취급하게 하여야 할 필요가 있을 때에는 미리 국가정보원장과의 협의를 거쳐 해당하는 사람에게 Ⅱ급 이하의 비밀취급을 인가할 수 있다. 기출OX 02

6 비밀의 구분
: 비밀은 그 중요성과 가치의 정도에 따라 Ⅰ·Ⅱ·Ⅲ급비밀로 구분한다. 기출OX 03, 04, 05, 06

Ⅰ급비밀	누설될 경우 대한민국과 외교관계가 단절되고 전쟁을 일으키며, 국가의 방위계획·정보활동 및 국가방위에 반드시 필요한 과학과 기술의 개발을 위태롭게 하는 등의 우려가 있는 비밀
Ⅱ급비밀	누설될 경우 국가안전보장에 막대한 지장을 끼칠 우려가 있는 비밀
Ⅲ급비밀	누설될 경우 국가안전보장에 해를 끼칠 우려가 있는 비밀

[보충] 대외비: 비밀 외에 「공공기관의 정보공개에 관한 법률」상 비공개 대상 정보 중 직무 수행상 특별히 보호가 필요한 사항은 이를 "대외비"로 한다. 기출OX 07

7 비밀의 분류 및 분류원칙(보안업무규정) 기출OX 08

- 비밀취급 인가를 받은 사람은 인가받은 비밀 및 그 이하 등급 비밀의 분류권을 가진다.
- 비밀을 생산하거나 관리하는 사람은 비밀의 작성을 완료하거나 비밀을 접수하는 즉시 그 비밀을 분류하거나 재분류할 책임이 있다. 기출OX 09, 10

과도 또는 과소 분류 금지	비밀은 적절히 보호할 수 있는 최저등급으로 분류하되, 과도하거나 과소하게 분류해서는 아니 된다. 기출OX 11
독립분류 원칙	비밀은 그 자체의 내용과 가치의 정도에 따라 분류하여야 하며, 다른 비밀과 관련하여 분류해서는 아니 된다. 기출OX 12
외국비밀존중 원칙	외국 정부나 국제기구로부터 접수한 비밀은 그 생산기관이 필요로 하는 정도로 보호할 수 있도록 분류하여야 한다. 기출OX 13, 14

기출 OX

01 비밀취급 인가권자는 소속 직원의 인사기록 카드에 기록된 비밀취급의 인가 및 인가해제 사유와 임용시의 신원조사회보서에 따라 새로 신원조사를 하지 아니하고 비밀취급을 인가할 수 있다. 다만, Ⅰ급비밀 취급을 인가할 때에는 새로 신원조사를 하여야 한다. 18 간부 ○ X

02 비밀취급 인가권자는 업무상 조정·감독을 받는 기업체나 단체에 소속된 사람에 대하여 소관 비밀을 계속적으로 취급하게 하여야 할 필요가 있을 때에는 미리 경찰청장과의 협의를 거쳐 해당하는 사람에게 Ⅱ급 이하의 비밀취급을 인가할 수 있다. 22·18 간부 ○ X

03 비밀은 그 중요성과 가치의 정도에 따라 Ⅰ급비밀, Ⅱ급비밀, Ⅲ급비밀, 대외비로 구분한다. 19·17·16 승진 ○ X

04 누설될 경우 대한민국과 외교관계가 단절되고 전쟁을 일으키며 국가의 방위계획·정보활동 및 국가방위에 반드시 필요한 과학과 기술의 개발을 위태롭게 하는 등의 우려가 있는 비밀은 'Ⅰ급비밀'에 속한다. 23 채용, 17 승진 ○ X

05 Ⅱ급비밀은 누설되는 경우 국가안전보장에 해를 끼칠 우려가 있는 비밀을 말한다. 22 채용, 22·17·16 승진, 22 간부, 16 지능 ○ X

06 Ⅰ급비밀은 누설될 경우 국가안전보장에 막대한 지장을 끼칠 우려가 있는 비밀을 말한다. 25 채용, 19·17 승진 ○ X

07 대외비는 비밀은 아니지만 일시적으로 누설을 방지하기 위하여 직무수행상 특별히 보호를 요하는 사항으로 비밀에 준하여 보관한다. 12 간부 ○ X

08 비밀분류원칙은 「보안업무규정 시행규칙」 제12조에 규정되어 있다. 18 승진 ○ X

09 비밀 분류시 과도 또는 과소분류금지 원칙, 독립분류의 원칙, 외국비밀존중의 원칙을 준수하여야 한다. 15 승진 ○ X

10 비밀은 그 자체의 내용과 가치의 정도에 따라 분류하여야 한다는 원칙은 과도 또는 과소분류금지의 원칙이다. 12 승진 ○ X

11 비밀은 적절히 보호할 수 있는 최고등급으로 분류하되, 과도하거나 과소하게 분류해서는 아니 된다. 23·22·16 채용, 20·18·16 승진 ○ X

12 비밀은 그 자체의 내용과 가치의 정도에 따라 분류하여야 하며, 다른 비밀과 관련하여 분류해서는 아니 된다. 20·18·16 승진, 16 채용 ○ X

13 외국 정부나 국제기구로부터 접수한 비밀은 그 접수기관이 필요로 하는 정도로 보호할 수 있도록 분류하여야 한다. 17·19 승진, 12 채용 ○ X

14 A경찰서 경비과에서 생산한 '중요시설 경비대책'이란 제목의 비밀문건은 보안과에서 비밀분류를 담당한다. 12 승진 ○ X

정답 및 해설

01 ○
02 X 미리 국가정보원장과의 협의를 거친다.
03 X 대외비는 '비밀'에 속하지 않는다
04 ○
05 X Ⅲ급 비밀은 '해', Ⅱ급 비밀은 '막대한 지장'이다.
06 X Ⅱ급이 막대한 지장
07 ○
08 X 보안업무규정 제12조에 규정되어 있다.
09 ○
10 X 독립분류의 원칙에 대한 설명
11 X 적절히 보호할 수 있는 최저등급으로 분류하여야 한다.
12 ○
13 X 생산기관이 필요로 하는 정도이다.
14 X 비밀을 생산하거나 관리하는 사람이 비밀의 분류책임을 지고, '중요시설 경비대책' 문건의 생산자 및 관리자는 A경찰서 경비과이다.

8 비밀의 보관

비밀 보관	비밀은 도난·유출·화재 또는 파괴로부터 보호하고 비밀취급인가를 받지 아니한 사람의 접근을 방지할 수 있는 적절한 시설에 보관하여야 한다.
출장 중 비밀보관	비밀을 휴대하고 출장 중인 사람은 비밀을 안전하게 보호하기 위하여 국내 경찰기관 또는 재외공관에 보관을 위탁할 수 있으며, 위탁받은 기관은 그 비밀을 보관하여야 한다. 기출OX 01
보관기준	• 비밀은 일반문서나 암호자재와 혼합하여 보관하여서는 아니 된다. • Ⅰ급비밀은 **반드시 금고**에 보관하여야 하며, 다른 비밀과 혼합하여 보관하여서는 아니 된다. 기출OX 02, 03 • Ⅱ급비밀 및 Ⅲ급비밀은 금고 또는 이중 철제캐비닛 등 잠금장치가 있는 안전한 용기에 보관하여야 하며, 보관책임자가 Ⅱ급비밀 취급 인가를 받은 때에는 Ⅱ급비밀과 Ⅲ급비밀을 같은 용기에 혼합하여 보관할 수 있다. 기출OX 04 • 보관용기에 넣을 수 없는 비밀은 **제한구역** 또는 **통제구역**에 보관하는 등 그 내용이 노출되지 아니하도록 특별한 보호대책을 마련하여야 한다. 기출OX 05 → 제한지역 X
보관용기	비밀의 보관용기 외부에는 비밀의 보관을 알리거나 나타내는 어떠한 표시도 해서는 아니 된다. 기출OX 06
보관기간	• 비밀접수증 / 비밀열람기록전 / 배부처: **5년**(비밀의 보호기간이 만료되면 비밀에서 분리한 후 각각 편철하여 **5년간 보관**) 기출OX 07, 08 • 비밀관리기록부 / 비밀 접수 및 발송대장 / 비밀대출부 / 암호자재 관리기록부: 새로운 관리부철로 옮겨서 관리할 경우 기존 관리부철을 **5년간 보관** • 암호자재 증명서: 암호자재를 반납하거나 파기한 후 **5년간 보관** • 암호자재 점검기록부: 최근 **5년간의 점검기록을 보관**

9 비밀의 관리

- 각급기관의 장은 비밀의 작성·분류·접수·발송 및 취급 등에 필요한 모든 관리사항을 기록하기 위하여 비밀관리기록부를 작성하여 갖추어 두어야 한다. 다만, Ⅰ급비밀관리기록부는 따로 작성하여 갖추어 두어야 하며, 암호자재는 암호자재 관리기록부로 관리한다. 기출OX 09
- 비밀관리기록부와 암호자재 관리기록부에는 모든 비밀과 암호자재에 대한 보안책임 및 보안관리 사항이 정확히 기록·보존되어야 한다.
- 각급기관의 장은 연 2회 비밀 소유 현황을 조사하여 국가정보원장에게 통보하여야 한다. 기출OX 10

10 비밀의 복제·복사 제한

- 비밀의 일부 또는 전부나 암호자재에 대해서는 모사·타자·인쇄·조각·녹음·촬영·인화·확대 등 그 원형을 재현하는 행위를 할 수 없다. 다만, 다음의 구분에 따른 비밀의 경우에는 그러하지 아니하다.
  1. Ⅰ급비밀: 그 **생산자의 허가**를 받은 경우 기출OX 11
  2. Ⅱ급비밀 및 Ⅲ급비밀: 그 생산자가 특정한 제한을 하지 아니한 것으로서 해당 등급의 비밀취급 인가를 받은 사람이 **공용으로 사용**하는 경우
  3. **전자적 방법으로 관리되는 비밀**: 해당 비밀을 보관하기 위한 용도인 경우
- 각급기관의 장은 보안 업무의 효율적인 수행을 위하여 필요하다고 인정되는 경우에는 해당 비밀의 보존기간 내에서 그 사본을 제작하여 보관할 수 있다. 기출OX 12

기출 OX

01 비밀을 휴대하고 출장 중인 사람은 비밀을 안전하게 보호하기 위하여 국내 경찰기관 또는 재외공관에 보관을 위탁할 수 있으며, 위탁받은 기관은 그 비밀을 보관하여야 한다. 25·22 채용   O X

02 Ⅰ급비밀은 반드시 금고에 보관하여야 하며, 다른 비밀과 혼합하여 보관하여서는 아니 된다. 25·20 승진   O X

03 Ⅰ급비밀은 반드시 금고에 보관하여야 하며, 보관책임자가 Ⅰ급비밀취급인가를 받은 때에는 Ⅰ급비밀을 Ⅱ·Ⅲ급비밀과 혼합 보관할 수 있다. 17 간부   O X

04 Ⅱ급비밀 및 Ⅲ급비밀은 금고 또는 이중 철제캐비닛 등 잠금장치가 있는 안전한 용기에 보관하여야 하며, 보관책임자가 Ⅱ급비밀 취급 인가를 받은 때에는 Ⅱ급비밀과 Ⅲ급비밀을 같은 용기에 혼합하여 보관할 수 있다. 18 간부   O X

05 보관용기에 넣을 수 없는 비밀은 제한지역에 보관하는 등 그 내용이 노출되지 아니하도록 특별한 보호대책을 마련하여야 한다. 18 간부   O X

06 비밀의 보관용기는 외부에 비밀의 보관을 알리거나 나타내는 표시를 반드시 하여야 한다. 25·20·15 승진   O X

07 비밀접수증, 비밀열람기록전, 배부처는 비밀의 보호기간이 만료되면 비밀에서 분리한 후 각각 편철하여 5년간 보존하여야 한다. 22·20 간부   O X

08 비밀열람기록전의 보존기간은 3년이다. 17 간부   O X

09 각급기관의 장은 비밀의 작성·분류·접수·발송 및 취급 등에 필요한 모든 관리사항을 기록하기 위하여 비밀관리기록부를 작성하여 갖추어 두어야 한다. 다만, Ⅱ급 이상 비밀관리기록부는 따로 작성하여 갖추어 두어야 한다. 23·18 채용, 16 지능   O X

10 각급기관의 장은 연 2회 비밀 소유 현황을 조사하여 국가정보원장에게 통보하여야 한다. 25 채용   O X

11 그 생산자가 특정한 제한을 하지 아니한 것으로서 해당 등급의 비밀취급 인가를 받은 사람이 공용(共用)으로 사용하는 경우 Ⅰ급 비밀의 일부 또는 전부에 대해서 모사(模寫)·타자(打字)·인쇄·조각·녹음·촬영·인화(印畫)·확대 등 그 원형을 재현(再現)하는 행위를 할 수 있다. 18 채용, 19 승진   O X

12 각급기관의 장은 보안 업무의 효율적인 수행을 위하여 필요하다고 인정되는 경우에는 국가정보원장의 승인하에 해당 비밀의 보존기간 내에서 그 사본을 제작하여 보관할 수 있다. 18 채용   O X

정답 및 해설

01 O
02 O
03 X Ⅰ급비밀은 다른 비밀과 혼합하여 보관할 수 없다. 다만, Ⅱ급비밀과 Ⅲ급비밀은 같은 용기에 혼합하여 보관할 수 있는 경우가 있다.
04 O
05 X 제한지역이 아닌 제한구역 또는 통제구역이다.
06 X 어떠한 표시도 해서는 안 된다.
07 O
08 X 비밀열람기록전의 보존기간은 5년이다.
09 X Ⅰ급 이상 비밀관리기록부는 따로 작성하여 갖추어 두어야 한다.
10 O
11 X Ⅰ급비밀의 경우에는 생산자 허가를 받아야 한다.
12 X 이는 각급기관의 장의 권한으로 국가정보원장의 승인이 필요한 사항이 아니다.

11 비밀의 열람

- 비밀은 해당 등급의 비밀취급 인가를 받은 사람 중 그 비밀과 업무상 직접 관계가 있는 사람만 열람할 수 있다. 기출OX 01
- 비밀취급 인가를 받지 아니한 사람에게 비밀을 열람하거나 취급하게 할 때에는 국가정보원장이 정하는 바에 따라 소속기관의 장(비밀이 군사와 관련된 사항인 경우에는 국방부장관)이 미리 열람자의 인적사항과 열람하려는 비밀의 내용 등을 확인하고 열람 시 비밀 보호에 필요한 자체 보안대책을 마련하는 등의 보안조치를 하여야 한다. **다만, I급비밀의 보안조치에 관하여는 국가정보원장과 미리 협의하여야 한다.** 기출OX 02
- 개별 비밀에 대한 열람자 범위를 파악하기 위하여 각각의 비밀문서 끝 부분에 비밀열람기록전을 첨부한다. 이 경우 문서 형태 외의 비밀에 대한 열람기록은 따로 비밀열람기록전(철)을 비치하고 기록·유지한다.
- 비밀열람기록전은 그 비밀의 생산기관이 첨부하며, 비밀을 파기하는 때에는 비밀에서 분리하여 따로 철하여 보관하여야 한다. 기출OX 03 → 비밀 자체는 파기되어도 비밀열람기록전은 따로 보관(5년)

12 비밀의 공개

- 중앙행정기관등의 장은 다음 어느 하나에 해당하는 사유가 있을 때에는 그가 생산한 비밀을 보안심사위원회의 심의를 거쳐 공개할 수 있다. 다만, I급비밀의 공개에 관하여는 국가정보원장과 미리 협의해야 한다. 기출OX 04
  1. 국가안전보장을 위하여 국민에게 긴급히 알려야 할 필요가 있다고 판단될 때
  2. 공개함으로써 국가안전보장 또는 국가이익에 현저한 도움이 된다고 판단될 때
- 공무원 또는 공무원이었던 사람은 법률에서 정하는 경우를 제외하고는 소속 기관의 장이나 소속되었던 기관의 장의 승인 없이 비밀을 공개해서는 아니 된다. 기출OX 05
- 각급기관의 장은 연 2회 비밀 소유 현황을 조사하여 국가정보원장에게 통보하여야 한다. 기출OX 06, 07
- 조사 및 통보된 비밀 소유 현황은 공개하지 않는다.

13 비밀의 반출
: 비밀은 보관하고 있는 시설 밖으로 반출해서는 아니 된다. 다만, 공무상 반출이 필요할 때에는 소속기관의 장의 승인을 받아야 한다. 기출OX 08

III 시설 및 지역보안

1 보호지역
→ 중요도에 따라 제한지역, 제한구역 통제구역으로 나눈다. 기출OX 09

- 각급기관의 장과 관리기관 등의 장은 국가안전보장에 관련되는 인원·문서·자재·시설의 보호를 위하여 필요한 장소에 일정한 범위의 보호지역을 설정할 수 있다.
- 보호지역에 접근하거나 출입하려는 사람은 각급기관의 장·관리기관 등의 장의 승인을 받아야 한다.
- 보호지역을 관리하는 사람은 승인을 받지 않은 사람의 보호지역 접근·출입을 제한·금지할 수 있다.

2 보호지역의 구분 기출OX 10, 11, 12, 13

제한지역	비밀 또는 국·공유재산의 보호를 위하여 울타리 또는 방호·경비인력에 의하여 승인을 받지 않은 사람의 접근이나 출입에 대한 **감시**가 필요한 지역 **제지감시**
제한구역	비인가자가 비밀, 주요시설 및 III급 비밀 소통용 암호자재에 접근하는 것을 방지하기 위하여 **안내**를 받아 출입하여야 하는 구역 **제구안내** 예 전자교환기(통합장비)실, 정보통신실, 발간실, 송신 및 중계소, 정보통신관제센터, 경찰청 및 시·도경찰청 항공대, 작전·경호·정보·안보업무 담당 부서, 과학수사센터
통제구역	보안상 매우 중요한 구역으로서 비인가자의 출입이 **금지**되는 구역 **통구이금지** 예 암호취급소, 정보 보안**기록**실, **무기창**·무기고 및 탄약고, 종합**상황**실, 치안**상황**실, 암호장비관리실, 정보**상황**실, 비밀발간실, 종합조회처리실 **암호·기록·상황·종합·비밀·무기**

기출 OX

01 비밀은 해당 등급의 비밀취급 인가를 받은 사람 중 그 비밀과 업무상 직접 관계가 있는 사람만 열람할 수 있다. 19 승진 O X

02 비밀취급 인가를 받지 아니한 사람에게 비밀을 열람하거나 취급하게 할 때에는 국가정보원장이 정하는 바에 따라 소속 기관의 장(비밀이 군사와 관련된 사항인 경우에는 국방부장관)이 미리 열람자의 인적사항과 열람하려는 비밀의 내용 등을 확인하고 열람시 비밀 보호에 필요한 자체 보안대책을 마련하는 등의 보안조치를 하여야 한다. 다만, Ⅰ급비밀의 보안조치에 관하여는 국가정보원장과 미리 협의하여야 한다. 18 채용 O X

03 비밀열람기록전은 그 비밀의 생산기관이 첨부하며, 비밀을 파기하는 때에는 비밀에서 분리하여 따로 철하여 보관하여야 한다. 20·17 간부 O X

04 중앙행정기관등의 장은 국가안전보장을 위하여 국민에게 긴급히 알려야 할 필요가 있다고 판단될 때에는 그가 생산한 비밀을 「보안업무규정」 제3조의3에 따른 보안심사위원회의 심의를 거쳐 공개할 수 있다. 다만, Ⅰ급비밀의 공개에 관하여는 국가정보원장과 미리 협의해야 한다. 23 채용 O X

05 공무원 또는 공무원이었던 사람은 어떠한 경우에도 소속 기관의 장이나 소속되었던 기관의 장의 승인 없이 비밀을 공개해서는 아니 된다. 19 승진 O X

06 각급기관의 장은 매 분기별 비밀 소유 현황을 조사하여 국가정보원장에게 통보하여야 한다. 16 지능 O X

07 각급기관의 장은 연 2회 비밀 소유 현황을 조사하여 국가정보원장에게 통보하여야 한다. 23 채용 O X

08 비밀은 보관하고 있는 시설 밖으로 반출해서는 아니 된다. 다만, 공무상 반출이 필요할 때에는 소속 기관의 장의 승인을 받아야 한다. 22 채용, 19 승진 O X

09 보호지역은 그 중요도에 따라 제한지역, 제한구역 및 통제구역으로 나눈다. 25 승진 O X

10 비밀 또는 주요 시설 및 Ⅲ급비밀 소통용 암호자재에 대한 비인가자의 접근을 방지하기 위하여 그 출입에 안내가 요구되는 구역은 통제구역에 대한 설명이다. 22 간부, 22·20 승진 O X

11 정보통신실, 과학수사센터, 발간실, 작전·경호·정보·안보업무 담당부서 전역이 제한구역에 해당한다. 20 승진 O X

12 보호지역 중 비인가자가 비밀, 주요 시설 및 Ⅲ급 비밀 소통용 암호자재에 접근하는 것을 방지 하기 위하여 안내를 받아 출입 하여야하는 구역에 해당하는 장소는 무기고 및 탄약고이다. 24 채용 O X

13 통제구역이란 보안상 매우 중요한 구역으로서 비인가자의 출입이 금지되는 구역을 말한다. 20 승진 O X

정답 및 해설

01 O
02 O
03 O
04 O
05 X 법률에서 정하는 경우에는 승인이 없어도 가능하다.
06 X 연 2회 통보하여야 한다.
07 O
08 O
09 O
10 X 제한구역에 대한 설명이다.
11 O
12 X 지문은 제한구역에 대한 설명이고 무기고 및 탄약고는 통제구역이다.
13 O

POINT 07 경찰홍보

1 경찰홍보 전략

소극적 홍보전략	적극적 홍보전략
• 홍보실과 기자실의 설치 • 비밀주의와 공개최소화 원칙 • 언론접촉 규제 • 홍보와 타 기능의 분리	• 대중매체의 적극적 이용 • 공개주의와 비밀최소화 원칙 • 전 경찰의 홍보 요원화 • 홍보와 타 기능의 연계를 통한 홍보전략

2 경찰홍보 유형

유형	내용
협의의 홍보 (Public Relations)	인쇄매체·유인물·팜플렛 등 각종 매체를 통해 알리고 싶은 긍정적 부분을 일방적으로 알리는 홍보활동 기출OX 01
지역공동체관계, CR (Community Relations)	지역사회 내의 각종 기관 및 주민들과 유기적인 연락 및 협조체제를 구축하여 지역사회 각계각층의 요구에 부응하는 경찰활동을 하는 동시에, 경찰활동의 긍정적인 측면을 지역사회에 널리 알리는 종합적인 지역사회 홍보체계 기출OX 02
언론관계, PR (Press Relations)	신문·잡지·TV·라디오 등의 보도기능에 대응하는 활동으로 개별 사건사고에 대한 기자들의 질의에 답하는 대응적·소극적 홍보활동
대중매체관계, MR (Media Relations)	종합적인 홍보활동으로 신문·방송 및 영상물 등 각종 대중매체 제작자와 긴밀한 협조관계를 구축하여 대중매체의 필요를 충족시켜 주면서 경찰의 긍정적인 측면을 널리 알리는 적극적인 홍보활동
기업이미지식 홍보	• 조직이미지를 개선하여 국민의 지지도를 높이고 이를 바탕으로 예산획득, 타 조직 및 국민의 협력확보와 같은 목적을 달성하는 종합적이고 계획적인 홍보활동 • 일반기업이 이미지 제고를 위해 유료광고를 내고 친근한 상징물이나 캐릭터를 개발·전파하는 활동도 포함한다.

3 경찰과 대중매체의 관계

학자	주요내용
로버트 마크 (R. Mark)	"경찰과 대중매체는 단란하고 행복스럽지는 않더라도, 오래 지속되는 결혼생활과 같다." 기출OX 03
크랜돈 (Crandon)	경찰과 대중매체는 서로를 필요로 하는 공생관계로 발달한다고 주장하고 있다. 기출OX 04
에릭슨 (Ericson)	"경찰과 대중매체는 서로 연합하여 그 사회의 일탈에 대한 개념을 규정하며, 도덕성과 정의를 규정짓는 사회적 엘리트 집단을 구성한다." 기출OX 05

기출 OX

01 협의의 홍보는 인쇄매체, 유인물 등 각종 대중매체를 통하여 개인이나 단체의 긍정적인 점을 일방적으로 알리는 활동을 의미하고 대중매체관계(Media Relations)는 단순히 기자들의 질문에 응답만 하는 것이 아니라 신문·방송 등 대중매체와 긴밀한 협조관계를 구축하여 대중매체가 원하는 바를 충족시켜주는 것과 동시에 경찰의 긍정적인 측면을 널리 알리는 활동을 말한다. 24 간부   (O X)

02 지역사회 내의 경찰·공사기관 그리고 각 개인이 그들의 공통된 문제·욕구·책임을 발견하고 지역사회문제의 해결과 적극적인 지역사회 프로그램을 위해 공동으로 노력하는 것을 Community Relations(지역공동체관계)라고 한다. 16 승진   (O X)

03 R. Mark는 경찰과 대중매체의 관계를 "단란하고 행복스럽지는 않지만, 오래 지속되는 결혼생활"에 비유하였다. 24 채용, 18·13승진   (O X)

04 G. Crandon은 경찰과 대중매체가 서로 필요로 하기 때문에 둘 사이에는 공생관계가 발달한다고 주장하였다. 24 채용, 18·13승진   (O X)

05 R. Ericson는 경찰과 대중매체는 서로 연합하여 그 사회의 일탈에 대한 개념을 규정하며, 도덕성과 정의를 규정짓는 사회적 엘리트 집단을 구성한다. 24 채용   (O X)

정답 및 해설

01 O
02 O
03 O
04 O
05 O

4 언론중재 및 피해구제 등에 관한 법률

(1) 정정보도청구

의의	사실적 주장에 관한 언론보도 내용의 일부 또는 전부가 진실하지 아니한 경우 해당 언론사가 스스로 기사내용이 잘못되었음을 밝히는 정정기사를 게재(또는 방송)해 줄 것을 요구하는 권리를 말한다. 기출OX 01
정정보도 청구권	• 사실적 주장에 관한 언론보도등이 진실하지 아니함으로 인하여 피해를 입은 자는 해당 언론보도등이 있음을 **안 날부터 3개월** 이내에 언론사등에게 그 언론보도등의 내용에 관한 정정보도를 청구할 수 있다. 다만, 해당 언론보도등이 **있은 후 6개월**이 지났을 때에는 그러하지 아니하다. 기출OX 02, 05 • 정정보도 청구에는 언론사등의 **고의 · 과실이나 위법성을 필요로 하지 아니한다**. 기출OX 03 ※ 진실하지 않다는 점에 대한 증명책임은 **청구인**이 부담한다. 기출OX 04 • 국가 · 지방자치단체, 기관 또는 단체의 장은 해당 업무에 대하여 그 기관 또는 단체를 대표하여 정정보도를 청구할 수 있다.

(2) 반론보도청구

의의	사실적 주장에 관한 언론보도로 인하여 피해를 입은 사람이 언론보도 내용에 대한 자신의 입장(반론)을 보도해 달라고 요구하는 권리를 말한다.
반론보도 청구권	• 사실적 주장에 관한 언론보도등으로 인하여 피해를 입은 자는 그 보도 내용에 관한 반론보도를 언론사등에 청구할 수 있다. • 반론보도 청구에는 언론사등의 **고의 · 과실이나 위법성을 필요로 하지 아니하며**, 보도 **내용의 진실 여부와 상관없이** 그 청구를 할 수 있다. 기출OX 06 • 반론보도청구에 관하여는 정정보도청구에 관한 규정을 준용한다.

(3) 추후보도청구

언론등에 의하여 범죄혐의가 있거나 형사상의 조치를 받았다고 보도 또는 공표된 자는 그에 대한 형사절차가 무죄판결 또는 이와 동등한 형태로 종결되었을 때에는 그 사실을 **안 날부터 3개월** 이내에 언론사등에 이 사실에 관한 추후보도의 게재를 청구할 수 있다. 기출OX 07

(4) 정정보도 청구권 행사
- 정정보도청구는 언론사등의 대표자에게 **서면**으로 하여야 한다. 기출OX 08
- 청구를 받은 언론사등의 대표자는 **3일 이내**에 그 수용 여부에 대한 통지를 청구인에게 발송하여야 한다. 기출OX 09

(5) 정정보도 방법

언론사등이 청구를 수용하는 경우에는 지체 없이 피해자 또는 그 대리인과 정정보도의 내용 · 크기 등에 대하여 협의한 후 그 **청구를 받은 날부터 7일 내**에 정정보도문을 방송 또는 게재하여야 한다. 기출OX 10, 11

기출 OX

01 '정정보도'란 언론의 보도 내용의 전부 또는 일부가 진실하지 아니한 경우 이를 진실에 부합되게 고쳐서 보도하는 것을 말한다. 22 채용 (O X)

02 사실적 주장에 관한 언론보도가 진실하지 아니함으로 피해를 입은 경우 해당 언론보도가 있음을 안 날부터 3개월 이내에 해당 언론사 대표에게 서면으로 그 언론보도 내용에 관한 정정보도를 청구할 수 있다. 21 간부 (O X)

03 사실적 주장에 관한 언론보도등으로 인하여 피해를 입은 자는 그 보도 내용에 관한 반론보도를 언론사등에 청구할 수 있고, 이러한 청구에는 언론사등의 고의·과실이나 위법성을 필요로 하지 아니하며, 보도 내용의 진실 여부와 상관없이 그 청구를 할 수 있다. 22 채용 (O X)

04 정정보도를 청구하는 경우에 그 언론사의 고의·과실이나 위법성을 필요로 하는 것은 아니며 그 언론사는 언론보도가 진실하다는 것에 대한 증명책임을 부담한다. 21 간부 (O X)

05 사실적 주장에 관한 언론보도가 진실하지 아니함으로 인하여 피해를 입은 자는 당해 언론보도가 있음을 안 날로부터 (   )개월 이내, 당해 언론보도가 있은 후 (   )개월 이내에 정정보도를 청구할 수 있다. 25·23·20 승진, 17·13 간부

06 반론보도청구에는 언론사, 인터넷뉴스서비스사업자 및 인터넷 멀티미디어 방송사업자(이하 "언론사등"이라 한다)의 고의·과실이나 위법성을 필요로 하지 아니하며, 보도 내용의 진실여부와 상관없이 그 청구를 할 수 있다. 24 채용 (O X)

07 언론등에 의하여 범죄혐의가 있거나 형사상의 조치를 받았다고 보도 또는 공표된 자는 그에 대한 형사절차가 무죄판결 또는 이와 동등한 형태로 종결되었을 때에는 그 사실을 안 날부터 3개월 이내에 언론사등에 이 사실에 관한 추후보도의 게재를 청구할 수 있다. 24 채용 (O X)

08 정정보도 청구는 언론사등이 대표자에게 서면으로 하여야 하며, 청구서에는 피해자의 성명·주소·전화번호 등의 연락처를 적고, 정정의 대상인 언론보도등의 내용 및 정정을 청구하는 이유와 청구하는 정정보도문을 명시하여야 한다. 25·20 승진 (O X)

09 정정보도 청구를 받은 언론사 등의 대표자는 7일 이내에 그 수용 여부에 대한 통지를 청구인에게 발송하여야 한다. 20·17 간부 (O X)

10 언론사등이 정정보도 청구를 수용할 때에는 지체 없이 피해자 또는 그 대리인과 정정보도의 내용·크기 등에 관하여 협의한 후, 그 청구를 받은 날부터 3일 이내에 정정보도문을 방송하거나 게재하여야 한다. 17 간부, 17 승진 (O X)

11 언론사등이 정정보도청구를 수용할 때에는 지체 없이 피해자 또는 그 대리인과 정정보도의 내용·크기 등에 관하여 협의한 후, 그 협의가 있은 날부터 7일 내에 정정보도문을 방송하거나 게재하여야 한다. 다만, 신문 및 잡지 등 정기간행물의 경우 이미 편집 및 제작이 완료되어 부득이할 때에는 게재하지 않을 수 있다. 24 채용 (O X)

정답 및 해설

01 O
02 O
03 O
04 X 청구인이 진실하지 않다는 점에 대한 증명책임을 부담한다.
05 3, 6
06 O
07 O
08 O
09 X 3일 이내에 그 수용 여부에 대한 통지를 청구인에게 발송하여야 한다.
10 X 7일
11 X 협의가 있는 날이 아닌, "청구를 받은 날"이 기준

(6) 언론사의 정정보도 거부사유

다음 어느 하나에 해당하는 사유가 있는 경우 언론사등은 정정보도 청구를 거부할 수 있다.
1. 피해자가 정정보도청구권을 행사할 정당한 이익이 없는 경우 기출OX 01
2. 청구된 정정보도의 내용이 명백히 사실과 다른 경우 기출OX 02
3. 청구된 정정보도의 내용이 명백히 위법한 내용인 경우
4. 정정보도의 청구가 상업적인 광고만을 목적으로 하는 경우 기출OX 03
5. 청구된 정정보도의 내용이 국가·지방자치단체 또는 공공단체의 공개회의와 법원의 공개재판절차의 사실보도에 관한 것인 경우 기출OX 04

(7) 언론 관련 분쟁에 대한 조정 및 중재

1) 조정이란

언론보도 등으로 피해를 입은 피해자와 언론사와의 정정보도, 반론보도, 추후보도 등에 관한 분쟁을 제3자인 언론중재위원회가 객관적·법률적 입장에서 개입, 당사자 사이의 이해와 화해를 이끌어내 분쟁을 해결하는 것을 말한다.

2) 조정절차

조정신청	• 정정보도청구 등과 관련하여 분쟁이 있는 경우 피해자 또는 언론사 등은 중재위원회에 조정을 신청할 수 있다. 기출OX 05 • 정정보도청구 등과 손해배상의 조정신청은 안 날로부터 3개월, 있은 날로부터 6개월 이내에 서면 또는 구술이나 전자문서 등으로 하여야 하며, 피해자가 먼저 언론사 등에 정정보도청구 등을 한 경우에는 피해자와 언론사등 사이에 협의가 불성립된 날부터 14일 이내에 하여야 한다.
조정심리	• 조정은 관할 중재부에서 한다. 관할구역을 같이 하는 중재부가 여럿일 경우에는 중재위원회 위원장이 중재부를 지정한다. • 조정은 신청 접수일부터 14일 이내에 하여야 하며, 중재부의 장은 조정신청을 접수하였을 때에는 지체 없이 조정기일을 정하여 당사자에게 출석을 요구하여야 한다. • 출석요구를 받은 신청인이 2회에 걸쳐 출석하지 아니한 경우에는 조정신청을 취하한 것으로 보며, 피신청 언론사 등이 2회에 걸쳐 출석하지 아니한 경우에는 조정신청 취지에 따라 정정보도등을 이행하기로 합의한 것으로 본다 기출OX 06 • 조정기일에 중재위원은 조정 대상인 분쟁에 관한 사실관계와 법률관계를 당사자들에게 설명·조언하거나 절충안을 제시하는 등 합의를 권유할 수 있다. • 조정은 비공개를 원칙으로 하되, 참고인의 진술청취가 필요한 경우 등 필요하다고 인정되는 경우에는 중재위원회규칙으로 정하는 바에 따라 참석이나 방청을 허가할 수 있다.
조정효력	다음 어느 하나의 경우에는 재판상 화해와 같은 효력이 있다. 1. 조정 결과 당사자 간에 합의가 성립한 경우 2. 당사자 2회 불출석에 따라 합의가 이루어진 것으로 보는 경우 3. 직권조정결정에 대하여 이의신청이 없는 경우

3) 중재
• 당사자 양쪽은 정정보도청구 등 또는 손해배상의 분쟁에 관하여 중재부의 종국적 결정에 따르기로 합의하고 중재를 신청할 수 있다.
• 중재결정은 확정판결과 동일한 효력이 있다.

기출 OX

01 피해자가 정정보도청구권을 행사할 정당한 이익이 없더라도 피해자 권리 보호를 위해 해당 언론사는 정정보도의 청구를 거부할 수 없다. 13 간부, 17 승진 O X

02 청구된 정정보도의 내용이 명백히 사실인 경우나 명백히 위법한 내용인 경우에 해당 언론사는 정정보도의 청구를 거부할 수 있다. 25·23·17 승진 O X

03 정정보도의 청구가 공익적인 광고만을 목적으로 하는 경우 언론사는 정정보도 청구를 거부할 수 있다. 20 간부 O X

04 청구된 정정보도의 내용이 국가·지방자치단체 또는 공공단체의 비공개회의와 법원의 비공개재판절차의 사실보도에 관한 것인 경우 언론사는 정정보도 청구를 거부할 수 있다. 17 승진, 20 간부 O X

05 이 법에 따른 정정보도청구 등과 관련하여 분쟁이 있는 경우 피해자 또는 언론사 등은 중재위원회에 조정을 신청할 수 있다. 20 승진 O X

06 출석요구를 받은 신청인이 2회에 걸쳐 출석하지 아니한 경우에는 조정신청을 취하한 것으로 보며, 피신청언론사등이 2회에 걸쳐 출석하지 아니한 경우에는 조정신청 취지에 따라 정정보도 등을 이행하기로 합의한 것으로 본다. 22 채용 O X

정답 및 해설

01 X 정당한 이익이 없는 경우 정정보도 청구를 거부할 수 있다.
02 X 사실과 다른 경우이다.
03 X 상업적 광고만을 목적으로 하는 경우에 청구를 거부할 수 있다.
04 X 공개회의, 공개재판절차이다.
05 O
06 O

(8) 언론중재위원회

설치	언론 등의 보도 또는 매개로 인한 분쟁의 조정·중재 및 침해사항을 심의하기 위하여 언론중재위원회를 둔다. 기출OX 01
심의사항	1. 중재부의 구성에 관한 사항 기출OX 02 2. 중재위원회규칙의 제정·개정 및 폐지에 관한 사항 기출OX 02 3. 사무총장의 임명 동의 4. 시정권고의 결정 및 그 취소결정 5. 그 밖에 중재위원회 위원장이 회의에 부치는 사항
위원	중재위원회는 40명 이상 90명 이내의 중재위원으로 구성하며, 중재위원은 다음의 사람 중에서 문화체육관광부장관이 위촉한다. 이 경우 제1호부터 제3호까지의 위원은 각각 중재위원 정수의 5분의 1 이상이 되어야 한다. 기출OX 03 1. 법관의 자격이 있는 사람 중에서 법원행정처장이 추천한 사람 2. 변호사의 자격이 있는 사람 중에서 「변호사법」 제78조에 따른 대한변호사협회의 장이 추천한 사람 3. 언론사의 취재·보도 업무에 10년 이상 종사한 사람 4. 그 밖에 언론에 관하여 학식과 경험이 풍부한 사람
위원장 등	• 위원장 1명과 2명 이내의 부위원장 및 2명 이내의 감사를 두며, 각각 중재위원 중에서 호선한다. 기출OX 04 • 위원장·부위원장·감사 및 중재위원의 임기는 각각 3년으로 하며, 한 차례만 연임할 수 있다. 기출OX 05, 06 • 위원장은 중재위원회를 대표하고 중재위원회의 업무를 총괄한다. 기출OX 07
의결 정족수	재적위원 과반수의 출석과 출석위원 과반수의 찬성 기출OX 08

기출 OX

01 언론등의 보도 또는 매개로 인한 분쟁의 조정·중재 및 침해사항을 심의하기 위하여 언론중재위원회를 둔다. 17·15 승진   O X

02 중재위원회는 중재부의 구성에 관한 사항, 중재위원회규칙의 제정·개정 및 폐지에 관한 사항 등을 심의한다. 17·15 승진   O X

03 중재위원회는 40명 이상 90명 이내의 중재위원으로 구성하며, 중재위원은 문화체육관광부장관이 위촉한다. 23·18 승진, 18·16 채용   O X

04 언론중재위원회에 위원장 1명과 2명 이내의 부위원장 및 3명의 감사를 두며, 각각 언론중재위원 중에서 호선(互選)한다. 23·17 승진, 16 채용   O X

05 위원장, 부위원장, 감사 및 중재위원의 임기는 각각 2년으로 하며, 한 차례만 연임할 수 있다. 16 채용   O X

06 언론중재위원회는 위원장 1명과 2명 이내의 부위원장 및 2명 이내의 감사를 두는데, 위원장·부위원장·감사 및 중재위원의 임기는 각각 3년으로 하며, 연임할 수 없다. 22 채용, 18 승진   O X

07 위원장은 중재위원회를 대표하고, 중재위원회의 업무를 총괄한다. 15 승진   O X

08 중재위원회의 회의는 재적위원 과반수의 출석과 출석위원 과반수의 찬성으로 의결한다. 18·17 승진, 16 채용   O X

정답 및 해설

01 O
02 O
03 O
04 X 2명 이내의 감사를 둔다.
05 X 임기는 3년
06 X 한 차례만 연임할 수 있다.
07 O
08 O

[심화] 정책결정 모델

쓰레기통 모델	정책결정이 일정한 규칙에 따라 이루어지는 것이 아니라 문제, 해결책, 선택기회, 참여자의 네 요소가 뒤죽박죽으로 움직이다가 어떤 계기로 만나게 될 때 이루어진다고 보는 모델이다. 기출 OX 01
사이버네틱스 모델	설정된 목표를 달성하기 위해 정보분석과 환류과정을 통해 자신의 행동을 스스로 조정해 나간다고 가정하는 모델이다. 기출 OX 02
합리 모델	정책결정자가 문제상황에 대해 완전한 정보를 갖고 있으며 고도의 합리성을 기반으로 최선의 대안을 결정하는 모델이다. 기출 OX 03
만족 모델	정책결정자가 최선의 합리성을 추구하기 보다는, 시간적 공간적 재정적측면에서 여러 요인을 고려하여 만족할 만한 수준에서 결정하는 모델이다. 기출 OX 04
혼합탐사 모델	점증 모델의 단점을 합리 모델과의 통합을 통해서 보완하기 위해 주장된 것이다. 정책결정을 근본적 결정과 세부적 결정으로 나누고, 합리적 결정과 점증적 결정을 적절하게 혼합하여 의사결정을 한다. 기출 OX 05
최적 모델	합리 모델의 비현실성과 점증 모델의 보수성을 극복하기 위하여 이상주의와 현실주의의 통합을 시도한 것이다. 이 모델은 기존의 정책을 바탕으로 이루어지는 점증주의 성향을 비판하면서, 새로운 결정을 내릴 때마다 정책방향도 다시 검토할 것을 주장한다. 기출 OX 06

기출 OX

01 정책결정이 일정한 규칙에 따라 이루어지는 것이 아니라 문제, 해결책, 선택기회, 참여자의 네 요소가 뒤죽박죽으로 움직이다가 어떤 계기로 만나게 될 때 이루어진다고 보는 정책결정모델은 쓰레기통 모델이다. 22 간부 (O X)

02 쓰레기통 모델(Garbage can model)은 설정된 목표를 달성하기 위해 정보분석과 환류과정을 통해 자신의 행동을 스스로 조정해 나간다고 가정하는 모델이다. 21 간부 (O X)

03 정책결정자가 문제상황에 대해 완전한 정보를 갖고 있으며 고도의 합리성을 기반으로 최선의 대안을 결정하는 모델은 합리 모델(Rational model)이다. 24 채용 (O X)

04 만족 모델(Satisfying model)은 정책결정자가 최선의 합리성을 추구하기 보다는, 시간적 공간적 재정적측면에서 여러 요인을 고려하여 만족할 만한 수준에서 결정한다. 21 간부 (O X)

05 혼합탐사 모델(Mixed scanning model)은 점증 모델(Incremental model)의 단점을 합리 모델(Rational model)과의 통합을 통해서 보완하기 위해 주장된 것이다. 정책결정을 근본적 결정과 세부적 결정으로 나누고, 합리적 결정과 점증적 결정을 적절하게 혼합하여 의사결정을 한다. 21 간부 (O X)

06 최적 모델(Optimal model)은 합리 모델의 비현실성과 점증 모델의 보수성을 극복하기 위하여 이상주의와 현실주의의 통합을 시도한 것이다. 이 모델은 기존의 정책을 바탕으로 이루어지는 점증주의 성향을 비판하면서, 새로운 결정을 내릴 때마다 정책방향도 다시 검토할 것을 주장한다. 21 간부 (O X)

정답 및 해설

01 O
02 X 사이버네틱스 모델에 대한 설명이다.
03 O
04 O
05 O
06 O

해커스경찰
police.Hackers.com

Chapter 02

경찰통제

POINT 01 | 경찰통제 유형
POINT 02 | 부패방지 및 국민권익위원회의 설치와 운영에 관한 법률
POINT 03 | 경찰 감찰 규칙
POINT 04 | 경찰청 감사규칙
POINT 05 | 행정업무의 운영 및 혁신에 관한 규정
POINT 06 | 경찰인권보호규칙
POINT 07 | 개인정보보호법

POINT 01 경찰통제 유형

1 민주적 통제와 사법적 통제 기출OX 01, 02

	민주적통제	사법적 통제
성격	절차적·사전적 통제	실체적·사후적 통제
원류	영·미법계	대륙법계
관련제도	경찰위원회, 자치경찰제도, 국민감사청구제도	행정소송제도(개괄주의), 국가배상제도

2 사전통제와 사후통제 기출OX 03, 04, 05, 06, 07, 08

구분	사전적 통제	사후적 통제
입법부	국회의 입법권, 예산심의권	국회의 국정감사·조사권, 예산결산권, 경찰청장에 대한 탄핵소추권
행정부	• 행정절차법상의 청문·공청회·의견청취, 입법예고, 행정예고 등 • 국가경찰위원회 제도	행정심판제도, 징계책임제도, 상급기관의 하급기관에 대한 감사·감독권, 감사원의 직무감찰
사법부	–	행정소송제도, 국가배상제도

3 내부통제와 외부통제 기출OX 09, 10, 11, 12, 13, 14, 15, 16, 17, 18, 19

내부통제	• 청문감사인권관제도, 훈령·직무명령, 이의신청에 대한 재결권
외부통제	• **입법통제**: 법안의 입법권, 예산 심의·의결권, 국정감사·조사권, 경찰청장에 대한 탄핵소추권 • **사법통제**: 항고소송이나, 국가배상 청구소송 등 법원의 사후적 사법심사를 통한 통제 • **민중통제**: 여론, 이익집단, 언론기관, 정당 등을 통한 직·간접적인 통제 • **행정통제(행정부에 의한 통제)**: 대통령에 의한 통제, 행정안전부장관에 의한 통제, 국민권익위원회에 의한 통제, 행정심판위원회 재결을 통한 통제, 소청심사위원회심사를 통한 통제, 감사원에 의한 통제, 국가경찰위원회, 시·도자치경찰위원회, 국가인권위원회에 의한 통제(광의의 행정부에 의한 통제)

[심화] 경찰통제의 필요성과 기본요소
- 경찰 통제의 필요성: 경찰의 민주적 운영, 경찰의 정치적 중립 확보, 경찰활동의 법치주의 도모, 국민의 인권보호, 조직 자체의 부패방지
- 경찰통제의 기본요소 기출OX 20, 21

권한분산	• 집중된 권한은 남용되기 쉬우므로, 국가경찰·자치경찰 사이에, 상급자와 하급자 사이에 권한분산 필요
정보공개	• 정보공개를 통한 행정의 투명화로 경찰조직의 독선과 부패억제 가능
국민참여	• 행정절차법에 따른 국민참여를 통해 행정의 공정성·투명성·신뢰성 확보 가능 • 국가경찰위원회·자치경찰위원회 제도 역시 국민참여 수단 중 하나임
책임	• 경찰작용에 대해 사법심사를 통한 책임(행정책임·형사책임·민사책임)을 인정
환류	• 확인된 문제에 대해 책임을 추궁하고 이를 향후 정책에 반영(Feedback – 환류)

기출 OX

01 국가경찰위원회제도와 국민감사청구제도, 국가배상제도는 경찰행정에 대하여 국민들의 참여를 보장하는 민주적 통제장치이다. 23 승진, 20 채용 (O X)

02 경찰의 위법한 처분에 대한 행정소송제도는 사법통제로서 외부적 통제장치이다. 22 채용 (O X)

03 국회에 의한 입법통제 방식에는 사전통제 방식과 사후통제 방식이 존재한다. 24 채용 (O X)

04 국회는 입법권과 예산심의권을 통해 경찰을 사전통제할 수 있다. 22 채용 (O X)

05 행정절차법은 입법예고, 행정예고 등 행정에 대한 사전통제를 규정하고 있다. 25·20 승진 (O X)

06 국회가 갖는 입법권과 예산심의권은 사전통제에 해당하나 예산결산권과 국정감사·조사권은 사후통제에 해당한다. 25·23 승진, 20 채용 (O X)

07 사전통제: 행정예고제, 상급기관의 하급기관에 대한 감독, 국회의 예산심의권, 사법부의 사법심사19 채용, 23 승진 (O X)

08 행정절차법, 국회에 의한 예산결산권은 사전통제에 해당한다. 20 간부 (O X)

09 경찰의 위법행위에 대한 국가배상판결이나 행정심판에 의한 통제는 사법통제이며, 국가인권위원회와 국민권익위원회에 의한 통제는 행정통제이다. 20 채용 (O X)

10 상급기관이 갖는 훈령권·직무명령권은 하급기관의 위법이나 재량권 행사의 오류를 시정할 수 있는 내부적 통제장치이다. 20 채용 (O X)

11 국회의 국정감사·조사권과 감사원의 직무감찰은 사후통제인 동시에 외부통제에 해당한다. 25 승진 (O X)

12 상급자의 하급자에 대한 직무명령권은 내부적 통제의 일환이다. 22 채용 (O X)

13 내부통제: 국가경찰위원회, 직무명령권 20 승진, 19 채용 (O X)

14 행정안전부장관의 경찰청장과 국가경찰위원회 위원의 임명제청권은 행정통제로서 외부통제에 해당한다. 25 승진, 20 간부 (O X)

15 경찰청의 감사관, 시·도경찰청의 청문감사인권담당관, 경찰서의 청문감사인권관은 외부통제에 해당한다. 20 간부 (O X)

16 국가경찰위원회 제도는 경찰의 주요정책 등에 관하여 심의·의결하는 권한을 가지고 있으므로 민주적 통제에 해당하고, 행정안전부 소속으로 외부적 통제에도 해당한다. 20 승진 (O X)

17 외부통제 – 국민권익위원회, 국민감사청구제도, 소청심사위원회, 행정소송, 훈령권 23 승진, 20·19 채용 (O X)

18 국가인권위원회의 통제는 협의의 행정통제로서 외부통제에 해당한다. 20 간부 (O X)

19 행정부에 의한 통제유형에는 중앙행정심판위원회에 의한 통제, 국정조사·감사권 등이 포함된다. 24 채용 (O X)

20 경찰통제의 기본요소에는 권한의 분산, 정보공개, 인권의 보호, 참여의 보장이 있다. 24 간부 (O X)

21 경찰이 보유·관리하는 정보는 국민의 알권리 보장 등을 위하여「공공기관의 정보공개에 관한 법률」에서 정하는 바에 따라 적극적으로 공개하는 것이 기본 원칙이다. 24 채용 (O X)

정답 및 해설

01 X 국가배상제도는 사법적 통제
02 O
03 O
04 O
05 O
06 O
07 X 상급기관의 하급기관에 대한 감독권, 사법부의 사법심사는 사후통제에 해당한다.
08 X 행정절차법은 사전통제에 해당하지만, 예산결산권은 사후통제에 해당한다.
09 X 중앙행정심판위원회의 행정심판은 행정부에 의한 통제에 해당한다.
10 O
11 O
12 O
13 X 국가경찰위원회는 외부통제에 해당한다.
14 O
15 X 감사관은(시·도경찰청은 청문감사인권담당관, 경찰서는 청문감사인권관) 조직내부적 통제장치에 속한다.
15 O
16 X 훈령권은 내부통제에 해당한다.
17 광의의 행정부에 의한 통제
18 O
19 X 국정감사·조사는 행정통제가 아닌 입법통제이다.
20 X 인권의 보호는 경찰통제의 필요성에 해당한다.
21 O

POINT 02 부패방지 및 국민권익위원회의 설치와 운영에 관한 법률

1 부패행위의 신고

신고	누구든지 부패행위를 알게 된 때에는 이를 국민권익위원회에 신고할 수 있다. 기출OX 01 **부패방지권익위법 제11조【국민권익위원회의 설치】** ① 고충민원의 처리와 이에 관련된 불합리한 행정제도를 개선하고, 부패의 발생을 예방하며 부패행위를 효율적으로 규제하도록 하기 위하여 국무총리 소속으로 국민권익위원회를 둔다.
신고의무	공직자는 그 직무를 행함에 있어 다른 공직자가 부패행위를 한 사실을 알게 되었거나 부패행위를 강요 또는 제의받은 경우에는 지체 없이 이를 수사기관·감사원 또는 국민권익위원회에 신고하여야 한다. 기출OX 02
성실의무	부패행위 신고를 한 자가 신고의 내용이 허위라는 사실을 알았거나 알 수 있었음에도 불구하고 신고한 경우에는 이 법의 보호를 받지 못한다. 기출OX 03
신고방법	부패행위를 신고하는 자는 신고자의 인적사항과 신고취지 및 이유를 기재한 기명문서로써 하여야 하며, 신고대상과 부패행위 증거 등을 함께 제시하여야 한다. 기출OX 04
비실명 대리신고	• 신고자는 자신의 인적사항을 밝히지 아니하고 변호사를 선임하여 신고를 대리하게 할 수 있다. 이 경우 신고자의 인적사항 및 기명의 문서는 변호사의 인적사항 및 변호사 이름의 문서로 갈음한다. → **예외적 비실명신고** • 신고는 위원회에 하여야 하며, 신고자 또는 신고자를 대리하는 변호사는 그 취지를 밝히고 신고자의 인적사항, 신고자임을 입증할 수 있는 자료 및 위임장을 위원회에 함께 제출하여야 한다.

2 신고내용의 확인 및 이첩

- 국민권익위원회는 접수된 신고사항에 대하여 감사·수사 또는 조사가 필요한 경우 이를 감사원, 수사기관 또는 해당 공공기관의 감독기관(조사기관)에 이첩하여야 한다.
- 국민권익위원회에 신고가 접수된 당해 부패행위의 혐의대상자가 **경무관급** 이상의 경찰공무원에 해당하는 고위직공자로서 부패혐의의 내용이 형사처벌을 위한 수사 및 공소제기의 필요성이 있는 경우에는 위원회의 명의로 검찰에 고발을 하여야 한다. 기출OX 05
- 국민권익위원회는 접수된 신고사항을 그 접수일부터 **60일** 이내에 처리하여야 한다. 이 경우 신고자의 인적사항 등에 따른 사항을 확인하기 위한 보완 등이 필요하다고 인정되는 경우에는 그 기간을 **30일** 이내에서 연장할 수 있다.

3 조사결과의 처리

- 조사기관은 신고를 이첩 또는 송부받은 날부터 **60일** 이내에 감사·수사 또는 조사를 종결하여야 한다. 다만, 정당한 사유가 있는 경우에는 그 기간을 연장할 수 있으며, 위원회에 그 연장사유 및 연장기간을 통보하여야 한다. 기출OX 06
- 신고를 이첩 또는 송부받은 조사기관(조사기관이 이첩받은 신고사항에 대하여 다른 조사기관에 이첩·재이첩, 감사요구, 송치, 수사의뢰 또는 고발을 한 경우에는 이를 받은 조사기관을 포함한다.)은 감사·수사 또는 조사결과를 감사·수사 또는 조사 종료 후 **10일** 이내에 위원회에 통보하여야 한다.

4 감사청구권

- **18세** 이상의 국민은 공공기관의 사무처리가 법령위반 또는 부패행위로 인하여 공익을 현저히 해하는 경우 대통령령으로 정하는 일정한 수 이상(**300인** 이상)의 국민의 연서로 감사원에 감사를 청구할 수 있다. 기출OX 07, 08

기출 OX

01 누구든지 부패행위을 알게 된 때에는 이를 위원회에 신고할 수 있다. 17 승진 〔O X〕

02 공직자는 그 직무를 행함에 있어 다른 공직자가 부패행위를 한 사실을 알게 되었거나 부패행위를 강요 또는 제의받은 경우에는 지체 없이 이를 수사기관·감사원 또는 위원회에 신고하여야 한다. 17 승진 〔O X〕

03 신고자가 신고의 내용이 허위라는 사실을 알았거나 알 수 있었음에도 불구하고 신고한 경우에는 이 법의 보호를 받지 못한다. 20 간부, 17 승진 〔O X〕

04 부패행위를 신고하고자 하는 자는 신고취지 및 이유를 기재한 무기명의 문서로써 하여야 하며, 신고대상과 부패행위의 증거 등을 함께 제시하여야 한다. 20 간부, 17 승진 〔O X〕

05 국민권익위원회는 신고가 접수된 부패행위의 혐의대상자가 경무관급 이상의 경찰공무원이고, 부패 혐의의 내용이 형사처벌을 위한 수사 및 공소제기의 필요성이 있는 경우에는 위원회의 명의로 검찰에 고발할 수 있다. 20 간부 〔O X〕

06 조사기관은 신고를 이첩받은 날부터 60일 이내에 감사·수사 또는 조사를 종결하여야 한다. 다만, 정당한 사유가 있는 경우에는 그 기간을 연장할 수 있으며, 위원회에 그 연장사유 및 연장기간을 통보하여야 한다. 20 간부 〔O X〕

07 18세 이상의 국민은 경찰 등 공공기관의 사무처리가 법령위반 또는 부패행위로 인하여 공익을 현저히 해하는 경우, 100명 이상의 국민의 연서로 감사원에 감사를 청구할 수 있다. 22 채용 〔O X〕

08 19세 이상의 국민은 경찰을 비롯한 공공기관의 사무처리가 법령위반 또는 부패행위로 인하여 공익을 현저히 해하는 경우 300인 이상의 연서로 감사원에 감사를 청구할 수 있다. 20 승진 〔O X〕

정답 및 해설

01 O
02 O
03 O
04 X 실명신고가 원칙이다.
05 X 위원회의 명의로 검찰에 고발을 하여야 한다.
06 O
07 X 300명 이상의 국민의 연서로 감사를 청구할 수 있다.
08 X 18세 이상 국민

POINT 03 경찰 감찰 규칙

1 목적

이 규칙은 경찰청 및 그 소속기관에 소속하는 경찰공무원, 별정·일반직 공무원(무기계약 및 기간제 근로자를 포함한다), 의무경찰 등의 공직기강 확립과 경찰 행정의 적정성 확보를 위한 감찰에 필요한 사항을 규정함을 목적으로 한다. 기출OX 01

> **경찰 감찰 규칙 제2조 【정의】** "감찰"이란 복무기강 확립과 경찰행정의 적정성을 확보하기 위해 경찰기관 또는 소속공무원의 제반업무와 활동 등을 조사·점검·확인하고 그 결과를 처리하는 감찰관의 직무활동을 말한다. 기출OX 02

2 감찰관

결격사유	다음 어느 하나에 해당하는 사람은 감찰관이 될 수 없다. 1. 직무와 관련한 금품 및 향응 수수, 공금횡령·유용, 「성폭력범죄의 처벌 등에 관한 특례법」에 따른 성폭력범죄로 징계처분을 받은 사람 2. 제1호 이외의 사유로 징계처분을 받아 말소기간이 경과하지 아니한 사람 3. 질병 등으로 감찰관으로서의 업무수행이 어려운 사람 4. 기타 감찰관으로서 적합하지 아니하다고 판단되는 사람
선발	경찰기관의 장은 감찰관 보직공모에 응모한 지원자 및 3인 이상의 동료로부터 추천 받은 자를 대상으로 적격심사를 거쳐 감찰관을 선발한다.
신분보장	• 경찰기관의 장은 감찰관이 제5조에 따른 결격사유에 해당되는 것으로 밝혀졌을 경우와 다음 어느 하나에 해당하는 경우를 제외하고는 2년 이내에 본인의 의사에 반하여 전보하여서는 아니 된다. 다만, 승진 등 인사관리상 필요한 경우에는 그러하지 아니하다. 기출OX 03 1. 징계사유가 있는 경우 2. 형사사건에 계류된 경우 3. 질병 등으로 감찰업무를 수행할 수 없거나 직무수행 능력이 현저히 부족하다고 판단되는 경우 4. 고압·권위적인 감찰활동을 반복하여 물의를 야기한 경우 • 경찰기관의 장은 1년 이상 성실히 근무한 감찰관에 대해서는 희망부서를 고려하여 전보한다 기출OX 04
적격심사	경찰기관의 장은 소속 감찰관에 대하여 감찰관 보직 후 2년마다 적격심사를 실시하여 인사에 반영하여야 한다. 기출OX 05

[참고] 감찰관 제척사유

> 감찰관은 다음 경우에 당해 감찰직무(감찰조사 및 감찰업무에 대한 지휘를 포함한다)에서 제척된다.
> 1. 감찰관 본인이 의무위반행위로 인해 감찰대상이 된 때 기출OX 06
> 2. 감찰관 본인이 의무위반행위로 인해 피해를 받은 자(이하 "피해자"라 한다)인 때
> 3. 감찰관 본인이 의무위반행위로 인해 감찰대상이 된 소속공무원(이하 "조사대상자"라 한다)이나 피해자의 친족이거나 친족관계가 있었던 자인 때
> 4. 감찰관 본인이 조사대상자나 피해자의 법정대리인이나 후견감독인인 때

기출 OX

01 「경찰 감찰 규칙」제1조는 "경찰청 및 그 소속기관에 소속하는 경찰공무원, 별정·일반직 공무원, 의무경찰 등의 공직기강 확립과 경찰 행정의 효율성 확보를 위한 감찰에 필요한 사항을 규정함을 목적으로 한다."라고 명시하고 있다. 18 승진 O X

02 "감찰"이란 복무기강 확립과 경찰행정의 적정성을 확보하기 위해 경찰기관 또는 소속공무원의 제반업무와 활동 등을 조사·점검·확인하고 그 결과를 처리하는 감찰관의 직무활동을 말한다. 23 채용 O X

03 경찰기관의 장은 감찰관이 제5조에 따른 결격사유에 해당되는 것으로 밝혀졌을 경우와 제7조 제1항 각 호의 어느 하나에 해당하는 경우를 제외하고는 3년 이내에 본인의 의사에 반하여 전보하여서는 아니 된다. 다만, 승진 등 인사관리상 필요한 경우에는 그러하지 아니하다. 21 승진 O X

04 경찰기관장은 1년 이상 성실히 근무한 감찰관에 대해서는 희망부서를 고려하여 전보한다. 16 채용, 21·17 승진 O X

05 감찰부서장은 소속 감찰관에 대하여 감찰관 보직 후 3년마다 적격심사를 실시하여 인사에 반영하여야 한다. 24 간부, 23 채용 O X

06 감찰관은 감찰관 본인이 의무위반행위로 인해 감찰대상이 된 때에는 당해 감찰직무(감찰조사 및 감찰업무에 대한 지휘를 포함한다)에서 제척된다. 23 채용 O X

정답 및 해설

01 X 효율성 확보가 아니라 적정성 확보이다
02 O
03 X 2년 이내하여 전보
04 O
05 X 경찰기관의 장(감찰부서의 장 ×), 2년마다 적격심사를 실시한다.
06 O

3 감찰활동

(1) 관할과 감찰종류

관할	감찰관은 소속 경찰기관의 관할구역 안에서 활동하여야 한다. 다만, 상급 경찰기관의 장의 지시가 있는 경우에는 관할구역 밖에서도 활동할 수 있다 기출OX 01
특별감찰	경찰기관의 장은 의무위반행위가 자주 발생하거나 그 발생 가능성이 높다고 인정되는 시기, 업무분야 및 경찰관서 등에 대하여는 일정기간 동안 전반적인 조직관리 및 업무추진 실태 등을 집중 점검할 수 있다. 기출OX 02, 03
교류감찰	경찰기관의 장은 상급 경찰기관의 장의 지시에 따라 소속 감찰관으로 하여금 일정기간 동안 다른 경찰기관 소속 직원의 복무실태, 업무추진 실태 등을 점검하게 할 수 있다. 기출OX 04

(2) 감찰절차

감찰활동 착수	• 감찰관은 소속공무원의 의무위반행위에 관한 단서(현장인지, 진정·탄원 등을 포함한다)를 수집·접수한 경우 소속 경찰기관의 감찰부서장에게 보고하여야 한다. 기출OX 05 • 감찰부서장은 보고를 받은 경우 감찰 대상으로서의 적정성을 검토한 후 감찰활동 착수 여부를 결정하여야 한다. 기출OX 06
감찰계획 수립	• 감찰관은 감찰활동에 착수할 때에는 감찰기간과 대상, 중점감찰사항 등을 포함한 감찰계획을 소속 경찰기관의 감찰부서장에게 보고하여 승인을 받아야 한다. • 감찰관은 사전에 계획하고 보고한 범위에 한하여 감찰활동을 수행하여야 한다. • 감찰기간은 6개월의 범위 내에서 감찰부서장이 정한다. • 감찰관은 계속 감찰활동이 필요한 경우 그 사유를 소명하여 소속 경찰기관의 감찰부서장의 승인을 받아 6개월의 범위 내에서 감찰기간을 연장할 수 있다.

자료제출 요구	• 감찰관은 직무상 다음의 요구를 할 수 있다. 다만, 제2호 및 제3호의 경우에는 필요 최소한의 범위 내에서 요구하여야 한다.
	  1. 조사를 위한 출석
	  2. 질문에 대한 답변 및 진술서 제출 → 필요최소한 요구
	  3. 증거품 등 자료 제출 → 필요최소한 요구
	  4. 현지조사의 협조
	• 소속공무원은 감찰관으로부터 위의 요구를 받은 때에는 정당한 사유가 없는 한 그 요구에 응하여야 한다. 기출OX 07

감찰관 증명서 제시	감찰관은 자료제출을 요구할 경우 소속 경찰기관의 장이 발행한 별지 제3호 서식의 감찰관 증명서 또는 경찰공무원증을 제시하여 신분을 밝히고 감찰활동의 목적을 설명하여야 한다.
감찰활동 결과 보고 및 처리	감찰관은 감찰활동 결과 소속공무원의 의무위반행위, 불합리한 제도·관행, 선행·수범 직원 등을 발견한 경우 이를 소속 경찰기관의 장에게 보고하여야 한다.

기출 OX

01 감찰관은 소속 경찰기관의 관할구역 안에서 활동하여야 하나, 상급 경찰기관의 장의 지시가 있는 경우에는 관할구역 밖에서도 활동할 수 있다. 21 승진, 18 채용, 16 간부 (O X)

02 경찰기관의 장은 의무위반행위가 자주 발생하거나 그 발생 가능성이 높다고 인정되는 시기, 업무분야 및 경찰관서 등에 대하여는 일정기간 동안 전반적인 조직관리 및 업무추진 실태 등을 집중 점검할 수 있다. 23 채용, 19 승진, 16 간부 (O X)

03 '특별감찰'에 대해 "경찰기관의 장은 상급 경찰기관의 장의 지시에 따라 소속 감찰관으로 하여금 일정기간 동안 다른 경찰기관 소속 직원의 복무실태, 업무추진 실태 등을 점검하게 할 수 있다."라고 규정하고 있다. 18 승진, 16 채용 (O X)

04 소속 경찰기관의 장의 지시에 따라 소속 감찰관으로 하여금 일정기간 동안 다른 경찰기관 소속 직원의 복무실태, 업무추진 실태 등을 점검하게 할 수 있다. 17 승진, 18 채용 (O X)

05 감찰관은 소속공무원의 의무위반행위에 관한 단서(현장인지, 진정·탄원 등을 포함한다)를 수집·접수한 경우 소속 경찰기관의 감찰부서장에게 보고하여야 한다. 21 승진 (O X)

06 감찰관은 경찰공무원 등의 의무이반행위에 관한 현장인지, 진정·탄원 등 단서를 수집·접수한 경우, 소속 경찰기관의 감찰부서장에게 보고 후, 감찰부서장의 적정성 검토에 따라 감찰활동 착수 여부를 결정하여야 한다. 19·18 승진 (O X)

07 감찰관은 직무상 증거품 등 자료 제출, 현지조사의 협조 등을 요구할 수 있으며, 경찰공무원 등은 정당한 사유가 없더라도 감찰관의 요구에 응하지 않을 수 있다. 20·18·16 승진 (O X)

정답 및 해설

01 O
02 O
03 X 교류감찰에 대한 설명이다.
04 X 상급 경찰기관의 장의 지시
05 O
06 O
07 X 정당한 사유가 없는 한 요구에 응하여야 한다.

4 감찰조사

출석요구 등	• 감찰관은 감찰조사를 위해서 조사대상자의 출석을 요구할 때에는 조사기일 3일 전까지 출석요구서 또는 구두로 조사일시, 의무위반행위사실 요지 등을 통지하여야 한다. 다만, ㉠ 사안이 급박한 경우 또는 ㉡ 조사대상자의 요청이 있는 경우에는 즉시 조사에 착수할 수 있다. 기출 OX 01 • 조사대상자는 변호사를 변호인으로 선임할 수 있다. 다만, 감찰부서장의 승인을 받은 경우에는 변호사가 아닌 사람을 특별변호인으로 선임할 수 있다. • 감찰관은 조사대상자에게 진술을 거부할 수 있음을 사전에 고지하여야 한다.
조사 참여·동석	감찰관은 조사대상자가 다음의 사항을 신청할 경우 이에 해당하는 사람을 참여하게 하거나 동석하도록 하여야 한다. • 참여대상자: ㉠ 다른 감찰관, ㉡ 변호인 • 동석대상자: ㉠ 조사대상자의 동료공무원, ㉡ 조사대상자의 직계친족, 배우자, 가족 등 조사대상자의 심리적 안정과 원활한 의사소통에 도움을 줄 수 있는 자
감찰조사 전 고지	• 감찰관은 감찰조사를 실시하기 전에 조사대상자에게 의무위반행위 사실의 요지를 알려야 한다. 기출 OX 02 • 감찰관은 조사대상자에게 참여·동석을 신청할 수 있다는 사실을 고지하여야 한다.
조사시 유의사항	성폭력·성희롱 피해 여성에 대하여는 피해자의 의사에 반하지 않는 한 여성 경찰공무원이 조사하도록 하여야 하고, 조사 과정에서 피해자의 인격이나 명예가 손상되거나 사적인 비밀이 침해되지 않도록 하여야 한다.
심야조사의 금지	• 감찰관은 심야(자정부터 오전 6시까지를 말한다)에 조사를 하여서는 아니 된다. 기출 OX 03 • 위 내용에도 불구하고 감찰관은 조사대상자 또는 그 변호인의 심야조사 요청이 있는 경우에는 예외적으로 심야조사를 할 수 있다. 이 경우 심야조사의 사유를 조서에 명확히 기재하여야 한다.
휴식시간 부여	감찰관은 조사에 장시간이 소요되는 경우 특별한 사정이 없는 한 조사 도중에 최소한 2시간 마다 10분 이상의 휴식시간을 부여하여 조사대상자가 피로를 회복할 수 있도록 노력하여야 한다.

5 민원사건과 기관통보사건 처리

민원사건의 처리	감찰관은 소속공무원의 의무위반사실에 대한 민원을 접수한 경우 접수일로부터 2개월 내에 신속히 처리하여야 한다. 다만, 부득이한 사유로 민원을 기한 내에 처리할 수 없을 때에는 소속 경찰기관의 감찰부서장에게 보고하여 그 처리 기간을 연장할 수 있다. 기출 OX 04
기관통보사건의 처리	• 감찰관은 다른 경찰기관 또는 검찰, 감사원 등 다른 행정기관으로부터 통보받은 소속공무원의 의무위반행위에 대해서는 통보받은 날로부터 1개월 이내에 신속히 처리하여야 한다. 기출 OX 05 • 감찰관은 검찰·경찰, 그 밖의 수사기관으로부터 수사개시 통보를 받은 경우에는 징계의결요구권자의 결재를 받아 해당 기관으로부터 수사결과의 통보를 받을 때까지 감찰조사, 징계의결요구 등의 절차를 진행하지 아니할 수 있다. 기출 OX 06

6 징계 등 조치

- 경찰기관의 장은 감찰관이 이 규칙에 위배하여 직무를 태만히 하거나 권한을 남용한 경우 및 직무상 취득한 비밀을 누설한 경우에는 해당 사건의 담당 감찰관 교체, 징계요구 등의 조치를 한다.
- 감찰관의 의무위반행위에 대해서는 「경찰공무원 징계령 세부시행규칙」의 징계양정에 정한 기준보다 가중하여 징계조치한다. 기출 OX 07

기출 OX

01 감찰관은 감찰조사를 위해서 조사대상자의 출석을 요구할 때에는 조사기일 2일 전까지 출석요구서 또는 구두로 조사일시, 의무위반행위사실 요지 등을 통지하여야 한다. 다만, 사안이 급박한 경우에는 즉시 조사에 착수할 수 있다. 19·18·16 승진 (O X)

02 감찰관은 감찰조사를 실시하기 전에 조사대상자에게 의무위반행위 사실의 요지를 알릴 수 없지만, 다른 감찰관의 참여를 요구할 수 있음은 고지하여야 한다. 17 채용 (O X)

03 감찰관은 심야(오후 10시부터 오전 6시까지를 말한다)에 조사를 하여서는 아니 된다. 다만, 감찰관은 조사대상자 또는 그 변호인의 심야조사 요청서에 의한 심야조사 요청이 있는 경우에는 예외적으로 심야조사를 할 수 있다. 18·17·16 채용, 20·17·16 승진 (O X)

04 감찰관은 소속 경찰공무원 등의 의무위반사실에 대한 민원을 접수하였을 때는 접수일로부터 3개월 이내에 신속히 처리하여야 하며 그 기간을 연장할 수 없다. 16 채용, 18·16 승진, 24·16 간부 (O X)

05 감찰관은 다른 경찰기관 또는 검찰, 감사원 등 다른 행정기관으로부터 통보받은 소속직원의 의무위반행위에 대해서는 통보받은 날로부터 2개월 이내에 신속히 처리하여야 한다. 20·18·17 승진, 18·17 채용, 16 간부 (O X)

06 감찰관은 검찰·경찰, 그 밖의 수사기관으로부터 수사개시 통보를 받은 경우에는 해당 기관으로부터 수사결과의 통보를 받을 때까지 감찰조사, 징계의결요구 등의 절차를 진행해서는 아니 된다. 19 승진, 17 채용 (O X)

07 감찰관의 의무위반행위 중 직무와 관련된 금품 및 향응 수수, 공금횡령·유용, 성폭력범죄에 한하여「경찰공무원 징계령 세부시행규칙」의 징계양정에 정한 기준보다 가중하여 징계조치한다. 18 승진 (O X)

정답 및 해설

01 X 3일 전
02 X 의무위반행위 사실의 요지 및 다른 감찰관 등의 참여 요구를 할 수 있음을 모두 고지해야 한다.
03 X 자정부터 오전 6시
04 X 2개월 내에 신속히 처리하여야 한다.
05 X 기관통보 사건의 처리기한은 1개월이다.
06 X 진행하지 않을 수 있다.
07 X 직무와 관련된 금품 및 향응 수수, 공금횡령·유용, 성폭력범죄에 한정하지 않는다.

POINT 04 경찰청 감사규칙

기출OX 01, 02, 03, 04, 05, 06, 07, 08, 09

종류와 주기		• 감사의 종류는 종합감사, 특정감사, 재무감사, 성과감사, 복무감사, 일상감사로 구분한다 • 종합감사의 주기는 1년에서 3년까지 하되 치안수요 등을 고려하여 조정 실시한다.
감사결과 조치기준	징계 또는 문책 요구	국가공무원법과 그 밖의 법령에 규정된 징계 또는 문책 사유에 해당하거나 정당한 사유 없이 자체감사를 거부 하거나 자료의 제출을 게을리한 경우
	시정 요구	감사결과 위법 또는 부당하다고 인정되는 사실이 있어 추징·회수·환급·추급 또는 원상복구 등이 필요하다고 인정되는 경우
	경고·주의	감사결과 위법 또는 부당하다고 인정되는 사실이 있으나 그 정도가 징계 또는 문책사유에 이르지 아니할 정도로 경미하거나, 감사대상기관 또는 부서에 대한 제재가 필요한 경우
	개선 요구	감사결과 법령상·제도상 또는 행정상 모순이 있거나 그 밖에 개선할 사항이 있다고 인정되는 경우
	권고	감사결과 문제점이 인정되는 사실이 있어 그 대안을 제시하고 감사대상기관의 장 등으로 하여금 개선방안을 마련하도록 할 필요가 있는 경우
	통보	감사결과 비위 사실이나 위법 또는 부당하다고 인정되는 사실이 있으나 (징계 ~ 권고)까지의 요구를 하기에 부적합하여 감사대상기관 또는 부서에서 자율적으로 처리할 필요가 있다고 인정되는 경우
	변상명령	「회계관계직원 등의 책임에 관한 법률」이 정하는 바에 따라 변상책임이 있는 경우
	고발	감사결과 범죄 혐의가 있다고 인정되는 경우
	현지조치	감사결과 경미한 지적사항으로서 현지에서 즉시 시정·개선조치가 필요한 경우

기출 OX

01 징계 또는 문책 요구 – 국가공무원법과 그 밖의 법령에 규정된 징계 또는 문책 사유에 해당하거나 정당한 사유 없이 자체감사를 거부하거나 자료의 제출을 게을리한 경우 20 승진 (O X)

02 감사관은 감사결과 위법 또는 부당하다고 인정되는 사실이 있으나 그 정도가 징계 또는 문책사유에 이르지 아니할 정도로 경미하거나, 감사대상기관 또는 부서에 대한 제재가 필요한 경우 시정요구를 한다. 18 채용 (O X)

03 개선 요구 – 감사결과 문제점이 인정되는 사실이 있어 그 대안을 제시하고 감사기관의 장 등으로 하여금 개선방안을 마련하도록 할 필요가 있는 경우 22 채용, 18 승진 (O X)

04 변상명령 – 검사결과 위법 또는 부당하다고 인정되는 사실이 있어 추징·회수·환급·추급 또는 원상복구 등이 필요하다고 인정되는 경우 18 승진 (O X)

05 통보 – 감사결과 비위 사실이나 위법 또는 부당하다고 인정되는 사실이 있으나 징계 또는 문책 요구, 시정 요구, 경고·주의 요구, 개선 요구, 권고를 하기에 부적합하여 감사대상기관 또는 부서에서 자율적으로 처리할 필요가 있다고 인정되는 경우 18 승진 (O X)

06 시정 요구 – 감사결과 법령상·제도상 또는 행정상 모순이 있거나 그 밖에 개선할 사항이 있다고 인정되는 경우 22 채용, 20 승진 (O X)

07 권고 – 감사결과 문제점이 인정되는 사실이 있어 그 대안을 제시하고 감사대상기관의 장 등으로 하여금 개선방안을 마련하도록 할 필요가 있는 경우 20 승진 (O X)

08 변상명령 – 감사결과 위법 또는 부당하다고 인정되는 사실이 있어 추징·회수·환급·추급 또는 원상복구 등이 필요하다고 인정되는 경우 20 승진 (O X)

09 변상명령: 감사결과 경미한 지적사항으로서 현지에서 즉시 시정 개선조치가 필요한 경우 22 채용 (O X)

정답 및 해설

01 O
02 X 경고·주의요구이다.
03 X 권고
04 X 시정 요구
05 O
06 X 개선 요구에 대한 설명이다.
07 O
08 X 시정 요구에 대한 설명이다.
09 X 현지조치

POINT 05 행정업무의 운영 및 혁신에 관한 규정

1 공문서의 종류

행정업무의 운영 및 혁신에 관한 규정 제3조 【정의】
1. "공문서"란 행정기관에서 공무상 작성하거나 시행하는 문서(도면·사진·디스크·테이프·필름·슬라이드·전자문서 등의 특수매체기록을 포함한다.)와 행정기관이 접수한 모든 문서를 말한다.

법규문서	헌법·법률·대통령령·총리령·부령·조례·규칙등에 관한 문서 기출OX 01
지시문서	훈령·지시·예규·일일명령 등 행정기관이 그 하급기관이나 소속 공무원에 대하여 일정한 사항을 지시하는 문서 기출OX 02
공고문서	고시·공고 등 행정기관이 일정한 사항을 일반에게 알리는 문서 기출OX 03
비치문서	행정기관이 일정한 사항을 기록하여 행정기관 내부에 비치하면서 업무에 활용하는 대장, 카드 등의 문서 기출OX 04
민원문서	민원인이 행정기관에 허가, 인가, 그 밖의 처분 등 특정한 행위를 요구하는 문서와 그에 대한 처리문서 기출OX 05
일반문서	위에 속하지 아니하는 모든 문서 기출OX 06

2 공문서의 성립과 효력발생

- 문서는 결재권자가 해당 문서에 서명(전자이미지서명, 전자문자서명 및 행정전자서명을 포함한다.)의 방식으로 결재함으로써 성립한다.
- 문서는 수신자에게 도달(전자문서의 경우는 수신자가 관리하거나 지정한 전자적 시스템 등에 입력되는 것을 말한다)됨으로써 효력을 발생한다.
- 공고문서는 그 문서에서 효력발생 시기를 구체적으로 밝히고 있지 않으면 그 고시 또는 공고 등이 있은 날부터 5일이 경과한 때에 효력이 발생한다.

기출 OX

01 '법규문서'란 헌법·법률·대통령령·총리령·부령·조례·규칙 등에 관한 문서를 말한다. 22 채용 (O X)

02 '지시문서'란 조례·규칙·훈령·지시·예규 및 일일명령 등 행정기관이 그 하급기관 또는 소속 공무원에 대하여 일정한 사항을 지시하는 문서를 말한다. 22 채용, 18 승진 (O X)

03 '공고문서'란 고시·공고 등 행정기관이 일정한 사항을 일반에게 알리는 문서를 말한다. 22 채용 (O X)

04 '비치문서'란 행정기관이 일정한 사항을 기록하여 행정기관 내부에 비치하면서 업무에 활용하는 대장, 카드 등의 문서를 말한다. 18 승진 (O X)

05 '민원문서'란 민원인이 행정기관에 허가, 인가, 그 밖의 처분 등 특정한 행위를 요구하는 문서와 그에 대한 처리문서를 말한다. 18 승진 (O X)

06 '일반문서'란 민원인이 행정기관에 허가, 인가, 그 밖의 처분 등 특정한 행위를 요구하는 문서와 그에 대한 처리문서를 말한다. 22 채용, 18 승진 (O X)

정답 및 해설

01 O
02 X 조례·규칙은 법규문서에 해당한다.
03 O
04 O
05 O
06 X 민원문서에 대한 설명이다.

POINT 06 경찰인권보호규칙

1 정의

경찰관등	"경찰관등"이란 경찰청과 그 소속기관의 경찰공무원, 일반직공무원, 무기계약근로자 및 기간제근로자를 의미한다. 기출OX 01
인권침해	"인권침해"란 경찰관등이 직무를 수행하는 과정에서 모든 사람에게 보장된 인권을 침해하는 것을 말한다. 기출OX 02

2 경찰청 및 시·도경찰청 인권위원회

위원회 설치	경찰청장 및 시·도경찰청장의 자문기구로서 각각 경찰청 인권위원회, 시·도경찰청 인권위원회를 설치하여 운영한다. 기출OX 03

위원회 구성 및 회의	• 위원회는 위원장 1명을 포함하여 7명 이상 13명 이하의 위원으로 구성함 이때, 특정 성별이 전체 위원 수의 10분의 6을 초과하지 아니해야 한다. 기출OX 04 → 노력 X
	• 위원장은 위원회에서 호선하며, 위원은 당연직 위원과 위촉 위원으로 구분한다.
	
	[TIP] 호선하는 위원장 → 국자위인언손
	• 국가경찰위원회 위원장 • 자치경찰위원회 위원추천위원회 위원장
	• 경찰청, 시·도경찰청 인권위원 • 언론중재위원회 위원장 • 손실보상심의위원회 위원장
	
	• 당연직 위원은 경찰청은 감사관, 시·도경찰청은 청문감사인권담당관으로 한다. 기출OX 05
	• 위원장과 위촉 위원의 임기는 위촉된 날로부터 2년으로 하며 위원장의 직은 연임할 수 없고, 위촉 위원은 두 차례만 연임할 수 있다. 기출OX 06, 07
	• 위촉 위원에 결원이 생긴 경우 새로 위촉할 수 있고, 이 경우 새로 위촉된 위원의 임기는 위촉된 날부터 기산한다. 기출OX 08
	• 다음 어느 하나에 해당하는 사람은 위원이 될 수 없다.
	  1. 선거에 후보자(예비후보자 포함)로 등록한 사람
	  2. 선거에 의하여 취임한 공무원이거나 그 직에서 퇴직한 날부터 3년이 지나지 아니한 사람
	  3. 경찰의 직에 있거나 그 직에서 퇴직한 날부터 3년이 지나지 아니한 사람 기출OX 09
	  4. 선거사무관계자 및 「정당법」에 따른 정당의 당원
	• 위원회의 회의는 정기회의와 임시회의로 구분하며, 재적위원 과반수의 출석으로 개의하고, 출석위원 과반수의 찬성으로 의결한다.
	• 정기회의는 경찰청은 월 1회, 시·도경찰청은 분기 1회 개최한다. 기출OX 10
	• 회의에 출석한 위원에게는 예산의 범위 안에서 수당 또는 여비를 지급할 수 있다. 기출OX 11

3 인권정책 기본계획 및 인권교육계획

기본계획	경찰청장은 국민의 인권보호와 증진을 위하여 경찰 인권정책 기본계획을 5년마다 수립해야 한다. 기출OX 12
인권교육계획	• 경찰청장은 경찰관등(경찰공무원으로 신규 임용될 사람을 포함)이 근무하는 동안 지속적·체계적으로 교육을 받을 수 있도록 3년 단위로 인권교육종합계획을 수립하여 시행해야 한다. 기출OX 13 • 경찰관서의 장은 위의 내용을 반영하여 매년 인권교육 계획을 수립하여 시행하여야 한다. 기출OX 14

기출 OX

01 "경찰관등"이란 경찰청과 그 소속기관의 경찰공무원, 일반직 공무원을 말한다(단, 무기계약근로자 및 기간제 근로자는 제외한다). 23 채용 　　　　　　　　　　　　　　　　　　　　　　　　　　　　　　　　O X

02 '인권침해'란 경찰관등이 직무를 수행하는 과정에서 모든 사람에게 보장된 인권을 침해하는 것을 말한다. 22 채용 　　　　　　　　　　　　　　　　　　　　　　　　　　　　　　　　　　　　　　O X

03 경찰 활동 전반에 걸친 민주적 통제를 구현하여 경찰력 오·남용을 예방하고, 경찰 행정의 인권지향성을 높여 인권을 존중하는 경찰 활동을 정립하기 위해 시·도경찰청장 및 경찰서의 심의의결기구로서 각각 시·도경찰청 인권위원회, 경찰서 인권위원회를 설치하여 운영한다. 25 승진, 25·23·22 채용, 23 간부 　　O X

04 위원회는 위원장 1명을 포함하여 7명 이상 15명 이하의 위원으로 구성한다. 이때, 특정 성별이 전체 위원 수의 10분의 6을 초과하지 아니해야 한다. 23 간부, 19·18 채용 　　　　　　　　　　　　　　O X

05 당연직 위원은 경찰청은 청문감사인권담당관, 시·도경찰청은 감사관으로 한다. 25·23 채용 　O X

06 위원장과 위촉 위원의 임기는 위촉된 날로부터 3년으로 하며 위원장의 직은 연임할 수 없고, 위촉위원은 두 차례만 연임할 수 있다. 25 승진, 23 간부, 19 채용 　　　　　　　　　　　　　　　　　　O X

07 경찰청 인권위원회와 시·도경찰청 인권위원회 각각의 위원장과 위촉 위원의 임기는 위촉된 날로부터 2년으로 하며 위원장의 직은 연임할 수 없고, 위촉 위원은 세 차례만 연임할 수 있다. 25·23·19 채용 　O X

08 위촉 위원에 결원이 생긴 경우 새로 위촉할 수 있고, 이 경우 위촉된 위촉된 위원의 임기는 위촉된 날의 다음 날부터 기산한다. 18 채용 　　　　　　　　　　　　　　　　　　　　　　　　　　　　　　O X

09 위원은 경찰의 직에 있거나 그 직에서 퇴직한 날부터 3년이 지나지 아니한 사람이어야 한다. 23 채용, 23 간부 　　　　　　　　　　　　　　　　　　　　　　　　　　　　　　　　　　　　　　　O X

10 경찰청 인권위원회와 시·도경찰청 인권위원회의 정기회의는 각각 분기 1회 개최한다. 23·18 채용 　O X

11 회의에 출석한 위원에게는 예산의 범위 안에서 수당 또는 여비를 지급할 수 있다. 25 채용 　O X

12 경찰청장은 국민의 인권보호와 증진을 위하여 경찰 인권정책 기본계획을 5년마다 수립해야한다. 25 승진, 22 채용 　　　　　　　　　　　　　　　　　　　　　　　　　　　　　　　　　　　　O X

13 경찰청장은 경찰관등이 근무하는 동안 지속적 체계적으로 교육을 받을 수 있도록 매년 인권교육종합계획을 수립 시행하여야 한다. 23 간부, 21 승진, 19 채용 　　　　　　　　　　　　　　　　　　O X

14 경찰관서의 장은 경찰청 인권교육종합계획의 내용을 반영하여 매년 인권교육 계획을 수립·시행하여야 한다. 19 채용 　　　　　　　　　　　　　　　　　　　　　　　　　　　　　　　　O X

정답 및 해설

01 X 무기계약근로자 및 기간제근로자를 포함한다.
02 O
03 X 심의의결기구가 아니라 자문기구이고, 경찰서에는 설치되지 않는다.
04 X 7명 이상 13명 이하의 위원으로 구성한다.
05 X 시·도경찰청은 청문감사인권담당관이다.
06 X 위원장과 위촉 위원의 임기는 위촉된 날로부터 2년이다.
07 X 위촉 위원은 두 차례만 연임할 수 있다.
08 X 결원으로 위촉된 위원의 임기는 위촉된 날부터 기산한다.
09 X 경찰의 직에 있거나 그 직에서 퇴직한 날부터 3년이 지나지 아니한 사람은 위원이 될 수 없다.
10 X 경찰청은 월 1회, 시·도경찰청은 분기 1회
11 O
12 O
13 X 경찰청장은 3년 단위로 인권교육종합계획을 수립·시행하여야 한다.
14 O

4 인권영향평가

인권영향평가	**경찰청장**은 인권침해를 예방하고, 인권친화적인 치안 행정이 구현되도록 다음의 사항에 대하여 인권영향평가를 실시하여야 한다. 1. 제·개정하려는 법령 및 행정규칙 2. 국민의 인권에 영향을 미치는 정책 및 계획 3. 참가인원, 내용, 동원 경력의 규모, 배치 장비 등을 고려하여 인권침해 가능성이 높다고 판단되는 집회 및 시위 [기출OX 01]
평가절차	경찰청장은 다음의 구분에 따른 기한 내에 인권영향평가를 실시하여야 한다. 1. 제·개정하려는 법령 및 행정규칙: 해당 안건을 경찰위원회에 상정하기 **60일** 이전 2. 국민의 인권에 영향을 미치는 정책 및 계획: 해당 사안이 확정되기 이전 3. 인권침해 가능성이 높다고 판단되는 집회 및 시위: 집회 및 시위 종료일로부터 **30일** 이전
점검	**간사**(경찰청은 인권보호담당관, 시·도경찰청은 인권업무 담당 계장)는 **반기 1회** 이상 인권영향평가의 이행 여부를 점검하고, 이를 소속 위원회에 제출해야 한다. [기출OX 02]

5 인권진단

- 인권보호담당관은 인권침해를 예방하고 제도를 개선하기 위해 **연 1회** 이상 다음의 사항을 진단하여야 한다. [기출OX 03]
  1. 인권 관련 정책 이행 실태
  2. 인권교육 추진 현황
  3. 경찰청과 소속기관의 청사 및 부속 시설 전반의 인권침해적 요소의 존재 여부

6 인권침해 사건의 조사처리

- 인권침해 진정은 **문서**(우편·팩스 및 컴퓨터 통신에 의한 것을 포함한다)나 **전화** 또는 **구두**로 접수 받으며, 담당 부서는 경찰청 인권보호담당관실로 한다.
- 조사담당자는 사건 조사 과정에서 진정인·피진정인 또는 참고인 등이 임의로 제출한 물건 중 사건 조사에 필요한 물건은 보관할 수 있다. [기출OX 04]
- 조사담당자는 제출받은 물건에 사건번호와 표제, 제출자 성명, 물건 번호, 보관자 성명 등을 적은 표지를 붙인 후 봉투에 넣거나 포장하여 안전하게 보관하여야 한다. [기출OX 05]
- 조사담당자는 제출자가 보관 중인 물건의 반환을 요구하는 경우에는 반환**하여야 하며**, 다음 어느 하나에 해당하는 경우에는 제출자가 요구하지 않더라도 **반환할 수 있다.**
  1. 진정인이 진정을 취소한 사건에서 진정인이 제출한 물건이 있는 경우 [기출OX 06]
  2. 사건이 종결되어 더 이상 보관할 필요가 없는 경우 [기출OX 07]
  3. 그 밖에 물건을 계속 보관하는 것이 적절하지 않은 경우
- 조사담당자는 사건을 조사하는 과정에서 동일한 사건에 대하여 경찰·검찰 등의 수사가 시작된 경우에는 사건 조사를 즉시 중단하고 종결하거나 해당 기관에 이첩할 수 있다. 다만, 확인된 인권침해 사실에 대한 구제 절차는 계속하여 이행할 수 있다. [기출OX 08]

7 진정의 기각 및 각하

진정의 각하	경찰청 및 그 소속기관의 장은 다음 어느 하나에 해당할 경우에는 그 **진정을 각하**할 수 있다. 1. 진정 내용이 인권침해에 해당하지 아니하는 것이 명백한 경우 2. 진정 내용이 명백히 사실이 아니거나 이유가 없다고 인정되는 경우 3. 피해자가 아닌 사람이 한 진정으로서 피해자가 조사를 원하지 않는다는 의사표시를 명백하게 한 경우 4. 진정의 원인이 된 사실이 공소시효, 징계시효 및 민사상 시효 등이 모두 완성된 경우 5.–11.생략
진정의 기각	경찰청 및 그 소속기관의 장은 진정 내용을 조사한 결과 다음 어느 하나에 해당하는 경우에는 그 **진정을 기각**할 수 있다. 1. 진정 내용이 사실이 아니거나 사실 여부를 확인하는 것이 불가능한 경우 2. 진정 내용이 이미 피해회복이 이루어지는 등 따로 구제조치가 필요하지 아니하다고 인정되는 경우 3. 진정 내용은 사실이나 인권침해에 해당하지 아니하는 경우

기출 OX

01 참가인원, 내용, 동원 경력의 규모, 배치 장비 등을 고려하여 인권침해 가능성이 높다고 판단되는 집회 및 시위의 경우는 「경찰 인권보호 규칙」상 인권영향평가 실시 대상에 해당한다. 22 승진 O X

02 간사(경찰청은 인권보호담당관, 시·도경찰청은 인권업무 담당 계장)는 분기 1회 이상 인권영향평가의 이행 여부를 점검하고, 이를 소속 위원회에 제출해야 한다. 23 간부, 22·21 승진 O X

03 인권보호담당관은 인권침해를 예방하고 제도를 개선하기 위해 연 1회 이상 인권 관련 정책 이행 실태, 인권교육 추진 현황, 경찰청과 소속기관의 청사 및 부속 시설 전반의 인권침해적 요소의 존재 여부를 진단하여야 한다. 23·22 채용 O X

04 조사담당자는 사건 조사 과정에서 진정인·피진정인 또는 참고인 등이 임의로 제출한 물건 중 사건 조사에 필요한 물건은 보관할 수 있다. 23 승진 O X

05 조사담당자는 제출받은 물건에 사건번호와 표제, 제출자 성명, 물건 번호, 보관자 성명 등을 적은 표지를 붙인 후 봉투에 넣거나 포장하여 안전하게 보관하여야 한다. 23 승진 O X

06 진정인이 진정을 취소한 사건에서 진정인이 제출한 물건이 있는 경우에는 진정인이 요구하는 경우에 한하여 반환할 수 있다. 23 승진 O X

07 조사담당자는 제출자가 보관중인 물건의 반환을 요구하는 경우에는 반환하여야 하며, 사건이 종결되어 더 이상 보관할 필요가 없는 경우에는 제출자가 요구하지 않더라도 반환할 수 있다. 22·21 승진 O X

08 조사담당자는 사건을 조사하는 과정에서 동일한 사건에 대하여 경찰·검찰 등의 수사가 시작된 경우에는 사건 조사를 즉시 중지할 수 없다. 다만, 확인된 인권침해 사실에 대한 구제절차는 계속하여 이행할 수 있다. 23 간부, 23·21 승진 O X

정답 및 해설

01 O
02 X 반기 1회 이상이다.
03 O
04 O
05 O
06 X 진정인이 진정을 취소한 사건에서 진정인이 제출한 물건이 있는 경우 제출자가 요구하지 않더라도 반환할 수 있다.
07 O
08 X 중지할 수 있다.

POINT 07 개인정보보호법

1 정의

개인정보	"개인정보"란 살아 있는 개인에 관한 정보로서 다음 어느 하나에 해당하는 정보를 말한다. 기출OX 01, 02 가. 성명, 주민등록번호 및 영상 등을 통하여 개인을 알아볼 수 있는 정보 나. 해당 정보만으로는 특정 개인을 알아볼 수 없더라도 다른 정보와 쉽게 결합하여 알아볼 수 있는 정보. 이 경우 쉽게 결합할 수 있는지 여부는 다른 정보의 입수 가능성 등 개인을 알아보는 데 소요되는 시간, 비용, 기술 등을 합리적으로 고려하여야 한다. 기출OX 03 다. 가목 또는 나목을 가명처리함으로써 원래의 상태로 복원하기 위한 추가 정보의 사용·결합 없이는 특정 개인을 알아볼 수 없는 정보(이하 "가명정보")
가명처리	"가명처리"란 개인정보의 일부를 삭제하거나 일부 또는 전부를 대체하는 등의 방법으로 추가 정보가 없이는 특정 개인을 알아볼 수 없도록 처리하는 것을 말한다. 기출OX 04
처리	"처리"란 개인정보의 수집, 생성, 연계, 연동, 기록, 저장, 보유, 가공, 편집, 검색, 출력, 정정, 복구, 이용, 제공, 공개, 파기, 그 밖에 이와 유사한 행위를 말한다.
정보주체	"정보주체"란 처리되는 정보에 의하여 알아볼 수 있는 사람으로서 그 정보의 주체가 되는 사람을 말한다. 기출OX 05
개인정보파일	"개인정보파일"이란 개인정보를 쉽게 검색할 수 있도록 일정한 규칙에 따라 체계적으로 배열하거나 구성한 개인정보의 집합물을 말한다.
개인정보처리자	"개인정보처리자"란 업무를 목적으로 개인정보파일을 운용하기 위하여 스스로 또는 다른 사람을 통하여 개인정보를 처리하는 공공기관, 법인, 단체 및 개인 등을 말한다 기출OX 06
공공기관	"공공기관"이란 다음 각 목의 기관을 말한다. 가. 국회, 법원, 헌법재판소, 중앙선거관리위원회의 행정사무를 처리하는 기관, 중앙행정기관(대통령 소속 기관과 국무총리 소속 기관을 포함) 및 그 소속 기관, 지방자치단체 기출OX 07 나. 그 밖의 국가기관 및 공공단체 중 대통령령으로 정하는 기관
영상처리기기	"영상정보처리기기"란 일정한 공간에 지속적으로 설치되어 사람 또는 사물의 영상 등을 촬영하거나 이를 유·무선망을 통하여 전송하는 장치로서 대통령령으로 정하는 장치를 말한다. 기출OX 08

2 개인정보 보호원칙 등 및 금지행위

- 개인정보처리자는 개인정보를 익명 또는 가명으로 처리하여도 개인정보 수집목적을 달성할 수 있는 경우 익명처리가 가능한 경우에는 익명에 의하여, 익명처리로 목적을 달성할 수 없는 경우에는 가명에 의하여 처리될 수 있도록 하여야 한다. 기출OX 09
- 개인정보를 처리하거나 처리하였던 자는 업무상 알게 된 개인정보를 누설하거나 권한 없이 다른 사람이 이용하도록 제공하는 행위를 하여서는 아니 된다. 기출OX 10
- 개인정보처리자는 개인정보의 처리 목적을 명확하게 하여야 하고 그 목적에 필요한 범위에서 최소한의 개인정보만을 적법하고 정당하게 수집하여야 한다. 기출OX 11
- 개인정보처리자는 개인정보의 처리 목적에 필요한 범위에서 개인정보의 정확성, 완전성 및 최신성이 보장되도록 하여야 한다. 기출OX 12
- 개인정보처리자는 개인정보의 처리 방법 및 종류 등에 따라 정보주체의 권리가 침해받을 가능성과 그 위험 정도를 고려하여 개인정보를 안전하게 관리하여야 한다. 기출OX 13

기출 OX

01 살아 있는 개인에 관한 정보로서 해당 정보만으로는 특정 개인을 알아볼 수 없더라도 다른 정보와 쉽게 결합하여 알아볼 수 있는 정보를 "개인정보"라 한다. 23·22 채용 O X

02 개인정보란 특정 개인을 식별하거나 식별할 수 있는 정보로 사자(死者)에 관한 정보도 포함된다. 15·14 승진 O X

03 해당 정보만으로 특정 개인을 알아볼 수 없다면, 다른 정보와 쉽게 결합하여 알아볼 수 있더라도 개인정보에는 포함하지 않는다. 15·14 승진 O X

04 "익명처리"란 개인정보의 전부를 삭제하거나 일부를 대체하는 등의 방법으로 추가 정보가 없이는 특정 개인을 알아볼 수 없도록 처리하는 것을 말한다. 23·22 채용 O X

05 정보처리 기술을 활용하여 기존의 다양한 정보를 가공해서 만들어 낸 새로운 정보에 관한 독점적 권리를 가지는 사람을 "정보주체"라 한다. 22 채용, 15·14 승진 O X

06 "개인정보처리자"란 업무를 목적으로 개인정보파일을 운용하기 위하여 스스로 또는 다른 사람을 통하여 개인정보를 처리하는 공공기관, 법인, 단체 및 개인 등을 말한다. 23 채용 O X

07 공공기관에는 국회, 법원, 헌법재판소, 중앙선거관리위원회의 행정사무를 처리하는 기관, 중앙행정기관, 지방자치단체가 포함된다. 15·14 승진 O X

08 일정한 공간에 지속적으로 설치되어 사람 또는 사물의 영상 등을 촬영하거나 이를 유·무선망을 통하여 전송하는 장치로서 네트워크 카메라와 같은 장치를 "영상정보처리기기"라 한다. 22 채용 O X

09 개인정보처리자는 개인정보를 익명 또는 가명으로 처리하여도 개인정보 수집목적을 달성할 수 있는 경우 익명처리가 가능한 경우에는 익명에 의하여, 익명처리로 목적을 달성할 수 없는 경우에는 가명에 의하여 처리될 수 있도록 하여야 한다. 25·24 채용 O X

10 개인정보를 처리하거나 처리하였던 자는 업무상 알게 된 개인정보를 누설하거나 권한 없이 다른 사람이 이용하도록 제공하는 행위를 하여서는 아니 된다. 18 간부 O X

11 개인정보처리자는 개인정보의 처리 목적을 명확하게 하여야 하고 그 목적에 필요한 범위에서 최소한의 개인정보만을 적법하고 정당하게 수집하여야 한다. 25 채용 O X

12 개인정보처리자는 개인정보의 처리 목적에 필요한 범위에서 개인정보의 완전성, 확장성 및 신속성이 보장되도록 하여야 한다. 25 채용 O X

13 개인정보처리자는 개인정보의 처리 방법 및 종류 등에 따라 정보주체의 권리가 침해받을 가능성과 그 위험 정도를 고려하여 개인정보를 안전하게 관리하여야 한다. 25 채용 O X

정답 및 해설

01 O
02 X 살아 있는 개인에 대한 정보이므로 사자(죽은 자)에 대한 정보는 개인정보에 포함되지 않는다
03 X 다른 정보와 쉽게 결합하여 알아볼 수 있으면 개인정보에 해당한다.
04 X 가명처리에 대한 설명이다. 그리고 삭제의 대상은 '일부'이고 대체의 대상은 '일부 또는 전부'이다.
05 X 정보주체는 정보의 주체가 되는 사람을 말한다.
06 O
07 O
08 O
09 O
10 O
11 O
12 X 정확성, 완전성 및 최신성
13 O

③ 정보주체의 권리

정보주체는 자신의 개인정보 처리와 관련하여 다음의 권리를 가진다.
1. 개인정보의 처리에 관한 정보를 제공받을 권리
2. 개인정보의 처리에 관한 동의 여부, 동의 범위 등을 선택하고 결정할 권리
3. 개인정보의 처리 여부를 확인하고 개인정보에 대한 열람(사본의 발급을 포함) 및 전송을 요구할 권리
4. 개인정보의 처리 정지, 정정·삭제 및 파기를 요구할 권리 기출OX 01
5. 개인정보의 처리로 인하여 발생한 피해를 신속하고 공정한 절차에 따라 구제받을 권리
6. 완전히 자동화된 개인정보 처리에 따른 결정을 거부하거나 그에 대한 설명 등을 요구할 권리

④ 개인정보의 수집·이용

개인정보처리자는 다음 어느 하나에 해당하는 경우에는 개인정보를 수집할 수 있으며 그 수집 목적의 범위에서 이용할 수 있다.
1. 정보주체의 동의를 받은 경우
2. 법률에 특별한 규정이 있거나 법령상 의무를 준수하기 위하여 불가피한 경우 기출OX 02

⑤ 개인정보의 제공

개인정보처리자는 다음 어느 하나에 해당되는 경우에는 정보주체의 개인정보를 제3자에게 제공(공유를 포함)할 수 있다.
1. 정보주체의 동의를 받은 경우 기출OX 03
2. 개인정보를 수집한 목적 범위에서 개인정보를 제공하는 경우

⑥ 개인정보의 파기

개인정보처리자는 보유기간의 경과, 개인정보의 처리 목적 달성, 가명정보의 처리 기간 경과 등 그 개인정보가 불필요하게 되었을 때에는 지체 없이 그 개인정보를 파기하여야 한다. 다만, 다른 법령에 따라 보존하여야 하는 경우에는 그러하지 아니하다. 기출OX 04

⑦ 이동형 영상정보처리기기의 운영 제한

누구든지 불특정 다수가 이용하는 목욕실, 화장실, 발한실, 탈의실 등 개인의 사생활을 현저히 침해할 우려가 있는 장소의 내부를 볼 수 있는 곳에서 이동형 영상정보처리기기로 사람 또는 그 사람과 관련된 사물의 영상을 촬영하여서는 아니 된다. 다만, 인명의 구조·구급 등을 위하여 필요한 경우로서 대통령령으로 정하는 경우에는 그러하지 아니하다. 기출OX 05

⑧ 가명정보의 처리

- 개인정보처리자는 통계작성, 과학적 연구, 공익적 기록보존 등을 위하여 정보주체의 동의 없이 가명정보를 처리할 수 있다. 기출OX 06
- 개인정보처리자는 가명정보를 제3자에게 제공하는 경우에는 특정 개인을 알아보기 위하여 사용될 수 있는 정보를 포함해서는 아니 된다. 기출OX 07

기출 OX

01 정보주체는 자신의 개인정보 처리와 관련하여 개인정보의 처리 정지, 정정·삭제 및 파기를 요구할 권리를 가진다. 23 채용 (O X)

02 개인정보처리자는 법령상 의무를 준수하기 위하여 불가피한 경우에는 개인정보를 수집 할 수 있으며 그 수집 목적의 범위에서 이용할 수 있다. 24 채용, 18 간부 (O X)

03 개인정보처리자는 정보주체의 동의를 받은 경우에도 정보주체의 개인정보를 제3자에게 제공(공유를 포함한다)하여서는 아니 된다. 18 간부 (O X)

04 개인정보처리자는 보유기간의 경과, 개인정보의 처리 목적 달성 등 그 개인정보가 불필요하게 되었을 때에는 지체 없이 그 개인정보를 파기하여야 한다. 다만, 다른 법령에 따라 보존하여야 하는 경우에는 그러하지 아니하다. 18 간부 (O X)

05 인명의 구조·구급 등을 위하여 필요한 경우로서 대통령령으로 정하는 경우에는 불특정 다수가 이용하는 목욕실, 탈의실 등 개인의 사생활을 현저히 침해할 우려가 있는 장소의 내부를 볼 수 있는 곳에서 이동형 영상정보처리기기로 사람 또는 그 사람과 관련된 사물의 영상을 촬영할 수 있다. 24 채용 (O X)

06 개인정보처리자는 통계작성, 과학적 연구, 공익적 기록보존 등을 위하여 가명정보를 처리하는 경우에 정보주체에게 이를 알리고 동의를 받아야 한다. 24 채용 (O X)

07 개인정보처리자는 제1항에 따라 가명정보를 제3자에게 제공하는 경우에는 특정 개인을 알아보기 위하여 사용될 수 있는 정보를 포함해서는 아니 된다. 23 채용 (O X)

정답 및 해설

01 O
02 O
03 X 동의를 받으면 제3자에게 제공할 수 있다.
04 O
05 O
06 X 동의 없이 가명정보를 처리할 수 있다
07 O

해커스경찰
police.Hackers.com

Part 5
한국경찰의 역사와 제도

2025 해커스경찰
서정표 경찰학 요기오
(요약 + 기출OX)

해커스경찰
police.Hackers.com

한국경찰의 근·현대사

2025 해커스경찰
서정표 경찰학 요기오
(요약 + 기출OX)

POINT 01 | 갑오개혁 이전 경찰
POINT 02 | 갑오개혁부터 일제강점기까지 경찰
POINT 03 | 대한민국 임시정부경찰
POINT 04 | 미군정하의 경찰
POINT 05 | 정부수립 이후 경찰
POINT 06 | 한국경찰사에 길이 빛날 경찰의 표상

POINT 01 갑오개혁 이전 경찰

1 부족국가시대 경찰제도

고조선	팔조금법(현재 전해지고 있는 3조목) 기출 OX 01 - 살인죄: 사람을 죽인 자는 바로 죽인다 → 생명존중사상 - 상해죄: 남에게 상해를 가한 자는 곡물로 배상한다 → 농경사회, 사유재산 - 절도죄: 남의 물건을 훔친자가 남자인 경우 그집의 노(奴)로, 여자인 경우 비(婢)로 되나, 스스로 속(贖)하려 한 자는 오십만전을 내야 한다. → 신분사회, 화폐사용
한사군	• 군현경정리(郡縣系卿亭理) 경찰기능: 경찰기능 어느 정도 정비 • 오병: 활, 창, 방패, 검, 갑옷
부족국가	• 부여: 일책십이법(一責十二法), 살인죄·간음죄·투기죄는 사형에 처한다. • 고구려: 일책십이법(一責十二法), 동맹, 중대범죄자 사형, 감옥 따로 없다. 기출 OX 02 • 동예·옥저: 책화제도 – 각 읍락의 경계를 침범하는 경우 노예나 우마로써 배상하는 제도 기출 OX 03 • 삼한: 소도: 죄인이 들어와도 잡지 못한 곳 기출 OX 04

2 삼국시대 ~ 통일신라시대 경찰제도

고구려	• 지방을 5부로 나누어 욕살이라는 지방장관을 두고 지방치안을 담당함 • 엄격한 형벌 또는 부담으로 사회질서를 유지함
백제	• 수도에 5부를 두어 달솔로 하여금 다스리게 함 • 지방에는 5방제를 두어 방령이 지방행정과 치안책임을 담당함 • 엄격한 형벌 – 반역죄, 절도죄, 간음죄 처벌 • 공무원 범죄 처벌 – 관인수재죄
신라	• 지방을 5주로 나누어 군주가 지방행정 및 치안을 담당함
통일신라	• 경찰과 관계되는 조직: 병부, 사정부, 이방부(범죄의 수사와 집행 담당) 기출 OX 05 • 지방: 총관을 두고 경찰기능 수행 • 해양경찰기능: 장보고 • 왕권보호 위한 범죄: 지역사불고언죄, 모반죄, 모대역죄 • 관리들의 직무관련 범죄: 배공영사죄, 불휼국사죄

기출 OX

01 고조선시대에는 팔조금법(八條禁法)이라는 형벌법이 있었다. 15 간부, 14 승진 (O X)

02 동예에는 절도범에게 12배의 배상을 하도록 하는 일책십이법(一責十二法)이 있었다. 15 간부, 14 승진 (O X)

03 동예에서는 각 부락이 서로 경계를 침범하면 노예나 우마로써 배상하는 책화제도(責禍制度)가 있었다. 18·16·13 간부 (O X)

04 고구려에서는 천군이 관할하는 소도(蘇塗)라는 별읍이 있어 죄인이 도망하여도 잡지 못하였다. 16·15 간부, 14 승진 (O X)

05 통일신라시대에는 병부, 사정부, 이방부 등에서 경찰업무를 수행하였으며, 특히 이방부는 좌이방부, 우이방부로 나뉘어 범죄의 수사와 집행을 맡아보았다. 18·13 간부 (O X)

정답 및 해설

01 O
02 X 부여와 고구려에는 절도범에게 12배의 배상을 하도록 하는 일책십이법이 있었다.
03 O
04 X 삼한에는 천군이 관할하는 소도라는 별읍이 있어 죄인이 도망하여도 잡지 못하였다.
05 O

3 고려시대 경찰제도

(1) 중앙경찰기관 기출OX 01, 02

- **병부**: 군사경찰임무
- **형부**: 사법경찰
- **중추원**: 왕궁경비
- **금오위**: 2군 6위 중 금오위가 수도경찰로서 순찰 및 포도금란의 업무와 비위예방 담당
- **어사대**: 풍속경찰의 임무 수행

(2) **지방경찰기관**: 도의 장인 안찰사가 경찰, 행정, 사법, 군사 등 사무 통합처리
(3) **특수경찰기관**: 야별초(삼별초), 순마소(순군만호부 – 방도금란 외에도 왕권보호를 위한 정치경찰적 활동 수행) 기출OX 03
(4) **위아**: 현재의 경찰서에 해당한다는 주장이 있음, 위아는 현위를 장으로 함
(5) 공무원 범죄, 문서훼손죄, 무고죄, 도주죄, 방화죄, 성범죄, 도박죄, 유기죄, 인신매매죄, 장물죄등 처벌

4 조선시대 경찰제도

(1) 중앙경찰기관 기출OX 04, 05, 06, 07

- **병조**
- **형조**: 법률, 형사처벌, 소송 등의 업무를 관장
- **의금부**: 고려의 순금만호부를 개칭한 것, 왕명을 받들고 국사범이나 왕족관련 범죄, 사형죄 등 중요한 특별범죄 담당
- **사헌부**: 풍속경찰을 주관하고 민정을 살피어 정사(政事)에 반영하는 등 행정경찰 업무도 담당
- **한성부**: 수도의 행정과 치안 담당
- **수성금화사**: 소방업무 담당

(2) **지방경찰기관**: 관찰사(행정경찰과 사법경찰 임무 담당), 부윤, 목사, 군수, 현령
(3) **포도청**

- 성종 2년 포도장제에서 유래, 중종 치세기에 명칭 등장
- 우리나라 최초의 전문적·독립된 경찰기관으로 도적의 횡포를 막기 위해 만들어짐 기출OX 08
- 갑오개혁과 함께 경무청관제 직장이 제정되어 한성부에 경무청이 설치되면서 폐지
- 포도청의 관할구역은 도성 및 성저 10리 일대와 경기도에 한함

(4) **암행어사**: 주 업무는 정보경찰 활동 기출OX 09
(5) **오가작통법**: 최초의 국민적 말단 자치조직, 최초의 예방경찰
(6) **다모**: 관비인 '다모'는 여성범죄나 양반가의 수색 등을 담당 기출OX 10
(7) 경찰권은 일원화되지 못하고, 각 관청이 소관사무와 관련하여 직권에 의해 위법자를 체포·구금함
(8) 전옥서·형조의 관할 아래서 감옥과 죄수에 관한 사무를 담당 기출OX 11
(9) 장예원 형조의 관할 아래서 노예의 장적과 노비송사를 담당 기출OX 12

기출 OX

01 고려시대 중앙에는 형부, 병부, 어사대, 금오위 등이 경찰업무를 수행하였고, 이 중 어사대는 관리의 비리를 규탄하고 풍속교정을 담당하는 등 풍속경찰의 임무를 수행하였다. 22 채용 O X

02 고려시대의 중앙관제는 2성 6부제이고, 형부와 병부가 경찰기능을 담당하였으며, 특히 금오위는 풍속교정을 담당하는 등 풍속경찰의 임무수행 및 관리탄핵, 규찰을 주임무로 하였다. 13 간부 O X

03 고려의 순마소는 방도금란의 임무와 왕권보호 업무를 담당하였다. 18 간부 O X

04 조선시대 형조(刑曹)는 법률, 형사처벌, 소송 등의 업무를 관장하였다. 21 간부 O X

05 조선의 의금부는 고려의 순군만호부를 개칭한 것으로 왕명을 받들고 국사범이나 왕족관련 범죄, 사형죄 등 중요한 특별범죄를 담당하였다. 21 간부 O X

06 조선의 사헌부는 왕명을 받들고 왕족범죄, 모반·반역죄, 국사범 등 중요 특별범죄를 관장 하였다. 18 간부 O X

07 조선시대 사헌부는 풍속경찰을 주관하고 민정을 살피어 정사(政事)에 반영하는 등 행정경찰업무도 담당하였다. 21 간부 O X

08 포도청은 우리나라 최초의 전문적·독립된 경찰기관으로 도적의 횡포를 막기 위해 만들어졌다. 21 간부 O X

09 초기의 암행어사는 정보경찰 활동을 주로 수행했으며, 이후에는 지방관리에 대한 감찰이나 민생을 암암리에 조사하여 국왕에게 보고하는 등 주로 감독·감찰기관으로서의 업무도 동시에 수행하였다. 21·18 간부 O X

10 관비인 '다모'는 여성범죄나 양반가의 수색 등을 담당하였다. 21 간부 O X

11 조선의 전옥서는 형조의 속아문으로 감옥과 죄수에 관한 사무를 담당하였다. 18 간부 O X

12 조선의 장예원은 형조의 속아문으로 노예의 장적과 노비 송사를 담당하였다. 18 간부 O X

정답 및 해설

01 O
02 X 금오위는 수도의 경찰업무를 담당하여 수도의 순찰 및 포도금란의 업무와 비위예방을 담당하였다.
03 O
04 O
05 O
06 X 왕명을 받들고 왕족범죄, 모반·반역죄, 국사범 등 중요 특별범죄를 관장 한 곳은 의금부이다.
07 O
08 O
09 O
10 O
11 O
12 O

POINT 02 갑오개혁부터 일제강점기까지 경찰

1 갑오개혁과 근대경찰

(1) 일본각의에 의한 한국경찰 창설결정
- 한국에서 근대경찰이 창설된 것은 1894년 일본의 각의에서 조선에 대한 내정개혁 요구의 하나로 이루어졌다.
- 일본각의의 결정에 따라, 조선의 김홍집 내각은 '각아문관제'에서 처음으로 경찰이라는 용어를 사용하고, 경찰을 법무아문 아래에 창설하였으나, 곧 내무아문 소속으로 변경하였다. 기출OX 01, 02
- 동년 7월 14일(음력)에는 최초의 경찰조직법인 경무청관제직장과 최초의 경찰작용법인 행정경찰장정이 제정되어 경찰의 조직법적·작용법적 근거가 마련됨으로써 외형상 근대국가적 경찰체제가 갖추어졌다고 볼 수 있다. 기출OX 03

(2) 경무청관제직장(한국 최초의 경찰조직법)
- 경무청관제직장에 의해 좌우포도청을 합하여 경무청(장으로 경무사)을 신설하였고, 경무청은 내무아문에 예속되어 한성부내 일체의 경찰사무를 관장한다. 기출OX 04, 05, 06
- 최초로 한성부 안에 경찰지서가 설치되고, 지서장에 경무관을 서장으로 보한다. 기출OX 07
- 한성부에 경무청이 설치되면서 포도청은 폐지되고, 각부·각아문·각군문의 체포·구금에 관한 권한도 폐지(직수아문 폐지)되었으며, 사법관의 재판 없이 죄벌을 가하는 것도 금지된다.

(3) 행정경찰장정(한국 경찰의 최초의 작용법) 기출OX 08
- '행정경찰장정'은 일본의 행정경찰규칙(1875년)과 위경죄즉결례(1885년)를 혼합하여 제정 기출OX 09, 10
- 동 장정에서는 영업·시장·회사 및 소방·위생, 결사, 집회, 신문잡지·도서 등 광범위한 영역의 사무를 경찰이 담당하도록 규정 기출OX 11
- 경찰의 임무영역에 위생경찰과 영업경찰이 포함되어 이 당시에는 경찰업무와 일반행정과의 분화가 제대로 이루어지지는 못하였다.

(4) 내부관제와 경무청 관제(경찰체제 정비)
- 1895년 '내부관제' 제정을 통해 내부대신의 경찰에 대한 지휘·감독권이 정비되었다.
- 동년 4월에 반포된 '경무청관제' 제2조에서는 '경무사는 내부 대신의 지휘·감독을 받아 전적으로 한성부 5부의 경찰, 소방 및 감옥에 관한 일을 총할한다'고 규정하여 내부관제 제1조의 내용을 구체적으로 규정한다.

기출 OX

01 일본각의의 결정에 따라, '각아문관제'에서 처음으로 경찰이라는 용어를 사용하였다. 19 승진, 18 채용, 18 간부 O X

02 1894년 6월 일본각의에서 한국경찰의 창설을 결정하여 내정개혁의 방안으로서 조선에 경찰창설을 요구하였다. 이에 김홍집내각은 「각아문관제」에서 경찰을 법무아문 소속으로 설치할 것을 결정하였다. 그러나 곧 경찰을 내무아문 소속으로 변경하였다. 22·21 간부 O X

03 1894년 일본각의의 결정에 따라 김홍집내각은 '각아문관제'에서 처음으로 경찰이라는 용어를 사용하고, 동년 7월 14일(음력) '경무청관제직장'과 '행정경찰규칙'을 제정하였다. 15 간부 O X

04 '경무청관제직장'에 의해 당시의 좌·우포도청을 합하여 경무부를 신설하고, 경무부의 장으로 경무사를 두었다. 18 채용 O X

05 「경무청관제직장」에 의해 당시의 좌우포도청을 합하여 경무청을 신설(장으로 경무관을 둠)하였다. 18 채용, 19 승진 O X

06 좌우포도청을 통합하여 경무청을 신설하고 전국의 경찰 사무를 관장토록 하였다. 21 간부 O X

07 한성부의 5부 내에 경찰지서를 설치하고 서장을 경무사로 보하였다. 21 간부 O X

08 한국 경찰 최초의 조직법은 행정경찰장정이고, 한국 경찰 최초의 작용법은 경무청관제직장 이다. 22·16 간부 O X

09 「경무청관제직장」은 일본의 「행정경찰규칙」을 모방한 것이다. 21 간부 O X

10 「경무청관제직장」은 일본의 '행정경찰규칙(1875)'과 '위경죄즉결례(1885)'를 혼합하여 만든 한국경찰 최초의 작용법이다. 14 채용 O X

11 1894년에 제정된 행정경찰장정은 일본의 행정경찰규칙(1875년)과 위경죄즉결례(1885년)를 혼합하여 만든 한국경찰 최초의 경찰작용법으로 영업·시장·회사 및 소방·위생, 결사·집회, 신문잡지·도서 등 광범위한 영역의 사무가 포함되었다. 19 승진 O X

정답 및 해설

01 O
02 O
03 X 경무청관제직장과 행정경찰장정을 제정하였다.
04 X '경무청관제직장'에 의해 당시의 좌우포도청을 합쳐 경무청(경무부 ×)을 신설
05 X 경무청의 장은 경무관이 아니라 경무사이다.
06 X 좌우포도청을 통합하여 경무청을 신설하고 한성부내(전국 ×) 일체의 경찰사무를 관장
07 X 한성부의 5부 내에 경찰지서를 설치하고 서장을 '경무관'으로 보하였다.
08 X 한국 경찰 최초의 조직법은 경무청관제직장이고, 한국 경찰 최초의 작용법은 행정경찰장정이다.
09 X 「행정경찰장정」은 일본의 행정경찰규칙과 위경죄즉결례를 혼합하여 제정되었다.
10 X 행정경찰장정에 대한 설명
11 O

2 광무개혁에 따른 경부경찰제도와 일본헌병의 주둔

(1) 경부경찰제도(1900)
- 광무개혁 당시 「경부관제」의 실시(1900년 6월)로 내부 아래 있던 경무청이 중앙관청인 **경부**로 독립하였다.
- 경부는 한성 및 개항시장의 경찰 및 감옥사무 관장 → **제한된 관장범위** 기출OX 01
- 경부는 그 아래에 궁내경찰서와 한성부 내 5개 경찰서, 3개 분서를 두고, 이를 지휘하는 경무감독소를 두었다.
- **이원적 체제**: 한성 및 개항시장은 **경부**에서 일체의 경찰사무, 그 외 지역은 **총순**을 두어 관찰사 보좌(총순은 관찰사의 지휘를 받는 보조기관)

(2) 경부의 좌절과 경무청 환원(1902)
- 경부 신설 후 1년여 만에 경부대신이 12번이나 바뀌는 등 문제가 많아 1902년 2월 경무청관제에 의하여 **경무청을 신설하여 경부의 업무**를 하였다.
- 개혁 당시의 구 경무청이 **한성부만을 대상**으로 하였다면, 경부체제 직후의 경무청은 **전국을 관할**하는 기관이었던 점에서 오늘날 경찰청의 원형으로 볼 수 있다.

[TIP] 경찰관청의 사무변화

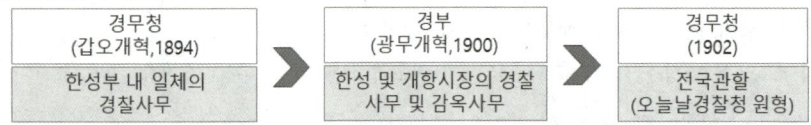

경무청(갑오개혁,1894) 한성부 내 일체의 경찰사무 → 경부(광무개혁,1900) 한성 및 개항시장의 경찰사무 및 감옥사무 → 경무청(1902) 전국관할 (오늘날경찰청 원형)

(3) 일본헌병 주둔
- 1896년 **한성과 부산 간의 군용전신선 보호를 명목**으로 일본의 헌병대가 처음 주둔하게 되었다. 기출OX 02
- 헌병은 군사경찰 이외에도 행정경찰과 사법경찰을 겸하였다
- 헌병은 사회단체의 단속, 항일인사의 체포, 일본관민의 보호 등 고등경찰업무도 수행하였다. 기출OX 03
- 1906년 '한국주차군사령부조례'에 따라 한국주차군사령관을 육군 대장 또는 중장으로 하여 통감의 명을 받아 용산·평양 등 치안유지상 필요한 주요 지역에 배치하였다.

3 한국경찰권의 상실

(1) 통감부 시기 경찰
- 1905년 '통감부 및 이사청관제'가 공포되어 통감부에 의한 통감정치가 시작되었다.
- 1905년 2월 '경무청관제개정건'을 반포함으로써 **경무청을 한성부내의 경찰로 축소**하였다. 기출OX 04
- 1907년에는 통감부 소속의 경무부를 설치하여 일본인 경무고문을 통해 한국의 경찰권을 장악해 갔다.
- 1907년 7월 통감부는 보안법을 제정하여 한국민의 행동까지 통제하였다.
- 1907년 7월에 '경시청관제'를 통해 한성의 경무청이 경시청(장은 경시총독)으로 개칭되었고, 경시총독은 내부대신의 지휘·감독을 받아 경찰업무를 수행하였다.
- 1910년 '한국의 경찰사무 위탁에 관한 각서'를 체결하였고, '통감부경찰서관제'를 공포하여 한국 경찰권을 완전히 장악했다.

(2) 한국 경찰권 상실 과정 취한감위

경찰사무에 관한 **취**극서(1908) → 재한국 외국인민에 대한 경찰에 관한 **한**일협정(1909) → 한국 사법 및 **감**옥사무 위탁에 관한 각서(1909) → 한국경찰사무 **위**탁에 관한 각서(1910) 기출OX 05

기출 OX

01 광무개혁에 따라 중앙관청으로서 경부가 한성 및 개항시장의 경찰업무와 감옥사무를 통할 하였다. 19 승진 O X

02 1896년 한성과 부산 간의 군용전신선의 보호를 명목으로 일본의 헌병대가 주둔하게 되었는데, 헌병은 사법경찰을 제외한 군사경찰·행정경찰을 겸하였다. 15 간부 O X

03 1906년 통감부가 설치되면서 헌병은 일본의 「헌병조례」에 의해 군사경찰업무와 사법경찰업무만을 수행하였다. 18 간부 O X

04 을사조약에 의거 통감부에 의한 통감정치가 시작되면서 경무청을 전국을 관할하는 기관으로 확대하여 사실상 한국경찰을 장악하였다. 19 승진 O X

05 구한말 일본이 한국의 경찰권을 강탈해 가는 과정은 '경찰사무에 관한 취극서' – '재한국 외국인민에 대한 경찰에 관한 한일협정' – '한국 사법 및 감옥사무 위탁에 관한 각서' – '한국 경찰사무 위탁에 관한 각서'의 순서로 진행되었다. 21 간부, 18 채용 O X

정답 및 해설

01 O
02 X 1896년 한성과 부산 간의 군용전신선의 보호를 명목으로 일본의 헌병대가 주둔하게 되었는데, 헌병은 사법경찰뿐만 아니라 군사경찰·행정경찰을 겸하였다.
03 X 헌병은 군사경찰업무와 사법경찰업무 외에도 감옥경찰, 위생경찰, 소방경찰, 영업경찰업무 등 포괄하는 광범위한 업무를 수행하였다.
04 X 을사조약에 의거 1905년 통감부에 의한 통감정치가 시작되면서, 경무청을 한성부내의 경찰로 축소시키는 한편 통감부 산하에 별도의 경찰조직을 설립하여 사실상 한국경찰을 장악하였다.
05 O

4 일제강점기 경찰

(1) 헌병경찰시대
- 1910년 10월 일본 통감부는 폐지되고 조선총독부(장은 총독)가 설치
- 총독부 경무총감부(장은 경무총장), 각 도에는 경무부(장은 경무부장)를 설치하여 경찰사무를 관장하게 하였다. 기출OX 01
  ※ 통감부에도 경무총감부가 있었고, 조선총독부경찰관서관제로 개정되었어도 편제는 변함이 없었다.
- **총독**의 **제령권**과 **경무총장 · 경무부장**의 **명령권** 등을 통해 전제주의적 · 제국주의적 경찰권을 행사하였다. 기출OX 02
- 헌병경찰

  - 1910년 '조선주차헌병조례' 제1조에 의해 설치됨 기출OX 03
  - 의병토벌과 첩보수집이 주임무, 민사소송조정 · 집달관업무 · 국경세관업무 · 일본어보급 · 부업장려 등 광범위한 업무 수행 기출OX 04
  - 헌병경찰은 농촌이나 국경지대 및 의병출몰지역이나 **군사상 중요한 지역**에 배치
  ※ 일반경찰은 **개항장이나 도시**에 배치

(2) 보통경찰시대
- 1919년 3 · 1운동을 계기로 헌병경찰제도에서 보통경찰제도로 전환하면서, **경무총감부는 폐지**하고, **경무국에서 경찰사무와 위생사무를 감독**하였다. 기출OX 05 → 그러나 경찰의 직무와 권한에는 변화가 없었다. 기출OX 06
- 3 · 1운동을 계기로 **정치범처벌법을 제정**하여 단속체제는 한층 강화되었으며, **일본에서 제정된 치안유지법**을 우리나라에도 적용하는 등 탄압의 지배체제가 강화되었다. 기출OX 07, 08

기출 OX

01 1910년 일본은 총독부에 경무총감부를, 각 도에 경무부를 설치하여 경찰사무를 관장, 서울과 황궁의 경찰사무는 경무 총감부의 직할로 하였다. 19 간부   O X

02 일제 강점기의 경찰은 일본 식민지배의 중추기관이었고, 총독에게 주어진 명령권·제령권 등을 통하여 각종 전제주의적·제국주의적 경찰권의 행사가 가능하였다. 19 간부, 18 채용, 19 경채   O X

03 1910년 「조선주차헌병조령」에 의해 헌병이 일반치안을 담당할 법적 근거를 마련하여 일반경찰은 도시나 개항장 등에, 헌병은 주로 군사경찰상 필요한 지역 또는 의병활동 지역 등에 배치되었다. 19 간부   O X

04 일제강점기 헌병경찰은 첩보의 수집, 의병의 토벌 등에 그치지 않고 민사소송의 조정, 집달리 업무, 국경세관 업무, 일본어의 보급, 부업의 장려 등 광범위한 영향력을 미치고 있었으며 특히, 지방에서는 한국민의 생사여탈권을 쥐고 있었다. 21 간부   O X

05 3·1운동을 계기로 헌병경찰제도에서 보통경찰제도로 전환, 총독부 직속 경무총감부는 폐지되고 경무국이 경찰사무와 위생사무를 감독하였다. 19 간부   O X

06 1919년 3·1운동을 계기로 보통경찰제도로 전환되면서 경찰의 업무영역에 많은 변화가 발생하였으며, 이를 기회로 정치범처벌법을 제정하여 단속체계를 갖추었다. 21 경채, 22 간부, 19 승진   O X

07 3·1운동을 기화로 치안유지법을 제정, 단속체계를 갖추었다. 19 간부   O X

08 1919년 3·1운동을 계기로 헌병경찰제도에서 보통경찰제도로의 전환은 이루어졌으나, 일본에서 제정된 「정치범처벌법」을 우리나라에 적용하는 등 일제의 탄압적 지배체제가 강화되었다. 22·18 채용, 19 간부   O X

정답 및 해설

01 O
02 X 일제 강점기에는 총독에게 주어진 제령권과 경무총장·경무부장 등에게 주어진 경찰명령권 등을 통해 각종 전제주의적·제국주의적 경찰권 행사가 가능하였다는 특징이 있다.
03 O
04 O
05 O
06 X 1919년 3·1운동을 계기로 보통경찰제도로 전환되었지만 기본적으로 경찰의 직무와 권한에는 변화가 없었다.
07 X 3·1운동을 기화로 정치범처벌법을 제정하여 단속체제는 한층 강화되었으며, 일본에서 제정된 치안유지법도 우리나라에 적용되는 등 탄압의 지배체제가 강화되었다.
08 X 1919년 3·1운동을 계기로 헌병경찰제도에서 보통경찰제도로의 전환은 이루어졌으나, 일본에서 제정되「치안유지법」을 우리나라에 적용하는 등 일제의 탄압적 지배체제가 강화되었다.

POINT 03 대한민국 임시정부경찰

1 임시정부경찰 특징
- 임시정부 경찰은 임시정부 법령에 의하여 설치된 정식 치안조직이다.
- 임시정부경찰의 역할: 임시정부수호, 교민보호, 밀정차단 등 기출OX 01

2 상해시기(1919 ~ 1932) 임시정부 경찰: 경무국, 연통제(경무사), 의경대 기출OX 02

경무국	• 1919년 4월 25일 '대한민국 임시정부 장정' 공포로 임시정부 경찰조직인 경무국 직제와 분장사무가 처음으로 규정 • 1919년 8월 12일에 초대 경무국장으로 백범 김구 선생이 임명되면서 경무국의 구성과 활동이 본격적으로 시작되었다. 기출OX 03 • 장정에서 경무국의 소관 사무는 행정경찰에 관한 사항, 고등경찰에 관한 사항, 도서출판 및 저작권에 관한 사항, 일체 위생에 관한 사항 등으로 규정 • 임시정부경찰 운영을 위해 정식 예산이 편성되었고, 규정에 의해 소정의 월급이 지급되었다. 기출OX 04
연통제 (경무사)	• 지역적 한계를 극복, 연락 · 정보수집 · 선전활동 및 정부 재정 확보 등을 수행하기 위해 연통제를 실시 • 각 도 단위 지방행정기관으로 독판부를 설치, 독판부 산하 경찰기구로 경무사를 두고, 부 · 군 단위 지방행정기관으로는 부서 · 군청이 있었고 산하 경찰기구로 경무과를 두었다 • 각 독판부 · 부서 · 군청 및 경무사 · 경무과 소속의 경감과 경호원이 경찰업무를 수행 • 1920년 9월일제의 감시와 탄압이 심해지면서 1921년 이후 점차 와해 • 연통제의 실질적 목적은 점령된 본국의 국민들에게 독립의식을 잊지 않게 하고, 또한 기밀탐지 활동과 군자금(독립운동 자금) 모집활동을 하며 최종 목적으로는 일제 저항운동을 일으키려는 데 있었다.
의경대	• 임시정부는 '임시 거류민단제'를 통해 교민들의 자치제도를 공인하였고, 교민단체는 '의경대 조례'를 통해 자치경찰조직인 의경대를 조직하였다. • 김구 선생이 중심으로 1923년 12월 17일 대한교민단 산하 경찰 조직인 의경대를 창설, 1932년에는 직접 의경대장을 맡기도 하였다. • 의경대는 교민사회에 침투한 일제의 밀정을 색출하고 친일파를 처단하는 역할을 맡았으며, 그 밖에 교민사회의 질서유지, 호구조사, 민단세 징수, 풍기단속 등의 업무를 수행하였다. 기출OX 05 • 의경대는 1932년 윤봉길 의사 의거로 일제의 탄압이 심해진 후 수난의 이동시기를 겪던 1936년에 사실상 와해

3 이동시기(1932 ~ 1940) 임시정부 경찰

1932년 윤봉길 의사 의거 후 일제의 탄압이 극심해져 고난의 이동시기를 겪었다. 이동 시기에는 행정기능이 제 역할을 다하지 못했고, 사실상 제대로 된 경찰조직을 유지할 수 없었다.

4 중경시기(1940 ~ 1945) 임시정부 경찰: 경무과, 경위대

경무과	• 1943년 제정된 「대한민국 잠행관제」에 따라 내무부 경무과를 두었다. • 경무과는 내무부 하부조직으로 일반 경찰사무, 인구조사, 징병 및 징발, 국내 정보 및 적 정보 수집 등의 업무를 수행 기출OX 06
경위대	• 1941년 내무부 직속으로 경찰 조직인 경위대를 설치 • 통상 경위대장은 경무과장이 겸임하였다. • 주요 임무는 임시정부 청사를 경비하고, 임시정부 요인을 보호하는 것으로서, 군사조직이 아닌 경찰조직이다. • 광복 후 1945년 11월 23일 임시정부 요인들이 환국할 때 경위대는 김구 주석 등이 안전하게 귀국할 수 있도록 경호 업무를 수행

5 임시정부경찰 주요인물

백범 김구	경무국장 백범 김구 선생은 경찰을 지휘하며 임시정부 수호를 책임졌고, 그 결과 임시정부의 성공적 정착에 이바지
나석주 의사	임시정부 경무국 경호원 및 의경대원으로 활동. 식민수탈의 심장인 **식산은행과 동양척식회사에 폭탄투척** 기출 OX 07
김석 선생	**의경대원**으로 활동하면서 윤봉길 의사를 배후 지원
김용원 열사	김구 선생의 뒤를 이어 **제2대 경무국장**을 역임
김철 선생	**의경대 심판**을 역임. 상하이 프랑스조계에 잠입하였다가 일제경찰에 체포되었다가 석방되었으나 고문 후유증으로 순국

기출 OX

01 임시정부경찰은 임시정부를 수호하고 일제 밀정을 방지하는 임무를 통해서, 임시정부의 항일투쟁을 수행하는 데 핵심적 역할을 수행하였다. 22 경채 (O X)

02 상해임시정부 시기 경찰기구로 내무부 아래 경무국, 연통제 및 경위대를 설치·운영하였고, 정식예산이 편성되어 소정의 월급을 지급하였다. 21 경채 (O X)

03 대한민국 임시정부 초대 경무국장은 백범 김구이며, 대한민국 경찰 역시 임시정부의 경찰활동 또는 경찰 정신을 계승하고 있다고 보아야 할 것이다. 20 승진, 20·19 경채 (O X)

04 상해시기 초대 경무국장인 백범 김구 선생이 지휘한 임시정부 경찰은 우리 역사상 최초 민주공화제 경찰로 정식예산은 편성되지 않았지만, 규정에 의해 소정의 월급이 지급되었다. 22 경채 (O X)

05 의경대는 상해임시정부시기 운영된 경찰기구로서 교민사회의 안녕과 질서유지, 호구조사 등을 담당하였다. 22 간부 (O X)

06 충칭(중경)임시정부 시기 경무과는 일반경찰사무, 인구조사, 징병 및 징발, 국내 정보수집 등의 업무를 수행하였다. 21 경채 (O X)

07 김석 선생은 임시정부 경무국 경호원 및 의경대원으로 활동하였고 1926년 12월 식민수탈의 심장인 식산은행과 동양척식회사에 폭탄을 투척하였다. 23·20 채용 (O X)

정답 및 해설

01 O
02 X 상해임시정부 시기 경찰기구로 내무부 아래 경무국, 연통제 및 의경대를 설치·운영하였다
03 O
04 X 상해시기 초대 경무국장인 백범 김구 선생이 지휘한 임시정부 경찰은 우리 역사상 최초 민주공화제 경찰로 정식예산은 편성되고, 규정에 의해 소정의 월급이 지급되었다.
05 O
06 O
07 X 나석주 의사

POINT 04 미군정하의 경찰

구분	내용
경찰 창설	• '군정의 실시'와 '구관리의 현직유지'를 포고함으로써, **일제시대 경찰을 그대로 유지** 기출OX 01 • 1945.10.21. 미군정 아래 경무국 창설 ※ 미군정의 경무부는 대한민국 정부가 수립(1948년)되면서 **내무부 소속의 치안국으로 격하** 조정되었다. • 경무국 창설 당시 일본인 경찰들을 모두 추방, **한국인들로만 구성된 경찰체계**가 출범 • 1945.12.27 '국립경찰 조직에 관한 건'이 공포되어 각 도 경찰기구를 시도지사에서 분리 • 1946.1.16 '경무국 경무부에 관한 건'에 의해 **경무국이 경무부로 격상** 운영 기출OX 02
제도개편	• **비경찰화**: 경찰이 담당하였던 **위생사무**가 위생국으로 이관되고, **경제경찰과 고등경찰**이 폐지 기출OX 03, 04, 05, 06 • 정보업무를 담당할 **정보과**는 미군정기에 처음 설치되었다. 기출OX 06 • 1945년에 **정치범처벌법 · 치안유지법 · 예비검속법**이 폐지, 1948년에 마지막으로 보안법을 폐지 **정치예보** 기출OX 07, 08 • 여자경찰 제도는 1946.7.1에 도입(서울 · 인천 · 대구 · 부산 총 4곳에 여자경찰서 설치), 여자경찰관은 부녀자와 **14세 미만** 아동을 대상으로 하는 사건을 포함하여 주로 풍속, 소년, 여성보호 업무를 담당하였다. 기출OX 09
중앙경찰 위원회	• 1947년 **6인** 위원으로 구성된 '중앙경찰위원회'가 설치 기출OX 10 • 조직 면에서 '중앙경찰위원회'를 통한 경찰통제 제도를 도입함으로써 **민주적 요소가 강화됨**
경찰의 독자적 수사권 인정	• 광복 이후 미군정은 일제가 운용하던 비민주적 형사제도를 상당 부분 개선하고, 영미식 형사제도를 도입 • 1945년 12월 29일 미군정 '법무국 검사에 대한 훈령 제3호'가 발령되어 '수사는 경찰 – 기소는 검사' 체제가 도입되며 **경찰의 독자적 수사권**이 인정 기출OX 11
주요 특징	• 광복 이후 신규 경찰을 대거 채용하는 과정에서 전체의 20% 가량은 일제경찰 출신들이 재임용되기도 하였지만, 상당히 많은 독립운동가 출신들이 경찰에 채용되었다. 이는 당시의 **한국경찰을 일제경찰과는 분명히 단절된 새로운 경찰로 인식**하고 있었다. 기출OX 12, 13 • '봉사와 질서'를 한국경찰의 표어로 선정하여 흉장에 담아 패용하고 이를 기본이념으로 개혁 추진

[참고] 구국경찰활동

구분	내용
춘천내평 전투	• 1950년 6월 25일 양구경찰서 내평지서장 노종해 경감 등은 불과 10여명의 인력으로 춘천으로 가는 길목을 지키고 북한군 1만 명의 진격을 1시간 이상 지연시킨 후 전사함 • 6 · 25전쟁 최초 승전인 춘천지구 전투 승리의 결정적 역할을 함
함안 전투	• 전남 · 북 및 경남 3개도 경찰관 6,800명과 미군 25사단 일부는 북한군 4개 사단을 격퇴 하고 끝내 방어선을 지켜냄 • 당시 경남경찰 3,400여명을 지휘한 경남경찰국장은 독립운동가 출신 최천 경무관임
다부동 전투	• 경북 칠곡군 다부동은 낙동강 방어의 성패를 좌우하는 가장 중요한 전술적 요충지였는데, 55일간의 치열한 전투 끝에 낙동강 방어선을 사수할 수 있었음 • 당시 불리한 전황에 정부와 군 지휘부가 부산으로 이동하자 대구는 일대 혼란이 가중 됐는데, 경찰만은 끝까지 대구 사수를 결의하고 대구에 남아 대구 시민을 보호함
장진호 전투	• 미 해병 1사단에 배속되어 있던 한국경찰 '화랑부대' 1개 소대 기관총 부대가 장진호 유 담리 전투에서 뛰어난 전공을 거두고 미 해병의 극찬을 받음 • '화랑부대'는 미군으로부터 별도 정예훈련을 받고 부대단위로 편제된 경찰관 부대를 통칭함 기출OX 14

기출 OX

01 '태평양미군총사령부포고 제1호'를 통해 미군정을 실시하였으며, 일제강점기 시대의 경찰인력을 현직에서 청산함으로써 경찰의 인적 구성원을 대거 쇄신하였다. O X

02 1946년 경무국을 경무부로 승격시키고, 기존 경무국의 과(課)를 국(局)으로 승격시켰다. 24 채용 O X

03 경찰이 담당하였던 위생사무 등 행정경찰사무가 경찰관할에서 분리되는 비경찰화 작업이 진행되었다. 24·18 채용 O X

04 우리나라의 미군정 시기 경찰은 경제경찰과를 폐지하고 종래에 경찰에서 담당하던 위생사무를 위생국으로 이관하였다. 24 간부 O X

05 미군정하에서는 조직법적, 작용법적 정비가 이루어지고 경찰제도의 개혁이 이루어져 경찰의 활동영역이 확대되었다. 22 간부 O X

06 미군정기에 고등경찰제도가 폐지되었으며, 경찰에 정보업무를 담당하는 정보과와 경제사범단속을 위한 경제경찰이 신설되었다. 22 채용, 18 간부 O X

07 예비검속법, 치안유지법 등이 폐지되는 등 법적 정비가 이루어졌다. 24 채용, 16 간부 O X

08 일제강점기 치안입법이 정리된 시기로 1945년 「보안법」이 폐지되었고, 1948년 「예비검속법」이 순차적으로 폐지되었다. 24 채용, 20경채 O X

09 여성경찰제도는 1946년에 도입되었고 여성경찰은 여성과 15세 미만 아동 대상 사건 등 풍속·소년·여성 보호 업무를 담당하였다. 24 채용, 22 경채 O X

10 미군정하의 경찰의 경우 1947년 7인으로 구성된 중앙경찰위원회가 법령 157호로 설치되었다. 24 채용, 22 경채, 19 승진, 21·18·16 간부 O X

11 광복 이후 미군정은 일제가 운용하던 비민주적 형사제도를 상당 부분 개선하고, 영미식 형사제도를 도입하기도 하였는데, 1945년 미군정 법무국 검사에 대한 훈령 제3호가 발령되어 수사는 경찰, 기소는 검사 체제가 도입되며 경찰의 독자적 수사권이 인정되었다. 24 채용, 22 간부, 21 경채 O X

12 광복 이후 신규경찰 채용과정에서 일제 강점기 경찰경력자들이 다수 임용되었으나, 독립운동가 출신들도 상당히 많이 채용되었다. 22 간부 O X

13 미군정 시기에는 경찰작용에 관한 기본법인 「경찰관 직무집행법」이 제정되는 등 조직 작용법적 정비가 이루어졌다. 20 승진 O X

14 다부동 전투는 미 해병 1사단에 배속된 한국경찰 '화랑부대' 1개 소대(기관총 부대)가 뛰어난 전공을 거둠으로써 미 해병의 극찬을 받고, 미군으로부터 인정받은 전투력을 바탕으로 수색·정찰임무 및 전투를 공동으로 수행하였다. 25 승진 O X

정답 및 해설

01 X 미군정시대에도 조선총독부의 경무국과 지방의 도지사 밑의 경찰부가 그대로 답습되어, 경무국이 군정청의 일국으로서 유지되었고, 일제시대의 경찰관도 태평양미육군총사령부 포고 제2조에 따라 현직을 그대로 유지하여 일제시대의 경찰을 그대로 유지하는데 지나지 않았다.

02 O
03 O
04 O

05 X 미군정하에서는 조직법적, 작용법적 정비가 이루어지고, 경찰이 담당하였던 위생사무가 위생국으로 이관되고, 경제경찰과 고등경찰이 폐지되는 등 비경찰화 작업으로 경찰의 활동영역 축소되었다.

06 X 미군정기에 위생사무의 위생국이 이관하고, 고등경찰과 경제경찰이 폐지되었으며, 경찰에 정보업무를 담당하는 정보과가 신설되었다.

07 O

08 X 1945년 예비검속법이 폐지, 1948년에 마지막으로 보안법을 폐지

09 X 여성경찰제도는 1946년에 도입되었고 여성경찰은 여성과 14세 미만 아동 대상 사건 등 풍속·소년·여성 보호 업무를 담당하였다

10 X 미군정하의 경찰의 경우 1947년 6인으로 구성된 중앙경찰위원회가 법령 157호로 설치되었다

11 O
12 O

13 X 경찰작용에 관한 기본법인 「경찰관 직무집행법」이 제정된 것은 정부 수립 이후인 1953년이다.

14 X 장진호 전투에 대한 설명

POINT 05 정부수립 이후 경찰

1 1948년 정부수립과 경찰조직

중앙경찰	• 경찰조직은 내무부 산하의 국으로 격하 기출OX 01 → 「정부조직법」 제정에 참여한 구성원이 대부분 일제시대의 관리로 구총독부나 일본정부의 과거 행정조직을 모방했기 때문이다. • 1974년 문세광 사건을 계기로 치안본부로 확대·개편
지방경찰	• 지방경찰은 1991년 「경찰법」이 제정될 때까지 관청으로 지위를 얻지 못하고 시도지사의 보조기관이었다. 기출OX 02 • 경찰서장은 1991년 「경찰법」이 제정 이전에도 경찰 내 유일한 행정관청이었다.

[참고] 안종삼 서장

안종삼 서장은 1950년 7월 24일 전쟁발발로 예비검속된 보도연맹원들에 대한 총살 명령이 내려오자 480명의 예비검속자 앞에서 "내가 죽더라도 방면하겠니 국가를 위해 충성해 달라."라고 연설한 후 전원을 방면하여 구명하였다. 기출OX 03

2 6·25전쟁 이후 1991년 경찰법 제정까지의 주요 경찰 연혁

경찰관 직무집행법제정	• 1953년 12월 「경찰관 직무집행법」 제정으로 경찰작용에 관한 기본법 마련 기출OX 04 • '국민의 생명, 신체, 재산의 보호'라는 영미법적 사고가 반영 기출OX 05
경찰중립화 규정	4·19 이후 혁명 정신에 따라 제2공화국 헌법은 '경찰중립화'를 헌법에 신설
경찰공무원법 제정	• 1969년 「국가공무원법」의 특별법으로 「경찰공무원법」 제정되어 경찰공무원을 일반 공무원과 구별하여 규율 기출OX 06 • 치안국장에게 '치안총감'이라는 경찰 계급이 부여 • 경정과 경장 계급이 신설, 치안감 이하 경감 이상 계급정년제 도입 기출OX 07 • 1979년 동법 개정시 치안정감 계급이 신설되었고, 1983년 시행된 동법에서는 경위계급의 계급정년이 도입되었다가, 1998년 경정 이상 계급정년으로 개정되어 현재까지 시행
치안본부	• 1974년 12월 24일 정부조직법 개정으로 종래 치안국장은 치안본부장으로 격상 기출OX 08
업무범위 추가	해양경찰업무(1953), 전투경찰업무(1968)가 정식으로 경찰의 업무 범위에 추가 기출OX 09
소방업무 이관	1975년 8월 치안본부 아래 있던 소방과를 내무부 소방국으로 이전함에 따라서 소방업무가 경찰업무에서 배제 기출OX 09, 10
경직법 개정	1981년 경직법 개정으로 '경찰의 직무(제2조)'규정이 처음 신설되어 경찰관의 직무의 범위를 구체적으로 정함
경찰법 제정	• 1991년 5월 경찰법 제정으로 경찰청장과 지방경찰청장은 독립관청으로 승격됨 기출OX 11 → 경찰법이 제정될 때까지 경찰체제의 근거가 되는 법률은 「정부조직법」이었다. 기출OX 12 • 1991년에는 경찰법이 제정되면서 내무부의 보조기관이던 치안본부가 내무부장관 소속하의 경찰청으로 독립신설 기출OX 13 • 내무부(현 행안부)에 경찰위원회를 두어 민주적 통제시스템 구축하고, 시도지사 밑에 치안행정협의회를 두도록 하여 치안협력체제를 마련

기출 OX

01 1946년 이후 중앙행정기관이었던 경무부(警務部)가 1948년 「정부조직법」상에서 내무부 산하의 국(局)으로 격하되었다. 20 승진, 15 간부 O X

02 1948년 대한민국 정부수립 시 중앙경찰조직으로 치안국, 지방경찰조직으로 시도경찰국을 두었으며 각각 독립관청의 권한을 부여하였다. 20 경채 O X

03 이준규 서장은 보도연맹원들에 대한 총살명령이 내려오자 480명의 예비검속자 앞에서 "내가 죽더라도 방면하겠으니 국가를 위해 충성해 달라"라는 연설 후 전원 방면하였다. 23·22 채용 O X

04 「경찰관 직무집행법」은 경찰관이 국민에 대한 생명·신체·재산의 보호, 범죄의 예방, 공안의 유지, 기타 법령집행등의 직무를 충실히 수행하도록 필요한 사항을 정하기 위하여 1953년에 제정하였다. 25 채용, 22 간부 O X

05 1953년 경찰관 직무집행에 대한 근거법령으로 제정된 "경찰관직무집행법"은 국민의 생명, 신체, 재산의 보호라는 대륙법적 사고가 반영되었다. 20·18 채용, 19 경채 O X

06 「경찰공무원법」은 경찰직무의 특수성에 비추어 경찰질서의 확립과 경찰인사의 합리화를 위하여 기존 「국가공무원법」에 포함되어 있는 경찰인사에 관한 규정을 분리하여 별도로 독립된 법으로 1969년에 제정하였다. 25 채용, 22 간부, 20 승진 O X

07 1953년 경찰작용의 기본법인 「경찰관직무집행법」이 제정되어 경감 이상의 계급정년제가 도입되었고, 1969년 「경찰공무원법」이 제정되어 경정 및 경장 계급이 신설되었다. 22 채용, 20경채 O X

08 대한민국 정부 수립 이후 1974년 내무부 치안국이 치안본부로 개편되었고, 2006년 제주특별자치도 '자치경찰단'이 창설되었다. 22 채용 O X

09 정부수립 이후 1991년 이전 경찰의 특징을 살펴보면, 전투경찰업무가 경찰의 업무 범위에 추가되었고 소방업무가 경찰의 업무 범위에서 배제되는 등 경찰활동의 영역에 변화가 있었다. 22 채용 O X

10 소방업무가 경찰업무에서 배제된 것은 소방업무가 민방위본부로 이관되면서부터이다. 18 간부 O X

11 「경찰법」의 제정으로 경찰위원회가 도입되었고, 경찰청장과 지방경찰청장도 경찰관청으로서의 지위를 갖게 되었다. 14 채용 O X

12 경찰법이 제정될 때까지 경찰체제의 근거가 되는 법률은 「경찰관 직무집행법」이었다. 22·18 간부 O X

13 「경찰법」은 내무부 치안국을 경찰청으로 개편하기 위하여 1991년에 제정하였다. 25 채용 O X

정답 및 해설

01 O
02 X 시도경찰국장은 시·도지사의 보조기관에 불과하였고 1991년 경찰법 제정으로 비로소 관청의 지위를 갖게 되었다.
03 X 안종삼 서장에 대한 설명이다.
04 X 1953년 12월 「경찰관 직무집행법」 제정으로 경찰작용에 관한 기본법 마련하였다
05 X 1953년 경찰관 직무집행에 대한 근거법령으로 제정된 "경찰관직무집행법"은 국민의 생명, 신체, 재산의 보호라는 영미법적 사고가 반영되었다.
06 O
07 X 1969년 「경찰공무원법」이 제정되어 경정 및 경장 계급이 신설되었고, 경감 이상의 계급정년제 등이 도입되었다
08 O
09 O
10 O
11 O
12 X 「경찰관 직무집행법」은 경찰체제의 근거가 되는 법률이 아니라 경찰작용에 관한 법률이다. 경찰법이 제정될 때까지 경찰체제의 근거가 되는 법률은 「정부조직법」이었다.
13 X 내무부 치안본부

POINT 06 한국경찰사에 길이 빛날 경찰의 표상

백범 김구 선생	• 민족의 사표(師表) 기출OX 01 • 1919년 상하이에서 수립한 대한민국 임시정부의 초대 경무국장 • 광복 후 귀국한 김구 선생은 1947년 경무부 교육국에서 출간한 「민주경찰」 창간호에 '자주독립과 민주경찰'이라는 축사를 기고하였고 국립경찰 창설기념 특호에서는 "국민의 경종이 되소서"라는 휘호를 선물하는 등 경찰에 대한 남다른 애정을 보이기도 함
안맥결 총경	• 독립운동가 출신 여성경찰관 기출OX 02 • 1919년 10월 평양 숭의여학교 재학 중 만세시위에 참여하다 체포되어 20일간 구금 • 1946년 5월 미군정하 제1기 여자경찰간부로 임용되어, 1952년부터 2년간 서울여자경찰서장을 역임하며 풍속·소년·여성보호 업무를 담당 • 1957년 국립경찰전문학교 교수로 발령 받아 후배 경찰교육에 힘쓰다 1961년 5·16정변이 일어나자 군사정권에 협력할 수 없다며 사표 제출
문형순 경감	• 민주·인권경찰의 표상 기출OX 03, 04 • 제주 4·3사건 당시인 1948년 12월 10일 제주 대정읍 하모리에서 검거된 좌익총책의 명단에 연루된 100여명의 주민들이 처형위기에 처하자 당시 모슬포서장이었던 문형순은 조남수 목사의 선처 청원을 받아들여 이들에게 자수토록 하고, 1949년 초에 자신의 결정으로 전원 훈방 • 1950년 8월 30일 성산포경찰서장 재직 시 계엄군의 예비검속자 총살 명령에 '부당함으로 불이행'한다고 거부하고 278명 방면
차일혁 경무관	• 호국경찰·인권경찰·문화경찰의 표상 기출OX 05 • 남부군 사령관 이현상 사살(1953)로 빨치산 토벌의 주역으로 빨치산 토벌 당시 이현상을 '적장의 예'로써 화장해주고, 생포한 공비들에 대하여 관용과 포용으로 귀순을 유도한 인본경찰·인권경찰의 표상 • 1951년 공비들의 근거지가 될 수 있는 사찰들을 불태우라는 상부의 명령에 대하여 '절을 태우는 데는 한나절이면 족하지만, 세우는 데는 천년 이상의 세월로도 부족하다.'며 사찰의 문짝만 태움으로써 화엄사(구례) 등 사찰과 문화재를 보호하였고, 1954년 충주경찰서장으로 발령받아 재직 당시 '충주직업소년학원'을 설립하여 불우아동들에게 배움의 기회를 제공하는 등 문화경찰의 표본이 됨
최규식 경무관, 정종수 경사	• 호국경찰의 표상 기출OX 06 • 1968년 1.21 무장공비침투사건 당시 종로경찰서 지하검문소에서 무장공비를 최규식 총경(경무관특진)이 온몸으로 차단·격투 끝에 청와대 사수하고 순국함으로써 대한민국을 위기에서 건져올린 호국경찰의 표상
안병하 치안감	• 민주·인권경찰의 표상 기출OX 07 • 5·18 광주 민주화운동 당시 무장 강경진압 방침이 내려오자 안병하 전남경찰국장은 전남경찰들에게 '분산되는 자는 너무 추적하지 말 것, 부상자가 발생하지 않도록 할 것' 등을 지시하고, '연행과정에서 학생의 피해가 없도록 유의하라'고 지시하여 비례의 원칙에 입각한 경찰권 행사 및 시위대 인권보호를 강조
이준규 총경	• 민주·인권경찰의 표상 기출OX 08 • 1980년 5·18 당시 목포경찰서장으로 재임하면서 안병하 국장의 방침에 따라 경찰 총기 대부분을 군부대 등으로 사전에 이동시켰으며, 자체 방호를 위해 가지고 있던 소량의 총기마저 격발할 수 없도록 방아쇠 뭉치를 모두 제거해 경찰관들과 함께 고하도 섬으로 이동시키는 등 원천적으로 시민들과의 유혈충돌을 피하도록 조치하여 광주와 달리 목포에서는 사상자가 거의 나오지 않음
최중락 총경	• 대한민국 수사경찰의 표상 기출OX 09, 10 • 최중락 총경은 수사경찰의 상징적인 존재로 1970~80년대 MBC드라마 '수사반장'의 실제모델
김학재 경사	부천남부서 형사였던 김학재 경사(당시 경장)는 1998년 5월 강도강간 신고출동 현장에서 피의자로부터 좌측 흉부를 칼로 피습당한 가운데에서도 끝까지 격투를 벌여 범인 검거 후 순직 기출OX 11
박재표 경위	1956년 8월 13일 제2대 지방의원 선거 당시 정읍 소성지서에서 순경으로 근무하던 중 투표함을 바꿔치기 하는 부정선거를 목격하고 이를 기자회견을 통해 세상에 알리는 양심적 행동을 하였다. 기출OX 12

기출 OX

01 백범 김구 선생은 1919년 상하이에 수립된 대한민국 임시정부의 초대 경무국장으로 취임 후 임시정부 경찰을 지휘하며 임시정부의 성공적 정착에 이바지하였다. 21 승진, 19 채용 O X

02 안맥결 총경은 1946년 5월 미군정하 제1기 여자경찰간부로 임용되며 국립 경찰에 투신하였고 1952년부터 2년간 서울여자경찰서장을 역임하며 풍속·소년·여성보호 업무를 담당함(여자 경찰제도는 당시 권위적인 사회 속에서 선진적이고 민주적인 제도였음) 24 승진, 20 채용 O X

03 문형순 경감은 1980년 5·18 광주 민주화운동 당시 비례의 원칙에 입각한 경찰권 행사 및 시위대의 인권보호를 강조하였다. 21 승진 O X

04 문형순경감은 성산포경찰서장 재직 시 계엄군의 예비검속자 총살 명령에 '부당함으로 불이행'한다고 거부하고 주민들을 방면하였다 24 승진, 23·20 채용 O X

05 차일혁 경무관은 빨치산 토벌의 주역이며 구례 화엄사 등 문화재를 수호한 인물로 '보관 문화훈장'을 수여받은 호국경찰의 영웅이자 인본경찰·인권경찰·문화경찰의 표상이다. 25·19 채용, 21 간부, 20·19 승진 O X

06 1968년 '무장공비 침투사건(1·21 사태)' 당시 종로경찰서 자하문검문소에서 무장공비를 온몸으로 막아내고 순국한 최규식 경무관과 정종수 경사는 호국경찰, 인본경찰, 문화경찰의 표상이다. 20·19 채용, 21·16 간부, 20 승진 O X

07 5·18 광주 민주화운동 당시 무장 강경진압 방침이 내려오자 안병하 국장은 전남경찰들에게 '분산되는 자는 너무 추적하지 말 것, 부상자가 발생하지 않도록 할 것'등을 지시하고, '연행과정에서 학생의 피해가 없도록 유의하라'고 지시한 것은 ㉠ 비례의 원칙에 입각한 경찰권 행사 및 시위대의 ㉡ 질서유지를 강조하였다. 23·20·19 채용, 24·22·20 승진, 21 간부 O X

08 이준규 총경은 1957년 국립경찰전문학교 교수로 발령 받아 후배 경찰교육에 힘쓰다 1961년 5·16군사정변이 일어나자 군사정권에 협력할 수 없다며 사표를 제출하였다. 21 승진 O X

09 최중락 총경은 1968년 무장공비 침투사건 당시 자하문검문소에서 무장공비를 온몸으로 막아내고 청와대를 사수하였으며, 호국경찰의 표상이 됨 25 채용 O X

10 최중락 총경은 1950년 순경으로 임용, 1986년 총경으로 승진하였지만, 수사현장을 끝까지 지킨다는 의지로 경찰서장 보직을 희망하지 않고 수사·형사과장으로만 재직하였다. MBC드라마 수사반장의 실제 모델이며, 1963년, 1968년, 1969년에 치안국의 포도왕(검거왕)으로 선정되었다. 24 승진 O X

11 김학재 경사는 1998년 강도강간 신고출동 현장에서 피의자로부터 좌측 흉부를 칼로 피습당한 상태에서도 격투를 벌여 범인검거 후 순직하였으며, 2018년 '경찰영웅'으로 선정됨 25 채용 O X

12 박재표 경위는 1956년 8월 13일 제2대 지방의원 선거 당시 정읍 소성지서에서 순경으로 근무하던 중 투표함을 바꿔치기 하는 부정선거를 목격하고 이를 기자회견을 통해 세상에 알리는 양심적 행동을 하였다. 23 간부 O X

정답 및 해설

01 O
02 O
03 X 안병하 치안감에 대한 설명이다.
04 O
05 O
06 X 최규식 경무관과 정종수 경사는 호국경찰의 표상이다.
07 X ㉡ 인권보호(질서유지 ×)
08 X 안맥결 총경에 대한 설명이다.
09 X 최무식, 정종수에 대한 설명
10 O
11 O
12 O

해커스경찰
police.Hackers.com

2025 해커스경찰
서정표 경찰학 요기오
(요약 + 기출OX)

Part 6
분야별 경찰활동

Chapter 01 | 생활안전경찰
Chapter 02 | 수사경찰
Chapter 03 | 경비경찰
Chapter 04 | 교통경찰
Chapter 05 | 정보경찰
Chapter 06 | 안보경찰
Chapter 07 | 외사경찰

해커스경찰
police.Hackers.com

2025 해커스경찰
서정표 경찰학 요기오
(요약 + 기출OX)

Chapter 01

생활안전경찰

POINT 01 | 지역경찰업무
POINT 02 | 생활질서업무
POINT 03 | 여성·청소년 보호업무
POINT 04 | 경비업법

POINT 01 지역경찰업무

1 112신고의 운영 및 처리에 관한 법률 및 동법 시행령

(1) 112치안종합상황실의 설치·운영
① 112치안종합상황실은 경찰청, 시·도경찰청 및 경찰서에 설치한다. 기출OX 01
② 112치안종합상황실은 24시간 운영체제를 유지해야 한다.

(2) 신고의 접수
경찰청장등은 112신고를 받으면 「국가경찰과 자치경찰의 조직 및 운영에 관한 법률」 제4조제1항에 따른 경찰사무의 구분이나 현장 출동이 필요한 지역의 관할에 관계없이 해당 112신고를 신속하게 접수하여 처리하여야 한다. 기출OX 02
→ 거짓으로 신고시 500만원 이하의 과태료를 부과

(3) 신고에 대한 조치
① 경찰청장등은 112신고가 접수된 때에는 경찰관을 현장에 신속하게 출동시켜 위험 발생의 방지, 범죄의 예방·진압, 구호대상자의 구조 등 필요한 조치를 하게 하여야 한다.
② 신고에 따라 필요한 조치를 한 경찰관은 해당 112신고와 관련하여 범죄의 혐의가 있다고 인정할 만한 상당한 이유가 있어 계속 수사할 필요가 있는 경우 지체 없이 해당 수사기관에 인계하여야 한다.
③ 경찰관은 ①에 따른 필요한 조치를 할 때 사람의 생명·신체 또는 재산에 대한 급박한 위해가 발생할 우려가 있는 경우에는 그 위해를 방지하거나 피해자를 구조하기 위하여 부득이하다고 인정하면 합리적으로 판단하여 필요한 한도에서 다른 사람의 토지·건물 또는 그 밖의 물건을 일시사용, 사용의 제한 또는 처분을 하거나 다른 사람의 토지·건물·배 또는 차에 출입할 수 있다. → 거부 또는 방해한 자에게는 300만원 이하의 과태료
④ 경찰청장등은 112신고를 처리하는 과정에서 재난·재해, 범죄 또는 그 밖의 위급한 상황이 발생하여 사람의 생명·신체를 위험하게 할 것으로 인정할 때에는 일정한 구역을 정하여 그 구역에 있는 사람에게 그 구역 밖으로 피난할 것을 명할 수 있다. 기출OX 03 → 위반한 자는 100만원 이하의 과태료
⑤ 경찰관은 ③에 따라 출입 등 조치를 할 때에는 그 신분을 표시하는 증표를 제시하여야 하며, 소속과 성명을 밝히고 조치의 목적과 이유를 설명하여야 한다.
⑥ 국가는 ①, ③ 또는 ④에 따른 조치나 명령으로 손실을 입은 자가 있는 경우에는 「경찰관 직무집행법」 제11조의2에 따라 그 손실을 보상하여야 한다.

(4) 112신고자에 대한 보호
① 경찰청장등은 다음 어느 하나에 해당하는 경우를 제외하고 112신고에 사용된 전화번호, 112신고자의 이름·주소·성별·나이·음성과 그 밖에 112신고자를 특정하거나 유추하는 데 사용될 수 있는 일체의 정보(이하 "112신고자 정보"라 한다)를 수집·이용 또는 제공하여서는 아니 된다.
 1. 112신고의 처리를 위하여 112신고자 정보를 활용하는 경우
 2. 112신고자가 동의하는 경우
 3. 이 법 또는 다른 법률에 특별한 규정이 있는 경우
② 누구든지 112신고자 정보를 112신고 접수·처리 이외의 목적에 이용하여서는 아니 된다. → 목적 외의 용도로 이용한 자는 5년 이하의 징역 또는 5천만원 이하의 벌금

(5) 출동현장의 촬영·관리
① 경찰청장등은 112신고를 처리할 때 112치안종합상황실에서 출동 현장의 상황 등을 실시간으로 확인하고 지휘하기 위한 목적으로 순찰차 등에 영상촬영장치를 설치하여 출동 현장을 촬영할 수 있다. 기출OX 04
② 출동 현장을 촬영할 때에는 불빛, 소리, 안내판, 안내서면, 안내방송 또는 그 밖에 이에 준하는 수단이나 방법으로 출동현장에 있는 사람이 촬영 사실을 쉽게 알 수 있도록 표시하고 알려야 한다. 기출OX 05
③ 경찰청장 등은 ②에 따른 방법으로 촬영 사실을 표시하거나 알리기 어려운 경우에는 개인정보보호위원회가 구축하는 인터넷 사이트에 촬영 사실을 미리 공지하는 방법으로 알릴 수 있다. 기출OX 06

④ 경찰청장 등은 ②에 따른 방법으로 촬영 사실을 표시하거나 알리기 어려운 경우에는 개인정보보호위원회가 구축하는 인터넷 사이트에 촬영 사실을 미리 공지하는 방법으로 알릴 수 있다. 기출 OX 06

(6) 112신고의 기록·보존 기출 OX 08

112시스템 입력자료	• 3년(범죄수사를 위해 2년 연장 가능) • 단순 민원·상담 등 경찰청장이 정하는 경미한 내용의 112신고의 경우 1년(범죄수사를 위해 1년 연장 가능)
녹음·녹화자료	3개월(범죄수사를 위해 3개월 연장 가능)

기출 OX

01 112치안종합상황실은 경찰청, 시·도경찰청 및 경찰서에 설치한다. 24 채용 〇 X

02 경찰청장, 시·도경찰청장 및 경찰서장(이하 "경찰청장등"이라 한다)은 112신고를 받으면 「경찰관 직무집행법」 제2조에 따른 경찰사무의 구분이나 현장 출동이 필요한 지역의 관할의 관계를 고려하여 해당 112신고를 신속하게 접수하여 처리하여야 한다. 24 채용 〇 X

03 경찰청장등은 112신고를 처리하는 과정에서 재난·재해, 범죄 또는 그 밖의 위급한 상황이 발생하여 사람의 생명·신체를 위험하게 할 것으로 인정할 때에는 일정한 구역을 정하여 그 구역에 있는 사람에게 그 구역 밖으로 피난할 것을 명할 수 있다. 24 채용 〇 X

04 경찰청장 등은 112치안종합상황실에서 출동 현장의 상황 등을 실시간으로 확인하고 지휘하기 위한 목적으로 경찰관이 영상촬영장치를 착용 또는 휴대하도록 하여 출동 현장을 촬영할 수 있다. 25 승진 〇 X

05 출동 현장을 촬영할 때에는 불빛, 소리, 안내판, 안내서면, 안내방송 또는 그 밖에 이에 준하는 수단이나 방법으로 출동 현장에 있는 사람이 촬영 사실을 쉽게 알 수 있도록 표시하고 알려야 한다. 25 승진 〇 X

06 경찰청장 등은 출동 현장 촬영 사실을 표시하거나 알리기 어려운 경우에는 경찰청 홈페이지에 촬영사실을 사후 공지하는 방법으로 알려야 한다. 25 승진 〇 X

07 출동 현장을 촬영하여 수집된 영상정보의 보관기간은 촬영일부터 1년으로 한다. 다만, 범죄 수사를 위해 영상 정보의 보관이 필요한 경우 등 경찰청장 등이 필요하다고 인정하는 경우에는 1년의 범위에서 보관기간을 연장할 수 있다. 25 채용, 25 승진 〇 X

08 112신고 접수 및 처리와 관련된 112시스템 입력자료는 3년간 보존한다. 다만, 단순 민원·상담 등 경찰청장이 정하는 경미한 내용의 112신고의 경우에는 1년으로 한다. 24 채용 〇 X

정답 및 해설

01 〇
02 X 사무구분이나 지역 관할에 관계 없이 신속하게 접수·처리하여야 한다.
03 〇
04 〇
05 〇
06 X 미리 공지하는 방법으로 알릴 수 있다.
07 X 보관기간은 촬영일부터 30일, 30일의 범위에서 연장
08 〇

2 112치안종합상황실 운영 및 신고처리 규칙

(1) 신고의 접수
- 112신고는 현장출동이 필요한 지역의 관할과 관계없이 신고를 받은 경찰관서에서 신속하게 접수한다.

(2) 112신고의 대응체계
- 112신고는 현장출동이 필요한 지역의 관할과 관계없이 신고를 받은 112치안종합상황실에서 접수한다.
- 국민이 112신고 이외 경찰관서별 일반전화 또는 직접 방문 등으로 경찰관의 현장출동을 필요로 하는 사건의 신고를 한 경우 해당 신고를 받은 자가 접수한다. 이때 접수한 자는 112시스템에 신고내용을 입력해야 한다. 기출OX 01

(3) 112신고의 분류
- 경찰청장은 112신고 내용의 긴급성과 출동 필요성 등을 고려하여 112신고 대응 코드(code)를 다음과 같이 분류한다. 기출OX 02, 03

코드 0 신고	코드 1 신고 중 이동성 범죄, 강력범죄 현행범인 등 신고 대응을 위해 실시간 전파가 필요한 경우
코드 1 신고	생명·신체에 대한 위험 발생이 임박하거나 진행 중 또는 그 직후인 경우 및 현행범인인 경우
코드 2 신고	생명·신체에 대한 잠재적 위험이 있는 경우 및 범죄예방 등을 위해 필요한 경우
코드 3 신고	즉각적인 현장조치는 불필요하나 수사, 전문상담 등이 필요한 경우
코드 4 신고	긴급성이 없는 민원·상담 신고

- 112근무요원은 112시스템에 신고내용을 입력할 경우 112신고 내용의 긴급성과 출동 필요성 등을 고려하여 112신고 대응 코드를 부여한다.
- 112근무요원은 112신고가 완전하게 수신되지 않는 경우와 같이 정확한 신고내용을 파악하기 힘든 경우라도 신속한 처리를 위해 우선 임의의 112신고 대응 코드를 부여할 수 있다. 기출OX 04
- 112근무요원 및 출동 경찰관은 112신고 대응 코드를 변경할 만한 사실을 추가로 확인한 경우 이미 분류된 112신고 대응 코드를 다른 112신고 대응 코드로 변경할 수 있다. 기출OX 05

(4) 지령

코드 0 ~ 코드 3 신고	112신고를 접수한 112근무요원은 접수한 신고의 내용이 코드 0 신고부터 코드 3 신고의 유형에 해당하는 경우에는 출동 경찰관에게 출동할 장소, 신고내용, 신고유형 등을 고지하고 신고의 현장출동, 조치, 종결하도록 지령해야 한다.
코드 4 신고	112근무요원은 접수한 신고의 내용이 코드 4 신고의 유형에 해당하는 경우에는 출동 경찰관에게 지령하지 않고 자체 종결하거나, 담당 부서 또는 112신고 관계 기관에 신고내용을 통보하여 처리하도록 조치해야 한다. 기출OX 06

(5) 112신고처리의 종결: 112근무요원은 다음의 경우 112신고처리를 종결할 수 있다.
1. 사건이 해결된 경우
2. 신고자가 신고를 취소한 경우. 다만, 신고자와 취소자가 동일인인지 여부 및 취소의 사유 등을 파악하여 신고취소의 진의 여부를 확인해야 한다.
3. 허위·오인으로 인한 신고인 경우 또는 신고내용이 경찰 소관이 아님이 확인된 경우
4. 현장에 출동하였으나 사건 내용을 확인할 수 없으며, 사건이 실제 발생하였다는 사실도 확인되지 않는 경우
5. 주무부서의 계속적 조치가 필요한 경우 및 추가적 수사의 필요 등으로 사건 해결에 장시간이 소요되어 해당 부서로 인계하여 처리하는 것이 효과적인 경우 기출OX 07
6. 그 밖에 112치안종합상황실장(상황팀장)이 초동조치가 종결된 것으로 판단하는 경우

(6) 자료보존기간 기출OX 08

코드 0, 코드1, 코드2	3년간(2년 연장가능)
코드3, 코드4	1년간(1년 연장가능)
녹음·녹화자료	3개월간(3개월 연장 가능)

(7) 112근무요원의 근무기간: 112근무요원의 근무기간은 2년 이상으로 한다. 기출OX 09

기출 OX

01 국민이 112신고 이외 경찰관서별 일반전화 또는 직접 방문 등으로 경찰관의 현장출동을 필요로 하는 사건의 신고를 한 경우 해당 신고를 받은 자가 접수한다. 이때 접수한 자는 112시스템에 신고내용을 입력해야 한다. 22 채용   O X

02 접수자는 신고내용을 토대로 강력범죄 현행범인 등 실시간 전파가 필요한 경우에는 112신고의 대응코드 중 code 1 신고로 분류한다. 24 승진   O X

03 접수자는 즉각적인 현장조치는 불필요하나 수사, 전문상담 등이 필요한 경우는 112신고의 분류 중 code 3 신고로 분류한다. 23 승진   O X

04 112근무요원은 112신고가 완전하게 수신되지 않는 경우와 같이 정확한 신고내용을 파악하기 힘든 경우라도 신속한 처리를 위해 우선 임의의 112신고 대응 코드를 부여할 수 있다. 24 승진   O X

05 112근무요원 및 출동 경찰관은 112신고 대응 코드를 변경할 만한 사실을 추가로 확인한 경우 이미 분류된 112신고 대응 코드를 다른 112신고 대응 코드로 변경할 수 있다. 23 승진   O X

06 112요원은 접수한 신고의 내용이 code 3 신고의 유형에 해당하는 경우에는 출동요소에 지령하지 않고 자체 종결하거나, 담당 부서 또는 112신고 관계 기관에 신고내용을 통보하여 처리하도록 조치해야 한다. 24 승진, 22 채용   O X

07 추가적 수사의 필요 등으로 사건 해결에 장시간이 소요되어 해당 부서로 인계하여 처리하는 것이 효과적인 경우 112신고처리를 종결할 수 있다. 23 승진   O X

08 녹음·녹화자료는 2개월간 보존한다. 24 승진, 22 채용   O X

09 112근무요원의 근무기간은 1년 이상으로 한다. 22 채용   O X

정답 및 해설

01 O
02 X code 0 신고로 분류
03 O
04 O
05 O
06 X code 4 신고
07 O
08 X 3개월간 보존
09 X 근무기간은 2년 이상으로 한다.

3 순찰활동

(1) 순찰의 기능 기출OX 01, 02

헤일(C. D. Hale)	워커(S. Walker)
• 범죄예방 및 범인검거 • 법집행 • 질서유지 • 대민서비스 제공 • 교통지도단속	• 범죄의 억제 • 대민서비스 제공 • 공공안전감의 증진

(2) 순찰관련 실험 캔·뉴·플 / (실제·심리) XX – XO – OO) 기출OX 03, 04, 05

캔자스시의 예방순찰 실험	차량순찰 수준을 증가시켜도 범죄는 감소하지 않았고, 일상적인 순찰을 생략해도 <u>범죄는 증가하지 않았으며</u>, 순찰수준의 차이는 범죄발생과 시민의 심리적 안전감에 유의미한 <u>효과를 주지 못한다</u>는 결론을 얻었다.
뉴왁시의 도보순찰 실험	• 실험결과 도보순찰이 범죄율을 <u>감소시키지는 않는</u> 것으로 드러났다. • 다만, 시민들의 안전감을 향상시키고 경찰과 시민 사이에 좋은 관계를 형성하는데 <u>긍정적 영향</u>을 미쳤으며, 공공질서의 수준도 향상시켰다고 보았다.
플린트 도보순찰 실험	• 플린트 도보순찰 실험기간 중 실험지역 외 지역의 전체적인 범죄건수는 증가하였으나 도보순찰이 실시된 대부분의 실험지역에서 <u>범죄율이 감소</u>한 것으로 확인되었고, 주민들의 <u>안전감 향상에도 도움</u>을 주는 것으로 나타났다. • 자동차순찰보다 도보순찰의 결과 시민들은 오히려 더 안전하다고 느끼고 있음이 밝혀졌다.

(3) 순찰 종류(순찰노선에 따라) 기출OX 06

정선순찰	• 미리 설정한 노선을 <u>규칙적</u>으로 순찰하는 방식 기출OX 07 • 순찰시간의 추측이 가능하므로 근무감독이 용이하나 범죄행위자들이 이를 예측 가능
난선순찰	• 순찰지역이나 노선을 선정하여 <u>불규칙적</u>으로 순찰하는 방식 기출OX 08 • 근무자의 자율성 발휘가 가능, 범죄자의 예측을 교란 • 순찰근무자의 위치추정이 곤란, 근무자의 태만과 소홀을 조장
요점순찰	• 주요지점(요점)에서 다른 요점에 이르기까지 <u>일정한 노선 없이</u> 적절한 통로를 자율적으로 순찰(난선순찰)하는 방식 기출OX 09 • <u>정선순찰과 난선순찰의 절충한 방식</u>
구역순찰	• 순찰구역 내의 3~5 군데를 순찰소구역으로 설정하여 이 <u>소구역을 중점</u>으로 요점순찰하는 방식 기출OX 10 • 관내에 우범지대가 있는 경우에 흔히 채택 • 담당구역 자율순찰

기출 OX

01 워커(Samuel Walker)는 순찰의 3가지 기능으로 범죄의 억제, 대민서비스 제공, 교통지도단속을 언급하였다. 21 채용   O X

02 헤일(C. D. Hale)과 워커(S. Walker)는 순찰의 기능에 대민서비스 제공을 공통적으로 포함시켰다. 25 채용   O X

03 캔자스(Kansas)시 예방순찰실험의 경우 도보순찰을 증가시켜도 실제 범죄는 감소하지 않아 도보순찰과 범죄율의 연관성에 대해 부정하는 결과가 도출되었다. 25 채용   O X

04 플린트(Flint)시 도보순찰실험의 경우 도보순찰을 증가시켜도 실제 범죄는 감소하지 않았으나 오히려 시민들은 안전하다고 느꼈다. 25 채용   O X

05 뉴왁(Newark)시 도보순찰실험은 도보순찰을 강화하여도 해당 순찰구역의 범죄율을 낮추지는 못하였으나, 도보순찰을 할 때 시민이 경찰서비스에 더 높은 만족감을 드러냈음을 확인하였다. 21 채용   O X

06 순찰은 노선에 따라 정선순찰, 난선순찰, 요점순찰, 구역순찰 등으로 구분할 수 있다. 25 채용   O X

07 정선순찰은 가급적 관할구역 전부에 미칠 수 있도록 사전에 정하여진 노선을 규칙적으로 순찰하는 방법이다. 15 승진   O X

08 난선순찰은 임의로 경찰사고 발생상황 등을 고려하여 순찰지역이나 노선을 선정, 불규칙적으로 순찰하는 방법이다. 15 승진   O X

09 요점순찰은 지정된 요점과 요점 사이에서는 정선순찰 방식에 따라 순찰하는 방법이다. 15 승진   O X

10 구역책임자율순찰은 지구대 관할지역을 몇 개의 소구역으로 나누고 지정된 개인별 담당구역을 요점순찰하는 방법이다. 15 승진   O X

정답 및 해설

01 X 교통지도단속은 헤일(C. D. Hale)
02 O
03 X 차량순찰(도보순찰 X)을 증가시켜도 실제 범죄는 감소 ~
04 O 일단 정답처리 되었으나, 실제 플린트시 도보순찰실험의 경우 범죄율이 감소하였다는 점에서 논란이 있는 지문이다.
05 O
06 O
07 O
08 O
09 X 요점순찰은 난선순찰하는 방법이다
10 O

4 **지역경찰관서**(지역경찰의 조직 및 운영에 관한 규칙)

(1) 정의
- "**지역경찰관서**"란 지구대 및 파출소를 말한다. 기출OX 01
- **경찰서장**은 지역경찰관서의 운영에 관하여 총괄 지휘·감독한다. 기출OX 02

(2) 설치
- **시·도경찰청장**은 인구, 면적, 행정구역, 교통·지리적 여건, 각종 사건사고 발생 등을 고려하여 경찰서의 관할구역을 나누어 지역경찰관서를 설치한다. 기출OX 03

(3) 지구대, 파출소 및 출장소
- 시·도경찰청장은 경찰서장의 소관사무를 분장하기 위하여 행정안전부령으로 정하는 바에 따라 **경찰청장의 승인**을 받아 지구대 또는 파출소를 둘 수 있다. 기출OX 04, 05
- 시·도경찰청장이 지구대 또는 파출소를 설치하고자 할 때에는 서류를 첨부하여 **경찰청장에게 승인**을 요청하여야 한다.
- 시·도경찰청장은 임시로 필요한 때에는 출장소를 둘 수 있으며, 출장소를 설치한 때에는 **경찰청장에게 보고**하여야 한다.
- 시·도경찰청장이 지구대 또는 파출소를 폐지하거나 명칭·위치 및 관할구역을 변경하였을 때에는 **경찰청장에게 보고**하여야 한다.
- 지구대·파출소·출장소의 명칭·위치 및 관할구역과 그 밖에 필요한 사항은 **시·도경찰청장**이 정한다 기출OX 06

(4) 하부조직
① 지역경찰관서에는 관리팀과 상시·교대근무로 운영하는 복수의 순찰팀을 둔다.
② 순찰팀의 수: 지역 치안수요 및 인력여건 등을 고려하여 **시·도경찰청장**이 결정한다. 기출OX 07
③ 관리팀 및 순찰팀의 인원: 지역 치안수요 및 인력여건 등을 고려하여 **경찰서장**이 결정한다. 기출OX 07

관리팀	관리팀은 문서의 접수 및 처리, 시설 및 장비의 관리, 예산의 집행 등 지역경찰관서의 행정업무를 담당한다.
순찰팀	순찰팀은 범죄예방 순찰, 각종 사건사고에 대한 초동조치 등 현장 치안활동을 담당한다.

(5) 지역경찰관서장과 순찰팀장
- 지역경찰관서의 사무를 통할하고 소속 지역경찰을 지휘·감독하기 위해 지역경찰관서에 지구대장 및 파출소장(이하 "**지역경찰관서장**"이라 한다)을 둔다.
- 지구대장은 경정 또는 경감, 파출소장은 경정·경감 또는 경위로 한다.
- 출장소장은 경위 또는 경사로 한다.

지역경찰관서장 기출OX 08	순찰팀장 기출OX 09, 10, 11
1. 관내 치안상황의 분석 및 대책 수립 2. 지역경찰관서의 시설·예산·장비의 관리 3. 소속 지역경찰의 근무와 관련된 제반사항에 대한 지휘 및 감독 4. 경찰 중요 시책의 홍보 및 협력치안 활동	1. 근무교대시 주요 취급사항 및 장비 등의 인수인계 확인 2. 관리팀원 및 순찰팀원에 대한 일일근무 지정 및 지휘·감독 3. 관내 중요 사건 발생시 현장 지휘 4. 지역경찰관서장 부재시 업무 대행 5. 순찰팀원의 업무역량 향상을 위한 교육

[압축정리] 지역경찰관서(지구대, 파출소), 치안센터 정리

	지역경찰관서(지구대, 파출소)	치안센터	출장소
설치	• **설치권자**: 시·도경찰청장 • 설치 시 경찰청장의 승인要	• **설치권자**: 시·도경찰청장 • 승인·보고: 규정 X	• **설치권자**: 시·도경찰청장 • 설치 후 경찰청장 보고
소속	경찰서장	지역경찰관서장	규정 X
폐지 및 명칭·위치 변경	• **폐지 및 변경권자**: 시·도경찰청장 • 폐지 및 변경 후 경찰청장 보고	규정 X	규정 X
장의 계급	• **지구대장**: 경정, 경감 • **파출소장**: 경정, 경감, 경위	규정 X (보통 경위)	경위, 경사

기출 OX

01 '지역경찰관서'라 함은 「국가경찰과 자치경찰의 조직 및 운영에 관한 법률」 제30조 제3항 및 「경찰청과 그 소속기관 직제」 제43조에 규정된 지구대, 파출소 및 치안센터를 말한다. 23 승진, 20·17 간부 O X

02 지역경찰관서장은 지역경찰관서의 운영에 관하여 총괄 지휘·감독한다. 23 채용 O X

03 경찰청장은 인구, 면적, 행정구역, 교통·지리적 여건, 각종 사건사고 발생 등을 고려하여 경찰서의 관할구역을 나누어 지역경찰관서를 설치한다. 23·22·14 채용, 20 간부, 18 승진 O X

04 경찰서장은 자신의 소관사무를 분장하기 위하여 행정안전부령이 정하는 바에 따라 시·도경찰청장의 승인을 얻어 지구대 또는 파출소를 둘 수 있다. 20 승진 O X

05 파출소 설치의 승인권자는 경찰청장이다. 24 채용 O X

06 지구대·파출소 및 출장소의 명칭·위치 및 관할구역과 기타 필요한 사항은 관할 경찰서장이 정한다. 20 승진 O X

07 지역 치안수요 및 인력여건 등을 고려하여 관리팀 및 순찰팀의 인원은 시·도경찰청장이 결정하고, 순찰팀의 수는 경찰서장이 결정한다. 18 채용, 23·20·17 간부, 18 승진 O X

08 지역경찰관서장은 관내 치안상황의 분석 및 대책을 수립하고 소속 지역경찰의 근무와 관련된 제반사항에 대해 지휘 및 감독한다. 22 채용 O X

09 경찰 중요 시책의 홍보 및 협력치안 활동은 지역경찰관서장의 직무로, 관내 중요 사건발생시 현장 지휘는 순찰팀장의 직무로 명시되어 있다. 20 간부 O X

10 순찰팀장은 '근무교대시 주요 취급사항 및 장비 등의 인수인계 확인', '관리팀원 및 순찰팀원에 대한 일일근무 지정 및 지휘·감독' 등의 직무를 수행한다. 18 승진 O X

11 관리팀원 및 순찰팀원에 대한 일일근무 지정 및 지휘·감독과 관내 중요 사건 발생시 현장 지휘는 순찰팀장의 직무이다. 22·18 채용 O X

정답 및 해설

01 X 치안센터는 포함되지 않는다.
02 X 경찰서장은 ~감독한다.
03 X 설치권자는 시·도경찰청장
04 X 시·도경찰청장이 둘 수 있다.
05 O
06 X 시·도경찰청장이 정한다
07 X 순찰팀의 수는 시·도경찰청장이 결정하고, 개별 팀의 인원은 경찰서장이 결정한다.
08 O
09 O
10 O
11 O

5 치안센터

(1) 설치

시·도경찰청장은 지역치안을 효율적으로 수행하기 위하여 **지역경찰관서장 소속**하에 치안센터를 설치할 수 있다.
기출 OX 01

(2) 소속 및 관할

① 치안센터는 지역경찰관서장의 소속 하에 두며, 치안센터의 인원, 장비, 예산 등은 지역경찰관서에서 통합 관리한다.
② 치안센터의 관할구역은 소속 지역경찰관서 관할구역의 일부로 한다.
③ 치안센터 관할구역의 크기는 설치목적, 배치 인원 및 장비, 교통·지리적 요건 등을 고려하여 **경찰서장**이 정한다.

(3) 운영시간

① 치안센터는 **24시간** 상시 운영을 원칙으로 한다.
② 경찰서장은 지역 치안여건 및 인원여건을 고려, 운영시간을 탄력적으로 조정할 수 있다.

(4) 근무자의 배치

① 치안센터 운영시간에는 치안센터 관할구역에 근무자를 배치함을 원칙으로 한다.

(5) 치안센터 종류

① 치안센터는 설치목적에 따라 **검문소형과 출장소형**으로 구분한다.
② 출장소형 치안센터는 지리적 여건·치안수요 등을 고려하여 필요한 경우 **직주일체형**으로 운영할 수 있다.

검문소형 치안센터	검문소형 치안센터는 **적의 침투 예상로 또는 주요 간선도로의 취약요소** 등에 교통통제 요소 등을 고려하여 설치한다. 다만, 시·도경찰청 및 경찰서 관할의 경계에는 인접 관서장과 협의하여 하나의 치안센터를 설치하는 것을 원칙으로 한다.
출장소형 치안센터	출장소형 치안센터는 **지역 치안활동의 효율성 및 주민 편의 등을 고려하여 필요한 지역**에 설치한다.
직주일체형 치안센터	① 직주일체형 치안센터는 출장소형 치안센터 중 근무자가 치안센터 내에서 거주하면서 근무하는 형태의 치안센터를 말한다. ② 직주일체형 치안센터에는 **배우자와 함께 거주함을 원칙**으로 하며, 배우자는 근무자 부재시 방문 민원 접수·처리 등 보조 역할을 수행한다. ③ 직주일체형 치안센터에 배치된 근무자는 근무 종료 후에도 관할구역 내에 위치하며 지역경찰관서와 연락체계를 유지하여야 한다. **다만, 휴무일은 제외**한다. 기출 OX 02 ④ 경찰서장은 직주일체형 치안센터에서 거주하는 근무자의 배우자에게 조력사례금을 지급**하여야 하며**, 지급 기준 및 금액은 **경찰청장**이 정한다. ⑤ 직주일체형 치안센터 근무자의 근무기간은 **1년** 이상으로 하며, 임기를 마친 경찰관은 희망부서로 배치하고, 차기 경비부서의 차출순서에서 1회 면제한다.

기출 OX

01 시·도경찰청장은 지역치안을 효율적으로 수행하기 위하여 지역경찰관서장 소속하에 치안센터를 설치할 수 있다. 18 승진   O X

02 직주일체형 치안센터에 배치된 근무자는 근무 종료 후(휴무일 포함)에도 관할구역 내에 위치하며 지역경찰관서와 연락체계를 유지하여야 한다. 22 채용   O X

정답 및 해설

01 O
02 X 휴무일은 제외

6 지역경찰의 근무

(1) 근무형태 및 시간
① 지역경찰관서장은 일근근무를 원칙으로 한다. 다만, 경찰서장은 필요하다고 인정되는 경우에는 지역경찰관서장의 근무시간을 조정하거나, 시간 외·휴일 근무 등을 명할 수 있다.
② 관리팀은 일근근무를 원칙으로 한다. 다만, 지역경찰관서장은 필요하다고 인정되는 경우에는 근무시간을 조정하거나, 시간외·휴일 근무 등을 명할 수 있다. 기출OX 01
③ 순찰팀장 및 순찰팀원은 상시·교대근무를 원칙으로 하며, 근무교대 시간 및 휴게시간, 휴무횟수 등 구체적인 사항은 「국가공무원 복무규정」 및 「경찰기관 상시근무 공무원의 근무시간 등에 관한 규칙」이 규정한 범위 안에서 시·도경찰청장이 정한다. 기출OX 02

(2) 근무의 종류 행상순경대기 기출OX 03

행정근무 문예부지	• 문서의 접수 및 처리 • 시설·장비의 관리 및 예산의 집행 • 각종 현황, 통계, 자료, 부책 관리 기출OX 04, 05, 06 • 기타 행정업무 및 지역경찰관서장이 지시한 업무
상황근무	• 시설 및 장비의 작동 여부 확인 • 방문민원 및 각종 신고사건의 접수 및 처리 • 요보호자 또는 피의자에 대한 보호·감시 • 중요 사건·사고 발생 때 보고 및 전파 기출OX 07, 08, 09, 10 • 기타 필요한 문서의 작성

순찰근무	① 순찰근무는 그 수단에 따라 112 순찰, 방범오토바이 순찰, 자전거 순찰 및 도보 순찰 등으로 구분한다.
	② 112 순찰근무 및 야간 순찰근무는 반드시 2인 이상 합동으로 지정하여야 한다.
	③ 순찰근무를 지정받은 지역경찰의 업무 기출OX 11, 12
	  • 주민여론 및 범죄첩보 수집
	  • 각종 사건·사고 발생 때 초동조치 및 보고, 전파
	  • 범죄 예방 및 위험발생 방지 활동
	  • 범법자의 단속 및 검거
	  • 경찰방문 및 방범진단
	  • 통행인 및 차량에 대한 검문검색 등

경계근무	① 경계근무는 반드시 2인 이상 합동으로 지정하여야 한다. 기출OX 13
	② 경계근무를 지정받은 지역경찰의 업무
	  • 범법자 등을 단속·검거하기 위한 통행인 및 차량, 선박 등에 대한 검문검색 및 후속조치
	  • 비상 및 작전사태 등 발생할 때 차량, 선박 등의 통행 통제

대기근무	• 대기근무의 장소는 지역경찰관서 및 치안센터 내로 한다. 단, 식사시간을 대기 근무로 지정한 경우에는 식사 장소를 대기 근무 장소로 지정할 수 있다. • 대기근무를 지정받은 지역경찰은 지정된 장소에서 휴식을 취하되, 무전기를 청취하며 10분 이내 출동이 가능한 상태를 유지하여야 한다. 기출OX 14

기출 OX

01 관리팀은 일근무, 순찰팀장 및 순찰팀원은 상시·교대근무를 원칙으로 한다. 14 채용 O X

02 순찰팀장은 일근무를 원칙으로 하며, 휴게시간·휴무횟수 등 구체적인 사항은 「국가공무원 복무규정」 및 「경찰기관 상시근무 공무원의 근무시간 등에 관한 규칙」이 규정한 범위 안에서 지역경찰관서장이 정한다. 21 채용 O X

03 지역경찰의 근무는 행정근무, 상황근무, 순찰근무, 경계근무, 대기근무, 기타근무로 구분한다. 18·14 채용 O X

04 행정근무를 지정받은 지역경찰은 각종 현황·통계·부책 관리 및 중요 사건·사고 발생시 보고·전파 업무를 수행한다. 20 간부 O X

05 행정근무를 지정받은 지역경찰은 지역경찰관서 내에서 문서의 접수 및 처리, 시설·장비의 관리 및 예산의 집행, 각종 현황·통계·자료·부책 관리, 기타 행정업무 및 지역경찰관서장이 지시한 업무를 수행한다. 18 간부 O X

06 행정근무를 지정받은 지역경찰은 지역경찰관서 및 치안센터 내에서 방문 민원 및 각종 신고사건의 접수 및 처리업무를 수행한다. 23 채용 O X

07 상황근무를 지정받은 지역경찰은 지역경찰은 지역경찰관서 및 치안센터 내에서 시설 및 장비의 작동여부 확인, 방문민원 및 각종 신고사건의 접수 및 처리, 요보호자 또는 피의자에 대한 보호·감시, 중요 사건·사고 발생시 보고 및 전파, 기타 필요한 문서의 작성의 업무를 수행한다. 18 간부 O X

08 상황근무를 지정받은 지역경찰은 문서의 접수 및 처리와 중요 사건·사고 발생시 보고·전파 업무를 수행한다. 23 승진 O X

09 상황근무를 지정받은 지역경찰은 지역경찰관서 및 치안센터 내에서 요보호자 또는 피의자에 대한 보호·감시, 방문민원 및 각종 신고사건의 접수 및 처리 등의 업무를 수행한다. 22 승진 O X

10 상황근무를 지정받은 지역경찰은 지역경찰관서 및 치안센터 내에서 방문민원 및 각종 신고사건의 접수 및 처리를 수행한다. 22 채용 O X

11 순찰근무를 지정받은 지역경찰은 지정된 근무구역에서 범법자의 단속 및 검거, 경찰방문 및 방범진단, 시설 및 장비의 작동여부 확인, 각종 현황, 통계, 자료, 부책 관리와 같은 업무를 수행한다. 21 채용 O X

12 순찰팀은 범죄예방 순찰, 각종 사건사고에 대한 초동조치 등 현장 치안활동을 담당한다. 23 채용 O X

13 경계근무는 반드시 2인 이상 합동으로 지정하여야 한다. 14 채용 O X

14 대기근무를 지정받은 지역경찰은 지정된 장소에서 휴식을 취하되, 무전기를 청취하며 10분 이내 출동이 가능한 상태를 유지하여야 한다. 23 승진 O X

정답 및 해설

01 O
02 X 상시·교대근무가 원칙이며, 시·도경찰청장이 정한다.
03 O
04 X 중요 사건·사고 발생시 보고·전파 업무는 상황근무에 해당한다.
05 O
06 X 지역경찰관서 및 치안센터 내에서 방문 민원 및 각종 신고사건의 접수 및 처리업무는 상황근무에 해당한다.
07 O
08 X "문서의 접수 및 처리"는 행정근무에 해당한다.
09 O
10 O
11 X 각종 현황, 통계, 자료, 부책 관리업무는 행정근무를 지정받은 경찰의 업무이고, 시설 및 장비 작동 여부는 상황근무를 지정받은 경찰의 업무이다.
12 O
13 O
14 O

(3) 일일근무 지정
- 순찰팀장은 관리팀원에게 행정근무를 지정하고, 순찰팀원에게 상황 또는 순찰근무 지정하는 것을 원칙으로 하되, 필요한 경우에는 다른 근무를 지정하거나 병행하여 수행하도록 지정할 수 있다. 기출 OX 01
- 지역경찰관리자는 신고출동태세 유지 등을 위해 필요한 경우에는 휴게 및 식사시간도 대기 근무로 지정할 수 있다. 기출 OX 02

(4) 지역경찰의 동원
- 시·도경찰청장 또는 경찰서장은 다음에 정한 사유에 해당하는 경우로서 특히 필요하다고 인정되는 때에 한하여 지역경찰의 기본근무에 지장을 초래하지 않는 범위 내에서 지역경찰을 다른 근무에 동원할 수 있다.
  1. 다중범죄 진압, 대간첩작전 기타의 비상사태
  2. 경호경비 또는 각종 집회 및 행사의 경비
  3. 중요범인의 체포를 위한 긴급배치
  4. 화재, 폭발물, 풍수설해 등 중요사고의 발생
  5. 기타 다수 경찰관의 동원을 필요로 하는 행사 또는 업무
- 지역경찰 동원은 근무자 동원을 원칙으로 하되, 불가피한 경우에 한하여 비번자, 휴무자를 동원할 수 있다. 기출 OX 03

(5) 정원관리
- 경찰서장은 지역경찰관서의 관할면적, 치안수요 등을 고려하여 지역경찰관서에 적정한 인원을 배치하여야 한다.
- 경찰서장은 지역경찰의 정원을 다른 부서에 우선하여 충원하여야 한다.
- 시·도경찰청장은 소속 지방경찰청의 지역경찰 정원 충원 현황을 연 2회 이상 점검하고 현원이 정원에 미달할 경우, 지역경찰 정원충원 대책을 수립, 시행하여야 한다. 기출 OX 04

(6) 교육
- 시·도경찰청장 및 경찰서장은 지역경찰의 올바른 직무수행 및 자질 향상을 위해 필요한 교육을 실시하여야 한다.
- 교육시간, 방법, 내용 등 지역경찰 교육과 관련된 세부적인 기준은 경찰청장이 따로 정한다. 기출 OX 05

(7) 근무일지 기록·보관
- 지역경찰은 근무 중 주요사항을 근무일지(을지)에 기재하여야 한다.
- 근무일지는 3년간 보관한다. 기출 OX 06

기출 OX

01 순찰팀장은 관리팀원에게 행정근무를 지정하고, 순찰팀원에게 상황 또는 순찰근무 지정하는 것을 원칙으로 하되, 필요한 경우에는 다른 근무를 지정하거나 병행하여 수행하도록 지정할 수 있다. 22 승진 (O X)

02 지역경찰관리자는 신고출동태세 유지 등을 위해 필요한 경우에는 휴게 및 식사시간도 기타 근무로 지정할 수 있다. 22 승진 (O X)

03 지역경찰 동원은 근무자 동원을 원칙으로 하되, 불가피한 경우에 한하여 비번자, 휴무자 순으로 동원할 수 있다. 22 승진 (O X)

04 시·도경찰청장은 소속 시·도경찰청의 지역경찰 정원 충원 현황을 연 2회 이상 점검하고 현원이 정원에 미달할 경우, 지역경찰 정원 충원의 대책을 수립·시행하여야 한다. 18 간부 (O X)

05 시·도경찰청장 및 경찰서장은 지역경찰의 올바른 직무수행 및 자질 향상을 위해 필요한 교육을 실시하여야 하며, 교육시간·방법·내용 등 지역경찰 교육과 관련된 세부적인 기준은 시·도경찰청장이 따로 정한다. 18 간부 (O X)

06 지역경찰은 근무 중 주요사항을 근무일지(을지)에 기재하여야 하고 근무일지는 5년간 보관한다. 23 승진 (O X)

정답 및 해설

01 O
02 X 기타 근무가 아니라, 대기 근무로 지정할 수 있다.
03 O
04 O
05 X 세부기준은 경찰청장이 정한다.
06 X 근무일지는 3년간 보관한다.

POINT 02 생활질서업무

1 풍속사범규제

(1) 풍속영업의 범위 노·무·비·사·단·게·장 + 이·숙·목
  1. 「게임산업진흥에 관한 법률」에 따른 게임제공업 및 복합유통게임제공업 기출OX 01
  2. 「영화 및 비디오물의 진흥에 관한 법률」에 따른 비디오물감상실업 기출OX 02
  3. 「음악산업진흥에 관한 법률」에 따른 노래연습장업
  4. 「공중위생관리법」에 따른 숙박업, 목욕장업, 이용업 중 대통령령으로 정하는 것 기출OX 03
  5. 「식품위생법」에 따른 단란주점영업, 유흥주점영업 기출OX 04
  6. 「체육시설의 설치·이용에 관한 법률」에 따른 무도학원업 및 무도장업 기출OX 05
  7. 그 밖에 선량한 풍속을 해치거나 청소년의 건전한 성장을 저해할 우려가 있는 영업으로 대통령령으로 정하는 것 → 청소년 출입·고용금지업소에서의 영업 기출OX 06

(2) 풍속영업자와 풍속영업종사자의 준수사항
  풍속영업을 하는 자(허가나 인가를 받지 아니하거나 등록이나 신고를 하지 아니하고 풍속영업을 하는 자를 포함) 및 대통령령으로 정하는 종사자는 풍속영업소에서 다음의 행위를 하여서는 아니 된다. 기출OX 07, 08, 09, 10, 11
  1. 「성매매알선 등 행위의 처벌에 관한 법률」에 따른 성매매알선등행위
  2. 음란행위를 하게 하거나 이를 알선 또는 제공하는 행위
  3. 음란한 문서·도화·영화·음반·비디오물, 그 밖의 음란한 물건에 대한 다음 각 목의 행위
      가. 반포·판매·대여하거나 이를 하게 하는 행위
      나. 관람·열람하게 하는 행위
      다. 반포·판매·대여·관람·열람의 목적으로 진열하거나 보관하는 행위
  4. 도박이나 그 밖의 사행행위를 하게 하는 행위

기출 OX

01 '게임산업진흥에 관한 법률'에 따른 복합유통게임제공업은 '풍속영업의 규제에 관한 법률'에서 규정하는 풍속영업의 범위에 해당한다. 17 간부 O X

02 '영화 및 비디오물의 진흥에 관한 법률'에 따른 비디오물감상실업은 '풍속영업의 규제에 관한 법률'에서 규정하는 풍속영업의 범위에 해당한다. 17 간부 O X

03 '공중위생관리법'에 따른 미용업은 '풍속영업의 규제에 관한 법률'에서 규정하는 풍속영업의 범위에 해당한다. 17 간부 O X

04 「식품위생법」상 일반음식점, 단란주점, 유흥주점은 풍속영업에 해당한다. 20 승진 O X

05 '체육시설의 설치·이용에 관한 법률'에 따른 무도장업은 '풍속영업의 규제에 관한 법률'에서 규정하는 풍속영업의 범위에 해당한다. 17 간부 O X

06 풍속영업의 범위에는 청소년의 건강한 성장을 저해할 우려가 있는 「청소년 보호법」상 청소년 출입·고용금지업소도 포함된다. 20 승진 O X

07 '풍속영업을 영위하는 자'는 풍속영업의 범위에 해당되는 영업으로 허가나 신고, 등록의 절차를 마친 경우를 말한다. 20 승진 O X

08 풍속영업소 내에서 음란한 물건을 대여하는 것만으로 처벌되지 않는다. 20 승진 O X

09 「성매매알선 등 행위의 처벌에 관한 법률」 제2조 제1항 제2호에 따른 성매매알선등행위는 풍속영업을 하는 자 및 대통령령으로 정하는 종사자가 풍속영업을 하는 장소에서 하여서는 아니 되는 행위에 해당한다. 25 채용 O X

10 음란행위를 하게 하거나 이를 알선 또는 제공하는 행위는 풍속영업을 하는 자 및 대통령령으로 정하는 종사자가 풍속영업을 하는 장소에서 하여서는 아니 되는 행위에 해당한다. 25 채용 O X

11 음란한 문서·도화·영화·음반·비디오물, 그 밖의 음란한 물건에 대한 제작·반포·판매 및 이를 알선하는 행위는 풍속영업을 하는 자 및 대통령령으로 정하는 종사자가 풍속영업을 하는 장소에서 하여서는 아니 되는 행위에 해당한다. 25 채용 O X

12 도박이나 그 밖의 사행행위를 하게 하는 행위는 풍속영업을 하는 자 및 대통령령으로 정하는 종사자가 풍속영업을 하는 장소에서 하여서는 아니 되는 행위에 해당한다. 25 채용 O X

정답 및 해설

01 O
02 O
03 X '공중위생관리법'에 따른 미용업은 풍속영업에 해당하지 않는다.
04 X 단란주점영업과 유흥주점영업만 풍속영업에 포함되며, 일반음식점은 해당되지 않는다.
05 O
06 O
07 X 인가·등록·신고 없이 풍속영업 하는 자를 포함한다
08 X 처벌된다.
09 O
10 O
11 X 음란한 문서·도화·영화·음반·비디오물, 그 밖의 음란한 물건 제작, 알선은 이에 해당하지 않는다.
12 O

2 기초질서위반사범 단속(경범죄 처벌법)

(1) 경범죄 처벌법의 특징 은·미·교·감·면 - O·X·O·X·O
  - 범인은닉죄 성립할 수도 있다
  - 미수범 처벌규정이 없다. 기출OX 01
  - 죄를 짓도록 시키거나 도와준 사람은 죄를 지은 사람에 준하여 벌한다. → 교사·방조의 처벌규정 기출OX 01
  - 제3조(경범죄의 종류)에 따라 사람을 벌할 때에는 그 사정과 형편을 헤아려서 그 형을 면제하거나 구류와 과료를 함께 과할 수 있다. → 감경규정은 없고, 면제규정은 있다.
  - 경범죄로 처벌되는 내용이 어떤 행위인지 정하는 실체법의 성격도 있지만, 통고처분 등 그 처벌 절차에 관한 내용도 함께 규정 → 실체법이면서 절차법적 성격 기출OX 02
  - 형법에 우선 적용되는 특별법이 아닌 일반법이고, 형법을 보충하는 보충적 성격을 갖는다. 기출OX 03

(2) 경범죄의 종류 기출OX 04, 05, 06, 07, 08, 09, 10, 11, 12

구분		현행범 체포	통고처분 가능 여부
10만원 이하 (제3조 제1항)	40개 조항	• 원칙적 × • 주거불명시 가능	• 범칙행위 O • 통고처분 가능
20만원 이하 (제3조 제2항) **암광부업**	• 업무방해 • 거짓광고 • 암표예매 • 출판물의 부당게재	• 원칙적 × • 주거불명시 가능	• 범칙행위 O • 통고처분 가능
60만원 이하 (제3조 제3항) **주거**	• 관공서에서의 주취소란 • 거짓신고	주거불명 무관하게 현행범 체포 가능 기출OX 13	• 범칙행위 × • 통고처분 불가능 기출OX 14

(3) 범칙행위란
제3조 제1항(10만원 이하의 벌금, 구류 또는 과료의 형으로 처벌하는 행위) 및 제2항(20만원 이하의 벌금, 구류 또는 과료의 형으로 처벌하는 행위)의 어느 하나에 해당하는 위반행위를 말하며, 그 구체적인 범위는 대통령령으로 정한다. 기출OX 15

(4) 범칙자

범칙자	범칙행위를 한 사람으로서 제외대상을 제외한 사람을 말한다 기출OX 16
제외자 **피구상**	• 범칙행위를 상습적으로 하는 사람 • 죄를 지은 동기나 수단 및 결과를 헤아려볼 때 구류처분을 하는 것이 적절하다고 인정되는 사람 • 피해자가 있는 행위를 한 사람 • 18세 미만인 사람

기출 OX

01 경범죄를 짓도록 시키거나 도와준 사람은 죄를 지은 사람에 준하여 벌하며, 경범죄의 미수범도 처벌한다. 21·20 채용 (O X)

02 형사실체법이지만 절차법적 성격도 가지고 있다. 20 실무 (O X)

03 「경범죄 처벌법」은 「형법」의 보충법이며, 특별법적 성격을 갖는다. 18·12 승진 (O X)

04 장난전화, 광고물 무단부착, 행렬방해, 흉기의 은닉휴대는 10만원 이하의 벌금, 구류 또는 과료의 형으로 처벌한다. 21 채용 ○ X

05 거짓신고, 출판물의 부당게재, 지속적 괴롭힘, 암표매매 중 법정형이 가장 낮은 것은 출판물의 부당게재이다. 21 간부 ○ X

06 못된 장난 등으로 다른 사람, 단체 또는 공무수행 중인 자의 업무를 방해한 사람은 20만원 이하 벌금, 구류 또는 과료의 형으로 처벌한다. 23 채용, 16 지능 ○ X

07 여러 사람에게 물품을 팔거나 나누어 주거나 일을 해주면서 다른 사람을 속이거나 잘못 알게 할 만한 사실을 들어 광고한 사람은 20만원 이하의 벌금, 구류 또는 과료의 형으로 처벌한다. 23 채용, 22 승진 ○ X

08 인터넷 중고거래 사이트를 통해 비대면으로 웃돈을 받고 유명 가수의 콘서트 티켓을 되판 사람은 이 법상 암표매매로 처벌된다. 24·23 채용 ○ X

09 올바르지 아니한 이익을 얻을 목적으로 다른 사람 또는 단체의 사업이나 사사로운 일에 관하여 신문, 잡지, 그 밖의 출판물에 어떤 사항을 싣거나 싣지 아니할 것을 약속하고 돈이나 물건을 받은 사람은 20만원 이하의 벌금, 구류 또는 과료의 형으로 처벌한다. 23 채용 ○ X

10 여러 사람에게 물품을 팔거나 나누어 주거나 일을 해주면서 다른 사람을 속이거나 잘못 알게 할 만한 사실을 들어 광고한 사람은 60만원 이하의 벌금, 구류 또는 과료의 형으로 처벌한다. 23·16 간부 ○ X

11 「경범죄 처벌법」상 경범죄를 범한 자의 주거가 분명한 경우라도 현행범인 체포가 가능한 경범죄의 종류로 출판물의 부당게재, 거짓신고, 암표매매, 업무방해가 있다. 16 채용, 16 간부, 20 승진, 20 지능범죄 ○ X

12 술에 취한 채로 관공서에서 몹시 거친 말과 행동으로 주정하거나 시끄럽게 한 사람에 대해서 60만원 이하의 벌금, 구류 또는 과료의 형으로 처벌한다. 20 채용 ○ X

13 '관공서에서의 주취소란'과 '거짓신고'의 법정형으로 볼 때, 두 경범죄의 경우에는 「형사소송법」제214조(경미사건과 현행범인의 체포)에 해당되지 않아 범인의 주거가 분명하더라도 현행범인 체포가 가능하다. 24 채용, 22 승진, 16 간부 ○ X

14 거짓 광고, 거짓신고에 대해서 통고처분을 할 수 있다. 20 실무 ○ X

15 범칙행위란 「경범죄 처벌법」 제3조 제1항 각 호부터 제3항 각 호까지의 어느 하나에 해당하는 위반행위이다. 20 채용 ○ X

16 범칙자란 범칙행위를 상습적으로 하는 사람, 피해자가 있는 행위를 한 사람, 죄를 지은 동기나 수단 및 결과를 헤아려볼 때 구류처분을 하는 것이 적절하다고 인정되는 사람, 18세 미만인 사람을 말한다. 24·20 채용, 20 승진, 18 간부 ○ X

정답 및 해설

01 X 경범죄의 미수범은 처벌규정이 없다.
02 ○
03 X 경범죄 처벌법은 형법에 우선 적용되는 특별법이 아닌 일반법이다.
04 ○
05 X 지속적 괴롭힘이 10만원 이하의 벌금·구류·과료에 해당하여 가장 법정형이 낮다.
06 ○
07 ○
08 X 경범죄처벌법은 암표매매의 경우 그 구성요건으로 '흥행장, 경기장...' 등 특정한 "장소"에서의 행위일 것을 요구하고 있다. 따라서 특정한 장소가 전제되지 않는 인터넷 중고거래 등은 본 조의 구성요건으로 처벌할 수 없다.
09 ○
10 X 20만원 이하
11 X '거짓신고'만 60만원 이하의 벌금·구류·과료에 해당하므로 주거가 분명한 경우라도 현행범 체포가 가능
12 ○
13 ○
14 X '거짓신고'는 범칙행위의 개념에 포함되지 않으므로 거짓신고에 대해서는 통고처분을 할 수 없다
15 X 제3항 각 호 위반, 즉 60만원 이하에 해당하는 행위는 범칙행위에 포함되지 않는다.
16 X 범칙자에 해당하지 않는 사람을 나열한 것이다.

(5) 통고처분
- **경찰서장, 해양경찰서장, 제주특별자치도지사** 또는 **철도특별사법경찰대장**은 범칙자로 인정되는 사람에 대하여 그 이유를 명백히 나타낸 서면으로 범칙금을 부과하고 이를 납부할 것을 통고할 수 있다. 기출OX 01
- 다만, 다음 어느 하나에 해당하는 사람에게는 통고하지 아니한다. 기출OX 02 → 범칙자라 할지라도 통고처분 할 수 없고 즉결심판 청구해야 하는 사람 기출OX 03

> - 통고처분서 받기를 거부한 사람
> - 주거 또는 신원이 확실하지 아니한 사람 기출OX 04
> - 그 밖에 통고처분을 하기가 매우 어려운 사람

(6) 범칙금의 납부
- 통고처분서를 받은 사람은 통고처분서를 받은 날부터 10일 이내에 경찰청장·해양경찰청장 또는 철도특별사법경찰대장이 지정한 은행, 그 지점이나 대리점, 우체국 또는 제주특별자치도지사가 지정하는 금융기관이나 그 지점에 범칙금을 납부하여야 한다. 기출OX 05
- 다만, 천재지변이나 그 밖의 부득이한 사유로 말미암아 그 기간 내에 범칙금을 납부할 수 없을 때에는 그 부득이한 사유가 없어지게 된 날부터 5일 이내에 납부하여야 한다. 기출OX 05
- 1차 납부의 기간 내에 납부하지 아니한 사람은 납부기간의 마지막 날의 다음 날부터 20일 이내에 통고받은 범칙금의 100분의 20을 더한 금액을 납부하여야 한다. 기출OX 06
- 범칙금을 납부한 사람은 그 범칙행위에 대하여 다시 처벌받지 아니한다. 기출OX 07
- 범칙금은 신용카드, 직불카드 등으로 낼 수 있다.
- 범칙금은 분할하여 납부할 수 없다.

(7) 통고처분 불이행자 처리
- **경찰서장, 해양경찰서장 및 제주특별자치도지사**는 다음 어느 하나에 해당하는 사람에 대하여는 지체 없이 즉결심판을 청구하여야 한다. 기출OX 08 다만, 즉결심판이 청구되기 전까지 통고받은 범칙금에 그 금액의 100분의 50을 더한 금액을 납부한 사람에 대하여는 그러하지 아니하다.
  1. 통고처분 제외사유 어느 하나에 해당하는 사람
  2. 납부기간에 범칙금을 납부하지 아니한 사람
- 즉결심판이 청구된 피고인이 통고받은 범칙금에 그 금액의 100분의 50을 더한 금액을 납부하고 그 증명서류를 즉결심판 선고 전까지 제출하였을 때에는 경찰서장, 해양경찰서장 및 제주특별자치도지사는 그 피고인에 대한 즉결심판 청구를 취소하여야 한다. 기출OX 09, 10
- 범칙금을 납부한 사람은 그 범칙행위에 대하여 다시 처벌받지 아니한다.

기출 OX

01 해양경찰서장을 제외한 경찰서장, 제주특별자치도지사 또는 철도특별사법경찰대장은 범칙자로 인정되는 사람에 대하여 그 이유를 명백히 나타낸 서면으로 범칙금을 부과하고 이를 납부할 것을 통고할 수 있다. 23 간부
O X

02 '범칙자'란 범칙행위를 한 사람으로서 '통고처분서 받기를 거부한 사람', '주거 또는 신원이 확실하지 아니한 사람', '그 밖에 통고처분하기가 매우 어려운 사람' 중 어느 하나에 해당하지 아니하는 사람을 말한다. 18 실무
O X

03 범칙자로 인정되는 사람일지라도 통고처분서 받기를 거부한 사람, 주거 또는 신원이 확실하지 아니한 사람, 그 밖에 통고처분을 하기가 매우 어려운 사람에 대하여는 통고처분하지 않는다. 21 채용
O X

04 경찰서장은 범칙자의 성명이나 주소가 확실하지 아니한 경우 이유를 분명하게 밝힌 범칙금 납부통고서로 범칙금을 낼 것을 통고할 수 있다. 24 채용, 24·18 간부
O X

05 통고처분서를 받은 날부터 10일 이내에 범칙금을 납부하여야 한다. 다만, 천재지변이나 그 밖의 부득이한 사유로 말미암아 그 기간 내에 범칙금을 납부할 수 없을 때에는 그 부득이한 사유가 없어지게 된 날부터 5일 이내에 납부하여야 한다. 18 채용, 20 지능범죄, 18 간부
O X

06 납부기간에 범칙금을 납부하지 아니한 사람은 납부 기간의 마지막 날의 다음 날부터 30일 이내에 통고받은 범칙금에 그 금액의 100분의 30을 더한 금액을 납부하여야 한다. 23 간부, 21 채용
O X

07 범칙금을 납부한 사람은 그 범칙행위에 대하여 다시 처벌받지 아니한다. 20 지능범죄, 18 채용
O X

08 경찰서장은 통고처분서 받기를 거부한 사람에 대하여 지체 없이 즉결심판을 청구하여야 한다. 18 간부
O X

09 즉결심판이 청구된 피고인이 통고받은 범칙금에 그 금액의 100분의 50을 더한 금액을 납부하고 그 증명서류를 즉결심판 선고 전까지 제출하였을 때에는 경찰서장, 해양경찰서장 및 제주특별자치도지사는 그 피고인에 대한 즉결심판 청구를 취소할 수 있다. 18 채용
O X

10 범칙금 납부 기한 내 범칙금을 납부하지 않아 즉결심판이 청구된 피고인이 통고받은 범칙금에 그 금액의 100분의 50을 더한 금액을 납부하고 그 증명서류를 즉결심판 선고 전까지 제출하였을 때에는 경찰청장, 해양경찰청장, 제주특별자치도지사는 그 피고인에 대한 즉결심판 청구를 취소할 수 있다. 23 간부
O X

정답 및 해설

01 X 해양경찰서장도 경범죄 처벌법상 통고처분권자에 포함된다.
02 X 지문에 나열된 사유는 통고하지 아니하는 사유에 해당한다.
03 O
04 X 경찰서장은 범칙자로 인정하는 사람에게 범칙금 납부를 통고할 수 있으나, 성명이나 주소가 확실하지 아니한 사람에 대해서는 그러하지 아니하다.
05 O
06 X 다음 날부터 20일 이내, 20%를 더한 금액이다.
07 O
08 O
09 X 즉결심판 청구를 취소하여야 한다.
10 X 즉결심판 청구권자 내지 취소권자는 경찰서장, 해양경찰서장 및 제주특별자치도지사이다. 취소하여야 한다.

3 총포·도검 규제(총포·도검·화약류 등의 안전관리에 관한 법률)

(1) 정의 기출 OX 01

총포	권총, 소총, 기관총, 포, 엽총, 금속성 탄알이나 가스 등을 쏠 수 있는 장약총포, 공기총(가스를 이용하는 것을 포함) 및 총포신·기관부 등 그 부품으로서 대통령령으로 정하는 것을 말한다. 기출 OX 02
도검	• 칼날의 길이가 15센티미터 이상인 칼·검·창·치도·비수 등으로서 성질상 흉기로 쓰이는 것 • 칼날의 길이가 15센티미터 미만이라 할지라도 흉기로 사용될 위험성이 뚜렷한 것 중에서 대통령령으로 정하는 것을 말한다. 기출 OX 03
화약류	화약, 폭약 및 화공품(화약 및 폭약을 써서 만든 공작물)을 말한다.
분사기	사람의 활동을 일시적으로 곤란하게 하는 최루 또는 질식 등을 유발하는 작용제를 분사할 수 있는 기기를 말한다(총포형, 막대형, 만년필형, 기타 휴대형). 다만, 살균·살충용 및 산업용 분사기를 제외한다.
전자충격기	사람의 활동을 일시적으로 곤란하게 하거나 인명에 위해를 주는 전류를 방류할 수 있는 기기를 말한다(총포형, 막대형, 기타 휴대형). 다만, 산업용 및 의료용 전자충격기를 제외한다.
석궁	활과 총의 원리를 이용하여 화살 등의 물체를 발사하여 인명에 위해를 줄 수 있는 것으로서 대통령령으로 정하는 것을 말한다.

(2) 총포업 관련 허가

구분	허가대상	허가단위	허가주체
제조업	총포·화약류	각 제조소별	경찰청장
	도검·분사기·전자충격기·석궁	각 제조소별	시·도경찰청장
판매업	총포·도검·화약류·분사기·전자충격기·석궁	각 판매소별	시·도경찰청장 기출 OX 04
수출입	총포·화약류	각 수출입시마다	경찰청장
	도검·분사기·전자충격기·석궁	각 수출입시마다	시·도경찰청장

[참고] 제조업자 결격사유

1. 금고 이상의 실형을 선고받고 그 집행이 끝나거나 집행을 받지 아니하기로 확정된 후 3년이 지나지 아니한 자 기출 OX 05
2. 금고 이상의 형의 집행유예를 선고받고 그 유예기간이 끝난 날부터 1년이 지나지 아니한 자
3. 심신상실자, 마약·대마·향정신성의약품 또는 알코올 중독자, 그 밖에 이에 준하는 정신장애인
4. 20세 미만인 자
5. 피성년후견인 및 피한정후견인
6. 파산선고를 받고 복권되지 아니한 자 기출 OX 06

기출 OX

01 총포, 도검, 석궁, 분사기, 전자충격기, 화약류, 유해화학물질이 규율대상이다. 20 승진   O X

02 '총포'란 권총, 소총, 기관총, 포, 엽총, 금속성 탄알이나 가스 등을 쓸 수 있는 장약총포 및 공기총(가스를 이용하는 것을 포함한다)을 말하고, 총포신·기관부 등 그 부품은 제외한다. 20 승진, 18 채용   O X

03 도검은 칼날의 길이가 15센티미터 이상 되는 칼·검·창·치도·비수 등으로서 성질상 흉기로 쓰여지는 것과 칼날의 길이가 15센티미터 미만이라 할지라도 흉기로 사용될 위험성이 뚜렷이 있는 것 중에서 대통령령이 정하는 것이다. 12 간부 변형   O X

04 총포·도검·화약류·분사기·전자충격기·석궁의 판매업을 하려는 자는 경찰청장의 허가를 받아야 한다. 20 승진   O X

05 자격정지 이상의 형을 선고받고 그 집행이 끝나거나 집행을 받지 아니하기로 확정된 후 3년이 지나지 아니한 자는 총포·도검·화약류·분사기·전자충격기·석궁 제조업의 허가를 받을 수 없다. 18 채용   O X

06 파산선고를 받고 복권되지 아니한 사람은 총포·도검·화약류·분사기·전자충격기·석궁 소지 결격사유에 해당한다. 25 승진   O X

정답 및 해설

01 X 유해화학물질은 규율대상이 아니다.
02 X 총포신·기관부 등 부품도 총포의 개념에 포함된다.
03 O
04 X 시·도경찰청장의 허가를 받아야 한다.
05 X 금고 이상의 실형이다.
06 X 제조업자 결격사유에 해당되지만 소지결격사유에는 해당하지 않는다.

(3) 총포 등의 소지

소지허가	• **총포**: 주소지를 관할 **시·도경찰청장** 기출OX 01 • **총포 중 엽총·가스발사총·공기총·마취총·도살총·산업용총·구난구명총 또는 그 부품**: 주소지를 관할 **경찰서장** 기출OX 02, 03 • **도검·화약류·분사기·전자충격기 및 석궁**: 주소지를 관할 **경찰서장** 기출OX 04
소지결격 사유	• 20세 미만인 자 기출OX 05 • 심신상실자, 마약·대마·항정신성의약품 또는 알코올 중독자, 정신질환자 또는 뇌전증 환자로서 대통령령으로 정하는 사람 • 금고 이상의 실형을 선고받고 그 집행이 끝나거나(집행이 끝난 것으로 보는 경우를 포함한다) 면제된 날부터 5년이 지나지 아니한 자 기출OX 06 • 특정강력범죄를 범하여 **벌금형**의 선고 또는 **징역** 이상의 형의 집행유예를 선고받고 그 유예기간이 끝난 날부터 **5년**이 지나지 아니한 자 • 형법상 범죄단체조직·상해·폭행·특수폭행 등 죄를 범하여 **벌금형**을 선고받고 **5년**이 지나지 아니하거나 **금고** 이상의 형의 집행유예를 선고받고 그 유예기간이 끝난 날부터 **5년**이 지나지 아니한 사람 [**총포법 위반**] **5벌3금** • 이 법을 위반하여 **벌금형**을 선고받고 **5년**이 지나지 아니한 자 기출OX 07 • 이 법을 위반하여 **금고** 이상의 형의 집행유예를 선고받고 그 유예기간이 끝난 날부터 **3년**이 지나지 아니한 자 기출OX 08

(4) 발견·습득자의 신고의무

누구든지 유실·매몰 또는 정당하게 관리되고 있지 아니하는 총포·도검·화약류·분사기·전자충격기·석궁이라고 인정되는 물건을 발견하거나 습득하였을 때에는 **24시간** 이내에 가까운 경찰관서에 신고하여야 한다. 기출OX 09

(5) 화약류의 사용·운반허가
- 화약류를 발파하거나 연소시키려는 자는 행정안전부령으로 정하는 바에 따라 **화약류의 사용장소**를 관할하는 **경찰서장**의 화약류 사용허가를 받아야 한다. 기출OX 10
- 화약류를 운반하려는 사람은 행정안전부령으로 정하는 바에 따라 **발송지를 관할**하는 **경찰서장**에게 신고하여야 한다. 기출OX 11

(6) 완성검사 기출OX 12
- 제조업자, 판매업자 또는 화약류저장소설치자는 그 허가를 받은 날부터 **1년** 이내에 그 시설 또는 설비에 대하여 허가관청의 검사를 받아야 하며, 그 검사에 합격한 후가 아니면 업무를 시작하거나 시설 또는 설비를 사용할 수 없다.
- 다만, 허가관청은 부득이한 사유가 있는 경우에는 1년을 초과하지 아니하는 범위에서 그 기간을 연장할 수 있다.

기출 OX

01 권총, 소총, 기관총, 포, 장약총포 및 어획총 등 소지허가는 주소지 관할 시·도경찰청장의 허가사항이다. 12 승진 (O X)

02 총포 중 엽총, 가스발사총, 어획총, 공기총, 마취총, 산업용총, 구난구명총, 도살총의 소지허가는 경찰서장이 한다. 12 간부 변형 (O X)

03 엽총, 가스발사총, 공기총, 마취총, 도살총, 석궁은 주소지 관할 경찰서장에게 소지허가를 받아야 한다. 12 승진 (O X)

04 도검·화약류·분사기·전자충격기·석궁을 소지하려는 자는 주소지를 관할하는 경찰서장의 허가를 받아야 한다. 20 승진 (O X)

05 (   )세 미만인 자는 총포·도검·화약류·분사기·전자충격기·석궁의 소지허가를 받을수 없다. 다만, 대한체육회장이나 특별시·광역시·특별자치시·도 또는 특별자치도의 체육회장이 추천한 선수 또는 후보자가 사격경기용 총을 소지하려는 경우는 제외한다. 25·17 승진

06 금고 이상의 실형을 선고받고 그 집행이 끝나거나(집행이 끝난 것으로 보는 경우를 포함한다) 면제된 날부터 (   )년이 지나지 아니한 자는 총포·도검·화약류·분사기·전자충격기·석궁의 소지허가를 받을수 없다. 25·17 승진

07 이 법을 위반하여 벌금형을 선고받고 (   )년이 지나지 아니한 자는 총포·도검·화약류·분사기·전자충격기·석궁의 소지허가를 받을수 없다. 17 승진

08 이 법을 위반하여 금고 이상의 형의 집행유예를 선고받고 그 유예기간이 끝난 날부터 (   )년이 지나지 아니한 자는 총포·도검·화약류·분사기·전자충격기·석궁의 소지허가를 받을수 없다. 17 승진

09 누구든지 유실·매몰 또는 정당하게 관리되고 있지 아니하는 총포·도검·화약류·분사기·전자충격기·석궁이라고 인정되는 물건을 발견하거나 습득하였을 때에는 24시간 이내에 가까운 경찰관서에 신고하여야 한다. 18 채용 (O X)

10 화약류를 발파하거나 연소시키려는 자는 행정안전부령으로 정하는 바에 따라 화약류의 사용장소를 관할하는 시·도경찰청장의 화약류 사용허가를 받아야 한다. 18 실무 (O X)

11 화약류를 운반하려는 사람은 행정안전부령으로 정하는 바에 따라 발송지를 관할하는 경찰서장에게 신고하여야 한다. 다만, 대통령령으로 정하는 수량 이하의 화약류를 운반하는 경우에는 그러하지 아니한다. 18 채용 (O X)

12 총포 등의 제조업자는 허가를 받은 날부터 3년 이내에 그 시설 또는 설비에 대하여 허가관청의 검사를 받아야 한다. 다만, 허가관청은 부득이한 사유가 있는 경우에는 2년을 초과하지 아니하는 범위에서 그 기간을 연장할 수 있다. 18 승진 (O X)

정답 및 해설

01 O
02 X 어획총은 시·도경찰청장의 소지허가 대상
03 O
04 O
05 20
06 5
07 5
08 3
09 O
10 X 경찰서장의 화약류 사용허가를 받아야 한다.
11 O
12 X 1년 이내에 검사를 받아야 하고, 기간 연장시에도 1년을 초과할 수 없다.

4 유실물(유실물법)

(1) **적용대상**: 유실물법은 유실물·습득물·준유실물을 규율한다 → 유실·유기동물은 동물보호법 적용 [기출OX 01, 02]

(2) **습득물의 조치**
- 타인이 유실한 물건을 습득한 자는 이를 신속하게 유실자 또는 소유자, 그 밖에 물건회복의 청구권을 가진 자에게 반환하거나 경찰서(지구대·파출소 등 소속 경찰관서를 포함) 또는 제주특별자치도의 자치경찰단에 제출하여야 한다.
- 습득일부터 7일 이내에 위의 절차를 밟지 아니한 자는 보상금을 받을 권리 및 습득물의 소유권을 취득할 권리를 상실한다. [기출OX 03, 04]
- 습득자는 미리 신고하여 습득물에 관한 모든 권리를 포기하고 의무를 지지 아니할 수 있다. [기출OX 05]

> [선박, 차량, 건축물 등에서의 습득의 경우]
> ① 관리자가 있는 선박, 차량, 건축물, 그 밖에 일반인의 통행을 금지한 구내에서 타인의 물건을 습득한 자는 그 물건을 관리자에게 인계하여야 한다.
> ② ①의 경우에는 선박, 차량, 건축물 등의 점유자를 습득자로 한다. 자기가 관리하는 장소에서 타인의 물건을 습득한 경우에도 같다.
> ③ 이 경우에 보상금은 ②의 **점유자와** 실제로 물건을 **습득한 자**가 반씩 나누어야 한다. [기출OX 06]
> ④ 소유권을 취득하는 경우에는 ②에 따른 습득자와 ①에 따른 사실상의 습득자는 반씩 나누어 그 소유권을 취득한다.

(3) **유실물의 보관과 매각**
경찰서장 또는 자치경찰단을 설치한 제주특별자치도지사는 보관한 물건이 멸실되거나 훼손될 우려가 있을 때 또는 보관에 과다한 비용이나 불편이 수반될 때에는 대통령령으로 정하는 방법으로 이를 매각할 수 있다. [기출OX 07]

(4) **유실물의 소유권 취득**
- 유실물은 법률에 정한 바에 의하여 공고한 후 6개월 내에 그 소유자가 권리를 주장하지 아니하면 습득자가 그 소유권을 취득한다. [기출OX 08]
- 이에 따라 물건의 소유권을 취득한 자가 그 취득한 날부터 3개월 이내에 물건을 경찰서 또는 자치경찰단으로부터 받아가지 아니할 때에는 그 소유권을 상실한다. [기출OX 09] → 물건은 3개월 이내 찾아가야

(5) **보상금**
- 물건을 반환받는 자는 물건가액의 100분의 5 이상 100분의 20 이하의 범위에서 보상금을 습득자에게 지급하여야 한다. [기출OX 10] 다만, 국가·지방자치단체와 그 밖에 대통령령으로 정하는 공공기관은 보상금을 청구할 수 없다. [기출OX 11]
- 보상금은 물건을 반환한 후 1개월이 지나면 청구할 수 없다. → 돈(보상금)은 1개월 이내 받아가야

기출 OX

01 습득물, 유실물, 준유실물, 유기동물은 「유실물법」의 규정에 따라 처리된다. 20 승진, 16 간부   O X

02 유실물이란 점유자의 의사에 의하지 않거나 타인에게 절취된 것이 아니면서 우연히 그 지배에서 벗어난 동산을 말하며, 점유자의 의사에 의하여 버린 물건이나 도품은 유실물에 해당하지 않는다. 18 간부   O X

03 유실물을 습득한 자가 보상금을 받을 권리 및 습득물을 받을 권리 및 습득물의 소유권을 취득할 권리를 얻기 위해서는 습득일로부터 7일 이내에 경찰서(지구대·파출소 등 소속 경찰관서를 포함한다)에 신고하여야 한다. 18 간부   O X

04 타인이 유실한 물건을 습득한 자가 습득일부터 10일 이내에 습득물을 유실자 또는 소유자 등에게 반환하거나 경찰서에 제출하지 않은 경우 보상금을 받을 권리를 상실한다. 18 승진   O X

05 습득자는 미리 신고하여 습득물에 관한 모든 권리를 포기하고 의무를 지지 아니할 수 있다. 18·15 승진   O X

06 관리자가 있는 선박에서 물건을 습득한 자는 보상금 청구권이 없다. 20 실무   O X

07 경찰서장은 보관한 물건이 보관 중 경제적 가치가 떨어질 때 매각할 수 있다. 20·18 승진   O X

08 습득물 공고 후 1년 이내에 소유자가 권리를 주장하지 않으면 습득자가 소유권을 취득한다. 16 간부   O X

09 유실물을 습득한 자가 유실물의 소유권을 취득할 권리를 보유한 때부터 2개월 이내에 유실물을 수취하지 아니할 때에는 그 소유권을 상실한다. 18 간부   O X

10 물건의 반환을 받는 자는 물건 가액의 100분의 5 내지 100분의 30의 범위 내에서 보상금을 습득자에게 지급하여야 한다. 16 간부, 15 승진, 15 채용   O X

11 국가 또는 지방자치단체와 그 밖에 대통령령으로 정하는 공공기관도 보상금을 청구할 수 있다. 16 간부, 15 승진   O X

정답 및 해설

01 X 유기동물「동물보호법」이 적용
02 O
03 O
04 X 7일 이내이다.
05 O
06 X 요건이 갖추어지면 보상금을 받을 수 있는 경우가 있다(절반).
07 X 경제적 가치 하락은 매각사유가 아니다.
08 X 민법 규정에 따라 공고 후 6개월 내에 권리주장이 없는 경우 습득자가 소유권을 취득한다.
09 X 3개월 이내에 수취하지 아니할 때에 소유권을 상실한다.
10 X 100분의 5 이상 100분의 20 이하이다.
11 X 이들은 보상금을 청구할 수 없다.

POINT 03 여성·청소년 보호업무

1 소년경찰활동

(1) 소년형사사건의 특례
- 죄를 범할 당시 18세 미만인 소년에 대하여 사형 또는 무기형으로 처할 경우에는 15년의 유기징역으로 한다. 기출OX 01
- 소년이 법정형으로 장기 2년 이상의 유기형에 해당하는 죄를 범한 경우에는 그 형의 범위에서 장기와 단기를 정하여 선고한다. 다만, 장기는 10년, 단기는 5년을 초과하지 못한다. 기출OX 02
- 18세 미만인 소년에게는 「형법」 제70조에 따른 유치선고를 하지 못한다.
- 징역 또는 금고를 선고받은 소년에 대하여는 특별히 설치된 교도소 또는 일반 교도소 안에 특별히 분리된 장소에서 그 형을 집행한다. 다만, 소년이 형의 집행 중에 23세가 되면 일반 교도소에서 집행할 수 있다 기출OX 03

2 학교폭력예방 및 대책에 관한 법률

(1) 학교폭력이란
"학교폭력"이란 학교 내외에서 학생을 대상으로 발생한 상해, 폭행, 감금, 협박, 약취·유인, 명예훼손·모욕, 공갈, 강요·강제적인 심부름 및 성폭력, 따돌림, 사이버폭력 등에 의하여 신체·정신 또는 재산상의 피해를 수반하는 행위를 말한다. 기출OX 04 → 성매매 X, 절도·강도·사기·손괴 X

(2) 가해학생에 대한 조치
심의위원회는 피해학생의 보호와 가해학생의 선도·교육을 위하여 가해학생에 대하여 다음 어느 하나에 해당하는 조치(수 개의 조치를 병과하는 경우를 포함)를 할 것을 학교의 장에게 요청하여야 하며, 각 조치별 적용 기준은 대통령령으로 정한다. 다만, 퇴학처분은 의무교육과정에 있는 가해학생에 대하여는 적용하지 아니한다.
1. 피해학생에 대한 서면사과 기출OX 05
2. 피해학생 및 신고·고발 학생에 대한 접촉, 협박 및 보복행위(정보통신망을 이용한 행위를 포함)의 금지
3. 학교에서의 봉사
4. 사회봉사
5. 학내외 전문가, 교육감이 정한 기관에 의한 특별 교육이수 또는 심리치료
6. 출석정지
7. 학급교체
8. 전학
9. 퇴학처분

기출 OX

01 죄를 범할 당시 ( )세 미만인 소년에 대하여 사형 또는 무기형으로 처할 것인 때에는 ( )년의 유기형으로 한다. 15 간부

02 소년이 법정형으로 장기 ( )년 이상의 유기형에 해당하는 죄를 범한 경우에는 그 형의 범위에서 장기와 단기를 정해 선고하되, 장기는 ( )년, 단기는 ( )년을 초과하지 못한다. 15 간부

03 징역 또는 금고를 선고받은 소년에 대하여는 형의 집행 중에 ( )세가 되면 일반교도소에서 집행할 수 있다. 18·15 간부

04 「학교폭력예방 및 대책에 관한 법률」상 학교폭력 정의에 절도, 감금, 명예훼손, 상해가 포함한다. 17 실무 O X

05 「학교폭력예방 및 대책에 관한 법률」에 규정된 가해학생에 대한 조치로는 피해학생에 대한 구두사과, 피해학생 및 신고·고발 학생에 대한 접촉, 협박 및 보복행위의 금지, 사회봉사, 학급교체가 있다. 17 승진 O X

정답 및 해설

01 18, 15
02 2, 10, 5
03 23
04 X 절도는 학교폭력의 정의에 포함되지 않는다.
05 X 서면사과

3 청소년 보호법

(1) 청소년 유해업소 기출 OX 01, 02, 03, 04, 05, 06, 07

청소년 출입·고용금지업소	청소년 고용금지업소 (출입은 가능)
• **노**래연습장업 • **무**도학원업 및 무도장업 • **비**디오물감상실업·제한관람가비디오물소극장업 및 복합영상물제공업 • **사**행행위영업 • **단**란주점영업 및 유흥주점영업 • 일반**게**임제공업 및 복합유통게임제공업 • 전기통신설비를 갖추고 불특정한 사람들 사이의 음성대화 또는 화상대화를 매개하는 것을 주된 목적으로 하는 영업. 다만, 「전기통신사업법」 등 다른 법률에 따라 통신을 매개하는 영업은 제외 • 「한국마사회법」 제6조 제2항에 따른 **장**외발매소 • 「경륜·경정법」 제9조 제2항에 따른 장외매장 • 청소년보호위원회가 결정하고 여성가족부장관이 고시한 것 **노무비사단게장**	• **이**용업(취업이 금지되지 아니한 남자 청소년을 고용하는 경우는 제외) • **숙**박업(휴양콘도미니엄 등 제외) • 비디오물**소**극장업 • **목**욕장업 중 안마실을 설치하여 영업을 하거나 개별실로 구획하여 하는 영업 • 회비 등을 받거나 유료로 **만**화를 빌려 주는 만화대여업 • 청소년게임제공업 및 인터넷컴퓨터게임시설제공업(**P**C방) • **유**해화학물질 영업(예외 있음) • **휴**게음식점영업으로서 주로 차 종류를 조리·판매하는 영업 중 종업원에게 영업장을 벗어나 차 종류 등을 배달·판매하게 하면서 소요 시간에 따라 대가를 받게 하거나 이를 조장 또는 묵인하는 형태로 운영되는 영업(티켓다방) • **일**반음식점영업 중 음식류의 조리·판매보다는 주로 주류의 조리·판매를 목적으로 하는 소주방·호프·카페 등의 형태로 운영되는 영업 • 청소년보호위원회가 결정하고 여성가족부장관이 고시한 것 **이숙소목만P유휴일**

※ 업소의 구분은 그 업소가 영업을 할 때 다른 법령에 따라 요구되는 허가·인가·등록·신고 등의 여부와 관계없이 **실제로 이루어지고 있는 영업행위를 기준**으로 한다. 기출 OX 08

(2) 청소년 유해행위

- 성적접대행위금지
- 유흥접객행위금지
- 음란행위금지
- 장애기형관람행위금지
- 구걸행위금지
- 청소년학대행위금지
- 영리 목적으로 청소년으로 하여금 거리에서 손님을 유인하는 행위를 하게 하는 행위
- 청소년을 남녀 혼숙하게 하는 등 풍기를 문란하게 하는 영업행위를 하거나 이를 목적으로 장소를 제공하는 행위
- 주로 차 종류를 조리·판매하는 업소에서 청소년으로 하여금 **영업장을 벗어나** 차 종류를 배달하는 행위를 하게 하거나 이를 조장하거나 묵인하는 행위

기출 OX

01 「청소년 보호법」상 '청소년유해업소'는 청소년 출입·고용금지업소와 청소년고용금지업소로 구분된다. 19 채용
   O X

02 비디오물소극장업은 청소년고용금지업소이고, 비디오물감상실업은 청소년출입·고용금지업소이다. 20 승진
   O X

03 청소년 출입 및 고용금지업소에는 '식품위생법'에 의한 유흥주점업, 단란주점업, '체육시설의 설치·이용에 관한 법률'에 의한 무도학원업, 무도장업, '사행행위 등 규제 및 처벌 특례법'에 의한 사행행위업, 회비 등을 받거나 유료로 만화를 대여하는 만화대여업 등이 있다. 15 간부
   O X

04 '청소년출입·고용금지업소'에는 ㉠ 인터넷컴퓨터게임시설제공업 ㉡ 일반게임제공업 ㉢ 비디오물감상실업 ㉣ 비디오물소극장업이 있다.
   O X

05 청소년출입·고용금지업소는 ㉠ 사행행위영업 ㉡ 무도학원업 및 무도장업 ㉢ 비디오물 소극장업 ㉣ 만화대여업이 있다. 19 승진
   O X

06 사행행위영업, 단란주점영업, 유흥주점영업소의 경우 청소년의 고용뿐 아니라 출입도 금지되어 있다. 19 채용
   O X

07 청소년은 일반음식점영업 중 주로 주류의 조리·판매를 목적으로 한 소주방·호프·카페는 출입할 수 없다. 19 채용
   O X

08 청소년유해 업소의 구분은 그 업소가 영업을 할 때 다른 법령에 따라 요구되는 허가·인가·등록·신고 등의 여부와 관계없이 실제로 이루어지고 있는 영업행위를 기준으로 한다. 19 채용
   O X

정답 및 해설

01 O
02 O
03 X 만화대여업은 청소년고용금지업소에 해당한다
04 X ㉡㉢이 청소년출입·고용금지업소에 해당한다.
05 X ㉠㉡이 청소년출입·고용금지업소에 해당한다.
06 O
07 X 일반음식점영업 중 소주방·호프·카페는 청소년고용금지업소에 해당한다.
08 O

4 아동·청소년의 성보호에 관한 법률

(1) 미수범 처벌규정 有 [기출OX] 01, 02, 03, 04, 05, 06, 07, 08, 09, 10

1. 아동·청소년에 대한 강간·강제추행 등 → 간음은 미수범 처벌 X
2. 아동·청소년성착취물의 제작·수입·수출 → 이용행위는 미수범 처벌 X
3. 아동·청소년 매매행위
4. 아동·청소년에 대한 강요행위 → 다음 수단으로 아동·청소년을 성매수 상대방이 되도록 하는 것
   - 아동·청소년 폭행·협박
   - 선불금 채무 등 이용
   - 업무·고용 등 보호감독관계 이용
   - 영업으로 청소년 유인·권유 → 유인·권유는 기본적으로는 미수범 처벌 X. 단, 유인·권유가 '영업으로', '아동·청소년을 대상'으로 이루어진 경우 미수범 처벌 O
5. 아동·청소년에 대한 강요행위를 한 자가 대가를 받거나 요구·약속
6. 아동·청소년성착취물을 이용한 협박·강요

※ '아동·청소년'은 19세 미만의 사람을 말한다. [기출OX] 11

(2) 특례 규정

감경규정에 관한 특례	음주 또는 약물로 인한 심신장애 상태에서 아동·청소년대상 성폭력범죄를 범한 때에는 「형법」상 심신장애인, 청각 및 언어장애인 감면규정을 적용하지 아니할 수 있다. [기출OX] 12

공소시효에 관한 특례	• 아동·청소년대상 성범죄의 공소시효는 해당 성범죄로 피해를 당한 아동·청소년이 성년에 달한 날부터 진행한다.
	• 아동·청소년에 대한 강간·강제추행죄 등의 죄는 디엔에이(DNA)증거 등 그 죄를 증명할 수 있는 과학적인 증거가 있는 때에는 공소시효가 10년 연장된다. [기출OX] 13
	• 13세 미만의 사람 및 신체적인 또는 정신적인 장애가 있는 아동·청소년에 대하여 다음의 죄를 범한 경우에는 공소시효를 적용하지 아니한다. [기출OX] 14
	  1. 형법상 강간, 강제추행, 준강간, 준강제추행, 강간등 상해·치상, 강간등 살인·치사 또는 미성년자에 대한 간음, 추행
	  2. 강간 등 상해·치상 및 강간 등 살인·치사
	  3. 「성폭력범죄의 처벌 등에 관한 특례법」상 장애인에 대한 강간·강제추행등, 13세 미만의 미성년자에 대한 강간·강제추행등, 강간 등 살인·치사
	• 다음의 죄를 범한 경우에는 공소시효를 적용하지 아니한다.
	  1. 「형법」상 강간등 살인·치사의 죄(강간등 살인에 한정한다)
	  2. 강간 등 살인 및 아동·청소년성착취물을 제작·수입 또는 수출
	  3. 「성폭력범죄의 처벌 등에 관한 특례법」상 강간 등 살인

(3) 형벌과 수강명령 등의 병과

- 법원은 아동·청소년대상 성범죄를 범한 「소년법」제2조의 소년에 대하여 형의 선고를 유예하는 경우에는 반드시 보호관찰을 명하여야 한다. [기출OX] 15
- 법원은 아동·청소년대상 성범죄를 범한 자에 대하여 유죄판결을 선고하거나 약식명령을 고지하는 경우에는 500시간의 범위에서 재범예방에 필요한 수강명령 또는 성폭력 치료프로그램의 이수명령(이하 "이수명령"이라 한다)을 병과(倂科)하여야 한다. 다만, 수강명령 또는 이수명령을 부과할 수 없는 특별한 사정이 있는 경우에는 그러하지 아니하다.

[꿀팁정리] 이수명령 등 비교

1. 아청법·성폭법

	시간	선고유예 제외여부	병과기군
아청법	500시간 범위	제외규정 없음	병과하여야 한다.
성폭법	500시간 범위	제외규정 있음	병과하여야 한다.

2. 스토킹·가정폭력·아동학대

	시간	선고유예 제외여부	병과기군
스토킹	200시간 범위	제외규정 있음	병과할 수 있다.
가정폭력	200시간 범위	제외규정 있음	병과할 수 있다.
아동학대	200시간 범위	제외규정 있음	병과할 수 있다.

기출 OX

01 아동·청소년성착취물을 제작·수입 또는 수출한 자에 대한 미수범 처벌규정을 두고 있다. 24·17 채용, 20 승진, 18 경채 O X

02 아동·청소년성착취물을 배포·제공하거나 공연히 전시 또는 상영한 자에 대한 미수범 처벌규정을 두고 있다. 18 승진 O X

03 폭행 또는 협박으로 아동·청소년을 강간할 목적으로 예비 또는 음모한 자에 대한 처벌규정이 있다. 24 채용 O X

04 아동·청소년의 성을 사는 행위의 장소를 제공하는 행위를 업으로 하는 자는 미수범으로 처벌된다. 20 간부 O X

05 아동·청소년의 성을 사기 위하여 아동·청소년을 유인하거나 성을 팔도록 권유한 자의 경우 미수범 처벌규정이 없다. 17 채용 21 승진 O X

06 폭행이나 협박으로 아동·청소년으로 하여금 아동·청소년의 성을 사는 행위의 상대방이 되게 한 자는 미수범으로 처벌된다. 20 간부, 18 승진 O X

07 아동·청소년의 성을 사는 행위를 한 자에 대한 미수범 처벌 규정이 있다. 24 채용 O X

08 아동·청소년의 성을 사는 행위를 알선하는 데 사용되는 사실을 알면서도 자금·토지 또는 건물을 제공하는 자는 미수범으로 처벌된다. 20 간부 O X

09 영업으로 아동·청소년의 성을 사는 행위의 장소를 제공·알선하는 업소에 아동·청소년을 고용하도록 한 자는 미수범으로 처벌된다. 20 간부 O X

10 위계 또는 위력으로써 아동·청소년을 추행한 자에 대한 미수범 처벌규정을 두고 있다. 23 채용 O X

11 "아동·청소년"이란 19세 미만의 사람을 말한다. 23 채용, 18 경채 O X

12 음주 또는 약물로 인한 심신장애 상태에서 아동·청소년대상 성폭력 범죄를 범한 때에는 「형법」 제10조 제1항·제2항 및 제11조(심신장애인, 청각 및 언어장애인 감면규정)를 적용하지 아니한다. 17 채용, 18 경채 O X

13 아동·청소년에 대한 강간·강제추행 등의 죄는 디엔에이(DNA) 증거 등 그 죄를 증명할 수 있는 과학적인 증거가 있는 때에는 공소시효가 10년 연장된다. 18 경채 O X

14 13세 미만의 사람에 대하여 강간죄를 범한 경우에는 공소시효를 적용하지 않는다. 24 채용 O X

15 법원은 아동·청소년 대상 성범죄를 범한 「소년법」 제2조의 소년에 대하여 형의 선고를 유예하는 경우에는 반드시 보호관찰을 명하여야 한다. 17 채용 O X

정답 및 해설

01 O
02 X 아동·청소년성착취물의 경우 제작·수입·수출한 경우에만 미수범 처벌규정이 있다.
03 O
04 X 미수범 처벌규정이 없다.
05 O
06 O
07 X 미수범 처벌규정이 없다.
08 X 미수범 처벌규정이 없다.
09 X 미수범 처벌규정이 없다.
10 O
11 O
12 X 적용하지 아니할 수 있다.
13 O
14 O
15 O

(3) 아동·청소년대상 디지털 성범죄의 수사

1) 신분비공개수사

요건	사법경찰관리는 디지털 성범죄에 대하여 신분을 비공개하고 범죄현장(정보통신망을 포함한다) 또는 범인으로 추정되는 자들에게 접근하여 신분비공개수사를 할 수 있다. 기출OX 01, 02 1. 아동·청소년성착취물의 제작·배포 등 및 아동·청소년에 대한 성착취 목적 대화 등의 죄 2. 아동·청소년에 대한 카메라 등을 이용한 촬영의 죄
절차	사법경찰관리가 신분비공개수사를 진행하고자 할 때에는 사전에 **상급 경찰관서 수사부서의 장의 승인**을 받아야 한다. 이 경우 그 수사기간은 **3개월**을 초과할 수 없다. 기출OX 03
긴급 신분 비공개수사	• 사법경찰관리는 디지털 성범죄에 대하여 **긴급을 요하는 때**에는 상급 경찰관서 수사부서의 장의 **승인 없이 신분비공개수사를 할 수 있다.** • 사법경찰관리는 신분비공개수사 개시 후 지체 없이 상급 경찰관서 수사부서의 장에게 보고하여야 하고, 사법경찰관리는 **48시간** 이내에 상급 경찰관서 수사부서의 장의 **승인을 받지 못한 때에는 즉시 신분비공개수사를 중지하여야 한다.**
통제	• 국가수사본부장은 신분비공개수사가 종료된 즉시 **국가경찰위원회**에 수사 관련 자료를 **보고**하여야 한다. • 국가수사본부장은 대통령령으로 정하는 바에 따라 **국회 소관 상임위원회**에 신분비공개수사 관련 자료를 **반기별**로 **보고**하여야 한다. 기출OX 04

2) 신분위장수사

요건	사법경찰관리는 디지털 성범죄를 (계획 또는 실행하고 있거나 실행하였다고 의심할 만한 충분한 이유가 있고, 다른 방법으로는 그 범죄의 실행을 저지하거나 범인의 체포 또는 증거의 수집이 어려운 경우에 한정하여 수사 목적을 달성하기 위하여 부득이한 때에는 다음의 신분위장수사를 할 수 있다. 1. 신분을 위장하기 위한 문서, 도화 및 전자기록 등의 작성, 변경 또는 행사 2. 위장 신분을 사용한 계약·거래 3. 아동·청소년성착취물 또는 「성폭력범죄의 처벌 등에 관한 특례법」상 촬영물 또는 복제물(복제물의 복제물을 포함한다)의 소지, 판매 또는 광고 기출OX 05
절차	• 사법경찰관리는 신분위장수사를 하려는 경우에는 검사에게 신분위장수사에 대한 허가를 신청하고, 검사는 법원에 그 허가를 청구한다. 기출OX 06 → 비공개수사는 상급경찰관서 수사부서의 장 승인 • 신분위장수사의 기간은 **3개월**을 초과할 수 없으며, 그 수사기간 중 수사의 목적이 달성되었을 경우에는 즉시 종료하여야 한다. • 신분위장수사의 요건이 존속하여 그 수사기간을 연장할 필요가 있는 경우에는 사법경찰관리는 소명자료를 첨부하여 **3개월**의 범위에서 수사기간의 연장을 검사에게 신청하고, 검사는 법원에 그 연장을 청구한다. 이 경우 신분위장수사의 총 기간은 **1년**을 초과할 수 없다.
긴급 신분 위장수사	• 사법경찰관리는 긴급을 요하는 때에는 법원의 허가 없이 신분위장수사를 할 수 있다. • 사법경찰관리는 긴급신분위장수사 개시 후 지체 없이 검사에게 허가를 신청하여야 하고, 사법경찰관리는 **48시간** 이내에 법원의 허가를 받지 못한 때에는 즉시 신분위장수사를 중지하여야 한다.

3) 신분비공개수사 또는 신분위장수사로 수집한 증거 및 자료 등의 사용제한

사법경찰관리가 수집한 증거 및 자료 등은 다음 어느 하나에 해당하는 경우 외에는 사용할 수 없다.

1. 신분비공개수사 또는 신분위장수사의 목적이 된 디지털 성범죄나 이와 관련되는 범죄를 수사·소추하거나 그 **범죄를 예방**하기 위하여 사용하는 경우
2. 신분비공개수사 또는 신분위장수사의 목적이 된 디지털 성범죄나 이와 관련되는 범죄로 인한 **징계절차**에 사용하는 경우
3. 증거 및 자료 수집의 대상자가 제기하는 **손해배상청구소송**에서 사용하는 경우
4. 그 밖에 다른 법률의 규정에 의하여 사용하는 경우

기출 OX

01 사법경찰관리는 19세 이상의 사람이 성적 착취를 목적으로 정보 통신망을 통하여 아동·청소년에게 성적 욕망이나 수치심 또는 혐오감을 유발할 수 있는 대화를 지속적 또는 반복적으로 하거나 그러한 대화에 지속적 또는 반복적으로 참여시키는 행위를 한 범죄에 대하여 신분을 비공개하고 범인으로 추정되는 자들에게 접근하여 범죄행위의 증거 및 자료 등을 수집할 수 있다. 23 채용 O X

02 사법경찰관리는 「아동·청소년의 성보호에 관한 법률」 제11조 및 제15조의2의 죄, 아동·청소년에 대한 「성폭력범죄의 처벌 등에 관한 특례법」 제14조 제2항 및 제3항의 죄에 해당하는 '디지털 성범죄'에 대하여 신분을 비공개하고 범죄현장(정보통신망 포함) 또는 범인으로 추정되는 자들에게 접근하여 범죄행위의 증거 및 자료 등을 수집할 수 있다. 22 채용 O X

03 사법경찰관리가 신분비공개수사를 진행하고자 할 때에는 사전에 상급 경찰관서 수사부서의 장의 승인을 받아야 한다. 이 경우 그 수사기간은 1개월을 초과할 수 없다. 22 채용 O X

04 국가수사본부장은 신분비공개수사가 종료된 즉시 대통령령으로 정하는 바에 따라 국가경찰위원회에 수사 관련 자료를 보고하여야 하며, 국가수사본부장은 대통령령으로 정하는 바에 따라 국회 소관 상임위원회에 신분비공개수사 관련 자료를 반기별로 보고하여야 한다. 22 채용 O X

05 사법경찰관리가 디지털 성범죄에 대한 신분위장수사를 할 때 신분을 위장하기 위한 문서, 도화 및 전자기록 등의 작성, 변경 또는 행사는 가능하지만, 아동·청소년성착취물을 소지, 판매 또는 광고할 수 없다. 23 채용 O X

06 사법경찰관리는 신분위장수사를 하려는 경우에는 검사에게 신분위장수사에 대한 허가를 신청하고, 검사는 법원에 그 허가를 청구한다. 22 채용 O X

정답 및 해설

01 O
02 O
03 X 3개월을 초과할 수 없다.
04 O
05 X 아동·청소년성착취물을 소지, 판매 또는 광고할 수 있다.
06 O

5 실종아동등의 보호

(1) 용어정의

아동 등	• 실종 당시 18세 미만의 아동 기출OX 01 • 「장애인복지법」상 장애인 중 지적장애인·자폐성장애인 또는 정신장애인 • 「치매관리법」상 치매환자
실종아동등	약취·유인 또는 유기되거나 사고를 당하거나 가출하거나 길을 잃는 등의 사유로 인하여 보호자로부터 이탈된 아동등 기출OX 02
보호자	• 친권자·후견인, 그 밖에 다른 법률에 의하여 아동 등 보호 또는 부양할 의무가 있는 자 • 보호시설의 장 또는 종사자는 제외 기출OX 03
보호시설	• 사회복지사업법상 사회복지시설 • 인가·신고 등이 없이 아동등을 보호하는 시설로서 사회복지시설에 준하는 시설 기출OX 04
찾는 실종아동등	보호자가 찾고 있는 실종 아동등 기출OX 05
보호 실종 아동등	보호자가 확인되지 않아 경찰관이 보호하고 있는 실종아동등 기출OX 06
장기 실종 아동등	보호자로부터 신고를 접수한지 48시간이 경과한 후에도 발견되지 않은 찾는 실종아동 등 기출OX 07, 08
가출인	신고당시 보호자로부터 이탈된 18세 이상의 사람 기출OX 09
발생지	• 실종아동등 및 가출인이 실종·가출 전 최종적으로 목격되었거나, 목격되었을 것으로 추정하여 신고자 등이 진술한 장소 기출OX 10 • 신고자 등이 최종 목격 장소를 진술하지 못하거나, 목격되었을 것으로 추정되는 장소가 대중교통시설 등일 경우 또는 실종·가출 발생 후 1개월이 경과한 때에는 실종아동등 및 가출인의 실종 전 최종 주거지 기출OX 11
발견지	• 실종아동등 또는 가출인을 발견하여 보호 중인 장소 기출OX 12 • 발견한 장소와 보호 중인 장소가 서로 다른 경우: 보호 중인 장소 기출OX 13
국가경찰 수사 범죄	국가경찰수사 범죄사무[단, 자치경찰의 수사사무(자치경찰사무와 시·도자치경찰위원회의 조직 및 운영 등에 관한 규정 제3조 제1호부터 제5호까지 또는 제6호 나목에 규정)는 제외] 기출OX 14
문자메세지	실종·유괴정보가 발령된 경우 공개정보를 시민들에게 널리 알리기 위하여 휴대폰에 전달하는 문자메세지

기출 OX

01 '아동등'이란 실종신고 당시 18세 미만인 아동, 「장애인복지법」 제2조의 장애인 중 지적장애인, 자폐성장애인 또는 정신장애인 및 「치매관리법」 제2조 제2호의 치매환자를 말한다. 17 채용, 19·17 승진 　O X

02 '아동등'이란 약취·유인 또는 유기되거나 사고를 당하거나 길을 잃는 등의 사유로 인하여 보호자로부터 이탈된 아동등을 말한다. 20·18·17 승진 　O X

03 '보호자'란 친권자, 후견인, 보호시설의 장이나 그 밖에 다른 법률에 따라 아동등을 보호 또는 부양할 의무가 있는 자를 말한다. 19 승진 　O X

04 '보호시설'이란 「사회복지사업법」 제2조 제4호에 따른 사회복지시설을 말하고, 인가·신고 등이 없이 아동등을 보호하는 시설로서 사회복지시설에 준하는 시설은 해당하지 아니한다. 20·18·17 승진, 17 간부 　O X

05 '찾는실종아동등'이란 보호자가 찾고 있는 실종아동등을 말한다. 17 실무 　O X

06 '보호실종아동등'이란 보호자가 확인되어 경찰관이 보호하고 있는 실종아동등을 말한다. 18 채용, 17 승진 　O X

07 '장기실종아동등'이란 실종된 지 48시간이 경과한 후에도 발견되지 않은 찾는실종아동등을 말한다. 20 승진 　O X

08 '장기실종아동등'이란 보호자로부터 신고를 접수한 지 24시간이 경과한 후에도 발견되지 않은 찾는실종아동등을 말한다. 17·18 채용, 22·20·18·17 승진 　O X

09 '가출인'이란 신고 당시 보호자로부터 이탈된 18세 미만의 사람을 말한다. 18 채용, 17 승진 　O X

10 '발견지'란 실종아동등 및 가출인이 실종·가출 전 최종적으로 목격되었거나 목격되었을 것으로 추정하여 신고자 등이 진술한 장소를 말한다. 18 승진 　O X

11 '발생지'란 실종아동등 및 가출인이 실종·가출 전 최종적으로 목격되었거나 목격되었을 것으로 추정하여 신고자 등이 진술한 장소를 말하며, 신고자 등이 최종 목격 장소를 진술하지 못하거나, 목격되었을 것으로 추정되는 장소가 대중교통시설 등일 경우 또는 실종·가출 발생 후 10일이 경과한 때에는 실종아동등 및 가출인의 실종 전 최종 주거지를 말한다. 17 채용, 17 승진 　O X

12 '발생지'란 실종아동등 또는 가출인을 발견하여 보호 중인 장소를 말하며, 발견한 장소와 보호 중인 장소가 서로 다른 경우에는 보호 중인 장소를 말한다. 20·17 승진 　O X

13 '발견지'란 실종아동등 또는 가출인을 발견하여 보호 중인 장소를 말하며, 발견한 장소와 보호 중인 장소가 서로 다른 경우에는 발견한 장소를 말한다. 17 채용, 22·17 승진 　O X

14 '국가경찰 수사 범죄'란 「자치경찰사무와 시·도자치경찰위원회의 조직 및 운영 등에 관한 규정」 제3조 제1호부터 제5호까지 또는 제6호 나목의 범죄를 말한다. 19 승진 　O X

정답 및 해설

01 X 실종신고 당시가 아니라 '실종 당시' 18세 미만인 아동을 말한다.
02 X 지문은 '실종아동등'에 대한 설명이다.
03 X 보호시설의 장이나 종사자는 보호자에서 제외
04 X 인가·신고 등이 없이 보호하는 시설도 포함된다
05 O
06 X 보호자가 '확인되지 않아' 경찰관이 보호하고 있는 아동이다.
07 X 신고를 접수한 지 48시간이다.
08 X 24시간이 아니라 '48시간'이다.
09 X 18세 미만이 아니라 '18세 이상'이다.
10 X 발생지에 대한 설명이다.
11 X 10일이 아니라 '1개월'이 경과한 때이다.
12 X '발견지'에 대한 설명이다.
13 X 발견한 장소와 보호 중인 장소가 서로 다른 경우 보호 중인 장소를 말한다.
14 X 열거된 조문의 범죄가 '아닌 범죄'를 말한다.

(2) 정보시스템 운영
- 경찰청 생활안전국장은 실종아동등 프로파일링시스템 및 실종아동찾기센터 홈페이지(이하 "인터넷 안전드림"이라 한다)를 운영한다.
- 실종아동등 프로파일링시스템은 경찰관서 내에서만 사용할 수 있도록 제한하고, 인터넷 안전드림은 누구든 사용할 수 있도록 공개하는 등 분리하여 운영한다. 다만, 자료의 전송 등을 위해 필요한 경우 상호 연계할 수 있다.
- 경찰관서의 장은 실종아동등 프로파일링시스템에 업무담당자 등 필요하다고 인정되는 사람만 접근할 수 있도록 권한을 부여하는 등의 방법으로 통제·관리하여야 한다.
- 인터넷 안전드림은 실종아동등의 신고 또는 예방·홍보 등과 관련된 정보를 제공한다.
- 경찰관서의 장은 본인 또는 보호자의 동의를 받아 실종아동등 프로파일링시스템에서 데이터베이스로 관리하는 실종아동등 및 보호시설 무연고자 자료를 인터넷 안전드림에 공개할 수 있다. 기출OX 01

(3) 실종아동등 프로파일링시스템 입력 대상

입력대상 실가무	• 실종아동등 • 가출인 • 보호시설 입소자 중 보호자가 확인되지 않는 사람(보호시설 무연고자) 기출OX 02, 03 [참고] 인터넷 안전드림 공개대상: 실종아동등 + 보호시설 무연고자(가출인X)
입력제외대상	경찰관서의 장은 실종아동등 또는 가출인에 대한 신고를 접수한 후 신고대상자가 다음 어느 하나에 해당하는 경우에는 신고 내용을 실종아동등 프로파일링시스템에 입력하지 않을 수 있다. • 채무관계 해결, 형사사건 당사자 소재 확인 등 실종아동등 및 가출인 발견 외 다른 목적으로 신고된 사람 • 수사기관으로부터 지명수배 또는 지명통보된 사람 기출OX 04 • 허위로 신고된 사람 • 보호자가 가출 시 동행한 아동등 기출OX 05 • 그 밖에 신고 내용을 종합하였을 때 명백히 입력 대상이 아니라고 판단되는 사람

(4) 실종아동등 프로파일링시스템에 등록된 자료의 해제

경찰관서의 장은 다음 어느 하나에 해당하는 경우에는 수정·해제자료를 작성하여 실종아동등 프로파일링시스템에 등록된 자료를 해제하여야 한다. 다만, 제6호에 해당하는 경우에는 해제 요청 사유의 진위 여부를 확인한 후 해제한다.

> 1. 찾는실종아동등 및 가출인의 소재를 발견한 경우
> 2. 보호실종아동등의 신원을 확인하거나 보호자를 확인한 경우
> 4. 허위 또는 오인신고인 경우
> 5. 지명수배 또는 지명통보 대상자임을 확인한 경우
> 6. 보호자가 해제를 요청한 경우 → 진위 여부 확인 필요

(5) 실종아동등 프로파일링시스템에 등록된 자료의 보존기간
1. 발견된 18세 미만 아동 및 가출인: 수배 해제 후로부터 5년간 보관 기출OX 06
2. 발견된 지적·자폐성·정신장애인 등 및 치매환자: 수배 해제 후로부터 10년간 보관
3. 미발견자: 소재 발견 시까지 보관 기출OX 07
4. 보호시설 무연고자: 본인 요청 시
※ 대상자가 사망하거나 보호자가 삭제를 요구한 경우는 즉시 삭제

기출 OX

01 경찰관서의 장은 본인 또는 보호자의 동의를 받아 실종아동등 프로파일링시스템에서 데이터베이스로 관리하는 실종아동등 및 보호시설 무연고자 자료를 실종아동찾기센터 홈페이지(인터넷 안전드림)에 공개할 수 있다. 15 승진 (O X)

02 보호시설 입소자 중 무연고자는 실종아동등 프로파일링 시스템의 입력대상이고, 실종아동찾기센터 홈페이지 공개대상에도 해당한다. 12 간부, 14 승진 (O X)

03 실종아동등 프로파일링시스템에 입력하는 대상은 실종아동등, 가출인, 보호자가 확인된 보호시설 입소자이다. 16 간부 (O X)

04 경찰관서의 장은 실종아동등 또는 가출인에 대한 신고를 접수한 후, 신고대상자가 수사기관으로부터 지명수배 또는 지명통보된 사람에 해당하는 경우에는 신고 내용을 실종아동등 프로파일링시스템에 입력하지 않을 수 있다. 22 승진 (O X)

05 경찰관서의 장은 실종아동등 또는 가출인에 대한 신고를 접수한 후 신고대상자가 '보호자가 가출시 동행한 실종아동등'에 해당하는 경우에는 신고 내용을 실종아동등 프로파일링 시스템에 입력하지 않을 수 있다. 14 승진 (O X)

06 발견된 18세 미만 아동 및 가출인의 경우, 실종아동등 프로파일링시스템에 등록된 자료는 수배 해제 후로부터 10년간 보관한다. 22 채용 (O X)

07 실종아동등 프로파일링시스템에 등록된 미발견자의 자료는 소재 발견시까지 보관한다. 22 채용, 16 간부 (O X)

정답 및 해설

01 O
02 O
03 X 보호시설 입소자 중 보호자가 확인되지 않는 사람
04 O
05 O
06 X 보관기간은 수배 해제 후 5년간이다.
07 O

(6) 실종아동등 발생시 대응절차

신고의무	• 다음 어느 하나에 해당하는 사람은 그 직무를 수행하면서 실종아동등임을 알게 되었을 때에는 경찰 신고체계로 지체 없이 신고하여야 한다. 기출OX 01, 01-1 1. 보호시설의 장 또는 그 종사자 2. 아동복지전담공무원 3. 청소년 보호·재활센터의 장 또는 그 종사자 4. 사회복지전담공무원 5. 의료인, 종사자 및 의료기관의 장 6. 업무·고용 등의 관계로 사실상 아동등을 보호·감독하는 사람 기출OX 02 • 누구든지 정당한 사유 없이 실종아동등을 경찰관서의 장에게 신고하지 아니하고 보호할 수 없다.
신고접수 및 수사 실시	• 실종아동등 신고는 관할에 관계 없이 실종아동찾기센터, 각 시·도경찰청 및 경찰서에서 전화, 서면, 구술 등의 방법으로 접수하며, 신고를 접수한 경찰관은 범죄와의 관련 여부 등을 확인해야 한다. • 경찰관서의 장은 실종아동등의 발생 신고를 접수하면 지체 없이 수색 또는 수사의 실시 여부를 결정하여야 한다. 기출OX 03 • 경찰관서의 장은 실종아동등(범죄로 인한 경우를 제외한다)의 조속한 발견을 위하여 필요한 때에는 위치정보사업자에게 실종아동등의 개인위치정보의 제공을 요청할 수 있다. 기출OX 04 • 경찰청장은 실종아동등의 조속한 발견과 복귀를 위하여 아동등의 보호자가 신청하는 경우 아동등의 지문 및 얼굴 등에 관한 정보를 정보시스템에 등록하고 아동등의 보호자에게 사전신고증을 발급할 수 있다. 기출OX 05 • 경찰청장은 실종아동등의 발견을 위하여 실종아동등을 찾고자 하는 가족으로부터 유전자검사대상물을 채취할 수 있다. 기출OX 06 • 경찰관서의 장과 경찰관서에 종사하거나 종사하였던 자는 실종아동등을 찾기 위한 목적으로 제공받은 개인위치정보등을 실종아동등을 찾기 위한 목적 외의 용도로 이용하여서는 아니 되며, 경찰관서의 장은 목적을 달성하였을 때에는 지체 없이 파기하여야 한다. 기출OX 07
신고에 대한 조치	• 경찰관서의 장은 보호실종아동등에 대한 신고를 접수한 때에는 보호자를 찾기 위한 조치를 취하고, 보호자가 확인된 경우에는 즉시 보호자에게 인계하는 등 필요한 조치를 하여야 한다. • 경찰관서의 장은 보호자를 발견하지 못한 경우에는 관할 지방자치단체의 장에게 보호실종아동등을 인계한다. • 경찰관서의 장은 실종아동등에 대하여 현장 탐문 및 수색 후 그 결과를 즉시 보호자에게 통보하여야 한다. 이후에는 실종아동등 프로파일링시스템에 등록한 날로부터 **1개월까지는 15일**에 1회, **1개월이 경과한 후부터는 분기별** 1회 보호자에게 추적 진행사항을 통보한다. 기출OX 08, 09 • 시스템 등록한 날부터 1개월까지: 15일에 1회 • 시스템 등록한 날부터 1개월 이후: 분기별 1회 • 경찰관서의 장은 찾는실종아동등을 발견하거나, 보호실종아동등의 보호자를 발견한 경우에는 실종아동등 프로파일링시스템에서 등록 해제하고, 해당 실종아동등에 대한 발견 관서와 관할 관서가 다른 경우에는 발견과 관련된 사실을 관할 경찰관서의 장에게 지체 없이 알려야 한다. 기출OX 10

(7) 가출인

신고접수	가출인 신고는 관할에 관계없이 접수하여야 하며, 신고를 접수한 경찰관은 범죄와 관련 여부를 확인하여야 한다.
신고에 대한 조치	• 가출인 사건을 관할하는 경찰서장은 정보시스템 자료의 조회, 다른 자료와의 대조, 주변인물과의 연락 등 가출인을 발견하기 위해 지속적으로 추적하고, 실종아동등 프로파일링시스템에 등록한 날로부터 반기별 1회 보호자에게 귀가 여부를 확인한다. • 경찰서장은 가출인을 발견한 때에는 등록을 해제하고, 해당 가출인을 발견한 경찰서와 관할하는 경찰서가 다른 경우에는 발견 사실을 관할 경찰서장에게 지체 없이 알려야 한다.

기출 OX

01 직무를 수행하면서 실종아동등임을 알게 되었을 때에 경찰신고체계로 지체 없이 신고해야 하는 신고의무자로는 보호시설의 장, 사회복지전담공무원이 있고, 보호시설의 종사자는 신고의무자에 해당하지 않는다. 19 승진, 18·17 간부 O X

01-1 「사회복지사업법」 제14조에 따른 사회복지전담공무원은 그 직무를 수행하면서 실종아동등임을 알게 되었을 때에는 「실종아동등의 보호 및 지원에 관한 법률」 제3조 제2항 제1호에 따라 경찰청장이 구축하여 운영하는 신고체계로 지체 없이 신고하여야 한다. 25 채용 O X

02 업무에 관계없이 아동을 보호하는 자는 신고의무자에 해당한다. 9 승진 O X

03 경찰관서의 장은 실종아동등의 발생 신고를 접수하면 24시간 이내에 수색 또는 수사의 실시 여부를 결정하여야 한다. 22 채용, 19·15 승진 O X

04 경찰관서의 장은 실종아동등(범죄로 인한 경우를 포함한다)의 조속한 발견을 위하여 필요한 때에는 개인위치정보사업자에게 실종아동등의 개인위치정보의 제공을 요청할 수 있다. 22·19 승진, 17 간부 O X

05 경찰청장은 실종아동등의 조속한 발견과 복귀를 위하여 아동등의 보호자가 신청하는 경우 아동등의 지문 및 얼굴 등에 관한 정보를 「실종아동등의 보호 및 지원에 관한 법률」 제8조의2에 따른 정보시스템에 등록하고 아동등의 보호자에게 사전신고증을 발급할 수 있다. 25 채용 O X

06 경찰청장은 실종아동등의 발견을 위하여 실종아동등을 찾고자 하는 가족으로부터 유전자검사대상물을 채취할 수 있다. 25 채용 O X

07 경찰관서의 장과 경찰관서에 종사하거나 종사하였던 자는 실종아동등을 찾기 위한 목적으로 제공받은 개인위치정보등을 실종아동등을 찾기 위한 목적 외의 용도로 이용하여서는 아니 되며, 경찰관서의 장은 목적을 달성하였을 때에는 1년간 보관하여야 한다. 25 채용 O X

08 경찰관서의 장은 실종아동등에 대하여 현장 탐문 및 수색 후 그 결과를 즉시 보호자에게 통보하여야 한다. 15 승진, 17 간부 O X

09 경찰관서의 장은 실종아동등에 대하여 현장 탐문 및 수색 후 그 결과를 즉시 보호자에게 통보하여야 한다. 이후에는 실종아동등 프로파일링시스템에 등록한 날로부터 1개월까지는 15일에 1회, 1개월이 경과한 후부터는 반기별 1회 보호자에게 추적 진행사항을 통보한다. 22 채용 O X

10 경찰서장은 가출인을 발견한 때에는 등록을 해제하고, 해당 가출인을 발견한 경찰서와 관할하는 경찰서가 다른 경우에는 발견 사실을 관할 경찰서장에게 지체 없이 알려야 한다. 12 채용 O X

정답 및 해설

01 X 보호시설의 종사자도 신고의무자에 해당한다.
01-1 O
02 X 신고의무를 부담하는 자들은 주로 보호시설이나 아동 관련 업무 내지 의료업에 종사하는 자들로 법에 열거되어 있다. 즉, 신고의무를 부담하는 자들은 자신의 업무와 관련하여 신고의무를 부담하는 것이다.
03 X 지체 없이 하여야 한다.
04 X 범죄로 인한 경우는 제외
05 O
06 O
07 X 목적을 달성한 경우 보관이 아니라 지체 없이 파기하여야 한다.
08 O
09 X 반기별이 아니라 '분기별'이다.
10 O

6 스토킹범죄의 처벌 등에 관한 법률

(1) 정의

스토킹행위	상대방의 의사에 반(反)하여 정당한 이유 없이 다음 어느 하나에 해당하는 행위를 하여 상대방에게 불안감 또는 공포심을 일으키는 것을 말한다.
	가. 상대방 또는 그의 동거인, 가족(이하 "상대방등"이라 한다)에게 접근하거나 따라다니거나 진로를 막아서는 행위
	나. 상대방등의 주거, 직장, 학교, 그 밖에 일상적으로 생활하는 장소(이하 "주거등"이라 한다) 또는 그 부근에서 기다리거나 지켜보는 행위
	다. 상대방등에게 우편·전화·팩스 또는 정보통신망을 이용하여 물건이나 글·말·부호·음향·그림·영상·화상(이하 "물건등"이라 한다)을 도달하게 하거나 정보통신망을 이용하는 프로그램 또는 전화의 기능에 의하여 글·말·부호·음향·그림·영상·화상이 상대방등에게 나타나게 하는 행위
	라. 상대방등에게 직접 또는 제3자를 통하여 물건등을 도달하게 하거나 주거등 또는 그 부근에 물건등을 두는 행위
	마. 상대방등의 주거등 또는 그 부근에 놓여져 있는 물건등을 훼손하는 행위
	바. 다음의 어느 하나에 해당하는 상대방등의 정보를 정보통신망을 이용하여 제3자에게 제공하거나 배포 또는 게시하는 행위
	  1) 「개인정보 보호법」상 개인정보
	  2) 「위치정보의 보호 및 이용 등에 관한 법률」상 개인위치정보
	  3) 1) 또는 2)의 정보를 편집·합성 또는 가공한 정보(해당 정보주체를 식별할 수 있는 경우로 한정한다)
	사. 정보통신망을 통하여 상대방등의 이름, 명칭, 사진, 영상 또는 신분에 관한 정보를 이용하여 자신이 상대방등인 것처럼 가장하는 행위

스토킹범죄	지속적 또는 반복적으로 스토킹행위를 하는 것을 말한다. 기출OX 01
피해자	스토킹범죄로 **직접적**인 피해를 입은 사람을 말한다.
피해자등	피해자 및 스토킹행위의 상대방을 말한다.

(2) 스토킹범죄의 피해자에 대한 전담조사제

경찰관서의 장(국가수사본부장, 시·도경찰청장 및 경찰서장)은 스토킹범죄 전담 사법경찰관을 지정하여 특별한 사정이 없으면 스토킹범죄 전담 사법경찰관이 피해자를 조사하게 하여야 한다.

(3) 벌칙

- 스토킹범죄를 저지른 사람은 **3년** 이하의 징역 또는 **3천만원** 이하의 벌금에 처한다. 기출OX 02
- 흉기 또는 그 밖의 위험한 물건을 휴대하거나 이용하여 스토킹범죄를 저지른 사람은 **5년** 이하의 징역 또는 **5천만원** 이하의 벌금에 처한다. 기출OX 03
- 긴급응급조치를 이행하지 아니한 사람은 1년 이하의 징역 또는 1천만원 이하의 벌금에 처한다.
- 피해자 또는 그의 동거인, 가족이나 그 주거 등으로부터 100미터 이내의 접근을 금지하는 잠정조치를 이행하지 아니한 사람은 2년 이하의 징역 또는 2천만원 이하의 벌금에 처한다. 기출OX 04

기출 OX

01 '스토킹범죄'란 지속적 또는 반복적으로 스토킹행위를 하는 것을 말한다. 22 채용 (O X)

02 스토킹범죄를 저지른 사람은 3년 이하의 징역 또는 3천만원 이하의 벌금에 처한다. 22 채용 (O X)

03 흉기 또는 그 밖의 위험한 물건을 휴대하거나 이용하여 스토킹범죄를 저지른 사람은 5년 이하의 징역 또는 5천만원 이하의 벌금에 처한다. 22 채용 (O X)

04 피해자 또는 그의 동거인, 가족이나 그 주거 등으로부터 100미터 이내의 접근을 금지하는 잠정조치를 이행하지 아니한 사람은 2년 이하의 징역 또는 2천만원 이하의 벌금에 처한다고 규정되어 있다. 24 승진 (O X)

정답 및 해설

01 O
02 O
03 O
04 O

(4) 스토킹범죄 등의 처리절차

1) 응급조치

사법경찰관리는 진행 중인 스토킹행위에 대하여 신고를 받은 경우 즉시 현장에 나가 다음의 조치를 하여야 한다. 기출OX 01

> 1. 스토킹행위의 제지, 향후 스토킹행위의 중단 통보 및 스토킹행위를 지속적 또는 반복적으로 할 경우 처벌 서면경고
> 2. 스토킹행위자와 피해자등의 분리 및 범죄수사
> 3. 피해자등에 대한 긴급응급조치 및 잠정조치 요청의 절차 등 안내
> 4. 스토킹 피해 관련 상담소 또는 보호시설로의 피해자등 인도(피해자등이 동의한 경우만 해당)

2) 긴급응급조치

- 사법경찰관은 스토킹행위 신고와 관련하여 스토킹행위가 지속적 또는 반복적으로 행하여질 우려가 있고 스토킹범죄의 예방을 위하여 긴급을 요하는 경우 스토킹행위자에게 직권으로 또는 스토킹행위의 상대방이나 그 법정대리인 또는 스토킹행위를 신고한 사람의 요청에 의하여 다음에 따른 조치를 할 수 있다. 기출OX 02

> 1. 스토킹행위의 상대방등이나 그 주거등으로부터 100미터 이내의 접근 금지
> 2. 스토킹행위의 상대방등에 대한 전기통신을 이용한 접근 금지

- 사법경찰관은 긴급응급조치를 하였을 때에는 즉시 스토킹행위의 요지, 긴급응급조치가 필요한 사유, 긴급응급조치의 내용 등이 포함된 긴급응급조치결정서를 작성하여야 한다.

긴급응급조치 승인신청	• 사법경찰관은 긴급응급조치를 하였을 때에는 지체 없이 검사에게 해당 긴급응급조치에 대한 사후승인을 지방법원 판사에게 청구하여 줄 것을 신청하여야 한다. 기출OX 03 • 신청을 받은 검사는 긴급응급조치가 있었던 때부터 48시간 이내에 지방법원 판사에게 해당 긴급응급조치에 대한 사후승인을 청구한다. 이 경우 긴급응급조치결정서를 첨부하여야 한다. 기출OX 03 • 긴급응급조치기간은 1개월을 초과할 수 없다. 기출OX 04
긴급응급조치 통지	사법경찰관은 긴급응급조치를 하는 경우에는 스토킹행위의 상대방등이나 그 법정대리인에게 통지하여야 한다

3) 잠정조치

- 검사는 스토킹범죄가 재발될 우려가 있다고 인정하면 직권 또는 사법경찰관의 신청에 따라 법원에 잠정조치를 청구할 수 있다. 기출OX 05
- 법원은 스토킹범죄의 원활한 조사·심리 또는 피해자 보호를 위하여 필요하다고 인정하는 경우에는 결정으로 스토킹행위자에게 다음 어느 하나에 해당하는 잠정조치를 할 수 있다. 기출OX 06, 07

> 1. 피해자에 대한 스토킹범죄 중단에 관한 서면 경고
> 2. 피해자 또는 그의 동거인, 가족이나 그 주거등으로부터 100미터 이내의 접근 금지 → 3개월 + (연장 3개월 + 3개월)
> 3. 피해자 또는 그의 동거인, 가족에 대한 전기통신을 이용한 접근 금지 → 3개월 + (연장 3개월 + 3개월)
> 3의2. 위치추적 전자장치의 부착 → 3개월 + (연장 3개월 + 3개월)
> 4. 국가경찰관서의 유치장 또는 구치소에의 유치 → 1월(연장X)

- 제2호·제3호 및 제3호의2에 따른 잠정조치기간은 3개월, 제4호에 따른 잠정조치기간은 1개월을 초과할 수 없다. 다만, 법원은 피해자의 보호를 위하여 그 기간을 연장할 필요가 있다고 인정하는 경우에는 결정으로 제1항 제2호·제3호 및 제3호의2에 따른 잠정조치에 대하여 두 차례에 한정하여 각 3개월의 범위에서 연장할 수 있다. 기출OX 08

[압축정리] 스토킹범죄 처리절차

구분	응급조치	긴급응급조치	잠정조치
주체	사법경찰관리(현장)	사법경찰관	법원
내용	• 제지, 중단통보, 처벌 서면경고 • 분리 및 범죄수사 • 긴급응급 · 잠정조치 안내 • 보호시설 등 인도(동의要)	• 100미터 내 접근금지 • 전기통신이용 접근금지	• 서면경고 • 100미터 내 접근금지 • 전기통신이용 접근금지 • 위치추적 전자장치의 부착 • 유치장 · 구치소 유치
절차	-	• 긴급응급조치결정서 작성 • 사후승인 필요(48h이내)	(검사청구) 법원의 결정
기간	-	1개월	• 접근금지, 전자장치부착: 3개월(2회 연장가능. 총 9개월) • 유치장 등 유치: 1개월

기출 OX

01 사법경찰관리는 진행 중인 스토킹행위에 대하여 신고를 받은 경우 즉시 현장에 나가 스토킹행위의 제지, 스토킹행위자와 피해자 분리, 유치장 또는 구치소에의 유치 등의 조치를 할 수 있다. 22 채용 O X

02 사법경찰관은 스토킹행위 신고와 관련하여 스토킹행위가 지속적 또는 반복적으로 행하여질 우려가 있고 스토킹범죄의 예방을 위하여 긴급을 요하는 경우, 스토킹행위자에게 직권으로 또는 스토킹행위의 상대방이나 그 법정대리인 또는 스토킹행위를 신고한 사람의 요청에 의하여, 스토킹행위의 상대방이나 그 주거등으로부터 100미터 이내의 접근 금지, 전기통신을 이용한 접근 금지 등의 조치를 할 수 있다. 25 승진, 22 채용 O X

03 사법경찰관은 긴급응급조치를 하였을 때에는 지체 없이 검사에게 해당 긴급응급조치에 대한 사후승인을 지방법원 판사에게 청구하여 줄 것을 신청하여야 하며, 신청을 받은 검사는 긴급응급조치가 있었던 때부터 48시간 이내에 지방법원 판사에게 해당 긴급응급조치에 대한 사후승인을 청구한다. 25 승진, 22 채용 O X

04 긴급응급조치기간은 1개월을 초과할 수 없다. 22 채용 O X

05 검사는 스토킹범죄가 재발될 우려가 있다고 인정하면 직권 또는 사법경찰관의 신청에 따라 법원에 스토킹행위자에 대한 잠정조치를 청구할 수 있다. 24 승진 O X

06 법원은 스토킹범죄의 원활한 조사 · 심리 또는 피해자 보호를 위하여 필요하다고 인정하는 경우에는 결정으로 스토킹행위자에게 피해자 또는 그의 동거인, 가족에 대한 전기통신을 이용한 접근 금지조치를 할 수 있다. 24 승진 O X

07 잠정조치는 가. 국가경찰관서의 유치장 또는 구치소에의 유치 나. 스토킹행위자와 피해자 등의 분리 및 범죄수사 다. 피해자 또는 그의 동거인, 가족이나 그 주거 등으로부터 100미터 이내의 접근 금지 라. 스토킹 피해 관련 상담소 또는 보호시설로의 피해자 등 인도(피해자 등이 동의한 경우만 해당한다) 마. 피해자 또는 그의 동거인, 가족에 대한 「전기통신기본법」제2조 제1호의 전기통신을 이용한 접근 금지이다. 23 간부 O X

08 법원은 스토킹범죄의 원활한 조사 · 심리 또는 피해자 보호를 위하여 잠정조치가 필요하다고 인정하는 경우에는 결정으로 스토킹행위자를 경찰관서의 유치장 또는 구치소에 1개월을 초과하지 않는 범위에서 유치할 수 있다. 다만 법원은 피해자의 보호를 위하여 그 기간을 연장할 필요가 있다고 인정하는 경우에는 결정으로 2개월의 범위에서 연장할 수 있다. 24 승진, 22 채용 O X

정답 및 해설

01 X 유치장 또는 구치소 유치는 즉시 현장에서 할 수 있는 응급조치에 포함되지 않는다.
02 O
03 O
04 O
05 O
06 O
07 X 나.라는 응급조치의 내용이다
08 X 유치장 또는 구치소 유치는 연장이 불가능하다.

POINT 04 경비업법

1 경비업의 종류 기출OX 01 시호신기특교

시설경비	경비를 필요로 하는 시설 및 장소(경비대상시설)에서의 도난·화재 그 밖의 혼잡 등으로 인한 위험발생을 방지하는 업무 기출OX 02, 03
호송경비	운반 중에 있는 현금·유가증권·귀금·상품 그 밖의 물건에 대하여 도난·화재등 위험발생을 방지하는 업무 기출OX 04, 05
신변보호	사람의 생명이나 신체에 대한 위해의 발생을 방지하고 그 신변을 보호하는 업무 기출OX 06
기계경비	경비대상시설에 설치한 기기에 의하여 감지·송신된 정보를 그 경비대상시설 외의 장소에 설치한 관제시설의 기기로 수신하여 도난·화재 등 위험발생을 방지하는 업무 기출OX 07, 08
특수경비	공항(항공기를 포함)등 대통령령이 정하는 국가중요시설의 경비 및 도난·화재 그 밖의 위험발생을 방지하는 업무 기출OX 09
혼잡·교통 유도경비업무	도로에 접속한 공사현장 및 사람과 차량의 통행에 위험이 있는 장소 또는 도로를 점유하는 행사장 등에서 교통사고나 그 밖의 혼잡 등으로 인한 위험발생을 방지하는 업무

2 경비업의 허가 및 신고

허가	• 경비업은 법인이 아니면 이를 영위할 수 없다. 기출OX 10 • 경비업을 영위하고자 하는 법인은 도급받아 행하고자 하는 경비업무를 특정하여 그 법인의 주사무소의 소재지를 관할하는 시·도경찰청장의 허가를 받아야 한다. 도급받아 행하고자 하는 경비업무를 변경하는 경우에도 또한 같다. 기출OX 11 • 경비업 허가의 유효기간은 허가받은 날부터 5년으로 한다. 기출OX 12
신고	경비업의 허가를 받은 법인은 다음에 해당하는 때에는 시·도경찰청장에게 신고하여야 한다. 기출OX 13 1. 영업을 폐업하거나 휴업한 때 2. 법인의 명칭이나 대표자·임원을 변경한 때 3. 법인의 주사무소나 출장소를 신설·이전 또는 폐지한 때 4. 기계경비업무의 수행을 위한 관제시설을 신설·이전 또는 폐지한 때 기출OX 14 5. 특수경비업무를 개시하거나 종료한 때 6. 그 밖에 대통령령이 정하는 중요사항을 변경한 때

4 집단민원현장 경비

집단민원현장	"집단민원현장"이란 다음의 장소를 말한다. 기출OX 15 가. 노동관계 당사자가 노동쟁의 조정신청을 한 사업장 또는 쟁의행위가 발생한 사업장 나. 정비사업과 관련하여 이해대립이 있어 다툼이 있는 장소 다. 특정 시설물의 설치와 관련하여 민원이 있는 장소 라. 주주총회와 관련하여 이해대립이 있어 다툼이 있는 장소 마. 건물·토지 등 부동산 및 동산에 대한 소유권·운영권·관리권·점유권 등 법적 권리에 대한 이해대립이 있어 다툼이 있는 장소 바. 100명 이상의 사람이 모이는 국제·문화·예술·체육 행사장 사. 「행정대집행법」에 따라 대집행을 하는 장소
경비업자의 의무	경비업자는 집단민원현장에 경비원을 배치하는 때에는 경비지도사를 선임하고 그 장소에 배치하여 행정안전부령으로 정하는 바에 따라 경비원을 지도·감독하게 하여야 한다. 기출OX 16

기출 OX

01 경비업의 업무에는 시설경비, 호송경비, 신변보호, 기계경비, 특수경비, 혼잡·교통유도경비 업무가 있다. 17 채용 (O X)

02 '시설경비업무'란 경비를 필요로 하는 시설 및 장소에서의 도난·화재 그 밖의 혼잡 등으로 인한 위험발생을 방지하는 업무를 말한다. 22·17·16·15·12 채용, 16 승진 (O X)

03 혼잡경비업무는 경비를 필요로 하는 시설 및 장소에서의 도난·화재 그 밖의 혼잡 등으로 인한 위험발생을 방지하는 업무이다. 17 승진 (O X)

04 호송경비업무: 사람의 생명이나 신체에 대한 위해의 발생을 방지하고 그 신변을 보호하는 업무 15 채용 (O X)

05 '호송경비업무'란 운반 중에 있는 현금·유가증권·귀금속·상품 그 밖의 물건에 대하여 도난·화재 등 위험발생을 방지하는 업무를 말한다. 22 채용, 16 승진 (O X)

06 '신변보호업무'란 사람의 생명·신체·재산에 대한 위해의 발생을 방지하고 그 신변을 보호하는 업무를 말한다. 22·17·16 채용, 16 승진 (O X)

07 기계경비업무 – 경비를 필요로 하는 시설 및 장소에서의 도난·화재 그 밖의 혼잡 등으로 인한 위험발생을 방지하는 업무 15 채용 (O X)

08 기계경비업무는 경비대상시설에 설치한 기기에 의하여 감지·송신된 정보를 그 경비대상시설 내의 장소에 설치한 관제시설의 기기로 수신하여 도난·화재 등 위험발생을 방지하는 업무이다. 22·17·16 채용, 17 승진 (O X)

09 특수경비업무는 공항(항공기를 제외한다) 등 대통령령이 정하는 국가중요시설의 경비 및 도난·화재 그 밖의 위험발생을 방지하는 업무이다. 16·15·12 채용, 17 승진 (O X)

10 경비업은 법인이 아니면 이를 영위할 수 없다. 18 채용, 17 승진 (O X)

11 경비업을 영위하고자 하는 법인은 도급받아 행하고자 하는 경비업무를 특정하여 그 법인의 주사무소의 소재지를 관할하는 시·도경찰청장의 허가를 받아야 한다. 도급받아 행하고자 하는 경비업무를 변경하는 경우에도 또한 같다. 18 채용, 24·20·17 승진 (O X)

12 경비업 허가의 유효기간은 허가받은 다음 날부터 5년으로 한다. 18 채용 (O X)

13 경비업의 허가를 받은 법인이 관할 시·도경찰청장에게 신고해야 할 사항으로 영업을 폐업하거나 휴업한 때, 법인의 주사무소나 출장소를 신설·이전 또는 폐지한 때, 도급받아 행하고자 하는 경비업무를 변경하는 경우, 특수경비업무를 개시하거나 종료한 때이다. 18 간부 (O X)

14 기계경비업의 허가를 받은 법인이 기계경비업무의 수행을 위한 관제시설을 신설·이전 또는 폐지한 때에는 시·도경찰청장의 허가를 받아야 한다. 20 승진 (O X)

15 주주총회와 관련하여 이해대립이 있어 다툼이 있는 장소, 100명 이상의 사람이 모이는 국제·문화·예술·체육 행사장, 「행정대집행법」에 따라 대집행을 하는 장소는 집단민원현장에 해당한다. 24 승진 (O X)

16 경비업자는 집단민원현장에 경비원을 배치하는 때에는 경비지도사를 선임하고 그 장소에 배치하여 행정안전부령으로 정하는 바에 따라 경비원을 지도·감독하게 하여야 한다. 18 채용 (O X)

정답 및 해설

01 O
02 O
03 X 시설경비업무에 대한 설명이다.
04 X 지문은 신변보호업무
05 O
06 X 신변보호업무의 보호대상에 '재산'은 포함되지 않는다.
07 X 시설경비업무
08 X 기계경비업무에서의 관제시설은 '경비대상시설 외의 장소'에 설치되는 것이다.
09 X 항공기를 포함한다.
10 O
11 O
12 X 다음 날부터 아니라 허가받은 날부터
13 X 경비업무 변경은 허가사유이다.
14 X 시·도경찰청장에 대한 신고사항이다.
15 O
16 O

해커스경찰
police.Hackers.com

Chapter 02

수사경찰

POINT 01 | 마약범죄 수사
POINT 02 | 성범죄 수사
POINT 03 | 가정폭력범죄의 처벌 등에 관한 특례법
POINT 04 | 아동학대범죄의 처벌 등에 관한 특례법

POINT 01 마약범죄 수사

① **마약류**: 마약 + 향정신성의약품 + 대마를 말한다. 기출OX 01
② **마약**

천연마약	양귀비, 아편, 모르핀, 코데인, 테바인, 코카인, 크랙 기출OX 02
합성마약	페치딘계, 메사돈계, 모르피난계, 아미노부텐계, 벤조모르핀계 등
반합성마약	헤로인, 히드로모르핀, 옥시코돈, 하이드로폰 등

[참고] **한외마약** 기출OX 03

- 마약성분이 미세하게 포함되어 있지만 의존성이나 중독성이 없어 마약으로는 분류되지 않는 약품을 말한다.
- 종류로는 코데날, 코데잘, 코데솔, 유코데, 세코날 등이 있다 기출OX 04

③ **향정신성의약품**

각성제	메스암페타민(히로뽕), 암페타민류
환각제	L.S.D, 페이요트, 사일로사이빈, 메스카린 등
억제제	바르비탈염제류제, 벤조다이아핀제제

④ **대마**

"대마"란 다음 어느 하나에 해당하는 것을 말한다. 다만, 대마초의 종자·뿌리 및 성숙한 대마초의 줄기와 그 제품은 제외한다. 기출OX 05

가. 대마초와 그 수지
나. 대마초 또는 그 수지를 원료로 하여 제조된 모든 제품
다. 가목 또는 나목에 규정된 것과 동일한 화학적 합성품으로서 대통령령으로 정하는 것
라. 가목부터 다목까지에 규정된 것을 함유하는 혼합물질 또는 혼합제제

기출 OX

01 마약이라 함은 양귀비, 아편, 대마와 이로부터 추출되는 모든 알칼로이드로서 대통령령으로 정하는 것을 말한다. 19 채용 (O X)

02 코카인은 「마약류 관리에 관한 법률」에서 규제하는 향정신성의약품에 해당한다. 19 채용 (O X)

03 마약성분을 갖고 있으나 다른 약들과 혼합되어 마약으로 다시 제조하거나 제제할 수 없고, 그것에 의하여 신체적 또는 정신적 의존성을 일으키지 아니하는 것으로서 총리령으로 정하는 것을 한외마약이라고 한다. 19 채용 (O X)

04 한외마약에는 코데날, 코데인, 코데잘, 코데솔 등이 있다. 19 채용, 12 간부 (O X)

05 「마약류 관리에 관한 법률」 상 '대마'에는 대마초의 종자(植子)·뿌리 및 성숙한 대마초의 줄기가 포함한다. 23 승진 (O X)

정답 및 해설

01 X 대마는 '마약류'에는 포함되나, '마약'에는 포함되지 않는다.
02 X 코카인은 「마약류 관리에 관한 법률」상 '마약'에 해당한다
03 O
04 X 코데인은 천연마약
05 X 대마초의 종자·뿌리 및 성숙한 대마초의 줄기와 그 제품은 제외한다.

5 주요 향정신성의약품

메스암페타민 (필로폰, 히로뽕)	• 술깨는 약, 체중조절약 등을 가장하여 유통, 강한 각성작용으로 의식이 뚜렷해지고 잠이 오지 않으며 피로감이 없어진다. • 식욕감퇴, 환시, 환청, 편집증세, 과민반응, 피해망상증 등을 경험한다.
LSD	• LSD는 곡물의 곰팡이, 보리 맥각에서 발견되어 이를 분리·가공·합성한 것으로 무색, 무취, 무미하다. 기출 OX 01 • 동공확대, 심박동 및 혈압상승, 수전증, 오한 등의 증상 기출 OX 02 • LSD는 내성이나 심리적 의존성이 있지만 금단현상은 일으키지 않는다고 알려져 있으며, 일부 남용자들은 실제로 사용하지 않는데도 환각현상을 경험하는 플래시백(flashback) 현상을 일으키기도 한다. 기출 OX 01, 03 • 우편·종이 등의 표면에 묻혔다가 뜯어서 입에 넣는 방법으로 복용
엑스터시	• 엑스터시(ecstasy, MDMA 또는 XTC)는 1914년 독일에서 식욕감퇴제로 개발 • 기분이 좋아지는 약, 포옹마약, 클럽마약, 도리도리 등으로 지칭되며, 복용하면 신체적 접촉 욕구가 강하게 발생한다. 기출 OX 05
야바 (YABA)	• 태국어로 '미치게 하는 약'이라는 뜻을 가지며, 동남아 지역에서 주로 생산되어 유흥업소 종사자, 육체노동자 등을 중심으로 급속히 확산된다. • 카페인, 에페드린, 밀가루 등에 필로폰을 혼합한 것으로 순도가 20 ~ 30% 정도로 낮고 원재료가 화공약품인 관계로 안정적인 밀조가 가능하다. 기출 OX 06, 07, 08
GHB (물뽕)	• '데이트 강간 약물'이라고도 불리며 무색·무취로써 짠맛이 나는 액체로 소다수 등의 음료에 타서 복용 기출 OX 09, 10 • '물같은 히로뽕'이라는 뜻에서 '물뽕'이라고도 한다. • 통상 복용 15분 후 효과가 발현되어 3시간가량 지속되며, 24시간 이내에 신체를 빠져나가므로 사후 추적이 매우 어렵다. 기출 OX 11
덱스트로메트로판 (러미라)	• 진해거담제로서 의사의 처방전으로 약국에서 구입 가능하고, '정글주스'라고도 함 • 강한 중추신경 억제성 진해작용이 있으나 의존성과 독성은 없어 코데인 대용으로 널리 시판된다. 기출 OX 12, 13
카리소프로돌	• 카리소프로돌(일명 S정)은 중추신경에 작용하여 골격근 이완의 효과가 있으며, 과다사용시 치명적으로 인사불성, 혼수쇼크, 호흡저하를 가져오며 사망에까지 이를 수 있다. 기출 OX 14 • 금단증상으로는 온몸이 뻣뻣해지고 뒤틀리며, 혀꼬부라지는 소리 등을 하게 된다.
프로포폴	흔히 수면마취제라고 불리는 정맥마취제로서 수면내시경 등에 사용되나, 환각제 대용으로 오·남용되는 사례가 있어 향정신성의약품으로 지정되어 관리되고 있다. 기출 OX 15
페이요트	미국의 텍사스나 멕시코 북부지역에서 자생하는 선인장의 일종으로 28종류의 알칼로이드를 함유하고 있어 환각 효과를 나타낸다.
메스칼린	미국의 텍사스나 멕시코 북부지역에서 자생하는 선인장인 페이요트(peyote)에서 추출·합성한 향정신성의약품이다. 기출 OX 16
펜터민	• 알약의 모양이 나비모양처럼 생겼다고 하여, 일명 '나비약'이라고 불리는 마약성 식욕억제제의 성분이다. • 중추신경을 흥분시켜서 식욕을 사라지게 하여 체중감량의 효과가 있다. • 다량을 복용하거나 장기 복용하면 환청, 환각, 망상, 중독 등의 부작용이 있다. 기출 OX 17

기출 OX

01 LSD은 곡물의 곰팡이, 보리 맥각에서 추출·합성한 무색·무취·무미의 매우 강력한 환각제로, 내성은 있으나 금단증상은 일으키지 않는다고 알려져 있다. 23·19 채용, 18 승진   O X

02 L.S.D.의 복용 후 나타나는 신체의 현상으로 동공 확대, 심박동 및 혈압의 감소, 수전증, 오한 등이 있다. 12 간부   O X

03 L.S.D.는 내성이나 심리적 의존성이 있고 일부 남용자들은 실제로 사용하지 않는데도 환각현상을 경험하는 '플래시백 현상'을 일으키기도 한다. 24 채용   O X

04 L.S.D는 미량을 우편, 종이 등의 표면에 묻혔다가 뜯어서 입에 넣는 방법으로 복용하기도 한다. 24 채용, 18 간부   O X

05 MDMA(엑스터시)는 독일에서 식욕감퇴제로 개발된 것으로, 포옹마약으로도 지칭된다. 18·16 간부   O X

06 유흥업소종사자, 육체근로자, 운전기사 등을 중심으로 급속히 확산되고 있는 야바(YABA)는 카페인, 에페드린, 밀가루 등에 헤로인을 혼합한 것으로 순도가 낮다. 12 간부   O X

07 야바(YABA)는 카페인, 에페드린, 밀가루 등에 필로폰을 혼합한 것으로 원료가 화공약품이기 때문에 보다 안정적인 밀조가 가능하다. 18 승진, 18 간부   O X

08 L.S.D.는 카페인, 에페드린, 밀가루 등에 필로폰을 혼합한 것으로 순도가 20~30% 정도로 낮다. 16 간부   O X

09 GHB는 무색·무취·무미의 액체로 소다수 등 음료수에 타서 복용하여 '물 같은 히로뽕'이라는 뜻으로 일명 물뽕으로 불리고 있다. 20·19 채용, 24 승진   O X

10 GHB는 소다수 등 음료에 타서 복용하며, 미국이나 유럽 등지에서는 성범죄용으로 악용되어 '데이트 강간 약물'이라고도 불린다. 24 채용, 18 승진   O X

11 GHB는 짠맛이 나는 액체로 근육강화 호르몬 분비효과가 있으며, 통상 15분 후에 효과가 발현되며 3일간 지속된다. 24 채용, 24 승진   O X

12 덱스트로메트로판(러미나)은 진해거담제로서 의사의 처방이 있으면 약국에서 구입가능하고, 도취감과 환각작용을 느끼기 위해 사용량의 수십배를 남용하는 경우도 있다. 청소년들이 소주에 타서 마시기도 하여 흔히 '정글주스'라고도 불린다. 23 채용, 16 간부   O X

13 러미나(덱스트로 메트로판)는 강한 중추신경 억제성 진해작용이 있으며, 의존성과 독성이 강한 특징이 있다. 24·20 채용   O X

14 카리소프로돌(S정)은 골격근 이완의 효과가 있는 근골격계 질환 치료제이며, 과다복용시 인사불성, 혼수쇼크, 호흡저하, 사망에까지 이를 수 있다. 23·20 채용, 18·16 간부   O X

15 프로포폴은 페놀계 화합물로 흔히 수면마취제라고 불리는 정맥마취제로서 수면내시경 검사 마취 등에 사용되고, 환각제 대용으로 오남되는 사례가 있으며, 정신적 의존성을 유발하기도 한다. 24 승진, 23 채용   O X

16 사일로시빈은 미국의 텍사스나 멕시코 북부지역에서 자생하는 선인장인 페이요트(Peyote)에서 추출·합성한 향정신성의약품이다. 20 채용, 18 승진, 18 간부   O X

정답 및 해설

01 O
02 X L.S.D는 혈압 상승의 부작용
03 O
04 O
05 O
06 X YABA는 히로뽕(헤로인 X)·카페인·코데인·에페드린·밀가루 등을 섞어 만든 순도가 낮은 신종마약의 일종
07 O
08 X YABA에 대한 설명
09 X 무색·무취·짠맛의 액체이다.
10 O
11 X GHB는 효과 지속이 3일이 아닌 3시간 가량이다
12 O
13 X 러미나(덱스트로 메트로판)는 의존성과 독성이 없다.
14 O
15 O
16 X 메스카린에 대한 설명이다.
17 O

POINT 02 성범죄 수사

1 성폭력범죄의 처벌 등에 관한 특례법

19세미만피해자등	19세 미만인 피해자나 신체적인 또는 정신적인 장애로 사물을 변별하거나 의사를 결정할 능력이 미약한 피해자
감경규정에 관한 특례	음주 또는 약물로 인한 심신장애 상태에서 성폭력범죄(음행매개, 음화반포등, 음화제조등, 공연음란의 죄는 제외한다)를 범한 때에는 형법상 심신상실자, 심신미약자 및 청각 및 언어장애인 **감경규정을 적용하지 아니할 수 있다.**
공소시효 특례	• 미성년자에 대한 성폭력범죄의 공소시효는 성폭력범죄로 피해를 당한 **미성년자가 성년에 달한 날부터** 진행한다. 기출OX 01 • 제2조 제3호 및 제4호의 죄(강간, 강제추행, 강간 등 살인·치사 등)와 제3조부터 제9조까지의 죄(특수강간 등)는 디엔에이(DNA)증거 등 그 죄를 증명할 수 있는 과학적인 증거가 있는 때에는 공소시효가 **10년 연장된다.** 기출OX 02, 03 • **13세 미만의 사람 및 신체적인 또는 정신적인 장애**가 있는 사람에 대하여 성폭력 범죄를 저지른 사람은 **공소시효를 적용하지 아니한다.** 기출OX 04, 05 • 위 규정에도 불구하고 강간등 살인·치사 및 강간 등 살인죄는 공소시효를 적용하지 아니한다.
전담조사제	경찰청장은 각 경찰서장으로 하여금 성폭력범죄 전담 사법경찰관을 지정하도록 하여 특별한 사정이 없으면 이들로 하여금 피해자를 조사하게 **하여야 한다.** 기출OX 06
변호사 선임의 특례	• 성폭력범죄의 피해자 및 그 법정대리인은 형사절차상 입을 수 있는 피해를 방어하고 법률적 조력을 보장하기 위하여 변호사를 선임할 수 있다. • 검사는 피해자에게 변호사가 없는 경우 국선변호사를 선정하여 형사절차에서 피해자의 권익을 보호할 수 있다. 다만, 19세미만피해자등에게 변호사가 없는 경우에는 국선변호사를 **선정하여야 한다.**
수사 및 재판절차에서의 배려	수사기관과 법원은 성폭력범죄의 피해자를 조사하거나 심리·재판할 때 피해자가 편안한 상태에서 진술할 수 있는 환경을 조성하여야 하며, 조사 및 심리·재판 횟수는 **필요한 범위에서 최소한**으로 하여야 한다. 기출OX 07
영상녹화 및 보존	검사 또는 사법경찰관은 19세미만피해자등의 진술 내용과 조사 과정을 영상녹화장치로 녹화(녹음이 포함된 것을 말하며, 이하 "영상녹화"라 한다)하고, 그 영상녹화물을 보존하여야 한다. 기출OX 08
증거능력	19세 미만 피해자등의 진술이 영상녹화된 영상녹화물은 절차와 방식에 따라 영상녹화된 것으로서 다음 어느 하나의 경우에 증거로 할 수 있다. 기출OX 09 1. 증거보전기일, 공판준비기일 또는 공판기일에 그 내용에 대하여 피의자, 피고인 또는 변호인이 피해자를 신문할 수 있었던 경우. 다만, 증거보전기일에서의 신문의 경우 법원이 피의자나 피고인의 방어권이 보장된 상태에서 피해자에 대한 반대신문이 충분히 이루어졌다고 인정하는 경우로 한정한다. 2. 19세 미만 피해자등이 사망, 외국 거주, 신체적·정신적 질병·장애, 소재불명 등 어느 하나에 해당하는 사유로 공판준비기일 또는 공판기일에 출석하여 진술할 수 없는 경우. 다만, 영상녹화된 진술 및 영상녹화가 특별히 신빙할 수 있는 상태에서 이루어졌음이 증명된 경우로 한정한다.
전문가의 의견 조회	피해자가 **13세 미만이거나 신체적인 또는 정신적인 장애로 사물을 변별하거나 의사를 결정할 능력이 미약**한 경우에는 관련 전문가에게 피해자의 정신·심리 상태에 대한 진단 소견 및 진술 내용에 관한 의견을 **조회하여야 한다**

기출 OX

01 미성년자에 대한 성폭력범죄의 공소시효는 피해를 당한 미성년자가 성년에 달한 날부터 진행한다. 16 승진, 17 간부 　O X

02 성폭력 범죄의 경우 디엔에이(DNA)증거 등 그 죄를 증명할 수 있는 과학적인 증거가 있는 때에는 공소시효가 20년 연장된다. 16 승진 　O X

03 카메라등이용촬영죄는 디엔에이(DNA)증거 등 그 죄를 증명할 수 있는 과학적인 증거가 있는 때에는 공소시효가 10년 연장된다. 19 승진 　O X

04 13세 미만의 사람 및 신체적인 또는 정신적인 장애가 있는 사람에 대하여 강간죄를 범한 경우에는 공소시효가 10년 연장된다. 20·17 간부, 19·16 승진 　O X

05 13세인 사람에 대하여 강간죄를 범한 경우에는 공소시효를 적용하지 아니한다. 19 승진 　O X

06 경찰청장은 각 경찰서장으로 하여금 성폭력범죄 전담 사법경찰관을 지정하도록 하여 특별한 사정이 없으면 이들로 하여금 피의자를 조사하게 하여야 한다. 20 채용, 19·17 승진, 20 간부 　O X

07 수사기관은 성폭력범죄의 피해자를 조사할 때 피해자가 편안한 상태에서 진술할 수 있는 환경을 조성하여야 하며, 조사 횟수는 1회로 마쳐야 한다. 20 채용 　O X

08 검사 또는 사법경찰관은 모든 성폭력범죄 피해자를 조사하는 경우 진술 내용과 조사 과정을 영상녹화장치로 녹화(녹음이 포함된 것을 말하며, 이하 "영상녹화"라 한다)하고, 그 영상녹화물을 보존하여야 한다. 25·17 승진, 20 채용, 17 간부 변형 　O X

09 절차와 방식에 따라 영상녹화된 19세미만피해자등의 진술이 영상녹화된 영상녹화물은 증거보전기일, 공판준비기일 또는 공판기일에 그 내용에 대하여 피의자, 피고인 또는 변호인이 피해자를 신문할 수 있었던 경우(다만, 증거보전기일에서의 신문의 경우 법원이 피의자나 피고인의 방어권이 보장된 상태에서 피해자에 대한 반대신문이 충분히 이루어졌다고 인정하는 경우로 한정)에 증거로 할 수 있다. 25·17 승진변형 　O X

정답 및 해설

01 O
02 X 10년이 연장된다.
03 X 카메라등이용촬영죄는 공소시효가 10년 연장되는 범죄에 해당되지 않는다.
04 X 공소시효를 적용하지 아니한다.
05 X 13세 미만의 사람에 대하여 강간죄를 범한 경우 공소시효를 적용하지 아니하는 것이므로, 13세인 사람에 대한 경우에는 공소시효가 적용
06 X 피의자가 아니라 피해자를 조사하게 하여야 한다.
07 X 조사 횟수는 1회가 아니라 필요한 범위에서 최소한으로 하여야 한다.
08 X 모든 경우가 아니라 19세 미만인 피해자나 신체적인 또는 정신적인 장애로 사물을 변별하거나 의사를 결정할 능력이 미약한 피해자(이하 "19세미만피해자등"이라 한다)인 경우
09 O

신뢰관계있는자 동석	법원은 19세미만피해자등 또는 특수강도 강간 등의 피해자를 증인으로 신문하는 경우 검사, 피해자 또는 그 법정대리인이 신청할 때에는 재판에 지장을 줄 우려가 있는 등 부득이한 경우가 아니면 피해자와 신뢰관계에 있는 사람을 동석하게 하여야 한다. 기출OX 01	
수사과정 참여	검사 또는 사법경찰관은 성폭력범죄의 피해자가 19세미만피해자등인 경우 형사사법절차에서의 조력과 원활한 조사를 위하여 직권이나 피해자, 그 법정대리인 또는 변호사의 신청에 따라 진술조력인으로 하여금 조사과정에 참여하여 의사소통을 중개하거나 보조하게 할 수 있다. 다만, 피해자 또는 그 법정대리인이 이를 원하지 아니하는 의사를 표시한 경우에는 그러하지 아니하다.	
증거보전 특례	피해자나 그 법정대리인 또는 사법경찰관은 피해자가 공판기일에 출석하여 증언하는 것에 현저히 곤란한 사정이 있을 때에는 그 사유를 소명하여 영상녹화된 영상녹화물 또는 그 밖의 다른 증거에 대하여 해당 성폭력범죄를 수사하는 검사에게 증거보전의 청구를 할 것을 요청할 수 있다. 이 경우 피해자가 19세미만피해자등인 경우에는 공판기일에 출석하여 증언하는 것에 현저히 곤란한 사정이 있는 것으로 본다.	

2 성폭력범죄의 처벌 등에 관한 특례법상 신상정보등록

신상정보 등록	대상자	등록대상 성범죄로 유죄판결이나 약식명령이 확정된 자나 공개명령이 확정된 자
	예외	• 성폭력처벌법상 성적 목적을 위한 다중이용장소 침입행위, 통신매체를 이용한 음란행위 • 아청법상 아동 · 청소년성착취물의 배포 · 제공하거나 이를 목적으로 광고 · 소개하거나 공연히 전시 또는 상영한 자 및 아동 · 청소년성착취물을 구입하거나 아동 · 청소년 성착취물임을 알면서 이를 소지 · 시청한 자의 범죄로 벌금형을 선고받은 자
신상정보 제출 의무	등록대상자는 판결이 확정된 날부터 30일 이내에 성명 등을 적은기본신상정보를 자신의 주소지 관할경찰관서의 장에게 제출하여야 한다. 기출OX 02	
출입국시 신고의무	등록대상자가 6개월 이상 국외에 체류하기 위하여 출국하는 경우에는 미리 관할경찰관서의 장에게 체류국가 및 체류기간 등을 신고하여야 한다. 기출OX 03	
등록대상자 신상정보 등록	법무부장관은 송달받은 정보와 등록대상 성범죄 경력정보 등의 등록대상자 정보를 등록하여야 한다.	
신상정보 등록 면제	신상정보 등록의 원인이 된 성범죄로 형의 선고를 유예받은 사람이 선고유예를 받은 날부터 2년이 경과하여 「형법」 제60조에 따라 면소된 것으로 간주되면 신상정보 등록을 면제한다. 기출OX 04	
등록정보 공개	• 등록정보의 공개는 여성가족부장관이 집행한다. • 법무부장관은 등록정보의 공개에 필요한 정보를 여성가족부장관에게 송부하여야 한다. 기출OX 05	
비밀준수	등록대상자의 신상정보의 등록 · 보존 및 관리 업무에 종사하거나 종사하였던 자는 직무상 알게 된 등록정보를 누설하여서는 아니 된다. 기출OX 06	

기출 OX

01 법원은 19세미만피해자등 또는 특수강도 강간 등의 피해자를 증인으로 신문하는 경우 검사, 피해자 또는 그 법정대리인이 신청할 때에는 재판에 지장을 줄 우려가 있는 등 부득이한 경우가 아니면 피해자와 신뢰관계에 있는 사람을 동석하게 하여야 한다. 20 채용변형 O X

02 등록대상자는 등록대상 성범죄의 유죄판결이나 약식명령 또는 공개명령이 확정된 날부터 30일 이내에 성명, 주민등록번호, 주소 및 실제거주지, 직업 및 직장 등의 소재지, 연락처, 신체정보, 소유차량의 등록번호 등기 본신상정보를 자신의 주소지를 관할하는 경찰관서의 장에게 제출하여야 한다. 25 승진 O X

03 등록대상자가 6개월 이상 국외에 체류하기 위하여 출국하는 경우에는 미리 관할경찰관서의 장에게 허가를 받아야 한다. 18 채용, 20 간부 O X

04 신상정보 등록의 원인이 된 성범죄로 형의 선고를 유예받은 사람이 선고유예를 받은 날부터 2년이 경과하여 「형법」 제60조에 따라 면소된 것으로 간주되면 신상정보 등록을 면제한다. 18 채용 O X

05 등록정보의 공개는 여성가족부장관이 집행하고, 법무부장관은 등록정보의 공개에 필요한 정보를 여성가족부장관에 송부하여야 한다. 18 채용 O X

06 등록대상자의 신상정보의 등록·보존 및 관리 업무에 종사하거나 종사하였던 자는 직무상 알게 된 등록정보를 누설하여서는 아니 된다. 18 채용 O X

정답 및 해설

01 O
02 O
03 X 체류국가 및 체류기간 등을 신고하여야 한다.
04 O
05 O
06 O

3 특정중대범죄 피의자 등 신상정보 공개에 관한 법률

피의자 신상정보 공개	• 검사와 사법경찰관은 다음의 요건을 모두 갖춘 특정중대범죄사건의 피의자의 얼굴, 성명 및 나이(이하 "신상정보"라 한다)를 공개할 수 있다. 다만, 피의자가 미성년자인 경우에는 공개하지 아니한다. 기출OX 01, 02 1. 범행수단이 잔인하고 중대한 피해가 발생하였을 것(제2조 제3호부터 제6호까지의 죄에 한정한다) 2. 피의자가 그 죄를 범하였다고 믿을 만한 충분한 증거가 있을 것 3. 국민의 알권리 보장, 피의자의 재범 방지 및 범죄예방 등 오로지 공공의 이익을 위하여 필요할 것 • 검사와 사법경찰관은 신상정보 공개를 결정할 때에는 범죄의 중대성, 범행 후 정황, 피해자 보호 필요성, 피해자(피해자가 사망한 경우 피해자의 유족을 포함한다)의 의사 등을 종합적으로 고려하여야 한다. 기출OX 03 • 검사와 사법경찰관은 신상정보를 공개할 때에는 피의자의 인권을 고려하여 신중하게 결정하고 이를 남용하여서는 아니 된다. • 공개하는 피의자의 얼굴은 특별한 사정이 없으면 **공개 결정일 전후 30일** 이내의 모습으로 한다. 이 경우 검사와 사법경찰관은 다른 법령에 따라 적법하게 수집·보관하고 있는 사진, 영상물 등이 있는 때에는 이를 활용하여 공개할 수 있다. 기출OX 04 • 검사와 사법경찰관은 피의자의 얼굴을 공개하기 위하여 필요한 경우 피의자를 식별할 수 있도록 피의자의 얼굴을 촬영할 수 있다. 이 경우 피의자는 이에 따라야 한다. 기출OX 05 • 검사와 사법경찰관은 피의자의 신상정보 공개를 결정하기 전에 피의자에게 의견을 진술할 기회를 주어야 한다. 다만, 신상정보공개심의위원회에서 피의자의 의견을 청취한 경우에는 이를 생략할 수 있다. • 검사와 사법경찰관은 피의자에게 신상정보 공개를 통지한 날부터 **5일** 이상의 유예기간을 두고 신상정보를 공개하여야 한다. 다만, 피의자가 신상정보 공개 결정에 대하여 서면으로 이의 없음을 표시한 때에는 유예기간을 두지 아니할 수 있다. 기출OX 06 • 검사와 사법경찰관은 정보통신망을 이용하여 그 신상정보를 **30일간** 공개한다.
피고인 신상정보 공개	검사는 공소제기 시까지 특정중대범죄사건이 아니었으나 **재판 과정에서 특정중대범죄사건으로 공소사실이 변경**된 사건의 피고인으로서 피의자 신상정보공개 요건을 모두 갖춘 피고인에 대하여 피고인의 현재지 또는 최후 거주지를 관할하는 법원에 신상정보의 **공개를 청구할 수 있다**. 다만, 피고인이 미성년자인 경우는 제외한다.
신상정보공개 심의위원회	**검찰총장 및 경찰청장**은 신상정보 공개 여부에 관한 사항을 심의하기 위하여 신상정보공개심의위원회를 둘 수 있다. 기출OX 07
다른법률과의 관계	수사 및 재판 단계에서 신상정보의 공개에 대하여는 다른 법률의 규정에도 불구하고 **이 법을 우선 적용**한다. 기출OX 08

기출 OX

01 검사는 이 법상 신상정보 공개요건을 모두 갖춘 특정중대 범죄사건의 피의자에 대하여 법원에 신상정보 공개를 청구할 수 있다. 다만, 피의자가 미성년자인 경우에는 제외한다. 24 간부   O X

02 검사와 사법경찰관은 이 법상 신상정보 공개 요건을 모두 갖춘 특정중대범죄사건의 피의자의 얼굴, 성명 및 나이를 공개할 수 있다. 다만, 피의자가 미성년자인 경우에는 공개하지 아니할 수 있다. 24 채용   O X

03 검사와 사법경찰관은 이 법상 신상정보 공개를 결정할 때에는 범죄의 중대성, 범행 후 정황, 피해자 보호 필요성, 피해자(피해자가 사망한 경우 피해자의 유족을 포함한다)의 의사 등을 종합적으로 고려하여야 한다. 24 채용   O X

04 신상정보를 공개하는 피의자의 얼굴은 특별한 사정이 없으면 공개 결정일 전후 30일 이내의 모습으로 한다. 이 경우 검사와 사법경찰관은 다른 법령에 따라 적법하게 수집·보관하고 있는 사진, 영상물 등이 있는 때에는 이를 활용하여 공개할 수 있다. 24 간부   O X

05 검사와 사법경찰관은 피의자의 얼굴을 공개하기 위하여 필요한 경우 피의자를 식별할 수 있도록 피의자의 얼굴을 촬영할 수 있다. 이 경우 신상정보공개심의위원회에서 피의자의 의견을 청취해야 한다. 24 간부   O X

06 검사와 사법경찰관은 피의자에게 신상정보 공개를 통지한 날부터 5일 이상의 유예기간을 두고 신상정보를 공개하여야 한다. 다만, 피의자가 신상정보 공개 결정에 대하여 서면으로 이의 없음을 표시한 때에는 유예기간을 두지 아니할 수 있다. 24 간부   O X

07 법무부장관은 이 법상 신상정보 공개 여부에 관한 사항을 심의하기 위하여 신상정보공개심의위원회를 둘 수 있다. 24 채용   O X

08 수사 및 재판 단계에서 신상정보의 공개에 대하여는 다른 법률의 규정이 있는 경우 그 법률에 따른다. 24 채용   O X

정답 및 해설

01 X 수사기관인 검사·사법경찰관은 법원에 청구할 필요 없이 직접 공개할 수 있다. → 이미 법원에 공소제기가 되었으나 그 후 특정중대범죄사건으로 공소사실이 변경된 경우 법원에 공개를 청구하는 것과 구분
02 X 미성년자인 경우에는 공개하지 아니한다.
03 O
04 O
05 X 수사기관인 검사·사법경찰관이 피의지 얼굴을 촬영하는 경우 피의자는 이에 따라야 한다.
06 O
07 X 검찰총장 및 경찰청장이다.
08 X 이 법이 우선한다(신상정보공개에 관하여는 특별법의 지위를 갖는다).

POINT 03 가정폭력범죄의 처벌 등에 관한 특례법

1 정의

가정폭력	"가정폭력"이란 가정구성원 사이의 신체적, 정신적 또는 재산상 피해를 수반하는 행위를 말한다. 기출OX 01
가정구성원	• 배우자(사실상 혼인관계에 있는 사람을 포함) 또는 배우자였던 사람 기출OX 02 • 자기 또는 배우자와 직계존비속관계(사실상의 양친자관계를 포함)에 있거나 있었던 사람 기출OX 03 • 계부모와 자녀의 관계 또는 적모와 서자의 관계에 있거나 있었던 사람 • 동거하는 친족
가정폭력행위자	"가정폭력행위자"란 가정폭력범죄를 범한 사람 및 가정구성원인 공범을 말한다. 기출OX 04
피해자	"피해자"란 가정폭력범죄로 인하여 직접적으로 피해를 입은 사람을 말한다. 기출OX 05
아동	"아동"이란 「아동복지법」 제3조 제1호에 따른 아동(18세 미만인 사람)을 말한다.

2 가정폭력범죄 기출OX 06, 07, 08, 09, 10, 11, 12, 13, 14, 15, 16

생명과 신체	• 상해와 폭행: 상해, 존속상해, 중상해, 존속중상해, 특수상해, 폭행, 존속폭행, 특수폭행 • 유기와 학대: 유기, 존속유기, 영아유기, 학대, 존속학대, 아동혹사
자유	• 체포와 감금: 체포, 감금, 존속체포, 존속감금, 중체포, 중감금, 존속중체포, 존속중감금, 특수체포, 특수감금 (미수범 포함) • 협박: 협박, 존속협박, 특수협박(미수범 포함) • 강간과 추행: 강간, 유사강간, 강제추행, 준강간, 준강제추행, 강간등 상해·치상, 강간등 살인·치사, 미성년자등에 대한 간음, 미성년자에 대한 간음·추행
명예와 신용	명예훼손, 사자의 명예훼손, 출판물등에 의한 명예훼손, 모욕
사생활 평온	주거침입, 퇴거불응, 특수주거침입, 주거·신체 수색
재산	강요, 공갈, 특수공갈, 손괴: 재물손괴, 특수손괴
특별법상	• (성폭력처벌법) 카메라 등을 이용한 촬영 • (정보통신망법) 공포심이나 불안감을 유발하는 부호·문언·음향·화상 또는 영상 반복전송

※ 가정폭력범죄에 해당하지 않는 죄: 살인죄, 존속살해죄, 영아살해죄, 상해치사죄, 과실치사죄 / 약취·유인죄 / 사기죄, 횡령·배임죄, 절도죄, 중손괴

3 다른 법률과의 관계

가정폭력범죄에 대하여는 이 법을 우선 적용한다. 다만, 아동학대범죄에 대하여는 「아동학대범죄의 처벌 등에 관한 특례법」을 우선 적용한다. 기출OX 17

4 형벌과 수강명령 병과 → 스토킹·아동학대 동일

법원은 가정폭력행위자에 대하여 유죄판결(선고유예는 제외한다)을 선고하거나 약식명령을 고지하는 경우에는 200시간의 범위에서 재범예방에 필요한 수강명령 또는 가정폭력 치료프로그램의 이수명령을 병과할 수 있다. 기출OX 18 이 경우 수강명령 또는 이수명령은 형의 집행을 유예할 경우에는 그 집행유예기간 내에 집행한다. 기출OX 19

기출 OX

01 "가정폭력"이란 가정구성원 사이의 신체적, 정신적 피해를 수반하는 행위를 말하며, 재산상 피해를 수반하는 행위는 "가정폭력"에 해당하지 않는다. 23·17 승진 O X

02 "가정구성원"이란 배우자(사실상 혼인관계에 있는 사람은 제외한다) 또는 배우자였던 사람을 의미한다. 23 승진, 16 간부 O X

03 자기 또는 배우자와 직계존비속관계에 있거나 있었던 사람은 가정구성원에 해당하지 않는다. 19·17 승진 O X

04 "가정폭력행위자"는 가정폭력범죄를 범한 사람만을 의미하고 가정구성원인 공범은 포함되지 않는다. 23 승진 O X

05 '피해자'란 가정폭력범죄로 인하여 직접적 또는 간접적으로 피해를 입은 사람을 말한다. 20 승진, 16 간부 O X

06 살인, 폭행, 중상해, 영아유기, 특수공갈은 가정폭력범죄에 해당한다. 16 채용 O X

07 폭행, 체포, 모욕, 유기, 주거침입, 공갈, 재물손괴, 사기, 협박은 가정폭력범죄에 해당한다. 17 간부 O X

08 출판물 등에 의한 명예훼손, 재물손괴, 유사강간, 주거침입의 죄는 가정폭력범죄에 해당한다. 21 채용 O X

09 공갈, 퇴거불응, 중손괴죄, 중감금죄, 특수감금죄, 주거·신체 수색죄, 아동혹사죄, 약취·유인죄는 가정폭력범죄에 해당한다. 20·16 간부 O X

10 주거침입죄(형법 제319조)는 '가정폭력범죄'에 해당하나, 주거·신체 수색죄(형법 제321조)는 '가정폭력범죄'에 해당하지 않는다. 9 승진 O X

11 丁의 배우자의 지인이 丁의 재물을 손괴한 경우 신고를 받고 출동한 지역경찰관이 「가정폭력범죄의 처벌 등에 관한 특례법」상 가정폭력사건으로 처리할 수 있다. 19 승진 O X

12 丙과 같이 살고 있는 사촌동생이 丙의 명예를 훼손한 경우 신고를 받고 출동한 지역경찰관이 「가정폭력범죄의 처벌에 관한 특례법」상 가정폭력사건으로 처리할 수 있다. 19 승진 O X

13 甲의 아버지가 甲의 명예를 훼손한 경우 「가정폭력범죄의 처벌 등에 관한 특례법」상 가정폭력범죄에 해당한다. 24 채용 O X

14 乙의 계모였던 사람이 乙의 재물을 손괴한 경우 「가정폭력범죄의 처벌 등에 관한 특례법」상 가정폭력범죄에 해당한다. 24 채용 O X

15 丙과 같이 사는 사촌동생이 丙을 약취유인한 경우 「가정폭력범죄의 처벌 등에 관한 특례법」상 가정폭력범죄에 해당한다. 24 채용 O X

16 丁이 이혼한 전 부인을 강간한 경우 「가정폭력범죄의 처벌 등에 관한 특례법」상 가정폭력범죄에 해당한다. 24 채용 O X

17 가정폭력범죄 중 아동학대범죄에 대해서는 「청소년 보호법」을 우선 적용한다. 21 채용 O X

18 법원은 가정폭력행위자에 대하여 유죄판결(선고유예는 제외)을 선고하거나 약식명령을 고지하는 경우에는 200시간의 범위에서 재범예방에 필요한 수강명령(「보호관찰 등에 관한 법률」에 따른 수강명령) 또는 가정폭력 치료프로그램의 이수명령을 병과할 수 있다. 21 채용 O X

19 법원은 가정폭력행위자에 대하여 유죄판결(선고유예는 제외한다)을 선고하거나 약식명령을 고지하는 경우에는 200시간의 범위에서 재범예방에 필요한 수강명령(「보호관찰 등에 관한 법률」에 따른 수강명령을 말한다)을 병과할 수 있다. 이 경우 수강명령은 형의 집행을 유예할 경우에는 그 집행유예기간이 종료된 다음날부터 6개월 이내에 집행한다. 24 간부 O X

정답 및 해설

01 X 재산상 피해를 수반하는 행위도 포함된다.
02 X 사실상 혼인관계에 있는 사람을 포함한다.
03 X 가족구성원에 해당한다.
04 X 공범도 포함된다
05 X 간접적 피해는 포함하지 아니한다.
06 X 살인은 가정폭력범죄에 해당하지 않는다.
07 X 사기죄는 가정폭력범죄에 해당하지 않는다.
08 O
09 X 중손괴죄, 약취·유인죄는 가정폭력범죄에 해당하지 않는다.
10 X 주거침입죄와 주거·신체 수색죄 모두 가정폭력범죄에 해당한다.
11 X 손괴죄는 가정폭력범죄에 해당하지만, 丁의 배우자의 지인은 가족구성원에 해당하지 않는다.
12 O
13 O
14 O
15 X 약취유인은 가정폭력범죄가 아니다.
16 O
17 X 「청소년 보호법」이 아닌 「아동학대범죄의 처벌 등에 관한 특례법」을 우선 적용한다.
18 O
19 X 집행유예가 선고된 경우에는 그 집행유예 기간 내 집행

5 가정폭력범죄 발생시 처리절차

(1) 신고
- 누구든지 가정폭력범죄를 알게 된 경우에는 수사기관에 신고할 수 있다. 기출OX 01
- 다음 어느 하나에 해당하는 사람이 직무를 수행하면서 가정폭력범죄를 알게 된 경우에는 정당한 사유가 없으면 즉시 수사기관에 신고하여야 한다. 기출OX 02
  1. 아동의 교육과 보호를 담당하는 기관의 종사자와 그 기관장
  2. 아동, 60세 이상의 노인, 그 밖에 정상적인 판단 능력이 결여된 사람의 치료 등을 담당하는 의료인 및 의료기관의 장
  3. 노인복지시설, 아동복지시설, 장애인복지시설의 종사자와 그 기관장, 다문화가족지원센터의 전문인력과 그 장, 국제결혼중개업자와 그 종사자, 「소방기본법」에 따른 구조대·구급대의 대원, 사회복지 전담공무원, 건강가정지원센터의 종사자와 그 센터의 장

(2) 고소
- 피해자 또는 그 법정대리인은 가정폭력행위자를 고소할 수 있다. 피해자의 법정대리인이 가정폭력행위자인 경우 또는 가정폭력행위자와 공동으로 가정폭력범죄를 범한 경우에는 피해자의 친족이 고소할 수 있다.
- 피해자는 가정폭력행위자가 자기 또는 배우자의 직계존속인 경우에도 고소할 수 있다. 기출OX 03
- 피해자에게 고소할 법정대리인이나 친족이 없는 경우에 이해관계인이 신청하면 검사는 10일 이내에 고소할 수 있는 사람을 지정하여야 한다. 기출OX 04

(3) 경찰단계: 응급조치·긴급임시조치·사건송치

응급조치	진행 중인 가정폭력범죄에 대하여 신고를 받은 사법경찰관리는 즉시 현장에 나가서 다음의 조치를 하여야 한다. 기출OX 05 1. 폭력행위의 제지, 가정폭력행위자·피해자의 분리 1의2. 현행범인의 체포 등 범죄수사 2. 피해자를 가정폭력 관련 상담소 또는 보호시설로 인도(피해자가 동의한 경우만 해당한다) 기출OX 06 3. 긴급치료가 필요한 피해자를 의료기관으로 인도 기출OX 07 4. 폭력행위 재발 시 제8조에 따라 임시조치를 신청할 수 있음을 통보 5. 피해자보호명령 또는 신변안전조치를 청구할 수 있음을 고지
긴급임시조치	• 사법경찰관은 응급조치에도 불구하고 가정폭력범죄가 재발될 우려가 있고, 긴급을 요하여 법원의 임시조치 결정을 받을 수 없을 때에는 직권 또는 피해자나 그 법정대리인의 신청에 의하여 제29조 제1항 제1호부터 제3호(가해자 퇴거 등 격리·100미터 이내 접근금지·통신접근금지)까지의 긴급임시조치를 할 수 있다. 기출OX 08, 09, 10 • 사법경찰관은 긴급임시조치를 한 경우에는 즉시 긴급임시조치결정서를 작성하여야 한다.
수사 및 사건송치	사법경찰관은 가정폭력범죄를 신속히 수사하여 사건을 검사에게 송치하여야 한다. 이 경우 사법경찰관은 해당 사건을 가정보호사건으로 처리하는 것이 적절한지에 관한 의견을 제시할 수 있다. 기출OX 11

기출 OX

01 가정폭력범죄는 피해와 관련 있는 고소권자만이 신고할 수 있다. 17 승진, 14 채용 O X

02 「결혼중개업의 관리에 관한 법률」에 따른 국제결혼중개업자와 그 종사자가 직무를 수행하면서 가정폭력범죄를 알게 된 경우에는 정당한 사유가 없으면 수사기관에 신고하여야 한다. 16 지능 O X

03 피해자는 자기 또는 배우자의 직계존속이 가정폭력행위자인 경우 이를 고소할 수 없다. 다만, 피해자의 법정대리인이 가정폭력행위자인 경우 또는 가정폭력행위자와 공동으로 가정폭력범죄를 범한 경우에는 피해자의 친족이 고소할 수 있다. 18 승진 O X

04 피해자에게 고소할 법정대리인이나 친족이 없는 경우에 이해관계인이 신청하면 검사는 10일 이내에 고소할 수 있는 사람을 지정하여야 한다. 24 간부, 15 채용 O X

05 진행 중인 가정폭력범죄에 대하여 신고를 받은 사법경찰관리는 즉시 현장에 나가서 폭력행위의 제지, 가정폭력행위자 피해자의 분리 및 범죄수사의 조치를 하여야 한다. 19 승진 O X

06 피해자의 동의 없이도 피해자를 가정폭력 관련 상담소 또는 보호시설로 인도할 수 있다. 15 채용 O X

07 긴급치료가 필요한 피해자를 의료기관으로 인도하여야 한다. 15 채용 O X

08 사법경찰관은 「가정폭력범죄의 처벌 등에 관한 특례법」 제5조에 따른 응급조치에 불구하고 가정폭력범죄가 재발될 우려가 있고, 긴급을 요하여 법원의 임시조치 결정을 받을 수 없을 때에는 직권 또는 피해자나 그 법정대리인의 신청에 의하여 긴급임시조치를 할 수 있다. 21·16 채용, 18 승진 O X

09 사법경찰관은 가정폭력범죄에 대한 응급조치에도 불구하고 재발될 우려가 있고, 긴급을 요하여 검사의 임시조치 결정을 받을 수 없는 경우에도 긴급임시조치를 할 수 있다. 14 채용 O X

10 가정폭력범죄에 대해 사법경찰관이 취할 수 있는 긴급임시조치에는 ① 국가경찰서의 유치장 또는 구치소에의 유치 ② 피해자 또는 가정구성원이나 그 주거·직장 등에서 100미터 이내의 접근금지 ③ 피해자 또는 가정구성원의 주거 또는 점유하는 방실로부터의 퇴거 등 격리 ④ 피해자 또는 가정구성원에 대한 「전기통신기본법」 제2조 제1호의 전기통신을 이용한 접근금지가 있다. 23 채용, 18·17·15 승진 O X

11 사법경찰관은 가정폭력범죄를 신속하게 수사하여 사건을 검사에게 송치하여야 한다. 이 경우 사법경찰관은 해당 사건을 가정보호사건으로 처리하는 것이 적절한지에 관한 의견을 제시할 수 있다. 16 간부, 15 채용 O X

정답 및 해설

01 X 누구든지 신고할 수 있다.
02 O
03 X 「형사소송법」상 자기 또는 배우자의 직계존속에 대한 고소는 금지되나(제224조), 가정폭력처벌법은 이에 대한 예외를 인정하고 있다.
04 O
05 O
06 X 응급조치로서 상담소·보호시설로 인도는 피해자가 동의한 경우만 가능하다.
07 O
08 O
09 X '법원'의 임시조치 결정
10 X ① 국가경찰관서의 유치장 또는 구치소에서의 유치는 법원의 임시조치사항이다.
11 O

(4) **검찰단계**: 임시조치 청구, 가정보호사건처리

임시조치 청구	• 검사는 가정폭력범죄가 재발될 우려가 있다고 인정하는 경우에는 직권으로 또는 사법경찰관의 신청에 의하여 법원에 제29조 제1항 제1호·제2호 또는 제3호(가해자 퇴거 등 격리·100미터 이내 접근금지·통신접근금지)의 임시조치를 청구할 수 있다. 기출OX 01, 02 → **기본유형**: 퇴거격리·접근금지유형 • 검사는 가정폭력행위자가 위의 청구에 의하여 결정된 임시조치를 위반하여 가정폭력범죄가 재발될 우려가 있다고 인정하는 경우에는 직권으로 또는 사법경찰관의 신청에 의하여 법원에 제29조 제1항 제5호(국가경찰관서의 유치장 또는 구치소에의 유치)의 임시조치를 청구할 수 있다. → **위반시 신청가능 유형**: 유치장·구치소 유치 [사법경찰관의 긴급임시조치에 따른 임시조치 청구] • 사법경찰관이 긴급임시조치를 한 때에는 지체 없이 검사에게 임시조치를 신청하고, 신청받은 검사는 법원에 임시조치를 청구하여야 한다. 이 경우 임시조치의 청구는 긴급임시조치를 한 때부터 48시간 이내에 청구하여야 하며, 긴급임시조치결정서를 첨부하여야 한다. 기출OX 03 • 임시조치를 청구하지 아니하거나 법원이 임시조치의 결정을 하지 아니한 때에는 즉시 긴급임시조치를 취소하여야 한다.
가정보호사건처리	검사는 가정폭력범죄로서 사건의 성질·동기 및 결과, 가정폭력행위자의 성행 등을 고려하여 이 법에 따른 보호처분을 하는 것이 적절하다고 인정하는 경우에는 가정보호사건으로 처리할 수 있다. 이 경우 검사는 피해자의 의사를 존중하여야 한다.

(5) **법원단계**: 판사의 임시조치 기출OX 04
- 판사는 가정보호사건의 원활한 조사·심리 또는 피해자 보호를 위하여 필요하다고 인정하는 경우에는 결정으로 가정폭력행위자에게 다음 각 호의 어느 하나에 해당하는 임시조치를 할 수 있다.

  1. 피해자 또는 가정구성원의 주거 또는 점유하는 방실로부터의 퇴거 등 격리
  2. 피해자 또는 가정구성원이나 그 주거·직장 등에서 100미터 이내의 접근 금지
  3. 피해자 또는 가정구성원에 대한 전기통신기본법 제2조 제1호의 전기통신을 이용한 접근 금지
  4. 의료기관이나 그 밖의 요양소에의 위탁
  5. 국가경찰관서의 유치장 또는 구치소에의 유치
  6. 상담소등에의 상담위탁

- 제1호부터 제3호까지의 임시조치기간은 2개월, 같은 항 제4호부터 제6호까지의 임시조치기간은 1개월을 초과할 수 없다. 다만, 피해자의 보호를 위하여 그 기간을 연장할 필요가 있다고 인정하는 경우에는 결정으로 제1항 제1호부터 제3호까지의 임시조치는 두 차례만, 같은 항 제4호부터 제6호까지의 임시조치는 한 차례만 각 기간의 범위에서 연장할 수 있다.

[압축정리] **임시조치 사항별 비교**

구분	경찰 긴급임시조치	검사 임시조치청구	법원 결정시 기간
제1호 퇴거격리	대상 ○	대상 ○	2개월, 2회 연장 可 (최대 6개월)
제2호 접근금지(100m)	대상 ○	대상 ○	
제3호 통신접근금지	대상 ○	대상 ○	
제4호 의료기관 등 위탁	대상 ×	대상 ×	1개월, 1회 연장 可 (최대 2개월)
제5호 유치장 등 유치	대상 ×	제1·2·3호 위반시 대상 ○	
제6호 상담위탁	대상 ×	대상 ×	

기출 OX

01 가정폭력범죄가 재발될 우려가 있다고 인정하는 경우에는 사법경찰관의 직권으로 법원에 임시조치를 청구할 수 있다. 15 채용   O X

02 검사는 가정폭력범죄가 재발될 우려가 있다고 인정하는 경우에는 직권으로 또는 사법경찰관의 신청에 의하여 법원에 피해자 또는 가정구성원의 주거 또는 점유하는 방실로부터의 퇴거 등 격리, 피해자 또는 가정구성원의 주거·직장 등에서 100미터 이내의 접근 금지, 의료기관이나 그 밖의 요양소에 위탁의 임시조치를 청구할 수 있다. 16 채용   O X

03 사법경찰관이 응급조치를 한 때에는 지체 없이 검사에게 임시조치를 신청하고, 신청받은 검사는 법원에 임시조치를 청구하여야 한다. 이 경우 임시조치의 청구는 응급조치를 한 때부터 48시간 이내에 청구하여야 하며, 긴급임시조치결정서를 첨부하여야 한다. 24 간부, 20·19 승진, 16 채용   O X

04 긴급임시조치는 사법경찰관이 할 수 있고, 임시조치는 판사가 할 수 있다. 20 승진   O X

정답 및 해설

01 X '긴급임시조치'는 사법경찰관이 직권으로 할 수 있으나, '임시조치'는 사법경찰관이 검사에게 신청하여 검사가 법원에 청구할 수 있는 것으로 규정되어 있음을 주의하여야 한다.

02 X 검사가 법원에 청구할 수 있는 임시조치의 종류는 제1호(가해자 퇴거격리)·제2호(접근 금지)·제3호(통신접근 금지)의 3가지이다. 의료기관이나 그 밖의 요양소에 위탁(제4호)은 포함되지 않는다.

03 X '긴급임시조치 한 때'부터 48시간 이내

04 O

POINT 04 아동학대범죄의 처벌 등에 관한 특례법

1 정의

아동	아동이란 18세 미만인 사람을 말한다. 기출OX 01
보호자	보호자란 친권자, 후견인, 아동을 보호·양육·교육하거나 그러한 의무가 있는 자 또는 업무·고용 등의 관계로 사실상 아동을 보호·감독하는 자를 말한다.
아동학대행위자	아동학대행위자란 아동학대범죄를 범한 사람 및 그 공범을 말한다. → 가정구성원인 공범 X
피해아동	피해아동이란 아동학대범죄로 인하여 직접적으로 피해를 입은 아동을 말한다.

2 다른 법률과의 관계

아동학대범죄에 대하여는 이 법을 우선 적용한다. 다만, 「성폭력범죄의 처벌 등에 관한 특례법」, 「아동·청소년의 성보호에 관한 법률」에서 가중처벌되는 경우에는 그 법에서 정한 바에 따른다. 기출OX 02

3 아동복지시설의 종사자 등에 대한 가중처벌

아동학대 신고의무자가 보호하는 아동에 대하여 아동학대범죄를 범한 때에는 그 죄에 정한 형의 2분의 1까지 가중한다.

4 아동학대범죄 발생시 처리절차

(1) 신고
- 누구든지 아동학대범죄를 알게 된 경우나 그 의심이 있는 경우에는 시·도, 시·군·구(자치구를 말한다) 또는 수사기관에 신고할 수 있다.
- 다음 어느 하나에 해당하는 사람이 직무를 수행하면서 아동학대범죄를 알게 된 경우나 그 의심이 있는 경우에는 시·도, 시·군·구 또는 수사기관에 즉시 신고하여야 한다. → 가정폭력: 정당한 사유가 없으면
  1. 아동권리보장원 및 가정위탁지원센터의 장과 그 종사자
  2. 아동복지시설의 장과 그 종사자(아동보호전문기관의 장과 그 종사자는 제외한다) → 아동보호전문기관의 장과 그 종사자는 제14호에 규정되어 있음
  3. 아동복지전담공무원
  7. 사회복지전담공무원 및 사회복지시설의 장과 그 종사자 등
- 신고가 있는 경우 시·도, 시·군·구 또는 수사기관은 정당한 사유가 없으면 즉시 조사 또는 수사에 착수하여야 한다.

(2) 고소
- 피해아동 또는 그 법정대리인은 아동학대행위자를 고소할 수 있다. 피해아동의 법정대리인이 아동학대행위자인 경우 또는 아동학대행위자와 공동으로 아동학대범죄를 범한 경우에는 피해아동의 친족이 고소할 수 있다.
- 피해아동은 아동학대행위자가 자기 또는 배우자의 직계존속인 경우에도 고소할 수 있다. 법정대리인이 고소하는 경우에도 또한 같다.
- 피해아동에게 고소할 법정대리인이나 친족이 없는 경우에 이해관계인이 신청하면 검사는 10일 이내에 고소할 수 있는 사람을 지정하여야 한다. 기출OX 03

기출 OX

01 아동이란 19세 미만인 사람을 말한다. 17 간부, 15 채용, 18 승진 (O X)

02 아동학대범죄에 대하여는 이 법을 우선 적용한다. 다만, 「성폭력범죄의 처벌 등에 관한 특례법」, 「아동·청소년의 성보호에 관한 법률」에서 가중처벌되는 경우에는 그 법에서 정한 바에 따른다. 20·18 승진, 15 채용 (O X)

03 피해아동에게 고소할 법정대리인이나 친족이 없는 경우에 이해관계인이 신청하면 검사는 20일 이내에 고소할 수 있는 사람을 지정하여야 한다. 23 간부 (O X)

정답 및 해설

01 X 아동이란 18세 미만인 사람을 말한다.
02 O
03 X 10일 이내에 고소할 수 있는 사람을 지정

(3) 경찰 및 아동학대전담공무원의 초기대응

현장출동	• 아동학대범죄 신고를 접수한 사법경찰관리나 아동학대전담공무원은 지체 없이 아동학대범죄의 현장에 출동하여야 한다. 이 경우 수사기관의 장이나 시·도지사 또는 시장·군수·구청장은 서로 **동행하여 줄 것을 요청할 수 있으며**, 그 요청을 받은 수사기관의 장이나 시·도지사 또는 시장·군수·구청장은 정당한 사유가 없으면 사법경찰관리나 아동학대전담공무원이 아동학대범죄 <u>현장에 동행하도록 조치하여야 한다.</u> 기출OX 01 • 아동학대범죄 신고를 접수한 사법경찰관리나 아동학대전담공무원은 아동학대범죄가 행하여지고 있는 것으로 신고된 현장 또는 피해아동을 보호하기 위하여 필요한 장소에 출입하여 아동 또는 아동학대행위자 등 관계인에 대하여 조사를 하거나 질문을 할 수 있다. • 시·도지사 또는 시장·군수·구청장은 현장출동 시 아동보호 및 사례관리를 위하여 필요한 경우 아동보호전문기관의 장에게 아동보호전문기관의 직원이 동행할 것을 요청할 수 있다. 이 경우 <u>아동보호전문기관의 직원은 피해아동의 보호 및 사례관리를 위한 범위에서 아동학대전담공무원의 조사에 참여할 수 있다.</u> 기출OX 02 • 현장출동이 동행하여 이루어지지 아니한 경우 수사기관의 장이나 시·도지사 또는 시장·군수·구청장은 현장출동에 따른 조사 등의 결과를 서로에게 <u>통지하여야 한다.</u> 기출OX 03
응급조치	• 현장에 출동하거나 아동학대범죄 현장을 발견한 경우 또는 학대현장 이외의 장소에서 학대피해가 확인되고 재학대의 위험이 급박·현저한 경우, 사법경찰관리 또는 아동학대전담공무원은 피해아동 등의 보호를 위하여 즉시 응급조치를 하여야 한다. 기출OX 04, 05 이 경우 제3호 또는 5호의 조치(보호시설 인도)를 하는 때에는 <u>피해아동등의 이익을 최우선으로 고려</u>하여야 하며, 피해아동등을 보호하여야 할 필요가 있는 등 특별한 사정이 있는 경우를 제외하고는 피해아동등의 <u>의사를 존중하여야 한다.</u> 기출OX 06 1. 아동학대범죄 행위의 제지 2. 아동학대행위자를 피해아동등으로부터 격리 3. 피해아동등을 아동학대 관련 보호시설로 인도 4. 긴급치료가 필요한 피해아동을 의료기관으로 인도 5. 피해아동을 연고자 등에게 인도 • 사법경찰관리나 아동학대전담공무원은 3호부터 5호까지에 따라 피해아동등을 분리·인도하여 보호하는 경우 지체 없이 피해아동등을 인도받은 보호시설·의료시설의 소재지 또는 연고자 등의 주거지를 관할하는 <u>시·도지사 또는 시장·군수·구청장에게 그 사실을 통보하여야 한다.</u> 기출OX 07 • 2호부터 5호까지의 규정에 따른 응급조치(격리·보호시설 인도·의료기관 인도)는 <u>72시간</u>을 넘을 수 없다. 다만, 본문의 기간에 공휴일이나 토요일이 포함되는 경우로서 피해아동등의 보호를 위하여 필요하다고 인정되는 경우에는 <u>48시간</u>의 범위에서 그 기간을 연장할 수 있다. 기출OX 08 • 사법경찰관리나 아동학대전담공무원은 5호의 조치를 하는 경우 연고자 등의 동의를 얻어 가정폭력범죄, 아동학대범죄 등 범죄경력을 확인하는 등 피해아동등의 보호를 위하여 필요한 조치를 할 수 있다.

기출 OX

01 아동학대범죄 신고를 접수한 사법경찰관리나 아동학대전담공무원은 지체 없이 아동학대범죄의 현장에 출동하여야 한다. 20 승진, 17 간부, 15 채용   O X

02 아동학대범죄 신고를 접수한 사법경찰관리는 아동학대범죄가 행하여지고 있는 것으로 신고된 현장 또는 피해아동을 보호하기 위하여 필요한 장소에 출입하여 아동 또는 아동학대행위자 등 관계인에 대하여 조사를 하거나 질문을 할 수 있다. 이 경우 사법경찰관리는 피해아동의 보호 및 「아동복지법」 제22조의4의 사례관리계획에 따른 사례관리를 위한 범위에서만 아동학대행위자 등 관계인에 대하여 조사해야 한다. 23 간부   O X

03 아동학대범죄 신고를 접수한 사법경찰관리나 아동학대전담공무원이 동행하여 현장출동하지 아니한 경우, 수사기관의 장이나 시·도지사 또는 시장·군수·구청장은 현장출동에 따른 조사 등의 결과를 서로에게 통지할 수 있다. 22 승진   O X

04 아동학대범죄의 신고를 받아 현장에 출동하거나 아동학대범죄 현장을 발견한 사법경찰관리가 피해아동의 보호를 위하여 즉시 행하는 조치를 임시조치라 한다. 20 승진, 17 간부, 15 채용   O X

05 응급조치의 유형에는 아동학대범죄 행위의 제지, 아동학대행위자를 피해아동으로부터 격리, 피해아동을 아동학대 관련 보호시설로 인도, 아동보호전문기관에의 상담 및 교육 위탁이 있다. 17 간부   O X

06 피해아동에 대한 응급조치의 내용 중 '피해아동을 아동학대 관련 보호시설로 인도'하는 조치를 하는 때에는 피해아동 및 보호자의 동의를 받아야 한다. 20 승진   O X

07 사법경찰관리나 아동학대전담공무원은 피해아동을 분리·인도하여 보호하는 경우 지체 없이 피해아동을 인도받은 보호시설·의료시설을 관할하는 시·도지사 또는 시장·군수·구청장에게 그 사실을 통보하여야 한다. 15 채용   O X

08 응급조치상 아동학대행위자를 피해아동등으로부터 격리할 경우 48시간을 넘을 수 없으나, 다만 본문의 기간에 공휴일이나 토요일이 포함되는 경우로서 피해아동등의 보호를 위하여 필요하다고 인정되는 경우에는 48시간의 범위에서 그 기간을 연장할 수 있다. 21·20·18 승진, 15 채용, 17 간부   O X

정답 및 해설

01 O
02 X 사례관리계획에 따른 사례관리를 위한 범위에서만 아동학대행위자 등 관계인에 대하여 조사할 수 있는 사람은 아동학대전담공무원이다
03 X 서로에게 통지하여야 한다
04 X 이를 '응급조치'라 한다.
05 X 제지·격리·인도는 응급조치에 해당하나, 아동보호전문기관에의 상담 및 교육 위탁은 임시조치에 해당한다
06 X 피해아동등의 이익을 최우선으로 고려하여야 하며, 피해아동등의 의사를 존중하여야 하는 것이지 피해아동 및 보호자의 동의를 받아야 하는 것은 아니다
07 O
08 X 72시간을 넘을 수 없으나, 공휴일 등이 포함된 경우 48시간 범위에서 연장할 수 있다.

(4) 긴급임시조치
- 사법경찰관은 응급조치에도 불구하고 **아동학대범죄가 재발될 우려가 있고, 긴급을 요하여 법원의 임시조치 결정을 받을 수 없을 때**에는 직권이나 피해아동등, 그 법정대리인(아동학대행위자를 제외한다), 변호사, 시·도지사, 시장·군수·구청장 또는 아동보호전문기관의 장의 신청에 따라 제19조 제1항 제1호부터 제3호(**퇴거격리·접근금지·통신금지**)까지의 어느 하나에 해당하는 조치를 할 수 있다. 기출OX 01, 02
- 사법경찰관은 긴급임시조치를 한 경우에는 즉시 긴급임시조치결정서를 작성하여야 하고, 그 내용을 시·도지사 또는 시장·군수·구청장에게 지체 없이 통지하여야 한다. 기출OX 03

(5) 검찰단계: 임시조치 청구
- **검사는** 아동학대범죄가 재발될 우려가 있다고 인정하는 경우에는 **직권으로** 또는 **사법경찰관이나 보호관찰관의 신청**에 따라 법원에 임시조치를 청구할 수 있다. 기출OX 04
- 피해아동등, 그 법정대리인, 변호사, 시·도지사, 시장·군수·구청장 또는 아동보호전문기관의 장은 검사 또는 사법경찰관에게 임시조치의 청구 또는 그 신청을 요청하거나 이에 관하여 의견을 진술할 수 있다.

> [사법경찰관의 응급조치·긴급임시조치에 따른 임시조치청구]
> - 사법경찰관이 응급조치(2호~5호) 또는 긴급임시조치를 하였거나 시·도지사 또는 시장·군수·구청장으로부터 응급조치(2호~5호)가 행하여졌다는 통지를 받은 때에는 지체 없이 검사에게 임시조치의 청구를 신청**하여야 한다.**
> - 신청을 받은 검사는 임시조치를 청구하는 때에는 응급조치가 있었던 때부터 **72시간**(응급조치 기간이 연장된 경우에는 그 기간을 말한다) 이내에, 긴급임시조치가 있었던 때부터 **48시간** 이내에 하여야 한다. 이 경우 응급조치결과보고서 및 긴급임시조치결정서를 첨부하여야 한다.

(6) 법원단계: 판사의 임시조치
- **판사는** 아동학대범죄의 원활한 조사·심리 또는 피해아동등의 보호를 위하여 필요하다고 인정하는 경우에는 결정으로 아동학대행위자에게 다음의 임시조치를 할 수 있다. 기출OX 05, 06

> 1. 피해아동등 또는 가정구성원의 주거로부터 퇴거 등 격리
> 2. 피해아동등 또는 가정구성원의 주거, 학교 또는 보호시설 등에서 100미터 이내의 접근금지
> 3. 피해아동등 또는 가정구성원에 대한 「전기통신기본법」 제2조 제1호의 전기통신을 이용한 접근금지
> 4. 친권 또는 후견인 권한 행사의 제한 또는 정지
> 5. 아동보호전문기관 등에의 상담 및 교육 위탁
> 6. 의료기관이나 그 밖의 요양시설에의 위탁
> 7. 경찰관서의 유치장 또는 구치소에의 유치

- 판사는 피해아동등에 대하여 **제2호부터 제4호까지의 규정에 따른 응급조치가 행하여진 경우**에는 임시조치가 청구된 때로부터 **24시간** 이내에 임시조치 여부를 결정하여야 한다.
- 임시조치기간은 **2개월**을 초과할 수 없다. 다만, 피해아동등의 보호를 위하여 그 기간을 연장할 필요가 있다고 인정하는 경우에는 결정으로 **제1호부터 제3호까지의 규정**에 따른 임시조치는 **두 차례**만, 같은 항 **제4호부터 제7호까지의 규정**에 따른 임시조치는 **한 차례**만 각 기간의 범위에서 연장할 수 있다.

(7) 형벌과 수강명령
법원은 아동학대행위자에 대하여 유죄판결(선고유예는 제외한다)을 선고하거나 약식명령을 고지하면서 200시간의 범위에서 재범예방에 필요한 수강명령또는 아동학대 치료프로그램의 이수명령을 병과할 수 있다. 기출OX 07

[압축정리] 긴급임시조치, 임시조치

구분	경찰 긴급임시조치	검사 임시조치청구	법원 결정시 기간
제1호 퇴거격리	대상 ○	대상 ○	2개월, 2회 연장 可 (최대 6개월)
제2호 접근금지(100m)	대상 ○	대상 ○	
제3호 통신접근금지	대상 ○	대상 ○	
제4호 친권 등 제한·정지	대상 ×	대상 ○	2개월, 1회 연장 可 (최대 4개월)
제5호 교육위탁	대상 ×	대상 ○	
제6호 의료기관 등 위탁	대상 ×	대상 ○	
제7호 유치장 등 유치	대상 ×	대상 ○	

기출 OX

01 응급조치에도 불구하고 아동학대범죄의 재발이 우려되고, 긴급을 요하여 법원의 임시조치 결정을 받을 수 없을 때에는 사법경찰관의 직권으로 긴급임시조치를 할 수 있다. 22·21·18 승진 (O X)

02 사법경찰관의 긴급임시조치에는 ① 피해아동등 또는 가정구성원의 주거로부터 퇴거 등 격리 ② 경찰서의 유치장 또는 구치소에의 유치 ③ 피해아동등 또는 가정구성원의 주거, 학교 또는 보호시설 등에서 100미터 이내의 접근 금지 ④ 피해아동등 또는 가정구성원에 대한 「전기통신기본법」 제2조 제1호의 전기통신을 이용한 접근 금지가 있다. 23 채용, 20 승진 (O X)

03 사법경찰관은 아동학대행위자에 대한 긴급임시조치를 한 경우에는 즉시 긴급임시조치결정서를 작성하여야 하고, 그 내용을 시·도지사또는 시장·군수·구청장에게 지체 없이 통지하여야 한다. 23 간부, 18 승진 (O X)

04 사법경찰관은 아동학대범죄의 피해아동 보호를 위하여 필요하다고 인정되는 경우에는 직권으로 아동학대행위자에게 임시조치를 할 수 있다. 18 승진 (O X)

05 판사는 아동학대범죄의 원활한 조사·심리 또는 피해아동등의 보호를 위하여 필요하다고 인정하는 경우에는 결정으로 아동학대행위자에게 임시조치를 할 수 있다. 22·21·20 승진 (O X)

06 판사가 아동학대범죄의 원활한 조사·심리 또는 피해아동등의 보호를 위하여 필요하다고 인정하는 경우에는 결정으로 아동학대행위자에게 경찰관서의 유치장 또는 구치소에 유치하는 조치를 할 수 있다. 22·21 승진 (O X)

07 법원은 아동학대행위자에대하여 유죄판결(선고유예를 포함한다)을 선고하거나 약식명령을 고지하면서 200시간의 범위에서 재범예방에 필요한 수강명령 또는 아동학대 치료프로그램의 이수명령을 병과할 수 있다. 23 간부 (O X)

정답 및 해설

09 O
10 X ②는 임시조치에 해당한다.
11 O
01 X 사법경찰관이 직권으로 할 수 있는 것은 '긴급임시조치'이고, 임시조치는 법원(판사)의 결정으로 하는 것이다.
02 O
03 O
04 X 선고유예를 제외한다

해커스경찰
police.Hackers.com

Chapter 03

경비경찰

POINT 01 | 경비경찰의 기초
POINT 02 | 행사안전경비(혼잡경비)
POINT 03 | 다중범죄진압경비
POINT 04 | 경호경비
POINT 05 | 대테러 경비
POINT 06 | 선거경비
POINT 07 | 재난경비(재난 및 안전관리 기본법)
POINT 08 | 국가중요시설경비(통합방위법)
POINT 09 | 경찰작전(통합방위법)
POINT 10 | 경찰비상업무규칙
POINT 11 | 청원경찰

POINT 01 경비경찰의 기초

1 경비경찰의 종류(대상) 기출OX 01, 02

대상	종류
인위적·자연적재해	행사안전 경비, 재난경비
개인적·단체적 불법행위	중요시설경비, 치안경비, 경호경비, 특수경비(대테러)

2 경비경찰의 특성

복합기능적 활동	경비경찰활동은 사태가 발생한 후에 진압하는 사후진압적 측면과, 사태의 발생을 미연에 방지하기 위한 사전예방적 측면이 복합되어 있다. 기출OX 03
현상유지적 활동	• 경비경찰활동은 현재의 소극적 질서상태 유지·보존에 가치를 둔다. • 여기서 소극적인 질서상태를 유지·보존한다는 것은 정태적·소극적인 개념뿐만이 아니라 새로운 변화와 발전을 보장하기 위한 기초를 다진다는 의미에서 동태적·적극적인 의미까지 포함된 현상유지작용이라고 볼 수 있다. 기출OX 04
즉응적 활동	경비경찰활동은 신속한 처리가 필요한 '즉응적(즉시적) 활동'으로 경비사태에 대해 기한을 정하여 진압할 수 없으며 즉시 출동하여 신속하게 조기제압을 하여야 하고, 사태가 종료되면 동시에 해당 업무도 종료된다. 기출OX 05
조직적인 부대활동	경비경찰활동은 개인단위 활동보다는 부대단위로 지휘관, 부하, 장비, 보급체계를 갖춘 조직적이고 집단적이며 물리적인 힘으로 대처하는 것을 그 특징으로 한다. 기출OX 06
하향적 명령에 따른 활동	경비경찰활동은 지휘관이 내리는 하향적인 지시·명령에 의해 일사불란한 움직임이 필요하므로 부대원의 재량은 상대적으로 적고 수명사항에 대한 책임, 즉 결과책임은 지휘관이 지는 경우가 보통이다. 기출OX 07, 08, 09
국가목적적·사회전반적 안녕목적의 활동	경비경찰은 사회 전체의 질서를 파괴하는 범죄를 대상으로 한다는 점에서 경비경찰의 임무는 국가목적적 치안의 수행이라고 부르기도 한다.

3 경비경찰의 조직운영의 원칙

부대단위활동 원칙	• 경비경찰의 활동은 개인적 활동이 아니라 부대단위로 운영되어야 한다는 원칙이다. • 부대의 관리와 임무수행을 위한 최종결정은 지휘관만이 할 수 있고, 특정 경비상황 발생시 지휘관의 하명에 의해 활동이 이루어진다. 기출OX 10 • 부대활동의 성패는 지휘관에 의하여 크게 좌우된다.
지휘관 단일성의 원칙	• 긴급성과 신속성을 요하는 경비업무의 효율적인 수행을 위하여, 지휘관은 한 사람만 두어 신속한 결단과 통일성있는 지휘가 이루어질 수 있도록 해야 한다는 원칙이다. 기출OX 11 • 의사결정과정은 회의 등을 통해 신중하게 하더라도, 결정된 의사의 집행은 한 사람의 지휘관에 의해야 한다. → 지휘관 단일성의 원칙이 의사결정과정도 한 사람의 지휘관이 해야 한다는 의미는 아니다.
체계통일성의 원칙	• 조직의 정점에서 말단에 이르는 계선을 통하여 상하계급간에 일정한 관계가 형성되어 책임과 임무의 분담이 명확히 이루어지고 명령과 복종의 체계가 통일되어야 한다는 원칙이다. 기출OX 12 • 임무의 중복부여는 체계통일성원칙의 위반이다.
치안협력성의 원칙	업무 수행과정에서 국민(주민)과 협력을 이루어야 효과적인 목적달성이 가능하다는 원칙으로, 이는 어디까지나 임의적 협조로 강제적 협조는 허용되지 않는다. 기출OX 13

기출 OX

01 경비경찰의 대상은 크게 개인적·단체적 불법행위와 자연적·인위적 재난으로 나뉜다. 17 승진 ○ X

02 자연적·인위적 재난은 치안경비와 재난경비로 구성된다. 17 승진 ○ X

03 경비사태가 발생한 후의 진압뿐만 아니라 특정한 사태가 발생하기 전의 경계·예방의 역할을 수행한다는 점에서 복합기능적 활동이다. 16 간부, 24·19 승진, 12 채용 ○ X

04 현재의 질서상태를 유지하는 것에 가치를 두는 현상유지적 활동으로 정태적이고 소극적인 특성을 가지나 질서유지를 통해 새로운 변화와 발전을 보장하기 위한 동태적이고 적극적인 특성은 갖지 않는다. 24·19·15 승진, 12 채용 ○ X

05 경비사태에 대해 기한을 정하여 진압할 수 없고 즉시 출동하여 신속하게 조기대응해야 한다는 점에서 즉시적(즉응적) 활동이다. 24·21·15 승진, 16 간부 ○ X

06 경비사태가 발생할 때 조직적이고 집단적인 대응이 요구되므로 조직적 부대 활동에 중점을 둔 체계적인 부대 편성과 관리 및 운영이 필요하다. 24·15 승진 ○ X

07 하향적 명령에 의한 활동 – 긴급하고 신속한 경비업무의 효율적인 처리를 위하여 지휘관을 한 사람만 두어야 한다는 의미로 폭동의 진압과 같은 긴급한 상황에서는 지휘관의 신속한 결단과 명확한 지침이 필요하다. 19 승진 ○ X

08 경비경찰은 지휘관의 하향적 명령에 의한 활동으로 부대원의 재량은 상대적으로 적고, 활동 결과에 대한 책임은 지휘관이 지는 경우가 많다는 특징을 갖는다. 21 승진, 22·16 간부, 12 채용 ○ X

09 사회전반적 안녕목적의 활동 – 공공의 안녕과 질서를 유지하는 것을 목적으로 하므로 결과적으로 사회전체의 질서를 파괴하는 범죄를 대상으로 작용한다는 점에서 경비경찰의 임무는 국가목적적 치안의 수행이다. 15 승진 ○ X

10 부대단위활동 원칙: 부대에는 지휘관, 직원 및 대원, 지휘권과 장비가 편성되며 임무수행을 위한 보급지원체제를 갖추고 있어야 한다. 23 승진 ○ X

11 지휘관단일성 원칙: 지시는 한 사람에 의해서 행해져야 하고, 보고도 한 사람을 통해서 이루어져야 한다. 23 승진 ○ X

12 체계통일성 원칙: 경비업무를 효과적으로 수행하기 위해 복수의 지휘관을 두어야 한다. 23 승진 ○ X

13 치안협력성 원칙: 경비경찰이 업무수행과정에서 국민의 협력을 구해야 하고, 국민이 스스로 협조를 할 때 효과적인 업무수행이 가능하다. 23 승진 ○ X

정답 및 해설

01 ○
02 X 자연적·인위적 재난(재해)을 대상으로 하는 경비는 행사안전경비와 재난경비가 있다
03 ○
04 X 경비활동은 기본적으로 현재의 질서상태를 유지하는 것에 가치를 두는 현상유지적 질서유지활동이다. 이때 현상유지적 질서유지활동이라고 하는 것은 정태적·소극적인 유지에 그치는 것이 아니라 질서유지를 통해 새로운 변화와 발전을 보장하기 위한 동태적·적극적인 유지의 성격을 가진다.
05 ○
06 ○
07 X 지문은 경비경찰의 조직운영에 관한 원칙 중 지휘관 단일성의 원칙에 대한 설명
08 ○
09 ○
10 ○
11 ○
12 X 체계통일성의 원칙은 조직의 정점으로부터 말단에 이르는 계선을 통하여 상하계급간 일정한 관계가 형성되고 책임과 임무의 분담이 명확히 이루어지고 명령과 복종의 체계가 통일되어야 한다는 것
13 ○

4 경비경찰의 수단 기출OX 01, 02, 03, 04

경고	• 경고는 경비부대를 전면에 배치 또는 진출시켜 위력을 과시하거나 경고하여 범죄 실행의 의사를 자발적으로 포기하도록 하는 **간접적 실력행사**를 말한다. • 관계자에게 주의를 주고 일정한 행위를 촉구하는 사실상의 통지행위이며 강제력을 수반하지 않는 임의처분의 성격을 갖는다. • **경찰관 직무집행법** 제5조(위험발생의 방지) 제1호에 근거
제지	• 제지는 경비사태를 예방·진압하기 위하여 행해지는 세력분산·통제파괴·주동자 및 주모자의 격리 등의 **직접적 실력행사**를 말한다. • 강제력이나 유형력을 수반하는, 대인적 즉시강제의 성격을 갖는다. 기출OX 05 • **경찰관 직무집행법** 제6조(범죄의 예방과 제지)에 근거한다.
체포	• 상대방의 신체를 구속하는 직접적 실력행사로서 강제처분의 성격을 갖는다. → 체포는 명백한 위법일 때 실력을 행사하는 행위임 • **형사소송법** 제212조(현행범인의 체포)에 근거를 두고 있다.

※ 통상 '경고→ 제지 → 체포'의 순서를 따르기는 하지만, 경비수단의 실력행사가 반드시 순서대로 이루어질 필요는 없다. 기출OX 06

5 경비수단의 원칙 기출OX 07

시점의 원칙	실력행사 시에는 **상대의 허약한 시점**을 포착하여 적절한 실력행사를 해야 한다는 원칙 → 적시의 원칙이라고도 함 기출OX 08
위치의 원칙	실력행사를 하는 경우 상대하는 **군중보다 유리한 지점**과 위치를 확보해야 한다는 원칙 기출OX 09
안전의 원칙	경비사태 발생시 진압과정에서 경찰이나 군중의 사고가 없어야 한다는 원칙 기출OX 10
균형의 원칙	균형 있는 경력운영으로 상황에 따라 **주력부대와 예비부대를 적절하게 활용**하여 한정된 경력으로 **최대의 성과**를 올려야 한다는 원칙 기출OX 11, 12

기출 OX

01 경비부대를 전면에 배치 또는 진출시켜 위력을 과시하거나 경고하여 범죄실행의 의사를 자발적으로 포기하도록 하는 '경고'는 「경찰관 직무집행법」 제5조에 근거를 두고 있다. 21 승진 O X

02 경비수단 중 경고는 간접적 실력행사이고, 제지와 체포는 직접적 실력행사이다. 17 승진 O X

03 경고와 제지는 간접적 실력행사로서 「경찰관 직무집행법」에 근거를 두고 있다. 23·14 승진 O X

04 직접적 실력행사인 '제지'와 '체포'는 경비사태를 예방·진압하거나 상대방의 신체를 구속하는 강제처분으로서 모두 「경찰관 직무집행법」 제6조에 근거를 두고 있다. 21 승진, 22 간부 O X

05 「경찰관 직무집행법」에 근거한 '제지'는 대인적 즉시강제수단으로 의무불이행을 전제로 하는 행정상 강제집행과는 구별된다. 14 승진 O X

06 실력의 행사는 반드시 경고, 제지, 체포의 순서로 행사되어야 한다. 17 승진 O X

07 일반적 경비수단의 원칙에는 균형의 원칙, 위치의 원칙, 적시의 원칙, 보충의 원칙이 있다. 14 승진 O X

08 적시의 원칙은 가장 적절한 시기에 실력행사를 하는 것으로 상대의 허약한 시점을 포착하여 실력행사를 하는 것을 말한다. 17 승진 O X

09 경비수단의 원칙 중 '위치의 원칙'은 상대방의 저항력이 가장 허약한 시점을 포착하여 집중적이고 강력한 실력행사를 하여야 한다는 원칙이다. 23·21 승진 O X

10 안전의 원칙이란 작전 때의 변수 발생은 사회적으로 큰 파장을 미칠 수 있으므로 사고 없는 안전한 진압을 실시해야 한다는 원칙이다. 23 승진 O X

11 경비수단의 원칙 중 '균형의 원칙'은 작전시의 변수의 발생은 사회적으로 큰 파장을 미칠 수 있으므로 경찰병력이나 군중들을 사고 없이 안전하게 진압하여야 한다는 원칙이다. 21 승진 O X

12 균형의 원칙이란 주력부대와 예비대를 적절하게 활용하여 한정된 경력으로 최대의 효과를 얻도록 해야 한다는 원칙이다. 23 승진 O X

정답 및 해설

01 O
02 O
03 X 경고는 간접적 실력행사, 제지는 직접적 실력행사
04 X 체포는 「형사소송법」 제212조에 근거를 두고 있다.
05 O
06 X 통상 '경고, 제지, 체포'의 순서를 따르기는 하지만, 경비수단의 실력행사가 반드시 순서대로 이루어질 필요는 없다.
07 X 시점의 원칙, 위치의 원칙, 안전의 원칙, 균형의 원칙이 있다.
08 O
09 X 위치의 원칙은 실력행사를 하는 경우 상대하는 군중보다 유리한 지점과 위치를 확보해야 한다는 원칙을 말한다. 지문은 시점의 원칙에 대한 설명이다.
10 O
11 X 안전의 원칙에 대한 설명이다.
12 O

POINT 02 행사안전경비 (혼잡경비)

1 행사안전경비의 의미

- 행사안전경비(혼잡경비)는 공연·기념행사·경기대회·제례행사 등 각종 행사로 모인 미조직된 군중에 의하여 발생되는 자연적인 혼란상태를 사전에 예방하거나 경계하고, 위험한 사태가 발생한 경우에는 신속히 조치하여 확대되는 것을 방지하는 경비경찰활동이다. 기출OX 01
- 행사안전경비는 개인이나 단체의 불법행위를 전제로 하는 것이 아니다. 기출OX 02

2 행사안전경비의 내용

공연법 및 동법 시행령	• 공연장운영자는 재해대처계획을 수립하여 매년 관할 특별자치시장·특별자치도지사·시장·군수·구청장에게 신고하여야 한다. 기출OX 03 → 신고하지 아니한 자는 2천만원 이하의 과태료에 처한다 기출OX 04 • 이 경우 특별자치시장·특별자치도지사·시장·군수·구청장은 신고받은 재해대처계획을 관할 소방서장에게 통보하여야 한다. • 1천명 이상의 관람이 예상되는 공연을 하려는 자는 해당 시설이나 장소 운영자와 공동으로 공연 개시 14일 전까지 재해대처계획을 관할 특별자치시장·특별자치도지사·시장·군수 또는 구청장에게 신고하여야 한다. • 신고한 관할 사항을 변경하려는 경우에는 해당 공연 7일 전까지 변경신고를 하여야 한다.
경비업법 시행령	• 시·도경찰청장 또는 경찰서장은 행사장등에서 혼잡 등으로 인한 위험의 발생을 방지하기 위하여 경비가 필요하다고 인정하는 경우에는 행사의 주최자나 시설 또는 장소의 관리자에게 행사장등에 경비원을 배치하도록 요청할 수 있다. • 시·도경찰청장 또는 경찰서장은 위에 따른 요청을 할 때 행사의 주최자나 시설 또는 장소의 관리자에게 행사장등에 경비원을 배치할 수 없다고 판단되는 경우에는 행사개최일 또는 많은 사람이 모이는 날 1일 전까지 그 사실을 통지해 줄 것을 함께 요청할 수 있다. 기출OX 05

3 군중정리의 원칙

이동의 일정화	군중 불안감 해소를 위하여 일정한 방향과 속도로 이동시켜 주위상황을 파악할 수 있는 여건을 조성하고, 이를 통해 심리적 안정감을 가지도록 한다. 기출OX 06
지시의 철저	분명하고 자세한 안내방송을 계속함으로써 혼잡사태와 사고를 방지한다. 기출OX 07
경쟁행동의 지양	차분한 목소리로 안내방송을 하여 다른 사람보다 먼저 가려는 심리상태를 억제시켜, 질서 있게 행동하면 모든 일이 잘 될 수 있다는 것을 납득시킨다. 기출OX 08
밀도의 희박화	• 제한된 지역에 많은 군중이 모이면 상호충돌 및 혼잡을 야기하므로 가급적 다수인이 모이는 상황을 회피한다. 기출OX 09 • 대규모 군중이 모이는 장소는 사전에 블록화한다.

4 행사안전경비 유의사항

- 경찰은 우발사태대비 개념으로 운용하고, 행사관리는 주최 측의 민간경비업체의 적극 활용을 유도한다. 기출OX 10
- 경찰의 예비대 운용 여부는 경찰의 재량판단사항이지, 협조사항은 아니다. 기출OX 11
- 예비대는 단시간 내에 혼란예상지역에 도달할 수 있도록 통로 주변 등에 배치한다.

기출 OX

01 행사안전경비의 대상은 조직화되지 않은 군중을 대상으로 한다. 17 승진 　O X

02 행사안전경비는 공연, 경기대회 등 미조직된 군중에 의하여 발생되는 자연적인 혼란상태를 사전에 예방·경계·진압하는 경비경찰활동으로 개인이나 단체의 불법행위를 전제로 한다. 19 간부 　O X

03 공연장 운영자는 재해대처계획을 수립하여 매년 관할 시·도경찰청장에게 신고하여야 한다. 이 경우 시·도경찰청장은 신고받은 재해대처계획을 관할 소방서장에게 통보하여야 한다. 19 간부, 19·18·17 승진 　O X

04 「공연법」상 재해대처계획을 신고하지 아니한 자는 2천만원 이하의 벌금에 처한다. 19·17 승진 　O X

05 시·도경찰청장은 행사장 그 밖에 많은 사람이 모이는 시설 또는 장소에서 혼잡 등으로 인한 위험의 발생을 방지하기 위하여 경비원에 의한 경비가 필요하다고 인정되는 때에는 행사개최일 전에 당해 행사의 주최자에게 경비원에 의한 경비를 실시하거나 부득이한 사유로 그것을 실시할 수 없는 경우에는 행사개최 36시간 전까지 시·도경찰청장에게 그 사실을 통지하여 줄 것을 요청해야 한다. 19 간부 　O X

06 이동의 일정화 – 군중은 현재의 자기 위치와 갈 곳을 잘 몰라 불안감과 초조감을 갖게 되므로 일정방향과 속도로 이동을 시켜 주위의 상황을 파악할 수 있는 여건을 조성시킴으로써 심리적 안정감을 갖도록 하는 것이다. 22·15 채용, 18·17 승진 　O X

07 지시의 철저 – 분명하고 자세한 안내방송을 계속함으로써 혼잡한 사태를 회피하고 사고를 방지할 수 있다. 22·15 채용, 18 승진 　O X

08 경쟁적 사태의 해소 – 다른 사람보다 먼저 가려는 심리상태를 억제시켜 질서 있게 행동하면 모든 일이 잘 될 수 있다는 것을 납득시키는 것이다. 이 경우 질서를 지키면 오히려 손해를 본다는 심리상태가 형성되지 않도록 주의하여야 한다. 22·15 채용, 18 승진 　O X

09 밀도의 희박화 – 제한된 면적의 특정한 지역에 사람이 많이 모이면 상호간에 충돌현상이 나타나고 혼잡이 야기되므로, 차분한 목소리로 안내방송을 진행함으로써 사전에 혼잡상황을 대비하여 사고를 방지할 수 있다. 22·15 채용, 18 승진 　O X

10 주최 측의 경비 협조 요청시에는 경찰책임으로 행사안전을 확보한다. 12 승진 　O X

11 경찰예비대의 운용 여부 판단은 주최 측과 협조하여 실시한다. 18 승진 　O X

정답 및 해설

01 O
02 X 행사안전경비는 개인이나 단체의 불법행위를 전제로 하는 것이 아니다.
03 X 신고는 관할 특별자치시장·특별자치도지사·시장·군수·구청장에게 하고, 관할 특별자치시장 등은 신고받은 재해대처계획을 관할 소방서장에게 통보하여야 한다.
04 X 2천만원 이하의 '과태료'에 처한다.
05 X 36시간이 아닌 1일 전. 요청해야 하는 것이 아니라 요청할 수 있다
06 O
07 O
08 O
09 X 차분한 목소리로 안내방송을 진행함으로써 사전에 혼잡상황을 대비하여 사고를 방지할 수 있는 것은 경쟁적 사태의 해소(경쟁행동의 지양)에 대한 설명이다.
10 X 수익성 행사에 있어 행사안전의 1차적 책임은 행사 주최 측에 있고 경찰은 필요최소한도로 개입하는 것이 원칙이다.
11 X 경찰의 예비대 운용 여부는 경찰의 재량판단사항이지, 협조사항은 아니다.

POINT 03 다중범죄진압경비

1 다중범죄란

다중범죄란 정치·경제·사회·문화적 원인 또는 특정집단의 주의·주장·요구조건 등을 관철할 목적으로 나타나는, 지역의 안전과 평온을 해할 수 있을 정도의 시위·소요·폭동과 같은 범죄행위를 말한다.

2 다중범죄 군중의 특징 기출OX 01

확신적 행동성	다중범죄의 참여자는 자신의 주장이 옳다는 확신을 가지고 사회정의를 위하여 투쟁한다는 확신범의 성격을 가지므로 과감하고 전투적인 행동을 하는 경우가 많다. 예 시위 도중 분신자살 기출OX 02
조직적 연계성	다중범죄는 특정한 조직에 기반을 두고 뚜렷한 목적의식을 가지고 감행되는 경우가 많다. 기출OX 03
부화뇌동적 파급성	다중범죄의 발생은 군중심리의 영향으로 발생되는 경우가 많아, 일단 발생되면 부화뇌동적 파급성으로 인해 급격히 확대될 수 있다. 기출OX 04
비이성적 단순성	시위군중은 이성적인 판단능력을 상실하여 과격·단순·편협하여 행태 예측이나 타협·설득이 어려운 경우가 많다. 기출OX 05

3 다중범죄에 대한 정책적 치료법

선수승화법 (사전해결)	특정한 불만집단에 대한 정보활동을 강화, 사전에 불만 및 분쟁요인을 찾아내어 해소시키는 방법 예 재건축에 따른 이주비 보상·영구임대아파트 보장요구 시위 첩보를 입수하고 구청장이나 재건축 조합장과 면담을 주선하여 대화에 의한 타협을 본 사례 기출OX 06
전이법 (다른 이슈 제기)	다중범죄의 발생징후나 이슈가 있을 때 집단이나 국민들의 관심을 집중시킬 수 있는 경이적인 사건을 폭로하거나 대규모 행사를 개최하여 원래의 이슈가 상대적으로 약화되도록 하는 방법 기출OX 07
지연정화법 (시간지연)	시간을 끌어 불만집단이 이성적으로 생각할 기회를 부여하고 정서적으로 감정을 둔화시켜 흥분을 가라앉게 하는 방법 기출OX 08
경쟁행위법 (반대의견 부각)	불만집단과 반대되는 대중의견을 크게 부각시켜 불만집단이 위압되어 스스로 해산 및 분산되도록 하는 방법. 장애인단체의 지하철 운행방해 시위에 대해 출근시간에 불편을 겪은 시민들의 목소리를 부각시키는 경우 기출OX 09

4 다중범죄진압의 3대 원칙 기출OX 10

신속한 해산	시위군중은 군중심리의 영향으로 격화·확대되기 쉽고 파급성이 강하므로 초기단계에서 신속·철저히 해산시켜야 한다.
주모자 체포	시위군중은 주모자를 잃으면 무기력해져 쉽게 해산되는 것이 보통이므로 그들 가운데서 주동적으로 행동하는 자부터 체포·분리시켜야 한다.
재집결 방지	시위군중은 일단 해산 후 다시 재집결하기 쉬우므로 재집결할 만한 곳에 경력을 배치하고 순찰과 검문검색을 강화하여 재집결을 방지한다.

기출 OX

01 다중범죄의 특성으로는 부화뇌동적 파급성, 비이성적 단순성, 확신적 행동성, 조직적 연계성이 있다. 14 채용   O X

02 다중범죄의 특징 중 '조직적 연계성'이란 다중범죄를 발생시키는 주동자나 참여하는 자들은 자신의 사고가 정의라는 확신을 가지고 행동하므로 과감하고 전투적인 경우가 많고, 점거농성할 때 투신이나 분신자살 등이 그 대표적인 예이다. 17 승진   O X

03 다중범죄의 특징 중 확신적 행동과 관련하여 다중범죄는 특정한 조직에 기반을 뚜렷한 목적의식을 가지고 있으므로 소속되어 있는 단체의 설치목적이나 활동방침을 분명하게 파악하는 것이 사태의 진상파악에 도움이 된다. 16 승진   O X

04 다중범죄의 특징 중 '비이성적 단순성'이란 다중범죄의 발생은 군중심리의 영향을 많이 받아 일단 발생하면 갑자기 확대될 수도 있고, 조직도 상호 연계되어 있으므로 어느 한 곳에서 시위사태가 발생하면 같은 상황이 전국적으로 파급되기 쉽다는 것이다. 17 승진   O X

05 다중범죄의 특징 중 '조직적 연계성'은 시위군중은 행동에 대한 의혹이나 불안을 갖지 않고 과격·단순하게 행동하며 비이성적인 경우가 많아 주장내용이 편협하고 타협·설득이 어렵다. 16 승진   O X

06 정책적 치료법 중 '경쟁행위법'은 특정 사안의 불만집단에 대한 정보활동을 강화하여 사전에 불만 및 분쟁요인을 찾아내어 해소해 주는 방법이다. 25·17 승진, 18 채용   O X

07 정책적 치료법 중 '전이법'이란 다중범죄의 발생 징후나 이슈가 있을 때 집단이나 국민들의 관심을 집중시킬 수 있는 경이적인 사건을 폭로하거나 규모가 큰 행사를 개최함으로써 원래의 이슈가 상대적으로 약화되도록 하는 방법이다. 18 채용, 17 승진   O X

08 지연정화법은 시간을 지연시킴으로써 불만집단의 고조된 주장을 이성적으로 사고할 기회를 부여하고 정서적으로 감정을 둔화시켜서 흥분을 가라앉게 하는 정책적 치료법이다. 22 승진, 17 승진   O X

09 전이법은 불만집단과 이에 반대하는 대중의견을 크게 부각시켜 불만집단이 자진해산 및 분산하게 하는 정책적 치료법이다. 22·17 승진, 18 채용   O X

10 진압의 3대 원칙으로는 신속한 해산, 주모자 체포, 재집결 방지가 있다. 14 채용   O X

정답 및 해설

01 O
02 X 확신적 행동성에 대한 설명이다
03 X 조직적 연계성에 대한 설명이다.
04 X 부화뇌동적 파급성에 대한 설명이다.
05 X 다중범죄 군중의 특징 중 비이성적 단순성에 대한 설명이다.
06 X 지문은 선수승화법에 대한 설명이다.
07 O
08 O
09 X 경쟁행위법
10 O

POINT 04 경호경비

1 경호의 의의

경호란 경비와 호위를 종합한 개념으로, **경비**는 생명·신체를 보호하기 위하여 **특정한 지역을 경계·순찰·방비**하는 활동을 말하고, **호위**는 신체에 대하여 **직접적으로 가해지는 위해를 근접에서 방지 또는 제거하는** 활동을 말한다. 기출OX 01

2 경호대상(국내요인) 기출OX 02

갑호	대통령과 그 가족, 대통령 당선인과 그 가족, 전직대통령과 그 배우자(퇴임 후 10년 이내, 본인 의사에 반하지 않는 경우), 대통령 권한대행과 그 배우자 기출OX 03
을호	• 퇴임 후 10년 경과한 전직대통령, 대통령선거 후보자 • 국회의장, 대법원장, 국무총리, 헌법재판소장 → 4부요인
병호	갑호·을호 외에 경찰청장이 필요하다고 인정한 사람

3 경호경비의 4대원칙 기출OX 04

자기희생의 원칙	경호인이 어떠한 희생을 치르더라도 피경호자 신변의 안전이 절대 보호·유지되어야 한다는 원칙
자기담당구역 책임의 원칙	경호원은 자기담당구역 내에서 일어나는 어떠한 사태에 대하여도 다른 사람 아닌 자기만이 책임을 지고 해결하여야 한다는 원칙 기출OX 05
하나의 통제된 지점을 통한 접근의 원칙	피경호자에게 접근할 수 있는 통로는 경호상 통제된 유일한 통로만을 유지
목표물 보존의 원칙	피경호자를 암살하거나 위해를 가할 가능성이 있는 자들로부터 분리시켜야 한다는 원칙으로 이를 보안의 원칙이라고도 한다. • 행차 코스, 행사할 예정인 장소 등은 **비공개**되어야 한다. • 동일한 시간과 장소에 대한 행차는 **수시 변경**시키는 것이 좋다. • 대중에게 노출된 도보행차는 가급적 제한되어야 한다.

4 3선개념의 행사장 경비

제1선 (안전구역)	• 경호대상자의 신변에 직접 위해를 줄 수 있는 구역으로, 완벽한 통제가 필요한 **절대안전 확보구역**이며 요인의 승·하차장, 동선 등의 취약개소를 포함한다. • 출입자 통제관리, MD설치 운용, **출입**자 감시, **비표확인** 및 출입자 검문 등의 활동이 이루어진다. **M비출입** 기출OX 06, 07
제2선 (경비구역)	• 안전구역을 보호하기 위한 경호활동구역으로, 부분적 통제가 필요한 **주경비지역**이다. • 바리케이드 등 장애물 설치, 돌발사태 대비 예비대 운영 및 비상통로 확보, 구급차·소방차 대기, 행사장 접근로에 검문조와 순찰조를 운영하여 불심자의 접근제지 및 위해요소 제거 등의 활동이 이루어진다. 기출OX 08
제3선 (경계구역)	• 행사장 중심으로 적의 접근을 조기에 경보하고 차단하기 위해 설정된 선으로서, 안전구역과 경비구역을 보호하기 위한 경호활동 구역이며, 보안 및 수색활동이 필요한 **조기경보지역**이다. • **감시조** 운영, 도보 등 원거리 **기동순찰조** 운영, 원거리 불심자 및 집단사태를 적발·**차단**등의 활동이 이루어진다. 기출OX 09, 10, 11 **감기차단**

기출 OX

01 경호란 경비와 호위를 포함하는 개념으로 호위란 피경호자의 생명과 신체를 보호하기 위해 특정한 지역을 경계·순찰·방비하는 행위이다. 21 간부 ⃞ O ⃞ X

02 '대통령 등의 경호에 관한 법률'에 따르면 대통령뿐만 아니라 대통령 당선인과 대통령권한대행 모두 경호처의 경호대상이다. 21 간부 ⃞ O ⃞ X

03 전직대통령(퇴임 후 10년 경과), 대통령선거 후보자, 대통령 권한대행과 그 배우자는 을호 경호대상이다. 20 승진 ⃞ O ⃞ X

04 경호경비의 4대 원칙은 자기 희생의 원칙, 목적물 보존의 원칙, 자기 담당구역 책임의 원칙, 하나의 통제된 지점을 통한 접근의 원칙이다. 20 지능범죄 ⃞ O ⃞ X

05 자기 담당구역이 아닌 인근지역에서 특별한 상황이 발생하면 상호원조의 원칙에 따라 확인·원조해야 한다. 21 간부 ⃞ O ⃞ X

06 행사장 경호에 있어 제1선은 경비구역으로 MD를 설치·운용하고 비표 확인 및 출입자 감시가 이루어진다. 15 간부 ⃞ O ⃞ X

07 안전구역은 절대안전 확보구역으로, 출입자 통제관리, MD 설치·운용, 비표 확인 및 출입자 감시가 필요하다. 21 승진 ⃞ O ⃞ X

08 경비구역은 주경비지역으로, 바리케이트 등 장애물을 설치, 돌발사태를 대비한 예비대 운영 및 구급차, 소방차 대기가 필요하다. 21 승진 ⃞ O ⃞ X

09 경계구역은 조기경보지역으로, 감시조 운용, 도보 등 원거리 기동순찰조 운영, 원거리 불심자 검문 차단이 필요하다. 21 승진 ⃞ O ⃞ X

10 세 가지 경호활동지역 중 MD설치·운용과 비표 확인 및 출입자 감시를 주요활동으로 하는 구역은 절대안전 확보구역인 제3선이다. 21 간부, 20 지능 ⃞ O ⃞ X

11 행사장 경호에 있어 제3선은 경계구역으로서 돌발사태에 대비하여 예비대 및 비상통로, 소방차, 구급차 등을 확보한다. 15 간부 ⃞ O ⃞ X

정답 및 해설

01 X 호위는 신체에 대하여 직접적으로 가해자는 위해를 근접에서 방지 또는 제거하는 활동을 말한다. 특정한 지역을 경계·순찰·방비하는 행위는 경비에 해당한다
02 O
03 X 대통령 권한대행과 그 배우자는 갑호 경호대상이다.
04 O
05 X 자기 담당구역 책임의 원칙에 따라, 경호원은 자기 담당구역을 절대 사수하여 부여된 책임과 임무를 완수해야 한다. 즉, 인근지역에서 특별한 상황이 발생해도 자기 담당구역을 이탈해서는 안 된다.
06 X 제1선은 안전구역
07 O
08 O
09 O
10 X 제1선에 대한 설명이다.
11 X 돌발사태 대비 예비대 운영 및 비상통로 확보, 구급차·소방차 대기와 같은 활동이 이루어지는 곳은 제2선(경비구역, 내곽)이다.

POINT 05 대테러 경비

1 국민보호와 공공안전을 위한 테러방지법

테러단체	국제연합(UN)이 지정한 테러단체를 말한다. 기출OX 01
테러위험인물	테러단체의 조직원이거나 테러단체 선전, 테러자금 모금·기부, 그 밖에 테러 예비·음모·선전·선동을 하였거나 하였다고 의심할 상당한 이유가 있는 사람을 말한다.
외국인테러전투원	테러를 실행·계획·준비하거나 테러에 참가할 목적으로 국적국이 아닌 국가의 테러단체에 가입하거나 가입하기 위하여 이동 또는 이동을 시도하는 내국인·외국인을 말한다. 기출OX 02
대테러활동	테러 관련 정보의 수집, 테러위험인물의 관리, 테러에 이용될 수 있는 위험물질 등 테러수단의 안전관리, 인원·시설·장비의 보호, 국제행사의 안전확보, 테러위협에의 대응 및 무력진압 등 테러 예방과 대응에 관한 제반 활동 기출OX 03
대테러조사	대테러활동에 필요한 정보나 자료를 수집하기 위하여 현장조사·문서열람·시료채취 등을 하거나 조사대상자에게 자료제출 및 진술을 요구하는 활동 기출OX 04
국가테러대책위원회	대테러활동에 관한 정책의 중요사항을 심의·의결하기 위하여 국가테러대책위원회를 두고, 위원장은 국무총리로 한다. 기출OX 05
대테러센터	대테러활동과 관련하여 장단기 국가대테러활동 지침 작성·배포 등의 사항을 수행하기 위하여 국무총리 소속으로 관계기관 공무원으로 구성되는 대테러센터를 둔다. 기출OX 05-1
대테러 인권보호관	국가테러대책위원회 소속으로 대테러 인권보호관 1명을 둔다. 기출OX 06
테러위험인물에 대한 정보 수집 등	• 국가정보원장은 테러위험인물에 대하여 출입국·금융거래 및 통신이용 등 관련 정보를 수집할 수 있다. 기출OX 07 • 국가정보원장은 대테러조사 및 테러위험인물에 대한 추적을 할 수 있다. 이 경우 사전 또는 사후에 국가테러대책위원회 위원장에게 보고하여야 한다. 기출OX 08
외국인테러전투원에 대한 규제	• 관계기관의 장은 외국인테러전투원으로 출국하려 한다고 의심할 만한 상당한 이유가 있는 내국인·외국인에 대하여 일시 출국금지를 법무부장관에게 요청할 수 있다. 기출OX 09 • 일시 출국금지 기간은 90일로 한다. 다만, 출국금지를 계속할 필요가 있다고 판단할 상당한 이유가 있는 경우에 관계기관의 장은 그 사유를 명시하여 연장을 요청할 수 있다. 기출OX 10
테러피해의 지원	테러로 인하여 신체 또는 재산의 피해를 입은 국민은 관계기관에 즉시 신고하여야 한다. 다만, 인질 등 부득이한 사유로 신고할 수 없을 때에는 법률관계 또는 계약관계에 의하여 보호의무가 있는 사람이 이를 알게 된 때에 즉시 신고하여야 한다. 기출OX 11
특별위로금	테러로 인하여 생명의 피해를 입은 사람의 유족 또는 신체상의 장애 및 장기치료가 필요한 피해를 입은 사람에 대해서는 그 피해의 정도에 따라 등급을 정하여 특별위로금을 지급할 수 있다. 다만, 「여권법」 제17조제1항 단서에 따른 외교부장관의 허가를 받지 아니하고 방문 및 체류가 금지된 국가 또는 지역을 방문·체류한 사람에 대해서는 그러하지 아니하다. 기출OX 12
테러단체 구성죄	타국의 외국인테러전투원으로 가입한 사람은 5년 이상의 징역으로 처벌한다. 기출OX 13
세계주의	대한민국 영역 밖에서 저지른 외국인에게도 국내법을 적용한다.
안전관리대책	관계기관의 장은 대통령령으로 정하는 국가중요시설과 많은 사람이 이용하는 시설 및 장비(이하 "테러대상시설"이라 한다)에 대한 테러예방대책과 테러의 수단으로 이용될 수 있는 폭발물·총기류·화생방물질(이하 "테러이용수단"이라 한다), 국가 중요행사에 대한 안전관리대책을 수립하여야 한다. 기출OX 14

기출 OX

01 "테러 단체"란 국제형사경찰기구(ICPO)가 지정한 테러단체를 말한다. 23·22·17 채용, 18 간부, 18 승진 O X

02 '테러위험인물'이란 테러를 실행·계획·준비하거나 테러에 참가할 목적으로 국적국이 아닌 국가의 테러단체에 가입하거나 가입하기 위하여 이동 또는 이동을 시도하는 외국인을 말한다. 25·22·17 채용, 23 승진 O X

03 '대테러활동'이란 제1호의 테러 관련 정보의 수집, 테러위험인물의 관리, 테러에 이용될 수 있는 위험물질 등 테러수단의 안전관리, 인원·시설·장비의 보호, 국제행사의 안전확보, 테러위협에의 대응 및 무력진압 등 테러 예방과 대응에 관한 제반 활동을 말한다. 22 채용 O X

04 '대테러조사'란 대테러활동에 필요한 정보나 자료를 수집하기 위하여 현장조사·문서열람·시료채취 등을 하거나 조사대상자에게 자료제출 및 진술을 요구하는 활동을 말한다. 22 채용 O X

05 대테러활동에 관한 정책의 중요사항을 심의·의결하기 위하여 국가테러대책위원회를 두고 위원장은 국가정보원장으로 한다. 23 승진, 17 채용 O X

05-1 대테러활동과 관련하여 장단기 국가대테러활동 지침 작성·배포 등을 수행하기 위하여 국무총리 소속으로 관계기관 공무원 및 민간위원으로 구성되는 대테러센터를 둔다. 25 채용 O X

06 대테러활동을 수행하는 국가기관, 지방자치단체, 그 밖에 대통령령 으로 정하는 기관의 대테러활동으로 인한 국민의 기본권 침해 방지를 위하여 국가테러대책위원회 소속으로 대테러 인권보호관 1명을 둔다. 25·23 채용 O X

07 국가정보원장은 테러위험인물에 대하여 출입국·금융거래 및 통신이용 등 관련 정보를 수집하여야 한다. 17 채용 O X

08 국가정보원장은 대테러활동에 필요한 정보나 자료를 수집하기 위하여 대테러조사 및 테러위험인물에 대한 추적을 할 수 있다. 이 경우 사전 또는 사후에 대책위원회 위원장에게 보고하여야 한다. 23·18 승진, 18 간부 O X

09 관계기관의 장은 외국인테러전투원으로 출국하려 한다고 의심할 만한 상당한 이유가 있는 내국인·외국인에 대하여 일시 출국금지를 법무부장관에게 요청할 수 있다. 18 승진 O X

10 일시 출국금지 기간은 90일로 한다. 다만, 출국금지를 계속할 필요가 있다고 판단할 상당한 이유가 있는 경우에 관계기관의 장은 그 사유를 명시하여 연장을 요청할 수 있다. 18 승진 O X

11 테러로 인하여 신체·재산·명예의 피해를 입은 국민은 관계기관에 즉시 신고하여야 한다. 다만, 인질 등 부득이한 사유로 신고 할 수 없을 때에는 법률관계 또는 계약관계에 의하여 보호 의무가 있는 사람이 이를 알게 된 때에 즉시 신고하여야 한다. 23 채용 O X

12 「여권법」 제17조 제1항 단서에 따른 외교부장관의 허가를 받지 아니하고 방문 및 체류가 금지된 국가 또는 지역을 방문·체류한 사람이 테러로 인해 생명의 피해를 입은 경우, 그 사람의 유족에 대해 특별위로금을 지급할 수 있다. 23 채용 O X

13 타국의 외국인테러전투원으로 가입한 사람을 처벌하는 규정이 있다. 18 간부 O X

14 관계기관의 장은 대통령령으로 정하는 국가중요시설과 많은 사람이 이용하는 시설 및 장비에 대한 테러예방 대책과 테러의 수단으로 이용될 수 있는 폭발물·총기류·화생방물질, 국가 중요행사에 대한 안전관리대책을 수립하여야 한다. 25 채용 O X

정답 및 해설

01 X 국제연합(UN)이 지정
02 X 외국인테러전투원에 대한 설명이다.
03 O
04 O
05 X 위원장은 국무총리로 한다.
05-1 X 관계기관 공무원으로 구성
06 O
07 X 수집할 수 있다.
08 O
09 O
10 O
11 X 테러로 인하여 신체 또는 재산(명예 ×)의 피해를 입은 국민
12 X 외교부장관의 허가를 받지 아니하고 방문 및 체류가 금지된 국가 또는 지역을 방문·체류한 사람은 특별위로금 지급대상에서 제외된다.
13 O
14 O

2 테러취약시설 안전활동에 관한 규칙

정의	• **테러취약시설이란** 테러 예방 및 대응을 위해 경찰이 관리하는 다음 시설·건축물 등 중 **경찰청장**이 지정하는 것을 말한다. 기출OX 01
	국가중요시설, 다중이용건축물등, 공관지역, 미군 관련 시설, 그 밖에 특별한 관리가 필요하다고 테러취약시설 심의위원회에서 결정한 시설
	• **국가중요시설이란** 「통합방위법」에 따라 **국방부장관**이 지정한 시설을 말한다. • **다중이용건축물등이란** 「재난 및 안전관리 기본법 시행령」에 따른 건축물 또는 시설로서 관계기관의 장이 소관업무와 관련하여 **대테러센터장**과 협의하여 지정한 것을 말한다.
지정권자	테러취약시설의 지정등은 **경찰청장**이 행한다.
다중이용건축물등분류	다중이용건축물등은 기능·역할의 중요성과 가치의 정도에 따라 "A"등급, "B"등급, "C"등급으로 구분한다. 기출OX 02

	A급 광결	테러에 의하여 파괴되거나 기능 마비시 **광범위한 지역**의 대테러진압작전이 요구되고, 국민생활에 **결정적인 영향**을 미칠 수 있는 건축물 또는 시설 기출OX 03
	B급 일중대	테러에 의하여 파괴되거나 기능 마비시 **일부 지역**의 대테러진압작전이 요구되고, 국민생활에 **중대한 영향**을 미칠 수 있는 건축물 또는 시설 기출OX 04
	C급 제상	테러에 의하여 파괴되거나 기능 마비시 **제한된 지역**에서 단기간 대테러진압작전이 요구되고, 국민생활에 **상당한 영향**을 미칠 수 있는 건축물 또는 시설

다중이용건축물등 지도·점검	• **경찰서장**은 관할 내에 있는 다중이용건축물등 전체에 대해 해당 시설 관리자의 동의를 받아 다음과 같이 지도·점검을 실시하여야 한다. 기출OX 05, 06, 07

A급	분기 1회 이상
B급, C급	반기 1회 이상

• **시·도경찰청장**은 관할 내 다중이용건축물등 중 일부를 선별하여 해당 시설 관리자의 동의를 받아 **반기 1회** 이상 지도·점검을 실시하여야 한다.

[참고] 인질 관련 증후군

리마증후군	**인질범이 인질에게 일체감**을 느끼게 되고 인질의 입장을 이해하여 호의를 베푸는 등 인질범이 인질에게 동화되어 인질에게 본인의 신상을 털어놓는 등 폭력성이 저하되는 현상이다. 기출OX 08
스톡홀름증후군	**인질이 인질범에게 동화**되는 현상으로서, 극도의 공포와 긴장감을 사랑의 감정으로 착각하는 **오귀인 효과**라고도 한다. 기출OX 09

[압축정리] 다중이용건축물 분류 및 지도·점검

등급	테러진압작전 수행요구지역	국민생활 영향정도	지도·점검
A급	광범위한 지역의 대테러진압작전이 요구되고	국민생활에 결정적인 영향을 미칠 수 있는 건축물 또는 시설	관할 경찰서장은 분기 1회 이상 지도·점검 (시설관리자의 동의를 받아)
B급	일부 지역의 대테러진압작전이 요구되고	국민생활에 중대한 영향을 미칠 수 있는 건축물 또는 시설	관할 경찰서장은 반기 1회 이상 지도·점검 (시설관리자의 동의를 받아)
C급	제한된 지역에서 단기간 대테러진압작전이 요구되고	국민생활에 상당한 영향을 미칠 수 있는 건축물 또는 시설	

기출 OX

01 '테러취약시설'이라 함은 테러 예방 및 대응을 위해 경찰이 관리하는 국가중요시설, 다중이용건축물 등, 공관지역, 미군 관련 시설 등 중 경찰청장이 지정하는 시설·건축물 등을 말한다. 20 승진   O X

02 다중이용건축물등은 시설의 기능·역할의 중요성과 가치의 정도에 따라 A급·B급·C급으로 구분한다. 17·15 승진   O X

03 A급 다중이용건축물등은 테러에 의하여 파괴되거나 기능 마비시 광범위한 지역의 대테러진압작전이 요구되고, 국민생활에 결정적인 영향을 미칠 수 있는 시설을 말한다. 17 승진   O X

04 B급 다중이용건축물등은 테러에 의하여 파괴되거나 기능 마비시 제한된 지역에서 단기간 대테러진압작전이 요구되고, 국민 생활에 상당한 영향을 미칠 수 있는 시설을 말한다. 17 승진   O X

05 테러에 의하여 파괴되거나 기능 마비시 광범위한 지역의 대테러진압작전이 요구되고, 국민생활에 결정적인 영향을 미칠 수 있는 건축물 또는 시설에 대하여 관할 경찰서장은 반기 1회 이상 지도·점검을 실시하여야 한다. 20·17 승진   O X

06 'B'급 다중이용건축물등의 경우 관할 경찰서장은 분기 1회 이상 지도·점검을 실시해야 한다. 20 승진, 20 간부   O X

07 경찰서장은 관할지역의 C급 다중이용건축물등에 대한 지도·점검을 연 5회 이상 실시하여야 한다. 20·17·15 승진   O X

08 '리마 증후군'이란 인질범이 인질에게 일체감을 느끼게 되고 인질의 입장을 이해하여 호의를 베푸는 등 인질범이 인질에게 동화되는 현상이다. 20 승진   O X

09 스톡홀름 증후군은 인질이 인질범에게 동화되는 현상으로서, 극도의 공포나 긴장감을 사랑의 감정으로 착각하는 오귀인 효과(Misattribution Effect)라고도 한다. 18·17 승진, 17 간부   O X

정답 및 해설

01 O
02 O
03 O
04 X C급 다중이용건축물등에 대한 설명이다. B급은 '일부지역', '중대한 영향'에 관한 것이고, C급은 '제한된 지역', '단기간', '상당한 영향'에 관한 것이다
05 X A급 다중이용건축물등은 분기 1회 이상 지도·점검을 실시하여야 한다.
06 X 반기 1회 이상이다.
07 X 반기 1회 이상 지도·점검을 실시하여야 한다.
08 O
09 O

POINT 06 선거경비

1 선거경비
선거경비는 행사안전·특수·경호·다중범죄 진압 등 종합적인 경비활동이 요구된다. 기출OX 01

2 선거기간 경찰비상근무

선거기간	• 선거별 선거기간 　1. 대통령선거는 23일 　2. 국회의원선거와 지방자치단체의 의회의원 및 장의 선거는 14일 기출OX 02 • "선거기간" 기출OX 03, 04 　1. 대통령선거: 후보자등록마감일의 다음 날부터 선거일까지 　2. 국회의원선거와 지방자치단체의 의회의원 및 장의 선거: 후보자등록마감일 후 6일부터 선거일까지
선거운동기간	선거운동은 선거기간개시일부터 선거일 전일까지에 한하여 할 수 있다.

3 경찰비상근무 기출OX 05, 06

일정구분	경찰비상근무
선거개시일 ~ 선거일 전일 (선거운동기간)	경계강화기간
선거일 ~ 개표 종료시	갑호비상 실시

4 대통령 후보자 신변보호 기출OX 07

등급	• 대통령 후보자는 乙호 경호대상 • 대통령 당선시 甲호 경호대상
보호기간	후보자 등록시부터 당선확정시까지

기출 OX

01 선거경비는 행사안전경비, 특수경비, 경호경비, 다중범죄진압 등 종합적인 경비활동이 요구된다. 12 채용 O X

02 국회의원선거와 지방자치단체의 의회의원 및 장의 선거의 선거기간은 14일이다. 18 승진 O X

03 대통령선거, 국회의원선거, 지방선거에 있어서 선거운동기간은 후보자등록 마감일의 다음 날부터 선거일 전일까지 한하여 할 수 있다. 18·17 승진 O X

04 국회의원선거와 지방자치단체의 의회의원 및 장의 선거의 선거기간은 후보자등록마감일 전 6일부터 선거일까지이다. 18 승진 O X

05 통상 선거공고일부터 선거일까지는 경계강화기간이다. 12 승진 O X

06 대통령선거, 국회의원선거, 지방선거 모두 선거일부터 개표 종료시까지 을호비상이 원칙이다. 17 승진 O X

07 대통령선거 후보자의 신변보호(병호 경호대상)는 후보자 등록시부터 당선확정시까지 실시하며 대통령으로 당선이 확정된 자는 갑호 경호의 대상이다. 12 채용 . 12 승진 O X

정답 및 해설

01 O
02 O
03 X 대통령선거의 경우에는 옳은 설명이나, 국회의원선거와 지방선거의 경우에는 '후보자등록 마감일 후 6일부터 선거일 전일'까지이다.
04 X 후보자등록마감일 '전' 6일부터 선거일까지가 아닌, 후보자등록마감일 '후' 6일부터 선거일까지이다
05 X 통상 선거운동기간(후보자등록 마감 다음 날 ~ 선거일 전일)은 '경계강화' 단계의 비상근무, 선거일 당일(당일 06시부터 개표 종료시까지) '갑호비상' 단계의 비상근무를 하게 된다.
06 X 선거일부터 개표 종료시까지는 '갑호비상'상태를 유지한다.
07 X 대통령(선거) 후보자는 을호 경호대상이다.

5 투표소 경비

- **투표관리관 또는 투표사무원은** 투표소의 질서가 심히 문란하여 공정한 투표가 실시될 수 없다고 인정하는 때에는 투표소의 질서를 유지하기 위하여 정복을 한 경찰공무원 또는 경찰관서장에게 <u>원조를 요구할 수 있다.</u> 기출OX 01, 02
- 투표소안에서 또는 투표소로부터 100미터안에서 소란한 언동을 하거나 특정 정당이나 후보자를 지지 또는 반대하는 언동을 하는 자가 있는 때에는 투표관리관 또는 투표사무원은 이를 제지하고, 그 명령에 불응하는 때에는 투표소 또는 그 제한거리 밖으로 퇴거하게 할 수 있다. 이 경우 투표관리관 또는 투표사무원은 필요하다고 인정하는 때에는 정복을 한 경찰공무원 또는 경찰관서장에게 원조를 요구할 수 있다. 기출OX 03
- 원조요구를 받은 경찰공무원 또는 경찰관서장은 즉시 이에 따라야 한다.
- ※ **투표함 운송경비는** 선거관리위원회 직원과 합동으로 한다. 기출OX 04

6 개표소 경비

- 개표가 이루어지는 장소인 개표소는 경찰의 3선 경비가 이루어진다. 기출OX 05
- 경찰은 우발사태에 대비하여 개표소별로 예비대를 확보하고, 선거관리위원회와 협조하여 경찰에서 보안안전팀을 운영함으로써 개표소 내·외곽에 대한 사전 안전검측을 실시, 안전을 유지하고 채증요원을 배치하여 운용한다. 기출OX 06, 07

제1선 (개표소 내부)	• <u>선거관리위원장의 책임하</u>에 개표당일 내부 질서유지 기출OX 08 • <u>선거관리위원회(위원장)이나 선거관리위원회(위원)은</u> 개표소의 질서유지를 위하여 정복을 한 경찰공무원 또는 경찰관서장에게 원조를 요구할 수 있고, 원조요구를 받은 경찰공무원 또는 경찰관서장은 즉시 이에 따라야 한다. 기출OX 09 • 원조요구를 받은 경찰공무원 또는 경찰관서장은 <u>구·시·군선거 관리위원회(위원장)의 지시</u>를 받아야 하며, 질서가 회복되거나 위원장의 요구가 있는 때에는 즉시 개표소에서 퇴거하여야 한다. 기출OX 10 • 원조요구를 받은 경찰공무원 또는 경찰관서장을 제외하고는 누구든지 개표소 안에서 무기나 흉기 또는 폭발물을 지닐 수 없다. → 원조요구를 받은 <u>경찰관은 예외적으로 무기 등을 휴대할 수 있음</u> 기출OX 11
제2선 (울타리 내곽)	• 선관위와 합동으로 출입자를 통제 기출OX 12 • 2선의 출입문은 되도록 <u>정문만을 사용</u>하고 기타 출입문은 시정한다. 기출OX 13
제3선 (울타리 외곽)	검문조·순찰조를 운영하여 위해 불심자 접근을 차단한다. 기출OX 14

기출 OX

01 투표소경비는 위해를 차단하기 위한 예방으로 무장 정복경찰 2명을 고정배치한다. 17 승진 O X

02 「공직선거법」상 투표관리관 또는 투표사무원은 투표소의 질서가 심히 문란하여 공정한 투표가 실시될 수 없다고 인정하는 때에는 투표소의 질서를 유지하기 위하여 정복을 한 경찰공무원 또는 경찰관서장에게 원조를 요구할 수 있다. 22 승진 O X

03 「공직선거법」상 투표소 안에서 또는 투표소로부터 100미터 안에서 소란한 언동을 하거나 특정 정당이나 후보자를 지지 또는 반대하는 언동을 하는 자가 있는 때에는 투표관리관 또는 투표사무원은 이를 제지하고, 그 명령에 불응하는 때에는 투표소 또는 그 제한거리 밖으로 퇴거하게 할 수 있다. 22 승진 O X

04 투표함 운송경비는 선거관리위원회 직원과 합동으로 한다. 15 승진 O X

05 개표소 경비 관련 3선 개념에 의하면 제1선은 개표소 내부, 제2선은 울타리 내곽, 제3선은 울타리 외곽으로 구분한다. 17·15 승진 O X

06 선거관리위원회와 협조하여 경찰에서 보안안전팀을 운영함으로써 개표소 내·외곽에 대한 사전 안전검측을 실시, 안전을 유지하고 채증요원을 배치하여 운용한다. 14 승진 O X

07 우발사태에 대비하여 개표소별로 예비대를 확보하고 소방·한전 등 관계요원을 대기시켜 자가발전시설이나 예비조명기구를 확보하여 화재·정전사고 등에 대비한다. 18 승진 O X

08 제1선(개표소 내부)은 선거관리위원회 위원장의 책임하에 질서를 유지한다. 18 승진 O X

09 개표소 내부는 선거관리위원회 위원장의 책임하에 질서를 유지하며, 질서문란행위가 발생하면 선거관리위원회 위원장의 요청이 있을 경우에만 경찰력을 투입할 수 있다. 12 채용, 15 승진 O X

10 구·시·군선거관리위원회위원장이나 위원이 개표소의 질서유지를 위하여 정복을 한 경찰공무원 또는 경찰관서장에게 원조를 요구할 수 있으며, 이와 같은 요구에 의해 개표소 안에 들어간 경찰공무원 또는 경찰관서장은 질서가 회복되거나 위원장의 요구시 개표소에서 퇴거할 수 있다. 22 승진 O X

11 개표소 내에서는 무기나 흉기 또는 폭발물을 지닐 수 없으므로, 원조요구를 받은 경찰관은 절대 무기를 휴대할 수 없다. 18·15 승진 O X

12 제2선(울타리 내곽)은 경찰이 단독으로 출입자를 통제하며 2선의 출입문은 되도록 정문만을 사용하고 기타 출입문은 시정한다. 14 승진 O X

13 제2선(울타리 내곽)에서는 2선의 출입문은 수개로 하는 것이 원칙이므로 정문과 후문을 개방한다. 18 승진 O X

14 개표소 경비에 대한 3선 개념 중 제3선은 울타리 외곽으로, 검문조·순찰조를 운영하여 위해 기도자의 접근을 차단한다. 22·15 승진 O X

정답 및 해설

01 X 고정배치가 아니라 투표관리관 또는 투표사무원의 원조요청이 있는 경우 배치된다.
02 O
03 O
04 O
05 O
06 O
07 O
08 O
09 X 위원장이 아닌, 위원의 요청이 있는 경우에도 경찰력을 투입할 수 있다.
10 X 위원장의 요구시 개표소에서 퇴거하여야 한다.
11 X 경찰이 투입되는 경우에는 무기 등을 휴대할 수도 있다.
12 X 울타리 내곽(제2선)은 선거관리위원회 직원과 합동으로 출입자를 통제하며, 2선(울타리 내곽) 출입문은 되도록 정문만 사용하고 기타 출입문은 시정한다.
13 X 2선(울타리 내곽) 출입문은 되도록 정문만 사용하고 기타 출입문은 시정한다.
14 O

POINT 07 재난경비 (재난 및 안전관리 기본법)

1 용어정의

재난	자연재난, 사회재난으로 구분된다. 기출OX 01 재난사자
재난관리	재난의 예방·대비·대응 및 복구를 위하여 하는 모든 활동을 말한다. 기출OX 02
안전관리	재난이나 그 밖의 각종 사고로부터 사람의 생명·신체 및 재산의 안전을 확보하기 위하여 하는 모든 활동을 말한다. 기출OX 03
긴급구조기관	소방청·소방본부 및 소방서를 말한다. 다만, 해양에서 발생한 재난의 경우에는 해양경찰청·지방해양경찰청 및 해양경찰서를 말한다. 기출OX 04

2 재난 및 안전관리 유관기관

(1) **재난 및 안전관리 총괄·조정기관: 행정안전부장관**
  행정안전부장관은 국가 및 지방자치단체가 행하는 재난 및 안전관리 업무를 총괄·조정한다. 기출OX 05

(2) **대규모 재난 수습 총괄·조정기관: 중앙재난안전대책본부**

설치	대통령령으로 정하는 대규모 재난의 대응·복구 등에 관한 사항을 총괄·조정하고 필요한 조치를 하기 위하여 행정안전부에 중앙재난안전대책본부를 둔다. 기출OX 06
구성	중앙대책본부에 본부장과 차장을 둔다.
본부장	• 중앙대책본부의 본부장은 행정안전부장관이 된다. 다만 해외재난은 외교부장관, 방사능재난은 중앙방사능방재대책본부의 장이 각각 중앙대책본부장의 권한을 행사한다. 기출OX 07 • 국무총리가 범정부적 차원의 통합 대응이 필요하다고 인정하는 경우 국무총리가 중앙대책본부장의 권한을 행사할 수 있다.

(3) **해당 관할 구역재난 수습 총괄·조정기관: 지역재난안전대책본부**

설치	해당 관할 구역에서 재난의 수습 등에 관한 사항을 총괄·조정하고 필요한 조치를 하기 위하여 시·도지사는 시·도재난안전대책본부를 두고, 시장·군수·구청장은 시·군·구재난안전대책본부를 둔다
본부장	지역대책본부의 본부장은 시·도지사 또는 시장·군수·구청장이 된다.

(4) **경찰유관기관: 재난대책본부·재난상황실**
  시·도경찰청등의 장은 관할 지역 내에서 재난이 발생하였거나 발생할 우려가 있는 경우 재난상황실을 설치·운영할 수 있다. 다만, 시·도경찰청등에 재난대책본부가 설치되었거나, '심각' 단계의 위기경보가 발령된 경우에는 재난상황실을 설치·운영하여야 한다. 기출OX 08

[꿀팁정리] **경찰 재난관리 유관기관 비교**

		설치권자	설치장소	재량·기속
재난대책본부	경찰청	경찰청장	경찰청에	• 설치할 수 있다.
	시도청	시도청장	시도청에	
재난상황실	경찰청	치안상황관리관	위기관리센터·치안종합상황실에	• 설치할 수 있다. • 심각경보, 재대본부 설치: 하여야 한다.
	시도청	시도청장	시도청에	
현장지휘본부	시도청	시도청장	–	• 설치할 수 있다.

기출 OX

01 '재난'이란 국민의 생명·신체·재산과 국가의 피해를 주거나 줄 수 있는 것으로서 자연재난, 인적 재난으로 구분된다. 23·20·19 채용, 24·22 승진, 20 간부 　O X

02 '재난관리'란 재난의 예방·대응·복구 및 평가를 위하여 하는 모든 활동을 말한다. 23·20·19 채용, 24 승진 　O X

03 재난관리란 재난이나 그 밖의 각종 사고로부터 사람의 생명·신체 및 재산의 안전을 확보하기 위하여 하는 모든 활동을 말한다. 23 간부 　O X

04 긴급구조기관이란 경찰청, 시·도경찰청 및 경찰서를 말한다. 다만, 해양에서 발생한 재난의 경우에는 해양경찰청·지방해양경찰청 및 해양경찰서를 말한다. 23 간부 　O X

05 경찰청장은 국가 및 지방자치단체가 행하는 재난 및 안전관리업무를 총괄·조정한다. 23·19 채용, 24 승진 　O X

06 대규모 재난의 대응·복구 등에 관한 사항을 총괄·조정하고 필요한 조치를 하기 위하여 국무조정실에 중앙재난안전대책본부를 둔다. 23·20 채용, 20 간부 　O X

07 해외재난의 경우 외교부장관이 중앙대책본부장의 권한을 행사한다. 20 채용 　O X

08 시·도경찰청 등의 장은 관할 지역 내에서 재난이 발생하였거나 발생할 우려가 있는 경우 재난상황실을 설치·운영할 수 있으나, 시·도경찰청 등에 재난대책본부가 설치되었거나, 「재난 및 안전관리 기본법」상 '경계' 단계의 위기경보가 발령된 경우에는 재난상황실을 설치·운영하여야 한다. 22·17 승진 　O X

정답 및 해설

01 X 자연재난과 사회재난으로 구분된다
02 X 재난관리에 '평가'는 포함되지 않는다.
03 X 안전관리에 대한 설명이다.
04 X 긴급구조기관이란 소방청·소방본부 및 소방서를 말한다.
05 X 경찰청장이 아닌 행정안전부장관이다.
06 X 행정안전부에 둔다.
07 O
08 X '경계' 단계가 아닌 '심각' 단계

3 재난의 대응

(1) 재난사태 선포

행정안전부장관은 대통령령으로 정하는 재난이 발생하거나 발생할 우려가 있는 경우 사람의 생명·신체 및 재산에 미치는 중대한 영향이나 피해를 줄이기 위하여 긴급한 조치가 필요하다고 인정하면 **중앙위원회의 심의를 거쳐 재난사태를 선포할 수 있다.** 다만, 행정안전부장관은 재난상황이 긴급하여 중앙위원회의 심의를 거칠 시간적 여유가 없다고 인정하는 경우에는 중앙위원회의 심의를 거치지 아니하고 재난사태를 선포할 수 있다. 기출OX 01

> [특별재난지역 선포 – "**복구**"단계]
> - **중앙대책본부장**은 대통령령으로 정하는 규모의 재난이 발생하여 국가의 안녕 및 사회질서의 유지에 중대한 영향을 미치거나 피해를 효과적으로 수습하기 위하여 특별한 조치가 필요하다고 인정하거나 지역대책본부장의 요청이 타당하다고 인정하는 경우에는 **중앙위원회의 심의를 거쳐** 해당 지역을 특별재난지역으로 선포할 것을 **대통령에게 건의할 수 있다.**
> - 특별재난지역의 선포를 건의받은 **대통령은** 해당 지역을 **특별재난지역으로 선포할 수 있다.**

(2) 위기경보의 발령

- 재난관리주관기관의 장은 대통령령으로 정하는 재난에 대한 징후를 식별하거나 재난발생이 예상되는 경우에는 그 위험 수준, 발생 가능성 등을 판단하여 그에 부합되는 조치를 할 수 있도록 위기경보를 발령할 수 있다.
- 위기경보는 재난 피해의 전개 속도, 확대 가능성 등 재난상황의 심각성을 종합적으로 고려하여 관심·주의·경계·심각으로 구분할 수 있다. 기출OX 02

4 재난관리체계

예방단계	• 재난요인을 사전에 제거하려는 행위, 피해 가능성을 최소화하는 행위, 또한 그 피해를 분산 시키는 행위 • 정부합동안전 점검, 재난관리체계 등의 평가 활동 기출OX 03
대비단계	• 재난발생을 예상하여 그 피해를 최소화하고, 원활한 대응을 위한 준비를 수행하는 과정 • 각 기능별 재난대응 활동계획 작성, 재난분야 위기관리 매뉴얼 작성, 재난대비훈련 등 기출OX 04
대응단계	• 실제로 재난이 발생했을 때 수행해야 할 행동 • 재난사태 선포, 응급조치, 긴급구조 등이 있음
복구단계	• 재난 전의 정상상태로 회복시키기 위한 여러 활동 • 재난피해조사, 특별재난지역 선포 등 기출OX 05, 06

기출 OX

01 국무총리는 대통령령으로 정하는 재난이 발생하거나 발생할 우려가 있는 경우 사람의 생명·신체 및 재산에 미치는 중대한 영향이나 피해를 줄이기 위하여 긴급한 조치가 필요하다고 인정하면 중앙안전관리위원회의 심의를 거쳐 재난사태를 선포할 수 있다. 다만, 국무총리는 재난상황이 긴급하여 중앙안전관리위원회의 심의를 거칠 시간적 여유가 없다고 인정하는 경우에는 중앙안전관리위원회의 심의를 거치지 아니하고 재난사태를 선포할 수 있다. 23 간부 O X

02 「경찰 재난관리 규칙」상 재난의 발생 가능 정도에 따라 재난관리단계를 관심·주의·경계·심각 4단계로 구분하여 관리한다. 20 간부 O X

03 재난관리체계 등의 평가는 대비단계에서의 활동이다. 19 채용 O X

04 재난분야 위기관리 매뉴얼 작성은 예방단계에서의 활동이다. 19 채용 O X

05 특별재난지역 선포는 대응단계에서의 활동이다. 24 승진, 19 채용 O X

06 재난피해조사는 복구단계에서의 활동이다. 19 채용 O X

정답 및 해설

01 X 재난사태 선포권자는 행정안전부장관이다.
02 O
03 X 예방단계의 활동
04 X 대비단계의 활동에 속한다.
05 X 특별재난지역 선포는 복구단계에 속한다.
06 O

POINT 08 국가중요시설경비 (통합방위법)

1 국가중요시설
"국가중요시설"이란 공공기관, 공항·항만, 주요 산업시설 등 적에 의하여 점령 또는 파괴되거나 기능이 마비될 경우 국가안보와 국민생활에 심각한 영향을 주게 되는 시설을 말한다. 기출OX 01

2 국가중요시설 지정
국가중요시설은 **국방부장관**이 관계 **행정기관의 장 및 국가정보원장과 협의**하여 지정한다. 기출OX 02

3 국가중요시설의 경비·보안 및 방호
- **국가중요시설의 관리자**(소유자 포함)는 경비·보안 및 방호책임을 지며, 통합방위사태에 대비하여 **자체방호계획을 수립**하여야 한다. 기출OX 03
- 국가중요시설의 관리자는 자체방호계획을 수립하기 위하여 필요하면 시·도경찰청장 또는 지역군사령관에게 협조를 요청할 수 있다. 기출OX 04
- **시·도경찰청장 또는 지역군사령관**은 통합방위사태에 대비하여 국가중요시설에 대한 **방호지원계획**을 수립·시행하여야 한다. 기출OX 05
- 국가중요시설의 평시 경비·보안활동에 대한 **지도·감독**은 **관계행정기관의 장**과 **국가정보원장**이 행해야 한다. 기출OX 06

기출 OX

01 '국가중요시설'이란 공공기관, 공항·항만, 주요 산업시설 등 적에 의하여 점령 또는 파괴되거나 기능이 마비될 경우 국가안보와 국민생활에 심각한 영향을 주게 되는 시설을 말한다. 14 승진 O X

02 국가중요시설은 국가정보원장이 관계 행정기관의 장 및 국방부장관과 협의하여 지정한다.
23·20 승진, 21 간부, 16 채용 O X

03 국가중요시설의 관리자(소유자를 제외한다)는 경비·보안 및 방호책임을 지며, 통합방위사태에 대비하여 자체방호계획을 수립하여야 한다. 이 경우 국가중요시설의 관리자는 자체방호계획을 수립하기 위하여 필요하면 시·도경찰청장 또는 지역군사령관에게 협조를 요청할 수 있다. 18·16 승진, 16 채용 O X

04 국가중요시설의 관리자는 자체방호계획을 수립하기 위하여 시·도경찰청장 또는 지역군사령관에게 협조를 요청하여야 한다. 21 간부 O X

05 시·도경찰청장 또는 지역군사령관은 통합방위사태에 대비하여 국가중요시설에 대한 방호지원계획을 수립·시행하여야 한다. 21 간부 O X

06 국가중요시설의 평시 경비·보안활동에 대한 지도·감독은 시·도경찰청장과 지역군사령관이 수행한다.
21 간부, 16 승진, 16 채용 O X

정답 및 해설

01 O
02 X 국방부장관이 관계 행정기관의 장 및 국가정보원장과 협의하여 지정한다.
03 X 소유자를 포함한다
04 X 요청할 수 있다
05 O
06 X 관계 행정기관의 장과 국가정보원장이 수행한다.

POINT 09 경찰작전 (통합방위법)

1 통합방위사태 유형

갑종사태	• 일정한 조직체계를 갖춘 적의 대규모 병력 침투 또는 대량살상무기 공격 등의 도발로 발생한 비상사태 • 통합방위본부장 또는 지역군사령관의 지휘·통제하에 통합방위작전을 수행하여야 할 사태 기출OX 01, 02
을종사태	• 일부 또는 여러 지역에서 적이 침투·도발하여 단기간 내에 치안이 회복되기 어려운 사태 • 지역군사령관의 지휘·통제하에 통합방위작전을 수행하여야 할 사태 기출OX 03
병종사태	• 적의 침투·도발위협이 예상되거나 소규모의 적이 침투하였을 때 • 시·도경찰청장·지역군사령관 또는 함대사령관의 지휘·통제하에 통합방위작전을 수행하여 단기간내에 치안이 회복될 수 있는 사태 기출OX 04

2 통합방위사태 선포 기출OX 05, 06, 07, 08, 09

유형	건의권자	선포권자
갑종사태	국방부장관이 국무총리 거쳐 대통령에게 건의	중앙협의회와 국무회의 심의 거쳐 대통령이 선포
을종, 병종사태	시·도경찰청장, 지역군사령관 또는 함대사령관이 시·도지사에게 건의	시·도협의회 심의 거쳐 시·도지사가 선포
2 이상의 시·도 을종사태	국방부장관이 국무총리 거쳐 대통령에게 건의	중앙협의회와 국무회의 심의 거쳐 대통령이 선포
2 이상의 시·도 병종사태	행정안전부장관 또는 국방부장관이 국무총리 거쳐 대통령에게 건의	

※ 건의: 하여야 한다. / 선포: 할 수 있다.

3 통합방위 작전수행의 주체

• 시·도경찰청장, 지역군사령관 또는 함대사령관은 통합방위사태가 선포(병종사태)된 때에는 즉시 다음의 구분에 따라 통합방위작전을 신속하게 수행하여야 한다.

> 1. 경찰관할지역: 시·도경찰청장 기출OX 10
> 2. 특정경비지역 및 군관할지역: 지역군사령관
> 3. 특정경비해역 및 일반경비해역: 함대사령관
> 4. 비행금지공역 및 일반공역: 공군작전사령관

• 다만, 을종사태가 선포된 경우에는 지역군사령관이 통합방위작전을 수행하고, 갑종사태가 선포된 경우에는 통합방위본부장 또는 지역군사령관이 통합방위작전을 수행한다. 기출OX 11, 12, 13

기출 OX

01 "갑종사태"란 일정한 조직체계를 갖춘 적의 대규모 병력 침투 또는 대량살상무기 공격 등의 도발로 발생한 비상사태로서 통합방위본부장 또는 지역군사령관의 지휘·통제 하에 통합방위작전을 수행하여야 할 사태를 말한다. 23 승진, 17 채용   O X

02 통합방위사태의 유형 중 일부 또는 여러 지역에서 적의 침투 혹은 도발로 단기간 내에 치안회복이 어려워 시·도경찰청장, 지역군사령관 또는 함대사령관의 지휘·통제하에 통합방위작전을 수행하여야 할 사태는 갑종사태이다. 20 지능   O X

03 '을종사태'란 일부 또는 여러 지역에서 적이 침투·도발하여 단기간 내에 치안이 회복되기 어려워 시·도경찰청장의 지휘·통제 하에 통합방위작전을 수행하여야 할 사태를 말한다. 17 채용   O X

04 '을종사태"란 적의 침투·도발 위협이 예상되거나 소규모의 적이 침투하였을 때에 시·도경찰청장, 지역군사령관 또는 함대사령관의 지휘·통제 하에 통합방위작전을 수행하여 단기간 내에 치안이 회복될 수 있는 사태를 말한다. 23 승진   O X

05 시·도경찰청장, 지역군사령관 또는 함대사령관은 을종사태나 병종사태에 해당하는 상황이 발생한 때에는 즉시 시·도지사에게 통합방위사태의 선포를 건의하여야 한다. 16 지능   O X

06 시·도경찰청장, 지역군사령관 또는 함대사령관은 둘 이상의 시·도에 걸쳐 병종사태에 해당하는 상황이 발생하였을 때 즉시 국방부장관에게 통합방위사태의 선포를 건의하여야 한다. 19 간부, 17 채용   O X

07 국방부장관은 갑종사태에 해당하는 상황이 발생하였을 때 즉시 국무총리를 거쳐 대통령에게 통합방위사태의 선포를 건의하여야 한다 18 승진   O X

08 국방부장관은 둘 이상의 시·도에 걸쳐 을종사태에 해당하는 상황이 발생하였을 때 즉시 국무총리를 거쳐 대통령에게 통합방위사태의 선포를 건의하여야 한다. 20 승진   O X

09 행정안전부장관은 둘 이상의 시·도에 걸쳐 을종사태에 해당하는 상황이 발생하였을 때 즉시 국무총리를 거쳐 대통령에게 통합방위사태의 선포를 건의하여야 한다 18 승진   O X

10 병종사태가 선포된 경우 특정경비지역은 지역군사령관이 통합방위작전을 수행한다. 21 간부   O X

11 갑종사태가 선포된 경우 경찰관할지역은 경찰청장이 통합방위작전을 수행한다. 21 간부   O X

12 을종사태가 선포된 경우 특정경비지역은 통합방위본부장이 통합방위작전을 수행한다. 21 간부   O X

13 을종사태가 선포된 경우 경찰관할지역은 시·도경찰청장이 통합방위작전을 수행한다. 21 간부   O X

정답 및 해설

01 O
02 X '일부 또는 여러 지역', '단기간 내에 치안회복이 어려워' 부분은 을종사태와 관련된 것이고, '시·도경찰청장, 지역군사령관 또는 함대사령관의 지휘·통제' 부분은 병종사태와 관련된 것이다.
03 X '을종사태'의 지휘·통제권자는 지역군사령관이다.
04 X "병종사태"에 대한 설명
05 O
06 X 둘 이상의 시·도에 걸쳐 병종사태: 행정안전부장관 또는 국방부장관이 국무총리 거쳐 대통령에게 건의, 중앙협의회와 국무회의 심의 거쳐 대통령이 선포
07 O
08 O
09 X 국방부장관이
10 O
11 X 통합방위본부장 또는 지역군사령관
12 X 지역군사령관
13 X 지역군사령관

4 통합방위사태 관련 조치

통제구역	시·도지사 또는 시장·군수·구청장은 다음 어느 하나에 해당하면 대통령령으로 정하는 바에 따라 인명·신체에 대한 위해를 방지하기 위하여 필요한 통제구역을 설정하고, 통합방위작전 또는 경계태세 발령에 따른 군·경 합동작전에 관련되지 아니한 사람에 대하여는 출입을 금지·제한하거나 그 통제구역으로부터 퇴거할 것을 **명할 수 있다**. 1. 통합방위사태가 선포된 경우 2. 적의 침투·도발 징후가 확실하여 경계태세 1급이 발령된 경우
대피명령	• 시·도지사 또는 시장·군수·구청장은 통합방위사태가 선포된 때에는 인명·신체에 대한 위해를 방지하기 위하여 즉시 작전지역에 있는 주민이나 체류 중인 사람에게 대피할 것을 **명할 수 있다.** 기출OX 01 • 대피명령은 방송·확성기·벽보, 그 밖에 대통령령으로 정하는 방법에 따라 공고하여야 한다.

5 통합방위기구

통합방위본부	• **합동참모본부**에 통합방위본부를 둔다. • 통합방위본부에는 본부장과 부본부장 1명씩을 두되, 통합방위본부장은 합동참모의장이 되고 부본부장은 합동참모본부에서 군사작전에 대한 기획 등 작전업무를 총괄하는 참모 부서의 장이 된다. 기출OX 02
중앙통합방위협의회	• **국무총리 소속**으로 중앙 통합방위협의회를 둔다. 기출OX 03 • 중앙협의회의 의장은 **국무총리**
지역통합방위협의회	• **시·도지사 소속**으로 "시·도 협의회"를 두고, 그 의장은 **시·도지사**가 된다. 기출OX 04 • 시장·군수·구청장 소속으로 시·군·구 통합방위협의회를 두고, 그 의장은 시장·군수·구청장이 된다.

기출 OX

01 시·도경찰청장 또는 경찰서장은 통합방위사태가 선포된 때에는 인명·신체에 대한 위해를 방지하기 위하여 즉시 작전지역에 있는 주민이나 체류 중인 사람에게 대피할 것을 명하여야 한다. 17 채용, 22 간부, 20 승진 (O X)

02 통합방위본부는 합동참모본부에 두며, 통합방위본부장은 국방부장관이고 부본부장은 합동참모의장이다. 16 간부, 18 승진 (O X)

03 대통령 소속으로 중앙 통합방위협의회를 둔다. 23 승진, 17 채용 (O X)

04 중앙통합방위협의회의 의장은 국무총리, 지역 통합방위협의회의 의장은 시·도지사, 통합방위본부장은 합동참모의장이다. 20 승진 (O X)

정답 및 해설

01 X 대피명령의 주체는 지방자치단체의 장이고, 명령을 하여야 하는 것이 아니라 할 수 있는 것이다.
02 X 통합방위본부장은 합동참모의장, 부본부장은 합동참모본부에서 군사작전에 대한 기획 등 작전업무를 총괄하는 참모 부서의 장이 된다.
03 X 국무총리 소속이다.
04 O

POINT 10 경찰비상업무규칙

1 용어정의

비상상황	대간첩·테러, 대규모 재난 등의 긴급 상황이 발생하거나 발생할 우려가 있는 경우 또는 다수의 경력을 동원해야 할 치안수요가 발생하여 치안활동을 강화할 필요가 있는 때 기출OX 01
정착근무	사무실 또는 상황과 관련된 현장에 위치하는 것을 말한다. 기출OX 04
정위치 근무	감독순시·현장근무 및 사무실 대기 등 관할구역 내에 위치하는 것 기출OX 03
지휘선상 위치 근무	비상연락체계를 유지하며 유사시 1시간 이내에 현장지휘 및 현장근무가 가능한 장소에 위치하는 것 기출OX 02
필수요원	경찰관 등 중 경찰기관의 장이 지정한 자로 비상소집 시 1시간 이내에 응소해야 할 사람 기출OX 05
일반요원	필수요원을 제외한 경찰관 등으로 비상소집 시 2시간 이내에 응소해야 할 사람 기출OX 06
가용경력	총원에서 휴가·출장·교육·파견 등을 제외하고 실제 동원될 수 있는 모든 인원 기출OX 07

2 비상근무방침 및 종류·등급

근무방침	• 비상근무는 비상상황 하에서 업무 수행의 효율화를 도모하기 위해서 발령한다. • 비상근무 대상은 경비·작전·재난·안보·수사·교통과 관련된 비상상황에 국한한다. 다만, 두 종류 이상의 비상상황이 동시에 발생한 경우에는 긴급성 또는 중요도가 상대적으로 더 큰 비상상황의 비상근무로 통합·실시한다. 기출OX 08 • 적용지역은 전국 또는 일정지역(시·도경찰청 또는 경찰서 관할)으로 구분한다. 다만, 2개 이상의 지역에 관련되는 상황은 바로 위의 상급 기관에서 주관하여 실시한다.
종류 기출OX 09, 10	1. 경비 소관: 경비, 작전비상, 재난비상 2. 안보 소관: 안보비상 3. 수사 소관: 수사비상 4. 교통 소관: 교통비상
등급	1. 갑호 비상 2. 을호 비상 3. 병호 비상 4. 경계 강화 5. 작전준비태세(작전비상시 적용) 기출OX 11

기출 OX

01 비상상황이라 함은 대간첩·테러, 대규모 재난 등의 긴급 상황이 발생하거나 발생할 우려가 있는 경우를 말한다. 15 승진 (O X)

02 지휘선상 위치 근무라 함은 비상연락체계를 유지하며 유사시 2시간 이내에 현장지휘 및 현장근무가 가능한 장소에 위치하는 것을 말한다. 21·19·18·15 승진 (O X)

03 '지휘선상 위치 근무'라 함은 감독순시·현장근무 및 사무실 대기 등 관할구역 내에 위치하는 것을 말한다. 24경간, 18 채용, 15 승진 (O X)

04 '정착근무'란 사무실 또는 상황과 관련된 현장에 위치하는 것을 말한다. 21 승진, 18 채용 (O X)

05 필수요원이라 함은 전 경찰공무원 및 일반직공무원 중 경찰기관의 장이 지정한 자로 비상소집시 2시간 이내에 응소해야 할 사람을 말한다. 23 간부, 21·18 채용, 19 승진 (O X)

06 '일반요원'이란 필수요원을 포함한 경찰관 등으로 비상소집시 2시간 이내에 응소해야 할 사람을 말한다. 21 승진 (O X)

07 가용경력이라 함은 휴가·출장·교육·파견 등을 포함한 총원을 의미한다. 21·20·19·15 승진, 18 채용 (O X)

08 두 종류 이상의 비상상황이 동시에 발생한 경우에는 긴급성 또는 중요도가 상대적으로 더 큰 비상상황(주된 비상상황)의 비상근무로 통합·실시한다. 15 승진 (O X)

09 비상근무는 경비 소관의 경비·재난·작전비상, 안보 소관의 안보비상, 수사 소관의 수사비상, 교통 소관의 교통비상, 생활안전 소관의 생활안전비상으로 구분하여 발령한다. 21 채용, 21·20 승진 (O X)

10 비상근무는 비상상황의 유형에 따라 경비소관의 경비, 재난·작전비상, 수사소관의 수사비상, 안보소관의 안보비상, 치안상황소관의 교통으로 구분하여 발령한다. 23 간부 (O X)

11 기능별 상황의 긴급성 및 중요도에 따라 비상등급은 갑호비상, 을호비상, 병호비상, 경계강화, 작전준비태세(작전비상시 적용)가 있다. 16 승진 (O X)

정답 및 해설

01 O
02 X 1시간 이내이다.
03 X 정위치 근무
04 O
05 X 필수요원이라 함은 1시간 이내에 응소하여야할 자
06 X 필수요원을 제외한 경찰관 등이다.
07 X 휴가 등을 제외하고 실제 동원될 수 있는 모든 인원을 말한다.
08 O
09 X 생활안전 소관의 생활안전비상이라는 것은 존재하지 않는다.
10 X 교통 소관의 교통비상으로 구분
11 O

3 비상근무 발령 및 해제

발령권자	• 비상근무의 발령권자는 다음과 같다. 　1. 전국 또는 2개 이상 시·도경찰청 관할지역: 경찰청장 　2. 시·도경찰청 또는 2개 이상 경찰서 관할지역: 시·도경찰청장 　3. 단일 경찰서 관할지역: 경찰서장 • 비상근무를 발령할 경우에는 정황의 특수성을 감안하여 비상근무의 목적이 원활히 달성될 수 있도록 적정한 인원, 계급, 부서를 동원하여 불필요한 동원이 없도록 하여야 한다. 기출 OX 01
해제	비상근무의 발령권자는 비상상황이 **종료되는 즉시 비상근무를 해제**하고, 비상근무 해제 시 시·도경찰청 또는 2개 이상 경찰서 관할지역, 단일 경찰서 관할지역의 발령권자는 **6시간** 이내에 해제일시, 사유 및 비상근무결과 등을 바로 위의 상급 기관의 장에게 보고한다.

4 비상근무요령 기출 OX 02, 03, 04, 05, 06, 07, 08, 09

등급	경력동원	지휘관과 참모 근무기준
갑호비상	• 연가 중지 • 가용경력 100%까지 동원할 수 있다.	정착 근무원칙
을호비상	• 연가 중지 • 가용경력 50%까지 동원할 수 있다.	정위치 근무원칙
병호비상	• 연가 억제 • 가용경력 30%까지 동원할 수 있다.	정위치 근무 또는 지휘선상 위치 근무원칙
경계강화	• 별도의 경력동원 없이 특정분야의 근무를 강화한다. • 경찰관등은 비상연락체계를 유지하고 상황발생 시 즉각 출동이 가능하도록 출동대기태세를 유지	지휘선상 위치 근무원칙
작전준비태세	• 별도의 경력동원 없이 경찰관서 지휘관 및 참모의 비상연락망을 구축하고 신속한 응소체제를 유지한다. • 경찰관등은 상황발생 시 즉각 출동이 가능하도록 출동태세 점검실시 • 유관기관과의 긴밀한 연락체계를 유지하고, 필요시 작전상황반을 유지	

기출 OX

01 비상근무를 발령할 경우에는 정황의 특수성을 감안하여 비상근무의 목적이 원활히 달성될 수 있도록 가용경력을 최대한 동원하여야 한다. 18 채용 　O X

02 비상근무 갑호가 발령된 때에는 연가를 중지하고 가용경력 100%까지 동원할 수 있고, 비상근무 을호가 발령된 때에는 연가를 중지하고 가용경력 50%까지 동원할 수 있으며, 비상근무 병호가 발령된 때에는 부득이한 경우를 제외하고는 연가를 억제하고 가용경력 30%까지 동원할 수 있다. 21 채용 　O X

03 갑호비상시 지휘관과 참모는 정착근무를 원칙으로 한다. 16·17 승진 　O X

04 을호비상시 연가를 중지하고 가용경력 100%까지 동원해야 한다. 16 승진 　O X

05 지휘관과 참모는 을호비상시 정위치 근무 또는 지휘선상 위치 근무를 원칙으로, 병호비상시 지휘선상 위치 근무를 원칙으로 한다. 18 채용 　O X

06 병호비상시 연가를 중지하고 가용경력 30%까지 동원할 수 있다. 20 승진 　O X

07 경계강화 발령시 별도의 경력동원 없이 특정분야의 근무를 강화하며 지휘관과 참모는 정위치 근무를 원칙으로 한다. 23 간부, 16 승진 　O X

08 비상근무 을호가 발령된 때에는 부득이한 경우를 제외하고는 연가를 억제하고 가용경력 30%까지 동원할 수 있고, 지휘관과 참모는 정위치 근무 또는 지휘선상 위치 근무를 원칙으로 한다. 24경간 　O X

09 작전준비태세가 발령된 때에는 별도의 경력동원 없이 경찰관서 지휘관 및 참모의 비상연락망을 구축하고 신속한 응소체제를 유지하며, 경찰작전부대는 상황발생시 즉각 출동이 가능하도록 출동태세 점검을 실시하는 등의 비상근무를 한다. 21 채용 　O X

정답 및 해설

01 X 적정한 인원을 동원하여 불필요한 동원이 없도록 하여야 한다.
02 O
03 O
04 X 연가를 중지하고 가용경력 50%까지 동원할 수 있다.
05 X 을호비상시 지휘관과 참모는 정위치 근무를 원칙으로 한다. 반면, 병호비상시에 지휘관과 참모는 정위치 근무 또는 지휘선상 위치 근무를 원칙으로 한다.
06 X 연가를 억제한다.
07 X 경계강화시 지휘관과 참모는 지휘선상 위치 근무를 원칙으로 한다.
08 X 병호비상
09 O

POINT 11 청원경찰

직무	관할 경찰서장의 감독을 받아 그 경비구역만의 경비를 목적으로 필요한 범위에서 **경찰관직무집행법**에 따른 경찰관의 직무를 수행 한다. 기출OX 01
한계	• **장소적 한계**: 경비구역 내에 한하여 직무를 수행 • **사항적 한계**: 수사경찰 직무(X), 직권을 남용할 때 청원경찰법에 의하여 처벌
청원경찰 배치 및 임용	• **청원주**의 청원경찰**배치 신청** → **시·도경찰청장**의 **배치결정** → **청원주**의 **임용신청** → **시·도경찰청장**의 **임용승인** → **청원주**의 청원경찰 **임용** 기출OX 02 • 청원경찰을 배치받으려는 자는 대통령령으로 정하는 바에 따라 관할 시·도경찰청장에게 청원경찰 배치를 신청하여야 한다. 기출OX 03 • 시·도경찰청장은 청원경찰 배치가 필요하다고 인정하는 기관의 장 또는 시설·사업장의 경영자에게 청원경찰을 배치할 것을 요청할 수 있다. 기출OX 04 • 청원경찰은 청원주가 임용하되, 임용을 할 때에는 미리 **시·도경찰청장의 승인**을 받아야 한다. 기출OX 05, 06 • 국가공무원법 제33조 각 호의 어느 하나의 결격사유에 해당하는 사람은 청원경찰로 임용될 수 없다. • 청원주가 청원경찰을 임용하였을 때에는 임용한 날부터 **10일** 이내에 그 임용사항을 관할 경찰서장을 거쳐 시·도경찰청장에게 보고하여야 한다. 청원경찰이 퇴직하였을 때에도 또한 같다.
징계	• **징계사유**: 직무상의 의무를 위반하거나 직무를 태만히 한 때, 품위를 손상하는 행위를 한 때 • **징계종류**: 파면, 해임, 정직, 감봉 및 견책 기출OX 07 → 강등X • **징계권자**: **청원주**는 청원경찰이 징계사유에 해당하는 때에는 대통령령으로 정하는 징계절차를 거쳐 징계처분을 하여야 한다. 기출OX 08, 09 • **관할 경찰서장**은 청원경찰이 징계사유에 해당한다고 인정되면 청원주에게 해당 청원경찰에 대하여 **징계처분 하도록 요청**할 수 있다.
제복 착용과 무기 휴대	• 청원경찰은 근무 중 제복을 착용**하여야 한다**. 기출OX 10 → 청원경찰법상 직접규정 의무: 제복착용, 쟁의행위 금지, 직권남용금지 • **시·도경찰청장**은 청원경찰이 직무를 수행하기 위하여 필요하다고 인정하면 청원주의 신청을 받아 관할 경찰서장으로 하여금 청원경찰에게 무기를 **대여하여** 지니게 할 수 있다. 기출OX 11, 12
감독	• **청원주**는 항상 소속 청원경찰의 근무 상황을 감독하고, 근무 수행에 필요한 교육을 하여야 한다. 기출OX 13 • **시·도경찰청장**은 청원경찰의 효율적인 운영을 위하여 **청원주를 지도**하며 감독상 필요한 명령을 할 수 있다. 기출OX 14 **청원경찰법 시행령 제17조 【감독】** 관할 경찰서장은 **매달 1회 이상** 청원경찰을 배치한 경비구역에 대하여 다음 각 호의 사항을 감독하여야 한다. 기출OX 15 1. 복무규율과 근무 상황 2. 무기의 관리 및 취급 사항
직권남용 금지 등	청원경찰이 직무를 수행할 때 직권남용하여 국민에게 해를 끼친 경우는 **6개월 이하**의 징역이나 금고에 처한다. 기출OX 16
임용자격	• 청원경찰의 임용자격은 **18세 이상**인 사람 기출OX 17 • 행정안전부령으로 정하는 신체조건에 해당하는 사람
배상책임	청원경찰(국가기관이나 지방자치단체에 근무하는 청원경찰은 제외한다)의 직무상 불법행위에 대한 배상책임에 관하여는 「**민법**」의 규정을 따른다. 기출OX 18

기출 OX

01 청원경찰은 청원주와 배치된 기관·시설 또는 사업장 등의 구역을 관할하는 경찰서장의 감독을 받아 그 경비구역만의 경비를 목적으로 필요한 범위에서 「국가경찰과 자치경찰의 조직 및 운영에 관한 법률」에 따른 경찰관의 직무를 수행한다. 17 채용, 17 승진, 21 경간 ○ X

02 청원경찰은 배치신청 – 배치결정 – 임용승인신청 – 임용승인 – 임용 순서로 배치한다. 20 승진 ○ X

03 청원경찰을 배치받으려는 자는 대통령령으로 정하는 바에 따라 관할 경찰서장에게 청원경찰 배치를 신청하여야 한다. 19 승진 ○ X

04 시·도경찰청장은 청원경찰 배치가 필요하다고 인정하는 기관의 장 또는 시설사업장의 경영자에게 청원경찰을 배치할 것을 명령할 수 있다. 22 간부, 18·17 승진 ○ X

05 청원경찰은 청원주가 임용하되, 임용을 할 때에는 미리 경찰서장의 승인을 받아야 한다. 16 간부 ○ X

06 청원경찰은 경찰서장이 임용하되, 임용을 할 때에는 미리 시·도경찰청장의 승인을 받아야 한다. 20 승진 ○ X

07 청원경찰에 대한 징계의 종류는 파면, 해임, 강등, 정직, 감봉 및 견책으로 구분한다. 20·18 채용, 19 승진 ○ X

08 관할 경찰서장은 청원경찰이 직무상의 의무를 위반하거나 직무를 태만히 할 때 징계처분을 하여야 한다. 17 채용, 22 간부 ○ X

09 시·도경찰청장은 청원경찰이 직무상의 의무를 위반하거나 직무를 태만히 한 때 또는 품위를 손상하는 행위를 한 때에는 대통령령으로 정하는 징계절차를 거쳐 징계처분을 하여야 한다. 24 간부 ○ X

10 청원경찰의 '근무 중 제복 착용의무'가 법률에 명시적으로 규정되어 있지는 않다. 19·17 승진 ○ X

11 청원경찰은 근무 중 제복을 착용하여야 하며 경찰청장은 청원경찰이 직무를 수행하기 위하여 필요하다고 인정하면 청원주의 신청을 받아 관할 시·도경찰청장으로 하여금 청원경찰에게 무기를 대여하여 지니게 할 수 있다. 21 간부, 20 승진, 15·14 채용 ○ X

12 시·도경찰청장은 청원경찰이 직무를 수행하기 위하여 필요하다고 인정하면 청원주의 신청을 받아 관할 경찰서장으로 하여금 청원경찰에게 무기를 대여하여 지니게 하여야 한다. 16 간부 ○ X

13 청원경찰에 대한 직무상 감독권자는 경찰청장이다. 12 간부 ○ X

14 시·도경찰청장은 청원경찰의 효율적인 운영을 위하여 청원주를 지도하며 감독상 필요한 명령을 할 수 있다. 13 채용 ○ X

15 관할 경찰서장은 매달 1회 이상 청원경찰을 배치한 경비구역에 대하여 복무규율과 근무 상황, 무기의 관리 및 취급 사항을 감독할 수 있다. 20·18 승진, 17 채용 ○ X

16 청원경찰이 직무를 수행할 때 직권을 남용하여 국민에게 해를 끼친 경우에는 1년 이하 징역이나 금고에 처한다. 16 간부, 14 채용, 18·17 승진 ○ X

17 청원경찰의 임용자격은 20세 이상인 사람이다. 16 간부 ○ X

18 청원경찰(국가기관이나 지방자치단체에 근무하는 청원경찰을 포함한다)의 직무상 불법행위에 대한 배상책임에 관하여는 「민법」의 규정을 따른다. 20 채용, 22 간부 ○ X

정답 및 해설

01 X 「경찰관 직무집행법」에 따른 경찰관의 직무를 수행한다.
02 O
03 X 관할 시·도경찰청장에게 신청하여야 한다.
04 X 시·도경찰청장은 명령이 아닌 요청을 할 수 있다.
05 X 미리 시·도경찰청장의 승인을 받아야 한다.
06 X 청원주가 임용한다.
07 X 강등 ×
08 X 징계의 주체는 관할 경찰서장이 아니라 청원주이다.
09 X 청원경찰에 대한 징계처분의 주체는 당해 청원경찰에 대한 임용권자인 "청원주"이다
10 X 청원경찰법에 명시적 규정이 있다.
11 X 관할 시·도경찰청장이 아니라 관할 경찰서장으로 하여금 청원경찰에게 무기를 대여하여 지니게 할 수 있다.
12 X 무기를 대여하여 지니게 '할 수 있다'.
13 X 청원주이다.
14 O
15 X 감독하여야 한다.
16 X 6개월 이하 징역이나 금고에 처한다.
17 X 18세 이상인 사람이다.
18 X 국가기관이나 지방자치단체에 근무하는 청원경찰을 제외

해커스경찰
police.Hackers.com

2025 해커스경찰
서정표 경찰학 요기오
(요약 + 기출OX)

Chapter 04

교통경찰

POINT 01 | 차의 개념
POINT 02 | 긴급자동차
POINT 03 | 자전거 등(자전거+개인형 이동장치)
POINT 04 | 어린이 통학버스
POINT 05 | 어린이 보호구역
POINT 06 | 도로

POINT 07 | 운전
POINT 08 | 운전면허
POINT 09 | 교통지도와 단속
POINT 10 | 교통사고
POINT 11 | 교통사고처리 특례법
POINT 12 | 도로교통 관련 주요판례

POINT 01 차의 개념

구분	내용
차	1) 자동차 2) 건설기계 3) 원동기장치자전거 4) 자전거 5) 사람 또는 가축의 힘이나 그 밖의 동력으로 도로에서 운전되는 것. 다만, 철길이나 가설된 선을 이용하여 운전되는 것, 유모차, 보행보조용 의자차, 노약자용 보행기, 제21호의3에 따른 실외이동로봇 등 행정안전부령으로 정하는 기구·장치는 제외한다.

자동차	"자동차"란 철길이나 가설된 선을 이용하지 아니하고 원동기를 사용하여 운전되는 차(견인되는 자동차도 자동차의 일부로 본다)로서 다음의 차를 말한다.
	가. 「자동차관리법」에 따른 다음의 자동차. 다만, 원동기장치자전거는 제외한다. 기출OX 01
	  1) 승용자동차
	  2) 승합자동차
	  3) 화물자동차
	  4) 특수자동차
	  5) 이륜자동차
	나. 「건설기계관리법」 제26조 제1항 단서에 따른 건설기계 → 자동차인 건설기계!

원동기장치자전거	가. 「자동차관리법」 제3조에 따른 이륜자동차 가운데 배기량 125시시 이하(전기를 동력으로 하는 경우에는 최고정격출력 11킬로와트 이하)의 이륜자동차 기출OX 02 나. 그 밖에 배기량 125시시 이하(전기를 동력으로 하는 경우에는 최고정격출력 11킬로와트 이하)의 원동기를 단 차(전기자전거 및 실외이동로봇은 제외한다)
개인형 이동장치	원동기장치자전거 중 시속 25킬로미터 이상으로 운행할 경우 전동기가 작동하지 아니하고 차체 중량이 30킬로그램 미만인 것으로서 행정안전부령으로 정하는 것을 말한다.
자전거	자전거 및 전기자전거를 말한다.
자전거등	자전거와 개인형 이동장치를 말한다.
자동차등	자동차와 원동기장치자전거를 말한다.

기출 OX

01 자동차란 철길이나 가설된 선을 이용하지 아니하고 원동기를 사용하여 운전되는 차로서 승용자동차, 승합자동차, 화물자동차, 특수자동차, 이륜자동차, 원동기장치자전거와 건설기계를 말한다. 23 간부 O X

02 '원동기장치자전거'란 「자동차관리법」 제3조에 따른 이륜자동차 가운데 배기량 125시시 이하(전기를 동력으로 하는 경우에는 최고정격출력 11킬로와트 미만)의 이륜자동차 등을 말한다. 17 승진 O X

정답 및 해설

01 X '자동차'에서 원동기장치자전거는 제외된다.
02 X 11킬로와트 미만이 아니라 이하이다

POINT 02 긴급자동차

1 긴급자동차란

"긴급자동차"란 다음의 자동차로서 그 본래의 긴급한 용도로 사용되고 있는 자동차를 말한다. 기출OX 01

> 소방차, 구급차, 혈액 공급차량, 그 밖에 대통령령으로 정하는 자동차

2 긴급자동차의 우선통행

- 긴급자동차는 제13조 제3항(차마의 우측통행)에도 불구하고 긴급하고 부득이한 경우에는 **도로의 중앙이나 좌측 부분을 통행할 수 있다** 기출OX 02
- 긴급자동차는 이 법이나 이 법에 따른 명령에 따라 정지하여야 하는 경우에도 불구하고 긴급하고 부득이한 경우에는 **정지하지 아니할 수 있다.** 기출OX 03
- 교차로나 그 부근에서 긴급자동차가 접근하는 경우에는 차마와 노면전차의 운전자는 교차로를 피하여 일시정지하여야 한다. → 교차로: 일시정지 기출OX 04
- 모든 차와 노면전차의 운전자는 제4항에 따른 곳 외의 곳에서 긴급자동차가 접근한 경우에는 긴급자동차가 우선통행할 수 있도록 진로를 양보하여야 한다. → 교차로 외: 진로양보

3 긴급자동차 형의 감면

긴급자동차(**소방차, 구급차, 혈액 공급차량와 대통령령으로 정하는 경찰용 자동차만 해당**한다)의 운전자가 그 차를 본래의 **긴급한 용도로 운행하는 중**에 교통사고를 일으킨 경우에는 그 긴급활동의 시급성과 불가피성 등 정상을 참작하여 제151조(건조물 · 재물손괴. 즉, 물피사고), 「교통사고처리 특례법」 제3조 제1항(업무상 과실 · 중과실치사상. 즉, 인피사고) 또는 「특정범죄 가중처벌 등에 관한 법률」 제5조의13(어린이보호구역 가중처벌)에 따른 **형을 감경하거나 면제할 수 있다.** 기출OX 05

4 긴급자동차 특례

긴급자동차에 대하여는 다음의 사항을 적용하지 아니한다. 다만, 제4호부터 제12호까지의 사항은 긴급자동차 중 제2조 제22호 가목부터 다목까지의 자동차(소방차, 구급차, 혈액 공급차량)와 대통령령으로 정하는 경찰용 자동차에 대해서만 적용하지 아니한다. 기출OX 06, 07

구분		소방 · 구급 · 혈액 + 경찰	그 외의 긴급자동차
제1호	자동차등의 속도제한	적용 ×	적용 ×
제2호	앞지르기의 금지	적용 ×	적용 ×
제3호	끼어들기의 금지	적용 ×	적용 ×
제4호	신호위반	적용 ×	적용 ○
제5호	보도 침범	적용 ×	적용 ○
제6호	중앙선 침범	적용 ×	적용 ○
제7호	횡단 등의 금지	적용 ×	적용 ○
제8호	안전거리 확보 등	적용 ×	적용 ○
제9호	앞지르기방법 등	적용 ×	적용 ○
제10호	정차 및 주차의 금지	적용 ×	적용 ○
제11호	주차금지	적용 ×	적용 ○
제12호	고장 등의 조치	적용 ×	적용 ○

[참고] 긴급자동차의 구분

구분	내용
도로교통법상	소방차, 구급차, 혈액 공급차량
시행령 법정긴급자동차 (제1호 ~ 제5호)	• 경찰용 자동차 중 범죄수사, 교통단속, 그 밖의 긴급한 경찰업무 수행에 사용되는 자동차 • 수사기관의 자동차 중 범죄수사를 위하여 사용되는 자동차 • 교도기관의 자동차 중 도주자의 체포 또는 수용자, 보호관찰 대상자의 호송·경비를 위하여 사용되는 자동차 • 국군 및 주한 국제연합군용 자동차 중 군 내부의 질서유지나 부대의 질서 있는 이동을 유도하는 데 사용되는 자동차 • 국내외 요인에 대한 경호업무 수행에 공무로 사용되는 자동차
시행령 제2조 제1항 단서, 지정긴급자동차 (제6호 ~ 제11호)	• 전기사업, 가스사업, 그 밖의 공익사업을 하는 기관에서 위험방지를 위한 응급작업에 사용되는 자동차 • 민방위업무를 수행하는 기관에서 긴급예방 또는 복구를 위한 출동에 사용되는 자동차
시행령 제2조 제2항, 준긴급자동차	• 경찰용 긴급자동차에 의하여 유도되고 있는 자동차 • 국군 및 주한 국제연합군용의 긴급자동차에 의하여 유도되고 있는 국군 및 주한 국제연합군의 자동차 • 생명이 위급한 환자 또는 부상자나 수혈을 위한 혈액을 운송 중인 자동차

기출 OX

01 '긴급자동차'란 소방차, 구급차, 혈액 공급차량, 그 밖에 대통령령으로 정하는 자동차로서 그 본래의 긴급한 용도로 사용되고 있는 자동차를 말한다. 16 간부 (O X)

02 긴급자동차는 긴급하고 부득이한 경우에는 도로의 중앙이나 좌측 부분을 통행할 수 있으며, 이 경우 교통안전에 특히 주의하면서 통행하여야 한다. 20 지능, 15 간부, 12 승진 (O X)

03 긴급자동차는 도로교통법의 규정에 의하여 정지하여야 할 경우에도 긴급하고 부득이한 경우 정지하지 아니할 수 있다. 15 간부 (O X)

04 교차로나 그 부근에서 긴급자동차가 접근하는 경우 차마와 노면전차의 운전자는 긴급자동차가 우선 통행할 수 있도록 진로를 양보하여 서행하여야 한다. 20 지능범죄, 15 간부 (O X)

05 긴급자동차(소방차, 구급차, 혈액 공급차량와 대통령령으로 정하는 경찰용 자동차만 해당한다)의 운전자가 그 차를 본래의 긴급한 용도로 운행하는 중에 교통사고를 일으킨 경우에는 그 긴급활동의 시급성과 불가피성 등 정상을 참작하여 제151조, 「교통사고처리 특례법」 제3조 제1항 또는 「특정범죄 가중처벌 등에 관한 법률」 제5조의13에 따른 처벌이 면제된다. 15 간부 (O X)

06 긴급자동차는 자동차의 속도, 철길 건널목의 통과방법, 끼어들기의 금지의 적용을 받지 않는다. 12 승진 (O X)

07 긴급자동차에 대하여는 동법 제23조에 따른 끼어들기의 금지를 적용하지 아니한다. 23 채용 (O X)

정답 및 해설

01 O
02 O
03 O
04 X 일시정지하여야 한다.
05 X 감경하거나 면제할 수 있다.
06 X 철길 건널목의 통과는 긴급자동차의 특례에 해당하지 않는다.
07 O

POINT 03 자전거 등 (자전거 + 개인형 이동장치)

1 자전거등의 통행방법

- 자전거등의 운전자는 자전거도로(제15조 제1항에 따라 자전거만 통행할 수 있도록 설치된 전용차로를 포함한다)가 따로 있는 곳에서는 그 자전거도로로 통행하여야 한다. 기출OX 01
- 자전거등의 운전자는 자전거도로가 설치되지 아니한 곳에서는 도로 우측 가장자리에 붙어서 통행하여야 한다. 기출OX 02
- 자전거등의 운전자는 길가장자리구역(안전표지로 자전거등의 통행을 금지한 구간은 제외)을 통행할 수 있다. 이 경우 자전거 운전자는 보행자의 통행에 방해가 될 때에는 서행하거나 일시정지하여야 한다. 기출OX 03
- 자전거등의 운전자는 안전표지로 자전거등의 통행이 허용된 경우 등에는 보도를 통행할 수 있다. 이 경우 자전거등의 운전자는 보도 중앙으로부터 차도 쪽 또는 안전표지로 지정된 곳으로 서행하여야 하며, 보행자의 통행에 방해가 될 때에는 일시정지하여야 한다.
- 자전거등의 운전자는 안전표지로 통행이 허용된 경우를 제외하고는 2대 이상이 나란히 차도를 통행하여서는 아니 된다. 기출OX 04
- 일반적으로 앞지르기는 앞차의 왼쪽으로 해야 하나, 자전거는 서행하거나 정지한 다른 차를 앞지르기 위하여 앞차의 오른쪽으로 앞지르기할 수 있다. 기출OX 05
- 자전거등의 운전자가 횡단보도를 이용하여 도로를 횡단할 때에는 자전거등에서 내려서 자전거등을 끌거나 들고 보행하여야 한다. 기출OX 06

2 자전거등의 준수사항

- 누구든지 술에 취한 상태에서(음주측정 방해행위 포함) 자전거 등을 운전하여서는 아니 된다. → 자전거등 주취운전 20만원 이하의 벌금이나 구류 또는 과료(범칙금 3만원, 측정불응시 10만원) 기출OX 07, 08
- 자전거등의 운전자는 밤에 도로를 통행하는 때에는 전조등과 미등을 켜거나 야광띠 등 발광장치를 착용하여야 한다. 기출OX 09

3 개인형 이동장치(PM)

- 개인형 이동장치이란 「도로교통법」상 원동기장치자전거 중 차체중량이 30kg 미만이고 시속 25km 이상으로 운행할 경우 원동기가 작동하지 아니한 것 중 행정안전부령으로 정한 것을 말한다.
- 개인형 이동장치는 「특정범죄 가중처벌 등에 관한 법률」상 도주차량 가중처벌 규정이 적용된다.
- 개인형 이동장치는 음주운전에 해당하는 경우 범칙금 10만원, 측정거부의 경우 범칙금 13만원이 부과된다.
- 개인형 이동장치의 운전자는 행정안전부령으로 정하는 승차정원을 초과하여 동승자를 태우고 개인형 이동장치를 운전하여서는 아니 된다. 기출OX 09-1

> 도로교통법 제11조 【어린이 등에 대한 보호】 ③ 어린이의 보호자는 도로에서 어린이가 자전거를 타거나 행정안전부령으로 정하는 위험성이 큰 움직이는 놀이기구(킥보드, 롤러스케이트, 인라인스케이트, 스케이트보드 등)를 타는 경우에는 어린이의 안전을 위하여 행정안전부령으로 정하는 인명보호 장구를 착용하도록 하여야 한다. 기출OX 10
> ④ 어린이의 보호자는 도로에서 어린이가 개인형 이동장치를 운전하게 하여서는 아니 된다. 기출OX 11

[TIP] 도로교통법 제11조 정리

- 도로에서 "자전거"를 타는 경우: 어린이는 보호장구 착용하고 가능
- 도로에서 "개인형이동장치"를 타는 경우: 어린이는 어떠한 경우에도 도로에서 타면 안됨

기출 OX

01 자전거등의 운전자는 자전거도로(「도로교통법」 제15조 제1항에 따라 자전거만 통행할 수 있도록 설치된 전용차로를 포함한다)가 따로 있는 곳에서는 그 자전거도로로 통행할 수 있다. 18 승진 (O X)

02 자전거등의 운전자는 자전거도로가 설치되지 아니한 곳에서는 도로 좌측 가장자리에 붙어서 통행하여야 한다. 18 간부, 20 지능범죄, 18 승진 (O X)

03 자전거 운전자는 길가장자리구역(안전표지로 자전거등의 통행을 금지한 구간은 제외한다)을 통행할 수 있다. 이 경우 자전거 운전자는 보행자의 통행에 방해가 될 때에는 서행하거나 일시정지하여야 한다. 20 지능범죄, 18 간부 (O X)

04 자전거등의 운전자는 안전표지로 통행이 허용된 경우를 제외하고는 2대 이상이 나란히 차도를 통행하여서는 아니 된다. 24·18 승진, 18 간부, 13 채용 (O X)

05 자전거 운전자는 서행하거나 정지한 다른 차를 앞지르려면 앞차의 좌측으로만 통행하여야 한다. 이 경우 자전거 운전자는 정지한 차에서 승차하거나 하차하는 사람의 안전에 유의하여 서행하거나 필요한 경우 일시정지하여야 한다. 24 승진 (O X)

06 자전거등의 운전자가 횡단보도를 이용하여 도로를 횡단할 때에는 보행자의 통행에 방해가 되지 않도록 서행하여야 한다. 13 채용, 18 간부, 18 승진 (O X)

07 자전거등의 운전자는 술에 취한 상태 또는 약물의 영향과 그 밖의 사유로 정상적으로 운전하지 못할 우려가 있는 상태에서 자전거등을 운전하여서는 아니 된다. 13 채용 (O X)

08 술에 취한 상태에서 자전거를 운전했을 경우의 범칙금은 3만원이며, 술에 취한 상태에 있다고 인정할 만한 상당한 이유가 있는 자전거 운전자가 경찰공무원의 호흡조사 측정에 불응한 경우의 범칙금은 10만원에 해당된다. 24 승진 (O X)

09 자전거등의 운전자는 밤에 도로를 통행하는 때에는 전조등과 미등을 켜거나 야광띠 등 발광장치를 착용하여야 한다. 18 간부 (O X)

09-1 개인형 이동장치의 운전자는 대통령령으로 정하는 승차정원을 초과하여 동승자를 태우고 개인형 이동장치를 운전하여서는 아니 된다. 25 채용 (O X)

10 자전거의 운전자는 자전거에 어린이를 태우고 운전할 때에는 그 어린이에게 행정안전부령으로 정하는 인명보호 장구를 착용하도록 하여야 한다. 18 간부, 13 채용 (O X)

11 어린이의 보호자는 어린이가 행정안전부령으로 정하는 인명보호 장구를 착용한 경우를 제외하고 도로에서 개인형 이동장치를 운전하게 하여서는 아니된다. 23 간부 (O X)

정답 및 해설

01 X 통행할 수 있는 것이 아니라, 통행하여야 한다.
02 X 우측 가장자리에 붙어서 통행하여야 한다.
03 O
04 O
05 X 자전거등의 운전자는 서행하거나 정지한 다른 차를 앞지르려면 제1항에도 불구하고 앞차의 우측으로 통행할 수 있다.
06 X 내려서 자전거등을 끌거나 들고 보행하여야 한다.
07 O
08 O
09 O
09-1 X 행정안전부령으로 정하는
10 O
11 X 보호 장구의 착용 여부와 관계없이, 개인형 이동장치에 대해서는 운전하게 하여서는 안된다.

POINT 04 어린이 통학버스

1 의미

도로교통법 제2조 【정의】 이 법에서 사용하는 용어의 뜻은 다음과 같다.
23. "어린이통학버스"란 다음 각 목의 시설 가운데 어린이(13세 미만인 사람을 말한다.)를 교육 대상으로 하는 시설에서 어린이의 통학 등에 이용되는 자동차와 「여객자동차 운수사업법」 제4조 제3항에 따른 여객자동차운송사업의 한정면허를 받아 어린이를 여객대상으로 하여 운행되는 운송사업용 자동차를 말한다. 기출 OX 01

도로교통법상 어린이: 13세 미만인 사람
도로교통법상 영유아: 6세 미만인 사람

2 어린이 통학버스 특별보호

- 어린이통학버스가 도로에 정차하여 어린이나 영유아가 타고 내리는 중임을 표시하는 점멸등 등의 장치를 작동 중일 때에는 어린이통학버스가 정차한 차로와 그 차로의 바로 옆 차로로 통행하는 차의 운전자는 어린이통학버스에 이르기 전에 일시정지하여 안전을 확인한 후 서행하여야 한다. 기출 OX 02
- 위의 경우 중앙선이 설치되지 아니한 도로와 편도 1차로인 도로에서는 반대방향에서 진행하는 차의 운전자도 어린이통학버스에 이르기 전에 일시정지하여 안전을 확인한 후 서행하여야 한다. 기출 OX 03
- 모든 차의 운전자는 어린이나 영유아를 태우고 있다는 표시를 한 상태로 도로를 통행하는 어린이통학버스를 앞지르지 못한다. 기출 OX 04

3 어린이 통학버스 신고

어린이통학버스(「여객자동차 운수사업법」 제4조 제3항에 따른 한정면허를 받아 어린이를 여객대상으로 하여 운행되는 운송사업용 자동차는 제외한다)를 운영하려는 자는 행정안전부령으로 정하는 바에 따라 미리 관할 경찰서장에게 신고하고 신고증명서를 발급받아야 한다. 기출 OX 05

4 어린이 통학버스 운전자 의무

- 어린이통학버스를 운전하는 사람은 어린이나 영유아가 타고 내리는 경우에만 제51조 제1항에 따른 점멸등 등의 장치를 작동하여야 하며, 어린이나 영유아를 태우고 운행 중인 경우에만 제51조 제3항에 따른 표시(어린이나 영유아를 태우고 있다는 표시)를 하여야 한다.
- 어린이통학버스를 운전하는 사람은 어린이나 영유아가 어린이통학버스를 탈 때에는 승차한 모든 어린이나 영유아가 좌석안전띠(어린이나 영유아의 신체구조에 따라 적합하게 조절될 수 있는 안전띠를 말한다)를 매도록 한 후에 출발하여야 하며, 내릴 때에는 보도나 길가장자리구역 등 자동차로부터 안전한 장소에 도착한 것을 확인한 후에 출발하여야 한다. 다만, 좌석안전띠 착용과 관련하여 질병 등으로 인하여 좌석안전띠를 매는 것이 곤란하거나 행정안전부령으로 정하는 사유가 있는 경우에는 그러하지 아니하다. 기출 OX 06
- 어린이통학버스를 운영하는 사람과 운전하는 사람 보호자는 어린이통학버스의 안전운행 등에 관한 교육을 받아야 한다. 기출 OX 07

기출 OX

01 「도로교통법」상 어린이라 함은 13세 미만의 사람을 말한다. 12·18 승진   O X

02 어린이통학버스가 도로에 정차하여 점멸등 등 어린이가 타고 내리는 중임을 표시하는 장치를 가동 중인 때에는 중앙선이 설치되지 아니한 도로의 반대방향에서 진행하는 차의 운전자는 어린이통학버스에 이르기 전에 서행하여야 한다. 12·18 승진   O X

03 중앙선이 설치되지 아니한 도로와 편도 1차로인 도로에서는 반대방향에서 진행하는 차의 운전자도 어린이통학버스에 이르기 전에 일시정지하여 안전을 확인한 후 서행하여야 한다. 18 승진   O X

04 모든 차의 운전자는 어린이나 영유아를 태우고 있다는 표시를 한 상태로 도로를 통행하는 어린이통학버스를 앞지를 때 과도하게 속도를 올리는 등 행위를 자제하여야 한다. 22·12·18 승진, 13 채용   O X

05 어린이통학버스를 운영하려는 자는 행정안전부령으로 정하는 바에 따라 미리 관할 경찰서장에게 신고하고 신고증명서를 발급받아야 한다. 13 채용   O X

06 어린이통학버스를 운전하는 사람은 어린이나 영유아가 어린이통학버스를 탈 때에는 어린이나 영유아가 좌석에 앉았는지 확인한 후에 출발하여야 하며, 내릴 때에는 보도나 길가장자리구역 등 자동차로부터 안전한 장소에 도착한 것을 확인한 후에 출발하여야 한다. 13 채용   O X

07 어린이통학버스를 운영하는 사람과 운전하는 사람 및 제53조 제3항에 따른 보호자는 어린이통학버스의 안전운행 등에 관한 교육을 받아야 한다. 13 채용   O X

정답 및 해설

01 O
02 X '일시정지하여 안전을 확인한 후' 서행하여야 한다.
03 O
04 X 앞지르지 못한다.
05 O
06 X 출발할 때 어린이나 영유아가 좌석에 앉았는지 확인한 후에 출발하는 것이 아니라, 좌석안전띠를 매도록 한 후에 출발하여야 한다.
07 O

POINT 05 어린이 보호구역

1 어린이보호구역의 지정

- **시장등**은 보호구역으로 지정·관리할 필요가 인정되는 경우에는 관할 <u>시·도경찰청장 또는 경찰서장과 협의</u>하여 해당 보호구역 지정대상 시설 또는 장소의 주(主) 출입문(출입문이 없는 장소의 경우에는 해당 장소를 말한다)을 기준으로 반경 **300미터** 이내의 도로 중 일정구간을 보호구역으로 지정한다.
- 다만, 시장등은 해당 지역의 교통여건 및 효과성 등을 면밀히 검토하여 필요한 경우 보호구역 지정대상 시설 또는 장소의 주 출입문을 기준으로 반경 **500미터** 이내의 도로에 대해서도 보호구역으로 지정할 수 있다. 기출 OX 01

2 보호구역 내 필요한 조치

시·도경찰청장이나 경찰서장은 보호구역에서 구간별·시간대별로 다음의 조치를 할 수 있다.
1. 차마의 통행을 금지하거나 제한하는 것
2. 차마의 정차나 주차를 금지하는 것
3. 운행속도를 시속 **30킬로미터** 이내로 제한하는 것
4. **이면도로**(도시지역에 있어서 간선도로가 아닌 도로로서 일반의 교통에 사용되는 도로를 말한다)를 일방통행로로 지정·운영하는 것 기출 OX 02

3 어린이 보호구역 내 일시정지

모든 차 또는 노면전차의 운전자는 어린이 보호구역 내에 설치된 횡단보도 중 신호기가 설치되지 아니한 횡단보도 앞(정지선이 설치된 경우에는 그 정지선을 말한다)에서는 보행자의 횡단 여부와 관계없이 일시정지하여야 한다.

> **특정범죄가중처벌 등에 관한 법률 제5조의13【어린이 보호구역에서 어린이 치사상의 가중처벌】** 자동차등의 운전자가 「도로교통법」 제12조제3항에 따른 어린이 보호구역에서 같은 조 제1항에 따른 조치를 준수하고 어린이의 안전에 유의하면서 운전하여야 할 의무를 위반하여 어린이(13세 미만인 사람을 말한다. 이하 같다)에게 「교통사고처리 특례법」 제3조제1항의 죄를 범한 경우에는 다음 각 호의 구분에 따라 가중처벌한다.
> 1. 어린이를 사망에 이르게 한 경우에는 무기 또는 3년 이상의 징역에 처한다.
> 2. 어린이를 상해에 이르게 한 경우에는 1년 이상 15년 이하의 징역 또는 500만원 이상 3천만원 이하의 벌금에 처한다.

기출 OX

01 「어린이·노인 및 장애인 보호구역의 지정 및 관리에 관한 규칙」상 시장등은 조사 결과 보호구역으로 지정·관리할 필요가 인정되는 경우에 관할 시·도경찰청장 또는 경찰서장과 협의하여 해당 보호구역 지정대상시설의 주(主) 출입문을 중심으로 반경 300미터 이내의 도로 중 일정구간을 보호구역으로 지정하나, 해당 지역의 교통여건 및 효과성 등을 면밀히 검토하여 필요한 경우에 보호구역 지정대상시설의 주 출입문을 중심으로 반경 500미터 이내의 도로에 대해서도 보호구역으로 지정할 수 있다. 24 경간, 22 승진 (O X)

02 「어린이·노인 및 장애인 보호구역의 지정 및 관리에 관한 규칙」상 시·도경찰청장이나 경찰서장은 「도로교통법」 제12조 제1항 또는 제12조의2 제1항에 따라 보호구역에서 구간별·시간대별로 도시지역의 간선도로를 일방통행로로 지정·운영할 수 있다. 22 승진 (O X)

정답 및 해설

01 O
02 X 이면도로를 일방통행로로 지정·운영할 수 있다.

POINT 06 도로

1 도로교통법상 도로의 종류

도로	가. 「도로법」에 따른 도로 나. 「유료도로법」에 따른 유료도로 다. 「농어촌도로 정비법」에 따른 농어촌도로 라. 그 밖에 현실적으로 불특정 다수의 사람 또는 차마(車馬)가 통행할 수 있도록 공개된 장소로서 안전하고 원활한 교통을 확보할 필요가 있는 장소 기출OX 01
자동차 전용도로	자동차만 다닐 수 있도록 설치된 도로를 말한다. 기출OX 02
고속도로	자동차의 고속 운행에만 사용하기 위하여 지정된 도로를 말한다. 기출OX 03
자전거도로	안전표지, 위험방지용 울타리나 그와 비슷한 인공구조물로 경계를 표시하여 자전거 및 개인형 이동장치가 통행할 수 있도록 설치된 「자전거 이용 활성화에 관한 법률」 제3조 각 호의 도로를 말한다.
보행자전용도로	보행자만 다닐 수 있도록 안전표지나 그와 비슷한 인공구조물로 표시한 도로를 말한다.

2 도로의 부분·시설물

차도	연석선(차도와 보도를 구분하는 돌 등으로 이어진 선을 말한다.), 안전표지 또는 그와 비슷한 인공구조물을 이용하여 경계를 표시하여 모든 차가 통행할 수 있도록 설치된 도로의 부분을 말한다. 기출OX 04
중앙선	차마의 통행 방향을 명확하게 구분하기 위하여 도로에 황색 실선이나 황색 점선 등의 안전표지로 표시한 선 또는 중앙분리대나 울타리 등으로 설치한 시설물을 말한다. 다만, 가변차로가 설치된 경우에는 신호기가 지시하는 진행방향의 가장 왼쪽에 있는 황색 점선을 말한다.
차로	차마가 한 줄로 도로의 정하여진 부분을 통행하도록 차선으로 구분한 차도의 부분을 말한다. 기출OX 05
차선	차로와 차로를 구분하기 위하여 그 경계지점을 안전표지로 표시한 선을 말한다. 기출OX 06
자전거횡단도	자전거 및 개인형 이동장치가 일반도로를 횡단할 수 있도록 안전표지로 표시한 도로의 부분을 말한다 기출OX 07
보도	연석선, 안전표지나 그와 비슷한 인공구조물로 경계를 표시하여 보행자(유모차, 보행보조용 의자차, 노약자용 보행기 등 행정안전부령으로 정하는 기구·장치를 이용하여 통행하는 사람 및 제21호의3에 따른 실외이동로봇을 포함한다.)가 통행할 수 있도록 한 도로의 부분을 말한다. 기출OX 08
길가장자리구역	보도와 차도가 구분되지 아니한 도로에서 보행자의 안전을 확보하기 위하여 안전표지 등으로 경계를 표시한 도로의 가장자리 부분을 말한다. 기출OX 09
횡단보도	보행자가 도로를 횡단할 수 있도록 안전표지로 표시한 도로의 부분을 말한다.
교차로	'십'자로, 'T'자로나 그 밖에 둘 이상의 도로(보도와 차도가 구분되어 있는 도로에서는 차도를 말한다)가 교차하는 부분을 말한다. 기출OX 10
안전지대	도로를 횡단하는 보행자나 통행하는 차마의 안전을 위하여 안전표지나 이와 비슷한 인공구조물로 표시한 도로의 부분을 말한다.

기출 OX

01 '도로'란 「도로법」에 따른 도로, 「유료도로법」에 따른 유료도로, 「농어촌도로 정비법」에 따른 농어촌도로에 한한다. 18 승진 O X

02 '자동차전용도로'란 자동차만 다닐 수 있도록 설치된 도로를 말한다. 14 채용, 16 지능 O X

03 '고속도로'란 자동차의 고속 운행에만 사용하기 위하여 지정된 도로를 말한다. 16 간부 O X

04 '차도'란 연석선(차도와 보도를 구분하는 돌 등으로 이어진 선을 말한다), 안전표지 또는 그와 비슷한 인공구조물을 이용하여 경계를 표시하여 모든 차가 통행할 수 있도록 설치된 도로의 부분을 말한다. 17 승진 O X

05 '차로'란 연석선(차도와 보도를 구분하는 돌 등으로 이어진 선을 말한다), 안전표지 또는 그와 비슷한 인공구조물을 이용하여 경계(境界)를 표시하여 모든 차가 통행할 수 있도록 설치된 도로의 부분을 말한다. 16 지능 O X

06 '차선'이란 차로와 차로를 구분하기 위하여 그 경계지점을 안전표지로 표시한 선을 말한다. 14 채용, 16 지능 O X

07 '자전거횡단도'란 자전거 및 개인형 이동장치가 일반도로를 횡단할 수 있도록 안전표지로 표시한 도로의 부분을 말한다. 17 채용, 16 지능 O X

08 '보도'란 연석선, 안전표지나 그와 비슷한 인공구조물로 경계를 표시하여 보행자(유모차, 보행보조용 의자차, 노약자용 보행기 등 행정안전부령으로 정하는 기구·장치를 이용하여 통행하는 사람 및 실외이동로봇을 제외한다)가 통행할 수 있도록 한 도로의 부분을 말한다. 18 승진, 23·16 간부, 13 채용 O X

09 '길가장자리구역'이란 보도와 차도가 구분되어 있는 도로에서 보행자의 안전을 확보하기 위하여 안전표지 등으로 경계를 표시한 도로의 가장자리 부분을 말한다. 17 채용, 18·17 승진, 23·16 간부 O X

10 '교차로'란 '十'자로, 'T'자로나 그 밖에 둘 이상의 도로(보도와 차도가 구분되어 있는 도로에서는 차도를 말한다)가 교차하는 부분을 말한다. 13·17 채용 O X

정답 및 해설

01 X 지문에 제시된 3법 외에도 도로에 포함되는 경우가 있다
02 O
03 O
04 O
05 X 지문은 '차도'에 대한 정의이다.
06 O
07 O
08 X 유모차, 보행보조용 의자차, 노약자용 보행기 등 행정안전부령으로 정하는 기구·장치를 이용하여 통행하는 사람을 포함한다.
09 X 길가장자리구역은 보도와 차도가 구분되지 아니한 도로에 있는 것이다.
10 O

3 교통안전시설

신호기	도로교통에서 문자·기호 또는 등화를 사용하여 진행·정지·방향전환·주의 등의 신호를 표시하기 위하여 사람이나 전기의 힘으로 조작하는 장치를 말한다. 기출OX 01
안전표지	교통안전에 필요한 주의·규제·지시 등을 표시하는 표지판이나 도로의 바닥에 표시하는 기호·문자 또는 선 등을 말한다. 기출OX 02, 03, 04, 05, 06, 07

구분	내용 **지보노주규**
주의표지	도로상태가 위험하거나 도로 또는 그 부근에 위험물이 있는 경우에 필요한 사전조치를 할 수 있도록 이를 도로사용자에게 알리는 표지
규제표지	도로교통의 안전을 위하여 각종 제한·금지 등의 규제를 하는 경우에 이를 도로사용자에게 알리는 표지
지시표지	도로의 통행방법·통행구분 등 도로교통의 안전을 위하여 필요한 지시를 하는 경우에 도로사용자가 이에 따르도록 알리는 표지
보조표지	주의표지·규제표지 또는 지시표지의 주기능을 보충하여 도로사용자에게 알리는 표지
노면표시	도로교통의 안전을 위하여 각종 주의·규제·지시 등의 내용을 노면에 기호·문자 또는 선으로 도로사용자에게 알리는 표지

[참고] 안전거리

공주거리	운전자가 운전 중에 위험을 감지하고 나서 실제로 제동페달을 밟아서 제동효과가 나타날 때까지 자동차가 주행하는 거리
제동거리	브레이크가 듣기 시작하여 제동효과가 나타나서 자동차가 현실적으로 정지할 때까지 주행한 거리
정지거리	공주거리 + 제동거리
안전거리	• 모든 차의 운전자는 같은 방향으로 가고 있는 앞차의 뒤를 따르는 경우에는 앞차가 갑자기 정지하게 되는 경우 그 앞차와의 추돌을 피할 수 있는 필요한 거리를 확보하여야 함 • 따라서 안전거리는 정지거리보다 긴 거리임

기출 OX

01 '신호기'란 도로교통에서 문자·기호 또는 등화를 사용하여 진행·정지·방향전환·주의 등의 신호를 표시하기 위하여 사람이나 전기의 힘으로 조작하는 장치를 말한다. 13 채용 (O X)

02 '안전표지'란 교통안전에 필요한 주의·규제·지시 등을 표시하는 표지판이나 도로의 바닥에 표시하는 기호·문자 또는 선 등을 말한다. 17 채용 (O X)

03 교통안전표지에는 주의, 규제, 지시, 경고, 노면표지가 있다. 14 승진 (O X)

04 도로상태가 위험하거나 도로 또는 그 부근에 위험물이 있는 경우에 필요한 안전조치를 할 수 있도록 이를 도로사용자에게 알리는 표지는 보조표지이다. 20 채용 (O X)

05 도로교통의 안전을 위하여 각종 제한·금지 등의 규제를 하는 경우에 이를 도로사용자에게 알리는 표지는 규제표지이다. 20 채용 (O X)

06 주의표지·규제표지 또는 지시표지의 주기능을 보충하여 도로사용자에게 알리는 표지는 노면표지이다. 20 채용 (O X)

07 도로의 통행방법·통행구분 등 도로교통의 안전을 위하여 필요한 지시를 하는 경우에 도로사용자가 이에 따르도록 알리는 표지는 지시표지이다. 20 채용 (O X)

정답 및 해설

01 O
02 O
03 X 지시표지, 보조표지, 노면표시, 주의표지, 규제표지
04 X 주의표지
05 O
06 X 보조표지
07 O

POINT 07 운전

1 운전의 의미 기출OX 01, 02, 03, 04, 05

운전이란 도로(① 운전자의 보행자 보호의무 · ② 음주운전 · 과로 · 질병 · 약물운전 · 음주운전 등 벌칙 · ③ 교통사고 후 미조치 벌칙 ④ 주정차된 차량 손괴 후 인적사항 미제공 벌칙의 경우에는 도로 외의 곳을 포함한다)에서 차마 또는 노면전차를 그 본래의 사용방법에 따라 사용하는 것(조종 또는 자율주행시스템을 사용하는 것을 포함한다)을 말한다.

> **판례 |**
> 도로교통법 제2조 제26호의 '운전'은 '도로에서 차마를 그 본래의 사용방법에 따라 사용하는 것을 포함한다'고 정의하면서 괄호의 예외규정을 두어 일정한 경우에는 도로 외의 곳에서 한 운전도 '운전'에 포함하는 형식을 취하고 있다. 위 괄호의 예외 규정에는 음주운전 · 음주측정거부 등에 관한 형사처벌 규정인 도로교통법 제148조의2가 포함되어 있으나, 행정제재 처분인 운전면허 취소 · 정지의 근거 규정인 도로교통법 제93조는 포함되어 있지 않기 때문에 도로 외의 곳에서의 음주운전 · 음주측정거부 등에 대해서는 형사처벌만 가능하고 운전면허의 취소 · 정지 처분은 부과할 수 없다(대판 2018두42771).
> 기출OX 06

2 초보운전자와 모범운전자

초보운전자	처음 운전면허를 받은 날(처음 운전면허를 받은 날부터 2년이 지나기 전에 운전면허의 취소처분을 받은 경우에는 그 후 다시 운전면허를 받은 날을 말한다)부터 2년이 지나지 아니한 사람을 말한다. 이 경우 원동기장치자전거면허만 받은 사람이 원동기장치자전거면허 외의 운전면허를 받은 경우에는 처음 운전면허를 받은 것으로 본다.
모범운전자	무사고운전자 또는 유공운전자의 표시장을 받거나 2년 이상 사업용 자동차 운전에 종사하면서 교통사고를 일으킨 전력이 없는 사람으로서 경찰청장이 정하는 바에 따라 선발되어 교통안전 봉사활동에 종사하는 사람을 말한다. 기출OX 07

3 운전관련 주요행위

(1) 서행 및 일시정지

서행	운전자가 차 또는 노면전차를 즉시 정지시킬 수 있는 정도의 느린 속도로 진행하는 것을 말한다.
일시정지	차 또는 노면전차의 운전자가 그 차 또는 노면전차의 바퀴를 일시적으로 완전히 정지시키는 것을 말한다.

(2) 앞지르기 방법 · 금지장소

방법	모든 차의 운전자는 다른 차를 앞지르려면 앞차의 좌측으로 통행하여야 한다.
금지장소	1. 교차로 2. 터널 안 3. 다리 위 4. 도로의 구부러진 곳, 비탈길의 고갯마루 부근 또는 가파른 비탈길의 내리막 등 시 · 도 경찰청장이 도로에서의 위험을 방지하고 교통의 안전과 원활한 소통을 확보하기 위하여 필요하다고 인정하는 곳으로서 안전표지로 지정한 곳

기출 OX

01 유료주차장 내에서 음주운전을 하다가 적발된 경우 경찰관이 해당 운전자를 적발하여 단속할 수 있다. 15 승진 [O X]

02 대학교 구내에서 마약을 과다복용하고 운전을 하다가 적발된 경우 경찰관이 해당 운전자를 적발하여 단속할 수 있다. 15 승진 [O X]

03 아파트 지하주차장에서 보행자를 충격하여 다치게 한 후 적절한 조치 없이 현장을 이탈하였다가 적발된 경우 경찰관이 해당 운전자를 적발하여 단속할 수 있다. 15 승진 [O X]

04 학교 운동장에서 운전면허를 취득하기 위해 운전연습을 하다가 신고를 통해 적발된 경우 경찰관이 해당 운전자를 적발하여 단속할 수 있다. 15 승진 [O X]

05 주차장, 학교 경내 등 「도로교통법」상 도로가 아닌 곳에서도 음주운전에 대해 「도로교통법」 적용이 가능하나, 운전면허 행정처분만 가능하고 형사처벌은 할 수 없다. 20 간부 [O X]

06 「도로교통법」상 도로가 아닌 곳에서 술에 취한 상태에서의 운전은 음주운전으로는 처벌할 수 있지만 운전면허의 정지 또는 취소처분을 부과할 수는 없다. 22 채용 [O X]

07 모범운전자란 동법에 따라 무사고운전자 또는 유공운전자의 표시장을 받거나 2년 이상 사업용 자동차 운전에 종사하면서 교통사고를 일으킨 전력이 없는 사람으로서 시·도경찰청장이 정하는 바에 따라 선발되어 교통안전 봉사활동에 종사하는 사람을 말한다. 23 간부 [O X]

정답 및 해설

01 O
02 O
03 O
04 X 도로교통법은 일정한 경우에는 도로가 아닌 곳에서의 운전을 '운전'으로 인정하는 경우가 있다 '무면허운전'은 이러한 예외에해당하지 아니하므로 도로가 아닌 곳에서 무면허운전을 하였다 하더라도 단속할 수 없다.
05 X 도로가 아닌 곳에서 음주운전을 한 경우 형사처벌만 가능하고, 면허취소·정지 등 행정처분은 불가능하다.
06 O
07 X 경찰청장이 선발한다.

(3) 주차 및 정차

주차	운전자가 승객을 기다리거나 화물을 싣거나 차가 고장 나거나 그 밖의 사유로 차를 계속 정지 상태에 두는 것 또는 **운전자가 차에서 떠나서 즉시 그 차를 운전할 수 없는 상태**에 두는 것을 말한다. 기출OX 01
정차	운전자가 **5분을 초과하지 아니하고 차를 정지**시키는 것으로서 주차 외의 정지 상태를 말한다. 기출OX 02

(4) 주·정차 금지장소 기출OX 03, 04, 05, 06, 07, 08, 09, 10, 11, 12

주·정차 금지 장소	1. 교차로·횡단보도·건널목이나 보도와 차도가 구분된 도로의 보도(「주차장법」에 따라 차도와 보도에 걸쳐서 설치된 노상주차장은 제외) 2. 교차로의 가장자리나 도로의 모퉁이로부터 5미터 이내인 곳 3. 안전지대가 설치된 도로에서는 그 안전지대의 사방으로부터 각각 10미터 이내인 곳 4. 버스여객자동차의 정류지임을 표시하는 기둥이나 표지판 또는 선이 설치된 곳으로부터 10미터 이내인 곳 → 버스여객자동차의 운행시간 중에 운행노선에 따르는 정류장에서 승객을 태우거나 내리기 위하여 차를 정차하거나 주차하는 경우에는 그러하지 아니함 5. 건널목의 가장자리 또는 횡단보도로부터 10미터 이내인 곳 6. 「소방기본법」 제10조에 따른 소방용수시설 또는 비상소화장치가 설치된 곳, 「화재예방, 소방시설 설치·유지 및 안전관리에 관한 법률」 제2조 제1항 제1호에 따른 소방시설로서 대통령령으로 정하는 시설이 설치된 곳으로부터 5미터 이내인 곳 7. 시·도경찰청장이 도로에서의 위험을 방지하고 교통의 안전과 원활한 소통을 확보하기 위하여 필요하다고 인정하여 지정한 곳 8. 시장등이 지정한 어린이 보호구역 → **5m 기준**: 교차로·도로모퉁이·소방시설 **교도소** → **10m 기준**: 안전지대·횡단보도·버스정류지·건널목 **안횡버건** → **거리기준 X**: 교차로, 횡단보도, 건널목, 보도, 어린이보호구역, 시도청장이 지정한곳 **교횡건보어시**

주차 금지 장소	1. 터널 안 및 다리 위
	2. 다음 각 목의 곳으로부터 5미터 이내인 곳
	  가. 도로공사를 하고 있는 경우에는 그 공사 구역의 양쪽 가장자리
	  나. 「다중이용업소의 안전관리에 관한 특별법」에 따른 다중이용업소의 영업장이 속한 건축물로 소방본부장의 요청에 의하여 시·도경찰청장이 지정한 곳
	3. 시·도경찰청장이 도로에서의 위험을 방지하고 교통의 안전과 원활한 소통을 확보하기 위하여 필요하다고 인정하여 지정한 곳
	→ **5m 기준**: 도로공사구역, 다중이용업소 **도다**
	→ **거리기준 X**: 터널안 다리위, 지정한 곳 **터다지**

[압축정리] 주·정차금지장소

금지	5m 이내 금지	10m 이내 금지
교차로	교차로 가장자리	-
횡단보도	-	횡단보도로부터
건널목	-	건널목 가장자리
보도	도로 모퉁이	-
• 어린이 보호구역 • 시·도경찰청장 지정	소방용수시설·비상소화장치·소방시설	• 안전지대 사방 • 버스정류지 기둥 등

기출 OX

01 '주차'란 운전자가 승객을 기다리거나 화물을 싣거나 차가 고장나거나 그 밖의 사유로 차를 계속 정지 상태에 두는 것 또는 운전자가 차에서 떠나서 즉시 그 차를 운전할 수 없는 상태에 두는 것을 말한다. 13 채용 ○ X

02 '정차'란 운전자가 10분을 초과하지 아니하고 차를 정지시키는 것으로서 주차 외의 정지 상태를 말한다. 18·17 승진, 23·14·13 채용 ○ X

03 교차로의 가장자리나 도로의 모퉁이로부터 10m 이내인 곳은 주·정차금지장소이다. 20·17 승진, 17 간부 ○ X

04 안전지대가 설치된 도로에서는 그 안전지대의 사방으로부터 각각 10m 이내인 곳은 주·정차금지구역에 해당한다. 20 승진 ○ X

05 건널목의 가장자리 또는 횡단보도로부터 10m 이내인 곳은 주·정차금지구역에 해당한다. 20·17 승진, 17 간부 ○ X

06 소방용 기계·기구가 설치된 곳으로부터 5미터 이내인 곳은 주차금지장소에 해당한다. 17·16 채용, 17 승진 ○ X

07 터널 안, 다리 아래는 주차금지장소에 해당한다. 17·16 채용, 17 간부, 18 승진 ○ X

08 터널 안 및 다리 위, 도로공사를 하고 있는 경우에는 그 공사 구역의 양쪽 가장자리로부터 5미터 이내인 곳은 주·정차 금지장소이다. 24 채용, 17 승진 ○ X

09 모든 차의 운전자는 예외 없이 터널 안에 차를 주차해서는 아니 된다. 23 채용 ○ X

10 도로공사를 하고 있는 경우에는 그 공사 구역의 양쪽 가장자리로부터 10미터 이내인 곳은 주차금지장소에 해당한다. 17·16 채용, 17 간부, 22 승진 ○ X

11 다중이용업소의 영업장이 속한 건축물로 소방본부장의 요청에 의하여 시·도경찰청장이 지정한 곳으로부터 5미터 이내인 곳은 주차금지장소에 해당한다. 18 승진, 17 간부 ○ X

12 교차로·횡단보도·건널목이나 보도와 차도가 구분된 도로의 보도(「주차장법」에 따라 차도와 보도에 걸쳐서 설치된 노상주차장은 제외한다)와 교차로의 가장자리나 도로의 모퉁이로부터 5미터 이내인 곳과 시장등이 제12조 제1항에 따라 지정한 어린이 보호구역은 주차금지장소에 해당한다. 24 채용 ○ X

정답 및 해설

01 ○
02 X 10분이 아닌 5분이다.
03 X 도로의 모퉁이로부터는 5m 이내
04 ○
05 ○
06 X 주·정차금지장소에 해당한다.
07 X 터널 안, 다리 위
08 X 주차금지장소.
09 X 모든 차의 운전자는 터널 안에 차를 주차해서는 안 되는 것이 원칙이나, 고장 또는 그 밖의 부득이한 사유로 터널 안 도로에서 차 또는 노면전차의 전조등이나 차폭등, 미등을 켜고 정차 또는 주차가 가능하다는 예외가 있다.
10 X 5m 이내인 곳이 주차금지장소에 해당
11 ○
12 X 주·정차 금지장소

POINT 08 운전면허

1 운전면허 종류

운전면허 종별	구분	운전할 수 있는 차의 종류
제1종	대형면허 기출OX 01, 02	• 승용자동차 • 승합자동차 • 화물자동차 • 건설기계 − 덤프트럭, 아스팔트살포기, 노상안정기 − 콘크리트믹서트럭, 콘크리트펌프, 천공기(트럭 적재식) − 콘크리트믹서트레일러, 아스팔트콘크리트재생기, − 도로보수트럭, 3톤 미만의 지게차 • 특수자동차[대형견인차, 소형견인차 및 구난차 제외] • 원동기장치자전거
	보통면허 15·12·10 이·미·미	• 승용자동차 • 승차정원 15명 이하의 승합자동차 • 적재중량 12톤 미만의 화물자동차 기출OX 03, 04, 05, 06 • 총중량 10톤 미만의 특수자동차(구난차등은 제외한다) • 건설기계(도로를 운행하는 3톤 미만의 지게차에 한함) • 원동기장치자전거
	소형면허	• 3륜화물자동차 기출OX 07 • 3륜승용자동차 • 원동기장치자전거
	특수면허 — 대형견인차	• 견인형 특수자동차 • 제2종 보통면허로 운전할 수 있는 차량
	특수면허 — 소형견인차	• 총중량 3.5톤 이하의 견인형 특수자동차 기출OX 08 • 제2종 보통면허로 운전할 수 있는 차량
	특수면허 — 구난차	• 구난형 특수자동차 • 제2종 보통면허로 운전할 수 있는 차량
제2종	보통면허 10·4·3.5 이·이·이	• 승용자동차 • 승차정원 10명 이하의 승합자동차 기출OX 08-1 • 적재중량 4톤 이하의 화물자동차 기출OX 09, 10, 11, 12, 13 • 총중량 3.5톤 이하의 특수자동차(구난차등은 제외한다) • 원동기장치자전거
	소형면허	• 이륜자동차(측차부를 포함) → 배기량 125cc 초과의 이륜자동차 • 원동기장치자전거 기출OX 14
	원동기장치 자전거면허	• 원동기장치자전거

기출 OX

01 제1종 대형면허를 소지한 乙이 구난차 등이 아닌 특수자동차를 운전한 경우 무면허운전에 해당하지 않는다. 19 채용 `O X`

02 제1종 대형면허로 승차정원 45인의 승합자동차는 운전할 수 있으나, 대형견인차는 운전할 수 없다. 18 채용 `O X`

03 제1종 보통의 경우 15인 이하 승합차, 적재중량 (㉠)톤 미만 화물자동차, 총 중량 10톤 미만의 특수자동차(구난차는 제외한다)를 운전할 수 있고, 제2종 보통의 경우 (㉡)인 이하 승합차, 적재중량 (㉢)톤 이하 화물자동차, 총 중량 (㉣)톤 이하의 특수자동차(구난차는 제외한다)를 운전할 수 있다. 18·14 채용

04 제1종 보통면허로 승차정원 15인의 승합자동차는 운전할 수 있으나, 적재중량 12톤의 화물자동차는 운전할 수 없다. 18 채용, 20·17 승진 `O X`

05 제1종 보통면허를 소지한 甲이 구난차 등이 아닌 10톤의 특수자동차를 운전한 경우 무면허운전에 해당하지 않는다. 19 채용 `O X`

06 도로보수트럭, 3톤 미만의 지게차와 이륜자동차(운반차를 포함한다)은 제1종 보통면허로 운전할 수 있다. 18 승진 `O X`

07 제1종 소형면허로 3륜화물자동차를 운전할 수 있다. 17 승진 `O X`

08 제1종 특수면허 중 소형견인차 면허를 가지고 총 중량 3.5톤 이하의 견인형 특수자동차를 운전할 수 있다. 20 승진 `O X`

8-1 제2종 보통면허로 승차정원 12명인 승합자동차를 운전할 수 있다. 17 승진 `O X`

09 제2종 보통면허로 적재중량 4톤의 화물자동차는 운전할 수 없다. 18 채용 `O X`

10 제2종 보통면허를 소지한 丙이 승차정원 10인의 승합자동차를 운전한 경우 무면허운전에 해당하지 않는다. 19 채용 `O X`

11 제2종 보통면허를 소지한 丁이 적재중량 4톤의 화물자동차를 운전한 경우 무면허운전에 해당하지 않는다. 19 채용 `O X`

12 제2종 보통면허로는 승차정원 10명 이하의 승합자동차, 적재중량 4톤 이하의 화물자동차, 총 중량 3.5톤 이하의 특수자동차(구난차 등은 제외한다) 등을 운전할 수 있다. 20 승진 `O X`

13 제2종 보통면허만을 취득한 자는 원동기장치자전거, 화물자동차(적재중량3톤), 승합자동차(승차정원 8명), 특수자동차(총중량 4톤)을 운전할 수 있다. 24 채용 `O X`

14 제2종 소형면허로 원동기장치자전거를 운전할 수 있다. 17 승진 `O X`

정답 및 해설

01 O
02 O
03 ㉠ 12 ㉡ 10 ㉢ 4 ㉣ 3.5
04 O
05 X 10톤 이상의 특수자동차에 해당하므로 결국 甲은 무면허운전을 한 것이다.
06 X 건설기계 중 도로를 운행하는 3톤 미만 지게차만 운전할 수 있고(도로보수트럭은 ×), 이륜자동차(운반차 포함)는 제2종 소형면허만으로만 운전할 수 있다.
07 O
08 O
8-1 X 제2종 보통면허는 승차정원 10인 이하의 승합자동차를 운전할 수 있다.
09 X 적재중량 4톤의 화물자동차도 운전할 수 있다.
10 O
11 O
12 O
13 X 특수자동차 (총중량 4톤)을 운전할 경우 무면허 운전에 해당한다.
14 O

2 운전면허증

(1) 운전면허 발급
- 자동차등을 운전하려는 사람은 시·도경찰청장으로부터 운전면허를 받아야 한다. 다만, 원동기를 단 차 중 교통약자가 최고속도 시속 20킬로미터 이하로만 운행될 수 있는 차를 운전하는 경우에는 그러하지 아니하다.
- 운전면허의 효력은 본인 또는 대리인이 운전면허증을 발급받은 때부터 발생한다.

> **도로교통법 제95조【운전면허증의 반납】** ① 운전면허증을 받은 사람이 다음 각 호의 어느 하나에 해당하면 그 사유가 발생한 날부터 7일 이내에 주소지를 관할하는 시·도경찰청장에게 운전면허증을 반납(모바일운전면허증의 경우 전자적 반납을 포함)하여야 한다. 기출OX 01
> 1. 운전면허 취소처분을 받은 경우
> 2. 운전면허효력 정지처분을 받은 경우
> 3. 운전면허증을 잃어버리고 다시 발급받은 후 그 잃어버린 운전면허증을 찾은 경우
> 4. 연습운전면허증을 받은 사람이 제1종 보통면허증 또는 제2종 보통면허증을 받은 경우
> 5. 운전면허증 갱신을 받은 경우

(2) 임시운전증명서

발급사유	시·도경찰청장은 분실·훼손 등에 의한 재발급 신청, 적성검사, 갱신, 취소처분 또는 정지처분 대상자가 운전면허증을 제출한 경우 임시운전증명서를 발급할 수 있다
유효기간	• 임시운전증명서의 유효기간은 20일 이내로 하되 운전면허의 취소 또는 정지처분 대상자의 경우에는 40일 이내로 할 수 있다. 다만, 경찰서장이 필요하다고 인정하는 경우에는 그 유효기간을 1회에 한하여 20일의 범위에서 연장할 수 있다. 기출OX 02 • 임시운전증명서는 그 유효기간 중에는 운전면허증과 같은 효력이 있다. 기출OX 03

(3) 국제운전면허증

외국발급 국제운전면허증	• 국제운전면허증 또는 상호인정외국면허증을 발급받은 사람은 국내에 입국한 날부터 1년 동안 그 국제운전면허증 또는 상호인정외국면허증으로 자동차등을 운전할 수 있다. 기출OX 04 → 단, 「도로교통법」 제96조 제1항 제1호~제4호에서 열거되어 있는 경우에 해당하는 국가에 한하여 통용 기출OX 05, 06 • 국제운전면허증을 외국에서 발급받은 사람 또는 상호인정외국면허증으로 운전하는 사람은 「여객자동차 운수사업법」 또는 「화물자동차 운수사업법」에 따른 사업용 자동차를 운전할 수 없다. 다만, 「여객자동차 운수사업법」에 따른 대여사업용 자동차를 임차하여 운전하는 경우에는 그러하지 아니하다. 기출OX 07
국내발급 국제운전면허증	• 운전면허를 받은 사람이 국외에서 운전을 하기 위하여 국제운전면허증을 발급받으려면 시·도경찰청장에게 신청하여야 한다. • 국제운전면허증의 유효기간은 발급받은 날부터 1년으로 한다. • 국제운전면허증은 이를 발급받은 사람의 국내운전면허의 효력이 없어지거나 취소된 때에는 그 효력을 잃는다. • 국제운전면허증을 발급받은 사람의 국내운전면허의 효력이 정지된 때에는 그 정지기간 동안 그 효력이 정지된다. 기출OX 08

기출 OX

01 운전면허증 소지자가 면허증의 반납사유가 발생하면 그 사유가 발생한 날부터 7일 이내에 반납하여야 한다. 20 승진   O X

02 임시운전증명서의 유효기간은 20일 이내로 하되, 운전면허의 취소 또는 정지처분 대상자의 경우 40일 이내로 할 수 있다. 다만, 시·도경찰청장이 필요하다고 인정하는 경우 그 유효기간을 1회에 한하여 20일의 범위 이내에서 연장할 수 있다. 20 승진   O X

03 임시운전증명서는 유효기간 중 운전면허증과 동일한 효력이 있다. 19 승진   O X

04 국제운전면허증을 발급받은 사람은 국내에 입국한 날부터 2년 동안만 그 국제운전면허증으로 자동차 등을 운전할 수 있다. 20·19·17 승진, 18 간부   O X

05 국제운전면허증은 도로교통에 관한 국제협약에 의거, 가입국간에 통용된다. 17 승진   O X

06 국제운전면허는 모든 국가에서 통용된다. 18 간부   O X

07 국제운전면허증을 외국에서 발급받은 사람은 「여객자동차 운수사업법」 또는 「화물자동차 운수사업법」에 따른 사업용 자동차를 운전할 수 없다. 「여객자동차 운수사업법」에 따른 대여사업용 자동차를 임차하여 운전하는 경우에도 마찬가지이다. 19·17 승진, 18 간부   O X

08 국제운전면허증을 발급받은 사람의 국내운전면허의 효력이 정지된 때에는 그 정지기간 동안 그 효력이 정지된다. 18 간부   O X

정답 및 해설

01 O
02 X 시·도경찰청장이 아니라 경찰서장이 필요하다고 인정하는 경우에 연장할 수 있다.
03 O
04 X 1년
05 O
06 X 모든 국가가 아니라, 「도로교통법」 제96조 제1항 제1호 ~ 제4호에서 열거되어 있는 경우에 해당하는 국가에 한하여 통용된다.
07 X 대여사업용 자동차(렌트카)를 임차하여 운전하는 것은 가능하다.
08 O

(4) 연습운전면허증

종류	제1종 보통 기출OX 01	• 승용자동차 • 승차정원 15명 이하의 승합자동차 • 적재중량 12톤 미만의 화물자동차
	제2종 보통 기출OX 02	• 승용자동차 • 승차정원 10명 이하의 승합자동차 • 적재중량 4톤 이하의 화물자동차
효력		연습운전면허는 그 면허를 받은 날부터 **1년** 동안 효력을 가진다. 다만, 연습운전면허를 받은 날부터 1년 이전이라도 연습운전면허를 받은 사람이 제1종 보통면허 또는 제2종 보통면허를 받은 경우 연습운전면허는 그 효력을 잃는다. 기출OX 03
준수사항		• 운전면허(연습하고자 하는 자동차를 운전할 수 있는 운전면허에 한한다)를 받은 날부터 **2년**이 경과된 사람(소지하고 있는 운전면허의 효력이 정지기간 중인 사람을 제외한다)과 함께 승차하여 그 사람의 지도를 받아야 한다. • 「여객자동차 운수사업법」 또는 「화물자동차 운수사업법」에 따른 사업용 자동차를 운전하는 등 주행연습 외의 목적으로 운전하여서는 아니된다. 기출OX 04 • 주행연습 중이라는 사실을 다른 차의 운전자가 알 수 있도록 연습 중인 자동차에 '주행연습'표지를 붙여야 한다 기출OX 05

연습면허 취소		• 시·도경찰청장은 연습운전면허를 발급받은 사람이 운전 중 고의 또는 과실로 교통사고를 일으키거나 이 법이나 이 법에 따른 명령 또는 처분을 위반한 경우에는 **연습운전면허를 취소**하여야 한다. 기출OX 06
		• 다만, 본인에게 귀책사유가 없는 경우 등 다음의 경우에는 그러하지 아니하다.
		  1. 자동차운전학원의 강사 또는 기능검정원 등의 지시에 따라 운전하던 중 교통사고를 일으킨 경우 기출OX 07
		  2. 도로가 아닌 곳에서 교통사고를 일으킨 경우
		  3. 교통사고를 일으켰으나 물적 피해만 발생한 경우

(5) 운전면허 결격사유

- **18세** 미만(원동기장치자전거의 경우에는 **16세** 미만)인 사람 기출OX 08
- 교통상의 위험과 장해를 일으킬 수 있는 정신질환자 또는 뇌전증 환자로서 대통령령으로 정하는 사람
- 듣지 못하는 사람(제1종 운전면허 중 대형면허·특수면허만 해당한다), 앞을 보지 못하는 사람(한쪽 눈만 보지 못하는 사람의 경우에는 제1종 운전면허 중 대형면허·특수면허만 해당한다)이나 그 밖에 대통령령으로 정하는 신체장애인 기출OX 09
- 양쪽 팔의 팔꿈치관절 이상을 잃은 사람이나 양쪽 팔을 전혀 쓸 수 없는 사람. 다만, 본인의 신체장애 정도에 적합하게 제작된 자동차를 이용하여 정상적인 운전을 할 수 있는 경우에는 그러하지 아니하다.
- 교통상의 위험과 장해를 일으킬 수 있는 마약·대마·향정신성의약품 또는 알코올 중독자로서 대통령령으로 정하는 사람
- 제1종 대형면허 또는 제1종 특수면허를 받으려는 경우로서 **19세** 미만이거나 자동차(이륜자동차는 제외한다)의 운전경험이 **1년** 미만인 사람 기출OX 10
- 대한민국의 국적을 가지지 아니한 사람 중 「출입국관리법」 제31조에 따라 외국인등록을 하지 아니한 사람(외국인등록이 면제된 사람은 제외한다)이나 「재외동포의 출입국과 법적 지위에 관한 법률」 제6조 제1항에 따라 국내거소신고를 하지 아니한 사람

기출 OX

01 제1종 보통 연습면허로 승차정원 15인의 승합자동차는 운전할 수 있으나, 적재중량 12톤의 화물자동차는 운전할 수 없다. 18 채용 O X

02 제2종 보통 연습면허로 ㉠ 승차정원 10명 이하의 승합자동차 ㉡ 총 중량 3.5톤 이하의 견인형 특수자동차 ㉢ 적재중량 4톤 이하의 화물자동차 ㉣ 건설기계(도로를 운행하는 3톤 미만의 지게차로 한정)를 운전할 수 있다. 21 채용 O X

03 연습운전면허는 제1종 보통연습면허와 제2종 보통연습면허의 2종류가 있으며, 원칙적으로 그 면허를 받은 날부터 1년 동안 효력을 가진다. 21 간부, 18 경채 O X

04 연습운전면허를 발급받은 사람은 여객자동차 운수사업법 또는 화물자동차 운수사업법에 따른 사업용 자동차를 운전할 수 있다. 19 승진 O X

05 주행연습 중이라는 사실을 다른 차의 운전자가 알 수 있도록 연습 중인 자동차에 주행연습표지를 붙여야 한다. 18 경채 O X

06 연습운전면허 소지자가 교통사고를 일으키거나 법규를 위반한 경우 벌점을 부과한다. 18 경채 O X

07 자동차운전학원 강사의 지시에 따라 운전하던 중 교통사고를 일으킨 경우 연습운전면허를 취소하지 않는다. 18 경채 O X

08 19세 미만(원동기장치자전거의 경우에는 16세 미만)인 사람은 운전면허를 받을 수 없다. 17·12 채용, 21 간부 O X

09 듣지 못하는 사람(제1종 운전면허 중 대형면허·특수면허만 해당한다), 앞을 보지 못하는 사람(한쪽 눈만 보지 못하는 사람의 경우에는 제1종 운전면허 중 대형면허·특수면허만 해당한다)이나 그 밖에 대통령령으로 정하는 신체장애인은 운전면허를 받을 수 없다. 17·12 채용 O X

10 제1종 대형면허 또는 제1종 특수면허를 받으려는 경우로서 19세 미만이거나 자동차(이륜자동차는 제외한다)의 운전경험이 1년 미만인 사람은 운전면허를 받을 수 없다. 17·12 채용 O X

정답 및 해설

01 O
02 X 2종 보통연습면허는 2종 보통면허와 같이 ㉠ 승차정원 10명 이하의 승합자동차, ㉢ 적재중량 4톤 이하의 화물자동차가 운전 가능한 차량으로 ㉡㉣은 제외된다
03 O
04 X 사업용 자동차를 운전할 수 없다.
05 O
06 X 연습면허의 경우에는 따로 면허정지제도가 없으나(도로교통법상 벌점관리도 없음), 교통사고 등의 경우 취소될 수는 있다.
07 O
08 X 18세 미만
09 O
10 O

3 운전면허 발급제한기간 기출OX 01, 02, 03, 04, 05, 06, 07, 08, 09

내용		제한기간
• 무면허(무면허 국제운전 포함) • 과로·질병·약물운전, 공동위험행위 • 음주(측정거부 포함) • 음주측정 방해행위	사상후 구호 미조치	5년
• 음주측정 방해행위 • 음주운전(음주측정 거부 포함)	사망사고	
5년의 제한사유 이외의 사유	사상후 구호 미조치	4년
• 음주운전(측정거부, 무면허 포함) • 음주측정 방해행위	2회 이상 교통사고	3년
자동차 이용범죄, 자동차등을 훔치거나 빼앗은 사람이 무면허로 운전한 경우		
무면허(무면허 국제운전 포함)	3회 이상 위반	2년
• 음주측정 방해행위 • 음주운전(음주측정 거부 포함) • 공동위험행위	2회 이상 위반	
• 음주운전(음주측정 거부 포함) • 음주측정 방해행위	교통사고	
자동차 이용범죄, 자동차등을 훔치거나 빼앗은 사람이 무면허로 운전한 경우		
운전면허 대리응시		
• 무면허(무면허 국제운전 포함) • 공동위험행위로 운전면허가 취소된 경우 원동기장치자전거면허 취득 결격기간 • 2~5년의 제한 이외의 사유로 운전면허가 취소된 자		1년
• 1년의 운전면허 발급제한기간에 해당하는 사유로 면허가 취소된 자가 원동기장치자전거 면허를 취득 (단, 공동위험행위로 면허취소된 자는 제외)		6월

도로교통법 제84조의2 【부정행위자에 대한 조치】 ① 경찰청장은 제106조에 따른 전문학원의 강사자격시험 및 제107조에 따른 기능검정원 자격시험에서, 시·도경찰청장 또는 도로교통공단은 제83조에 따른 운전면허시험에서 부정행위를 한 사람에 대하여는 해당 시험을 각각 무효로 처리한다.
② 제1항에 따라 시험이 무효로 처리된 사람은 그 처분이 있은 날부터 2년간 해당 시험에 응시하지 못한다. 기출OX 10

[참고] 음주운전(측정거부, 음주운전 방해행위 포함)관련 면허 발급제한기간

내용	제한기간
구호조치 없이 도주	5년
사망사고	5년
교통사고(2회 이상)	3년
교통사고	2년
위반(2회 이상)	2년

기출 OX

01 과로운전으로 사람을 사상한 후 구호조치 없이 도주한 경우 – 취소된 날부터 (　　)년 20·17 승진, 20 간부

02 음주운전으로 2회 이상 교통사고를 야기한 경우 운전면허 결격기간(응시제한기간)은 2년이다. 17 승진, 12 채용　O X

03 자동차 등을 이용하여 범죄행위를 하거나 다른 사람의 자동차를 훔치거나 빼앗아 무면허로 운전한 자 – 위반한 날부터 (　　)년 20 간부, 17 승진

04 무면허운전 금지를 3회 위반하여 자동차등을 운전한 경우 위반한 날부터 3년간 운전면허 시험응시가 제한된다. 20 승진, 12 채용　O X

05 2회 이상 음주운전으로 운전면허가 취소된 경우, 취소된 날부터 (　　)년 17 간부, 12 채용

06 2회 이상의 공동위험행위로 운전면허가 취소된 경우, 취소된 날부터 (　　)년 17·20 간부

07 다른 사람의 자동차를 훔치거나 빼앗은 경우 – 취소된 날부터 3년 17 승진, 12 채용　O X

08 다른 사람을 위하여 운전면허시험에 대리응시한 경우 – 취소된 날부터 2년 17 승진, 20 간부　O X

09 적성검사를 받지 아니하여 운전면허가 취소된 자 – 취소된 날부터 1년 20 간부　O X

10 운전면허시험에서 부정행위를 하여 해당 시험이 무효로 처리된 사람은 그 처분이 있는 날부터 2년간 해당 시험에 응시하지 못한다. 20 간부　O X

정답 및 해설

01 5년
02 X　응시제한기간은 3년
03 3년
04 X　2년간 운전면허 시험응시가 제한된다.
05 2년
06 2년
07 X　2년
08 O
09 X　이 경우는 즉시 응시 가능하다.
10 O

POINT 09 교통지도와 단속

1 음주운전

(1) 음주운전 금지

> **도로교통법 제44조 【술에 취한 상태에서의 운전 금지】** ① 누구든지 술에 취한 상태에서 자동차등(「건설기계관리법」 제26조 제1항 단서에 따른 건설기계 외의 건설기계를 포함한다. …), 노면전차 또는 자전거를 운전하여서는 아니 된다. 기출OX 01
> ② 경찰공무원은 교통의 안전과 위험방지를 위하여 필요하다고 인정하거나 제1항을 위반하여 술에 취한 상태에서 자동차등, 노면전차 또는 자전거를 운전하였다고 인정할 만한 상당한 이유가 있는 경우에는 운전자가 술에 취하였는지를 호흡조사로 측정할 수 있다. 이 경우 운전자는 경찰공무원의 측정에 응하여야 한다. 기출OX 02
> ⑤ 술에 취한 상태에 있다고 인정할 만한 상당한 이유가 있는 사람은 자동차등, 노면전차 또는 자전거를 운전한 후 제2항 또는 제3항에 따른 측정을 곤란하게 할 목적으로 추가로 술을 마시거나 혈중알코올농도에 영향을 줄 수 있는 의약품 등 행정안전부령으로 정하는 물품을 사용하는 행위(이하 "음주측정방해행위"라 한다.)를 하여서는 아니 된다.

- 술에 취한 상태에서 운전을 하여서는 안 되는 대상은 ⓐ 자동차등(자동차와 원동기장치자전거, 단, 음주운전에 있어서는 자동차가 아닌 건설기계도 포함된다), ⓑ 노면전차, ⓒ 자전거이다. → 즉, 모든 건설기계가 음주단속의 대상이 된다. 기출OX 03
- 경운기 · (농업용)트랙터 등은 농업기계로서 도로교통법상의 '자동차'가 아니므로, 음주운전금지의 대상이 되지 않는다. 기출OX 04
- 도로가 아닌 곳에서 술에 취한 상태로 자동차 등을 운전하더라도 음주단속의 대상이 된다. 기출OX 05, 06, 07
- 음주단속 기준: 운전자의 혈중알코올농도가 0.03퍼센트 이상인 경우 기출OX 08

(2) 음주운전 관련 형사처벌 기출OX 09, 10, 11, 12, 13, 14

  1) 초범의 경우

위반행위	징역	벌금
0.2% 이상	2년 이상 5년 이하	1천만원 이상 2천만원 이하
측정불응	1년 이상 5년 이하	500만원 이상 2천만원 이하
0.08% 이상 0.2% 미만	1년 이상 2년 이하	500만원 이상 1천만원 이하
0.03% 이상 0.08% 미만	1년 이하	500만원 이하

  2) 재범의 경우(가중처벌)
  음주운전 또는 측정거부로 벌금 이상 형을 선고받고 형이 확정된 날부터 10년 이내 다시 아래와 같은 위반행위를 한 경우 다음과 같이 가중처벌된다.

위반행위	징역	벌금
0.2% 이상	2년 이상 6년 이하	1천만원 이상 3천만원 이하
측정불응	1년 이상 6년 이하	500만원 이상 3천만원 이하
0.03% 이상 0.2% 미만	1년 이상 5년 이하	500만원 이상 2천만원 이하

(3) 음주운전으로 운전면허 취소처분 또는 정지처분을 받은 경우 감경사유

운전이 가족의 생계를 유지할 중요한 수단이 되거나, 모범운전자로서 처분당시 3년 이상 교통봉사활동에 종사하고 있거나, 교통사고를 일으키고 도주한 운전자를 검거하여 경찰서장 이상의 표창을 받은 사람으로서 다음의 어느 하나에 해당되는 경우가 없어야 한다. 기출OX 15
1. 혈중알코올농도가 0.1퍼센트를 초과하여 운전한 경우 기출OX 16
2. 음주운전 중 인적피해 교통사고를 일으킨 경우
3. 경찰관의 음주측정요구에 불응하거나 도주한 때 또는 단속경찰관을 폭행한 경우
4. 과거 5년 이내에 3회 이상의 인적피해 교통사고의 전력이 있는 경우
5. 과거 5년 이내에 음주운전의 전력이 있는 경우 기출OX 17

기출 OX

01 누구든지 술에 취한 상태에서 자동차등(「건설기계관리법」 제26조 제1항 단서에 따른 건설기계 외의 건설기계를 포함), 노면전차 또는 자전거를 운전하여서는 아니 된다. 25 채용   O X

02 경찰공무원은 교통의 안전과 위험방지를 위하여 필요하다고 인정하는 경우에는 운전자가 술에 취하였는지를 호흡조사로 측정할 수 있으며, 이 경우 운전자는 경찰공무원의 측정에 응하여야 한다. 25 채용   O X

03 자전거 음주운전도 처벌대상이다. 20 간부   O X

04 경운기를 사설주차장에서 도로까지 약 20m 주취운전한 경우 「도로교통법」상 주취운전으로 처벌할 수 있다. 20 간부, 17 승진   O X

05 도로가 아닌 곳에서 술에 취한 상태로 자동차 등을 운전하더라도 음주단속의 대상이 된다. 19 채용   O X

06 승용자동차를 아파트 지하주차장 내에서 약 5m 주취운전한 경우 「도로교통법」상 주취운전으로 처벌할 수 있다. 17 승진   O X

07 원동기장치자전거를 공공주차장 내에서 약 2m 주취운전한 경우 「도로교통법」상 주취운전으로 처벌할 수 있다. 19 채용, 17 승진   O X

08 술에 취한 상태의 기준은 혈중알코올농도 0.3% 이상이다. 25 채용, 14 승진   O X

09 최초 위반시 혈중알코올농도가 0.21%인 경우 2년 이상 5년 이하의 징역이나 1천만원 이상 2천만원 이하의 벌금에 처한다. 18 승진, 15 채용   O X

10 최초 음주측정거부시 1년 이상 5년 이하의 징역이나 5백만원 이상 2천만원 이하의 벌금에 처한다. 21·20·18 승진, 15 채용   O X

11 음주운전 최초 위반시 혈중알코올농도가 0.15퍼센트인 경우 2년 이상 5년 이하의 징역이나 1천만원 이상 2천만원 이하의 벌금에 처한다. 20 승진   O X

12 최초 위반시 혈중알콜농도가 0.09%인 경우 1년 이상 2년 이하 징역이나 500만원 이상 2천만원 이하의 벌금에 처한다. 18 승진, 15 채용   O X

13 최초 위반시 혈중알코올농도가 0.04퍼센트인 경우 6개월 이하의 징역이나 500만원 이하의 벌금에 처한다. 20 승진   O X

14 도로교통법상 음주운전 또는 측정거부 규정을 위반하여 벌금형을 선고받고 확정된 날부터 10년 내 다시 도로교통법상 측정거부 규정을 위반한 경우 1년 이상 6년 이하의 징역이나 500만원 이상 3천만원 이하의 벌금에 처한다. 15 채용   O X

15 음주운전으로 운전면허 취소처분 또는 정지처분을 받았을 때 모범운전자로서 처분 당시 2년 이상 교통봉사활동에 종사하고 있으면 면허행정처분을 감경한다. 18 채용   O X

16 음주운전으로 운전면허 취소처분 또는 정지처분을 받은 경우 일정 요건을 갖추어 면허행정처분을 감경할 수 있지만 혈중알코올농도가 0.12퍼센트를 초과하여 운전한 경우에는 그러하지 아니한다. 18 채용, 20 승진   O X

17 음주운전으로 운전면허 취소처분 또는 정지처분을 받은 경우 일정 요건을 갖추어 면허행정처분을 감경할 수 있지만 과거 3년 이내에 음주운전의 전력이 있는 경우에는 그러하지 아니한다. 18 채용, 20 승진   O X

정답 및 해설

01 O
02 O
03 O
04 X 경운기는 주취운전의 금지대상에 해당하지 않는다.
05 O
06 O
07 O
08 X 0.03% 이상이다.
09 O
10 O
11 X 1년 이상 2년 이하의 징역이나 500만원 이상 1천만원 이하의 벌금에 처한다.
12 X 1년 이상 2년 이하 징역이나 500만원 이상 1천만원 이하의 벌금에 처한다.
13 X 1년 이하의 징역이나 500만원 이하의 벌금에 처한다.
14 O
15 X 3년 이상
16 X 0.1퍼센트
17 X 과거 5년

2 무면허 운전

도로교통법 제43조 【무면허운전 등의 금지】 누구든지 제80조에 따라 시·도경찰청장으로부터 운전면허를 받지 아니하거나 운전면허의 효력이 정지된 경우에는 자동차등을 운전하여서는 아니 된다.

> **판례 |**
> 무면허운전으로 인한 도로교통법위반죄에 있어서는 사회통념상 운전한 날을 기준으로 운전한 날마다 1개의 운전행위가 있다고 보는 것이 상당하므로 운전한 날마다 무면허운전으로 인한 도로교통법위반의 **1죄가 성립한다고 보아야 할 것이고**, 비록 계속적으로 무면허운전을 할 의사를 가지고 여러 날에 걸쳐 무면허운전행위를 반복하였다 하더라도 이를 **포괄하여 일죄로 볼 수는 없다**(대판 2001도6281). 기출OX 01

> **판례 |**
> 연습운전면허를 받은 사람이 도로에서 주행연습을 함에 있어서 '주행연습 외의 목적으로 운전하여서는 안된다'는 준수사항을 지키지 않았다고 하더라도 준수사항을 지키지 않은 데에 따른 제재를 가할 수 있음은 별론으로 하고 그 운전을 **무면허운전이라고 할 수는 없다**(대판 2000도5540) 기출OX 02

3 난폭운전

자동차등(개인형 이동장치는 제외한다)의 운전자는 다음 각 호 중 둘 이상의 행위를 연달아 하거나, 하나의 행위를 지속 또는 반복하여 다른 사람에게 위협 또는 위해를 가하거나 교통상의 위험을 발생하게 하여서는 아니 된다. 기출OX 03
1. 신호 또는 지시 위반
2. 중앙선 침범
3. 속도의 위반
4. 횡단·유턴·후진 금지 위반
5. 안전거리 미확보, 진로변경 금지 위반, 급제동 금지 위반
6. 앞지르기 방법 또는 앞지르기의 방해금지 위반
7. 정당한 사유 없는 소음 발생
8. 고속도로에서의 앞지르기 방법 위반
9. 고속도로등에서의 횡단·유턴·후진 금지 위반

4 고령운전자

교통안전교육	• 75세 이상인 사람으로서 운전면허를 받으려는 사람은 시험에 응시하기 전에, 운전면허증 갱신일에 75세 이상인 사람은 운전면허증 갱신기간 이내에 교통안전교육을 받아야 한다. • 운전면허를 받은 사람 중 교육을 받으려는 날에 65세 이상인 사람이 시·도경찰청장에게 신청하는 경우에는 특별교통안전 권장교육을 받을 수 있다. 이 경우 권장교육을 받기 전 1년 이내에 해당 교육을 받지 아니한 사람에 한정한다. 기출OX 04
운전면허증 갱신	• **최초의 운전면허 갱신기간**: 원칙은 10년, 다만 운전면허시험 합격일에 65세 이상 75세 미만인 사람은 5년, 75세 이상인 사람은 3년이 되는 날이 속하는 해의 1월 1일부터 12월 31일까지 운전면허증을 갱신하여 발급받아야 한다. 기출OX 05 • **그 외의 운전면허 갱신기간**: 원칙은 매 10년, 다만 직전의 운전면허증 갱신일에 65세 이상 75세 미만인 사람은 5년, 75세 이상인 사람은 3년이 되는 날이 속하는 해의 1월 1일부터 12월 31일까지 운전면허증을 갱신하여 발급받아야 한다.
적성검사	제2종 운전면허를 받은 사람 중 운전면허증 갱신기간에 70세 이상인 사람은 운전면허증 갱신기간에 대통령령으로 정하는 바에 따라 한국도로교통공단이 실시하는 정기 적성검사를 받아야 한다. 기출OX 06

기출 OX

01 무면허운전으로 인한 도로교통법위반죄에 있어서는 어느 날에 운전을 시작하여 다음 날까지 동일한 기회에 일련의 과정에서 계속 운전을 한 경우 등 특별한 경우를 제외하고는 사회통념상 운전한 날을 기준으로 운전한 날마다 1개의 운전행위가 있다고 보는 것은 상당하지 않다. 15 채용 (O X)

02 「도로교통법」 및 관련 법령에는 연습운전면허를 발급받은 사람이 본인에게 귀책사유(歸責事由)가 없는 경우 등 대통령령으로 정하는 경우를 제외하고, 운전 중 고의 또는 과실로 교통사고를 일으키거나 「도로교통법」 이나 동법에 따른 명령 또는 처분을 위반한 경우에 시 · 도경찰청장은 연습운전면허를 취소하여야 한다고 규정하고 있으므로, 연습운전면허를 받은 사람이 운전을 함에 있어 주행연습 외의 목적으로 운전하여서는 아니된다는 준수사항을 지키지 않았다고 하더라도 무면허운전으로 처벌할 수는 없다. 22 채용 (O X)

03 개인형 이동장치를 타고 신호위반, 중앙선 침범과 진로변경 금지 위반행위를 연달아 하여 다른 사람에게 위협 또는 위해를 가할 뿐 아니라 교통상의 위험을 발생하게 한 운전자에 대해 난폭운전으로 처벌할 수 있다. 22 채용 (O X)

04 「도로교통법」제73조 제3항에 따라, 운전면허를 받은 사람 중 교육을 받으려는 날에 65세 이상인 사람이 시 · 도경찰청장에게 신청하는 경우에는 대통령령으로 정하는 바에 따라 특별교통안전 권장교육을 받을 수 있다. 이 경우 권장교육을 받기 전 1년 이내에 해당 교육을 받지 아니한 사람에 한정한다. 25 승진 (O X)

05 「도로교통법」제87조 제1항에 따라, 운전면허시험 합격일에 75세 이상인 사람의 최초 운전면허증 갱신기간은 제83조 제1항 또는 제2항에 따른 운전면허시험에 합격한 날부터 기산하여 3년이 되는 날이 속하는 해의 1월 1일부터 12월 31일까지이다. 25 승진 (O X)

06 「도로교통법」제87조 제2항에 따라, 제2종 운전면허를 받은 사람 중 운전면허증 갱신기간에 70세 이상인 사람은 제87조 제1항에 따른 운전면허증 갱신기간에 대통령령으로 정하는 바에 따라 한국도로교통공단이 실시하는 정기 적성검사를 받아야 한다. 25 승진 (O X)

정답 및 해설

01 X 사회통념상 운전한 날을 기준으로 운전한 날마다 1개의 운전행위가 있다고 보는 것이 상당하다.
02 O
03 X 도로교통법상 난폭운전 금지 대상에서 개인형 이동장치는 제외된다.
04 O
05 O
06 O

POINT 10 교통사고

1 교통사고 의미

- **도로교통법상 '교통사고'**: 차 또는 노면전차의 운전 등 교통으로 인하여 사람을 사상하거나 물건을 손괴하는 경우를 말한다(도로교통법 제54조 제1항). → '운전'이란 기본적으로 '도로'를 전제로 하는 개념이므로, 원칙적으로 도로에서의 사고만이 도로교통법상의 사고에 해당한다(예외 있음).
- **교통사고처리 특례법상 '교통사고'**: 차의 교통으로 인하여 사람을 사상하거나 물건을 손괴하는 것을 말한다(교통사고처리 특례법 제2조 제2호). → '운전'의 개념을 요구하지 않는 '교통'을 전제로 하므로, 도로가 아닌 곳에서 발생하는 사고도 당연히 교통사고처리 특례법상의 '교통사고'에 해당할 수 있다.

> **판례**
> '교통'이란 원칙적으로 사람 또는 물건의 이동이나 운송을 전제로 하는 용어인 점 등에 비추어 보면, 화물차를 주차하고 적재함에 적재된 토마토 상자를 운반하던 중 적재된 상자 일부가 떨어지면서 지나가던 피해자에게 상해를 입힌 경우, 교통사고처리 특례법에 정한 '교통사고'에 해당하지 않는다(대판 2009도2390)

2 교통사고 관련 주요 용어정리

스키드마크	급제동으로 인하여 타이어의 회전이 정지된 상태에서 노면에 미끄러져 생긴 타이어 마모흔적 또는 활주흔적을 말한다.
요마크	급핸들 등으로 인하여 차의 바퀴가 돌면서 차축과 평행하게 옆으로 미끄러진 타이어의 마모흔적을 말한다. 기출OX 01
충돌	차가 반대방향 또는 측방에서 진입하여 그 차의 정면으로 다른 차의 정면 또는 측면을 충격한 것을 말한다. 기출OX 02
추돌	2대 이상의 차가 동일방향으로 주행 중 뒤차가 앞차의 후면을 충격한 것을 말한다. 기출OX 03
접촉	차가 추월, 교행 등을 하려다가 차의 좌우측면을 서로 스친 것을 말한다. 기출OX 04
전도	차가 주행 중 도로 또는 도로 이외의 장소에 차체의 측면이 지면에 접하고 있는 상태(좌측면이 지면에 접해 있으면 좌전도, 우측면이 지면에 접해 있으면 우전도)를 말한다. 기출OX 05
임프린트	눈, 모래, 자갈, 진흙 및 잔디와 같이 느슨한 노면 위를 타이어가 미끄러짐 없이 굴러가면서 노면상에 타이어의 접지면의 무늬모양을 그대로 새겨 놓은 흔적 기출OX 06
칩(Chip)	마치 호미로 노면을 판 것 같이 짧고 깊게 패인 가우지(gouge) 마크로서 아스팔트 도로에서 잘 나타남
찹(Chop)	마치 도끼로 노면을 깎아낸 것 같이 넓고 얕은 가우지(gouge) 마크로서 프레임이나 타이어림에 의해서 생성.

기출 OX

01 요마크(Yaw Mark)란 차의 급제동으로 인하여 타이어의 회전이 정지된 상태에서 노면에 미끄러져 생긴 타이어 마모흔적 또는 활주흔적을 말한다. 18 간부 ⓞ Ⓧ

02 '추돌'이란 차가 반대방향 또는 측방에서 진입하여 그 차의 정면으로 다른 차의 정면 또는 측면을 충격한 것을 말한다. 18 승진 ⓞ Ⓧ

03 '충돌'이란 2대 이상의 차가 동일방향으로 주행 중 뒤차가 앞차의 후면을 충격한 것을 말한다. 18 승진, 18 간부 ⓞ Ⓧ

04 '접촉'이란 차가 추월, 교행 등을 하려다가 차의 좌우측면을 서로 스친 것을 말한다. 18 승진, 18 간부 ⓞ Ⓧ

05 전도란 차가 주행 중 도로 또는 도로 이외의 장소에 뒤집혀 넘어진 것을 말한다. 18 간부 ⓞ Ⓧ

06 가속 스카프는 눈, 모래, 자갈, 진흙 및 잔디와 같이 느슨한 노면 위를 타이어가 미끄러짐 없이 굴러가면서 노면상에 타이어의 접지면의 무늬모양을 그대로 새겨 놓은 흔적이다. 17 승진 ⓞ Ⓧ

정답 및 해설

01 X 스키드마크에 대한 설명
02 X 지문은 충돌에 대한 설명
03 X 지문은 추돌에 대한 설명이다.
04 O
05 X '전도'란 차가 주행 중 도로 또는 도로 이외의 장소에 차체의 측면이 지면에 접하고 있는 상태(좌측면이 지면에 접해 있으면 좌전도, 우측면이 지면에 접해 있으면 우전도)를 말한다.
06 X 임프란트에 대한 설명

POINT 11 교통사고처리 특례법

1 교통사고처리 특례법상 사고처리 원칙

(1) **치사사고**: 교통사고처리특례법 제3조 제1항에 의해 처벌 [기출OX 01]

> **교통사고처리특례법 제3조【처벌의 특례】** ① 차의 운전자가 교통사고로 인하여 「형법」 제268조((업무상과실·중과실 치사상)의 죄를 범한 경우에는 5년 이하의 금고 또는 2천만원 이하의 벌금에 처한다.

(2) **치상사고**: 인피사고 중 사망이 아닌 사고, 물피사고는 반의사불벌죄 [기출OX 02]

> **교통사고처리특례법 제3조【처벌의 특례】** ② 차의 교통으로 제1항의 죄 중 업무상과실치상죄 또는 중과실치상죄와 「도로교통법」 제151조(운전자가 타인의 건조물·재물 손괴)의 죄를 범한 운전자에 대하여는 피해자의 명시적인 의사에 반하여 공소를 제기할 수 없다. → 일단 사람이 안 죽었고, 물피사고인 경우 합의해 오면 기소 안한다.

2 교통사고처리 특례법상 사고처리 예외 [기출OX 03, 04, 05, 06, 07, 08]

> **교통사고처리 특례법 제3조【처벌의 특례】** ② … 다만, 차의 운전자가 제1항의 죄 중 업무상과실치상죄 또는 중과실치상죄를 범하고도 피해자를 구호하는 등 「도로교통법」 제54조 제1항에 따른 조치를 하지 아니하고 도주하거나 피해자를 사고 장소로부터 옮겨 유기하고 도주한 경우, 같은 죄를 범하고 「도로교통법」 제44조 제2항을 위반하여 음주측정 요구에 따르지 아니한 경우(운전자가 채혈 측정을 요청하거나 동의한 경우는 제외한다)와 다음 각 호의 어느 하나에 해당하는 행위(12대 중과실)로 인하여 같은 죄를 범한 경우에는 그러하지 아니하다.

구분	내용 무화과 앞 승철 횡보 신음중 어
무면허	• 운전면허 또는 건설기계조종사면허를 받지 아니하거나 국제운전면허증을 소지하지 아니하고 운전 • 운전면허 등의 효력이 정지 중이거나 운전의 금지 중인 때에는 운전면허 등을 받지 아니한 것으로 봄
화물추락	자동차의 화물이 떨어지지 아니하도록 필요한 조치를 하지 아니하고 운전 [기출OX 09]
과속	제한속도를 시속 20킬로미터 초과하여 운전 [기출OX 10]
앞지르기위반	• 앞지르기의 방법·금지시기·금지장소 또는 끼어들기의 금지위반 • 고속도로에서의 앞지르기 방법위반 [기출OX 11]
신호·지시 위반	• 신호기가 표시하는 신호 또는 교통정리하는 경찰공무원등의 신호위반 [기출OX 12, 13] • 통행금지 또는 일시정지 내용으로 하는 안전표지가 표시하는 지시위반 [기출OX 14]
음주·약물 운전	• 술에 취한 상태에서 운전 • 약물의 영향으로 정상적으로 운전하지 못할 우려가 있는 상태에서 운전
횡단보도	횡단보도에서의 보행자 보호의무위반 [기출OX 15]
보도침범	• 보도가 설치된 도로의 보도 침범 • 보도 횡단방법을 위반하여 운전
승객추락	승객의 추락 방지의무를 위반하여 운전 [기출OX 16]
철길건널목	철길건널목 통과방법위반 [기출OX 17]
중앙선침범	• 중앙선 침범 • 고속도로등을 횡단하거나 유턴 또는 후진 [기출OX 18]
어린이 보호구역	어린이 보호구역에서 어린이의 안전에 유의하면서 운전하여야 할 의무를 위반하여 어린이의 신체 상해

기출 OX

01 운전자 A가 치사사고를 발생시켰을 경우 교통사고처리 특례법을 적용하여 형사입건 처리하였다. 12 승진 ○ X

02 운전자 B가 치상사고를 발생시켜 피해자가 중상해를 입은 경우 피해자와 합의가 되지 않아 교통사고처리 특례법을 적용하여 형사입건 처리하였다. 12 승진 ○ X

03 안전거리 미확보로 인한 사고는 처벌의 특례 12개 조항에 해당한다. 15 승진, 16 간부 ○ X

04 교차로 통행방법을 위반하여 운전한 경우는 처벌의 특례 12개 조항에 해당한다. 18 승진, 20 간부 ○ X

05 통행우선순위 위반으로 인한 사고는 처벌의 특례 12개 조항에 해당한다 16 간부 ○ X

06 교차로 통행방법을 위반하여 운전한 경우는 처벌의 특례 12개 조항에 해당한다 20 간부 ○ X

07 고속도로에서의 끼어들기 방법을 위반하여 운전한 경우는 처벌의 특례 12개 조항에 해당한다 17 승진 ○ X

08 정지선을 침범한 경우는 처벌의 특례 12개 조항에 해당한다 17 승진 ○ X

09 화물차를 주차한 상태에서 적재된 상자 일부가 떨어지면서 지나가던 피해자에게 상해를 입힌 경우 교통사고로 볼 수 없다. 15 채용 ○ X

10 제한속도를 시속 10킬로미터 초과하여 운전한 경우는 처벌의 특례 12개 조항에 해당한다. 18 채용, 17 승진 ○ X

11 고속도로에서의 앞지르기 방법을 위반하여 운전한 경우 '처벌특례 항목'에 해당한다. 20 간부 ○ X

12 교차로 직전의 횡단보도에 따로 차량 보조등이 설치되어 있지 아니한 경우, 교차로 차량 신호등이 적색이고 횡단보도 보행등이 녹색인 상태에서 횡단보도를 지나 우회전하다가 사람을 다치게 하였다면 특례조항인 신호위반에 해당하지 않는다. 15 채용 ○ X

13 택시 운전자인 甲이 교차로에서 적색등화에 우회전하다가 신호에 따라 진행하던 乙의 승용차를 충격하여 乙에게 상해를 입혔다면 「교통사고처리 특례법」 제3조 제2항 단서 제1호에서 정한 신호 위반으로 인한 사고에 해당한다. 18 승진 ○ X

14 교차로 진입 직전에 백색 실선이 설치되어 있으면, 교차로에서의 진로변경을 금지하는 내용의 안전표지가 개별적으로 설치되어 있지 않다고 하더라도 자동차운전자가 교차로에서 진로변경을 시도하다가 교통사고를 내었다면, 이는 특례법상 '통행금지를 내용으로 하는 안전표지가 지시를 위반하여 운전한 경우'에 해당한다. 21 간부 ○ X

15 횡단보도에서의 보행자 보호의무를 위반하여 운전한 경우 12개 예외 항목에 해당한다. 18 채용 ○ X

16 화물자동차 운전자가 적재함에서 철근 적재 작업을 하던 사람이 차에서 내리는 것을 확인하지 않고 출발하여 적재함에 타고 있던 사람이 추락하여 상해를 입은 경우에는 교통사고처리 특례법 12개 예외 항목인 승객의 추락 방지의무에 위반하여 운전한 경우에 해당된다. 21 간부, 12 승진 ○ X

17 철길건널목 통과방법을 위반하여 운전한 경우는 12개 예외 항목에 해당한다. 18 채용, 22 승진 ○ X

18 「도로교통법」 제13조 제3항을 위반하여 중앙선을 침범하거나 같은 법 제62조를 위반하여 횡단, 유턴 또는 후진한 경우는 「교통사고처리 특례법」 12개 예외 항목에 해당한다. 22 승진 ○ X

정답 및 해설

01 ○
02 ○
03 X
04 X
05 X
06 X
07 X
08 X
09 ○
10 X 20
11 ○
12 X 신호 위반에 해당한다.
13 X 신호 위반에 해당하지 않는다.
14 X 지시 위반에 해당한다고 볼 수 없다.
15 ○
16 X 적재함에 타고 있던 사람은 '승객'이 아니기 때문에 승객 추락 방지의무 위반이라고 볼 수 없다.
17 ○
18 ○

POINT 12 도로교통 관련 주요판례

기출 OX

01 물로 입 안을 헹굴 기회를 달라는 요구를 무시한 채 호흡측정기로 혈중알코올농도를 측정하여 음주운전 단속 수치가 나왔다면 음주운전을 하였다고 단정할 수 있다. 23 채용, 15 승진 [O X]

02 경찰공무원은 교통의 안전과 위험방지를 위하여 필요하다고 인정하거나, 술에 취한 상태에서 자동차등을 운전하였다고 인정할 만한 상당한 이유가 있는 경우에는 음주측정을 할 수 있다. 21 승진 [O X]

03 무면허인데다가 술이 취한 상태에서 오토바이를 운전하였다면 무면허운전죄와 음주운전죄는 실체적 경합관계에 있다. 19 채용, 21 승진 [O X]

04 음주감지기에서 음주반응이 나온 경우, 그것만으로 술에 취한 상태에 있다고 인정할 만한 상당한 이유가 있다고 볼 수 없다. 21·15 승진 [O X]

05 호흡측정기에 의한 음주측정치와 혈액검사에 의한 음주측정치가 불일치할 경우 혈액검사에 의한 음주측정치가 우선한다. 20·15 승진 [O X]

06 음주로 인한 특정범죄 가중처벌 등에 관한 법률 위반(위험운전치사상)죄와 도로교통법 위반(음주운전)죄는 실체적 경합관계에 있다. 20·19·18 승진 [O X]

07 교통사고로 의식을 잃은 채 병원에 호송된 운전자에 대해 영장 없이 채혈을 하였으나 사후 영장을 발부받지 아니한 경우 적법절차에 의해 수집한 증거가 아니므로 유죄의 증거로 사용할 수 없다. 15 승진 [O X]

08 경찰관이 음주운전 단속시 운전자의 요구에 따라 곧바로 채혈을 실시하지 않은 채 호흡측정기에 의한 음주측정을 하고 1시간 12분이 경과한 후에야 채혈을 하였다는 사정만으로는 위 행위가 법령에 위배된다거나 객관적 정당성을 상실하여 운전자가 음주운전 단속과정에서 받을 수 있는 권익이 현저하게 침해되었다고 단정하기 어렵다. 16 채용 [O X]

09 피고인의 음주와 음주운전을 목격한 참고인이 있는 상황에서 경찰관이 음주 및 음주운전 종료로부터 약 5시간 후 집에서 자고 있는 피고인을 연행하여 음주측정을 요구한 데에 대하여 피고인이 불응한 경우, 도로교통법상의 음주측정불응죄가 성립하지 않는다. 23·16 채용, 20 간부 [O X]

10 경찰관이 술에 취한 상태에서 자동차를 운전한 것으로 보이는 피고인을 경찰관 직무집행법에 따른 보호조치 대상자로 보아 경찰관서로 데려온 직후 음주측정을 요구하였는데 피고인이 불응하여 음주측정불응죄로 기소된 사안에서, 위법한 보호조치 상태를 이용하여 음주측정 요구가 이루어졌다는 등의 특별한 사정이 없는 한 피고인의 행위는 음주측정불응죄에 해당한다. 16 채용 [O X]

정답 및 해설

01 X 단정할 수 없다.
02 O
03 X 무면허운전죄와 음주운전죄는 상상적 경합관계에 있다.
04 O
05 O
06 O
07 O
08 O
09 X 음주측정불응죄가 성립한다.
10 O

11 흉골 골절 등으로 인한 통증으로 깊은 호흡을 할 수 없어 이십여 차례 음주측정기를 불었으나 끝내 음주측정이 되지 아니한 경우 음주측정불응죄가 성립하지 아니한다. 21 승진 ○ X

12 여러 차례에 걸쳐 호흡측정기의 빨대를 입에 물고 형식적으로 숨을 부는 시늉만 하였을 뿐 숨을 제대로 불지 아니하여 호흡측정기에 음주측정수치가 나타나지 아니하도록 한 행위는 음주측정불응죄에 해당하지 않는다. 21 승진 ○ X

13 경찰공무원이 운전자의 음주 여부나 주취 정도를 확인하기 위하여 음주측정기에 의한 측정의 사전 절차로서 음주감지기에 의한 시험을 요구할 때, 그 시험결과에 따라 음주측정기에 의한 측정이 예정되어 있고 운전자가 그러한 사정을 인식하였음에도 음주감지기에 의한 시험에 명시적으로 불응한 경우 음주측정 거부에 해당한다. 21 간부 ○ X

14 오토바이를 운전하여 자신의 집에 도착한 상태에서 단속경찰관으로부터 주취운전에 관한 증거수집을 위한 음주측정을 위해 인근파출소까지 동행하여 줄 것을 요구받고 이를 명백하게 거절하였음에도 위법하게 체포·감금된 상태에서 음주측정요구에 응하지 않은 행위는 음주측정 거부에 해당한다. 21 간부 ○ X

15 신체 이상 등의 사유로 호흡조사에 의한 측정에 응할 수 없는 운전자가 혈액채취에 의한 측정을 거부하거나 이를 불가능하게 한 행위는 음주측정 거부에 해당한다. 21 간부 ○ X

16 교통사고로 상해를 입은 피고인의 골절 부위와 정도에 비추어 음주측정 당시 통증으로 인하여 깊은 호흡을 하기 어려웠고 그 결과 음주측정이 제대로 되지 아니한 경우 음주측정 거부에 해당한다. 21 간부 ○ X

17 경찰공무원이 술에 취한 상태에 있다고 인정할 만한 상당한 이유가 있는 운전자에게 음주 여부를 확인하기 위하여 음주측정기에 의한 측정의 사전 단계로 음주감지기에 의한 시험을 요구하는 경우, 그 시험 결과에 따라 음주측정기에 의한 측정이 예정되어 있고 운전자가 그러한 사정을 인식하였음에도 음주감지기에 의한 시험에 명시적으로 불응함으로써 음주측정을 거부하겠다는 의사를 표명하였다면, 음주감지기에 의한 시험을 거부한 행위도 음주측정기에 의한 측정에 응할 의사가 없음을 객관적으로 명백하게 나타낸 것으로 볼 수 있다. 20 채용 ○ X

18 음주운전으로 적발된 주취운전자가 도로 밖으로 차량을 이동하겠다며 단속경찰관으로부터 보관 중이던 차량 열쇠를 반환받아 몰래 차량을 운전하여 가던 중 사고를 일으켰다면, 주의의무를 게을리 한 경찰관의 직무상 의무 위반에 의한 국가배상책임이 인정된다. 20 채용 ○ X

19 음주운전과 관련한 「도로교통법」 위반죄의 범죄수사를 위하여 미성년자인 피의자의 혈액채취가 필요한 경우, 피의자에게 의사능력이 있다면 피의자 본인만이 혈액채취에 관한 유효한 동의를 할 수 있고, 피의자에게 의사능력이 없는 경우에도 명문의 규정이 없는 이상 법정대리인이 피의자를 대리하여 동의할 수는 없다. 20 채용 ○ X

20 경찰관이 술에 취한 상태에서 자동차를 운전한 것으로 보이는 피고인을 「경찰관 직무집행법」에 따른 보호조치 대상자로 보아 경찰서로 데려온 직후 음주측정을 요구하였는데 피고인이 불응하여 음주측정불응죄로 기소된 사안에서, 위법한 보호조치 상태를 이용하여 음주측정 요구가 이루어졌다는 등의 특별한 사정이 없는 한 피고인의 행위는 음주측정불응죄에 해당한다. 23 채용 ○ X

정답 및 해설

11 ○
12 X 음주측정불응죄에 해당한다.
13 ○
14 X 측정거부 아니다.
15 X 측정거부 아니다.
16 X 측정거부 아니다.
17 ○
18 ○
19 ○
20 ○

21 술에 취해 자동차 안에서 잠을 자다가 추위를 느껴 히터를 가동시키기 위하여 시동을 걸었고, 실수로 자동차의 제동장치 등을 건드렸거나 처음 주차할 때 안전조치를 제대로 취하지 아니한 탓으로 원동기의 추진력에 의하여 자동차가 약간 경사진 길을 따라 앞으로 움직여 피해자의 차량 옆면을 충격하게 된 경우는 자동차의 운전에 해당한다. 23·16·15 채용, 24 승진 (O X)

22 특별한 이유 없이 호흡측정기에 의한 측정에 불응하는 운전자에게 경찰공무원이 혈액채취에 의한 측정방법이 있음을 고지하고 그 선택 여부를 물어야 할 의무는 없다. 23·15 채용 (O X)

23 위드마크 공식은 운전자가 음주 상태에서 운전한 사실이 있는지에 대한 경험법칙에 의한 증거수집 방법에 불과하므로, 경찰공무원에게 위드마크 공식의 존재 및 나아가 호흡측정에 의한 혈중알코올농도가 음주운전 처벌기준 수치에 미달하였더라도 위드마크 공식에 의한 역추산 방식에 의하여 운전 당시의 혈중알코올농도를 산출할 경우 그 결과가 음주운전 처벌기준 수치 이상이 될 가능성이 있다는 취지를 운전자에게 미리 고지하여야 할 의무는 없다. 21 간부 (O X)

24 운전자가 음주운전으로 교통사고를 야기한 후, 차에서 내려 피해자(진단 3주)에게 '왜 와서 들이받냐'라는 말을 하고, 교통사고 조사를 위해 경찰서에 가자는 경찰관의 지시에 순순히 응하여 순찰차에 스스로 탑승하여 경찰서까지 갔을 뿐 아니라 경찰서에서 조사받으면서 사고 당시 상황에 대한 자신의 주장을 정확하게 진술하였다면, 비록 경찰관이 작성한 주취운전자 정황진술보고서에는 '언행상태'란에 '발음 약간 부정확', '보행상태'란에 '비틀거림이 없음', '운전자 혈색'란에 '안면 홍조 및 눈 충혈'이라고 기재되어 있다고 하더라도 음주로 인한 특정범죄 가중처벌 등에 관한 법률 위반(위험운전치사상)이 아니라 도로교통법 위반(음주운전)으로 처벌해야 한다. 22 채용 (O X)

25 아파트 단지 내 통행로가 왕복 4차선의 외부도로와 직접 연결되어 있고, 외부차량의 통행에 제한이 없으며, 별도의 주차관리인이 없다면 도로교통법상 도로에 해당한다. 19·15 승진 (O X)

26 교통사고의 결과가 피해자의 구호 및 교통질서의 회복을 위한 조치가 필요한 상황인 이상 교통사고 발생 시의 구호조치의무 및 신고의무는 교통사고를 발생시킨 당해 차량의 운전자에게 그 사고 발생에 있어서 고의·과실 혹은 유책·위법의 유무에 관계없이 부과된 의무라고 해석함이 타당하고, 당해 사고의 발생에 귀책사유가 없는 경우에도 위 의무가 없다고 할 수 없다. 19 승진 (O X)

27 신호 위반으로 교통사고를 야기한 자가 통고처분을 받아 신호 위반의 범칙금을 납부하였다고 하더라도, 교통사고처리 특례법상 신호 위반으로 인한 업무상과실치상죄로 처벌하는 것이 이중처벌에 해당한다고 볼 수 없다. 19 승진 (O X)

28 약물 등의 영향으로 정상적으로 운전하지 못할 우려가 있는 상태에서 자동차 등을 운전하였다고 인정하려면, 약물 등의 영향으로 인하여 현실적으로 '정상적으로 운전하지 못할 상태'에 이르러야만 한다. 19 승진 (O X)

29 음주운전 신고를 받고 출동한 경찰관이 만취한 상태로 시동이 걸린 차량 운전석에 앉아 있는 甲을 발견하고 음주측정을 위해 하차를 요구하는 것만으로는 「도로교통법」 제44조 제2항이 정한 음주측정에 관한 직무에 착수하였다고 할 수 없다. 24 승진 (O X)

정답 및 해설

21 X 사람의 의지나 관여 없이 자동차가 움직인 경우에는 자동차를 운전하였다고 할 수 없다.
22 O
23 O
24 O
25 O
26 O
27 O
28 X 정상적으로 운전하지 못할 상태에까지 이르러야 하는 것은 아니다.
29 X 음주운전 신고를 받고 출동한 경찰관이 만취한 상태로 시동이 걸린 차량 운전석에 앉아있는 피고인을 발견하고 음주측정을 위해 하차를 요구함으로써 도로교통법 제44조 제2항이 정한 음주측정에 관한 직무에 착수하였다.

30 「교통사고처리 특례법」 제2조 제2호는 '교통사고'란 차의 교통으로 인하여 사람을 사상하거나 물건을 손괴하는 것을 말한다고 규정하고 있는데, 여기서 '차의 교통'은 차량을 운전하는 행위 및 그와 동일하게 평가할 수 있을 정도로 밀접하게 관련된 행위를 모두 포함한다. 24 승진　　　　　　　　　　　　　　　　O X

31 모든 차의 운전자는 보행자보다 먼저 횡단보행자용 신호기가 설치되지 않은 횡단보도에 진입한 경우에도, 보행자의 횡단을 방해하지 않거나 통행에 위험을 초래하지 않을 상황이 아니고서는, 차를 일시정지하는 등으로 보행자의 통행이 방해되지 않도록 할 의무가 있다. 24 승진　　　　　　　　　　　　　　　　O X

32 연습운전면허를 받은 사람이 운전을 함에 있어 '주행연습 외의 목적으로 운전하여서는 안 된다'는 사항을 준수해야 하며, 이에 위반하여 운전한 경우 그 운전은 특례법에서 규정한 무면허운전으로 보아 처벌할 수 있다. 21 간부　　　　　　　　　　　　　　　　　　　　　　　　　　　　　　　　　　　　　　　O X

33 교통사고로 인한 물적 피해가 경미하고, 파편이 도로상에 비산되지도 않았다고 하더라도 가해차량이 즉시 정차하는 등 필요한 조치를 취하지 아니한 채 그대로 도주한 경우에는 도로교통법 제54조 제1항 위반죄가 성립한다. 15 채용, 12 승진　　　　　　　　　　　　　　　　　　　　　　　　　　　　　　　　O X

34 교차로에 교통섬이 설치되고 그 오른쪽으로 직진 차로에서 분리된 우회전 차로가 설치된 경우, 우회전 차로가 아닌 직진 차로를 따라 우회전하는 행위는 교차로 통행방법을 위반한 것이다. 15 채용　　　　O X

35 중앙선이 설치된 도로의 어느 구역에서 좌회전이나 유턴이 허용되어 중앙선이 백색 점선으로 표시되어 있는 경우, 그 지점에서 안전표지에 따라 좌회전이나 유턴을 하기 위하여 중앙선을 넘어 운행하다가 반대편 차로를 운행하는 차량과 충돌하는 교통사고를 내었더라도 이를 특례법에서 규정한 중앙선 침범사고라고 할 것은 아니다. 21 간부　　　　　　　　　　　　　　　　　　　　　　　　　　　　　　　　　　　　O X

36 횡단보도의 신호가 적색인 상태에서 반대차선에 정지 중인 차량 뒤에서 보행자가 건너올 것까지 예상하여 주의의무를 다하여야 한다고 할 수 없다. 20 간부　　　　　　　　　　　　　　　　O X

37 앞차가 빗길에 미끄러져 비정상적으로 움직일 때는 진로를 예상할 수 없으므로 뒤따라가는 차량의 운전자는 이러한 사태에 대비하여 속도를 줄이고 안전거리를 확보해야 할 주의의무가 있다. 20 간부　　　　O X

38 교차로에 교통섬이 설치되고 그 오른쪽으로 직진 차로에서 분리된 우회전 차로가 설치된 경우, 우회전 차로가 아닌 직진 차로를 따라 우회전하는 행위를 교차로 통행방법을 위반한 것이라 볼 수 없다. 20 간부　O X

39 '운전면허를 받지 아니하고'라는 법률문언의 통상적 의미에 '운전면허를 받았으나 그 후 운전면허의 효력이 정지된 경우'가 당연히 포함된다 할 수 없다. 20 간부　　　　　　　　　　　　　　　　O X

40 교통사고 피해자가 2주간의 치료를 요하는 경미한 상해를 입었다는 사정만으로 사고 당시 피해자를 구호할 필요가 없었다고 단정지을 수 없다. 19 승진　　　　　　　　　　　　　　　　　　O X

41 특정범죄 가중처벌 등에 관한 법률 제5조의3 도주차량운전자의 가중처벌규정과 관련하여, 차의 교통으로 인한 업무상과실치사상의 사고는 도로교통법이 정하는 도로에서의 교통사고로 한정된다. 19·18·15 승진
　　　　　　　　　　　　　　　　　　　　　　　　　　　　　　　　　　　　　O X

정답 및 해설

30 O
31 O
32 X 무면허운전이라고 할 수 없다.
33 O
34 O
35 O
36 O
37 O
38 X 교차로 통행방법을 위반한 것이다.
39 O
40 O
41 X 도로에서의 교통사고로 한정되지 않는다.

42 보행자가 횡단보도 보행신호등의 녹색등화의 점멸신호 전에 횡단을 시작하였는지 여부를 가리지 아니하고 보행신호등의 녹색등화가 점멸하고 있는 동안에 횡단보도를 통행하는 모든 보행자는 횡단보도에서의 보행자보호의무의 대상이 된다. 18 승진 (O X)

43 보행자신호가 적색인 경우 반대차로상에서 정지하여 있는 차량의 뒤로 보행자가 횡단보도를 건너올 수 있다는 것까지 예상할 주의의무는 없다. 15 간부 (O X)

44 보행자신호의 녹색등이 점멸하는 때에는 보도 위에 서 있던 보행자가 갑자기 뛰기 시작하면서 보행을 시작할 수도 있다는 것까지 예상할 주의의무는 없다. 15 간부 (O X)

45 연속된 교통사고로 피해자가 사망한 경우 후행 교통사고 운전자에게 책임을 물으려면 후행 교통사고를 일으킨 사람이 주의의무를 게을리하지 않았다면 피해자가 사망에 이르지 않았을 것이라는 사실이 증명되어야 한다. 15 승진 (O X)

46 내리막길에 주차되어 있는 자동차의 핸드 브레이크를 풀어 타력주행을 하는 행위는 운전에 해당되지 않는다. 15 승진 (O X)

47 고속도로를 운행하는 자동차 운전자는 고속도로를 무단횡단하는 보행자가 있을 것을 예견하여 운전할 주의의무가 있다. 15 승진 (O X)

48 야간에 무등화인 자전거를 타고 차도를 무단횡단하는 경우까지를 예상하여 감속하고 반대차로상의 동태까지 살피면서 서행운행할 주의의무는 없다. 15 승진 (O X)

49 차에 열쇠를 끼워놓은 채 11세 남짓한 어린이를 조수석에 남겨놓고 차에서 내려온 동안 어린이가 시동을 걸어 차량이 진행하여 사고가 발생한 경우 운전자로서는 열쇠를 빼는 등 사고 예방조치를 취할 주의의무가 있다. 15 승진 (O X)

50 일반적으로 고속도로를 운전하는 자동차 운전자에게 도로상에 장애물이 나타날 것을 예견하여 제한속도 이하로 감속 운행할 주의의무가 있다. 15 채용 (O X)

51 교통사고 피해자 구호의무는 교통사고 야기자에게 부과되는 것이므로 교통사고를 야기하지 않은 피해 차량의 운전자는 부상자를 구호할 의무가 있다고 볼 수 없다. 12 승진 (O X)

52 고속도로상을 통행하는 자동차 운전자는 도로를 횡단하는 보행자를 그 차의 제동거리 밖에서 발견하였더라도 사고위험을 예상하여 이를 방지하기 위한 제반조치를 취하여야 할 주의의무가 없다. 12 승진, 15 간부 (O X)

53 중앙선이 표시되지 않은 비포장도로에서 서로 마주 보고 진행할 수 있는 여건이라면 마주 오는 차가 도로의 중앙 또는 좌측으로 진행해 올 것까지 예상할 주의의무는 없다. 12 승진 (O X)

54 특별한 사정이 없는 한 고속도로를 운행하는 자동차의 운전자는 보행자가 나타날 것을 예견하여 제한속도 이하로 감속 운행할 주의의무가 없다. 15 간부 (O X)

정답 및 해설

42 O
43 O
44 X 그러한 주의의무가 있다고 보는 것이 타당하다.
45 O
46 O
47 X 그러한 정도의 주의의무는 없다.
48 O
49 O
50 X 그러한 정도의 주의의무는 없다.
51 X 구호조치·신고의무는 당해 교통사고의 귀책사유가 있는지 여부와 관계없이(누가 가해자이고 피해자인지 여부에 관계없이) 교통사고를 발생시킨 당해 차량의 운전자에게 부과된 의무이다.
52 X 제동거리 밖에서 발견하였다면 보행자가 다시 되돌아 나가는 경우 등을 예견하여야 한다.
53 O
54 O

55 고속도로상이라 하더라도 제동거리 밖의 무단횡단자를 발견했을 경우 사고를 미연에 방지할 의무가 있다. 15 간부 (O X)

56 경찰관이 음주운전 단속시 운전자의 요구에 따라 곧바로 채혈을 실시하지 않은채 호흡측정기에 의한 음주측정을 하고 1시간 12분이 경과한 후에 채혈을 한 것은 객관적 정당성을 상실하여 운전자가 음주운전 단속과정에서 받을 수 있는 권익이 현저하게 침해되었다고 볼 수 있다. 21 간부 (O X)

57 음주종료 후 4시간 정도 지난 시점에서 물로 입 안을 헹구지 아니한 채 호흡측정기로 측정한 혈중알코올 농도 수치가 0.05%로 나타난 사안에서, 위 증거만으로는 피고인이 혈중알코올 농도 0.05% 이상의 술에 취한 상태에서 자동차를 운전하였다고 인정하기 어렵다. 21 간부 (O X)

58 경찰관이 술에 취한 상태에서 자동차를 운전한 것으로 보이는 피고인을 「경찰관 직무집행법」에 따른 보호조치 대상자로 보아 경찰서로 데려온 직후 음주측정을 요구하였는데 피고인이 불응하여 음주측정불응죄로 기소된 사안에서, 위법한 보호조치 상태를 이용하여 음주측정 요구가 이루어졌다는 등의 특별한 사정이 없는 한 피고인의 행위는 음주측정불응죄에 해당한다. 21 간부 (O X)

정답 및 해설

55 O
56 X 권익이 현저하게 침해되었다고 단정 하기 어렵다.
57 O
58 O

해커스경찰
police.Hackers.com

Chapter 05

정보경찰

POINT 01 | 정보의 순환과정
POINT 02 | 집회 및 시위에 관한 법률

POINT 01 정보의 순환과정

1 정보 순환과정 개관 기출OX 01

정보요구	• 정보의 사용자가 첩보의 수집활동을 집중 지시하는 단계로서, 정보순환과정 중에서 최초의 단계이며 기초가 되는 중요한 단계이다. • **소순환과정**: 기본요소 결정 → 첩보 수집계획서 작성 → 명령·하달 → 수집활동에 대한 조정·감독 기출OX 02
첩보수집	• 정보기관(첩보수집기관)이 사용자의 정보요구에 따라 필요한 자료를 획득하여 사용자에게 제공하는 단계로, 정보순환과정 중 **가장 중요하고 어려운 단계**이며 협조자가 필요한 단계이다. • **소순환과정**: 첩보의 수집계획 → 출처의 개척 → 첩보의 수집 → 첩보의 전달 기출OX 03
정보생산 (분석)	• 정보사용자의 요구에 맞도록 수집·전달된 첩보를 선택·기록·평가·분석·종합·해석하여 정보화하는 것을 말하며, 학문적 성격이 가장 많이 지배하는 단계이다. • **소순환과정**: 선택 → 기록 → 평가 → 분석 → 종합 → 해석 기출OX 04 **선기평분종해**
정보배포	생산된 정보를 필요로 하는 정보를 필요로 하는 개인이나 기관 등 사용자에게 적합한 형태와 내용을 갖추어서 적시에 전파하는 것으로, 정책입안자 또는 정책결정자가 정보를 바탕으로 건전한 정책결정에 이르도록 하는 기능을 한다. 기출OX 05, 06

2 정보배포의 원칙 기출OX 07

필요성	알 필요가 있는 대상자에게만 알려야 하고 알 필요가 없는 대상자에게 알려서는 안 된다는 원칙으로, 차단의 원칙이라고도 한다. 기출OX 08 → 정보의 효용성 중 '통제효용'과 관련
적당성	정보는 사용자의 능력과 상황에 맞추어서 적당한 양을 조절하여 **필요한 만큼**만 적절한 전파수단을 통해 전달되어야 한다. 기출OX 09
적시성	• 정보는 정보사용자가 **필요로 하는 시기**에 맞추어 배포되어야 한다. • 사용자가 필요로 하는 시기에 배포되어야 하므로, 먼저 생산된 정보가 아니라 사용자에게 긴급한 정보가 우선적으로 배포되어야 한다. 기출OX 10
보안성	정보연구 및 판단이 누설됨으로써 초래될 수 있는 결과를 예방하기 위해 보안대책을 강구해야 한다. → 구두배포의 보안성이 가장 우수하다. 기출OX 11
계속성	특정정보가 필요한 정보사용자에게 배포되었다면, 그 정보의 내용이 변화되었거나 관련 내용이 **추가적으로 입수된 경우 계속 배포**되어야 한다. 기출OX 12

[참고] 정보보고서 작성시 판단을 나타내는 용어: '우려 - 추정 - 전망 - 예상 - 판단'순으로 확률이 높아진다. 기출OX 13

기출 OX

01 정보의 순환과정은 첩보의 수집 → 정보의 요구 → 정보의 생산 → 정보의 배포 순이다. 21 간부 O X
02 정보요구의 소순환과정은 첩보의 선택 → 기록 → 평가 → 분석 → 종합 → 해석 순이다. 21 간부 O X
03 첩보수집의 소순환과정은 첩보의 수집계획 → 출처개척 → 획득 → 전달 순이다. 21 간부 O X
04 정보생산의 소순환과정은 첩보의 기본요소 결정 → 수집계획서의 작성 → 명령하달 → 사후검토 순이다. 21 간부 O X
05 정보의 배포란 정보를 필요로 하는 개인이나 기관에게 적합한 내용을 적당한 시기에 제공하는 과정을 말하는 것으로, 적합한 형태를 갖출 필요는 없다. 19 채용 O X
06 정보배포의 주된 목적은 정책입안자 또는 정책결정자가 정보를 바탕으로 건전한 정책결정에 이르도록 하는 데 있다. 19 채용 O X
07 정보배포의 원칙으로 필요성, 적당성, 보안성, 적시성, 계속성이 있다. 20 승진 O X
08 필요성의 원칙은 알 필요가 있는 대상자에게 정보를 알려야 하고, 알 필요가 없는 대상자에게는 알려서는 안 된다는 것을 의미한다. 24 채용 O X
09 적당성은 정보는 사용자의 능력과 상황에 맞추어서 적당한 양을 조절하여 필요한 만큼만 적절한 전파수단을 통해 전달되어야 한다. 20 지능 O X
10 적시성의 원칙에 따라, 먼저 생산된 정보를 우선적으로 배포한다. 24·19 채용, 20 지능 O X
11 보안성의 원칙에 따라, 정보가 누설됨으로써 초래될 결과를 예방하기 위한 보안대책을 강구해야 한다. 24·19 채용 O X
12 계속성의 원칙은 정보가 필요한 기관에 배포되었다면 그 주제와 관련된 새로운 정보는 그 기관에 계속 배포해 주어야 한다는 것을 의미한다. 24·19 채용, 20 지능 O X
13 정보보고서에서 판단을 나타낼 때 사용하는 용어로 가능성이 가장 낮은 것부터 높은 순서로 바르게 배열하면 '우려 → 추정 → 전망 → 예상 → 판단'순이다. 25 승진 O X

정답 및 해설

01 X 정보의 순환과정은 정보의 요구 → 첩보의 수집 → 정보의 생산 → 정보의 배포 순이다.
02 X 정보생산의 소순환과정은 첩보의 선택 → 기록 → 평가 → 분석 → 종합 → 해석 순이다.
03 O
04 X 정보요구의 소순환과정은 첩보의 기본요소 결정 → 수집계획서의 작성 → 명령하달 → 사후검토 순이다.
05 X 정보의 배포는 생산된 정보를 필요로 하는 정보를 필요로 하는 개인이나 기관 등 사용자에게 적합한 형태와 내용을 갖추어서 적시에 전파하는 것을 말한다.
06 O
07 O
08 O
09 O
10 X 정보는 정보사용자가 필요로 하는 시기에 맞추어 배포되어야 하는데, 사용자 필요로 하는 시기에 배포되어야 하므로 먼저 생산된 정보가 아니라 사용자에게 긴급한 정보가 우선적으로 배포되어야 한다.
11 O
12 O
13 O

POINT 02 집회 및 시위에 관한 법률

1 용어의 정의

(1) 집회
- **집회**: 특정 또는 불특정 다수인이 공동의 목적을 가지고 일정한 장소에서 일시적으로 모여 토의나 사실고지 등을 통하여 공적인 의사형성을 하는 것을 말한다. 기출OX 01
- **옥외집회**: 천장이 없거나 사방이 폐쇄되지 아니한 장소에서 여는 집회를 말한다. 기출OX 02, 02-1

> **판례 |**
> 1. 집회 및 시위에 관한 법률에 의하여 보장 및 규제의 대상이 되는 집회란 '특정 또는 불특정 다수인이 공동의 의견을 형성하여 이를 대외적으로 표명할 목적 아래 일시적으로 일정한 장소에 모이는 것'을 말하고, 모이는 장소나 사람의 **다과에 제한이 있을 수 없으므로**, 2인이 모인 집회도 위 법의 규제대상이 된다고 보아야 한다(대판 2010도11381). 기출OX 03, 04
> 2. **외형상 기자회견**이라는 형식을 띠었지만 용산 철거를 둘러싸고 철거민의 입장을 옹호하면서 정부의 태도를 비판하는 내용의 공동 의견을 형성하여 이를 대외적으로 표명할 목적 아래 일시적으로 일정한 장소에 모인 것으로서 사전 신고하여야 하는 **옥외집회에 해당**한다(대판 2011도4460). 기출OX 05

(2) 시위 일행위기
- "시위"란 (i) 여러 사람이 공동의 목적을 가지고 도로, 광장, 공원 등 **일**반인이 자유로이 통행할 수 있는 장소를 **행**진하거나 (ii) **위**력 또는 **기**세를 보여, 불특정한 여러 사람의 의견에 영향을 주거나 제압을 가하는 행위를 말한다. 기출OX 06

> **판례 |**
> 1. 집시법 제2조 제2호의 "시위"는 다수인이 공동목적을 가지고 (1) 도로·광장·공원 등 공중이 자유로이 통행할 수 있는 장소를 진행함으로써 불특정다수인의 의견에 영향을 주거나 제압을 가하는 행위와 (2) 위력 또는 기세를 보여 불특정다수인의 의견에 영향을 주거나 제압을 가하는 행위를 말한다고 풀이되므로, 위 (2)의 경우에는 **"공중이 자유로이 통행할 수 있는 장소"라는 장소적 제한개념은 시위라는 개념의 요소라고 볼 수 없다**(헌재 91헌바14). 기출OX 07
> 2. 피켓을 직접 든 1인 외에 그 주변에 있는 사람들이 별도로 구호를 외치거나 전단을 배포하는 등의 행위를 하지 않았다는 형식적 이유만으로 신고대상이 되지 아니하는 이른바 '1인 시위'에 해당한다고 볼 수 없다(대판 2009도2821). → 집시법상 **1인 시위는 집회·시위라고 할 수 없다**. 기출OX 08

(3) 주최자 기출OX 09
- 주최자란 자기 이름으로 자기 책임 아래 집회나 시위를 여는 사람이나 단체를 말한다.
- 주최자는 **주관자를 따로 두어** 집회 또는 시위의 실행을 맡아 관리하도록 위임할 수 있다. 이 경우 주관자는 그 위임의 범위 안에서 주최자로 본다. 기출OX 10
- 주최자 자격에는 아무 **제한이 없다.** → 자연인, 단체, 법인격 없는 법인, 수배자, 외국인도 가능 기출OX 11

> **판례 |**
> "주최자"라 함은 자기 명의로 자기 책임 아래 집회 또는 시위를 개최하는 사람 또는 단체를 말하는 것인바, 우연히 대학교 정문 앞에 모이게 된 다른 사람들과 함께 즉석에서 즉흥적으로 학교당국과 경찰의 제지에 대한 항의의 의미로 시위를 하게 된 것이라면, 비록 그 시위에서의 구호나 노래가 피고인들의 선창에 의하여 제창되었다고 하더라도, 그와 같은 사실만으로는 피고인들이 위 시위의 주최자라고는 볼 수 없다(대판 90도2435). 기출OX 12

기출 OX

01 집회란 '특정 또는 불특정 다수인이 공동의 의견을 형성하여 이를 대외적으로 표명할 목적 아래 일시적으로 일정한 장소에 모이는 것'을 말한다. 22 승진 (O X)

02 '옥외집회'란 천장이 있고 사방이 폐쇄된 장소에서 여는 집회를 말한다. 13·16 채용 (O X)

02-1 "옥외집회"란 ( )이 없거나 사방이 폐쇄되지 아니한 장소에서 여는 집회를 말한다. 25 채용

03 집회가 성립하기 위한 최소한의 인원에 대해 종래의 학계와 실무에서는 2인설과 3인설이 대립하고 있었으나 대법원은 '2인이 모인 집회도 「집회 및 시위에 관한 법률」의 규제대상'이라고 판시한 바 있다. 21 승진 (O X)

04 집회에 있어서 사람의 다과에는 제한이 없다. 14 승진 (O X)

05 외형상 기자회견이라는 형식을 띠었지만, 용산 철거를 둘러싸고 철거민의 입장을 옹호하면서 검찰에 수사기록을 공개하라는 내용의 공동 의견을 형성하여 이를 대외적으로 표명할 목적 아래 일시적으로 일정한 장소에 모인 것은 「집회 및 시위에 관한 법률」상 집회에 해당한다. 21 승진 (O X)

06 '집회'란 여러 사람이 공동의 목적을 가지고 도로·광장·공원 등 일반인이 자유로이 통행할 수 있는 장소를 행진하거나 위력 또는 기세를 보여, 불특정한 여러 사람의 의견에 영향을 주거나 제압을 가하는 행위를 말한다. 19 승진, 16 채용 (O X)

07 '시위'에 해당하려면 '공중이 자유로이 통행할 수 있는 장소'라는 요건을 반드시 충족하여야 한다. 21 승진 (O X)

08 「집회 및 시위에 관한 법률」은 옥외집회와 시위를 구분하여 개념을 규정하고 있고, 순수한 1인 시위는 동법의 적용대상에 해당하지 않는다. 21 승진 (O X)

09 '주관자'란 자기 이름으로 자기 책임 아래 집회나 시위를 여는 사람이나 단체를 말한다. 주관자는 주최자를 따로 두어 집회 또는 시위의 실행을 맡아 관리하도록 위임할 수 있다. 이 경우 주최자는 그 위임의 범위 안에서 주관자로 본다. 25·20·17·16·15 채용 (O X)

10 주최자는 질서 유지인을 따로 두어 집회 또는 시위의 실행을 맡아 관리하도록 위임할 수 있다. 18 채용 (O X)

11 단체는 「집회 및 시위에 관한 법률」상 '주최자'가 될 수 없다. 18 채용, 20 간부 (O X)

12 사전에 아무 계획이나 조직한 바 없었더라도, 즉흥적으로 현장에 모인 사람들과 함께 구호와 노래를 제창한 자는 시위의 주최자라고 볼 수 있다. 20 승진 (O X)

정답 및 해설

01 O
02 X '옥외집회'란 천장이 없거나 사방이 폐쇄되지 아니한 장소에서 여는 집회를 말한다.
02-1 천장
03 O
04 O
05 O
06 X 시위에 대한 정의
07 X 위력이나 기세를 보이는 시위의 경우에는 공중이 자유로이 통행할 수 있는 장소라는 요건이 요구되지 않는다는 것이 헌법재판소의 입장이다.
08 O
09 X 주최자와 주관자의 위치가 바뀌어 있다.
10 X 주관자를 따로 두어 집회 또는 시위의 실행을 맡아 관리하도록 위임할 수 있다.
11 X 단체도 주최자가 될 수 있다.
12 X 주최자라고 볼 수 없다.

(4) 질서유지인
- "질서유지인"이란 주최자가 자신을 보좌하여 집회 또는 시위의 질서를 유지하게 할 목적으로 임명한 자를 말한다. 기출OX 01
- 집회 또는 시위의 주최자는 집회 또는 시위의 질서 유지에 관하여 자신을 보좌하도록 **18세 이상**의 사람을 질서유지인으로 임명할 수 있다. 기출OX 02, 03
- 참가자 등이 질서유지인임을 쉽게 알아볼 수 있도록 완장, 모자, 어깨띠, 상의 등을 착용하여야 한다. 기출OX 04
- 관할경찰관서장은 집회·시위 주최자와 협의하여 질서유지인 수를 적절하게 조정할 수 있다. 기출OX 05

(5) 질서유지선
"질서유지선"이란 관할 경찰서장이나 시·도경찰청장이 적법한 집회 및 시위를 보호하고 질서유지나 원활한 교통소통을 위하여 집회 또는 시위의 장소나 행진 구간을 일정하게 구획하여 설정한 **띠, 방책, 차선 등의 경계 표지**를 말한다. → 인벽·차벽은 X 기출OX 06, 07

질서유지선 설정	• 신고를 받은 관할경찰관서장은 집회 및 시위의 보호와 공공의 질서유지를 위하여 필요하다고 인정하면 **최소한의 범위**를 정하여 질서유지선을 **설정할 수 있다**. 기출OX 08 • 경찰관서장이 질서유지선을 설정할 때에는 주최자 또는 연락책임자에게 이를 알려야 한다. 기출OX 09 • 질서유지선 설정 사실을 주최자 등에게 고지하지 아니한 경우에는 질서유지선으로서의 법적 효력을 상실한다. • 질서유지선은 집회신고를 받은 경우에 한하여 관할 경찰관서장이 설정할 수 있으므로 미신고 집회의 경우에는 질서유지선은 법적 효력이 없다. • 신고받은 경찰관서장이 설정한 질서유지선을 경찰관의 경고에도 불구하고 정당한 사유 없이 상당 시간 침범하거나 손괴·은닉·이동 또는 제거하거나 그 밖의 방법으로 그 효용을 해친 자는 **6개월 이하의 징역 또는 50만원 이하의 벌금·구류 또는 과료**에 처한다. 기출OX 10
고지	• 질서유지선의 설정 고지는 **서면**으로 하여야 한다. • 다만, 질서유지선을 **새로 설정하거나 변경**하는 경우에는 집회 또는 시위의 장소에 있는 경찰공무원이 **구두**로 알릴 수 있다. 기출OX 11, 12

집시법시행령 제13조【질서유지선의 설정·고지 등】 ① 관할 경찰관서장은 집회 및 시위의 보호와 공공의 질서 유지를 위하여 다음 각 호의 어느 하나에 해당하는 경우에는 법 제13조 제1항에 따라 질서유지선을 설정할 수 있다.
1. 집회·시위의 장소를 한정하거나 집회·시위의 참가자와 일반인을 구분할 필요가 있을 경우
2. 집회·시위의 참가자를 일반인이나 차량으로부터 보호할 필요가 있을 경우 기출OX 13
3. 일반인의 통행 또는 교통 소통 등을 위하여 필요할 경우
4. 다음 각 목의 어느 하나의 시설 등에 접근하거나 행진하는 것을 금지하거나 제한할 필요가 있을 경우
  가. 법 제11조에 따른 집회 또는 시위가 금지되는 장소 나. 통신시설 등 중요시설
  다. 위험물시설
  라. 그 밖에 안전 유지 또는 보호가 필요한 재산·시설 등
5. 집회·시위의 행진로를 확보하거나 이를 위한 임시횡단보도를 설치할 필요가 있을 경우 기출OX 14
6. 그 밖에 집회·시위의 보호와 공공의 질서 유지를 위하여 필요할 경우

(6) 경찰관서
"경찰관서"란 **국가경찰관서**를 말한다. 기출OX 15

기출 OX

01 "질서유지인"이란 관할 경찰서장이 집회 또는 시위의 질서를 유지하게 할 목적으로 임명한 자를 말한다. 23·17·16 채용, 17 승진, 16 간부   O X

02 집회 또는 시위의 주최자는 집회 또는 시위의 질서 유지에 관하여 자신을 보좌하도록 16세 이상의 사람을 질서유지인으로 임명할 수 있다. 16 간부, 18 채용   O X

03 집회 또는 시위의 주최자는 집회 또는 시위의 질서 유지에 관하여 자신을 보좌하도록 18세 이상의 사람을 질서유지인으로 임명하여야 한다. 18 채용   O X

04 질서유지인은 참가자 등이 질서유지인임을 쉽게 알아볼 수 있도록 완장, 모자, 어깨띠, 상의 등을 착용할 수 있다. 16 지능   O X

05 관할경찰관서장은 집회 또는 시위의 주최자와 협의하여 질서유지인의 수를 적절하게 조정할 수 있다. 21 간부   O X

06 '질서유지선'이란 관할경찰서장이나 시·도경찰청장이 적법한 집회 및 시위를 보호하고 질서 유지나 원활한 교통 소통을 위하여 집회 또는 시위의 장소나 행진 구간을 일정하게 구획하여 설정한 띠, 방책, 차선 등의 경계 표지를 말한다. 17 승진   O X

07 질서유지선은 띠를 의미하며 목책, 바리케이트, 차벽, 인벽은 포함되지 않는다. 17·15 승진   O X

> 경찰버스로 이루어진 차벽을 '질서유지선'이라고 공표하거나 '질서유지선'이라고 기재해 두었다 하여 경찰이 차벽을 집시법상의 질서유지선으로 사용할 의사였다거나 설치된 차벽이 객관적으로 질서유지선의 역할을 한 것으로 보이지는 아니한다(대판 2016도21077).

08 집회 시위의 신고를 받은 관할경찰관서장은 집회·시위의 보호와 공공의 질서 유지를 위해 최대한의 범위를 정하여 질서유지선을 설정할 수 있다. 21 채용, 23·19·18 승진, 17 간부   O X

09 경찰관서장이 질서유지선을 설정할 때에는 사전에 질서유지인에게 이를 서면으로 고지하여야 한다. 23·20·15·18 승진, 17 간부   O X

10 경찰관의 경고에도 불구하고 질서유지선을 정당한 사유 없이 손괴한 자는 6개월 이하의 징역 또는 500만원 이하의 벌금·구류 또는 과료에 처한다. 23·18 승진, 21·20 채용, 17 간부   O X

11 경찰관서장이 질서유지선을 설정할 때에는 주최자 또는 연락책임자에게 이를 서면으로 고지하여야 하며, 이러한 과정을 통해 설정·고지된 질서유지선은 추후에 변경할 수 없다. 21 채용, 15 승진   O X

12 질서유지선의 설정 고지는 구두 또는 서면으로 할 수 있다. 다만 집회 또는 시위 장소의 상황에 따라 질서유지선을 새로 설정하거나 변경하는 경우에는 집회 또는 시위의 장소에 있는 경찰공무원이 서면으로 알려야 한다. 24 간부, 23·20·18 승진   O X

13 '집회·시위의 참가자를 일반인이나 차량으로부터 보호할 필요가 있을 경우'는 질서유지선을 설정할 수 있는 경우에 해당하지 않는다. 17 간부   O X

14 관할경찰관서장은 집회 및 시위의 보호와 공공의 질서 유지를 위하여 집회·시위의 행진로를 확보하거나 이를 위한 임시횡단보도를 설치할 필요가 있을 경우에는 「집회 및 시위에 관한 법률」 제13조 제1항에 따라 질서유지선을 설정할 수 있다. 21 채용   O X

15 "( )"(이)란 국가경찰관서를 말한다. 25 채용

정답 및 해설

01 X "질서유지인"이란 주최자가 임명한 자이다.
02 X 18세 이상
03 X 임명할 수 있다.
04 X 착용하여야 한다.
05 O
06 O
07 X 집회 및 시위에 관한 법률의 정의상으로는 '띠, 방책, 차선 등'으로 질서유지선을 설정할 수 있으며, 판례상으로 사람의 대열(인벽)과 차벽은 질서유지선으로 볼 수 없다고 판결한 바 있다.
08 X 최소한의 범위
09 X 주최자 또는 연락책임자에게 이를 알려야 한다.
10 X 50만원 이하의 벌금·구류 또는 과료
11 X 변경할 수 있다.
12 X 서면고지가 원칙이고, 현장 상황에 따라 새로 설정·변경시 구두로 알리는 것이 가능하다.
13 X '집회·시위의 참가자를 일반인이나 차량으로부터 보호할 필요가 있을 경우'도 질서유지선을 설정할 수 있는 사유에 해당한다.
14 O
15 경찰관서

2 집회 및 시위신고 절차

(1) 주최측의 사전 신고

신고 기간	옥외집회나 시위를 주최하려는 자는 신고서를 옥외집회나 시위를 시작하기 720시간 전부터 48시간 전에 관할 경찰서장에게 제출하여야 한다. 기출OX 01
신고서 제출기관	• 옥외집회 또는 시위 장소가 두 곳 이상의 경찰서의 관할에 속하는 경우에는 관할 시·도경찰청장에게 제출하여야 한다. • 두 곳 이상의 시·도경찰청 관할에 속하는 경우에는 주최지를 관할하는 시·도경찰청장에게 제출하여야 한다. 기출OX 02, 03

구분	구체적 신고접수기관
원칙적 신고기관	관할 경찰서장
2곳 이상 경찰서 관할	관할 시·도경찰청장
2곳 이상 시·도경찰청 관할	주최지 관할 시·도경찰청장

(2) 경찰의 신고접수

관할경찰관서장은 신고서를 접수하면 신고자에게 접수 일시를 적은 접수증을 즉시 내주어야 한다. 기출OX 04

(3) 경찰의 보완통고

• 관할경찰관서장은 신고서의 기재 사항에 미비한 점을 발견하면 접수증을 교부한 때부터 12시간 이내에 주최자에게 24시간을 기한으로 그 기재 사항을 보완할 것을 통고할 수 있다. 기출OX 05, 06, 07
• 보완 통고는 보완할 사항을 분명히 밝혀 서면으로 주최자 또는 연락책임자에게 송달하여야 한다. 기출OX 08, 09

판례

1 집회의 자유에 있어서는 다른 기본권 조항들과는 달리 '허가'의 방식에 의한 제한은 허용되지 아니하는 점을 고려하면, 관할 경찰관서장은 신고서의 기재가 누락되었다거나 명백한 흠결이 있는 경우에만 형식적인 내용에 관하여 보완통고를 할 수 있고, 그 이외의 사항에 관하여는 보완요구할 수 없다고 보아야 할 것이다(부산지방법원 2015구합24643) 기출OX 10

2 집회 및 시위에 관한 법률 하에서는 옥외집회 또는 시위가 그 신고사항에 미비점이 있었다거나 신고의 범위를 일탈하였다고 하더라도 그 신고내용과 동일성이 유지되어 있는 한 신고를 하지 아니한 것이라고 볼 수는 없으므로, 옥외집회 또는 시위의 신고사항 미비점이나 신고범위 일탈로 인하여 타인의 법익 기타 공공의 안녕질서에 대하여 직접적인 위험이 초래된 경우에 비로소 그 위험의 방지·제거에 적합한 제한조치를 취할 수 있되, 그 조치는 법령에 의하여 허용되는 범위 내에서 필요한 최소한도에 그쳐야 할 것이다(대판 98다20929) 기출OX 11

3 피고인들이 이미 신고한 행진 경로를 따라 행진로인 하위 1개 차로에서 2회에 걸쳐 약 15분 동안 연좌하였다는 사실 외에 이미 신고한 집회방법의 범위를 벗어난 사항은 없고, 약 3시간 30분 동안 이루어진 집회시간 동안 연좌시간도 약 15분에 불과한 사안에서, 위 옥외집회 등 주최행위가 신고한 범위를 뚜렷이 벗어나는 경우에 해당하지 아니한다(대판 2009도10425). 기출OX 12

4 건설업체 노조원들이 '임·단협 성실교섭 촉구 결의대회'를 개최하면서 차도의 통행방법으로 신고하지 아니한 삼보일배 행진을 하여 차량의 통행을 방해한 사안에서, 그 시위방법이 장소, 태양, 내용, 방법과 결과 등에 비추어 사회통념상 용인될 수 있는 다소의 피해를 발생시킨 경우에 불과하고, 집회 및 시위에 관한 법률에 정한 신고제도의 목적 달성을 심히 곤란하게 하는 정도에 이른다고 볼 수 없어, 사회상규에 위배되지 않는 정당행위에 해당한다(대판 2009도840). 기출OX 13

기출 OX

01 옥외집회나 시위를 주최하려는 자는 신고서를 옥외집회나 시위를 시작하기 720시간 전부터 24시간 전에 관할경찰서장에게 제출하여야 한다. 다만, 옥외집회 또는 시위 장소가 두 곳 이상의 경찰서의 관할에 속하는 경우에는 관할 시·도경찰청장에게 제출하여야 하고, 두 곳 이상의 시·도경찰청 관할에 속하는 경우에는 주최지를 관할하는 시·도경찰청장에게 제출하여야 한다. 20·19·17 승진, 20 채용 O X

02 옥외집회 또는 시위 장소가 두 곳 이상의 경찰서의 관할에 속하는 경우에는 주최지를 관할하는 경찰서장에게 신고서를 제출하여야 한다. 20·18 채용, 17 승진 O X

03 두 곳 이상의 시·도경찰청 관할에 속하는 경우에는 경찰청장에게 신고서를 제출하여야 한다. 18 채용, 17 승진 O X

04 관할경찰서장 또는 시·도경찰청장은 집회 및 시위에 관한 법률 제6조 제1항에 따른 신고서를 접수하면 신고자에게 접수 일시를 적은 접수증을 12시간 이내에 내주어야 한다. 13·17 채용, 24·19 승진 O X

05 관할경찰서장은 신고서의 기재 사항에 미비한 점을 발견하면 접수증을 교부한 때부터 12시간 이내에 주최자에게 24시간을 기한으로 그 기재 사항을 보완할 것을 통고하여야 한다. 20·19 채용 O X

06 관할경찰관서장은 「집회 및 시위에 관한 법률」 제6조 제1항에 따른 신고서의 기재 사항에 미비한 점을 발견하면 접수증을 교부한 때부터 12시간 이내에 주최자 또는 질서유지인에게 24시간을 기한으로 그 기재 사항을 보완할 것을 통고할 수 있다. 20 승진 O X

07 관할경찰관서장은 옥외집회 및 시위에 관한 신고서의 기재사항에 미비한 점을 발견하면 접수증을 교부한 때부터 24시간 이내에 주최자에게 48시간을 기한으로 그 기재 사항을 보완할 것을 통고할 수 있다. 23 채용, 24·21·20·19·17 승진 O X

08 보완 통고는 보완할 사항을 분명히 밝혀 서면 또는 구두로 주최자 또는 연락책임자에게 송달하여야 한다. 24·20 승진 O X

09 보완통고는 보완할 사항을 분명히 밝혀 서면 또는 문자 메시지(SMS)로 주최자 또는 연락책임자에게 전달하여야 한다. 21 승진 O X

10 경찰서장은 집회신고에 대해 집회신고서의 형식적인 미비점뿐만 아니라 내용에 대해서도 보완통고를 할 수 있다. 18 승진 O X

11 옥외집회 또는 시위 당시의 구체적인 상황에 비추어 볼 때 옥외집회 또는 시위의 신고사항 미비점이나 신고범위 일탈로 인하여 타인의 법익 기타 공공의 안녕질서에 대하여 직접적인 위험이 초래된 경우에 비로소 그 위험의 방지·제거에 적합한 제한조치를 취할 수 있되, 그 조치는 법령에 의하여 허용되는 범위 내에서 필요한 최소한도에 그쳐야 한다. 22 승진 O X

12 신고한 행진 경로를 따라 행진하면서 하위 1개 차로에서 2회에 걸쳐 약 15분 동안 연좌한 경우 신고한 범위를 뚜렷이 벗어나는 경우에 해당한다. 20 승진 O X

13 신고내용에 포함되지 않은 삼보일배 행진을 한 것은 신고제도의 목적 달성을 심히 곤란하게 하는 정도에 이른다고 볼 수 있다. 20 승진 O X

정답 및 해설

01 X 720시간 전부터 48시간 전에 제출하여야 한다.
02 X 관할 시·도경찰청장에게 신고서를 제출
03 X 주최지를 관할하는 시·도경찰청장에게 제출
04 X 즉시 내주어야 한다.
05 X 관할경찰관서장은 보완할 것을 통고할 수 있다.
06 X 주최자에게 보완통고
07 X 12시간 이내에 24시간을 기한
08 X 주최자 또는 연락책임자에 서면을 송달하여야 한다.
09 X 서면으로 송달하여야 한다. 문자메시지(SMS)는 가능한 방법으로 규정되어 있지 않다.
10 X 신고서 기재사항의 누락 등 형식적인 사항에 대해서만 보완통고가 가능하다고 본다.
11 O
12 X 신고한 범위를 벗어나는 경우에 해당하지 않는다.
13 X 신고제도의 목적 달성을 심히 곤란하게 하는 정도라고 볼 수 없다.

(4) 경찰의 금지 및 제한통고

금지되는 집회·시위에 해당	• 신고서를 접수한 관할경찰관서장은 신고된 옥외집회 또는 시위가 다음 어느 하나에 해당하는 때에는 신고서를 접수한 때부터 **48시간** 이내에 집회 또는 시위를 금지할 것을 주최자에게 통고할 수 있다. 기출OX 01 　1. 헌법재판소의 결정에 따라 해산된 정당의 목적을 달성하기 위한 집회 또는 시위, 집회·시위 금지시간 또는 집회·시위 금지장소 위반된다고 인정될 때 기출OX 02 　2. 신고서 기재 사항을 보완하지 아니한 때 　3. 교통 소통을 위해 금지할 집회 또는 시위라고 인정될 때 • 다만, 집회 또는 시위가 집단적인 폭행, 협박, 손괴, 방화 등으로 공공의 안녕 질서에 직접적인 위험을 초래한 경우에는 남은 기간의 해당 집회 또는 시위에 대하여 신고서를 접수한 때부터 48시간이 지난 경우에도 금지 통고를 할 수 있다. 기출OX 03
인근 거주자 등의 요청	다음의 경우 거주자나 관리자가 시설이나 장소의 보호를 요청하는 경우에는 집회나 시위의 금지 또는 제한을 통고할 수 있다 기출OX 04 1. 신고서에 적힌 장소가 다른 사람의 **주거지역이나 이와 유사한 장소**로서 집회나 시위로 재산 또는 시설에 심각한 피해가 발생하거나 사생활의 평온을 뚜렷하게 해칠 우려가 있는 경우 2. 신고장소가 「초·중등교육법」상 **학교의 주변 지역**으로서 집회 또는 시위로 학습권을 뚜렷이 침해할 우려가 있는 경우 3. 신고장소가 「군사기지 및 군사시설 보호법」상 **군사시설의 주변 지역**으로서 집회 또는 시위로 시설이나 군 작전의 수행에 심각한 피해가 발생할 우려가 있는 경우 → **상가 밀집지역 X** 기출OX 05
시간·장소가 중복되는 경우	• 관할경찰관서장은 집회 또는 시위의 시간과 장소가 **중복되는 2개 이상의 신고**가 있는 경우 그 목적으로 보아 **서로 상반되거나 방해가 된다고 인정**되면 각 옥외집회 또는 **시위 간에 시간을 나누거나 장소를 분할하여 개최하도록 권유**하는 등 각 옥외집회 또는 시위가 서로 방해되지 아니하고 평화적으로 개최·진행될 수 있도록 노력하여야 한다. 기출OX 06 • 관할경찰관서장은 **위의 권유가 받아들여지지 아니하면** 뒤에 접수된 옥외집회 또는 시위에 대하여 그 집회 또는 시위의 **금지를 통고할 수 있다**. • 뒤에 접수된 옥외집회 또는 시위가 금지 통고된 경우 **먼저 신고를 접수하여 옥외집회 또는 시위를 개최할 수 있는 자**는 집회 시작 **1시간 전**에 관할경찰관서장에게 **집회 개최 사실을 통지**하여야 한다. **🏃 판례 |** 집회의 신고가 경합할 경우 특별한 사정이 없는 한 관할경찰관서장은 신고 순서에 따라 뒤에 신고된 집회에 대하여 금지통고를 할 수 있지만, 먼저 신고된 집회가 다른 집회의 개최를 봉쇄하기 위한 허위 또는 가장 집회신고에 해당함이 객관적으로 분명해 보이는 경우에는, 뒤에 신고된 집회에 다른 집회금지 사유가 있는 경우가 아닌 한, 관할경찰관서장이 단지 먼저 신고가 있었다는 이유만으로 뒤에 신고된 집회에 대하여 집회 자체를 금지하는 통고를 하여서는 아니 되고, 설령 이러한 금지통고에 위반하여 집회를 개최하였다고 하더라도 그러한 행위를 집시법상 금지통고에 위반한 집회개최행위에 해당한다고 보아서는 아니 된다(대판 2011도13299). 기출OX 07

기출 OX

01 관할경찰관서장은 금지 사유에 해당하는 집회 및 시위의 경우에 신고서를 접수한 때로부터 48시간 이내에 금지통고를 할 수 있다. 21 승진 O X

02 헌법재판소의 결정에 따라 해산된 정당의 목적을 달성하기 위한 집회 또는 시위는 주최하여서는 아니 된다. 19 채용 O X

03 집회신고서를 접수한 때로부터 48시간이 경과한 이후에도 남은 기간의 집회·시위에 대해 금지 통고를 할 수 있는 경우가 있다. 19 채용 O X

04 관할경찰관서장은 「집회 및 시위에 관한 법률」 제8조 제5항 각 호의 어느 하나에 해당하는 경우로서 거주자나 관리자가 시설이나 장소의 보호를 요청하는 경우에는 집회나 시위의 금지 또는 제한을 통고할 수 있으며, 제한 통고의 경우 시한에 대한 규정은 없다. 21 승진 O X

05 신고장소가 다른 사람의 주거지역이나 이와 유사한 장소 또는 학교 및 군사시설, 상가밀집지역의 주변 지역에서의 집회나 시위의 경우 그 거주자나 관리자가 시설이나 장소의 보호를 요청하는 경우에는 집회나 시위의 금지 또는 제한을 통고할 수 있다. 19 승진 O X

06 관할경찰관서장은 집회 또는 시위의 시간과 장소가 중복되는 2개 이상의 신고가 있는 경우 그 목적으로 보아서 서로 상반되거나 방해가 된다고 인정되면 뒤에 접수된 집회 또는 시위에 대하여 그 집회 또는 시위의 금지를 통고하여야 한다. 15·14 채용, 18 승진, 16 간부 O X

07 집회의 신고가 경합할 경우, 먼저 신고된 집회의 목적, 장소 및 시간, 참여예정인원, 집회 신고인이 기존에 신고한 집회 건수와 실제로 집회를 개최한 비율 등 먼저 신고된 집회의 실제 개최 가능성 여부와 양 집회의 상반 또는 방해가능성 등 제반 사정을 확인하여 먼저 신고된 집회가 다른 집회의 개최를 봉쇄하기 위한 허위 또는 가장 집회신고에 해당함이 객관적으로 분명해 보이는 경우라도 관할 경찰관서장이 뒤에 신고된 집회에 대하여 금지통고를 했다면, 이러한 금지통고에 위반하여 집회를 개최한 행위는 「집회 및 시위에 관한 법률」에 위배된다. 22 채용 O X

정답 및 해설

01 O
02 O
03 O
04 O
05 X 상가밀집지역은 해당하지 아니한다.
06 X 뒤에 접수된 집회나 시위에 대해 금지를 통고하기 전에 시간을 나누거나 장소를 분할하여 개최하도록 권유하는 등 노력을 먼저 기울여야 한다.
07 X 이러한 경우 금지통고 위반하여 집회를 개최하였더라도 집시법 위반이 아니라는 것이 판례의 입장이다.

(5) 금지통고에 대한 이의신청

이의신청	집회 또는 시위의 주최자는 금지 통고를 받은 날부터 **10일** 이내에 해당 경찰서의 바로 위의 **상급경찰관서**의 장에게 이의를 신청할 수 있다. 기출OX 01, 02, 03
재결	• 집회 또는 시위 금지통고에 대해 이의 신청을 받은 경찰관서장은 즉시 금지를 통고한 경찰관서장에게 이의 신청의 취지와 이유를 알리고, 답변서의 제출을 명하여야 한다. 기출OX 04 • 이의 신청을 받은 경찰관서의 장은 접수 일시를 적은 접수증을 이의 신청인에게 즉시 내주고 접수한 때부터 **24시간** 이내에 재결을 하여야 한다. 이 경우 접수한 때부터 24시간 이내에 재결서를 발송하지 아니하면 관할경찰관서장의 금지 통고는 소급하여 그 효력을 잃는다. 기출OX 05 • 이의 신청인은 금지 통고가 위법하거나 부당한 것으로 재결되거나 그 효력을 잃게 된 경우 처음 신고한 대로 집회 또는 시위를 개최할 수 있다. 기출OX 06 • 다만, 금지 통고 등으로 시기를 놓친 경우에는 일시를 새로 정하여 집회 또는 시위를 시작하기 24시간 전에 관할경찰관서장에게 신고함으로써 집회 또는 시위를 개최할 수 있다. 기출OX 07

(6) 철회신고

- 주최자는 신고한 <u>옥외집회 또는 시위를 하지 아니하게 된 경우</u>에는 신고서에 적힌 집회 일시 <u>24시간 전에 그 철회 사유 등을 적은 철회신고서를 관할경찰관서장에게 제출</u>하여야 한다. 기출OX 08 → 단순 철회신고서를 제출하지 않은 경우는 처벌규정 없다. 기출OX 09

  [비교] 중복된 2개 이상의 집회·시위 신고의 경우 먼저 신고된 옥외집회 또는 시위의 주최자가 정당한 사유 없이 철회신고서 미제출한 경우 과태료 부과규정이 있다.

- 철회신고서를 받은 관할경찰관서장은 금지 통고를 한 집회나 시위가 있는 경우에는 그 금지 통고를 받은 주최자에게 위의 사실을 즉시 알려야 한다.

- 통지를 받은 주최자는 그 금지 통고된 집회 또는 시위를 최초에 신고한 대로 개최할 수 있다. 다만, 금지 통고 등으로 시기를 놓친 경우에는 일시를 새로 정하여 집회 또는 시위를 시작하기 24시간 전에 관할경찰관서장에게 신고서를 제출하고 집회 또는 시위를 개최할 수 있다.

(7) 보안·금지 통고서 송달

신고서를 접수한 관할 경찰관서장은 보완 통고서 및 집회 또는 시위의 금지·제한서를 주최자나 연락책임자의 책임 있는 사유로 주최자나 연락책임자에게 직접 송달할 수 없는 때에는 주최자가 단체인 경우(대리인이나 단체의 사무실에 근무하는 직원 등), 주최자가 개인인 경우(세대주나 가족 중 성년자 등)에게 송달할 수 있다.

기출 OX

01 집회 또는 시위의 주최자는 금지 통고를 받은 날부터 7일 이내에 해당 경찰관서의 바로 위의 상급경찰관서의 장에게 이의를 신청할 수 있다. 20 채용, 16 간부, 18 승진 O X

02 집회 또는 시위의 주최자는 금지 통고를 받은 날로부터 10일 이내에 금지 통고를 한 경찰관서장에게 이의신청을 해야 한다. 12 채용 O X

03 집회 또는 시위의 주최자는 금지 통고를 받은 날로부터 10일 이내에 해당 경찰관서의 바로 위 상급경찰관서의 장에게 이의를 신청하여야 한다. 16 지능 O X

04 집회 또는 시위 금지통고에 대해 이의 신청을 받은 경찰관서장은 24시간 이내에 금지를 통고한 경찰관서장에게 이의 신청의 취지와 이유를 알리고, 답변서의 제출을 명하여야 한다. 20 채용 O X

05 금지통고에 따른 이의 신청을 받은 경찰관서의 장은 접수 일시를 적은 접수증을 이의 신청인에게 즉시 내주고 접수한 때부터 12시간 이내에 재결을 하여야 한다. 이 경우 접수한 때부터 24시간 이내에 재결서를 발송하지 아니하면 관할경찰관서장의 금지 통고는 소급하여 그 효력을 잃는다. 18 승진, 12 채용 O X

06 이의 신청인은 금지 통고가 위법하거나 부당한 것으로 재결되거나 그 효력을 잃게 된 경우 처음 신고한 대로 집회 또는 시위를 개최할 수 있다. 18 승진 O X

07 금지 통고 등으로 시기를 놓친 경우에는 일시를 새로 정하여 집회 또는 시위를 시작하기 24시간 전에 상급경찰관서의 장에게 신고함으로써 집회 또는 시위를 개최할 수 있다. 18 승진 O X

08 주최자는 신고한 옥외집회 또는 시위를 하지 아니하게 된 경우에는 즉시 그 철회사유 등을 적은 철회신고서를 관할경찰관서장에게 제출하여야 한다. 24·18·19 승진, 17 채용 O X

09 정당한 사유 없이 철회신고서를 관할경찰관서장에게 제출하지 아니한 모든 옥외집회 또는 시위의 주최자에 대해서는 100만원 이하의 과태료를 부과한다. 18 승진 O X

정답 및 해설

01 X 10일 이내이다.
02 X 바로 위의 상급경찰관서의 장에게 이의를 신청할 수 있다.
03 X 신청할 수 있다.
04 X 24시간 이내가 아니라 '즉시' 알리고 답변서 제출을 명하여야 한다
05 X 24시간 이내에 재결을 하여야 한다.
06 O
07 X 관할경찰관서장에게 신고서를 제출하고 집회 또는 시위를 개최할 수 있다.
08 X 집회 일시 24시간 전에 제출하여야 한다.
09 X 철회신고를 하지 않았다고 하여 항상 과태료가 부과되는 것이 아니다.

3 집회 및 시위 금지

(1) 집회 및 시위 금지

누구든지 다음 어느 하나에 해당하는 집회나 시위를 주최하여서는 아니 된다.
1. 헌법재판소의 결정에 따라 해산된 정당의 목적을 달성하기 위한 집회 또는 시위 기출OX 01
2. 집단적인 폭행, 협박, 손괴, 방화 등으로 공공의 안녕 질서에 직접적인 위협을 끼칠 것이 명백한 집회 또는 시위 기출OX 02

(2) 금지시간

- 옥외집회: 24시간 언제나 가능 기출OX 03
- 시위: 해가 진 후부터는 같은 날 24시까지만 가능 → '24시 이후부터 해가 뜨기 전'까지 시위 불가

(3) 금지장소

누구든지 다음 어느 하나에 해당하는 청사 또는 저택의 경계 지점으로부터 100미터 이내의 장소에서는 옥외집회 또는 시위를 하여서는 아니 된다.
1. 국회의사당(예외적 가능) 기출OX 04
2. 각급 법원, 헌법재판소(예외적 가능) 기출OX 05
3. 대법원장 공관, 헌법재판소장 공관 기출OX 06
4. 국무총리 공관(예외적 가능)
5. 국내 주재 외국의 외교기관이나 외교사절의 숙소(예외적 가능) 기출OX 07

4 집회 및 시위 제한

(1) 교통소통을 위한 제한

- 관할경찰관서장은 대통령령으로 정하는 주요 도시의 주요 도로에서의 집회 또는 시위에 대하여 교통 소통을 위하여 필요하다고 인정하면 이를 금지하거나 교통질서 유지를 위한 조건을 붙여 제한할 수 있다.
- 집회 또는 시위의 주최자가 질서유지인을 두고 도로를 행진하는 경우에는 금지를 할 수 없다. 다만, 해당 도로와 주변 도로의 교통 소통에 장애를 발생시켜 심각한 교통 불편을 줄 우려가 있으면 금지를 할 수 있다.

기출 OX

01 헌법재판소의 결정에 따라 해산된 정당의 목적을 달성하기 위한 집회 또는 시위는 주최하여서는 아니 된다. 15 채용 O X

02 누구든지 집단적인 폭행, 협박, 손괴, 방화 등으로 공공의 안녕 질서에 직접적인 위협을 가할 것이 명백한 집회 또는 시위를 주최하여서는 아니 된다. 17 승진 O X

03 주최자가 질서유지인을 두고 부득이 새벽 1시에 집회를 하겠다고 미리 신고한 경우에는 집회의 성격상 부득이 하다면 관할 경찰관서장은 질서유지를 위한 조건을 붙여 옥외집회를 허용할 수 있다. 23 간부 O X

04 국회의사당의 경계 지점으로부터 100미터 이내의 장소에서 옥외집회 또는 시위를 하여서는 아니 된다. 12 채용 O X

05 헌법재판소의 경계 지점으로부터 200미터 이내의 장소에서는 옥외집회 또는 시위를 하여서는 아니 된다. 17 승진 O X

06 대법원장 공관, 헌법재판소장 공관으로부터 100미터 이내의 장소에서는 옥외집회 또는 시위가 금지된다. 23 간부 O X

07 대규모 집회 또는 시위로 확산될 우려가 없는 경우라면 주한 일본대사관의 업무가 없는 휴일인 일요일에 주한 일본대사의 숙소로부터 100미터 이내의 장소에서 그 숙소를 대상으로 하지 않고 그 숙소의 기능이나 안녕을 침해할 우려가 없다고 인정된다면 확성기를 사용한 옥외집회가 가능하다. 23 간부 O X

정답 및 해설

01 O
02 O
03 X 야간집회 금지규정에 대한 헌법불합치결정에 따른 개정이 현재까지 이루어지지 않아, 해당 조항은 효력을 상실한 상태이다. 결론적으로 옥외집회의 경우 시간적 제한이 없는 상태이며(24시간 언제나 옥외집회 가능), 시위의 경우 해가 진 후부터는 같은 날 24시까지만 가능하다고 본다.
04 O
05 X 100m 이내이다.
06 O
07 O

(2) 확성기 등의 사용제한
- 집회 또는 시위의 주최자는 확성기, 북, 징, 꽹과리 등의 기계·기구("확성기 등"이라 한다)를 사용하여 타인에게 심각한 피해를 주는 소음으로서 대통령령으로 정하는 기준을 위반하는 소음을 발생시켜서는 아니 된다.
- 관할경찰관서장은 집회 또는 시위의 주최자가 기준을 초과하는 소음을 발생시켜 타인에게 피해를 주는 경우에는 그 기준 이하의 소음 유지 또는 확성기등의 사용 중지를 명하거나 확성기 등의 일시보관 등 필요한 조치를 할 수 있다. 기출OX 01
- 확성기등 사용제한 위반한 경우 **6개월 이하의 징역 또는 50만원 이하의 벌금·구류 또는 과료**에 처한다. 기출OX 02

(3) 확성기등의 소음기준 기출OX 03, 04, 05, 06, 07, 08

소음도 구분		대상 지역	시간대		
			주간 (07:00 ~ 해지기 전)	야간 (해진 후 ~ 24:00)	심야 (00:00 ~ 07:00)
대상 소음도	등가소음도 (Leq)	주거지역, 학교, 종합병원	60 이하	50 이하	45 이하
		공공도서관	60 이하	55 이하	
		그 밖의 지역	70 이하	60 이하	
	최고소음도 (Lmax)	주거지역, 학교, 종합병원	80 이하	70 이하	65 이하
		공공도서관	80 이하	75 이하	
		그 밖의 지역	90 이하		

1. 확성기등의 소음은 관할 **경찰서장(현장 경찰공무원)이 측정**한다. 기출OX 09
2. 소음 측정 장소는 피해자가 위치한 건물의 외벽에서 소음원 방향으로 1~3.5m 떨어진 지점으로 하되, 소음도가 높을 것으로 예상되는 지점의 지면 위 1.2~1.5m 높이에서 측정한다. **다만, 주된 건물의 경비 등을 위하여 사용되는 부속 건물, 광장·공원이나 도로상의 영업시설물, 공원의 관리사무소 등은 소음 측정 장소에서 제외**한다. 기출OX 10
3. 2의 장소에서 확성기등의 대상소음이 있을 때 측정한 소음도를 측정소음도로 하고, 같은 장소에서 확성기등의 대상소음이 없을 때 **5분간** 측정한 소음도를 배경소음도로 한다. 이 경우 배경소음도가 위 표의 등가소음도 기준보다 큰 경우에는 배경소음도의 소수점 첫째 자리에서 올림한 값을 등가소음도 기준으로 하고, 등가소음도 기준에서 20dB을 더한 값을 최고소음도 기준으로 한다. 기출OX 11
4. 등가소음도는 **10분간**(소음 발생 시간이 10분 이내인 경우에는 그 발생 시간 동안을 말한다) 측정한다. 다만, **주거지역, 학교, 종합병원, 공공도서관의 경우에는 등가소음도를 5분간**(소음 발생 시간이 5분 이내인 경우에는 그 발생 시간 동안을 말한다) 측정한다. 기출OX 12
5. 최고소음도는 확성기등의 대상소음에 대해 매 측정 시 발생된 소음도 중 가장 높은 소음도를 측정하며, 동일한 집회·시위에서 측정된 최고소음도가 **1시간 내에 3회 이상** 위 표의 최고소음도 기준을 초과한 경우 소음기준을 위반한 것으로 본다. 다만, **주거지역, 학교, 종합병원, 공공도서관의의 경우**에는 **1시간 내에 2회 이상** 위 표의 최고소음도 기준을 초과한 경우 소음기준을 위반한 것으로 본다.
6. 다음에 해당하는 행사(중앙행정기관이 개최하는 행사만 해당한다)의 진행에 영향을 미치는 소음에 대해서는 그 행사의 개최시간에 한정하여 위 표의 **주거지역의 소음기준**을 적용한다.
   가. 「국경일에 관한 법률」 제2조에 따른 국경일의 행사 기출OX 13
   나. 「각종 기념일 등에 관한 규정」 별표에 따른 각종 기념일 중 주관 부처가 국가보훈부인 기념일의 행사

기출 OX

01 관할경찰관서장은 집회 또는 시위의 주최자가 확성기등의 소음기준을 초과하는 소음을 발생시켜 타인에게 피해를 주는 경우에 그 기준 이하의 소음 유지 또는 확성기등의 사용 중지를 명하거나 확성기 등의 일시보관 등 필요한 조치를 할 수 있다. 22·15 승진 O X

02 경찰의 확성기 일시보관 등의 필요한 조치를 거부 또는 방해하더라도 「집회 및 시위에 관한 법률」상 처벌규정은 존재하지 않는다. 15 승진 O X

03 등가소음도와 최고소음도를 측정하는 데 있어서 대상 지역을 주거지역·학교·종합병원, 공공도서관, 그 밖의 지역으로 구분하고 시간대를 주간과 야간으로만 구분하여 각기 차별적인 등가소음도와 최고소음도 기준을 적용한다. 24 채용 O X

04 소음을 측정할 때는 소음으로 인한 피해자가 위치한 건물 등이 (i) 주거지역, 학교, 종합병원의 경우, (ii) 공공도서관의 경우와 (iii) 그 밖의 지역일 경우로 구분하여 기준치를 적용한다. 15 승진 O X

05 주거지역, 학교, 종합병원, 공공도서관에서 주간(07:00 ~ 해지기 전)에 확성기 등의 소음기준은 60dB 이하이다. 22·18 채용 O X

06 그 밖의 지역에서 야간(해진 후 ~ 24:00)에 확성기 등의 소음기준은 60dB 이하이다. 18 채용 O X

07 주거지역의 주간(07:00 ~ 해지기 전), 야간(해진 후 ~ 24:00)의 소음기준은 75dB 이하, 60dB 이하이다. 20 승진 O X

08 주거지역에서 야간에 개최되는 집회의 경우 확성기 등의 소음기준은 50LeqdB(A) 이하이다. 16 지능 O X

09 확성기등의 소음은 관할 경찰서장(현장 경찰공무원)과 주최자가 임명한 자가 함께 측정한다. 24·18 채용 O X

10 소음 측정 장소는 피해자가 위치한 건물 외벽에서 소음원 방향으로 1 ~ 3.5m 떨어진 지점으로 하되, 소음도가 높을 것으로 예상되는 지점의 지면 위 1.2 ~ 1.5m 높이에서 측정하고, 주된 건물의 경비 등을 위하여 사용되는 부속 건물, 광장·공원이나 도로상의 영업시설물, 공원의 관리사무소 등도 소음 측정 장소로 포함된다. 18 채용, 20 간부 O X

11 소음측정 장소에서 확성기등의 대상소음이 있을 때 측정한 소음도를 측정소음도로 하고, 같은 장소에서 확성기등의 대상소음이 없을 때 5분간 측정한 소음도를 배경소음도로 한다. 22 승진 O X

12 등가소음도는 10분간(소음 발생 시간이 10분 이내인 경우에는 그 발생 시간 동안을 말한다) 측정한다. 다만, 주거지역, 학교, 종합병원, 공공도서관의 경우에는 등가소음도를 5분간(소음 발생 시간이 5분 이내인 경우에는 그 발생 시간 동안을 말한다) 측정한다. 24 채용 O X

13 중앙행정기관이 개최하는 국경일 행사의 경우 행사 개최시간에 한정하여 행사 진행에 영향을 미치는 소음에 대해서는, 「집회 및 시위에 관한 법률 시행령」 별표2에 따른 확성기등의 소음기준을 '그 밖의 지역'의 소음기준으로 적용한다. 22 승진 O X

정답 및 해설

01 O
02 X 처벌규정이 존재한다.
03 X 측정시간대는 주간(07:00 ~ 해지기 전) / 야간(해진 후 ~ 24:00) / 심야(00:00 ~ 07:00)으로 구분한다.
04 O
05 O
06 O
07 X 60dB 이하, 50dB 이하이다.
08 O
09 X 주최자는 소음측정의 주체가 아니다.
10 X 다만, 주된 건물의 경비 등을 위하여 사용되는 부속 건물, 광장·공원이나 도로상의 영업시설물, 공원의 관리사무소 등은 소음 측정 장소에서 제외한다
11 O
12 O
13 X 중앙행정기관이 개최하는 국경일 행사의 경우 행사 개최시간에 한정하여 '주거지역'의 소음기준을 적용한다.

5 적용배제

- 학문, 예술, 체육, 종교, 의식, 친목, 오락, 관혼상제 및 국경행사에 관한 집회에는 제6조부터 제12조까지의 규정을 적용하지 아니한다. 기출OX 01

적용 x	옥외집회 및 시위의 신고, 시위의 금지시간, 장소, 교통소통을 위한 제한
적용 o	확성기 등의 사용제한, 질서유지선 설정

- 확성기등 사용의 제한은 '집회·시위'로 인한 소음의 경우만 한정하므로 집회·시위로 볼 수 없는 **1인 시위일 경우 적용할 수 없다.** 기출OX 02

6 방해금지 등

방해금지	• 누구든지 폭행, 협박, 그 밖의 방법으로 평화적인 집회 또는 시위를 방해하거나 질서를 문란하게 하여서는 아니 된다. • 누구든지 폭행, 협박, 그 밖의 방법으로 집회 또는 시위의 주최자나 질서유지인의 이 법의 규정에 따른 임무 수행을 방해하여서는 아니 된다. 기출OX 03 • 집회 또는 시위의 주최자는 평화적인 집회 또는 시위가 방해받을 염려가 있다고 인정되면 관할 경찰관서에 그 사실을 알려 보호를 요청할 수 있다. 이 경우 관할 경찰관서의 장은 정당한 사유 없이 보호 요청을 거절하여서는 아니 된다. 기출OX 04 → 정당한 이유 없이 거절한 경우 집회 및 시위에 관한 법률상에 처벌규정은 없음 기출OX 05 • 평화적인 집회·시위를 방해하면 3년이하 징역 또는 300만원 이하 벌금 기출OX 06 → 군인·검사·경찰의 경우 5년 이하 징역으로 가중처벌 기출OX 07, 08, 09
참가배제	집회 또는 시위의 주최자 및 질서유지인은 특정한 사람이나 단체가 집회나 시위에 참가하는 것을 막을 수 있다.
기자출입	언론사의 기자는 출입이 보장되어야 하며, 이 경우 기자는 신분증을 제시하고 기자임을 표시한 완장을 착용하여야 한다. 기출OX 10
경찰관 출입	경찰관은 집회 또는 시위의 주최자에게 알리고 그 집회 또는 시위의 장소에 정복을 입고 출입할 수 있다. 다만, 옥내집회 장소에 출입하는 것은 직무 집행을 위하여 긴급한 경우에만 할 수 있다. 기출OX 11

[압축정리] 집시법상 처벌규정

내용	처벌규정
• 경찰관서장이 설정한 질서유지선의 효용을 해친 사람 • 확성기등 사용제한 위반 • 주최자 또는 질서유지인이 참가 배제하였지만 그 집회·시위에 참가한 사람 • 해산명령에 불응한사람	6개월 이하의 징역 또는 50만원 이하의 벌금·구류 또는 과료
중복된 2개 이상의 집회·시위 신고의 경우 먼저 신고된 옥외집회 또는 시위의 주최자가 정당한 사유 없이 철회신고서 미제출한 경우 → 단순 철회신고서를 제출하지 않은 경우는 처벌규정 없다.	100만원 이하의 과태료
집회·시위를 방해한 자 (군인·검사·경찰관이 위반한 경우에는 5년 이하 징역으로 가중처벌함)	3년 이하의 징역 또는 300만원 이하의 벌금

기출 OX

01 학문, 예술, 체육, 종교, 의식, 친목, 오락, 관혼상제 및 국경행사에 관한 집회에는 확성기 등 사용의 제한에 관한 규정을 적용하지 아니한다. 20 간부, 18 채용　　O X

02 확성기등 사용을 제한하는 규정 도입 취지에 따라 신고대상 집회·시위가 아닌 경우뿐만 아니라 1인 시위의 경우에도 소음제한 규정을 동일하게 적용한다. 24 채용　　O X

03 누구든지 폭행, 협박, 그 밖의 방법으로 집회 또는 시위의 주최자나 질서유지인, 연락책임자의 이 법의 규정에 따른 임무 수행을 방해하여서는 아니 된다고 규정하고 있다. 20 승진　　O X

04 집회 또는 시위의 주최자는 평화적인 집회 또는 시위가 방해받을 염려가 있다고 인정되면 관할경찰관서에 그 사실을 알려 보호를 요청할 수 있다. 이 경우 관할경찰관서의 장은 정당한 사유 없이 보호 요청을 거절하여서는 안 된다. 20·17 승진　　O X

05 주최자의 평화적 집회·시위 보호요청에 대해 관할경찰관서의 장이 정당한 사유 없이 거절한 경우, 「집회 및 시위에 관한 법률」에 처벌규정이 있다. 20 승진　　O X

06 폭행, 협박, 그 밖의 방법으로 평화적인 집회 또는 시위를 방해하거나 질서를 문란하게 한 자는 3년 이하의 징역 또는 300만원 이하의 벌금에 처한다. 16 간부　　O X

07 군인·검사·경찰관이 폭행, 협박, 그 밖의 방법으로 평화적인 집회 또는 시위를 방해한 경우 3년 이하의 징역에 처한다. 19 채용　　O X

08 군인·검사·판사·경찰관이 폭행, 협박, 그 밖의 방법으로 평화적인 집회 또는 시위를 방해한 경우 5년 이하의 징역에 처한다. 16 지능　　O X

09 군인·검사 또는 경찰관이 제3조 제1항 또는 제2항을 위반한 경우에는 5년 이하의 징역 또는 500만원 이하의 벌금에 처한다고 규정하고 있다. 20 승진　　O X

10 집회 또는 시위의 주최자 및 질서유지인은 특정한 사람이나 단체가 집회나 시위에 참가하는 것을 막을 수 있다. 다만, 언론사의 기자는 출입이 보장되어야 하며, 이 경우 기자는 신분증을 제시하고 기자임을 표시한 완장(腕章)을 착용하여야 한다. 18·13 채용, 18 승진　　O X

11 경찰관은 집회 또는 시위의 주최자에게 알리고 그 집회 또는 시위의 장소에 정복을 입고 출입할 수 있다. 다만, 옥내집회 장소에 출입하는 것은 직무 집행을 위하여 긴급한 경우에만 할 수 있다. 13채용　　O X

정답 및 해설

01 X　확성기 등의 사용제한에 관한 규정은 학문·예술 등 관련 집회에도 적용된다.
02 X　순수한 1인 시위는 집회 및 시위에 관한 법률이 적용되지 않는다.
03 X　연락책임자는 포함되지 않는다.
04 O
05 X　경찰관서 장의 보호거절에 대한 처벌규정은 없다.
06 O
07 X　5년 이하의 징역에 처한다.
08 X　판사는 처벌이 가중되는 주체에 포함되지 않는다.
09 X　벌금형은 처하지 않으며, 5년 이하의 징역에 처한다.
10 O
11 O

⑦ **집회 및 시위 해산 절차**: 종결선언 요청 → 자진해산 요청 → 해산명령(3회 이상) → 직접해산 기출OX 01

해산사유	관할경찰관서장은 다음 어느 하나에 해당하는 집회 또는 시위에 대하여는 상당한 시간 이내에 자진 해산할 것을 요청하고 이에 따르지 아니하면 해산을 명할 수 있다 1. 해산정당 목적달성, 폭력집회, 금지시간 또는 금지장소를 위반한 집회 또는 시위 2. 신고를 하지 아니하거나 금지 또는 제한통고 또는 교통소통을 위한 제한에 따라 금지된 집회 또는 시위 3. 인근 거주자 등 요청에 따른 제한, 야간집회에 질서유지조건 또는 교통질서유지조건에 따른 조건을 위반하여 교통 소통 등 질서 유지에 직접적인 위험을 명백하게 초래한 집회 또는 시위 4. 질서유지 불가능에 따른 종결 선언을 한 집회 또는 시위 5. 폭력집회나 신고범위 뚜렷한 일탈에 해당하는 행위로 질서를 유지할 수 없는 집회 또는 시위
종결선언 요청	• 집회 또는 시위의 주최자는 집회 또는 시위에 있어서의 질서를 유지할 수 없으면 그 집회 또는 시위의 종결을 선언하여야 한다 기출OX 02 • 경찰서장은 주최자에게 집회 또는 시위의 종결 선언을 요청하되, 주최자의 소재를 알 수 없는 경우에는 주관자·연락책임자 또는 질서유지인을 통하여 종결 선언을 요청할 수 있다. • **종결 선언의 요청 생략 가능**: 해산정당 목적달성, 폭력집회, 금지시간 또는 금지장소를 위반한 집회 또는 시위, 신고를 하지 아니하거나 금지 또는 제한통고 또는 교통소통을 위한 제한에 따라 금지된 집회 또는 시위, 종결 선언을 한 집회 또는 시위, 주최자·주관자·연락책임자 및 질서유지인이 집회 또는 시위 장소에 없는 경우 기출OX 03
자진해산 요청	종결 선언 요청에 따르지 아니하거나 종결 선언에도 불구하고 집회 또는 시위의 참가자들이 집회 또는 시위를 계속하는 경우에는 직접 참가자들에 대하여 자진 해산할 것을 요청한다. 기출OX 04
해산명령 및 직접해산	자진 해산 요청에 따르지 아니하는 경우에는 **세 번 이상** 자진 해산할 것을 명령하고, 참가자들이 해산명령에도 불구하고 해산하지 아니하면 직접 해산시킬 수 있다. 기출OX 05, 06

🔨 판례 |

1 해산명령 이전에 자진해산할 것을 요청하도록 한 입법 취지에 비추어 볼 때, 반드시 '자진해산'이라는 용어를 사용하여 요청할 필요는 없고, 그때 해산을 요청하는 언행 중에 스스로 해산하도록 청하는 취지가 포함되어 있으면 된다(대판 2000도2172). 기출OX 07

2 신고를 하지 아니한 집회 또는 시위'를 해산명령 대상으로 하면서 별도의 해산 요건을 정하고 있지 않더라도, 그 옥외집회 또는 시위로 인하여 타인의 법익이나 공공의 안녕질서에 대한 직접적인 위험이 명백하게 초래된 경우에 한하여 위 조항에 기하여 해산을 명할 수 있고, 이러한 요건을 갖춘 해산명령에 불응하는 경우에만 집시법 제24조 제5호에 의하여 처벌할 수 있다(대판 2015도4273). 기출OX 08

3 관할 경찰관서장이 위 해산명령을 할 때에는 해산사유가 집시법 제20조 제1항 각호 중 어느 사유에 해당하는지 구체적으로 고지하여야 한다(대판 2016도1869). 기출OX 09

4 자진해산요청과 해산명령의 대상은 '집회 또는 시위' 자체이므로 자진 해산 요청과 해산명령의 방법은 그 대상인 집회나 시위의 참가자들 전체 무리나 집단에 고지, 전달하는 방법으로 행하여야 하고, 해산명령 불응의 죄책을 묻기 위한 요건인 '세 번 이상의 해산명령'이 있었는지 여부도 그 집회나 시위 참가자들 전체 무리나 집단에 대하여 위와 같은 방법으로 적법하게 해산을 명한 횟수를 기준으로 판단하여야 한다(대판 2017도19737). 기출OX 10

기출 OX

01 「집회 및 시위에 관한 법률 시행령」상 집회시위의 해산절차는 "자진 해산의 요청 → 종결선언의 요청 → 해산명령 → 직접해산" 순이다. 23·16·15 승진 (O X)

02 집회 또는 시위의 주최자는 집회 또는 시위에 있어서의 질서를 유지할 수 없으면 그 집회 또는 시위의 종결을 선언하여야 한다. 18 채용 (O X)

03 경찰서장은 주최자에게 종결선언을 요청하되, 주최자의 소재를 알 수 없는 경우에는 주관자·연락책임자 또는 질서유지인에게 할 수 있고 종결선언의 요청은 필요적 절차로 생략할 수 없다. 20·17 승진 (O X)

04 자진해산 요청은 직접 집회주최자에게 요청하여야 한다. 20·17 승진 (O X)

05 해산명령은 1회로도 족하나, 자진 해산 요청은 반드시 3회 이상 일정한 시간적 간격을 두고 실시해야 한다. 17 승진 (O X)

06 관할경찰관서장은 집회 및 시위 참가자들이 자진 해산 요청에 따르지 아니하는 경우, 세 번 이상 자진 해산할 것을 명령하고 그 이후에도 해산하지 아니하면 직접 해산시킬 수 있다. 20 채용 (O X)

07 해산명령은 자진 해산 요청에 따르지 않는 시위참가자들에게 자진해산할 의무를 부과하는 것이므로 반드시 '자진해산을 명령한다'는 용어가 사용되거나 말로 해산명령임을 표시해야 한다. 21 간부, 20·19·17 승진 (O X)

08 집회의 금지와 해산은 원칙적으로 공공의 안녕질서에 대한 위협이 잠재적으로 존재하는 경우라면 허용된다. 21 간부, 14 승진 (O X)

09 「집회 및 시위에 관한 법률」 제20조 제1항과 「집회 및 시위에 관한 법률 시행령」이 해산명령을 할 때 그 사유를 구체적으로 고지하도록 명시적으로 규정하고 있지 아니하므로, 해산명령을 할 때에는 해산사유가 「집회 및 시위에 관한 법률」 제20조 제1항 각 호 중 어느 사유에 해당하는지에 관하여 구체적으로 고지하여야 하는 것은 아니다. 21 간부, 14 승진 (O X)

10 해산명령의 대상은 '집회 또는 시위' 자체이므로 해산명령의 방법은 그 대상인 집회나 시위의 참가자들 전체 무리나 집단에 고지·전달하는 방법으로 행하여야 한다. 21 간부 (O X)

정답 및 해설

01 X '종결 선언의 요청 → 자진 해산의 요청 → 해산명령 → 직접 해산'
02 O
03 X 주최자 등이 집회 또는 시위 장소에 없는 경우 종결 선언의 요청을 생략할 수 있다
04 X 자진해산 요청은 직접 참가자들에 대하여 한다.
05 X 자진해산 요청은 1회만 하는 것도 가능하나, 해산명령은 반드시 3회 이상 할 것이 요구된다.
06 O
07 X 반드시 '자진해산'이라는 용어가 사용될 필요는 없고, 스스로 해산하도록 청하는 취지가 포함되어 있으면 된다.
08 X 직접적 위험이 명백히 존재하는 경우에만 허용된다.
09 X 집회 및 시위에 관한 법률 제20조 제1항 및 제20조 제2항 등 관련 규정들의 해석상 관할경찰관서장이 위 해산명령을 할 때에는 해산사유가 집시법 제20조 제1항 각호 중 어느 사유에 해당하는지 구체적으로 고지하여야 한다
10 O

8 집회 및 시위 관련 판례

기출 OX

01 헌법에 따르면 집회에 대한 허가제는 인정되지 아니한다. 24 승진 (O X)

02 집회금지통고는 관할경찰서장이 집회신고를 접수한 후 「집회 및 시위에 관한 법률」상 집회 사전금지조항에 근거하여 집회 주최자 등에게 해당 집회를 금지한다는 사실을 알리는 행정처분이므로 그 자체를 헌법에 위배되는 제도라고 볼 수 없다. 24 승진 (O X)

03 집회의 금지와 해산은 원칙적으로 공공의 안녕질서에 대한 직접적인 위험이 명백하게 존재하는 경우에 한하여 허용될 수 있고, 집회의 자유를 보다 적게 제한하는 다른 수단, 예컨대 시위 참가자수의 제한, 시위 대상과의 거리 제한, 시위 방법, 시기, 소요시간의 제한 등 조건을 붙여 집회를 허용하는 가능성을 모두 소진한 후에 비로소 고려될 수 있는 최종적인 수단이다. 24 승진 (O X)

04 사전 금지 또는 제한된 집회라 하더라도 실제 이루어진 집회가 당초 신고 내용과 달리 평화롭게 개최되거나 집회 규모를 축소하여 이루어지는 등 타인의 법익 침해나 기타 공공의 안녕질서에 대하여 직접적이고 명백한 위험을 초래하지 않은 경우에는 이에 대하여 사전금지 또는 제한을 위반하여 집회를 한 점을 들어 처벌하는 것 이외에 더 나아가 이에 대한 해산을 명하고 이에 불응하였다 하여 처벌할 수는 없다. 24 승진 (O X)

05 경찰관들이 옥외집회 또는 시위 장소에서 줄지어 서는 등의 방법으로 소위 '사실상 질서유지선'의 역할을 수행한다고 하더라도 이를 가리켜 집시법에서 정한 질서유지선이라고 할 수는 없다. 22 채용 (O X)

06 질서유지선이 집회 및 시위의 보호와 공공의 질서유지를 위하여 필요하다고 인정되는 최소한의 범위를 정하여 설정되고 「집회 및 시위에 관한 법률 시행령」 관련 조항에서 정한 사유에 해당한다면, 집회 또는 시위가 이루어지는 장소 외곽의 경계지역뿐 아니라 집회 또는 시위의 장소 안에도 설정할 수 있다. 22 채용 (O X)

07 질서유지선은 띠, 방책, 차선 등 물건 또는 도로교통법상 안전 표지로 설정된 경계표지를 말하므로, 경찰관을 배치하는 방법으로 설정된 질서유지선은 이 법상 질서유지선에 해당하지 아니한다. 24 경간 (O X)

08 관할 경찰관서장은 집회 및 시위의 보호와 공공의 질서유지를 위하여 집회·시위의 장소를 한정하거나 집회·시위의 참가자와 일반인을 구분할 필요가 있을 경우에는 질서유지선을 설정할 수 있다. 24 경간 (O X)

09 질서유지선은 집회 및 시위의 보호와 공공의 질서유지를 위하여 필요하다고 인정되는 경우로서 이 법령상 질서유지선을 설정할 수 있는 사유에 해당한다면 반드시 집회 또는 시위가 이루어지는 장소 외곽의 경계지역에만 설정되어야 한다. 24 경간 (O X)

10 집회의 자유가 가지는 헌법적 가치와 기능, 집회에 대한 허가 금지를 선언한 헌법정신, 신고제도의 취지 등을 종합하여 보면, 신고는 행정관청에 집회에 관한 구체적인 정보를 제공함으로써 공공질서의 유지에 협력하도록 하는 데 의의가 있는 것으로 집회의 허가를 구하는 신청으로 변질되어서는 아니 되므로, 신고를 하지 아니하였다는 이유만으로 옥외집회 또는 시위를 헌법의 보호 범위를 벗어나 개최가 허용되지 않는 집회 내지 시위라고 단정할 수 없다. 23 채용 (O X)

11 「집회 및 시위에 관한 법률」에 따른 신고 없이 이루어진 집회에 참석한 참가자들이 차로 위를 행진하는 등 도로교통을 방해함으로써 통행을 불가능하게 하거나 현저하게 곤란하게 하는 경우라도 참가자 모두에게 당연히 일반교통방해죄가 성립하는 것은 아니다. 23 채용 (O X)

12 옥외집회나 시위를 주최하려는 자가 집시법이 규정하는 각 호의 사항 모두를 적은 신고서를 옥외집회나 시위를 시작하기 72시간 전부터 48시간 전에 관할 경찰서장에게 제출한 경우, 집회 또는 시위의 주최자가 질서유지인을 두고 도로를 행진하는 경우에는 질서유지선을 설정할 수 없다. 23 간부 (O X)

13 집회·시위 참가자들이 관할 경찰관서에 신고하지 않고 집회를 개최한 경우, 그 옥외집회 또는 시위로 인하여 타인의 법익이나 공공의 안녕질서에 대한 직접적인 위험이 명백하게 초래되지 않은 상황에서 경찰이 '미신고 집회'라는 사유로 자진 해산 요청을 한 후, '불법적인 행진시도', '불법 도로 점거로 인한 도로교통법 제68조 제3항 제2호 위반'이라는 사유로 3회에 걸쳐 해산명령을 하였더라도 정당한 해산명령에 해당하지 않는다. 22 채용 (O X)

14 옥외집회 또는 시위 참가자들이 교통혼잡이 야기되었다고 볼 만한 사정은 없으나 이미 신고한 행진 경로를 따라 행진로인 하위 1개 차로에서 약 3시간 30분 동안 이루어진 집회시간 동안 2회에 걸쳐 약 15분 동안 연좌하였다는 사실만으로도 주최행위가 신고한 목적, 일시, 방법 등의 범위를 뚜렷이 벗어나는 경우에 해당한다고 볼 수 있다. 22 승진 (O X)

15 행진시위의 참가자들이 일부 구간에서 감행한 전차선 점거행진, 도로점거 연좌시위 등의 행위는 당초 신고된 범위를 현저히 일탈하거나 구「집회 및 시위에 관한 법률」제12조의 규정에 의한 조건을 중대하게 위반한 것으로서 그로 인하여 도로의 통행이 불가능하게 되거나 현저하게 곤란하게 된 이상「형법」제185조 소정의 일반교통방해죄에 해당한다고 할 것이다. 14 승진   O X

16 구「집회 및 시위에 관한 법률」에 의하여 금지되어 그 주최 또는 참가행위가 형사처벌의 대상이 되는 위법한 집회·시위가 장차 특정지역에서 개최될 것이 예상된다고 하더라도, 이와 시간적·장소적으로 근접하지 않은 다른 지역에서 그 집회·시위에 참가하기 위하여 출발 또는 이동하는 행위를 함부로 제지하는 것은「경찰관 직무집행법」제6조 제1항의 행정상 즉시강제인 경찰관의 제지의 범위를 명백히 넘어 허용될 수 없다. 14 승진   O X

17 미신고 옥외집회 또는 시위를 해산명령 대상으로 하면서 별도의 해산 요건을 정하고 있지 않더라도, 그 옥외집회 또는 시위로 인하여 타인의 법익이나 공공의 안녕질서에 대한 직접적인 위험이 명백하게 초래된 경우에 한하여 위 조항에 기하여 해산을 명할 수 있고, 이러한 요건을 갖춘 해산명령에 불응하는 경우에만「집회 및 시위에 관한 법률」제24조 제5호에 의하여 처벌할 수 있다. 14 승진   O X

18 사전 금지 또는 제한된 집회라 하더라도 실제 이루어진 집회가 당초 신고 내용과 달리 평화롭게 개최되거나 집회 규모를 축소하여 이루어지는 등 타인의 법익 침해나 기타 공공의 안녕질서에 대하여 직접적이고 명백한 위험을 초래하지 않은 경우에는 이에 대하여 사전 금지 또는 제한을 위반하여 집회를 한 점을 들어 처벌하는 것 이외에 더 나아가 이에 대한 해산을 명하고 이에 불응하였다 하여 처벌할 수는 없다. 19 승진   O X

19 당초 옥외집회를 개최하겠다고 신고하였지만 그 신고 내용과 달리 아예 옥외집회는 개최하지 아니한 채 신고한 장소와 인접한 건물 등에서 옥내집회만을 개최한 경우, 신고한 옥외집회를 개최하는 과정에서 그 신고범위를 일탈한 행위로 보아 이를 집회 및 시위에 관한 법률 위반으로 처벌할 수 있다. 19 승진   O X

20 집회참가자들이 망인에 대한 추모의 목적과 그 범위 내에서 이루어지는 노제 등을 위한 이동·행진의 수준을 넘어서서 그 기회를 이용하여 다른 공동의 목적을 가지고 일반인이 자유로이 통행할 수 있는 장소를 행진하거나 위력 또는 기세를 보여, 불특정한 여러 사람의 의견에 영향을 주거나 제압을 하는 행위에까지 나아가는 경우에는, 이미「집회 및 시위에 관한 법률」이 정한 시위에 해당하므로「집회 및 시위에 관한 법률」제6조에 따라 사전에 신고서를 관할 경찰서장에게 제출할 것이 요구된다. 22 승진   O X

정답 및 해설

01 O
02 O
03 O
04 O
05 O
06 O
07 O
08 O
09 X 집회 또는 시위가 이루어지는 장소 외곽의 경계지역뿐만 아니라 집회 또는 시위의 장소 안에도 설정할 수 있다
10 O
11 O
12 X 집회신고를 받은 경찰관서장은 질서유지선을 설정할 수 있다. 이는 주최자가 질서유지인을 임명하였는지 여부와 무관하다.
13 O
14 X 신고한 목적, 일시, 방법 등의 범위를 뚜렷이 벗어나는 경우에 해당하지 아니한다고 보았다.
15 O
16 O
17 O
18 O
19 X 신고범위를 일탈한 행위를 한 데 대한 집회 및 시위에 관한 법률 위반죄로 처벌할 수는 없다.
20 O

해커스경찰
police.Hackers.com

2025 해커스경찰
서정표 경찰학 요기오
(요약 + 기출OX)

Chapter 06

안보경찰

POINT 01 | 국가보안법
POINT 02 | 보안관찰법
POINT 03 | 남북교류협력에 관한 법률
POINT 04 | 북한이탈주민의 보호 및 정착지원에 관한 법률

POINT 01 국가보안법

1 국가보안법상 처벌대상 특징

(1) **고의범**: 고의범만 처벌(과실범 처벌 ×), 예비·음모·미수를 원칙적으로 처벌(일부범죄 제외) 기출OX 01, 02, 03

미수처벌 O	반국가단체의 구성,반국가단체의 가입권유, 목적수행, 자진지원, 금품수수, 잠입·탈출, 찬양·고무등, 이적단체구성, 허위사실 날조유포, 안보위해 문건제작, 회합·통신등, 무기류 편의제공, 단순 편의제공
미수처벌 X	불고지, 특수직무유기, 무고·날조

(2) **교사·방조 등 공범의 독립처벌**
- 범죄를 선동, 선전, 권유하는 경우 교사·방조로 처벌되지 않고 별도의 범죄로 규정하여 처벌하고 있다. → **목적수행, 찬양고무** 기출OX 04
- 각종 편의를 제공한 자는 **종범이 아닌 편의제공죄로 처벌**한다. 기출OX 05

(3) **친족관계의 감면** 특불편/임필임 기출OX 06, 07, 08

대상범죄	감면규정
단순 편의제공	임의적 감면: 본범과 친족관계가 있는 때에는 그 형을 감경 또는 면제할 수 있다.
불고지	필요적 감면: 본범과 친족관계가 있는 때에는 그 형을 감경 또는 면제한다.
특수직무유기	임의적 감면: 본범과 친족관계가 있는 때에는 그 형을 감경 또는 면제할 수 있다.

(4) **행위주체의 제한** 특허자목직 기출OX 09, 10, 11

대상범죄	행위주체
목적수행	반국가단체구성원 또는 그 지령을 받은 자
자진지원	반국가단체구성원 또는 그 지령을 받은 자를 제외한 자
허위사실 날조·유포	이적단체 구성원
특수직무유기	범죄수사 또는 정보의 직무에 종사하는 공무원
직권남용 무고, 날조	범죄수사 또는 정보의 직무에 종사하는 공무원이나 이를 보조하는 자 또는 이를 지휘하는 자

기출 OX

01 국가보안법은 군사기밀 보호법과 마찬가지로 과실범 처벌규정을 두고 있다. 17 간부 　 O X

02 국가보안법은 고의범만 처벌하며, 일부 범죄를 제외하고 기본적으로 미수 · 예비 · 음모를 처벌한다. 19 승진
　 O X

03 반국가단체의 구성 · 가입죄 및 가입권유죄는 미수뿐만 아니라 예비 · 음모도 처벌한다. 23 간부 　 O X

04 형법상 선전 · 선동 · 권유는 교사 · 방조의 수단으로 정범에 종속되어 처벌되지만, 국가보안법에서는 선전 · 선동행위를 별도의 범죄로 규정하여 처벌하고 있다. 12 승진 　 O X

05 잠복 · 회합 등 장소제공은 형법상 종범으로서 정범의 실행행위에 종속되나, 국가보안법은 독립된 편의제공죄로 처벌한다. 19 · 12 승진 　 O X

06 국가보안법 중 본범과 친족관계가 있을 경우 단순 편의제공죄는 임의적 감면, 특수직무유기죄는 필요적 감면, 불고지죄는 필요적 감면규정이 있다. 14 승진 　 O X

07 범죄수사 또는 정보의 직무에 종사하는 공무원이 이 법의 죄를 범한 자라는 정을 알면서 그 직무를 유기한 때에는 10년 이하의 징역에 처한다. 다만, 본범과 친족관계가 있는 때에는 그 형을 감경 또는 면제한다. 23 간부 　 O X

08 특수직무유기죄를 범한 자가 본범과 친족관계에 있는 때에는 그 형을 감경 또는 면제할 수 있다. 18 승진 　 O X

09 「국가보안법」상 죄명 중 '행위주체에 제한이 있는 것은 ㉠ 특수직무유기 ㉡ 금품수수죄 ㉢ 허위사실 날조 · 유포 ㉣ 잠입 · 탈출죄 ㉤ 직권남용 무고 · 날조죄 ㉥ 이적단체 구성 · 가입죄이다. 20 승진, 14 채용 　 O X

10 국가보안법 제4조 제1항의 목적수행죄는 반국가단체구성원이나 그 지령을 받은 자는 주체가 될 수 없다. 17 간부, 17 승진 　 O X

11 국가보안법 제5조 제1항의 자진지원죄는 반국가단체구성원이나 그 지령을 받은 자도 주체가 될 수 있지만, 국가보안법 제6조 제2항의 특수잠입 · 탈출죄는 반국가단체 구성원만 주체가 될 수 있다. 17 간부 　 O X

정답 및 해설

01 X 국가보안법은 과실범 처벌규정이 없다.
02 O
03 X 가입권유죄는 미수를 처벌하나 예비 · 음모를 처벌하지 않는다.
04 O
05 O
06 X 특수직무유기죄의 경우 임의적 감면이다.
07 X 형을 감경 또는 면제할 수 있다.
08 O
09 X ㉡㉣㉥는 주체제한이 없다.
10 X 목적수행죄는 반국가단체구성원이나 그 지령을 받은 자만이 주체가 될 수 있다.
11 X 특수잠입 · 탈출죄는 주체의 제한이 없다.

2 처벌상의 특례

자격정지 병과	유기징역형을 선고할 때에는 그 형의 장기 이하의 자격정지를 병과할 수 있다. 기출OX 01
몰수·추징	• 국가보안법의 죄를 범하고 그 보수를 받은 때에는 이를 몰수한다. 다만, 이를 몰수할 수 없을 때에는 그 가액을 추징한다. 기출OX 02 • 검사는 이 법의 죄를 범한 자에 대하여 소추를 하지 아니할 때에는 압수물의 폐기 또는 국고귀속을 명할 수 있다.
형의 감면	다음에 해당한 때에는 그 형을 감경 또는 면제한다. 기출OX 03, 04 1. 이 법의 죄를 범한 후 자수한 때 2. 이 법의 죄를 범한 자가 이 법의 죄를 범한 타인을 고발하거나 타인이 이 법의 죄를 범하는 것을 방해한 때

3 불고지죄 규정

국가보안법 제10조 【불고지】 제3조(반국가단체 구성 등), 제4조(목적수행), 제5조 제1항(자진지원)·제3항(제1항의 미수범에 한한다)·제4항의 죄를 범한 자라는 정을 알면서 수사기관 또는 정보기관에 고지하지 아니한 자는 **5년 이하**의 징역 또는 **200만원** 이하의 벌금에 처한다. 다만, 본범과 친족관계가 있는 때에는 그 형을 감경 또는 면제한다. 기출OX 05

• 불고지죄 대상범죄는 **반**국가단체 구성·**목**적수행 및 **자**진지원죄이다. **반**·**목**·**자** 기출OX 06
• 국가보안법 중 유일하게 선택형으로 벌금(200만원 이하)을 규정하고 있다. 기출OX 07

4 형사소송절차상의 특례

참고인의 구인·유치	검사 또는 사법경찰관으로부터 이 법에 정한 죄의 참고인으로 출석을 요구받은 자가 정당한 이유없이 2회 이상 출석요구에 불응한 때에는 관할법원판사의 구속영장을 발부받아 **구인할 수 있다**. 기출OX 08

구속기간 연장	• **사법경찰관의 구속기간**: 10일 + 10일(1차 연장가능)
	• **검사의 구속기간**: 10일 + 10일 + 10일(2차 연장가능)
	  - 연장 가능 범죄(제3조 내지 제 10조의 죄) 기출OX 09
	  - **찬**양·고무등, **불**고지, **특**수직무유기, **무**고·**날**조죄는 연장불가 **특불무찬**

공소보류	• 검사는 이 법의 죄를 범한 자에 대하여 **공소제기를 보류**할 수 있다. 기출OX 10 • 공소보류를 받은 자가 공소의 제기없이 **2년을 경과한 때에는 소추할 수 없다**. 기출OX 11 • 공소보류를 받은 자가 법무부장관이 정한 규칙에 위반한 때에는 공소보류를 취소할 수 있다. 기출OX 12 • 공소보류가 취소된 경우에는 동일한 범죄사실로 **재구속할 수 있다**. 기출OX 13

5 보상과 원호

• 이 법의 죄를 범한 자를 수사기관 또는 정보기관에 통보하거나 체포한 자에게는 대통령령이 정하는 바에 따라 **상금을 지급한다**. 기출OX 14
• 압수물이 있는 때에는 상금을 지급하는 경우에 한하여 그 **압수물 가액의 2분의 1**에 상당하는 범위안에서 보로금을 지급할 수 있다.
• 반국가단체나 그 구성원 또는 그 지령을 받은 자로부터 금품을 취득하여 수사기관 또는 정보기관에 제공한 자에게는 그 가액의 **2분의 1**에 상당하는 범위안에서 보로금을 지급할 수 있다. 반국가단체의 구성원 또는 그 지령을 받은 자가 제공한 때에도 또한 같다. 기출OX 15
• 보로금의 청구 및 지급에 관하여 필요한 사항은 대통령령으로 정한다. 기출OX 16
• 상금과 보로금의 지급 및 보상대상자를 심의·결정하기 위하여 **법무부장관소속**하에 국가보안유공자 심사위원회를 둔다. 기출OX 17

기출 OX

01 국가보안법의 죄에 관하여 유기징역형을 선고할 때에는 그 형의 장기 이하의 자격정지를 병과할 수 있다. 13·12 채용, 17 승진 O X

02 이 법의 죄를 범하고 그 보수를 받은 때에는 이를 몰수한다. 다만, 이를 몰수할 수 없을 때에는 그 가액을 추징할 수 있다. 18 승진 O X

03 국가보안법 위반의 죄를 범한 후 자수한 때에는 그 형을 감경 또는 면제한다. 17 승진, 17 간부, 14 채용 O X

04 국가보안법의 죄를 범한 자가 동법의 죄를 범한 타인을 고발하거나 타인이 동법의 죄를 범하는 것을 방해한 때에는 그 형을 감경 또는 면제할 수 있다. 19 승진, 13 채용 O X

05 「국가보안법」상 불고지죄는 법정형이 5년 이하의 징역 또는 200만원 이하 벌금으로 「국가보안법」상 유일하게 벌금형을 두고 있으며, 본범과 친족관계에 있는 때에는 그 형을 임의적으로 감면한다. 19·17 승진 O X

06 국가보안법상 불고지죄의 대상이 되는 범죄는 반국가단체구성죄(제3조), 목적수행죄(제4조), 자진지원죄(제5조 제1항), 편의제공죄(제9조)가 있다. 17·16·15 승진 O X

07 불고지죄는 법정형이 5년 이하의 징역 또는 300만원 이하의 벌금으로 국가보안법 중 유일하게 선택형으로 벌금형을 두고 있다. 14·12 채용 O X

08 검사 또는 사법경찰관으로부터 이 법에 정한 죄의 참고인으로 출석을 요구받은 자가 정당한 이유 없이 2회 이상 출석요구에 불응한 때에는 관할법원판사의 구속영장을 발부받아 구인할 수 있다. 15 간부, 14·12 채용 O X

09 수사를 계속함에 상당한 이유가 있다고 인정될 때에는 지방법원판사의 허가를 받아 사법 경찰관은 1차, 검사는 2차에 한하여 구속기간을 연장할 수 있다(단, 불고지죄, 찬양·고무죄만 제외). 12 채용 O X

10 검사는 이 법의 죄를 범한 자에 대하여 형법 제51조(양형의 조건)의 사항을 참작하여 공소제기를 보류할 수 있다. 18·14 승진, 15 간부 O X

11 공소보류를 받은 자가 공소의 제기 없이 1년을 경과한 때에는 소추할 수 없다. 15 간부, 15·14 승진, 14·12 채용 O X

12 공소보류를 받은 자가 법무부장관이 정한 감시·보도에 관한 규칙에 위반한 때에는 공소보류를 취소할 수 있다. 19·15·14 승진, 15 간부 O X

13 공소보류가 취소된 때에는 「형사소송법」 제208조(재구속의 제한)의 규정에도 불구하고 동일 범죄사실로 재구속·소추할 수 없다. 15·14 승진 O X

14 이 법의 죄를 범한 자를 수사기관 또는 정보기관에 통보하거나 체포한 자에게는 대통령령이 정하는 바에 따라 상금을 지급한다. 18 채용 O X

15 반국가단체나 그 구성원 또는 그 지령을 받은 자로부터 금품을 취득하여 수사기관 또는 정보기관에 제공한 자에게는 그 가액의 2분의 1에 상당하는 범위 안에서 보로금을 지급할 수 있다. 반국가단체의 구성원 또는 그 지령을 받은 자가 제공한 때에도 또한 같다. 18 채용 O X

16 보로금의 청구 및 지급에 관하여 필요한 사항은 대통령령으로 정한다. 18 채용 O X

17 이 법에 의한 상금과 보로금의 지급 및 보상대상자를 심의·결정하기 위하여 법무부장관소속하에 국가보안유공자 심사위원회를 둔다. 18 채용 O X

정답 및 해설

01 O
02 X 그 가액을 추징한다.
03 O
04 X 감경 또는 면제한다.
05 X 친족관계가 있는 경우 필요적으로 감면한다.
06 X 편의제공죄는 해당하지 않는다.
07 X 200만원 이하의 벌금
08 O
09 X 찬양·고무, 불고지죄는 헌법재판소의 위헌결정에 따라, 특수직무유기와 무고·날조는 원래 규정에 따라 구속기간 연장의 대상이 되지 않는다.
10 O
11 X 2년
12 O
13 X 동일한 범죄사실로 재구속할 수 있다.
14 O
15 O
16 O
17 O

POINT 02 보안관찰법

1 보안관찰처분 대상자 보·경·금·선·3·집

- "보안관찰처분대상자"라 함은 보안관찰해당범죄 또는 이와 경합된 범죄로 금고 이상의 형의 선고를 받고 그 형기합계가 3년 이상인 자로서 형의 전부 또는 일부의 집행을 받은 사실이 있는 자를 말한다. 기출OX 01, 02, 03
- 위에 해당하는 자중 보안관찰해당범죄를 다시 범할 위험성이 있다고 인정할 충분한 이유가 있어 재범의 방지를 위한 관찰이 필요한 자에 대하여는 보안관찰처분을 한다.

2 보안관찰 해당범죄 기출OX 04, 05, 06, 07, 08, 09

구분	해당범죄	해당하지 않는 범죄
형법	• 내란목적살인죄 • 외환유치죄 · 여적죄 · 모병이적죄 • 시설제공 · 파괴이적죄 · 물건제공이적죄 • 간첩죄 및 그 미수범과 예비 · 음모 · 선전 · 선동죄	• 내란죄 • 일반이적죄 • 전시군수계약 불이행죄
군형법	• 반란죄 • 반란목적 군용물탈취죄 • 군대 및 군용시설제공죄 · 군용시설파괴죄 • 간첩죄 · 일반이적죄 · 이적목적반란불고지죄 ※ 형법상 일반이적죄는 해당범죄 아님	• 단순반란불보고죄 내·일·전·단
국가 보안법	• 목적수행죄 • 금품수수죄 • 편의제공죄(무기류) • 잠입 · 탈출죄 • 자진지원죄 목·금·편·잠·자	• 찬양 · 고무죄 • 회합 · 통신죄 • 반국가단체 구성죄 • 특수직무유기죄 • 불고지죄 • 무고 · 날조죄

3 보안관찰처분 절차

(1) 보안관찰처분대상자의 신고

출소 전 신고	• 교도소 등에서 출소전에 거주예정지 기타 대통령령으로 정하는 사항을 교도소등의 장을 경유하여 거주예정지 관할경찰서장에게 신고한다. 기출OX 10 • 교도소등의 장은 보안관찰처분대상자가 생길 때에는 지체 없이 보안관찰처분심의위원회와 거주예정지를 관할하는 검사 및 경찰서장에게 통고하여야 한다.
출소 후 신고	보안관찰처분대상자는 출소 후 7일 내 거주예정지 관할 경찰서장에게 출소사실 신고하여야 한다. 기출OX 11

※ 보안관찰처분대상자의 변동신고는 헌법불합치로 삭제(2017헌바479, 2021.6.24.)

기출 OX

01 '보안관찰처분대상자'라 함은 보안관찰해당범죄 또는 이와 경합된 범죄로 징역 이상의 형의 선고를 받고 그 형기합계가 3년 이상인 자로서 형의 전부 또는 일부의 집행을 받은 사실이 있는 자를 말한다. 23·17·14 채용, 20·19·17 승진 (O X)

02 '보안관찰처분대상자'라 함은 보안관찰해당범죄 또는 이와 경합된 범죄로 금고 이상의 형의 선고를 받고 그 형기합계가 2년 이상인 자로서 형의 전부 또는 일부의 집행을 받은 사실이 있는 자를 말한다. 14 채용 (O X)

03 '보안관찰처분대상자'라 함은 보안관찰해당범죄 또는 이와 경합된 범죄로 금고 이상의 형의 선고를 받고 그 형기합계가 3년 이상인 자로서 형의 전부 또는 일부의 집행을 면제받은 사실이 있는 자를 말한다. 24 승진 (O X)

04 「국가보안법」상 목적수행죄, 자진지원죄, 금품수수죄와 「형법」상 내란목적살인죄, 외환유치죄, 간첩죄, 물건 제공이적죄, 모병이적죄, 시설제공이적죄는 보안관찰해당범죄이다. 20 승진 (O X)

05 「형법」상 일반이적죄는 「보안관찰법」상 보안관찰해당범죄에 해당된다. 22 승진 (O X)

06 「형법」상 내란죄, 「군형법」상 일반이적죄, 「국가보안법」상 목적수행죄, 「국가보안법」상 금품수수죄는 보안관찰법상 보안관찰 해당범죄이다. 17 채용 (O X)

07 「형법」상의 전시군수계약불이행죄(제103조), 「형법」상의 모병이적죄(제94조), 「국가보안법」상 잠입·탈출죄(제6조), 「국가보안법」상 목적수행(제4조)는 보안관찰법상 보안관찰 해당범죄이다. 17 승진 (O X)

08 「형법」상 범죄 중 내란목적살인죄, 외환유치죄, 여적죄, 모병이적죄, 시설제공이적죄, 간첩죄는 보안관찰 해당 범죄이다. 14 채용 (O X)

09 「국가보안법」상 잠입·탈출죄, 「국가보안법」상 목적수행죄, 「군형법」상 단순반란불보고죄, 「형법」상 시설제공이적죄는 보안관찰법상 보안관찰 해당범죄이다. 17 승진 (O X)

10 보안관찰처분 대상자는 교도소등의 장을 경유, 거주예정지 경찰서장에게 보안관찰처분대상자 신고하여야 한다. 24 승진, 13 채용 (O X)

11 보안관찰처분대상자는 출소 후 지체 없이 거주예정지 관할경찰서장에게 출소사실을 신고하여야 한다. 20 승진, 18 경채, 17·14·13 채용 (O X)

정답 및 해설

01 X 금고 이상이다.
02 X 3년 이상
03 X 전부 또는 일부의 집행을 받은 사실이 있는 자
04 O
05 X 「형법」상 일반이적죄는 「보안관찰법」상 보안관찰해당범죄에 해당하지 않는다.
06 X 내란죄는 보안관찰 해당 범죄가 아니다.
07 X 「형법」상의 전시군수계약불이행죄는 보안관찰 해당 범죄가 아니다.
08 O
09 X 단순반란불보고죄는 보안관찰 해당 범죄가 아니다.
10 O
11 X 출소 후 7일 이내에 신고하여야 한다.

(2) 검사의 보안관찰처분 청구

청구 전 조사 (사안인지)	• 검사는 보안관찰처분청구를 위하여 필요한 때에는 보안관찰처분대상자, 청구의 원인이 되는 사실과 보안관찰처분을 필요로 하는 자료를 조사할 수 있다. • 사법경찰관리는 검사의 지휘를 받아 조사를 할 수 있다.
검사의 청구	• 보안관찰처분청구는 검사가 보안관찰처분청구서를 법무부장관에게 제출함으로써 행한다. → 보안관찰 청구는 검사가 한다. 기출OX 01 • 검사가 처분청구서를 제출할 때에는 청구의 원인이 되는 사실을 증명할 수 있는 자료와 의견서를 첨부하여야 한다. 기출OX 02 • 검사는 보안관찰처분청구를 한 때에는 지체없이 처분청구서등본을 피청구자에게 송달하여야 한다. 이 경우 송달에 관하여는 민사소송법 중 송달에 관한 규정을 준용한다. 기출OX 03
자료제출	피청구자는 처분청구서등본을 송달받은 날부터 7일 이내에 법무부장관 또는 위원회에 서면으로 자기에게 이익된 사실을 진술하고 자료를 제출할 수 있다.

(3) 법무부장관의 심사 및 결정

법무부장관의 심사	법무부장관은 처분청구서와 자료에 의하여 청구된 사안을 심사한다.
보안관찰처분심의 위원회의 의결	위원회는 다음의 사안을 심의·의결한다. 기출OX 04 1. 보안관찰처분 또는 그 기각의 결정 2. 면제 또는 그 취소결정 3. 보안관찰처분의 취소 또는 기간의 갱신결정
법무부장관의 결정	• 보안관찰처분에 관한 결정은 위원회의 의결을 거쳐 법무부장관이 행한다. 기출OX 05 • 법무부장관은 위원회의 의결과 다른 결정을 할 수 없다. 다만, 보안관찰처분대상자에 대하여 위원회의 의결보다 유리한 결정을 하는 때에는 그러하지 아니하다. 기출OX 06
결정에 대한 불복	법무부장관의 결정을 받은 자가 그 결정에 이의가 있을 때에는 행정소송법이 정하는 바에 따라 그 결정이 집행된 날부터 60일 이내에 서울고등법원에 소를 제기할 수 있다. 기출OX 07

(4) 법무부장관의 면제결정

• 법무부장관은 보안관찰처분대상자중 다음의 요건을 갖춘 자에 대하여는 보안관찰처분을 하지 아니하는 결정을 할 수 있다. 기출OX 08

> 1. 준법정신이 확립되어 있을 것
> 2. 일정한 주거와 생업이 있을 것
> 3. 대통령령이 정하는 신원보증이 있을 것 → 2인 이상의 신원보증인의 신원보증서

• 법무부장관은 보안관찰처분대상자의 신청이 있을 때에는 부득이한 사유가 있는 경우를 제외하고는 3월 내에 보안관찰처분면제여부를 결정하여야 한다.

기출 OX

01 보안관찰처분청구는 검사가 보안관찰처분청구서를 법무부장관에게 제출함으로써 행한다. 24 승진, 23 채용 (O X)

02 검사가 처분청구서를 제출할 때에는 청구의 원인이 되는 사실을 증명할 수 있는 자료와 의견서를 첨부하여야 한다. 13채용 (O X)

03 검사는 보안관찰처분청구를 한 때에는 지체 없이 처분청구서사본을 피청구자에게 송달하여야 한다. 13·12 채용 (O X)

04 보안관찰처분심의위원회는 보안관찰처분 또는 그 기각의 결정, 면제 또는 그 취소결정, 보안관찰처분의 취소 또는 기간의 갱신결정을 심의·의결한다. 12 채용 (O X)

05 보안관찰처분에 관한 결정은 보안관찰처분심의위원회의 의결을 거쳐 법무부장관이 행한다. 18 경채, 19·17 승진, 16 간부 (O X)

06 보안관찰처분에 관한 결정은 보안처분심의위원회에 의결을 거쳐 법무부장관이 행하며, 법무부장관은 보안관찰처분심의위원회의 의결과 다른 결정을 할 수 없다. 다만, 보안관찰처분대상자에 대하여 보안관찰처분심의위원회의 의결보다 유리한 결정을 하는 때에는 그러하지 아니하다. 21 간부 (O X)

07 보안관찰법에 의한 법무부장관의 결정을 받은 자가 그 결정에 이의가 있을 때에는 행정소송법이 정하는 바에 따라 결정이 집행된 날부터 60일 이내에 서울고등법원에 소를 제기할 수 있다. 21·16 간부, 12 채용 (O X)

08 법무부장관은 준법정신이 확립되어 있는 자, 일정한 주거와 생업이 있는 자, 대통령령으로 정한 신원보증(2인 이상의 신원보증인의 신원보증)이 있는 자에 대하여 보안관찰처분 면제결정을 하여야 한다. 12 채용 (O X)

정답 및 해설

01 O
02 O
03 X 사본이 아닌 등본이다.
04 O
05 O
06 O
07 O
08 X 면제결정을 할 수 있다.

(5) 피보안관찰자의 신고

최초신고	보안관찰처분을 받은 자(이하 "피보안관찰자"라 한다)는 보안관찰처분결정고지를 받은 날부터 **7일** 이내에 신고하여야 한다. 기출OX 01
정기신고	피보안관찰자는 보안관찰처분결정고지를 받은 날이 속한 달부터 **매 3월이 되는 달**의 말일까지 3월간의 주요활동사항 등 소정사항을 지구대·파출소장을 거쳐 관할경찰서장에게 신고하여야 한다. 기출OX 02
변동사항 신고	피보안관찰자는 최초신고사항에 변동이 있을 때에는 **7일** 이내에 지구대·파출소장을 거쳐 관할경찰서장에게 신고하여야 한다. 기출OX 03
여행 등 신고	피보안관찰자가 **주거지를 이전**하거나 **국외여행** 또는 **10일** 이상 주거를 이탈하여 여행하고자 할 때에는 미리 거주예정지, 여행예정지 등을 지구대·파출소장을 거쳐 관할경찰서장에게 신고하여야 한다. 기출OX 04

4 보안관찰처분 집행

검사의 집행지휘	• 보안관찰처분의 집행은 **검사**가 지휘한다. • 지휘는 결정서등본을 첨부한 **서면**으로 하여야 한다. • 검사는 피보안관찰자가 도주하거나 **1월** 이상 그 소재가 불명한 때에는 보안관찰처분의 집행중지결정을 할 수 있다. 기출OX 05 그 사유가 소멸된 때에는 지체없이 그 결정을 취소하여야 한다. 기출OX 06, 07, 08
보안관찰처분 기간	• 보안관찰처분의 기간은 **2년**으로 한다. 기출OX 09 • 법무부장관은 검사의 청구가 있는 때에는 보안관찰처분심의위원회의 의결을 거쳐 그 기간을 갱신할 수 있다. 기출OX 10, 11
보안관찰 내용	법무부장관은 보안관찰처분대상자 또는 피보안관찰자중 국내에 가족이 없거나 가족이 있어도 인수를 거절하는 자에 대하여는 대통령령이 정하는 바에 의하여 거소를 제공할 수 있다 기출OX 12

5 보안관찰처분심의위원회

- 보안관찰처분에 관한 사안을 심의·의결하기 위하여 법무부에 보안관찰처분심의위원회를 둔다.
- 위원회는 **위원장 1인과 6인의 위원**으로 구성한다
- 위원장은 법무부차관이 되고, 위원은 학식과 덕망이 있는 자로 하되, 그 과반수는 변호사의 자격이 있는 자이어야 한다. 기출OX 13
- 위원은 **법무부장관**의 **제청**으로 **대통령**이 **임명** 또는 위촉한다.
- 위촉된 위원의 임기는 **2년**으로 한다. 다만, 공무원인 위원은 그 직을 면한 때에는 위원의 자격을 상실한다.
- 위원중 공무원이 아닌 위원도 이 법 기타 다른 법률의 규정에 의한 벌칙의 적용에 있어서는 공무원으로 본다.
- 위원장은 위원회의 회무를 총괄하고 위원회를 대표하며, 위원회의 회의를 소집하고 그 의장이 된다.
- 위원장이 사고가 있을 때에는 **미리 그가 지정한 위원**이 그 직무를 대행한다.
- 위원회의 회의는 위원장을 포함한 **재적위원 과반수의 출석**으로 개의하고 **출석위원 과반수의 찬성**으로 의결한다.

기출 OX

01 피보안관찰자는 보안관찰처분결정고지를 받은 날부터 7일 이내에 일정한 사항을 주거지를 관할하는 지구대·파출소장을 거쳐 관할경찰서장에게 신고하여야 한다. 17 채용, 17 간부 (O X)

02 보안관찰처분결정고지를 받은 날이 속한 달부터 매 3월이 되는 달의 말일까지 3월간의 주요활동사항 등 소정사항을 지구대장(파출소장)을 거쳐 관할경찰서장에게 신고하여야 한다. 17 간부, 20 승진 (O X)

03 최초 신고사항에 대한 변동이 있을 때에는 10일 이내에 지구대장(파출소장)을 거쳐 관할경찰서장에게 변동사항을 신고하여야 한다. 17 간부 (O X)

04 피보안관찰자는 주거지를 이전하거나 국외여행 또는 7일 이상 주거를 이탈하여 여행하고자 할 때에는 미리 거주예정지, 여행예정지 등을 지구대·파출소장을 거쳐 관할경찰서장에게 신고하여야 한다. 22·20 승진, 17 채용, 17 간부, 19 승진 (O X)

05 보안관찰처분의 집행중지결정은 관할경찰서장이 한다. 14 채용 (O X)

06 보안관찰처분대상자가 도주하거나 1개월 이상 소재불명인 경우 보안관찰처분의 집행중지결정을 할 수 있다. 20·17 승진 (O X)

07 검사는 피보안관찰자가 도주하거나 3월 이상 그 소재가 불명한 때에는 보안관찰처분의 집행중지결정을 할 수 있다. 16 간부 (O X)

08 검사는 피보안관찰자가 도주하거나 1월 이상 그 소재가 불명한 때에는 보안관찰처분의 집행중지결정을 할 수 있으며, 그 사유가 소멸된 때에는 7일 이내에 그 결정을 취소하여야 한다. 14 채용 (O X)

09 보안관찰처분의 기간은 3년으로 한다. 23 채용, 24·20 승진, 16 간부 (O X)

10 법무부장관은 검사의 청구가 있는 때에는 보안관찰처분심의위원회의 의결을 거쳐 그 기간을 갱신할 수 없다. 20·19·17 승진, 18 경채, 14·13채용 (O X)

11 보안관찰처분의 기간은 2년으로 하며 법무부장관은 검사의 청구가 있는 때에는 보안관찰처분심의위원회의 의결을 거쳐 1회에 한해 그 기간을 갱신할 수 있다. 21 간부 (O X)

12 법무부장관은 보안관찰처분대상자 또는 피보안관찰자 중 국내에 가족이 없거나 가족이 있어도 인수를 거절하는 자에 대하여는 대통령령이 정하는 바에 의하여 거소를 제공할 수 있다. 22 승진 (O X)

13 보안관찰처분심의위원회는 위원장 1인(법무부장관)과 6인의 위원으로 구성되고, 위원은 법무부장관의 제청으로 대통령이 임명 또는 위촉한다. 20 승진, 12 채용 (O X)

정답 및 해설

01 O
02 O
03 X 7일 이내 변동사항을 신고하여야 한다.
04 X 10일 이상이다.
05 X 보안관찰처분의 집행중지결정은 검사가 한다.
06 X 보안관찰처분대상자가 아니라 피보안관찰자이다.
07 X 1월 이상 소재가 불명한 경우이다.
08 X 그 사유가 소멸된 때에는 지체 없이 그 결정을 취소하여야 한다.
09 X 보안관찰처분의 기간은 2년으로 한다.
10 X 갱신할 수 있다.
11 X 갱신의 횟수에 대한 제한은 없다.
12 O
13 X 위원장은 법무부차관이다.

POINT 03 남북교류협력에 관한 법률

1 다른 법률과의 관계

남한과 북한의 왕래·접촉·교역·협력사업 및 통신 역무의 제공 등 남한과 북한 간의 상호 교류와 협력을 목적으로 하는 행위에 관하여는 이 법률의 목적 범위에서 **다른 법률에 우선하여 이 법을 적용**한다. 기출OX 01

> **남북교류협력법 제2조【정의】** 이 법에서 사용하는 용어의 뜻은 다음과 같다.
> 3. "반출·반입"이란 매매, 교환, 임대차, 사용대차, 증여, 사용 등을 목적으로 하는 남한과 북한 간의 물품등의 이동(단순히 제3국을 거치는 물품등의 이동을 포함한다.)을 말한다. 기출OX 02

2 남·북한 방문

- 남한의 주민이 북한을 방문하거나 북한의 주민이 남한을 방문하려면 대통령령으로 정하는 바에 따라 통일부장관의 방문승인을 받아야 하며, **통일부장관**이 발급한 방문증명서를 소지하여야 한다. 기출OX 03
  → 남한 주민이 북한을 방문하고자 하는 경우 방문 7일 전까지 통일부장관에게 '방문승인신청서'를 제출해야 한다. 기출OX 04
- 복수방문증명서의 유효기간은 **5년** 이내로 하며, 5년의 범위에서 연장할 수 있다. 기출OX 05
- 방문승인을 받은 사람은 방문기간 내에 한 차례에 한하여 북한 또는 남한을 방문할 수 있다.
- 통일부장관은 방문승인을 받은 다음 어느 하나에 해당하는 경우에는 그 승인을 취소할 수 있다. 다만 제1호의 경우에는 그 승인을 취소**하여야 한다**. 기출OX 06

> 1. 거짓이나 그 밖의 부정한 방법으로 방문승인을 받은 경우
> 2. 조건을 위반한 경우
> 3. 남북교류·협력을 해칠 명백한 우려가 있는 경우
> 4. 국가안전보장, 질서유지 또는 공공복리를 해칠 명백한 우려가 있는 경우

- 재외국민이 외국에서 북한을 왕래할 때에는 통일부장관이나 재외공관의 장에게 신고하여야 한다. 다만, 외국을 거치지 아니하고 남한과 북한을 직접 왕래할 때에는 방문증명서를 소지하여야 한다. 기출OX 07
- 외국 국적을 보유하지 아니하고 대한민국의 여권을 소지하지 아니한 외국 거주 동포가 남한을 왕래하려면 여행증명서를 소지하여야 한다.

3 남·북한 주민접촉

남한의 주민이 북한의 주민과 회합·통신, 그 밖의 방법으로 접촉하려면 **통일부장관**에게 미리 신고하여야 한다. 다만, 대통령령으로 정하는 부득이한 사유에 해당하는 경우에는 접촉한 후에 신고할 수 있다. 기출OX 08

4 남·북한 거래

- 거래 원칙: 남한과 북한 간의 거래는 국가 간의 거래가 아닌 **민족내부의 거래**로 본다. 기출OX 09
- 물품등을 반출하거나 반입하려는 자는 대통령령으로 정하는 바에 따라 그 물품등의 품목, 거래형태 및 대금결제 방법 등에 관하여 **통일부장관**의 승인을 받아야 한다. 기출OX 10

기출 OX

01 「남북교류협력에 관한 법률」은 남북교류·협력을 목적으로 하는 행위에 관하여는 이 법률의 목적 범위에서 다른 법률에 우선하여 이 법을 적용한다. 20 승진 (O X)

02 '반출·반입'이란 매매, 교환, 임대차, 사용대차, 증여, 사용 등을 목적으로 하는 남한과 북한 간의 물품 등의 이동을 말하며, 단순히 제3국을 거치는 물품등의 이동은 포함하지 않는다. 19 채용 (O X)

03 남한의 주민이 북한을 방문하거나 북한의 주민이 남한을 방문하려면 통일부장관의 방문승인을 받아야 하며, 통일부장관이 발급한 증명서를 소지하여야 한다. 19 채용, 17·16·14 승진 (O X)

04 남한 주민이 북한을 방문하고자 하는 경우 방문 10일 전까지 통일부장관에게 '방문승인 신청서'를 제출해야 한다. 20 승진 (O X)

05 복수방문증명서의 유효기간은 5년 이내로 하며, 5년의 범위에서 연장할 수 있다. 17 승진 (O X)

06 거짓이나 부정한 방법으로 방문승인을 받은 경우 승인을 취소해야 한다. 20 승진 (O X)

07 재외국민이 외국에서 북한을 왕래할 때에는 통일부장관이나 재외공관의 장에게 신고하여야 한다. 20 승진 (O X)

08 남한의 주민이 북한의 주민과 접촉하려면 통일부장관에게 미리 신고하여야 하는 것이 원칙이나 대통령령으로 정하는 부득이한 사유에 해당하는 경우에는 접촉한 후에 신고할 수 있다. 19 채용, 17 승진 (O X)

09 남한과 북한 간의 거래는 국가 간의 거래가 아닌 민족내부의 거래로 본다. 19 채용, 16 승진 (O X)

10 물품등을 반출하거나 반입하려는 자는 대통령령으로 정하는 바에 따라 그 물품 등의 품목, 거래형태 및 대금 결제 방법 등에 관하여 통일부장관에게 미리 신고하여야 한다. 20 승진 (O X)

정답 및 해설

01 O
02 X 단순히 제3국을 거치는 물품등의 이동 역시 포함한다.
03 O
04 X 방문 7일 전까지 제출하여야 한다.
05 O
06 O
07 O
08 O
09 O
10 X 신고가 아니라 승인을 받아야 한다.

POINT 04 북한이탈주민의 보호 및 정착지원에 관한 법률

1 정의

북한이탈주민	군사분계선 이북지역(북한)에 주소, 직계가족, 배우자, 직장 등을 두고 있는 사람으로서 북한을 벗어난 후 외국 국적을 취득하지 아니한 사람 기출OX 01
보호대상자	이 법에 따라 보호 및 지원을 받는 북한이탈주민 기출OX 02
정착지원시설	보호대상자의 보호 및 정착지원을 위하여 설치·운영하는 시설
보호금품	이 법에 따라 보호대상자에게 지급하거나 빌려주는 금전 또는 물품 기출OX 03

2 기본원칙

- 대한민국은 보호대상자를 인도주의에 입각하여 특별히 보호한다. 기출OX 04
- 대한민국은 외국에 체류하고 있는 북한이탈주민의 보호 및 지원 등을 위하여 외교적 노력을 다하여야 한다. 기출OX 05
- 보호대상자는 대한민국의 자유민주적 법질서에 적응하여 건강하고 문화적인 생활을 할 수 있도록 노력하여야 한다.
- 통일부장관은 북한이탈주민에 대한 보호 및 지원 등을 위하여 북한이탈주민의 실태를 파악하고, 그 결과를 정책에 반영하여야 한다. 기출OX 06

3 기본계획 및 시행계획

- 통일부장관은 북한이탈주민 보호 및 정착지원협의회의 심의를 거쳐 보호대상자의 보호 및 정착지원에 관한 기본계획을 3년마다 수립·시행하여야 한다. 기출OX 07
- 통일부장관은 관계 중앙행정기관의 장 및 지방자치단체의 장과 협의하여 기본계획에 따른 연도별 시행계획을 수립·시행하여야 한다.

4 보호기준 등

- 보호대상자에 대한 보호 및 지원 기준은 나이, 성별, 세대 구성, 학력, 경력, 자활 능력, 건강 상태 및 재산 등을 고려하여 합리적으로 정하여야 한다.
- 이 법에 따른 보호 및 정착지원은 원칙적으로 개인을 단위로 하되, 필요하다고 인정하는 경우에는 대통령령으로 정하는 바에 따라 세대를 단위로 할 수 있다. 기출OX 08
- 보호대상자를 정착지원시설에서 보호하는 기간은 1년 이내로 하고, 거주지에서 보호하는 기간은 5년으로 한다. 다만, 특별한 사유가 있는 경우에는 북한이탈주민 보호 및 정착지원협의회의 심의를 거쳐 그 기간을 단축하거나 연장할 수 있다. 기출OX 09

5 보호신청 및 보호결정

- 북한이탈주민으로서 이 법에 따른 보호를 받으려는 사람은 재외공관이나 그 밖의 행정기관의 장(각급 군부대의 장을 포함)에게 보호를 직접 신청하여야 한다. 다만, 보호를 직접 신청하지 아니할 수 있는 대통령령으로 정하는 사유가 있는 경우에는 그러하지 아니하다. 기출OX 10
- 보호신청을 받은 재외공관장등은 지체 없이 그 사실을 소속 중앙행정기관의 장을 거쳐 통일부장관과 국가정보원장에게 통보하여야 한다.
- 통보를 받은 국가정보원장은 보호신청자에 대하여 보호결정 등을 위하여 필요한 조사 및 일시적인 신변안전조치 등 임시보호조치를 한 후 지체 없이 그 결과를 통일부장관에게 통보하여야 한다.
- 통일부장관은 '북한이탈주민 보호 및 정착지원협의회'의 심의를 거쳐 보호 여부를 결정한다. 단, 국가안보에 현저한 영향을 줄 우려가 있는 사람의 경우 국가정보원장이 보호 여부를 결정한다. 기출OX 11, 12

기출 OX

01 '북한이탈주민'이란 북한에 주소, 직계가족, 배우자, 직장 등을 두고 있는 사람으로서 북한을 벗어난 후 외국 국적을 취득한 사람을 말한다. 20·19 채용, 21·20 간부, 24·21·20·19 승진 O X

02 관리대상자란 이 법에 따라 보호 및 지원을 받는 북한이탈주민을 말한다. 24 승진, 18 간부 O X

03 '구호물품'이란 이 법에 따라 보호대상자에게 지급하거나 빌려주는 금전 또는 물품을 말한다. 21·19 승진, 18 간부 O X

04 대한민국은 보호대상자를 상호주의에 입각하여 특별히 보호하고, 외국에 체류하고 있는 북한이탈주민의 보호 및 지원 등을 위해 외교적 노력을 다하여야 한다. 21 간부, 15 채용 O X

05 대한민국은 외국에 체류하고 있는 북한이탈주민의 보호 및 지원 등을 위하여 외교적 노력을 다하여야 한다. 15 채용 O X

06 국가정보원장은 북한이탈주민에 대한 보호 및 지원 등을 위하여 북한이탈주민의 실태를 파악하고, 그 결과를 정책에 반영하여야 한다. 18 간부, 15 채용 O X

07 통일부장관은 북한이탈주민보호 및 정착지원협의회의 심의를 거쳐 보호대상자의 보호 및 정착지원에 관한 기본계획을 3년마다 수립·시행하여야 한다. 18 채용 O X

08 이 법에 따른 보호 및 정착지원은 원칙적으로 개인을 단위로 하되, 필요하다고 인정하는 경우에는 대통령령으로 정하는 바에 따라 세대 단위로 할 수 있다. 20 채용 O X

09 보호대상자를 정착지원시설에서 보호하는 기간은 3년 이내, 거주지에서 보호하는 기간은 5년을 원칙으로 한다. 20 승진, 20 채용 O X

10 북한이탈주민으로서「북한이탈주민의 보호 및 정착지원에 관한 법률」에 따른 보호를 받으려는 사람은 재외공관이나 그 밖의 행정기관의 장(각급 군부대의 장은 제외한다)에게 보호를 직접 신청하여야 한다. 19·18 채용 O X

11 북한이탈주민으로 보호를 받으려는 사람은 재외공관이나 그 밖의 행정기관의 장에게 보호를 직접 신청해야 하고, 국가정보원장은 '북한이탈주민 보호 및 정착지원협의회'의 심의를 거쳐 보호 여부를 결정한다. 21 승진, 20 간부 O X

12 통일부장관은 '북한이탈주민 보호 및 정착지원협의회'의 심의를 거쳐 북한이탈주민의 보호 여부를 결정한다. 단, 국가안보에 현저한 영향을 줄 우려가 있는 사람의 경우 국방부장관이 보호 여부를 결정한다. 19 채용 O X

정답 및 해설

01 X 북한을 벗어난 후 외국 국적을 취득하지 아니한 사람을 말한다.
02 X 보호대상자에 대한 설명이다.
03 X 보호금품에 대한 정의이다.
04 X 인도주의에 입각한다.
05 O
06 X 국가정보원장이 아니라 통일부장관이다.
07 O
08 O
09 X 시설에 보호하는 기간은 1년 이내, 거주지에 보호하는 기간은 5년으로 한다.
10 X 각급 군부대의 장을 포함한다.
11 X 일반적인 경우에는 통일부장관이 협의회의 심의를 거쳐 결정한다.
12 X 국가안보에 현저한 영향을 줄 우려가 있는 경우에는 국가정보원장이 보호 여부를 결정한다.

6 보호결정 기준

보호 여부를 결정할 때 다음 어느 하나에 해당하는 사람은 보호대상자로 결정하지 아니할 수 있다.

1. 항공기 납치, 마약거래, 테러, 집단살해 등 국제형사범죄자 기출OX 01
2. 살인 등 중대한 비정치적 범죄자
3. 위장탈출 혐의자 기출OX 02
4. 국내 입국 후 3년이 지나서 보호신청한 사람 기출OX 03
5. 그 밖에 국가안전보장·질서유지·공공복리에 대한 중대한 위해 발생 우려, 보호신청자의 경제적 능력 및 해외체류 여건 등을 고려하여 보호대상자로 정하는 것이 부적당하거나 보호 필요성이 현저히 부족하다고 대통령령으로 정하는 사람

7 학력·자격 인정

- 보호대상자는 대통령령으로 정하는 바에 따라 북한이나 외국에서 이수한 학교 교육의 과정에 상응하는 학력을 인정받을 수 있다.
- 보호대상자는 관계 법령에서 정하는 바에 따라 북한이나 외국에서 취득한 자격에 상응하는 자격 또는 그 자격의 일부를 인정받을 수 있다.

8 특별임용

- 북한에서의 자격이나 경력이 있는 사람 등 북한이탈주민으로서 공무원으로 채용하는 것이 필요하다고 인정되는 사람에 대하여는 북한을 벗어나기 전의 자격·경력 등을 고려하여 국가공무원 또는 지방공무원으로 특별임용할 수 있다. 기출OX 04
- 북한의 군인이었던 보호대상자가 국군에 편입되기를 희망하면 북한을 벗어나기 전의 계급, 직책 및 경력 등을 고려하여 국군으로 특별임용할 수 있다.

9 거주지에서의 신변보호

- 통일부장관은 보호대상자가 거주지로 전입한 후 그의 신변안전을 위하여 **국방부장관이나 경찰청장에게 협조를 요청**할 수 있으며, 협조요청을 받은 국방부장관이나 경찰청장은 이에 협조한다. 기출OX 05
- 신변보호에 필요한 사항은 통일부장관이 **국방부장관, 국가정보원장 및 경찰청장과 협의**하여 정한다. 이 경우 해외여행에 따른 신변보호에 관한 사항은 외교부장관과 법무부장관의 의견을 들을 수 있다.
- 통일부장관은 협의회의 심의를 거쳐 5년의 범위에서 신변보호기간을 정한다. 이 경우 통일부장관은 보호대상자의 의사를 고려하여야 한다.

기출 OX

01 북한이탈주민으로서 보호신청을 한 사람 중 테러 등 국제형사범죄자는 보호대상자로 결정할 수 없다.
19 승진, 20 간부   O X

02 북한이탈주민으로서 보호신청을 한 사람 중 위장탈출 혐의자는 보호대상자로 결정될 수 없다. 18 채용
                                                                                                                      O X

03 위장탈출 혐의자, 국내 입국 후 1년이 지나서 보호신청한 사람은 보호대상자로 결정하지 않을 수 있다.
21·20·19 승진, 20 채용, 18 간부   O X

04 보호대상자 중 북한의 군인이었던 자가 국군에 편입되기를 희망하더라도 국군으로 특별임용할 수 없다.
18 채용   O X

05 통일부장관은 보호대상자가 거주지로 전입한 후 그의 신변안전을 위하여 국방부장관이나 경찰청장에게 협조를 요청할 수 있으며, 협조요청을 받은 국방부장관이나 경찰청장은 이에 협조한다.
24 승진, 20·21 간부   O X

정답 및 해설

01 X 보호대상자로 결정하지 아니할 수 있다.
02 X 보호대상자로 결정하지 아니할 수 있다.
03 X 국내 입국 후 3년이 지나서 보호신청한 사람이다.
04 X 국군으로 특별임용할 수 있다.
05 O

해커스경찰
police.Hackers.com

Chapter 07

외사경찰

POINT 01 | 다문화 사회
POINT 02 | 외국인 입국
POINT 03 | 외국인의 출국
POINT 04 | 외국인의 체류자격 및 외국인 등록
POINT 05 | 국제형사사법 공조법
POINT 06 | 범죄인 인도법
POINT 07 | 국제형사경찰기구(INTERPOL)

POINT 01 다문화 사회

1 다문화사회 접근유형 기출OX 01, 02, 03

자유주의적 다문화주의 (동화주의)	• 다문화주의의 차별을 금지하고 사회참여를 위해 기회의 평등을 보장 • 사회통합을 이룩하기 위해 국가 내부의 문화적 다양성을 허용하고, <u>소수 인종집단 고유의 문화와 가치를 인정</u> • 시민생활이나 공적생활에서는 <u>주류사회의 문화, 언어, 사회습관에 따를 것을 요구</u>
조합주의적 다문화주의 (다원주의)	• 자유주의적 다문화주의와 급진적 다문화주의의 절충적 형태로서 다문화주의를 <u>결과의 평등보장</u>이라는 측면에서 접근 • 문화적 소수자가 현실적으로 문화적 다수자와의 경쟁에서 불리한 위치에 있다는 것을 전제로 하며, <u>소수집단의 사회참가를 촉진하기 위해서 적극적인 재정적·법적 원조 시행</u> • 다언어방송, 다언어 의사소통, 다언어문서, 다언어 및 다문화 교육 등을 추진하고, 사적 영역에서 소수민족 학교나 공공단체에 대해 지원하기도 함
급진적 다문화주의	• 다문화주의를 '<u>차이에 대한 권리</u>'로 해석하며, 다문화주의를 소수자의 문화적 권리와 결부하여 이해 • <u>소수집단 자결(self-determination)의 원칙</u>을 내세워 문화적 공존을 넘어서는 소수민족 집단만의 공동체 건설을 지향 • 다민족 다문화사회에서 주류사회의 문화, 언어, 규범, 가치, 생활양식을 부정하고 독자적인 생활방식을 추구하는 입장 • 미국의 흑인과 원주민에 의한 격리주의 운동사례, 아프리카 소부족 독립운동사례 등

2 다문화가족지원법

아동·청소년	'아동·청소년'이란 <u>24세 이하</u>인 사람을 말한다. 기출OX 04
기본계획 수립	여성가족부장관은 다문화가족 지원을 위하여 <u>5년</u>마다 다문화가족정책에 관한 기본계획을 수립하여야 한다. 기출OX 05
다문화가족정책 위원회	<u>국무총리 소속</u>으로 다문화가족정책위원회를 둔다.

3 외국인의 일반귀화 요건 기출OX 06, 07, 08, 09, 10

1. <u>5년 이상</u> 계속하여 대한민국에 주소가 있을 것
1의2. 대한민국에서 영주할 수 있는 체류자격을 가지고 있을 것
2. 대한민국의 「<u>민법</u>」상 성년일 것
3. 법령을 준수하는 등 <u>법무부령</u>으로 정하는 품행 단정의 요건을 갖출 것
4. 자신의 자산이나 기능에 의하거나 생계를 같이하는 가족에 의존하여 생계를 유지할 능력이 있을 것
5. 국어능력과 대한민국의 풍습에 대한 이해 등 대한민국 국민으로서의 기본 소양을 갖추고 있을 것
6. 귀화를 허가하는 것이 국가안전보장·질서유지 또는 공공복리를 해치지 아니한다고 <u>법무부장관</u>이 인정할 것

[압축정리] 귀화요건

요건		일반귀화	간이귀화		특별귀화
			부모 간이귀화	혼인 간이귀화	
주소요건		5년 이상 주소	3년 이상 주소	• 혼인상태 2년 이상 주소 • 혼인상태 1년 이상 주소 + 혼인 후 3년 경과	면제(주소만 있으면 충족)
		영주 체류자격			
나이요건		성년일 것	필요	필요	면제
성품요건		품행 단정	필요	필요	필요
		기본 소양	필요	필요	필요
능력요건		생계유지	필요	필요	면제

기출 OX

01 조합주의적 다문화주의는 소수집단이 자결(Self-determination)의 원칙을 내세워 문화적 공존을 넘어서는 소수민족 집단만의 공동체 건설을 지향한다. 20 채용 O X

02 급진적 다문화주의는 차별을 금지하고 사회참여를 위해 기회평등을 보장하는 것으로, 사회통합을 위해 문화적 다양성을 인정하며 민족 집단의 존재를 인정하지만, 시민 생활과 공적 생활에서는 주류사회의 문화·언어·사회관습을 따를 것을 요구한다. 20 채용 O X

03 자유주의적 다문화주의는 다문화주의를 결과에 있어서의 평등보장이라는 측면에서 접근하는 것으로, 문화적 소수자가 현실적으로 문화적 다수자와의 경쟁에서 불리한 위치에 있다는 것을 전제로 소수집단의 사회참가를 촉진하기 위해 적극적인 법적·재정적 원조를 한다. 20 채용 O X

04 「다문화가족 지원법」상 '아동·청소년'이란 24세 이하인 사람을 말한다. 20 승진 O X

05 「다문화가족 지원법」상 여성가족부장관은 다문화가족 지원을 위하여 5년마다 다문화가족정책에 관한 기본계획을 수립하여야 한다. 20 승진 O X

06 10년 이상 계속하여 대한민국에 주소가 있을 것은 「국적법」상 일반귀화의 요건에 해당한다. 19·17 채용, 16 간부 O X

07 대한민국에서 영주할 수 있는 체류자격을 가지고 있을 것은 「국적법」상 일반귀화의 요건에 해당한다. 19 채용 O X

08 대한민국의 「민법」상 성년일 것은 「국적법」상 일반귀화의 요건에 해당한다. 19·17 채용 O X

09 법령을 준수하는 등 대통령령으로 정하는 품행 단정의 요건을 갖출 것은 「국적법」상 일반귀화의 요건에 해당한다. 19·17 채용 O X

10 귀화를 허가하는 것이 국가안전보장·질서유지 또는 공공복리를 해치지 아니한다고 법무부장관이 인정할 것은 「국적법」상 일반귀화의 요건에 해당한다. 19 채용 O X

정답 및 해설

01 X 급진적 다문화주의에 대한 설명
02 X 자유주의적 다문화주의에 대한 설명
03 X 조합주의적 다문화주의에 대한 설명
04 O
05 O
06 X 5년 이상 계속하여 대한민국에 주소가 있을 것이 요건이다.
07 O
08 O
09 X 법령을 준수하는 등 법무부령으로 정하는 품행 단정의 요건을 갖출 것이 요건이다.
10 O

POINT 02 외국인 입국

1 입국의 원칙

원칙	외국인이 입국할 때에는 유효한 여권과 **법무부장관**이 발급한 사증을 가지고 있어야 한다01
예외	다음 어느 하나에 해당하는 외국인은 사증 없이 입국할 수 있다. 1. 재입국허가를 받은 사람 또는 재입국허가가 면제된 사람으로서 그 허가 또는 면제받은 기간이 끝나기 전에 입국하는 사람 2. 대한민국과 사증면제협정을 체결한 국가의 국민으로서 그 협정에 따라 면제대상이 되는 사람 3. 국제친선, 관광 또는 대한민국의 이익 등을 위하여 입국하는 사람으로서 대통령령으로 정하는 바에 따라 따로 입국허가를 받은 사람 4. 난민여행증명서를 발급받고 출국한 후 그 유효기간이 끝나기 전에 입국하는 사람

2 여권

의의	본국의 정부 또는 권한 있는 국제기구에서 발급한, 소지자의 신분 및 국외에 여행할 수 있음을 본국에서 일방적으로 증명하는 문서
발급권자	• 여권은 **외교부장관**이 발급한다. • 외교부장관은 여권 등의 발급, 재발급과 기재사항변경에 관한 사무의 일부를 대통령령으로 정하는 바에 따라 지방자치단체의 장에게 대행하게 할 수 있다.

발급거부	외교부장관은 다음 어느 하나에 해당하는 사람에 대하여는 여권의 발급 또는 재발급을 거부할 수 있다.
	1. **장기 2년** 이상의 형에 해당하는 죄로 인하여 **기소**되어 있는 사람 또는 **장기 3년 이상**의 형에 해당하는 죄로 인하여 **기소중지 또는 수사중지**(피의자중지로 한정한다)되거나 체포영장·구속영장이 발부된 사람 중 국외에 있는 사람 기출OX 02, 03
	2. 제24조부터 제26조까지에 규정된 죄(여권부정발급·부정사용 등)를 범하여 형을 선고받고 그 집행이 종료되지 아니하거나 집행을 받지 아니하기로 확정되지 아니한 사람
	3. 제2호 외의 죄를 범하여 금고 이상의 형을 선고받고 그 집행이 종료되지 아니하거나 그 집행을 받지 아니하기로 확정되지 아니한 사람 기출OX 04
	4. 국외에서 대한민국의 안전보장·질서유지나 통일·외교정책에 중대한 침해를 일으킬 우려가 있는 경우로서 다음 각 목의 어느 하나에 해당하는 사람 기출OX 05
	  가. 출국할 경우 테러 등으로 생명이나 신체의 안전이 침해될 위험이 큰 사람
	  나. 「보안관찰법」제4조에 따라 보안관찰처분을 받고 그 기간 중에 있으면서 같은 법 제22조에 따라 경고를 받은 사람

휴대 및 제시의무	• 대한민국에 체류하는 외국인은 항상 "여권등"을 지니고 있어야 한다. 다만, **17세 미만**인 외국인의 경우에는 그러하지 아니하다. 기출OX 06 • 외국인은 출입국관리공무원이나 권한 있는 공무원이 그 직무수행과 관련하여 여권등의 제시를 요구하면 여권등을 **제시하여야 한다**. 기출OX 07 • 여권등의 휴대 또는 제시 의무를 위반한 사람은 100만원 이하의 벌금에 처한다. 기출OX 08

[참고] **여권의 종류**

종류	내용	유효기간
일반여권	일반적인 경우 발급되는 여권	10년 이내
관용여권	공무로 국외에 여행하는 사람 등에 대해 발급하는 여권	5년 이내
외교관여권	대통령·국무총리·국회의장·대법원장·헌법재판소장(모두 전직 포함) 등에 대해 발급하는 여권	5년 이내
긴급여권	여권을 (재)발급 받을 시간적 여유가 없는 경우로서 여권의 긴급한 발급이 필요하다고 인정되는 경우. 친족의 사망 등	1년 이내

기출 OX

01 외국인이 입국할 때에는 유효한 여권과 외교부장관이 발급한 사증을 가지고 있어야 한다. 21 채용 O X

02 장기 2년 이상의 형에 해당하는 죄로 인하여 기소되어 있는 사람은 「여권법」상 여권발급 등의 거부·제한 사유에 해당한다. 18 승진, 16 간부 O X

03 장기 5년 이상의 형에 해당하는 죄로 인하여 기소중지 또는 수사중지(피의자중지로 한정한다)되어 국외에 있는 사람은 「여권법」상 여권발급 등의 거부·제한 사유에 해당한다. 18 승진 O X

04 「여권법」제24조부터 제26조까지에 규정된 죄를 범하여 금고 이상의 형을 선고받고 그 집행이 종료되지 아니하거나 그 집행을 받지 아니하기로 확정되지 아니한 사람은 「여권법」상 여권발급 등의 거부·제한 사유에 해당한다. 18 승진 O X

05 국외에서 대한민국의 안전보장·질서유지나 통일·외교정책에 중대한 침해를 야기할 우려가 있는 경우로서 출국할 경우 테러 등으로 생명이나 신체의 안전이 침해될 위험이 큰 사람은 「여권법」상 여권발급 등의 거부·제한 사유에 해당한다. 18 승진 O X

06 대한민국에 체류하는 외국인은 항상 여권·선원신분증명서·외국인입국허가서·외국인등록증·모바일외국인등록증 또는 상륙허가서(이하 '여권등'이라 한다)를 지니고 있어야 한다. 다만, 18세인 외국인의 경우에는 그러하지 아니하다. 23 간부 O X

07 대한민국에 체류하는 외국인은 출입국관리공무원이나 권한 있는 공무원이 그 직무수행과 관련하여 여권등의 제시를 요구하면 여권등을 제시하여야 한다. 17 승진 O X

08 여권등의 휴대 또는 제시 의무를 위반한 사람은 100만원 이하의 과태료를 부과한다. 17 승진, 16 간부 O X

정답 및 해설

01 X 법무부장관이 발급
02 O
03 X 기소중지나 수사중지의 경우 장기 5년 이상이 아니라 장기 3년이다.
04 X 여권법상 범죄를 저지른 경우에 금고 이상의 형을 선고받아야 하는 것이 아니라 그냥 '형'을 선고받으면 된다.
05 O
06 X 17세 미만이다.
07 O
08 X 100만원 이하의 벌금이다.

3 외국인의 입국 시 생체정보의 제공

- 입국하려는 외국인은 입국심사를 받을 때 법무부령으로 정하는 방법으로 생체정보를 제공하고 본인임을 확인하는 절차에 응하여야 한다. 다만, 다음 어느 하나에 해당하는 사람은 그러하지 아니하다.
  1. **17세 미만**인 사람
  2. 외국정부 또는 국제기구의 업무를 수행하기 위하여 입국하는 사람과 그 동반 가족
  3. 외국과의 우호 및 문화교류 증진, 경제활동 촉진 또는 대한민국의 이익 등을 고려하여 생체정보의 제공을 면제하는 것이 필요하다고 대통령령으로 정하는 사람
- 출입국관리공무원은 외국인이 생체정보를 제공하지 아니하는 경우에는 그의 입국을 허가하지 아니할 수 있다.
- **법무부장관**은 입국심사에 필요한 경우에는 관계 행정기관이 보유하고 있는 외국인의 생체정보의 제출을 요청**할 수 있다**.
  기출 OX 01

4 외국인 입국금지 사유

법무부장관은 다음 어느 하나에 해당하는 외국인에 대하여는 **입국을 금지할 수 있다.**

1. 감염병환자, 마약류중독자, 그 밖에 공중위생상 위해를 끼칠 염려가 있다고 인정되는 사람 기출 OX 02
2. 「총포·도검·화약류 등의 안전관리에 관한 법률」에서 정하는 총포·도검·화약류 등을 위법하게 가지고 입국하려는 사람 기출 OX 03
3. 대한민국의 이익이나 공공의 안전을 해치는 행동을 할 염려가 있다고 인정할 만한 상당한 이유가 있는 사람 기출 OX 04
4. 경제질서 또는 사회질서를 해치거나 선량한 풍속을 해치는 행동을 할 염려가 있다고 인정할 만한 상당한 이유가 있는 사람 기출 OX 05
5. 사리 분별력이 없고 국내에서 체류활동을 보조할 사람이 없는 정신장애인, 국내체류비용을 부담할 능력이 없는 사람, 그 밖에 구호가 필요한 사람 기출 OX 06
6. 강제퇴거명령을 받고 출국한 후 5년이 지나지 아니한 사람 기출 OX 07
7. 1910년 8월 29일부터 1945년 8월 15일까지 사이에 다음 각 목의 어느 하나에 해당하는 정부의 지시를 받거나 그 정부와 연계하여 인종, 민족, 종교, 국적, 정치적 견해 등을 이유로 사람을 학살·학대하는 일에 관여한 사람
   가. 일본 정부
   나. 일본 정부와 동맹 관계에 있던 정부
   다. 일본 정부의 우월한 힘이 미치던 정부
8. 제1호부터 제7호까지의 규정에 준하는 사람으로서 법무부장관이 그 입국이 적당하지 아니하다고 인정하는 사람
   기출 OX 08, 09, 10

기출 OX

01 법무부장관은 입국심사에 필요한 경우에는 관계 행정기관이 보유하고 있는 외국인의 생체정보의 제출을 요청할 수 있다. 20 승진 (O X)

02 감염병환자, 마약류중독자, 그 밖에 공중위생상 위해를 끼칠 염려가 있다고 인정되는 사람은 「출입국관리법」상 외국인의 입국금지 사유에 해당한다. 17 채용, 20·17 승진 (O X)

03 「총포·도검·화약류 등의 안전관리에 관한 법률」에서 정하는 총포·도검·화약류 등을 위법하게 가지고 입국하려는 사람은 「출입국관리법」상 외국인의 입국금지 사유에 해당한다. 17 승진 (O X)

04 대한민국의 이익이나 공공의 안전을 해치는 행동을 할 염려가 있다고 인정할 만한 상당한 이유가 있는 사람은 「출입국관리법」상 외국인의 입국금지 사유에 해당한다. 17 승진 (O X)

05 경제질서 또는 사회질서를 해치거나 선량한 풍속을 해치는 행동을 할 염려가 있다고 인정할 만한 상당한 이유가 있는 사람은 「출입국관리법」상 외국인의 입국금지 사유에 해당한다. 17 채용, 20·17 승진 (O X)

06 사리 분별력이 없고 국내에서 체류활동을 보조할 사람이 없는 정신장애인, 국내체류비용을 부담할 능력이 없는 사람, 그 밖에 구호가 필요한 사람은 「출입국관리법」상 외국인의 입국금지 사유에 해당한다. 17 채용, 17 승진 (O X)

07 감염병환자, 마약류중독자, 강제퇴거명령을 받고 출국한 후 5년이 지난 외국인은 입국금지 사항에 해당한다. 23 간부, 17 채용, 20·17 승진 (O X)

08 형사재판에 계속 중인 사람은 「출입국관리법」상 외국인의 입국금지 사유에 해당한다. 20 승진 (O X)

09 유효한 여권과 사증 없이 입국하는 사람은 「출입국관리법」상 외국인의 입국금지 사유에 해당한다. 20 승진 (O X)

10 징역형이나 금고형의 집행이 끝나지 아니한 사람은 「출입국관리법」상 외국인의 입국금지 사유에 해당한다. 20 승진 (O X)

정답 및 해설

01 O
02 O
03 O
04 O
05 O
06 O
07 X 강제퇴거명령을 받고 출국한 후 5년이 지나지 아니한 사람이 입국금지 대상이다.
08 X 출국정지 사유
09 X 강제퇴거 사유에 해당한다.
10 X 출국정지 사유

5 상륙

(1) 의의

부득이한 사유로 사증 없이 출입국 공항이나 항만에서 출입국관리공무원 등의 상륙허가를 받아 일시 머무는 것을 말한다.

(2) 종류 관승긴재난/3·15·30·30·90 기출OX 06, 07, 08, 09, 10, 11

종류	허가사유	기간
승무원 상륙	• 외국인승무원의 정박 중 휴양 • 외국인승무원이 다른 선박으로 옮겨타려는 경우 기출OX 01	15일
관광상륙	순회운항 여객운송선박의 외국인승객의 단기 관광 기출OX 02	3일
긴급상륙	선박 등 타고 있는 외국인(승무원 포함)의 질병 등 사고 기출OX 03	30일
재난상륙	조난을 당한 선박등에 타고 있는 외국인(승무원 포함)의 긴급 구조필요 기출OX 04	30일
난민 임시상륙	• 생명·신체 또는 신체의 자유를 침해받을 공포가 있는 영역에서 도피하여 곧바로 대한민국에 비호를 신청하는 경우 • 상륙시킬 만한 상당한 이유가 있다고 인정되면 법무부장관의 승인을 받아 상륙허가 할 수 있다. 이 경우 법무부장관은 외교부장관과 협의하여야 한다. 기출OX 05	90일

[참고] 여행경보제도 기출OX 12

단계	구분발령	행동요령
1단계(여행유의) 남색경보	국내 대도시보다 상당히 높은 수준의 위험	신변안전 위험 요인 숙지·대비
2단계(여행자제) 황색경보	국내 대도시보다 매우 높은 수준의 위험	• (여행예정자) 불필요한 여행 자제 • (체류자) 신변안전 특별유의
3단계(철수권고) 적색경보	국민의 생명과 안전을 위협하는 심각한 수준의 위험	• (여행예정자) 여행 취소·연기 • (체류자) 긴요한 용무가 아닌 한 출국
4단계(여행금지) 흑색경보	국민의 생명과 안전을 위협하는 매우 심각한 수준의 위험	• (여행예정자) 여행금지 준수 • (체류자) 즉시 대피·철수

기출 OX

01 대한민국의 출입국항에 입항할 예정이거나 정박 중인 선박 등으로 옮겨 타려는 외국인승무원 – (   )일 이내
18 승진, 16 채용, 14간부

02 출입국관리공무원은 관광을 목적으로 대한민국과 외국 해상을 국제적으로 순회하여 운항하는 여객운송선박 중 법무부령으로 정하는 선박에 승선한 외국인승객에 대하여 그 선박의 장 또는 운수업자가 상륙허가를 신청하면 5일의 범위에서 승객의 관광상륙을 허가할 수 있다. 16 채용 O X

03 출입국관리공무원은 선박 등에 타고 있는 외국인(승무원을 포함한다)이 질병이나 그 밖의 사고로 긴급히 상륙할 필요가 있다고 인정되면 그 선박 등의 장이나 운수업자의 신청을 받아 30일의 범위에서 긴급상륙을 허가할 수 있다. 16 채용 O X

04 지방출입국·외국인관서의 장은 조난을 당한 선박 등에 타고 있는 외국인(승무원을 포함한다)을 긴급히 구조할 필요가 있다고 인정하면 그 선박 등의 장, 운수업자, 「수상에서의 수색·구조 등에 관한 법률」에 따른 구호업무 집행자 또는 그 외국인을 구조한 선박 등의 장의 신청에 의하여 30일의 범위에서 재난상륙허가를 할 수 있다. 16 채용 O X

05 지방출입국·외국인관서의 장은 선박 등에 타고 있는 외국인이 「난민법」 제2조 제1호에 규정된 이유나 그 밖에 이에 준하는 이유로 그 생명·신체 또는 신체의 자유를 침해받을 공포가 있는 영역에서 도피하여 곧바로 대한민국에 비호(庇護)를 신청하는 경우 그 외국인을 상륙시킬 만한 상당한 이유가 있다고 인정되면 외교부장관의 승인을 받아 90일의 범위에서 난민 임시상륙허가를 할 수 있다. 이 경우 외교부장관은 법무부장관과 협의하여야 한다. 16 채용, 14간부 O X

06 승선 중인 선박 등이 대한민국의 출입국항에 정박하고 있는 동안 휴양 등의 목적으로 상륙하는 외국인승무원 – (   )일 이내 18 승진, 14간부

07 선박 등에 타고 있는 외국인(승무원을 포함한다)이 질병이나 그 밖의 사고로 긴급히 상륙할 필요가 있다고 인정될 때 – (   )일 이내 18 승진

08 조난을 당한 선박 등에 타고 있는 외국인(승무원을 포함한다)을 긴급히 구조할 필요가 있다고 인정될 때 – (   )일 이내 18 승진

09 선박 등에 타고 있는 외국인이 「난민법」 제2조 제1호에 규정된 이유나 그 밖에 이에 준하는 이유로 그 생명·신체 또는 신체의 자유를 침해받을 공포가 있는 영역에서 도피하여 곧바로 대한민국에 비호를 신청하는 경우 – (   )일 이내 18 승진

10 재난상륙·긴급상륙·승무원상륙 허가기간은 각각 30일 이내이며, 난민임시상륙 허가기간은 90일 이내이다. 20 승진 O X

11 긴급상륙은 조난을 당한 선박 등에 타고 있는 외국인을 긴급히 구조할 필요가 있다고 인정될 때에 상륙하는 것으로 30일 범위 내에서 허가할 수 있다. 14 간부 O X

12 여행경보단계 중 해외체류자는 신변안전에 특별히 유의하여야 하고, 해외여행 예정자는 불필요한 여행을 자제해야 하는 단계는 적색경보단계이다. 21 승진 O X

정답 및 해설

01 15일
02 X   관광상륙의 허가기간은 3일의 범위 내이다.
03 O
04 O
05 X   법무부장관의 승인을 ~이 경우 법무부장관은 외교부장관과 협의하여야 한다
06 15일
07 30일
08 30일
09 90일
10 X   승무원상륙의 허가기간은 15일이다.
11 X   재난상륙에 대한 설명
12 X   2단계(여행자제), 황색경보에 대한 설명이다.

POINT 03 외국인의 출국

1 원칙
외국인의 자발적인 출국은 자유이며, 이를 금지할 수 없는 것이 원칙이다.

2 출국정지
법무부장관은 제4조 제1항 또는 제2항 각 호(내국인의 출국금지사유)의 어느 하나에 해당하는 외국인에 대하여는 출국을 정지할 수 있다.
※ 법무부 장관은 아래 사유에 해당하면 외국인은 출국정지, 내국인은 출국금지 할 수 있다. 기출OX 01 → 출국정지사유와 출국금지사유는 동일

3 내국인의 출국금지사유와 출국금지기간 기출OX 02, 03, 04

출국금지사유	출국금지기간
1. 형사재판에 계속 중인 사람 기출OX 05 2. 징역형이나 금고형의 집행이 끝나지 아니한 사람 기출OX 06 3. 대통령령으로 정하는 금액(벌금 1천만원, 추징금 2천만원) 이상의 벌금이나 추징금을 내지 아니한 사람 기출OX 07 4. 대통령령으로 정하는 금액 이상(국세·관세 5천만원, 지방세 3천만원)의 국세·관세 또는 지방세를 정당한 사유 없이 그 납부기한까지 내지 아니한 사람 5. 「양육비 이행확보 및 지원에 관한 법률」상 양육비 채무자 중 양육비이행심의위원회의 심의·의결을 거친 사람 6. 그 밖에 위 1~5까지의 규정에 준하는 사람으로서 대한민국의 이익이나 공공의 안전 또는 경제질서를 해칠 우려가 있어 그 출국이 적당하지 아니하다고 법무부령으로 정하는 사람	6개월
범죄 수사를 위하여 출국이 적당하지 아니하다고 인정되는 사람 기출OX 08	1개월
소재를 알 수 없어 기소중지 또는 수사중지(피의자중지로 한정한다)된 사람 또는 도주 등 특별한 사유가 있어 수사진행이 어려운 사람 기출OX 09	3개월 이내
기소중지 또는 수사중지(피의자중지로 한정한다)된 경우로서 체포영장 또는 구속영장이 발부된 사람 기출OX 10	영장 유효기간 이내

4 출국금지요청 결정에 대한 이의신청
출국금지결정이나 출국금지기간 연장의 통지를 받은 날 또는 그 사실을 안 날부터 10일 이내에 법무부장관에게 출국금지결정이나 출국금지기간 연장결정에 대한 이의를 신청할 수 있다. 기출OX 11

기출 OX

01 법무부장관은 기소중지 또는 수사중지(피의자중지로 한정한다)된 경우로서 체포영장 또는 구속영장이 발부된 사람에 대하여 영장 유효기간까지 출국을 금지하여야 한다. 19 승진 O X

02 금고 이상의 형을 선고받고 석방된 사람은 「출입국관리법」에 규정된 출국금지 사유에 해당한다. 17 승진 O X

03 출국심사 규정을 위반하여 출국하려고 한 사람은 「출입국관리법」에 규정된 출국금지 사유에 해당한다. 17 승진 O X

04 징역형이나 금고형의 집행이 끝나지 아니한 사람은 「출입국관리법」에 규정된 출국금지 사유에 해당한다. 17 승진 O X

05 형사재판에 계속 중인 사람: (   )개월 이내 17 채용

06 징역형의 집행이 끝나지 아니한 사람: (   )개월 이내 17 채용

07 법무부장관은 형사재판에 계속 중인 사람, 징역형이나 금고형의 집행이 끝나지 아니한 사람, 대통령령으로 정하는 금액 이상의 벌금이나 추징금을 내지 아니한 사람에 대해서는 6개월 이내의 기간을 정하여 출국을 금지할 수 있다. 20·19·17·15 승진, 17 간부 O X

08 법무부장관은 범죄 수사를 위하여 출국이 적당하지 아니하다고 인정되는 사람은 원칙적으로 3개월 이내의 기간을 정하여 출국을 금지할 수 있다. 25·17 승진, 17 채용 O X

09 소재를 알 수 없어 기소중지 또는 수사중지(피의자중지로 한정한다)된 사람 또는 도주 등 특별한 사유가 있어 수사진행이 어려운 사람에 대하여는 6개월 이내의 기간 동안 출국을 금지할 수 있다. 17·19 승진, 17 간부 O X

10 기소중지 또는 수사중지(피의자중지로 한정한다)된 경우로서 체포영장 또는 구속영장이 발부된 사람에 대하여는 3개월간 출국을 금지할 수 있다. 25·17 승진, 21 채용, 17 간부 O X

11 출국이 금지(「출입국관리법」 제4조 제1항 또는 제2항)되거나 출국금지기간이 연장(「출입국관리법」 제4조의2 제1항)된 사람은 출국금지결정이나 출국금지기간 연장의 통지를 받은 날 또는 그 사실을 안 날부터 15일 이내에 법무부장관에게 출국금지결정이나 출국금지기간 연장결정에 대한 이의를 신청할 수 있다. 21 채용 O X

정답 및 해설

01 X 출국을 금지할 수 있다.
02 X 강제퇴거 대상에 해당한다.
03 X 강제퇴거 대상에 해당한다.
04 O
05 6개월
06 6개월
07 O
08 X 1개월
09 X 3개월
10 X 영장 유효기간 이내
11 X 10일 이내

5 긴급출국금지

- 수사기관은 범죄 피의자로서 <u>사형·무기 또는 장기 3년 이상의 징역이나 금고</u>에 해당하는 죄를 범하였다고 의심할 만한 상당한 이유가 있고, 다음 어느 하나에 해당하는 사유가 있으며, 긴급한 필요가 있는 때에는 제4조제3항(법무부장관에 대한 출국금지요청)에도 불구하고 <u>출국심사를 하는 출입국관리공무원에게 출국금지를 요청할 수 있다.</u>
  1. 피의자가 증거를 인멸할 염려가 있는 때
  2. 피의자가 도망하거나 도망할 우려가 있는 때
- 요청을 받은 출입국관리공무원은 출국심사를 할 때에 출국금지가 요청된 사람을 출국시켜서는 아니 된다.
- 수사기관은 긴급출국금지를 요청한 때로부터 <u>6시간</u> 이내에 법무부장관에게 긴급출국금지 승인을 요청하여야 한다. 이 경우 검사의 검토의견서 및 범죄사실의 요지, 긴급출국금지의 사유 등을 기재한 긴급출국금지보고서를 첨부하여야 한다. 기출OX 01
- 법무부장관은 수사기관이 긴급출국금지 승인 요청을 하지 아니한 때에는 수사기관 요청에 따른 출국금지를 해제하여야 한다. 수사기관이 긴급출국금지 승인을 요청한 때로부터 <u>12시간</u> 이내에 법무부장관으로부터 긴급출국금지 승인을 받지 못한 경우에도 또한 같다. 기출OX 02
- 출국금지가 해제된 경우에 수사기관은 <u>동일한 범죄사실에 관하여 다시 긴급출국금지 요청을 할 수 없다.</u>

6 외국인의 강제퇴거

(1) 강제퇴거 절차

- 출입국관리공무원은 강제퇴거 대상자에 해당된다고 의심되는 외국인에 대하여는 그 사실을 조사할 수 있다. 기출OX 03
- <u>출입국관리공무원은</u> <u>강제퇴거 대상자에 해당</u>된다고 의심할 만한 상당한 이유가 있고 <u>도주하거나 도주할 염려가</u> 있으면 지방출입국·외국인관서의 장으로부터 보호명령서를 발급받아 그 외국인을 보호할 수 있다. 기출OX 04
- 보호된 외국인의 <u>강제퇴거 대상자 여부를 심사·결정하기 위한 보호기간은</u> <u>10일</u> 이내로 한다. 다만, 부득이한 사유가 있으면 지방출입국·외국인관서의 장의 허가를 받아 10일을 초과하지 아니하는 범위에서 한 차례만 연장할 수 있다. 기출OX 05
- 지방출입국·외국인관서의 장은 심사 결과 강제퇴거 대상자에 해당한다고 인정되면 강제퇴거명령을 할 수 있다.
- 강제퇴거명령서는 출입국관리공무원이 집행한다.
- 지방출입국·외국인관서의 장은 사법경찰관리에게 강제퇴거명령서의 집행을 의뢰할 수 있다. 기출OX 06
- 지방출입국·외국인관서의 장은 강제퇴거명령을 받은 사람을 여권 미소지 또는 교통편 미확보 등의 사유로 즉시 대한민국 밖으로 송환할 수 없으면 송환할 수 있을 때까지 그를 보호시설에 보호할 수 있다.

> **헌법불합치**, 2020헌가1, 2023.3.23, 출입국관리법(2014.3.18. 법률 제12421호로 개정된 것) 제63조 제1항은 헌법에 합치되지 아니한다. 위 법률조항은 2025.5.31.을 시한으로 입법자가 개정할 때까지 계속 적용된다.

- 보호할 때 그 기간이 <u>3개월</u>을 넘는 경우에는 3개월마다 미리 법무부장관의 승인을 받아야 한다. 기출OX 07
- 지방출입국·외국인관서의 장은 승인을 받지 못하면 지체 없이 보호를 해제하여야 한다.

기출 OX

01 수사기관은 긴급출국금지를 요청한 때로부터 (   )시간 이내에 법무부장관에게 긴급출국금지 승인을 요청하여야 한다. 18 승진

02 수사기관이 긴급출국금지 승인을 요청한 때로부터 (   )시간 이내에 법무부장관으로부터 긴급출국금지 승인을 받지 못한 경우에는 출국금지를 해제하여야 한다. 23 간부, 21 채용, 18 승진

03 출입국관리공무원은 강제퇴거 대상자에 해당한다고 의심되는 외국인에 대하여는 그 사실을 조사할 수 있다. 18 간부 (O X)

04 출입국관리공무원은 강제퇴거 대상자에 해당한다고 의심할 만한 상당한 사유가 있고, 도주하거나 도주할 염려가 있으면 보호명령서를 발급받아 그 외국인을 보호할 수 있다. 18 간부 (O X)

05 외국인의 강제퇴거 대상자 여부를 심사·결정하기 위한 보호기간은 10일 이내로 한다. 다만, 부득이한 사유가 있으면 지방출입국·외국인관서의 장의 허가를 받아 10일을 초과하지 아니하는 범위에서 한 차례만 연장할 수 있다. 18 승진 (O X)

06 강제퇴거 명령서는 출입국관리 공무원이 집행한다. 지방출입국·외국인관서의 장은 사법경찰관리에게 강제퇴거명령서의 집행을 의뢰할 수 있다. 23 승진, 18 간부 (O X)

07 지방출입국·외국인관서의 장은 강제퇴거명령을 받은 사람을 보호할 때 그 기간이 3개월이 넘는 경우에는 3개월마다 미리 법무부장관의 승인을 얻어야 한다. 23 승진 (O X)

정답 및 해설

01 6시간
02 12시간
03 O
04 O
05 O
06 O
07 O

(2) 강제퇴거 사유
1. 유효한 여권과 사증 없이 입국하는 사람
2. 허위초청 등의 금지 규정을 위반한 외국인 또는 허위초청 등의 행위로 입국한 외국인
3. 입국금지 해당사유가 입국 후에 발견되거나 발생한 사람 기출 OX 01
4. 입국심사 또는 선박 등의 제공 금지 규정을 위반한 사람
5. 지방출입국·외국인관서의 장이 붙인 조건부 입국 허가조건을 위반한 사람
6. 상륙허가를 받지 아니하고 상륙한 사람
7. 지방출입국·외국인관서의 장 또는 출입국관리공무원이 붙인 상륙 허가조건을 위반한 사람
8. 체류 및 활동범위, 외국인 고용제한, 체류자격 외 활동, 체류자격 부여, 체류자격 변경허가, 체류기간 연장허가 규정을 위반한 사람
9. 허가를 받지 아니하고 근무처를 변경·추가하거나 허가를 받지 아니한 외국인을 고용·알선한 사람 기출 OX 02
10. 법무부장관이 정한 거소 또는 활동범위의 제한이나 그 밖의 준수사항을 위반한 사람 기출 OX 03
11. 허위서류 제출 등의 금지규정을 위반한 외국인
12. 출국심사 규정을 위반하여 출국하려고 한 사람 기출 OX 04
13. 외국인등록 의무를 위반한 사람
14. 외국인등록증 등의 채무이행 확보수단 제공 등의 금지규정을 위반한 외국인 기출 OX 05
15. 금고 이상의 형을 선고받고 석방된 사람 기출 OX 06
16. ㉠ 자살 또는 자해행위를 하려는 경우, ㉡ 다른 사람에게 위해를 가하거나 가하려는 경우, ㉢ 출입국관리공무원의 직무집행을 정당한 사유 없이 거부 또는 기피하거나 방해하는 경우, ㉣ ㉠ ~ ㉢에서 규정한 경우 외에 시설 및 다른 사람의 안전과 질서를 현저히 해치는 행위를 하거나 하려는 경우
17. 그 밖에 1.부터 16.까지에 준하는 사람으로서 법무부령으로 정하는 사람 기출 OX 07
18. 영주자격을 가진 사람은 위에도 불구하고 강제퇴거되지 아니하나, 다음의 경우 강제퇴거 가능하다.
    ㉠ 영주자격을 가진 사람으로 형법상 내란의 죄 또는 외환의 죄를 범한 사람
    ㉡ 영주자격을 가진 사람으로 5년 이상의 징역 또는 금고의 형을 선고받고 석방된 사람 중 법무부령으로 정하는 사람
    ㉢ 영주자격을 가진 사람으로 선박 등의 제공 금지 규정을 위반하거나 교사 또는 방조한 사람

(3) 강제퇴거와 형사절차
강제퇴거는 행정처분의 일종으로서 동일한 사실에 대해 행정처분과 형사처분을 병과하는 것이 이중처벌금지원칙에 위반된다고 볼 수 없다는 것이 판례의 확립된 입장이므로, 외국인의 강제퇴거사유가 동시에 형사처분 사유가 되는 경우 강제퇴거와 형사처분을 병행할 수 있다고 보아야 한다. 기출 OX 08

(4) 출입국사범에 대한 고발
• 출입국사범에 관한 사건은 <u>지방출입국·외국인관서의 장의 고발이 없으면 공소를 제기할 수 없다.</u>
• 출입국관리공무원 외의 수사기관이 출입국사범에 관한 사건을 입건하였을 때에는 지체 없이 관할 지방출입국·외국인관서의 장에게 인계하여야 한다. 기출 OX 09

기출 OX

01 입국금지 해당 사유가 입국 후에 발견되거나 발생한 외국인은 강제퇴거 대상자이다. 18 승진 (O X)

02 허가를 받지 아니하고 근무처를 변경·추가하거나 허가를 받지 아니한 외국인을 고용·알선한 사람은 「출입국관리법」에 규정된 외국인강제퇴거 사유에 해당한다. 20 간부 (O X)

03 법무부장관이 정한 거소 또는 활동범위의 제한이나 그 밖의 준수사항을 위반한 사람은 「출입국관리법」에 규정된 외국인강제퇴거 사유에 해당한다. 20 간부 (O X)

04 출국심사 규정을 위반하여 출국하려고 한 외국인은 출국의 정지 대상자이다. 18 승진 (O X)

05 외국인등록증 등의 채무이행 확보수단 제공 등의 금지규정을 위반한 외국인은 「출입국관리법」에 규정된 외국인강제퇴거 사유에 해당한다. 20 간부 (O X)

06 벌금 이상의 형을 선고받고 석방된 사람은 「출입국관리법」에 규정된 외국인강제퇴거 사유에 해당한다. 20·18 간부, 23 승진 (O X)

07 대통령령으로 정하는 금액 이상의 국세·관세 또는 지방세를 정당한 사유 없이 그 납부기한까지 내지 아니한 사람은 강제퇴거 대상자에 해당한다. 23 승진 (O X)

08 외국인의 강제출국은 형벌이다. 14 채용 (O X)

09 출입국관리공무원 외의 수사기관이 출입국사범에 해당하는 사건을 입건하였을 때에는 지체 없이 관할 지방출입국·외국인관서의 장에게 인계하여야 한다. 23 간부 (O X)

정답 및 해설

01 O
02 O
03 O
04 X 강제퇴거 대상이다.
05 O
06 X 금고 이상 형을 선고받고 석방된 사람이 강제퇴거의 대상이다.
07 X 이는 외국인 출국정지 사유에 해당한다.
08 X 형벌이 아니라, 행정처분에 해당한다.
09 O

POINT 04 외국인의 체류자격 및 외국인 등록

1 장기체류자격 기출OX 06, 07, 08, 09, 10, 11

A-1 (외교)	대한민국정부가 접수한 외국정부의 외교사절단이나 영사기관의 구성원, 조약 또는 국제관행에 따라 외교사절과 동등한 특권과 면제를 받는 사람과 그 가족
A-2 (공무)	대한민국정부가 승인한 외국정부 또는 국제기구의 공무를 수행하는 사람과 그 가족
D-2 (유학)	전문대학 이상의 교육기관 또는 학술연구기관에서 정규과정의 교육을 받거나 특정 연구를 하려는 사람 기출OX 01
E-2 (회화지도)	법무부장관이 정하는 자격요건을 갖춘 외국인으로서 외국어 전문학원, 초등학교 이상의 교육기관 및 부설어학연구소, 방송사 및 기업체 부설 어학연수원, 그 밖에 이에 준하는 기관 또는 단체에서 외국어 회화지도에 종사하려는 사람 기출OX 02
E-6 (예술흥행)	수익이 따르는 음악, 미술, 문학 등의 예술활동과 수익을 목적으로 하는 연예, 연주, 연극, 운동경기, 광고·패션모델, 그 밖에 이에 준하는 활동을 하려는 사람 기출OX 03
E-8 (계절근로)	법무부장관이 관계 중앙행정기관의 장과 협의하여 정하는 농작물 재배·수확(재배·수확과 연계된 원시가공 분야를 포함한다) 및 수산물 원시가공 분야에서 취업 활동을 하려는 사람으로서 법무부장관이 인정하는 사람
E-9 (비전문취업)	「외국인근로자의 고용 등에 관한 법률」에 따른 국내 취업요건을 갖춘 사람(일정 자격이나 경력 등이 필요한 전문 직종에 종사하려는 사람은 제외) 기출OX 04
재외동포 (F-4)	재외동포의 출입국과 법적 지위에 관한 법률'상 대한민국의 국적을 보유하였던 자(대한민국정부 수립 전에 국외로 이주한 동포를 포함) 또는 그 직계비속으로서 외국국적을 취득한 자 중 대통령령으로 정하는 자(단순 노무행위 등 법령에서 규정한 취업활동에 종사하려는 사람은 제외)
F-6 (결혼이민)	⊙ 국민의 배우자, ⓒ 국민과 혼인관계(사실상의 혼인관계를 포함)에서 출생한 자녀를 양육하고 있는 부 또는 모로서 법무부장관이 인정하는 사람. ⓒ 국민인 배우자와 혼인한 상태로 국내에 체류하던 중 그 배우자의 사망이나 실종, 그 밖에 자신에게 책임이 없는 사유로 정상적인 혼인관계를 유지할 수 없는 사람으로서 법무부장관이 인정하는 사람 기출OX 05

2 체류자격 외 활동허가·체류자격 변경허가

- 대한민국에 체류하는 외국인이 그 체류자격에 해당하는 활동과 함께 다른 체류자격에 해당하는 활동을 하려면 대통령령으로 정하는 바에 따라 미리 법무부장관의 체류자격 외 활동허가를 받아야 한다.
- 대한민국에 체류하는 외국인이 그 체류자격과 다른 체류자격에 해당하는 활동을 하려면 대통령령으로 정하는 바에 따라 미리 법무부장관의 체류자격 변경허가를 받아야 한다.

3 외국인등록증 발급

- 외국인이 입국한 날부터 90일을 초과하여 대한민국에 체류하려면 대통령령으로 정하는 바에 따라 입국한 날부터 90일 이내에 그의 체류지를 관할하는 <u>지방출입국·외국인관서의 장에게 외국인등록을 하여야 한다</u>. 다만, 다음 각 호의 어느 하나에 해당하는 외국인의 경우에는 그러하지 아니하다. 기출OX 12
    1. 주한외국공관(대사관과 영사관을 포함한다)과 국제기구의 직원 및 그의 가족 기출OX 13
    2. 대한민국정부와의 협정에 따라 외교관 또는 영사와 유사한 특권 및 면제를 누리는 사람과 그의 가족
    3. 대한민국정부가 초청한 사람 등으로서 법무부령으로 정하는 사람 기출OX 14
- 외국인등록을 받은 지방출입국·외국인관서의 장은 대통령령으로 정하는 바에 따라 그 외국인에게 외국인등록증을 발급하여야 한다. 다만, 그 외국인이 17세 미만인 경우에는 발급하지 아니할 수 있다. 기출OX 15
- 외국인등록증을 <u>발급받지 아니한 외국인이 17세가 된 때</u>에는 90일 이내에 체류지 관할 지방출입국·외국인관서의 장에게 외국인등록증 발급신청을 하여야 한다. 기출OX 15

기출 OX

01 D-2: 전문대학 이상의 교육기관 또는 학술연구기관에서 정규과정의 교육을 받거나 특정 연구를 하려는 사람 20·17 승진, 19 채용 O X

02 E-2: 법무부장관이 정하는 자격요건을 갖춘 외국인으로서 외국어전문학원, 국립유치원 이상의 교육기관 및 부설어학연구소, 방송사 및 기업체 부설 어학연수원, 그 밖에 이에 준하는 기관 또는 단체에서 외국어 회화지도에 종사하려는 사람 20·17 승진, 18 간부, 16 채용 O X

03 E-6: 수익이 따르는 음악, 미술, 문학 등의 예술활동과 수익을 목적으로 하는 연예, 연주, 연극, 운동경기, 광고 패션 모델, 그 밖에 이에 준하는 활동을 하려는 사람 17 승진, 18 간부 O X

04 E-9: 「외국인근로자의 고용 등에 관한 법률」에 따른 국내 취업요건을 갖춘 사람(일정 자격이나 경력 등이 필요한 전문직종에 종사하려는 사람은 제외) 20 승진, 18 간부 O X

05 F-6: 국민과 혼인관계(사실상의 혼인관계는 제외)에서 출생한 자녀를 양육하고 있는 부 또는 모로서 법무부장관이 인정하는 사람 20 승진 O X

06 A-( ), 외교: 대한민국정부가 접수한 외국정부의 외교사절단이나 영사기관의 구성원, 조약 또는 국제관행에 따라 외교사절과 동등한 특권과 면제를 받는 사람과 그 가족 19 채용, 18 간부

07 A-( ), 공무 – 대한민국정부가 승인한 외국정부의 공무를 수행하는 미국인 18·17 승진

08 D-( ), 유학 – 서울대학교에서 정규과정의 교육을 받으려고 하는 중국인 18 승진

09 ( )-6, 예술흥행: 수익이 따르는 음악, 미술, 문학 등의 예술활동과 수익을 목적으로 하는 연예, 연주, 연극, 운동경기, 광고·패션 모델, 그 밖에 이에 준하는 활동을 하려는 사람 19 채용, 18 승진

10 F-( ), 결혼이민 – 한국인과 결혼하여, 국내에 거주하고자 하는 베트남인 18 승진

11 외국인이 입국한 날부터 90일을 초과하여 대한민국에 체류하려면 대통령령으로 정하는 바에 따라 입국한 날부터 90일 이내에 그의 체류지를 관할하는 지방출입국·외국인관서의 장에게 외국인등록을 하여야 한다. 20 승진 O X

12 주한외국공관(대사관과 영사관 포함)과 국제기구의 직원 및 그의 가족은 외국인등록대상이다. 20 승진 O X

13 대한민국 정부가 초청한 사람 등으로서 법무부령으로 정하는 사람은 외국인등록 제외대상이다. 20 승진 O X

14 외국인등록을 받은 지방출입국·외국인관서의 장은 대통령령으로 정하는 바에 따라 그 외국인에게 외국인등록증을 발급하여야 한다. 다만, 그 외국인이 ( )세 미만인 경우에는 발급하지 아니할 수 있다. 18 경채

15 외국인등록증을 발급받지 아니한 외국인이 ( )세가 된 때에는 ( )일 이내에 체류지 관할 지방출입국·외국인관서의 장에게 외국인등록증 발급을 신청하여야 한다. 18 경채

정답 및 해설

01 O
02 X 국립유치원 이상이 아니라 초등학교 이상이다.
03 O
04 O
05 X 사실상의 혼인관계를 포함한다.
06 A-(1)
07 A-(2)
08 D-(3)
09 (E)-6
10 F-(6)
11 O
12 X 외국인등록의 대상이 아니다.
13 O
14 17세
15 17세, 90일

POINT 05 국제형사사법 공조법

1 공조조약과의 관계
공조조약과 「국제형사사법 공조법」의 규정이 상충되면 **공조조약이 우선 적용**된다. 기출OX 01

2 기본원칙 기출OX 02

쌍방가벌성의 원칙	형사사법 공조의 대상이 되는 범죄는 **요청국과 피요청국에서 모두 처벌가능한 범죄**이어야 한다는 원칙
상호주의의 원칙	외국이 우리나라에 사법공조를 행하여 주는 만큼, **우리나라도 동일 또는 유사한 범위 내에서 당해 외국의 공조요청에 응한다**는 원칙 기출OX 03
특정성의 원칙	요청국이 공조에 따라 취득한 증거를 **공조요청한 범죄 이외의 범죄에 관한 수사나 재판에 사용하여서는 아니되며**, 증인으로 출석시 피요청국을 출발하기 이전의 행위로 인한 구금·소추 등 자유의 제한을 받지 않는다는 의미를 포함하는 원칙 기출OX 04

3 공조의 제한(임의적 거절 사유)
다음 어느 하나에 해당하는 경우에는 공조를 하지 아니**할 수 있다**.
1. 대한민국의 주권, 국가안전보장, 안녕질서 또는 미풍양속을 해칠 우려가 있는 경우 기출OX 05
2. 인종, 국적, 성별, 종교, 사회적 신분 또는 특정 사회단체에 속한다는 사실이나 정치적 견해를 달리한다는 이유로 처벌되거나 형사상 불리한 처분을 받을 우려가 있다고 인정되는 경우
3. 공조범죄가 정치적 성격을 지닌 범죄이거나, 공조요청이 정치적 성격을 지닌 다른 범죄에 대한 수사 또는 재판을 할 목적으로 한 것이라고 인정되는 경우
4. 공조범죄가 **대한민국의 법률**에 의하여는 범죄를 구성하지 아니하거나 공소를 제기할 수 없는 범죄인 경우 기출OX 06
5. 이 법에 요청국이 보증하도록 규정되어 있음에도 불구하고 요청국의 보증이 없는 경우

4 공조의 연기
대한민국에서 수사가 진행 중이거나 재판에 계속된 범죄에 대하여 외국의 공조요청이 있는 경우에는 그 수사 또는 재판절차가 끝날 때까지 공조를 **연기할 수 있다**. 기출OX 07, 08, 09

5 공조의 방법
공조요청 접수 및 요청국에 대한 공조 자료의 송부는 **외교부장관**이 한다. 다만, 긴급한 조치가 필요한 경우나 특별한 사정이 있는 경우에는 **법무부장관이 외교부장관의 동의**를 받아 이를 할 수 있다.

6 공조의 범위
1. 사람 또는 물건의 소재에 대한 수사
2. 서류·기록의 제공
3. 서류 등의 송달
4. 증거 수집, 압수·수색 또는 검증 기출OX 10
5. 증거물 등 물건의 인도
6. 진술 청취, 그 밖에 요청국에서 증언하게 하거나 수사에 협조하게 하는 조치

기출 OX

01 우리나라가 외국과 체결한 형사사법 공조조약과 「국제형사사법 공조법」의 규정이 상충되면 공조조약이 우선 적용된다. 19 채용 O X

02 국제형사사법 공조와 범죄인 인도 과정 모두 상호주의 원칙과 조약우선주의를 천명하고 있다. 21 간부 O X

03 외국이 사법공조를 해주는 만큼 자국도 동일하거나 유사한 범위 내에서 공조요청에 응한다는 원칙은 '상호주의 원칙'과 관련이 깊다. 14 승진 O X

04 특정성의 원칙이란 요청국이 공조에 따라 취득한 증거를 공조요청의 대상이 된 범죄 이외의 수사나 재판에 사용하여서는 안 된다는 원칙이다. 20 간부, 20·14 승진, 19 채용 O X

05 대한민국의 주권, 국가안전보장, 안녕질서 또는 미풍양속을 해칠 우려가 있는 경우는 임의적 공조거절 사유에 해당한다. 20·14 승진 O X

06 「국제형사사법 공조법」상 공조범죄가 대한민국의 법률에 의하여는 범죄를 구성하지 아니하거나 공소를 제기할 수 없는 범죄인 경우 공조를 하지 아니해야 한다. 20 간부, 19 채용 O X

07 외국의 공조요청에 대해 「국제형사사법 공조법」상 공조를 연기할 수 있는 사유는 공조범죄가 정치적 범죄이거나 정치적 목적으로 행해진 경우이다. 20 승진 O X

08 대한민국에서 수사가 진행 중이거나 재판에 계속된 범죄에 대하여 외국의 공조요청이 있는 경우에는 즉시 공조해야 한다. 21 간부 O X

09 대한민국에서 수사가 진행 중이거나 재판에 계속된 범죄에 대하여 외국의 공조요청이 있는 경우에 수사의 진행, 재판의 계속을 이유로 공조를 연기할 수 없다. 20 간부, 19 채용 O X

10 「국제형사사법공조법」에는 증거 수집, 압수·수색 또는 검증이 공조의 범위로 포함되어 있다. 24 채용 O X

11 국제형사사법공조와 범죄인 인도는 동일한 법률에 근거하고 있다. 24 채용 O X

정답 및 해설

01 O
02 O
03 O
04 O
05 O
06 X 공조를 하지 아니할 수 있다.
07 X 공조범죄가 정치적 범죄이거나 정치적 목적으로 행해진 경우는 공조의 제한사유이다.
08 X 공조를 연기할 수 있다.
09 X 공조를 연기할 수 있다.
10 O
11 X 서로 근거법이 다르다.

POINT 06 범죄인 인도법

1 범죄인 인도원칙

인도조약 우선	범죄인 인도에 관하여 인도조약에 이 법과 다른 규정이 있는 경우에는 그 규정에 따른다. 기출OX 01
상호주의	인도조약이 체결되어 있지 아니한 경우에도 범죄인의 인도를 청구하는 국가가 같은 종류 또는 유사한 인도범죄에 대한 대한민국의 범죄인 인도청구에 응한다는 보증을 하는 경우에는 이 법을 적용한다. 기출OX 02, 03
쌍방가벌성	인도청구가 있는 범죄가 청구국과 피청구국 쌍방의 법률에 의하여 범죄를 구성하지 않는 경우에는 그 범죄에 관하여 범죄인을 인도하지 않는다는 원칙 기출OX 04
특정성	인도된 범죄인이 인도가 허용된 범죄 외의 범죄로 처벌받지 아니하고, 제3국에 인도되지 아니한다는 청구국의 보증이 없는 경우에는 범죄인을 인도하여서는 아니 된다. 기출OX 05
자국민불인도	· 인도의 대상은 원칙적으로 외국인, 자국민은 인도하지 않는다는 원칙 · 대륙법계 국가에서는 채택하고, 영미법계(속지주의) 국가는 채택하지 않는 원칙 · 우리나라는 임의적 거절사유로 규정 기출OX 06
최소한 중요성	· 어느 정도 중요성을 띤 범죄만 인도한다는 원칙 기출OX 07 · 대한민국과 청구국의 법률에 따라 인도범죄가 사형, 무기징역, 무기금고, 장기 1년 이상의 징역 또는 금고에 해당하는 경우에만 범죄인을 인도할 수 있다. 기출OX 08, 09
유용성	· 실제로 처벌하기 위해 필요한 범죄자만 인도한다는 원칙 · 시효완성, 사면 등으로 처벌하지 못하는 범죄자는 인도대상에서 제외
정치범불인도	· 인도범죄가 정치적 성격을 지닌 범죄이거나 그와 관련된 범죄인 경우에는 범죄인을 인도하여서는 아니 된다. · 다만, 인도범죄가 국가원수암살범, 집단살해, 전쟁범죄, 항공기납치 등에 해당하는 경우에는 그러하지 아니하다. 기출OX 10, 11 · 우리나라는 정치범불인도의 원칙을 명문으로 규정 기출OX 12, 13 · 정치범 자체에 대한 별도의 개념 정의는 두고 있지 않으며, 정치범에 해당하는지 여부에 대한 판단은 전적으로 피청구국의 판단에 따른다. 기출OX 14
군사범불인도	· 군사범죄 즉, 탈영·항명 등의 범죄자는 인도하지 않는다는 원칙 · 우리나라는 명문으로 규정하고 있지 않다. 기출OX 15

기출 OX

01 범죄인 인도에 관하여 인도조약에 범죄인 인도법과 다른 규정이 있는 경우, 「범죄인 인도법」 규정에 따른다. 16 지능, 12 채용 O X

02 인도조약이 체결되어 있지 않은 경우에도 범죄인의 인도를 청구하는 국가가 동종의 범죄인 인도청구에 응한다는 보증을 하는 경우 「범죄인 인도법」을 적용한다는 원칙은 '상호주의 원칙'이다. 20 채용 O X

03 범죄인의 인도를 청구하는 국가가 같은 종류 또는 유사한 인도범죄에 대한 대한민국의 범죄인 인도청구에 응한다는 보증을 하는 경우에는 이 법을 적용한다. 단, 인도조약이 체결되어 있지 않은 국가는 제외한다. 24 간부 O X

04 청구국과 피청구국 쌍방의 법률에 의하여 범죄를 구성하지 않는 경우에는 범죄인을 인도하지 않는다는 것은 쌍방가벌성의 원칙으로, 우리나라 「범죄인 인도법」에 명문규정은 없다. 21 승진, 18 채용 O X

05 특정성의 원칙은 인도된 범죄인이 인도가 허용된 범죄 외의 범죄를 처벌받지 아니하고, 제3국에 인도되지 아니한다는 청구국의 보증이 없는 경우에는 범죄인을 인도하여서는 아니 된다는 원칙이다. 21 승진 O X

06 자국민 불인도의 원칙은 자국민은 인도하지 않는다는 원칙으로서, 우리나라 「범죄인 인도법」 제9조는 절대적 거절사유로 규정하고 있다. 21 승진, 20·12 채용 O X

07 최소한 중요성의 원칙은 어느 정도 중요성을 띤 범죄인만 인도하는 원칙이다. 21 승진 O X

08 대한민국과 청구국의 법률에 따라 인도범죄가 사형, 무기징역, 무기금고, 단기 1년 이상의 징역 또는 금고에 해당하는 경우에만 범죄인을 인도할 수 있다. 20·18 승진, 21·17 간부, 16 지능 O X

09 대한민국과 청구국의 법률에 따라 인도범죄가 사형, 무기징역, 무기금고, 장기 3년 이상의 징역 또는 금고에 해당하는 경우에만 범죄인을 인도할 수 있다. 21 간부 O X

10 인도범죄가 정치적 성격을 지닌 범죄이거나 그와 관련된 경우 범죄인을 인도하여서는 안 된다는 '정치범 불인도의 원칙'은 「범죄인 인도법」에 규정되어 있다. 다만 국가원수 암살, 집단학살 등은 정치범 불인도의 예외사유로 인정한다. 20 채용 O X

11 순수한 정치범은 인도하지 않는 것이 원칙이나 정치범일지라도 국가원수암살범은 예외가 되어 일반적으로 인도의 대상이 된다. 20 승진 O X

12 「범죄인 인도법」은 정치범 불인도의 원칙에 대하여 명문규정을 두고 있지 않다. 17 간부 O X

13 정치범불인도의 원칙에 대하여 우리나라도 명문규정을 두고 있으나, 정치범에 대하여는 별도의 개념 정의를 하고 있지 않다. 12 채용 O X

14 우리나라는 정치범 불인도원칙을 명문으로 규정하고 있고, 정치범죄는 국제법상 불확정적인 개념으로 정치범죄의 해당 여부는 전적으로 청구국의 판단에 의존한다. 20 승진 O X

15 군사범불인도의 원칙은 군사범죄자는 인도하지 않는다는 원칙이며, 우리나라는 명문규정을 두고 있지 않다. 12 채용 O X

정답 및 해설

01 X 인도조약에 따른다.
02 O
03 X 상호주의는 특히 인도조약에 체결되어있지 않은 경우 유용한 것이다.
04 X 범죄인 인도법에 이 원칙을 나타내고 있다
05 O
06 X 임의적 거절사유
07 O
08 X 단기가 아니라 장기
09 X 장기 1년 이상
10 O
11 O
12 X 범죄인 인도법 제8조에 명문규정을 두고 있다.
13 O
14 X 명문으로 규정되어 있으나, 정치범에 해당하는지 여부에 대한 판단은 전적으로 피청구국의 판단에 따른다.
15 O

2 인도거절사유 기출OX 01, 02, 03, 04, 05, 06, 07, 08, 09

절대적	다음 어느 하나에 해당하는 경우에는 범죄인을 인도하여서는 아니 된다. 1. 대한민국 또는 청구국의 법률에 따라 인도범죄에 관한 공소시효 또는 형의 시효가 완성된 경우 2. 인도범죄에 관하여 대한민국 법원에서 재판이 계속 중이거나 재판이 확정된 경우 3. 범죄인이 인도범죄를 범하였다고 의심할 만한 상당한 이유가 없는 경우. 다만, 인도범죄에 관하여 청구국에서 유죄의 재판이 있는 경우는 제외한다. 4. 범죄인이 인종, 종교, 국적, 성별, 정치적 신념 또는 특정 사회단체에 속한 것 등을 이유로 처벌되거나 그 밖의 불리한 처분을 받을 염려가 있다고 인정되는 경우
임의적	다음 어느 하나에 해당하는 경우에는 범죄인을 인도하지 아니할 수 있다. 1. 범죄인이 대한민국 국민인 경우 2. 인도범죄의 전부 또는 일부가 대한민국 영역에서 범한 것인 경우 3. 범죄인의 인도범죄 외의 범죄에 관하여 대한민국 법원에 재판이 계속 중인 경우 또는 범죄인이 형을 선고받고 그 집행이 끝나지 아니하거나 면제되지 아니한 경우 4. 범죄인이 인도범죄에 관하여 제3국(청구국이 아닌 외국을 말한다)에서 재판을 받고 처벌되었거나 처벌받지 아니하기로 확정된 경우 5. 인도범죄의 성격과 범죄인이 처한 환경 등에 비추어 범죄인을 인도하는 것이 비인도적이라고 인정되는 경우

3 범죄인 인도절차

외교부장관의 인도청구서 송부	외교부장관은 청구국으로부터 범죄인의 인도청구를 받았을 때에는 인도청구서와 관련 자료를 법무부장관에게 송부하여야 한다.
법무부장관의 인도심사청구명령	• 법무부장관은 외교부장관으로부터 인도청구서 등을 받았을 때에는 이를 서울고등검찰청 검사장에게 송부하고 그 소속 검사로 하여금 서울고등법원에 범죄인의 인도허가 여부에 관한 심사를 청구하도록 명하여야 한다. 기출OX 10 • 다만, 법무부장관은 인도조약 또는 이 법에 따라 범죄인을 인도할 수 없거나 인도하지 아니하는 것이 타당하다고 인정되는 경우에는 인도심사청구명령을 하지 아니하고, 그 사실을 외교부장관에게 통지하여야 한다. 기출OX 11
검사의 인도심사청구	• 검사는 법무부장관의 인도심사청구명령이 있을 때에는 지체 없이 법원에 인도심사를 청구하여야 한다. 다만, 범죄인의 소재를 알 수 없는 경우에는 그러하지 아니하다. • 범죄인이 인도구속영장에 의하여 구속되었을 때에는 구속된 날부터 3일 이내에 인도심사를 청구하여야 한다. 기출OX 12
법원의 심사 및 결정	• 법원은 인도심사의 청구를 받았을 때에는 지체 없이 인도심사를 시작하여야 한다. • 법원은 범죄인이 인도구속영장에 의하여 구속 중인 경우에는 구속된 날부터 2개월 이내에 인도심사에 관한 결정을 하여야 한다. 기출OX 13

범죄인 인도법 제3조 【범죄인 인도사건의 전속관할】 이 법에 규정된 범죄인의 인도심사 및 그 청구와 관련된 사건은 서울고등법원과 서울고등검찰청의 전속관할로 한다. 기출OX 14

[꿀팁정리] 절대적 인도거절사유와 임의적 인도거절사유

유형	절대적 인도거절사유	임의적 인도거절사유
수사가능성 관련	• 공소시효완성 • 형의 시효완성 • 인도범죄 의심 상당이유 ×	• 대한민국 국민 • 대한민국 영역에서의 범죄
사법기능 관련	• 인도범죄 재판 계속 중 • 인도범죄 재판 확정	• 인도범죄 외 재판 계속 중 • 인도범죄 외 재판 확정, 집행 중 • 인도범죄, 제3국에서 처벌완료
인도적 사유	인종, 종교, 국적, 성별, 정치적 신념 또는 특정 사회단체 소속 이유 불리한 처벌 우려	인도하는 것이 비인도적

기출 OX

01 대한민국의 주권, 국가안전보장, 안녕질서 또는 미풍양속을 해칠 우려가 있는 경우 범죄인을 인도하지 않을 수 있다. 19 승진 [O X]

02 대한민국 또는 청구국의 법률에 따라 인도범죄에 관한 공소시효 또는 형의 시효가 완성된 경우는 임의적 인도 거절사유에 해당한다. 22·18·15·14 채용, 17 승진, 24·17 간부 [O X]

03 인도범죄에 관하여 대한민국 법원에서 재판이 계속 중이거나 재판이 확정된 경우에는 범죄인을 인도하여서는 아니 된다. 24·14 채용, 21·17 간부, 17 승진 [O X]

04 범죄인이 인종, 종교, 국적, 성별, 정치적 신념 또는 특정 사회단체에 속한 것 등을 이유로 처벌되거나 그 밖의 불리한 처분을 받을 염려가 있다고 인정되는 경우 범죄인을 인도하지 않을 수 있다.
24·22·18·15·14 채용, 16 지능, 19·17 승진 [O X]

05 범죄인이 대한민국 국민인 경우 범죄인을 인도하여서는 아니 된다. 24·18·15 채용 [O X]

06 인도범죄의 전부 또는 일부가 대한민국 영역에서 범한 것인 경우 범죄인을 인도하지 아니할 수 있다.
24·18·15 채용 [O X]

07 인도범죄 외의 범죄에 관하여 대한민국 법원에 재판이 계속 중인 경우 또는 범죄인이 형을 선고받고 그 집행이 끝나지 아니하거나 면제되지 아니한 경우 범죄인을 인도하여서는 아니 된다. 24 간부, 18·15 채용 [O X]

08 범죄인이 인도범죄에 관하여 제3국(청구국이 아닌 외국을 말한다)에서 재판을 받고 처벌되었거나 처벌받지 아니하기로 확정된 경우는 절대적 인도거절 사유에 해당한다. 20 승진, 13 채용 [O X]

09 인도범죄의 성격과 범죄인이 처한 환경 등에 비추어 범죄인을 인도하는 것이 비인도적이라고 인정되는 경우 절대적 인도거절 사유에 해당한다. 22·14 채용, 18·17 승진 [O X]

10 외교부장관은 법무부장관으로부터 인도청구서 등을 받았을 때에는 이를 서울고등검찰청 검사장에게 송부하고 그 소속 검사로 하여금 서울고등법원에 범죄인 인도허가 여부에 관한 심사를 청구하도록 명하여야 한다.
18 채용, 18 승진 [O X]

11 외교부장관은 인도조약 또는 범죄인 인도법에 따라 범죄인을 인도할 수 없거나 인도하지 아니하는 것이 타당하다고 인정되는 경우에는 인도심사청구명령을 하지 아니하고, 그 사실을 법무부장관에게 통지하여야 한다.
19 승진 [O X]

12 범죄인이「범죄인 인도법」제20조에 따른 인도구속영장에 의하여 구속되었을 때에는 구속된 때부터 48시간 이내에 인도심사를 청구하여야 한다. 18 채용 [O X]

13 법무부장관은 범죄인이 인도구속영장에 의하여 구속 중인 경우에는 구속된 날부터 2개월 이내에 인도심사에 관한 결정을 하여야 한다. 20 승진, 18 채용 [O X]

14 이 법에 규정된 범죄인의 인도심사 및 그 청구와 관련된 사건은 대법원과 대검찰청의 전속관할로 한다.
15 채용, 16 지능 [O X]

정답 및 해설

01 X 공조 제한사유
02 X 절대적
03 O
04 X 절대적
05 X 임의적
06 O
07 X 임의적
08 X 임의적
09 X 임의적
10 X 법무부장관은 외교부장관으로부터
11 X 외교부장관과 법무부장관의 위치가 바뀜
12 X 3일 이내
13 X 인도심사에 관한 결정주체는 법원
14 X 서울고등법원과 서울고등검찰청의 전속관할이다.

POINT 07 국제형사경찰기구 (INTERPOL)

1 조직 기출OX 01, 02

총회	최고 의결기관으로 중요 정책·활동계획·재정업무 관련 **중요사항을 의결**한다.
집행위원회	제한적 심의기관으로, 총회 결정사항의 이행 여부 확인·총회의제안 준비·제출될 활동계획 및 예산안 승인·사무총국 운영에 대한 **감독업무**를 수행한다. 기출OX 03
사무총국	상설 집행·행정기관으로 **국제수배서 발행**
국가중앙사무국 (NCB)	**모든 회원국에 설치된 상설기구**로서 회원국간의 각종 공조요구에 대응한다. 기출OX 04, 05

2 기본원칙 기출OX 06

주권의 존중	회원국은 국내법에 따라 행하는 통상적 업무수행의 범위 내에서 협조한다.
일반법의 집행	일반형법의 집행이라고도 하며, 일반범죄와 관련된 범죄의 예방 및 진압역할을 수행한다.
보편성의 원칙	회원국은 지리·언어 등 요인에 방해받지 않고 타회원국과 협력할 수 있다.
평등성의 원칙	회원국은 **재정분담금**의 규모와 관계없이 동일한 혜택과 지원을 받는다. 기출OX 07
타기관과의 협력	각 회원국은 국가중앙사무국을 통해 일반범죄의 예방과 진압에 관여하고 있는 타국가기관과도 협력할 수 있다.
업무방법의 유연성	협조방식은 규칙성·계속성이 있어야 하나 회원국의 국내실정을 충분히 고려하여 협조의 방식을 변경할 수 있다.

3 수배서 기출OX 08, 09, 10, 11, 12, 13, 14, 15, 16, 17, 18, 19, 20, 21

적색수배서(Red Notice)	• 국제체포수배서 • 신병 인도가 요구되는 자의 소재 특정 및 체포
청색수배서(Blue Notice)	• 국제정보조회수배서 • 범죄관련인 신원·전과 및 소재의 확인을 위한 경우
자색(보라색)수배서 (Purple Notice)	• 범죄수법수배서 • 범죄수법이나 도구·은신처에 대한 정보제공
녹색수배서(Green Notice)	• 상습국제범죄자수배서 • 국제범죄자의 동향 파악 및 범죄예방을 위해 발행
오렌지수배서(Orange Notice)	• 폭발물 등 위험물에 대한 경고 목적으로 발행
황색수배서(Yellow Notice)	• 국제실종자수배서(가출인수배서) • 신원불명 인물의 신원확인 목적
흑색수배서(Black Notice)	• 국제신원미상 사체수배서 • 신원불상 사망자 또는 가명사용 사망자의 신원확인 목적
인터폴 – 유엔수배서	UN과 INTERPOL이 협력하여 국제 테러범 및 테러단체에 대한 제재를 목적으로 발행

기출 OX

01 국제형사경찰기구는 국제형사공조기구로 분류되며, 예외적인 사안에서는 국제형사경찰기구 소속 수사관이 범인을 체포하거나 구속할 수도 있다. 24 채용 (O X)

02 국제형사경찰기구(인터폴)의 회원국은 자국 내 설치된 국가중앙사무국을 통해 다른 나라의 국가중앙사무국과 국제범죄정보 및 자료를 교환하며, 임의적 협조라기보다는 강제적 협조의 성격을 가진다. 24 채용 (O X)

03 국가중앙사무국(NCB)은 제한적 심의기관으로, 총회 결정사항의 이행 여부 확인, 총회의제안 준비, 총회에 제출될 활동계획 및 예산안 승인, 사무총국 운영에 대한 감독업무를 수행함 17 승진 (O X)

04 집행위원회는 회원국에 설치된 상설 경찰협력부서로, 사무총국 및 회원국들과의 공조, 자국 내 법집행기관들과의 협력 업무를 수행함 17 승진 (O X)

05 인터폴의 조직 중 모든 회원국에 설치된 상설기구로서 타국으로부터 수신되는 각종 공조요구에 응할 수 있도록 설치된 기구는 사무총국이다. 12 채용 (O X)

06 인터폴 협력의 원칙으로는 주권의 존중, 일반법의 집행, 보편성의 원칙, 평등성의 원칙, 업무방법의 유연성 등이 있다. 20 승진 (O X)

07 회원국간 협력의 기본원칙 중 '보편성'이란 모든 회원간은 재정분담금의 규모와 관계없이 동일한 혜택과 지원을 받을 수 있다는 내용이다. 18 승진 (O X)

08 적색수배서는 국제체포수배서로서 범죄인 인도를 목적으로 발행한다. 15 채용, 16 간부 (O X)

09 청색수배서(Blue Notice) – 상습국제범죄자와의 동향 파악 및 범죄예방을 위해 발행 16 간부 (O X)

10 청색수배서(Blue Notice) – 수배자의 신원·전과 및 소재확인을 목적으로 발행 20·18 승진 (O X)

11 자주색수배서(Purple Notice) – 폭발물 등 위험물에 대한 경고 목적으로 발행 16 간부 (O X)

12 자주색수배서(Purple Notice) – 새로운 특이 범죄수법을 분석하여 각 회원국에 배포할 목적으로 발행 18 승진 (O X)

13 보라색수배서(범죄수법수배서) – 범죄수법 정보제공 목적 발부 20 승진 (O X)

14 녹색수배서(Green Notice) – 우범자 정보제공, 상습 국제범죄자의 동향 파악 및 범죄예방을 위해 발행 20·18 승진 (O X)

15 녹색수배서는 가출인의 소재 확인 또는 기억상실자 등의 신원을 확인할 목적으로 발행한다. 15 채용 (O X)

16 인터폴 사무총국에서는 폭발물 등 위험물에 대한 경고를 목적으로 오렌지수배서를 발부하고 있다. 20 승진, 15 채용 (O X)

17 황색수배서(Yellow Notice) – 신원불상 사망자 또는 가명사용 사망자의 신원확인을 위해 발행 16 간부 (O X)

18 황색수배서(Yellow Notice) – 가출인의 소재확인 및 가명사용 사망자의 신원확인을 목적으로 발행 18 승진 (O X)

19 흑색수배서(Black Notice) – 가출인의 소재확인 및 심신상실자의 신원확인 목적으로 발행 20 승진, 16 간부 (O X)

20 흑색수배서는 사망자의 신원을 확인할 수 없거나 사망자가 가명을 사용하였을 경우 정확한 신원을 파악할 목적으로 발행한다. 15 채용 (O X)

21 인터폴에서 발행하는 국제수배서에는 변사자 신원확인을 위한 흑색수배서(Black Notice), 장물수배를 위한 장물수배서(Stolen Property Notice), 범죄관련인 소재확인을 위한 청색수배서(Blue Notice) 등이 있다. 20 승진 (O X)

정답 및 해설

01 X 인터폴은 국제수사기관이 아니라 회원국 간 경찰협력을 도모하는 국제공조수사기구에 불과하다.
02 X 인터폴은 정부간 국제기구로서, 회원국간의 협력은 어디까지나 임의적 협조에 불과하다.
03 X 집행위원회
04 X 국가중앙사무국(N.C.B)
05 X 국가중앙사무국(NCB)에 대한 설명이다.
06 O
07 X 평등성에 대한 내용이다.
08 O
09 X 녹색수배서
10 O
11 X 오렌지수배서에 대한 설명이다.
12 O
13 O
14 O
15 X 황색수배서 설명
16 O
17 X 흑색수배서에 대한 설명이다.
18 X 사망자의 신원확인은 흑색수배서
19 X 황색수배서
20 O
21 O

2025 최신판

해커스경찰
서정표
경찰학 요약+기출 OX

초판 1쇄 발행 2025년 3월 25일

지은이	서정표 편저
펴낸곳	해커스패스
펴낸이	해커스경찰 출판팀
주소	서울특별시 강남구 강남대로 428 해커스경찰
고객센터	1588-4055
교재 관련 문의	gosi@hackerspass.com
	해커스경찰 사이트(police.Hackers.com) 교재 Q&A 게시판
	카카오톡 플러스 친구 [해커스경찰]
학원 강의 및 동영상강의	police.Hackers.com
ISBN	979-11-7244-899-8 (13350)
Serial Number	01-01-01

저작권자 ⓒ 2025, 서정표
이 책의 모든 내용, 이미지, 디자인, 편집 형태는 저작권법에 의해 보호받고 있습니다.
서면에 의한 저자와 출판사의 허락 없이 내용의 일부 혹은 전부를 인용, 발췌하거나 복제, 배포할 수 없습니다.

경찰공무원 1위,
해커스경찰 police.Hackers.com

해커스 경찰

· 정확한 성적 분석으로 약점 극복이 가능한 **경찰 합격예측 온라인 모의고사**(교재 내 응시권 및 해설강의 수강권 수록)
· 해커스 스타강사의 **경찰학 무료 특강**
· **해커스경찰 학원 및 인강**(교재 내 인강 할인쿠폰 수록)

한경비즈니스 선정 2024 한국품질만족도 교육(온·오프라인 경찰학원) 부문 1위